中国古代经济史断代研究
国家哲学社会科学重点科研课题
前无古人的学术贡献

中国经济通史

明（上）

王毓铨 主编

刘重日 张显清 副主编

经济日报出版社

图书在版编目（CIP）数据

中国经济通史．明/王毓铨主编；刘重日，张显清副主编．—2版
北京：经济日报出版社，2007.1
ISBN 7-80180-610-7

Ⅰ．中…
Ⅱ．①王… ②刘… ③张…
Ⅲ．①经济史-中国-明代
Ⅳ．F129

中国版本图书馆 CIP 数据核字（2006）第 115040 号

书　　名：中国经济通史．明
本卷主编：王毓铨
副 主 编：刘重日　张显清
责任编辑：赵润庭
责任校对：程　红　张　江
出版发行：经济日报出版社
地　　址：北京市宣武区白纸坊东街 2 号（邮编：100054）
电　　话：010－63568136 63567690 63567691（编辑部）63567687（邮购部）
010－63567683 63568621 63538445 63588447 63538863（发行部）
网　　址：www.edpbook.com.cn
E - mail：cehuabu@vip.sina.com
经　　销：全国新华书店
印　　刷：北京市耀华印刷有限公司
特种纸商：北京灵创魔丽商贸中心
开　　本：710×1000 1/16
本卷印张：55.75
本卷字数：740 千字
版　　次：2007 年 1 月第二版
印　　次：2007 年 1 月第一次印刷
书　　号：ISBN 7-80180-610-7/F.251
全套定价：1200.00 元（九卷十六册·精装）

主　编　王毓铨

副主编　刘重日　张显清

撰　稿　（以章节先后为序）

张显清　林金树　高寿仙

周少泉　栾成显　唐文基

田培栋　张英聘　王玉祥

樊树志　刘　森　张兆裕

吕景琳

明代世系纪年表

太祖	朱元璋	洪武元年至三十一年（1368～1398）
惠帝	朱允炆	建文元年至四年（1399～1402）
成祖	朱　棣	永乐元年至二十二年（1403～1424）
仁宗	朱高炽	洪熙元年（1425）
宣宗	朱瞻基	宣德元年至十年（1426～1435）
英宗	朱祁镇	正统元年至十四年（1436～1449）
代宗	朱祁钰	景泰元年至八年（1450～1457）
英宗	朱祁镇	天顺元年至八年（1457～1464）
宪宗	朱见深	成化元年至二十三年（1465～1487）
孝宗	朱祐樘	弘治元年至十八年（1488～1505）
武宗	朱厚照	正德元年至十六年（1506～1521）
世宗	朱厚熜	嘉靖元年至四十五年（1522～1566）
穆宗	朱载垕	隆庆元年至六年（1567～1572）
神宗	朱翊钧	万历元年至四十八年（1573～1620）
光宗	朱常洛	泰昌5个月（1620）
熹宗	朱由校	天启元年至七年（1621～1627）
思宗	朱由检	崇祯元年至十七年（1628～1644）

目　录(上)

导论 ………………………………………………………… (1)
第一章　明代的疆域和资源 ……………………………… (27)
第一节　疆域的变迁与行政区的设置 ………………… (27)
第二节　在籍人户的基本估计 ………………………… (33)
第三节　田亩在册数量的探究 ………………………… (55)

第二章　明代土地的整理与经营 ………………………… (75)
第一节　明代的土地占有形式 ………………………… (75)
第二节　朱元璋的土地垦辟和整理 …………………… (90)
第三节　正统、嘉靖、隆庆年间的土地清丈 ……… (101)
第四节　张居正的万历清丈 ………………………… (115)
第五节　明代的土地买卖及其管理 ………………… (127)
第六节　明代的租佃关系和地租形态 ……………… (138)
第七节　明代经营地主的土地经营 ………………… (150)

第三章　明代的赋役制度 ………………………………… (165)
第一节　明初赋役制度的重建 ……………………… (165)
第二节　明中期田赋制度的改革 …………………… (187)
第三节　明末赋役制度的败坏 ……………………… (225)

第四章　明代农业生产的新发展 ………………………… (233)
第一节　明初农业生产的迅速恢复 ………………… (233)
第二节　兴修水利的主要成就 ……………………… (246)

第三节　经济作物的空前发展 …………………………（276）

第五章　明代官府手工业 ……………………………（295）
第一节　官手工业的多元管理体制 …………………（295）
第二节　明代的工匠制度 ……………………………（316）
第三节　官手工业的原料征收与管理 ………………（333）
第四节　官手工业的行业生产状况 …………………（354）

第六章　明代民间手工业的规模发展 ………………（375）
第一节　色彩纷呈的丝织业 …………………………（375）
第二节　“衣被天下”的棉纺织业 …………………（392）
第三节　矿冶业的进步 ………………………………（406）
第四节　精巧异常的陶瓷业 …………………………（420）
第五节　造纸业与印刷业的贡献 ……………………（440）
第六节　榨油业 ………………………………………（472）

导论

断代经济史研究的范围和内容非常广泛。这里仅拟着重对明代社会经济的基本面貌、主要特征及发展趋势等作些扼要叙述。

一、明代生产力的提高和社会经济的发展

明代的历史大体可以分为三个时期：前期（洪武至宣德，14 世纪中叶至 15 世纪前叶），中期（正统至万历中期，15 世纪前叶至 16 世纪末），后期（万历中期至明亡，17 世纪初至 17 世纪中叶）。在前期和中期，社会生产力从总的趋势来说，是在逐步提高和发展，并且分别出现过经济繁荣时期；后期，生产力遭到破坏，社会经济转向低落。

明前期的生产力和社会经济已经达到并在许多方面超过了前代最高水平。经过 70 多年的休养生息、扩大生产，劳动力数量，耕地面积，水利设施，粮食单位面积产量，手工业规模和技术，商业，城市，交通等都迅速得到恢复和发展，呈现一派复兴之势。正如史家所描述："洪、永、熙、宣之际，百姓充实，府藏衍溢。盖是时，劭农务垦辟，土无荒芜，人敦本业，又开屯田、中盐以给边军，军饷不仰藉于县官，故上下交足，军民胥裕"（《明史·食货志》）。在以农业为主的时代，劳动力数量和耕地面积是社会生产力发展水平的重要标志。洪武二十六年（1393），全国编户 1600 万户，人口 6000 万口，已经超过元代最高数额，比宋前期也高出许多，全国田土计 850 万余顷，比宋初真宗时期 524 万余顷也高出不少。[①] 劳动力数量的增加和耕地面积的扩大虽然主要还

① 关于明代人口、土地数量，学者间有不同的估计，这里所引乃通常说法。

是农业生产力的量的提高，但对社会经济的发展仍具有重要意义。不仅如此，“田野辟，户口增”的势头还由经济发达地区向落后地区，由内地向边陲伸展，促进了全国广大范围的生产力的提高。

在生产力发展的基础上，于永乐年间出现了社会经济的繁荣。郑和舰队的远航，京师北京的营建，南北大运河的沟通，都是当时国家和社会具有较强经济实力的体现。而郑和舰队的世界性远航又是经济繁荣的主要标志。郑和庞大舰队七下西洋的壮举，在中国封建时代既是第一次也是最后一次，最富说服力地展现了15世纪初叶的中国所具有的高超的造船技术，巨大的造船能力，先进的航海知识和充足的物资、丰富的商品、强大的军力。而这些又需要有较高的科学技术整体水平和较高的社会生产力水平为基础。郑和航海所代表的强盛的综合国力和面向世界的博大的开放精神，奠定了当时中国在亚洲乃至世界的强国地位。

中国封建时代的自然经济对商品经济并不是绝对排斥的，无论是地主、农民，还是其他群体，其所需要的生产资料和生活资料都不可能做到绝对的自给自足。如果说，明前期社会经济的发展主要还是耕织结合的传统经济的发展，那么明中期社会经济发展的主要标志则是商品经济的空前发展，在中国古代经济发展史上开创出一个崭新的局面。

随着农业生产力的进一步提高，商品生产在农业经济中也逐渐发展起来。明前期农业生产力的提高主要表现在量的增长和规模的扩大，明中期在劳动生产率上也有了提高。农具的改进和配套，优良品种的培育和推广，肥料的施用和土壤的改良，水利的兴修，双季稻的推广，水稻在北方的种植，杂粮在南方的推广，农业技术和管理经验的进步，特别是高产粮食作物玉米、红薯的引进推广，使得农业生产力在明前期的基础上又有了明显提高，为商业性农业的发展提供了前提条件。首先，农业生产力的进一步提高，粮食单位面积产量和社会总产量的增加，为将更多的粮食作为商品投入市场提供了可能，并激励一部分土地经营者从事商品粮的生产。例如，经济作物和工商业发达的江南地区，“半仰给于江楚庐安之粟”；山多田少经商者众的徽州地区，“大半取于江西、湖广之稻”。粮食成为明中期商业贸易中最主要的商品之一。

其次，农业生产的进一步提高，为将更多的耕地从耕地总面积中切割出来种植经济作物提供了可能。"一个民族的生产力发展的水平，最明显地表现在该民族分工的发展程度上。"① 明中期不仅农业与手工业的分工扩大，而且农业生产内部的社会和区域性分工也在加强，形成一些经济作物比较集中的种植区。明代的经济作物除历史悠久的桑麻、甘蔗、茶叶、林果等继续发展外，具有时代新景象的是花生和烟草的引进与推广，特别是棉花的种植有了大幅度的增长。我国棉花的种植始于宋元之际，但大面积推广则在明代。明代著名经济学家丘濬在其弘治年间编纂的《大学衍义补》中曾经这样描述棉花的普及情况："（棉花）遍布天下，地无南北皆宜之，人无贫富皆赖之，其利视丝枲盖百倍焉。"到了嘉靖、万历年间，棉花种植已遍布于长江南北、黄河流域、华北平原，并且形成一些专业化种植基地。经济作物的生产，除一部分是为了生产使用价值，产品供生产者自我消费外，相当部分是以生产交换价值为目的，产品成为商品进入流通过程。经济作物的推广，不仅促进了商业性农业的发展，而且为手工业生产提供了大量原料。

第三，农业生产力的进一步提高为将更多的劳动人口从农业中分离出来转向工商业提供了可能。明中叶以后，"弃本逐末"者日渐增多，按照松江名士何良俊在《四友斋丛说》中的说法，到了嘉靖、隆庆年间，"去农而改业为工商者三倍于前矣"，"去农而游手趁食者又十之二三矣"，"大抵以十分百姓言之，已六七分去农"。全国各地由务农转为工商的数量和比重尽管不同，但"去农而改业为工商"的趋势、潮流确实是存在的。众多脱离土地的非农业人口的存在，为手工业的发展提供了充足的劳动力，并促进了工商业城镇的勃兴。

明中期农业生产力的提高和商业性农业的发展在各地是不平衡的，所达到的程度还不足以改变耕织结合的自然经济结构，但却对其产生了强大的分解作用。以上种种迹象表明，传统的经济结构和经济运行机制正在发生着深刻的变动。

手工业生产在明中期有了进一步发展。从总体上看，手工业生产的规模、能力、工具、工艺、分工以及劳动组织、管理经验等都比前代有不同程度的提

① 马克思、恩格斯：《德意志意识形态》，《马克思恩格斯选集》第1卷。

高和改进。纺织、陶瓷、矿冶、造纸、印刷、木材、制糖、榨油、酿酒、制茶、制盐、军工等传统手工业都有新的发展，并在嘉靖、隆庆、万历（中期以前）年间出现繁荣景象。古老的丝织业到了明代中期焕发出勃勃生机，尤以东南地区为盛。除三吴闽越皖蜀外，北方山西潞安也是著名的丝织中心，最盛时织机多达9000多张。丝织业生产不仅仅是量的增长，而且有质的提高，当时江南流行的织机就有绫机、绢机、罗机、纱机、绸机、缎机，表明了生产工具的改进，专业化分工的加细和品种的丰富多彩。陶瓷业生产亦呈现兴旺之势，而且工艺技术日臻完美。陶瓷业中心景德镇有万余甚至数万制瓷工匠，“万杵之声殷地，火光烛天，夜令人不能寝”，有“四时雷电镇”之称。除景德镇外，浙江处州、福建德化、河南禹州、北直曲阳、南直宜兴等地的陶瓷业也很发达。矿冶业的发展出现一些新的特点，冶铁、炼钢等部门形成不少规模较大、分工较细的冶炼手工工场；银矿开采空前高涨，为白银货币化提供了条件；煤炭作为燃料已普遍应用于居民生活和手工业生产。明代的造纸业和印刷业也很发达，特别是铜、铅活字印刷，彩色套印，饾版，拱花等新技术的发明和推广，是我国印刷史上的又一创举。

除了传统手工业的发展提高外，还兴起一些新兴手工业，成为社会经济新的增长产业。最突出的是棉纺织业的迅速发展。中国棉纺织业出现于元代，但在当时纺织业的主体仍是丝麻业，棉纺织业只处于辅助的次要地位。至明代，棉纺织业快步前进，至嘉靖、隆庆、万历时期呈现出超过传统的丝麻业而居纺织业领先和主体地位之势，成为各地百姓的主要服装原料，“凡棉布寸土皆有”，“织机十室必有”。不仅有普遍的家庭手工业，而且有为市场生产商品的棉纺织业中心，江南的松江享有以其生产的棉布“衣被天下”的美称；北方的肃宁，棉布的数量、质量虽然比不上松江，但价格却比之便宜，“仅当十之六七”，因此颇具竞争力。

明中期，农业与家庭手工业相结合的自然经济在整个社会经济结构中仍占着优势，特别是经济发展落后地区，自然经济不仅占优势而且还很顽强。但是历史事实表明，有相当规模的手工业确已从农业中分离出来，由农业的副业转变为独立手工业；在独立手工业中，某些发展程度较高的行业，有的手工作坊又已转变为手工工场。手工业生产分工的加大，规模的扩展，资本的集中，劳动的联合，技术的改进，都有力地促进了整个社会生产力的提高和发展。当我们今天回顾和评估16世纪中国手工业的发展水平及其在世界所占的地位的时候，也许还不如当时的欧洲人从亲身感受中作出的评价更为充分。当时的欧洲人对中国输出的丰富而精美的手工业品十分惊讶和羡慕，他们说，中国“是异端的一个很大的国家，而且十分重要，这可以从来自那里的富足和珍贵的商品看出，故此我认为在全世界没有比那儿更好和更多的商品了。”当他们看到中国出口的“极大量的布料和布块”时，认为中国生产的棉布“足够供应全世界”。①

在农业和手工业生产发展的基础上，明中期出现了商业的空前繁荣；商业的繁荣反过来又刺激了生产的发展。农业（特别是商业性农业）和手工业生产的发展，为社会提供了较多的商品，粮食、棉花、棉布、丝、丝织品、盐、茶、瓷器、铁器等成为流通领域中的大宗商品。社会生产力的提高和社会分工的加强还扩大了社会对商品的需求。这种需求，从国内来说，既包括上层社会的奢侈性需求，也包括广大民众的日常消费性需求，还有农业手工业对生产资料的需求；从国外来说，则是亚洲和欧洲对中国农产品和手工业品的需求，适应供给与需求明显增加的需要，全国各地从事商业贸易活动的大小商人日益增多，南直、山西、江西、浙江、福建、广东、陕西等地经商者尤众。不仅商人，而且大小文武百官，乃至皇帝、贵族也都冲破了太祖的禁戒，纷纷经商营利。明中期，特别是嘉靖以后，经商已成为一股社会风气和潮流。随着商人阶层的日益壮大，在其中还崛起了一些以地域为中心的商人群体或集团，俗称商帮。徽州商帮、山西商帮、陕西商帮、宁波商帮、山东商帮、广东商帮、福建商帮、洞庭商帮、江右商帮、龙游商帮，都是拥有巨资、称雄商界的商人集团。在众多行商和坐商的经营和争逐下，商品交易空前活跃，各地市场联为一体，全国性商业市场形成。“滇南车马，纵贯辽阳；岭徼宦商，衡游蓟北”。“燕赵秦晋齐梁江淮之货，日夜商贩而南；蛮海闽广豫章南楚瓯越新安之货，日夜商贩而北。”这些都是明中期全国商品市场广大和商业贸易繁荣的真实写照。不仅国内贸易前所未有的兴隆，而且国外贸易也有较大发展。明中期不论

① 何高济：《中国商品在印度洋上——据十六世纪欧洲人的记述》，《燕京学报》第4期。

是官方贡舶贸易，还是民间海外贸易，进出口商品额度都有较大增长。尤其是官府对民间海外贸易的控制力越来越弱，民间海外贸易额所占比重日渐扩大，特别是福建，各种货物“航大海而去者，尤不可计。”

适应国内、国外商业贸易发展的需要，流通领域中货币量剧增，货币应用范围空前扩展，贵金属白银逐渐成为国家合法的主要货币，实现了我国货币体系的历史性变革。由于白银不仅成为主要交换工具，而且本身就是财富，因此社会对白银的需要量激增，除国内大规模开采外，还通过西班牙、葡萄牙商人从海外大量进口。

城市、市镇、集市的发展或兴起是明代商品货币经济繁荣的综合体现。首都北京、留都南京及各布政司、府、州、县治所在地虽然都还没有摆脱传统都会式城市的模式，但其中有不少无论是居民规模，还是工商业繁华程度都超过了前代，其商业贸易中心的经济功能明显上升。除前代延续下来的城市进一步发展外，一批新的运河城市和中小市镇迅速兴起是明代城镇发展的时代特色。南北大运河自永乐年间贯通后，成为联接全国政治、军事、文化、商业中心的北京与经济发达、国家赋税主要来源的江浙地区的交通大动脉，沿岸不少商业城市很快发展起来，至嘉靖、隆庆、万历年间已经成为著名的商埠。在商品经济浪潮的推动下，大体从嘉靖年间起，在一些经济发达、交通便利的地区，特别是江南苏州、松江、杭州、嘉兴、湖州等地区，一批新兴的市镇拔地而起，一股经济生活的新气息扑面而来。它们原来大都是只有几家或几十家的乡村，有的甚至是荒沙一片，随着商品经济的发展，在短时期内，很快成长为千百家、数千家、甚至万余家的商旅辐辏、百货骈集的手工业生产基地和商品集散地，成为非常引人注目的新的历史现象。遍布各地乡镇的集市是沟通乡镇之间及城市与乡镇之间商业贸易的桥梁和中介，它们的数量和规模在明代也有增加和扩大。城市、市镇、集市把全国各地城乡联络成商业贸易网络和国内市场，它们既是商品经济发展的结果，又促进了商品经济的进一步繁荣和社会文明的提高。城镇是市民阶层的居住地。在商品经济的培育下，市民阶层迅速扩大。市民阶层不仅推动了工商业的发展，而且使政治斗争和思想文化也发生了代表他们利益的新的变化。

封建时代的商品流通与资本主义时代的商品流通虽然属于不同的范畴，但是二者之间并无不可逾越的鸿沟。马克思主义经典作家指出："商品流通是资本的起点。商品生产和发达的商品流通，即贸易，是资本产生的历史前提。"① "商人资本的存在和发展到一定的水平，本身就是资本主义生产方式发展的历史前提。"② "从商品、商品交换、货币权力中间产生了资本权力"③。明代中期发达的商品流通、雄厚的商人资本和贸易自由程度的增大，促进了货币财产的集中和较大规模的贸易销售；促进了社会分工和产品向商品的转化；促进了商品货币关系排挤人身关系和政治强制关系；促进了商品生产者分化为资本所有者和劳动力所有者，对传统的封建经济结构和运行机制产生了较强的分解和冲击作用，为资本主义生产关系萌芽提供了历史前提。

万历十年（1582）张居正去世以后，以神宗为首的反改革腐朽政治势力把持朝政，不仅丧失了自我调控能力，终止改革，而且倒行逆施，再加上明满战争加剧，自然灾害频仍，遂导致社会阶级矛盾空前激化。以万历二十四年开始滥派矿监税使为标志，明王朝转入后期。矿监税使是朝廷运用政治权力对工商业施行的强制性掠夺，是对明中期商品经济繁荣的反动，工商业遭到惨重打击；此后施行的"辽饷"、"剿饷"、"练饷"赋税加派又对广大农民竭泽而渔，农业生产又遭到严重破坏，于是社会经济由发展走向低落，由繁荣走向萧条，特别是西北和中原地区的农业经济凋敝困顿，广大农民在饥馑中挣扎，于是爆发了大规模农民起义，明王朝随之灭亡。

二、封建生产关系和国家经济政策的进步性调整

明前期、中期生产力的提高和社会经济的发展在生产关系和国家经济政策上引起哪些变化？这些变化反过来对生产力的提高和社会经济的发展又起了怎样的作用？下面我们将对这些问题的主要方面作些探讨。

封建土地关系是封建生产关系和封建阶级关系的基础。明代的土地所有制分为两大部类，一类是官田，一类是民田。从理论上讲，官田是国有土地，民

---

① 马克思：《资本论》第1卷，《马克思恩格斯全集》第23卷。
② 马克思：《资本论》第3卷，《马克思恩格斯全集》第25卷。
③ 列宁：《论国家》，《列宁选集》第4卷。

田是私有土地。官田属于封建国家，经营者、耕种者只有使用权，而无所有权，不得自由买卖。除皇庄及钦赐亲王、公主、勋戚、内监庄田免纳税粮外，其他官田使用者同朝廷之间形成特殊的租佃关系，朝廷向他们课以租税，其额度大于向自有土地所有者征收的赋税量。官田上的租税具有地租和土地直接税的双重性质，对于占有官田的地主阶级来说则是地租的再分配。

明初由于有大量前朝遗留下来的官田及开国后新设的没官田、军屯、民屯、商屯、职田、学田、养廉田、牧马草场、寺观田及贵族庄田，因此官田数额较多，特别是江南地区官田甚至多于民田。明中期，官田逐渐私田化。皇庄及钦赐给贵族们的土地实际上已经成为他们的私产；地主阶级占有的官田实际上也成为私田；军屯、民屯、商屯废弛；承种官田的农民，演变为自耕农小土地所有者，同国家之间特殊的租佃关系转化为纳粮当差的赋役关系。从主要方面来看，官田私有化是历史的进步，有利于社会经济的发展。封建国家权力对土地控制范围的收缩，土地私有制程度的扩大，刺激了地主乃至广大农民购买土地力农致富的积极性，促进了土地买卖关系的发展，加快了地权的转移，增强了封建经济的活力和灵活性；土地买卖的日益发达，加快了阶级分化，有利于富裕农民和庶民地主的生长及雇工经营的形成；土地买卖的盛行，还有利于商品货币经济和商业性农业的发展；由国家佃农转变为自耕农，有利于生产积极性的提高。

民田是私有土地，具有所有权，可以自由买卖，向国家承担赋役，得到国家法律保护。同是民田即私田，又有封建地主土地所有制和自耕农小土地所有制之分。

明代的封建地主可以分为三个等级：贵族地主、官绅地主、庶民地主。贵族地主由皇室、诸王、公主、勋戚等构成。他们的土地分为两种，一种是钦赐田土，即“公田”，载在“金册”，享有免纳赋役的特权；一种是“自置私田”，按律例需向朝廷交纳赋税，“与齐民一体当差”。明初对贵族约束严格，太祖曾令制定《戒敕功臣铁榜》，申明禁令九条，这九条内容后来分别被《大明律》中的《盗卖田宅》《功臣田土》《隐蔽差役》等条款吸收，作为犯罪行为在法律上肯定下来。在明初，由于纪纲严明，贵族地主对社会并未造成大的危害。明中期以后，贵族地主“请乞”无厌，朝廷封赐给他们的土地数额剧增；同时他们还通过强夺、受献等非经济手段大肆兼并土地。他们一方面“广收民田为己私业”，另一方面又凭借权势逃避和转嫁赋役，“使有司不得编差征税”，由此加剧了同农民的矛盾，并使国家的赋役来源锐减。贵族地主同佃种其土地的农民形成租佃剥削关系。这种租佃关系带有较强的封建宗法束缚和超经济强制。明中期以后，贵族地主成为阻碍社会经济发展的主要力量，政治上的保守性，经济上的寄生性，生活上的奢靡性是他们的阶级特性。

官绅地主由取得生员、举人、进士等封建等级身份地位的现任官员、致仕官员、未仕乡绅地主所组成。在政治身份上，他们是官、绅，因此在户籍上编为官籍、官户、官甲，与庶民百姓分属于官、民两个不同的等级。在经济地位上，享有徭役优免权，论品免粮，论品免田。所谓“优免粮”、“优免田”，虽然在事实上已经具有优免税粮和徭役的性质，但在法律的意义上系指优免徭役，限额优免之外的“余粮”、“余田”与庶民一体当差。法律上的优免虽然已经非常优渥，但是官绅地主还是力图冲破法律的限制，实行全额优免。明中期以后，法度松弛，官绅地主遂利用优免权不仅使自己逃避赋役而且荫蔽族党及投献、诡寄者逃避赋役，并借此兼并土地。官绅地主合法优免和非法隐蔽的粮差都转嫁给了庶民百姓、乃至庶民地主，由此既加深了同农民的矛盾，也同朝廷发生了争夺民户和赋役的冲突。如果说，在经济上“请赐”田土是贵族地主腐朽性的主要标志的话，那么优免粮差则是官绅地主腐朽性的主要标志。官绅地主的土地大多采取租佃经营，他们同佃农之间形成租佃剥削关系。中期以后，有的官绅地主在坚持以租佃经营为主的同时，还进行雇工经营，或投资于工商业。

明代官绅地主在数量上远远超过贵族地主，是地主阶级中的基本力量。在揭示其对历史发展的消极作用的同时，也应看到其对历史发展所起的积极作用。官绅地主自宋以后逐渐发展起来，明代官绅地主的规模超过了宋代。与秦汉世家地主、魏晋隋唐门阀地主相比，官绅地主的兴起壮大是一种历史的进步。在法权地位上，官绅地主虽然是高于庶民的特权等级，但他们的政治身份和优免权是通过科考选官得到的，而不是世袭的，冲破了世族地主、门阀地主和贵族地主世代相袭的封建血缘宗法关系，使封建等级制度有所减弱；官绅等级是固定的，但其构成是变动的，有的官绅个体下降为庶民百姓，有的庶民百姓通过科考上升为官绅，这有利于地主阶级构成的更新，增加了地主阶级的活力和竞争力；在财产权力上，其主要生产资料土地不是朝廷封赐的，虽然相当部分的土地是凭借特权、通过非经济手段兼并而来，但也有一部分土地是通过正当购买而来，促进了政治权力与土地所有权的分离，使封建权力对于经济的强制有所减弱；在分配关系上，他们虽然极力转嫁负担，但朝廷法律规定，优免限额以外的田土亦需纳粮当差，向国家施行地租分割；在经营方式上，随着中期以后商品经济的发展，他们有的人冲破了单一租佃经营的范围，而同时从事雇工经营或投资工商业，促进了地租向工商业资本的转化；在政治生活和政治态度上，各级国家机构的官员主要来源于这个阶层，其中虽然有很多贪官污吏、奸佞小人，但也涌现出不少政治改革派和清廉不阿之士；在文化事业上，官绅是封建文化的主要掌握者，明代文化虽然有其弊端，但在官绅中确又产生出许多杰出的思想家、文学家、科学家。

庶民地主，在法权地位上没有功名身份，属于平民百姓，在户籍上同农民一样编入民户；在经济上，没有朝廷赐予的特权，反而常常受到贵族地主、官绅地主兼并土地和转嫁赋役之害，其土地主要来自购买；同佃农之间，在人身地位上较少依附和强制关系，在法权上是平等的；与其他地主阶层相比，较为容易采取雇工经营，有的发展为经营地主。总的说来，庶民地主是地主阶级中封建宗法关系比较松弛的阶层。明代庶民地主的势力大于宋元，但由于赋役繁重和土地兼并，其发展较为困难。而且处于不断分化之中，有的通过科考上升为官绅地主，有的在兼并中下降为农民。

自耕农是农民阶级中的重要组成部分。自耕农经济与地主经济并存，其生存状况是影响和决定农业经济乃至整个社会经济发展状况的重要因素。土地所有是对自身劳动产品所有的一个条件。由于自耕农与佃农在土地权利上的差别，导致在赋税与地租负担上的轻重不同。一般说来，地租是赋税的天然界限，等量土地的赋税额低于地租额，因此耕种相同亩数的土地，在其他条件相同的情况下，自耕农实际得到的剩余产品要高于佃农。同时由于自耕农拥有小土地所有权，因此在人身地位和生产经营上具有一定的独立性、自主性。这些都决定了自耕农的生产积极性大于佃农，是农民中富有生命力的阶层。在阶级分化中，有的自耕农下降为佃农；少数上升为地主，是地主阶级再生的途径之一。

自耕农与佃农的不同仅仅是决定自耕农经济状况的一个方面，自耕农经济状况还受其他许多条件的制约。这主要是：地权集中程度，亦即贵族官绅地主兼并土地的程度；国家赋役征派程度；贵族官绅地主赋役转嫁程度等。在农民阶级中，自耕农是国家赋役的主要承担者，贵族官绅地主兼并土地、转嫁赋役的主要受害者。自耕农既与封建国家（地主阶级的总代表）处于矛盾的统一体中，又与贵族官绅地主处于矛盾的统一体中。这两对矛盾是封建社会地主阶级与农民阶级这个主要矛盾的突出体现。每当地权比较分散，赋役比较轻薄，对贵族官绅地主的约束比较严紧之时，自耕农经济就发展得比较快，反之则会受到压制和摧折。

明初对自耕农实行扶持政策。建国之初，太祖即发布诏令："其间若有丁力少而旧田多，不许依然占护，只许尽力耕种到顷亩以为已业。若出时丁少，归时丁多，而旧产业少者，许令于附近荒田内官为验其丁力，拨付耕种，敢有以为旧业，多余占护者，论罪如律。"① 并且限制多占土地出租，"若兼并之徒，多占田以为已业而转令贫民佃种者罪之。"② 这是具有重要历史意义的决策。它部分地否定了地主阶级对原有土地的所有权而肯定了农民在元末农民起义和战乱之后所垦土地的所有权，是对明初生产资料占有关系的重要调整。后来在重定《大明律》时，不仅吸收了这些精神，而且在律文中有不少保护私有田土、山场、园林、宅地及土地生长物的规定，同时禁止功臣勋贵、官绅势要之家在正当土地买卖之外掠夺土地、隐蔽粮差。由于明初地权分散，赋役较轻，加之对豪强劣绅、贪官污吏施之重典，因此农民小土地所有制广泛存在，自耕农在农民阶级中占着多数比重。自耕农的生产条件和生活状况也有了一定改善。"山市晴，山鸟鸣，商旅行，农夫耕，老瓦盆中洌酒盈，呼嚣隳突不闻声"③ 的吟唱，形象地反映了明初自耕农民在安定的社会氛围中自给自足的农耕生活。自耕农经济的较大发展是促成明初经济恢复发展的一个重要原因。

自耕农是明代社会中的中间力量。其阶级动向如何，直接影响着社会稳定

---

① 《正礼仪风俗诏》，《皇明诏令》卷二。

② 万历《明会典·田土》。

③ 《明诗综》卷一〇〇。

的状况。明中期的一个半世纪中，社会局势几度紧张，爆发了大大小小的农民起义和流民洪潮。究其原因主要是朝廷加重赋役，官府横征暴敛，贵族官绅地主兼并土地、转嫁赋役，也就是说主要是因为损害了自耕农经济，加深了同自耕农的矛盾，迫使他们离乡流徙，或揭竿而起。中叶以后，大量自耕农破产，沦落为佃农或奴仆。有的宁愿将土地投献给贵族官绅地主作他们的佃户、佃仆，也不愿再作向朝廷纳粮当差的自耕民户。当然也有一部分破产农民转变为农业雇工或手工业工人。还有的流入荆襄、汉中、赣南、浙西、皖南、粤北等封建统治薄弱的山区，朝廷被迫承认其附籍占种，再生为新的自耕农民。

好在直至万历中期以前，明朝封建统治集团虽然有腐朽势力倒行逆施，但仍保持着自我调控能力。宣德正统年间江南巡抚周忱、江西按察佥事夏时，成化年间祭酒周洪谟、副都御史原杰，弘治年间都御史马文升、户部尚书叶淇，嘉靖年间大学士杨廷和、大学士张璁、大学士桂萼、大学士夏言、大学士顾鼎臣、詹事霍韬、江南巡抚欧阳铎、广东巡抚潘季驯、浙江巡抚庞尚鹏，隆庆年间应天巡抚海瑞、江南巡抚林润，万历年间大学士张居正等，他们所提出的社会经济问题和改革方案主要都集中在赋役繁重、赋役不均、兼并土地、欺隐粮差等问题上面。经过朝廷的不断调控和改革，这些尖锐的问题相应得到一定程度的解决，于是几度出现的社会危机又都缓和下来，随之出现一段社会阶级矛盾相对缓和、社会秩序相对稳定的时期，明中期出现的“弘治中兴”、“嘉靖新政”、“张居正改革”等就是这样的“革故鼎新”之时。社会阶级矛盾时紧时松的波浪式演进的历史过程，为自耕农经济在社会相对稳定时期的发展提供了机遇。就是说，在明中期，社会经济关系和国家政策还为自耕农经济的发展和自耕农的再生保有一定的余地，因此尽管自耕农的数量有所下降，但仍保持相当规模，自耕农经济也在缓慢前进。自耕农经济继续发展，是明中期农业生产仍有一定提高、特别是商业性农业空前发展的重要原因之一。在商业性农业发展的背景下，由自耕农中生长出一批富裕农民。他们有的进行雇工经营，为农业资本主义生产关系萌芽的出现准备了条件。同时农业的多种经营和商品经济的扩大反过来又给自耕农经济的发展提供了新的支持和动力。自耕农经济的这种发展势态，至万历中期以后才停滞下来。万历中期以后，由于整个统治集团已经腐朽，赋役加重、土地集中之势再也无力挽回，于是广大地区内的自耕农经济遭到严重摧折。

租佃关系是明代封建地主所有制的基本剥削关系。在农民阶级的构成中，明前期自耕农占多数；明中后期由于地权集中，佃农所占比重增大。因此租佃关系的状况是影响和决定农业经济乃至整个社会经济发展状况的又一重要因素。

前面我们曾经讲到自耕农经济优越于租佃经济。佃农没有土地所有权，地租率一般都在一半，比赋税为重。尤其是在土地兼并、破产农民增加的情况下，无田贫民唯恐租种不到地主土地，地主便趁机改佃增租，加重地租剥削，有的不仅剥夺了佃农的全部剩余劳动，甚至剥夺了部分必要劳动，使佃农陷入贫困状态之中。为了实现地租剥削和地租外掠夺，地主阶级还对佃农施行超经济强制和人身束缚。封建地租剥削和政治压迫严重地挫伤和压制了佃农生产积极性，阻碍了扩大再生产的进行和富裕租佃农民的产生。富裕佃农的雇工经营更是艰难，高额地租阻碍了资本主义租佃关系的出现和发展。

明代的租佃关系是历史上租佃关系的继续和发展。租佃关系发展至明代，封建强制性在减弱，佃农的独立自主性在增强，这是具有历史意义的变化。与宋元相比，明代佃农的法权地位有了提高。宋代主佃法律地位差异悬殊，元祐年间朝廷规定：佃客犯主，加凡人一等；主犯佃客，杖刑以下勿论，徒刑以上减凡人一等，因殴致死者不刺面配邻州。（《续资治通鉴长编》卷四四五）至南宋绍兴年间，又规定主人对佃客犯罪，再减刑一等。元代律令规定：主人打死佃户，不予偿命，只杖刑七百，征缴烧埋银两。（《元史·刑法志》）明代废除了地主与佃户在法权上的等级关系。在太祖亲自主持制定的《大明令》《大明律》《大诰》等明代基本法典中，没有地主与佃户同罪异罚的不平等法律规定；只是在礼仪性的《乡饮酒礼》条文中规定，佃户对田主行以“弟”事“兄”之礼，虽还有长幼之分，但已无良贱等级之别。如果主佃之间有亲属关系，则“不拘主佃”，以亲属之礼行之。《大明律》中《私役民夫抬轿》等条文还规定，田主不得随意役使佃户，豪富之家役使佃户抬轿者杖六十，每役使一名计一日追给雇工钱六十文。也许是因为朱元璋出身贫寒，父母死于灾荒连葬埋之地也没有，“田主德不我顾，呼叱昂昂”，对地主豪强欺压百姓存有本能的厌憎，因此在《大诰》中规定，包括佃户在内的农民，可以绑捆害民豪户和害民官吏赴京告状。

佃户与地主不仅在法权上是平等的，而且在经济关系中也日渐自主和独立。在明代由于土地买卖关系和永佃制的发展，使土地所有权与耕种权、田底权与田面权的分离日趋扩大，对封建地主土地所有制形成冲击。永佃制始于宋代，至明代在江南及闽、广等地普遍发展起来。具有永佃权的佃户，对田面有权转租，实际是对土地使用权的转卖典当。耕种官田的农户，通过土地买卖，将官田改变成了民田，“买卖过割之际，往往以官作民。”永佃制可以阻止田主随意夺佃，以致形成“久佃成业主”之势，这种“业主”的地位已经接近小土地所有者。佃户拥有永佃权，可以自主决定土地的使用，经营独立性增加，生产积极性提高，对土地的投入加大，促进了农业生产的发展和富裕佃农的形成。

明代的地租形态以分成实物租和定额实物租占统治地位，中期在江南地区出现了货币租。明初地租额较低，中期以后有所增长，大体在亩产量的一半左右。定额租在明中后期普遍施行。定额租，在其他条件不变的情况下，若亩产量提高，则地租率下降。分成租虽然不如定额租优越，但分成定额之后，仍有一定的积极作用，一方面可以防止地主随意增租；另一方面亩产增加后，佃农所得剩余产品也相应增加。货币地租所占比重尽管微弱，但它却是有利于商品货币经济发展的新生事物。

封建租佃关系上的这些进步性变化，推动了农业生产的发展，这是直至万历中期以前，社会经济保持一定发展的重要原因之一。在当时生产力水平下，封建租佃关系仍有其存在的历史合理性。因此我们只能正视历史，从对封建租佃关系的落后性及进步性变化的辩证分析中，说明其对社会经济的不利和有利的影响。

在中国古代“本”“末”之争持续不断，但在实际上，农与商从来也没有绝对对立过，而是相互补充。明初对商业和商人实行保护和扶持政策，“关市之征，宋元颇繁琐，明初务简约，其后增置渐多。”① 在商税征收上，明太祖制定了低税率和缩小征税范围的政策。还是在他登基之前，便在自己统辖区域

① 《明史·食货志》。

内推行“三十而取一”的低税率，多征者以违令论处。夺取全国政权后，又进一步缩小商税征收范围，规定嫁娶丧祭之物、舟车丝布之类以及农具、书籍、果蔬、食品、畜牧等物皆免征税。明成祖继承并发展了太祖的商业政策，规定民间日用之物、民间自产之物、农用之器、买已税之物、车船运输自己货物以及不进入市场的农副产品等俱皆免税。这种低税率、小范围的商税政策，不仅保护了商人的利益，而且保护了农民和手工业者的利益，并刺激了农民将一部分列入免税的农产品和家庭手工业产品投入市场的积极性。随着商品种类的增多和商业活动范围的扩大，明中期商业税种也相应增加，但商业税率基本没有提高，因此尽管商税“增置渐多”，并未阻碍商业的继续发展。

明代商业政策仍保留着落后的超经济的政治强制。铺户当行买办制度，即带有徭役征派的性质，并且额外盘剥严重，致使不少铺户破产。但总的来说，明中叶以后，朝廷和官府对一些重要商业领域的垄断和控制日渐走向松弛，最明显的是盐业和茶业。明初承袭元代制度，朝廷和官府对盐的生产和流通严格控制。中叶以后，由纳粮中盐转向纳银中盐；不仅余盐准许商人收购贩卖，而且由于一些盐场盐课改为征收银两，因此为了换取课银，正盐也以商品进入市场。这样民间盐业贸易和私人盐商便迅速发展起来。而且由于盐业对国计民生边防的特殊重要地位，因此资本最雄厚的巨富大贾往往由经营盐业起家。茶业大体经历了同盐业一样的由官府严控向民间贸易转化的过程。

中叶以后，朝廷对流通手段也放松了控制，并进行了货币制度的改革。明初，国家规定铸币铜钱和纸币宝钞为主要法定货币。正统初年，朝廷放松对白银流通的限制，并且规定部分地区的赋税米麦折银征收，输纳内承运库，供皇室消费之用，称为“折色银”或“金花银”，于是白银需求量和市场流通量明显上升。自嘉靖初年起，一些地方开始试行“一条鞭法”，至万历九年（1581）张居正改革时明令在全国范围内推行。一条鞭法的核心内容是均平赋役，全国赋税、徭役一律按田亩由实物和劳力改征白银，从而走向赋役的货币化。这一改革使白银成为国家主要货币，货币体制改行银本位，不仅宝钞被白银取代，而且铜钱也降至辅助货币。这一改革还迫使广大农民为了完纳货币赋役必须把一部分劳动产品转化为商品出售，从而加强了同市场的联系。一条鞭法的施行是我国赋役史和货币史上的具有划时代意义的改革，它是商品货币经济空前发展在国家法制上的反映，而它的出现又推动了商品货币经济的进一步发展。

如何历史地全面地评价明代的“海禁”政策，是正确认识明代海外贸易和海外政策的关键。从明太祖那里一直延续下来的海禁政策，其提出和坚持的主要和直接原因是日本倭寇和西方殖民主义的侵掠以及国内元末残余反明势力、豪强巨室、海盗走私集团同外国侵略者的勾结；其主要目的是为了维护国家的主权、安全、稳定及经济利益。因此从政治和军事层面来说，海禁政策无疑是必要的，正义的，具有历史的合理性。从经济层面来说，海禁政策固然有限制民间海外贸易自由发展的消极作用，但是在实际经济活动中，海外贸易从来也没有真正被禁止过，海外贸易进出的国门从来也没有真正关闭过。历史就是在这样的似乎是不可思议的矛盾中前进的。人们对郑和航海的决策者明成祖的勇于开拓海洋的雄才大略往往给予热情地称赞，然而他同他的父亲一样，也下过“片帆不得下海”的禁令。由于明代所面临的国际环境的特殊历史条件，明代的海外贸易主要通过三条渠道进行：一是官方贡舶贸易；一是民间走私贸易；一是民间合法贸易。官方贡舶贸易随日本倭寇和西方殖民势力侵掠程度的变化而时松时紧；民间走私贸易，官府的限制越来越松，贸易额日渐增大；隆庆年间，朝廷部分解除海禁，私人海外贸易在一定范围内取得合法地位，促使民间海外贸易迅速发展。

随着商品货币经济的发展，商业税收在国家财政收入中的比重增加，它不仅用于皇室消费，而且广泛用于官俸、军饷、营建等开支中。封建国家的财政收入不仅主要依赖于田赋，而且对工商税收的需求日渐增大。由于工商业重要性的日益显现和商人阶层的扩大，商人的社会地位也有了提高。中叶以后，传统“本末”观的变化是商人阶层社会地位提高在观念形态上的反映。一些著名政治家或本人参予工商活动，或在政治上对工商予以支持。嘉靖、隆庆年间的名相徐阶，“家中多蓄织妇，岁计所织，与市为贾”。明代最杰出的政治家、万历前期宰相张居正则对商业在社会经济中的重要性给予了充分肯定，将其摆在与农业同样重要的地位，指出：“商通有无，农力本穑，商不得通有无以利农，则农病；农不得力本穑以资商，则商病，故商农之势常若权衡然”。“欲物力不屈，则莫若省征发以厚农而资商；欲民用不困，则莫若轻关市以厚商而利农。"[①] 商业与农业相互依存，相互促进。明中后期著名思想家李贽、赵南星、黄宗羲等人还从理论上阐述了工商业的重要性，进而提出了"工商皆本"的思想。有的人还对明中叶以后出现的奢侈之风从理论上给予肯定。认为富商大贾、豪族巨姓在宫室、车马、饮食、服饰、玩好等方面的奢侈用度，有利于为其提供消费的劳动者的就业，使之"分其利"，达到"均天下而富之"；有利于刺激工农业生产和商业贸易，"其地奢则其民必易为生，其地俭则其民不易为生"。嘉靖年间松江监生陆楫的"禁奢辨"就是这种理论的代表作。不仅在政治上有代言人，理论上有支持者，而且中叶以后反映工商业者和市民阶层生活的文学作品也大量涌现，从这些作品中可以看到，时人对嘉靖前后社会风俗和道德习尚的巨大变化颇多感慨，仿佛有异世之感。

明前期、中期，封建生产关系、阶级关系和国家经济政策出现了一系列新的进步性变化和调整（关于手工业、农业雇佣等方面的变化将在下面叙述），有力地推动了生产力的提高和社会经济的发展，这是明万历中期以前社会经济、特别是商品经济之所以能够保持发展的生产关系和上层建筑方面的原因。

三、资本主义生产关系的萌芽

随着社会生产力的提高，特别是商品货币经济的发展，明中期自成化、弘治年间，即15世纪中叶以后，社会生产关系中的超经济强制和封建人身依附日趋松缓，工农业生产中的雇佣劳动和雇工经营日趋增多，并开始了由封建等级雇佣向非等级自由雇佣转化的历史过程。这种"转化"的历史过程的开始，也就是在社会生产关系上出现了资本主义生产关系的萌芽。这种"萌芽"即资本主义生产关系的初始形态，至嘉靖、隆庆、万历年间，即16世纪有了进一步的发展。

明代匠籍工匠人身逐渐走向自由，官府手工业逐渐向民间手工业转变，民间手工业日益发展，为手工业资本主义生产关系萌芽的出现准备了条件。还是在明初洪永时期，即对元代落后的奴役性工匠制进行了改革。轮班匠制和住坐匠制的实行，使工匠的人身获得部分解放，他们虽然还须按规定的期限为官府

① 《张太岳文集》卷八。

无偿服役，但其余时间却由自己自由支配，在自由支配的时间内生产的手工业产品可以投入市场作为商品出售。中叶以后，轮班工匠又逐渐由亲自赴役改为以折纳匠班银替代，工匠人身进一步得到解放。嘉靖以后，随着官手工业向民间手工业的转变，官工匠也逐渐向民间手工业雇工或独立手工业者转变，匠籍制度所加给他们的不平等的人身地位、社会地位和法律地位逐渐摆脱。在民营手工作坊、手工工场，雇工出卖的仅是他的劳动力，雇主对其仅有劳动力的使用权，而无人身支配权。

明初官手工业在手工业的重要部门占据主导地位。中叶以后，官手工业逐渐衰落，朝廷和官府对丝织、陶瓷、矿冶、制盐、造船等重要手工业的垄断和控制逐渐减弱，以致不得不将其经营权转让给民间作坊主、工场主，形成官营向民营转型之势。官营丝织业是官手工业的最重要部门之一，中叶以后，各地官营织染局开始实行“机户领织”制，即通过中间包揽商召募民营机户为官府进行加工定货生产。这种制度的日渐扩大，对官营丝织业产生了严重的冲击和瓦解作用。官手工业中的另一重要部门官营陶瓷业，明中叶以后也呈日趋萎缩之势。一方面官窑内部的劳动力结构在发生变化，官匠和编役的比重下降，雇佣工匠比重上升；另一方面由于官窑生产能力的不足、管理者的腐败和劳动者积极性的低下，不得不打破官窑、民窑的森严界限，把一部分生产任务转交给民窑，借助民窑烧造御用瓷器，实行“官搭民烧”制。到了嘉万时期，官窑还冲破禁戒，将不能进呈的残次品乃至精美瓷器投放市场出售，官窑御器开始作为商品进入流通领域，官窑部分地具有商品经营性质。万历二十七年(1599)，景德镇窑工举行反抗矿监税使的民变，景德镇官窑从此基本停止烧造，其他地区的官窑也在明末相继停业。矿冶业是关系朝廷营造、军工兵器和国计民生的重要手工业部门。正统年间，朝廷解除禁止民间开采金银铜铁等矿的禁令，允许民间自由开采冶炼，并逐步施行矿课折色、关闭官矿。这样，矿冶业便逐渐由官营占主导地位走向民营占主导地位，就连规模最大的官营铁冶业遵化铁冶场也在万历九年封闭。

官营手工业的衰落与民营手工业的兴旺是同一过程的两个方面。明中叶以后，民营手工业不仅在生产规模上有了发展，生产技术上有了提高，而且在一些行业的生产关系上产生了资本主义萌芽。最为突出的是丝织业。丝织业民营机户在中叶以后发展迅速，尤以江南苏州、松江、杭州、嘉兴、湖州地区最为兴盛。吴江县盛泽镇“络纬机杼之声，通宵彻夜”。嘉兴县王江泾镇从事“丝缟之利”者7000余家。嘉万时期苏州民间机户至少在3万家以上。随着民营丝织业的发展，机户间产生了分化，有的机户“以机杼致富”，经营着拥有几十床织机、雇佣上百名机工、进行商品生产的手工作坊。研究者经常引用张瀚在《松窗梦语》中所讲他家丝织作坊和冯梦龙笔下机户施复丝织作坊等实例以及应天巡抚曹时聘、《西台漫记》作者常熟举人蒋以化等人对苏州地区机户、机工之间关系的描述来证实江南地区民营丝织业中资本主义萌芽的存在。应该说，这些实例是具有代表性、典型性的，这些描述是具有一定普遍意义的，因而是有说服力的。在这样的手工作坊中，机户拥有织机等生产资料和货币，通过剥削机工的剩余劳动增殖资本；机工则是“得业则生，失业则死”的与生产资料相分离的自由雇佣劳动者，他们每天清晨聚集在劳动力市场，“听大户呼织，日取分金为饔飧计”，将自己的劳动力作为商品出卖而维持生计，“染坊罢而染工散者数千人，机房罢而织工散者又数千人，此皆自食其力之良民也。”在这里，机户与机工之间是摆脱了封建人身等级关系的资本与劳动之间的自由雇佣与被雇佣的关系，“机户出资，机工出力，相依为命”，“大户一日不织则束手，小户一日不就人织则腹枵，两者相资为生”，资方与劳方相互依存，推动着具有工场手工业性质的丝织业生产的发展。马克思指出：“创造资本关系的过程，只能是劳动者和他的劳动条件的所有权分离的过程，这个过程一方面使社会的生活资料和生产资料转化为资本，另一方面使直接生产者转化为雇佣工人。因此，所谓原始积累只不过是生产者和生产资料分离的历史过程。这个过程所以表现为‘原始的’，因为它形成资本及与之相适应的生产方式的前史。”①“资本主义生产实际上是在同一个资本同时雇用较多的工人，因而劳动过程扩大了自己的规模并提供了较大量的产品的时候才开始的。较多的工人在同一时间、同一空间（或者说同一劳动场所），为了生产同种商品，在同一资本家的指挥下工作，这在历史上和逻辑上都是资本主义生产的

① 马克思：《资本论》第1卷，《马克思恩格斯全集》第23卷。

“起点。”[①] 按照马克思主义经典作家关于资本主义生产关系“起点”的基本理论和不同民族历史实践活动的特色，江南苏州等地丝织业中的上述生产关系属于资本主义生产关系萌芽范畴，应该是肯定的。

除丝织业外，其他手工业行业中也有资本主义萌芽的出现。松江“尤墩暑袜”（棉布袜）制造业，广东韶惠铁冶业，嘉兴石门镇榨油业，江西铅山县石塘镇造纸业等在生产关系上都发生了明显的变化，产生了资本主义萌芽。

15世纪中叶以后，在商业性农业发达地区和某些新垦殖山区，农业中也产生了资本主义生产关系萌芽。农业生产力的提高、特别是商业性农业的发展，加快了农民的分化，一部分自耕农和佃农上升为富裕农民，甚至上升为庶民地主，有的还通过科举上升为官绅地主。像“三吴之野为上农者不知其几千万人”，“上农累赀巨万”，“富民率好为兼并”之类的记载在史籍上经常可以见到。富裕农民采取雇工经营方式进行商品生产，成为萌芽状态的资本主义性质的农业主。一些庶民地主的剥削方式也在发生变化，在坚持租佃经营的同时还采取雇工直接经营的方式进行商品生产。甚至有的官绅地主在以租佃经营为主的同时也采用雇工经营。在从封建经营向资本主义经营过渡中，庶民地主、特别是官绅地主的雇工经营带有浓厚的封建性，尽管如此，这种农业雇工经营经济“正在循着资本主义道路前进”的迹象已露端倪。

在农民的分化中，更多的是由小土地所有者破产沦为无产或半无产的农业雇工；还有的由佃农脱离租佃关系转变为农业雇工。明中叶以后，农业雇工队伍日渐扩大，使用农业雇工的地域已经比较普遍，特别是商业性农业发达的江浙地区和某些新开垦的山区比其他地区更多。雇主主要是“富农”、“富家”、“富民”、“富者”，即富裕农民和庶民地主；还有像归有光、王世贞、钱海山、卢柟这样的官宦之家。雇工是“无田”、“无产”、“无恒产”者，他们“雇倩受值”为雇主“抑心殚力”，力田耕作。雇工有长工、短工、忙工之别，“计岁而受值者曰长工”，“农月暂忙者曰短工”，“夏初农忙，短假应事，谓之忙工”。大约长工多属于“无产小民”、“农无田者”、“无恒产者”的无产者；短工、忙工属于半无产者。

---

① 马克思：《资本论》第1卷，《马克思恩格斯全集》第23卷。

明中叶以后，贵贱、尊卑、长幼之间的封建宗法关系和封建人身依附关系日趋减弱，在实际生活中，他们已经不能完全按照原来的秩序和规范行事，多有越轨现象发生，因此时人常有“法纪荡废”、“礼教尽失”、“人心陷溺”之叹。在这样的社会背景下，农业雇工的人身和社会地位有了提高，为他们过渡到自由雇佣劳动者准备了条件。同是明清之际农学家和农业雇工经营者的《沈氏农书》作者沈氏和《补农书》作者张履祥都强调对雇工不仅在人身地位上要平等相待，而且工资要优厚，生活要照顾，情感要关心，“供给之法，亦宜优厚”，“饱其饮食，然后责其工程”，“（雇工）骄惰成风，非酒食不能劝”。张履祥总结出对待雇工要“三好”才能收到劳动效益的经营经验，即“银色好”、“吃口好”、“相与好”。雇工实际地位的提高，到了万历年间在法律上得到部分正式认定。

在明初制定的《大明律》中，“雇工人”是农业雇工的法律用语，雇主是家长身份，雇工人是佣奴身份。在民事和刑事纠纷中，同罪异罚，雇主减刑，雇工人加刑，雇工人控告雇主是以下犯上。不过雇工人的法权地位已比奴婢为高，《大明律》规定，雇工人对雇主有犯以“贱”论，而对平人有犯则往往以“良”论，这表示他们已介于“良人”与“贱人”之间。明中叶以后，随着封建宗法关系和封建人身依附关系的日渐松弛，雇工人的法权地位也逐渐提高，一部分雇工人取得了“良人”、“凡人”身份。万历十六年（1588），在修订律例时，将“雇工人”分解为“长工”和“短工”，“官民之家，凡倩工作之人，立有文券、议有年限者以雇工人论；只是短雇，受值不多者，以凡人论。”① 长工虽然仍处于雇工人地位，但数量比长工为多的短工则取得了“凡人”地位，即法权上的平等地位，成为“法律上平等的人”。这是具有重要历史意义的进步。它表明，具有相当规模的农业短工已经从人身隶属的等级中解放出来，成为农业自由雇佣劳动者，基本实现了由奴役性雇佣劳动向自由雇佣劳动的转化，而这正是农业资本主义萌芽产生的重要标志。农业雇佣早在春秋战国时期即已出现，但其具有自由劳动者性质的变化却始自明代。当然，整个农业雇工阶层性质转变的过程是十分漫长的，长工自由雇佣劳动者的地位，是在又经历一个多世纪

① 《明律集解附例》卷二〇。

之后，于清乾隆末年才在法律上确认的。

毫无疑问，上面所概述的手工业和农业资本主义生产关系萌芽在地区和行业的分布上是稀疏的，在生长状态上是微弱的，在质的成分上有的“萌芽”还带有浓厚的封建色彩。这种稀疏微弱状态也正是之所以将其称为“萌芽”而不称为资本主义时代开始的原因。这样的“萌芽”还远远没有形成动摇和摧毁其所生成的母体——坚固的封建生产方式的力量。尽管如此，它却给中国历史发展传来了新的信息，表明明代社会经济发展的总趋势正在沿着人类社会共同发展规律由前资本主义经济形态向资本主义经济形态正常地缓慢地迈进。这种迈进，同西方地中海沿岸地区相比，在起步时间早晚上虽略有先后，但其前进方向是一致的。

四、明代社会的发展趋势

封建生产方式有其历史的落后性。正是封建制度的历史落后性，导致中国封建社会长期陷于发展迟缓的状态中。明代的封建制度及其落后性并没有根本性的改变，自然经济占主导地位的经济结构，封建地主土地所有制占主体地位的所有制关系，以地租剥削为主要形态的分配关系，强迫农民无偿纳粮当差的赋役制度，享有特权的封建地主阶级对土地的兼并和对赋役的转嫁，专制主义中央集权的封建统治，都严重地阻碍了生产力的提高、扩大再生产的进行、经济的发展和社会的进步，特别是阻碍、压制了封建经济结构分解趋势的发展和资本主义生产关系萌芽的成长。

关于明代封建生产方式落后性和顽固性的具体情况，我们在这部著作中已经做了比较充分、具体地论述，在这里未重点展开讨论，而着重揭示了明代生产力的提高，社会经济特别是商品经济的发展，生产力提高和社会经济发展的生产关系和经济政策的原因以及资本主义生产关系的萌芽等。之所以这样处理，是出于两种考虑。一是对中国封建制度的落后性和顽固性及其对社会发展的阻碍作用，目前学界虽然在程度的估计上有所不同，但基本认识是一致的。二是想强调一下明代社会并未停止不前，更未倒退。作为一个具体的朝代，明王朝无法摆脱中国封建朝廷兴亡周期规律的制约；但作为封建经济形态，它在明代还在发展，还在进步。看不到或否定明代经济的发展和社会的进步是不符合实际的。恩格斯在批评“反辩证法的哲学思维方法”时指出，“它不能把世界理解为一种过程，理解为一种处在不断的历史发展中的物质”。“这种非历史的观点也表现在历史领域中。在这里，反对中世纪残余的斗争限制了人们的视野。中世纪被看做是由千年来普遍野蛮状态所引起的历史的简单中断；中世纪的巨大进步——欧洲文化领域的扩大，在那里一个挨着一个形成的富有生命力的大民族，以及14～15世纪的巨大的技术进步，这一切都没有被人看到。这样一来，对伟大历史联系的合理看法就不可能产生，而历史至多不过是一部供哲学家使用的例证和插图的汇集罢了。”① 恩格斯的话虽然是针对欧洲中世纪讲的，但其基本精神同样适用于对明代历史的看法。我们不能看不到这两个多世纪的“巨大进步”及其在中华民族整个“伟大历史联系”和历史过程中的地位。

不仅明代的经济仍处在历史发展之中，而且明代的封建国家政权对于经济的发展也不是完全起阻碍和破坏作用。恩格斯总结历史的和现实的经验，对国家权力对于经济发展所起的反作用分为三种情况：“国家权力对于经济发展的反作用可能有三种：它可以沿着同一方向起作用，在这种情况下就会发展得比较快；它可以沿着相反方向起作用，在这种情况下它现在在每个大民族中经过一定的时期就都要遭到崩溃；或者是它可以阻碍经济发展沿着某些方向走，而推动它沿着另一种方向走，这第三种情况归根到底还是归结为前两种情况中的一种。”② 这种分析完全符合明代的实际。大体说来，明初（洪永仁宣）的国家权力对于经济发展基本是“沿着同一方向起作用”，当时实行的休养生息和恢复发展生产的政策，使社会经济取得比较快的发展。明中期（自正统至万历中期）的国家权力对于经济发展基本是“阻碍经济发展沿着某些方向走，而推动它沿着另一种方向走”，对此我们可以理解为既有同一方向的积极作用又有逆方向的消极作用。明中期持续不断的赋役制度的改革，对土地兼并的抑制和对土地的清丈，朝廷和官府对工商业控制的减弱，超经济强制和封建人身依附关系的松弛，佃农和雇工人身法律地位的提高以及统治集团中进步势力对

① 恩格斯：《路德维希·费尔巴哈和德国古典哲学的终结》，《马克思恩格斯选集》第4卷。
② 恩格斯：《致康·施米特》，《马克思恩格斯选集》第4卷。

反动势力的斗争，对吏治的整顿等都对经济的发展起着同一方向的作用；而明中期政治的腐败，外患的兴起，赋役的繁重，土地兼并的剧烈等都对经济的发展起着逆方向的作用。同向与逆向并存，但总的来说，同向的作用相当或大于逆向的作用，因此明中期的经济才得以冲破重重阻力缓慢发展，并孕育出资本主义生产关系的萌芽。明后期（万历中期至明亡）的国家权力对于经济发展基本是“沿着相反方向起作用”，腐朽的封建统治集团已经分崩离析，不仅再也不能实行政策调整，反而滥派矿监税使，超负荷地增赋加派，无限制地兼并土地、转嫁赋役，同时对自然灾害和后金（清）侵掠也丧失了抵御能力，由此导致了经济危机和明王朝崩溃。

纵观中国封建社会历史，经过漫长而又缓慢的发展，封建制度至明代已经达到高度发达的成熟阶段。之所以这样说，是因为明代的封建制度具有两个主要特征：一是有中国特点的封建经济、政治和文化都达到了高峰，人类封建时代的又一种典型形态在东方一个大民族中最后完善起来；二是在高度发达成熟的封建经济形态中孕育出了新的因素，即资本主义生产关系的萌芽，与此相适应在意识形态领域出现了早期启蒙思想。封建经济仍是社会经济的主体，但其分解的过程已经开始，或者说由传统的古代封建社会向新的近代资本主义社会的转变已经开始起步。明代经济史既是中国封建经济形态高度发达和成熟的历史，又是新经济因素初生的历史。这两个方面有机地统一在同一历史过程之中。

这一历史进程在明清易代之际发生了曲折。明末社会阶级矛盾的激化虽然严重影响了社会经济的发展，但就全国而言，社会经济的破坏程度并不相同，商品经济发达的江南地区轻于西北和中原地区。同时，按照中国古代农民起义改朝换代的模式，如果李自成建立的新王朝延续下来，那么它将会在以往历史基础上，继承传统治国方略，大力施行休养生息和恢复发展生产政策，使社会沿着明中叶以来的发展轨迹继续前进。但是历史的不幸是，李自成及其领导集团在夺取北京以后犯了一系列战略性的决策错误，南明政权又腐败涣散，遂导致军事实力并不占优势的清军轻易地占有了明亡后的全国江山。关外后金（清）在政治、经济、文化上都比内地落后许多，它入主关内之后不仅实行野蛮的军事征服和屠戮，而且将政治上的民族压迫、经济上的农奴制、思想文化上的钳制禁锢、对外关系上的闭关锁国等落后制度和政策也移植过来，于是扭转了自明中叶以后出现的社会经济向前发展和开始由前资本主义形态向资本主义形态转变的历史进程。这段历史曲折大约持续了将近一个世纪，至清乾隆中期才完全复苏过来。而恰恰在这一个世纪，中国落在了西方资本主义国家的后面，进而在鸦片战争之后沦为西方列强的半殖民地。

辩证唯物主义是“把世界当作发展，当作过程去考察”① 的。科学地、具体地阐述明代社会经济的发展特征及其历史过程应该是明代经济史研究的基本任务。

① 毛泽东：《辩证法唯物论（讲授提纲）》。

第一章　明代的疆域和资源

明朝，建国于洪武元年（1368）正月初四日，迄崇祯十七年（1644）三月十九日灭亡，为时整整276年，中经16帝、17朝，前后历程4个世纪，上承秦、汉、唐、宋、元，下启有清一代。同时，也是中国封建社会史上最有特色的一个重要时期。其突出标志是，君主专制主义中央集权高度集中的局面最终确立；社会经济结构最早发生显著变革，在某些地区出现了资本主义萌芽。

为了寻求这种变化的深层次内在原因，就必须认真研究这个历史时期内中国经济的总体水平、运行轨迹、发展走势与变化规律。于是，就不可避免地要具体涉及到当时农业、手工业等各个生产部门的经济实力及其在国家赋税收入中的地位、全国经济持续发展的后劲保证，以及各种资源配置等等。而这些都首先与国家的疆域和资源状况分不开。

一个国家的疆域（或称幅员、版图、疆土、疆界、封略、界域等），一般说来都是由历史形成的，处于比较固定的状态。至于说到国家资源，则当涵盖静、动两层意思：即包括储存、根植于疆域之内的各种资源，又包括人口资源与人的创新能力。

本章的主要内容，就是论列这几个问题。

第一节　疆域的变迁与行政区的设置

明承元后，而其疆域则与元代有所不同。

元代疆域之广，为汉、隋、唐、宋所不及。《元史·地理志》曰："自封建变为郡县，有天下者，汉、隋、唐、宋为盛，然幅员之广，咸不逮元。汉梗于北狄，隋不能服东夷，唐患在西戎，宋患常在西北。若元，则起朔漠，并西域，平西夏，灭女真，臣高丽，定南诏，遂下江南，而天下为一。故其地北逾阴山，西极流沙，东尽辽左，南越海表。盖汉东西九千三百二里，南北一万三千三百六十八里，唐东西九千五百一十一里，南北一万六千九百一十八里，元东南所至不下汉、唐，而西北则过之，有难以里数限者矣。”①

元亡明兴，江山易主。大明帝国建立之初，“舆地之广，古所未有”。《明史·地理志》称：“明太祖奋起淮右，首定金陵，西克湖、湘，东兼吴、会。然后遣将北伐，并山东，收河南，进取幽、燕，分军四出，芟除秦、晋，讫于岭表。最后削平巴、蜀，收复滇南。禹迹所奄，尽入版图，近古以来，所未有也。”②

然而，同任何事物都是处于不断发展变化之中一样，在明太祖以后200多年的历程中，由于国内外形势的变动及其子孙因此而采行的不同国策，大明帝国的疆域亦渐渐有所变更：

> 计明初封略，东起朝鲜，西据吐番，南包安南，北距大碛，东西一万一千七百五十里，南北一万零九百四里。自成祖弃大宁，徙东胜，宣宗迁开平于独石，世宗时复弃哈密、河套，则东起辽海，西至嘉峪，南至琼、崖，北抵云、朔，东西万余里，南北万里。其声教所讫，岁时纳贽，而非命吏置籍，侯尉羁属者，不在此数。呜呼盛矣。③

时过境迁。随着大明帝国封略的变更，其行政区的建制与设置，在明成祖享国以后，与洪武年间相比也略有不同。

洪武时，以南京为京师（国都），起初地方行政区的名称仍沿元之旧，叫

---

① 《元史》卷五八《地理一》，中华书局标点本。

② 郑晓：《吾学编·皇明地理述序》言：“我朝疆域过于宋，敌于唐，不及于汉。盖以失朔方、大宁、交趾及开平、兴和、玄菟、乐浪、敦煌故也。”王士性：《广志绎》卷一《方舆崖略》云：“古今疆域，始大于汉，最阔于唐，复狭于宋，本朝过于宋而不及于唐”。“本朝北弃千里之东胜，南弃二千里之交趾，东北弃五百里之朵颜三卫，西北弃嘉峪以西二千里之哈密。”

③ 《明史》卷四〇《地理一》。

做"行中书省"，不久进行改革。洪武九年（1376）六月，改"行中书省"为"承宣布政使司"（简称布政使司或布政司、省）。其时，除应天诸府直隶京师之外，计划分为13个承宣布政使司，即：山东、山西、北平、河南、陕西、四川、湖广、浙江、江西、福建、广东、广西、云南。

明成祖称帝之后，于永乐五年（1407）六月平定安南，置交趾布政司。永乐十一年（1413）二月，贵州布政司成立，"滇、贵之郡县则自明始也"。至永乐十九年（1421）正式迁都北京，以北京为京师，京师改称南京（又称留都、陪都）。时除南、北二京（亦称南直隶、北直隶），为布政司者有：山东、山西、河南、陕西、四川、湖广、浙江、江西、福建、广东、广西、云南、贵州、交趾。

迨明宣宗继位以后，交趾复独立建国（安南国）。宣德二年（1427），明宣宗遣使立陈暠为安南国王，"悉召文武吏士还"，交趾布政司由此废弃。

对于上述变革过程，《明史·地理志》亦有详细记录：

> 洪武初，建都江表，革元中书省，以京畿应天诸府直隶京师。后乃尽革行中书省，置十三布政使司，分领天下府州县及羁縻诸司。又置十五都指挥使司以领卫所番汉诸军，其边境海疆则增置行都指挥使司，而于京师建五军都督府，俾外都指挥使司各以其方附焉。成祖定都北京，北倚群山，东临沧海，南面而临天下，乃以北平为直隶，又增设贵州、交阯（趾）二布政使司。仁、宣之际，南交屡叛，旋复弃之徼。①

自交趾布政司复弃，明皇朝的行政区设置即固定下来，定制为两京十三省，再也没有变动。《明史·地理志》云：

> 终明之世，为直隶者二：曰京师，曰南京。为布政使司者十三：曰山东，曰山西，曰河南，曰陕西，曰四川，曰湖广，曰浙江，曰江西，曰福建，曰广东，曰广西，曰云南，曰贵州。②

南北二京和各布政司所领之府（其辖区大多数相当于中华人民共和国建

---

① 《明史》卷四○《地理一》。
② 《明史》卷四○《地理一》。

立以后的地区）及直隶州（其辖区大于县）分别为：①

京师：领顺天、保定、河间、真定、顺德、广平、大名、永平八府，以及延庆、保安二直隶州；

南京：领应天、凤阳、淮安、扬州、苏州、松江、常州、镇江、庐州、安庆、太平、池州、宁国、徽州十四府，以及徐、滁、和、广德四直隶州；

山东：领济南、兖州、东昌、青州、莱州、登州六府；

山西：领太原、平阳、汾州、潞安、大同五府，以及泽、沁、辽三直隶州；

河南：领开封、河南、归德、汝宁、南阳、怀庆、卫辉、彰德八府，以及汝州直隶州；

陕西：领西安、凤翔、汉中、延安、庆阳、平凉、巩昌、临洮八府。②

四川：领成都、保宁、顺庆、夔州、重庆、遵义（军民府）、叙州、龙安、马湖、镇雄、乌蒙（军民府）、乌撒（军民府）、东川（军民府）十三府，以及潼川、眉、邛、嘉定、泸、雅六直隶州；

江西：领南昌、瑞州、九江、南康、饶州、广信、建昌、抚州、吉安、临江、袁州、赣州、南安十三府；

湖广：领武昌、汉阳、黄州、承天、德安、岳州、荆州、襄阳、郧阳、长沙、常德、衡州、永州、宝庆、辰州十五府，以及彬、靖二直隶州；

浙江：领杭州、严州、嘉兴、湖州、绍兴、宁波、台州、金华、衢州、处州、温州十一府；

福建：领福州、兴化、建宁、延平、汀州、邵武、泉州、漳州八府，以及福宁州直隶州；

广东：领广州、肇庆、韶州、南雄、惠州、潮州、高州、雷州、廉州、琼

① 府与直隶州所领之属州、县以及宣抚司、安抚司、长官司等概不列出。

② 《明史》卷四二《地理三·陕西》曰：陕西布政司“领八府，属州二十一，县九十有五”。据此，则陕西布政司没有置立直隶州。而在该布政司“灵州”条又谓：灵州，洪武三年罢，弘治十三年九月复置，直隶布政司，“距布政司九百九十三里”；又“兴安州”条曰：兴安州，万历十一年八月更名（元代称“金州”），二十三年直隶布政司，“西北距布政司六百四十里”。按照《明史·地理志》的记载，凡系属州、县者，必云距府多少里；唯有府与直隶州方称距布政司多少里。依此，灵州、兴安州均似应为直隶州。

州十府，以及罗定州直隶州；

广西：领桂林、平乐、梧州、浔州、柳州、庆远、南宁、思恩（军民府）、太平、思明、镇安十一府；[①]

云南：领云南、曲靖、临安、澄江、广西、广南、元江（军民府）、楚雄、姚安（军民府）、武定、景东、镇沅、大理、鹤庆（军民府）、丽江（军民府）、永宁、永昌（军民府）、蒙化、顺宁十九府，以及孟定、孟艮二御夷府；

贵州：领贵阳（军民府）、安顺（军民府）、都匀、平越（军民府）、黎平、思南、思州、镇远、铜仁、石阡十府。

在上述各地广袤的土地上，都有着非常丰富的物产，为人们的物质生活和精神文化生活提供了较为厚实的基础。对此，在明代已有不少记载。根据明人王士性《广志绎》的记录，大体上是这样的：

> 东南饶鱼盐、秔稻之利，中州、楚地饶渔，西南饶金银矿、宝石、文贝、琥珀、硃砂、水银，南饶犀、象、椒、苏、外国诸币帛，北饶牛、羊、马、骡（骡）、羢毡，西南川、贵、黔、粤饶楩楠大木。江南饶薪，取火于木，江北饶煤，取火于土。[②]

由于缺乏先进的科学技术知识，生产工具落后，时人于各种物产虽能知其地理分布，或加以直观描述，但对其中地下、湖海之宝藏，如金、银、铁、煤矿、石油等的储量，却知之甚少，或者全然不知。对它们的开发利用，也极为有限，使用的方法也仍是手工生产，故其在整个国民收入中所占的比例很小，在国计民生基本上依赖农业生产、且农业生产又是完全依靠人力劳作的封建社会，所谓“国家资源”，除去山林矿藏、江河湖海，最根本的就是土地与劳力（以及劳动者的创造发明）。“田野辟，户口增”，历来都被认为是封建社会“繁荣昌盛”、“太平盛世”的象征和标志。而一旦耕地不断遭到破坏、人口一再减亡，社会经

① 《明史》卷四五《地理六·广西》谓：广西布政司“领府十一，州四十有八，县五十，长官司四”。这里，州说得很笼统，不说“属州”，亦不说“直隶州”。如前所述，在《明史·地理志》中，凡为属州者必云距府多少里，而为直隶州者则皆为距布政司多少里。查该省田州、归顺州、泗城州、向武州、都康州、龙州、江州、思陵州、凭祥州九州，俱分别明确载其距布政司之里程数。据此，则此九州似均应为直隶州。

② 王士性：《广志绎》卷一《方舆崖略》，中华书局标点本。

济势必陷入混乱。同时，又因为后面设有专章细说明代的手工业生产，故于此处只略为提及一下资源分布概况，不展开详细论述，以避免前后重复。

在研究明代经济史的时候，之所以必须粗略介绍明朝的疆域和行政区的设置，不仅是因为唯有这样才能更好地了解、分析当时的基本国情、各行政区的方位、辖地面积、地理环境、经济风貌，以及由各地生态条件与经济水平差异所形成的区域经济特征等，而且还有更直接、更重要的原因，即：大明帝国的疆域与其亲自经理的行政区两京十三省，在空间上是有很大差别的。也就是说，两京十三省所分领的区域，仅仅是大明帝国领土的很小一部分。两京十三省，由封建朝廷直接行使权力，设官置籍，征调赋税和徭役。两京十三省以外的广阔地区（包括现在的内蒙古、新疆、青海、西藏等地以及黑龙江、吉林和辽宁的一部分地区），也都是中华帝国的版图。并且国家的资源，尤其是地下资源，大多数都是分布于这些地方。这是其一。其二，由于社会发展程度不同，在具体管理方式上允许多种制度并存。总的说来是，明朝中央政府视地理、政治、经济、文化、历史诸种不同因素，从实际出发，因时、因地制宜，实行不同于两京十三省的管理体制，目的是保证达到在政治、经济、军事、文化等各方面与明朝中央政府保持密切的联系，在社会制度多元化的基础上，促进民族融合，增强民族团结，从而使各少数民族与汉族人民共同生活于中华民族统一大家庭中。

鉴于边区与内地存在着这种发展的不平衡性，所以从洪武朝建国开始，至崇祯朝灭亡为止，明朝政府在各个时期所进行的赋役征发，以及与之有关的各种经济状况的调查、统计资料，比如说，户口数、田亩数、税粮数等，其统计区域都只局限于两京十三省之内。明朝政府所编纂的《诸司职掌》《明实录》《大明会典》诸册籍和一些私家著作中，所记载的每年冠以“天下”（或“全国”）的有关这些方面的数目字，都是如此。以下将要分别专门考察的明代的人口数、田亩数，也都是名为“天下”（或“全国”），实为“天下”（或“全国”）的一部分地区两京十三省。这是需要特别说明清楚的。

第二节　在籍人户的基本估计

中国古代农业生产的发展，主要依赖于劳动力投入的数量，人丁兴旺，五谷丰登。历代封建王朝之所以进行人口统计，置户籍，登户口，目的是通过控制户口维持社会秩序，以确保赋役征调；传递人口信息，检测社会变动状况。明代，虽然已经进入中国封建社会晚期，但是生产方式基本依旧，耕作技术与生产工具也没有根本改进，人口兴衰仍然是制约农业生产的关键所在。

明代的人口到底有多少？这是对明代人口数量进行基本估计时无法避开的问题。这个问题近年来一直是明代经济史研究的热点之一，不少论著运用各种方法，从各个方面对明代各个时期的人口数提出种种推测和说法。较具代表性的有以下三种：

明代初年约有7000万人或1亿人；

明后期（万历中叶）为1.5亿人；

明代（或明末）人口总数为1.2亿或2亿人左右。

造成这种巨大差异的原因，一方面是由于对历史文献资料的不同认识与解释，另一方面是源于文献资料记载残缺不全，尤其是数字一团混乱。

明王朝是一个统一的多民族国家，幅员辽阔，而封域代有变化。“明初封略，东起朝鲜，西据吐番，南包安南，北距大碛，东西一万一千七百五十里，南北一万零九百四里。自成祖弃大宁，徙东胜，宣宗迁开平于独石，世宗时复弃哈密、河套，则东起辽海，西至嘉峪，南至琼、崖，北抵云、朔，东西万余里，南北万里。其声教所讫，岁时纳贽，而非命吏置籍、侯尉羁属者，不在此数。”① 东北、蒙古、西藏、新疆、青海等广大边疆地区，当时都是大明帝国的神圣领土，都与明朝中央政府在政治、军事、经济、文化各个方面保持着极为密切的关系。但在经济上，这些地区对中央政府只是“岁时纳贽”而已，其人口数（包括下一节的田亩数）始终不在中央政府的统计范围之内。也就

---

① 《明史》卷四〇《地理一》。

是说，无论明朝的封略如何变化，明朝人口统计的地理区域范围，从明初到明末一直只限于两京十三省，即南京、北京、山东、山西、河南、陕西、四川、湖广、浙江、江西、福建、广东、广西、云南、贵州。所谓“天下”、“全国”，也是这个意思。

另外，明朝宗室的人口数也不在政府统计的人口数之内，而是自成系统，单独登入皇族的户口簿“玉牒”。“天潢日繁”，宗室生活富裕，出生率高而死亡率低，人口增速快，至明朝末年约为30万人。

对以上两种情况，大家没有什么异议。

分歧在于人口统计对象问题。

这是一个需要认真深入研究的重要问题。明代所保留下来的人口统计数字，究竟是专指服役的男子，还是包含妇女在内？对此，学界有两种对立意见。一种认为：明代政府统计的人口数或者说赋役黄册，“所记人口是专指服役的男子而言，并未包括妇女在内”①。另一种则持相反意见，以为明代人口统计，实含女口在内，而“非女口不预”②。这个问题于明代人口数量多少关系极大，非讨论不可。可以断言，如果这个问题不能取得共识，对明代的人口数量将永远说不清，顶多只能是你说你的，我说我的。根据明代的户口制度和户口统计方法，我们认为，明代赋役黄册所记人口当含女口在内，而非专指服役的男子。因为：

第一，赋役黄册，“以户为主”，详载人口、事产，它是户帖制的进一步完善和发展。赋役黄册颁行以后，户帖依然存在。两者的区别，只是户帖不载户丁等则与田地科则。人户“毕以其业著籍”，以籍为断。户籍是户口册，户帖也是户口册。洪武三年（1370），明太祖诏户部“籍天下户口，置户帖，各书户之乡贯、丁口、名、岁，以字号编为勘合，用半印铃记。籍藏于部，帖给于民。令有司点验对比，岁计登耗以闻”③。这说明户帖与赋役黄册，在人口统计这一点上并无区别，具有同等效力。明人李诩《戒庵老人漫笔》一书所

---

① 王其榘：《明初全国人口考》，《历史研究》1988年第1期。

② 王育民：《明初全国人口考质疑》，《历史研究》1990年第3期。

③ 万历《大明会典》卷二〇《户口二》。

记户帖的内容，也充分证明了这一点，并没有把妇女排斥于人口统计之外。兹将其内容抄录于下：

户部洪武三年十一月二十六日钦奉圣旨："说与户部官知道，如今天下太平了也，只是户口不明白哩。教中书省置下天下户口的勘合文簿户帖，你每（们）户部家出榜，去教那有司官将他所管的应有百姓，都教入官附名字，写着他家人口多少，写得真，着与那百姓一个户帖，上用半印勘合，都取勘来了。我这大军如今不出征了，都教去各州县里下著绕地里去点户比勘合，比着的，便是好百姓，比不着的，便拿来做军。比到其间，有司官吏隐瞒了的，将那有司官吏处斩。百姓每（们）躲避了的，依律要了罪过，拿来做军。钦此。除钦遵外，今给半印勘合户帖，付本户收执者　一户某　府　州　县　乡　都　保附籍　户计家　口　男子　口（成丁不成丁）　妇女　口（大小）　事产（基田瓦草屋）　右户帖付某　收执。准此。洪武三年十一月　日。"此帖人罕得见矣，余从一处觅来，录之以备典故。周围梅花栏，大不满二尺，号数处用部印合同半钤，年月日下空处用全印，后有一大部字，印下花押，直连者三，又横并者三，无官吏职衔姓名。背后沿边，县刊一小牵长腔宕印于其上，首行云"江阴县提调官"，下分注"知县钱文德、县丞傅学。"第二行"司吏麋宗文。"第三行"典史朱贯道。"每人皆有花押。末行"洪武三年十一月日。"县印向前，不在年月处。①

洪武户帖的原件，今世尚有存者。李翊是明常州府江阴县人，他所记之江阴县户帖，与其他地方户帖互为对照，规制完全一样。其内容与格式，主要有三项：

前面，记载皇上圣旨；

中间，写明户主姓名、籍贯、全家口数。口分男子成丁、不成丁以及妇女大口、小口，俱记各人姓名、年龄及其与户主之亲属关系；

最后，登录事产。包括不动产（房基、田地、瓦房草屋）以及动产（车

① 李翊：《戒庵老人漫笔》卷一《半印勘合户帖》。

船、耕牛）之种类与数量。“唯不载户丁等则及田地科则等，此其与赋役黄册不同之处”①。

由上可见，明代人口统计实含妇女大小口在内，非专指男子。户帖的内容已经说得明明白白，毋需赘述。

第二，人口统计与男子服役有关，但又不宜把两者等同起来，混为一谈。进行人口统计的目的，不仅仅是为了征派男子劳役，而且也是为了全面了解人口数量及其升降增减，从中说明社会经济发展面貌，为统治者决策提供参考，男子服役只是其中的一个方面。再说，“服役的男子”，仅仅是男子中的一部分。明制：“民始生，籍其名曰不成丁、年十六日成丁。成丁而役，六十而免”②。若谓赋役黄册所记的人口，是专指服役的男子，那么，16 岁以下未成丁、尚不服役的男子和 60 岁以上免役的男子至少占男性人口之半。再有，根据人类自身再生产的规律，男性与女性的比例约为 1:1 左右。“男曰丁，女曰口”。然而，在古代的册籍中，“口”并非女性的专用词，一般是泛指“人口”，含男女两性，几乎所有记录人口数者，都是用为“口”多少。《明实录》绝大多数用“口”，少数用“口男妇”。《明神宗实录》卷三七九，万历三十年十二月条就是这样写的：“口男妇共五千六百三十五万五千五十口”。《明熹宗实录》天启五、六两年用的是“人口”。还有用“名口”的。这些概念意思都相同，都是指男女大小人口，而不是专指男子，更非专指“服役的男子”。“服役的男子”，岂能何其多也。如果说，在明代有 1 亿，甚至 2 亿“服役的男子”，那么全国总人口不知要有多少亿！

下面，进一步检讨明朝官府人口统计的混乱问题。

明太祖从一开始就非常注意户口管理问题。早在建国以前，他就为建立户口统计制度做了大量的准备工作。建国以后，又不惜人力、物力，直到派遣大军下乡，与各级地方官一起，普查人口，核实登记。然后逐级汇总上报中央政府，每年年终由中书省将户口增减情况报告皇上。洪武十三年（1380），中书省革除，这项工作改由户部负责。洪武十四年（1381）编造赋役黄册以后，

---

① 梁方仲：《〈明史·食货志〉第一卷笺证》，《北京师院学报》1980 年第 3 期。

② 《明史》卷七八《食货二·赋役》。

户口登记和管理更加严格、细密。由里甲长督责挨家挨户登录人丁事产，审核造册，一式四份，一上户部，其余分别保存于布政司、府、县，以便复核、比照。户口统计项目之详细，要求之严格，方法之完备，绝非前代可比。按理说，明代的户口统计应是清清楚楚，人数也应是一目了然。但令人感到不解的，事实偏偏不是这样。无论是地方司、府、州、县等基层单位编造的，还是中央有关部门（户部）进呈皇上的，可以说都是一团混乱。明太祖在世时已经出现不少问题，明太祖以后问题更加严重。

为了便于检讨、分析，先将《明实录》所载历年人口数摘录于下（户数略）：

洪武十四年（1381）　59873305 人；

洪武二十四年（1391）　56774561 人；

建文四年（1402）　56301026 人；

永乐元年（1403）　66598337 人；

永乐二年（1404）　50950470 人；

永乐三年（1405）　51688500 人；

永乐四年（1406）　51524656 人；

永乐五年（1407）　51878572 人；

永乐六年（1408）　51502077 人；

永乐七年（1409）　51694769 人；

永乐八年（1410）　51795255 人；

永乐九年（1411）　51446834 人；

永乐十年（1412）　65377633 人；

永乐十一年（1413）　50950244 人；

永乐十二年（1414）　51618209 人；

永乐十三年（1415）　51524436 人；

永乐十四年（1416）　51878172 人；

永乐十五年（1417）　51501867 人；

永乐十六年（1418）　51694549 人；

永乐十七年（1419） 51794935 人；
永乐十八年（1420） 51446434 人；
永乐十九年（1421） 51794228 人；
永乐二十年（1422） 52688691 人；
永乐二十一年（1423） 52763178 人；
永乐二十二年（1424） 52468153 人；

洪熙元年（1425） 52083650 人；

宣德元年（1426） 51960119 人；
宣德二年（1427） 52070885 人；
宣德三年（1428） 52144021 人；
宣德四年（1429） 53184816 人；
宣德五年（1430） 51365851 人；
宣德六年（1431） 50565259 人；
宣德七年（1432） 50667805 人；
宣德八年（1433） 50628346 人；
宣德九年（1434） 50627456 人；
宣德十年（1435） 50627569 人；

正统元年（1436） 52323998 人；
正统二年（1437） 51790316 人；
正统三年（1438） 51841182 人；
正统四年（1439） 51740390 人；
正统五年（1440） 51811758 人；
正统六年（1441） 52056290 人；
正统七年（1442） 53949951 人；
正统八年（1443） 52993882 人；
正统九年（1444） 53655066 人；

正统十年（1445）　53773934 人；
正统十一年（1446）　53740321 人；
正统十二年（1447）　53949787 人；
正统十三年（1448）　53534498 人；
正统十四年（1449）　53171070 人；

景泰元年（1450）　53403954 人；
景泰二年（1451）　53433830 人；
景泰三年（1452）　53507730 人；
景泰四年（1453）　53369460 人；
景泰五年（1454）　53811196 人；
景泰六年（1455）　53807470 人；
景泰七年（1456）　53712925 人；

天顺元年（1457）　54338476 人；
天顺二年（1458）　54205069 人；
天顺三年（1459）　53710308 人；
天顺四年（1460）　53747400 人；
天顺五年（1461）　53748160 人；
天顺六年（1462）　54160634 人；
天顺七年（1463）　56370250 人；
天顺八年（1464）　60499330 人；

成化元年（1465）　60472540 人；
成化二年（1466）　60653724 人；
成化三年（1467）　59929455 人；
成化四年（1468）　61615850 人；
成化五年（1469）　61727584 人；
成化六年（1470）　61819814 人；

成化七年（1471） 61819945 人；
成化八年（1472） 61821232 人；
成化九年（1473） 61823480 人；
成化十年（1474） 61852810 人；
成化十一年（1475） 61852891 人；
成化十二年（1476） 61853281 人；
成化十三年（1477） 61853581 人；
成化十四年（1478） 61832198 人；
成化十五年（1479） 71850132 人；
成化十六年（1480） 62456993 人；
成化十七年（1481） 62457997 人；
成化十八年（1482） 62452677 人；
成化十九年（1483） 62452860 人；
成化二十年（1484） 62885829 人；
成化二十一年（1485） 62885930 人；
成化二十二年（1486） 65442680 人；
成化二十三年（1487） 50207134 人；

弘治元年（1488） 50207934 人；
弘治二年（1489） 50302769 人；
弘治三年（1490） 50307843 人；
弘治四年（1491） 50503356 人；①
弘治五年（1492） 50506325 人；
弘治六年（1493） 50539561 人；
弘治七年（1494） 50614196 人；
弘治八年（1495） 50678953 人；
弘治九年（1496） 50727539 人；

① 《大明会典》记为 53281158 人。

弘治十年（1497）　50765186 人；
弘治十一年（1498）　50855375 人；
弘治十二年（1499）　50827568 人；
弘治十三年（1500）　50858937 人；
弘治十四年（1501）　50895236 人；
弘治十五年（1502）　50908672 人；①
弘治十六年（1503）　50981289 人；
弘治十七年（1504）　60155835 人；
弘治十八年（1505）　59919822 人；

正德元年（1506）　46802050 人；
正德二年（1507）　55906806 人；
正德三年（1508）　59425208 人；
正德四年（1509）　59514145 人；
正德五年（1510）　59499759 人；
正德六年（1511）　60446135 人；
正德七年（1512）　60590309 人；
正德八年（1513）　63284203 人；
正德九年（1514）　62123324 人；
正德十年（1515）　62573730 人；
正德十一年（1516）　62573736 人；
正德十二年（1517）　62627810 人；
正德十三年（1518）　62664295 人；
正德十四年（1519）　62695812 人；
正德十五年（1520）　60606220 人；

嘉靖元年（1522）　61929862 人；

① 《后湖志》卷二《黄册户口》记为 61416375 人。

嘉靖十一年（1532） 61712993 人；
嘉靖二十一年（1542） 63401252 人；[1]
嘉靖三十一年（1552） 63344107 人；
嘉靖四十一年（1562） 63654248 人；

隆庆元年（1567） 62537419 人；
隆庆二年（1568） 62537419 人；
隆庆三年（1569） 62537419 人；
隆庆四年（1570） 62537419 人；
隆庆五年（1571） 62537419 人；

万历三十年（1602） 56355050 人；

泰昌元年（1620） 51655459 人；

天启元年（1621） 51655459 人；
天启三年（1623） 51655459 人；
天启五年（1625） 51655459.5 人（口半）；
天启六年（1626） 51655459.5 人（口半）。

从上列《明实录》一组变化无常的数字中，可以明白看出，明朝官府的人口统计存在着诸多问题。

其一，有头无尾，没有贯彻始终。按照明朝祖宗定下的制度：天下户口，“有司岁计其登耗以闻”。而上列数字表明，从建文四年（1402）至天启元年（1626）的224年中，通过《明实录》显示出来的，有人口统计数字的只有136次。其中，永乐、洪熙、宣德、正统、景泰、天顺、成化、弘治、泰昌九朝最为完整，年年都有统计数字。建文朝缺3次；正德朝缺1次；嘉靖朝计45

① 《后湖志》卷二《黄册户口》记为62530195人。

年，仅有4次，缺41次；隆庆朝缺1次；万历朝计48年，仅有1次，缺47次；天启缺3次。从建文朝到天启朝共有96年没有人口数字，不知是有司没有进行统计，还是《明实录》没有登入。但它至少说明明朝的户口统计制度，从嘉靖朝开始已经遭到严重破坏，不像当初那样为人重视。

还有，按规定户口之数载于"赋役黄册"，"赋役黄册"始造于洪武十四年（1381）。尔后，"每十年有司更定其册"，即每十年造一次。据此，从洪武二十四年至崇祯十七年（1644），则逢"一"之年为攒造黄册之年，亦即：洪武二十四年（1391）、建文三年（1401）、永乐九年（1411）、永乐十九年（1421）、宣德六年（1431）、正统六年（1441）、景泰二年（1451）、天顺五年（1461）、成化七年（1471）、成化十七年（1481）、弘治四年（1491）、弘治十四年（1501）、正德六年（1511）、正德十六年（1521）、嘉靖十年（1531）、嘉靖二十年（1541）、嘉靖三十年（1551）、嘉靖四十年（1561）、隆庆五年（1571）、万历九年（1581）、万历十九年（1591）、万历二十九年（1601）、万历三十九年（1611）、天启元年（1621）、崇祯四年（1631）、崇祯十四年（1641）。但在《明实录》里，从建文朝到天启朝，除建文三年、正德十六年没有户口统计数字之外，嘉靖朝只有4年有户口统计数字；万历朝只有1年有户口统计数字，且均非为造册之年。这也足以说明：到了嘉靖以后，随着整个社会风气的变化，人们的法制观念已经渐渐淡薄，祖制的威严已经遭到蔑视，再也不是按原来规定的时间，每10年"更定其册"了。

其二，人口数量越来越少。在《明实录》记载的136个人口数据中，人口数最多的一年是成化十五年（1479），计为71850132人；最少的是正德元年（1506），仅为46802050人。短短27年间，减少25048052人，少了三分之一以上。在其余的134个数据中，6600多万者1；6500余万者2；6300余万者4；6200多万者17；6100多万者13；6000万左右者7；5900多万者5；5700多万者1；5600余万者3；5500余万者1；5400多万者4；5300多万者18；5200余万者9；5100多万者25；5000多万者24。其中5000万~5300多万者计76个，5400万~5900多万者14个，两项计90个。可见，绝大多数都低于开国洪武朝的三个人口统计数字。[①] 经过200多年的长期发展，经济更发达，文化更繁荣。在此期间，又没有发生全国性的灭绝人口的大规模战争，社会秩序总的说来比较平静，人口数量反而趋于下降态势，这不能不说是一件怪事。对此，《明史》的作者引用周忱的话说："户口所以减者，周忱谓：'投倚于豪门，或冒匠窜两京，或冒引贾四方，举家舟居，莫可踪迹也'。"周忱此言出自其宣德七年（1432）所撰之《与行在户部诸公书》，时间上指宣德七年以前；空间上主要限于江南一带。不能用它说明全国人口变动现象，更不能以此解释有明一代人口越来越少的根本原因。其症结恐怕主要仍在人口统计之混乱与失实。

其三，变化无常。从列朝看，人口数量较多，且变动不大者，在永乐以后唯有成化一朝。其次，正德、隆庆二朝，亦大多数在6000余万人左右。人口数量较少，但相对稳定者有永乐（只有永乐元年为66598337人，永乐十年为65377633人）、宣德、弘治、天启四朝，均只有5000余万人左右。从整个升降走势看，呈波浪形状态：自永乐、宣德至正统中叶，大多数为5100多万人；由正统中叶开始逐渐回升，迄成化末年达到高峰，增长为6200多万人，成化十五年高达7100多万人，成为明代人口最多的一年；从弘治朝开始，忽然大幅跌落为5000余万人左右，弘治末年起又迅速回升为6000余万人；至正德、嘉靖、隆庆，又稍增为6200余万至6300余万之间；天启时再回落到5100万人左右。成化朝流民现象最为严重，而官府控制、登入户籍内的人口数却最多，实在是无章可循，令人百思不得其解。抑或是将流民在原籍和附籍地重复登记所致。

《明史·食货志》的作者，引明人王世贞的话，说："太祖当兵燹之后，户口顾极盛。其后承平日久，反不及焉。靖难兵起，淮以北鞠为茂草，其时民数反增于前，后乃递减，至天顺间为最衰。成、弘继盛，正德以后又减。"将这段话与上列分年人口数对照一下，不难发现一些问题：一是靖难兵起"民数反增于前"，不全面，不准确。从建文四年到永乐二十二年的23次统计，只有永乐元年和十年两次超过洪武年，其余均少于洪武年，只有5000余万人，

① 洪武二十六年人口数为60545812人。

比洪武的3次统计数字减少近2000万人。二是“至天顺间为最衰”，更是对不上号。天顺朝总计八年。元年、二年、六年均在5400余万人，三年至五年为5300余万人，七年为5600余万人，八年达到6000余万人，均多于此前宣德朝和正统朝的5000余万人至5300余万人，与正统中叶迄景泰末年的人口数基本持平。三是“成、弘继盛”之说欠妥。成化时，确实极盛。而弘治时，从统计数看非但未能兴盛起来，反而降幅特大，只有5000余万人，为明代人口数量最少的时期之一。四是“正德以后又减”亦有误。除正德元年为46802050人，成为明代人口记录中最少的一年之外，自正德二年开始，即不断增加，二年为5500余万人，三年以后又持续上升，从5942余万人升为6328余万人，直到隆庆时仍有6200余万人，与成化时差不多，也是登入户口册的人口数量较多的时期。只是到了万历以后，才再次减少。

其四，连年照抄。照抄，亦称“抄旧”。顾名思义，就是每逢攒造新户口册时，将旧册的数字原封不动地抄入新册。从《明实录》的情况看，最为典型的当推隆庆、天启二朝。隆庆朝共6年，有户口统计数字者为元年、二年、三年、四年、五年，有趣的是这5年，年年都是为户10008805，为口62537419。天启朝共7年，有户口统计数字者，有元年、三年、五年、六年，同样好笑的是在这4年中，每一年都是一成不变，年年皆为户9835426，为口51655459。[①] 如果说有什么不同，那就是天启五、六两年皆比元年、三年多出半人（“口半”）。明史专家王毓铨对此评论说：“一户未增，一户未减。一人未生，一人未死。如或有生有死，则死生口数不多不少正相当。这好像是不可能的怪事，但在官场中这却是典型的惯行故事。”[②]

人口增减，决定于社会经济状况和政治形势。在上述种种的混乱中，最突出的是变化毫无规律可寻，无法从人口的增减中，透视出经济的兴衰与政治风云的变化，反映出官府的人口统计数字不足为信。这种弊病，不是一时一地的问题，是存在于“天下之通弊”，中央政府的统计数字是这样，地方司、府、州、县编造的册籍亦大多如是。产生这种弊病的根源，在于封建剥削制度及其

① 天启朝的户口数字，实为抄自泰昌元年（1620）。

② 王毓铨：《明朝人论明朝户口》，《中国历史博物馆馆刊》1989年第13、14期。

所衍生的官僚主义。由于封建剥削制度的存在，势必驱使官绅、地主拼命追求货利，掠夺土地，奴役百姓，而为了减轻自家的赋役负担，利用权势，千方百计隐瞒丁口，有意逃避人口统计；那些无权无势的广大贫苦农民，则因为承受不了沉重的赋役负担，不断逃亡，漂流四方，从而使官府难以掌握他们的居址，准确地进行人口登记。至于官僚主义恶习对人口统计的影响，更是不言而喻。皇帝所关心的不是纸面上统计数字的多少，而是实实在在的钱粮与徭役数目。从明初开始，每一位皇帝都一再反复强调天下丁口、田土“务不失原额”，将征派赋役的人口与田亩数量固定化，无论在任何情况下，税粮都不得减少，劳役必须如数如期发配。负责实际操作的各级大小官吏由于利益的驱动，也都乐于保持田土、户口之数“不失原额”，对于田土和户口统计一般都是应付差事，很少有人认真对待的。有的为了“避耗减之名，而开除不列”；有的干脆连年照抄“原额”，“大抵足旧数而止”；有的只求纸面上的数字，不问实际情况如何；有的则视统计造册为具文，“随时捏算”，胡编乱造；有的甚至营私舞弊，转嫁赋役，坑害别人。所以，明人说赋役黄册是“在册不过纸上之捏，在户尤为空中之影”，不实，不准，名为黄册，实为“伪册”，根本靠不住。总而言之，“有司之造册与户科、户部之稽查，皆仅儿戏耳”①。

“户口之数，增减不一”，时有变化。这是客观事实。但是，由于明朝官府视户口统计为“儿戏”，混乱至极，致使有明一代的户口之数，已经不是一般的差错，而是绝大多数令人难以置信。前引王毓铨《明朝人论明朝户口》一文，在谈到如何看待明朝官府的户口统计数字时，有一段非常深刻、精辟的分析，他说：

第一，“就一般情况说，《明实录》和明朝史书里的官府户口数字，不可为据”；

第二，“明初立法严猛，一般人不敢轻易犯法脱漏户口。《明史》谓‘户口增减，由于政令张弛’。明朝和其他各朝一样，政令都是先张后弛。政令张时，隐漏可能不会太多，官府户口数字或与实际大致相符”；

第三，“遇有认真办事的知府、知县，他们编造的户口数字就比较可信。

① 王世贞：《弇山堂别集》卷一八《户口登耗之异》。

认真的知府如况钟，认真的知县如桂萼、海瑞、叶春及、沈榜等。可惜的是像他们那样的认真办事的地方官为数极少”。

王先生的意见，尖锐而中肯，对明朝官府的户口统计与政令张弛的关系，其可取之处、存在的问题，以及我们应持的态度，说得清清楚楚。我们认为，这个意见可以作为估计明代人口数量的基本原则。具体可以经济政治形势变化为大背景，从政令张弛过程出发，利用其中的一些统计资料；将立法严猛、与“实际大致相符”的明代初年的人口统计数字作为考察的基础；以人口密度最大的东南地区为重点，从宏观上加以把握。

在明朝历史上，政令得张而立法严猛的，是明太祖当国的洪武朝。洪武朝官府统计的全国人口数字，最为完整（备开全国总数与各直省细数）的有以下三个：

洪武十四年（1381） 59873305 人；①

洪武二十四年（1391） 56774561 人；②

洪武二十六年（1393） 60545812 人。③

另一组人口统计数字，是万历《大明会典》与《明史·食货志》记录的明代中后期的两个人口数：

弘治四年（1491） 53281158 人；④

万历六年（1578） 60692856 人。⑤

这两个数字，在万历《大明会典》中都同时载有各直省的细数，可与总数互相验证。

以上洪武朝和中后期两组数字，显然都有问题。

先看，第一组洪武朝的三个数字。

洪武朝三个数字的统计范围，十四年为南直隶应天等十八府州以及浙江、

---

① 《明太祖实录》卷一四〇。

② 《明太祖实录》卷二一四。

③ 《诸司职掌·户部职掌》。另，《后湖志》卷二《黄册户口》，万历《大明会典》卷一九《户口总数》所记同。

④ 是年人口数，《明实录》记为 50503356 人，两者相差 2772802 人。

⑤ 是年人口数，未见《明实录》有记载。

山西、陕西、河南、广西、山东、北平、四川、江西、湖广、广东、福建等十二布政司（省）；二十四年、二十六年增加云南省。云南人口少（二十四年为354797人，二十六年为259270人），于全局影响不大。经验算，洪武十四年的人口数，各直省细数之和比总数少400001人；二十四年，则比总数多出49754人；二十六年，又比总数少20069人。

这三年的人口统计数字，最值得注意的是洪武二十四年的人口数。

从洪武十四年到洪武二十四年的十年间，全国人口减少3098744人；而且在地区人口变动中，呈现出南减北增的奇特现象。南方除四川省增加103139人外，其余各省均出现负增长，具体如下：

南直：－179129人；

浙江：－1888598人；

江西：－826871人；

湖广：－501165人；

广东：－590231人；

广西：－71137人；

福建：－546806人。

以上7省计减少4603937人。

与南方相反，该年北方各省人口数全部呈正增长，具体如下：

山西：＋382983人；

陕西：＋334805人；

河南：＋215904人；

山东：＋475828人；

北平：＋87492人。

以上5省计增加1497012人。

洪武二十四年，北方五省人口数上升是有道理的。因为经过20多年来的移民垦荒和军队屯田，耕地面积大为增加，粮食产量亦随之大量增加，广大农民的生活状况随着休养生息而有了改善，死亡率降低、成长率提高，必是时势使然。但这一年南方各省人口数全面大幅下降，则是不可理喻的。因为南方与北方一样开展移民垦荒和军队屯田，而且原来的基础好，农业生产力发展更快。明太祖还针对实际情况，在江南地区严厉打击豪强地主，整治贪官污吏，清理欺隐田土和人口，核定田赋，反对豪民富户转嫁赋役，扶持贫困；减低重租官田的税粮，这些措施都有利于农村经济发展和人口增长。再说，这一时期的移民也还没有移到北方各省的，江南苏、松诸府的移民都是移入南直临濠、泗州、南京等地，或在江、浙等地内部移徙。另外，从洪武元年（1368）到洪武五年（1372），还将数十万边民和故元官吏将士移入南京地区。所以，到洪武二十四年南方七省的人口数，无论如何，应与北方一样大量增加，而不应该是大量减少。

洪武二十六年，全国人口数上升，当是比较可信的。不可信的是，这一年北方各省以及四川、云南两省人口数全面下降。

与洪武二十四年相比，这一年南方各省（除四川减少 100876 人、云南减少 95527 人）的人口数全部增加。具体为：

南直：+674028 人；

浙江：+1825927 人；

江西：+826871 人；

湖广：+610755 人；

广东：+426181 人；

广西：+90669 人；

福建：+623362 人。

以上 7 省计增 5077787 人。

北方各省下降的情况，分别为：

山西：-34130 人；

陕西：-173236 人；

河南：-194449 人；

山东：-416667 人；

北平：-54300 人。

以上 5 省总计减少 872782 人。

增减相抵，洪武二十六年总计增加 4205005 人。

明太祖立法严猛，大体做到令必行，行必果。时至洪武二十六年，明初四大案（空印案、郭桓案、胡惟庸案、蓝玉案）已近尾声，各项典章制度基本确立，法制健全，《大明律》《大诰》等法令即将公布施行。又颁行《诸司职掌》，规范国家机关工作准则。在经济立法方面，赋役黄册、鱼鳞图册，均已实施，移民垦荒、军队屯田、兴修水利等项工作全面展开。总而言之，整个社会经济已开始由恢复阶段转入发展时期。因此，无论南方还是北方，人口都应肯定是全面增长。例如：云南于洪武十五年（1382）平定以后，即不断移入大批居民，迄洪武二十六年岂能减少？又如，北方山西、山东、河南、北平，虽人口移徙最多，但都是在这些地区内部移动，并没有移到南方地区的（只有真定府等地有一部分移居南直凤阳等处）。所以，可以明确地说：到了洪武二十六年北方山西等省和四川、云南的人口数，呈下降趋势是绝对不正常的。有人认为，明初的人口升降是控制与反控制斗争的结果。这种解释似乎缺乏说服力。何以洪武二十四年只有南方各省全都进行反控制，而四川及北方各省皆没有反控制？洪武二十六年则倒过来，南方各省不进行反控制，四川、云南及北方各省又不约而同进行反控制？在赋役黄册颁行的第二年，洪武十五年户部官曾向皇上奏曰："天下郡县所进赋役黄册，丁粮之数，类多错误"①。如果说是黄册本身有问题，为何洪武二十四年南方各省的人口数都减少而北方各省都增加？洪武二十六年又整个变了样，北方各省皆减少而南方各省均增加？所以，这个问题尚需进一步研究。

根据洪武朝的政治、法律以及经济恢复发展情况，我们以为可以对当时南北方人口增长问题做出一种最保守的推测，即洪武二十四年南方的人口，无论如何也不会少于洪武十四年；洪武二十六年北方的人口，无论如何不会低于洪武二十四年。

若依此推测，则洪武二十四年和洪武二十六年南北各省的人口总和，应分别为：

洪武二十四年：59873305（十四年总数）+1497012（二十四年北方山西五省新增数）+103139（二十四年四川新增数）+354797（二十四年云南人口数）=61828253人。

---

① 《明太祖实录》卷一四四。

洪武二十六年：61828253（二十四年总数）+5077787（二十六年南直等七省新增数）=66906040人。①

以上两年全国人口数的推测，肯定不会超出实有人口数。因为：

第一，南直、浙江等七省人口多，基数大。洪武二十六年43315986人，比二十四年增加5077787人，两年间平均每年增加2538893人，似乎偏多。但若与洪武十四年南直等七省计为42842130人相比，则十二年间仅增加473856人，增长数显然偏低。

第二，北方山西、陕西、河南、山东、北平五省，洪武二十四年比十四年增加1497012人，平均每省在十年内只增加299402人，同样可以肯定大大低于实际增加数。

所以，对以上两年全国人口数的推测，应是最为保守的。

下面，再以明朝官方提供的人口统计数字为基础，对当时在册人口数量做一个初步的估计。

洪武朝为明代开国之初，明祖利用重典，官民人等多畏法，人口欺隐现象相对少些。洪武十四年为明代第一次大造赋役黄册之年，又是明代第一次出现官府统计的全国人口数字。虽然这个数字也有不少问题，但总的说来还是大体比较接近实际的。按照官府的统计，洪武十四年全国59873305人，洪武二十六年全国60545812人，年增长率为0.093%。从洪武朝到万历初，社会生产力的发展，虽有起伏波动，但整个趋势是不断向前发展，又没有发生灭绝人口的全国性的大规模军事战争。据此，可以在承认这些事实的前提下，以洪武十四年的人口数为基数，以洪武十四年到二十六年的年增长率0.093%作为以后历年增长的标准，对万历六年全国人口数做出估计。自洪武十四年迄万历六年计197年，则万历六年的人口数可如下式：

$59873305\times(1+0.093\%)^{197}=71923108$（人），比万历《大明会典》所记

① 据《明太祖实录》《诸司职掌》《大明会典》《后湖志》的有关资料，南直、浙江、江西、湖广、广东、广西、福建等7省，洪武十四年计为42842130人、二十四年为38238193人、二十六年为43315986人；四川、云南两省，洪武二十四年计为1922451人、二十六年为1726048人；山西、陕西、河南、山东、北平等5省，洪武十四年计为15166659人、二十四年为16663671人、二十六年为15483709人。

60692856 人，多 11230253 人。

当然，这个数字仅是在籍的人口数，而非实际的人口数字。

以下，再考察一下第二组内明代中后期全国两个人口数字存在的问题。

东南各省在有明一代是人口密度最大的地区，该地区人口增减对全国人口数量变化走势影响最大，因此应是探究明代人口升降的重点所在。

为了便于检讨，先将南直等七省弘治四年和万历六年的人口增减态势，分别表列于后：

（一）弘治四年南直等七省人口变动表

	弘治四年人口数	较洪武十四年增减	较洪武二十四年增减	较洪武二十六年增减
南直	7983518	-2257484	-2078355	-2752383
浙江	5305843	-5244395	-3355797	-5181724
江西	6549800	-2432681	-1605810	-2432681
湖广	3781714	-811356	-310191	-920946
广东	1817384	-1354566	-764335	-1190516
广西	1676274	+213135	+284272	+193603
福建	2106060	-1734190	-1187384	-1810746
合计	29220593	-13621537	-9017600	-14095393

（二）万历六年南直等七省人口变动表

	万历六年人口数	较弘治四年增减
南直	10602641	+2619123
浙江	5153005	-152838
江西	5859026	-690774
湖广	4398780	+617066
广东	2040655	+223271
广西	1186179	-490095
福建	1738793	-367267
合计	30979079	+1758486

从洪武二十六年至弘治四年总计 98 年。按《诸司职掌》《大明会典》《后湖志》的记载，全国在籍人口减少 7264654 人。如按《明孝宗实录》卷五八的记录，则减额更多，达到 10042456 人。弘治四年人口数字如此锐减，与当时的社会形势很不协调。如前所说，成化时农民大量逃亡，流民蜂起，全国人

口统计数字仍绝大多数在6200万以上。而到了弘治年，流民大潮即将结束，成千上万的流民纷纷还乡复业，或随地附籍。仅湖广荆、襄山区这类人就有上百万。这些还乡复业或随地附籍者，户口自然在官府的控制与统计之列。再说，明中叶几次规模较大的农民起义亦已经成为历史，社会秩序渐趋稳定，南方地区经济开始迅速发展，华北广大农村的经济面貌也大为改观。何以随着皇位易主，明宪宗死，明孝宗即位，全国人口统计数字也马上跟着顿减千万左右。南直等七省的人口数问题更大。

自洪武至弘治，南方经济日趋繁荣。江南苏、松诸府这个人口最密集的财赋之区，发展大为迅速。而上列表一显示，弘治四年南直等七省除广西外，其余六省人口皆大为减少。最严重的是浙江，竟然比洪武十四年减少49.8%，比洪武二十四年减少38.8%，比洪武二十六年减少49.4%。其次是福建，分别减少45%、36%、46%。

从万历元年起，大学士张居正为内阁首辅。张居正为政，执法严猛，讲求富国强兵，凡事务实，进行政治经济改革，非常重视赋役管理和户口问题。而由表二可见，弘治四年到万历六年的85年间，按官府的统计数字，全国人口增加7411698人。[1] 其间，南直等七省通算增加1758486人，约占全国新增数的23%。这种增长速度，不仅与其经济、文化发展水平不相称，而且与其原来在全国人口中所占的比例更不相称。按官府的统计数字，南直等七省在全国人口中所占的比例为：

洪武十四年，七省计42842130人，占71.5%；

洪武二十四年，计为38238194人，占67.4%；

洪武二十六年，计为43315986人，占71.5%；

弘治四年，下降为29220593人，占54.8%。

即使到了万历六年的30979079人，也仍占全国人口总数的51%。为何这期间新增的人口数只占全国新增数的23%？难道是其出生率比北方各省低，还是其死亡率比北方各省高？这七省除嘉靖中一度遭受“倭患”之外，其他条件均优于北方地区，人口却少于洪武年，实属反常。

---

① 以《大明会典》的统计数字为准，因其备载各省直的细数。

因此，对于万历六年南直等七省的人口数，还得根据洪武年间的人口数加以估计。

按照官方统计的人口数字，洪武二十六年南直等七省计为43315986人，比洪武十四年的42842130人增加473856人，年增长率为0.092%，恰与前面洪武十四年至二十六年全国人口的年增长率大致相同。现在仍然采用全国人口的估算方法，以洪武十四年42842130人为基数，以0.092%的增长率为以后历年的增长率。由洪武十四年迄万历六年计197年，则万历六年南直等七省的人口数，可如下式估算：

$42842130\times(1+0.092\%)^{197}=51321097$（人），比万历《大明会典》统计的30979079人，多出20342018人。

最后，再检索一下官府统计的北方山西等五省以及四川、云南、贵州明代中后期人口变动走向。此八省，弘治四年计为24058564人，万历六年为29815762人。八十五年间，共增加5757198人。据《明太祖实录》卷一四〇的记载，洪武十四年山西计4030454人，陕西2155000人，河南1891087人，山东5196715人，北平1893403人，四川1465515人。六省合计为16632174人。洪武二十六年这六省合计为16950487人，比洪武十四年增加319313人，年增长率为0.16%。由于云南洪武十四年没有人口统计数字，而贵州则直到永乐年以后始有人口统计数字，况且这两省在册人口极少，于大局关系不大。为了与前面的估计方法保持一致，这里仍以洪武十四年四川、山西、陕西、河南、山东、北平六省的人口数16632174人作为基数，以0.16%为其历年增长率。由洪武十四年迄万历六年计197年，则万历六年这六省的人口数，当如下式：

$16632174\times(1+0.16\%)^{197}=22725458$（人），比《大明会典》所记少5322640人。

如此，则万历六年（1578）南直等七省和四川、山西等六省人口总数为：51321097+22725458=74046555人。若加上是年云南1476692人、贵州290972人，两京十三省总计为75814219人，比万历《大明会典》记载的60693856人，多出15120363人。这是采行南北分区估计的结果。这一数字与前述不分区按全国统一估计的71923108人，两者之差仅为2123447人。如果考虑到全国统一估计中洪武十四年的人口基数没有云、贵的人口数这一事实，则两者之差是微乎其微的。

据有些资料估计，清朝顺治十八年（1661）全国人口总数为76812932人，康熙五十年（1711）为98485296人。如以为这种估计可取的话，则明代（或明末）两京十三省人口总数为一二亿之说自然颇值得怀疑。

第三节　田亩在册数量的探究

如前所述，在科学技术不发达，生产方式落后的封建时代，农业生产的发展，主要是依靠大量的劳动力投入，以及依靠增加耕地面积，以适应人口不断增长的需要。“赋从田出”，田亩又是国家征收赋役的另一个主要根据。这也是中国历代封建王朝一再追求“户口增，田野辟”的根本目的。

明代在册的田亩数量有多少？与明代的人口数一样，同样是一道令人难解的问题。基本上可以用两句话来概括：当时册文所记混乱至极；今人研究众说不一，尚需进一步深入探讨。

明朝是在元朝的废墟上建立起来的。“元季丧乱，版籍多亡，田赋无准。明太祖即帝位，遣周铸等百六十四人，核浙西田亩，定其赋税。复命户部核实天下土田”[①]。洪武元年（1368）正月颁布的《大明令》曰：“凡各处府、州、县官员，任内以户口增，田野辟为尚”。这些都充分说明：为了保证田赋收入，减少田赋征收过程中的不合理性，以保护农民的积极性，维持社会简单再生产，明王朝从一开始就非常重视田土的管理和统计。洪武初年又不断命官清丈土地，核定田亩。之后于洪武二十年（1387）在全国各地编制“鱼鳞图册”，详细登记各家各户的田亩数及其方位四至和土质优劣，并与洪武十四年（1381）出台的“赋役黄册”互相配套，进一步加强田土管理，对田土进行严格的分类，定其科则，明其用途以及收入分配。

按照《明史·食货志》的记载，明代的田土分为官田和民田两大类。“明

① 《明史》卷七七《食货一·田制》。

土田之制，凡二等：曰官田，曰民田。初，官田皆宋、元时入官田地。厥后有还官田，没官田，断入官田，学田，皇庄，牧马草场，城堧苜蓿地，牲地，园陵坟地，公占隙地，诸王、公主、勋戚、大臣、内监、寺观赐乞庄田，百官职田，边臣养廉田，军、民、商屯田，通谓之官田。其余为民田”。官田的种类繁多，经营管理体制各有不同，经济功能亦有差异。民田的种类比较简单，有新开田、沙塞田、闲田以及寺观田（亦称“僧道常住田”）等。明代的田土，不仅分类清楚，有像“鱼鳞图册”这种登记田亩的册籍，而且每年（洪武十四年以后为每十年）有关部门必须进行核实、造册，然后向封建皇帝奏报天下田亩之数，使之了解田亩增减情况。然而，令人感到不解的是，明代官府留下的田亩统计数字，却同户口统计数字一样混乱不堪，而且多数不足为信。就其类别而言，只能大略知道全国民田多于官田（弘治时官田约占田土总数的七分之一），个别地区亦有官田多于民田的（例如江南苏、松诸府）。就各个时期而言，只有洪武中期以前有关新开的垦田数字比较清晰，从洪武朝中后期开始，田土统计数字已经存在不少问题，至明代中后期尤为严重，根本不能反映客观实际情况。

建国之初，明太祖为了复兴社会经济，巩固皇权统治，与民休养生息，积极开展移民垦荒，命令军队大力屯田。由内地到边区，处处兴屯，开垦荒地，耕地面积随之日增。据《明太祖实录》提供的资料，从洪武元年到洪武十六年总计新开垦田地2053314余顷。其中：

洪武元年（1368），天下州县垦田770余顷；

洪武二年（1369），天下郡县垦田898顷；

洪武三年（1370），山东、河南、江西府州县垦田2135顷；

洪武四年（1371），天下郡县垦田106622余顷；

洪武六年（1373），天下垦田353980余顷；

洪武七年（1374），天下郡县垦荒田921124顷；

洪武八年（1375），直隶宁国诸府、山西、陕西、江西、浙江各省垦田地62308顷；

洪武九年（1376），天下垦田地275664顷；

洪武十年（1377），垦田1513余顷；

洪武十二年（1379），垦田273104余顷；

洪武十三年（1380），天下开垦荒闲田地53931顷；

洪武十六年（1383），垦荒田1265余顷（直隶应天、镇江、太平、常州四府738余顷，山西平阳县527余顷）。①

以上是洪武元年至十六年12次垦田统计数字。这个数字有助于了解明初土地的开发情况，而对于探讨明代在籍田亩数额却没有多大意义，因为有两个关键性的史料阙如：

第一，明朝建国之时原有的田亩（可耕地）多少不清楚。元朝末年以来，由于连年战争，不少地方田地荒芜，耕地面积减少，这是毋庸置疑的。但是无论如何荒废的只能是整个耕地面积的一部分，大部分的耕地没有受到破坏，这同样是不必怀疑的客观事实。在洪武元年，除新开垦的770余顷之外，原有可耕地多少，始终没有提到。而且从洪武元年到洪武十三年一直没有田土统计数字。这个问题不解决，明代初年田土数的研究势难深入下去。这是考察明代在籍田亩数额碰到的第一个难点。

第二，明朝建国以后新开垦的田地到底有多少，同样是个没有揭开的谜。上述2053314余顷，显然不是所有的垦田亩数。从空间上说，有的年份只记录部分地区，即使是名为“天下郡县”者，亦未必是覆盖全国所有的府州县。从时间看，按制度规定：洪武初，“每岁中书省奏天下垦田数，少者亩以千计，多者至二十余万”②。洪武十三年中书省革除以后，奏报田土的事务改由户部负责。而实际情况是洪武五年、十一年、十四年、十五年，都没有垦田数字。特别是从洪武十七年开始，就未见册籍对垦田数有何记载。而此时，正是移民垦荒和军队屯田的重要时期。例如，洪武二十一年至二十五年的短短几年间，仅移入华北地区垦荒的即有42万人。“北方近城地多不治，召民耕，人给十五亩，蔬地二亩”。如果按照这个标准推算，这42万人，当开垦田地6300000亩，蔬地840000亩，两项合计7140000亩。

① 以上分别见《明太祖实录》卷三七、四八、五九、七〇、八六、九五、一〇三、一一〇、一一六、一二八、一三四、一五八。

② 《明史》卷七七《食货一·田制》。

以上两方面存在的问题说明：明代官府关于在籍田亩的统计，从其建国之日开始就有严重缺陷，只讲新开垦田亩数，不记旧有田亩数；所记新开垦之数，又仅仅是其中的一部分。于是给后人的研究带来了诸多不便和困难。

在明代史籍中，最早记录天下在籍官民田亩总数的是《明太祖实录》。该书卷一四〇载：洪武十四年（1381）十二月户部奏曰：是岁，“天下官、民田计三百六十六万七千七百一十五顷四十九亩”。这个数字的可信程度值得怀疑。因为在前述洪武元年至十三年有数据可查的新开垦田地即有 2052049 余顷，若依此则天下原有的官民田土只有 1615666 余顷。新开的超过旧有的，这从全国范围内说，似乎是不可能的。当年全国为 59873305 人，田土 366771549 亩，平均每人只有 6 亩，与当时一般每人授田 15 亩的规定相差太大。洪武十四年，是明代第一次编定赋役黄册之年。第二年四月，户部就向明太祖奏曰：“天下郡县所进赋役黄册，丁粮之数，类多错误。”[①] 丁口和税粮的错误，也就是户口数和田土数有问题。

至十年后，洪武二十四年（1391）统计，天下官民田地仍然增幅甚小，仅为 387474673 亩，比洪武十四年增加 20703124 亩。同年全国有 56774561 人，平均每人有田不足 7 亩。[②]

又过了两年，洪武二十六年（1393）明朝政府在颁布《诸司职掌》时，为了确保赋税收入，进一步重申加强田土管理：“凡各州县田土，必须开豁各户若干，及条段四至。系官田者，照依官田则例起科；系民田者，照依民田则例征敛，务要编入黄册，以凭征收税粮。如有出卖，其买者，听令增收；卖者，即当过割，不许洒派诡寄。犯者，律有常宪。其民间开垦荒田，从其自首自实，三年后官为收科。仍仰所在官司每岁开报本部，以凭稽考”。又说：“凡民间有犯法律，该籍没其家者，田土合拘收入官，本（户）部书填勘合，类行各布政司府州县将犯人户下田土、房屋，召人佃赁，照依没官则例收科。仍将佃户姓名及田地顷亩、房屋间数同该科税粮、赁钱数目开报，合干上司转达本部知数”。并于是年对天下官民田土重新进行统计，浙江、湖广、河南、

① 《明太祖实录》卷一四四。
② 这里所谓“天下”，与户口数一样，亦只限于“两京十三省”。

江西、北平、陕西、广西、山东、山西、广东、四川、福建等布政司及南直隶苏州等十八府州，“田土总计八百四十九万六千五百二十三顷”。具体分布于下：

浙江　51705151 亩；

湖广　220217575 亩；

河南　144946982 亩；

江西　43118601 亩；

北平　58249951 亩；

陕西　31525175 亩；

广西　10240390 亩；

山东　72403562 亩；

山西　41864248 亩；

广东　23734056 亩；

四川　11203256 亩；

福建　14625969 亩；

南直隶十八府州计为 126213452 亩。其中，苏州 9850671 亩、宁国 7751611 亩、徐州 2824154 亩、滁州 315045 亩、池州 2184445 亩、扬州 4276734 亩、庐州 1622399 亩、安庆 2102937 亩、松江 5132290 亩、凤阳 41749390 亩、应天 7270125 亩、广德 3400784 亩、淮安 19333025 亩、徽州 3534977 亩、常州 7973188 亩、镇江 3845270 亩、太平 2621179 亩、和州 425228 亩。①

以上合计 850048368 亩，细数之和比总数多出 396068 亩，基本一致。《后湖志》卷二《黄册事产》云：“国初，直隶府州并十三布政司田土总计八百八十万四千六百二十三顷六十八亩。”② 比《诸司职掌》多出 30810068 亩。经与《诸司职掌》核对，浙江、湖广、河南、江西、北平、陕西、广西、山西、广

① 以上见《诸司职掌·户部职掌·田土》。

② 所谓“国初”，一般指明初洪、永二朝。这里当指洪武二十六年。又，云南在《后湖志》里，田土“原无数目”。实际上亦仅为直隶府州并十二布政司。

东、四川、福建等省的田土数，《后湖志》与《诸司职掌》两书所记完全相同。只有二处不同：

山东布政司，《后湖志》记为72402562亩，比《诸司职掌》少1000亩；

直隶苏州等十八府州的田土数，《后湖志》记为156627452亩，比《诸司职掌》多30414000亩。

扣除山东所少1000亩，应比《诸司职掌》多30413000亩，则两书才能一致。但实际并非如此。《后湖志》的总数比《诸司职掌》的总数，多出30810068亩，减去直隶苏州等十八府州所多之数及山东所少之数两项之外，《后湖志》仍然多出397068亩，不知由何而来？

万历《大明会典》卷一七《田土》条云："洪武二十六年，十二布政司并直隶府州田土总计八百五十万七千六百二十三顷六十八亩"。比《诸司职掌》多出1110068亩，比《后湖志》少29700000亩。经验算，万历《大明会典》所记各省田土之和仅为803185930亩，比总数少47577438亩。

今将《诸司职掌》《后湖志》《大明会典》三书所记洪武二十六年各省田土数，对照于下（单位：亩）：

	《职掌》	《后湖志》	《会典》	备　注
浙江	51705151	51705151	51705151	
湖广	220217575	220217575	220217575	
河南	144946982	144946982	144946982	
江西	43118601	43118601	43118601	
北平	58249951	58249951	58249951	
陕西	31525175	31525175	31525175	
广西	10240390	10240390	10240390	
山东	72403562	72402562	72403562	《后湖志》少1000亩
山西	41864248	41861248	41861248	《会典》少3000亩
广东	23734056	23734056	23735056	《会典》多1000亩
四川	11203256	11203256	11203256	
福建	14625969	14625969	14625961	《会典》少8亩
南直隶	126213452	156627452	79353022	《会典》比《职掌》少46860430亩，比《后湖志》少77274430亩
苏州	9850671		9850671	
宁国	7751611		7751611	
徐州	2824154		2834154	《会典》多10000亩
滁州	315045		315015	《会典》少30亩

续表

	《职掌》	《后湖志》	《会典》	备　注
池州	2184445		2284445	《会典》多 100000 亩
扬州	4276734		4276734	
庐州	1622399		1622399	
安庆	2102937		2102937	
松江	5132290		5132290	
凤阳	41749390		4174990	《会典》少 37574400 亩
应天	7270125		7270125	
广德	3400784		3004784	《会典》少 396000 亩
淮安	19333025		9333025	《会典》少 10000000 亩
徽州	3534977		3534977	
常州	7973188		7973188	
镇江	3845270		3845270	
太平	2621179		2621179	
和州	425228		425228	

由上表可以看出：第一，《后湖志》与《大明会典》所记洪武二十六年各省的田土数字，都是来源于《诸司职掌》的记载。第二，《大明会典》差错最多，其总数与各省细数不相符合，主要错在南直隶的田土数。

又，《万历会计录》卷一云：弘治年间田土官民共 6228058 顷 81 亩零（比洪武原额减 2279564 顷 87 亩）。两者相加，知洪武原额为 850762368 亩，与万历《大明会典》毫无差别。

嘉靖八年（1529），霍韬上《修书陈言疏》时，曰：“窃见洪武初年，天下田土八百四十九万六千顷有奇。”① 此说与《诸司职掌》无异，而比《大明会典》少 1100 余顷。

另外，《明书》卷六七载：“洪武初，田土实耕在民者计八百五十万七千六百二十三顷六十八亩零”。亦与《大明会典》同。

清朝修《明史》时，对万历《大明会典》的记载，亦深以为然，称：洪武“二十六年核天下土田，总八百五十万七千六百二十三顷，盖骎骎无弃土矣”。

由上可见，明初洪武年间（末年）在籍田土的最高数，为《后湖志》所

① 见《明经世文编》卷一八七。此处“初年”二字不确，应为“末年”。

记之880462368亩。这也是有明一代在籍田亩的最高数。除《后湖志》外，其余各书所记洪武末年的田土数，均本于《诸司职掌》，或者说与之相差无几。

《诸司职掌》，作于洪武二十六年。故其所记田土数，当应为洪武二十五年至二十六年以前的统计数。此时非大造黄册之年，而又距第二次全国大造黄册之年的洪武二十四年，只时隔一年左右。洪武二十四年的统计，只有387474673亩。一年后田土猛增一倍以上，虽有各省直的田土数可以验证，但仍难免没有问题。因此有人认为，当时各类官民田土合计为600万顷左右。[①]

从《明实录》提供的信息看，自洪武末年开始至永乐朝结束为止，官府田土统计方法有所改变，项目也有不同。不像从前那样，直接记录田土数字，而只是一种间接的反映，即记录每年的赋税数目（包括屯田子粒）。由于官田与民田的科则繁多，而且等则轻重不同。所以，很难通过赋税数量去求得田土数量。

永乐过后，又恢复原来的方法，重新立有“田地”一项。但是从统计数字看，天下官民田土总数时而大减，时而又与洪武末年基本相同，呈现出一种无序、反常的复杂状态，使人难以捉摸。

从洪熙元年（1425）迄成化二十二年（1486）的60多年，天下官民田土总计始终在400余万顷上下徘徊：

洪熙元年至天顺八年（1464），为410余万顷至430余万顷之间。其中，宣德二年（1427）降为394余万顷，宣德四年（1429）又上升为450万余顷；

成化元年至二十二年（1465～1486），波动于470余万顷至480余万顷之间。

成化二十三年，又突然大变，降低到1253821顷，实在不可理解。

弘治以后，在籍田亩数额再次出现大起大落的不正常现象。

先是，一进入弘治朝官府统计的在籍田亩数，迅速上升为800余万顷。在明代历史上，成为记录在册的田土数最多的时期。请看如下事实：

弘治元年（1488） 8253818顷；

弘治二年（1489） 8254881顷；

---

① 详见王其榘：《明初全国田土考》，《历史研究》1981年第4期。

弘治三年（1490）　8254881 顷；

弘治四年（1491）　8255881 顷；

弘治五年（1492）　8255881 顷；

弘治六年（1493）　8255881 顷；

弘治七年（1494）　8256881 顷；

弘治八年（1495）　8266781 顷；

弘治九年（1496）　8267881 顷；

弘治十年（1497）　8267881 顷；

弘治十一年（1498）　8267981 顷；

弘治十二年（1499）　8268982 顷；

弘治十三年（1500）　8269881 顷；

弘治十四年（1501）　8269992 顷（一作 8699992 顷）；

弘治十五年（1502）　8357485 顷；

弘治十六年（1503）　8307489 顷；

弘治十七年（1504）　8416862 顷。①

弘治十八年（1505）五月，孝宗死，武宗即位。全国田土统计数又随着皇位易主，而猛然减为 4697233 顷 16 亩。和户口统计数字一样，明代的田土统计数字这时也突然降低。

弘治一朝计 18 年。前 17 年的统计数字出自《明孝宗实录》，是孝宗在位时的记录。弘治十八年的数字，载于《明武宗实录》卷八，是武宗登基以后的统计数。不知是何缘故，明清两代不少人对《明孝宗实录》的记载，往往不予采纳，在弘治朝的田亩数上另树一说。例如：

霍韬《修书陈言疏》云："自洪武迄弘治百四十年，天下额田已减强半"。"弘治十五年，存额四百二十二万八千顷有奇"。（《明孝宗实录》认为 800 余万顷。）

这个说法，与《后湖志》所记大体相同。该书卷二《黄册事产》曰："弘治十五年，南北直隶府州并十三布政司田土总计四百二十九万二千三百三十顷

① 以上统计数字，似有连年照抄之嫌。只可惜没有各省直的细数可以验证。

七十五亩零"[①]。

清修《明史》，亦是沿袭霍韬的看法："弘治十五年，天下土田止四百二十二万八千五十八顷"。又说：万历六年，"总计田数七百一万三千九百七十六顷，视弘治时赢三百万顷。"[②] 扣除赢出之数，则弘治时为401万余顷。

除400余万顷一说外，又有600余万顷之说。如：

《万历会计录》卷一曰：万历六年田土官民共7013976顷（比弘治增785917顷36亩）。减去万历时丈量后所增之数，得弘治时原有额数为6228050顷64亩，与霍韬的说法大为不同。

万历《大明会典》同样持600余万顷之说。该书卷一七《田土》条载："弘治十五年，十三布政司并直隶府州实在田土，总计六百二十二万八千五十八顷八十一亩零"。

清初，傅维麟所作《明书·土田志》亦沿用这个数字，谓："中叶弘治十五年清丈，实耕在民者共计六百二十二万八千五十八顷八十一亩零"。

明代各朝的实录，一般都是隔朝编修，为后一朝人记前一朝事，时间相去不远，有些纂修官又往往是历事前后二朝甚至数朝的。时间近，可采用的资料比较宏富，虽有徒事虚文，或照抄旧册，或册文讹误等种种弊病，但也不宜完全抛弃，一概视为毫无价值。如前所列，在《明孝宗实录》中，从弘治元年到弘治十七年在册的田亩数，从来就根本没有400余万顷或600余万顷之类的记载，所记皆在800余万顷以上。

在明代典籍中，弘治十五年天下土田总计600余万顷和400余万顷两说。都有各直省的细数可以验证。前者，见于万历《大明会典》；后者，载诸《后湖志》。

这里，先将《后湖志》卷二《黄册事产》内所开具的弘治十五年各直省田亩数，及其与国初洪武末年比较增减状况，胪列如下：

南直隶69672012亩，比国初减少86955440亩；

① 原书注："贵州布政司田土，自来无丈量顷亩"。故实际上只仅为南北直隶府州并十二布政司在册田亩数。

② 《明史》卷七七《食货一·田制》。

北直隶 27403301 亩，减少 30846650 亩；

浙江 47389600 亩，减少 4315551 亩；

江西 40246527 亩，减少 2872074 亩；

湖广 20902658 亩，减少 199314917 亩；

四川 10795696 亩，减少 407560 亩；

山西 39155447 亩，减少 2708801 亩；

山东 55586662 亩，减少 16816100 亩；

河南 41629361 亩，减少 103317621 亩；

陕西 26371754 亩，减少 5153421 亩；

福建 13525992 亩，减少 1099977 亩；

广东 25578849 亩，增加 1844793 亩；

广西 9247304 亩，减少 993086 亩；

云南 1727912 亩，国初无丈量顷亩；

贵州，自来无丈量顷亩。

经验算，以上各省直弘治十五年田土存额之和为 429233075 亩，与总数相符；与国初相较，失额之和为 454801198 亩。唯有广东，比国初增加 1844793 亩，云南国初无丈量顷亩。弘治十五年各省直田土存额与失额之和为 884034273 亩，从中扣除广东新增 1844793 亩和云南 1727912 亩，得 880461568 亩，比该书（《后湖志》）所记国初总计 880462368 亩，仅少 800 亩。可以说，各项数据的来龙去脉基本清楚。

以下，再将万历《大明会典》卷一七《田土》所载弘治十五年各省的田土数，及其与国初洪武二十六年比较增减情况，胪列于后：

浙江　47234271 亩，比国初减少 4470880 亩；

江西　40235246 亩，减少 2883355 亩；

湖广　223612846 亩，[1] 增加 3395271 亩；

四川　10786962 亩，减少 416294 亩；

山西　39080993 亩，减少 2780315 亩；

---

① 一些著作将《后湖志》所记该年湖广田土 22 余万顷，说成是出自《大明会典》的记载，实误。

山东　54292937 亩，减少 18110625 亩；

河南　41609968 亩，减少 103337014 亩；

陕西　26066281 亩，减少 5458894 亩；

福建　13516617 亩，减少 1109344 亩；

广东　7232446 亩，减少 16502610 亩；

广西　10784801 亩，增加 544411 亩；

云南　363135 亩；

南直隶　计 80918025 亩，增加 1565003 亩；

苏州　15524997 亩，增加 5674326 亩；

松江　4715661 亩，减少 416629 亩；

常州　6177775 亩，减少 1795413 亩；

镇江　3172235 亩，减少 673035 亩；

应天　6997408 亩，减少 272717 亩；

庐州　2543045 亩，增加 920646 亩；

凤阳　6126266 亩，增加 1951275 亩；

淮安　10107373 亩，增加 774348 亩；

扬州　6229707 亩，增加 1952973 亩；

徽州　2527752 亩，减少 1007225 亩；

宁国　6068291 亩，减少 1683320 亩；

池州　891963 亩，减少 1392482 亩；

太平　1624383 亩，减少 1996796 亩；

安庆　2189066 亩，增加 86129 亩；

广德　1540429 亩，减少 1464355 亩；

徐州　3001222 亩，增加 167068 亩；

滁州　291283 亩，减少 23732 亩；

和州　1189169 亩，增加 763941 亩。

北直隶　计 269689 顷，[①] 比国初减少 312810 顷；

---

① 顷以下者未计入内。

顺天　68720 顷；

永平　14844 顷；

真定　38980 顷；

保定　35529 顷；

顺德　13822 顷；

广平　20238 顷；

大名　51973 顷；

河间　24220 顷；

保安州　304 顷；

隆庆州　1059 顷。

经验算，以上各省弘治十五年田土之和为 595734128 亩。与该书（《大明会典》）所记的总数 622805881 亩，实不相符。差额达 27071753 亩。这是一。二、与国初洪武二十六年相比较，田土减额者九省，计失 155069331 亩；增额者三省（湖广增加 3395271 亩、广西增加 544411 亩、南直隶十八府州增加 1565003 亩），计增加 5468685 亩。增减相抵，计仍失额 149600646 亩。即使加进云南 363135 亩，仍减少 149237511 亩。三、如果存额，按《会典》所记 622805881 亩计算，则存额与失额之和应为 772043392 亩。如果存额按各省现有实际田土数 595734128 亩计算，则存额与失额之和应为 744971639 亩。如此，则不仅与其所记洪武二十六年全国田土总计 850762368 亩相差甚远，而且与其所记洪武二十六年各省实有田额之和 803185930 亩，也差别不少。

由此可见，万历《大明会典》一书所记载的田土数字，要比《诸司职掌》和《后湖志》混乱得多。

嘉靖时，詹事霍韬等奏言：

> 臣等奉命修《大明会典》，各该衙门未见送到册籍。未及编纂，臣等先于私家将旧典各书翻阅。窃见洪武初年，天下田土八百四十九万六千顷有奇。弘治十五年，存额四百二十二万八千顷有奇，失额四百二十六万八千顷有奇。是宇内额田，存者半，失者半也。则赋税从何出，国计何从足耶。臣等备查天下额数，若湖广额田二百二十万，今存额二十三万，失额一百九十七万。河南额田一百四十四万，今存

额四十一万，失额一百三万。此失额极多者也。非拨给予藩府，则欺隐于猾民，或册文之讹误。不然，何致此极也。若广东额田二十三万，今存额七万，失额十六万，又不知何故致此也。盖广东无藩府拨给，而疆里如旧。非荒据于寇贼，则欺隐于猾民也。[①]

这段话为《明史·食货志》所引用，今人的一些论著也常常引作结论。霍韬分析了当时田土失额的各种原因，无疑是很有意义的。但它亦存在不少问题，需要加以辨析。如前所述，在《明孝宗实录》中，从弘治元年迄弘治十七年，天下土田数一直保持在825余万顷~841余万顷之间，不知他在动手修《大明会典》之前翻阅“旧典各书”的过程中，是否看到《明孝宗实录》？如果看到，而且认为其所记弘治十五年8357489顷是错误的，为何没有指出其错在哪里？如果没有看到，“弘治十五年存额四百二十二万八千顷有奇”，又是从何而来的？湖广田土220多万顷，约占当时全国田土总数的四分之一，肯定有问题。而这个说法又恰恰出自《大明会典》，在弘治十五年湖广的田土数上依然写着2236128顷46亩，比洪武二十六年反而增加了。究竟是霍韬等人当时未加以纠正，还是数十年后，万历初重修《大明会典》时造成的。还有，如果依据《后湖志》提供的材料，弘治十五年湖广、河南两省田土“失额尤多”是事实，而广东则不然，非但没有失额，反而比洪武二十六年增加1844793亩；如果依据《大明会典》的数据，则弘治十五年河南、广东两省田土“失额尤多”是事实，而湖广则不然，非但未失，反而比洪武二十六年增加3395271亩。

在《明实录》里，在籍田土数自从弘治十八年（1502）降为4697233顷之后，到正德十五年（1520）一直没有变动。[②] 可见有连年照抄之嫌。

嘉靖一朝，《明实录》对田土统计的重视程度，已不像从前那样年年有记录。嘉靖朝四十五年，《实录》登载田土数者仅有五次：嘉靖元年（1522）天下田土436009039亩；[③] 嘉靖十一年为428467495亩（一作428828495亩）；嘉

① 《明世宗实录》卷一〇二，嘉靖八年六月癸酉条。文中“洪武初年”应为“洪武末年”。

② 只有正德十二年为4697433顷，多出200顷。

③ 是年出现两次统计数，另一次为438752620亩（见《明世宗实录》卷二一）。

靖二十一年为428928495亩;[①] 嘉靖三十一年为428035818亩；嘉靖四十一年为431169670亩。总之，波动于430万顷上下。

嘉靖以后，《明实录》记下的田土统计数稍为上升，但增幅不大。隆庆元年（1567）为467775011亩，二年、三年、四年、五年，完全相同。与隆庆朝的户口统计一样，也是年年抄旧。这种统计数据，显然是靠不住的。

从洪武二十六年（1393）迄隆庆五年（1571）178年间，明朝官府统计的在籍田亩数，主要有两种情况：

一种是诸书所记基本相似；

另一种则相去甚远。

前者，出现于洪武末年以及弘治朝至隆庆朝两个时段。洪武末年（二十六年)，《诸司职掌》与《后湖志》《大明会典》所载，皆为850万顷左右；弘治十八年至隆庆五年，《明实录》《后湖志》所记均为400余万顷。

后者，分歧集中于弘治朝。共有三种不同说法：《明实录》作800多万顷（十八年以前)；《万历会计录》《大明会典》记为600多万顷；《后湖志》与霍韬《修书陈言疏》作400多万顷。

对于史册所载在籍田亩数高低悬殊之成因，国内外学者曾从多方面做过研究，并提出了不少有益的见解，但在看法上始终未能取得共识。主要有两种不同争论。一种以为，明代的田土是由行政系统和军事系统分别管理、统计的。“较小的数字是户部综合州县耕地数，较大的数字则为行政系统与军事系统管辖耕地的总和”[②]。另一种认为，除册文讹误、或脱漏、欺隐之外，从各个不同时期各种典籍的统计数据看，问题的症结主要在湖广和河南两省的田土数。洪武二十六年，湖广和河南的田土数分别为220余万顷、140余万顷。而到明中叶以后，河南的田土数却只有40余万顷，减少100余万顷；湖广的田土数，在一些史册里则仅存20余万顷，减200万顷。假如，湖广、河南两省的田土

---

① 《后湖志》卷二《黄册事产》条载：“嘉靖二十一年，南北直隶并十三布政司田土总计四百三十六万五百六十三顷六十亩九分”。比《明世宗实录》多7129865亩。该书列有南北直隶并各布政司田土细数。经核算，其和为436052386亩，比总数少3974亩，基本上相符合。

② 详见顾诚：《明前期耕地数新探》，《中国社会科学》1986年第4期；《明帝国的疆土管理体制》，《历史研究》1989年第3期。

数前后大致相当，则南北直隶并各布政司在籍田亩数，在明初和明中叶以后也就没有多大差异了。[①]

进入明后期，从万历元年（1573）开始，大学士张居正为内阁首辅。他为了挽救明王朝，积极进行政治经济改革。经济改革的一项重要内容，就是加强田土管理，严禁欺隐，以增加国家赋税收入。为此，曾在万历六年对各省的田土进行过一次统计，得“十三布政司并直隶府州实在田土总计七百一万三千九百七十六顷二十八亩”[②]。

在此基础上，万历六年十一月二十九日，经张居正奏请万历皇帝允准，在福建首先进行田土丈量试点，以改变“田粮不均，偏累小民”的不合理现象。[③] 福建的试点获得成功以后，在万历皇帝的支持下，张居正因势利导，决定在全国各地丈量土地，并限三年内完成任务。万历八年十一月初五日，户部奉旨命各省通行丈量。由于朝廷的出发点是为了增加税粮收入，均平税粮负担，所以时称“清丈田粮”。为使“清丈田粮”的工作顺利开展，户部还具体规定了八条规则与措施、步骤、方法。一般认为，这也是明朝历史上继洪武之后的又一次规模较大的田亩普查。至万历十年十二月大多数地区清丈结束，成绩显著。据顺天诸府州县、山东、江西、保定、山西、南直隶、贵州、广西、浙江、河南、湖广、四川、广东、陕西等地的不完全统计，清丈之后共新增田地1440098余顷。[④] 加上万历六年的700余万顷，是时田土总计为840余万顷。

明代的田亩，虽然从洪武朝开始，就曾进行过清丈，并有“赋役黄册”与“鱼鳞图册”相结合的一套比较完善的管理体制和具体措施。但在封建制度下，在封建国家与贵族、官僚、地主之间一直存在着激烈的争夺田租收入的情况下，田土清丈与统计，从来都不可能真正深入下去，欺隐、诡寄，以及清丈、造册时脱漏、不实、敷衍塞责、草草了事等等弊病，比比皆是，无奇不有。张居正讲求富国强兵，执法严厉，田土的丈量与统计，相对认真一些。但仍免不了会有许多问题与缺陷。对此，不能做不恰当的过高估计。

---

① 详见林金树等：《关于明代田土管理系统问题》，《历史研究》1990年第4期。

② 万历《大明会典》卷一七《田土》。《万历会计录》《明书》《明史》所记同。

③ 《明神宗实录》卷八一。

④ 详见林金树：《万历帝》第119～121页，吉林文史出版社，1996年1月出版。

张居正改革失败以后，社会故态复萌。朝政再度陷入混乱，各种典章制度日趋破坏，田土统计工作也不例外。从《明神宗实录》得知，原先每年统计一次的惯例，已经不复存在。不要说一年一统计，就连嘉靖时十年一统计的做法也不见了。直到万历三十年（1602）十二月才有过一次统计，得“官民田土共一千一百六十一万八千九百四十八顷八十一亩有奇”①。这也是有明一代官方统计的最高的田土数。然而，根据万历初年的田土统计数，短短20年间田土增加近三分之一，又叫人不得不对它加以怀疑。

自此之后，又多年未见有田土统计的记录。到了十八年后，明光宗、明熹宗相继即位，泰昌元年（1620）十二月始有统计，而田亩之数却大减于前，只得“官民田土者七百四十三万九千三百一十九顷八十三亩”②。较万历三十年减少417962898亩。

天启元年（1621）、三年、五年、六年四次的统计，又是同户口统计一样，年年抄旧，每一年均为“官民田土共七百四十三万九千三百一十九顷八十三亩”③，与泰昌元年丝毫不差。可见，此时明王朝的田土统计工作已经堕落到什么地步。姑且不说其准确与否，这种年年照抄不误的统计，岂能有什么实际意义。

关于崇祯朝在籍的田亩数，王圻《续文献通考》卷二上有一条记载，曰：“崇祯时，天下土田总七百八十三万七千五百二十四亩零”。此处，“亩”疑为“顷”之误。否则，当完全失去其史料价值。

在中国封建社会，人丁（户口）与事产（田赋），是封建王朝始终最为关注的两件大事。然而，由于种种原因，这两件事存在的问题也最为严重。户口、田土之数一直混乱，无准、失实。有谓：远在禹平水土定九州时，地之定垦者已9108020顷；西汉极盛时，垦田数在8270536顷；东汉极盛时，垦田6930123顷38亩；隋朝极盛时，垦田数多至55850040顷。而明代的田土数，至终明之世仍只有700万顷左右。汉、隋二代田土统计的区域范围，未必大于

① 《明神宗实录》卷三七九。

② 《明熹宗实录》卷四。

③ 分别见《明熹宗实录》卷一二、三八、六一、七四。

明代。虽然历代亩制有大小之分，即使扣除这个因素，也不至于前后悬殊如此。

田亩统计，直接关系到社会各个层次的切身利益，事属国计民生，意义重大。但因情况相当复杂，任务极为艰巨，执行起来难度大得很。故历来问题不少，从无准确可言。究其根源，责在封建皇帝。封建皇帝关心户口和田土问题，要求进行户口和田土统计，其目的主要是为了保障赋役征发，巩固专制皇权的物质基础。只要赋役不失"常额"，就是万事大吉。至于写在纸面上的统计数字是否准确、真实，他是很少过问的。于是人们就看到，在官方的册籍里，户口数和田土数不是一成不变，年年照抄，就是转眼之间，忽高忽低，以至时而增长一倍，时而又减少大半。而同样奇怪的，无论田亩（户口亦然）如何失额，根据田亩征收的赋税却始终基本不变，处于一种平稳状态。在明代，从明初到明末二百多年间，虽然田亩的统计数字经常大起大落，但是赋税收入（包括军屯子粒）几乎年年都在3000万石上下。

田土统计能否做到相对准确一些，主要决定于社会制度。同时，与统计的目的、原则、方法有关，还要受到当时政治、经济形势、用人行政和社会风气的影响。就封建社会而言，凡是政治比较清明、社会相对稳定、执法严猛，用人比较得当之时，统计数字与历史实际就可能接近一些。或者说，差异就少一点。明代洪武年和万历初张居正主持阁政两个时期的田土数字，就比较接近一些。洪武末年全国田土计850万顷左右。万历初年亦大致相同。这里有一个问题需要说清楚。不少史料把万历六年的701万余顷说成是张居正丈量以后的田亩数。其实这是错误的。如上所说，张居正丈量田亩，最早从福建进行试点，时间始于万历六年十一月二十九日。张居正通令全国各地进行田土统计，始于万历八年十一月初五日，至万历十年十二月后大部分地区方告结束。因此，701万余顷不是通行丈量以后的田亩数，而是丈量以前的统计。丈量以后各省新丈出的田土计144余万顷。所以，万历十年的田亩数应为原有的701余万顷，再加上新清理出来的144余万顷。两者合计刚好近850万顷。明初与明后期大体相当，没有增加。

官府记录在册的田亩数，亦即向国家纳税的田亩数。其范围与明代户口统计一样，也是只限于两京十三省。当然，这个田亩数不是实际的田亩数。因为在两京十三省之内，由于主客观的因素，有些地区也是自来没有丈量顷亩；有些地区只有一部分有丈量顷亩；有丈量顷亩者与实际亦多有出入，欺隐、脱漏者仍然为数不少。再联系到明代两京十三省的户口统计，呈现“高—低—高”以及时高时低的无序状态，田土统计所表现出来的特点及其存在的问题，与户口统计大致相似。

按照明朝官府统计的数字，两京十三省在籍人口总数明初与明后期没有多大变化，都是6000余万人。在册田亩数量亦是如此，均为数850万顷上下。平均每人约占有耕地15亩左右，如按前面推测的万历六年7500余万人计算，则每人为11亩左右。这些纯属指在册数而言。

明后期两京十三省在册田土850余万顷，如果加上各种欺隐，以及由于政治腐败等原因所造成之弊端而没有登记入册的田土；再加上两京十三省以外之蒙古、新疆、青海、西藏、东北（辽东地区例外）等边陲地区的田土数，大明帝国当时的耕地面积当为1000万顷上下。这个看法是否有些道理，自然有待于今后继续研究。

第二章　明代土地的整理与经营

第一节　明代的土地占有形式

明代的土地主要分为两大类，即《明史·食货志·田制》所说的："明土田之制，凡二等：曰官田，曰民田。初，官田皆宋、元时入官田地。厥后有还官田，没官田，断入官田，学田，皇庄，牧马草场，城壖苜蓿地，牲地，园陵坟地，公占隙地，诸王、公主、勋戚、大臣、内监、寺观赐乞庄田，百官职田，边臣养廉田，军、民、商屯田，通谓之官田。其余为民田。"究其实，明代的土地尚不止此两类，还有以"共有"面目出现的田土。在这类田土中，就其来源而言，既有官田，也有民田。官田和民田亦非截然区分，它们在一定条件下，亦可向对立一方转化。如江南官田在明中叶后随着"官民一则"的赋役改革和土地买卖的发展而民田化：屯田亦受官豪侵吞而转为民田。民田亦因王公勋贵奏讨而被强行鲸吞，转化为前述引文中所述官田的一种——"庄田"。现依次就江南官田、皇庄与王府庄田、绅衿地主土地、庶民地主和自耕农民的土地、族田、学田、寺田论列如下。

所谓江南官田，即引文中所说的宋元时入官田地和明初的还官田、没官田及断入官田。明清时人径直把官田说成只是籍没田。如明代人钱薇说："尝读大诰，以宋元入官田、我朝籍没之田为官田。"[①] 写《明史》的清代人说："初，太祖平吴，尽籍其功臣子弟庄田入官，所恶富民豪并，坐罪没入田产，

---

① 钱薇：《均粮议》，《明经世文编》卷二一五。

皆谓之官田。”[1] 其实，官田非只籍没田一种，籍没田亦非江南独有。只因江南浙江、湖广、江西、广东、福建等布政使司和南直隶苏州、松江、常州、镇江、应天等五府官田所占比例较大，特别是因为苏州和松江二府官田赋税特重，最引人瞩目，所以研究江南官田多以苏、松二府为代表。

江南官田中的宋元时入官田地称“古额官田”，明初的没官田、断入官田和还官田称“近额官田”，江南，特别是两浙和苏松地区，从宋以后，一直是朝廷的“财赋之区”。自唐末以降，随着土地私有化观念的深化，朝廷为确保其财赋收入，认为有必要直接控制一部分土地。所以，南宋贾似道行“公田法”，元朝设财赋总管府管理江南官田。明朝肇基于江南，这里成了朱元璋统一全国战争中的供应基地。为了战争和建国的多方需要，明廷亦将宋元遗留下来的以及没收张士诚等的土地作为官田牢牢掌握在自己手中。

依土地所有制性质而言，官田即朝廷之田土，承佃者只输官租而不纳赋税；民田为私人田土，需向官府交纳赋税，应如唐鹤征所说：“官田者，抄没入官，朝廷之田也。民间止是佃种，未尝纳价。其每年上纳，止系官租，原非税粮。”[2] 可从实际情况而言，自宋时江南官田和民田就无“官租”和“赋税”之别，《宋史》虽有“官田之赋”与“民田之赋”的区别，但都交纳赋税则是相同的，其间很难区分官田和民田的性质。

明代民户，丁有役，田有赋。然洪武元年定役法，“田一顷出丁夫一人，不及顷者以他田足之，名曰均工夫”[3]。作为“常役”之一的粮长，明太祖时“令田多者为之，督其乡赋税”[4]。亦依田征调，由此可知，民田亦有役，而官田则不负担杂徭。从这又明显看出官田与民田的区别。

虽说官田和民田都交纳赋税，但科则的轻重则相去悬远。所以，正是由于这点看来，并无性质差别的赋税上，其科则和负担的轻重成为官民田差别最直观的标志。所以如此，是因江南官田来自籍没，有的就将原田私租定为官田赋税，其赋重就不足为怪了。而民田，田租与没官前私租相同，地主只将所收田

---

① 《明史》卷一五三《周忱传》。
② 万历《武进县志·田赋》。
③ 《明史》卷七八《食货志》二《赋役》。
④ 《明史》卷七八《食货志》二《赋役》。

租的一部分作为赋税上交官府，其税额自然比由私租演变来的官田赋税轻得多。同样数额的田租，“田未没入之时，小民于土豪处还租，朝往暮回而已，后变私租为官粮，乃于各仓送纳，远涉江湖，动经岁月，有二三石纳一石者，有四五石者纳一石者，有遇风波盗贼者，以致累年拖欠不足”①。可见官田的沉重负担重在纳米上仓的耗费上。

官田赋同私租而负担沉重，所以多拖欠。其实，官田完全按私租数额征赋税者是极个别的，大都低于私租，多不过私租的八成而已。据正德《姑苏志》载，苏州在“洪武初，官田重额止于七斗三升”。然比一般民田，即所谓“五升粮田”，也高出13倍多，亦明显过重，故官田逋赋司空见惯。朝廷为保住官田科则，又不能不让承佃官田者活下去以保住劳动人手，只好不断“蠲免”赋税。

官田赋重，然无杂役，价轻；民田赋轻，然有杂役，价重。明代的杂泛差役之强制性和随意性，使之成为贫难小民的沉重负担。小民惧杂役之重，而利官田无杂役，故卖己田而承顶官田。享有优免权之缙绅，因不负担杂役，利民田赋轻，故乐买民田，造成“民田率归豪右，而官田累贫民”②。承佃官田之贫民，由于“寒暑之衣食不给，横豪之剥削无已，官府之征求无艺”③，不得已将承佃之官田出售。出卖之际，“利价之重，伪以官为民。富者利粮之轻，甘受其伪而不疑”④。由此，官民田渐混，一些官田以民田名义买卖，官册中虽有官田之名，却无法征到官田之赋。

官田赋税无法征收足额，朝廷除蠲免者外又不容亏损，于是责令粮长包赔。包赔之粮长严催民户，民户不堪而逃亡，粮长包赔不出亦逃亡，逃亡相寻，民户为虚。周忱于宣德年间说：“以太仓一城之户口考之，洪武年间见丁授田十六亩，二十四年黄册原额六十七里，八千九百八十六户。今宣德七年造册，止有一十里，一千五百六十九户。核实又止有见户七百三十八户，其余又

① 顾炎武：《日知录》卷一〇《苏松二府田赋之重》。
② 《明史》卷一八二《王恕传》。
③ 罗伦：《与府县言中上户书》，《明经世文编》卷八四。
④ 王鏊：《吴中赋税书与巡抚李司空》，《明经世文编》卷一二〇。

皆逃绝虚报之数。”[1] 民户既逃，输课必缺，则寻补救之策。

宣德间，主管江南赋税的周忱行“平米法”，“令官民田并出耗”，把按规定科则征收税粮（即正米）的一定比例摊派的耗米，并入正米一起征收。同时规定，科则重的田土（主要是官田）折征金花银、官布等，以减轻负担。科则轻的田土（主要是民田）则纳负担重的本色。这种被称作“加耗均征法”或“加耗折征例”的赋税改革及一些相关措施，既保证了税粮实收数额，又缓和了官民田土税粮征收畸轻畸重的矛盾。然而，这种均平官民田税粮负担的赋税改革，导致了官民田所有制差别的开始消失。

周忱之后，“代者多纷更”，“法在人亡，弊蠹百出”，加耗有“论田加耗”和“论粮加耗”之异，折征中又有缴纳财物种类之别，田土科则越演越繁，有的地方田土“则乃至千余，自巧历者不能算”[2]。嘉靖十六年，江南巡抚欧阳铎行“征一法”，又称“牵摊法”或“牵耗法”，即所谓“以八事定税粮”。实际上，八事中前七事都是一般的财政整顿措施，只有最后一事“以征一定其则”，才是税则的改革，即将前七事中的各项税收，以米为标准，按田亩均分，统一征收。征收时，权衡轻重，以平米和折色损益之。正如后人叙述此法时所说，其法是“令府州县各总其亩之额，而丈量田以正亩，括其征米、征银之凡，而计亩均输之。……比其最重者与其最轻者，稍以耗损益推移之。重而不能尽损者，为递减耗米，派轻赍，折除之以阴见轻。轻而不能加益者，为征本色，递增耗米，加乘之以阴见重”[3]。此法虽明言“科则不易其旧”，然由于采取损益之法，客观上达到了“田不分官民，税不分等则”的扒平田则的目的。这种征税办法，既无税粮和地租之别，而里甲、额办、杂派等役都向税粮均摊，田则亦实际上扒平，能反映官民田性质差别的各种标识均泯而不存了。隆庆时，江南没有实施官民田一则的地方，也陆续实行，到万历初年，江南各府均实行了“官民一则”。至此，江南官田就完全民田化了。

明代的皇帝，随着土地私有观念的加深，既不满足于“普天之下，莫非

---

① 周忱：《与行在户部诸公书》，《明经世文编》卷二二。

② 王鏊：《吴中赋税书与巡抚李司空》，《明经世文编》卷一二〇。

③ 《古今治平略·明朝田赋》。

王土”这种名义上的对全国土地的所有权，也不满足于朝廷直接控制的官田，还要自己亲自控制一部分土地，于是便有了皇庄。

明代的皇庄，最初是由王府庄田演变而来的。洪武年间，燕王朱棣在宛平黄垡、东庄营等地有“王庄”，朱棣登上皇帝宝座，“永乐改元，有司请庄所属，改称皇庄”①。朱祁钰在正统时被封郕王，在杨村河西地有王庄二百顷，土木之变，英宗被俘，郕王朱祁钰称帝，王庄在“景泰中为皇庄”②。后来，以兴献王世子入继大统的世宗和以裕王继统的穆宗，在他们当了皇帝之后，湖广的安陆州（今湖北安陆）的王庄和裕府王庄，也随之成了皇庄。③ 由皇帝直接设置之皇庄始于天顺八年（1464），受命查勘皇庄和功臣田土的夏言在《勘报皇庄疏》中说：“臣等查得各官庄田，祖宗以来未之有也。惟天顺八年，以顺义县安乐里板桥村太监（曹）吉祥抄没地一处，拨为宫中庄田。其地原额一十顷一十三亩。初，吉祥占过军民地二十四顷八十七亩，共三十五顷立庄。今次查勘，又占过民地四十顷，见在共七十五顷。此则宫闱庄田之始。”④ 故《明史》说：“宪宗即位，以没入曹吉祥地以为宫中庄田，皇庄之名由此始。”⑤据前引夏言奏疏说，到正德九年（1514），50年之间，皇庄“共计占地三万七千五百九十五顷四十六亩”。此后，皇庄仍在继续发展，据载，“自宪宗立皇庄，其后日以增益。延于武宗、神、熹之世，连跨州邑，若请臣匄乞无虚日，故妃遗裔皆沾恩泽”⑥。

除了皇帝直接设置的皇庄之外，皇太后庄田即所谓“宫庄”和被称作“东宫庄田”的皇太子庄田，也是皇庄的组成部分。宫庄始于洪熙时，《明史·食货志》载：“初，洪熙时，有仁寿宫庄，其后又清宁、未央宫庄。”⑦ 仁寿、清宁、未央三宫都是皇太后居住的宫殿，故宫庄又有“三宫庄田”和“三宫皇庄”之称。东宫庄田始于英宗天顺三年，英宗“以昌平县汤山庄、三

---

① 沈榜：《宛署杂记》卷七《黄垡仓》。
② 《明孝宗实录》卷九。
③ 《明世宗实录》卷一〇八、《明史》卷二二一《王廷瞻传》。
④ 夏言：《勘报皇庄疏》，《明经世文编》卷二〇二。
⑤ 《明史》卷七七《食货志》一《田制》。
⑥ 《学庵类稿·明食货志田制》，引自《古今图书集成·食货典》卷五九。
⑦ 《明史》卷七七《食货志》一《田制》。

河县白塔庄、朝阳门外四号厂官庄赐东宫（即宪宗）”[①]。此后，宪宗、孝宗亦赐予太子东宫庄田。

明代的王庄比皇庄设置的早，如前述明代最早的皇庄就是燕王朱棣的王府庄田演变而来的。据万历《大明会典》载，洪武和永乐年间曾将山场湖陂拨赐给诸王府[②]，《明史》亦载：“明初，亲王岁禄外，量给草场牧地，间有以废壤河滩请者，多不及千顷。”[③] 山西的晋恭王朱㭎就曾在洪武时拥有连伯滩田。[④] 宣宗即位，赐赵王高燧“田园八十顷”[⑤]。四年，又从梁王瞻垍之请求，将郢王栋原有的庄宅田园和安陆王护卫官军遗留的房屋田土，全部赐给他。[⑥]从此之后，诸王竞相乞请、纳献和以其他手段攫取土地，建立王府庄田，而且愈演愈烈，其占田之数额也越来越大。直至明朝灭亡，王府庄田这一加深明代社会和阶级矛盾的毒瘤才消失。

绅衿地主，通常都用缙绅地主，实际上两者含意是有区别的。是官宦的代称，依古代官员插笏于绅和带之间而得名。绅衿则既包括缙绅，也包括了穿青衿的在学生员。我们这里所用的绅衿地主，是指所有享受朝廷优免的地主，它包括了皇室、藩王、贵戚、勋臣、官僚、举监生员。皇庄和王府庄田前已述及，这里叙述的是勋贵、官僚（包括致仕还乡的乡绅）和举监生员的土地占有。

朱元璋建国后，对参与起兵的谋臣宿将，赐以爵位，称功臣或勋臣。同时赐以田土，豁免徭役。洪武三年十二月，“赐魏国公徐达以下功臣田有差”[⑦]。第二年三月，又赐李善长等六国公二十侯临濠山地。[⑧] 此后多次赐勋臣庄田与公田。这些钦赐田土，有的是赐与岁禄的一种形式，有的就是赐与田土，由勋臣管业，成为他们的私产。到洪武二十五年，诏赐公侯伯禄米，旧赐田还官。

---

① 《明英宗实录》卷二〇二。
② 万历《大明会典》卷三六《户部》二三《课程》五《鱼课》。
③ 《明史》卷一二〇《潞简王传》。
④ 《明史》卷一一六《晋恭王传》。
⑤ 《明史》卷一一八《赵简王传》。
⑥ 《明英宗实录》卷六一。
⑦ 《明太祖实录》卷五九。
⑧ 《明太祖实录》卷六二。

然据嘉靖时受命查勘功臣田土的夏言奏疏说，“勋劳者至今仍有庄田”①，可见勋臣赐田确为实赐，并将其保留下来。成祖朱棣以“靖难”功大封功臣，并赐以田土。② 宣宗亦效其祖，赐给勋贵田土。③ 赐田的同时豁免徭役和赋税，洪武十三年二月，明廷规定：“凡功臣之家除均工夫外，其它徭役悉被免除。”④ 正统初年，英宗因“追念忠靖勤劳，特赐公田十八顷而蠲其税。”⑤

仁宣之后，求讨纳献之风渐盛。求讨又称奏讨，正如成化时户科给事中李森所说：“名曰求讨，实则强占。”⑥ 为此，正统九年、景泰二年、天顺二年、成化二年以及弘治、正德间都有禁止公侯驸马伯等官奏讨的禁令，但每下一通禁令，就出现一个奏讨占夺的热潮。正统九年禁止在顺天府属奏讨田地禁令下达后，朦胧奏讨占夺官民田地“动数百顷”。景泰二年禁令下达后，皇亲左都督汪泉先后占夺官民田共16320余顷。天顺二年禁令之后，忠国公石亨、英国公张懋奏讨占夺田地都在千顷以上。⑦ 正如给事中林聪所说：“近年以来，内外贵权之家往往挟势，不思民间没官空闲田地，俱是起科之数，亦不思前项田地曾拨与民间，既以纳粮当差，辄以朦胧奏讨。……其间奏讨五十顷，而侵占一百顷者有之；奏讨一百顷，而侵占二百顷者有之。……询访其实，多系在京奸诈之徒，投充家人名色，依恃势要，威逼侵占，害人肥己。”⑧ 李东阳奏疏也说：“窃见畿甸等处，奸民恶党，竞指空闲田地以投献为名，藩王、世家辄行陈乞。每有赐予，动数百顷。得请之后，标立界至，包罗村落，发掘坟墓。”⑨ 可见奏讨和投献密切相关，均为占夺的手段。勋戚之奏讨占夺，与明皇朝相终。

勋戚之外，官僚和举监生员恃其享受朝廷的优免，以接受投献、诡寄和强

---

① 夏言：《查勘功臣田土疏》，《明经世文编》卷二〇二。
② 《明太祖实录》卷二四、四四。
③ 《明宣宗实录》卷七、十一、八一。
④ 《明太祖实录》卷一三四。
⑤ 李东阳：《明故中顺大夫南京太常寺卿掌尚宝司事夏公行状》，《怀麓堂全集·文稿》卷二三。
⑥ 《明宪宗实录》卷七〇。
⑦ 《明孝宗实录》卷七六、《明英宗实录》卷二〇一、二〇四、三〇九、三〇五。
⑧ 林聪：《修德弭灾二十事疏》，《明经世文编》卷四五。
⑨ 李东阳：《应诏陈言奏》，《怀麓堂全集·文稿》卷一九。此疏亦见《明经世文编》卷五四、《明孝宗实录》卷七六，文字略异。

夺抑买等方式，大肆兼并土地。他们依仗权势，勾结地方官员胥吏，躲避赋役，转嫁小民，进而趁贫民倾家之际夺取民产。明代人说："官豪势要之家，其堂宇连云，楼阁冲霄，多夺民之居以为居也。其田连阡陌，地尽膏腴，多夺民之田以为田也。"① 崇祯时李琎奏请括江南富户，行首实籍没之法。他说："缙绅豪右之家，大者千百万，中者百十万，以万计者不能枚举。"坚决反对李琎的钱士升说："臣不知其所指何地。就江南论之，富家数亩以对，百计者什六、七，千计者什三、四，万计者千百中一二耳。"② 万历时首辅张居正就说，江南"豪家田至七万顷"③。显见钱士升的说法是大为缩小的估计。即以钱士升的估计，亦可见明代官绅聚集土地的严重程度。难怪清代人说："明季兼并之势极矣。贫民不得有寸土，缙绅之家连田以数万计。"④

造成这种局面，既与吏治败坏、世风日下相关，亦为明代政策使然。学子"一入庠序，自便清高，乡邻敬重，不敢欺凌；官府优崇，不肯辱贱；差徭概州县包当"⑤。而"士大夫一中进士之后，则于平日同堂之友，谢去恐不速。……而日逐奔走于门下者，皆言利之徒也。或某处有庄田一所，岁可取利若干。或某人借银几百两，岁可生息若干。或某人为某事求一覆庇，此无碍于法者，而可以坐收银若干。则欣欣喜见于面，而待之唯恐不谨"⑥。一旦为宦，"借事权而营田舍者恒十之八九矣，计奉承之厚薄为殿最，较贿赂之有无为美恶"⑦。谢官回籍，亦"广置产业"⑧。官越大，手越长，兼并土地越多。如湖州董份、松江董其昌、徐阶等，田产都在数十万亩以上，而严嵩更甚，其家"豪奴之严牟，谋客之彭孔，倚势而作威福，家资称亿万"，"袁州一府四县之田，七在严而三在民。在严者皆膏腴，在民者悉瘠薄；在严则概户优免，在民

① 王邦直：《陈愚衷以恤民穷以隆圣治事》，《明经世文编》卷二五一。
② 《明史》卷二五一《钱士升传》。
③ 张居正：《答应天巡抚宋阳山论均粮足民》，《张太岳文集》卷二六。
④ 储方庆：《荒田议》，《清经世文编》卷三四。
⑤ 吕坤：《实政录》卷一《贡士出身》。
⑥ 何良俊：《四友斋丛说》卷三四《正俗一》。
⑦ 《明世宗实录》卷五〇七。
⑧ 《明神宗实录》卷二九。

则独累不胜。”[①] 质此之故，皆缘优免。“优免以品级为寡多，朝廷已辨贵贱之等矣。至于编审差徭，止论贫富。此中又夹士夫人情，或应少免而概行多免，或应坐力差而尽为银差”，“士夫”、举监生员虽富，只在下三则”[②]。田主之科则，亦“以田主之强弱为低昂”[③]，造成“兴衰各异，偏重不均”，“凡势家佃户从仆疏属远亲与其蔓延之种，田产悉据膏腴，亩数不啻万倍，影射挪移，飞诡变幻……无一手一足应公家之役，无一钱一粒充应役之劳”[④]。而所征贫难小户，“卖屋者有矣，卖田者有矣，卖牛者有矣，卖子女者有矣，脱妇人之簪珥者有矣”[⑤]。由是“积愤成乱”，明朝终于灭亡。

庶民地主又称富民，言其身为黎庶而富有田产。他们是封建地主阶级中的一个阶层和等级，有人又将其称作非身份性地主，是说其不具有享受优免的特权。也正因此，他们和封建社会的小农经济、商品生产、乡族土地紧密相连。他们中的一些人也因朝廷的政治制度和赋役制度而升降，或上升到绅衿的行列中，或沦入佃农之中。但更多的则凭借其占有的大量土地，在地方上掌握经济、政治权力，在官府和绅衿地主势力较弱的地方，成为一乡一村的豪强。在处于中国封建社会末期的明清时代，他们是封建地主阶级中人数最多的阶层。

庶民地主身处乡村民间，他们和朝廷、官府的政治联系比绅衿地主少，故当鼎革之际，他们所受的冲击亦少，而在新王朝的奖励垦荒政策中受益最多。朱元璋建立明朝之后，推行“休养安息”政策，奖励垦辟荒地。在其《大赦天下诏》中说：“州郡人民因兵乱逃避地方，田产已归于有力之家，其耕垦成熟者，听为己业。若还乡复业者，有司于旁近荒田内如数给与耕种。其余荒田，亦许民垦辟为己业，免徭役三年。”[⑥] 当荒乱之际，有垦荒之经济实力者，多是这些庶民地主，他们趁里中人民逃亡占据田产，又以其财力垦辟荒田为己业。所以，他们在明初得到较大发展。

① 林润：《申逆罪正典刑以彰天讨疏》，《明经世文编》卷三二九。
② 吕坤：《实政录》卷四《编审均徭》。
③ 顾炎武：《天下郡国利病书》原编第七册《常镇》引《武进县志》。
④ 朱国祯：《涌幢小品》卷十四《均田二则》。
⑤ 陈继儒：《见闻录》卷一。
⑥《明太祖实录》卷三十。

朱元璋又惩前元“吏多狡狯，好舞文弄法”之弊，令“前朝吏例徙濠州为农”[①]，而将地方征粮、运粮以及民事调解权交给这些庶民地主，认为这是“以良民治良民，必无侵渔之患”的良法，任命他们为粮长和老人。其时，粮长输粮入京，“往往得召见，一语称旨，辄复拜官。当时父兄之训其子弟，以能充粮长者为贤，而不慕科第荣”，轮充粮长，“如得美官”[②]。而里编老人，“得参议民间利害及政事得失，上谓之‘方巾御史’”[③]，粮长、老人被授予官职者很多，如休宁金泽，洪武二十三年，“以老人召见，授县丞”[④]。洪武三十年，“上谓户部尚书郁新、吏部侍郎张迪等曰：‘人有恒产，斯有恒心。今天下富民生长田里之间，周知民事，其间岂无才能可用者。其稽诸名籍列名以闻，朕将选用焉。’”于是，“量才用之”[⑤]。如浙江浦江郑沂，即以此次召选，“授礼部尚书，以其从子斡为御史”[⑥]。这样，又在政治上扶植富民，使明初的一些庶民地主上升到绅衿地主的行列。

与此同时，朱元璋“疾兼并之俗”，于洪武三年召诸郡富民至京师，谕之曰：“汝等居田里，安享富税者，汝知之乎。古人有言，民生有欲，无主乃乱。使天下一日无主，则强凌弱，众暴寡，富者不得自安，贫者不能自存矣。今朕为尔主，立法定制，使富者得以保其富，贫者得以全其生。尔等当循分守法，能守法则能保身矣。毋凌弱，毋吞寡，毋虐小，毋欺老，孝敬父兄，和睦亲族，周济贫乏，逊顺乡里，如此则为良民。若效昔之所为，非良民矣。”[⑦]对于那些欺凌小民、武断乡曲之辈，则予严惩。时人说：朱元璋“在位三十年，大家富民多以逾制失道亡其宗。”[⑧]此外，对于不与朝廷合作的富民亦予严办，如“贵溪儒士夏伯启叔侄断指不仕，苏州人才姚润、王谟被征不至，

① 康熙《休宁县志》卷六《笃行》。
② 顾炎武：《天下郡国利病书》原编第六册《苏松》。
③ 顾炎武：《天下郡国利病书》原编第六册《苏松》。
④ 弘治《徽州府志》卷九《人物三·隐逸》。
⑤ 《明太祖实录》卷二五二。
⑥ 王世贞：《弇山堂别集》卷二《义门恩泽》。
⑦ 《明太祖实录》卷四九。
⑧ 方孝孺：《故中顺大夫福建布政司左参议郑公墓表》，《逊志斋集》卷二。

皆诛而籍其家”。为惩处这种人，专设“寰中士夫不为君用之科”①。而洪武二十四年和永乐元年两次大规模迁富民实京师，虽其本意在重天下根本，亦无打击、惩治富民之意，但将富民与其所有的田土隔绝，使其无法发挥优势，有的就败家破产。如成祖时被迁至北通州三河县祯顾囤为民种田的徽州府歙县的吴桂芳，随迁的北方一支，在万历时已衰落不堪，留在徽州的一支来寻，其后裔意不能确记北迁之祖的名字。② 尽管如此，应该说，明初庶民地主仍有很大发展。

正统之后，土地兼并加剧，绅衿地主也把兼并目光盯在庶民地主身上。加之“粮长岁更，顽民玩之，故多负租”③。粮长亦“常至卖产鬻业，尽荡其家”④。到弘治时，李承勋说：“家有千金之产，当一年即有乞丐者矣；家有壮丁十余，当一年即为绝户者矣。民避粮长之役，过于谪戍。有每岁一换之例，有数十家朋当之条，始也破一家，数岁则沿乡无不破家。”⑤ 庶民地主有衰落之势。一些富庶的富民为避役，得优免，入粟捐官，“田至一二百顷，率得免”⑥。

正德、嘉靖以后，由于商品经济得到发展，庶民地主中的商人地主大量涌现。如嘉靖、万历时徽州婺源商人李元臣，“贸易之间，囊橐充牣，遨游江湖。嘉定有田，池阳有庄，在在置有膏腴之产”⑦。而明后期手工业的发展，又给经营经济作物的地主提供了机会，如归安茅氏、桐乡庄氏，都因种植经济作物而致富。⑧ 也有采用较先进的耕作方法和先进管理方法而富庶起来。⑨ 而与家族相结合的乡族地主则保持和发展族产，在宗族社会比较发达的地区，这种以族产面目出现的庶民地主就比较多。

---

① 《明史》卷九四《刑法志》二。
② 《徽州千年契约文书》宋元明编等九卷《崇祯歙县吴氏家志》。
③ 顾炎武：《天下郡国利病书》原编第六册《苏松》。
④ 顾炎武：《天下郡国利病书》原编第六册《苏松》。
⑤ [illegible]国祯：《涌幢小品》卷二《白粮》。
⑥ 李[illegible]昰：《南吴旧话录》卷二二、顾炎武：《天下郡国利病书》原编第七册《常镇》。
⑦ 婺[illegible]：《三田李氏统宗谱·江潭上市守荆公行状》。
⑧ 张[illegible]祥：《补农书》下卷《总论》。
⑨ 邹迪[illegible]：《始青阁稿》卷十八。

自耕农民，以理度之，无疑是存在的。但纯粹意义的自耕农民，即那些既不佃种别人土地，又不出租土地的农民，由于不与或很少与别人发生关系，就很难在文献中看他们的踪影。实际上，完全不与别人发生关系的自耕农民是不存在的，他们大多或少量地租种别人的土地，或少量地出租自己耕种不过来的土地，所以称其为自耕农，是因为他们主要耕种的是自己的土地。

每户拥有多少土地可视作自耕农呢？由于各地情况不同，生产能力、作物品种、耕作方式不同，其标准很难划一。明洪武三年，济南知府陈修说：田土荒芜，“宜诏乡民无田者垦辟，户率十五亩，又给地二亩与之种蔬。有余力者不限顷亩，皆免三年租税”①。《明史》亦载：“北方近城地多不治，召民耕，人给十五亩，蔬地二亩，免租三年。”② 可见明初北方近城之人耕田十七亩者可视作自耕农。远离城市之人，无蔬地，耕种面积稍大些。洪武二十八年山东布政使司言：“青、兖、济南、登、莱五府，民稠地狭。东昌则地广民稀，虽尝迁闲民以实之，而地之荒闲尚多。乞令五府之民，五丁以上田不及一顷，十丁以上田不及二顷，十五丁田不及三顷，并小民无田耕者，皆令分丁就东昌开垦闲田。”③ 由此可知，一个农民，田不及20亩被认为仍有余力，故人20亩似为自耕农的力所能及的耕种面积。江南则差别较大，何良俊说，松江西乡“夫妻二人可种二十五亩，稍勤者可至三十亩”，而东乡“夫妻二人极力耕种，止可五亩”④。张履祥说，浙江桐乡“上农夫一人止能治十亩”⑤。清代陶煦说，吴中“上农不过任十亩”⑥。因此，很难确定一个自耕农占田的标准。粗略估计，江南人均10~15亩为自耕农的力所能及的耕种面积，当不致大错。

明初，由于奖励垦荒和“计丁授田”政策的推行，自耕农数量较大。中叶之后，兼并盛行，赋役繁兴，破家累累，自耕农数量逐渐减少。到嘉万之后，数量更少。我们据《浙江遂安万历田土号簿》列成下页表：⑦

① 何孟春：《余冬序录摘抄内外篇》卷五，《纪录汇编》卷一五二。
② 《明史》卷七七《食货志》一《田制》。
③ 《明太祖实录》卷二三六。
④ 何良俊：《四友斋丛说》卷一四《史十》。
⑤ 张履祥：《补农书》下卷《总论》。
⑥ 陶煦：《租核·重租申言》。
⑦ 原件藏中国社会科学院历史研究所图书馆。

亩数	户数	占总户数的百分比	田		地		山		塘		屋基地		田地山塘屋基总数	每户平均亩数	占总田土的百分比
			亩数	所占百分比	亩数	所占百分比	亩数	所占百分比	亩数	所占百分比	亩数	所占百分比			
500 亩以上	1	0.68	266.629	32.28	141.127	32.24	91.44	26.91	33.749	34.47	3.228	42.87	536.173	536.173	31.38
100 亩至不足 500 亩	2	1.36	124.0975	15.03	55.752	12.74	37.207	10.95	14.774	15.09	2.618	34.77	234.4485	117.24	13.72
50 亩至不足 100 亩	4	2.72	103.649	12.55	88.441	20.2	58.771	17.3	19.034	19.44	0		269.895	67.474	15.79
20 亩至不足 50 亩	8	5.44	91.001	11.02	48.747	11.14	64.59	19.01	20.753	21.2	0.585	7.77	225.676	28.209	13.21
10 亩至不足 20 亩	11	7.48	99.324	12.03	38.266	8.74	19.16	5.64	3.297	3.37	1.099	14.59	161.146	14.65	9.43
5 亩至不足 10 亩	17	11.57	58.209	7.05	30.58	6.99	25.668	7.55	2.23	2.28	0		116.687	6.864	6.83
3 亩至不足 5 亩	15	10.2	25.838	3.13	12.299	2.81	21.146	6.22	0.52	0.53	0		59.803	3.987	3.5
2 亩至不足 3 亩	15	10.2	21.631	2.62	1.726	0.39	11.772	3.46	2.435	2.49	0		37.564	2.504	2.2
1 亩至不足 2 亩	36	24.5	27.323	3.31	14.523	3.32	7.403	2.18	0.937	0.96	0		50.186	1.394	2.93
1 亩以下	38	25.85	8.114	0.98	6.267	1.43	2.662	0.78	0.17	0.17	0		17.213	0.453	1.01
总 计	147	100	825.8155	100	437.728	100	338.819	100	97.899	100	7.53	100	1708.7915	11.624	100

表中占田10亩到不足20亩的计11户，占总户数的7.48%。占总田亩数的9.43%。可见万历时自耕农占总户数不足8%，其数量之减少显而易见。顺便说一句，占田不足10亩以下人户即佃户计121户，占总户数的82.3%，明代人说，明后期“中产以下皆无田”，不谬矣。

明代除官田和民田之外，还有以“共有”面目出现的田土，即这里所要说的族田、学田和寺田。

族田，顾名思义，乃家族的田土。除勋贵之家有赐田者外，其余族田均来自民田。细考其来源，则又有不同。有的来自俸银购买，如休宁人程信，正统七年进士，“割田五百亩以济其所亲”①。有的是经商致富置田献给宗族。习惯上前者称作“义田”，言其租入用于赡族，后者称作“祭田”，言其租入用于祭祀祖先。此外，还有通过“禁约”或“保产合同”将族下户的田土归入族产，如正德十五年祁门程旺等立《青真坞禁约》规定：“将前山各人载坌大小苗木并管业空山及山脚地，尽数归众。”② 其收入既用于赡族，又用于祭祀。

随着家族的繁衍，有的分居，有的外迁。一般地以始迁祖为共祖组成一个宗族，宗族下又分门、派、支，宗族有统宗祠，门、派、支又各有祠，各个祠均有族田。所以一个宗族有不同层次和不同分支的族产。如明清徽州府祁门县善和里程氏的族田即如此。③

族田在明代时被视作根本，非倾家荡产不卖族田，有的辞高官而不就，却不能不为族田奔走官府。如“陈白沙先生辞宫僚之命而归。一日，持牒亲讼于方伯。方伯降价迎曰：‘先生薄宫僚不受，乃为细事屈乎？’白沙拂然曰：‘若不解事，吾乃为祭田也。’”④ 所以，族田具有相对稳定的特点，是地主土地所有制的一个重要组成部分。

学田为府县学所有之田地。故明代人说：“学田者，府县以赡学校之田也。”或径直称作“府县学田”，又有“书院田”、“学院田”、“儒学田”等种种名目。洪武十五年四月，朱元璋“诏天下通祀孔子，赐学粮，增师生廪

① 弘治《徽州府志》卷七《人物一·勋贤》。
② 程钫：《窦山公家议》卷五《山场议》。
③ 程钫：《窦山公家议》卷五《山场议》。
④ 王元荐：《西山日记》卷下《孝友》。

膳”，令“天下郡县庙、学并建”，“凡府州县学田租入官者，悉归于学，俾供祭祀及师生俸廪”，规定“府学一千石，州学八百石，县学六百石，应天府学一千六百石”①。在此诏书之后，各府州县均置学田。学田之收入，亦供祭祀孔子之用，故有的地方又把学田称作“供田”。

学田的来源，多承前代之旧。如徽州府学学田主要来自宋元时郡守“增置田地山共一十八顷八十八亩有奇，岁之入八百余石”，到明初，这些田土“令皆入官而给其师生廪禄”。而所属各县的县学学田，有的是前朝助田养士之田，有的是“籍绝户田”，有的是官拨田土，不管系何种田土，到“明初田皆入官”②。故将学田归入官田之列。③ 也有当时人捐赠的。如休宁县学田，有万历二十三年邑人吴继良所捐助田 67 亩、地 5 亩。④ 这些田土，就其来源言之，均为私田。或是自家田地捐赠的，或是出资买产捐赠的。一经捐赠，田地就归于学校所有，成为学校之“公产”。故休宁县令丁应泰在《学田记》中说：“是田也凡几区，共若干亩；地几区，共若干亩，详悉具碑阴。乃记其大略若此，且与诸博士二三弟子守之，而告夫后余令者。”⑤

书院田则多为捐赠者，只有少量的是官拨田土。捐赠者有府县尹令、里中学人和经商致富之人，这种田土多称作“公田”。

寺田为寺院之田产，明代统治者对佛、道二氏，虽因各个皇帝喜厌之异，其势力升降不定，然总的说，采取的是扶植的政策。故明代之寺、观，特别是其中著名者均有赐田。如明代北京寺院“列圣相承，赐额、赐敕、赐金、赐田，时且及之”⑥。此外，奏讨、纳献、典买、接受施舍，甚至径直占夺，都是寺田聚集之途径。这些田土中，有的是官田，如《金陵梵刹志》所记天界寺有溧阳县没官田 3990 亩。更多的则是民田，故《古今治平略》说：“民所自占，得买卖之田，有新开、沙塞与寺观田，皆谓民田。”⑦

---

① 《明太祖实录》卷一四四。
② 康熙《徽州府志》卷七《营建志上·学校》。
③ 顾炎武：《日知录》卷一〇《苏松二府田赋之重》。
④ 康熙《休宁县志》卷二《学校》。
⑤ 康熙《休宁县志》卷七《纪述》。
⑥ 沈榜：《宛署杂记》卷一九《僧道》。
⑦ 朱建：《古今治平略》卷一《国朝田赋》。

寺田又分钦赐田地和常住田地。钦赐田地包括赐田和奏讨田土。常住田地指以其他方式所占之田地，为寺院之公产。洪武二十八年朱元璋敕令："钦赐田地，税粮全免；常住田地，虽有税粮，仍免杂派人差役。"① 由于寺田免杂泛差役，投献、施舍日众，寺田积累越多。

上述族田、学田、寺田，虽都有共有田土即所谓"公产"的名义，实则为其管理者所控制。这正是宗族地主和寺院地主的特点。

第二节 朱元璋的土地垦辟和整理

元顺帝至正二十八年（1368）正月初四日，农民出身的朱元璋在应天（今江苏南京）登上大宝，国号大明，建元洪武，开创了我国历史上延续276年（1368～1644）的明朝。

明朝是从元末农民战争的战乱中建立起来的政权，建国之初，面对的是一幅人民流离、田园荒芜的景况。洪武三年（1370）苏琦说："自辛卯（元至正十一年，1351）河南兵起，天下骚然，兼以元政衰微，将帅凌暴，十年之间，耕桑之地变为草莽。"② 那时，"山东、河南，多是无人之地"③，北方连郡县近城之地尚多荒芜，④ 如大同"城郭空虚，土地荒残"⑤，到洪武十五年（1382），中原仍是"久致荒芜"⑥。不仅北方，就是江南，亦多荒芜之地。如江西瑞金人民"亡绝过半，田多荒芜"⑦，湖广广陵等十县"土广人稀，耕种者少，荒芜者多"⑧。

虽说土地是人们赖以生存的基础，也是国家赋役征发的依据，但土地在没有和劳动力相结合时，作为自然物，不能产生财富，也就没有价值，人们无以利用，

① 《释氏稽古略续集》卷二，转引自郭朋：《明清佛教》，福建人民出版社1982年出版，第17页。
② 《明太祖洪武实录》卷五〇。
③ 顾炎武：《日知录》卷一〇《开垦荒地》。
④ 《明太祖洪武实录》卷五三。
⑤ 《明太祖洪武实录》卷六一。
⑥ 《明太祖洪武实录》卷一四八。
⑦ 《明太祖洪武实录》卷一九七。
⑧ 《明太祖洪武实录》卷二五〇。

国家亦不能据以征发赋役。新建立起来的明朝政权，面对全国如此大量的荒芜土地，为使这些自然之物变成生产的要素，采取了鼓励开荒和强制徙民垦耕的政策。

所谓“鼓励开荒”，是指鼓励农民就地开垦因战乱而被遗弃的荒闲土地，县衙颁给垦荒帖文，承认开荒者拥有垦辟出来的土地的所有权，并享受三年免征税粮的优待。洪武元年（1368），朱元璋在《大赦天下诏》中明令：“州郡人民，因兵乱逃避地（他）方，田产已归于有力之家，其耕垦成熟者，听为己业。若还乡复业者，有司于旁近荒田内如数给与耕种。其余荒田，亦许民垦辟为己业，免徭役三年。”① 现录永乐四年（1406）徽州府祁门县谢能静、李胜舟垦荒帖文以为说明：

徽州府祁门县永乐四年四月十一日，据西都里长谢齐受申奉帖文，为开垦事。申得此，案照先为前事，已行体勘去后。今据见申，既已不系有额田土，拟合准令开耕。为此使县，今开前去，文书到日，仰照各人所告田亩，如法尽力开耕，永为己业。候三年后升科，仍将该科税粮依期送纳毋违。须至帖者。

一户谢能静、李胜舟开田肆亩，麦捌升伍合陆勺，米贰斗壹升肆合。

唐字四百六十八号，土名李家庄内（田），取田贰亩，东、西、南至山，北至田。

唐字二百四十一号，土名清埸田，取田壹亩，东至山，西至坑，南、北至田。

唐字二百四十二号，土名清埸田，取田壹亩，东至山，西至坑，南、北至田。

右帖下告人谢能静、李胜舟。准此。

永乐四年四月十一日（年月处印有“祁门县印”）

对同。开垦事。

帖（押）。②

① 《明太祖洪武实录》卷三〇。

② 原件藏中国社会科学院历史研究所图书馆，见王钰欣、周绍泉主编《徽州千年契约文书·宋元明编》第1卷，第61页。

此类“垦荒帖文”还有永乐十四年（1416）、洪熙元年（1425）、天顺五年（1461）的多张。帖文中均有县印，并注明“对同”，即县衙有存底。帖文中均列告开田亩的田土字号、土名、东西四至，说明该田土是原有田主并在册籍之中，只因战乱，弃为荒田，成为“不系有额田土”。允许告开者“永为己业”，并免三年税粮，“候三年后升科”，依期纳粮，并非如《大赦天下诏》中规定的“免徭役三年”，也许是该政策在执行中有所变化亦未可知。不管是免税粮还是免徭役，鼓励开荒之意并无二致，可见朱元璋的这一政策确实得到贯彻。

所谓“强制徙民垦耕”，是指以政权的力量强制迁民于大片荒芜土地上开垦荒地，涉及的范围几遍全国。

在江南地区，多是小范围、小规模的。如洪武二十年（1387），“徙福建海洋孤山、断屿之民居沿海新城，官给田耕种”①。二十七年（1394），“迁苏州府崇明县无田民五百余户于昆山开种荒田”②。三十年（1397），迁江西贫民于武陵等十县开垦荒地，③ 等等。

大规模的徙民垦耕在江北和边境地区。江北地区主要是直隶的江北地区、河南和北平，重点是洪武元年八月定为北京的开封府、洪武二年（1369）二月定为中都的临濠府（今安徽凤阳）及当时的边防重镇北平府（今北京）。确定开封为北京刚两个月，洪武元年十月，朱元璋便“命徙北平在城兵民于汴梁”④；四年（1371），“命工部遣官往广东买耕牛，以给中原屯种之民”⑤。二十一年（1388），迁山西泽州（今山西晋城）、潞州（今山西长治）民之无田者往河南彰德（今河南安阳）、归德（今河南商丘）和开封府太康县等府县屯耕。⑥ 第二年，即二十二年（1389），又召募沁州（今山西沁县）民于河南旷土耕种。⑦ 二十五年（1392），据负责榜谕山西民愿徙彰德者“验丁给田”的

① 《明太祖洪武实录》卷一八二。
② 《明太祖洪武实录》卷二三一。
③ 《明太祖洪武实录》卷二五〇。
④ 《明太祖洪武实录》卷三一。
⑤ 《明太祖洪武实录》卷六一。
⑥ 《明太祖洪武实录》卷一九三。
⑦ 《明太祖洪武实录》卷一九七、一九八。

李恪报告，河南开封、彰德、卫辉（今河南汲县）、怀庆（今河南沁阳）和北平广平（今河北邯郸东北）、大名及山东东昌（今山东聊城）等七府"民徙居者凡五百九十八屯"[①]。二十八年（1395），据右军都督佥事陈春说，河南的上述四府"屯田凡三百八十一屯"[②]。

临濠府，元称濠州，后来相继更名中立府、凤阳府，即朱元璋的家乡，是移民屯垦的另一重点地区。还在明朝建国前的吴元年（1367），朱元璋便"徙苏州富民实濠州"[③]。又"徙方国珍所署伪官左右丞帅刘庸等居于濠州"[④]。迁苏州富民和方国珍部属之举，无疑带有分散张士诚和方国珍残余势力的政治考虑，但移民屯垦、拓殖荒田仍是重要目的。所以，洪武三年，又"徙苏州、松江、湖州、杭州民无业者田临濠，给资粮牛种，复三年。"[⑤] 五年（1372），将"犯罪当谪两广充军者，俱发临濠屯田。"[⑥] 六年（1373），又徙山西北部（包括今山西北部、河北西北部和内蒙古南部地区）的一些州县民于中立府。[⑦]此后，洪武七年、八年、九年、十二年、十五年，先后迁江南、山西、北平真定（今河北正定）、湖广蕲州（今湖北蕲州）、广东番禺（今广东广州）、东莞（今广东东莞）、增城（今广东增城）及各地罪犯屯种凤阳。[⑧]

移民屯垦最多的是当时北方重镇北平地区。从洪武三年到十四年（1370～1381）的12年间，主要迁徙的是被称作"沙漠移民"的蒙古降民和被称作"山后民"的边民及投降的元朝将校士卒。如洪武三年和六年，由永平（今河北卢龙）迁元朝降兵；[⑨] 四年和十年，由顺宁（今河北宣化）等地迁"山后民"和"沙漠遗民"[⑩]；五年，由妫川（今北京延庆）、宜兴（今河北滦平北

---

① 《明太祖洪武实录》卷二二三。

② 《明太祖洪武实录》卷二四三。

③ 《明太祖洪武实录》卷二六。

④ 《明太祖洪武实录》卷二八。

⑤ 《明史》卷二《太祖纪》二。

⑥ 《明太祖洪武实录》卷七一。

⑦ 《明太祖洪武实录》卷八五。

⑧ 吕瑟：《明朝小史》卷一《洪武纪》，《明史》卷二《太祖纪》二，《明太祖实录》卷一一〇、一二六、一四八。

⑨ 《明太祖洪武实录》卷五〇、八三。

⑩ 《明太祖洪武实录》卷六二、六三、六六、一一五。

之兴州）、兴州（今河北承德西之滦河）、云州（今河北赤城北之云州）等四州迁边民；[①] 十四年，由漠北来归的元朝将校和遗民等。[②] 此后，洪武十七年至二十二年（1384～1389），又从云南、辽东和山西沁、泽、潞等州迁入罪囚、投降军卒和无田之民耕垦。[③]

山东东昌府也是迁民屯垦比较集中的一个地区。洪武初年就曾将“沙漠移民”迁至该地，二十一年（1388）以后，陆续将山西、河北之民及山东青州（今山东益都）、兖州、登州（今山东蓬莱）、莱州（今山东掖县）、济南等五府民迁入耕垦。[④]

此外，边境地区的辽东、宁夏、四川、云南、广西等地亦多徙民垦荒。正如《明史·食货志》所说：“东自辽左，北抵宣、大，西至甘肃，南尽滇、蜀，极于交阯。中原则大河南北，在在兴屯。”[⑤]

朱元璋采取鼓励开荒和强制徙民垦耕政策，是力图用政权的力量把荒芜土地变成“垦田”。“以天下之垦田，定天下之赋税”，是中国封建统治者赋税政策的一条原则，明朝统治者也不例外地遵循这一原则。朱元璋在建国之前，便针对元季丧乱，“郡县版籍多亡”的情况，非常重视土地的整理，即丈量核实田亩，编制鱼鳞图册。然而，作为新的政权，朱元璋认识到土地整理的重要性，经过了一段漫长的过程。

据载，朱元璋渡江之初，放任部下剽掠以为军需。太祖渡江，或亲征，或遣将克取城池，令曰：“凡入敌境，听从捎粮。若攻城而彼抗拒，任从将士检刮，听为己物。若降，即令安民，一无所取。”[⑥] 这里说到三种情况，第一，“入敌境”，即可“捎粮”；第二，城池“抗拒”，攻破之时，“任从将士检刮，听为己物”；第三，“若降”，“即令安民，一无所取”。“捎粮”、“检刮”为何，史无明文。以意度之，“捎粮”或即“入敌境”，奔袭城池，顺路抢夺所

① 《明太祖洪武实录》卷七五。

② 《明太祖洪武实录》卷一三八。

③ 《明太祖洪武实录》卷一六七、一七五、一九七。鲁论《仕学全书》上编卷二《户部大政·土田》。

④ 《明太祖洪武实录》卷四七、七四、二三九、二四三。

⑤ 《明史》卷七七《食货志》一《屯田》。

⑥ 刘辰：《国初事迹》。

过乡村粮食之意。而“检刮”则为攻破城池，肆意剽掠，所掠之物，不限于粮食，随其所欲，均为搜检刮掠之物。总之，都是掠夺。

与上述作法的同时和稍后，实行征收“寨粮”的政策。据载，“太祖亲征太平、建康、宣州、婺州，书押大榜，招安乡村百姓，岁纳粮草供给，谓之‘寨粮’。”① 朱元璋于元至正十五年（1355）渡长江，下太平（今安徽当涂），第二年取建康（今江苏南京），第三年攻宁国（今安徽宣城，即引文中之宣州），第四年即元至正十八年（1358）克婺州（今浙江金华）。占领城池之后，书榜招安乡村百姓，令其“岁纳粮草供给”。寨粮的征收虽然亦不免有强迫的成分，但比随时随地剽掠要好一些，且以“岁”为时间单位，应该说是走向规范的一步。

然而，寨粮的征收完全没有标准可依、规章可寻，且同时仍发生随意“增租”、“借粮”的举措，难怪被当时士大夫斥之为“危邦之陋风”。

元至正十九年（1359），朱元璋攻克处州（今浙江丽水）。处州路所属龙泉县儒士叶子奇上书朱元璋说：“方今征讨之秋，非谓军国之需，全不科取于民，但当一扫危邦之陋风，以出兴王之令典，则苍生幸甚。”② 叶子奇所说“兴王之令典”指的是什么，没有明确记载，但可从朱元璋此后的举措中略知一二。元至正二十年（1360）闰五月，朱元璋“亟命”“罢各郡县寨粮”③，这是为“一扫危邦之陋风”。同年，授章溢佥营田司事，“巡得江东、两淮之境，田荒芜及耕垦者，皆分籍之，差税赖之以便”④。这里所说“籍田差税”迨即叶子奇所言“兴王之令典”。

如何“籍田土”？在当时“郡县版籍多亡”的情况下，想立即履亩清丈、登录版籍，显然不可能。不得已求其次，采取“自实田”。朱元璋实行“自实田”始于何时，至今不见有专文论列，据现有资料记载，可能始自徽州府。康熙《休宁县志》载，“程宾赐，字孟思，休宁斗山人”，“戊戌自实田，一秉

① 刘辰：《国初事迹》。

② 《国初群雄事略》卷一《宋小明王》。

③ 《明太祖洪武实录》卷八。

④ 宋濂：《銮坡前集》卷二《大明故资善大夫御史中丞兼太子赞善章公神道碑》。

至公，毫发不少假”，“事闻，明太祖深嘉之”①。明代洪武朝无戊戌年，洪武朝之前的戊戌年为元至正十八年、宋小明王龙凤四年，即1358年。洪武朝之后的戊戌年为永乐十六年（1418）。传文中既有“明太祖深嘉之”之语，显然不可能是永乐十六年。那么，朱元璋在龙凤四年采取“自实田”是否可能呢？据弘治《徽州府志》载，朱元璋部将邓愈于“丁酉年（元至正十七年，小明王龙凤三年）七月领兵至郡，往来江浙，以徽为驻军之所”②。同书又载“乙巳年查出元戊戌年自实后至甲辰年官民田土”数目。③ 乙巳为元至正二十五年、小明王龙凤十一年、1365年，甲辰为元至正二十四年、小明王龙凤十年、1364年。该文是说1365年查出原来1358年（戊戌年）自实田以后到1364年（甲辰年）的官民田土数字。可见，朱元璋于戊戌年在徽州采取“自实田”是有据可查的。

为何要查从戊戌年到甲辰年的官民田土数目呢？戊戌年为徽州府实行“自实田”之年，已如上述。甲辰年呢？正是徽州府完成编制鱼鳞图册之年。

自实田之后，需要核实，以为定科徭的依据。徽州府各县核实的时间各不相同，黟县最早。据载，辛丑年（元至正二十一年，宋龙凤七年，1361）八月，即戊戌自实田后三年，亦即朱元璋命章溢佥营田司事的第二年，朱元璋召张理至南京，“擢知徽州黟县事。黟在万山中，自近代来，高陵钜壑皆有赋，民不堪命。会部使者至，府君（张理）力陈之，言与俱泪。使者以其事闻，下营田司核实，惟田输粮，余皆置不问。黟民得以少舒”④。营田司在负责田地的清理登记和按田地征差役赋税之后，恐怕没少做像在黟县那样核实田土的工作。祁门县的核实田土是在癸卯年（元至正二十三年，宋龙凤九年，1363）四月钟友谅知祁门县之后，“侯名友谅，字明德，聪敏通济，执法不阿。其始至也，剃蓬藋，开市井，招逋逃，垦莱田，捕余丑之梗化者。审理冤抑，核实土田，均其赋役”⑤。

① 康熙《休宁县志》卷六《隐逸》。

② 弘治《徽州府志》卷四《兵卫官属》。

③ 弘治《徽州府志》卷二《地理二·食货一·田地》。

④ 宋濂：《銮坡前集》卷一《承事郎漳州府漳浦县张府君新墓碣铭》。

⑤ 永乐《祁阊志》卷九《碑碣》、弘治《徽州府志》卷四《名宦》、康熙《徽州府志》卷五《秩官志下·名宦》。

核实田土，为编图籍，以为科徭根据。据宋濂所撰端木复初墓志铭载："君讳复初，以善其字也，姓端木氏。……癸卯三月，召为徽州府经历。徽为江东大郡，政繁而赋殷，君悉力佐治，百废俱举，功则归于其长。田赋久不均，民不堪命，君即城东建局，使民自实田，集为图籍，核盈朒，验虚实，而定科徭。吏民阴为欺蔽，痛谪之，不数月而毕。由是民无逋租，官无横敛"[①]。可见整个徽州府的土地核实是在各属县核实的基础上，编集图籍，经"核盈朒，验虚实"，才查出从"戊戌年自实后至甲辰年"的官民田土数目。据此可知所谓"徽州龙凤经理鱼鳞册"均为辛丑至甲辰年（1358～1364）间核实田土过程中所造。如中国社会科学院历史研究所图书馆所藏"甲辰十四都五保竹字号鱼鳞册"，据考证即是元至正二十四年（龙凤十年，甲辰年）祁门县十四都五保鱼鳞册。[②] 同时期的鱼鳞册还有安徽省博物馆所藏祁门县十西都七保鱼鳞册抄本、祁门县十东都三保《谷字号经理》鱼鳞册、历史研究所图书馆藏祁门县十西都九保鱼鳞册。[③] 这些资料恰可印证《祁门县志》所言该县田土"佥业定于明洪武前龙凤经理"[④] 之说不虚。可见朱元璋最初进行的土地整理是在建立明朝之前的龙凤年间。

朱元璋登极甫十日，洪武元年正月甲申（十三日）便"诏遣周铸等一百六十四人往浙西核实田亩"[⑤]。据时人杨维桢《东维子文集》卷一《送经理官成教授还京序》载："河济宁郡教授成君彦明氏，以文墨长才，为今天子录用。洪武元年春，遣使行天下，经理田土事，而成君在选中，分履淞之三十八都二百一十五图。阅岁终，鱼鳞图籍成。父老咸喜其清明果决，竿尺有准，版帐不欺，积亡不毛之土并附以见。"由此可知，所谓"经理田土"、"核实田亩"，实即在土地丈量的基础上，编绘鱼鳞图册，难怪徽州鱼鳞图册又称"经理册"。

始于洪武元年正月的这次编绘鱼鳞图册，何时完成的，史无明文。据

---

① 宋濂：《宋文宪公全集》卷一九《端木府君墓志铭》。
② 栾成显：《龙凤时期朱元璋经理鱼鳞册考析》，《中国史研究》1988 年第 4 期。
③ 栾成显：《徽州府祁门县龙凤经理鱼鳞册考》，《中国史研究》1994 年第 2 期。
④ 道光《祁门县志》卷十三《食货志 · 田土》。
⑤ 《明太祖洪武实录》卷二五。

《明太祖洪武实录》卷一八〇“洪武二十年二月戊子条”载：“浙江布政使司及直隶苏州等府县进鱼鳞图册。先是，上命户部核实天下土田，而两浙富民畏避徭役，往往以田诡寄亲邻佃仆，谓之‘铁脚诡寄’。久之相习成风，乡里欺州县，州县欺府，奸弊百出，谓之‘通天诡寄’。于是富者越富，贫者越贫。上闻之，遣国子监生武淳等往各处，随其税粮多寡，定为几区，每区设粮长四人，使集里甲耆民，躬履田亩以量之，图其田之方园，次其字号，悉书主名及田之丈尺四至，编类为册，其法甚备。以图所绘，状若鱼鳞，故号鱼鳞图册。”这里所说的只是浙江及直隶苏州等府县向朝廷呈进鱼鳞图册，没有涉及其他地区。其他地区是否也是在洪武二十年完成土地清丈，编绘鱼鳞图册上呈呢?

据现在资料显示，洪武年间的鱼鳞图册的攒造，各地的时间是很不相同的。现据唐文基《明代赋役制度史》所引资料和徽州资料，依次将各地攒造鱼鳞图册的时间和资料排列如下：

洪武元年：浙西。资料见前引《明太祖洪武实录》卷二五和杨维桢《东维子文集》。

洪武二年：浙东明州（洪武十四年改为宁波府）。郑真《荥阳外史集》卷二八《赠昌国县典史马君德明序》载：“……明年国号大明，改元洪武。浙江省守臣钦承旨意，檄命新县图籍。明郡长贰承奉恐后……遂命六县之民，凡山田疆里之宜，某税某粮之数，悉登载之。且择邑从事之贤者，令昌国县典史马君程督之。君守之以正，持之以公……其征科旧额，间有轻重失宜为民病者，悉厘正之。于是大编巨秩，畛分类别，披而览之，若躬历焉。”

洪武四年：浙江金华。苏伯衡《苏平仲文集》卷六《核田记》载：金华“版籍入皇朝，遂有凿空之赋，名曰‘虚讹粮’，而其数之多，为田至千三百九顷有奇。民负逋而莫偿，吏惴惴惟岁不登是惧，而公私交而为病矣。事闻，中书省亟命检核除之。户部授田令，俾以五尺为步，造弓尺以量。符下，皆重改成籍，罔敢自任。既而命明州通判王琮来治之。甫兴役，又以事罢去。会今王（纲）来倅郡，遂以命君。而君亦目以为己任……择吏之清强者，分董其役。以金华县丞钟弼董东南乡，以浦江县丞杜彦董西北乡。侯乃出访诸乡，即寺观以次舍，裹糇粮以食饮，冲冒暑雨，跋涉阡陌，履亩而申量焉。各乘其形之方园曲直长短，绝彼补此。……量既周，乃裒诸所表，为鱼鳞图，为流水册，册以会赋，图以会田。……册以帙计者四百五十有二，图以幅计者如册之数，而皆有付检量之役，起洪武四年夏四月丙申，讫其年秋八月庚子，积百有二旬有四日。图册之役，起是秋八月壬寅，讫明年夏五月壬子，积二百有五旬而毕”。

洪武十年以前：山东和陕西渭南。顾炎武《天下郡国利病书》原编第十六册《山东》下载：“洪武初年，朝廷分遣监生并秀才，丈勘北方田地。而本县丈勘者为小王秀才云。王不知何许人，其丈地以赋役为名，计亩准折，如肥地一亩，折赋役地三亩，稍次者一亩折二亩，又次者一亩折一亩半，照地折亩，按亩征粮，以为重轻差等准则”。《明史》卷一三七《李叔正传》载：洪武初，“渭南岁输粮二万，豪右与猾吏为奸，田无定额”。县丞李叔正“履亩丈量，立法精密，诸弊尽剔”。

洪武十年：徽州。康熙《徽州府志》卷一《舆地志》上《建置沿革表》载：洪武十年丁巳，命监察御史巡行州县，籍田土。

洪武十四年：浦江。嘉靖《浦江志略》卷三《民物志·册籍》载：“大明洪武十有四年，造《田土流水册》，共三百四十册，内开每都佥都长一名，保长一十名，每遇改册，照号梭踏入册，图画田地山塘段样，开载原业某人，今业某人，及米麦科则数目，庶毋隐漏飞诡。”

洪武十九年：两浙。《明史》卷一五一《吕震传》载：“吕震，字克声，临潼人。洪武十九年以乡举入太学。时命太学生出稽郡邑壤地，以均贡赋。震承檄之两浙，还奏称旨，擢山东按察司试佥事。”

从前引《明太祖洪武实录》卷二五“洪武元年正月甲申条”和郑真《荥阳外史集》卷二八的资料，已记述洪武元年和二年在浙西和浙东清丈土地、编绘鱼鳞图册，而《明史·吕震传》又载命吕震等“太学生出稽郡邑壤地”，“震承檄之两浙”，很容易给人以两次进行大规模地清丈土地、编绘鱼鳞图册的感觉。就两浙清丈土地、编绘鱼鳞图册的时间而言，松江府上海县（淞），华亭县在洪武元年，明州昌国县在洪武二年或稍后，金华府金华县在洪武四年，金华府浦江县在洪武十四年。可能就是因为各县清丈土地、编绘鱼鳞图册的时间有先有后，而完成的时间亦不能一致，到洪武十九年尚有一些县没能完成，或虽然完成了，却问题很多，于是派吕震等太学生“稽郡邑壤地”，即稽核各县田土数目。各县清丈土地之事，经这番检查得以通过，于是，第二年即洪武二十年，各县将所编绘的鱼鳞图册进呈朝廷，这项历时二十年的清丈土地、编绘鱼鳞图册的工作算是完成了。

从上述可知，洪武年间的土地整理和龙凤年间在徽州所进行的土地整理有许多相似之处。第一，土地整理中都采取两种方式，或由上面派员监督进行，或由地方自行清丈编制。如龙凤时期的黟县即由营田司派员监督核实，洪武年间的浙西地区亦由朝廷派员“核实田亩”；龙凤时期的祁门由县令自行清丈编制，洪武年间的浙东地区亦由地方官员自行清丈编制。第二，清丈之后都绘制鱼鳞图册。可见，龙凤和洪武年间的土地整理是一脉相承的。

所谓“鱼鳞图册”乃鱼鳞总图和清册的统称，总图是将一乡的田土依《千字文》为序，据田土大小形状连续编绘，片片连缀，状似鱼鳞，故名鱼鳞册。龙凤年间和洪武年间的鱼鳞总图原件，至今尚无发现。现在在各种书中所影印的洪武鱼鳞总图都是录自《清康熙歙西溪南吴氏先茔志》的《洪武丈量鱼鳞册》。该图同叶记有：“明洪武十八年丈量十五都九保仍作草字五百七十号，荒地一亩三角四十步，土名岭塘，又名新塘尾，坟山一角。”在《鱼鳞册》中记有：“五百七十号地一亩三角四十步，山一角。十六都吴承务、吴副使、吴岳、吴奇叟。东至王家山，西至汪得云山，南余再遇，北汪家山。”在徽州，除前引康熙《徽州府志》载“洪武十年丁巳，命监察御史巡行州县，籍田土”之外，还载有“洪武十五年壬戌，遣官量田，定经界”①，这里又明确记载“明洪武十八年丈量”。是否徽州在洪武年间有十年、十五年、十八年三次清丈呢？当然不是。洪武十年清丈是休宁县事。康熙《休宁县志》卷一《沿革》载：“明洪武十年，籍田土”。由此亦可证明前面所说洪武年间并非有两次大规模地清丈之言不虚。

洪武年间的清册，最早见诸报道是在1958年。当年的《文物参考资料》第四期上刊载余庭光的《歙县发现明代洪武鱼鳞图册》，文中说：“最近在歙县溪南乡发现了明代‘洪武鱼鳞图册’。这本册子仅残存百余册（原文如此），

① 康熙《徽州府志》卷一《舆地志》上《建置沿革表》。

残破不堪，但却是一件珍贵的历史资料。”同时还发表了该鱼鳞册的照片。1988年我们第二次拜访余庭光时，问起此鱼鳞册何以确定其为洪武年间的呢？他说：我记得在书口上刻有洪武字样，至于具体是什么，记不清了。我们去安徽省图书馆、博物馆等单位查找，均无结果，最后在历史研究所找到它。这部鱼鳞册为一函一册，系板刻，上下双线，每半叶四栏，书口印有“洪武清册分装”，前几叶残，从33叶以后始完整，每格中印有“见业、原额、先增、今增、土名、佃人、东西南北四至、分装。系“万”字17号至694号，总其169叶。将原件与照片对照，我们确信就是这部鱼鳞册，亦知余庭光的文章可能是排印的原因，将“叶”字误作“册”字。

按理说，既然鱼鳞总图中有图形，清册中就该有图形，该清册中印有南西东北，却无图形，可能是因该清册是钞本而将图形省略了。

综上所述，可见朱元璋早在建国以前，为把土地控制在自己手里，以征发赋役，就开始清丈土地，编绘鱼鳞图册。在建国之后，一面借用行政力量徙民垦荒，一面鼓励人们就地垦辟荒田。同时在更大范围内清丈土地，编绘鱼鳞图册。特别是对直隶江南诸府和浙江，即所谓“两浙”财赋之区尤为重视，直接派员监督稽核，是和确保国家财赋收入的目的分不开的。

第三节　正统、嘉靖、隆庆年间的土地清丈

洪武之后，明代的鱼鳞图册的攒造，不像黄册那样每十年编审一次，而往往隔许多年才编绘一次。据目前所见的文献记载和实物资料，可能只有正统、嘉靖、隆庆和万历年间攒造过鱼鳞图册。

正统年间的鱼鳞图册，现尚不敢确指，亦未见有关报道。不过，嘉靖初年昆山人顾鼎臣条陈钱粮积弊四事中说：“一曰察理田粮旧额。请责州县官，于农隙时，令里甲等仿洪武、正统间鱼鳞、风旗之式，编造图册，细列元额田粮、字圩、则号、条段、坍荒、成熟步口数目，官为覆勘，分别界址，履亩检踏丈量，

具开垦改正豁除之数。刊刻成书，收贮官库，给散里中，永为稽考。”① 似可看作正统年间攒造过鱼鳞图册的证言。这里说的“令里甲等仿洪武、正统间鱼鳞、风旗之式，编造图册”，是什么意思，至今不见有人专文论列释明。有的学者在“风旗”之下，注曰“无考”，持之慎重，实可尊敬。若提出假说，引起学人注意，广搜资料，印证或修正假说，不也是促进研究之一途吗？鉴于此，这里试作假说。

以意度之，这时所说的“鱼鳞”、“风旗”，即后面所言“图册”。上节已经说过，一般的所谓鱼鳞图册乃是鱼鳞总图和清册的统称。在清册中，看不到鱼鳞的影像。只有在总图中，由于各块田土大小、形状不一，片片连缀，状若鱼鳞，故称鱼鳞册。上文中所谓“鱼鳞”即指状若鱼鳞的鱼鳞总图，亦即上述引文中的“图”。清册在洪武年间，有的称作“清册分装”，已有上节所举徽州歙县西溪南《洪武清册分装》为证。清册是否还有其他异称呢？在明朝的土地买卖文书中，提到买卖之田四至时，有的契约中便写道：“亩步四至，自有经理可照。”② 此处之“经理”，有的又写作“该保经理”。如《弘治七年谢以荣等卖山地赤契》中，就写作“四至自有该保经理可照”③。鱼鳞总图是以乡为单位绘制，一个保的“经理”，显然是指清册。则清册又有“经理”或“经理册”的别称。此外，清册还有称作“保簿”的。如《嘉靖十二年六月郑银等卖山地白契》中便有“所有字号亩步荒熟，自有本保簿可照。”④ 但在徽州土地买卖文书中，却没有把清册称作“风旗”的，那么，所谓“风旗”到底是什么呢？

我们知道，清册中每块田土都绘有图形，这有万历年间鱼鳞图册可证。洪武鱼鳞图册中每块田土中从上节介绍的徽州歙县《洪武清册分装》抄件所记田土东西南北的书写格式，便可知原件是绘有图形的。田土图形的形状千姿百

① 《明史》卷七八《食货志》二《赋役》。

② 《正统十二年冯子永等卖田赤契》，《明清徽州社会经济资料丛编》（第二辑），中国社会科学出版社 1990 年出版，第 36 页。

③ 《正统十二年冯子永等卖田赤契》，《明清徽州社会经济资料丛编》（第二辑），中国社会科学出版社 1990 年出版，第 209 页。

④ 《正统十二年冯子永等卖田赤契》，《明清徽州社会经济资料丛编》（第二辑），中国社会科学出版社 1990 年出版，第 227 页。

态、千差万别，“或系方田，或凹田，或斗田，或凸田，或靴田，或蛇田，或月牙田，或豸角田，或牛角田，或长湾，或一字”①，正如旗帜被风吹拂，变态万千。以此度之，“风旗”也许就是清册在昆山的另一异称。

将此假设和猜度置入前面引文之中，即读作“令里甲等仿洪武、正统间总图、清册之式，编造图册”，其意甚明，毫无违碍之处。

总之，这段文献记载似乎是说，正统年间攒造过鱼鳞图册。

正统之后，土地兼并加剧，特别是成化之后，上自皇室贵族，下至一般地主，都变本加厉地掠夺土地。有“恃豪势而强占者，有因连界而并吞者”，“有见其耕荒成熟而争取者，有赂嘱牙保而称虚钱实契者”，“有受投献地土”和“乘势侵夺田园”者，勋贵更以“奏讨”方式大量强夺民田。就连皇帝和后妃也直接掠夺土地，建立皇庄和宫庄。据弘治二年七月户部尚书李敏等以灾异上疏言：“畿内之地，皇庄有五，共地一万二千八百余顷。勋戚、太监等官庄田三百三十有二，共地三万二千一百余顷。”②

土地兼并造成朝廷掌握的土地数额大量减少。霍韬《修书陈言疏》说，“窃见洪武初年天下田土八百四十九万六千顷有奇，弘治十五年存额四百二十二万八千顷有奇，失额四百二十六万八千顷有奇”。“由洪武迄弘治百四十（年）耳，天下额田已减强半”。究其原因，他认为“非拨给于藩府，则欺隐于猾民”，“天下有司受猾民赃利，为之欺隐额田，蠹国害民，弊无纪极”。在额田减少的同时，户口亦锐减。“洪武初年户一千六百五万有奇，口六千五十四万有奇”，到弘治四年，“乃户仅九百一十一万，视初年减一百五十四万矣。口仅五千三百三十八万，视初年减七百一十六万矣”③。

在额田和人户锐减的情况下，占有少量土地的人户负担激增。占有大量土地的地主，依仗权势，串通官府，把负担转嫁到农民身上。他们或改官田作民田，避重就轻；或把土地寄于官宦之家，希图脱免，是为诡寄；或将自己应当赋税分派小民，此为飞洒；或以熟作荒，不纳赋税；或辗转诡移，让人无从查

① 顾炎武：《天下郡国利病书》原编第八册《江宁庐安》。
② 《明孝宗弘治实录》卷二八。
③ 《明经世文编》卷一八七。

找，名为虚悬；或串通里胥，涂改册籍，以多为少，以有作无；或买田白契成交，不推收过割，有田无粮，致使“富者田连阡陌，坐享兼并之利，无公家丝粒之需；贫者虽无立锥之地，而税额如故，未免缧绁追并之苦”①。

迨至嘉靖初年，已是“天下一岁之供，不给一岁之用”②。有识之士，忧心忡忡，嘉靖三年（1524），给事中陈时明《严武备以壮国威疏》说：“近年以来，水旱不时，国家多事，赋役繁重，民不聊生。而匹夫不逞，一呼成群。小则流剽乡村，阻劫道路；大则攻围城郭，敌杀官军。随灭随起，习以为常。蜀寇甫平而霸贼起，霸贼方息而矿徒作。此徐乐所谓土崩之势也。”③

面对这种情况，嘉靖皇帝和一些大臣并非一无所知，如土地兼并，世宗朱厚熜说：“近年以来，奸猾无籍之徒，妄将军民田土指作空闲，设谋投献。管庄官校人等，因而乘机侵夺，借势混赖，横征巧取，百般剋害，利归群小，怨在朝廷，以致军民失业，盗贼生发。朕在藩邸，已知其弊。览奏，深用恻然。”④ 于是下令“凡系成化、弘治及正德年间皇庄及皇亲功臣庄田，但系奸民投献势要侵占者，逐一尽数查出，给主召佃，还官归民。”⑤

在此前后，一些守土官员曾为均平赋役而自行清丈土地，如嘉靖七年任大名府开州（今河南濮阳）知州张寰所撰《均田记》所说：“寰承乏兹土，有不容自诿者，尤虑不公，乃矢心率众，告诸合境之神。然后遍照概州各户自量亩数，自定高下，官给报单，研算注册……尤虑奸民或报有未尽，或以高作下者，仍许诸人讦首，悬以重赏，示以重罚，心求罔有遗弊而已焉。盖凡五阅月而就绪。……然此岂寰一人之力所能办哉！先是，知州龙君大有尝差省祭官胡銮等四十余人，沿丘履亩丈量定册，将欲碑记，而龙以外难（艰）去，未之成也。继而知州朱君纨，尝差省祭官高仲和等七十余人给散报单，严以赏罚，自令开报，已将册记，而朱以迁秩去，又未之成也。今寰幸而克成，厥终固二

① 徐恪：《修政弭灾疏》，《明经世文编》卷八一。
② 《明史》卷一九二《张汉卿传》。
③ 《明经世文编》卷二二九。
④ 林俊：《重惜事体以正朝廷疏》，《明经世文编》卷八七。
⑤ 林俊：《传奉敕谕查勘畿内田地疏》，《明经世文编》卷八八。

君之所垂成者耳。兹一事历三守，始克有成，可不谓之重且难哉！”① 文中历述开州三任知州清丈土地的过程。正德十六年（1521）开州知州龙大有差人“沿丘履亩丈量定册”，即进行履亩清丈，只因丁外艰离职，“未之成也”。嘉靖二年任知州的朱纨，继续前任龙大有的工作。他所做的和龙大有做的不同，不是履亩清丈，只是“给散报单”，“自令开报”。据朱纨《甓余杂集》卷一《初考进阶》载：“奉天承运，皇帝制曰：知州所以布德宣令，安利生民。匪得其人，曷称斯任。尔大名府开州知州朱纨，身发贤科，两守畿郡，爱民守己。心既切于奉公，治剧剸繁，才复优于集事。既书最考，宜云褒恩。兹特进尔阶奉直大夫，锡之诰命。尔其尽心，益懋厥职，行当召用，钦哉。嘉靖七年三月十四日。”由此可知，朱纨从嘉靖二年到嘉靖七年五历寒暑，虽“严以赏罚”，终“又未之成也”。大约即是嘉靖七年任开州知州的张寰，采用与朱纨相同的办法，即“各户自量亩数，自定高下，官给报单，研算注册”。就是说，并非履亩清丈，只是在正德末年龙大有清丈的基础上，依报单攒造册籍，就这样，还是“五阅月而就绪”。可见清丈之难，清丈之后攒造册籍之难。

较之龙大有清丈稍晚的是桂萼在成安县（今河北成安）的清丈。据桂萼所撰《成安政事记》说：“嘉靖改元夏四月，余至兹土，乃均里甲，去其虚社屯，为二十社屯，以核实地土。”② 依桂萼自述，他从正德九年（1514）到嘉靖改元（1522）的八年间“周游三县”，首任镇江府丹徒县（今江苏镇江），继任浙江湖州府成康县（今浙江德清县西武康），再任广平府成安县，两个县在江南，一个县在北方，由此他深知“南北官豪之家”都极力反对清丈田土。究其原因，他说：“所以阻之者，北方官豪之家欲得独享广亩之社地，不肯为狭地屯民分粮；南方官豪之家欲得独出轻则之田粮，不肯为重则里甲均苦。所以一遇有志州县正官必欲通行均则量地，势家即上下夤缘，多方排阻。”③

桂萼所言，乃有感而发。嘉靖元年他在成安清丈，嘉靖二年便有所谓“成安县民”任本者上奏，极言清丈田土有“骚扰情弊”，“乞行停止”。《明

① 嘉靖《开州志》卷九《艺文志》，文字下的重点符号为征引者所加。
② 康熙《成安县志》卷一一《艺文》。
③ 桂萼：《请修复旧制以足国安民疏》，《明经世文编》卷一八〇。

世宗嘉靖实录》嘉靖二年十月乙丑条载："户部言：近御史王佩奏行丈量田土，小民不便。据成安县民任本所奏，委有骚扰情弊，乞行停止。从之。"[①]"官豪之家""排阻"清丈奏疏，竟"从之"，致使一些"有志州县正官"扼腕叹息。

嘉靖六年（1527），时任左春坊左谕德的昆山人顾鼎臣以《陈愚见划积弊以裨新政疏》上奏，详述"至正德间法制大坏"，"府州县总书、书手通同贪污官吏，上下之间关节相通，造作奸弊无所不至"之状，其中说到有关田土和税粮情状时说："或将官田改作民田，或将肥荡改作瘦荡，或将蠲粮叩（扣）卖别区，或将正粮洒派细户。其泰甚者，城郭附近田涂虚报坍江、坍河、坍海，膏腴常稔地土捏作板荒、抛荒、积荒。每年粮额亏欠以千万计，负累概州县善良人户包补，日积月欠，坐致困穷"。"是以民农流亡，抛弃田土。"[②] 鉴于此种状况，提出四条对策，即：一、暂议差官综理；二、查理田粮旧额；三、催征岁办钱粮；四、查复预备食粮。此亦即《明史》所说"谕德顾鼎臣条上钱粮积弊四事"。《明史·食货志》只引两条，前面引录的"察理田粮旧额"就是《明史》作者据原奏疏中的"查理田粮旧额"缩写的。此奏疏得到皇帝应允，《明实录》载："疏上，下户部。复称：所陈俱切时弊，诏行抚按衙门督属举行。"[③]

或许是受了顾鼎臣奏疏得到皇帝应允的鼓舞，嘉靖六年十二月，时任吏部尚书的桂萼以"分豁灾伤田租"和"分豁里甲官钱"二事上《振余财以足国恤民事》疏。观《明实录》的记载，此奏疏追即《明经世文编》卷一八〇所载桂萼《请修旧制以足国安民疏》。桂萼的奏疏似乎不如顾鼎臣奏疏的命运好。据《明世宗嘉靖实录》嘉靖六年十二月癸丑条载："上曰：览卿之奏，皆恤民图治之意。分豁灾伤、里甲二事，户部其斟酌可否以闻。务图经久利病之规，无为苟且目前之计。若南北粮土版籍既定，姑已之。"对奏疏中指斥南北官豪之家排阻清丈田土之议不予支持，反令"若南北粮土版籍既定，姑已

① 《明世宗嘉靖实录》卷三二。
② 顾鼎臣：《顾文康公疏草》卷一。
③ 《明世宗嘉靖实录》卷一一八。

之”。第二年，即嘉靖七年二月，“户部覆吏部尚书桂萼所题振余财以足国恤民事”中，将清丈田土之事限制在“草场”的范围内，《明世宗嘉靖实录》嘉靖七年二月丙午条载：“草场地亩，行差去清查田土侍郎科道官勘明处置。”

嘉靖八年六月，詹事霍韬所上《修书陈言疏》中列举的洪武到弘治年间田土、人口流失状况，引起朝廷的关注，世宗“令各衙门备核沿革、定数，送付史馆”①。嘉靖九年十月，顾鼎臣为清丈事又上《申末议以裨国计拯民命疏》。奏疏写得颇有感情，“臣生长地方，目击弊蠹，每一兴思，辄叹诧愤塞”②。疏中特别强调严督所司执行朝廷的决定，“部议所奏，皆紧关救弊恤民切务，而所司束之高阁，漫不为理，殊负陛下惠养元元、励精政理之意。乞敕令巡抚都御史毛思义督所司加意举行，严限期日，将检踏清查坍荒田粮的确数目并改正各项欺隐情弊，俱以籍报，毋得仍蹈故辙，迁延慢令”。皇帝“乃申诏抚按官斟酌处置，从实举行之”③。同年十一月，御史郭弘化言天下土田视国初减半，乞通行清丈及查核户口，以杜包赔兼并之弊。因条清查丈量十四事。户部尚书梁材以“欲遍量天下土田，恐致惊扰”为由，主张“仍令抚按督管册者厘革诸弊政，其积弊而册籍难稽者，斟酌间行丈量”。“帝悉可之”④。

此时，朝廷内外，围绕清丈田土之事，纷争不息。堂庙之内，大臣相竞上书，各衷一是，皇帝下诏亦忽而“依拟而行”，忽而“姑已之”，无一定规。朝廷之外，有的守土官员厉行清丈，有的则首鼠两端，意在观望，而所谓“民”的官豪之家则极言清丈不便，变乱成法。

嘉靖十三年，监察御史刘希龙以南京太庙灾，陈言修省二事，其一就是“禁纷更以安黎庶”。他承认“今田粮之制，诡寄兼并，里书欺隐作弊，是诚有之”，但认为“丈地均粮之法”是“求媚上官，以希保荐”，“弊端百出，徒滋烦扰”。要求“此后务照旧额征派，不许一概丈量，生事扰民”⑤。

河南在嘉靖初年曾“以田赋不均，请行丈量之法”，一些府州县亦行清

---

① 《明世宗嘉靖实录》卷一〇二。

② 顾鼎臣：《顾文康公疏草》卷一。

③ 《明世宗嘉靖实录》卷一一八。

④ 《明世宗嘉靖实录》卷一一九、《明史》卷一九四《梁材传》。

⑤ 《明世宗嘉靖实录》卷一六七。

丈。如开封府尉氏县（今河南尉氏），嘉靖九年在任的知县游凤仪奉上司文移丈量土地。[①] 南阳府裕州（今河南方城），嘉靖十一年知州安汝山奉檄丈地均粮。[②] 彰德府安阳县（今河南安阳），嘉靖十一年府衙同知张公丈量土地。[③] 清丈之举，引起官豪的反对，“民有来言不便者，而朝廷亦以为纷更成法，无益于民”。嘉靖十四年，河南巡抚简霄言：“田既丈量，则贫民有粮无地者，得以免赔偿之苦；而富民有地无粮者，无以遂欺隐之计，宜熟议其便。”户部却复以“不许一概丈量，致生劳扰”，皇帝仍“诏从之”[④]。

嘉靖十五年，顾鼎臣的门生王仪第二次出任苏州知府。此时正是江南进行税粮改革之际，王仪上任之后，秉承其恩师顾鼎臣先年奏疏中“履亩检踏丈量”之意，在其所管苏州府范围内厉行清丈，行均粮之法。第二年，即嘉靖十六年九月，时任礼部尚书的顾鼎臣在《恳乞天恩饬典宪拯民命以振举军国大计疏》中说：“臣于往年两次具奏，经今十余年，未闻一人遵奉敕旨能清查者。”[⑤]“近年止有苏州府知府王仪，不畏强御，尽心竭力，督率州县正、佐官员，清查坍荒虚实并产去粮存各项积弊，已有端绪。”[⑥] 顾鼎臣在这通奏疏中，再次恳切陈词，要求清理江南税粮：“苏、松、常、镇、嘉、湖、杭七府，财赋甲天下，而里书、豪强欺隐、洒派之弊，在今日为尤多。以致小民税存而产去，大户有田而无粮，害及生民，大亏国计。”[⑦] 可能是“大亏国计”一语打动世宗皇帝，才采纳顾鼎臣的建议，“行抚按官各委知府，亲诣所属州县，悉心清查。其虚应故事及延捱迟玩者，劾奏之”[⑧]。

同年，欧阳铎以右副都御史巡抚应天等十府。他上任后，便“令府州县各总其亩之额，而丈量田以正亩，括其征米银之凡，而计亩均输之”[⑨]。于是，

---

① 嘉靖《尉氏县志》卷一《风土类》。
② 嘉靖《裕州志》卷二《田赋志》。
③ 万历《彰德府续志》卷上《田赋志》。
④ 《明世宗嘉靖实录》卷一八二。
⑤ 《明世宗嘉靖实录》卷二〇四。
⑥ 顾鼎臣：《顾文康公疏草》卷二《恳乞天恩饬典宪拯民命以振举军国大计疏》。
⑦ 《明世宗嘉靖实录》卷二〇四。
⑧ 《明世宗嘉靖实录》卷二〇四。
⑨ 《古今图书集成》食货典赋役部总论八《古今治平略·明朝田赋》。

江南各府的清丈陆续推展开来。

推行最早的是王仪为知府的苏州府。据《万历嘉定县志》卷九《职官考·宦迹》所载："于时奉行均田法，大吏皆以资坤清严素著，檄先试之。其法既定而后，邻州县皆取则焉。"据同书卷八《官师考》，李资坤于嘉靖十二年至十六年任苏州府嘉定知县。他在嘉定县的清丈或许是嘉靖十五年王仪来苏州任知府后受命开始的。接着是苏州府常熟县。嘉靖十六年巡抚都御史欧阳铎令苏州知府王仪督属清丈，时知县沈弘彝莅事，命耆民圩里，履亩丈量。不久，沈知县迁户部主事，新县令冯汝弼继其事，期年而事集。[①] 苏州府太仓州的土地清丈，据嘉靖《太仓州志》卷五《户田》所录该书编者张寅所说，是"知府王仪议请巡抚都御史欧阳铎行均粮之法，丈量丘亩，均派斗则"。同书并说，苏州府的清丈在嘉靖十七年全部完成。

江南各府的土地清丈是当时进行的"征一"和"论田加耗"为中心的税粮征收制度改革的前提。所谓"征一"，如《明史》所言："征一者，总征银米之凡，而计亩均输之。其科则最重与最轻者，稍以耗（米）损益推移。重者不能尽损，惟递减耗米，派轻赍折除之，阴予以轻。轻者不能加益，为征本色，递增耗米加乘之，阴予以重。"[②] 首先是"计亩均输之"。至于每亩输多少，则视亩税轻重，以耗米数量和本、折二色调解之。重者减耗米或折轻赍，轻者征本色或增耗米。如何"计亩均输"，就必须清丈。故时有"田非量不明，耗非摊不平"之语。

江南各府的土地丈量，据隆庆二年（1568）巡抚右佥都御史林润说："江南诸郡，久已均粮，民颇称便。惟松郡未均，贫民受累，势不能堪。"于是上疏"请乞暂设专官丈田均粮，以重国赋，以苏民困"。"吏部题，以原任本府同知转员外郎郑元韶，升湖广按察司佥司，领敕专管华、上二县，沿丘履亩，逐一丈量，均牵斗则"。隆庆三年，"佥事郑元韶尽数清丈……田有字圩、号数，册有鱼鳞、归户。至今田额以是为准"[③]。

---

① 嘉靖《常熟县志》卷二《田赋志》。
② 《明史》卷七八《食货二·赋役》。
③ 崇桢《松江府志》卷八《田赋一》。

嘉隆年间的土地清丈涉及的面有多大，至今尚难确说，学界论述较多的是应天和苏、松、常、镇、杭、嘉、湖等八府，其余则少论及。除上述地区之外，还有一些府州县在此期间清丈过土地。如宁国府在嘉靖三十一年“所部六邑，通行丈量”①。浙江严州府淳安县在嘉靖三十七年至四十一年海瑞任知县时，曾“佥督管保书算量手，照依见管田地山塘丘段，从实丈量，吊查原号，佥定今业”②。江西赣州府兴国县在嘉靖四十一年十二月以前卢宣任知县时已有清丈之议，嘉靖四十二年初海瑞任兴国知县后，“乃上八议于赣抚吴百朋，次第请行，尤独急清丈。旧令卢宣著清丈事宜诸宜，瑞略仿其法，而精思强力过之。定弓步，厘册号，审田形，核粮数，丈明则归册，册正则归粮。择老人为公正，而严其赏罚，务绝飞诡诸弊。自身履亩巡勘，寝食半在疆亩间。逾年丈勘遂毕”③。长江边上的南直隶和州（今安徽和县）知州康诰于隆庆六年“奉例丈田均粮”，于是，他“博询密访，规画周悉，著为《丈量方略》”④。

在中原和北方，嘉隆间也有许多州县进行过土地清丈。除前述京师大名府开州、广平府成安县、河南开封府尉氏县、南阳府裕州、彰德府安阳县之外，广平府威县在嘉靖二年钱术任知县时曾丈量田土。⑤ 京师保定府新城县（今河北新城东南）于嘉靖二十四年抚按奏请委丁知州、徐知县丈量土地。⑥ 同年，顺德府沙河县、河南汝宁府新蔡县均丈量土地。⑦ 此后，河南开封府项城县、山东济南府商河县、京师河间府庆云县（今山东庆云）、真定府新河县、山东兖州府滋阳县（今山东兖州）、京师真定府真定县（今河北正定）、河间府沧州，都在嘉靖年间进行过田地清丈。隆庆改元以后，京师广平府肥乡县、山东兖州府汶上县、青州府安邱县、陕西西安府渭南县、朝邑县（今陕西大荔县东朝邑）和京师广平府邯郸县（今河北邯郸市）也先后进行了土地清丈。为了便于了解当时的清

---

① 《古今图书集成》食货典卷一四七《赋役部》总论十。

② 《海瑞集》上编《淳安知县时期·量田申文》。

③ 崔国榜：《兴国县志》卷二〇《名宦》。转引自张德信：《明史海瑞传校注》，陕西人民出版社1984年出版，第75页。关于海瑞任淳安和兴国知县的时间，亦据此书。

④ 万历《和州志》卷二《田赋志》。

⑤ 万历《威县志》卷三《田赋》。

⑥ 万历《新城县志》卷四《政教考》。

⑦ 万历《沙河县志》卷八《艺文志·均粮碑》、万历《新蔡县志》卷三《田赋》。

丈情况，特列《嘉靖隆庆年间各地清丈土地资料简表》于下，谨供参考。

嘉靖、隆庆年间各地清丈土地资料简表

顺序号	土地清丈时间	地　点	内容提要	资料出处
1	嘉靖元年至二年	广平府成安县	桂萼《成安政事记》："嘉靖改元夏四月，余至兹土，乃均里甲……以核实地土。"	康熙《成安县志》卷十一《艺文》
2	嘉靖二年	广平府威县	嘉靖初年，知县钱术（二年任）丈量田土。	万历《威县志》卷三《田赋》
3	嘉靖六年	大名府开州	嘉靖六年任知州张寰《均田记》：先是知州龙君大有……沿丘履亩丈量定册。……今寰幸而克成。	嘉靖《开州志》卷九《艺文志》
4	嘉靖九年	开封府尉氏县	嘉靖□年，知县游凤仪（嘉靖九年任），奏（奉）上司文移，丈量过地，以五等为则。	嘉靖《尉氏县志》卷一《风土类》
5	嘉靖十一年	南阳府裕州	嘉靖十一年，知州安汝山奉檄丈地均粮。	嘉靖《裕州志》卷三《田赋志》
6	嘉靖十一年	彰德府安阳县	嘉靖十一年，同知张公丈量。	万历《彰德府续志》卷上《田赋志》
7	嘉靖十七年	苏州府常熟县	嘉靖十六年，县令冯汝弼继其事，期年而事集。	嘉靖《常熟县志》卷二《田赋志》
8	嘉靖十七年	应天府溧阳县	知县吕光洵"令民自量，图画造册"。	《天下郡国利病书》原编第八册"江宁庐安"
9	嘉靖二十四年	保定府新城县	嘉靖二十四年，抚按奏请委丁知州、徐知县丈量地土。	万历《新城县志》卷四《政教考》
10	嘉靖二十四年	顺德府沙河县	委官丈量踏勘。	万历《沙河县志》卷八《艺文志·均粮碑》
11	嘉靖二十四年	汝宁府新蔡县	嘉靖二十四年丈量，连湖陂塘港并包作数乃至8800余顷。	万历《新蔡县志》卷三《田赋》
12	嘉靖二十七年	开封府陈州项城县	嘉靖二十七年丈地。	万历《项城县志》卷三《田赋志》
13	嘉靖二十九年	济南府武定州商河县	嘉靖二十九年，知县沈晃令民亲供。	万历《商河县志》卷三《食货志》
14	嘉靖三十年	绍兴府山阴县	知县何璇"履亩均税"。	康熙《山阴县志》卷一〇《田赋志》上
15	嘉靖三十一年	宁国府	宁国"所部六邑，通行丈量"。	《古今图书集成》食货典卷一四七《赋役部》总论十
16	嘉靖三十二年	河间府庆云县	于（嘉靖）三十一年夏，先令民各自从实开报。又明年春，复令里直人役，履亩丈量。	万历《庆云县志》卷三《建置志》

续表

顺序号	土地清丈时间	地　点	内容提要	资料出处
17	嘉靖三十七年至四十一年	严州府淳安县	佥督管保书算量手照依见管田地山塘丘段，从实丈量，吊查原号，佥定今业。	《海瑞集》上编《淳安知县时期》
18	嘉靖四十二年	真定府新河县	至嘉靖四十二年，知县蔡懋昭始用鱼鳞图法。	嘉靖《新河县志》卷三《赋役》
19	嘉靖四十二年	兖州府滋阳县	嘉靖四十二年，滋阳县奉明例均丈。	嘉靖《滋阳县志》卷二《地理志》
20	嘉靖四十三年	赣州府兴国县	海瑞令兴国，独急清丈，自身履亩巡勘。逾年丈勘遂毕。	《兴国县志》卷二〇《名宦》
21	嘉靖中	真定府真定县	嘉靖中，委官丈量。隆庆六年，更行丈量。	万历《真定县志》卷三《田赋》
22	嘉靖中	河间府沧州	阮自嵩（嘉靖三十五年进士）升任知州，丈地均粮。	万历《沧州志》卷四《人物志》
23	嘉靖中	南阳府	朱尚文（嘉靖十七年进士）为南阳知府，所著《度田记》：田赋不均，民不堪命，乞丈田，以均之。通县造大鱼鳞册二，府县各藏其一。	万历《新城县志》卷十一《艺文传》
24	隆庆元年	杭州府海宁县	隆庆元年，知县许天赠丈量田土。	康熙《海宁县志》卷四《赋役》
25	隆庆元年	广平府肥乡县	隆庆元年知县李栻《均征派议》：以一县丈出之地，仍投一县原额之数。	雍正《肥乡县志》卷四《艺文》
26	隆庆元年	兖州府汶上县	隆庆元年清丈。	万历《汶上县志》卷四《政纪志》
27	隆庆元年	青州府安邱县	隆庆元年括地，万历三年春括地。	万历《安邱县志》卷一下《总纪》
28	隆庆二年至三年	松江府	隆庆二年沿丘履亩，逐一丈量。三年尽数清丈。	崇祯《松江府志》卷八《田赋》
29	隆庆三年	西安府渭南县	隆庆三年，梁尹许奉文均丈。	天启《渭南县志》卷五《食货志》
30	隆庆四年	西安府朝邑县	隆庆四年，县丞陈谋奉文均田	万历《续朝邑县志》卷四《食货志》
31	隆庆六年	和州	隆庆六年奉例丈田均粮	万历《和州志》卷二《田赋志》
32	隆庆中	广平府邯郸县	隆庆中知县张第《地亩税粮议》：各县田地丈量数多，当事者恐取骇于上而贻害于民，乃以大亩该小亩，取合原额。	万历《邯郸县志》卷四《田赋志》

注：本表参考川胜守《中国封建国家的支配构造——明清赋役制度史的研究》，唐文基《明代赋役制度史》、森正夫《明代江南土地制度的研究》诸书所引资料编制。如有错误，则由本表编者负责。

嘉隆间的土地清丈，亦如洪武年间的土地清丈一样，有鱼鳞总图和清册，前引顾鼎臣嘉靖六年奏疏已说到“鱼鳞、风旗之式”，只是《明史》的缩写太简略，颇让人费猜。顾鼎臣《顾文康公疏草》所载《陈愚见刬积弊以裨新政疏》的相关部分是：“一、查理田粮旧额。检踏灾伤田粮、欺隐田粮，律有明条，如诏旨所载板荒、抛荒、积荒、坍江、坍海、坍河，并臣所陈前项弊病，若非检踏查理，何由明白！臣每闻，奸顽里书愚弄踏荒官员，将邻界别州县荒田一概丈量，以足虚捏之数。其坍江等项，窎远四散，多被推荡影射，尤难根究。乞敕巡抚、巡按并议差前项官员，督委各该州县正官，于农隙之时，责令各属里甲田甲业户公同将本管轻重田地涂荡，仿照洪武、正统年间鱼鳞、风旗式样，攒造总、撒图本，细开原额田粮、字圩、则号、条段、坍荒、成熟、步口数目。府州县官重复查勘的确，分别界址，沿丘履亩检踏丈量明白，申呈上司。应开垦者，召人开垦；应改正者，照旧改正；应除豁者，奏请除豁。则事既易集，而民亦不扰，田粮数目既明，然后刊刻成书，收贮官库，印行给散各该区图，永为稽考。”对照《明史》所引该奏疏内容，详略一目了然。且此奏疏所指明快清晰。如这里所说“仿照洪武、正统年间鱼鳞、风旗式样，攒造总、撒图本”，“鱼鳞、风旗”与“总、撒”对应，一望而知“鱼鳞、风旗”是“总”（总图）和“撒”（清册）之间的关系。并要求丈量之后“刊刻成书，收贮官库，印行给散各该区图，永为稽考”。一般文献记载中，不大明确区分“鱼鳞总图”和“鱼鳞清册”，统称为“鱼鳞册”或“鱼鳞图册”。

嘉隆间的土地清丈，除编绘鱼鳞图册之外，还编造“归户册”。康熙《常熟县志》卷七《田赋上》的嘉靖十七年记事中载：“履亩清丈，有鱼鳞、归户，田额以是为定。”“归户册”是什么呢？浙江杭州府海宁县（今浙江海宁县盐官）隆庆元年知县许天赠进行清丈，编制鱼鳞、归户册，在《许侯丈量鱼鳞图、归户实征册记略》中载：“其原造丈量册，则鱼鳞图册之张本也。原造业主册，则归户实征册之张本也。以丈量册为母，业主册为子。逐号对之，以清其目。类总算之，以提其纲。然后另造丈量清册，而鱼鳞图册定矣。另造业主小清册，而归户实征册定矣。鱼鳞图册百世不磨，而归户实征十年一变。凡续卖续买，其归户也，有归票以记其出。其收户也，有收票以记其入。而那移飞洒之弊绝矣。”[①] 原来，所谓“归户册”是“归户实征册”之简称。“归户”者，即“分（列）都图人户，而田随之”[②]；“实征”者，“定实数征派”[③] 也。

限于资料，现在所见到的关于嘉隆间土地清丈的组织、实施，记载较为详细的是南直隶和州知州康诰的《丈田方略十款》，其中“议自丈量以免骚扰”一款中说：“似不必本州及委官沿丘履亩细量，惟责各里都亲管排年、老人，各令田主、佃人同本都书手、算手二人，执弓如法，各自丈量。”在“议立总图籍以便稽查”一款中说：“其所造册，须刊刻一板，用薄竹纸一张印刷。上书某里某都民某，民田或官田一处，坐落某地名，东至某田，西至某田，南北亦如之，明白开载原田若干亩，用价若干买到某田，或承佃某绝田，或系祖遗田业。余空半幅、书画田形。丈量之日，步算明白，即于图下书弓口亩数，后书年月日、四至、佃户、里老、书算姓名，庶不混淆，易于复量矣。”在“议定画图以杜影射”一款中说：“徒使丈量而不画图，则方圆形体莫知，人易欺隐。今欲量田，必令田主、佃户量毕，照依原契，田亩丘段若干，四至某田，各填于前刻之内。”[④] 由此可知，和州是“自行丈量”，其组织是由里都[⑤]“排年、老人”督率田主、佃户和本都书手、算手进行清丈。清丈之前，板刻丈田格式，上面画图，图下填写业主（某里某都民某）、田土种类（官田、民田）、坐落（土名）、四至、亩步（面积）、田土来源（价买、承佃绝田、祖遗）、年月日、佃户、里老、书算姓名等。依此记载来看，颇似万历清丈时的丈量单和鱼鳞清册二者的结合物。无奈至今未见过嘉隆年间清丈鱼鳞图册原件，只能据文献记载猜度了。

嘉隆年间的土地清丈，“有志州县正官”顶住压力，进行清丈的地方，便清丈了，否则，就一仍其旧。或者有守土官员奏请清丈，却被拖延或驳斥。如嘉靖二十四年十月“巡抚陕西右佥都御史柯相奏：‘天下田粮飞诡脱漏，弊孔甚多，请敕专官清查，以益国课’。章下户部复言：‘诸省类多灾伤，遽行清

---

① 康熙《海宁县志》卷四《赋役》。
② 康熙《长洲县志》卷十二《徭役》所录乔懋敬《丈量议》。
③ 康熙《宜黄县志》卷三《版册志》。
④ 万历《和州志》卷二《田赋志》。
⑤ 和州农村组织为里下辖都，和一般州县农村组织都下辖里（即图）者不同。

查，未免劳民，且候丰年议处。'得旨：'田粮欺隐积弊，有告发或查出者，如律论治，毋得变乱旧法，轻议均丈，生事扰民。'"[①] 所以，此次土地清丈只在一些地区进行了，不过，它为接下来的万历年间的更大范围的清丈积累了经验，奠定了基础。故《明史》记述清丈之事时说"顾鼎臣请履亩丈量，丈量之议由此起"[②]，不无道理。

第四节 张居正的万历清丈

隆庆六年（1572）五月，明穆宗朱载垕病故，其子朱翊钧继位，是为神宗，改元万历。当时作为顾命大臣辅佐年仅十岁的万历皇帝执政，不久便出任首辅的是张居正。

张居正，字叔大，号太岳，湖北江陵人。嘉靖二十六年中进士，历官编修、右中允、右谕德兼侍读、侍讲学士、礼部右侍郎兼翰林院学士等职，隆庆元年以吏部左侍郎兼东阁大学士入阁，后晋升为礼部尚书、武英殿大学士。他熟悉朝章典故，头脑清楚，正视现实，且深谋远虑。他深切地感到嘉隆间岌岌可危的形势，他把当时的国家比喻为"其外窿然丹青赭垩未易其旧，而中则蠹矣"的"将圮而未圮"的大厦。他在《京师重建贡院记》中，借谈贡院抒发自己忧国之思。他说："振敝维新，固自有时。举二百余年之陋制，一旦建为堂构巨观，非振奋乌能有成哉！尝谓创始之事似难而实易，振蛊之道似易而实难。室已圮而鼎新之易也，鸠材庀工而已。惟夫将圮而未圮，其外窿然丹青赭垩未易其旧，而中则蠹矣。匠石顾而欲振之。闻者必以为多事而弗之信，其势不至于大坏极敝不已也。明兴二百余年，至嘉隆之季，天下之势有类于此者多矣。"[③] 他满怀忧虑地说："吾安知继今以往，其将变而厌弃今俗，以复古之敦厌简易乎，抑将变而愈甚，以至于莫知其所终乎？"[④] 他认为造成此种局面

---

① 《明世宗嘉靖实录》卷三〇四。

② 《明史》卷七七《食货一》。

③ 《张太岳文集》卷九。

④ 《张太岳文集》卷九《荆州府题名记》。

的原因，是“自嘉靖以来，当国者政以贿成，吏朘民膏以媚权门。而继秉国者又务一切姑息之政，为逋负渊薮，以成兼并之私。私家日富，公室日贫，国匮民穷，病实在此”，“豪家田至七万顷，粮至二万，又不以时纳”，“民之亡且乱者，咸以贪吏剥下而上不加恤，豪强兼并而民贫失所故也”①。

针对上述情况，早在张居正入阁的第二年，即隆庆二年，上《陈六事疏》，疏中写道：“近来风俗人情，积习生弊，有颓靡不振之渐，有积重难反之几，若不稍加改易，恐无以新天下之耳目，一天下之心志。”他认为必须进行改革，故上陈“省议论”、“振纲纪”、“重诏令”、“核名实”、“固邦本”、“饬武备”六事。穆宗虽认为此疏“俱深切时务，具见谋国忠良”，亦下“该部院看议行”，但并无成效，足见因循姑息、积重难反之态。

张居正虽深知当时“国匮民穷”的根源是“田赋不均、贫民失业，民苦于兼并”②，亦清楚地认识到“念欲为君国、子民计，非清丈不可”。“然其意怀未发也”③。之所以如此，是因为他知道“丈田一事，揆之人情，必云不便”④，由朝廷直接下令，“令下一年而民疑二年”，“浮言四起，听者滋惑”⑤。所以他采取从上面予以坚决支持的方法推行清丈。

张居正之子张敬修在回忆万历清丈时说：“太师（张居正）日夜忧劳，念欲为君国、子民计，非清丈不可。然其意怀未发也。会御史中丞劳公奉诏荒度闽田，闽人以为便，太师遂与张公、申公、大司徒张公议，请以其意诏行诸路。”⑥ 这是追溯万历八年十一月朝廷“诏度民田”的来历。是说张居正早有意清丈田土，只是没有明说。文中所言“御史中丞劳公”指劳堪，所说“奉诏荒度闽田”，系指万历六年十一月，朝廷“以福建田粮不均，偏累小民，命抚按官著实清丈，明白具奏”⑦。至万历八年九月，“福建清丈田粮事竣，抚臣

① 《张太岳文集》卷二六《答应天巡抚宋阳山论均粮足民》。

② 《张太岳文集》卷九《荆州府题名记》。

③ 《张太岳文集》卷四七附张敬修《张太岳行实》。

④ 《张太岳文集》卷三一《答福建巡抚耿楚侗谈王霸之辩》。

⑤ 《张太岳文集》卷九《京师重建贡院记》。

⑥ 《张太岳文集》卷四七附张敬修《张太岳行实》。

⑦ 《明神宗万历实录》卷八一。

劳堪以闻”[①]。张居正于是与张四维、申时行、张学颜诸人集议，奏请皇帝将清丈田土之意“诏行诸路”，遂有万历八年十一月“度民田”之诏。

依此记载说来，福建的清丈亦为朝廷授命，换句话说，是张居正命令清丈的。许多论者亦多据此立论，然仔细考察，似有未尽之处。据万历《福州府志》卷七五《时事》中《万历七年正月丈量官民田亩》的注文说：“先是，升平日久，田亩冲崩及里胥飞洒，各县浮粮难以数计。巡抚刘思问奏请丈量报可，乃沿丘履亩，逐一清丈。”而据吴廷燮《明督抚年表》，刘思问从万历六年二月到同年七月任福建巡抚，此时朝廷尚无命福建清丈之令。文中所言“巡抚刘思问奏请丈量报可，乃沿丘履亩，逐一清丈”应在刘思问去任的万历六年七月以前，是刘思问先向朝廷“奏请丈量”，然后才“报可”。就是说，福建清丈是刘思问最早动议的。

据考察，福建的清丈可能是这样的：首先是福建巡抚刘思问为解决浮粮问题而动议清丈土地，经奏请报可，开始进行履亩清丈，事未竟而离任。继任的福建巡抚耿定向，约在万历六年八月至万历八年五月在任，他继续进行清丈。耿定向似与张居正关系很密切，常有书信往来。在张居正《答福建巡抚耿楚侗谈王霸之辩》的信中说：“丈田一事，揆之人情，必云不便，但此中未闻有阻议者，或有之，亦未敢闻于仆之耳。苟利社稷，死生以之，仆比来唯守此二言。虽以此蒙垢致怨，而于国家实为少裨。愿公之自信而无畏于浮言也。”[②]信中既表达了自己“苟利社稷，死生以之”的清丈决心，亦鼓励耿定向充实自信“而无畏于浮言”，大胆进行清丈。同时，在另一封《答福建巡抚耿楚侗》的信中，又告诫耿定向清丈要认真仔细，不可草率从事。信中说：“丈地亩，清浮粮，为闽人立经久计。须详审精核，不宜草草。”[③] 耿定向在张居正的鼓励和指导下，在福建进行了认真的清丈，事将竣而离任去。万历八年六月，劳堪继耿定向为福建巡抚，只三阅月而告“福建清丈田粮事竣”。

以此观之，万历《福州府志》卷七《食货·户赋》所载“万历七年，抚

---

① 《明神宗万历实录》卷一〇四。

② 《张太岳文集》卷三一。

③ 《张太岳文集》卷三一。

按会题，奉旨稽核，履亩丈量”和万历《福宁州志》卷四《食货志·田赋》所载“万历七年，朝廷为浮粮累民，令丈田”，是万历六年十一月朝廷命福建清丈的具体反映。而崇祯《汀州府志》卷九《版籍志》所记“万历六年，奉文清丈”，恐非万历六年十一月朝廷命令清丈的反映，而很可能是刘思问奏请丈量之后奉文清丈的结果。

除福建之外，在浙江、南直隶、京师、山东、山西，都有万历八年十一月朝廷“诏度民田”命下之前清丈田土的记录。据万历《杭州府志》卷七《国朝事纪》载，万历“六年冬十月，仁和县承檄丈量田土”。此事不仅在万历八年十一月朝廷“诏度民田”之前，亦在万历六年十一月朝廷命福建“抚按官着实清丈”之前，记事中言“承檄”而非“奉诏”，用语准确，显系浙江布政使司官员传檄，令地方官员清丈。

据万历《江浦县志》卷一《县纪》载，万历“七年，清丈概县田亩，均其税粮”。此记事不言江浦县的清丈是“承檄”还是“奉诏”，若是“奉诏”，万历六年十一月命福建清丈之令不适用南直隶，据《明实录》载，万历“七年六月辛卯，户部题：清查南北直隶、山东、陕西各勋戚庄田”，有无溢额、脱漏、诡寄，差官履亩丈量”[①]。可《江浦县志》所载，是“清丈概县田亩”，江浦县有多少勋戚庄田，疏于考证，不得而知，但总不可能全县田土都是勋戚庄田。江浦县的清丈很可能也是“有志州县正官”所为吧。

在北直隶，据万历《新城县志》卷四《政教考·田赋》所载：“民地一万三顷八十六亩五分二厘三毫。旧时地少，近日地多者，盖自嘉靖二十四年抚按奏请委丁知州、徐知县丈量地土，用小步武。不论沙压水占、碱薄荒芜、坟墓道路，一概征科，以致本县地数倍于他邑，岁办烦多，至今民不堪命。查抚方录诸县田，则清苑有中地析（折）二为一，有下地析（折）三为一。定兴有中地析（折）三为二，有下地析（折）二为一。又如庆都之沙碱，雄县、安州之水占，高阳之沙地，随则派征，新地兼有数则。万历元年，易州兵备高目击斯弊，命官复量，以十析（折）七，民有更生之望。”文中所载，明显看出万历元年的“复量”是为救嘉靖二十四年清丈弊病，可以看出二者之间的连

① 《明神宗万历实录》卷八八。

续关系。同是北直隶的真定府真定县，据万历《真定县志》卷三《田赋》所录《均田事宜》所说："真定田地，其亩有数。嘉靖中，节蒙抚按两院明文，委官丈量，民叹不均。隆庆六年，知县郝维乔更行丈量，每丘树一牌橛，经界颇正。年久牌橛既坏，移丘换垅者多。万历四年，知县周应中每丘置石碣，上书委官、地主姓名。然后侵隐弊革，小民安堵。"嘉靖、隆庆两次丈量，特别是隆庆六年清丈后，"每丘树一牌橛，经界颇正"，但因年久，木制牌橛损坏，造成经界不清，移丘换垅之事多发，故有万历四年知县周应中的每丘置石碣之举，且在碣上镌刻委派之官姓名和该丘地主姓名。此文没说是清丈田土，但既已经界不清，怎么确定此丘与彼丘之界？界不清，如何置石碣？故说此中有清丈之意并不牵强，由此可见嘉隆万三朝清丈之延续。

在山东青州府安邱县，据万历《安邱县志》卷一下《总记》载，穆宗庄皇帝隆庆元年括地，所用步加钞尺四寸。万历三年乙亥春括地。所谓"括地"，即清丈。在山东济南府蒲台县，据万历《蒲台志》卷三《土田》所载："万历七年知县秘事谦、九年知县于翰相继清丈过官民熟地。"

在山西太原府代州，万历《代州志》卷一《田赋志》"土田"项下只记"万历六年实在官民地四千九十八顷三十七亩"，而未言万历六年该处是否清丈过。张海瀛在《张居正改革与山西万历清丈研究》巨著中，除对张居正改革的诸方面做了深入的研究，还特别利用仅存的《山西丈地简明文册》对万历年间的山西土地清丈做了独到的研究。他首先说明《山西丈地简明文册》记载的内容包括了山西都司和山西布政司两大系统。各卫、所的屯牧等地，属山西都司统领；各府、州、县的官民田土，由山西布政司统领。然后，分别对山西都司和山西布政司两系统所统领的土地的清丈进行仔细研究。关于万历六年的山西都司清丈，他说："大同为山西行都司所在地，大同清丈是在右佥都御史、巡抚大同的贾应元主持下进行的。"贾应元"万历六年（1578）巡抚大同，主持清丈。大同府并所属州县，山西行都司并所属卫、所以及代王府庄田的清丈，都是由贾应元主持的"①。关于万历六年山西布政司清丈，他说："万历九年（1581）辛应乾主持山西布政司全面展开清丈之前，少数州、县已进

① 张海瀛：《张居正改革与山西万历清丈研究》，山西人民出版社 1993 年出版，第 201 页。

行过清丈。如平阳府属绛州，‘隆庆四年（1570），已经均丈，地不失额，题准免丈’。万历六年（1578），太原府属代县、崞县、五台、繁峙，亦进行过清丈，因而有万历六年丈出地之记载。其余州、县虽无万历六年丈出地之数字，但《简明文册》在记载中均有此项。可见，万历六年是曾经要求各州、县都应进行清丈的，只是没有实施而已。到了万历九年才在辛应乾主持下开展起来。”①

上述浙江、南直隶、北直隶、山东和山西在万历八年“诏度民田”令下达之前的土地丈量资料说明，一些地方“有志州县正官”为解决本地负担不均而清丈土地，这些举措是嘉隆年间各地清丈的继续。正因为这是各地守土官员的识见所为，所以既无统一时间，亦无固定规制。

张居正正是在各地一些“有志州县正官”丈田的基础上，选择福建为典型，悉心指导，详细点拨，保证其务必成功，以为全国土地清丈之张本。所以，在福建报告“清丈田粮事竣”之后只两个月，即万历八年十一月，正式颁布《清丈条例》，下令全国各地进行清丈。

此《清丈条例》的颁布，标志着全国性清丈田粮的正式开始，至关重要，为醒目，将此文分段录于下。

《明神宗万历实录》卷一〇六，万历八年十一月丙子条载：

户部奉旨：令各省、直清丈田粮。条为八款以请：

一、明清丈之例。谓额失者丈，全者免。

一、议应委之官。以各布政使总领之，分守、兵道分领之，府、州、县官则专管本境。

一、复坐派之额。谓田有官、民、屯数等，粮有上、中、下数则，宜逐一查勘，使不得诡混。

一、复本征之粮。如民种屯地者，即纳屯粮；军种民地者，即纳民粮。

一、严欺隐之律。有自首历年诡占及开垦未报者，免罪；首报不实者，连坐；豪右隐占者，发遣重处。

① 张海瀛：《张居正改革与山西万历清丈研究》，山西人民出版社1993年出版，第222页。

一、定清丈之期。

一、行丈量磨算之法。

一、处纸札供应之费。

上依其议，令各抚按官悉心查核，着实举行，毋得苟且了事，反滋劳扰。

上述八款，第一款是关于清丈对象的规定。规定“额失者丈，全者免”。此“额”是指粮额。税粮出自田亩，田亩不被欺隐，税粮自不该失额。且清丈对象应是田亩，何以会指粮额？观诸张居正反复强调，清丈是为“不加赋而上用足”，“粮不增加而轻重适均”，“止期均赋，不期加额”，清丈土地是保证粮额不失的手段，保证粮额完纳才是目的。所以，第一款似该读作“粮额缺失的必须清丈田土，粮额完纳的可免于清丈田土”。第二款是关于负责清丈官员的规定。后来又进一步强调“州县正官释去印务，亲履田亩”①。有的府由于属县较多，清丈时又分为若干组，如山西太原府就分为四个组，但均由太原府正官知府孙化龙总理催督②。第三款是清丈内容的规定，据田和粮的等与则分别清丈，不得诡混。第四款是丈后纳税原则。依地的性质纳税，凡屯地即纳屯粮，民地即纳民粮，而不论为何人耕种。第五款处治欺隐的政策：虽历年诡占和开垦未报，只要自首，则免罪；不从实首报，希图侥幸，有关人员连坐；欺隐不报者，发遣重处。最后三款是关于清丈日期、清丈田亩计算方法和清丈经费的规定。

全国土地清丈开始之后，张居正抓重点以树标志，惩怠缓以警效尤。他尝说：“人之才具，亦不甚相远，惟赏罚明而信任笃，则人皆可使也。”③ 他知道清丈之事，若不“赏罚明”则因循姑息之弊难除；若不“信任笃”则难以成事。他把山东清丈作为一个重点，对积极清丈的何来山倚重有加，多次写信鼓励、鞭策。他在信中说：“清丈之议，在小民实被其惠，而于宦豪之家，殊为未便。况齐俗最称顽梗。今仗公威重，业已就绪，但恐代者或意见不同，摇于

① 周元暐：《泾林续记》。转引自唐文基《明代赋役制度史》第 319 页。

② 张海瀛：《张居正改革与山西万历清丈研究》，山西人民出版社 1993 年出版，第 204～205 页。

③ 《张太岳文集》卷三一《答福建巡抚耿楚侗》。

众论，则良法终不可行。有初无□（终?），殊可惜也。今虽借重冬曹，愿公少需以毕此举，慰主上子惠元元之心。”① 在另一封《答山东巡抚何来山》的信中说：“清丈事，实百年旷举，宜及仆在位，务为一了百当。若但草草了事，可惜此时徒为虚文耳。已属该部、科，有违限者，俱不查参，便诸公得便宜从事。昨杨二公书，谓此事只宜论当否，不必论迟速，诚格言也。”② 这里，张居正一面鼓励何来山抓紧推行已开始的清丈，防止继任者“摇于众论”，清丈之事半途而废；一面强调必须认真清丈，“务为一了百当”，切不可“草草了事”。并告诉他，“已属该部、科，有违限者，俱不查参”，不影响考成，以解除其后顾之忧。让他“不必论迟速”，不要匆忙赶时间。要保质保量完成清丈。待得知山东清丈完成之后，张居正在《答山东巡抚何来山言均田粮核吏治》信中高兴地写道：“先后得华翰并手札二函，一一领悉。清丈事极其妥当，粮不增加而轻重适均。将来国赋既易办纳，小民如获更生。公为东人造福不浅。”并允诺“诸有劳长吏，即属铨部纪录，皆作正荐，后必有以偿之也”③。对何来山备加赞赏。并以朝廷名义予以嘉奖。《明神宗万历实录》万历九年九月乙亥条载：“先是，丈地均粮，屡奉明旨，有司通不遵行。惟山东首先完报，又调停疲累并区画周详，上深嘉之，并司、道官杨一魁等都着吏部纪录。”④ 万历九年十二月，江西亦报清丈事竣，亦予以嘉奖，“清丈官抚按王宗载、陈世宝及参政乔懋敬等十二员纪录有差”⑤。与此同时，“以清丈田亩怠缓，松江知府阎邦宁、池州知府郭四维、安庆知府叶梦熊、徽州掌印同知李好问，各住俸载罪管事”⑥。由于张居正把清丈土地和官员考成结合起来，赏罚分明，各级官吏为保住乌纱，都不敢不实着清丈，使全国清丈得以进行。

张居正所以能赏罚分明，厉行国政，是与他“正己肃下”，“一切付之于大公”的理念分不开的。他说：“仆忝在执政，欲为朝廷行法，不敢不以身先

① 《张太岳文集》卷三三《答山东巡抚何来山》。
② 《张太岳文集》卷三三。
③ 《张太岳文集》卷三三。
④ 《明神宗万历实录》卷一一六。
⑤ 《明神宗万历实录》卷一一九。
⑥ 《明神宗万历实录》卷一一九。

之。"[①] 又说"自仆受事以来，一切付之于大公。虚心鉴物，正己肃下。"[②] 在全国清丈的过程中，他写信给在家乡的儿子张嗣修，要他清查自家户下田粮，有无诡寄影射田亩。张嗣修奉父严命认真自查，发现自家原有田土不过70余石，而县册上竟载"内阁张优免六百四十余石"，诡寄税粮五百七十石。查其故，"有族人倚借名号，一体优免者；有家僮混将私田，概行优免者；有奸豪贿赂该吏，窜名户下，巧为规避者；有子孙族仆私庇亲故，公行寄受而逸者。是以十分之中，论本宅仅得其一，余皆他人包免"。在清查诡寄之后，还将"本宅田粮七十四石例得优免者，尽数与小民一体当差"[③]。能如此自肃，实在难得。

张居正以"苟利社稷，死生以之"的决心，不畏权贵，秉公执法，"法所当加，虽贵近不宥"，在清丈过程中，对皇亲国戚的反抗和违法行为，予以惩治。在山东清丈过程中，遇到因"靖难功"而被封为阳武侯的薛禄后裔的土地问题，巡抚杨俊民不敢处置，写信询问张居正。张居正在复信中写道："承询阳武优免事，查律，功臣家除拨赐公田外，但有田土，尽数报官，纳粮当差。是功臣田土，系钦赐者，粮且不纳，而况于差！锡之土田，恩数已渥，岂文武官论品优免者可比。若自置田土，自当与齐民一体办纳粮差，不在优免之数也。近据南直隶册开，诸勋臣地土，除赐田外，其余尽数查出，不准优免，似与律意相合。幸惟尊裁。"[④] 信中，张居正严格按明廷法律办事，强调"自置田土，自当与齐民一体办纳粮差，不在优免之数"，示意杨俊民依此办理。在山西大同府的清丈中，大同代王府宗室借机闹事，反抗清丈。此事发生以前，饶阳王府奉国中尉廷璞、潞成王府奉国将军俊椁等，就因"阻挠丈地"，被"奉旨戒饬"。俊椁等不服，声言"赴阙陈情，擅出镇国，项插黄旗书，阑（拦）当（挡）者斩"，嚣张无忌。明廷以"各宗擅出封域，猖狂无礼"，将俊椁革为庶人，其余参与闹事宗室也都受到不同的惩处。神宗"仍敕各该抚

① 《张太岳文集》卷三二《答保定巡抚张浒东》。
② 《张太岳文集》卷二五《与李太仆渐庵论治体》。
③ 《万历邸抄》，万历九年夏四月。
④ 《张太岳文集》卷三三《答山东巡抚杨本庵》。

按丈田均粮，但有执违阻挠，不分宗室、官宦、军民，据法奏来重处”。[①]

张居正惩怠缓、排阻挠，有力地推进了全国的土地清丈。万历十年，保定、大同、蓟辽、山西、广西、应天等江南十一府州县、宣府、浙江、贵州、凤阳、淮安、扬州、徐州、河南、延绥、湖广、四川、陕西、两广，先后奏报清丈事竣。十一年，宁夏、甘肃、云南亦报清丈事竣。至此，历时两年多遍及全国的土地清丈宣告胜利完成。

张居正主持的万历清丈，首先是清丈出大量的欺隐田土。据张海瀛的统计，全国新增地亩总额为1828542顷73亩，约占《明会典》所记万历六年全国地亩总额7013976顷的26%，即四分之一强。[②] 其次是减轻了平民的负担。万历清丈，“止期均赋，不期加额”。清丈之后，通常并不增加税额。田亩大增，而税额不增，则每亩平均负担减轻，小民免于荒地包赔虚粮，从而减轻平民的负担。再次，为当时和后人留下可供稽考的土地账籍。万历清丈是继洪武年间全国清丈之后的第二次全国范围内的土地清丈。清丈之后，编制了较为符合实际的土地账簿——鱼鳞图册。这些鱼鳞图册不仅为随后的黄册编制提供了较为准确的土地资料，而且为后来清初的赋税征收提供依据。最后，万历清丈为赋役制度改革——一条鞭法的推行创造了条件。一条鞭法，简言之，即概县赋役，田税和丁粮以及全县一切负担，并为一条，计亩征银。有了较为准确的亩数，才有计亩征银的依据。张居正当国之时，一条鞭法的推行获得巨大进展，不是偶然的。

万历清丈，在幅员广大的全国地区推行，不可能不发生这样那样的问题，特别是在如张居正自己所说“清丈一事，揆之人情，必云不便”的情况下，更不可避免地出现问题。当时持反对态度的各级官员亦非个别少数。他们惧于张居正独揽的大权和基于考成法的惩处，不敢公开地站出来反对。在行动中，采取两种不合作或反抗的作法。其一是观望和消极怠工，即《明实录》所说的“怠缓”。除前已述及松江、池州、安庆和徽州官员“因清丈怠缓”被处分之外，据《明神宗万历实录》卷一一〇至一三一载，因清丈而被处分的有保

① 《明神宗万历实录》卷一一二。

② 张海瀛：《张居正改革与山西万历清丈研究》第130页。

定府属知县余启元、山西的知县裴希孟等，辽东指挥文道等、丰润知县唐思周、宣府通判马明世等、贵州的知州陈万瑛、浙江的通判陈瑚等、凤阳府通判郭绍等、湖广的知县吴邦达等、延绥指挥纪纲等、宁夏指挥彭洞、四川的知县张燧等、陕西华州知州王黉、两广的知县王荣等，有如此多的人因清丈事被处分，说明当时消极反抗的势力不小。其二是敷衍了事和冒功请赏。如《明神宗万历实录》万历九年七月乙丑条载："户科给事中姚学闵等参获嘉知县张一心，所报招垦人户田地，俱抄写旧册，乞行重处，并将抚按等官，量加罚治。上以张一心虚文塞责，着降二级管事。"像张一心这样"虚文塞责"之官有多少，无法统计，不得而知，恐怕亦有相当数量。还有一些官员，采用"亩减步数，加税以复原额"的办法，进行清丈和防止失额。所谓"亩减步数"即"缩弓"之法，缩小清丈弓尺，丈出亩数增加。如浙江嘉兴和江西瑞州府高安，"缩弓取盈"，民控不已。[①] 所谓"加税"，是采用"加田"的办法，将"实田一亩"，虚增一定亩步，借以增税。如浙江开化、应天溧水、徐州沛县、安庆望江。[②]"缩弓"、"加田"之法，貌似积极清丈，所为官员亦不会被处分，实则危害极大。张居正故后，攻击万历清丈者，都据此极力诋毁清丈。修《明史》的清代人亦认为"居正尚综核，颇以溢额为功。有司争改小弓以求田多，或掊克见田以充虚额"[③]。

上述诸弊，张居正似亦知晓，他曾在一封信中说："今事已竣，法无阻滞，则其人亦不必深究矣。此举实均天下大政，然积弊丛蠹之余，非精核详审未能妥当。"[④] 这些弊端是当时腐败吏治的产物，非他一人一时所能振刷，加之张居正未能等到全国土地清丈告竣，便于万历十年六月病故。不久，赠谥被削，满门被抄，无一人敢言清丈之利，"徒言丈量之害"，据《明神宗万历实录》万历十年九月辛酉条载："上御皇极殿，以皇元子生，诏告天下。诏曰：……一、各省、直清丈田粮，除丈派均平，军民称便者，照今次造报文册坐派征收外，如有短缩步弓、虚增地亩、及将山陂、湖荡、屋基、坟墓并积荒地土升则

---

① 崇祯《嘉兴县志》卷九《土田》、崇祯《瑞州府志》卷一一《户田志》。
② 见川胜守：《中国封建国家的支配构造》，东京大学出版会1980年2月出版，第249～251页。
③ 《明史》卷七七《食货一·田制》。
④ 《张太岳文集》卷三三《答江西巡抚王又池》。

派粮，贻累军民者，抚按官摘查明实，准与更生。”由朝廷出面“纠偏”了。此后，虽有正直官员如张栋者，敢言“丈量一事，虽谓之良法也亦宜”①，终难挽狂澜于既倒。张居正主持的万历清丈最终无法挽救明廷，此后，明朝加速地走向灭亡，成为一种不可逆转趋势。

对张居正万历清丈的研究，是明史研究中的传统课题。著述甚丰。在布政使司一级的研究中，张海瀛的《张居正改革与山西万历清丈研究》是最仔细、最见功力的一部，他以当时的原始档案为资料，对山西都司和布政使司两个系统的清丈做了深入的研究，并为探讨明代土地总额提供了一条有依据的思路。在州县清丈的记述中，囿于闻见，可能以当时江西参政乔懋敬的《丈量议》为最完整，该文被收录在康熙《长洲县志》卷一二《徭役》中。无奈该文太长，无法在此征引，兹将鲁论的概述录于下。

> 迨万历初，以天下土田视洪武时额益减，用辅臣张居正议，行丈量法，诏天下大度土田。时江西参政乔懋敬条行丈之法甚备：
>
> 一、慎选委。……
>
> 一、明经界。……
>
> 一、责亲供。……
>
> 一、制弓尺。……
>
> 一、审田形。……
>
> 一、定亩分。……
>
> 一、定田则。……
>
> 一、立标识。……
>
> 一、造册籍。……
>
> 令既具，檄各州县行丈。②

乔懋敬的《丈量议》所议清晰完备，然如何执行的，文献记载却不清晰，又无实物可证，故论者只能以此文推论。现存徽州文书中有许多有关万历清丈的实物资料，如清丈人役合同、丈量单、归户票（分亩归户票、字号归户票、

① 张栋：《因事陈言疏》，《明经世文编》卷四三八。

② 鲁论：《仕学全书》上编卷二《户部大政·土田》。

分税归户票等）、鱼鳞总图、鱼鳞清册、与万历清丈有关的诉讼文书等等，依据实物资料，参稽官书正史、文集方志，对一个州县清丈的具体情况作深入地个案研究，可能有利于我们对万历清丈具体情况的认识。

第五节　明代的土地买卖及其管理

中国的土地买卖有久远的历史，特别是自宋代“田制不立”、“不抑兼并”之后，土地买卖更为发展。土地作为财产一直处于动态之中，不管是农民还是地主阶级的土地所有权都不断地重新分配。明代中叶以后，一些官田也被卷入土地买卖的潮流中。如江南官田的民田化，便是随着江南土地买卖的发展和赋役制度的改革而完成的。屯田随着屯田制度的破坏而成为可以买卖的地产。绅衿地主处于政治风云之中，浮沉不定。一朝得第，家业骤兴，百计求田问舍者史不绝书，而“朝华夕零，变态立见”者亦不胜枚举。如松江范濂说：“予观郡中甲科名宦几二十人，不忍记其姓名，一死之后，子弟沦落者、飘流者、鬻身者、役累者，恶可胜道。”① 故有“缙绅家非奕叶科第，富贵难于长守”的说法。② 其土地亦处于不断地变动之中，而庶民地主和自耕农、半自耕农的土地，更是风雨飘摇，聚散不定。此外，由于中国封建社会的诸子均分制，随着世系的递嬗，人口的繁衍，地主阶级的大地产，除一部分族产之外，其余的田土便随着不断地分家而分为份数不等的中地产和小地产。这些中小地产的所有者，或因赋役繁重、天灾人祸而卖产，沦为少地或无地的农民；或因作官为宦，经商致富而买产，成为聚集大量田产的新的大地主。在这个由大地产分化为无数中小地产，再由中小地产中的某一个或几个转变为大地产的不间断地往复循环中，就给土地买卖注进了永不消失的活力。

明代土地买卖的发展变化，各地情况不同，很难做出准确的描述。加上缺乏全国性的系统资料，个别地区可以做出统计资料，但其代表性无法充分肯

① 范濂：《云间据目钞》卷三《记风俗》。
② 王士性：《广志绎》卷四《江南诸道》。

定，而当时人的记述亦囿于地域和时间，难于概括明代近三个世纪的情况，所以，阐述明代土地买卖的发展情况格外困难。

我们根据中国社会科学院历史研究所图书馆和安徽省博物馆所藏明代契纸的不完全统计，制成了下面的《明代徽州土地买卖契纸统计表》，希冀此表对我们认识明代的土地买卖有所帮助。表中的“安博”代表安徽省博物馆，资料来自安徽省博物馆编的《明清徽州社会经济资料丛编》（第一集），“历史所”指中国社会科学院历史研究所，资料出自该所图书馆的《徽州契约文书目录》。

明代徽州土地买卖契纸统计表

类 / 出处 / 年代	卖田类		卖地类		卖屋基类		卖园类		卖塘类		卖山类		总计	每年平均契纸张数
	历史所	安博	历史所	安博	历史所	安博	历史所	安博	历史所	安博	历史所	安博		
洪武		10	8	1							3	15	37	1.19
建文	6	10									1	1	18	4.5
永乐	6	13	22		1		1			1	22	15	81	3.68
洪熙	1	1	1			1							4	4
宣德	9	12	4	1	2	1					4	2	35	3.5
正统	9	11	12		1	1			1	2	12	7	56	4
景泰	5	8	5	1						1	5	3	28	4
天顺	2	9	6								11	6	34	4.25
成化	1	4	28	1	7	2	1		1		34	19	98	4.26
弘治	10	1	32	1	4	4					69	7	128	7.11
正德	10	3	23	3	20	5					55	9	128	8
嘉靖	41	11	66	3	33	4	9		5		197	11	380	8.44
隆庆	12	1	9	1	16	2			1		44	3	89	14.83
万历	144	18	109	6	27	14	19		15	1	385	15	753	15.69
泰昌		1				2			1			1	5	5
天启	40	2	31	6	25	3	11		3		68	7	196	28
崇祯	145	11	87	18	88	4	26		4		188	11	582	34.24

明朝建国初年，宋濂说：“天下弗靖者几二十年，干戈相寻，曾无宁日。”① 据方孝孺的估计，明初的土地不及元朝时的十分之一，他说：“今天下丧乱之

① 宋濂：《庚戌畿乡闱纪录序》，《明经世文编》卷一。

余，不及承平十分之一，故均田之行，莫便于此时。”[①] 故移民耕垦、计民授田政策应时而出，然在洪武中期，尚无明显实效。如桂彦良说：“中原为天下腹心，号膏腴之地，因人力不至，久致荒芜。近虽令诸郡屯种，垦辟未广。”[②] 朱元璋在洪武元年说：“江南则无此旷土、流民。”[③] 恐不实。《明史》说，洪武二十六年“核天下土田，总八百五十七万七千六百二十三顷，盖骎骎无弃土矣。”[④] 田土数目也许不虚，然无弃土之说不免有溢美之嫌。前述明初移民垦耕时曾言及，洪武二十七年还迁崇明民户开垦昆山荒田，而徽州直到天顺年间仍有积荒田地。在尚有积荒田地可耕垦的情况下，土地买卖不发展就是很自然的了。

这种情况和前表中洪武到天顺时的契纸情况基本吻合，天顺以前的年平均契纸数不到 5 张。洪武年间年平均契纸数明显少，也是符合明初实际情况的。徽州府在元至正十七年（1357），即朱元璋建国前 11 年就归入明政权的版图，这里社会秩序恢复较早，人民生活安定得也相应较早，土地买卖的恢复也较早。洪武时在有些地区，如北平、山东和中原，恐怕很难找到土地买卖的记录。就全国情况说来，天顺以前的土地买卖恐怕还达不到徽州的水平。

成弘之际，徽州府出现了新的变化，即徽州府属歙县和休宁县出贾风习盛行。徽商或为筹措资本而卖产，或经商致富而买产。[⑤] 在徽商活动的影响下，徽州府的土地买卖出现了新变化。嘉隆之际则又一变，徽州府婺源、祁门、绩溪、黟县四县追随歙、休之后，也兴起了出贾之风。正如《歙志风土志》所说：“迨至嘉靖末隆庆间则尤异矣。末富居多，本富居少，富者愈富，贫者愈贫，起者独雄，落者辟易，资爰有属，产自无恒，贸易纷纭，诛求刻核，奸豪变乱，巨猾侵牟。”[⑥] 故而土地买卖越发活跃。

江南土地买卖的发展和徽州府情况相似，如松江何良俊说：“正德以前，百姓十一在官，十九在田。盖因四民各有定业，百姓安于农亩，无有他志，官

---

① 方孝孺：《与友人论井田》，《明经世文编》卷九。
② 桂彦良：《上太平治要十二条》，《明经世文编》卷七。
③ 《明太祖实录》卷三四。
④ 《明史》卷七七《食货志》一《田制》。
⑤ 周绍泉：《试论明代徽州土地买卖的发展趋势》，《中国经济史研究》1990 年第 4 期。
⑥ 顾炎武：《天下郡国利病书》原编第九册《凤宁徽》。

府亦驱之就农，不加烦扰，故家家丰足，人乐于为农。自四五十年来，赋税日增，徭役日重，民命不堪，遂皆迁业。……大抵以十分百姓言之，已六七分去农。"[①] 由此可知，嘉万时，农民不堪赋役重负，卖产失业。与此同时，士大夫之家"竞营产谋利"，"然不五六年间，而田宅皆已易主"[②]，土地转移频繁。北方则晚一些，大约到万历年间才有较大发展。吕坤在万历二十年任山西巡抚时所著《实政录》中说："俗言房地，谓之千年百主。"[③] 可知那时山西的土地买卖比较活跃。万历时的宛平县令沈榜在其所著《宛署杂记》中，专有一卷言契税，显见田宅交易之频繁，只是因北京系京师，官宦、商贾辐辏，房屋在田宅交易中所占比例更大些。其余北方郡县，甚至边陲，土地买卖也有发展，如鲁论所说"嘉隆之间，贫军转相典卖，甚至坐落失所，而屯粮亦必取足，军丁或绝或逃，遂有摊纳逃粮之弊。"[④] 明代后期文献所载"贫富无定势，田产无定主，有钱则买，无钱则卖"[⑤]，"细民兴替不时，田产转卖甚亟，谚云：'千年田，八百主'，非虚语也"[⑥]，都是当时土地买卖发展状况的真实写照。

总而言之，明代的土地买卖，从洪武到成化、弘治间逐步发展，正德、嘉靖之后，频率和节奏明显加快，这种势头一直保持到明朝灭亡。

中国古代土地交换的历史，可追溯到公元前900多年的西周末期，1975年陕西岐山董家村出土的卫盉铭文所记矩伯用田交换裘卫的玉璋和皮币，是最早的田土交换的记录。[⑦] 此后，历春秋战国和秦，到汉代时，已形成了一套土地买卖制度。从现存汉代的契约来看，已有立契时间、双方当事人姓名、田地坐落、亩积和四至、契价、交割、中证人姓名等项。[⑧] 从晋南渡到宋，田宅交易的税契制度也逐渐形成。[⑨]

---

① 何良俊：《四友斋丛说》卷十三《史九》。

② 何良俊：《四友斋丛说》卷三四《正俗一》。

③ 吕坤：《实政录》卷三《有司杂禁》、卷四《改复过割》。

④ 鲁论：《仕学全书》上编卷十八《工部大政·屯田》。

⑤ 张萱：《西园闻见录》卷二四《田宅》。

⑥ 顾炎武：《天下郡国利病书》原编第七册《常镇》。

⑦ 林甘泉：《对西周土地关系的几点新认识——读岐山董家村出土铜器铭文》，《文物》1976年第5期；李学勤：《西周金文中的土地转让》，《光明日报》1983年11月30日。

⑧ 张传玺：《论中国封建社会土地所有权的法律观念》，《北京大学学报》1980年第6期。

⑨ 周绍泉：《田宅交易中的契尾试探》，《中国史研究》1987年第1期。

明代的土地买卖制度，是在继承和损益以前历代土地买卖制度的基础上建立起来的。为了说明明代土地买卖制度，先举两张土地买卖契约如下。

一、宣德五年休宁汪武玑等卖田赤契：

十二都九保住人汪武玑，承故父户内原承阄书分得田壹号，系本都九保乙字九百七拾五号，田七分贰厘五毛（毫）。东至顿堘，西至汪汝名田，南至水渠，北至溪。土名上江丘。佃人朱计。今来缺谷做米纳粮，同母亲嘀（商）议，自情愿将前项田尽行立契出卖与同里人汪猷干名下，面议时值价秈谷陆拾叁秤，上田石租，前去用度。其田今从出卖之后，一听买人自行闻官受税、收租管业为定。如有内外人占拦、重复交易，一切不明等事，并是出产人祇（之）当，不干买人之事。其价当成契日一并收足，别不立领约。今恐人心无凭。立此卖契为用。

宣德五年十月十五日出卖　　　　立契人　汪武玑（押）契

弟　　　武　琳（押）

母亲　　金　氏（押）

见人　　吴舟寿（押）

见人　　朱月得（押）

今将前项契内价谷并收足讫。同日再批。（押）

弟　　　武　琳（押）[1]

二、万历二十九年祁门胡文宪卖田赤契

在城胡文宪，今将承祖民田一号，坐落十三都七保，土名小方坑并甲坞。里至坞头，外至洪胜菠等住基。本位该硬早租二十四秤，外鸡谷一十五斤，系洪胜菠、社孙耕种。今将前项田并地，因（管）业不便，凭中尽数立契出卖与十三都康名下为业，面议时值价纹银捌两柒钱整足讫，价契两明。未卖之先，即无重复交易。来历不明，卖人承管，不干买人之事。自成（交）之后，各无悔异，如悔者，甘罚银壹两与不悔人用，仍依此文为始。所有田地税粮，悉照新丈归户

① 王钰欣、周绍泉主编：《徽州千年契约文书·宋元明编》第一卷第117页。

亩步，候大造之年，照数推扒与买人户供解。立此为照。

万历廿九年六月十三日　　　　立契人　胡文宪（押）

中见人　余天龙（押）

汪五龙（押）[①]

从上引两张土地买卖契约可知，明代的卖产契文中，大体有以下二十一项内容。

1. 卖产人的里甲。明代“有人户之里，有地土之里。人户之里，所谓以籍为定，某里某甲之人也。地土之里，所谓画野分郊，某里某甲之地也”[②]。特别是不同县之人的土地买卖更要详细写明，有的还写明卖产人是“民人”还是“军人”。

2. 卖产人姓名。如是族下人将田产卖给宗祠，则省略其姓，只书“秩下孙”或“裔孙”某某。

3. 田土来源和性质。“承祖田”、“续置田”、“阄分田”及“民田”、“官田”等。

4. 田土丘数。写明几丘，或几号、几备等。

5. 田土座落。即“地土之里”，写明坐落几都几保。

6. 土名。即鱼鳞图册中的土名。

7. 田土字号。即鱼鳞图册中以千字文为序所编号数。

8. 亩积和税额。书明亩、角、步或亩、分、厘。

9. 四至。有的两旁界明，只书里、外。

10. 佃人和租额。书“佃自”，指自耕。书佃人姓名，则指此田出租于人。租额写明数量、品种。

11. 卖产原因。或书或省。

12. 买主姓名。有姻亲者冠以亲属称谓，有的省其姓名。无姻亲者亦有的只书姓而省其名。佃朴、庄仆卖产的，在买人姓之前书“朝奉”、“房东”等。

① 中国社会科学院历史研究所徽州文书整理组编：《明清徽州社会经济资料丛编》（第二集），中国社会科学出版社1990年出版，第90页。

② 吕坤：《实政录》卷四《改复过割》。

13. 价格。标明是银（包括成色）、谷、布等。

14. 交付管业。言明由原佃继续耕种还是由买人自行管业。

15. 交易状况。写明无重复交易，保证无内外人占拦。

16. 立契时间。

17. 立契人。如是未成年人卖产，或由母“主盟”，或由族叔、族长署押。

18. 中见人。个别契约书“亲笔无中”，省中见人。有的妇女幼子卖产契，还要有“里长”、“老人”为中人。

19. 收价银方式。或书“价契两明，不另立收据”，或在契后批明“今领契内价银足讫”。

20. 悔约惩罚和推收过割。言明悔约者罚银数量，保证大造之年割税给买主。有的契后另立推单。明中叶以后又有两联式“推税票”和“收税票”。

21. 花押。唐代人草书其名，以为私记，号花书。宋代人押名中一字，加意作圈。明代契约中在名后押一字，上下各一横，中间自花其名，故称花押。上下横平，谓心平无欺。不识字者或画一圈，或画一“十”字以为记。

上述21项，契约中详略不一，各地契约亦不尽相同，但2、6、7、8、12、13、16、17、21等9项则不可或缺，此实用土交易之要件。

土地买卖契约是否具有法律效力，即土地交易是否完成，则完全视其是否税契。《大明律》规定：“凡典卖田宅不税契者，笞五十，仍追田宅价钱一半入官。”①

明代的税契大体承元旧制。元朝前至元二十二年，“以福建各务契税不用元降契本，只粘务官契尾，更有连数契作一契押印者，俱命禁之”②。明初亦行用契本。《大明令》载：“凡买卖田宅、头匹，赴务投税，除正课外，每契本一纸，纳工本铜钱肆拾文，余外不许多取。”③ 但由于元代时就很少使用契本，“纵有契本者，百无一二”④，所以明初亦多用务官契尾，契本极为少见。现举一次土地买卖的契本和契尾，观其异同，探讨二者的关系。

① 《大明律·户律·田宅》。

② 王圻：《续文献通考》卷二四《征榷七》。

③ 《大明令》卷一《户令》。

④ 《元典章》二二《户部》卷八。

一、契本

户部检会到

律令内一款：诸典卖田地、头疋（匹）等项，赴务投税，除正课外，每契本一纸，纳工本铜钱四十文，余外不许多取，违者治罪。钦此。除钦遵外，议得：凡诸人典卖田宅、头匹等项交易，立契了毕，随即赴务投税，依例验价，以三十分中取一，就给官降契本，每一本纳工本铜钱四十文。匿税者笞五十，价物一半没官。于没官物内，以十分为率，三分付告人充赏。如无官降契本，即同匿税。所有契本须议出给者。

今据本县十西都谢士云等，用价钞壹拾陆贯伍佰文，买受同者谢开先等名下山地，除收正课外，契本工墨宝钞依例收足。

洪武贰拾捌年贰月十三日

户部[1]

二、契尾

徽州府祈（祁）门县税课局，今据谢士云等用价钞壹拾陆贯伍佰文，买到同都谢开先等名下山地为业，文契赴局印兑，除已依例收税外，所有文凭须至出给者。

右赴本人收执。准此。

洪武贰拾捌年贰月拾叁日　　攒典缺。

税课局（押）[2]

前引契本和契尾，旁边有着重号者为墨书之字，其余则为版刻文字，格式和用字均依原件照录。契本中无印，契尾中有“祈门县税课局印”关防四方。比较一下前引契本和契尾，就不难发现，契尾乃是契本的简化形式，两件中的墨书文字基本一致。契本的颁行，是宋代“人户典卖田宅”，“限三日买正契”[3] 的余绪，而契尾则成了交纳正课的凭据，此处称作“文凭”，元代契尾

① 原件藏安徽师范大学图书馆。

② 王钰欣、周绍泉主编：《徽州千年契约文书·宋元明编》第一卷，第35页。

③ 《宋会要》食货六一之六二。

称作“公据”[①]，都是税契的凭据。由谢士云和谢开先这次田土交易的契本和契尾可知，按照明朝官府的规定，土地买卖税契，两者都应具备才算合法与完备。从现存弘治五年休宁县黄士则买产契尾看，契尾中仍写明“契本未降”[②]，就是说，直至弘治时仍在行用契本。而正德三年黟县孙逵买产契尾中，则刻“户部契尾未降”[③]，可知正德时契本不再行用，而改行户部契尾了。

虽然按规定应使用户部契本和户部契尾，但在行用户部契本和契尾时，务官契尾和县颁契尾一直在行用。嘉靖时契尾中不再版刻和书写“户部契尾未降”字眼，知已不用，而只用县颁契尾，或称作“号纸”，一些地区随税契所收银两归属和用途的变化，契尾又有府颁、兵备道和按察院颁行者。崇祯八年，又废契尾而行户部契纸，直到明朝灭亡。

土地作为农耕社会最主要的生产资源，为历代朝廷所重视，因而对土地买卖亦很重视，做出了许多田土交易中必须遵行的规定。在农耕社会里，世代稳定的定居生活中，乡族关系在人们的经济活动中起着重要的作用。因此，土地买卖中，宗族和乡邻也起着重要作用。

为了说明明代政治权力和宗法习俗在土地买卖中作用的变化，不得不向前追溯，即将其置于一个较长的历史过程中予以考察。

唐代的土地买卖手续，主要有申牒、立账、立契、税契、过割五个程序。唐代规定，土地买卖“皆须经所部官司申牒”。即想出卖土地，必须向官府申请，官府同意之后，发给牒文，才能开始进行，得到官府同意之后，还要立账取问亲邻，“先问房亲，房亲不要，次问四邻，四邻不要，他人并得交易。”[④]可见那时卖田地很不容易。既要官府批准，又得亲邻批账，方能出卖，官府和宗亲邻里对土地买卖有很大的影响力，宋承唐制，买卖田宅，亦“皆得本司文牒”，其立账取问亲邻已较唐代的范围大为缩小，“在法，所谓应问所亲邻者，止是问本宗有服纪亲之有邻至者。如有亲而无邻，与有邻而无亲，皆不在

① 王钰欣、周绍泉主编：《徽州千年契约文书·宋元明编》第一卷，第8页。
② 王钰欣、周绍泉主编：《徽州千年契约文书·宋元明编》第一卷，第257页。
③ 王钰欣、周绍泉主编：《徽州千年契约文书·宋元明编》第一卷，第319页。
④ 《宋刑统》卷十三《户律·典卖指当论竞物业》。

问限”[1]。对于所谓“邻”，亦有规定：“诸典卖田宅，四邻所至有本宗缌麻以上亲者，以帐取问，有别户田隔间者，并其间隔古来沟河及众户往来道路之类者，不为邻。”[2] 这样就减少了许多干预土地买卖的人数。元代改牒文为公据，“凡有诸人典卖田地，开具典卖情由，赴本管官司陈告，勘当得委是梯己民田，别无规避，已委正官监视附写原告并勘当到情由，出给半印勘合公据，许令交易”[3]。此后，“从尊长画字，立账取问有服房亲，次及邻人、典主，不愿者批退，愿者五日批价，依例立契，交钱兑业。若酬价不平并违限者，任便交易”[4]，“典卖讫，仰买主卖主一同赍契赴官销附，某人典卖合该税粮，就取典卖之人承管，行下乡都，依数推收。若契到务，别无官给公据，或契到官，却无官降契本，即同匿税法科断……价钱田地一半没官。没官物内一半付告人充赏”[5]。可见，直至元代，官府和亲邻在土地买卖中仍拥有很大影响力和干预权。

到了明代，出卖土地的人，不必像唐、宋、元代人那样先向官府申牒和由官府发给文牒或公据，也不必请尊长画字，立账取问亲邻，甚至连同产人也没有规定必须问，即可与买主立契，至少在官府文书中没有如前代那样的限制土地买卖的条文。作为正式的土地买卖手续，申牒和立账取问亲邻这两项代表封建朝廷政治权力和宗族势力对土地买卖干预的手续已被取消了。

明代朝廷和官府只在官田的买卖中有严格的限制，民田的土地买卖的限制主要来自乡间俗例。而乡间俗例，则随地域不同而有很大差别。譬如徽州对一般人的土地买卖没有什么限制，只是妇女和幼儿卖产有些不同，如《嘉靖四十一年休宁程阿王卖地赤契》，由于是妇女卖产，押契者有“主盟婆”，代笔者为其“伯祖”，中见人为“叔”（小叔）和“侄”[6]。而《崇祯七年叶茂芝等卖田赤契》，是年幼的叶茂芝和弟茂兰卖产，故有母叶阿吴、母舅吴应元署

① 《名公书判清明集》卷九《户婚门·取赎·亲邻之法》。
② 《名公书判清明集》卷九《有亲有邻在三年内者方可执赎》。
③ 《元典章》十九《户部》卷五。
④ 《元典章》十九《户部》卷五。
⑤ 《元典章》十九《户部》卷五。
⑥ 王钰欣、周绍泉主编：《徽州千年契约文书·宋元明编》第二卷，第327页。

押[①]。《天启七年歙县仇时化卖田赤契》中，有崇祯元年“族众”的批文：“众议：其田与母养赡，不得听信煽惑典卖他人。卖者不得贪谋，免生异论。”[②] 契中卖主和买主均为仇姓，知是仇姓族众将此田定为赡养母亲之田产，不许典卖。这种情况正如《珥笔肯綮》所说：“父在，口食田不得买卖。”[③] 但这种干预田土买卖的情况不多见。从明代的日用类书所录的土地买卖契约格式中，我们可以看出政治权力和宗法习俗到底起什么作用。现录“买田契”如下：

某里某人，承祖、父置有晚田某段，坐落某里某处，原计几亩，年供苗米若干桶，即目东至、西至、南至、北至为界，已上俱出，四至分明。今来不成次业，情愿托得知识人某人为中，将前项各至内田，寸土水石不留，尽底出卖与某里某人为业。当日三面言定时值价银若干两整，自立契书之日，一任交完，不欠分厘。自卖之后，买主一任前去管业交租。所卖其田，的系承祖置下物业，与内外亲房伯叔弟侄人等各无干涉，亦无重复典当、准折钱债之类。此系正行交易，甘愿自卖。其田该载粮米若干，候在大造黄册之年，自用收割产入户当差，递年津贴粮役，与出业人了纳粮差，不致留难，向后再无异说执占之理。

所有上手朱契，与别段相连，难以缴付。今恐毋凭，故立契书为照。[④]

这里只有大造黄册之年推收过割，以及此前买主将粮役津贴交给卖主代纳粮差，是与官府有关的内容，并无官府阻拦交易的规定。而与亲族邻里有关的，只是卖主保证此田的出卖“与内外亲房伯叔弟侄人等各无干涉”，亦无亲族邻里干预田土交易的任何条款。由此可知，明代的土地买卖，比起以前各个朝代，政治权力和宗法习俗的干预确实减弱了。

---

① 原件藏中国社会科学院历史研究所图书馆。

② 王钰欣、周绍泉主编：《徽州千年契约文书·宋元明编》第四卷，第213页。

③ 觉非山人：《珥笔肯綮·户·山田坟地》。

④ 《新刻天下四民便览三台万用正宗》，卷一七《民用须知·文契类》。

第六节　明代的租佃关系和地租形态

租佃是明代土地经营的主要方式。本节通过租佃关系中的佃户的人身依附关系、佃权的产生及性质和地租形态的演变，来探讨明代土地经营中的租佃关系。

所谓租佃，即耕人之田而纳租于人。地主拥有农业生产的主要生产资料——土地的所有权。佃户没有土地，耕种地主的土地，向地主交纳各种形式和数量不等的地租，于是便形成了地主和佃户之间的租佃关系。明代的地主和农民，除“自耕自食”的自耕农和自己经营、雇人耕作的地主之外，都处于租佃关系之中。

佃户依靠耕种别人的土地才能存活，就不能不因依赖土地而对土地所有者有人身依附关系。地主除仰仗经济力量之外，还倚恃政治特权迫使佃户在人身上隶属于自己。佃户因其身份地位高低、生产资料多寡、生活上依赖地主的程度不同，而和政治特权多寡不等、经济力量大小不同的地主，形成从严格的人身隶属关系到单纯的纳租的关系。

明代的皇庄、王庄和勋贵庄田的佃户，不管是皇帝拨赐的佃户，奏讨的人户，隐占的逃亡人户，投托的人户，还是自行招募的人户及私占役使的在营官军，不论他们在法律上是完全隶属者，还是不完全隶属者，都对这些皇族地主和勋贵地主有严格的人身隶属关系。他们失去了“编户齐民”的地位，除交纳地租之外，还要承担额外的加派以及承应差役。他们耕种地主的土地，大部分不是情愿的，他们不是那种凭租佃契约租人田地交人地租的佃户。他们是没有人身自由的农奴，其中的一部分人还被强迫佥派为具有奴仆性质的伴当。

耕种皇室、勋贵地主之外的绅衿地主土地的佃户，他们的身份地位呈现出复杂的情况。既与他们自己拥有除土地之外的生产资料和生活资料的多寡、有无相关，也和他们耕种的土地的主人官位的高低、家族势力的大小有关，还和他们成为地主佃户的途径有关。有的是见人在朝作官为宦，或乡试、会试高中，主动将田地及全家投献其门下为仆。有的是一家卖身，如《祁门县洪三元等卖身婚书》：

立卖身婚书人洪三元同妻李氏、男国胜，今因欠少食用，自愿浼中出卖与洪相公名下为仆，得受财礼银一十五两整。住居谭渡祠屋看守坟墓，每年正月初二日上门叩岁，清明拜扫，中元节及送寒衣、主人上坟，务要在祠伺候。所种田园纳租，每年麦、豆、粟各一石三斗，干洁送纳，不致欠少。以上如有违失，听凭责治无辞。今恐无凭，立此婚书为照。

万历己酉年十月　日立　　　　　婚书人　洪三元
中　　　王　益
媒　　　世光妻[1]

有的因无房投到房东（地主）名下，写立"投主文约"，言明："余房前去住歇，看守坟茔，耕种田地，接送往来，应付无异，不致抵拒抗违。自成之后，听主择日进屋，永远住歇。毋得私自逃走，如违，听主理治"[2]。有的是地主"买讨长大"的仆人，其后代子孙亦世世为仆。有的因妻亡故，"家贫无钱继娶"，入赘地主家与故仆之妻婚配而成为奴仆。[3] 他们都同地主立有契约，"一应冠婚丧葬服侍，不敢有缺，及背逆抵拒（等）情"，"倘恃顽不服，即听赍文告理，准背逆论"，"亦不敢擅离庄屋，私搬他处住歇"[4]，是有严格人身依附关系的仆人。在他们成为仆人的同时，都耕种地主的土地，故称庄仆或地仆。这种既有人身依附关系又有土地依附关系的佃仆，即通常所说的"世仆"。

和地主发生一般租佃关系的佃户，佃田之初和上述世仆不同，他们仅仅与地主有土地依附关系，并无人身依附关系。或因绅衿地主依仗权势"抑佃为仆"，或因佃户父、祖死亡葬于地主山上，或因无房居住，"上庄"住地主的房屋，除葬山交山租，住屋交房租之外，还要应役，看护祠墓，婚嫁丧祭时听从使唤，沦为有人身依附关系的庄仆。在乡规俗例中，"种主田，葬主山，住

---

① 安徽省博物馆编《明清徽州社会经济资料丛编》（第一集），中国社会科学出版社 1988 年出版，第553～554页。

② 王钰欣、周绍泉主编：《徽州千年契约文书·宋元明编》卷三，第220页。

③ 王钰欣、周绍泉主编：《徽州千年契约文书·宋元明编》卷三，第150页。

④ 王钰欣、周绍泉主编：《徽州千年契约文书·宋元明编》卷三，第89页。

主屋三事，有一于此，俱在应主之列”①。抑迫佃户为世仆。

绅衿地主之所以能够“抑佃为仆”，是因有封建官府的支持。绅衿之家都把与官府的联系和交往视为家族兴衰攸关的大事。一部绅衿地主的族规家法中就明确写道：“致礼本县，大家门户攸关”②。

租种地位不高、权势不大的绅衿地主土地的佃户，其地位就与上述佃户情况不同。这些地位不高、权势不大的地主，土地也不多。由于他们一般没有能力一下子成片地购置大量土地，其田土多是零星丘块，错落分散，不利于经营管理，于是出现了几户地主将他们连成片的土地一起租给联合租种这片土地的几户佃农，形成多头租佃关系。这种租佃关系中的佃户，他们“种主田”，有的还“住主屋”，但就不一定有严格的人身依附关系。现举这种多头租佃关系契纸一张如下，以作说明。

十三都住佃张二得、张六、张记成、胡三保、胡旺等，今佃到房东康名下壹保土名寺前系新丈肆百贰拾玖号共计成地叁亩捌分叁厘贰毛（毫），前去锄种，议交租银肆钱整，秋熟之时送租银上门，照份交纳，不敢少欠，立此租约为照。

计开业主各该分籍租数于后：

衢公祠该地玖分肆厘伍毛贰系壹忽，该租银玖分捌厘陆毛捌系。

应潮该地壹分壹厘贰毛玖系伍忽，该租银壹分壹厘捌毛柒系。

榴该地肆分伍厘叁毛肆系肆忽，该租银肆分柒厘叁毛肆系。

时正该地伍厘肆毛陆系伍忽，该租银伍厘柒毛。

思文该地壹分壹厘柒毛叁系伍忽，该租银壹分贰厘贰毛伍系。

应浩该地伍厘肆毛陆系伍忽，该租银伍厘柒毛。

□武该地壹分壹厘柒毛叁系肆忽，该租银壹分贰厘贰毛伍系。

外陈汝忠户该地伍厘捌毛肆系，该租银陆厘壹毛。

快兄弟该地捌厘叁毛零贰忽，该租银捌厘陆毛玖系。

外陈永良该地伍厘捌毛肆系，该租银陆厘壹毛。

① 《葆和堂需役给工食定例》。

② 程钫：《窦山公家议》，卷一《管理议》。

协该地捌厘陆毛贰系贰忽，该租银玖厘。

外胡永贵户该地贰分壹厘捌毛柒系，该租银贰分贰厘捌毛叁系。

恒该地捌厘陆毛贰系贰忽，该租银玖厘。

外汪于祚户该地壹分玖厘壹毛陆系，该租银贰分。

再荣兄弟该地壹厘肆毛叁系陆忽，该租银壹厘伍毛。

外胡钦明户该地柒分肆厘捌毛伍系，该租银柒分壹厘肆毛。

瑗该地叁厘壹毛玖系叁忽，该租银叁厘叁毛叁系。

外康世勋该地壹分贰厘柒毛柒系，该租银壹……

武杲该地伍厘玖毛叁系玖忽，该租银陆厘壹毛玖系。

外章尚义该地柒厘叁系，该租银柒厘叁毛肆系。

长该地壹厘肆毛叁系陆忽，该租（银）壹厘伍毛。

法孙兄弟该地壹厘肆毛叁系陆忽，该租银壹厘伍毛。

文光该地壹分壹厘贰毛玖系伍忽，该租（银）壹分壹厘捌毛柒系。

万历十一年十二月初一日立　　　　租约人　张二得（押）

胡三保（押）　张　六（押）

胡旺（押）　张记成（押）

中见　里长陈汝忠（押）　户丁陈世肇书①

契纸背面书“众庄分地税文书”7字。此租约是张二得等5户佃农租佃康（17户）、陈（2户）、胡（2户）、汪、章（各1户）等5姓23户的3亩8分多土地，其中既有祠户土地（族产），亦有该宗祠分户、祠外同姓和异姓的土地，多者不足1亩，少者只有1厘4毫多。正是这样零碎的土地状况，产生了几户佃农合租几十户地主土地的双方多头租佃关系。该地块内的一小块土地是不可能租给此5户佃农之外的佃户，别的佃户也不会租此中耕种不便的一小块土地。23户中有7户是康姓衢公祠系外的地主，他们也把自己的土地租给这5户佃农。这5户佃农对衢公祠系之外的7户地主不可能有人身依附关系。从契

① 王钰欣、周绍泉主编：《徽州千年契约文书·宋元明编》卷三，第138页。

首称谓“住佃”和契中称康姓为“房东”看来，这五户佃农住的是康姓的房屋，对康姓可能有人身依附关系。从租约中纳货币地租的情况看来，康姓衢公祠系各户可能是城居地主，这5户佃农对康姓地主的人身依附关系也不深，这从契首称谓“住佃”中已反映出来。

租种庶民地主土地的佃户，对地主的人身依附关系更不同，他们中那些除土地之外拥有较多生产和生活资料，具有较强经济力量的佃农，同庶民地主就只有单纯的纳租关系，在原租额基础上增加任何负担，他们都不接受，甚至以抗租或少交租来阻止这块土地所有权的转让。万历年间休宁县的《齐保公置产簿》中记有这么一张契纸：

祁门十一都吴先名，今将承祖田一备，坐落四保，土名庄基路下，田一丘，计硬租贰拾贰秤，系商字□号，清丈□步，计税□□。东路，西自田，南方田，北吴田。今将四至内田骨尽行立契出卖与休宁卅一都张□□名下为业，三面议时值价文银壹拾陆两伍钱，其价契当日两相交付明白。（下略）

在这张抄契后面，有买主张齐保所写下述批文：

原本家买吴先名契内小桥头田一丘，计租贰拾贰秤，递年因佃人何□□奸巧，难收全租，今本家将伊契内小桥头田税卖契一道，退还伊业。故此吴先名将前田亦计租贰拾贰秤，亦卖与身抵业。其税两下不相推收，本家只收伊原卖契税为定。面自定。立此后日照证。[①]

由这张抄契和这通批文可知，何姓佃人租种地主吴先名小桥头田一丘，租额22秤。吴先名将这块土地卖给邻县休宁31都潢溪张齐保，可能是因送谷上仓增加负担，何姓佃人拒交全租，迫使张齐保要原卖主吴先名用庄基路下一块租额相同的田抵换小桥头田。

张齐保是休宁颇有名气的地主，康熙《休宁县志》有传，全文如下：“张齐保，字子敬，潢溪人。幼失怙恃，爱敬叔父母，抚遗腹子，产共之。师湛甘泉、邹东廓二先生，友刘愚斋、月溪二难讲学，弃生殖而甘心焉。时六邑会讲，联里中为善修会，申明六训。宗人儒者，给之课艺。岁凶，给之粒。逋

① 周绍泉：《明清徽州亩产量蠡测》，《明史研究》第二辑，黄山书社1992年出版。

赋，代之偿。祝令宾之于乡。”[①] 从传文中休宁县令祝世禄“宾之于乡”，知其非绅衿，乃庶民地主。他“递年”“难收全租”，毫无办法。尽管契中没明言何姓佃人拥有该田的永佃权，但依乡规俗例，多年承佃的土地，地主是不能随意退佃的。所以才让原卖主以另一块田抵换。可见何姓佃人虽种张齐保所买之田，却与之无任何人身依附关系。明代张萱所说，佃户今年耕种，“明年可以弃而不种”[②]，可能就是指的这种佃户。

在明代租佃关系中，出现了一种称作“佃权”的物权。所谓“佃权”，指的“主佃两业”中的“佃业”，即佃人所拥有的土地经营权和这种经营权的转让权。有的学者把佃人所拥有的土地经营权称作“永佃权”，而把经营权的转让权称作“田面权”。这样说来，佃权既包括永佃权，又包括田面权，即所谓“一田二主”中的佃主。

佃权的出现，即土地所有权和土地使用权（经营权）的分离，可追溯到宋代。宋代在屯田和学田中，都出现了占佃者和耕种者不是同一个人的情况，占佃者“立价交佃”，“如典卖己物”，“甲乙相传，皆随价得佃”[③]，久而久之，这些官田在转佃中演变为私田，这正是官田民田化的途径。明代江南官田民田化的过程中也可以看到这种情形，但没有把这作为佃权的代表形态。

明代佃权，主要是指租佃私田的佃户通过各种方式所拥有的永佃权和田面权。这种佃权在元代末年已出现了。陶宗仪写道：“扬州泰兴县马驼沙农夫司大者，其里中富人陈氏之佃家也。家贫，不能出租以输主，乃将己所佃田转质于他姓。陈氏旁有李庆四者，亦业佃种，潜赂主家儿，约能夺田与我而不以与他姓者，以所酬钱十分之一分之。家儿素用事，因以利啗其主。主听，夺田归李氏，司固无可奈何。既以谷田不相侔，轻其值十之一，司愈不平。”[④] 佃户司大因家贫交不起租，不通过田主，便“将佃田转质于他姓”，即将这块土地的耕种使用权转让了。说明至迟到元朝末年，私田上的土地所有权和使用权分

---

① 康熙《休宁县志》卷六《学林》。

② 张萱：《西园闻见录》卷四〇。

③ 《通考·田赋考七·官田》，转引自漆侠：《宋代经济史》（上册），上海人民出版社1987年出版，第221页。

④ 陶宗仪：《辍耕录》卷一三《释怨结婚》。

离的现象已经有了。

明代佃权的产生，各地情况不尽相同。据《青田县志》卷四《风土·争佃》的记载，当地的租佃关系有四种情况，即所谓“佃有四种：一曰出佃。已卖租于人，仍自佃种，卖租不卖佃；亦间有卖佃而借种者。二曰垦佃。山主招人垦田，发给工本，垦成，山主报升；未给工本者，亦正不少。三曰买佃，或钱交租主，谓之佃价；或钱交原佃，谓之买佃皮。四曰招佃。已有熟田，而招人耕种，亦名借佃。四者其情各异”。此四者虽“其情各异”，但可归为两类，一类包括前三种，即出佃、垦佃、买佃，佃人通过不同方式取得佃权。一类是第四种招佃，佃人没有佃权。青田取得佃权的三种情况何时出现的，没有明确说明，约略在明代后期。但在有的地区则早就出现了，现分述如下。

一、出佃

青田称“卖租不卖佃”，徽州称“卖田不卖佃”，而且在明初就已出现。表现形式是在卖田契中书明“佃自”，表明出卖土地所有权而仍自己佃种。如洪武二十九年《休宁县朱胜右卖田赤契》中说：“太平里十二都三图朱胜右，本户下有田二丘，系十保体字五百一号田，计三亩一分九厘六毫，（中略）每年硬上籼谷三十（秤），上田（租），佃自。今来为日食不给，情愿将前项四至内田取一半，计一亩五分九厘八毫，出卖与同里人汪猷（干）名下，时值价钱壹拾伍贯。（中略）洪武二十九年九月×日朱胜右卖契（下略）。”[①] 契中朱胜右将自祖上遗留之田（户下田）两丘中的一半卖给同里之汪猷干，但仍由自己佃种，故标明“佃自”。按照明初徽州的立契习惯，在卖田契中写明佃人的姓名（包括佃自），都是拥有比较稳定的租佃权。以前有一种观点认为，由于宋元时代的某些落后地区，如峡州，有“随田佃客”，而徽州又是佃仆制盛行的地区，因而把徽州卖田契中的佃人看作随田佃客，这是一种误解。如前述之朱胜右，除自身之外，尚有子朱护祖、朱周虎、朱计，一家4个劳动力，除耕种自己的9亩1分7厘1毫田之外，还租种朱宋寿田9分5厘2毫，他既没因卖自己耕种之田而成为随田佃客，也没因租种别人田地而成为佃仆。在朱

① 安徽省博物馆编：《明清徽州社会经济资料丛编》（第一集），第3页。

宋寿洪武三十年卖田契中，中见人中有“保名族长朱胜右”，知其为朱姓族长。在从洪武二十六年到建文三年间的同都同姓以及张姓、胡姓的多张卖契中，为中见人，可见他在村中有一定社会地位。他在洪武二十六年朱宋寿卖田契中，既是佃人，又是中见人。如果那时他真的因随所佃之田被卖作佃仆，那么他后边卖田时就该书“卖田仆人”，实际却没有。他可能是由于家庭人口多，如契文所书“日食不给”，“缺物支用”而卖田。所卖之田，不论一号田还是三号田，都只各卖一半，且写明佃自，其意即在卖田不卖佃，继续保有出卖的那部分土地的耕作权[①]。因此，如认为朱胜右因卖田也同时把自己随田卖作佃仆，显然不妥。

明中叶以后，由于商品经济的发展，城居之绅衿地主和商人地主增加，他们在家乡买田以增租入，卖产者卖田不卖佃，只要保证交足田租，即使不写明拥有永佃权，因有乡里亲谊和乡规民约维系，地主亦不换佃。因为对于不亲事管理的城居地主来说，稳定的租佃关系和稳定的租入是有利的。

明代地主买产只买地契而收租，不知田地亩步落的事例是很多的，如广西“贵富豪右有买僮田者，止买其券而令入租耳，亦不知其田在何处也”[②]。香山亦“但以田之纳谷多少为度，不以亩为度。问其田若干，则曰纳谷若干，不曰亩若干也。以故田主寄命于田客，田主不知其田之所在，惟田客是问”[③]。在地主不管理生产的情况下，亦无法管理佃户之间的转佃承种。如陈道所说：“建郡（江西新建）田皆主佃两业，佃人转买承种，田主无能过问。”[④] 因此而取得佃权的佃户是不少的。

二、垦佃

垦佃是佃户取得佃权主要途径。山主招人垦殖，承揽之佃户在栽种苗木之

---

① 安徽省博物馆编：《明清徽州社会经济资料丛编》（第一集），第 2、3、4、6、8、10 页和中国社会科学院历史研究所编《明清徽州社会经济资料丛编》（第二集），中国社会科学出版社 1990 年出版，第 20～21 页。

② 王士性：《广志绎》卷五《西南诸省》。

③ 屈大均：《广东新语》卷二《地语·沙田》。

④ 陈道：《江西新城田租说》，《清经世文编》卷三一。

前，要刈除杂草荆棘，掘掉已砍伐的树木的树根，谓之“锄掘茅柯”，然后栽上新木苗，经多年长养，才能山木成材，砍伐出卖。佃户因栽种木苗、用工长养而得到成才树木的部分收益，称作“力分”，可以继承、出卖、典当。租山文书中常常写明“日后杉苗成材，照依乡例，主、力相分，不许变卖他人，务要尽及山主”①。这种山场力分至迟在景泰年间就已出现了。到万历年间，又出现了“力分田”，即佃户因将肥料和工食投入到土地中而得到的佃权。这种力分田同样可以出卖。现举二契如下：

十二都陈廷，今有力分田一号，座落本都九保，土名底笼里，计田六丘，与弟陈记相共，本身该得一半，自情（愿）凭中立契卖与义弟陈法财前去耕种为业。面议时值价纹银陆钱整在手足讫，其价并契当日两相交付。(中略)

万历三十七年二月初六日　　立　契　陈廷（押）
中见人　汪管（押）
代笔人　程顺（押）

二都陈法财，将原买陈廷底笼力分田一半，今欠本田租谷，自情愿将前力坌田出卖与田主郑□□名下，以准本田租谷，日后无得异说。其田听自田主另行召人耕种。自定之后，各无悔异。恐无凭，立此契为照。

万历四十年十月二十二日立　　卖　人　陈法财（押）
中见人　陈　廷（押）
代笔人　李　奇（押）②

从上述二契可知，陈廷租郑姓地主之田而取得力分田，万历三十七年没有经过田主而将力分田卖给陈法财，得银6钱。陈法财耕种3年，因欠田主租谷，将此力分田“卖”给田主以抵欠谷。

这种力分田，又称田面、田皮、小苗、小租，是相对于土地所有权的田

① 安徽省博物馆编：《明清徽州社会经济资料丛编》（第一集），第453页。
② 原件藏中国社会科学院历史研究所图书馆。

底、田根、田骨、大苗、大租的称呼而来的。

三、买佃

通过交佃价而取得佃权，至迟到万历时已成为普遍形式，万历已亥（二十七年）余象斗所刻日用类书《新刻天下四民便览三台万用正宗》中录有“佃田文约”，就是买佃的契约格式，现录于下：

佃田文约：某里某人，置有晚田某，座落某里，地名某处，原系若干亩，年该苗米若干桶乡。原有四至分明，今凭某人作保，引进某人出赔价细系银若干，当日交收足讫明白。自给历头之后，且佃人自用前去掌业，小心耕作，亦不得卖弄界至，移丘换段之类。如遇冬成，备办一色好谷挑送本主仓所交纳，不致拖欠。过限年月，佃种不愿耕作，将田退还业主，接取前银，两相交付，不致留难。今给历头一记，付与执照。①

文中所谓“赔价”，即田皮价，佃户因向地主交了赔价而取得佃权。前述之陈法财因向原佃人陈廷交力分田价亦取得佃权。

如果前述之陈法财不是用佃价向陈廷买佃权，而是向陈廷租这块田，那么，陈法财就要向田主郑氏交大租，又要向陈廷交小租，即成了明中叶以后出现的所谓“大小租制”，此田亦成了“一田二主”，郑姓为田主，陈廷为佃主。作为佃主陈廷所得的小租，其实不是地租，只是田皮价“纹银陆钱”的利息，只是这利息以租谷的方式支付而已。一田既然有田主和佃主，称作“一田二主”自无不可，若将佃主所得小租视为地租，进而认为小租是土地所有权的分割，佃权也是一种土地所有权，不免失之偏颇。这种表明“大小租制”的文书是很多的，为节省篇幅，我们用前引二契权作说明，想来不会有人怀疑这种实例的存在吧。

毫无疑问，佃权是一种“物权”，它是独立于土地所有权之外的、土地经营者可以让渡的财富，它表明社会已承认土地经营者是改良土地所投入的“工本”和购买佃权所付佃价的所有者。佃权既不是土地所有权的一部分，也

① 《新刻天下四民便览三台万用正宗》，卷一七《民用须知·文契类》。

不和土地所有权在一起成为地主的财富，它是和土地经营者在一起，并成为其财产。

明代的地租形态复杂，有力役租、实物租和货币租。实物租又有分成租、定额租和附加租；实物租和货币租之间又有货币预租和押租、折租等中间环节。地租形态既与时代有关，亦与租佃田土类别及佃人的身份地位相关。

力役租多由庄仆负担，地主“置立庄佃，不惟耕种田地，且以备预役使”①。庄仆除佃田交租之外，住地主之屋、葬地主之山，要“应主”，服力役。力役主要包括为地主看守坟墓、祠堂，应付冠婚丧葬，伺候上坟，中举受封差役等，若详细罗列，简直不胜枚举。②

实物租是明代地租形态的普遍形式。实物租主要有分成租和定额租两种，这两种租制往往纠缠在一起，有时因租种田土类别而采用不同租制，有时一种租制是另一种租制的变通形式。

实物分成租在明代地租中占有一定比例，尽管我们还没有准确数据说明它到底占几成，但我们在大量地方志中都可以看到它的踪影。如浙江太平“豪民率募浮客耕种，亩税十五”③。河北景州“主田者为庄家，招佃者为客户。客户具牛四头，谓之陪牛。春种，若谷黍之类，出之庄家；秋粮，若豆麦之类，主、客各出一半，秋则均分”④。现存徽州租山契约中几乎全部为分成租，既有对分，又有四六分、三七分等不同分法。

实物定额租亦为明代地租的主要租制之一，文献记载亦很多。如直隶天津“每亩收租稻米五斗”⑤。江苏太仓“民间田亩，亩课租米一石”⑥。吴中“私租之重者至一石二三斗，少亦八九斗”⑦。吴江、昆山“小民佃种富民田，亩输私租一石”⑧。徽州水田亦行实物定额租，根据徽州土地买卖契纸中既有亩

① 程钫：《窦山公家议》卷六《庄佃议》。
② 《葆和堂需役给工食定例》。
③ 嘉靖《太平县志》卷一。
④ 万历《景州志》卷一《风俗》。
⑤ 徐光启：《农政全书》卷八。
⑥ 崇祯《太仓州志》卷四。
⑦ 顾炎武：《日知录》卷一〇《苏松二府田赋之重》。
⑧ 《明史》卷七八《食货志》二《赋役》。

步又有租额的300多张契纸资料统计，明代从洪武到崇祯约略亩租额9秤左右，约1石多一点。[①]

实物定额租是由实物分成租演化来的，其定额亦依据中等偏上年景收获物分成量确定。所以，一般地说，定额租较之分成租，租额略高些。在有的地方，分成租又成为定额租的变通形式。即定额租在遇灾害年份，改由分成租制征收田租。

实物租除分成租和定额租之外，还有名目不同的附加租，如“冬牲”、“信鸡”等，有的佃人（多为佃仆）还要供应收租地主的“租膳”等，实则亦是一种附加实物租。

明中叶以后，随着商品经济的发展，城居地主的增加，特别是一条鞭法的施行，赋役均以货币支付，促进了实物租向货币租的转化。作为这种转化中间环节的是货币预租、押租和折租。如《新刻天下四民便览三台万用正宗》卷一七所录之“擢田文书式”，就是货币预租的租约式，它写道：“某乡某都某图立擢田书人某人，今将自己座落某处民田若干亩，情愿出擢与某人耕种，一年二熟为满。当日凭中三面议定每亩时值擢田价白银若干，立文书之日一并收足无欠。”此租约的租期以“一年二熟为满”，而收擢田银，并在立文书之日收足，显系预租。押租的例子可举顾炎武《天下郡国利病书》卷九三所载“缘得田之家，见目前小利，得受粪土银若干，名曰佃头银”，而使“田入佃手”。这种事例很多，故有的学者将其称作“押租制”。折租契约也很多，如嘉靖九年祁门胡三乞等所立租贴写道：“二十一都现住五都住人胡三乞、尚得等，今租到五都洪名下田一备，计一丘。……其田每年议还硬租早谷五秤，若交银每年交纹银二（钱）五分，其银每年收租之时送上门交还，不致少欠。”[②]有的契约中写明每秤租谷所折价银数目，如崇祯四年胡社龙等所立租约中就写明：“今众主会议，其早晚租不论时年旱熟，价目贵贱，额定早租每秤价银柒分，晚租价银捌分”[③]。既然租谷是定数，早租和晚租每秤折银比例也确定了，

① 周绍泉：《明清徽州亩产量蠡测》，《明史研究》第二辑。

② 《洪氏誊契簿》，原件藏安徽省博物馆。

③ 《洪氏誊契簿》，原件藏安徽省博物馆。

那么就很容易转为货币地租了。

货币地租较早地出现在官田和公田中，如沈榜所说："国初，民屯田地一例征银当差"①。后来王府庄田亦征租银，长沙之吉府庄田"自成化十七年起至正德元年止"，"每亩征银四分"②。各地学田多有征收租银者，如休宁学田，万历二十三年"吴继良、俊助唐舟干壹拾柒亩捌厘肆毫，每年征租银玖两壹钱壹分肆厘"③。在一般地主的田地中，园地和种植经济作物的山地较早的征租银，如《窦山公家议》所载："一号，汪可住基并高塝园地壹块，计租银""一号，观音堂边地，计叁分，连前号地，嘉靖四十二年重立租约，王祖交银叁钱六分，王富交银贰钱六分"，"一号，仁山公朝山脚凤凰坦外边地贰块，嘉靖三十六年王银保重立租约，每年交租银贰钱肆分"④。《广东新语》载，新会种植可制扇、帽等蒲葵树的"葵田"，"岁之租，每亩十四五两"⑤。水田之征租银大约在万历年间在江南商品经济发达的地区逐渐增多。

总的看来，明代力役租有式微之势，实物租中的附加租亦渐减少，分成租渐向定额租转化，而货币预租、押租、折租和货币地租有不断增加的趋势。

第七节　明代经营地主的土地经营

从土地的经营形式来说，采取租佃方式，即将土地出租给佃户而坐收地租，仍是明代地主土地经营的主要形式。但役使奴仆或雇倩佣工直接管理经营，亦是明代地主土地经营的形式之一。这类地主一般称之为经营地主。

明代地主的土地经营有使用奴仆者，⑥ 多流行于江南地区。顾炎武说："太祖数凉国公蓝玉之罪，亦曰家奴至于数百。今日江南士大夫多有此风。一

① 沈榜：《宛署杂记》卷八《官庄子粒》。

② 《议处吉府田租》，转引自王毓铨：《莱芜集》，中华书局1983年出版，第220页。

③ 康熙《休宁县志》卷二，《学校》。

④ 程钫：《窦山公家议》卷四，《田地议》。

⑤ 屈大均：《广东新语》卷一六，《器语·蒲葵扇》。

⑥ 参阅傅衣凌：《明清封建土地所有制论纲》第四章，上海人民出版社1992年版；［日］小山正明：《明代的大土地所有与奴婢》，收载于同氏《明清社会经济史研究》，东京大学出版会1992年版。

登仕籍，此辈竞来门下，谓之投靠，多者亦至千人。"① 官绅及富家之奴仆，役职多种多样，身份亦不尽相同。少数所谓"豪奴"、"纪纲之仆"，乃是地主家务及生产的实际管理者。如明末大官僚董份，在浙江湖州府一带广占良田数万亩以上，役使众多奴仆，其"豪奴"章椿、董和等人"藉势放债，占人产业"，"纵横凭凌肆毒，小民受害非一日矣"，至万历年间，遂酿成民众忿起攻之的"董氏之变"②。而大多数地位低下的奴仆，则是充当主家各种役使的劳动力，其中多有从事农业与手工业生产的。例如，谢肃《密庵稿》载元末明初余姚人周庄祖事迹：

> 处士平居，善理生业，率子姓，役僮隶，出入阡陌，戮力树艺而地无遗利。其配率子妇议酒食，治麻枲丝茧以为布帛，而机杼无虚日，内外早夜，不倦于勤，赀产以裕。③

叶盛（1420～1474）《泾东小稿》言昆山人郁时中事迹：

> 时中郁氏讳蒙亨，时中字也。……以苏州府医学正科而累使西域。兄弟竞爽，效用于时。时中躬任家产，有田二百顷，僮奴几二千指，能率以澹泊致饶富。④

王鏊（1450～1524）《王文恪公文集》中载：

> 封君讳舆，字朝庸……吴人多逐什一之利，君独课僮仆力耕稼，久之收入滋多，开辟浸广。⑤

顾璘（1476～1545）《顾华玉集》记何良俊兄弟事迹：

> 殖丰美田产，多买奴仆，芟辟灌莽，广其水利，无风雨寒暑，身自临视，其下人人效功能，生息遂十倍于昔。⑥

嘉靖时大臣陆深记其先父事迹：

---

① 《日知录集释》卷一三，《奴仆》。

② 见刘元霖：《抚浙奏疏》卷四、卷五《勘问董尚书事情疏》，李乐：《见闻杂记》卷五，《权斋老人笔记》卷三等有关记载。参阅［日］佐伯有一：《明末董氏之变》，《东洋史研究》第一六卷第一号；又载《日本学者研究中国史论著选译》第六卷，中华书局1993年版。

③ 《密庵稿》壬集，《墓志・余姚周处士墓志铭》。

④ 《泾东小稿》卷六，《碑铭・郁时中墓志铭》。

⑤ 《王文恪公文集》卷二六，《表・陈封君墓表》。

⑥ 《顾华玉集》：《息园存稿文》卷五，《华亭何隐君墓志铭》。

府君姓陆氏，讳平，字以和，别号竹坡。松江上海人也。……以正统戊午二月二十五日生于洋泾之里居，以正德辛巳二月七日终于正寝，享年八十有四。……鸡初鸣即起，率家人事生产，臧获以数百指，皆循循然在田亩间。①

隆庆至万历时廷臣吴中行（武进人）叙其家事迹：

万历十一年二月，予从田间诏起装行，而予妻之母陈孺人春秋八十高病矣。……家僮婢数十百指，男服农，女服酒浆丝枲。②

这些记载表明，役使奴仆进行的土地经营，地主一般多直接参与策划，亲自指挥，甚至亲率奴仆，躬耕田亩；奴仆既从事农业生产，也进行各种手工业生产，其生产规模亦相当可观。

这种奴仆与其家主之间的名分之别甚严，贵贱悬隔。作为奴仆，其已失去人身自由，终身听凭主家使唤支配，不得逃脱；甚至生育子孙，亦永远服役；本人及子女婚嫁，皆由家主指配；必须一遵主家法度。家主可以打骂奴仆，有权对其进行买卖。在法律上奴仆属贱民等级，与家主之间处于极不平等的地位。奴仆与主人之间一般都立有契券，多以“婚书”的形式订立，实为奴仆的卖身文契。兹举二例如下：

立婚书仆人王连顺，为母死棺木后事无处，设法将子得金，本命生于嘉靖甲寅十一月十八卯时，今年一十七岁，写立婚书，卖在汪镇东家主名下。当时得受身价银七两整。自卖之后，听凭家主唤使，子孙婚配，俱照向来村例，尽由家主，不得违拗，以及推故逃避。如有前件情事，一听家主呈公究处。恐口无凭，写立婚书，永远存照。

奉书　男　　　王得金(押)

隆庆四年六月　日　立婚书　　仆　　人　王连顺(押)

凭家主　汪允升　朝奉

妻旧（舅）　程　乞(押)③

① 《俨山集》卷八一，《行状四，敕封文林郎翰林院编修先考竹坡府君行实》。

② 《赐余堂集》卷一三，《墓志铭·毛母陈孺人墓志铭》。

③ 原件藏中国社会科学院历史研究所，载《徽州千年契约文书》宋元明编第二卷《隆庆四年王连顺卖子婚书》。

立招亲婚书仆人余又什，今改名胡富，系七都程村人，父余长得。因家贫，自幼将身出卖十二都三图渠口家主汪××名下为仆。今年十八岁，无妻，求媒张瑞、朱卑妾，招到老仆胡昭法寡媳为妻，以遂终身大事。自招之后，夫妻二人在家主地屋住歇，小心供使。生育子孙，永远服役。一遵家主法度，不得生奸拐逃背逆等情。倘违，听从家主呈官究治，不得异说。今恐无凭，立此招亲婚书，永远存照。

婚书大吉

万历八年十二月十七日　立招亲婚书　　仆人　胡　富（押）

代书　媒人　张　瑞（押）

朱卑妾（押）

同　　姐　　余林弟（押）[①]

奴仆卖身之后，一般改依主姓，称“义男”、“义妇”、“家人”等，这是因为明代的法律规定，只有功臣人家方准给赏奴婢，“若庶民之家存养奴婢者，杖一百，即放从良”[②]。因此之故，“民间法不得畜奴，供使令者曰‘义男’、‘义妇’。”[③] 奴婢在形式上虽为主家的一员，但其实质是作为封建家长统治之下的卑贱的被奴役者而存在的。所以，明代一些地主役使奴仆从事的土地经营，劳动者并没有任何人身自由，是在地主的严格控制与监督之下进行的，超经济强制表现得十分突出，反映的是最落后的生产关系，实为一种奴隶制残余。

史籍所载表明，使用奴仆进行土地经营的规模，一般在几十亩到数百亩，役使人数从十几人到数百人不等。由于中国封建社会土地允许买卖及实行诸子均分制等原因，至明清时代，即使广占良田的大地主，其占有土地的分布形态，一般也不是连成一片，而是与其他人户占有的土地犬牙交错，颇为分散。加之当时的生产力水平所限，这种亲率奴仆、躬耕田亩的经营面积，不能不受到一定的限制。因此，一些占有土地多的大地主，虽亲率奴仆

① 原件藏中国历史博物馆，转引自韦庆远《明代黄册制度》附图一一。

② 《大明律》户律，《户役・立嫡子违法》。

③ 《赤山会约・恤下》。

躬耕，但这种方式经营的土地，仅是其占有土地的一部分，其余土地则仍采取租给佃户、收取地租的租佃方式经营。史籍所载，不乏其例。成化至嘉靖时官僚、无锡人邵宝所著《容春堂别集》载："林泉处士邹翁显之，营新居于塘庄之上，祠寝斋室俨然。……有田数千亩，课家众耕之，又以其余业诸无田者，丰年取其租如约。"① 嘉靖时钱塘人周诗叙其友人徐公事迹："公杭郡仁和人，讳凤，字文祥，晚号友筠。……其治田、力农、耕耨皆有方，御佣仆则时其饩食，而不穷其力，以是人无不欣欣乐于趋事。及以余田佃人，准时丰俭矣。"②

此外还应注意到前引《大明律》中庶民之家不准存养奴婢的有关规定。尽管在明代的实际生活中，并没有完全按这一规定行事，如上所述，明代江南缙绅之家等多有蓄奴之风，但一般庶民地主，毕竟因这一律令的存在而不能随便收养奴婢。况且一般庶民地主也没有大量收养奴婢的权势与经济实力。特别是明中叶以后，随着社会经济的发展变化和社会风气的变迁，奴婢也开始觉醒，走上反抗之路。大量蓄养与使用奴婢，已与时代潮流相左。"中人之家都不甚置仆。置亦如佃作佣雇之类，但得其工力而已。不甚讲礼体，亦不为其配偶子孙计，故无世代始终之仆。"③"民俗多贫，即称素封亦无万金之产，士庶之家不能广置婢仆，其仆多属佣工。"④

总之，明代地主使用奴仆进行土地经营，虽非个别现象，但主要流行于江南一些缙绅地主的部分经营之中，并非经营地主从事土地经营的主流，而且，从整个明清时代来看，特别是经过明末农民大起义和明末清初的"奴变"运动之后，其已呈衰微之势。

明代地主从事土地经营的另一种类型，是雇工经营。

明末清初张履祥所著《补农书》⑤ 之中，即记载了当时地主雇工经营土地的许多情况。《补农书》分为上、下两卷，上卷原名《沈氏农书》，明末湖州

① 《容春堂别集》卷六，《记·务本堂记》。
② 《与鹿先生集》卷一一，《传·友筠徐公传》。
③ 康熙《东阳县志》卷四，《风俗》。
④ 康熙《龙游县志》卷八，《风俗》。
⑤ 载《杨园先生全集》卷四九、卷五〇。

沈氏（已佚名）撰；下卷为《补农书后》，叙《沈氏农书》未尽事宜，明末清初沈氏同乡张履祥撰。书成于清顺治十五年（1658）。关于《沈氏农书》，《四库全书总目》存目按语说："案此编为桐乡张履祥所刊，称涟川沈氏撰，不知沈氏为谁也。其书成于崇祯末，履详以其有益于农事，因重为校定，具列艺谷、栽桑、育蚕、畜牧诸法，而首以月令，以辨趋事赴功之宜。"① 张履祥所著《补农书》，既总结了明末清初太湖地区农业生产技术方面的宝贵经验，同时也披露了当时的地主，主要是雇工经营地主，在农业经营思想、经营方式以及生产关系等方面的许多珍贵史料。②

从《补农书》等有关记载可知，沈氏和张氏本人都是雇工经营土地的地主。沈氏既雇工经营土地，也出租土地，又兼营颇多的家庭手工业，经营规模较大。《沈氏农书》中多处载有雇工方面的文字，如"雇忙月人工"，"须预唤月工，多唤短工"，"田不得不唤长年"等等，甚至提及"领袖做工之人"等等。③ 而张氏雇工经营的规模较小，仅有田地几十亩。张履祥在《沈氏农书》跋中说："予学稼数年，咨访得失，颇识其端；而幼不习耕，筋骨弗任，雇人代作"④。通过《补农书》等记载可以看出，与一般役使奴仆经营土地的地主以及出租土地的地主有所不同，作为雇工经营土地的地主，在经营思想、管理方法以及掌握和运用农业技术等方面都有自己的一些特点。

第一，亲自参与经营管理。

如上所述，使用奴仆经营土地的地主，亦有亲率奴仆躬耕田亩者；而在出租土地的地主之中，也有亲督佃户或亲收租谷的；但这些毕竟不是普遍现象。作为役使奴仆经营土地的地主以及出租土地的地主，一般多是脱离农业生产，并不参与土地的经营管理。张履祥说："近见富家巨室，田主深居不出，足不及田畴，面不识佃户，一任纪纲仆所为，至有盗卖其产，变易区亩而不知者。侵没租入，将熟作荒，退善良之田，任与刁黠，种种弊端，不一而足。……或乃恃目前之豪横，凌虐穷民，小者勒其酒食，大者逼其钱财妻子，寘之狱讼，

---

① 《四库全书总目》子部，《农家类存目》。
② 关于《补农书》，请参阅陈恒力编著《补农书研究》，中华书局1958年版。
③ 《补农书》上卷，《逐月事宜》《运田地法》。
④ 《补农书》上卷，《跋》。

出尔反尔，可畏哉!”① 又说：“今以卿士庶人，思不逮乎雨旸，趾不举乎疆场。祁寒暑雨，人受之；水旱螟虫，人忧之；东阡西陌弗之辨，秫秔菽麦不之别；以至良顽勤惰异其情，壮老强羸异其力，劬动休乐异其时，均弗之识也。燕息深居，坐资岁入，几不知稼穑为何事，面目黧黑、手足胼胝为何人。习逸生骄，习骄生罔，淫侈之端，日日以起，乖义已甚。”②

而雇工经营地主一般多熟习农业生产技术，亲自参加经营管理，其中不少经营地主甚至躬耕垅亩，亲临田间指挥生产，十分强调在经营管理上下功夫。张履祥在评价《沈氏农书》及沈氏时说：“按此书，大约出于涟川沈氏，而成于崇祯之末年，正与吾乡土宜不远。其艺谷、栽桑、育蚕、畜牧诸事，俱有法度，甚或老农蚕妇之所未谙者。”③ 张氏所作《补农书》亦是如此。“农书之补，为何而作也？昔吴康斋先生讲濂、洛、关、闽之学，而隐于农，率弟子以躬耕。先生慕而效之，读书馆课之余，凡田家纤悉之务，无不习其事，而能言其理。”④“先生岁耕田十余亩，地数亩。种获两时，在馆必归，躬亲督课，草履箬笠，提筐佐馌。其修桑枝，则老农不逮也。种蔬莳药，畜鸡、鹅、羊、豕，无不备。”⑤

第二，主张集约化经营。

在《沈氏农书》中，集约化经营的思想体现得十分明显。他说：“只要生活做好，监督如法，宁可少而精密，不可多而草率也。”又说：“作家第一要勤耕多壅，少种多收；第二要宽恤租户，不致退佃。不幸遇水旱之年，度力量不能遍及者，只须弃半救半，不可眷恋两废也。记之!”⑥ 所谓“宁可少而精密，不可多而草率”，即是主张耕作的集约化，反对粗放式经营。认为集约经营，精耕细作，能提高单位面积产量，节约成本，虽然耕种的土地面积少，但收益反而高，比起粗放经营，可取得事半功倍的效果。对此，沈氏有精辟的分

① 《补农书》下卷，《总论》。
② 《杨园先生全集》卷一七，《赁耕末议》。
③ 《补农书》上卷，《跋》。
④ 《补农书》引。
⑤ 《杨园先生全集》卷首，《年谱》。
⑥ 《补农书》上卷，《运田地法》。

析："壅地，果能一年四壅，罱泥两番，深垦到净，不荒不螨，每亩采叶八九十个，断然必有；比中地一亩采四五十者，岂非一亩兼二亩之息，而功力、钱粮、地本，仍只一亩。孰若以二亩之壅力，合并于一亩者之事半功倍也。老农云：'三担也是田，两担也是田，石五也是田，多种不如少种好，又省气力又省田。'"①

第三，精打细算，计划周密。

《沈氏农书》开篇即载"逐月事宜"，按农历节令，哪个月应干什么农活，使用什么工具，晴天干什么活，雨天干什么活，都预先一一安排好，周详缜密，"所载耕耘蚕织之事纤细无遗，真农家之模范也"②。又强调多作准备，以防不足。"凡农器不可不完好，不可不多备，以防忙时意外之需"③；"凡人家种田十亩，须下秧十三亩，以防不足，且备租田"④。而《补农书》所载农事的各个方面，都体现了对人力、物力的有计划合理支配，突出了精打细算精神。不放弃利用每一寸土地，"尝论贱役重困，基址、坟墓，各宜思粮之所出"；购买肥料，要到最好的地方、在最便宜的时候去买，"要觅壅，则平望一路是其出产。磨路、猪灰，最宜田壅。在四月、十月农忙之时，粪多价贱，并工多买。其人粪，必往杭州"⑤。并注意农副业的有机配合，例如，沈氏在计算买糟烧酒的利润时说："苏州买糟四千斤，约价一十二两。糟以干为贵，干则烧酒多，到家再上笮一番，尚有浑酒二百斤，虽非美品，供工人亦可替省。每糟百斤烧酒二十斤，若上号的有十五斤，零卖每斤二分，顿卖也有一分六厘，断然不少。再加烧柴一两。计酒六百斤，值价十两，除本外尚少银三两。得糟四千斤，可养猪六口。"⑥ 物尽其用，人尽其力，做最后的榨取和最大限度的利用，可谓穷天极地而尽人也。

第四，讲究生产技术。

---

① 《补农书》上卷，《运田地法》。
② 《双林镇志》卷三二，《艺文·奇荒纪事》。
③ 《补农书》下卷，《总论》。
④ 《补农书》上卷，《运田地法》。
⑤ 《补农书》上卷，《运田地法》。
⑥ 《补农书》上卷，《蚕务》。

经营地主在土地经营过程中，一般都十分讲究农业生产技术。其中少数经营地主，由于拥有较雄厚的物力财力，并在经营管理上下功夫，讲求精审，加之又有文化，注意总结历史经验和学习有关知识，因而在掌握与运用农业生产技术方面达到了很高水平，至有“老农蚕妇之所未谙者”。《补农书》的作者沈氏和张氏即是如此。该书所载深耕通晒、施足基肥、多备稻秧、合理密植等技术方法，水平甚高；所提出的干田灌水、看苗施肥等，颇有创意；而其在桑树的培育、造型、剪伐等方面所取得的技术成就，更是不凡。张氏在治水方面还提出了“分区疏浚”的设想。尤其值得注意的是，张氏指出：“农桑之务，用天之道，资人之力，兴地之利，最是至诚无伪。百谷草木，用一分心力，辄有一分成效，失一时栽培，即见一时荒落。我不能欺彼，彼亦不欺我；却不似末世，人情作伪，难处也。”① 不难看出，其所提倡的，是必须以科学的态度来对待农桑之务。由于经营地主重视经营管理，讲究农业生产技术，精耕细作，所以其生产收益相当可观，单位面积产量达到很高水平。“况田极熟，米每亩三石，春花（麦、豆、油菜等）一石有半，然间有之，大约共三石为常耳。下路湖田，有亩收四五石者，田宽而土滋也。”② 除沈、张二氏外，明末在农业经营方面取得突出成就的，还有很多事例，仅在同一地区就有茅氏、庄氏等，“归安茅氏，农事为远近最；吾邑（桐乡）庄氏，治桑亦为上七区首”③，等等。

第五，注意善待雇工。

《补农书》中说：“作家第一要勤耕多壅，少种多收；第二要宽恤租户，不致退佃。”④ 沈氏、张氏在农业经营中，把善待雇工、宽恤佃户放在了十分重要的位置。由于地主与雇工、佃户所处身份不同，贵贱悬隔，明代一般地主虐待雇工、佃户的现象仍很普遍。“今士庶之家，骄蹇呵詈，使人不堪，毋论受者怨之，自顾岂不可耻。”⑤ 与此不同，沈、张二氏十分重视地主与雇工及

① 《补农书》下卷，《总论》。
② 《补农书》下卷，《补农书后》。
③ 《补农书》下卷，《总论》。
④ 《补农书》下卷，《总论》。
⑤ 《补农书》下卷，《总论》。

佃户的关系，在《补农书》中用相当多的文字，反复阐述善待雇工、宽恤佃户的重要性。指出："劳苦不知恤，疾痛不相关，最是失人心之大处。""至于工银、酒食，似乎细故，而人心得失，恒必因之。"[①] 而主张对雇工的"供给之法，亦宜优厚。炎天日长，午后必饥；冬月严寒，空腹难早出。夏必加下点心，冬必与以早粥。若冬月雨天，罱泥必早与热酒，饱其饮食，然后责其工程；彼既无词谢我，我亦有颜诘之。"[②] "做工之人要三好：银色好，吃口好，相与好；作家之人要三早：起身早，煮饭早，洗脚早。三好以结其心，三早以出其力，无有不济"[③]，等等。

以上几个方面，主要是通过《补农书》的记载而看到的有关明代雇工经营地主的一些特点。当然，就每个具体的雇工经营土地的地主而言，其所表现出的特点不尽相同。明代地主雇工经营土地，亦多同时兼出租土地，即经营地主多兼租佃地主。经营地主的发家途径，也是多种多样的。或垦荒起家，或兴修水利致富，如何乔远《名山藏》所载两个事例："马一龙，溧阳人。……吏部郎史际者，一龙外家，贷以百金。邑有荒区，久无耕人，一龙用金买牛十头，佣耕作。一岁尽垦，大熟。乃作《农书》曰：……既终养十余年，起复为南国子司业，免官归，卧疾玉华山。时时策杖循亩，与野老田畯论农事，而一龙家以大富。"[④] "史际，溧阳人。……邑多潦，以淮水沙涨，在邑北十余里，潦溢旱缩，不潴不陂，弃为旷土，有年岁矣。际度东南阿可潴可防者，测水而疆之。请于官，募民兴工以为田，携老弱就役，环堤茇焉。人日给米二升，钱三十文，薪一束。……秋成兴工，至首夏麦熟而散，所全活四千人，垦田四千余亩，为圩者三；潦有防不坏，旱得引以灌。近潦之田又数千亩，计岁入可数千石。堤之隙地，蔬豆可茹，榆柳可薪，池中鱼蟹库蠃可食，因名之曰'救荒潦'。际既失官，家富冠东南。"[⑤] 又有农民或佃户，经过长期积累，而发展成为经营地主的。如明末邹迪光《始青阁稿》所载："吾族有邹思溪翁

① 《补农书》下卷，《总论》。
② 《补农书》上卷，《运田地法》。
③ 《补农书》下卷，《总论》。
④ 《名山藏·货殖记》。
⑤ 《名山藏·货殖记》。

者……故业农，家窭甚，无尺土可耕，佃田耕焉。耕必强力昏作，炙手涂足，终岁勤勤，畚构斤欘，靡所不良利。遂能亩无奥草，易硗而瘦，一拨可获数秸，号为上农。……久之，有田数亩，而力作如故。又久之而加倍，而亦力作如故。又久之，田且及百，乃始收犁置耜，召佣保合作，而身为督。”① 毋庸置言，明代雇工经营地主在各地所占比重与发展情况并不相同，即使同一地区也不一致。这主要是由于各地不同的自然条件、土地占有与经济发展状况，以及历史传统、风俗习惯等多种因素而形成的。《补农书》中的有关记载也说明了这一点。“西乡地尽出租，宴然享安逸之利，岂不甚美。但本处地无租例；有地，不得不种，田不得不唤长年，终岁勤动，亦万不得已而然。第使子孙习知稼穑艰难，亦人家长久之计。”②

如众所知，由于时代的原因，像经营地主雇工经营土地这类事迹，在明代史籍的记载之中很难得到充分的反映。尽管如此，雇工经营与雇佣劳动，在明代的多种史籍中都或多或少有所披露。例如，从明代中期一些地区的方志中，即可看到有关农业雇工种类的不少记载。弘治《吴江志》载：

> 无产小民投顾富家力田者，谓之长工。先借米谷食用，至力田时撮忙一两月者，谓之短工。租佃富家田产以耕者，谓之佃户。此三农者，所谓劳中之劳也。③

正德《松江府志》载：

> 农无田者为人佣耕曰长工，农月暂佣者曰忙工，田多而人少者，倩人为助，已而还之曰伴工。④

嘉靖《吴江县志》载：

> 若无产者赴逐雇倩，抑心殚力，计岁而受值者曰长工，计时而受值者曰短工，计日而受值者曰忙工。⑤

万历《秀水县志》载：

---

① 《始青阁稿》卷一八。
② 《补农书》上卷，《运田地法》。
③ 弘治《吴江志》卷五，《风俗》。
④ 正德《松江府志》卷四，《风俗》。
⑤ 嘉靖《吴江县志》卷一三，《典礼志三 · 风俗》。

富农倩佣耕，或长工，或短工，佃农通力耦犁曰伴工。[①]

万历《宛署杂记》载：

宛人呼雇工人为年作，至十月初一日，则各辞去。谚云：十月一，家家去了年作的，关了门儿自家吃。[②]

同书又载：

主人呼雇工曰汉每，雇工称主曰当家的。[③]

此外，在正德《姑苏志》、正德《华亭县志》、嘉靖《江阴县志》、嘉靖《洪雅县志》、万历《滨州志》等，以及《明实录》、明人文集中，亦可见到有关农业雇佣劳动的某些记载。特别应注意的是，这些记载均不是对某些事例的个别记述，而是指当地的“风俗”而言的。总之，雇工经营与雇佣劳动，在明代很多地主的土地经营中已相当普遍；并且从总体来说，它与役使奴仆经营土地的衰微趋势相反，而是呈发展之势的。

关于明代经营地主的土地经营，特别是雇工经营方面，还应看到其所出现的新的变化。

首先，在明代经营地主的土地经营中，商品生产的倾向明显加强了。封建性的传统农业，一向强调以农为本，以粮食生产为主，男耕女织，自给自足。在明代经营地主的土地经营中，多种经济作物的栽培十分普遍，同时还实行粮食生产与家庭副业、畜牧养殖等相结合，经营多样化，商品生产的倾向明显增强。如李诩《戒庵老人漫笔》所载事例：“谈参者，吴人也。家故起农，参生有心算。居湖乡，田多洼芜，乡之民逃农而渔，田之弃弗辟者以万计。参薄其直收之。佣饥者，给之粟，凿其最洼者池焉。周为高塍，可备坊泄，辟而耕之，岁之入视平壤三倍。池以百计，皆畜鱼；池之上为梁为舍，皆畜豕，谓豕凉处，而鱼食豕下，皆易肥也。塍之平阜，植果属，其污泽植菰属，可畦植蔬属，皆以千计。鸟凫昆虫之属，悉罗取，法而售之，亦以千计。室中置数十匦，日以其分投之，若某匦鱼入，某匦果入，盈乃发之，月发者数焉，视田之

① 万历《秀水县志》卷一，《舆地志·风俗》。

② 《宛署杂记》卷一七，《民风一·土俗》；《民风二·方言》。

③ 《宛署杂记》卷一七，《民风一·土俗》；《民风二·方言》。

入，复三倍。”[①] 而从《补农书》的记载中可以看出，明代后期至少在江南一些农业生产发达地区，某些经营地主的土地经营，已由传统的种植水稻为主，转向以植桑养蚕为主了。《沈氏农书》中说：“酌其常规，妇女二名，每年织绢一百二十疋……实有三十两息。若自己蚕丝，利尚有浮。”[②] 由于当地“蚕桑之利，厚于稼穑”，随后张履祥进而指出：“农事随乡，地之利为博，多种田不如多治地。……地得叶，盛者一亩可养蚕十数筐，少亦四五筐，最下二三筐。若二三筐者，即有豆二熟。米贱丝贵时，则蚕一筐，即可当一亩之息矣。”[③] 这里提出的“多种田不如多治地”的观点，是一个重要的标志，它反映了当地传统的以粮食生产为主的经营模式已被打破，而开始转向以商品生产为主了。虽然在这种商品生产之中，仍包括相当大的自给性生产，即家计性生产在内，但随着经营地主生产规模的扩大，其中纯商品性生产部分无疑也大大增强了。

其次，经营地主与雇工之间的关系出现了新的变化。从雇工方面来说，随着商品经济的发展和社会风气的变化，他们已开始觉醒，大约从明中叶起，其反抗意识普遍增强。这从《沈氏农书》所载即可看出：“做工之法，旧规：每工种田一亩，锄、耥、耘每工二亩。当时人习攻苦，戴星出入，俗柔顺而主令尊；今人骄惰成风，非酒食不能劝，比百年前，大不同矣。”[④] 在经营地主方面，如上所述，其已认识到必须重视善待雇工的问题。张履祥认为：“今农书所载者，法也；苟非其人，法不虚行。行法之要，一曰忠信，一曰精勤。忠信以待人，则人无不尽之心；精勤以立事，则事无不成之势。”[⑤] 即农业经营之法的施行，关键在于人；而这里所说的人，既包括地主，也包括雇工。他还做了这样的比喻：“种田无良农，犹授职无良士也。”[⑥] 因此把选好雇工与善待雇工看成是经营成败的关键之一。沈氏写道：“古云：‘善使长年恶使牛’，又云：

① 《戒庵老人漫笔》卷四，《谈参传》。
② 《补农书》上卷，《蚕务》。
③ 《补农书》上卷，《运田地法》。
④ 《补农书》下卷，《总论》。
⑤ 《补农书》下卷，《总论》。
⑥ 《补农书》上卷，《运田地法》。

‘当得穷，六月里骂长工’，主人不可不知。”[1] 张氏指出：“谚曰：‘食在厨头，力在皮里’；又曰：‘灶边荒了田地’。人多不省，坐蹈斯弊，可叹也!”[2] 与当时一般地主对待雇工“骄蹇呵詈，使人不堪”的做法相比，沈氏、张氏等的这些认识无疑带有进步性。

尤其引人注意的是，明末官府法律方面在地主与雇工关系上所出现的新变化。据史籍所载，中国古代农业生产中雇佣关系的出现可追溯到战国时代。[3] 其后，历代关于雇佣劳动亦有记载。至明初，“雇工人”的提法已见于官府的法律条文之中。《大明律》载：“凡奴婢骂家长者，绞；骂家长之期亲及外祖父母者，杖八十，徒二年，大功杖八十，小功杖七十，缌麻杖六十。若雇工人骂家长者，杖八十，徒二年；骂家长之期亲及外祖父母者，杖一百，大功杖六十，小功笞五十，缌麻笞四十。”[4] 这是《大明律》中关于“奴婢骂家长”的一项条款。从中可以看出，雇工人与奴婢，尽管在量刑上有所不同，但二者在身份上是相同的。《大明律》中还有多项条款提及“奴婢及雇工人”，二者多相提并论。说明当时雇工人在法律上是与奴婢划在一起的，同属贱民等级。虽然有关解释《大明律》的一些文献中也指出，在同主人的法律地位上，雇工人与奴婢相比略有区别，并不完全相同，但雇工人与其家主之间的尊卑贵贱不平等关系，乃是十分明显的。因此，直至明初，农业生产中雇工与地主之间的关系，仍属一种封建性的不平等的雇佣关系。

然而，至明末这种情况出现了新的变化。万历十五年（1587），都察院左都御史吴时来奏请有关制定缙绅存养奴婢的条例，第二年，其奏请作为律例未尽条款被采纳，《明实录》载：

> ［万历十六年正月庚戌］刑部尚书李世达、都察院左都御史吴时来、大理寺卿孙铣等题，申明律例未尽条款凡六事：一、奴婢。官民之家，凡倩工作之人，立有文券、议有年限者，以雇工论；只是短雇、受值不多者，以凡人论。其财买义男，恩养年久、配有室家者，

---

① 《补农书》上卷，《运田地法》。

② 《补农书》下卷，《总论》。

③ 参阅《韩非子·外储说左上》。

④ 《大明律》刑律四，《骂詈·奴婢骂家长》。

同子孙论；恩养未久、不曾配合者，士庶家以雇工论，缙绅家以奴婢论。……上允行。①

这一题例，将雇工限定为“立有文券、议有年限”者，而把短工从雇工人中划分出来，均作凡人论。即短工与雇主之间的关系在法律上取得了平等地位。这一变化虽然只是使部分雇工的法律地位从奴婢之中解放出来，但无疑具有重要意义。当时的法律方面，即上层建筑之中所发生的这种变化，它只能是现实社会经济生活中雇工地位有所上升，雇工与地主之间关系发生变化的一种反映，而且应该说，这种变化在此之前相当长的时期内早已发生了。所以，明末法律方面关于雇工地位的这一变动，可视为明代中后期雇工与地主之间关系发生变化的一个重要标志。就雇工与地主之间的雇佣关系而言，大致从明代中后期开始，已处于从封建雇佣向自由雇佣转变的过程之中了。②

① 《明神宗实录》卷一九四。

② 参阅李文治、魏金玉、经君健：《明清时代的农业资本主义萌芽问题》，中国社会科学出版社1983年版。

第三章　明代的赋役制度

第一节　明初赋役制度的重建

一、洪武年间田籍户籍的整顿和粮长里长制度的建立

(一) 鱼鳞图册的绘制

元末农民战争使各地登载田地的册籍，毁于兵燹，田赋的征收，失去了可靠的依据。洪武元年，明朝建立伊始，明太祖就下令在全国范围重建赋役制度。而田赋制度的重建，首先是从绘制鱼鳞图册着手。

关于明代绘制鱼鳞图册的时间，史书记载不一。我们从有关资料得出判断，认为洪武年间有两次大规模绘制鱼鳞图册的举措。第一次当在洪武元年开始，持续时间较长。

洪武元年开始的绘制鱼鳞图册工作，分两种方式进行。一种是，由明中央政府派员到地方主持绘制工作；另一种是命令某些地方官，自行组织人力绘制。明朝派员绘制鱼鳞图册的地区，应是浙西。洪武元年，明太祖派遣周铸等164人往浙西核实田。① 这次所谓核实田亩，实际上就是在丈量田亩的基础上，绘成鱼鳞图册。时人杨维桢《东维子文集》载：

河济宁郡教授成君彦明氏，以文墨长才，为今天子录用。洪武元年春，遣使行天下，经理田土事，而成君在选中，分履淞之三十八都二百一十五图。阅岁终，鱼鳞图籍成。父老咸喜其清明果决，竿尺有

① 《洪武实录》卷二五。

准，版帐不欺，积之不毛之土并附以见，装潢手卷来拜，草玄阁次，求余言以为贶千万。[①]

这里，“洪武元年春，遣使行天下，经理田土事”，和《洪武实录》卷二五所载：洪武元年元日甲申“诏谴周铸等一百六十四人往浙西核实田亩”，当是同一件事。成彦明应属这164人中的一员。他分履松江38都215图，一年后攒造成鱼鳞图册，向名士杨维桢求讨纪事文字。杨维桢在《送经理黄官还京序》还写道：

今天予龙飞金陵……又遣使行天下，以经界为重务也。而北庭黄侯万里氏在选中，分披华亭履土事，事毕还京。邑士朱辉为绘田间竿尺图，以见侯勤于王事，而敏有成功也。持其卷来谒东维先生于草玄阁，求一言以重其行……为诗一章……曰：天予龙飞定两都，其川草木尽昭苏。三吴履亩难为籍，四海均田喜有图。……[②]

《田间竿尺图》，当是鱼鳞图册别称，含“竿尺有准”之意。

与浙西不同，浙东地区的鱼鳞图册，则是由明朝指令地方官自行绘制。明州就是如此。时人郑真写道：

……明年国号大明，改元洪武。浙江省守臣钦承旨意，檄命新具图籍。明郡（按指明州，洪武十四年改名宁波府）长贰承奉恐后……遂命六县之民，凡山田疆里之宜，某税某粮之数，悉登载之。且择邑从事之贤者，令昌国县典史马君程督之。君守之以正，持之以公……其征科旧额，间有轻重失宜为民病者，悉厘正之。于是大编巨帙，明分类别，披而览之，若躬历焉。[③]

昌国县原是州的建制，洪武二年降州为县。[④] 可见明州造籍，当在洪武二年。金华县丈地造册，拖至洪武四年进行，苏伯衡《核田记》载有此事。而金华府浦江县迟至洪武十四年才造成《田土流水文册》，即鱼鳞图册。嘉靖《浦江志略》：

① 杨维桢：《东维子文集》卷一《送经理官成教授还京序》。

② 杨维桢：《东维子文集》卷一《送经理黄官还京序》。

③ 郑真：《荥阳外史集》卷二八《赠昌国县典史马君德明序》。

④ 《明史》卷四四《地理志》五“浙江”。

大明洪武十有四年，造《田土流水册》。共三百四十册，内开每都佥都长一名，保长一十名，每遇改册，照号梭踏入册，图画田地山塘段样，开载原业某人，今业某人，及米麦科则数目，庶毋隐漏飞诡。①

降至洪武十九年，明朝又发动国子监太学生参与第二次大规模绘制鱼鳞图册。明初人方孝孺写道：

洪武十九年，诏天下度田。绘疆畛为图，命太学生其役。②

顾炎武《天下郡国利病书》原编第二二“浙江”下载：

方洪武十九年，上念民贫富不均，而赋税多不以实自占，往往以田飞洒诡寄，昏赖推那，遣国子生临县，将各乡田土一一经量，编画鱼鳞图以记之。

《明史》卷一五一《吕震传》载：

（吕震）洪武十九年以乡举入太学。是命太学生出稽郡邑壤地，以均贡赋。震承檄之两浙。

这次绘制工作，于洪武二十年完成。《洪武实录》卷一八〇载：

（洪武二十年二月戊子……）浙江布政使司及直隶苏州等府县进鱼鳞图册。先是，上命户部核实天下田土，而两浙富民畏避徭役，往往以田诡寄亲邻、佃仆，谓之“铁脚诡寄”。久之相习成风，乡里欺州县，州县欺府，奸弊百出，谓之“通天诡寄”。于是富者愈富，贫者愈贫。上闻之，谴国子生武淳等往各处，随其税粮多寡，定为几区，每区设粮长四人，使集里甲耆民，躬履田亩以量之，图其田之方圆，次其字号，悉书主名及田之丈尺四至，编类为册，其法甚备。以图所绘，状若鱼鳞，故号鱼鳞图册。③

洪武年间，除了江南丈地绘制鱼鳞图册外，北方也进行土地丈量，如山东

① 《浦江志略》卷三《民物志册籍》。

② 方孝孺：《逊志斋集》卷二《贞义处士郑君墓志》。

③ 关于派遣武淳丈田选册时间，明人吴侃《在是集》说是洪武二年，而沈文《圣君初政记》：“先是，洪武十三年，江部核实天下土田，惟两浙富民畏之遣国子生武淳等往各处查定底细，编类为册，其法甚便，谓之鱼鳞图册。”

诸城县：

洪武初年，朝廷分遣监生并秀才，丈勘北方田地。而本县丈勘者为小王秀才云。王不知何许人，其丈地以赋役为名，计亩准折，如肥地一亩，折赋役地三亩，稍次才一亩折二为亩，又次者一亩折一亩半，照地折亩，按亩征粮，以为重轻差等准则。①

又如陕西渭南县：

（洪武初）岁输粮二万（石），豪右与猾吏为奸，田无定额，（县丞李）叔正履亩丈量，立法精密，诸弊尽剔。②

上述两条材料，都只提到丈田，未说绘成鱼鳞图册。但是既然丈了田，可能也造了鱼鳞图册。尤其是山东地区，丈田既由“朝廷分遣监生”执行，那一定是按照朝廷的要求，既丈田，也绘制鱼鳞图册。

封建政府攒造鱼鳞图册的目的，是要切实掌握各地的耕田数字，从而杜绝隐田逃税的现象。明代人说：“人虽变迁不一，田则一定不移。是之谓以田为母，以人为子。子依乎母而的的可据，纵欲诡寄埋没而不得也，此鱼鳞图之制然也。”③ 这也是所谓“以田统人”。

（二）粮长制度的建立

明代田赋的征收，以米麦实物为主。在征收过程中，官吏往往贪污中饱。穷苦小民纳升斗之税，要亲赴指定粮仓输缴，路途花费甚至超过正税，因而往往交给揽纳户包纳。揽纳户多系地方无赖。他们揽到税户交来的税粮时，不但要收取很重的手续费，而且甚至将“揽到人户诸色物件粮米等项，不行赴各该仓库纳足，隐匿入己”。④ 为了革除官吏对税粮的贪污中饱，禁绝揽纳户对税粮的侵吞，确保田赋收入的兑现，明太祖于洪武四年九月下诏建立粮长制度：

上以郡县吏每遇征收赋税，辄侵渔于民，乃命户部令有司料民土田，以万石为率，其中田土多者为粮长，督其乡之赋税，且谓廷臣

① 顾炎武：《天下郡国利病书》原编第一六册“山东”下。

②《明史》卷一三七《李叔正传》。

③ 顾炎武：《天下郡国利病书》原编第七册“常镇”。

④《大诰·籍没揽纳户第三十七》。

曰："此以良民治户民，必无侵渔之患矣。"[①]

根据诏书规定，粮长是由"田土多者"地主担任，职责是督收乡村田赋。但是，粮长设置的原则，不一定是"以万石为率"。宋濂说：明初"以巨室为粮长，大者督粮万石，小者数千石"。[②] 可见，洪武四年规定每名粮长督收粮"以万石为率"，只是个大概的数字。明初不少地区粮长督粮达万石以上，也有仅数千石。

洪武时期，并非全国各地都设有粮长。"粮长，盖民之丁力相应者充之。非轮年也，惟粮多之处有之。"[③] 据方家研究，明代设有粮长的地区是浙江、南直隶、湖广、江西、福建，而山东、河南、陕西设"大户"之役，其职责与粮长相似。换言之，建立粮长制的行省，不会超全国行省总数的三分之二，但这些都是明朝田赋收入较多的地区。[④]

粮长"督其乡之赋税"的职责，实际包括田赋的征收和解运二大任务。

关于税粮征收的手续和办法，明朝有明确规定。洪武二十六年规定，每年七月二十日以前，凡设有粮长的地方，官府要委官一员，率众粮长赴京面听宣谕，关领一种二联单式的文册，名叫"勘合"，回乡督办税粮。里甲制度建立后，具体的征办，是由粮长督里长，里长督甲首交纳，最后，粮长将各里甲的税粮汇集一起，并率领里长及运粮人户，车载船运到缴纳地点。这就是解运。洪武六年曾"诏松江、苏州等府，于旧定粮长下，（每名）各设知数一人。斗级二十人，送粮夫千人。俾每岁运纳，不致烦民。"[⑤] 知数是会计人员，斗级负责看管粮食，而送粮夫则是税粮的运输者。每名粮长下设送粮夫竟多达千人，可见解运任务之重。不过，明初还允许粮少人户，采取"议让纳粮"，即合伙筹集盘缠，推举"总领"，跟著粮长赴纳的办法。[⑥]

除督收、解运税粮外，为了保证税粮的兑现，粮长还负有下列几种职责：

---

① 《洪武实录》卷六八。

② 宋濂：《朝京稿》卷五《上海夏君新圹铭》。

③ 丘浚：《大学衍义补》卷三一《傅算之籍》。

④ 见梁方仲：《明代粮长制度》第54页。

⑤ 《洪武实录》卷八五。

⑥ 《大诰续编·议让纳粮第七十八》。

第一，劝导豪户，不可勾结官吏，洒派诡寄税粮，靠损小民；

第二，农闲时会集乡中父老，劝导耕种；

第三，可向皇帝面奏拒纳税粮的“刁顽”人户，具报灾伤及抛荒土地，请求豁免这些土地税粮；

第四，遇到攒造黄册或鱼鳞图册时，要奉命参加。

洪武时，粮长历年赴京领取勘合，照例受皇帝召见，面听“圣谕”。粮长一旦被明太祖看中，还可以授予官职，如乌程粮长严震直，“每岁率先输粮”得太祖赏识，授布政司参政，留治通正司事，不久升任工部尚书。[①] 类似事例不少，洪武八年，明太祖还决定给予粮长以法律上减罪特权：

> 自今粮长和杂犯死罪及徒者、流者，止杖之，免其输作，使仍掌税粮。御史台臣曰，粮长有犯，许纳铜赎罪。制可。[②]

因而，粮长成了乡间地主乐于担任的具有殊荣的职务。永乐迁都北京后，粮长到南京再也见不到皇帝了，勘合只能由南京户部宣谕给与。粮长身价虽有所下降，但其在乡间的威风依然不减。松江人何良俊说：

> 余农家子也……自祖父以来，世代为粮长垂五十年……然尝忆得小时，见先府君为粮长日，百姓皆怕见官府，有终身不识城市者，有事即质成于粮长，粮长即为处分，人人称平谢去。[③]

洪武前期，粮长没有任期，洪武三十年令正副粮长三名“轮流应役”，即粮长职务没有解除，只是轮流执行催征解运之役。永乐时曾改“岁更”法，一年一换。但是，宣德又普遍实行永充制。如苏松地区：

> 高皇帝……以殷实户充粮长……盖有屡世相承不易者。……永乐以后，渐用岁更，宣德初，户部言，粮长岁更，顽民玩之，故乡负租，请如旧便（即原永充制）。[④]

实行永充制，是为了加强粮长的职能，使钱粮征收具有连续性，避免出现对钱粮来龙去脉不甚了了和拖欠钱粮无人征收等弊端。但是，世代永充制，加

① 吴宽：《匏翁家藏集》卷四三《尚书严公流芳录序》；《明史》卷一五一《严震直传》。

② 《洪武实录》卷一〇二。

③ 何良俊：《四友斋丛说》卷一三“史”九。

④ 顾炎武：《天下郡国利病书》原编第六册“苏松”。

强了粮长的地位和权力。不少粮长恃势作恶乡间，侵吞税粮，勒索粮户。

（三）户帖的颁行和黄册制定

封建社会的田赋和徭役，都是以田和人作为征派对象。元末战乱，不仅使田籍毁灭，户籍同样严重散失。为了重建正常的封建徭役征派制度，洪武三年七月，明太祖又下令各地未申报户籍者，限期“自首”[①]。这时，适有宁国知府陈瑾在该府创制户帖，用以稽民数。明太祖遂“取为式，命布天下”。颁布时间是洪武三年十一月。明代江阴县李翊《戒庵老人漫笔》卷一“半印勘合户帖”条，录有洪武三年户帖的内容：

> 户部洪武三年十一月二十六日钦奉圣旨：“说与户部官知道，如今天下太平了也，止是户口不明白哩。教中书省置天下户口的勘合文籍户帖，你每户部家出榜，去教那有司官将他所管的应有百姓，都教入官附名字，写著他家人口多少，写得真，著与那百姓一个户帖，上用半印勘合，都取勘来了。我这大军如今不出征了，都教去各州县里下著绕地里去点户比勘合，比著的便是好百姓，比不著的，便拿来做军。比到其间，有司官吏隐瞒了的，将那有司官吏处斩，百姓每自躲避了的，依律要了罪过，拿来做军。钦此，除钦遵外，今给半印勘合户帖，会本户收执者。”
>
> 一户某　府　州　县　乡　都　保　附籍　户计家　口男子　口成丁不成丁　妇女口大小　事产基田瓦草屋　右户帖会某　收执　准此　洪武三年十一月　日

洪武三年颁行户帖，首先是各家自行填写。填写内容有：一、户口所在的府州县乡都保；二、家庭人口状况，包括成丁和未成丁男子以及老幼妇女；三、财产状况，包括田地房屋牲畜等。其次，在自行填写的基础上，明朝遣派大批军兵下乡“比勘”。“比勘”就是将户帖上填写的丁口事产与实际情况进行核对。如果发现官吏隐瞒，官吏处斩；如果发现百姓弄虚作假，填写不实，百姓充军。所以，这次填写核对户帖，实际上是在全国范围内，进行一次人口和财产的普查，显然带有政治强制性质。

① 顾炎武：《天下郡国利病书》原编第六册“苏松”。

在创立户帖的基础上，明朝同时建立起户籍。户帖发给百姓存执，户籍存于户部。

户帖虽然真实地登记了各户人丁事产状况；但是，第一，各户生老病死和财产变动等情况，在户帖上不能反映出来；第二，户帖仅登载各户人丁事产，如何管理人丁事产的问题，尚未解决。因此，随著时间的推移，各户丁产的实际状况，与户帖上所登载的必然不相符合。加上没有组织机构的保证，逃避赋役的情况不免经常发生。这就使得明政府不得不考虑创立一种更加严密的户籍制度。洪武十三年，范敏任户部尚书。明太祖“以徭役不均，命编造黄册。”①其内容，《明书》有较为详细的记载：

> 以一百一十户为里，推丁粮多者十户为长，余百户为十甲。甲十户，名全图。其不能十户，或四五户若六七户，名半图。城中曰坊，近城曰厢，乡者曰里。里各编一册，册首为总图。鳏寡孤独不任役者，则系于百十户之外，著之图尾，曰畸零带管。册成，上户部，而省、府、州若县各存其一以侍会，皆十年，有司将定式给坊、厢、里长，令人户诸丁口、田塘、山地、畜产，悉各以其实自占，上之州、县，州、县官吏查比先年册诸丁口，登下其死生。其事产、田塘、山地贸易者一开除，一新收，过割其税粮。其排年坊、里长消乏者，于百十户遴丁粮近上者补之。有事故绝者附畸零。②

黄册的攒造，采取自下而上的方法。首先，政府将誊刻的“一户定式”（或称《清册供单》）发给各户。各户“各以实自占”，要在政府颁发的“一户定式”上，如实登记本户籍贯、丁口、事产，然后交付该管里长。

县根据各里送来的黄册，编造本县黄册，然后送府。府、布政司亦依此层层造册，最后上报户部。黄册用小楷书写，而送给户部的黄册，用黄纸封面，故名之“黄册”。据《后湖志》所载，里一级所造黄册，不同于县、府、布政司所造黄册。县、府、布政司所造黄册，相对简单一些。各毕所造黄册，内容较复杂，它一一细列各户丁口事产情况，包括所谓“旧管”（现存数）的“四

① 《明史》卷一三八《范敏传》。
② 《明书》卷六八《赋役志》。

柱式”册首总为一图，册尾附著畸零户。而县（州）府布政司所造黄册，只开所司里县（州）、府的人丁事产总数，不列细数。

明朝通过鱼鳞图册和黄册，对全国主要的生产资料土地和劳动人手丁口，进行双轨制登载。鱼鳞图册以登载不动产土地为主，有了它可以收到田不漏籍之效，也通过它追踪土地变动情况。黄册以登载劳动人手为主，通过它可以掌握劳动者和生产资料结合的状况。所以，黄册和鱼鳞图册，同样是封建政府实现赋役剥削不可缺乏的依据。但是，由于赋役和徭役是向人征收和佥派的，所以在实际的赋役征发中，官府的主要依据是黄册，黄册因此又称赋役黄册。

（四）里甲制度的建立及其职能

明代的里甲有其历史渊源，作为中国封建社会政权的乡村基层组织，它和秦汉以来的亭里制、三长制、里保制等是一脉相承的。洪武十四年在编制黄册的基础上，编定里甲，它强调地域限制，不许将不同都的人户，拼凑成一里：“凡编排里长，务不出本都，且如一都有六百户，将五百五十户编为五里，剩下五十户分派本都，附各里名下带管当差，不许将别都人户补辏。”①

强调以都划里，实际是以更小规模的分里。都仅作为地域概念，每都下辖若干村，其户数多寡不一，未必能如里甲编制的要求为110户。

在里甲内部，有里长和甲首之分。里长10户，由里中丁粮多者担任，并采取排年轮当制。显然，里长本人同时也是一名甲首。甲首是以一定资产为条件的。只要有一定资产，10岁以上男子就有资格列为正管，成为甲首：

> 其畸零人户，许将年老残疾并幼小十岁以下及寡妇、外郡寄庄人户编排。若十岁以上者，编入正管，且如编在先次，十岁者，今已该二十岁。其十岁已上者，将年分远近编排，候长一体充当甲首。②

与有丁产甲首不同的是丁产少的畸零户。畸零户不入正图，没有获得甲首资格，只是附图后带管：“丁粮绝少及鳏寡孤独不任事者，附于格眼外，谓之畸零户。”③

---

① 《后湖志》卷四《事例》一。

② 《后湖志》卷四《事例》一。

③ 嘉靖《香山县志》卷二“徭役”。

所谓“丁粮绝少”并无统一标准，一般说来，每都按丁粮多寡取前100户编为正管之后，余下丁粮少的户就作为畸零带管。明初，畸零户毕竟为数较少。既然大部民户作为有丁产的甲首，编入里甲正管，这表明里甲以小农为主要编制对象，是建立在小农经济基础之上的组织。这批小农包括佃农和小自耕农。

明初，封建王朝授予里甲以多方面的职能。据洪武二十一年颁布的《教民榜文》规定，里甲有民事诉讼裁判权，凡民间户婚、田土、斗殴、争占、失火、窃盗、骂詈、钱债、赌博、擅食田园瓜果、私宰耕牛、弃毁器物稼穑、畜产咬杀人、卑幼私擅用财、亵渎神明、子孙违犯教令、六畜践食禾稼等，这些民间诉讼都应由里甲裁判。各里推举出来的老人，时称“方巾御史”。他和里长一齐行使裁判权力。

里甲组织虽有上述各种职能，但都是次要的职能。更主要的是，里甲被作为一个服役单位，要向封建官府提供徭役。

里甲所服徭役，称里甲正役，是按户服役，以甲为单位轮流充当。即每年由十名里长中一名为现年里长，带领十甲中一个值年甲应役。如永乐《乐清县志》载：“每隅都以一百一十户为图，编成十甲，内选十户丁田多者充里长，其余人户，每十户为一甲，轮流充当甲首。”[①] 应役“在官者曰见年，空歇者曰排年。”现年里长和现年甲长的职责是：“催征钱粮，勾摄公事。”

“催征钱粮”是现年里长和现年甲长的主要职役。由现年甲长协助现年里长征收其他九甲的钱粮。所谓“勾摄公事”，包括：

第一，管理本里人丁事产。里长“主十甲人户事产之推收、丁口消乏之大事。”[②]

第二，清勾军匠，根究逃亡，拘捕罪犯。这不仅是现年里长的职责，凡遇这类公事，其他九名排年里长也要赴役。[③]

第三，到各级衙门“承符呼唤”。《大诰》有案例，明初崇德县“令李付一等充里甲，为起夫，忧民生理，二次牌勾。抗拒不答，俱各在逃。本县差甲

① 永乐《乐清县志》卷三“坊郭乡镇”。
② 嘉靖《东乡县志》卷上“户口”。
③ 顾炎武：《天下郡国利病书》原编第二七册“广东”上。

首王辛三勾唤。"① 这就是"承符呼唤"的具体一例。《明史》卷一五九《杨继宗传》载，天顺间，"河间获盗，遣里民张文、郭礼送京师。"可见，勾摄公事还包括押送犯人。

第四，支应"上供物料"。这一点，我们留待下面细说。

但是，里甲除了作为服役单位之外，作为封建政权的乡村基础组织，它还负有对劳动者进行政治强制和超经济强制，把劳动人手束缚在土地上的重要职责。

明朝对户口采取按职业分籍管理的办法。不同职业者，分别载入不同的户籍。黄册制度建立后，除登载民户的黄册外，还有登载军兵的军黄册，登载工匠的匠籍册，登载灶户的灶籍册，等等。《大明律》规定："凡军民驿灶医卜工乐诸色人户，并以籍为定。若诈冒脱免，避重就轻者，杖八十。其有司妄准脱免及变乱版籍者罪同。"不许变乱版籍，实质上是要把劳动者按籍登载的职业凝固化。众所周知，资本主义社会劳动者可自选职业。劳动力的流移是靠市场上劳动力的价格来调节。封建社会却不然，"在职业的分离是自然发展起来、随后固定下来、最后由法律加以巩固的早期社会形态中，一方面，呈现出一幅有计划和有权威地组织社会劳动的图画。"② 明政府依仗政治权威凝固现有的社会分工，主要目的是防止载入黄册编为里甲的农业人口流向非农业生产部门，这正是实现把农民束缚在土地上的第一步。

为了箝制农民，明朝严禁农民随意离开里甲：

> 凡民邻里，互相知丁，互知务业，俱在里甲。
>
> 农业者不出一里之间，朝出暮入，作息之道互知焉。
>
> 一里之间，百户之内，见诰仍有逸夫，里甲坐视，邻里亲戚为拿，其逸夫者或于公门中，或在市间里，有犯非为，捕获到官，逸夫处死，里甲四邻化外之迁，的不虚示。
>
> ……所在有司，邻人里甲有不务生理者，告诫训诲，作急各著生理。除官役占有名外，余不生理者，里甲邻人著限游食者父母兄弟妻

---

① 《大明律》卷四"人户以籍为定"。

② 马克思：《资本论》第一卷，第395页。

子等，一个月之间，仍前不务生理者，四邻里甲拿赴有司。①

后二条惩治“逸夫”、“游食”者条款，无非也是要把农民束缚于里甲之内。为了配合里甲对户口的控制，明朝还实行路引制度，军民人等离乡百里，即须领有路引，否则擒拿送官。②把农民编入里甲，就是把农民划禁在一个固定的地域。在封建统治者看来，只要把农民编入里甲，即可“便就约束，如鸟之在笼，兽之在柙，虽欲放逸，有不可得。”③中国封建社会，尤其是在两宋以后，农民获得了离开土地主人的自由，但是仍被剥夺离开里甲的目的，实际上这就是没有离乡离土的自由。

二、明前期田赋的征收和运输

（一）税粮的征收和上供物料的派征

明初的土地按所有权性质，可分作国有的官田、屯田和私有民田两大类。明朝规定：“凡各州县田土……系官田者照依官田则例起科，系民田者照依田则例征敛。”④但是，由于官民田所有权性质不同，因而交给封建官府的名义虽都称为“田赋”，其性质迥异。明代人也已看出，官民田所输给官府的有“租”和“赋”的差别：“官田者，朝廷之有非细民之产，耕之者乃佃种之人而非得业之主……所输者乃完官之租而非民田之赋。”⑤其实，官田耕种者向官府输纳的是属于第一重剥削——地租，或者是租税合一。民田所有者向官府输纳的才是第二重剥削——赋税。正如时人说：“今农半输于有田之人，有田之人输于官者三十之一，合农之半是六十而一税也。”⑥

明朝科则繁多纷杂。如溧阳县，仅官田计有：江淮（指原元朝江淮财赋都总管府所属官田）、江浙（指原元朝江浙财赋府所属的官田）、桑府还官、王起岩、廖永忠、陈桓、官职、府学、州学、蒙古学、天门、明道、江东、南

---

① 《大诰续编：互知丁业第三》。

② 《大诰续编：再明游食第六》。

③ 徐格：《议处郧阳地方疏》，《明经世文编》卷八一。

④ 《明会典》卷一七“户部”四“田土”。

⑤ 顾炎武：《天下郡国利病书》原编第七册“常镇”引《武进县志》。

⑥ 顾炎武：《天下郡国利病书》原编二七册“广东”上。

轩、书院、镇南王、太监、善农、开佃、公田、圣寿寺、改科、没官、薛风、改科官田，共25则。[①] 又如无锡县，“国初粮额，抄没田最重，官田次之。站田又次之，民田最轻，无虑数十则。”[②] 湖州府，“官田自重而轻，凡五百九十九则，民由轻而入重，凡二千八百四十一则。”[③] 应当说，明代田赋制度是封建专制课税制，具有强制性的特征。征收数量的随意性，是这种强制性的又一表现。而科则纷杂，正是集中体现了征收额的随意性。

有明一代，除江南某些地区官田亩征一石以上外，其他地区农业直接税的税率都较低。请看下列：

明代某些地区农业税率表

地区	亩　产	所在行省或直隶府亩均税额（升）	税　率	材料出处
广东南海	岁亩入十石为上功，七石为中功，五石为下功……灾不在此限，俗以五升为斗	4.42（广东）	0.88%～1.7%	霍韬《霍渭家训》“田圃第一”
浙江义乌	田中之获，卒岁之收不过亩四石	5.32（浙江）	1.3%	《天下郡国利病书》原编第二三册浙江下
松江府	膏腴田“每岁收米可得三石”瘠田“常破一石”	23.77（松江府）	8%～24%	何良俊《何礼部集》卷八《与郡守刘浙东书》
苏松一带	一亩之收，不能至三石，少者不过一石有余	28.53（苏州府）	9%～29%	《日知录》卷十《苏松二府田赋之重》
通州	每田一亩，丰年可得谷三石，次则二石，又次之则一石	6.96（扬州府）	2.3%	万历《通州志》卷三，“风俗”
宣府	官田“所种四千余顷，收租细粮止及七万四千之上”，亩产平均一石八斗	6.69（山西）	3.7%	叶盛《水东日记》卷三一《土薄岁入少》
江浦	屯田“每军拨田三十六亩，岁收一十八石为子粒，除与月粮岁十二石，闰加一石，余六石上仓”这显然是以亩产一石来安排的分配方案	4.45（应天府）	4.6%	陆深《俨山集》卷四

注：“所在行省或直隶府亩均税额”一栏，是据梁方仲《全中历代户口、田地、田赋统计》一书乙表36中关于洪武朝分区平均亩田征粮额绘制的。

---

① 康熙《溧阳县志》卷六“田赋”。

② 顾炎武：《天下郡国利病书》原编第七册“常镇”。

③ 万历《湖州府志》卷一一“同步役”。

上表说明，除苏、松之外，大多数地区的田赋率都在5%以下。这是因为，明代农业生产力水平低下，田赋只能采取低赋率。但是，低赋率并不意味着农民受剥削较轻。这是因为，明代田赋按亩征收，没有税负的起点控制，从而使地少收获总量不多的农民，赋税负担会成几何级数增加，以致剥夺他的劳动力再生产所需要的必要的劳动。马克思在说到法国人民憎恨政府的酒税时指出："因为对最普遍的酒和对最高贵的酒征税的税率都是一样，从而，随着消费者财富的减低，税额便按几何级数逐步增加，这是倒转的累进税。"①

在自然经济占统治地位的封建社会中，田赋历来是以实物的征收为主，降至明初，这种状况仍未改变。

明朝田赋分夏秋两季征收。夏季所征称夏税，限当年七月纳完；秋季所征称秋粮，限当年十一月交清。洪武年间，两税项目有米、麦、豆、布、钱。永乐时两税则按粮、绵花绒、布帛、丝棉4项折算。不过，有明一代，夏税都是以征麦为主，秋粮都是以米（皮谷）为主，称为"本色"。从《明实录》记载可知，洪武二十四年以前，明朝的田赋征收的本色米麦，在逐年增长。洪武二十四年以后，至永乐年间，大致在3000万石左右浮动。米麦之外，折成其他东西交纳的，称"折色"。

夏秋两税之外，明代农民还要承担另一项赋税——草料。

草料包括草和料。草主要指稻草，料有黄豆、黑豆，都是供官府和军队饲养牲畜和战马的。其征收办法兹不赘述。

明代统治集团从皇族、官吏到军队，其需要是多方面的。就生活资料而言，除粮食、丝棉织之外，还有木炭、蜡、牲畜、家禽、野味、茶、果、水产品、药材等。就生产资料而言，包括军需品制作和建筑及其他官手工业生产的原材料，如铜、铁、铅、翎毛、木材、砖、颜料、皮革、纸、楮等。这众多的生活和生产资料，不可能全部由田赋的本色或折色的征收加以满足。官办的专门生产机构，提供了其中一部分。但绝大部分是征之于民。各地方向明中央政府无偿提供的物资，统称"上供物料"。实际上它包括"上供"和"物料"两大部分。上供或称"岁贡"、"岁供"、"岁进"、"上贡"；物料或称"料办"、

① 马克思：《1840至1850年的法兰西阶级斗争》，《马克思恩格斯全集》第7卷，第95页。

“岁派”、“岁办”。清代人说：“明制，供御用曰岁贡，供‘四司’（按指工部所属营膳、虞衡、都水、屯田四司）曰岁办。”① 换言之，兵部等提供官手工业生产原料和军用物资，称物料。不论“上供”还是“物料”，都是依据“任土作贡”的原则征收。如宣德五年十一月，苏州知府况钟奏，该府物料，“着将本府官田粮照依别省布政司民有粮，一体科派。……民粮十五万三千余石坐派物料。”② 宣德七年七月况钟又上奏，将该府岁造41920张枝弓弦匠料，“验里拘派”③。

明初，对“上供物料”的征收有所节制。永乐时，营建北京城，大兴土木，从而使上供物料派征增加，出现了有“额办”、“额外派办”等名目，弘治时又有所谓“不时坐派”。对此，顾炎武《天下郡国利病书》原编第九册“风宁徽”引“旧志”云：

> 岁供之目有三：一曰岁办之供，二曰额外坐派之供，三曰不时坐派之供。旧志云不知其始。大殿（抵）起于永乐迁都营造之时，有额办，有额外派办，每年皆六县里甲办纳。弘治十四年始有不时坐派城砖等项……

（二）洪武永乐时期田赋运输

明代的田赋，主要供官僚、军队和宫廷消费。

明代田赋消费分为存留和起运两大部分。但起运存留各多少，没有统一比例。存留粮归地方开支。它包括，第一，地方官俸禄。第二，生员廪食米……洪武十三年令学校师生廪膳米每人日一升，十五年更定每人月米一石。④ 第三，抚恤孤寡病老等社会救济。第四，分封在各地的皇族禄米开支。起运粮主要供京师中央政府和边境驻军消费。供京师中央政府消费粮称“京粮”，供边军消费称“边粮”，两者合称“京边粮”。

起运京师税粮中，还有一项供特殊需要的上好稻米，称为白粮。它包括白熟粳米、白熟糯米和糙粳米。糙粳米供百官作俸禄。白熟粳米、白熟糯米供内

① 同治《嵊县志》卷三“田赋”。

② 况钟：《况太守集》卷七《请免借马及派买物料奏》。

③ 况钟：《况太守集》卷一三《造作官局禁示》。

④ 况钟：《况太守集》卷七《请减秋粮奏》。

府使用。

供内府使用的白粮，又分为下列几种：

第一，输内官监的白熟细粳米，“系上方自膳”。[①] 即供皇室食用；

第二，输供内库的白熟粳米，用于支于内官内使月粮，各太监年例禄米以及“不时钦赐”。[②]

第三，输酒醋面局白熟糯米，供造酒醋，以备御前宫眷及各衙内官之用。[③]

第四，输光禄寺白糠，分别给所属的大官署、珍羞署、酝署。大官署职掌“供祭品、官膳、节令筵席、蕃使宴犒之事。”[④] 所供大官署的白熟粳米，当是做这些祭祀宴饮之用。供珍羞署白粳米，白糯米，以备供养膳羞等用；供良酝署的白粳米，用于酿酒，供办祭祀和各筵宴。[⑤]

第五，输太常寺白粮，供应各监局工匠食用并“造饭济贫”[⑥]。

上述这些白粮，只征自江南苏州、松江、常州和浙江嘉兴、湖州五府。苏州府由长洲、吴县、昆山、常熟、吴江和太仓州输纳，嘉定县免征。常州由武进、无锡、宜兴、江阴四县输纳，靖江县免征。湖州府由归安、乌程、长兴、德清、武康五县输纳，安吉州和孝丰县免征。松江、嘉兴两府各县全输。[⑦] 明前期，江南白粮征收无定额。如苏州府、宣德四年坐派北京白粮 57915 石，第二年增至 63567.5 石。[⑧] 据巡抚漕运陈濂等报告，成化六年以前，苏松常嘉湖五府，每年输纳府白熟粳糯米和糙粳米共 16 万石。当然，这也只是大概的数字。

田赋中起运部分的京粮和边粮，从征收地到达京师或边境，需要运输。明初，运输承当者有农民、士兵，也有囚犯，运输的手段是车装船载，走的是陆

① 顾炎武：《天下郡国利病书》原编第七册“常镇”。
② 梁材：《复议节财用疏》，《明经世文编》卷一〇二。
③ 刘若愚：《明官史》木集“酒醋面局”。
④ 《明史》卷七四《职官志》三。
⑤ 《明会典》卷二一七“光禄寺”。
⑥ 王恕：《议事奏状》，《明经世文编》卷三九。
⑦ 沈德符：《万历野获编》补遗卷二《户部、江南白银》。
⑧ 况钟：《况太守集》卷七《请减秋粮奏》《遵旨会议奏》。

路、内河或海路，有时也通过一段运河。

明朝建立后，故元嗣主仍雄踞塞外，辽东一带是明与蒙古统治集团军事斗争的要塞，驻有重兵。所以，明太祖经常派遣大将，率领军兵，通过海路，调运大批南粮饷辽东。如洪武元年，他命汤和于明州造海船，运北伐军饷。当年准备海运往直沽，因遇飓风，至镇江而还。

由于海运危险，南粮北调的更好办法是恢复漕运。洪武前期，也曾利用过运河旧河道运粮。其中自临清至济宁北段称会通河，主要靠汶、泗、洸诸水及山东诸泉作水源。为提高会通河水位，元宪宗七年毕辅国于宁阳堽城屯作"斗门"，即有名的"城坝"，导汶入洸，流向济宁西南的天井闸，分注南北。北注临清，南注徐邳。但是，济宁北边南旺地势较高。北注的水不流，反而形成倒灌，南旺一带冬春季节经常阻浅使运河无法畅通。洪武二十四年(1391)，黄河又在河南原武决口，"漫安山湖而东，会通（河）尽淤"，运河漕运中断。永乐时成祖迁都北京，对蒙古贵族集团的战争更加激烈，因而要调运更多的南粮以供给京师。永乐前期，南粮北运的办法，一是海运，二是水陆兼运。海运是永乐前期南粮北调的重要手段。从永乐元年至二年，历年都指派平江伯陈瑄为总兵官，前军都宣信为副总兵，率舟师运粮赴北京。其中有数目可考证的是，永乐元年分赴两地：陈瑄督运赴京，宣信督运赴辽东，共粮492600余石；永乐十二年484800余石。海运船从刘家港出发之后，至崇明州三河放洋。永乐十年，陈瑄提出，海舟放洋前停泊长江口，江流冲倒，平迤无屿，遇风涛往往"触坚胶浅，辄致倾覆"，要求在嘉定县青浦"筑土为山，立堠表识"。当年十月，工程完成，"方百丈，高三十余丈，赐名宝山。上亲制碑文记之。"[①] 海运粮船到直沽，原先是用三板划船，装运到通州交卸。但因水路搁浅，往往迟误。永乐二年为解决海船装卸问题，分别在小直沽起盖芦囤208座，约收粮104000石；在河西务盖仓屯160间，约收粮14500石，作为中转粮仓。前二年，又在天津城北造露囤1400所。[②] 五年，置通州厅卫仓，七年

① 《永乐实录》卷一三三。

② 《明会典》卷二七《户部》一四《会计》三《漕运》。

设北卫37仓。[①] 以解决输京粮米的贮存问题。

永乐前期南粮北运除用海外，还采取水陆兼輓的办法。

洪武二十四年会通河淤塞。但大运河北段卫河，即御河，仍然流浊势盛，道无浅涩。永乐元年三月，沈阳军士唐顺建议：

“抵直沽入海，南距黄河陆路才五十里，若开卫河，而距黄河百步置仓廒，受南运粮饷，至卫河交运，公私两便。”[②] 成祖命廷臣讨论，议而未行。同年七月，户部尚书郁新又建议：“淮河至黄河多浅滩跌坡，馈运艰阻。请自淮安用船可载三百石以上者，运入淮河至陈州（治所今淮阳），颍岐口跌坡下，复以浅船可载二百石以上者，运至跌坡上，别以大船载入黄河，至（新乡）八柳树等处，令河南车夫赴卫河，转输北京。”[③] 明朝批准实施这一建议。当年冬季，“命都督佥事陈俊运淮安、仪真仓粮百五十万余石赴阳武（今河南原阳县东南），由卫河转输北京。”[④] 阳武不在卫河岸边，南粮水运至阳武后，要“陆百七十里抵卫辉”。然后下卫河，水运至北京，所以，称之为水陆兼輓。

永乐前朝，运赴北京的南粮，据何乔远《名山藏·漕运记》记载，大约在250万石左右。其中，海运粮数约70万石左右，占三分之一。

三、明初的杂役和均工夫

（一）明朝前期的杂役和均工夫

明朝一建立，就向百姓征派杂役。杂役一般是指乡村民户承当封建官府的某些劳务。在自然经济占统治地位的封建社会中，官府所需劳务，总是以向百姓佥徭役的办法得到满足。明初同样如此，官府需要某项劳务，就编立某项杂役，所以，明朝设置杂役项目的原则是“因事编佥”。有些杂役项目的设置，是出于中央及地方政府对一些共同性和经常性的劳务需要，因而具有普遍性；另一些项目的设置，则是出于一时或某地特殊的劳务需要，带有时间性和地方

① 《明会典》卷二一《户部》八《仓廪》一。
② 《明史》卷八七《河渠志》五《卫河》。
③ 《永乐实录》卷二〇。
④ 《明史》卷八七《河渠志》五《卫河》。

性。明朝杂役可谓名副其实的“杂”。其种类之多，不可胜计。

各地具有普遍性的杂役是隶卒或称隶兵。它包括皂隶（又称祗候）、狱卒（或称禁子）、弓兵。狱卒看管监狱，弓兵有的守卫衙门，有的维持治安，有的把守关津渡口，“缉捕盗贼，盘诘奸伪”。皂隶分两种：伺候官员个人的，称随从皂隶；在中央或地方衙门执公差的，称公使皂隶。公使皂隶中，在六部、都察院、通政司、大理寺、布政使司、按察使司等高级官衙中执役的，称直厅皂隶。洪武年间，各级衙门并每个官员役使隶兵的名额，都有严格规定。各地共同性的杂役还有铺兵、馆夫、驿夫、水夫、车夫、轿夫、膳夫、门子、斗级和库子等。地区性和临时性杂役，种类更多。

明初不同类型的杂役，编佥原则也有差异。各地带有普遍性的杂役，大都采取按粮佥派的原则。洪武十四年，明朝在全国范围内编制了黄册，建立里甲组织。从此，杂役的佥派，通过里甲执行，里长掌握了点差的权力。

里长根据什么原则点差呢？王原《学庵类稿·明食货志·赋役》载：“（洪武）十四年迨黄册成，凡役视册上中下户为之等。”[①] 《明史·食货志》记载与此基本相同。按王原等人的说法，洪武十四年黄册一经编成，杂役轻重就按册上的户等佥派，但此说值得推敲。

明朝黄册十年一更造。洪武二十四年第二次编造的黄册，确将人分为上中下三等。洪武十四年首次编造的黄册，没有户等的划分。明朝黄册的设计者，是署户部尚书范敏。《明史》卷一三八《范敏传》：

> （洪武）十三年，（范敏）授试（户部）尚书……帝以徭役不均，命编造黄册，敏以百一十户为里，丁多者十人为里长，鸠一里之事，经供岁役，十年一周，余百户为十甲，后遂仍其制不废。

本传没有写明，范敏设计的黄册含有户等的划分。当然，这段文字过于简单，不宜据此遽下结论。洪武十七年七月，明太祖对户部大臣说：

> 今天下郡县，民户以一百一十户为里，里有长。然一里之内，贫富异等，牧民之官，苟非其人，则赋役不均，而贫弱者受害。尔户部其以朕意，谕各府州县官，凡赋役必验民之丁粮多寡，产业厚薄，以

① 《古今图书集成》食货曲卷一四七“赋役部”。

均其力。①

这一诏谕也没有提及户等，只是说必须“验民之丁粮”的实际状况派役。诏谕中所谓“贫富异等”，是贫富“不等”的意思，并非指“户等”相异。一个月后，南昌府丰城县民曾伯敬上书：

……有司循弊，赋役不均，宜以赋税之家，编为等第，凡有差役，定注其名，庶可革弊。书奏从之。②

正因为现有的黄册没有划分户等，曾伯敬才建议将“赋税之家，编为等第”。明太祖接受了这一建议。于是，洪武十八年正月下诏：

命天下府州县官，民户上中下等为赋役册，贮于厅事，凡遇徭役，发册验其轻重而役之，以革吏弊。③

明朝民户划分上中下三等，并按户等佥派杂役，正是从这一件开始。所谓上、中、下三等赋役册，就是指上中下三等黄册。而划分户等的依据是丁粮，即人丁和田地。按户等佥役，人丁和田地都成了派役轻重的依据，这不仅使田少丁多的穷苦农民加重徭役负担，而且也强化了封建政权对农民的人身支配权。

明初还有一项重要的徭役制度——均工夫。它创置于洪武元年二月：

乙丑（二十四日）……命中书（省）议役法，上以立国之初，经营兴作，必资民力，恐役及贫民，乃命中书省验田出去。于是省臣奏议，田一顷出丁一人，不及顷者，以别田足之，名曰均工夫。直隶应天府等十八府州及江西饶州、九江、南康三府，计田三十五万七千二百六十九顷，出夫如田之数。遇有兴作，于农隙用之。④

可见，均工夫是明朝中央向应天府等地方派征的徭役，从事的是“经营兴作”即修城垣、浚河道、盖宫殿等。它显然是适应明初兴建中都需要而制定的一项杂役。所谓“不及顷者，以别田足之”，就是田少者数户加起来凑足一顷，同一夫。洪武三年又规定，田多丁少之家，可以佃户充夫，便每顷应

① 《洪武实录》卷一六三。
② 《洪武实录》卷一六四。
③ 《洪武实录》卷一七〇。
④ 《洪武实录》卷二六。

“出米一石资其费用”：充夫者如非佃户，资费加倍，“百亩出米二石五斗。”①均工夫因是“验田出夫”，所以明人又称之作“均土”② 为了了解每年均工夫总数，明朝编置了《均工夫图册》，即要承担均工夫役的府州，每年按其田亩总数，确定并上报其应派出的均工夫人数。如湖州府各县：

乌程县，“为田六千一十四顷，为夫六千一十四名，共八十一队”；

归安县，“当夫田地五千八百三十顷六十八亩”余，“该夫五千八百三十一名”；

武康县，“计田一千一百顷……共（夫）一千一百名”；

德清县，“田四千二百五十六顷，为夫四千二百五十六名，为队四十三队”；

安吉县，“计田二千二百一十五顷四十五亩，为夫二千二百一十五名。”③

明朝中央管理均工夫的是户工两部。“户部计其田多寡之数，工部定其役”④。即户部累计各地区田土总数，再由工部核定各地均工夫总数，并根据各种工程的需要分拨。各地均工夫赴京供役要编队。

明代的均工夫大约消失于宣德时，逐渐被杂役所代替。

（二）杂役的优免

明朝对统治集团中各个阶层，给予杂役优免特权。洪武十年二月，明太祖谓省臣曰：

> 食禄之家，与庶民贵贱有等，趋事执役以奉上者，庶民之事。若贤人君子，即贵其身，而复役其家，则君子野人无所分别，非劝士待贤之道。自今百司既任官员之家，有田土者输租赋外，悉免其徭役，著为令。⑤

优免官宦之家徭役，是要体现“贵贱有等”，别“君子”和“野人”。洪武十三年，颁布徭役优免标准：京官一品免 30 丁，二品免 24 丁，三品免 20 丁，四品免 16 丁，五品免 14 丁，六品免 12 丁，七品免 10 丁，八品免 8 丁，

① 《洪武实录》卷五四。

② 谈迁：《国榷》卷三。

③ 《永乐大典》卷二二七七。

④ 《洪武实录》卷九八。

⑤ 《洪武实录》卷一一一。

九品免6丁。“内官内使亦如之，外官各减一半”。教官、举人、生员各免2丁，杂职省祭、承差知印吏典各免1丁[①]。这一优免标准，尔后稍有变更，而且优免范围越来越广泛：

永乐六年，令“天文生，阴阳生俱免差役一丁”[②]；

宣德四年，“令天下卫所，每军一名，免原籍户下丁”[③]；

正统元年“令先圣子孙流寓他处，及先贤周敦颐、程颢、程颐、司马光、朱熹嫡派子孙，所在司俱免差役”[④]；

正统五年又议准，“凡民间（向预备仓）纳谷一千五百石，请敕奖为义民，仍免本户杂泛差役，三百石以上，立石题名，免本户杂泛差役二年”[⑤]；

弘治元年批准“亲王王亲杂役免二丁，郡王王亲（免）一丁，镇国等将军夫人亲父一人（免役）”[⑥]；

嘉靖八年“令抚按官晓谕积粮之家，量其所积多寡，以礼劝借。若有伏义出谷二十石、银二十两者给与冠带；三十石、三十两者授正九品散官；四十石、四十两者正八品，五十石、一十两者正八品，俱免杂泛差役”[⑦]。

根据上述优免规定，凡有权者有财者，均可获得免役特权。不过，明朝规定，官宦生员人等免役，只免杂役，不免里甲正役。万历《常州府志》载：

> 里甲均徭（按明初当指杂泛差役）皆以丁田派，但里甲概不优免，而均徭有优免。[⑧]

同书同卷还记载：

> 正统元年，诏在京文武诸官，除里甲正役外，一应均徭杂役全免，外官半之。

但是，对功臣之家，特殊优待，如上所述，除均工夫役之外，包括里甲正

---

① 《洪武实录》卷一三〇。
② 《明会典》卷二〇“户部”七“赋役”。
③ 《明会典》卷一三七“兵部”二〇“存恤”。
④ 《明会典》卷二〇“户部”七“赋役”。
⑤ 《明会典》卷二二“户部”九“仓廪”二“预备仓”。
⑥ 《明会典》卷二〇“户部”七“赋役”。
⑦ 《明会典》卷十七“户部”四“灾伤”。
⑧ 万历《常州府志》卷五“钱谷”。

役、水夫、驿传等一概优免。

徭役优免权是明代赋役制度的腐蚀剂。没有功名的庶民之家，把土地诡寄缙绅之家，即可逃役，甚至亦将丁口投托豪门，以求躲避差徭。对此，明太祖也曾屡颁禁令。如洪武五年六月颁布申诫公侯《铁榜文》规定：

> 公侯之家，除赐定仪仗户及佃田人户，已有名额，报籍在官：敢有私托门下，影蔽差徭者，斩。[①]

在《大诰》和《大明律》中也先后规定：

> 公侯世禄佃田人户，往往不肯与民一体当差。此诰一出，今后一切杂泛差役，一体应当，敢有不当者，全家迁发化外。管庄人阻拦者，管庄人处斩。有司所从嘱托分付，一体处斩。
>
> 凡豪民令子孙弟侄，跟随官员隐蔽差役者，家长杖一百，官员容隐著同罪。[②]

但是，尽管禁令森严，犯者仍不断出现。如弘治十六年户部主事刘齐说："浙江各府徭役军需，皆计丁田派征，而官员之家，率得优免，遂致奸伪多诡寄势豪，而征科重罪小民。"[③]

第二节　明中期田赋制度的改革

一、宣德改科和周忱改革

（一）江南重赋问题和宣德改科

明朝田赋制度改革的重点，是针对江南官田重赋的问题。

在自然经济占统治地位的封建社会，国家的财政收入，主要是来自农业……一方面来自国有官田的官租收入，另方面来自私有民田直接税的征收。官租是第一重剥削，每亩征收额，当然要多于对民田第二重剥削。因此，封建

---

① 《洪武实录》卷七四。

② 《明会典》卷一六三"邢部"五"律例"四"隐蔽差役"。

③ 《弘治实录》卷二〇〇。

政府要增加财政收入，就要扩大官田的盘剥量。

物质财富的生产，是国家财政收入实现的前提。两宋以后，江南社会经济的发展，农业生产水平的提高，给封建国家创造了提供更多财税的物质基础。但是，封建国家要在江南刮取更多的财富，还需运用它的政治暴力。明初，朱元璋一方面继承了宋元以来"古额官田"，另一方面运用政治手段，对江南地主进行相当残酷的打击，以扩大官田之数，称"抄没田"，即近额官田。明初，江南抄没田亩之多，令人吃惊。如苏州府，洪武初土田总数67000余顷，其中抄没田16000余顷，占总数四分之一。[①] 湖州府，正粮46万余石，其中抄没重租田赋达26万余石[②]。抄没田皆依被抄之前的私租起科，因此在各类土田中，田赋"惟抄没之田最重，有至一石以上者。"[③] 由于拥有大批近额官田特别是抄没田，所以洪武时江南田赋数量激增。如苏州，从元代88万石增至明初的270万石[④]，增加2倍以上，其中官田粮在宣德时260万石[⑤]；松江，从元代80万石增至120万石，增加约50%[⑥]；常州，从元代496000余石增至625000余石[⑦]，约增30%；湖州从元代35万石，增至597000余石，约增70%。

尽管明朝对江南田地课以重税，——但是，江南税粮经常征不如额。洪武二年，苏州逋粮30多万石，松江府，洪武时赋额120万石，"然税征曾不及半"[⑧]。所以，有人说苏松"是徒负重之名，而无征输之实。"[⑨] 严峻的事实，使得明太祖在实行高压政策之外，须另谋措施。洪武二年，户部因苏州逋赋严重，奏请惩办地方官。明太祖不同意。他说："苏州归附，军国之用资焉。今积二年不赏，民困可知"，决定免征逋赋。[⑩] 此后，又"屡下宽贷诏"，多次减

① 顾炎武：《天下郡国利病书》原编第四册"苏松"上。
② 万历《湖州府志》卷一一"赋役"。
③ 顾炎武：《天下郡国利病书》原编第六册"苏松"。
④ 陆世仪：《苏松浮粮考》，《棣香斋丛书》本。
⑤ 《明史》卷一六一《况钟传》。
⑥ 杜宗桓：《上巡抚侍郎周忱书》；顾炎武：《天下郡国利病书》原编第六册"苏松"。
⑦ 顾炎武：《天下郡国利病书》原编第七册"常镇"。
⑧ 嘉庆《松江府志》卷二〇"田赋"。
⑨ 陆世仪：《苏松浮粮考》。
⑩ 《古今治平略·明朝田赋》，《古今图书集成》食货典卷一四五"赋役部"。

免苏松等地逋赋。

至洪武三十一年明太祖与世长辞，皇太孙朱允炆继位。这时，江南逋赋有增无减，苏州府已达百万石以上[①]建文二年二月，朝廷下诏均江浙田赋："国家有惟正之供，江浙赋独重，而苏松官田悉准私税，用惩一时，岂可为定则，今悉与减免，亩田每一斗。"[②] 这一诏令是否执行，未得其详。但"靖难之役"后，成祖废除建文新政，自然也包括江南减科令。所以，永乐之时江南逋税更趋严重。苏州府从永乐二十年至洪熙元年欠粮 392 万石。[③] 松江府从永乐十三年至十九年不得不免征税粮数百万石[④]。湖州府于永乐时逋赋 60 万石[⑤]降至宣德时，苏州府积逋竟至 790 万石。[⑥] 宣德五年，松江府额定起运米 439000 石，实征却只有 66000 石。[⑦] 面对着巨额积欠逋赋，宣宗皇帝下决心要加以解决。他即位不久，就派广西布政使周干巡视苏松。周干巡视回朝，向宣宗报告说：

> 苏州等处，人民多有逃亡者。询之耆老，皆云由官府弊政困民所致。如吴江昆山民田，亩旧税五升，小民佃种富室田，亩出私租一石，后因没入官，依私租减二斗，是十分而取八也。拔赐公侯附马等项田，每亩旧输租一石，后因事故还官，又如私租例尽取之，且十分而取入，民犹不堪，况尽取之乎。[⑧]

周干的报告，说出了江南逋赋问题的要害是，没官田和还官田起科太重。宣宗将周干的报告交付户部讨论。宣德四年，他下诏对官田改科减征，每亩纳粮一斗至四斗者，减十之二，四斗一升至一石以上者，减十之三[⑨]。诏令一下，户部就以"官田租减，度支不给"为由，提出要挟性建议："请减外官俸禄及生员军士月给。"[⑩]

---

① 《明史》卷一五〇《汤宗传》。
② 《明史》卷四《恭闵帝本纪》。
③ 《宣德实录》卷七四。
④ 顾炎武：《日知录》卷一〇"苏松二府田赋之重"。
⑤ 《明史》卷一四九《俞士吉传》。
⑥ 赵用贤：《议平江南粮役疏》，《明经世文编》卷三九七。
⑦ 顾炎武：《天下郡国利病书》原编第六册"苏松"。
⑧ 顾炎武：《日知录》卷一〇《苏松二府田赋之重》。
⑨ 《明会典》卷一七。
⑩ 《明史》卷一五七《张本传》。

然而，宣宗不为所惑。第二年二月二十二日下诏重申：“因各处官田起科不一，租粮既重，农民弗胜。自今开始，减除十之二三不等”。户部却歪曲宣宗诏谕，下令“洪武初年古额官由起科已定，不在开除之列，止令将洪武年间抄没官田粮减除”，即只许对抄没的近额官田减征，古额官田排除在减征诏令之外。这一年闰十二月，苏州知府况钟上疏，要求“不分古额官田”，概行减免[①]，被户部驳回。宣宗的改科减征的诏令遇到阻力，难以贯彻下去。

为了推行官田减征政策，宣宗任命颇有才干的周忱以工部右侍郎衔巡抚江南，总督南畿诸府税粮。宣德六年三月，周忱奏请将松江古额官田依民田起科。户部尚书胡濙不同意，并弹劾周忱“变乱成法，沽名钓誉，”应予以惩处。宣宗为周忱辩护。[②] 七年三月，他召见胡濙，责问说，朝廷每次下诏蠲除租税，而户部皆不准，甚者文移戒约有司，“勿以诏书为辞”，“其咎若何?”并再次下令，“自宣德七年始，但系官田塘地税粮，不分古额近额，悉依宣德五年二月二十二日谕恩例减免。”[③]

宣德改科减征诏令，是否没得到贯彻执行呢?《学庵类稿》作者王源说：“正统之初，有亩科二石者；又周忱疏言，无锡官田亩征麦一斗，租米五斗、白米一石”[④]，“则是宣宗诏卒废不行也。”王源这意见很有影响，近人多信此说。然而，我们且看几种记载吧！

宣德七年十一月，苏州知府况钟在《钦减浮粮及抛荒粮并免抽船只谢恩奏》中说：

> 窃照三年三月……钦奉敕谕……自宣德七年为始，但系官田、塘、地秋粮、不分古额、近抄，悉依宣德五年三月二十日敕书恩例，减免本府粮额七十二万一千二百零三石九斗有奇……[⑤]

苏州府吴江县永乐十年秋粮共551600余石。宣德七年执行改科令，于是“减官田额十之二者若干，十之三者若干，凡减秋粮一十五万二千四百八十石

---

① 况钟：《况太守集》卷八《再请减秋粮及抛荒粮抽取般只奏》。
② 《宣德实录》卷七七。
③ 《宣德实录》卷八八。
④ 按，指正统元年八月周忱奏疏，见《正统实录》卷二一。
⑤ 见况钟：《况太守集》卷八。

有奇，”从而吴江县税粮降到392998石①。

再看常州府武进县，宣德十年根据宣德七年减五诏令，“是年官田减夏税粮秋粮共二万石有奇”②，减额比吴江县少。

常州府江阴县，永乐十年夏税秋粮米麦共143600余石，宣德为139500余石③，相差无几。可见，宣德官田改科减征令，这里没有贯彻。

上述一府三县记载说明，宣德关于官田改科减征诏令，在各地贯彻情况不一，有的多减，有的少减，有的不减。总的说来，还是贯彻执行了。

整个江南减征多少呢？

宣德十年五月行在户部的奏疏透露说：

> 行在户部奏，浙江等处布政司并直隶苏松等府州县，自永乐十九年至宣德八年有全家充军并绝户抛荒官民田地，俱准民田起科。及古额官田例减除，共减税粮二百七十七万七千三百余石。④

这是一个相当可观的数目。

（二）周忱平米法

在贯彻宣宗改科令的同时，周忱还实施“平米”法，从调整田赋运输支费入手，调整官民田负担。

永乐末年，漕粮支运法已萎缩。江南输京税粮，大半部分由百姓民运。宣德五年户部下令，税粮运费。“每石不过加一、加二、加三，多者坐赃论罪。”⑤ 但实际花费何止此数。其时“漕运军民相半。军船给之官，民则僦舟，加以杂耗，率三石致一石，往复经年失农业。”⑥ 为了减轻农民运输田赋负担，宣德六年，明朝颁行漕粮兑运法。周忱和总督漕运总兵官平江伯陈瑄商议，确定了江南地区漕粮兑给官军运输的加耗标准：民运至淮安，然后兑军运至通州，每正粮2石，给加耗5斗；民运至瓜洲交兑，每石加耗5斗5升；江南卫

① 乾隆《吴江县志》卷一二“田赋”。
② 道光《武进阳湖合志》卷七《赋役志》。
③ 嘉靖《江阴县志》卷五“田赋”。
④ 《正统实录》卷五。
⑤ 况钟：《况太守集》卷七《遵旨会议奏》。
⑥ 《明史》卷一五三《周忱传》。

所官军和南京卫所官军在长江以南就近仓交兑，每石另加过江米2斗、垫芒席与折米5合，共7斗5合。这一标准，使漕军增加了收入，刺激了漕运积极性，兑运因而得到推行，民运由之减少，百姓既免风涛之苦，安于农亩，也节省了运费。

漕粮兑军给耗的标准确定以后，宣德八年周忱又奏行《加耗折征例》，确定耗米的征收原则：

第一，征收数额是浮动的。当年征收多少，要依据上一年耗米支出的盈损数额来定。“初年，每正粮一石，收平米一石七斗，候起运酌量支拨；次年多余，则令加六征收，又次年益多，则令加五为止。”[①]

第二，征收办法，基本是论粮加耗。或“每秋粮一石加耗六斗七升，”也有正粮“每石征平一石七斗”，甚至“征平米一石九斗。”[②] 对于一部分轻税的民田，则论田加耗。“周文襄于轻额民田，每亩加耗一斗有奇，以通融官田之亏欠。”[③]

正粮与耗米，合称平米。周忱“平米法”实施之前，“豪有力者止供正额，而一切转输诸费，其耗几与正额等，乃独责之贫民。此耗之不得其平也。”[④] 周忱的论粮加耗和论田加耗法，有力地抑制了豪绅地主拒不纳耗的法外特权。这是周忱平米法的主要进步意义。

在创行“平米法”的同时，周忱还采取措施，改革税粮征收、储存和耗米开支等制度。其中一项重要措施，那就是“济农仓”的建立。济农仓中储备的粮食来源，以宣德七年建立的苏州府张洪济农仓为例：

第一，由官府“出库储粜米万石”；

第二，由官府出面，“劝借富人九万石”；

第三，从漕运的耗米中，“撙节漕运浮费五万石”；

第四，“搜剔豪右侵占绝户田租一十二万石。”

---

① 赵用贤：《议平江南役疏》，《明经世文编》卷三九七。

② 顾炎武：《天下郡国利病书》原编第六册“苏松”。

③ 蒋伊：《苏郡田赋议》，《清经世文编》卷三二“户政”。

④ 顾炎武：《天下郡国利病书》原编第九册“常镇”。

以上共计收仓储27万石[1]。

不过，济农仓最主要的收入，是来自"京俸就支法"实施后节余的耗米。永乐迁都北京后，北京军官的月俸仍于南京支取。苏州、松江、常州三府每年起运南京粮100多万石，其中苏州府每年就有70万石。纳粮者每正粮1石，加耗米6斗[2]。这些粮食大部分是供北京官员作薪俸。宣德七年，周忱奏准，原在南京支俸的北京军官，改向苏、松、常三府支领，这就是"京俸就支法"。就支法实行后，省下的起运南京粮运费，拨给济农仓。苏、松、常三府每年节省60万石，其中苏州府节省40万石[3]。

济农仓储备粮食有如下几个方面支销：

第一，用以补荒年税粮不足；第二，用以弥补漕粮运输中的损失；第三，用以赈济饥民；第四，用以资助水利的兴修；第五，用以补里甲支费不足：举凡里甲"买办纳官丝绢、修理（官）舍、（公）廨、庙（观）、学（校）、攒造文册及水旱祈禱"等开支，多从济农仓余粮及"所易钱随时支用。"[4] 这里所说"买办纳官丝绢"，就是指"上供物料"。换言之，济农仓储米，还来支付以"上供物料"为主的杂派。

原先，筑堤修河一类水利工程，买办丝绢、修理舍、廨、庙、学，攒造文册及水旱祈祷等支费，或是按丁户摊派，或是按里甲轮流支应，周忱改以"济农仓"储米支应，从而减轻了里甲负担，这实际上是以田赋的收入，补户税或丁税的不足。

周忱的上述改革，没有涉及田赋制度的本身——即所谓"田则"问题，它只是把田赋运输的附加税的负担调整得合理一些，严格了田赋征收、保管和运输过程管理制度，并以节省下来的税粮费用，建立"济农仓"，形成了地方财政经费，用来弥补里甲支费的不足。但是，这些改革对明中期以降田赋制度的进一步演变，却发生重大影响。

---

① 乾隆《常昭合志》卷一一，艺文《张洪济农仓记》。

② 《天下郡国利病书》原编第七册"常镇"；况钟：《况太守》卷七《请减秋粮奏》。

③ 《宣德实录》卷九四；《天下郡国利病书》原编第七册"常镇"。

④ 《景泰实录》卷二三。

二、金花银出现后的田则改革

（一）金花银的出现和明朝财政体制的变化

在自然经济占统治地位的中国封建社会，田赋征收是以实物米麦为主，货币税比重是微不足道的。降至明前期，这种情况一直未曾改变。但是，正统年间，金花银的出现，使货币税在田赋中的比重大大增加。

永乐以来，南京市场上出现一种奇特的商品——俸帖。这种领取薪俸的凭证，官吏们何以把它拿去出卖呢？

“胡兰之狱”后，勋臣武将纷纷将原钦赐的土地还给官府，改领禄米。这些禄米“皆于浙西苏松等府官田内拨赐。”① 尤其是周忱“京俸就支法”实行后，武臣从北京到江南领薪，路途遥远，所得难偿所耗，只好将俸帖出售，“南京米贱时，俸帖七八石仅易银一两”②，官员们在俸帖买卖中吃了亏，“朝廷虚费禄米，各官不得实惠”。于是，都察院右副都御史周铨、江西巡抚赵新等先后上疏建言。赵新说：

> 江西属县，有僻居深山，不通舟楫者，岁赍金帛于通津之处易米上纳，南京设遇米贵，其费不赀。今行在（按指北京）官员俸禄于南京支给，往返劳费，不得实用。③

纳税者要卖米易金帛，然后带著货币于南京再买米上纳；而食禄者又要卖禄米换货币，表面上这是交通运输的问题，实质上是实物税本身财政分配环节造成矛盾，使纳税者和食禄者都多受一层商人的中间盘剥。所以，周铨、赵新等人一致意见是：“于浙江、江西、湖广、南直隶不通航楫之处，各随土产，折收布绢白金，赴京充俸”。围绕周铨等人建言，朝廷展开议论大学士杨士奇、少保兼户部尚书黄福都表示建言，朝廷展开议论。大学士援引祖例，对英宗说，太祖曾于陕西，继而又在浙江实行田赋折纳，其中白银 1 两准米 4 石。议论结果，决定两种办法并行：一是，派员往南京专理官军俸给，在南京依时价粜卖俸

① 《诸司职掌·户部·民科》。

② 《续文献通考》卷二“田赋考”。

③ 《正统实录》卷二一。

粮，还北京后依原粜之数发银给军官；二是，依周铨等人建议，将浙江、江西、湖广、南直隶、两广、福建起运的税粮，按米麦每石折银2两则请照旧以太仓故物还之太仓"，意即将国家财政收入归还国家支配，神宗却硬是不答应。[①]

金花银法不是周忱制定的，但在江南得到他的有力贯彻。周忱不是把金花银平均分摊给所有税田承纳，他的派征原则是："七斗至四斗则纳金花、官布（即税粮折布交纳），轻赍折色；二斗、一斗则纳白粮、糙米，重等本色，因田则轻重而为损益。"[②] 只有官田才可能亩征四斗以上，所以周忱是把金花银派与重赋的官田耕种者承纳。浙江同样如此。湖州府就明确规定金花银"专为此等重租官田……如无将民米派纳。"[③] 我们知道，江南官田是国有土地，耕种者交纳的名曰赋，实乃租税合一。因此，正统时期江南官田所纳的金花银，是货币地租和货币税的合一。

一般说来，税粮折金花银价，低于粮食的市场价格，所以缴纳金花银有利纳税者。周忱把金花银派与官田承纳，实质是利用了财政杠杆，通过折纳减轻官田承种者负担，在保证国家田赋收入的同时，确保国家对官田的所有权。因为，这重的田赋负担，势必导致国家佃农的破产，并进而"以官（田）作民（田）"非法买卖。

正统年间，金花银只行于南畿、浙江、江西、湖广、福建、广东、广西等地；在江南又是派给重租的官田承纳。北方地区货币田赋仍是偶发的、个别的。如宣德元年，山西监察御史于谦见大同"其地霜蚤，田薄收，当输边者，多折赍银。"[④] 但是，成化二十三年李敏任户部尚书，在他奏请下，北方田赋始正式折银征收。[⑤]

成弘以后，各地方除额定的金花银折纳数之外，或因逋欠，灾荒和运输问题等临时性田赋折银，也履见不鲜。

明代货币田赋的折率，不是统一的，更不是一成不变的。就金花银而言，

① 《万历实录》卷五一六。
② 顾炎武：《天下郡国利病书》原编第七册"常镇"。
③ 万历《湖州府志》卷一一"赋役"。
④ 倪岳：《少保兵部尚书于公神道碑铭》，见徐闳《明名臣琬琰录》卷六。
⑤ 《明史》卷一八五《李敏传》。

它的折粮率是经常变化的，其他税粮的折银比价也是因时因地因税粮种类的不同而不同。

《明史·食货志》和刘若愚《明宫史》都说，明朝岁进金花银百万两。这当是大概的数字。据王鏊《震泽长语》卷上“食货”记载，正统时岁征金花银814000余两。另据正德初户部尚书韩文报告：“查得京库银两，以岁入言之，夏税共该五万五百余两，秋粮九十四万四千八百余两。”[①] 共计995300余两。姑就正统朝而言，时岁征田赋多者2700余石，少者2400余万石，平均是2680余万石[②]。81万多两的金花银占全年税粮总数的12.7%。货币税在田赋中所占的比重，较明前期大大增加了。当然，在征收金花银的各个地区，货币税所占的比重大小不一。苏州府正德嘉靖之际，“正粮一百九十九万有奇，耗粮一百万有奇，通正耗三百万有奇……旧有金花银二十五万有奇，折民粮六十万有奇”，金花银占正粮总数的30%，占正耗粮总数的20%。广西行省弘治年间夏秋两税共粮430027石，[③] 成化末年金花银米3万石，[④] 仅占税粮总数6%左右。

金花银出现，不仅与当时商品货币经济相适应，而且引起明朝财政体制变化。明初田赋征收的米麦，运送交各地米仓，偶然折收的金、银，送南京作武臣俸禄。那时，无论本色米或折色银，税粮的收支由户部一元化统管。明前期南北两京先后设内承运库，收贮的只是对抗冶所征收的金银课税。金花银出现后，内承运库改以收贮金花银为主。在支出上，原本应放支给武臣的金花银，实际上“自给武臣禄十余万两外，皆为御用。”换言之，78%左右的金花银，亦即占全国税粮总数9%的折粮银，转移到皇宫内库，作为皇帝个人开支。为了适应这一变化，正统七年于户部另设太仓库，“各直省派剩麦米，十库（即甲字、乙字、丙字、丁字、戊字、承运、广盈、广惠、广积、赃罚十库）中绵丝、绢布及马草、盐课、关税凡折银者，皆入太仓库。籍没家财，变卖田

① 韩文：《为缺乏银两库藏空虚等事》，《明经世文编》卷八五。

② 梁方仲：《明代户口田地及田赋统计》第七表《英宗朝（正统）全国田地面积及户口税粮数》，梁方仲《经济史论文集补编》。

③ 据梁方仲：《明代户口田地及田赋统计》第二六表，第二七圾有关数字合计，见梁方仲：《经济史论文集补编》。

④ 《弘治实录》卷八。

产，追收店钱，援例上纳者，亦皆入焉。"① 太仓库的收入供国家军政开销。皇宫的内承运库与户部太仓库分开，使原来由户部一元化统管的田赋收支变为二元化。内承运库由内官太监掌管，满足皇帝及后妃的奢侈生活，他们除挥霍内承运库收入的金花银外，还经常凭借皇权，向太仓库索取银两。

（二）从"加耗"方式的变更到"官民一则"改革

景泰二年，在反对派攻讦下，周忱罢官，改革流产，又接连出现天灾。如景泰元年，"应天大水没民庐"；四年冬至五年春，江南各地大雪数尺，"苏松冻饿死者无算。"② 时人写道："迩年水旱荐臻，疫疠时作，饿殍接迹，死亡相枕，虽大臣奉命屡加赈邮，而疮痍未瘳。"③ 明王朝当然不愿让这种局面继续发展下去。景泰二年十一月，镇守浙江兵部右侍郎孙原贞和浙江右布政使杨瓒商议，提出新的田赋改革方案："欲将湖州等府官田重租，分派民田轻租之家承纳，及归并则例，禁革分户。"④ 景帝批准执行。景泰七年，正当孙、杨改革在浙江推行之时，明朝委任陈泰巡抚苏松，也开展田赋制度的改革。同样采取"论田加耗"法，"以五升之下田倍其赋，而官用之重，止取正额。"⑤

天顺元年，李秉接任陈泰为巡抚，他继承陈泰之法制定了具体加耗则例。按陈泰加耗则例，各等则田每亩加耗数和实征总数列表如下：

原每亩征粮数（石）	每石加耗数（石）	每亩应纳米数（石）	加耗后各类田每亩实征总量（石）	资料来源
0.6	0	0	0.6	据顾炎武《天下郡国利病书》原编第六册"苏松"
0.5	0.15	0.075	0.575	
0.4	0.3	0.12	0.52	
0.3	0.6	0.18	0.48	
0.2	0.8	0.16	0.36	
0.1	1.05	0.015	0.205	
0.05	1.15	0.0575	0.1075	

① 《明史》卷七九《食货志》三"仓库"。
② 《明史》卷二八、二九、三〇《五行志》一、二、三。
③ 赵同鲁：《平赋诗序》，《古今图书集成》食货典卷一五三赋役部艺文六。
④ 《景泰实录》卷八八。
⑤ 顾炎武：《天下郡国利病书》原编第六册"苏松。"

李秉的加耗则例，是根据田地的正粮轻重，决定不同的加耗标准。赋额相同的田地，不论官田还是民田，耗米一样。换言之，在附加税的征收上，不考虑官民田所有权的差异。

明中叶，江南地区田赋改革一波接一波。除上述改革之外，还有天顺年间湖州知府岳璇的“官民分搭”法，苏松巡抚崔恭的“论粮加耗”法。巡抚刘孜按土地肥瘠重定征科标准的改革，成化时松江知府樊莹的“白银”法，弘治时巡抚朱瑄的“分乡论田加耗”法，正德时，巡抚艾璞“论田加耗”法和巡抚张风“放粮加耗”法等等。这些改革共同点都是通过耗米的增减，调整官民田负担。正德以后的田赋制度改革深化以改变征收科则为主。

官民田一则起科改革的典型地区之一是湖州府。——正德十四年都御史许庭光调查湖州府秋粮科则，发现它竟多达 4447 则。所以他上疏请求官民田“各均为一则办纳税粮”。具体办法是：

第一，先计算出湖州府应纳的正粮、耗米和京库折银（即金花银）总数共 818877 石余，其中正粮 469100 余石；耗米 27800 余石；京库折银米 141800 余石；时粮价每石 5 钱，但官定折价每石 2 钱 5 分，比时价低一半，“折银米二石得准实米一石”，所以京库折银米实征数只有 7900 余石。

第二，将 818800 余石的正粮、耗米和京库折银米总数，按全府 27296 顷 11 亩余的官民田平均分摊，每亩实征 3 斗。

第三，分摊之时，对于田则轻重不等的官民田，通过摊派不同比例的本色米和折银米，调整其负担，以达到每亩“俱以三斗为率”：

原亩征正粮 2 斗者，派与本色正粮 2 斗，耗米 1 斗，共计 3 斗；

原亩征收正粮 3 斗者，派与本色正粮 3 斗，不加耗；

原亩征正粮 4 斗者，派本色正粮 1 斗，耗米 5 升，京库折银米 3 斗，实折米只 1 斗 5 升，共计所征也是 3 斗；

原亩征 6 斗者，全部以京库“折银计数”，出实米 3 斗外，其余转减给亩征一斗上下起科的轻则田征纳。

许庭光改革，得到湖州知府刘天和的合作，他们改革的主要办法是，将一部分田赋，按低于市场价格一倍的折价，折成货币。然后再以这低折价的货币税，去调整官田负担。它具有两个特点：

其一，虽然田赋征收的实际科则，由于低价格的货币税的分配起了变更，但黄册上登载原有科则却没有更改。这里，起作用的是田赋货币化，它竟然犹如幻术一般，夷平了原先租和税在数量上的轻重差别。

其二，改革名曰官田各一则起科，实际上官民田统一亩征3斗，“税粮务要通融损益，不失概府每田一亩实米三斗之数。”[①] 所以，实质上是官民一则起科的改革。这里，租、税数额上的差异不复存在了，官民田所有权的不同，只是名义上的存在而已。

正德时，许庭光、刘天和改革，官民田虽统一亩征3斗，但在名义上仍是官民田各一则起科。真正的官民田一则起科的改革，出现于嘉靖年间苏州府。

嘉靖十六年，世宗采纳礼部尚书顾鼎臣的建议，责成右副都御史应天等十府巡抚欧阳铎清理江南田赋。欧阳铎在田赋方面的改革，包括两方面内容。其一是清理税源，确定“计亩均输”的田赋征收原则。二是整顿地方财政，建立以“八事定税粮”的田赋收支原则。“计亩均输”的个体作法是，对原黄册上登载的科则，不作改动，而是用耗米和金花银来调整不同科则田地的负担。时称“牵耗”、“摊耗”、“均摊”。实施牵耗法最有成效的是苏州知府。据崇祯《吴县志》中《嘉靖十七年知府王仪摊耗丈量田地册》记载，王仪改革的关键环节，是耗米和金花银：

第一，3斗以上田没有耗米，2斗以上田耗米随等则下降而递增。2斗以上田正米和耗米之比约是1:0.3；1斗以上田正米和耗米之比约是1:0.8；1斗以下田正米和耗米之比约是1:5.4，耗米超过正米5倍；

第二，3斗以下田不派金花银，3斗以上田派给金花银随等则上升而递增。3斗以上田本色米和折色银米之比，是1:0.5；4斗以上田之比，是1:0.4；5斗以上田之比，是1:1.4，折色银米超过本色；6斗以上田全派折色银米；

第三，通过将金花银折米率，从原来每两准米4石，改为准米2石，削减3斗以上重则田赋税额一斗；

第四，牵摊之后赋额，一般是“每亩正耗米三斗四升四合”。

这一改革，实际上取消了官民田等则的差别，采取官民田一则起科的新

① 顾炎武：《天下郡国利病书》原编第六册“苏松”。

税则。

嘉靖二十六年，嘉兴知府赵瀛也发动一次称为“扒平法”的田赋改革：

第一，在“不动版籍、不亏额赋”的前提下，“合官民田麦地一例牵摊耗米”，“如正米重者，耗减轻；正米轻者，耗加重”。估算扒平结果，每亩“俱不出三斗之数”。但低产的“山荡滩滨池塘水面等项，（亩）征米五升，自为一则”；

第二，白粮不再专派给轻则民田，而按一亩准糙米 1 石 5 斗比率统一征收；

第三，金花银不再专派给重则官田，改为按每两准米 2 石的新折率，不分官民田，只按田赋交纳多寡分派，“正米数少，则全征本色；正米数多，则量派折银。银不足则加之以米，米不足则补之以银。”

赵瀛估算，各县“扒平”之后，每亩“俱不出三斗之数”①。

赵瀛的“扒平”法，也是从苏州府王仪改革中学来的。常熟知县冯汝弼于嘉靖十六年，在该县贯彻王仪改革。这时他去官返回故里嘉兴府平湖县，将自己在常熟任内均则改革的经验，告诉知府赵瀛。据光绪《平湖县志》载，冯汝弼“（嘉靖十六年八月——据嘉靖《常熟县志》卷五‘历官志’）常熟知县……立法均田，减耗数万……既归，以常熟均田法告赵郡守瀛，瀛……行之，为邑永利。”②

可见，《学庵类稿》作者王源说，欧阳铎、王仪改革，“法本赵瀛加详”③。恰恰把事情弄颠倒了。

嘉靖后期至万历前期南方各地“官民一则”的改革不局限于上述地区，常州、松江、宁国、应天、镇江各府和浙江、江西、福建等也纷起效尤，兹不赘述。

中国封建社会自秦汉以来，封建土地所有制就存在着私有与国有两种形式。我们知道，由于土地所有权性质的差异，官田佃种者向国家输纳的是租税

① 万历《嘉兴府志》卷五“田亩”。
② 光绪《平湖县志》卷一五“人物·列传”。
③ 《古今图书集成》食货典卷一四七“赋役”部总论七。

合一，它重于民田所有者向国家交纳的税，从而形成了官田重税问题。永乐迁都北京后，南方税粮大批北运，纳税者要负担沉重的运输费用即耗米。一般说来，官田耕种者是贫苦农民，民田所有者多是缙绅地主。后者往往又把运输费用耗米，转嫁给官田耕种者。沉重的官田租和运输费用，使得广大贫苦农民破产，也影响国家的财政收入。为了确保财政收入，从宣德以来，明政府在江南发动了田赋制度的改革。改革是从调整田赋运输附加税，亦即调整耗米负担开始的，逐步深化到田则，出现了官民一则起科新的田赋制度的确立。这本来是分配制度的改革。在任何一种社会生产关系中，生产资料所有制的性质，决定着劳动产品的分配性质。但是，分配的变化，也会反过来影响所有制起变化。官民田一则起科，意味着租税一体化，使官民田差别消失。正如明代常州人唐鹤征所说：

> 官民一则之说殊为可恨。何也？官田者，朝廷之有，而非细民之产，耕之者乃佃种之人，而非得业之主，所费乃兑佃之需，而非转鬻之价，所输乃完官之租，而非民田之赋。惟奸宄之徒，则据以为业，良民不敢有也。不揣其本，而齐其末，以租为赋，而病其过重，俾民田均而任之，是上夺朝廷之产，以惠奸宄。①

唐鹤征对官民田所有权性质的差异是明确的。因此，他看出官民一则改革的结果“是上夺朝廷之产，以惠奸宄。”可以这样说，官民田一则起科，导致中国封建社会中以招民佃耕为经营形式的国有土地，最终泯灭了。所以官民一则的改革，在中国封建土地所有制占有形式的发展史上起了重大作用，也具有重要意义。

三、漕运制度的变化和白粮的运输

（一）漕运制度的改革

永乐九年二月，济宁州同知潘叔正上疏建议浚会通河，打通运河的全线运输。工部尚书宋礼等衔命前往治理。同时，平江伯陈瑄亦受命整治淮南运河道。经过宋礼、陈瑄的治理，运河通漕能力大为改观。于是，明朝决定除保留

① 顾炎武：《天下郡国利病书》原编第七册“常镇”。

遮洋总海运蓟州军粮外，从永乐十三年起，罢海运，实行漕粮支运法，其目的是要通过添造漕船，分段运输，增加漕运量。据席书《漕船志》卷六《法则》记载，行在户部在一份奏疏中指出，永乐九年会通河修复之后，每年以漕船1300艘于徐州、济宁两处仓运粮60余万石供北京，但因船少，所运不及海运之数，所以建议：

若添造二百料船，共辏（凑）三千只，专于淮安仓支粮（运）至济宁交收，却将二千只于济宁仓支粮运至北京，一次该运粮四十万石，往回约用五十日，自二月至十月河冻止，可运四次，共得一百六十万石，比与海运数多，又无风水之险，诚为快便。

支运的具体办法是：从淮安至济宁为一段，从济宁至北京为一段；淮安以前用民运，淮安以后用军运；一部分运军从淮安仓支出粮，用3000只漕船运往济宁进仓。另一部分运军用漕船2000只，从济宁支粮运往北京。所以支运是包括支粮与运粮两个方面，指的是从前一粮仓支出税粮运往后一个粮仓。支运之名，盖源于此，所以它又称为“转搬法”。

支运法包括支粮和运粮二方面，但是，运军从各仓支出的粮，不必就是当年该仓的进仓粮；当年各仓的进仓粮，不必就要供当年运军支领运输。各仓的进仓粮与支出粮可以数年通融计算，只要不失仓储和运输的常额就可以了。这就是《明史·食货志·漕运》所说：“支运之法，支者不必出当年之民纳，纳者不必供当年之军支，通数年为裒益，其不失常额而止”。

关于支运哪些地区的税粮，又在哪些地方设点转搬问题，据上引《漕船志》同卷载，只限于浙江嘉、湖、杭三府和南直隶苏、松、常、镇四府并江北的扬州、凤阳、淮安、徐州四府以及山东兖州。支运转搬点也只有淮安、济宁两处。《明史》卷七九《食货志》三“漕运”云：“时淮、徐、临清、德州各有仓，江西、湖广、浙江运仓，分遣官军就近挽运”。其实，把支运漕粮范围扩大到江西、湖广，在临清、德州添设转搬点，都是后来的事，并非支运法实行时就如此。

永乐十三年，明朝增加添漕船，扩大漕运之后，正式罢海运，将海运军兵转入里河支运。

降至洪熙年间，支运萎缩，输京漕粮减少。宣德四年，明朝政府为了扭转输京漕粮入不敷出的局面，决定整顿漕粮支运法。四月，行在工部尚书黄福受命与平江伯陈瑄商议整顿办法。六月，陈瑄等提出整顿方案：

第一，调整转搬地点，恢复淮安、徐州、临清仓廒，收贮南方各地漕粮。

第二，要求解决运军失额、仓廒缺乏、斗斛不足和粮船破损等问题；

第三，建议根据支运地方远近，抽取一定比例的粮米，给予官军；

第四，整治河道。

通过此次整顿，明代额定漕粮运输总额为644万石，较之永乐年间成倍增加。

但是，陈瑄很快就发现，支运法造成了运输能力的严重浪费；一方面，江南百姓要运粮至淮安或徐州、临清上仓；另一方面，湖广、江西、浙江及苏、松、安庆官军每年又驾空船赴淮安载粮。因此，他建议改革漕运办法：

> 若令江南民粮对拨附近卫所官军，运载至京，仍令部运官会计，给与路费耗米，则军民两便。①

宣德六年十月，明朝政府批准经陈瑄建议的漕粮运输的新办法，即兑运法，并制定了《兑运民粮加耗则例》：

> 加耗之例，请每石湖广八斗，江西、浙江七斗，南直隶（即南直隶所属江南各府州）六斗，北直隶（即南直隶所属江北各府州）五斗。民有运至淮安兑与军运者，止加四斗。如有兑运不尽，令民运赴原定官仓交纳，不愿兑者，听自运。②

兑运法实施后，湖广、江西、浙江、南直隶各府州以及山东、河南诸处百姓，不必再运粮赴原支运法所指定的粮仓，只要在附近水次将税粮兑与漕军，另加耗米若干，然后由漕军负责运输和缴纳进仓。这是税粮包运包纳制。

兑运法实行后，南方各地税粮并没有全部兑军，支运法依然实行着，只不过支运数量逐渐减少。如正统二年，漕粮共4500000石，内兑运2801700余石；支运，淮安仓550265石，徐州仓348000石，临清300000石，德州仓

① 《宣德实录》卷八〇。

② 《宣德实录》卷八四。

500000 石，共计 1698200 余石。[①]

明朝的漕粮大部来自江南，而江北运军为数不少，兑运法虽解决了江南运军驾空舟赴淮安运粮问题，但是江北运军尚未获准过江运粮，而应天、苏松等处税粮又有不少要民运往瓜州、淮安兑军。为此成化时期明朝进一步改革漕运制度，实施“长运法”。

长运法包括两方面内容：

一是允许江北官军过江兑运江南粮，此法始于成化七年，首倡者为应天巡抚滕昭：

> 时应天巡抚滕昭令运军赴江南水次交兑，加耗外，复石增米一斗为渡江费。[②]

这一措施，实际上是进一步消减民运，将应天、苏松等府原民运瓜、淮二处常盈仓粮，改由江北运军过江兑运，百姓将粮米兑军时，除按当地兑运加耗之外，另加过江脚米若干。

二是将淮安、徐州、临清、德州仓粮，由支运改为兑运，史称“改兑”。

改兑只是兑运的一种，它不同于一般的兑运。第一，改兑范围限于淮、徐、临、德四仓原支运粮 70 万石。第二，由于支运原无加耗，所以支运改兑后，加耗标准低于一般兑运的加耗，如与成化三年确定的加耗标准相比，湖广、江西、浙江和直隶江南府州每石少 2 斗 5 升，江北府州和徐州少 2 斗，山东、河南少 1 斗 5 升。[③] 第三，漕粮折银时，兑运米和改兑米折率不一。隆、万时，户部尚书马森说：“先时灾伤议折，每兑运一石，折银七钱，改兑一石，折银六钱。”[④] 第四，改兑米输仓地点，与其他兑运粮亦不尽相同。成化初规定：“兑运米以十分为率，京仓收六分，通州仓收四分，支运俱通州仓收。”[⑤] 改兑法实行后，“兑运京仓七分，通仓三分，改兑京仓四分，通仓六

---

① 《正统实录》卷二二。
② 《明史》卷七九《食货志》三“漕运”。
③ 《成化实录》卷四六。
④ 马森：《明会议以予远图疏》，《明经世文编》卷二九八。
⑤ 马昂：《会议漕运事宜》，《明经世文编》卷四一；《成化实录》卷四六。

分，支运俱通仓收。"[①] 正因为有上述差别，所以明朝政府有时把兑运米称正兑米，以区别于改兑米。

经过成化年间漕运制度的改革，除少量"兑运不尽"的税粮仍实行支运法，民运赴淮、徐、临、德四仓外，大部分漕粮运输基本上已经专业化。广大农民从繁重的漕粮运输劳动中解脱出来，从而增加了农业生产时间。漕粮由熟悉运河的漕军就近兑运，这样，就避免了因漕船驾空赴兑所造成的人力物力的浪费，从而提高了漕运的经济效益。

（二）白粮民运的危害

不管是实行漕粮支运和兑运，有明一代的白粮始终采取民运。洪武时期，江南每年输白粮于南京，路途较短，负担尚不太重。永乐迁都北京之后，白粮运输遂成沉重的负担。宣德五年，苏州府白粮运费，论粮加三征收：

> ……内照户部现坐运纳北京白熟粮六万三千五百六十七万五斗，加三征收，于顺便水次听候。[②]

宣德八年，巡抚周忱为减轻白粮运输的负担，建议由官府建造运输白粮的"红船"。顾炎武《天下郡国利病书》原编第七册"常镇"载：

> 永乐间，行在北征，（白粮）命随驾起纳。（常州）四县粮长僦民船装载运之，累岁愆期。宣德八年，巡抚侍郎周忱请红船二十只装运，所在官司应给人力，民甚便之。

运输白粮的红船虽由官府提供，但其他运输费用，仍然由粮户自筹。弘治、正德以后，各种费用增加，特别是降至"嘉靖初，夫船尽革"[③]，官府不再提供运输的船只，粮长只好雇船运输。嘉靖时，除每艘船官定雇价 120 两外，"埠头"即牙人之类还要抽取"写船"银，而部运官又乘机勒索：

> 每船一只，官价一百二十两，阜头写船，抽银一十两，部运官需索又不下十两矣，及至登船，一家聚会；官价不敷，往往赔补，此雇船之害也。[④]

---

① 梁材：《议处通惠河仓疏》，《明经世文编》卷一〇六。

② 况钟：《况太守集》卷七《遵旨会议奏》。

③ 顾炎武：《天下郡国利病书》原编第七册"常镇"。

④ 梁材：《复议节财用疏》，《明经世文编》卷一〇二。

降至万历九年，朝廷议准，“许令粮长自雇五百料中船，每百石定给银三十三两，埠头等役，悉行查革”①。此即采取按运输量给雇船价的办法，每艘约银165两。

由于白粮运输的船只，需要百姓自己雇募，因此，随着运输费用的增加，粮长只好向粮户加征耗米。嘉靖时，“查得白粮一石，例帖（贴）船米四斗。”② 到了万历之际，据张栋说：

每白粮一石，有白耗米三斗，加二舂办，该米二斗六升，又夫船米八斗，内本色四斗，折色四斗，该银四钱，又车脚银四钱，是白粮一石，费用米九斗六升，又银六钱（八钱?）而后得达京师。③

《天下郡国利病书》年载白粮每石加征的米、银数，大抵和张栋所说的相去无几：

（北运）正米外又有私耗舂办，每石约赠七斗，车水脚等银，每石约贴八、九钱。

清《重刊宜兴旧志》详载白粮每石加征运输费用的细目，列表如下：

白粮类别	每石加耗米（石）	每石加舂办米（石）	每石加夫船米（石）	每石加贴役米	（石）	每石加贴役银	合计	
							米	银
内官监白熟细米	0.3	0.9	0.78	0.5	0.34	0.25	2.48	0.59
内官监白熟米	0.3	0.2	0.78	0.5	0.34	0.25	2.48	0.59
光禄寺白米	0.3	0.2	0.78	0.12	0.24	0.3	1.78	0.24
瑞惠、三王府白粮	0.3	0.2	0.78	0.6	0.24	0.25	1.88	0.59

注：据阮升基《重刊宜兴旧志》卷三“解支”制表。

据上表，宜兴县每石白粮年加征运输费用，要比白粮本身多至二三倍。

明代白粮运纳，采取粮长包运包纳制。粮长收得白银和加耗的银、米之后，负责运输和交纳。有一部分粮长是为地方豪绅，“不身亲当，多雇光棍顶

① 《明会典》卷二七，户部十四会计三“漕运”。
② 张栋：《国计民生交绌敬伸未议以裨万一疏》，《明经世文编》卷四三八。
③ 顾炎武：《天下郡国利病书》原编第六册“苏松”。

解"[1]，但更多的粮长要亲自押运赴纳。

白粮的运输和其他漕粮一样，要按时装船开帮，如期过淮过坝，抵京交纳。但是，由于白粮属于民运，在运输途中，无论是开帮，还是过洪过闸，比之官军漕运都更为艰难。嘉靖时陆树德说：

民运经各该衙门，动以迟违情由，问抑工罪，并诸杂色便用，每一处辄费银十五六两，少亦不下十两。军运过洪闸一钱不烦，而洪夫闸夫共与鞔拽；民运每过一洪用银十余两，过一闸用银五六钱，所过三洪五十余闸，而费可知矣。……其他入京揽头之需索，入仓交纳之艰难，又有不可胜言。[2]

粮长押运白粮，其唯一的愿望就是能如期抵达京师。因而，在运输途中，甘受漕军欺凌，俯首船户役使，听凭洪、闸官吏勒索。一旦未能满足漕军或船户以及管理洪闸官吏的私欲，使粮船受阻于运河封冻之时，即要雇车搬运上岸，赁房守冻，搞得狼狈不堪，赴京后还要受处罚。为了使白粮能顺利地运输，粮长除了要应付上举奏疏中所说的种种勒索之外，万历年间甚至发展到督运粮长要出所谓"买帮银"，时人黄廷鹄说：

及（白粮）装载在途，则漕军恃其众也，横抑之曰："我为官运，尔为民运"，禁其出帮，遏其前行，以致愆期守冻，赔补之害，种种不赀。近闻苏松常嘉湖有白粮处，每府以"买帮银"几百两，此大可骇异也。[3]

"买帮银"实际就是"买路银"。白粮运输途中所受到的勒索，可以说是到了无以复加的地步。

及至白粮运抵京师，交纳时又要受到额外科索。成化以前，白粮由户、工部科道验收，额外科索还比较经。弘治以后，科道官为避嫌，白粮改送内府收纳，内官的榨取更是贪得无厌。嘉靖时霍韬说：

是致内臣军校害小民，有白粮一石加至二石八斗，乃用户能上纳？[4]

---

① 梁材：《复议节财用疏》，《明经世文编》卷一〇二。
② 陆树德：《民运困极疏》，《明经世文编》卷二九一。
③ 黄廷鹄：《役法原疏》，《明经世文编》卷五〇三。
④ 霍韬：《霍文敏公全集》卷三上"谨天戒疏"。

由于白粮运输途中和交纳之时勒索过多，因而，造成了运纳白粮的粮长的破产。成化时，王恕说：

江南岁输白粮，民多至破家。①

清人顾公燮也说：

明末，岁输白粮于京师，例用富民主运，名曰粮长，往往至破产，官为五年一审实，先期籍富人名，诸富人在籍中者，争衣襤褛衣，为穷人状，哀号求脱。②

终有明一代，北运白粮成为江南人民的一大灾难。

四、均徭法和里甲正役的改革

（一）均徭法的推行

明代的均徭法是从杂役演变来的。

明代黄册和里甲制度建立以后，杂役的编佥，是根据黄册上登载的各里甲人户的户等，临时量户点差。上户派以重差，下户派以轻差。但是，临时量户点差权在里长，经常发生里长贪污受贿，“放富差贫”的现象，上户派轻差甚至不当差，下户当重差甚至一户数差。为了避免这一弊端，明中叶出现了杂役编佥的新办法——均徭法。

均徭法出现于正统年间，是江西地方官柯暹首创，然后由按察司佥事夏时推广于全行省。《明史》卷一六一《夏时传》：“……（夏时）其为（江西按察司）佥事时，进知州柯暹所撰《教民条约》及均徭文册式，刊为令，人皆便之。”必须指出，柯暹并非知州。弘治十六年以前，江西尚无州一级的建制。柯暹，池州建德人。洪熙宣德时，曾任永新、吉水知县，“政声欻著九载”③，后升云南、浙江按察使。

---

① 《明史》卷一八三《王恕传》。

② 顾公燮：《消夏亲记摘抄》卷中“籍富民为粮长”。

③ 嘉靖《池州府志》卷七（贤哲）。又同治《永新县志》卷九《职官志》框图，柯暹于宣德元年到正统六年，任永新知县。然而，光绪《吉安府志》卷一三《秩官志》载，柯暹于“洪熙元年知新，宣德初改知州吉水”。这一记载，与嘉靖《池州府志》卷七《贤哲》记载在时间上相吻合，较为可信。

夏时在江西推广柯暹均徭法的时间，史书记载不一。但据《正统实录》卷一三六记载，当是在正统八年：

正统十年十二月乙巳……廷臣议，均徭本是以便民，今（夏）时所奏，施行未及三年……

正统十年上推三年，正是正统八年，此后逐渐推到各地。均徭包含的杂役项目是逐步增多的，并渐渐形成了力差、银差之别。夏时初创均徭法，尚无力差、银差之分。被编为隶兵者，皆亲身服役，都是力差，银差一词，最早见于正德元年。《正德实录》卷一九载，这一年十一月，巡抚顺天府都御史柳应辰言：

顺天、永平二府并各卫所差役不均。审户虽有三等九则之名，而上则常巧于规免；论（轮）差虽有出银出力之异，而下户不免于银差。

杂役中哪些是力差，哪些是银差，没有统一的规定。然而，约定俗成，从明代许多方志的记载看来，在嘉靖以前，如中央三司、府州县的柴薪、皂隶、各级衙门的马夫、各级学校的膳夫、斋夫、王府民校等，大多是银差。而重差中如库子、斗级、难以雇募，大多是力差；地处各级衙门的门子、看守牢狱的禁子、维持地方治安的巡检司弓兵、递运所水夫、江河渡口的渡夫等常备杂役，也仍为力差。至于修河、防洪等与生产或建筑有关的杂役，其力差或银差，就因地而异了。

均谣中各种杂役，有的负担较重，号称重差；有的负担较轻，号称轻差。

哪些差役属于重差，又有哪些差役属于轻差呢?

我们先看高淳县情况。

据嘉靖《高淳县志》卷一记载，该县均徭分上、中、下差三种。上差即重差，有长安门仓脚、南京光禄寺养羊户、南京兵部皂隶等、南京户部盐仓秤库、南京光禄寺库子、江东驿馆夫、本县额设皂隶等；中差有南京鲥鱼厂门子、本府直堂弓兵、本府挑册夫、本府门子、本府儒学门子、本县预备仓斗级、本县永丰仓斗级、本县直堂皂隶等等；下差即轻差有本县门子、本县库子、本县俸给仓斗级、高淳渡夫、广通镇南夫、山川社稷坛夫等等。这些上、中、下差的区分表明，上差大多是南京各衙门的差役，中差大多是本府各衙门差役和本县各仓斗级，下差大多是本县各衙门差役。换言之，造成差役轻重的原因之一，是服役地方的远近。“在州县者易当，在府运（远）者难当，在三司者尤难当。盖在下之差，居家应役，使用既少，县不妨耕；在上之差，使用浩大，既解正身，又要雇人。”① 造成差役轻重的原因之二，是看各项差役本身榜定的派额与实际支费究竟相去多少。均徭中各项杂役，皆有榜注费用数额（丁数或银数），然后按数佥丁或征银。如果实际支费超过榜注派额，承役的负担就要加重。“循其派而自给稍轻，倍其派额而犹患不足则更重。”② 就具体的杂役项目而言，均徭中管库房的库子、管粮仓的斗级和驿馆中“专治造饭”的馆夫，都是重役。这些杂役之所以重，就在于他们的劳务实际上超过了规定的范围，从看管仓库和治办伙食，转而变成日用杂物和宴席的供应者。以库子为例，“库役专司看守，非供应役也；”③ 但实际上，库子往往被指派供给官府各种支费。但均徭中最重的杂役，要算耗费既大，服役地区又远的解户。明中央政府向各地征收田粮外，还征收各种地方特产即“土贡”（或称“上供物料”）或这些实物的折纳银。解运各地“土贡”或其折银赴京的职役，称解户。“各处折粮布绢等项，除粮长起运外，其余坐派杂色解户，多从均徭编审”④。充当解户者，按规定应是上等则的富裕户，即所谓“大户”。“有收头管收支各色钱粮，有解户管领解京各色物米，俱殷实之家佥充，故谓之大户”⑤。

均徭中典型的轻差是皂隶，尤其是伺候官员个人的“长跟皂隶”，它实乃富户、军兵、市井无赖百计钻求的封建官僚帮凶。明末吴应箕揭露说：“隶快之在官者，各有买窝之银，今所谓顶首也。……乃有朝入衙门，暮称富室，寻田买宅，呼婢使奴。”⑥ 谋当皂隶，竟是一些人发财致富的门路！

均徭法在佥役之前，不仅要先审定各户的丁产状况，准确地划定户等，而

① 李士翱：《钦奉敕旨陈言民情疏》，《明经世文编》卷二〇九。
② 同治《庐陵县志》卷一一《赋役》。
③ 顾炎武：《天下郡国利病书》原编第七册“常镇”。
④ 毛宪：《言库藏积弊疏》，《明经世文编》卷一九〇。
⑤ 嘉靖《宿州志》卷二《食货·征役》。
⑥ 林聪：《修德弛灾二十事疏》，《明经世文编》卷四五。

且要将各等户类编成册，作佥役依据。这种册就是《均徭文册》或称《鼠尾册》《虎头鼠尾册》《龙头蛇尾册》。又因它以白纸封面，故又称《白册》，以区别于《黄册》。依据《均徭文册》上户等，“上户与之上役，中户与之中役，下户与之下役。”①

均徭役采取了以里为单位按甲轮当的新办法。一般说来，是十年一轮。我们知道，里甲正役也是十年一轮。为了在时间上把这两项徭役错开，夏时在江西实行均徭法时，“五年而正役之，又五年而杂役之。”②在两役之间，有四年的间隔。正如淳安知县海瑞说的：“访之别县有五年方轮一次均徭，又五年方轮一次里役者。小民将四年所积，应一年重差；当一年重差，得四年间歇。”③

但是，并非各地均徭，都是十年一轮。明人李士翱说：

> 臣尝延访南北直隶以及各省地方均徭，其审编之法，有一年一编者，有二年一编者，有三年一编者，皆因时地之不同，繁减之不一，轻重之不等，固难执一隅而议拟也。④

不仅各直省间均徭轮役周期不同，即使同一府，各县之间亦不同。

均徭法出现之后，它的弊端也随之暴露。弊端甚多，但主要的有二条：其一，各里甲贫富不等，而徭役负担量相等。其二，因《均徭文册》上丁产登载失实，造成徭役负担不均。因此，明中叶要求改革均徭法的呼声也越来越大，遂产生十段册法。

（二）十段册法的推行

“十段册”又称“十段锦”。《续文献通考》等书的作者认为“十段册”其法行于嘉靖末，其“议也于巡按御史温如璋”。但是，据我们掌握的有限资料看，在成化初年，它已出现于福建邵武，创行者为邵武知府盛颙。“盛颙，字时望，无锡人，成化改元由进士历官知邵武。……先是徭役多从里胥推举，奸弊万端。乃通扣一县丁田数为十甲，以一年丁粮应一年徭役，周十甲而复

① 王世懋：《仕途悬镜》卷一。
② 《景泰实录》卷一六。
③ 《海瑞集》上编《均徭申文》。
④ 李士翱：《钦奉敕旨陈言民情疏》，《明经世文编》卷二〇九。

始，民甚便之”[①]。

盛颙的办法和先前均徭法不同，它不是按原有里甲轮役，而是通计一县丁粮，重新均分，编作十甲轮役，从而克服了先前应役里甲丁粮有多寡不均的弊病。他的十甲轮役法，实际上也就是后来的“十段册”的十段轮役法。这种办法有邵武旋行旋废。弘治至正德，邵武知府夏英、同知陆勉又行《平定册》，计十年丁粮，“衰多益德，均为十班，编为定役”[②]。这实际上是盛颙办法的再版，嘉靖十二年，邵武知县曹察听取耆老李轩等建议，把不知废于何时的夏英旧法重新修复，行“均平徭役册”。其法“以一县之丁粮，均为十班，以十班之粮，均为一则”，“事事核其丁粮，同其总撤，通融斟酌，定为十年均徭之则”。曹察计邵武县有丁32352，粮21595石余，按每丁折粮1石计，共54310余石，每年以5430石应役。[③]

嘉靖十六年，李元阳任福建御史，在全闽行“十段法”：“概一县（丁粮）之数，酌什分之一（应役），今年盈则以补捐明年之不足，缩则益取诸今年之有余”[④]。

正德年间，常州府同知马某[⑤]也实施“十段册”法，“议将通县田地均分十段，别造《十段文册》，每年编审一段”[⑥]。初，颇受欢迎。而后造册之时，富民巧为规避，加人人户消长参错，多有产去税存，讼谍纷纭，官民两病，至嘉靖元年又改为按户等高下三则编审均徭。嘉靖十四年，武进知县马汝彰复行“十段册”法，将全县官田139662亩余，按每5亩折民田1亩计，共折民田27932亩余（原文误作25932亩）；山荡75478亩余，按每10亩折民田1亩计，共计民田7547亩余；人丁124398丁，按每丁折民田1亩计，共折民田124398

① 嘉靖《邵武府志》卷一“名宦”。

② 嘉靖《邵武府志》卷一“名宦”。

③ 嘉靖《邵武府志》卷五“版籍”。

④ 乾隆《尤溪县志》卷五“赋役”。

⑤ 关于这位同知马某，据万历《常州府志》卷九上“职官”二，正德年间，常州府没有姓马的同知，唯正德元年同知是冯永固。正德六年知府马婺。所以该志作者说：“（同书）‘钱谷志’有正德间本府同知马尝编十段册，岂即守马之误邪？抑实有其人而志佚之邪？或元年所书冯永固即其人，而旁误二画邪？”

⑥ 万历《常州府志》卷三一“钱谷志”三。

亩；加上实有民田 1295881 亩余，总计共折民田 1455759 亩余。内除前两年已编审者外，余下民田 1164607 亩，均分 8 年应役，每年轮派同田 145575 亩余[①]。这是我们掌握的关于“十段册”法编役的最详尽资料。

十段册法不是对均徭内含役目的改革，而只是对均徭法编审对象和轮役方式的改革。第一，它不再采取里甲轮流服役的老办法，而是通计一县丁粮，重新均分十段，按段轮流服役。这显然是针对先前各里甲贫富不均而采取新的轮役法。第二，各户均徭役的负担，也不再按黄册或均徭文册上的户等，而是按新核实的各户丁田实际数量。这显然是针对黄册或均徭文册上丁产登载失实而采取新的佥役法。第三，对于丁、田的负担，采取丁、田相折的办法。各地丁、田折率不同，因而人丁负担的轻重也不同。这显然具有部分摊丁入地的因素。请看下列：

马汝彰《十段册》法丁田负担比例表

项　目	全县民田	全县官田	全县山荡	全县人丁	合　计
原额	12958 顷余	1396 顷余	754 顷余	124398 丁	
折　率	每一亩折一亩	每五亩折民田一亩	每十亩折民田一亩	每一丁折民田一亩	
共折民田	12958 顷余	279 顷余	75 顷余	约 1244 顷	约 14577 顷
合　计	约 13313 顷			约 1244 顷	约 14577 顷
田丁负担的比例	约 91.5%			约 8.5%	100%

据上表，武进县实行十段册法，田地负担徭役占 91.5%，人丁仅占 8.5%，这显然具有摊丁入地意义。嘉靖四十四年，南直隶御史温如璋建议在江南实施全部摊丁入地的十段法，“其法，算该力差、银差之数，总计十甲之田，派为定则。如一甲之田有余，则留以为二甲之用，不足则提二甲补之。剂量适均，轻重合一，”[②] 把原来按丁承当的力差银，全部改为按田承担。这固然是十段册的一大进步，却严重损害了缙绅地主的利益。史称“行之未几，里下骚然，莫必其命”[③]，反映如此强烈，无疑是缙绅鼓簧反对。

① 万历《常州府志》卷三一“钱谷志”三。

② 《嘉靖实录》卷五四三。

③ 《续文献通考》卷一六“职役考”。

（三）粮长制度的变革

明中叶，随着土地高度集中，大地主欺隐田产，诡寄税粮愈演愈烈，小农日益破产，税源逐步减少，加上粮长与地方官员之间在催征税粮上侵吞和反侵吞的矛盾，在政治上干预和反干预的矛盾逐步尖锐，从而使一些大地主不再乐意担任粮长。而漕粮兑运法的实行，也使粮长输送税粮的任务大大减少了。因而，改革粮长制度便在各地展开。

改革的办法之一，是以里长代替粮长执行催征税粮的任务。

湖广、淮、扬、福建等地就是实行这种改革。如浙江嘉兴县，嘉靖十九年该县知县卢梗说：

访得（嘉兴）德化等都，殷实可充粮长之户尚多……惟胥山四都，素称患区，田土委的瘠薄，人户委的艰难，遇佥粮长，不过短中取长，并无中人之产，本职因其不能胜役，每年每里轮一里长为之领袖（粮长），免其收运。[①]

如嘉靖三十二年，杭州仁和县知县赵南用排年里长担任粮长。他说：

本县有四十二区。先年每区编粮长各一名，（全县）设大户粮长（一人）……凡区之赋皆辖之，最号繁剧。……县中比并，捐赀代输，动倾家产，其又如何也？（赵南）周知其弊，建议以排年里长岁轮一人，司里中赋，革大户里编，前此诸弊，皆得获免。[②]

这是以里长代替粮长的改革，而且采取的是轮充制。

改革办法之二，是将以往大户独当制，变为中户甚至下户朋充制。

朋充制也叫“串名法”。由于大地主不愿当粮长，只好几家中小地主联合担任。浙江及南直隶等地，在正德嘉靖时盛行此法。如浙江海盐县：

洪武初，州县粮万石，例设粮长一人，主征收运纳之事……正德中遂有串名法。[③]

又如苏州府嘉定县：

---

① 崇祯《嘉兴县志》卷九“食货志·土田”。

② 万历《杭州府志》卷八“国朝郡事”下。

③ 顾炎武：《天下郡国利病书》原编第二二册“浙江”下。

> 至嘉靖中，为抑强扶弱之法，粮长不独任大家，以中户轮充。初，轮充家者如得美官。已而纳粟于仓，投银于柜，老人概解，法令一新。粮长大抵破家，则轮充又为朋充。朋充有三四人，或五六或八九。[1]

嘉定县在朋充制出现之前，有中户轮充制。轮充者如得美官。可见粮长一职尚有吸引力。但明中叶以降粮长，其社会地位大不如前，征收田赋，阻力重重。由于包赔逐渐增多，任粮长者难免倾家荡产。有关这方面的记载是很多的。朱国桢《涌幢小品》卷一三“编役连拜”讲一则故事，长州知县郭波和致仕尚书刘缨有隙，遂编刘家粮长七名，尔后以谢罪为辞，登门拜刘缨二十余拜。出门后对随从说：我欲拜死老贼。刘缨年八十余，活活被气死。他的子孙不能承役，逃走四方。一个二品大员，竟因当粮长而弄得家破人亡。所以嘉靖初俞弁说：“近年以来，田多者为上户，即佥为粮长，应役当一二年，家业鲜有不为废坠者。”[2]

嘉靖六年，兵部尚书李承勋上书说：

> 粮长之役，责在收纳。……州县不才官以粮长为囊橐，粮长一年，有即为乞丐者矣；家有壮丁十余，当粮长一年，有即为绝户者矣。以致民避粮长之役，过于谪戍，官府无如之何！或有每岁一换之例，或为数十家朋当之条。始也但破一家，数岁则沿乡无不破家矣。[3]

粮长从明初充制到明中叶的轮充制以至于朋充制的演变，说明粮长的社会地位发生本质的变化。它从原先由大地主充当声势显赫的“治民”者，变成是以使小民倾家荡产的苦差役。这一方面说明中叶缙绅地主权力的膨胀，另一方面也反映出农村凋蔽和封建政府实现赋役剥削的难度增大。

（四）里甲征役的改革

关于里甲征役的改革，要追述到宣德时期的周忱和况钟。

---

① 顾炎武：《天下郡国利病书》原编第六册“苏松”。

② 俞弁：《山樵暇语》。

③ 张萱：《西园闻见录》卷三二“赋役”前。

为了减轻里甲负担，江南巡抚周忱曾在应天府论粮加征“里甲银”。据顾起元《客座赘语》卷二《条鞭始末》：“往周文襄巡抚时，以丁银不足支用，复唱劝借之说，以粮补丁。于是税粮之外，每石加征若干，以支供办，名里甲银。”可见，里甲银是征自田粮。它将原来按户征收的里甲费用，摊入田粮，折银征收。但并非全数摊入，只不过摊入“十之二三而已。”①

前面说过，在苏松地区周忱曾用“耗米”来分担里甲支费，它与应天府的里甲银，在性质上是一样的。

继周忱之后，明中叶东南各省对里甲征役普遍进行了改革。其办法与周忱的“里甲银”相似但名称不一：“在浙江则曰‘均平银’。在江西则曰‘公费银’，在福建则曰‘刚（纲）银’，在南直隶则曰‘直日银’，遇有所费，官自支用”②。我们以浙江“均平银”和福建“纲银”为例，探讨其改革主要内容。

浙江“均平银”又称“里首钱”，开始于天顺时。均平银支应对象，是原里甲供应的额、坐、杂派三办。此外，还供祭祀乡饮及使客迎来送往支费。万历《秀水县志》卷三“食货”载：“凡解京料价，祭祀乡饮，备用夫马、轿匠、公私诸宴，皆籍此。”嘉靖末年前，浙江均平银尚无一定摊派之规，各地方皆自行其是。降至嘉靖四十五年，浙江巡按庞尚鹏改革“均平银”派征和支应办法。他颁布《钦依两浙均平录》计25款，另附一《均平由贴》式样，对均平银的派征原则、输纳方式以各办支应办法、细目、限额，都作了详细规定。《均平由帖》式样如下：

某县为节冗费，定法守，以苏里甲事。今遵奉题准均平事理，出给由帖，备开年份应征应派银数，付照。仰速照依正数办完，送县交纳，当堂投柜，即将由帖填注纳银数目日期，掌印官亲批“纳完”二字，用印钤盖，付还备照，并不许分外加取称头火耗。里长在官勾摄，甲首悉放归农，毋违！须至出给者，本县该派均平银，千　百　十　两　钱　分　厘　嘉靖四十年份通县人田共折丁　千　百　十

① 顾炎武：《天下郡国利病书》原编第八册“江宁庐安”。

② 《邑人郑秉厚论赋役疏》，光绪《遂昌县志》卷三“田赋”。

丁。每丁派银钱分厘毫丝。一户人丁田折丁　丁，共派银　。本年

月　日照数赴完纳讫，右给付某执照。①

浙江实施庞尚鹏均平银法，“甲首悉放归农”，免除了广大农民的里甲征役。

福建“纲银”出现于成弘之际。《天下郡国利病书》原编第二六册“福建”“成弘年间，乃令见役里长，随其丁田，或钱输官，以供一年用度，谓之纲，以雇一年之用者，谓之徭。既出钱，（甲首）则归之，唯一里长在役，以奉追征勾摄。”“纲银”又称“纲派”。《古今治平略》解释说：“犹网有纲，一举而言尽也”②。即总征里甲各类费用的意思。但是，万历《福州府志》说：“宪纲经用者，名曰纲银，以见役坊里长供之”③，意在维护封建法令纲常所必需的开支。据万历《福州府志》卷二九《食货志》四“纲派”载，举凡地方政治文化方面社交经费和救济金，差不多都由纲银开支。

纲银按丁田征收。确定征收标准时，采取丁、田相折办法，“民米一石，准丁一丁”。这使原本按丁负担的里甲支费，部分摊给田地负担。但是，每人1丁，每粮1石，征多少，却因时因地因官吏贪廉而不同。之后，由于官府费用无节，里长负担过重，无力供办，迫使统治者不得不对纲银法进行整顿。正德十五年御史沈灼对福建纲银进行一番改革。在他主持下，各县“将通县费用，分正杂二办，以丁四粮六法则科派”④ 即丁负担四成，粮负担六成。正办又称“正纲”，杂办又称“杂纲”：“正纲之费可稽，杂则私而难诘矣。”⑤ 嘉靖十六年福建巡按御史李元阳企图通过增收杂纲银和制定支出“定则”的办法，以整顿纲银法，结果失败了。“杂纲批票，纷如雨下，漫无终极”，以致重累轮班贴办的里长。嘉靖二十三年御史朱淛罢官赋闲在家乡莆田。他承应杂纲五日，原定该银8两实际开支28两。所以他气愤地说：“穷乡小民，靠损尤甚，一经此役，无不破家”⑥。

---

① 万历《会稽县志》卷七《均差·均平考》。

② 《古今图书集成》食货典卷一四五赋役部《古今治平略·明朝田赋》。

③ 万历《福州府志》卷二九“食货志”四“纲派”。

④ 嘉靖《安溪县志》卷一“地舆”。

⑤ 乾隆《建宁县志》卷七“赋役”。

⑥ 朱淛：《天马山房遗稿》卷四《落纲协办志》。

(五) 归并诸役的改革——征一法

无论是里甲银、均平银、纲银抑或十段册法，都是针对里甲或均徭单项徭役的改革。由于徭役名目繁多，不仅给编审、派差、征银带来很大麻烦，而且给了富豪、官吏、书手以作弊的可趁之机。因此，从嘉靖以来不少地方出现归并里甲均徭二役，按丁田征收的新改革。其中以欧阳铎改革最为典型。

嘉靖十六年应天巡抚欧阳铎在改革田赋制度的同时，还有“征一法”以改革徭役。这一改革，是常州知府应槚最先建议的，又称《通编里甲均徭法》，主要内容可分二大部分，其中的第一部分是关于徭役征派原则，共有四个要点：

1. 每年按全县丁田数，分摊全县徭役，以解决作为徭役征收对象的田粮推收挪移弊端：“通计一县丁田，除优免及官田地粮重、滩荡利轻，俱免差徭，止论民田地与丁，计银差派。”

2. 徭役统一征银，以解决重役偏累问题。

3. 原徭役数年一编，现役小民负担过重，现改为一年一编，以适应应役者的负担能力。

4. 甲里均徭二役合一，所用银两“总会而并征。”

第二部分是关于徭役的支费。应槚实行“三定”——定祭祀乡饮、定公费、定备用，不许额外需索①。

根据上述应槚所定里甲均徭的征役原则，常州府各县丁田的征银数额，请见下表：

常州府行《通编里甲均徭法》各县丁田征银数额表

县	丁　数	民田地数（亩）	甲里均徭合用银总额（两）	每丁编银（两）	每亩民田地编银（两）
武进	255604	1296063	19057	0.05	0.006
无锡	164690	873956	14352	0.05	0.007
江阴	135568	9564	12995	0.05	0.0065
宜兴	132958	10137	11716	0.05	0.005
靖江	27855	267064	4063	0.05	0.01

注：据万历《常州府志》卷六“钱谷”“征输”。

① 万历《常州府志》卷三一“钱谷志”三“征输”。

应槚将一切徭役支费，按田粮和人丁负担，并入秋粮带征，于是“赋役二途遂合而一”[①]。

里甲、均徭合并，这就是征一法。

征一法除归并役目外，还具有力役折银和摊丁入地的意义。但是，像库子、斗收、解户之类重差，是难以雇募的。所以应天、苏、松等府在实行征一法后，对这类徭役是阳革阳用，“复于该年摘拨而给其直。”[②] 至于摊丁入地的比例多大，也是因时因地因执政者不同而不同。

明代中叶，徭役制度的改革，诸如甲里钱、均平银、纲银和十段册法，尤其是征一法，实际上是一条鞭法产生的前奏曲。尔后一条鞭法，是这些改革的必然归结。改革有一共同的历史趋势，那就是将户丁役和人头税摊入田亩，即所谓“摊丁入地”，并折银征收，使劳役负担货币化。改革一方面使农民减轻了徭役负担，所谓“甲首终岁不到衙，从而削弱了农民对封建政府的人身依附关系，为里甲职能的消亡创造了条件。这一点，我们将在后面细说。另方面，改革有利于商品经济的发展。因为，摊丁入地不利于丁田多的地主，却有利于无田或少田的商人。“富商大贾……或累万计，而竟以无田幸免徭役”[③]。“务本者孑立之身并应租庸，逐末者千金之子，不占一役”[④]。因此，徭役改革的反对派攻击摊丁入地，说：“古人立法，厚本抑末；今人立法，厚末抑本”[⑤]。他们仍然用商品经济不发展时重农抑商的老眼光，来看待在商品经济发展新情况下的制度。

五、一条鞭法及其历史进步性

据已故学者梁方仲先生研究，一条鞭有种种不同的写法或称呼。“鞭”或写作“编”、“边”；也有的省去“一”字，称“条鞭”、“条编”、“条边”，

① 顾炎武：《天下郡国利病书》原编第八册“江宁庐安”。
② 顾炎武：《天下郡国利病书》原编第八册“江宁庐安”。
③ 万历《秀水县志》卷三“食货”。
④ 《隆庆实录》卷四六。
⑤ 何瑏：《均徭私议》，《明经世文编》卷一四四。

抑或名为“一条法”、“总编”、“类编”、“明编”等等。[①] 梁先生还积近20年功力，作《明代一条鞭法年表》，著录287条史料，其中嘉靖一朝36条，隆庆朝55条，从万历元年到二十年计有152条。这说明，一条鞭法开始施行于嘉靖初年，至嘉靖末年转趋积极，在万历二十年以前已经全国通行了。

关于一条鞭法的创行者，从明代后期以来，已是众说不一。有说王宗沐、有说庞尚鹏、有说蔡克廉，近人则多认为是御史傅汉臣倡于嘉靖十年。

其实，一条鞭法的最初倡导者是内阁大学士桂萼。

《嘉靖实录》卷一一八载桂萼奏《任民考》七项，但具体内容“实录”不载。《古今图书集成》食货典却详列其中五项，“编审徭役”一项写道：

> 嘉靖九年十月内户部题该学士桂（萼）奏为授时任民事，内称……该本部看得各处编审徭役，各验册内丁口田粮，定立等第科差，遵行已久。但各甲丁粮多寡不一者，得以众轻易举，少者不免增益取盈，委有不均之叹。合将十甲丁粮总于一府，各府丁粮总于一布政司，布政司通将一省丁粮，均派一省徭役，内量除优免之数，每粮一石，编银若干，每丁审银若干，斟酌繁简，通融科派，造定册籍，行令各府州县永为遵行。

桂萼在“编审徭役”中建议，徭役不再按黄册派定年份轮当，而是由县、州、府、布政司层层汇总丁粮，以一省之丁粮，分派一省之徭役。户部根据桂萼的建议，拟定了通将一省丁粮，均派一省徭役的具体措施。桂萼的奏疏和户部的部议，都没有将他们审编徭役的新办法，冠以“一条鞭”名称。五个月之后，嘉靖十年三月，御史傅汉臣在他奏疏中，提到一条鞭法，实际上是重复五个月前户部的部议，几乎连字句都不曾更改。因此尽管傅汉臣将此举冠以“一条鞭法”之名，我们仍应把桂萼看成条鞭法最初倡导者。当然，由于当时户部尚书是梁材，有人认为一条鞭法的创议者是梁材。这种看法也是合理的。

我们说桂萼是一条鞭法的最初倡者，意思是，他以内阁大学士的重要职位，最先向皇帝建议在全国范围内施行一条鞭法，至于一条鞭法的最初创立者，恐怕也不是桂萼。一条鞭法既有不同写法和称呼，那就不可能是由中央政

① 《一条鞭法的名称》，《梁方仲经济论文集补编》。

府某一官员创议而后自上而下统一实施。它应是由地方自发并相互仿效而风行起来的制度。它的发明人，明后期已众口不一，今天考证清楚，无疑是极为困难的。正因为一条鞭法是各地方相互仿效而逐步风行起来，因而在它流行的初期，不可能有统一的名称，也不可能有一致的内容。

桂萼的“编审徭役”，是针对徭役的改革。第一，以“丁产”作为“计差”的对象；第二，以一省之丁产，派编一省之徭，取法的一种，此外还有其他各种类型的一条鞭法，明代山东东阿人于慎行说：

> 条鞭者，一切之名，而非一定之名也。粮不分廒口，总收类解，亦谓之条编；差不分户则，以丁为准，亦谓之条编；粮差合而为一，皆出于地，亦谓之条编；地不分上下，一体出银，此地之条编。其名虽同，而其实不相盖也。

所谓“其名虽同，而其实不相盖”，是说同称一条鞭，但内容不一。各地方赋役制度改革，总是各有针对性，针对本地区赋役制度中最严重的弊端而加以改革。因此，在封建王朝未颁行统一之规以前，各地方的一条鞭法是不会雷同的。有的一条鞭法是针对徭役的改革，有的则针对田赋；有的是针对役的审编办法，有的则针对赋的征收方式或解运方式。下面，让我们通过深入剖析隆庆和万历前期，几处影响较大或行之较广的一条鞭法的内容，以观察一条鞭法的典型形态。

早在嘉靖三十五年，蔡克廉巡抚江西时，就倡行一条鞭法，具体办法是：

> 各州县统计粮诸额，不轮甲，通十年均派，帖上民户，备载所应纳之数于上，征银解给，县官亲裁之。①

即取消里甲轮役制，徭役按粮均派，征银在官。此后，巡抚周如斗、刘光济在江西行一条鞭法，也只是在徭役的审编方法上废止40年一役的排年法。

嘉靖三十八年，浙江嘉兴府平湖县和处州府，分别在知县顾廷对和摄知府推官张振之主持下，实行过号称“条鞭均徭法”、“条鞭法”②。可见，一条鞭法在该省有一定影响，降至隆庆元年，绍兴府余姚县在知县邓林乔的主持下，开始实行《一条鞭法》，从征和解二个环节，对原有的赋役制度进行改革。即

---

① 万历《南昌府志》卷八“差役”。

② 崇祯《太仓州志》卷一三“列传，张推之”；光绪《平湖县志》卷一二“宦绩，顾廷对”。

将赋和役各归并为“一总”，然后二总会计，照丁田派征：“其均徭、里甲、三办、均平等亦攒为一总，其某项各该银若干，通计共该银若干。然后通查该县田地山若干，人丁除例该应免外，见在若干，每丁该银若干，田地山各若干，每亩该处银若干，共该银若干，总该应征银两，再算每田地山一亩该银若干，每丁该银若干，连前项正银，通该若干，编派已定，著各里递分给各甲人户，照帖承办，依期赴纳”①。其次，在徭役派征时，废除十年排较征制，“俱于十甲通融随粮带征”②。其三，征收对象是丁和田，又依据贫富不同，对于银的征收量为增减：

> 然人户有贫富不同，复将丁田分为二，有田之丁及以田折丁者，每丁编银必增其数；有丁无田者，每丁编银量为递减，使于均平之中，曲寓存恤之意。③

其四，在纳税时，“县设木柜，由纳户亲户持银上柜投纳。”其五，税粮等起解时，委吏差解：

> 凡银至五百两以上者，差佐贰首领官；三百两以上者，差殷实候缺吏；一百两以上，差殷实粮吏。仍查照帖解银数，给与使费，解送至府，转文呈司交纳，现限获批收销缴，不许再佥收头解户等项名色。④

这一改革使原来的本色赋改折以色银，由民收、解变为官解，取消了收头、解户重差。

余姚县的“一条鞭法”，在平湖县同时施行。隆庆元年，浙江巡按御史庞尚鹏将余姚、平湖两县的一条鞭法，推向绍兴、湖州两府，此后又推广至福建。

从嘉靖中期至万历前期，王宗沐先后任江西提学副使、山东左布政使、右副都御史总督漕运兼巡抚凤阳等职。他所到之处，竭力倡导、推行一条鞭法。

王宗沐曾著《江西省大志》七卷，刻于嘉靖末年，该书第二卷为《均书》。据万历《漳州府志》载：

---

① 万历《余姚县志》卷一〇“食货志·田赋”。

② 庞尚鹏：《题为均徭役杜偏累以纾民困疏》，《明经世文编》卷三五七。

③ 庞尚鹏：《题为均徭役杜偏累以纾民困疏》，《明经世文编》卷三五七。

④ 庞尚鹏：《题为均徭役杜偏累以纾民困疏》，《明经世文编》卷三五七。

条鞭法始于王宗沐所著《均书》中……《均书》云，一条鞭法通府州县十岁中夏税、秋粮、存留、起运额若干、均徭、里甲、土贡、雇募加银额若干，通为一条，总征而均支也。其征收不轮甲，通一县丁粮派之，而下帖于民。备载一岁所应纳之数于帖，分六限纳之官……①

简言之，王宗沐所倡导的一条鞭法内容：赋役合并，总征均支；征收不轮甲，通一县丁粮均派。

海瑞在兴国知县任期，也曾实行过一条鞭法。那时，他只是一个执行现政策者。隆庆三年六月，海瑞以右佥都御史总理粮储提督军务兼巡抚应天等处，从此，他推行自行设计的一条鞭法。明代人刘仁义说：

海公瑞巡抚南畿，慨小民困于徭役之不均也，乃立划一之法，以一县繁简适中为准，总计徭役几何，当用值几何，于是概一县之田，除一切优免外，总计田亩几何，一亩当出雇值几何，不论官、民(田)，惟按户计亩，按亩收值，其编差徭，官自办雇，遂以其式，颁诸郡县，一体行之，名为一条边。②

海瑞一条鞭法主要内容是，第一以概县之田，承当概县之役，从而废除排甲轮役制；第二，按亩征银，差徭官自雇募，百姓免除了力差。

明中后期，山东实施一条鞭法最有影响的，是万历三年东阿知县白栋。据万历十三年五月工科给事中曲迁说，白栋在东阿实行一条编法：

编徭之时，核县中在册丁地及一年赋役。每地一亩征银一分一厘，差银九厘二毫；每人丁一征银一钱三分，而夏税秋粮均徭里甲之额数具是。马既官收官解，又通改力差为银差，则大户头役俱免。行之一年，逃移自首归业者一万一千余家。③

白栋一条鞭法，将赋役合并，力差改为银差，取消大户头役，地既计亩征银，又计亩分摊差银，人丁则只征差银。

---

① 万历《漳州府志》卷八“赋役志”上。
② 刘士义：《新知录摘抄，一条边》（《纪录汇编》本）。
③ 《万历实录》卷一六一。

此外还有回水、曹县、定陶等地一条鞭法，亦不赘述。

《明史·食货志》说，一条鞭法“至万历九年乃尽行之”。这一年正是内阁首辅张居正发动丈量土地运动的高潮之时。在丈量土地的基础上，实施一条鞭法是可能的。但是，张居正在其执政期间，没有下令各地非要实行一条鞭法不可。他在一封信中说：

条鞭之法，有极言其使者，有极言其不便者，有言利害半者。仆思政以人举，法贵宜民。执此例彼，俱非通论。故近拟旨云，果宜于此，任从其便。如有不便，不必强行。①

张居正既不主张各地都要实行一条鞭法，那么，万历前期明朝也就不会下令去统一一条鞭法的内容。

上述各处的一条鞭法，其共同之处是：第一，简化征收项目，诸役全并，变徭役的多税制为单一税制；第二，力差折银征纳，官府雇人代当，变力役为货币税；第三，取消里甲排年轮役制，按每年一县徭役等支出，征诸全县丁、田；第四，田和丁共同负担徭役，含有摊丁入地因素，不过，有的地方人丁统一平均分派，有的地方则根据人丁贫富，分户等，富裕的上等户人丁纳银多，下等户穷苦人丁纳银少。至于一条鞭法是否包含着田赋的改革，各地情况不一。

一条鞭法作为新的赋役制度，是对原有社会产品集中分配方式的改革。这一分配关系的改革，势必涉及封建王朝、土地所有者和广大农民的切身利益，从而引起社会的强烈反响。人们或从封建王朝整体长远利益出发，或从个人眼前利益出发，或从一时一地具体问题出发，对一条鞭法作出各种评判，形成了广泛的论争。但它的进步意义是应该肯定的。首先，一条鞭法简化了赋役项目，确在一定程度上制约了脏官墨吏奸豪上下其手贪污中饱和飞洒诡寄的伎俩。当时有人指出：

自条鞭之法行，则夏税、秋粮、均徭、带征确有定额，里胥无由飞洒，奸豪无从规避。税易均平，允为不刊之典也。②

---

① 张居正：《张太岳文集》卷二九《答少军杨二山言条编》。

② 顾炎武：《天下郡国利病书》原编第一五册“山东”上。

当然，由于封建吏治败坏，鞭外加派情况依然存在。其次，一条鞭法废止了里甲排年轮役制，这是与当时社会现实状况相适应的。一方面，随着土地兼并的发展，农民日益贫困，赋役负担能力下降；另一方面随着明代官僚机构日趋腐败，赋役征收额增加了。过去那种十年一轮的供役制，已经不适应如今役重民疲的现实状况，只能改为以当年概县之财力，供当年概县赋役之支出。第三，一条鞭法把原由户丁负担的里甲、均徭，改由田或田、丁负担，含有摊丁入地精神，可以稍稍减轻贫苦农民的负担，有利于稳定封建统治秩序。明代某些有识之士，从封建王朝长远利益出发，赞成一条鞭法。唐鹤征就是其中的代表。他曾对人说："（一条鞭法）不便于士绅耳，齐民则诚便。然以私计之，毋乃身为士绅之日寡，子孙为齐民之日久耶！毋乃士绅之不便轻，而子孙之长便重耶！"①

第三节　明末赋役制度的败坏

一、里甲制度的败坏

拥有一定数量的土地，是里甲制度的经济基础；稳定的小农经济——佃农和自耕农，是里甲制度的社会基础。一旦这两个基础削弱了，里甲制度就要败坏。

为了保护里甲的经济基础，明朝原有"田不过都"、"地不出图"的禁令。但是，随着土地兼并的发展，这一禁令必然要被冲破。地主阶级通过所谓诡寄、飞洒、花分、寄庄等伎俩，千方百计使土地摆脱里甲的控制，失去土地的里，成了穷里，另一些在外都外里购置大量田地的成了富里：

> 盖往因里甲不限田，故奸民意将田地诡寄富里，以致富里之民虽田盈千亩，一役不沾，患里（按即穷里）之民虽户无立锥，且充数役。②

① 顾炎武：《天下郡国利病书》原编第七册"常镇"。

② 天启《海盐县图经》卷六"食货篇"第二下。

地主通过飞洒、诡寄、花分、寄庄等伎俩，使土地摆脱里甲控制，一些失去土地的贫里，“患里”的出现，意味着里甲组织已丧失了原有的经济基础。这导致里甲制度的危机，明代人对里甲和土地的关系，看得相当清楚：

夫里甲之制，即比闾族党之遗也。然田不井授，里甲安可常哉！夫十户为甲固矣，尝凌虐小民，今户已亡，里亦不能独支！①

在里甲土地丧失的同时，里甲人户也因土地兼并，赋役繁重，而纷纷逃亡，嘉靖四十一年，海瑞任江西兴国知县。他说：

（兴国）嘉靖三十年以前，犹四十里，今止三十四里，卑职到任后，极为招徕，今亦得四十里。其间半里、一分、二三分里分尚多。通十排年计之，该五百七十七人，今止有四百三十二人，其间有里第而全无甲首者，有有甲首而止存一二户，户止一二人者。②

由于里甲经济基础和社会基础的削弱，有人提出从根本上改变徭役的编审办法。他们感到，以丁为佥对象，难以确保徭役的实现，应改为按田计役。“人户虽有逃户，土地只在本处。”③“土地万世而不变，丁口有时而盛衰，定税以丁稽考为难，定税以亩核为易。”④ 万历年间，浙江海盐县多次进行这种改革。如万历九年，知县蔡逢时行“均田法”，采取“照田认役”的派役原则：

议将乡宦田地，科甲出身者各免田若干，贡士生员吏丞各免田若干，其余田地，通融均派于一千六百一十名里长，里内每甲限田若干，先行准收，次行均甲，又次编审。编审之时，以三百余亩之家编里长一名，必不得已以二百亩之家为，拨小户助之。⑤

蔡逢时以田为标准佥派里长，由“三百亩之家”担任。而万历二十九年该县李当泰进一步议定：

均里甲，本县通计田地五十九万七千五百四十有奇，该佥里长一千六百一十名，每名役三百二十亩……佥审里长，以田多者为头役，

---

① 隆庆《岳州府志》卷一一“食货考”。

② 《海瑞集》上集《兴国八议》。

③ 《古今图书集成》食货典卷一四二赋役部。

④ 张萱：《西园闻见录》卷三二“赋役”前。

⑤ 天启《海盐县图经》卷六“食货篇”第二下。

田少者为甲首。①

即里长不再以某一有田“三百亩之家”独当，而是每拼凑足320亩田，就佥一名里长，其中田多者任头役，田少者任甲首。

徭役既按田佥派，按户编里甲就失去意义。因此在编审之时，不再按户而是按田划分里甲。浙江海盐县就是如此：

> 国初编审黄册以人户为主……（明后期）而东南开垦益多，地利愈广，其势不得不倚重田亩以佥派里役，于是黄册之编审皆以田若干为一里，不复以户为里。②

以田亩数划分里甲，完全改变了里甲的内容和性质。里甲不能再发挥封建政权控制劳动人手的作用，因而出现“户不投甲，甲不投里”③ 的情况。无田者“则脱然成为世外之游民，而天子不能使，邑宰不能令。”④ 当时有人攻击摊丁入地的役法改革，“专征粮，则四海之内但有土田而无户口。而试问，国无户口，何以为国。”他们的话，正说明里甲超经济强制机能的削弱。

里甲超经济强制机能的削弱，还表现在里甲和赋役相脱离。

前面说过，明代中后期各地广泛展开徭役制度的改革。有改革里甲征役的“甲里银”法、“均平银”法、“纲银”法。有改革均徭役的“十段册”法，又称“十段锦”法，有归并里甲、均徭两役并加以改革的“征一法”，等等。改革虽然花样翻新，但摊丁入地和力役折银，是这些改革共同的特点与趋势。尤其是一条鞭法的实施，更是如此。这样，徭役与里甲只在征收环节上有所关联。更有某些地区，对这一征收环节也进行改革，如万历四十六年河南道御史房壮丽所奏：

> 自条鞭法行，州县派征钱粮，俱令花户自行纳柜，里书排年无所容其奸，法至善也……曩令襄陵时，见河东一路州县，二门外俱设有收头房八间，昼则收银，夜则收柜，次日即令自倾成锭，或有司领解，或解户领解，并不入库折封，惟悬锣严谕平收，及按期责令销批

---

① 天启《海盐县图经》卷六“食货篇”第二下。

② 天启《海盐县图经》卷六“食货篇”第二上。

③ 张萱：《西园闻见录》卷三二“赋役”前。

④ 《古今图书集成》食货典卷一五二“赋役部”洪懋德《丁粮或问》。

附卷。此法最宜行之今日。①

这种纳户自行封银交纳，号称“柜银”制度，它简化了征收手续，不仅可以避免里胥在征纳时敲诈勒索和贪污中饱，也基本解除了里长甲首催征赋役职责，从而使里甲与徭役完全分离。

里甲和土地、人口、徭役相分离，从而削弱了里长的权力。

明初，里长是一种荣耀的职役，在社会上有较高的地位。湖广孝感县“故老相传，洪永间里排衣绮衫，设竹板，到花户（即甲首）家，坐上坐，征催用刑，花户不敢齿。”② 福建惠安县，“常例里长上役，甲首百户皆贺。”③雍正《揭阳县志》载：

> 里（长）之于甲（首），奴隶视之。有里（长）甲（首）不为婚之语。

但是，随着里甲经济基础和社会基础的削弱，里长的权力也有削弱，特别是在穷里当里长，完全是苦差役，如南宫县，成弘以前人以当里长为荣，但嘉靖之后情况正相反：

> 今皆苦于诛求，（里长）辄受笙笞榜械之辱，微知自爱者，必百计祈解。④

明人叶春及曾在福建惠安任知县，这里连里长也流徙他乡：

> 国初，因都分都，徙不出乡，厥后居无恒守，不特甲首分裂四溃，里长变徙他都。⑤

还应当指出，明代里长大多数是乡村中小地主。降至明中叶，乡村中豪强地主权力更加增长了，这批豪强地主在乡间勒取重租、放高利贷、劫夺小民田产子女，俨然农村土皇帝。他们权力的膨胀，也使中小地主里长权力削弱。

里甲经济基础削弱，人户逃亡，以及里甲与赋役逐步脱离，丧失超经济强制的机能，这一切都意味里甲制度的败坏，标志了明王朝赋役征派的基础组织

---

① 《万历实录》卷五七六。
② 康熙《孝感县志》卷五“风土考，习俗”。
③ 叶春及：《叶絅斋先生全集》卷九“公牍”二《谕里长》。
④ 嘉靖《南宫县志》卷二《职役》。
⑤ 叶春及：《叶絅斋先生全集》卷七“政节”一二《保甲篇》。

已不能发挥作用了。此后，里甲逐渐被以“稽察奸宄”的保甲所代替。

二、三饷加派，明朝赋役制度崩坏

万历前期张居正改革，虽使明朝财政状况一度好转，但毕竟难以挽救明朝的衰亡。降至万历中期，财政危机以更加严重的局面再度出现，“仓无数万石之储，军无半年之饷，二百年来未有此极穷之时。”

明朝政府弥补财政亏空的一贯办法是加派。嘉靖中期东南倭犯猖獗，工部右侍郎赵文华建议，“苏松常镇民田一夫过百亩者，重科其赋，且予征官田税三年。”但明朝却决定除顺天、应天、苏州、松江、常州、镇江之外，在其他更广泛的地区实行加派。

万历四十六年，后金努尔哈赤起兵反明，四月陷抚顺、清河，震动京师。为了抽兵增援辽东，明朝援引以往故例，实行加派，开征“辽饷”。九月，户部奏准，除贵州因有苗族起义不加派外：

> 浙江十二省、南北直隶照万历六年会计录所定田亩总计七百余万顷，每亩权加三厘五毫。惟湖广、淮安额派独多，另外酌议，其余勿论优免，一概如额通融加派，总计实派额银二百万三十两四钱三分八毫零。

辽饷加派，标志着明朝开始转入执行战时的财政政策。为了能兑现加派，特设督饷抚臣一员，督理辽饷。神宗答应“辽饷事宁即为停止。”但是到了第二年，辽饷用尽，辽事未已。萨尔浒一战，明军惨败，辽东经略杨镐损兵4万余，耗饷300万，努尔哈赤攻破开原、铁岭，辽阳危在旦夕。明朝改派熊廷弼为辽东经略，统兵18万、战马9万匹，企图收复失地，保卫辽沈。四十七年十二月接受阅视边务姚宗文建议，再次加征辽饷亩3厘5毫，合第一次加派共7厘。这是第二次加派辽饷，总数比第一次多一倍，当是400万两。万历四十八年三月，兵工二部以供给士兵安家、马价、器械为理由，要求神宗“命各省直田地每亩再加派二厘”，合前次加派7厘，亩征9厘，这是第三次加派。至此，全国田为加派辽饷达5022917两。降至崇祯初，辽东战事急剧恶化。三年十月，毅宗朱由检下诏每亩再加派3厘，这是辽饷第四次加派，全国共增地亩辽饷银计1655000两，合前三次加派，共达6678000两左右。

降至崇祯十年，辽东战事未已，农民起义烈火愈炽，李自成、张献忠等部驰骋于陕、甘、宁、豫及湖广、安徽等地。为了扑灭起义军，新上任的兵部尚书杨嗣昌向毅宗朱由检建议增兵增饷。当年四月初二日，他上疏提出“四正六隅十面网”的军事围剿计划，要求增兵12万，增饷2628000两。二十一日又上疏要求将兵饷增至280万两。

杨嗣昌建议所增兵饷，称剿饷。剿饷的征收办法有四条：“均输”、“溢地”、“寄学监生事例”和“驿递”。所谓“均输”，据杨嗣昌建议，“今惟不分五两上下，一例通因粮输，则富贵毫无隐漏。”具体征收标准是：“每田一亩，派米六合，每米一石，折银八钱。”据杨嗣昌估计，仅“均输”一项，每年可得银190余万两。所谓“溢地”，是对万历九年各地方多清丈出而未加派辽饷的土地，加派剿饷。万历九年张居正主持丈田时，各地丈量结果都多于万历六年会计录所载土地亩数。辽饷加派是按万历六年会计录数额。按杨嗣昌的估计一国溢地加派，岁可得银40万两。“寄学监生事例”简称作“事例”，说得通俗一点，就是向富裕人家出卖国子监监生学历。所谓“驿递”，即将在此之前“邮驿裁省之银以二十万充（剿）饷。”朱由检接受了杨嗣昌的建议，于崇祯十年闰四月正式下诏征收剿粮。剿粮原定以一年为期。至崇祯十二年，农民起义虽受挫折，但远未像统治者所希望的那样被“平定”，而辽东的战事又连连失败，清军一度陷济南，俘明德王，破城池50余处。明朝两面作战，深感兵力不足，于是廷臣们建议训练边兵。杨嗣昌制订了练兵73万余名的具体方案，得到朱由检的同意，为了练兵，又要增饷。崇祯十二年六月，朝廷下令征收练饷。当年派练饷400余万两，又派补缺额100余万，共计500余万两，[①]尔后遂增至730万两。至崇祯十六年，剿饷额约300万两。[②] 也就是说，剿饷一直征收至明朝灭亡前夕。

努尔哈赤起兵反明，反抗的是民族压迫。天启崇祯时农民起义，更是一次反抗阶级压迫和剥削的大搏斗。三饷加派直接用来对付少数民族和贫苦农民的反抗斗争，这一财政政策的反动本质，决定其手段的野蛮、残酷。

---

① 杨嗣昌：《杨文弱先生集》卷三五《申明剿饷请旨遵行疏》。

② 倪元略：《倪文贞公奏疏》卷一一《阁部最要事宜疏》。

税收本应受生产制约。国家税收量不能超过生产者所能提供的剩余劳动中某一限量。但是，三饷加派完全不过问生产状况，唯军费所需而决定征收额。因此，统治者在战场上失败越惨，加派额越重。事关统治集团生死存亡的三饷加派，其加派额直线上升，一方面使封建税收的随意性以不加任何掩饰的残忍面目出现，如天启三年淮安府盐城县，三次加派辽饷23600余两，逾正赋近两倍；而桃源县“为江淮第一荒疲之邑，骤增新饷一万三千一百余两，亦逾正课几三千矣！”① 另方面这又成了任何人所无法扭转的局面。

明朝田赋和征收，或因官民田性质不同，或因田土肥瘠，定有高低不一的科则。明中期虽实行官民田一则起科的改革，肥瘠不一田地的科则差别依然存在。在北方土瘠地区，还采取若干小亩折成一大亩的计算办法征税。三饷加派中的地亩银，一律按亩征税，“加派之不问荒熟，不审贫富，一概横征。”② 明朝采取这种征收加派的原则，是为了保证三饷征收的兑现。但是这势必造成瘠地负担过重。天启元年吏科给事中甄淑上疏说：

> 加派因乎田地，而田地或相倍蓰，比而同之可乎？田地既不同，则岁入不同，贫富亦不同，上农加派九厘犹可办也，若不毛之地，农夫无颗粒之入，责以正赋且难，矧赋外又赋哉！③

这种不合理的论亩加派政策，使明朝原订的科则受到践踏，从而引起社会的广泛不满。明中期以来赋役制度的改革，尤其是一条鞭法，其进步性之一是，简化了赋役项目和征收手续。三饷加派反其道而行之，把已简化的赋役项目和征收手续，重新复杂化，使明中期以来赋役制度改革的成果荡然无存，明王朝也在一片均田免粮的怒吼声中轰然垮台了。

---

① 毕自严：《督饷疏草》卷五《关鲜需饷粜米虚悬疏》。

② 李邦华：《李忠肃公集》卷四《与叶台山相国十四首》。

③ 《天启实录》卷一七。

第四章　明代农业生产的新发展

明代自洪武元年（1368）建国，迄崇祯十七年（1644）灭亡，为时276年，跨越4个世纪。在这一期间内，农业生产在原有的基础上，又获得了新的发展。主要表现在：经过明初农村人口与耕地布局的大调整，边疆各少数民族地区农业生产面貌发生了历史性变化，出现了繁荣景象；通过税粮“折色”，内地由单纯种粮向多种经营发展的格局进一步形成，商业性农业迅速全面兴起。

农业在我国已有数千年的悠久历史，是封建社会最根本的生产部门，整个国民经济的基础。它的兴衰是社会兴衰的映照。因此，一直倍受重视，历朝历代概不例外。

农业生产的发展，不仅受到气候、地理、生态环境诸因素的制约，而且与生产关系和科学技术的发达程度关系尤为密切，赋役轻重与征收形式，种子、肥料、生产工具、耕作方法、耕营规模与方式等等，无疑都是影响农业生产发展的重要因素。但在当时的历史条件下，起决定作用的是劳力投入和耕地面积多少，再次是水利和农作物种植结构。劳力和耕地面积前已叙述，本章重点探讨后两个问题。

第一节　明初农业生产的迅速恢复

明初农业生产的恢复，主要是通过移民垦荒和军队屯田而实现的。它是明朝历史上意义重大，影响深远的一件大事。不仅为新政权的巩固提供了有力的物质保障，而且促进了人口与耕地面积的快速增长及其布局的历史性大调整，为农、工商各行各业的长期稳定发展，乃至明朝270多年的统治奠定了基础。

明朝，是在元末群雄割据中建立起来的。

元朝末年，政治腐败，经济衰退，民不聊生。元顺帝至正十一年（1351），全国反元大起义爆发。一时间，群雄并起，拥兵据地，称王称帝，争夺天下。在他们当中，除去明太祖朱元璋的南京政权（亦称“西吴政权”），尚有兵力最强大，割据江西与湖广等地的“大汉”国陈友谅；经济实力最强、立都苏州的“大周”国张士诚（又称“东吴政权”），他们是朱元璋的主要敌人。此外，还有称雄浙东海上的武装集团方国珍、建国四川重庆的“夏”政权明玉珍等。群雄割据局面的出现，很快演成了一场群雄之间和群雄与元王朝之间复杂、激烈、持久的战争。这场战争，从至正八年（1348）方国珍起兵海上开始，至洪武元年（1368）朱元璋在南京称帝建国为止，历时整整20年；朱元璋称帝以后，为了完成统一大业，又与元朝残存势力进行了20多年的南征北战，前后总计近50年。在这场战争中，朱元璋是唯一的胜利者。他通过战争的手段，打败了敌人，建立了政权。但是，连年不断的战争也给他带来了最感头疼的问题：南北许多地方居民死亡，人口减少；田园荒芜，村里萧条，农业生产遭到严重破坏。

在南方，为祸最烈的是群雄割据之区。

在北方，受害最深的是久罹兵革的山东、河南等地。

湖广，所在“多废地”。例如，荆洲白水镇，宋、元时有“居民万家”，元末明初变为一片废墟。常德“武陵等十县，自丙申（至正十六年）兵兴，人民逃散，虽或复业，而土旷人稀，耕种者少，荒芜者多”①。江西，由于“豪强割据，狼驱蚕食，资财空匮”②。著名瓷都景德镇，唐宋以来已是一个颇有名气的手工业城市。元末遭受兵火破坏，灾荒疫疠，人民十死八九，房屋悉为灰烬，田地废弃，道路阻塞，十里五里炊烟断绝。瑞金，原有在籍居民

① 《明太祖实录》卷二五〇。

② 《明太祖实录》卷六五。

6193户，经过战争浩劫，亡绝过半，田多荒芜。[①]

自唐宋开始，吴中素以农业发达、工商业繁荣闻名于世。张士诚起兵时，以苏、松、嘉、湖诸府经济富庶，“可以立国”，建都苏州。他也因此得以“兵粮饶足，雄视一时”。张士诚，原是一名盐贩，性格比较复杂。据有关史料记载，他起兵以后，一方面惠泽吴民，所以数百年来吴民一直对他念念不忘，逢年过节祭祀他。另一方面，为了与朱元璋相抗衡，在他据吴之日为扩张势力，增兵加饷，“横敛民财”，公开掠夺女子玉帛，占夺良田美宅，破坏社会生产。到了元末明初，久负盛名的苏州城，已经变成为荒凉冷清、人烟稀疏之地。吴人王锜说：“吴中素号繁华，自张氏（士诚）之据，天兵（朱元璋军队）所临，虽不被屠戮，人民迁徙实三都（南京、中都凤阳、北京），戍远方者相继，至营籍亦隶教坊，邑里萧然，生计鲜薄。”[②]

就是朱元璋管辖的区域，情况也差不多。虽然他从一开始就比较注意严明纪律，争取民心。可是，为了保存自己，消灭敌人，也不得不时时征发劳役，“加赋于民”。江淮之间不少地方，出现在人们眼前的是，“百里无几家，但见风尘起”。颖州，因长期战乱，民多逃亡，城野空虚。泗州，亦多如是[③]。朱元璋老家临濠，也是“地多闲弃”[④]，人烟稀少，“民力未苏”[⑤]。

另外，广东、广西，由于元将何真、何思兰等人，彼此割据，亦民困久矣。明玉珍所在的四川州县，同样多为“荒芜不治”之地，“居民鲜少”[⑥]。元朝贵族梁王把持的云南，“土地甚广，而荒芜居多”[⑦]。在元将李思齐、张思道盘踞的西北，不少地方更是“城邑空墟，人骨山积”[⑧]，荒凉至极。

黄河以北广大地区，又是一番何种情景？

北方是元朝统治的心腹之区，饱受赋役剥削之苦由来已久。明朝建立以

---

① 《明太祖实录》卷一九六。
② 《寓圃杂记》卷五《吴中近年之盛》。
③ 《明太祖实录》卷三三。
④ 《明太祖实录》卷六二。
⑤ 《明太祖实录》卷六五。
⑥ 《明太祖实录》卷一八一。
⑦ 《明太祖实录》卷一七九。
⑧ 《明太祖实录》卷五六。

后，朱元璋为了统一中国，把主战场由南方移到北方，命徐达统率大军20万北上中原，入山东，转河南，自此干戈不息，硝烟弥漫，农业生产遭到严重破坏，“地多荒芜，遗骸遍野”①。山东、河南，原为北方的两个大省，人口众多。元末以来，因为人民大量死亡，竟然成为“多是无人之地”。洪武元年（1368）七月，明太祖对新任命的北方守令说：新附之邦，民生凋瘵，若不加以安养，必将再次流离失所。同年十二月，他命宋冕为河南开封知府，谕之曰：今丧乱之后，中原草莽，人民稀少。所谓田野辟，户口增，此正为中原今日之急务②。当地的守土官也一再上书朝廷，说：北方郡县近城之地多荒芜，宜召乡民无田者往辟③。洪武三年（1370）三月，郑州知府苏琦上言时政，曰：“自辛卯（至正二十三年）河南起兵，天下骚然。兼以元政衰微，将帅凌暴，十年之间，耕桑之地变为草莽。”④ 尔后，户部郎中刘九皋亦疏言：“河北诸郡，自兵后田多荒芜，居民鲜少。”⑤

在中国封建社会，人口与土地是农业生产发展两个最主要的因素。人口上升，耕地增长，农业生产就可能兴盛，社会发展稳定；人口下降，耕地减少，农业生产势必衰落，社会倒退、动乱。中国几千年的历史，反复证明了这个道理。所谓“民生之本在农，农之本在田……耘锄收获之本在人”⑥，说的就是这个意思。农业是国民经济的基础。农业生产不恢复，国计民生难以维持，政权难以巩固。这也是当时摆在朱元璋面前一道最大的难题。

朱元璋不愧是一位杰出的封建政治家。在胜利的时候，他没有忘乎所以；在困难面前，他敢于正视现实，积极寻找对策。他说：“自兵兴以来，民无宁居，连年饥馑，田地荒芜。”⑦ 又进而深入分析其原因，说：“人民凋敝，土地荒芜，失业者多，盖因久困兵革，生息未遂。”⑧ 为了迅速改变现状，与民休

① 《明太祖实录》卷五五。
② 《明太祖实录》卷三七。
③ 《明太祖实录》卷五三。
④ 《明太祖实录》卷五〇。
⑤ 《明太祖实录》卷一九三。
⑥ 王恽：《秋涧先生大全集》卷六二《劝农文》。
⑦ 《明太祖实录》卷一二。
⑧ 《明太祖实录》卷一七。

养生息，朱元璋勇敢地挑起历史重任，以恢复农业生产为中心，大力整顿吏治，积极经理赋役，遣官劝课农桑，处处兴修水利，向着变“田多荒芜，居民鲜少”为“田野辟，户口增”的目标迈进。

其中，最大的动作是在全国范围内，开展移民垦荒和军队屯田。这两项措施，虽然都是沿袭前代旧制，但其规模之大，延续时间之久，参与的人数之多，则为前代所罕有。

移民垦荒与统一大业同步进行。元朝至正二十七年（1367）十月，朱元璋在命大将军徐达挥师北上中原的同时，下令迁徙苏州富民实濠州（今安徽凤阳）。明初移民垦荒运动，由此开始。其后，不断完善，全面推广，深入发展。

洪武三年（1370）五月，在河南设立司农司，议计民授田，负责移民垦荒事宜。六月，以苏、松、嘉、湖、杭五府地狭民稠，而临濠地多闲弃，迁五府无田之民4000户，由官府资给耕牛、种籽、舟车和粮食，往临濠耕种，占为己业，三年不征田赋。同月，又令北方农村无田之民开垦近城荒地，每人15亩，菜地2亩。有余力者不限顷亩，三年免征其税。①

洪武四年（1371）三月，移山后之民往耕北平，人数多达17000户。六月，再徙山后民35800户，197200口，入籍北平各处卫所和州县，为军者给粮食、布匹，为民者给田耕种。此后不久，复移徙沙漠故元遗民32860户，到北平开荒种田，总计立屯254，垦田1343余顷。② 这些移民分别落户于大兴、宛平、良乡、固安、通州、三河、武清、蓟州、昌平、顺义等地，对北平地区的农业生产恢复起了积极作用。

洪武九年（1377）十一月，移山西及北直隶真定等处民无产业者，往凤阳垦荒。

洪武十五年（1382）九月，迁广东番禺、东莞、增城诸县元将何真所部降民24400余人，入泗州屯田。③

---

① 《明太祖实录》卷五三。

② 《明太祖实录》卷六六。

③ 《明太祖实录》卷一四八。

洪武二十年（1387）十月，命湖广常德、辰州二府民有三丁以上者，出一丁往耕云南。[①]

洪武二十一年（1388）八月，移山西泽、潞二州贫民往河南就耕，给钞备农具，三年不纳税。

洪武二十二年（1389）四月，迁苏、松、杭、湖、温、台诸府民无田者，往滁州、和州等地开荒，赐钞置农具，免租税三年。九月，召募山西地狭民稠府州县之民，赴北平、山东、河南土旷人稀之地耕种。

洪武二十四年（1391）七月，命户部籍浙江等省、应天诸府富民14300余户，悉徙其家，以实京师（南京）。

洪武二十五年（1392）二月，徙山东登、莱诸府民贫无产者5635户，赴东昌等处编籍耕种。[②] 闰十二月，令户部遣官赴湖广、江西诸郡县买耕牛22300余头，分给山东屯种贫民。[③]

以上所列至正二十七年十月迄洪武二十五年二月，总计移民14次。其中，有户口数据可考者7次，如按每户5口计算，合计590375人。“太祖时徙民最多”。明太祖以后，移民垦荒仍在继续进行。

建文四年（1402）九月，徙山西民无田者到北平，给钞备农具，5年内不征税粮。

永乐元年（1403）八月，发遣流罪以下者垦田北京。又迁苏州等十府、浙江等九省富民3000余户，填实北京。

永乐二年（1404）九月，徙山西居民万户至北京务农。

永乐十四年（1416）一月，移山东、山西、湖广无业流民，往保安州开垦荒地，3年免税。

上述只是一些全国性或影响较大的移民垦荒事例。至于江南移徙江北的；江、浙省内各地的移徙；湖广移入云、贵、川，以及内地移入边区或者由边区移到内地的，因篇幅所限，未予罗列。而山西移入北京、河南、山东等地，和

---

① 《明太祖实录》卷一八六。

② 《明太祖实录》卷二一六。

③ 《明太祖实录》卷二二三。

山东本省东西部之间的移民垦荒，次数尤为繁多，不胜枚举。

“朝廷所移民曰移徙”。明初政府移民垦荒，主要推行于洪武、永乐二朝。“自是以后，移徙者鲜矣”。

军队屯田，是明初恢复农业生产的另一个重大举措。也可以视为全国移民垦荒运动的有机组成部分。它与移民垦荒互相促进，互为补充，不仅提高了军队本身粮饷的自给能力，而且减轻了百姓的经济负担，减少了军民之间的矛盾。

军队屯田之法，始于汉代。“盖取空闲之地，课人以耕，而因以战守，于足粮饷而省转输，养兵实塞之要，足国安民之计，莫先于是”[①]。其性质是寓兵于农，“兵不出农，犹可以兼农，而省坐食之费”。是军队耕战结合，生产自给的一种好形式，更称“其法最善”。所以，历代相沿不改。明太祖朱元璋崛起田里，深知士农工商四民之中，为农者最苦，起兵以后一直留意屯田。尝曰：吾京师养兵百万，要令不废百姓一粒米。元至正十八年（1358）十一月，朱元璋沿元旧制，建立民兵万户府，专管军屯事务。并同时令军士在南京龙江（今南京下关一带）诸处开展屯田。“若兵食尽资于民，则民力重困”。令军兴屯，军粮有保证，军心安定，百姓负担减轻，国家节省军费。于军于民于国均大有益处，既有重大的政治意义，又有显著的经济效益。军屯开展五年后，至正二十三年（1363）仅康茂才所部即得谷15000余石，除供本军饷粮，尚剩余7000石。朱元璋为此再次下令申谕将士曰：“兴国之本，在于强兵足食……自今诸将宜督军士及时开垦，以收地利。庶几兵食充足，国有所赖”[②]。由是在全国各地进一步掀起高潮。

建国以后，朱元璋以边区为重点，以不坐食民租为主要目标，一方面不断完善军屯制度，定屯、守兵力比例；军士屯田顷亩；军屯科则以及加强组织管理；后勤保障措施；奖惩办法等等。另一方面，频频遣将四出，督军开屯，供军队屯田进入一个新的发展时期。

洪武元年（1368），命诸将分军屯种滁、和、庐、凤阳等地。凡开立屯

① 林希元：《应诏陈言屯田疏》，《明经世文编》卷一六三。

② 《明太祖实录》卷一二。

所，设都指挥一员统之。

洪武六年（1373），令在黄河迤北宁夏所辖境内，以及四川一带，置将镇守，务农屯田。

洪武七年（1374）正月，朱元璋以河南、山东、北平诸卫，兵饷日劳民供，命都督佥事王简、王诚、平章李伯昇分别往彰德、济宁、真定，统理军政，专事“镇守屯田，训练之务”。他说：“今重兵出镇，惟在北边。然皆坐食民之租税，将不知教，兵不知习，猝欲用之，岂能济事。且兵食一出于民，所谓农夫百，养战士一。若徒病民力以供闲卒，非长策也。古人有以兵屯田者，无事则耕，有事则战，兵得所养而民力不劳，此长治久安之道。”①

洪武八年（1375）正月，遣卫国公邓愈，河南侯陆聚往陕西；中山侯汤和、平章李伯昇往彰德、真定；指挥冯俊、孙通、赖镇往汝宁；李溢、耿孝、黄宁、李青、陈方庸、武兴往北京、永平，“董兵屯田，开卫戍守”②。同年八月，敕韩国公李善长，永嘉侯朱亮祖、南安侯俞通源“抚谕诸屯，劝督农事”③。

洪武十一年（1378），置贵州都司卫所，开设屯堡。

洪武十三年（1380）九月，诏陕西诸卫军留三分之一守城，余皆屯田给食，以省转输。④

洪武十五年（1382）八月，遣延安侯唐胜宗、长兴侯耿炳文，巡视陕西城池，督军屯田。⑤

平定云南之后，朱元璋于洪武十六年（1383）三月，命西平侯沐英留镇云南。洪武十九年（1386）九月，沐英奏言：云南土地甚广，而荒芜者居多，请置屯令军士开耕。朱元璋即降旨批准，曰：“屯田之政，可以纾民力，足兵食，边防之计莫善于此”⑥。沐英遂于永宁至大理，每60里设一堡，留军屯

---

①《明太祖实录》卷八七。

②《明太祖实录》卷九六。

③《明太祖实录》卷一〇〇。

④《明太祖实录》卷一三三。

⑤《明太祖实录》卷一四七。

⑥《明太祖实录》卷一七九。

田。沐英在滇十年，垦田万余亩。洪武二十五年（1392）六月沐英逝世，其子沐春嗣爵，在滇7年，又垦田30余万亩。[①] 是时，入滇领兵屯田的，还有景川侯曹震、普定侯陈桓、靖宁侯叶升。

从洪武十五年九月至洪武二十年的5年间，云南为全国移民垦荒和军队屯田的重点地区。仅二十年八、九、十3个月内，调入云南屯、守的军队，有数字可查者为108000人，[②] 供给屯牛10000头。洪武二十三年（1390）六月，再给云南诸卫屯牛6770余头。[③]

洪武二十一年（1388）九月，敕天下卫所屯田，岁得粮500余万石。二月更定屯田法，凡卫所系冲要都会及王府护卫军士，以十之五屯田，其余卫所以五之四屯田。[④]

洪武二十三年（1390），延安侯唐胜宗奉命往督贵州各卫屯田。

洪武二十四年（1391）二月，命陕西西安右卫及华阴诸卫官军8000余人，往甘肃屯田，给农器、谷种。[⑤]

洪武二十五年（1392）二月，诏成都六卫西蜀重镇以十之六屯田。[⑥] 八月，遣冯胜、傅友德等分行山西，籍民为军，于大同、东胜诸处设立十六卫，开耕屯田。[⑦]

明初，向边陲地区移入居民和军队最多的地区，除云南之外，当数辽东。洪武二十六年（1393），辽东都司有屯牛13878头，约占同年全国屯牛总数155664头的十分之一。洪武二十七年（1394）六月，命辽东定辽等二十一卫军士，自明年起俱令屯田自给，以纾海运之劳。[⑧]《明史》卷一三四《叶旺传》载：叶旺在辽17年，“翦荆棘，立军府，抚辑军民，垦田万余顷，遂为永利”。另据《明宪宗实录》卷二四四云：自洪武至永乐，辽东屯田25300余

① 《明史》卷一二六《沐英传》。
② 据《国榷》卷八，洪武二十年八月辛未、九月辛巳、十月丙寅条。
③ 《国榷》卷八洪武二十年八月丙寅，二十三年六月己丑条，《明太祖实录》卷二〇二。
④ 《明太祖实录》卷一九四。
⑤ 《明太祖实录》卷二〇七。
⑥ 《明太祖实录》卷二一六。
⑦ 《明太祖实录》卷二二〇。
⑧ 《明太祖实录》卷二三三。

顷，收粮70余万石。洪武初年，每年需由南方运粮六七十万石入辽饷军。至洪武后期，辽东军队已经可以屯田自给。进入永乐朝，实现自给有余，屯田米常溢三分之一。专任战守的常操军19万人，以专事屯田的屯军4万供之。“而受供者又得自耕。边外军无月粮，以是边饷恒足”①。

移民垦荒运动，至永乐末年已经基本结束。军屯则有些不同。从永乐末年开始，虽然军屯之制渐趋松弛，正统以后破坏尤为严重，屯田大量减额，屯军且尽逃亡，屯粮也多为将官私吞。但是，从全国范围内看，军屯仍具相当规模。迄万历朝，全国尚有屯田644000余顷。

洪、永时，移民最多，军屯也最多。仅洪武一朝军屯总计达到89万余顷。关于明初军屯的经济意义，明人叶春及曾经算了一笔账。他说：“国初置卫四百九十一，所三百一十一。以军计之，约三百十万余人，天下屯田八十九万九千余顷，按三百十万余人计算，每个军士屯田二十九亩。三百十万余之军，每年需食粮三千七百二十三万余石。除正粮外，纳余粮六石。八十九万九千余顷，总计得余粮二千七百万石，则是军之食，军自给之，边储之所运，军需之所征，供于民者无几也。军多为农，故虽额设数百万，而不见其冗；食出于军，故虽岁费数十万，而不见其匮。”②

史称：洪、永之世，“东起辽左（东），北抵宣（府）、大（同），西至甘肃，南尽滇、蜀，极于交阯，中原则大河南北，在在兴屯”，“天下卫所州县军民皆事垦辟”③。移民垦荒与军队屯田，声势浩大，遍及东西南北，收效显著，影响深远。不仅对明代社会经济的发展繁荣起着巨大作用，而且对后来中国经济的发展亦具有重要意义。

首先，对全国农村人口与耕地布局进行了一次空前规模的大调整。

自唐代经济重心南移以后，中国人口与耕地分布的基本态势，大体上是南方人多地少，北方人少地多；东南沿海人稠地狭，西北一带人稀地广；内地人口稠密而土地狭窄，边区人口稀疏而土地辽阔。总之，是人口与土地分布比例

---

① 《明史》卷七七《食货一》。

② 叶春及：《修军政疏》《明经世文编》卷三六六。

③ 《明史》卷七七《食货一》。

极不平衡，南北经济发展差异甚为明显。元末明初的长期战争，又给农业生产发展带来了不少负面作用，其中之一就是在农业人口与耕地分布上，增加了新的比例失调，相当一部分地区居民或死或逃，田地荒芜；少数地区，以至成为“无人之地”。当时，称人稠地狭者为“狭乡”，人稀地广者为“宽乡”。明太祖实行移民的指导思想及其原则是：从“狭乡”迁入“宽乡”，以均衡人口，调节地力，使“地无遗利”；“人无失业，而有恒产”。明初移徙的区域和路线，都充分证明了这一点。

洪武朝，移出居民最多的地区，依次为：山西及山东东部，人数在50万以上；塞北地区，约移出47万人；江南苏、松诸府约移出18万人。而移入人口最多的地区，则为“多是无人之地”的山东西部、河南及北平三地交界处，总计移入居民100万人左右。其次，南京、临濠、泗州，各约移入24万人。组织如此大规模的移民垦荒，对被移徙者来说，是一种背井离乡的空间大转移。而对封建朝廷说来，则必须付出巨大的人力、物力和财力。为了减轻被移者和组织者的各种负担与困难，明太祖以务实的态度，在坚持从“狭乡”移入“宽乡”的前提下，从实际情况出发，尽可能做到就近迁移。洪武前期，主要是由塞北→华北；江南→临濠；中期，广东→准南；全国各地→南京。后期，山西南部→山东南部；河北北部、北京南部、山东东部→山东西部。

到了永乐年间，由于发生“靖难”之役、出兵安南、迁都北京以及郑和下西洋等一系列重大事件，国家的政治、军事、经济形势都发生了新的变化。因此，对移民的区域和路线也相对进行了调整。是时，移出人口列于首位的地区是南京，一是因为它已失去国都的地位；二是人口过多。洪武末年，南京除去驻军外，尚有30余万人，而且多是匠户。再者，为山西与山东东部，共约移出12万人。原因是“民户丁多”，且“多无田”。再者为安南，约移出2万人，意在安抚。移入居民最多的地方，首推北京，总数为30万人左右。原因是，北京本为人稀地旷之区，同时也是为了建设、充实京师。

明初移民的对象，主要有两类六种人，第一类是被划入威胁新政权的敌对势力，包括故元官吏与将士、塞外边民、江南豪民地主、群雄残余势力、罪犯；第二类是一般农民（无田贫民以及遭受各种天灾人祸困扰而破产颠沛的流民），他们是移民的主体。移民的数量，洪武朝有数字可考者为160余万人

（实际可能达到300万），永乐朝35万人（实际可能达到60万人）。①

由前述移民区域与路线可知，基本上都是由“狭乡”移入“宽乡”，由经济比较发达的地方移到经济滞后的地方。只有一小部分是例外，从洪武元年到五年，约有故元官吏将士和塞外边民50万人被迁入内地，其中一部分边民被直接迁到南京。塞外边民内迁，意在防止故元残存势力入侵时以边民为内应的危险性。同时，也是为了落实民族政策，促进各民族人民杂处，以便传播先进的汉文化，达到民族融合之目的。另外，故元官吏将士、群雄势力、江南地主三种人中，有一部分被迁入京师（洪武时南京、永乐后北京），主要是为了根除他们的政治、经济势力，缓解当地土地矛盾，并便于就近监控他们。

正常的人口流动，是促进社会进步的必要条件。明代的人口流动，形式多种多样。有政府移民，有无序的流民，有工商人口流动。明代初年由政府统一组织的几百万居民和大批军队进行地理大转移，投入垦荒运动，既是一次土地大开发，也是一次人口大迁徙。移民垦荒，主要集中于内地“土旷人稀”的地方。军队屯田，主要实施于边陲地区，即辽东、蓟州、宣府、大同、榆林、宁夏、甘肃、固原、太原等九个军事重镇（亦即“九边”地区），内地相对少些。屯、守的比例，一般为三分守城，七分屯种。而移民垦荒与军队屯田两者的集中点，又都在北方。前者，以山东、河南、北京等地为主；后者以西南及东北、西北“九边”地区为主。总之一句话，凡是兴屯垦荒之地，都是经济比较落后的地方。向这些地方移入大量人口，开发土地，本身就是人口分布与耕地分布的一次大调整。这种历史性的大调整，有利于缩小中国北方与南方、边区与内地的发展差距，促进相互交流，增强民族团结，而且由此奠定了清代以后中国人口与耕地布局，大大加快了东北、西北、西南等边区农业生产的发展。这也是明初移民与令军垦荒屯田对中国历史发展和各族人民人团结的一个重大的贡献。

其次，使全国人口与耕地面积进一步增加。

---

① 以上据徐泓：《明洪武年间的人口移徙》（台湾《第一届历史与中国社会变迁研讨会论文集》，抽印本，台湾1982年6月出版）；《明永乐年间的户口移徙》（1985年12月香港“明清史国际研讨会”论文）。

“有户口而后田野辟，田野辟而后赋税增”。明太祖移民垦荒、令军屯田，并非为短期经济效应所驱动，而是着眼于长远根本利益：通过恢复农业生产，改变农村环境，改善农民生活，保障赋役征发，最终达到户口增、田野辟，皇权巩固之目的。

人口的增长，必须具备两个起码的条件：比较充裕的粮食供应，相对稳定的社会环境。移民垦荒与军队屯田，从其移动过程看是人口大流动；而从其移动结果看，则必然促成人口增长，耕地增加，粮食增加。因为无田贫民通过开垦荒地，进行生产自救，由无田可耕变为有田可耕，不再失业，而且有的3年不纳税，有的5年不纳税，额外开荒者还可以“永不起科”。有田耕种和轻徭薄赋，是封建时代农民最大的愿望。农民有了土地，生活就可能有所保证。“狭乡”，由于移出大量居民，减轻人多地少的压力；“宽乡”，由于移入大量居民，使荒地得到开发，耕地面积增加，可供分配的土地因之增加，农民对土地的要求比较容易得到满足，生产关系得到一些调整，有利于缓和社会矛盾，使社会秩序趋于相对安定；那些没有进行移民的地方，也由于整个大环境的改善，使社会生产力能够在原有的基础上得到新的发展。这些积极因素都有利于降低人口死亡率、提高人口自然增长率。

至于耕地面积的增加，更是显而易见的。虽然各地的田土有多寡，授田的顷亩有所不同。但无论是南方还是北方，按规定每人授田15亩（当然所给的田土不一定都是新开垦的）。在不少地方，除按定额开荒可以为己业之外，还有额外开荒的。在几百万的移民大军中，除极少数被迁入京师充当脚夫、工匠以及其他工程劳务，绝大部分都是专事开荒种田。例如，移入山东西部、河南、北平三地结合部的100余万人；移入临濠、泗州等地的数十万人，皆为开耕屯种。即使是移入京师（南京或北京）的，也大多数是在郊区从事农业生产。在各省内部移徙的，更不用说是专一务农。军队，一般是每人授田50亩。屯、守的比例，虽因地而异，有二八开、四六开、五五开，有守多于屯，但以三七开为多，即三分守城，七分屯田。就是在边陲地区，也有半数是专门屯田的。例如，洪武十六年（1383）到二十年（1387）调入云南的13万军人中，就有近6万人投入屯垦。如此众多的军民参与土地开发，促使全国耕地面积逐年增加（详见前面第一章关于在籍田亩的基本估计）。

田野辟的结果，是粮食供应比较充足，税粮收入增加，洪武十四年2600余万石，二十四年上升为3200余万石，此后一直保持在3000万石左右。《明史·食货志》称："洪、永、熙、宣之际，百姓充实，府藏衍溢"。或谓是时"宇内富庶，赋入盈羡，米粟自输京师数百万石外，府县仓廪蓄积甚丰，至红腐不可食"。其言虽有溢美之词，但非纯属杜撰。朱元璋的南征北战能够顺利完成，政权得以巩固；永乐帝迁都北京、郑和下西洋，从根本上说，都是由于通过移民垦荒、军队屯田使农业生产得到迅速恢复，从而为之提供了比较丰厚的物质基础。否则，这些大动作都是难以进行的。

人口和土地是农业生产的两个基本因素，是专制皇权的物质基础，也是影响明代社会经济发展的两个最主要的问题。明代经过移民垦荒和军队屯田，使人口和耕地面积有了很大增加，农业生产得到恢复和发展。

第二节　兴修水利的主要成就

水利是农业的命脉。水利设施的兴废，与农业生产的盛衰息息相关，也是影响社会安定的一个重要因素。中国自古以来就是一个农业大国，水利事业在国家的各项事业中占有特殊的地位，向来为朝野各界所共同关注。明代尤为重视治水，从明初到明末频频兴工，成绩不少。其中，比较突出的有三个方面：以保护灌溉农田为主要目标的全国各地常年性的水利工程建设与维修；以确保国家财赋重地为根本的江南苏、松诸府水患的治理；以保障漕运为中心的国家治黄（河）工程。

一、以灌溉农田为目的的治水活动

明朝的水利建设事业，在建国以前的战争年代即已开始。

元朝末年，由于政治腐败，群雄混战，水利失修，湖渠破坏，河道阻塞，农业生产受到严重影响。元顺帝至正十二年（1352），明太祖朱元璋起兵以后，为了发展自己，满足军事需要，也为顺应潮流，争取民心，从一开始就重视农业、农村和农民问题，把兴修水利作为兴农立国的一件头等大事，予以认真对待。他一边命官劝导农桑，军队屯田，一边治理水患，搞好农田水利建设。至正十八年（1358）十一月，朱元璋在令军士到南京龙江（今南京下关一带）诸处屯田之前，先于二月命元帅康茂才为营田司，专领水利事务，谕之曰：

> 比因兵乱，堤防颓圮，民废耕耨。故设营田司以修筑堤防，专掌水利。今军务实殷，用度为急。理财之道，莫先于农。春作方兴，虑旱潦不时，有妨农事。故命尔此职，分巡各处，俾高无患干，卑不病涝，务在蓄泄得宜。①

朱元璋这段话，不仅阐明了设营田司的目的与任务，而且特别强调了兴修水利对于争取军事胜利，恢复农业生产的重大意义。

洪武元年（1368），朱元璋在南京称帝建国，得有江南半壁河山。但是在经济上仍然困难重重，民生凋蔽，百废待举；政治上，元朝势力还统治着全国大部分地区，新政权并不稳固。为了迅速恢复社会经济，尽快完成统一大业，他以政治家的宏大气魄，大力发动移民垦荒，命令军队进一步开展屯田。随着新开垦田地的日益增长，以及南北征战的全面进行，要求农田水利建设必须紧紧跟上，以使田地有水灌溉，湖渠蓄泄有时，水患减少，河道畅道。于是，在全国各地兴起了治理江、湖、河、海水患，争取农业丰收的治水工程。其投入的人力与物力之多，在中国古代水利建设史上是不多见的。其中，规模较大，效益较为显著的有：

洪武元年（1368），修筑南直隶和州铜城堰闸，周围200余里农田受益。有明一代大规模的水利兴修由此开始。

洪武四年（1371）正月，修治广西桂林府兴安县灵渠。为防水泄，筑陡渠36条，可灌农田万余顷。洪武二十九年九月，再次整治，浚渠5000余丈，筑堤150余丈。又增高中江石堤，改作滑石坡。凡陡碙之石，悉以火煅凿，可通漕运。

洪武六年（1373）征发松江、嘉兴民夫2万人，开上海胡家港，自海口至漕泾长1200余丈，可通海船。同年，还调民夫25万人，疏浚开封府从小木

---

① 《明太祖实录》卷六。

到陈州河河口18闸。又浚浙江海盐澉浦。

洪武八年（1375）十月，命长兴侯耿炳文督修陕西西安府泾阳洪渠堰，以灌溉农田。自此之后，泾阳、高陵、三原、醴泉、临潼五县农田大得其利。洪武三十一年三月，因年久堰东西堤岸圮坏，命耿炳文等人重新组织兵、民修筑，历时五月而成。复修浚堰渠103668丈，民皆获利。八年，还征民夫15000人，开山东登州蓬莱阁河。

洪武九年（1376），修浚古代著名水利工程四川彭州都江堰。

洪武十二年（1379），命宁夏卫将士整修唐代旧渠，灌溉农田数万顷。

洪武十四年（1381），修筑浙江海盐县海堤。又用民夫2万人，修治开封黄河大堤。

洪武十七年（1384），修筑磁州漳河决堤。又决荆州岳山坝以灌农田。

洪武十九年（1386）六月，筑福建长乐县海堤。长乐农田，半数濒海，庄稼年年为海潮伤害。筑堤之后。海潮之害止息，而民获其利。

洪武二十三年（1390）七月，苏州府崇明县连续三日大风雨，海潮泛滥，坏农田，毁禾稼。通州海门县风雨海潮交加，冲毁官民田舍，漂溺民众。朱元璋命工部官员调集淮安、扬州、苏州、常州四府民夫252800余人，修筑崇明、海门海堤，计长23933丈，以障潮汐，海潮为患自是减少。又发兴武等15卫军士，整修归德黄河决口。同年，四川永宁宣慰使奏言："所辖水道百九十滩，江门大滩八十二，皆被石塞。"朱元璋立即派遣景川侯曹震前往督众疏通。

洪武二十四年（1391）正月，修筑浙江绍兴府上虞县海堤4000丈，又改造石闸，总计用工16160个。五月命令农闲之时，调民夫疏浚定海、鄞二县东钱湖，可灌周边农田100余万顷。又修临海横山岭水闸，以及宁海、奉化海堤4300余丈。

洪武二十五年（1392）九月，疏通溧阳县银墅东坝河道，自十字港至沙子河凡3960丈，又沙子河至胭脂坝凡360丈，工程浩大，计用嘉兴等府州县民夫359700人。

洪武二十七年（1394），再次掀起兴修水利高潮。是年八月，朱元璋派遣大批国子监生和其他人员，到全国各地督责地方官民用心修筑水利工程，诏曰："朕尝令天下修治水利，有司不以时奉行，致令民受其害。今遣你等往各郡县集吏民，乘农隙，相度其宜，凡陂塘湖堰可潴蓄以备旱暵，宣泄以防霖潦者，皆因其地势修治之。毋妄兴工役，掊克吾民。”众皆顿首受命，给道里费以行。据洪武二十八年（1395）十二月统计，经过一年多的努力，天下郡县总计修筑塘堰40987处、河流4162处、陂渠堤岸5048处。①

洪武年间的水利建设，改变了元末以来农田水利灌溉的落后面貌，有力地促进了农业生产的恢复和发展。也是明代水利建设的开端时期，为后来的治水兴农奠定了基础。

洪武以后，全国各地以保持农田、扩大灌溉面积、增加粮食生产为主要目的常年性治水活动，仍坚持不懈，继续进行。例如：

永乐元年（1403）六月，山东莱州府昌邑县疏浚河渠五所，长6770丈，各广5丈、深5尺。又筑应天府句容县堤岸7170丈。永乐四年（1406）二月，发动民夫修筑江西南昌府丰城县穆湖等处为洪水荡决之圩岸3300余丈。永乐八年（1410）五月，遣官修筑山东莱州府平度州潍河及俘糠等河决堤13处，计长8143尺。同年，又修扬州宝应县塘岸80里。永乐九年（1411）三月，修扬州府泰州河堤18600余丈。七月，重新修筑为洪水冲决之陕西西安府泾阳县洪渠堰，保证了泾阳、三原、醴泉、高陵、临潼等县200余里地方农田的水利灌溉。十一月，修浙江仁和、海宁、海盐诸县土石塘岸11185丈。永乐十年（1412）九月，发丁夫修筑湖广黄州府蕲州黄梅县坍塌堤岸120余里，使1820余里地方的农田免除了江水泛滥之害。十月，命平江伯陈瑄督丁夫40万人，修筑扬州府海门县防潮堤岸18000余丈。②

宣德六年（1431）八月，巡抚侍郎吴政上言：“湖广浏阳、广济等县，洪武中开堰塘积水以备干旱。近岁堤岸损坏，不能蓄水，凡遇亢旱，田稼损伤。乞敕工部移文诸县，于秋成后发民修筑。及天下堰塘损坏淤塞者，俱令以时修治。”明宣宗命“所在工部令天下有司悉遵洪武旧制于农隙时发军民协同修浚，惰慢者罪之”。宣德七年（1432）五月令依“洪武、永乐故事”，发民夫

① 以上资料来源：《明太祖实录》卷六六，一〇一、一七八、二〇三、二〇七、二〇八、二二一、二三四、二四三、二四七、二五六，以及《明史·河渠志》等。

② 以上参见《明太宗实录》卷二〇、二四、四〇、七〇、七一、七五、七七、七九、八五。

修筑四川眉州新津县通济渠为洪水冲毁的16处工程，使25000余亩的农田得以灌溉。①

正统二年（1437）七月，从户部官奏请，命直隶并各布政司所属府、州、县官修筑圩岸，疏浚陂塘，以便农作。工成呈报已修数目，候考满之日凭以黜升。各按察司、巡按御史巡视，有怠事科害者治罪。正统三年（1438）九月，命于农闲时督工疏通山西潞州永禄等处淤塞沟渠28道，以通漳河，泄水患，除民害。正统九年（1444）十月，南京都察院右副都御史周铨奏曰："洪武间，命官于各布政司、府、州、县相其地势可积水处，即令开挑陂塘溉田。壅塞则疏通之，雨涝则放泄之，民蒙其利，盖有年矣。近来废弛，臣巡视所至之地，见其禾稼不收，钱粮逋负，人民饥馑。乞敕该工部申明疏浚，以为久远之计。"明英宗命可其奏。

景泰三年（1452）九月，户科右给事中路壁上书曰："天下陂堰圩塘，多颓敝淤塞，及为强梁者侵占。遇有旱涝，民受其患。宜敕该工部移文巡抚镇守官于颓淤者督官修筑，侵占者重加惩治。仍令府、州、县官于考满文册内载其事功，以为黜陟。"景泰帝准其请。②

成化七年（1471）九月，命巡抚北直隶右副都御史扬璿督治顺天、保定、河间、真定四府所属州县水利工程，相地形之高下，计工聚料，随时疏浚河道，为民通利，于是水患稍宁。③

弘治二年（1489），修真定县白马口及近城堤岸3900余丈。④

水利设施的兴废，不仅受到自然条件、生态环境的各种限制，而且也为经济实力和政治气候所影响。洪、永之世，由于国力强盛，法纪严明，从上到下比较重视，水利建设成绩显著。洪、永以后，国势日衰，民心波动，天下堰塘或多损坏淤塞，或为豪右占夺，民受其害。至正（德）、嘉（靖）以降，随着朝政益为混乱，国家财力困难，百姓苦于赋役，各地水利设施的破坏现象也就越为严重。万历六年（1578）七月，工部题复工科给事中王道成疏曰：

① 以上分别见《明宣宗实录》卷八一、卷九〇。

② 以上分别见《明英宗实录》卷三二、六四、一二二、二二一。

③ 《明宪宗实录》卷九七。

④ 《明史》卷八七《河渠五》。

> 国初以来，一切圩岸、陂塘之属，尽皆荒圮。年复一年，水利大坏。一遇旱潦，坐而待毙。宜责成水利官巡行郡邑，将各处水利陂塘、圩岸逐一查理。占夺者清楚之；损坏者修治之；应新开者即行开浚，以致（至）一切有碍水利者，尽为查复。中有豪右抗违不服者，依律究治。①

时值大学士张居正为内阁首辅，进行政治经济改革，关心国计民生，用潘季驯治水，水害有所减轻。万历十年（1582）为抵御滹沱河水暴涨，增筑雄县横堤8里、任丘东堤20里。张居正死后，政治经济改革成果大多付之东流，明神宗深居大内，不关心朝政，社会故态复萌，水利设施又渐趋荒废，鲜有整修之举。万历三十年（1602），真定知府郭勉为了保障税粮收入，征发民夫疏浚大鸣、小鸣泉40多穴，灌溉农田1000余顷。同年，又在邢台牛尾河、澧河一带修建21闸2堤，灌田500余顷。在北直隶水利建设史上做了一件利国利民的好事。时至崇祯二年（1629），兵部侍郎申用懋仍上疏请兴修北直各处水利，疏曰："永平泺河诸水，逶迤宽衍，可疏渠以防旱潦。山陂隙地，便栽种。宜令有司相地察源，为民兴利"。崇祯皇帝下诏从之。但因时势使然，水利至是不兴矣。

综上所述，由明初开始的常年性水利设施的兴建与维修，以灌溉农田为主，兼具交通运输，保护人民生命财产安全多种功能。是时由于明太祖重视，加之人多畏法，执行有力，曾经取得了不少成绩。宣德以后，水利设施渐渐废弃，水患加剧。但从总体上考察，明太祖制定的治水的方针政策仍时加遵循，并有所发展。

继承方面，主要表现在要求各个地区兴修水利时务必"悉遵洪武旧制"，或谓"如洪武、永乐故事"。所谓"洪武旧制"、"洪武、永乐故事"，其最主要之点就是：（一）非突发性之水患，必须于农闲时进行，不得妄兴工役，以保证农时；（二）从实际出发，"皆因其地势修治之"；（三）命官督责，以时巡视，将治水列入官吏政绩考核，作为升降职的重要依据，以加强其治水责任心；（四）征发民夫，多以工代赈，由官府资助工食，以官修为主，把防灾、抗灾、

---

①《明神宗实录》卷七七。

救灾三者紧密地结合起来。这些做法，在今日水利建设中仍不失其借鉴意义。

发展方面，主要是在洪武以后为了适应政治中心的变化，进一步加强对江南苏、松诸府水患的治理，以及保障漕运畅通。

二、江南苏松诸府水患的治理

明人兴修水利的注意力，就河流的治理而言，最主要的是黄河、运河，其次是淮河、泇河、卫河、漳河、沁河、滹沱河、桑乾河、胶莱河等。就地区而论，首推江南，其次为西北。江南多付诸实行，西北则多流于空谈。

从上列洪武一朝水利工程建设项目，即可清楚看出：明太祖从一开始就极为重视东南地区，尤其是国家财赋重地江南苏、松诸府水利的兴修。在洪武年间开工兴建，规模较大的十多项工程中，有半数以上分布在南直隶境内。从建文四年（1402）迄万历四十二年（1614）的210多年间，在《明实录》记载的75个较大的水利工程中，南直隶地区占44个。明朝政府如此重视江南水利，不是没有道理的，是为其特殊的经济地位所决定的。

以苏、松、嘉、湖为代表的江南地区，在唐、宋以后已经成为中国的财源要地。

北宋时，名臣范仲淹说："苏、常、湖、秀（嘉兴），膏腴千里，国之仓庾也。"①

明代丘浚曰："江南，财赋之渊薮也，自唐、宋以来，国计咸仰于是。"②徐贞明说：江南，"至五代时，钱镠窃据以称饶。及南宋，偏安以致富，则民益聚，利益兴，而财赋遂甲于天下矣。"③

由唐、宋、元至明，国中经济大势，依然是"国家粮饷，率仰给东南"④。其中，又以"苏、松、嘉、湖、常五府，税尤多"⑤。这里仅以洪武二十六年（1393）苏州、松江、常州为例，说明其经济地位的特殊性。

---

① 徐光启：《农政全书》卷一三《东南水利上》。
② 丘浚《大学衍义补》。
③ 徐光启：《农政全书》卷一二《水利》。
④《明孝宗实录》卷九〇。
⑤《明英宗实录》卷六三。

根据明朝政府提供的统计数字，洪武二十六年（1393）：全国人口总计60545821。其中，苏、松、常三府合计4350480人，占总人口的7%；

全国总计有田土8496523顷。其中，苏、松、常三府合计229561顷，占田土总数的2.7%；

全国税粮总计29444350石。其中，苏、松、常三府合计4683222石，占总数的15.9%。[①]

直至明代后期，苏、松、常三府在全国税粮收入中的地位依然如是。万历六年（1578）：

全国田土总计7013976顷。其中，苏、松、常三府合计199691顷，占总数的2.8%；

全国税粮总计26638413石。其中，苏、松、常三府合计3885387石，占总数的14.6%。[②]

如果加上浙江嘉兴、湖州等府的税粮，其税粮所占的比例，势将更加可观。

正因为苏、松诸府在明王朝的财赋收入中处于举足轻重的地位，所以才一直被人们称为“民天所寄，国需所出”，或国家的“外府”、朝廷的“府库”，成为军国所赖的“切要之地”。在农业经济为主的封建时代，国家的财赋收入，最主要的是田赋。所谓“田赋”，不言而喻，来自田亩。“东南之田，所植惟稻”。而“吴中之田，非水不殖”。江南苏、松诸府的税粮，出自水田所产之稻米。元朝任仁发曰：自“晋宋以降，仓廪所积，悉仰给于浙西水田之利。故曰：“苏湖熟，天下足”[③]。

对于水利在江南经济的重要地位，明人看得更加透彻。

吴岩曰：“窃惟国家财赋，多出于东南。而东南财赋，皆资于水利”。

叶绅在弘治十六年（1503）所写的《请治水以防灾荒疏》一文中曰：“窃

---

① 资料来源：《诸司职掌·户部职掌》。这里“全国”的概念，实指两京（南直隶、北直隶）以及浙江、湖广、江西、河南、陕西、广东、广西、福建、山西、四川、湖广等十一省。下面万历六年的统计数字，加上云南、贵州两省。

② 资料来源：分别见万历《大明会典》卷一七《田土》，卷二四、二五《税粮》。

③ 徐光启：《农政全书》卷一三《东南水利上》。

惟直隶之苏、松、常，浙江之杭、嘉、湖，约其土地，虽无一省之多，计其赋税，实当天下之半。况他郡所输，犹多杂赋，六郡所出，纯为粳稻。诚国家之基本，生民之命脉，不可一日而不经理也。若水道不通，为六郡农田之害，所系亦重矣。”

吕光洵曰：“水利之兴废，乃吴民利病之源也”[①]。

刘凤说：“吴利水稻，其丰穰，惟在水之节宣得其所”[②]。

耿桔说：“窃照东南之难，全在赋税。而赋税之所出，与民生之所养，全在水利。……则惟有水利大兴，俾岁时无害，为今日救时之急务”[③]。

这些议论，角度不同，意思一样，都是强调治水对江南和国家财赋的重要性。而这又是为江南的地理环境所决定的。

江南，“财赋所出，而水患为多”。水患，既是制约江南经济的一个严重问题，又是对国家财源要地的巨大威胁。苏、松、常、嘉、湖五府境内，湖泊众多，泾渠交错，素称“水乡泽国”。“水乡泽国”，一方面使江南具有丰富的水利资源，农田有水可以灌溉，交通运输畅达，为农业生产和人民生活提供了极大的方便。另一方面，又成为灾害频发区。“浙西诸郡，苏、松最居下流；嘉、湖、常三郡土田下者少，高者多，环以太湖，绵亘五百余里”[④]。“最居下流”者，时常苦于涝；土田“高者多”，则常苦于旱。俗话说：“水利通，民力松”。水利，则民皆受益；水患，必皆受其害。唯有大力兴修水利，才能减少旱涝之灾。

江南之水利与患，关键在于能否治理吴淞江与太湖。

吴淞江与钱塘江、娄江（一作扬子），旧时并称“三江”，长250余里，广50余丈，东通大海，西接太湖，跨连苏州、松江二府。两岸港浦纵横，沟塘歧错，灌溉区域约为2590平方公里，为江南水种利枢纽，与国计民生关系极为密切：“民间数百万石钱粮皆仰于此”。吴淞江通，则江南水患大减，生产丰收有望。否则，水患不止，田舍淹没。时人曰：“江南岁供财赋，半于天

① 徐光启：《农政全书》卷一四《东南水利中》。

② 徐光启：《农政全书》卷一四《东南水利中》。

③ 徐光启《农政全书》卷一五《东南水利下》。

④ 《明太宗实录》卷二一。

下。第财赋出于农田。农田以水为利，亦以水为害，则全系吴淞江之通塞焉”[①]。

太湖（古称震泽），面积 300060 顷，纳受杭、嘉、湖、宣、歙、应(天)、苏、松、常、镇等地溪涧之水，史称“三吴巨浸”，亦为江南水网中心。太湖之水溢，则泄于海，海潮涨则通于湖。

唐、宋、元以来，朝廷多次命官修治吴淞江，不为无功。但因制度弊端，不能彻底根治，况且治水贵在坚持不懈，难以做到一劳永逸。由于年久失修，水灾肆虐，势在必然。到了明朝洪武末年，吴淞江终于再度淤塞，大为民害。明成祖即位以后，以江南水患为忧，于永乐元年（1403）八月，命户部尚书夏原吉往治苏、松水利。夏原吉遂与共事官属及谙孰水利者，考究历代治水之得失。经过实地勘查，认为：由于苏、松诸府地势低下，而又面临出海，故根治之法，要在疏浚吴淞江沿岸诸港浦，泄其壅遏，以入于海。于是他先后征集民夫十余万人，“自昆山东南下界浦制吴淞江水入刘家河。又挑嘉定西顾浦，南引吴淞江水，北贯吴塘，由刘家河入海”。又“浚上海之范家浜，接大黄浦，通流入海”[②]。总计修浚河道 41100 余丈。尔后，夏原吉又奏言：“苏、松水患，莫甚于太湖。泄太湖之水，莫急于疏下流。今各处旧泄水港浦，间有浅狭淤塞者，请及时疏浚”。永乐二年（1404）九月，经明成祖允准，疏浚苏州千墩浦，致和塘、安亭、顾浦、陆胶浦、尤泾、黄泾，共计 29120 丈，又浚松江大黄浦、赤雁浦、范家浜，计 12000 丈，以通太湖下流。永乐二十一年(1423) 八月，修筑嘉定至松江海潮圮坏之圩岸 5000 余丈[③]。

治水有日，而水患无时。宣德三年（1428）十一月，中书舍人陆伯伦上疏曰：“苏州府常熟县七浦塘与阳城湖直接，东西相距百里，灌溉二县田，计纳税粮二十余万石。七浦塘因潮往来，河港淤塞，水不通流，致连年禾稼枯瘁无收。乞令受利之人户出力开浚”。明宣宗从之[④]。宣德七年（1432），苏州知府况钟奏曰：“苏、松、嘉、湖，湖有六，曰太湖、庞山、阳城、沙湖、昆

---

① 《明神宗实录》卷五一九。
② 吴静江：《吴淞江·历代治理吴淞江略史》。
③ 以上分别见《明太宗实录》卷三一、一二六。
④ 《明宣宗实录》卷四七。

承、尚湖。永乐初，夏原吉浚导，今复淤。乞遣大臣疏浚”。于是命巡抚周忱与况钟治之①。海水横溢，冲毁圩岸，是对苏、松诸府农田的最大危害。昆山等处农田就曾被海水淹陷1900余顷。“田没于海，租从何出”？国家租税失去来源，小民亦不得安生。宣德以后，随着国内政治形势日益起伏动荡，土地制度破坏，人们纷纷逃亡，江南水患日为严重，终于引起了统治者的恐惧和不安。

弘治七年（1494）七月，明孝宗在命工部侍郎徐贯等人往治苏、松诸府水患时赐之敕，曰：

> 朕惟直隶苏、松、常，浙江杭、嘉、湖六府，数年以来，屡被水灾，园田淹没，庐舍漂溺，民既无以聊生，财赋何自而出？今特命你会同彼处巡抚都御史亲诣其地，逐一踏勘。如果前日之水道形迹具存，今日之水患实由于此，即于所在司、府、州、县量取丁夫、钱粮，督同委官人等，以次兴工修筑疏浚。凡敕内该载不尽事宜，听你便宜处置。文武职官、军民人等，有负才识、谙晓水利者，悉听委用。职官敢有违慢乖方，徇私废事者，五品以下径自提问；应奏请者，参奏施行。其兴功（工）之际，务审水道利害，人情从违，固不可畏难退避，失经久之良图；亦不可凿空妄为，致小民嗟怨。殚心毕虑，利国便民，斯不负朝廷委任之意。②

于此足见当日江南水患之严重，以及遣官往治苏、松诸府水患之用意。正是由于担心赋税因此无从出，才赋于重权，许其便宜从事。

次年四月，徐贯与工部主事祝萃奉命前去苏、松治理水道。当地有识之士纷纷为他们献计献策。谓：常熟有一条白茆港，苏、松诸水多由此入海。近年江口涨沙，积为陆地，水失故道，故东南多水患。祝萃于是亲自坐上小船，往来究水源委。经过实地勘查，徐贯决定：令官督众，分地兴工，疏各河港之水，蓄之大坝。旋调丁夫，先于白茆开动沙面，乘退潮之势，决大坝之水予以冲激，使河泥流尽，河水入海。同时，令浙江方面用石改筑嘉兴旧堤30余里。

---

① 《明史》卷八八《河渠六·直省水利》。

② 《明孝宗实录》卷九〇。

又增筑湖州长兴等处堤岸70余里。工成之后，徐贯上疏朝廷，详述治理过程及所费财物、人力，疏曰：

东南财赋所出，而水患为多。永乐初，命户部尚书夏原吉疏浚之，地方蒙利。然当时以吴淞江滟沙浮荡，未克施工。逮今九十余年，港浦湮塞，为患滋甚。臣承命以往，相度地势。盖杭、嘉、常、镇为水之上流，苏、松水之下流。上流不浚，无以开其源；下流不浚，无以守其归。于是分派工程，督同委官人等疏浚吴江长桥一带茭芦之地。导太湖之水，散入淀山、杨（阳）城、昆承等湖泖。又开吴淞江并大石、赵屯等浦，泄淀山湖水，由吴淞江以达于海。开白茆港并白鱼洪、鲇鱼口等，泄昆承湖水，由白茅港以注于江。又开斜堰、七铺、盐铁等塘，泄杨（阳）城湖水，由七丫港以达于海。下流疏通，不复壅塞。开湖州之溇泾，泄西湖、天目、安吉诸山之水，自西南入于太湖。开常州之百渎，泄溧阳、镇江、练湖之水，自西北入于太湖。又开各处斗门，以泄运河之水，由江阴以入于大江。上流疏通，不复湮滞矣。是役也，计修浚过河、港、泾、渎、湖、塘、斗门、堤岸，凡百三十有五道，役夫二十一万六千二百八十有奇，给过口粮一十五万三千五百七石。桩木料价八百六十两。[1]

这次治水注意相度地势，通盘规划，分地兴工，综合治理。自此之后江南水患稍为衰息。议者以是多誉徐贯、祝萃之功。

“治水之法，先度地形之高下，次审水势之往来，并追源溯流，各顺其性”。“浚河港必深泻，筑围岸必高厚，置闸窦必多广”。[2]这是经过长期摸索的经验总结。而在徐贯等人令众兴工之时，朝廷急于求成，限以时日，对重点工程白茆港没有花大气力，“疏浚未得深广，十数年后遂复壅塞”，水患如故。

嘉靖十年（1531）七月，巡按苏、松等处御史胡体乾上疏献六策，并建议设专官，重事权，以责其成，其言曰：

浙西诸郡，苏、松最居下流，即禹贡三江入海故迹。但今娄江、

---

① 《明孝宗实录》卷九九。

② 徐光启：《农政全书》卷一三《东南水利上》。

吴淞江已失（故）道。言者以为欲治水利，宜开二江；二江通，则三江入海之故迹可复矣。至若苏州一府，以千里之地，纳诸路之水，东通大海，北通长江，其泄水也有川，今者潮汐迅疾，冲荡沙泥，而昔之开者已淤；其容水也有区，今者茭芦丛蔚，淀淀灰土，而昔之深者已浅。故水之所潴泄，泛滥为患。今欲疏治之，其策有六：一曰开泄水之川；二曰浚容水之湖；三曰杀上流之势；四曰决不流之壑；五曰排涨潮之沙；六曰立治田之规。其督理之官，又须专设，重其事权，假之岁月，以责其成。如今之右通政何栋、山东按察司副使陈文沛，昔治水吴中，才称干济，宜可擢任。①

嘉靖二十四年（1545）闰正月，巡按直隶御史吕光洵条陈水利五事：

一、广疏浚以备潴泄；

二、修圩岸以固横流；

三、复板闸以防淤淀；

四、量缓急以处工费；

五、委重用以责成功。

疏中，还逐一做了详细解释，并结合前朝故事，说明只有长期坚持，给治水官员权力，才能有收效。吕光洵说："先朝大臣经理吴中水利，惟巡抚周忱功最著，以委任专而历年久也。迩者大臣限以数月，虽有贤者不暇虑。乞申明委任事例，凡粮役工程，听以便宜从事。"②

胡体乾的六策和吕光洵的五事，从道理上说俱无可非议。明世宗也都同意，诏可其奏。但执行起来却不怎么容易，往往是纸上谈兵多于实际行动，皇上诏可而各级官员没有落实到位。由于水患不止，到了嘉靖后期又有不少人疏请兴修苏、松水利。而是时"倭寇"对江南的侵扰日益加剧。"倭寇"是明代东南沿海地区的主要威胁。从元末明初以来不断进犯中国沿海各省，成为明代的一大祸患。这时，随着"倭寇"对东南破坏活动规模的扩大，朝廷对江南的注意力，更多的是考虑如何防倭、抗倭，对于水利工程不过是小修小补，根

① 《明世宗实录》卷一二八。
② 《明世宗实录》卷二九五。

本不可能有较大的动作。嘉靖四十二年（1563），给事中张宪臣上言："苏、松、常、嘉、湖五郡水患叠见，请浚支河，通潮水；筑圩岸，御湍流。其白茆港、刘家河、七浦、杨林及凡河渠河荡壅淤阻洳者，悉宜疏导。"奏疏呈入，明世宗曰：

江南人民久苦倭患，民不宜重劳，令酌浚支河而已。①

嘉靖四十五年（1566），东南沿海地区倭寇为乱次第平息，江南地方亦渐趋安静，治水问题又被提上了议事日程。是年五月江西布政司右参政凌云翼以苏、松水道"淤塞日甚"，请设御史一员专督水利，疏曰：

苏、松地方，延袤千里。财赋所入，当天下三分之一。由外滨大海，内阻江湖，大河环列于群县，以吐纳江海之流；支河错综于原野，以分折大河之派。寸土尺地，皆获灌溉。此东南财赋之深（源）也。迩来于（淤）塞日甚，支河不达于大河，大河不达于江海。旱则一望枯槁，潦则立成巨浸，田亩日荒，逃移日众。请专设督理水利御史一员，令其往来巡察。或于南京巡江、巡仓、屯田三差内并其一，而以一员专督水利，尤为两便。

奏疏呈上，经过二部商议，决定以巡盐御史兼之。明世宗诏可。②

到了隆庆三年（1569）六月，以海瑞为右佥都御史巡抚应天。海瑞，人称"海青天"，刚正不阿，勇于为民请命。在应天巡抚任上，他锐意兴革，看到苏、松诸府近年水利失修，水患频仍，立即上疏朝廷修浚吴淞江、白茆河。

在《开吴淞江疏》一文中，他说："三吴水利，当浚之使入于海。从古而然也。娄江、东江系是入海水道，惟吴淞江尽泄太湖之水，由黄浦入海。事起近年以来，水利臣旷职不修，抚按亦不留心，惟此督责。日至潮泥，日有积累，日月继嗣，通道填淤，虽曰水势就下，而无下可为就矣。时遭久潦，震荡太湖，因之奔涌四溢，势所必至，为害之大，淹浥禾亩，如嘉靖四十年、今隆庆三年是也。而小为淹没漂浥之患，亦时有之。是吴淞江一水，国计所需，民生攸赖，修之举之，不可一日缓也。"

---

① 《明史》卷八八《河渠六·直省水利》。

② 《明世宗实录》卷五五八。

在《开白茆河疏》一文中，海瑞说："今三吴入海之道，南止吴淞江，北止白茆河，刘家河居其中，三处而已。刘家河原通达无滞，若止开吴淞而不开挑白茆，诚为缺事，难免水患"①。

明穆宗具诏准，于是兴工修浚，历时两月，浚吴淞江下流上海县淤塞地14337余丈，江面原阔30丈，增开15丈，自黄渡至宋家桥长80里。计用工银76100余两。又募充工役，修白茆河。"由是旱涝有备，年谷丰登，吴民永赖，乐利无穷，公之开河之功，创三吴所未有矣"②。

及万历初年，大学士张居正为内阁首辅，对于水利事业颇为重视。万历四年（1576），巡抚都御史宋仪望以江南水利之兴废关系重大，请专设水利佥事。经商议决定由御史督责。万历六年（1578）三月，巡抚都御史胡执礼上言："三吴水利，工费浩繁，请先开苏州府吴淞江、吴江县长桥、松江府黄浦等。请将本府原派剩、未解宗人府等衙门米折银8000两、工部料价银12000两，以充修浚之费。"明神宗从之③。万历八年（1580）二月，直隶巡按林应训疏曰：苏、松诸郡，干河支港凡数百，大则泄水入海，次则通湖达江，小则引流灌田。今吴淞江、白茆塘等均已告成，支河数十，宜尽开浚④。明神宗亦准其奏。不久又用宋仪望言，特设苏、松水利副使，加强对治水的组织管理，先后修浚吴淞江80余里，筑塘90余处，开新河123道、浚内河139道。又筑上海李家滨、老鸦嘴海岸18里，计发国库银20万两⑤。

万历十年张居正去世以后，明神宗由勤变懒，经济政治形势亦由治转乱。江南自是"水患日炽"。

万历四十二年（1614）四月，工科给事中归子顾上疏，论江南治水的重大意义、历朝治理情形以及近年水患频发的原因和今后对策，其言曰：

> 江南岁供财赋，半于天下。第财赋出于农田，农田以水为利，亦以水为害，则全系吴淞江之通塞焉。书曰："三江既入震泽"，即今

---

① 以上分别见《海瑞集》（上）第231、233页。

②《海瑞集》（下）第591页，另参《明史》卷二二六。

③《明神宗实录》卷七三。

④《明神宗实录》卷九六。《明史》卷八八《河渠六·直省水利》。

⑤《明史》卷八八《河渠六·直隶水利》。

之太湖。……三江则钱塘、扬子、吴淞江也。……独吴淞一江，当太湖下流，泄诸郡之汇水以注海，而今且久塞。是以太湖有纳无吐，客水暴至，即四向溃出，淹没数郡。国家财赋，将安所出？今欲国计民生两便，则舍浚涤吴淞江无策也。查宋时江面原阔九里，可敌千浦。故与钱塘、扬子并称三江。胜国之末，水利不修，江流淤塞，已失九里千浦之旧。我朝正统间，巡抚周忱始立表江心，设法开浚，淤塞顿通。嗣是天顺四年，巡抚崔恭；弘治七年，侍郎徐贯；嘉靖元年，尚书李充嗣；隆庆三年，巡抚海瑞，浚者凡五。迄今四十余年，废不讲矣。以至万历三十七八等年，大浸稽天，三吴之民，胥沦鱼鳖，田禾颗粒无收。窃谓不一劳者，不永逸。宜速考故道，稽源委，大兴畚锸，为之批导壅阏，疏淤浅隘，务使江身阔深，水流驶迅，太湖泄水顺利，滔滔入海。渐及塘浦，渐及支河，皆令流派四达无碍。由是能吞能吐，可以汲引灌溉，不虞旱暵。即有霪霖，亦无复淹没之患。而三吴岁岁成熟，不至额征岁亏矣。又查得海瑞所浚之江六十余里，所费官币不过六七万金。若能设处有方，何爱六七万之费，不以开江南无穷之利？乞敕该部议复，移咨抚按，此方今经国之急务也。

此时，明神宗已是二十多年深居简出，不视朝政。奏疏呈上，留中不发，如石沉大海。[①] 巡按御史薛贞复请修浚，结果还是议而不行。

万历四十八年（1620）七月，明神宗病死，明光宗继位。同年九月初一日，“一月天子”光宗病亡。尔后，明熹宗登基，宦官魏忠贤掌握实权，朝政大乱。巡抚都御史周起元及崇祯朝巡抚都御史李待问、张国维等人，虽一再请求修浚吴淞江、白茆河，均因内乱外扰，大势已去，而未能实行。

水利事业的兴废同其他各项事业一样，涉及到方方面面，是一项复杂的系统工程，受到地理条件、自然环境、政治形势、经济实力等各种综合因素的制约。同时，治水的组织形式、方法、工程技术的作用也不容忽视。自唐、宋以来，皆以开江、置闸、治田三者为江南治水之第一要义。细察明代对江南苏松水患的治理，总的说来是有失有得。失之者，首先在於朝廷始终抱着短视行

① 《明神宗实录》卷五一九。

为，急功近利，对工程限以时日，治标不治本，草草了事，应付一时，只求眼前“赋额不亏”。没有做到常抓不懈，缺乏全面规划和长远打算，往往是遇到旱涝严重，即令兴工修补；一旦险期过去，便置之脑后。其次，是工程浩大，而投入不足，资金困难，董其事者又多不力，于是不少工程或半途而废，或偷工减料，不能进行综合治理。同时，为防御“倭寇”和各地“盗贼”舟楫往来而钉木为栅，以致水道堙塞等等。直至终明之世，江南苏、淞诸府仍是旱涝交加，灾害频繁。得之者，是明初迄明末确实多次进行治理。尤其是中叶以后，在苏、松诸府采取特殊措施，设立水利专官，从组织上加强管理与督治，还是有成就的，如对白茆河等处的疏浚，对于保护人民生命财产，发展农业生产，维持朝廷“赋额不亏”，都具有积极意义。得失相较，在江南苏、松诸府收效比其他地区显著些。

三、以保障漕运为中心的国家治黄工程

税粮是封建国家的经济命脉。无论是以灌溉农田为主要目标的常年性水利工程的兴建与维修，还是治理江南苏、松诸府的水患，其重要目的之一是为了保证税粮收入不受损失。而国家征收的税粮能否按时按量运到北京，运道畅道无疑是关键。而运道畅通与否，又恰恰与黄河紧密相连。

如众所知，中国的经济重心，从唐、宋开始已经转移到南方。其主要标志是南方成为国家粮食生产的基地，赋税仰给于东南。明代开国之初，首都设在南京，政治中心与经济重心同在南方。“四方贡赋，由（长）江以达京师（南京），道近而易”。自从明成祖迁都北京以后，政治中心北移，而经济重心依旧不变，遂造成两者互相分离，南方的税粮以及各种贡品，输送京师（北京）道里辽远，主要是依靠漕运。

所谓“漕运”，就是将税粮通过水路运送到京师等地的运输。由漕运供应京师文武官员和军队的粮食，叫做“漕粮”。担任往来运输漕粮的船只称为“漕船”。

保漕运，从原则上讲应包括保障漕粮的数额（含江南苏、松诸府专供朝廷的特产白粮）；专职漕运的人员（官军、民夫）；漕船的数量；漕粮起运的时间以及运输过程中的各项管理；运输方式（长远、兑运、支运）；运道畅

通；漕粮至京时缴纳办法和其他有关各项规章制度等等。

以下，只从治水的角度，就治理黄河与保障漕粮运输畅通的关系，进行初步研讨。

国都北迁以后，北京的人口数量急剧增加，粮食需求量于是随之猛涨。当时运到北京的粮食有两类，一曰漕粮，二曰白粮，其数量不等。

运入北京的漕粮，初无确数，至成化朝时始有定额。《明史·食货志》称：

> 初，运粮京师，未有定额。成化八年（1472）始定四百万石，自后以为常。北粮七十五万五千六百石，南粮三百二十四万四千四百石，其内兑运者三百三十万石，由支运改兑者七十万石。兑运之中，湖广、山东、河南折色十七万七千七百石。通计兑运、改兑加以耗米入京、通两仓者，凡五百十八万九千七百石。而南直隶正粮独百八十万，苏州一府七十万，加耗在外。浙赋视苏减数万。江西、湖广又杀焉。天津、蓟州、密云、昌平，共给米六十四万余石，悉支兑运米。而临、德二仓，贮预备米十九万余石，取山东、河南改兑米充之。遇灾伤，则拨二仓米以补运，务足四百万之额，不令缺也。

漕粮之外，运入北京的白粮，全部出自江南苏、松诸府：

> 漕粮之外，苏、松、常、嘉、湖五府，输运内府白熟粳糯米十七万四十余石，内折色八千余石，各府部糙粳米四万四千余石，内折色八千八百余石，令民运，谓之白粮船。自长运法行，粮皆军运，而白粮民运如故。①

① 《明史》卷七九《食货三·漕运》。关于“支运”与“兑运”，据此处《漕运》篇的记载是这样的：

支运，“自浚会通河，（永乐）帝命都督贾义、尚书宋礼以舟师运。（宋）礼以海船大者千石，工窳辄败，乃造浅船五百艘，运淮、扬、徐、兖粮百万，以当海运之数。平江伯陈瑄继之，颇增至三千余艘。时淮、徐、临清、德州各有仓。江西、湖广、浙江民运粮至淮安仓，分遣官军就近挽运。自淮至徐以浙、直军，自徐至德以京卫军，自德至通（州）以山东、河南军。以次递运，岁凡四次，可三百万余石，名曰支运。支运之法，支者，不必出当年之民纳；纳者，不必供当年之军支。通数年以为衰益，期不失常额而止”。

关于兑运，（宣德）六年，平江伯陈瑄言：“江南民运粮诸仓，往返几一年，误农业。令民运至淮安、瓜洲，兑与卫所。官军运载至北，给与路费耗米，则军民两便。”是为兑运。官军兑运民粮加给耗米，俱以道里远近为差。

上述漕粮与白粮，均由水路北运入京。水路，就是南北大运河。

大运河，即京杭运河，简称运河，是我国古代伟大的水利工程。它北起北京，南至杭州，经北京、天津及河北、山东、江苏、浙江四省，沟通海河、黄河、淮河、长江、钱塘江五大水系，全长1801公里。最初修于公元前5世纪之春秋末期。尔后，隋朝、元朝两次大规模扩展，利用天然河道加以疏浚修凿连接而成。全程共分七段：由北京城→通州（县）段称通惠河；通州→天津段称北运河；天津→临清段称南运河；临清→台儿庄段称鲁运河；台儿庄→淮阴（清江）段称中运河；淮阴→扬州段称里运河（古称邗沟）；镇江→杭州段称江南运河，向为历代漕运要道。

在大运河经过的五大水系中，对它威胁最大的是黄河。要保证漕运畅通无阻，必须大力治理黄河。于是"治黄（河）保（漕）运"自然也就成为明代治水的一项中心任务，成为朝廷投入人力、物力、财力最多的国家重点工程。《明史·河渠志》共六卷，黄河为卷一、卷二，占三分之一以上篇幅；运河为卷三、卷四，亦占近三分之一篇幅。这个排列次序和容量，也从一个侧面说明黄河、运河在封建王朝心目中的地位与作用，说明"治黄保运"的重要性。

黄河，为我国仅次于长江的另一条大河。上古时期，"河"为黄河的专有名词。"黄河"一名，始见于西汉初年，亦称"黄川"、"大河"。发源于青海，流经四川、甘肃、宁夏、内蒙古、陕西、山西、河南，至山东北部入渤海，全长5464公里，流域面积752443平方公里，有洮河、湟河、无定河、汾河、渭河、洛河、沁河等支流。内蒙古自治区托克托县河口镇以上为上流，流经高原峡谷，水流较清；河口至河南孟津为中流，穿行黄土高原，含沙量增大，水色浑黄；孟津以下为下游，流入华北平原，水流缓慢，泥沙淤积，常常造成洪水泛滥成灾，危及沿岸农业生产和人民生命财产，并导致运道阻塞。

除黄河之外，对漕运构成威胁的还有其他几条大河。在这些河流中，又以淮河为甚。淮河，发源于河南桐柏山，向东流经河南、安徽等省，到达江苏洪泽湖。洪泽湖以上，长845公里，流域面积16余万平方公里。洪泽湖以下，主流经江苏高邮入长江，另一部分水流经苏北入黄海，长约1000公里，流域面积18余万平方公里。淮河干流南北的自然条件有比较显著的差别，是我国地理上的重要分界线。最初，淮河自安东云梯关入海，"旁无溢患"。后来与黄河会合，淮河水势弱，而黄河水势强。强者欺凌弱者，流水也是这样。南宋绍熙五年（1194），黄河终于夺淮河入海之路。“淮不能与黄敌，往往避而东”①，数为水患，并决漕堤，危害漕粮运输。以故“治黄保运”，又势必兼治淮河。

《明史·河渠志》载：“黄河，自唐以前，皆北入海。宋熙宁中，始分趋东南，一合泗入淮，一合济入海。金明昌中，北流绝，全河皆入淮。元溃溢不时，至正中受害尤甚，济宁、曹、郓间，漂没千余里。贾鲁为总制，导使南，汇淮入海”②。

由元历明，治黄的力度超过前代。但由于上、中游生态环境（水土植被等）的破坏，森林的乱砍滥伐，水患反增于前。

洪武元年（1368），决曹州双河口，入鱼台。是时大将军徐达方统军北伐中原，急需大批粮食，乃于济宁开塌场口，引河水入泗以济运。洪武八年（1375），决开封太黄寺堤，诏发民夫三万堵塞。洪武十四年（1381），决原武、祥符、中牟。有司请兴筑，朱元璋以为天灾，只令护旧堤而已。洪武十五年（1382）春，决朝邑。七月，复决荥泽、阳武。洪武十七年（1384），决开封东月堤，自陈桥至陈留横流数十里。又决杞县，入巴河。洪武二十二年（1389），仪封为黄河水淹没。洪武二十三年（1390）春，决归德州东南凤池口。至秋，又决开封西华诸县，漂没民舍。朱元璋遣使赈济15700余户。洪武二十四年（1391）四月，黄河水暴涨，决原武等地，会通河淤塞。洪武二十五年，复决阳武，陈州、中牟、原武、封丘、祥符、兰阳、陈留、通许、太康、扶沟、杞县十一州县，水害严重，征发民夫及安吉等十七卫军士修筑。洪武三十年（1397）八月，再决开封，城市三面受水。③

此时，由于国都在南京，黄河水患对于漕运的危害，尚不明显。定都南京，运道通利：“江西、湖广之粟，浮（长）江直下；浙西、吴中之粟，由转运河；凤（阳）、泗（州）之粟，浮淮；河南、山东之粟，下黄河。尝由开封

---

① 《明史》卷八七《河渠五·淮河》。
② 《明史》卷八三《河渠一·黄河上》。
③ 《明史》卷八三《河渠一·黄河上》。

运粟，溯河达渭，以给陕西，用海运以饷辽卒，有事于西北者甚鲜。淮、扬之间，筑高邮湖堤二十余里，开宝应倚湖直渠四十里，筑堤护之。他小修筑，无大利害也。”[①] 供应京师（南京）的粮食，道近而易；供应辽东等地的粮食依靠海运。海运，始于元朝至元（1335～1340）中。起初运往大都（北京）的粮食，只为4万余石，后来增至300余万石。洪武时，南粮北调，沿元旧制，实行海运，而且数量较少。供给辽东的军饷，每年数十万石。洪武三十年（1397），以辽东军队屯田颇有成绩，兵粮可以自给，海运停罢。

永乐帝迁都以后，形势就大为不同了。

国都北迁，南粮北运，运道辽远而艰险。又随着国家都燕，“天子守边”，大兴土木，不仅北京地区的军队迅速大量增加，而且大批文武官员、工匠、宫廷服务人员亦同时北上，使北京城的人口以及北边军事重镇的人口急剧上升。民以食为天。由人口大增，而引起的第一个大问题，就是粮食的需求量顿时猛增。为此，明成祖不得不采取与他父亲晚年相反的做法，于永乐元年（1403）二月，下诏恢复已经停止多年的海运，命平江伯陈瑄督海运粮49万余石，供应北京、辽东。永乐二年（1404），因海运只能抵达天津，令别用小船转运至京。并于天津置露囤1400余所，以广储蓄。永乐四年（1406），进一步实行海陆兼运，每年运粮百万石，以保障北京等地的粮食供应。永乐七年（1409），计北运粮食180余万石。可是，海运与陆运均非最佳选择。海运，虽然比陆运省费十之七，如顺风，自浙西抵北京不过旬日。但运途遥远，且“最险恶”，“漂失甚多”。自淮安至通州张家湾3390里，[②] 一旦遇到狂风巨浪，往往人船俱翻，漂溺海中。陆运，比漕运费多十之三，且沿途辗转，民苦其艰。要保证漕粮运输，唯有另谋良策。

永乐九年（1411）二月，济宁同知潘叔正上疏，请修浚会通河，得到明成祖的允准。会通河，全长450里，为元代运粮故道，元末已废不用。洪武二十四年（1393），原武黄河决口，会通河淤塞三分之一，修浚尚称方便。工部尚书宋礼奉命往勘，征集山东、徐州、应天、镇江诸处丁夫30万人，历时

① 《明史》卷八五《河渠三·运河上》转运河，即淮安、扬州至京口以南的运河。

② 详见查慎行：《人海记》上卷《海运道里》。

“三十旬而工成”，运粮故道恢复。于是自封丘、金鱼口，下鱼台、塌场，会汶水，经徐、吕二洪入淮河。会通河疏通，与黄河会合，直极江口，北尽大通桥，运道3000余里，漕道畅通。永乐十三年（1415）五月，遂下令罢海运，只存遮洋一总，运粮辽东、蓟州。由于自济宁至临清，可通舟楫，漕船可直抵通州，北京的粮食供应才有了保证。

然而从永乐中期开始迄天顺朝为止，黄河又屡次决口，毁农田，没民居，坏运道。

永乐十年（1416），河决开封，14州县受害。

宣德元年（1426），淹没开封十州县。

正统以后，黄河水患仍甚为频繁，屡次修浚，或筑而复决，或“随浚随塞”。

黄河，在历史上曾多次改道。正统十三年（1448），又复故道，由是分流为二。正统十四年（1449），水势横溢，“而分流大清，不耑向徐、吕。徐、吕益胶浅，且自临清以南，运道艰阻”。景泰二年（1451），特命山东、河南两省巡抚“协力合治，务令水归漕河”。结果是两省“治水无绩”，以至“漕舟空阻”。河南巡抚王暹上疏分析其原因，曰：

> 黄河旧从开封北转流东南入淮，不为害。自正统十三年改流为二。一自新乡八柳树，由故道东经延津、封丘入沙湾。一决荥泽，漫流原武，抵祥符、扶沟、通许、洧川、尉氏、临颍、郾城、陈州、商水、西华、项城、太康，没田数十万顷，而开封患特甚。虽尝筑大小堤於城西，皆三十余里，然沙土易坏，随筑随决。①

可见，“治水无绩”是由于修治不得法。又自正统十三年黄河复故道改流为二以后，一由故道流入沙湾。而沙湾水流湍急，且其南地势高，水不得南入运河。景泰皇帝为此忧心忡忡，命谕德徐有贞为佥都御史，耑治沙湾。有贞至沙湾，上治河三策：一置水闸门，二开分水河，三挑深运河。不久又上言：“沙湾之东，所谓大洪口者，适当其冲，于是决焉，而夺济、汶入海之路以去。诸水从之而泄，堤以溃，渠以淤，涝则溢，旱则涸，漕道由此阻。然骤而

① 《明史》卷八三《河渠一·黄河上》。

堰之，则溃者益溃，淤者益淤。今请先疏其水，水势平乃治其决，决止乃浚其淤。”景泰皇帝依其议，于是费木铁竹石数万计，民夫5800余人，用时550多日，筑成广济渠。“沙湾之决垂十年，至是始塞。”乃浚漕渠，由沙湾北至临清，南抵济宁，复建八闸于东昌，以平水道。山东河患少息。[①]

山东河患少息，而黄、淮水患依然连续不断。天顺五年（1461）七月，开封黄河决口，城中水深丈余，官民舍被毁过半，军民溺死无算。水患频仍，漕道不通，给百姓带来灾难，也使统治者坐立不安。

成化七年（1471），为了保障漕道畅通，朝廷在“治黄保运”方面实行了一个空前未有的大动作，命王恕为工部侍郎，奉敕总理河道。[②] 明代总河侍郎之设，自王恕开始。史称：“时黄河不为患，恕耑力漕河而已”[③]。黄河为患，由来已久，非始于明代。明代设立河道总督（驻山东济宁），专管黄、淮等河堤防疏浚诸事。是时河道总督虽非常设之官，却也足以说明黄、淮水患的严重性。明代处于中国封建社会晚期，于是官僚机构不断膨胀，官员日益增多。嘉靖时，刘体乾上奏曰：今之害财“最大者有二，冗吏、冗费是也。历代官制，汉七千五百员，唐万八千员，宋极冗至三万四千员。本朝自成化五年，武职已逾八万。合文职，盖十万余。今边功升授，勋贵传请、曹局添设、大臣恩荫，加以厂卫、监局、勇士、匠人之属，岁增月益，不可悉举。多一官，则多一官之费”[④]。总督河道之设，自然是朝廷多了一官，国家多了一费，但有利于治理黄、淮等河水患。它既是明代“治黄保运”的一项重大举措，又是在治水方面不同于前代的一个特点。明朝灭亡以后，“清承明制”，不仅沿用此一制度，而且改为常设，其职权范围除黄、淮两河之外，还兼及永定河。

说到明代对漕运的重视，还有一点需要特别提及。即从明代开始，专门设

① 《明史》卷八三《河渠一·黄河上》。

② 《明史》卷七三《职官二·都察院》载：“总理河漕兼提督军务一员。永乐九年遣尚书治河，自后间遣侍郎、都御史。成化后，始称总督河道。正德四年定设都御史。嘉靖二十年以都御史加工部职衔，提督河南、山东、直隶河道。隆庆四年加提督军务。万历五年改总理河漕兼提督军务。八年革。”

③ 《明史》卷八三《河渠一·黄河上》。

④ 《明史》卷二一四《刘体乾传》。

立漕运总督[1]。总漕驻扎于淮安，负责管理漕粮的征收、上纳、监押运输，兼巡抚凤阳等处。其所属有“督粮道、管粮同知、通判等。在我国，漕运之制亦早已有之，但在明代以前，从无此种专官之设。自明代创立之后，至清代相沿不改，直到1911年辛亥革命以后才废除。

设立河道总督之后，黄河水患最烈且对漕运威胁最大之地为山东、河南以及徐州等处。弘治六年（1493），河决张秋，势甚危急。为了加强对水患重点地段的治理，明孝宗命廷臣举荐才识堪任之人往治。吏部尚书王恕等人特荐刘大夏，孝宗以为可，遂命其为副都御史，赐敕以往。同年十二月，巡按河南御史涂昇上疏亟论治理张秋之重要性，并献治黄之策，请专信刘大夏，疏曰：

> 黄河为患，南决病河南，北决病山东。昔汉决酸枣，复决瓠子；宋决馆陶，复决澶州；元决汴梁，复决蒲口。然汉都关中，宋都大梁，河决为患，不过濒河数郡而已。今京师专藉会通河岁漕粟数百万石，河决而北，则大为漕忧。臣博采舆论，治河之策有四，一曰疏浚。……二曰扼塞。……三曰用人……四曰久任，则请专信大夏，且于归德或东昌建公廨，令居中裁决也。帝以为然。[2]

刘大夏至张秋，自黄陵冈浚贾鲁河，复浚孙家渡、四府营上流，以分水势。又筑长堤，由胙城历东明、长垣抵徐州，凡360里，“溃决之患于是息矣”。水大治，遂改张秋镇为“安平镇”。明孝宗下令嘉奖刘大夏，赐玺书褒美，擢升左副都御史。[3]

黄河长达数千公里，在当时的历史条件下，根本不可能全面整治，加上有时施工不得要领，常常是此垂浚而彼复决，或咆哮，或淤塞。弘治十一年

---

① 《明史》卷七三《职官二·都察院》载：“总督漕运兼提督军务巡抚凤阳等处兼管河道一员。太祖时，尝置京畿都漕运司，设漕运使。（洪武元年置漕运使，正四品，知事，正八品，提控案牍，从九品，属官监运，正九品，都纲，省注。十四年罢。）永乐间，设漕运总兵官，以平江伯陈瑄治漕。宣德中，又遣侍郎、都御史、少卿等官督运。至景泰二年，因漕运不继，始命副都御史王竑总督，因兼巡抚淮、扬、庐、凤四府，徐、和、滁三州，治淮安。成化八年分设巡抚、总漕各一员。九年复旧。正德十三年又分设。十六年又复旧。嘉靖三十六年，以倭警，添设提督军务巡抚凤阳都御史。四十年归并，改总督漕运兼提督军务。万历七年加兼管河道。”

② 《明史》卷八三《河渠一·黄河上》。

③ 《明史》卷一八二《刘大夏传》。

(1498)，河自归德南决，故道阻塞，使运河面临浅阻的危险。自此之后，黄河不是屡次北移，就是忽东忽西，使漕运难以保证。

弘治十八年（1505），黄河水道忽然北徙三百里，至宿迁小河口。

正德三年（1508），再北徙三百里，至徐州小浮桥。

正德四年（1509）六月，又北徙一百二十里，至沛县飞云桥，俱入漕河。于是南河故道淤塞，水惟北流，决黄陵冈、尚家口等处，山东曹、单一带田庐多没，安平镇的安全亦令人担忧。为使粮运无所阻，廷臣各陈己见，然多议而不决，没有付诸行动。

正德八年（1513）八月，黄陵冈复决。因其地界大名、山东、河南，守土官事权不一，难以合力共治，乃命管河副都御史刘恺兼理其事。而刘恺“于治河束手无策”，于是“曹、单间被害日甚”。自黄陵冈决口，开封以南暂无水患，但徐、沛诸州县河道迁徙不常。

嘉靖五年（1526）冬，以章拯为工部侍郎兼佥都御史，专事治河。

过了一年，嘉靖六年（1527）曹县、单县等处决口，河水溢入漕渠，沛县以北淤塞数十里。章拯督治无方，漕船受阻不能前进，朝廷心急如焚，大小臣工纷纷上疏献策。左都御史胡世宁以为：今日治河之急务和运道之计，上策当在昭阳湖以东另开一条新河（亦即别开漕渠）。是年冬，以工部侍郎盛应期为总督河道右都御史。盛氏所见与胡氏无异，也请于昭阳湖东开新河百余里。结果工程未结束即遇上旱灾修省，从言官之请罢新河之役。应期被召回京，河道总督易人。①

嘉靖二十六年（1547）秋，河决曹县，水涨入城，深积二尺，漫金乡、鱼台、定陶诸县。

嘉靖三十一年（1552）九月，河决徐州等处，“运道淤阻五十里”，或“屡浚屡塞”，或“水涌复淤”。

嘉靖三十七年（1558）七月，曹县新集再次淤塞。“自后，河忽东忽西，靡有定向”，河道变化不定。

迄嘉靖四十四年（1565）七月，河决沛县，“上下二百余里运道俱淤”，

---

① 参见《明史》卷二三《盛应期传》。

全河出现逆流，自沙河至徐州以北，分成支流数支，“或横绝，或逆流入漕河，至湖陵城口，散漫湖坡，达于徐州，浩渺无际，而河变极矣”①。

河道变，漕运难通，漕粮转运产生危机，统治者内部围绕如何“治黄保运”的矛盾，也随之公开暴露在世人面前。

是时，世宗命南京刑部尚书朱衡为工部尚书，兼理河漕；又命左少卿潘季驯为右佥都御史，总理河道。朱氏主张恢复开新河。他在巡视决口时看到故道已淤塞成为陆地，而先前盛应期所开之新河，自南阳以南至留城一带故迹尚在，不难修复，且其地势甚高，河决至昭阳湖不能复东，可以通运。

而潘季驯则力主修复故道。他以为：新河土浅泉涌，若要重新修复，势必耗费无数；留城以上故道刚刚淤塞不久，完全可以修复。两人遂产生矛盾，促使朝廷命臣实地勘踏。

嘉靖四十五年（1566）二月，遣工科给事中何起鸣往勘河工。起鸣往勘之后，上疏从五个方面说明故道难以恢复，认为开凿新河不仅可以节省经费，而且可以杜绝以后溃决之患。但同时又说不能完全抛开故道。他的结论是：“宜用（朱）衡言开新河，而兼采季驯言，不全弃旧河”。开新河之议由此而定。于是朱衡奉命开鱼台至留城140余里，又浚旧河自留城以下，抵境山、茶城50余里，由此与黄河会合。还筑马家桥堤35280丈，石堤30里。从此黄河水不东侵，漕道畅通。《明史》称：“（盛）应期罢后三十年，朱衡循新河遗迹成之，运道蒙利焉”②。

但可惜，好景不长。

运道蒙利没有多少日子，隆庆元年（1567），新河被水冲决，“坏漕艘

---

① 《明史》卷八三《河道一·黄河上》。

② 《明史》卷二二三《盛应期传》。嘉靖四十五年山东巡抚洪朝选在《黄河势将北徙》一疏中，所论治河之策甚为精致，兹抄录於此，以供参考。他说：按古今治河之策，莫不以宣导为上，堤防为下。然时势不同，事从而异。前代之资于河也，利与害大抵相远，故全去其害，则全获其利。我朝之资于河也，利与害大抵相邻，故有其利，则有其害，有大害，亦有大利。何者，运河惟资山东之泉水足矣，初无所赖于河也。然二洪征黄河，则舟行陆地中牵挽不动，故必导河向徐、沛、萧、砀、丰，而后二洪有所接济，既由徐、沛、萧、丰砀之间而行，则黄河之水一石，带汙泥数斗，其势必淤。淤一处，则决一处，则利害之相因，于是乎为无穷矣。是故我朝治河，独难于前代，以利害之相邻也。故堤防之设，决不可缓，而宜泄利导之方，为最上策，虽万古一致也。（见洪福增编著《洪芳洲公年谱》，1993年11月台湾洪朝选研究会出版）。

数百”。

隆庆三年（1569）七月，沛县大决口，自考城、虞城、曹县、单县、丰县、沛县抵徐州，俱受其害，茶城亦淤塞，漕船2000余艘阻邳州不能进。为此，有人建议在梁山之南另开一条河，以通漕船，即后来所开之泇河。

隆庆四年（1570）秋，黄河水暴涨，茶城复淤，淮水亦大溢，漕粮运输又成问题。于是，再次起用潘季驯为总理河道。同年九月，河决邳州，自睢宁至宿迁，“淤百八十里，粮艘阻不进”。总河都御史翁大立上言：“比来河患不在山东、河南、丰、沛，而专在徐、邳，故先欲开泇河口以远河势、开萧县河以杀河流者，正谓浮沙壅聚，河面增高，为异日虑耳。今秋水洊至，横溢为灾。权宜之计，在弃故道而就新冲；经久之策，在开泇河以避洪水。”结果部议主张先堵塞决口。同时，令翁大立再上疏条陈利害。大立以“开泇河、就新冲、复故道三策并进，且言利害各相参”。不久，大立因故被罢官。这时，潘季驯仍然坚持恢复故道，并用民夫5万人，塞决口，筑缕堤，故道遂恢复。

不料，隆庆五年（1571）四月，邳州等处复决，损坏运军千计，淹没漕粮40万石，潘季驯也因此再次落职。

隆庆六年（1572）春，复命朱衡经理河工，以兵部侍郎万恭总理河道。朱、万2人赴任，不同意开泇河，专门治理徐、邳水患，修筑长堤，自徐州至宿迁小河口370里，并修缮丰、沛大黄堤，由是“正河安流，运道大通”。同年六月，朱衡以徐、邳河堤工程完工受到赏赐，并命回部。

“徐、邳为运粮正道”，是“治黄保运”的重点部位。而当时治黄，不过浚浅、筑堤二策而已。“浚浅之法，或爬或捞，或逼水而冲，或引水而避”；筑堤之法则有截水、缕水之分。此二法皆非经久之计，不能彻底根除水患，阻绝决口。

万历元年（1573），河决房村，徐、邳运粮正道再度受到威胁。次年，给事中郑岳上疏曰：“运道自茶城至淮安五百余里，自嘉靖四十四年河水大发，淮口出水之际，海沙渐淤，今且高与山等。自淮而上，河流不迅，泥水愈淤。于是邳州浅，房村决，吕、梁二洪平，茶城倒流，皆坐此也。今不治海口之沙，乃日筑徐、沛间堤岸，桃、宿而下，听其所之。民之为鱼，未有已时也”。因请先治海口之河。明神宗“命河臣勘奏，从其所言”[①]。

未几，淮河、黄河并溢。万历二年（1574）八月，决砀山及郡家口、曹家庄、韩登家口而北，淮亦决高家堰而东，徐、邳、淮南北漂没千里。“自此桃、清上下河道淤塞，漕艘梗阻者数年，淮、扬多水患矣”。万历四年(1576)，命督漕侍郎吴桂芳开草湾河，全长11100余丈，塞决口22处，计用役夫44000人。草湾河工成，黄水入海之路稍为宽广，水患渐平。然而到了是年秋天，曹县、徐州、桃源诸处决口，河岸多坏，黄河日为淤垫，淮水为河所迫，徙而南。是时，由于河决崔镇，黄水北流，清河口淤淀，全淮南徙，高堰湖堤大坏，淮、扬、高邮、宝应间皆为水所淹，内阁首辅张居正深以为忧，河漕尚书吴桂芳议复老黄河故道；[②]而总河都御史傅希挚欲塞河口，束水归漕，两人意见不合。及吴桂芳死，张居正主张起用潘季驯，明神宗允准，命其为右都御史兼工部侍郎，代替吴桂芳之职。

潘季驯东山再起，以为故道久湮塞，虽浚复，其深广必不能如今河。于是请筑崔镇，以塞决口，并筑遥堤以防溃决。又说：“淮清河浊，淮弱河强，河水一斗，沙居其六，伏秋则居其八，非极湍急，必至停滞。当藉淮之清以刷河之浊，筑高堰束淮入清口，以敌河之强，使二水并流，则海口自浚。即桂芳所开草湾亦可不复修治。”他还根据自己深入实地调查，相度地势，提出治黄六策：塞决口以挽正河；筑堤防以杜溃决；复闸坝以防外河；创滚水坝以固堤岸；止浚海工程以省糜费；寝开老黄河之议以仍利涉。明神宗“悉从其请”，令如议而行。[③]潘季驯遂征集民夫，筑高家堰堤60余里，归仁集堤40余里，柳浦湾堤东西70余里，塞崔镇等处决口130个，筑徐、睢、邳、宿、桃、清两岸遥堤56000余丈，砀、丰大坝各一道，徐、沛、丰、砀缕堤140余里，建崔镇、徐升、季泰、三义减水石坝4座，迁通济闸于甘罗城南，淮、扬间堤坝无不修筑，总计用银56万余两。“高堰初筑，清口方畅，流连数年，河道无大患”。

及内阁首辅张居正病死，朝局大变，社会由治变乱，潘季驯被劾“党庇

---

① 《明史》卷八四《河渠二·黄河下》。

② 《明史》卷八四《河渠二·黄河下》曰：“运道自淮安天妃庙乱淮而下，十里至大河口，东从三义镇出口向桃源大河而去，凡七十余里，是为老黄河。”

③ 参见《明史》卷二二三《潘季驯传》。

居正，落职为民”。万历十五年（1587），封丘、东明等处又屡被冲决。复起用潘季驯为右都御史，总督河道。万历十七年（1589），黄水暴涨，冲入夏镇，破坏田地民舍，淹没人民无算。次年，河水大溢，徐州水积城中者逾年。季驯极力修浚支河，积水乃消，万历十九年（1591）九月，“泗州大水，州治淹三尺，居民沉溺十九，浸及祖陵。”

泗州祖陵，为明王朝老祖宗的陵园。祖陵被水，举朝惊骇，议者纷起指责，季驯去官。“季驯凡四奉治河命，前后二十七年，习知地形险易。增筑设防，置官建闸，下及木石桩埽，综理纤悉”[①]。其治黄之法是：筑堤防溢，建坝减水，以堤束水，以水攻沙，河行旧道，反对改流，讲究修防，借黄通运。这些都于治黄有益，但他反对以改进航运为目的开泇河等工程，反对恢复海运之议，却是不可取的。

自祖陵被水之后，封建国家在治黄方面，除了保证漕运之外，又加了一层考虑，要求保证祖陵安全。于是，在如何治理黄河水患问题上，又产生了各种各样的议论。工科给事中张贞观、总漕陈于陛等建议“分黄导淮”，以保祖陵，而运道不梗。其言曰：

> 淮、黄同趋者惟海，而淮之由黄达海者惟清口。自海沙开浚无期，因而河身日高；自河流倒灌无已，因而清口日塞。以致淮水上浸祖陵，漫及高、宝，而兴、泰运堤亦冲决矣。今议辟清口沙，且分黄河之流于清口上流十里地，去口不远，不至为运道梗。分于上，复合于下，则冲海之力专。……惟淮、黄合流东下，河身涤而渐深，海口刷而渐辟，亦事理之可必者。[②]

明神宗诏如议。后因朝鲜倭事起，工程搁浅。而后，“水患益急”，屡次命官往治，均无大功可言。

万历后期，黄河水患更加频繁。

万历三十四年（1606）六月，河决萧县。

万历三十五年（1607），决单县。

---

① 《明史》卷八四《河渠二·黄河下》。

② 《明史》卷八四《河渠二·黄河下》。

万历三十九年（1611）六月，决徐州狼矢沟。次年九月，再决徐州三山，冲毁缕堤280丈，遥堤170余丈，黎林铺以下二十里正河悉为平陆，邳、睢诸地河水耗竭。

万历四十二年（1614），决灵璧陈铺。

万历四十四年（1616）五月，复决徐州狼矢沟。六月，决开封陶家店诸处。

万历四十七年（1619）九月，决阳武，由封丘、曹、单至考城，复入旧河。

当是时，“朝政日驰，河臣奏报多不省”，总官缺官三年不补，“河防日以废坏，当事者不能有为”。政治形势动荡，水利事业建设势必深受影响。

时至天启、崇祯二朝，国是日非，内乱外患互相交织，河臣屡易，河患日频，直至明亡，黄河水患依然不止。

黄河是中华民族的摇篮，几千年来养育着中华儿女，同时也一次又一次地给沿岸人民带来了许多灾难。历代封建王朝在治理黄河水患方面，都投入了不少人力和物力。明代也不例外，而且花费更大。然而，由于封建政治制度和经济政策的束缚，始终不能做到标本兼治，全面治理。从明初到明末，都是围绕漕粮运输，堵决口，疏淤塞而已。

明代水利事业建设，除上述之外，可纪者还有京东水利田的开发。北方水田的开发，由来已久。到宋代，北方水稻田的面积因水利兴修而不断扩大。明代万历初年，工科给事中徐贞明，以北方兵食尽仰给东南，南粮北调，而河流多变，运道多梗，请大力兴修北方水利，开发京东水利田。起初，明神宗表示支持，命其兼监察御史领垦田使。不久，即在永平等地垦田39000余亩。贞明又遍历诸河，穷源竟委，将大行疏浚水利。而那些广占闲田为己业的宦官、勋戚，“恐水田兴而己失其利也，争言不便”，极力反对，诬陷徐贞明。明神宗惑之蜚语，遂下令停役，京东水田开发由此而罢。[①]

① 参见《明史》卷二二三《徐贞明传》。

第三节　经济作物的空前发展

在明代，特别是在明代中后期，经济作物的种植获得空前发展，为总体经济实力的提高作出很大贡献。明代经济作物之所以能如此迅速地发展，约有以下几点原因。其一，政府经济政策的刺激与推动。明代自初期开始就采取了一系列旨在促进经济作物种植的政策，收到良好的效果，其后，以银为主的折色在赋税征收额中所占比重越来越大，更刺激了农民选择获利较丰的经济作物的积极性。其二，人口压力的刺激与推动。明代人口的增长很快，为了满足不断增殖的人口对粮食的需求，只能尽力扩大耕地面积和提高单位面积产量，但可开垦的土地总是有限的，在农业技术没有根本改变的条件下，依靠集约化的耕作也不可能无止境地提高粮食产量，因此，通过改变作物布局、发展经济作物来提高总体经济效益就成了农家的自然选择。其三，商品经济发展的刺激与推动。明代交通日益发达，市场日益扩大，商品经济越来越繁荣，为农民提供了较多的可供选择的机会，经济作物因有了广阔的市场网络以为支持，销路畅通，获利较厚，所以越来越受农民青睐，种植面积增长很快。

一、明代鼓励经济作物种植的政策

明太祖朱元璋把经济作物的种植视为全面恢复和发展农业生产的重要内容，并为此采取了一系列配套措施。早在元至正二十五年（1365），朱元璋为了鼓励辖区内的农民种植桑、麻和木棉，就颁布了具体的奖惩办法，规定："农民田五至十亩者，栽桑、麻、木棉各半亩，十亩以上者倍之。其田多者，率以是为差，有司亲临督劝，惰不如令者有罚。不种桑使出绢一匹，不种麻及木棉，使出麻布、棉布各一匹。"① 明朝建国之后，朱元璋便迅速把这一法令推行于全国，并且规定，凡种桑、麻者，"四年始征其税，不种桑者输绢，不

① 《明太祖实录》卷一。

种麻者输布”[①]。在此种政策的激励下，经济作物的种植日趋普遍和扩大，据统计，洪武十一年（1378）以前，苏州府吴江、吴县、常熟、昆山、崇明等县种植桑树共151707株。[②] 洪武二十七年（1394），朱元璋命工部移文天下有司，督促农民种植桑、枣，并向农民传授种植技术。同时，下令扩大棉花的种植面积，命各级政府年终汇报种植数目，并进一步推行优惠政策，下令“率蠲其税”，以求提高农民种植的积极性。[③] 洪武二十八年（1395），又下令山东、河南自洪武二十六年以后新栽桑、枣，不论多寡，俱不起科。[④] 是年底，湖广布政司奏报所属各府州县果树之数，计栽过桑、枣、柿、栗、胡桃等树凡8439万株。[⑤] 朱元璋认为，湖广各地适宜种桑而种之者少，命令从淮安府及徐州取桑种20万，派人送到湖广辰、沅、靖、全、道、永、宝庆、衡州等处，各给1万，分发给农民种植。[⑥]

洪武以后，由于朝廷在考课中越来越不重视农桑之绩，一些地方官员把果树种植视为不急之务，甚至原来种植的果树也遭到砍伐。朝廷在注意到这一情况后，即下令加以禁止，要求遵守洪武旧制。如宣德七年（1432），顺天府尹李庸上奏说：“所属州县旧有桑枣，近年砍伐殆尽。请令州县每里择耆老一人劝督，每丁种桑枣各百株，官常点视，三年给田，开具所种多寡以验勤怠。”明宣宗遂谕令户部官员说：“桑枣，生民衣食之给。洪武间遣官专督种植，今有司略不加意。前屡有言者，已命尔申明旧令，至今未有实效。其即移文天下郡邑，督民栽种，违者究治。”[⑦] 景泰四年（1453），朝廷又下令“其土地宜桑、枣、漆、柿等木，随宜酌量丁田多寡，定与数目，督令栽种，务在各乡各村，家务有之，不许团作一二园圃以备点视，虚应故事”，同时规定要将种过桑枣数目造册缴报。[⑧]

---

① 《明史》卷一三八《杨思义传》。
② 洪武《苏州府志》卷一〇《农桑蓝靛》。
③ 《明太祖实录》卷二三二。
④ 《明太祖实录》卷二四三。
⑤ 《明太祖实录》卷二四三。
⑥ 《明太祖实录》卷二四六。
⑦ 《明宣宗实录》卷九五。
⑧ 《明英宗实录》卷二三四。

正是因为有了广泛种植经济作物的基础，朝廷在田赋征收中才能实行折色，而折色的推行，又反过来促进了经济作物种植的普及。所谓折色，是与本色相对的概念。赋税中原定征收的米、麦称为本色，而改征其他实物或银钱的就叫折色。明代立国之初，田税一律征收粮食，并规定夏税交麦，秋粮纳米。但是，由于中国地理辽阔，各地的土地和气候情况千差万别，适宜种植的作物品种很不相同，这种硬性规定既给农民带来诸多不便，也影响朝廷的赋税征收，必须在一定程度上进行变通。洪武三年（1370），因军队士兵急需用布，朱元璋便批准了户部的奏请，命令棉花种植广泛、棉纺织业发达的松江府可以以棉布代替秋粮。[①] 此为明代田赋改征折色之始。洪武六年（1373），诏令直隶各府州县以及浙江、江西二省本年的秋粮可以改纳棉布。[②] 到洪武九年（1376），朱元璋下令天下郡县税粮均可以银、钱、钞、绢代纳，这样，就把改折的地域范围由局部扩大到全国。当时，户部以米、麦为基准，议定了本色与折色的比例："每银一两、钱千文、钞一贯，折输米一石，小麦则减值十之二；绵、苎布一尺，折米六斗、麦七斗；麻布一匹，折米四斗、麦五斗；以丝绢代输者，亦各以轻重损益。"朱元璋谕户部说："折纳税粮，正欲便民，务减其价，勿泥时值可也。"[③] 洪武三十年（1397），为了解决税粮拖欠问题，下令自洪洪二十八年（1395）以前全国拖欠的税粮俱许任土所产，折收布、绢、棉花、金银等物。于是户部议定折征比率为钞1锭折米1石，金1两折米10石，银1两折米2石，绢1匹折米1石2斗，棉布1匹折米1石，苎布1匹折米7斗，棉花1斤折米2斗。朱元璋认为过重，令金1两折米20石，银1两折米4石，钞2贯500文折米1石，其余俱从户部所议。洪武以后，因粮食价格提高，有些地方也相应调整了折色比例，如把米1石折布1匹改为折征2匹等，后朝廷以"折重亏民"，命悉复旧制。

总体看来，明代前期折色在赋税总额中所占比重还不是太大，而且以折纳其他实物为主，折成钱钞的数额较小。在征纳过程中，存在着"所贡非所产，

---

① 《明太祖实录》卷五六。
② 《明太祖实录》卷八五。
③ 《明太祖录》卷一〇五。

所产非所贡”的问题。如松江府是棉花和棉布产区，“不种桑，不养蚕，而岁农赋桑、丝、棉折绢若干”[①]，百姓不得不购买绢以输赋，造成“转展折阅，公私交弊”[②]。这种情况，与商品货币经济发展和经济作物种植面积不断扩大的趋势是不相适应的。英宗即位后，都察院右副都御史周铨曾上奏说，北京“各卫官员俸粮在南京者，差官支给，本为便利，但差来者将各官俸米贸易货物，贵卖贱售，十不及一。朝廷虚费廪禄，各官不得实惠。请令该部会计岁禄之数，于浙江、江西、湖广、南直隶通舟楫之处，各随土产折收布、绢、白金，赴京充俸”。巡抚江西侍郎赵新也上疏说：“江西属县，有僻居深山，不通舟楫者，岁赍金帛于通津之外易米，上纳南京。设遇米贵，其费不赀。今行在官员俸禄于南京支给，往返劳费，不得实用。请令江西属县，量收布、绢或白金，类销成锭，运赴京师，以准官员俸禄为便。”户部尚书黄福也有类似的奏请。经过慎重讨论，遂于正统元年（1436）诏命“江南租税折收金帛”[③]。“米麦一石，折银五分，南畿、浙江、江西、湖广、福建、广东、广西，凡米麦四百余万石，折银百余万两，入之内承运库，谓之金花银”[④]。其后折色日益普及，赋税的货币化程度越来越高。

折色的推行，对于农业多种经营的发展是一个有力的促进。因为在当时基本陷于停滞的技术水平下，农民仅仅从事粮食生产，收入是有限的。实行折色制后，农民不必为了交纳米麦固执于粮食作物的种植，而可以根据自己所经营的土地的具体情况，种植产量高、收入多的作物。当折色由自愿变为强迫后，通过多种经营获取折色所需的金、银、布、绢等物更成为一项急迫的任务。这样，农村的作物布局和经济结构便逐步发生了变化，经济作物在农业经济中所占比重越来越大，商品经济日趋发达，这为明代后期“一条鞭法”的田赋改革奠定了坚实的基础。“一条鞭法”的征收原则是“计亩征银”，除江南的漕粮外，其他地区的赋役大多折收白银，货币在赋役征收中占据了主导地位。这一适应商品经济发展的新的赋役制度反过来促进了商品经济的繁荣，刺激农民

① 顾炎武：《天下郡国利病书》卷二一《松江府志》。
② 顾炎武：《天下郡国利病书》卷一六载归有光《与邑令论三吴赋役水利书》。
③ 《明英宗实录》卷二一。
④ 《盐乘》卷五《食货志》。

更多地种植经济作物以适应新的经济形势。

二、棉花和桑树种植的快速发展

在明代，棉花是种植地域最广的经济作物。尽管宋代文献中已有关于棉花的零星记载，但到宋末元初，棉花种植才得到较迅速地推广。进入明代后，由于政府的鼓励，在地域上推广更快，成化、弘治时已是“其种已遍布于天下，地无南北皆宜之，人无贫富皆赖之”①。但是，这一时期棉花的分布地域虽然很广，在各地农产品中的比重均不高，所产原棉除交纳赋税外，主要是作为家庭纺织业原料供自家使用，植棉业成为自给自足的自然经济的重要支柱。到了明代后期，植棉业的性质开始发生变化，棉花种植不仅在地域上继续扩展，更重要的是，在一些地区，棉花在农产品中的比重不断增加，产品主要面向市场。

为了提高棉花产量，有些地方的农民还摸索出一些种植棉花的新技术，徐光启谈到：“齐鲁人种棉者，既壅田下种，率三尺留一棵。苗长后，笼干粪，视苗之瘠者，辄壅之。亩收二三百斤以为常。余姚海堧之人，种棉极勤，亦二三尺一棵，长枝布叶，棵百余子，收极早，亦亩得二三百斤。其为畦广丈许，中高旁下，畦间有沟，深广各二三尺，秋叶落积沟中烂壤，冬则就沟中起生泥壅田。岁种蚕豆，至春，翻罨作壅，即地虚，行根极易，又极深，则能久雨，能久旱，能大风。此皆稀种，故能肥，能肥，故多收。”②

由于长江三角洲冲积平原，特别是松江冈身以东地带的土壤特别适宜于种植棉花，这里成为全国最重要的产棉区，松江府、苏州府和嘉兴府的一些地区出现了棉作压倒稻作的农作物配置结构。如松江一带，据正德《松江府志》记载，“沿海高乡”多种棉花，到万历年间种植面积更大，《农政全书》卷三五谓“官民军灶垦田凡二百万亩，大半种棉，当不止百万亩”。苏州嘉定“宜种稻禾田地止一千三百十一顷六十亩，大半种棉，当不止百万亩”。“堪种花

---

① 徐光启：《农政全书》卷三五引丘濬《大学衍义补》。
② 徐光启：《农政全书》卷三五《木棉》。

(棉花)、豆田地一万零三百七十二顷五十亩”，“种稻之田约止十分之一”①。太仓“地宜稻者亦十之六七，皆弃稻袭花”，“郊原四望，遍地皆棉”②。有记载说，“上海、嘉定、太仓境俱三分宜稻，七分宜木棉，凡种木棉者，称花以别于稻，有花田、花租之名”③。将花田、花租与传统的谷田、谷租特意区别开来，由此也可看出棉花在当地经济生活中的重要性。昆山三区一带“物产瘠薄，不宜五谷，多种木棉”。长江三角洲之外，其他地区也多有棉花种植。如河南“中州沃壤，半植木棉”④。山东六府皆种棉花，“五谷之利，不及其半”⑤。由于种植广泛，土质和气候有异，各地还培育出不同的品种。徐光启曾介绍了近十种棉花的特征和出棉率：“江花出楚中，棉不甚重，二十而得五，性强紧；北花出畿辅、山东，柔细中纺织，棉稍轻，二十而得四，或得五；浙花出余姚，中纺织，棉稍重，二十而得七，吴下种，大都类是。更有数种稍异者：一曰黄蒂，穰蒂有黄色，如粟米大，棉重；一曰青核，核青色，细于他种，棉重；一曰黑核，核亦细，纯黑色，棉重；一曰宽大衣，核白而穰浮，棉重。此四者，皆二十而得九，黄蒂稍强紧，余皆柔细中纺织，堪为种。又一种曰紫花，浮细而核大，棉轻，二十而得四，其布以制衣，颇朴雅，市中遂染色以售，不如本色者良，堪为种”⑥。

在明代，尽管棉花取代了丝、麻成为一般人纺织制衣的原料，但丝织品作为高档消费品深受上层社会和富有家庭的喜爱，再加上明代中后期在海外贸易中出口的生丝和丝织品的数量不断增加，蚕桑业仍有广阔的发展前景。杭嘉湖地区宜于种桑养蚕，获利远比种稻丰厚。嘉靖时松江人徐献忠说，“蚕桑之利，莫甚于湖，大约良地一亩，可得叶八十个，每二十斤为一个，计其一岁垦锄壅培之费，大约不过二两，而其利倍之”⑦。归安人茅坤指出，上地1亩可产桑叶2000斤，卖价为银五六两；中地亩产1000斤，卖价二三两；下地亩产

① 万历《嘉定县志》卷七。
② 崇祯《太仓州志》卷一四、一五。
③ 《吴梅村编年诗集补钞·木棉吟并序》。
④ 钟化民：《救荒图说·劝课纺绩》。
⑤ 《古今图书集成·职方典》卷二三〇《兖州府部·风俗考》。
⑥ 《农政全书》卷三五《木棉》。
⑦ 徐献忠：《吴兴掌故集》卷一三《物资类·农桑》。

卖银也不下一二两。而圩田1亩种稻，高产亩收米2石，次者1石5斗[①]。当时米价大抵每石银3~5钱，2石米折银仅6钱至1两，与2000斤桑叶折银5~6两相较，相差6~8倍；与1000斤桑叶折银2~3两相较，相差2~5倍；与桑叶最低收入1~2两相较，也相差不少。《补农书》的作者张履祥对明末清初时期栽桑与种粮的经济效益更作过专门对比，据他估算，米贱丝贵时栽桑养蚕的收入可达种粮收入的四五倍到十几倍，就平常年景而论，前者的经济效益比后者也要高出2~3倍。[②]

在明显的经济利益的刺激下，农家普遍认为“多种田不如多治地”，即多种稻不如多栽桑，以致桑蚕区的桑树种植面积远远超过稻米种植面积。湖州“以蚕为田，故胜意则增饶，失意则农困”，“尺寸之堤，必树之桑”[③]，“傍水之地，无一旷土，一望郁然”[④]。有一家种桑即达万株以上者，如茅处士“治生喜种桑，则种桑万余唐家村上”[⑤]。崇德“田地相埒，故蚕务最重”[⑥]。原来不懂种桑的海盐县，天启年间始兴蚕利，发展迅速，到天启时已是“桑柘遍野，无人不习蚕矣”[⑦]。嘉兴植桑之多，至“不可以株数计”[⑧]。严州、绍兴、台州等地也植桑很多。四川的阆中也是蚕桑业中心，山西潞州的丝织业就完全仰赖这里输出的原料。[⑨] 北方蚕桑业发达的地区首推山东，居民利用山上的槲树饲养“野蚕”，“蚕月浴种，出蚁蠕蠕然，即散置槲树上，槲树初生时，猗猗不异柔桑，听其眠食。食尽，即枝枝相换，树树相移，皆人力为之。弥山遍谷，一望皆蚕。其蚕自能壮大，生而习野处，风日雨中不为罣，然或伤水暵，畏雀啄。野人饲蚕，必架庐林下，手长竿逐树按行，为之察阴阳、御乌鼠。其稔也与家蚕后先，其穰者春秋岁三收焉”[⑩]。清初人叶梦珠谈到，“山东茧绸，

---

① 乾隆《乌青镇志》卷一一《艺文》。
② 张履祥：《补农书·补农书后·治地》，见《杨园先生全集》卷五〇。
③ 谢肇淛：《西吴枝乘》。
④ 乾隆《湖州府志》卷一〇引《菰城文献》。
⑤ 唐顺之：《荆川文集》卷一六《茅处士妻李孺人合葬墓志铭》。
⑥ 顾炎武：《天下郡国利病书》原编第二二册《浙江下》。
⑦ 天启《海盐县图经》卷四《方域篇》。
⑧ 光绪《嘉兴府志》卷三二引《石门邝志》。
⑨ 徐光启：《农政全书》卷三一引郭子章《蚕论》。
⑩ 谈迁：《枣林杂俎》中集。

集蚕茧为之，出于山东椒树者为最佳，色苍黑而气带椒香，污秽着之，越岁自落，不必浣濯而洁，在前朝价与绒等，用亦如之”①。

农家植桑主要供自家养蚕之用，有剩余则出售，也有专门植桑以出售桑叶者，养蚕多而种桑少或不种桑的农户则在很大程度上依赖桑叶市场，当地人称为“叶市”。蚕很难饲养，蚕种孵化时必须“昼夜程其寒暖之节，不得使过，过则有伤”，孵化出来后仍极易患病死亡，须“昼夜巡视”②。为了不致落空，蚕农往往超量饲养，这在前三龄没有什么问题，因为此时蚕所食桑叶不多，但如果所有蚕都健康成长，到第四五龄，需要大量桑叶喂养，买不到桑叶只能把蚕活活埋掉。③另一方面，如果有大量蚕死亡，则就会有许多桑叶可供出售，“甚有不值一钱委之道路者”④。蚕饲养过程中的这种不确定因素造成桑叶盈缺的不确定，桑叶价格“随时高下，倏忽悬绝”，以致有“仙人难断叶价”之谚语。为了保障桑叶需求，蚕农除自家植桑外，还往往预购别人的桑叶，朱国祯《涌幢小品》记载：“湖之畜蚕者，多自栽桑，不则预租别姓之桑，俗曰秒叶。凡蚕一斤，用叶百六十斤。秒者先期约用银四钱，既收而偿者约用五钱，再加杂费五分。……本地（乌程）叶不足，又贩于桐乡、洞庭。”此外，蚕农还发明了一些抵御叶荒的方法，徐献忠云：“饲蚕备叶荒，则有二法：叶少时以白米粉糁于叶上饵之，其丝更光而韧；又秋叶未落时，采完好者晒干为细末，常置暖处，蚕时过雨叶湿，则以干末糁叶上，均其水气，兼干叶易饱难饥。”⑤

三、其他经济作物种植的发展

染料作物。随着纺织业的发达、染料作物的种植获得快速发展，其中最重要的是蓝和红花。蓝分茶蓝、蓼蓝、马蓝、吴蓝、苋蓝等品种。苋蓝是明代新培育的品种，它比蓼蓝叶子小，“种更佳”。种蓝最多的省份是福建和江西。

---

① 叶梦珠：《阅世编》卷七。

② 乾隆《吴江县志》卷三八《生业》、乾隆《苏州府志》卷二《风俗》。

③ 朱国祯：《涌幢小品》卷二。

④ 嘉庆《东林山志》卷二三《艺文二》载闵光德《东林旧志论》。

⑤ 徐献忠：《吴兴掌故集》卷一三。

宋应星说："闽人种山皆茶蓝，其数倍于诸蓝，山中结箸篓，输入舟航。"[①]《闽大记》亦谓："靛出山谷中，种马蓝草为之……利布四方，谓之福建青。"[②]江西赣州"种蓝作靛，西北大贾岁一至，泛舟而下，州人颇食其利"[③]。泰和县原种蓝草甚少，"成化末年，有自福、汀贩卖蓝子至者于是洲居之民，皆得而种之，不数年，蓝靛之出，与汀州无异，商贩亦集焉"[④]。浙江及南直隶诸县也多有种蓝者。乾隆《绍兴府志·物产志》引弘治志云："蓝草可染青，山阴人种之为业"。嘉庆《如皋县志·物产志》载明万历四十六年教谕吕克孝言："惟靛青用最广，江南多取资焉，近颇有采蓝收其利者。"红花的种植之处也较多。徐光启谓红花"一名红蓝，一名黄蓝，以其花似蓝也，今处处有之"[⑤]。四川、陕西种植红花最盛，章潢说："大红出澄城。"[⑥] 盩厔县也以盛产红花而驰名，县志载："盩邑之产，以红花为第一，故贾人有盩花之号。"[⑦]万历《温州府志》记载，温州每年都有大量红花运销外地。《二刻拍案惊奇》记载，四川新都县杨佥宪家"有所红花庄子，满地种著红花，广衍有一千余亩，每年卖到红花有八九百两利息"[⑧]。

甘蔗。甘蔗分果蔗和糖蔗两类，果蔗似竹而大，"截断生啖，取汁适口，不可以造糖"。糖蔗似荻而小，"口啖即棘伤唇舌，人不敢食"，白糖和红砂糖均用它榨成。[⑨] 由于甘蔗的生长需要较高温度，成为广东、福建的主要经济作物，或直接出售，或榨糖后出售，商品化程度很高。广东东莞的篁林、河田一带，"白紫二蔗，动连千顷"，每到冬日榨蔗时，"遍诸村冈垅，皆闻戛糖之声"[⑩]。明末清初人屈大均记述说："糖之利最溥，粤人开糖房者，多以致富。

① 宋应星：《天工开物》卷上《彰施》。
② 万历《闽大记》卷一一。
③ 天启《赣州府志》卷三《舆地志·土产》。
④ 光绪《泰和县志·土产志》引弘治志。
⑤ 徐光启：《农政全书》卷四〇。
⑥ 雍正《陕西通志》卷四三《物产》引《图书编》。
⑦ 康熙《盩厔县志》卷八《风俗·物产》。
⑧ 凌濛初：《二刻拍案惊奇》卷四。
⑨ 《天工开物》卷上《甘嗜》。
⑩ 屈大均：《广东新语》卷二《地语》。

盖番禺、东莞、增城糖居十之四，阳春糖居十之六，而蔗田几与禾田等矣。”[①] 福建“糖产诸郡，泉、漳为盛，有红有白及冰糖，商贩四方货卖”，“种蔗皆漳南人，遍山谷”[②]。因为种蔗可以获致厚利，有些地方的农户便把稻田改为蔗田，陈懋仁记泉州南部的情况说：“其地为稻利薄，蔗利甚厚，往往有改稻田种蔗者。”[③] 为了保证制糖原料的充足，糖户还发展出了类似前述蚕农预购桑叶那样的交易方式，《广东新语·食语·糖》云：“糖户家家晒糖，以漏滴去水，仓囤贮之。春以糖本分与种蔗之农，冬而收其糖利。旧糖未消，新糖复积，开糖房者多以是致富”。四川的植蔗业在明代中后期也迅速发展起来，宋应星有“今蜀中种盛”之说[④]。浙江亦有一些地方植蔗，如“山阴县灵芝乡出蔗”[⑤]。

烟草。烟草在万历年间传入中国，福建、广东人立即进行种植，如崇祯时期编纂的广东《恩平县志》记载，烟草“出自交趾，今所在有之”[⑥]。烟草在福建和广东扎下根后，迅速向其他省份推广，方以智说：“淡把姑烟草，万历末有携至漳、泉者……渐传至九边”[⑦]。足见其传播速度之快。崇祯十二年（1639）曾下诏严禁种烟，违者处以死刑[⑧]，仍不能阻断烟草种植的扩展，因为种烟可获厚利，对农民是个强大诱惑。到崇祯末年，已是“艺及江南北”了。[⑨] 如嘉兴地区“遍处栽种，虽二尺童子，莫不食烟”[⑩]。苏州也在“明季始种植”[⑪]。传入北方后，“北土亦多种之，一亩之收，可以敌田十亩”[⑫]。

茶树。明代产茶的地方很多，据谈迁说，“自贡茶外，产茶之地，各处不

---

① 屈大均：《广东新语》卷二七《草语·蔗》。
② 万历《闽大记》卷一一。
③ 陈懋仁：《泉南杂志》卷上。
④ 宋应星：《天工开物》卷上《甘嗜》。
⑤ 《浙江通志》卷一〇四《物产》引弘治《绍兴府志》。
⑥ 崇祯《恩平县志》卷七《地理志·物产》。
⑦ 方以智：《地理小识》卷九《草木类》。
⑧ 杨士聪：《玉堂荟记》卷四。
⑨ 谈迁：《枣林杂俎》中集。
⑩ 王逋：《蚓庵琐语·种植》。
⑪ 康熙《苏州府志》卷二二《物产》。
⑫ 杨士聪：《玉堂荟记》卷四。

一，颇多名品，如吴县之虎丘、钱唐之龙井最著”[①]。游历极广的王士性尝过许多地方的名茶也认为“虎丘天池茶，今为海内第一”[②]。这里的茶叶“谷雨前采焙，极细者贩于市，争先腾价”[③]，很受消费者欢迎。福建“安溪茶产常乐、崇善等里，货卖甚多”[④]。浙江“杭州之特产而良者曰富阳茶”[⑤]。温州各县皆产茶，“乐清雁山龙湫背者为上，瑞安胡岭、平阳蔡家山产者亦佳”[⑥]。湖州各县山中产茶甚多，顾渚茶和罗岕茶最有名，“环长兴境产之”[⑦]。庐州府霍山县“茶生最多，品名亦振”[⑧]，很受商人青睐，每当采茶时，“男妇错杂，歌声满谷，日夜力作不休。校尉、寺僧、富商大贾，骑纵布野，倾橐以值。百货骈集，列市开肆，妖冶招摇，亦山中胜事”[⑨]。有些地区茶在农业经济中已占据重要地位，如安庆府太湖县“树茶所入，不减稼穑”[⑩]。

果木。果木的专业种植在明代也有显著发展。广东、福建、浙江、江西、四川、南直隶等省多有种桔之处。如“苏之洞庭山人以种桔为业”[⑪]，“多者千树，凡栽桔可一树者值千钱，或二三千，甚或至万钱”[⑫]。浙江衢州“桔林傍河十数里不绝”[⑬]。山阴樊江陈氏辟地为果园，“树谢桔百株，青不撷，酸不撷，不树上红不撷，不霜不撷，不连蒂剪不撷，故其所撷桔……味甜而鲜”，“桔百树，岁获绢百匹，不愧木奴”[⑭]。福建、广东盛产荔枝、龙眼。福建泉州“园有荔枝、龙眼之利，焙而干之行天下”[⑮]。福州、兴化的荔枝种植比“荔枝

---

① 谈迁：《枣林杂俎》中集。
② 王士性：《广志绎》卷二。
③ 正德《姑苏志》卷一四《土产》。
④ 嘉靖《安溪县志·土产志》。
⑤ 光绪《杭州府志·物产志》引嘉靖《浙江通志》。
⑥ 乾隆《温州府志·物产志》引万历志。
⑦ 同治《湖州府志·物产志》引《西吴枝乘》。
⑧ 许然明：《茶疏》。
⑨ 顺治《霍山县志》卷二《茶考》。
⑩ 顺治《安庆府太湖县志》卷八《风俗志》。
⑪ 陆容：《菽园杂记》卷一三。
⑫ 王鏊：《震泽编》卷三《风俗》。
⑬ 王士性：《广志绎》卷四。
⑭ 张岱：《陶庵梦忆》。
⑮ 何乔远：《闽书》卷三八《风俗志》。

郁为林麓”的泉州还要繁盛[①]，王世懋《闽部疏》说，“由福（州）之南门出，至南台江，十里而遥……过此山行数十里间，荔枝、龙眼夹道交荫”，兴化“枫亭驿荔枝甲天下，弥山被野”。广东人“以荔枝、龙眼为业，随土壤所宜种之”，如广州“凡矶围堤岸皆种荔枝、龙眼，或有弃稻田以种者”。广东荔枝品种达数十种之多，其中状元红等品种产量很高，大量贩运外地。广东一些地方喜欢种植乌橄榄，“下番禺诸乡为多”[②]。北方果树品类也很多，种植亦广。如北京市场上可以很方便地购买到枣、梨、杏、桃、苹果等水果以及榛、栗、松子、榧等硬果[③]，都是城郊及附近山区所出产。如顺义张君辟一园圃，“千树枣，千树栗，千畦姜韭菘，它蔬属称是”[④]。

油料作物。花生大约在明代中期传入中国。嘉靖《常熟县志》的物产中已列有花生，黄省曾《种芋法》中谓嘉定有种植者。万历《仙居县志》云：“落花生原出福建，近得其种植之。”可见花生传入后首先在江南和东南沿海地区得到推广，后逐渐传播到内地。花生是重要的油料作物，“自闽及粤，无不食落花生油，且膏之为灯，供夜作，今已遍于海滨诸省”[⑤]。其他油料作物也多有种植，特别是豆类，种植很多，如分属浙江桐乡县和崇德县的石门镇四乡盛产大豆，成为著名的榨油业市镇。麻的种植也不少，当时可榨油者有火麻、胡麻二种，但胡麻出油率高，油质好，“发得之而泽，腹得之而膏，腥膻得之而劳，毒厉得之而解”，种植较广，种植得法，“收子榨油，每石得四十斤余”[⑥]。

蔬菜。随着城市和市镇的发展，城镇附近的蔬菜种植业也日趋兴旺。邝璠《便民图纂》卷六对姜、芋、萝卜、胡萝卜、油菜、藏菜、芥菜、乌菘菜、夏菘菜、菠菜、甜菜、白菜、苋菜、豆芽菜、生菜、冬瓜、莴笋、黄瓜、丝瓜、葫芦、茭白、胡荽、葱、韭、蒜、刀豆、茄子、紫苏等多种疏菜的种植方法进

---

① 陈懋仁：《泉南杂志》卷上。
② 屈大均：《广东新语》卷二五《木语》。
③ 史玄：《旧京遗事》。
④ 王世贞：《弇州山人稿》卷七四《张氏新泉记》。
⑤ 檀萃：《滇海虞衡志》卷一〇。
⑥ 宋应星：《天工开物》卷上《乃粒》。

行了介绍。北京附近不仅种植各种北方蔬菜，还将南方蔬菜移植过来。如白菜原为南方菜，以苏州所产者最为有名。明代中后期，北京郊区大量种植，每值秋末，白菜大量上市，“比屋腌藏以御冬，其名箭干者，不亚苏州所产”①。在冬季，北京还利用温室栽培黄芽菜、韭黄以及各种瓜果和花卉，②“故隆冬之际，一切菜蔬皆有之”③。苏州吴江县庞山村“居民皆业圃种蔬，远近取给，每晨钟初静，黄童白叟，累累然数百担入城变易，皆土产也”④。湖州“各随土宜”种植菱藕，萝摩、姜、芋、竹笋，“逐末者与之推移转徙”⑤，运到城镇出卖。

花卉，随着城市经济的繁荣，花卉经营有利可图，城镇附近有些人遂以种植花卉为主业。广州河南庄头村居民以种植素馨花为业，贩运入城，“买者万家，富者以斗斛，贫者以升，其量花若量珠然”⑥。杭州“马塍艺花如艺粟”，橐驰之技名天下，往往发非时之品，真足以侔造化，通仙灵。凡花之早放者，名曰唐花，其法以纸饰密室，凿地作坎，緶竹置花其上，烘土以牛溲硫黄，尽培溉之法，然后置沸汤于坎中，少候汤气熏蒸，则扇之，微风盎然，融淑之气，经宿则花放矣。若牡丹、梅花之类无不然。独桂花则反是，盖桂必清凉而后放，法当置之石洞岩窦间暑气不到处，鼓以凉风，养以清肃，竟日乃开。此虽揠而助长，然必适其寒温之性而后可。至于盘结松柏梅桐之属，多仿画意，斜斜而偃蹇者为马远法，挺干而扶疏者为郭熙法，他如鸾鹤亭塔之形，种种清妙，可为庭除清赏也。⑦苏州“虎丘人善于盆中植奇花异卉，盘松古梅置之几案间，清雅可爱，谓之盆景。春日卖百花，更晨代变，五色鲜浓，照映市中。其和本卖者，举其器。折枝者，女子于帘下投钱折之。三四月卖时新，率五日而更一品”⑧。松江“几案所供盆景，旧惟虎刺一二品而已。近来花园子自吴

① 陆容：《菽园杂记》卷六。
② 谢肇淛：《五杂俎·物部三》。
③ 杨士聪：《玉堂荟记》卷下。
④ 弘治《吴江县志》卷二《市镇》。
⑤ 徐献忠：《吴兴掌故集》卷一三。
⑥ 屈大均：《广东新语》卷二七。
⑦ 田汝成：《西湖游览志余》卷一九。
⑧ 正德《姑苏志·风俗志》。

中运至，品目益多，虎刺之外，有天目松、璎珞松、海棠、碧桃、黄杨、石竹、潇湘竹、水冬青、水仙、小芭蕉、枸杞、银杏、梅花之属，务取其根干老而枝叶有画意者，更以古瓷盆、佳石安置之，其价高者一盆可数千钱”①。北京草桥“居人以种花为业，冬则蕴火暄之，有莲池香闻数里，牡丹、芍药栽如桑”，丰台亦然，所种芍药“连畦接畛，依担市者，日万余茎”②。

此外，还有一些其他种类的经济作物，对某些地方的经济发展也作出了重要贡献。比如，在广东新会，大量出产蒲葵，“凡新会若男与女所以资生者，半出于蒲葵焉”③。东莞则出产香，“石涌、牛眠石、马蹄冈、金钗脑、金桔岭诸乡、人多以种香为业”④。岭南及江南有种植棕榈者，“其皮有丝毛，错纵如织，剥取缕解，可织衣帽褥椅之属”，“其皮作绳，入水千年不烂”⑤。女贞树可放蜡虫，又被称为蜡树，“唐宋以前，浇烛所用白蜡，皆蜜腊也，此虫白蜡，自宋元以来人始知之，今则为日用物矣，四川、湖广、滇南、闽岭、吴越东南诸郡有之，以川、滇、衡、永产者为胜”⑥。

许多地方的农民还发展牧业和渔业以增加收入。在广东，有些农民将地势低洼、易生水患的田地深挖为塘，泥土堆于四周成基，基面植果树，塘中养鱼，称为“果基鱼塘”。据万历九年（1581）统计，顺德县龙山乡共有田地山塘44947亩，其中塘8124亩，占耕地面积的17%。⑦ 当时各地农民都探索出了一些适宜本地情况的养鱼方法，徐光启曾介绍江西农民的养鱼法说：“掘小池，方一丈，深八尺。底又作小池，方五尺，深二尺，用杵筑实。畜水至清明前后，出时，买鲢鱼、鲟鱼苗，长一寸上下者，每池鲢六百、鲟二百。每日以水荇带草喂之。无草时，可用咸蛋壳食之。常时积下，至时用之，冬月尤须用之。令鱼并泥食之，不散游。至五月五日后，五更时，用夏布袱子于塘近边，钉四桩，张布袱其上。次以夏布兜捞鱼苗，倾袱内。选去杂鱼，另置一水盆

① 顾起元：《客座赘语》卷一。
② 《古今图书集成·职方典·顺天府部杂录》。
③ 屈大均：《广东新语》卷一六《器语·蒲葵扇》。
④ 屈大均：《广东新语》卷二《地语·茶园》。
⑤ 徐光启：《农政全书》卷三八。
⑥ 徐光启：《农政全书》卷三八。
⑦ 民国《重修龙山乡志》。

中。其鲢鲟入水桶，旋送入中池。中池，方二三丈，每池可放七八百。池中先栽荇草。栽法，于二三月中，旧鱼入大塘，去水晒半干，栽荇草于内。栽完，放水长草，以养新鱼。其中池移过大池之鲟鱼，每百日，用草二担。则中池过塘时，鱼重一斤者，至十月可得三四斤。大塘者，大小为鱼多寡，水宜深五尺以上，每食鱼，只于大塘内取之……”① 饲养家畜也有利可图，并可得到农家急需的粪肥。张履祥曾计算饲养胡羊的利润情况说：“养胡羊十一只，一雄十雌，孕育以时，少则不孕，多则乱群。……又羊十一只，每日吃叶草四十斤，每年共计一万五千余斤，除自叶不算外，买枯叶七千斤，六月内长安人来，预撮叶价每千斤三钱之外，冬天去载，计七千斤约价三两。买羊草七千斤，七月内崇桐路上买，算除泥块，约价四钱，七千斤亦该三两。垫柴四千斤约价二两，约共叶草八两数。每年羊毛三十斤之外，约价二两，小羊十余只，约价四两，可抵草叶之本。每年净得肥壅三百担，若垫头多，更不止于此数。”也有“以畜牛为利者，买瘠牛使童子牵之，朝食露草，日饲棉花饼，养一二月，则牛肥而价倍，一牛当得数金之息”②。

四、经济作物发展的重大意义

中国虽然从很早的时候起就已经开始种植经济作物，但经济作物以如此快的速度和如此大的规模发展，却是明代出现的新现象，在中国经济发展史上具有十分重要的历史意义。

第一，经济作物的发展，促进了商业的繁荣。明代中后期农民大量种植经济作物，不是为了供自已家庭消费，而是为了通过市场交换获取较多的利益。在明代，占据市场流通额较大的商品有粮食、棉布、丝、丝织品、盐、茶等七类，除盐外，其他均与经济作物的发展有关。当时产棉区所生产的棉花主要是作为商品投放市场的，江南棉产区的棉花集市很多，竞争激烈，牙行为了多收购棉花，往往雇佣一些少年人“携灯拦接”③。北方的山东、河南尽管棉花种

① 徐光启：《农政全书》卷四一。

② 张履祥：《补农书》卷上、下。

③ 万历《嘉定县志》卷二。

植发展迅速，但由于没有解决棉纱湿度问题，本地棉纺织业并不发达，所产“棉花尽归商贩，民间衣服率从贸易”[①]，如山东兖州棉花“转贩四方，其利颇盛”，郓城“土宜木棉，商贾转鬻江南”[②]。嘉定出产的棉布“商贾贩鬻，近自杭、歙、清、济，远至蓟、辽、山、陕，其用至广，而利亦至饶”[③]。丝的运销情况，据郭子章说：“东南之机，三吴、越、闽最伙，取给于湖茧；西北之机，潞最工，取给于阆茧。”[④] 所谓湖茧，是指湖州的蚕丝，湖州为江南的桑蚕业中心，丝贸易最盛，归安县的菱湖镇是丝集散地，“四方鬻丝者多廛临溪，四五月间，溪上乡人货丝船排比而泊”[⑤]。所谓阆茧，是指四川保宁府一带的蚕丝，据记载，优秀的阆丝“精细光润，不减湖丝”，除供应山西潞安的丝织业外，也往江浙运销，“吴越人鬻之以作改机绫绢，岁夏，巴、剑、阆、通、南之人，聚之于苍溪，商贾贸之。连舟载之南去，土人以是为生，牙行以此射利”[⑥]。江南的丝织品，畅销四方，“秦、晋、燕、周大贾，不远数千里而求罗、绮、缯、帛者，必走浙之东也”[⑦]。茶是专控商品，政府在各产茶区设立茶课司，征收茶课，并收买部分余茶，称为官茶，此外还有商茶，由商人向官府输钱换取茶引，可到指定地区贩茶。政府课收的茶主要用于交换西北地区少数民族的马匹，交易量颇大，时人曾以“商贩满关隘，茶船遍江河”的诗句状其盛况。[⑧] 除官办的茶马贸易外，内地民间茶的贸易也占相当数量，如安徽产茶地区霍山“土人素不辨茶味，唯晋、赵、豫、楚需此日用，每隔岁，轻千里挟资装裹粮，投牙预质”[⑨]。其他经济作物及其加工产品也大多流入市场成为商品。特别值得一提的是，经济作物的发展还提高了粮食的商品化程度。因为经济作物种植面积的扩大，必然导致粮食作物播种面积的减少，以致

① 钟化民：《救荒图说·钟忠惠公赈豫纪略》。
② 《古今图书集成·职方典》卷二三〇《兖州府部·风俗考》。
③ 万历《嘉定县志》卷六《田赋考·物产》。
④ 郭子章：《郭青螺先生遗书》卷二《蚕论》。
⑤ 董斯张：《吴兴备志》卷三一。
⑥ 嘉靖《保宁府志》卷七《食货纪》。
⑦ 张瀚：《松窗梦语》卷四。
⑧ 万历《四川总志》卷二一。
⑨ 顺治《霍山县志》卷二《土产》。

本地粮食供不应求，需要他方粮食的接济。如棉产区嘉定县“不产米，仰食四方”，“夏麦方熟，秋禾既登，商人载米而来者，舳舻相接也”[①]。山多地少的福建本来粮食产量就不丰富，由于经济作物种植业的发展更加紧张，“仰粟于外，上吴越而下东广”[②]。广东米虽大量运销福建，本地又要从广西输入[③]。

第二，经济作物的发展，促进了手工业的兴盛。经济作物大面积地种植，必然导致相应的加工业的兴起和发展，加深手工业与农业的分离程度。棉织业是与农业结合得最紧密的手工业部门，但在明代中后期，在迅速发展的棉花种植业的推动下，东南地区有些地方的棉织业已脱出“男耕女织”的自然经济范畴，而是“人以布缕为业”[④]，布一下机，即须卖出，纯粹成为面向市场的专业性的商品生产。农家不但把自己生产的棉花纺成纱、织成布出售，还从市场上购买棉花或棉纱进行加工。有些不产棉或产棉很少的地区，也借助市场这一中介，普遍从事棉纺织业。如潮州府和嘉兴府的部分地区为桑蚕区，“地产木棉花甚少，而纺之为纱，织之为布者，家户习为恒业，不止乡落，虽城中亦然。往往商贾从旁郡贩棉花列肆吾土，小民以纺织所成，或纱或布，侵晨之市，易木棉以归，仍治而纺织之。明旦复持以易，无顷刻闲。纺者日可得纱四五两，织者日成布一匹。燃脂夜作，男妇或通宵不寐。田家收获输官偿债外，卒岁室庐已空，其衣食全赖此”[⑤]。棉纺织业的发展，还促进了染坊业、踹坊业、纺车业、锭车业、布机业等一批相关手工业部门的兴旺。顾公燮说：“前明数百家布号，皆在松江枫泾、朱泾乐业，而染坊、踹坊、商贾悉从之。”[⑥]东南地区素有从事丝织的传统，但到明代中后期，在桑蚕业日益扩大的基础上，丝织业以前所未有的速度获得空前发展，不少地方的城镇居民“罔藉田业”，以从事丝织为主，“以机杼致富者尤众”[⑦]。此外，丝织业还呈现出由城市向乡村发展的趋势，苏州吴江县的情况可以作为典型：“绫绸之业，宋元以

---

① 顾炎武：《天下郡国利病书》原编第六册《苏松》。
② 何乔远：《闽书》卷三八《风俗志》。
③ 王士性：《广志绎》卷五。
④ 康熙《松江府志》卷四《土产》引徐献忠：《布赋序》。
⑤ 天启《海盐县图经》卷四《方域篇》。
⑥ 顾公燮：《消夏闲记摘抄》卷中《芙蓉塘》。
⑦ 张瀚：《松窗梦语》卷四。

前，惟郡人为之。至明熙、宣间，邑民始渐事机丝，犹往往雇郡人织挽。成、弘以后，土人亦有精其业者，相沿成俗。于是盛泽、黄溪四五十里间，居民乃尽逐绫绸之利。有力者雇人织挽，贫者皆自织，而令其童稚挽花。”[①] 农家除栽桑养蚕外，还兼营丝织，大大促进了农业经济的商品化程度，农业生产已经汇入商品经济的大潮之中。油料作物的种植，促进了榨油业的发展。如浙江崇德县石门镇四乡盛产豆类，榨油业得以兴旺，后“商人从北路夏镇、维扬、楚、湘等处贩油豆”[②]，更使这里的榨油业大盛，油坊有20余家，雇工达800余人[③]。广东、福建的甘蔗种植，则促进了榨糖业的兴盛。即使像荔枝、龙眼这样的水果生产，也刺激了相应的手工业发展，如广东顺德、番禺等处，“其为榜箱打包者各数百家”[④]。

第三，经济作物的发展，促进了工商业市镇的兴起。随着经济作物种植的增长，出现了一些专业化的农业区，农产品的商品化程度大为提高，这必然导致地方市场的繁荣，为工商业市镇的崛起奠定了坚实的经济基础。尤其引人注目的是，在江南，与专业化的经济作物种植区相适应，涌现出了一批专业性很强的市镇。如松江府华亭县的朱泾镇“居民数千家，商贾辐辏”[⑤]，“户口殷实，闾阎充实，虽都会之盛，无以加兹”[⑥]。这里四乡盛产棉花，居民又精于纺织，所产标布闻名遐迩，“明季多标行，有小临清之目”[⑦]。清初叶梦珠记述说：“前朝标布盛行，富商巨贾操重资而来市者，白银动以数万计，多或数十万两，少亦以万计，以故牙行奉布商如王侯，而争布商如对垒。”[⑧] 分属华亭、嘉善二县的枫泾镇“户口日繁，市廛日盛”[⑨]，与朱泾镇齐名。青浦县的朱家角镇也是与朱泾、枫泾并驾齐驱的标布贸易中心，“商贾凑聚，贸易花、布，

---

① 乾隆《吴江县志》卷三八《失业》。
② 万历《崇德县志》卷一二《丛谈》。
③ 康熙《石门县志》卷七《纪文》载贺灿然：《石门镇彰宪亭碑记》。
④ 屈大均：《广东新语》卷二五《木语》。
⑤ 嘉庆《朱泾志》卷一《疆域志·桥梁》引顾纯：《重建万安桥记》。
⑥ 嘉庆《朱泾志》卷三《水利志·镇中诸水》。
⑦ 嘉庆《朱泾志》卷一《疆域志·因革》。
⑧ 叶梦珠：《阅世编》卷七《食货五》。
⑨ 光绪《枫泾小志》卷首载沈祥龙：《重辑枫泾小志序》。

京省标客往来不绝”[①]。苏州府也有不少地方产棉，出现了一些棉业市镇。常熟县的璜泾镇“商贾骈集，货财辐辏”[②]，以棉花贩运为重。嘉定县的南翔镇的经济“首藉棉布，纺织之勤，比户相属”[③]。苏州府盛泽镇地处桑蚕之乡，发展成为全国闻名的丝业重镇，“居民乃尽逐绫绸之利，有力者雇人织挽，贫者皆自织，而令童稚挽花，女工不事纺绩，日夕治丝”[④]。嘉兴府的濮院镇由嘉兴、秀水、桐乡三县分辖，“肆廛栉比，华厦鳞次，机杼声轧轧相闻，日出锦帛千计，远方大贾携橐群至，众庶熙攘于焉集”[⑤]。湖州府乌程县的南浔镇是湖丝集散中心，“各直省客商云集贸贩，里人贾鬻他方，四时往来不绝”[⑥]。这些专业性市镇的兴起，大大促进了地区间的经济分工与合作，加强了地方市场与全国市场的联系，推动了经济一休化进程，代表了中国经济的未来趋势和发展方向，其意义是不可低估的。

① 崇祯《松江府志》卷三《镇市》。
② 弘治《太仓州志》卷一〇《艺文》载李杰：《璜泾赵氏碑记》。
③ 万历《嘉定县志》卷六《田·物产》。
④ 乾隆《吴江县志》卷三八《风俗·生业》。
⑤ 金淮：《濮川所闻记》卷四《文》载李培：《翔云观碑记》。
⑥ 乾隆《湖州府志》卷四一《物产》。

第五章　明代官府手工业

明代前期，虽处于我国封建社会的后期，但自然经济乃居统治地位，而商品经济的发展却十分微弱，市场交换物品的种类和数量，都非常稀少，只是一些适应人民日常生活消费的物品，适合贵族胃口的贵重产品非常罕见。针对这种情况，明政府为了保证皇族及高层官僚的豪华生活，采取超经济的强制手段，通过徭役制度，大量征集全国各地的能工巧匠，集中在京师官府的手工业工场或作坊，不计工本地精心加工他们所需的各种生活用品，以满足这一部分人的奢侈欲望。

第一节　官手工业的多元管理体制

明代的官手工业，可以说规模宠大，组织分散。可按管理机构分为六个部分：一、工部管理的官手工业机构；二、内府各监局管理的官手工业机构；三、户部管理的官手工业机构；四、都司卫所管理的官手工业机构；五、地方官府管理下的官手工业机构；六、保证官手工业生产的监察组织。

一、工部管理的官手工业机构

《明书·职官志》说，明朝工部尚书，“掌天下工役农田山川泽薮河渠之政令……经制规画，以赞于天子。”这说明工部在明政府中所占的地位是十分重要的。它也是掌管官手工业的主要部门，洪武初下设四个属部，称为总部、屯部、虞部和水部。洪武二十九年（1396），改称为营缮清吏司、虞衡清吏司、都水清吏司和屯田清吏司。各司直接管理官手工业的行政事务。属下的分支机构有两种：一是“分司”，即工部各司的分司。通常以员外郎、主事官员出任，地位较高，职权较大，可与各司相比，所以称为分司；另一是“所属衙门”，主管官员是大使。

营缮清吏司：

营缮清吏司（简称营缮司），职掌范围，非常广泛，据《明史·职官志》和《明会典·营缮司》记载：修建宫殿、城廓、坛场、祠庙、廨宇、营房、王府和邸第；制造皇帝、皇后、皇太子、东宫、亲王、世子、皇妃、东宫妃、亲王妃……卤簿、车驾等项仪仗和各种乐器；管理轮班工匠、住坐工匠的簿籍和调配工作；保管和供应在京各项修建工程所需要的木材、陶瓦器。

营缮司的分支机构很多，据《工部厂库须知》卷三《营缮司》记载：“分司为三山大石窝，为都重城，为湾厂（通惠河道兼管），为琉璃黑窑厂，为修理京仓厂，为清匠司，为缮工司兼管小修，为神木厂兼砖厂，为山西厂，为台基厂，为见工灰石作；所属为营缮所……”

具体说，都重城是主管修理都城的机构。修理京仓厂是专管京仓修理事务。见工灰石作，不设衙门，凡宫殿兴建，临时差委专官监督。缮工司，原系督率囚犯搬运灰炭的机构，嘉靖后，搬运工匠改纳工价动支买办，本司只是管理追比上纳工作。万历三十年（1602）以本司事简，令兼管小修事务（《工部厂库须知》卷四）。三山大石窝，掌烧造、开运各工灰石之事。三山即马鞍山、牛栏山、石焦山，大石窝亦地名。均在北京周围百里内外之地。琉璃厂和黑窑厂二者皆掌烧造砖瓦及内府器用。永乐以后在外地设立许多黑窑厂，由工部直接管辖：有苏州窑，专门烧造细料方砖。武清县窑，造烧城砖，每年30万块。其中比较重要的是临清窑的开设，永乐时专差工部侍郎（后改主事）于临清，专理烧造，提监收放、产品有城砖、副砖、斧刃砖、线砖、平身砖、望板砖、方砖等。该官权力很大，自直隶至山东、河南军衙州县有窑座的均归统辖。至弘治后，停差烧造官员，烧造之事交地方有司管理。但有大工程兴建之时，仍派专官前往该地督烧。[①] 又如神木厂（在北京崇文门外）、山西大木

① 《明会典》卷一九〇《物料》。

厂（在朝阳门外）、台基厂，皆为储积木材之地，保存大量木材，并调拨几千名军人在厂进行日常的保护工作。但台基厂又为设计场所，“查国初无，系后增设。以近宫殿，造作所就，易于输送，一切营建定式于此，故曰台基。内有砖砌方地一片，为规画之区。厂屋三层，内监居住，监督亦从遥制。”① 清匠司，在明朝前期，权力很大，管理内府各监局匠役，各省来京服役的轮班工匠，多由本司勾取查核。明朝中期开始，外省班匠准改折价，剩余一部在内府操作的工匠，悉归内官管理，本司只是徒具其名而已。②

由以上情况看，营缮司职掌所及，大部分是有关城墙、宫殿、京仓等的建筑工程和维修工作，还有一部分建筑材料的制作及保管工作。但真正涉及手工业范围的制作项目，只是少部分，仅从现有的材料来观察，唯有仪仗物件中的清道御杖、交椅坯、脚踏坯、马机、头管、戏竹、龙笛、笛、板等，为营缮所制作。③

虞衡清吏司：

虞衡清吏司，按规定是掌山泽、采捕、陶冶之事。但与手工业有关的：（一）采集、收购制造礼器和军器、军装所需的鸟兽皮张、骨角、翎毛等物料；（二）与兵部监督军器、军装的制造；经管及统核陶器、铸器、铸钱、冶课等；（三）经管颜料和纸札。“分司为宝源局、验试厅、盔甲、王恭二厂；所属为宝源局大使，皮作局大使、副使，军器局大使、副使。”

宝源局，虞衡司直接差员外郎监督，有关防、有鼓铸公署。所属有宝源局大使。“永乐间设局崇文门内……今（万历）称南宝源局，专铸内外衙门铜铁器皿。嘉靖三十一年，改造新局于东城明时坊，即今宝源局，专铸制钱及铜铁器皿”④。铸钱有时是工部与南京工部分铸。如嘉靖二十二年（1543）的大规模铸钱，比额是工部六分，南京工部四分。⑤ 另外，还铸造收放钱粮的法马。

皮作局，由虞衡司管辖，设有大使、副使各一员。各处解进的生皮均交皮

① 《工部厂库须知》卷五。

② 《工部厂库须知》卷四。

③ 《明会典》卷一八二《营造二·仪仗一》。

④ 《明会典》卷一九四《窑冶》。

⑤ 《明会典》卷一九四《窑冶》。

作局熟制。

军器局，专司制造军器，京营所用的军器和军装均由该局成造。下辖有盔甲厂和王恭厂。二厂原额各色人匠9200余名，分两班定四季制造。这是规模较大的军器生产工场。

验试厅，虞衡司分司。专司验收物料和某些成品，设立于嘉靖二十八年(1549)，职责范围，规定："凡遇解到：甲字库银硃、乌梅、栀子、槐花，乙字库胖袄、裤鞋、纸张，丙字库串伍丝、荒丝、吐丝，丁字库桐油、广清漆、生漆、鱼鳔胶……以上物料，俱赴本厅官验中，给与进状寄库，每月逢九日，会同巡库藏科道官进库验收。戊字库盔甲、弓箭、腰刀、弦、明弦、撒袋，各处卫所军器，每年解到工部，札行司官及咨兵部委司官会同验中，给与进状寄库，每月一次，会同巡视库科道官进库验收。"① 这是明政府检查进库物资质量的主要机构。

都水清吏司：

都水清吏司，职掌川渎、陂池、桥道、舟车、织造和衡量的事情。有关官手工业的具体工作如下：一、官用舟车的修造；二、管理织造和衡量。织造包括缎匹、制帛、诰敕、冠服等项；衡量包括斛、斗、秤、尺和法马，并附以器用。

都水司下辖的工场与管理衙门如下：

器皿厂，为都水司分司，专门制造光禄寺每岁上供及太常寺坛庙的器物。如各帝陵及婚丧典礼，各衙门所需的器物，按例造办。该厂匠作有18种，曰：木作、竹作、蒸笼作、桶作、镟作、卷胎作、油漆作、戗作、金作、贴金作、铁索作、绦作、铜作、锡作、铁作、彩画作、裁缝作、祭器作。②

六科廊，因公署位处内府六科之傍，故名六科廊。专掌少数族如建州、朵颜、泰宁、海西、朝鲜、土鲁番等使臣赏劳事务。设有都水司注差主事一员，专督工匠造作备赏。本廊额设裁缝50名，进行制作，还有一部分赏劳物品由文思院和马槽厂分办。③

---

① 《工部厂库须知》卷一一。
② 《工部厂库须知》卷一一。
③ 《工部厂库须知》卷一六《六科廊》。

通惠河，有奉敕注差员外郎一员，驻通州。专掌通惠河的漕政，兼管修理通州仓廒并湾厂收发木料之事。

文思院，设有大使、副使，每年一次题造，“祭祀净衣”，包括各坛道士、厨役以及圜丘典仪执事。舞生、乐生冠带鞋靴等，每年京师各庙坛典仪都一一供应，数量浩大。

织染所，设大使、副使，经管织染工作，包括给赐贡使衣服及给赐衍圣公、祭酒、状元、进士等的冠服染色。

屯田清吏司：

屯田司的职责在明初本是主管屯田的。后来屯田事务划归地方管理，它的任务就变得简单了。但仍承担着一些重要的工程建设，如“山陵营建之事，俱本司掌行”。这类工程包括皇帝陵寝、王府坟茔、职官坟茔等。帝王陵墓是最大的工程，如定陵的修建，从万历十二年起到万历十八年（1584～1590）止，用了6年的时间。每天役使军匠、工匠达3万余人，在房山大石窝采石的军匠每天有万余人。修陵用的汉白玉、艾叶青等石料都是从大石窝采运来的。花斑石采自河南的浚县、河北的遵化以及顺义、怀柔等地。采石工匠的劳动是十分沉重的，明代曹光祖曾在他的诗中描写了采石工匠的悲惨遭遇：“寻山美匠夜经营，采石壮夫日憔悴……尽日攻山石将断，野外人家无一片。”凿石是艰苦的工种，石工日益瘦弱憔悴，产石附近的村庄都荡无人居了！运输大石块更是艰辛，必须在冬天结冰时，专开道路，每隔一里，凿一井，汲井水泼在路面上，使它结成冰层，然后再由千百人拉大绳拖移，一步一步滑来陵区。有记载：一块长3丈、宽1丈、厚5尺的大石，前后计需民工2万人，拖运28天，才从大石窝运到北京。修陵用的砖大部分是由山东临清窑场烧造。所用楠杉大木，都是采自云南、贵州、四川等地人迹少到的深山大谷中。运输费用十分浩大，据文献记载，定陵工程共耗费白银800余万两，相当万历初年两年的全国田赋收入。屯田司除承担这些巨大的工程之外，还要承担全国各地的军镇建设工程。据《明史》卷七二记载，“凡军马守镇之处……其规办营造、木植、城砖、军营、官屋及战衣、器械、耕牛、农具之属。凡抽分征诸商，视其财物各有差。凡薪炭，南取洲汀，北取山麓，或征诸民，有本、折色，酌其多寡而撙节之。”从商人贩运的货物中抽分，主要是抽取竹木……诸料，供建筑之用。

屯田司另一个主要职掌，就是供应京师皇宫及各衙门冬天取暖用的柴炭，具体说即是主管台基柴炭厂与易州山厂，台基柴炭厂，专掌柴炭的保管供应。每到冬天，京师各机构均来此领取柴炭。易州山厂，或称易州柴炭厂，也是供应和生产柴炭的机构，原设总理侍郎专掌其职，嘉靖八年改设总督。易州山厂每年应办的柴炭数量很大，天顺时年供430余万斤，到成化三年（1467），增至1740余万斤，弘治九年（1496），每年派额为1500万斤。但有额外添派，弘治九年十二月工部右侍郎彭礼奏：山场之设，专供光禄寺、惜薪司支用，“近年工程浩繁，如盖造寿安、万春两宫库房及太仓廒库、皇亲第宅之类，并于一时。又琉璃黑窑砖瓦，俱用木柴，以是额外添派，共4277万余斤，将来所派复无纪极，若不量为处置，非惟人力不堪，亦且山木有限。”① 易州山厂的烧炭者及砍柴者，皆来自直隶、山东、山西。“宣德四年易州山厂起倩（砍柴夫）每季二万五千八百五十五名，四季共十万三千四百二十名。”

顺天府	每季1732名
真定府	每季3296名
保定府	每季2496名
济南府	每季3830名
兖州府	每季880名
东昌府	每季410名
青州府	每季1770名
太原府	每季5624名
平阳府	每季2711名
泽　州	每季1233名
潞　州	每季1182名
辽　州	每季113名
沁　州	每季174名
汾　州	每季407名

至成化二十一年（1485）奏准，解价官收。至万历时，每年额征柴夫银

① 《明孝宗实录》卷一二〇。

数如下：

山　东	70357 两
山　西	90828 两
顺天府	21694 两
真定府	42425 两
保定府	35992 两

以上通共银 261298 两 1 钱 6 分。嘉靖二十年（1541）以后，增至 27783 两，隆庆元年（1567）减定今数。[①] 这说明易州山厂的劳动者完全是来自民间的役夫。

易州山厂对林木的破坏，更为严重。据弘治《易州志》卷三记载：

山厂之设，专以烧采薪炭，供应内府。宣德五年置于平山，继迁沙峪口，景泰移置满城县西十里，惟设部堂一所，周以垣墉，构以稠木，盖以茅茨，仅蔽风雨而已。各府厂房未有定居，率于西山寨口置厂烧采，地荒又徙他处。凡遇朔望及柴夫销批倒解，俱起部厂刁为例。天顺元年移置州城西北二里许，其厅堂官民庐舍苟完而已，其后建部堂于中，环以土城，八府五州分治，以次而列，皆南向，前有东西长衢，各属州县分治列焉。每门各设坊牌以记之，其部堂府治两傍各有隙地，为积放薪炭之所，并植蔬果，以供日用。部堂总其纲，府州县佐贰官分理其事。民之执兹役者，岁亿万计，车马辏集，财货山积，亦云盛矣。然昔以此州林木蓊郁，便于烧采，今则数百里内山皆濯然，举八府五州数十县之财力，屯聚于兹，而岁供犹或不足，民之膏脂以告竭，在易尤甚。山林的破坏日趋严重，早在成化时，已有人提出补救的办法，可惜明政府没有采纳，成化七年三月乙未监察御史左钰言四事：一、易州等处柴厂，采办柴薪以供惜薪司之用。近运到者根株悉拔，岁久山空，若不预先措置，恐日后无以应用。今淮扬等处直抵通州，河道两傍俱有闲地，乞敕管河京官，督同所司，分立界限，于春时令看浅人夫栽种榆柳，候其长成，剪伐堆积，付来京船

① 《明会典》卷二〇六《夫役》。

只，顺带至张家湾交割，以备官用。庶于无用之地，得不费之惠。[1]

明政府迁都北京之后，为了维持在南方的统治，直接控制经济发达的南直隶地区，把南京改作留都，仍然保持一套和北京中央相似的统治机构，只是在这些机构名称之前冠以“南京”二字，以示与中央机构的区别。南京工部就是管理南直隶地区官手工业的最高行政机构。

据《明会典》卷二〇八《南京工部》的记载，南京工部四司有关官手工业方面的职掌如下：

营缮司　主要工作是维修南京内府衙门、皇城门铺、门禁城垣、南京皇城宫殿、孝陵殿宇、南京大小衙门、天地坛、帝王庙、功臣庙、大报恩寺、朝天宫等。南京各卫仓，以及“泗州祖陵、凤阳皇陵并白塔寿春等王坟、皇城等”。管理和分派南京刑部、都察院送到的问拟运砖、运炭、做工等项囚人的工作。又掌管江西、福建、湖广布政司起送本部各色班匠共59695名。

虞衡司　经管南方各省岁办活鹿、天鹅、麂皮、杂皮等物料。又督南京兵仗局制造军器、军装，协办各项烧造、陶冶、纸张等。

都水司　修理南京桥道水洞和修造各种船只，监督织造，管理南京司礼监神帛堂、南京内织染局、南京供用库、南京酒醋面局、南京鞍辔局，制造物件所需原料、工具以及产品的保管。

屯田司　主管柴炭、南方各抽分竹木局和沿江芦课。沿长江的南直隶、江西、湖广各处岁办芦课银共25556余两。南京各衙门、工厂的柴薪、木炭都由该司主管供应。

据《明会典》卷三《南京官》记载：南京工部管辖的官手工业机构，计有营缮所、文思院、宝源局、军器局、织染所、龙江抽分竹木局、瓦屑坝抽分竹木局、龙江提举司、清江提举司。各机构主管的日常工作和北京的工部机构并无两样，只是范围较小，工作量少而已。其中只有龙江提举司与清江提举司是南京工部特设的机构，地位重要，担负着国家战舰和粮船的营造任务。

龙江提举司设于南京，以掌管战巡船的营造为主要任务，直辖龙江船厂，

---

① 《明宪宗实录》卷八九。

为该司生产船只的最重要基地。洪武初年，朱元璋根据“殪汉鏖吴，舟楫足赖”的历史经验，遂命建立龙江船厂。据李昭祥《龙江船厂志》记载：“洪武初，即都城西北隅空地，开厂造船。其地东抵城壕，西抵秦淮街（之）军民塘地，西北抵仪凤门第一厢民住官廊房基地，南抵留守右卫军营基地，北抵南京兵部苜蓿地及彭城伯张熊田”。厂区东西长138丈，南北长354丈，占地面积约55万平方米（8100亩）。船厂始设提举司，综理造船业务。继设分司，负责监督，后又增设主事驻扎，专理船务。还设有帮工指挥厅等管理机构。厂中设有细木作坊、舱作坊、铁作坊、蓬作坊、油漆作坊、索作坊、缆作坊、看料铺舍等。工匠有400多户，都是从浙江、江西、湖广、福建以及南直隶的沿江地区征调来的能工巧匠，分为四厢：一厢出船木、梭、橹、索匠；二厢出船木、铁、缆匠；三厢出舱匠；四厢出棕、蓬匠。每厢分为十甲，每甲管十户，甲有甲长，组织严密，分工详细。龙江船厂作为明初规模最大，最能反映当时造船工业发展水平的干骨船厂，郑和下西洋，所用的“取宝之船”，大部分为此厂所营造。对明代的海上交通事业作出了重要贡献。永乐七年（1409），明政府因漕运需要，在淮安、临清两地设清江、卫河两造船厂，隶属工部都水司，掌握营造漕运船只。清江船厂造浅船，卫河船厂造遮阳船，以及北直隶、山东的浅船。嘉靖三年（1524），卫河船厂裁撤，并入清江船厂。该厂建立初期，由工部都水司派员督察造船工程。永乐十三年（1415），上命都水司差官一员专职督理船厂事务，所派官员为主事（正六品）或为郎中（正五品）。清江船厂规模庞大，设有京卫、中都、直隶3个总厂，管辖64个分厂，年造船能力为550艘。由此可见，南京工部屯田司在南京和淮安所辖的两个提举司，都是明代官船的主要制造机构。

总之，明代的工部不仅是全国主要土木工程的主持兴建者，又是全国官府手工业的最高管理机构。

二、内府监局管理的官手工业机构

明代在皇城之内设立了许多工场，从事生产皇族特殊需求的手工业品，这种生产叫做“内府制作”。它也是官手工业中一个极重要的组成部分，名义上受工部制约，实际上的管理权完全操在宦官手中。

皇宫里面有大批的宦官，从各个方面对皇帝和皇族进行服务。按照不同工种把宦官们分属于二十四个衙门——二十四监局。其中有不少的衙中都承担着官手工业的生产任务。

司礼监，系二十四衙门中的首席衙门。其下属的官手工业制造有：御前作。该作有“掌作官一员，散官十余员，亦是监工年老资深者挨转。专管营造龙床、龙桌、箱、柜之类。合用漆布、桐油、银朱等件，奏准于甲字库关支。”六科廊，有工部主事监督，一切赏赐物品的造作由宦官掌管。司礼监还负担着宫中的糊饰，经厂的修理等工作。此外，司礼监还管理着两个驻外机构。一个是天寿山守备太监一员，“辖十二陵”。其属员掌印佥书、工部厂掌司等官，凡每年清明，“亲率各掌印来京，奏添土木”；另一个是苏杭织造太监一员，专司苏杭织造，派驻苏州。①

内官监，洪武二十八年（1395）规定：“内官监掌成造婚礼奁、冠、舄、伞、扇、衾、褥、帐、幔、仪仗及内官、内使贴黄诸造作，并宫内器用、首饰与架阁文书诸事。”② 随着明朝政治的腐朽、皇族生活更日益奢侈靡费，至天启、崇祯时，内官监的规模已很庞大。据说：“内官监，掌印太监一员。其所属有总理、管理、佥书、典簿，掌司人数，写字监工自典簿以下分三班……每班掌司，第一人曰掌管。所管十作：曰木作、石作、瓦作、搭材作、土作、东作、西作、油漆作、婚礼作、火药作。”这十作即是10种手工业行业。造品很多，包括皇帝用的草纸也由它们制造，“圣上所用草纸，系内官监纸房抄造。淡黄色，绵软细厚，裁方可三寸余，进交管净近侍收……神庙至先帝惟市买杭州好草纸用之。”其次，“凡国家营造之事，董其役。御前所用铜、锡、木铁之器，日取给焉。外厂甚多，各有提督掌厂等官。……凡外方修建，分封藩王府第，亦是管理外差也”。“凡大行帝后陵寝、妃嫔皇子女薨，修造坟茔，及完姻修理府第，皆其职掌。”③ 外差是肥缺，非贿赂才能取得，“须数万金营求，方能到手”。内官还有一项权力很大的事，就是掌管内府官手工业的劳动

① 《酌中志》卷一六《内府衙门职掌》。

② 《凤洲杂编》五。

③ 《酌中志》卷一六《内府衙门职掌》。

者（住坐匠），人数约有 15000 人左右。除此而外，还管理着米盐库、营造库、皇坛库、里冰窨、金海等。

御用监，置掌印太监一员、里外监把总二员。其属有典簿、掌司、写字、监工等。职掌“凡御前所用围屏、摆设、器具，皆取办焉。有佛作等事，凡御前安设硬木床、桌、柜、阁及象牙、花梨、白檀、紫檀、乌木、鸿�木、双陆、棋子、骨牌、梳栊、螺甸、填漆、雕漆、盘匣、扇柄等件，皆造办之”。附属机构有绦作，即洗帛廒。“掌作官一员，协同内官数十员，经手织造各色兜罗绒五毒等绦、花素勒甲板绦及长随火者脾缌绦。惟兜罗绒织法，传自西域，外无敢私织者”①。下属还有仁智殿监工，掌奏进武英殿中书承旨所写书籍、画扇。

尚衣监，“掌印太监一员，管理、佥书等数十员，掌造御用冠冕、袍服、履舄、靴袜之事”。还设有袍房，又名西直房，为裁缝匠役成造御用袍服的地方。②

巾帽局，洪武二十八年规定：“掌造内官诸人纱帽、靴袜及预备赏赐巾帽诸事”。（《凤州杂编》五）“巾帽局，掌印太监一员，管理、佥书等数十员……凡新升秉笔，即送朝衣、冠、笏、带、鞋一分；凡选中驸马冠靴，中使之家正帽，阍者之猪嘴帽，插柳、跑马、勇士之圆帽，藩王之国，其尉帽鞋带若干分，皆本局造送，奏于工部，支领工价。”③

针工局，置掌印太监一员，管理、佥书、掌司、监工数十员，“掌成造诸婚礼服裳，付内官监收用，及造内官诸人衣服、铺盖诸事。”④

内织染局，“掌印太监一员，总理佥书等数十员。掌染造御用及宫内应用缎匹、绢帛之类。有外厂，在朝阳门外，浣濯袍服之所；又有蓝靛厂，在都城西，亦本局之外署也。”⑤ 另外，“南京内织染局，额设三百余张，军民人匠三

① 《酌中志》卷一六《内府衙门职掌》。
② 《酌中志》卷一六《内府衙门职掌》。
③ 《酌中志》卷一六《内府衙门职掌》。
④ 《凤州杂编》五。
⑤ 《酌中志》卷一六《内府衙门职掌》。

千余名，每十年一题，料造进宫各色绢布五万疋。”① 这说明北京内织染局的制造能力还是不能满足宫内的消费量，仍要南京内织染局补充各色绢布五万疋。

银作局，置掌印太监一员，掌管成造金银铎针、枝、个、桃杖、金银钱、金银豆叶等，专备赏赐之用。又《酌中志》记载：“圆珠重一钱或三五分不等；豆叶则方片，其重亦如豆不拘，以备钦赏之用；又造金银，每锭十两不等，止可八成。又祖宗旧制，有票儿银者，重十两、五两、三两、一两，至一钱之方块也，其色止有六七成，有分两印子。逆贤（魏忠贤）擅政，久废不造，止以细丝银分赏，遂失祖宗节省之意。”②

宝钞司，该司专为宫人制造草纸。“抄造草纸，竖不足二尺，阔不足三尺，多用帘抄成一张，即以独轮小车运赴平地晒干，类总入库。每岁进宫中，以备宫人使用。”“其衙门左倚河，有泡稻草池。每年池中滤出石灰、草渣，一百余年，陆续堆积，竟成一卧象之形，名曰象山。有作坊七十二间，各具一灶，突朝天，名曰七十二凶神。”③ 这说明该司每年造纸量是巨大的。

在内府还设有供御用的军器生产机构：

兵仗局，洪武二十八年（1395）规定：“兵仗局，掌御用兵器并提督匠役造作刀甲之类及宫内所用梳篦及刷牙、针、剪诸物。”④ 该局设“掌印太监一员，管理佥书十余员。军器库提督一员，掌关防司一员，掌司写字监工数十员。即掌造刀枪、剑戟、鞭斧、盔甲、弓矢各样神器。”“逆贤时，凡解宁远、皮岛等处佛郎机等件，本局库中物为多”。兵仗局设有火药局。“火药局，即兵仗局之军器库也”⑤。

盔甲和王恭厂，两厂都由宦官主管，但有工部主事监督。

盔甲厂即鞍辔局。设有掌厂太监一员，辖匠头90名，小匠若干人。专管成造盔甲、铳炮、弓矢、火药等类。另有王恭厂，设有掌厂太监、辖匠头60

① 《明会典》卷二〇八《南京工部》。
② 《酌中志》卷一六《内府衙门职掌》。
③ 《酌中志》卷一六《内府衙门职掌》。
④ 《凤洲杂编》五。
⑤ 《酌中志》卷一六《内府衙门职掌》。

名，小匠若干名。成造项目与盔甲厂同。“凡于工部领银一万两，则此厂（盔甲厂）六千、王恭府四千分造之。”王恭厂所藏火药，曾于天启六年（1626）失事爆炸，熹宗遂把王恭厂改名安民厂。

此外，据《明会典》卷一八九《工匠》记载：内府中的印绶监、御马监、司铜库、内承运库、惜薪司、酒醋面局、司设监、钟鼓司等机构中，都配有一定名额的军民工匠。可见，这些机构也或多或少经营着官手工业的制作。

南京内府各监局也同样有经营官手工业的任务。如南京司礼监礼帛堂，就是织造神帛的工场。额设织机 40 张，工匠1200 余名，每 10 年一次料造，共造帛 13690 段。[①] 南京兵仗局前厂，专造毛袄、狐帽、军器。原设军民匠 367 名，每季造军器 19767 件。[②]

明代的内府官手工业，主要是为皇族服务的。使用的军民工匠约达 22000 人以上，其中北京内府约有 15000 人左右。当时内府官手工业对于工匠的要求，首先需要选择年轻力壮、技术熟练精湛的人，更要工匠在产品上精益求精，保证质量，这样工匠投入在产品上的劳动量就非常大。劳动强度大，消耗体力多。其次，工作地址在皇城内，门禁严密，工匠出入的自由受到限制，许多合理的权力，都被剥夺。再次，因官手工业是由皇帝的家奴宦官管理，这种人既不懂生产技术，又不善于管理，只是凭借手中的权势，作恶多端，使工匠在精神方面必然要遭到百般凌辱。因此，在内府官手工业中劳动的工匠，肯定是官手工业中受苦难最沉重的人。

三、户部和都司卫所管理的官手工业机构

明代的户部是仅次于工部和内府各监局的官手工业管理机构。户部经管的官手工业主要的是盐的生产和物料的征收、稽核及验收。它控制的劳动力是生产盐斤的灶户和生产金属物料的坑冶户。

明朝户部原分为民部、度支、金部和仓部四个部分，分掌全国财政、户籍的事务。洪武二十九年（1396）改为十二清吏司，宣德十年始定为浙江、江

---

① 《明会典》卷二〇一《织造》。

② 《明会典》卷二〇八《虞衡清吏司》。

西、湖广、福建、山东、山西、河南、陕西、四川、广东、广西、云南、贵州十三清吏司。每司专理所属布政司的户口、钱谷、赋役、课程之事。此外还兼管其他事务。盐政是户部重要事务之一，万历三年（1575）以前，由有关各司管理，三年开始，集中管理，全部划归山东司带管。文思院、皮作局于嘉靖四十年（1561）划归陕西司带管，军器局归云南司带管。还有关于官手工业中所需原料的征集，如金、银、铜、铁、水银、矾、皮张、翎毛、丝、棉……等，都由户部负责，并通过州县、河泊所、水银场、铁冶等有关部门征收。关于保管物料的内府十库——内承运库、承运库、供用库、甲学库、乙字库、丙字库、丁字库、戊字库、广积库、节慎库，名义上是属户部的，只是作为全国财政事务来管理。具有验收外解物料，巡视稽核的权力。至于各库物料的出纳全由内库宦官负责，不在户部职掌范围之内。户部所属的官手工业机构，还有宝钞提举司中的抄纸局和印钞局，这是印造宝钞的机构。

南京户部对于南京内府的手工业机构，如南京神帛堂、南京织染局、南京御马监、南京供用监、南京兵仗局……等，都具有监督的权力。南京内府九库名义上亦是所属机构。①

明代盐的生产与销售，都由政府控制，“凡私煎货卖者，绞”②。完全属于官手工业的范畴。明初，制盐工业的生产者称为“灶户”，登记为灶籍。这一名称的来历，因为两淮、两浙、山东产盐区，多用灶煎熬制盐，所以称为灶户。又有的地方称为“盐户”，或仍宋元之旧，称为“亭户”。明初的灶户，除元时遗留下来的以外，又有从民户中拨充和因“罪”发遣煎盐的。灶户和匠户一样，不准改籍，子孙世代为封建王朝提供制盐的劳动力。“若诈冒脱免，避重就轻者杖八十”③，“逃灶窝隐豪民之家，三个月不出，豪民拨充灶丁，灶户问罪；邻右不举，所司占恡不发，一体治罪”④。按规定凡灶户中从16～60岁的男子，都要服役承担定额盐课。有的灶户全家人丁被发遣煎盐。如洪武二十三年（1390），灶丁纪德山说：海州临洪场灶户离场远至二三百里

① 《明会典》卷四二《南京户部》。
② 《明会典》卷三四《盐法三》。
③ 《明会典》卷一九《户口一》。
④ 《明会典》卷三四《盐法三》。

的也“丁男尽遣灶丁煎盐”[①]。正统以后，灶丁不断逃亡，制盐缺乏劳力，出现了灶户连家小也被发遣煎盐的。如成化七年（1471），令“两淮乡村灶户，所在有司，连家小发遣各场煎盐”。并严格规定：“不许冒名代替，及卖放逃回”[②]。由此可见，灶户是在封建政权的强制之下从事盐的生产，他们失去了独立的人格，身受种种折磨和支配。

明代全国的盐务由户部掌管，各产盐地设都转盐使司（简称转运司、盐运司或盐司）。洪武时设有两淮、两浙、长芦、山东、福建、河东六个转运司。另外还设有广东、海北、四川、云南里盐井、白盐井、安定盐井、五井等七个盐课提举司（简称提举司）。这两种官衙，是明代管理盐务的最高地方机构。其下又设有分司、盐课司，再其下设有盐场，场下有“团”。团也是灶户最基层的生产单位，相当于民户中的里。所以顾炎武说：“场之有团，犹县之有都（或里）。”[③] 团的任务就是督促灶丁进行生产，“征收盐课”。以上这一套组织，都是明政府为了强制灶户、进行盐业生产而建立的。

明政府拨给灶户草场，供其樵采，作为煎盐时的燃料。灶户每煎盐一引400斤（大引400斤、小引为200斤）给工本米1石。灶户交纳的盐课称为“正盐”，除了交纳盐课以外多余的部分称为“余盐”。灶户对余盐不能自由处理，明政府规定，灶丁如将余盐夹带出场及货卖的处绞刑。所有余盐都要送交政府，以200斤为一引，官给工本米[④]。洪武初，盐课的数额是“仍依旧额”[⑤]，即按元代的定额征收。洪武十三年（1380）以户为单位按丁产多寡对盐课作了调整。洪武二十三年（1390）由于产盐最多的“两淮盐场，煎办盐课，其役不均。灶户有一丁而办盐三十引者，有七八丁而办盐三十引者”，因此，明政府再次改订了盐课的标准，规定“两淮、两浙各灶户，每丁岁办小引盐一十六引，每引重二百斤”[⑥]。全国定额盐课数“大小引目二百二十余万，解太仓银

① 《明太祖实录》卷二〇二。
② 《续文献通考》卷二〇《征榷考三》。
③ 《天下郡国利病书》卷九五《福建五》。
④ 《明会典》卷三四《盐法》。
⑤ 《明史》卷八〇《食货志》。
⑥ 《明太祖实录》卷一九九。

百万有奇，各镇银三十万有奇”①。明朝每年的盐课收入“几与漕运米直等”②。从明政府每年的财政总收入来看，盐课仅次于田赋，所以户部十分重视官盐的生产。

明代全国各地的都司卫所都负有生产军器的任务。洪武四年，就有“以脚蹬弩给各边将士，仍令天下军卫如式制造”的命令。③ 洪武二十年，“令天下都司卫所各置局，军士不堪征差者，习弓箭穿甲等匠，免致劳民。”④ 从此，全国各都司卫所都设立了军器局，凡不能担任战斗任务的军士，一律要学习制造军器的技术。景泰二年明政府统一规定：每卫限定岁造军器160副，每所40副。明政府对火器的制造范围有严格的规定，不许乱造，“凡胜字，天威并列字等号飞枪神铳等项火器，俱系内府兵仗局掌管；都司卫所季造，止是编降字号手把铳口。其各边城堡所用大将军、二将军、三将军并手把铜铁铳口，一出颁降，若铳口损失，并给用不敷者，镇守巡抚官具数会奏，方许自造。”⑤ 根据这项规定，地方卫所只能成造小型的火器，城堡用的大型火炮，必须由镇守巡抚官上奏，并要写出制造数字，批准之后才能有权制造。明代地方制造武器的情况，现以九边重镇之一的延绥镇为例。明朝在榆林设有“杂造局”，在延安设有“军器局”，每年都要制造各种武器，供本镇边军使用，《延绥镇志》对此地军器生产记载十分详细：

> 延镇旧有武库，自先巡抚肃敏余公始选榆绥二卫局中良工，春夏集镇城造作，秋冬赐休息。而近复加征各营堡之名手与俱，惟六月盛暑，十二月祈寒，畀停垆冶，而他时不辍，岁以为常。（所制）诸器无不犀利，而大中丞涂公近制火器，俱从手定，如三眼灭虏大小诸炮，无不精巧，中度尤称中国利技。⑥

又据嘉靖时编写的《全陕政要》记载：明代“延安军器局，岁造盔甲各

---

① 《明会典》卷三二《盐法》。
② 《天下郡国利病书》卷二八《江南·盐法考》。
③ 《明会典》卷一九二《军器·军装》。
④ 《明会典》卷一九二《军器·军装》。
⑤ 《明会典》卷一五六《军器》。
⑥ 万历《延绥镇志》卷三《局造》。

一百六十副，腰刀撒袋弓枪各一百六十件，弦三百二十条，箭四千八百枝，团牌八十面。榆林杂造局，岁造盔甲腰刀撒袋弓枪各一百六十件，弦三百条，箭四千八百枝，铳箭一千六百枝，团牌八十面。”明代在陕北驻有重兵，对武器的生产十分重视，把各地的“良工”、“名手”都征调在官作坊中进行集体生产。至万历时，负责边防军务的涂宗浚还亲自“手定”火炮的草图，然后投产，所造的火炝，“无不精巧”，尤其是炮弹的命中率，更令人赞赏。由此可见，地方军卫的制造水平，在官手工业中也是不可轻视的。

军事机构兼管官手工业的除都司卫所之外，还有锦衣卫。锦衣卫是中央二十四卫中的一个卫，地位特别重要，这是皇帝的禁军兼领侦缉工作。锦衣卫中有专管刑事的镇抚司，它除“问理刑名以外，兼理军匠”①。锦衣卫成造法司刑具及銮驾库鸣鞭、黄绒鸣鞭……

四、地方官府管理的官手工业

明代官手工业多集中在北京和南京，但也有些特殊的官手工业机构也设立在外地。常设外地的官手工业，见于《明会典》的有军器局、宝泉局、杂造局和织染局，现就比较突出的几种官手工业机构分述如下：

明代，凡具有织造技术较高的地区，都设立织造机构。据《明会典》记载，设立织染局的地方有：

浙江　杭州府　绍兴府　严州府　金华府
　　　衢州府　台州府　温州府　宁波府
　　　湖州府　嘉兴府
直隶　镇江府　苏州府　松江府　徽州府
　　　宁国府　广德州
福建　福州府　泉州府
山东　济南府
江西布政司
四川布政司

① 《明会典》卷二二八《镇抚司》。

河南布政司

苏州织染局是最有名的。其局的规模和工匠人数，都可从嘉靖二十六年文征明《重修织染局记》一文中见到。节录如下：

……往年唯用本局匠役织造，本用民间机户，到府领织。现在各色人匠，计六百六十七名，每名月给食粮四斗，（惟苏卫军匠一十三名，每名月给本卫食粮八斗）在局工作。局之基址共计房屋二百四十五间，内，织作八十七间，分为前后中东西六堂；又大堂两旁东西厢房等处机杼共计一百七十三张，掉络作二十三间，染作一十四间，打线作七十二间。①

该局的规模，计房245间，各色工匠共667名，在局工作。

杭州织染局，洪武三年建于斯如坊，“永乐中因地势卑湿，分拨工料于涌金门，建局织造，遂以旧名南局，此名北局。后南局尽废，工料尽并北局”。江晓织染局记：“局肇于洪武间……内有房屋一百二十余间，分为织、罗二作。”② 可见规模也不小。

金华织染局，织造“亲王之国，合用乐舞生、乐生衣服冠袍。”③

铸钱，系宝源局最大的任务，因数量巨大，因此分炉于各地。洪武二十六年规定：“在外各布政司一体鼓铸，本部类行各司，行下宝源局委官监督人匠，照依在京则例。铸完钱数，就于彼处官军收贮，听候支用。”④ 各地分布炉数如下：

北平二十一座，广西一十五座半，陕西三十九座半，广东一十九座半，四川一十座，山东二十二座半，山西四十座，河南二十二座半，浙江二十一座，江西一百一十五座。全国共计铸炉三百二十六座半，江西炉数最多。万历四年，大量铸钱，题准：“通行十三布政司、南、北直隶开局铸钱。每府发镟边样钱一百文，直隶州五十文，令照式铸造，铸造呈样。”⑤ 这次铸钱范围已扩

---

① 康熙《苏州织造局志·文征明：重修织造局记》。

② 《杭州府志》卷一八·一九《公署一》《公署二》。

③ 《明会典》卷二〇八《都水清吏司》。

④ 《明会典》卷一九四《铸钱》。

⑤ 《明会典》卷一九四《铸钱》。

大到府、州一级。

瓷器，洪武时在江西饶州景德镇设立御窑厂，专门烧造皇帝御用瓷器。明初只有官窑20座，到宣德年间便增加至58座了。正德一朝，包括弘治以来未烧造的，共烧瓷器30余万件。嘉靖三年，上征瓷器碗36350，盘碟30500百，瓶6000，杯6900及大缸等。二十三年，诏制瓷器1360桌。每桌共27件（酒碟5件，果碟5件，菜碟5件，碗5件，盖碟3件，茶盅、酒盘、楂斗、醋注各1件）。其中380桌为白地蓝花，绘龙一对，彩云护之。160桌为单彩画，色若败叶。160桌为蓝玉色，上为单彩。160桌为粉红色，代替昔日征求之鲜红。160桌涂珐琅制，色黄。隆庆五年，命内承运库太监崔敏，采办鲜红龙缸、方盒各项，共105770桌、个、对。万历十一年，由承运太监孔成等题请急缺上用各样瓷器96000余件。

在嘉、隆、万三朝大量烧造御器时期中，景德镇却一连串遭受了空前未有的天灾，嘉靖十九年（1540），浮梁遭受了170年没有见过的大水灾，官窑多被水冲。嘉靖四十三年，御厂又遭火被毁，新建御窑，超过了以前的规模，这些经费又加在景德镇劳动人民的身上。隆庆五年（1571），景德镇又遭受一次大水灾，水过后“土料疏散，成坯甚难。冬月水冰土冻，尤难造作”。从此该地人民陷入痛苦之中，如水益深，如火益热。万历二十七年（1599）矿税役兴，厂委太监潘相兼理窑务，因烧造龙缸，致逼陶工童宾赴火以死，结果引起了大规模的民变，工匠进行了各种方式的长期斗争。至天启、崇祯时期，御窑的制造，几乎进入了停止状态。①

明代的地方官府手工业，分散外地，只是作为中央官手工业的补充和附属机构，其重要性远不能和上述机构相比。

五、监督官手工业的监察机构

明政府为了保证官手工业生产的正常进行，防止官吏的舞弊，明统治者吸收了历朝的经验制订了一套完整的监察制度，对官手工业生产实行监督。

明统治者非常重视监察体制，把监察组织分为两个系统：一个是总领全国

① 参考江西省轻工业厅陶瓷研究所编《景德镇陶瓷史稿》。

监察事务的都察院；一个是以掌封驳和监察中央各衙门为重点的六科。明朝都察院的设置，除坐院官而外，主要设十三道监察御史110人，正七品，分监各道事务。其中浙江、江西、河南、山东四道各10人，福建、广东、广西、四川、贵州五道各7人，陕西、湖广、山西三道各8人，云南道11人。各道监察御史除办理本道监察事务外，还要兼理内府监局、在京各衙门、直隶府州卫所的监察事务。据《明会典·都察院》记载，各道御史兼管官手工业机构如下：

福建道，带管：印钞局、抄纸局、承运库、行用库、广盈库、供用库、甲字库、乙字库、丙字库、丁字库、戊字库、广惠库、广积库、户部。

四川道，带管：御用监、司设监、军器局、皮作局、宝源局、鞍辔局、织染局、针工局、兵仗局、巾帽局、器皿局、盔甲局、银作局、柴炭局、抽分竹木局、工部、营缮所、文思院。

贵州道，带管：内官监、印绶监、长芦盐运司。

河南道，带管：司礼监、两淮盐运司。

十三道御史，还有一项职掌，即临时奉旨差派。差派名目很多，《明史·职官志》记：

> 在内两京刷卷，巡视京营，监临乡、会试及武举，巡视光禄，巡视仓场，巡视内库、皇城、五城，轮值登闻鼓。在外巡按，清军，提督学校，巡盐，茶马，巡漕，巡关，攒运，印马，屯田。师行则监军纪功，各以其事专监察。

差派范围很广泛，都是为着加紧完成某项任务，临时任命监察官员加以督率。如永乐十四年（1416）令御史巡盐。其任务为巡视禁约，催督盐课。[①] 又如宣德九年（1439）差御史一员会同给事中巡视甲字第十库。[②]

南京都察院也负有监察本地官手工业的任务。“凡监收南京内府各库布绢，比验兵仗局军器，巡视各衙门人匠，秤掣商盐，监收龙江关抽分竹木等等

① 《明会典》卷二一〇《巡盐》，《巡库》。
② 《明会典》卷二一〇《巡盐》，《巡库》。

均各差御史。”①

六科给事中，专主封驳、纠劾等事，其中只有户科和工科兼管官手工业的任务。户科对官手工业的监督主要是盐课和物料。

“凡各盐运司、提举司合办盐课，年终具办完实数，造册奏交，就差该吏，赴科注销。”

“凡各边盐粮，成化四年题准，内外官豪包占开中者，本科参奏。嘉靖六年题准，奏讨残盐余盐，减价报中，住场买补，不候挨单者，本科查参。”

“凡各河泊所鱼课，年终具办过数目，填完原降勘合，奏交送科收查。”

“凡甲字等库官遇考满等项，本科官一员引奏，将收过钱粮等物，委官查盘。”

“凡甲字等十库，该收钱钞等物，每季本科与各科轮差官一员监收。”

“凡各府州县管粮官员，及各仓场大使等官，考满给由，各亲赍本册，赴科交查。”

工科给事中监察范围都是官手工业。据《明会典》卷二一三《六科》记载其重要监察任务：

“凡工部军器局制造军器，本科差官一员试验。”

“凡工部盔甲、王恭二厂军器，及各处解到弓箭弦条，本科官一员，会同巡视东城御史及工部司官一员，于戊字库监收。年终，造册奏报。”

“凡宝源局铸钱，弘治十七年题准，按季稽核工料并钱数，本科与各科官轮差。”

“凡工部各项物料每年上下半年，本科差官一员，同巡视科道四司掌印官，会估计时价一次，造册奏报。”

“审查各抽分竹木局账目。”

“凡京通二仓，每年工部修理仓廒工完，开具手本送科。本科官一员查验有无破冒。年终，造册奏交。”

“凡管建监工，本科与各科官轮差。”

南京六科对于南京的官手工业也具有监察权力。“凡应天府各项铺行，每

① 《明会典》卷二一一《南京都察院》。

十年，各科轮会御史、户工二部官审编，造册奏交；凡应天府各行料价，各科轮会御史、户工二部官估计；凡南京各卫所军校匠役关支过月粮，三年一次，六科轮会御史及兵部委官，清查具奏。”①

明代都察院和六科监察官手工业的对象，一方面是防止官手工业中管理官吏的舞弊行为，另一面就是要严防官手工业中劳动者的不法破坏，凡工匠、灶户脱漏户口、逃避差役、造作违禁、破冒物料、私煎货卖盐斤，一律按法严处。

*　　　　*　　　　*　　　　*

由以上所述，可知明代官手工业的机构是非常庞大而杂乱。但从控制角度来看，明统治者采取分割管辖，双层监督，不论管理的官员或是服役的工匠，只要违禁犯法，一定要绳之以法，遭受严刑惩处。明政府采用这种强制而严密的办法，来保证官手工业生产的顺利进行，的确在明朝前期还是起到了一定的作用，至明中期后，由于社会经济的急剧发展，官手工业机构已不能适应社会的发展，尽管臃肿庞杂的机构仍维持着，但生产规模却日益缩小。有些生产单位则名存实亡，有的甚至于关闭或停产。

第二节　明代的工匠制度

明朝以皇族为首的统治集团，在他们的豪华生活上和行政统治上所需的手工业制造品以及各种建筑工程，完全依赖被束缚于匠籍的工匠来完成。

明代官手工业使用的劳动力，主要有三种：一是工部和内府各监局控制的工匠及都司卫所控制下的军匠，这一部分人是具有专长的技术劳动者，也是官手工业中的骨干力量。二是户部控制下的灶丁，这是盐的生产者。三是散处各地的坑冶户、窑户。工匠和军匠都从事于手工业生产，所以属于工匠范围。至于灶丁和坑冶户、窑户应另文论述。

明代工匠因所属系统、服役时间、服役地点和待遇不同，可分为轮班匠、住坐匠和军匠三大类。

---

① 《明会典》卷213《南京六科》。

一、轮班匠、住坐匠和军匠

明代继承元代的工匠制度，把工匠另立匠籍。洪武时属于匠籍的手工业者约23万余人，除元代遗留下来的匠户外，还从各地调充，或因罪籍充。匠户虽和元代一样，“役皆永充”子孙不得改籍，但人身依附关系有所削弱。洪武十一年（1378），太祖“命工部凡在京工匠赴工者，月给薪米盐蔬，休工者停给，听其营生勿拘，时在京工匠凡五千余人，皆便之”①。废除元代匠户长年服役的制度，工匠可以部分自由支配自己的时间，准许休工工匠自由经营生产。洪武十九年，又制定工匠轮班制度，命工部“籍诸工匠，验其丁力，定以三年为班，更番赴京轮作三月，如期交代，名曰轮班匠”②。根据这一规定，把全国各地划入匠籍的工匠编制为若干班，轮流到京服役，每次服役三月。实际上每一工匠平均每年服役一月，三年赴京一次（三月），这样比较过去没有具体规定，只是乱派差，已大大改善了，“于是诸工匠便之”。

工匠按三年轮班的办法，到京后“至有无工可役者，亦不敢失期不至”，造成了工匠徒劳远涉，往返消耗路费。明政府遂着手进行再次改革，洪武二十六年，根据工匠的路程远近和工作需要，打破三年一班的硬性规定，分成五年一班、四年一班、三年一班、二年一班、一年一班等五种轮班制。

二十六年规定五种轮班新编制，全国各行业的班次如下：

五年一班的：木匠、裁缝匠。

四年一班的：锯匠、瓦匠、油漆匠、竹匠、五墨匠、妆銮匠、铁匠、双线匠。

三年一班的：土工匠、熟铜匠、穿甲匠、搭材匠、笔匠、织匠、络丝匠、挽花匠、染匠。

二年一班的：石匠、艌匠、船木匠、箬篷匠、橹匠、芦蓬匠、戗金匠、绦匠、刊字匠、熟皮匠、扇匠、魫灯匠、毡匠、毯匠、卷胎匠、鼓匠、削藤匠、木桶匠、鞍匠、银匠、销金匠、索匠、

---

① 《明太祖实录》卷一一八、一七七。

② 《明太祖实录》卷一一八、一七七。

穿珠匠。

一年一班的：表背匠、黑窑匠、铸匠、绣匠、蒸笼匠、箭匠、银朱匠、刀匠、琉璃匠、锉磨匠、弩匠、黄丹匠、藤枕匠、刷印匠、弓匠、镟匠、缸窑匠、洗白匠、罗帛花匠。①

按新规定，二十六年发给全国府、州、县勘合的轮班匠共有62行，232089名。又规定工匠“上工以一季为满”②，轮流服役时，免其家中的其他徭役，“役若单丁重役及一年一轮者，开除一名，年老残疾户无丁者，相视揭籍明白疏放”③，“如是轮班各匠，无工可造，听令自行趁作”④，制品可以自售。这些措施是逐步放松对轮班工匠的控制，“使赴工者各就其役而无费日，罢工者得安家居而无费业”⑤。

在这五种轮班制度下，工匠在路程上耽误时间长，盘费又浩大，“轮班诸匠，正班虽止三月，然路程窎远者，往返动经三四月余，则是每应一班，六七月方能宁家。其三年一班者常得二年休息，二年一班者亦得一年休息，惟一年一班者，奔走道路，盘费罄竭。”⑥ 这种情况迫使各地班匠纷纷逃亡，官手工业机构劳动力短缺，统治阶级便重新考虑改变轮班办法。至景泰五年，明政府把“轮班工作二年、三年者，俱令四年一班，重编勘合给付。”⑦ 此后，接着又把一年班和五年班都废止了，全国班匠统一规定为四年一班。⑧ 当然也有例外，如清江、卫河两船厂，因四年轮班，“班稀匠少，造船不敷”，仍坚持二年一班的制度。⑨

全国轮班匠的人数，明初至嘉靖时，其间没有大的变化，大约保持在23万~28万之间，洪武二十六年，发给勘合的班匠共有232089名，到景泰五年

① 《明会典》卷一八九《工匠》二。
② 《明会典》卷一八九《工匠》二。
③ 《明会典》卷一八九《工匠》二。
④ 《明会典》卷一八九《工匠》二。
⑤ 《明太祖实录》卷二三。
⑥ 《正统实录》卷一五三。
⑦ 《明会典》卷一八九《工匠》二。
⑧ 《明宪宗实录》卷二六五。
⑨ 《漕船志》卷六《法例》。

(1451)，“通计289000有余，除事故外，南京5800，北京182000”[①]，合计实数为24万人。经百余年之后，到嘉靖四十一年，计浙江、南河、应天府、广德州等31个地区合计为142486名[②]，这是集聚北京的工匠人数，至于隶属南京工部的工匠，据《明会典》卷二〇八《南京工部营缮清吏司》条记载：“凡本部各色班匠，江西布政司起送三万九千五百五十五名，湖广一万三千二百四十四名，福建六千八百九十六名”。这三省合计59695名。估计四川、两广、云、贵各地起送工匠，也不会少于两三万人。

班匠服役地点多在京师，洪武时因建都在南京，所以工匠都集中在南京。洪武二十六年，“以营建集天下工匠于京师，凡二十余万户，户役一人”[③]。成祖营建北京时，有部分班匠也随之转移到北京。永乐十九年（1421）迁都北京后，班匠服役地点就以北京为重点了。正统时工匠分配“南京五万八千，北京十八万二千”[④]。这些班匠都是到北京工部附设的工场和临时工程中去服役。南京的工匠也是集中在南京工部属下的工场中去服役。

还有一部分班匠，因特殊制作的需要而存留于地方的，叫做存留工匠。顾炎武说：“凡工役皆隶于工部，役于京师。有住坐者，有轮班者，又有存留本府而执役于织染局者。”[⑤]各地是否需要存留工匠，完全按照本地作业的特点来定。一般情况来说，“惟造军器及织造者存留”[⑥]。明代江西景德镇也是个例外，这里也有大量的存留匠。景德镇以产瓷著名，那里设立御器厂，所以制瓷工匠存留御器厂工作，御器厂“颛管御器。有陶工、官匠，凡三百余”[⑦]。这是正嘉时的情况，至隆庆时，“大小工匠，约有五百”左右。[⑧]松江工匠存留本府织染局上工的110名。[⑨]《明史》卷一八三《周经传》记载：苏、松、嘉、

① 《正统实录》卷二四〇。
② 《明会典》卷一八九《工匠》二。
③ 《明会典》卷32《职官》。
④ 《正统实录》卷二四〇。
⑤ 《天下郡国利病书》卷四六《孟县志》。
⑥ 《古今图书集成·考工典》卷三《考古总部》。
⑦ 《浮梁陶政记》。
⑧ 《浮梁县志》。
⑨ 《松江府志》卷二八《户口》。

湖等府“织造工匠不下千余人”。这部分人都是存留本府织染局做工的。

全国各地的轮班匠户数额也是极不平衡的，有的州县匠户特少，甚至于有些县还没有匠户，在北方各省中，有些县中杂役户较多，许多县就没有匠户，有些县匠户也是很少的，如直隶的威县匠户 20，清苑县匠户 94，但在南方手工业发达的地区，匠户比例就比较高，如长洲县的匠户为 233 户。①又如浙江嘉兴府，洪武时匠户为 327532，宣德时为 245751 户，而该府“匠户之别七十有二，阖郡计户五千二百七十七，各以其技其役，其役于京师”，“织染局凡八，阖府计户四百二十七”②。该府匠户比例，差不多是总户数的五十分之一左右。再以嘉兴县来看，不但匠户多，工种也特别多，这在当时全国各县中也是少有的，全县赴京的轮班匠为 1569 户，存留本府织染局的轮班匠也有 126 户，具体赴京的各色轮班匠户数如下：

双线匠 131 户	打线匠 23 户	络线匠 68 户
织匠 16 户	腰机匠 7 户	挽花匠 12 户
篗匠 22 户	银匠 16 户	锡匠 25 户
铁匠 100 户	熟铜匠 3 户	铸匠 15 户
石匠 58 户	竹匠 11 户	木匠 249 户
木桶匠 26 户	舡木匠 11 户	雕木匠 13 户
斛斗匠 12 户	蒸笼匠 1 户	舱匠 227 户
冠帽匠 5 户	木梳匠 8 户	槌纸匠 1 户
印刷匠 1 户	毡匠 7 户	熟皮匠 6 户
剉磨匠 36 户	锯匠 40 户	箭匠 16 户
弦匠 16 户	瓦匠 52 户	黑窑坯匠 10 户
琉璃坯匠 2 户	琉璃捏匠 1 户	五墨匠 13 户
油漆匠 7 户	粧銮匠 7 户	雕銮匠 3 户
合香匠 6 户	染匠 59 户	洗白匠 11 户
弹花匠 17 户	裁缝匠 132 户	綟匠 39 户

① 隆庆《长洲县志》卷七《户口》。

② 康熙《嘉兴府志》卷九《户口》。

以上俱执役于京师，有轮班匠者有存留者　　共1521户

箝匠8户	箩匠4户	輓匠4户
络丝匠29户	经络匠1户	打线匠19户
织匠18户	染匠42户	

以上俱执役于本府织染局者　　共125户

灶户605户　　　　俱免本户二丁差役[①]

全县匠户加上灶户，共计2300户，一个县征调这样多的人户服役，而且是无偿的劳役，每位工匠还要负担路费、饭费。仅这一项徭役就会给该县造成很大的经济损失。

明代官手工业中另一部分主要的劳动者就是住坐工匠。这类工匠是附籍于京师或京师附近的大兴、宛平县，一般说就是让他们就地服役。住坐一词，元代已有。至元二十九年江东道宣慰司八儿思不花呈称："……若将应有铁匠，全家起移，各路住坐，似为便当。……若令依旧安业住坐，不令起遣，督勒各处官司，严加禁治……自然盗息民安。"[②] 从这一呈文来看，这位官员发起"起移住坐"的计划，是企图集中铁匠于一地，以便进行监督，杜绝私自打造军器的机会。元朝建立后，实行野蛮而落后的工役制，在居民中专门划出"官匠户"，征调工匠集中生产，"国家初定中夏，制作有程。凡鸠天下之工，聚之京师，分类置局，以考其程度，而给之食，复其户，使得以专于其艺。"[③] 尤其是火器的制作，更要集中工匠在京师，这样作的目的有二：一是便于统治者监督和征调；二是杜绝汉人私自制造火炮，威胁蒙古人的统治。所以在"至元十六年三月，括两淮造回回炮新附军匠六百，及蒙古、回回、汉人新附人能造炮者，俱至京师。"[④]

朱元璋刚刚建立明政权后，也沿袭了元朝的老办法，集中工匠于南京。洪武十三年，"起取苏浙等处上户四万五千余家，填实京师，壮丁发给各监局充

① 康熙《嘉兴县志》卷三《户口》。
② 《元典章》卷三五八儿思不花《体察铁匠等事呈》。
③ 《元文类》卷四二《经世大典序录》《工典总叙·诸匠》。
④ 《元史》卷一〇《世祖本纪》。

匠，余为编户，置都城之内外，爰有坊厢”[①]。同时，朱元璋还从各地征调来许多造船手工业者，到南京龙江船厂从事制造。至永乐时，开始“设有军民住坐匠役”[②]。住坐匠隶属匠籍，归工部管理。明制“凡工匠之执役于京师者则廪食于官，月役之者一旬，休之者二旬，谓之住坐”。服役的时间比轮班匠长，大约多五倍左右。但住坐匠享有月粮、直米的待遇。洪武十一年，明政府规定“在京工匠上工者，日给柴、米、盐、菜、歇工停给”[③]。又到洪武二十四年，新规定，凡在内府工作的工匠，“量其劳力，日给钞贯”[④]。到永乐十九年（1421），改为按月支粮，“令内府尚衣、司礼、司设等监，织染、针工、银作等局南京带来人匠，每月支粮三斗，无工停支。”这种月粮由工部支付。正统二年（1437）配给月盐，成化十三年（1477），“令见今营造军民人匠，每名月给食盐一斤”[⑤]。此外，住坐匠还可以得到皇帝的赏赐，如遇到皇帝登基、册立东宫等大典，都赐工匠银一二两或绢等。

住坐匠的编制很严密，如南京龙江船厂的工匠有四百余户，按系统是隶属工部，具体由龙江提举司管理，船厂工匠被编为四个厢：一厢出船木梭橹索匠；二厢出船木铁缆匠；三厢出舱匠；四厢出棕篷匠。“厢分十甲，甲有长，择其丁力之优者充之。长统十户。每厢轮长一人，在厂给役，季一更之”[⑥]。明制：坊厢为城市的基层组织，里甲为乡村的基层组织，而龙江船厂对工匠的分工编制，也是采取了厢、甲相结合的形式。遵化铁厂对工匠采用按行业分类编制，内分烧炭工匠70户，淘沙工匠63户，铸铁等匠60户。[⑦]编制固定之后，服役采用轮班制，如盔甲厂、王恭厂，原额各色匠9200余名，分两班工作，定四季成造。[⑧]广惠、天财二库，并宝钞司钞匠，也分两班，“上班食粮，

---

① 《天下郡国利病书》卷一四《江南应天府》。

② 《明会典》卷一八九《工匠》二。

③ 《古今图书集成·考工典》卷三《考工总部》。

④ 《明会典》卷一八九《工匠》二。

⑤ 《明会典》卷四一《月粮》。

⑥ 《龙江船厂志》卷三《官司志》。

⑦ 《明会典》卷一九四《遵化铁冶事例》。

⑧ 《明会典》卷一九二《军器》，卷四二《南京户部》，卷一九二《军器》。

下班住支，周乃复始”①。

工匠中的领头是统率者，从工匠中选拔出来的，被选出来的人称作“作头”，或称“匠头”。盔甲、王恭二厂共有军匠1442名，“统以匠头，督以年例”②。据《酌中志》卷一六记载，盔甲匠头90名，王恭厂匠头60名。龙江船厂作头45名。“匠户中择其丁力有余、行止端悫者充之。所以统率各匠，督其役而考其成也”。龙江船厂的作头是轮流制，“役一休二，周乃复始。三年而一审之，核其贫弱者而更之”③。

明代住坐匠的人数，也经常变化。永乐时由南京迁到北京的民匠户，共有二万七千户，后来这些人纷纷逃亡，至成化时“额存六千名”。这时明政府又用强制手段选拔“通晓艺业”的手工业者充匠，使住坐匠又“过倍原额”。人数最多是正德和嘉靖时期。正德时，仅乾清宫一地就“役工匠三千余人”④，刘健针对此种浪费现象说：“内府工匠之饩廪，岁增月积，无有穷期。”⑤嘉靖十年，对住坐工匠进行清查，有工匠25167名，淘汰掉一部分，保留12255名，不许擅自增加。嘉靖四十年，又一次清查，发现支俸食粮的“匠官、匠人”共18443名，又裁革1265员名，留17178员名。至隆庆时又裁革一些老弱不堪使用的，存留15884员名。嘉靖四十年后的数字计算，系以员名计算，“员”指支俸的匠官，“名”指食粮的工匠，匠官应不属于工匠，实际上工匠的数字更少。到万历四十三年，只有15139员名⑥。南京的住坐工匠，据嘉靖九年南京兵科给事中何祉称：“南京内府各监局人匠约七千六百余人”⑦。明朝中期以后住坐工匠的减少，并不是明统治者的节约，真正的原因，由于住坐工匠的消极怠工，制品不合格，质量低劣，明政府采取了向市场买购物品的办法，来供应统治者。因之，逐渐减少住坐工匠的人数。

住坐工匠也享有一部分免役权，多半限于杂役范围内。永乐元年（1403）

---

① 《明会典》卷一九二《军器》，卷四二《南京户部》，卷一九二《军器》。

② 《明会典》卷一九二《军器》，卷四二《南京户部》，卷一九二《军器》。

③ 《龙江船厂志》卷三《官司志》。

④ 《明史》卷七八《食货志》二《赋役志》，卷八一《刘健传》。

⑤ 《明史》卷七八《食货志》二《赋役志》，卷八一《刘健传》。

⑥ 《工部厂库须知》卷二。

⑦ 《明世宗实录》卷一一四。

“令各处军卫有司军匠在京充役者，免家下杂派差役”①。留在大兴、宛平的匠户，“正匠见在做工，免其杂差外，仍免一丁帮贴应役”②。对于技术高的工匠更是优待，如弘治元年，定“医士及在官人匠役免丁数”的法令，但仅限于“御用监、司礼监、银作局中的高手匠役，俱免本身，其余现丁编当”③。另外，住坐工匠和轮班工匠有着不同之处，即是住坐匠服役地点路程近，又享有月粮、直米、月盐等报酬，但服役时间长。实质上，从剥削和受奴役的程度来说，并无多大的区别。

明代的军匠，一部分隶属于内府和工部的官手工业部门，绝大多数直属军队的卫所。据宣德时的统计数字，军匠约有26000户。④ 实际上却要大大超过此数，尤其是地处边防的军镇，都是普遍设立军器局，需要许多军匠进行制造。例如：嘉靖三年，“命陕西四镇，各设总局，团造军器。八府四十七卫所，各以附近分隶之局列为四所，摄以二官，令都司守巡及兵备受粮官就便提督”⑤。

明代官手工业部门中，还有一种规定，即在某些工种的工匠之下设配有夫役，为工匠的助手。据《工部厂库须知》卷二记载：“夫役旧例，一匠五夫”。遵化铁厂，“永乐间，起蓟州、遵化等州县民夫一千三百六十名，匠二百名；遵化等卫夫四百名，匠七十名”。按该厂分配比例，则一匠平均有六名以上的夫。可能因工种不同，有些部门配备夫就少些，如琉璃厂是一匠五夫，黑窑厂则一匠三夫，大石窝用夫的数字“多不出一匠三夫”。总之，明代的官手工业规模是庞大的，其中的劳动者，除轮班工匠和住坐工匠及军匠之外，还有一大部分的夫役，其人数虽无精确的统计，但数量肯定是不小的。

二、工匠对明政府的反抗

自从工匠制度确立之后，手工业者不断被划入匠籍，在封建统治者的压迫下进行强制性的劳动，使工匠的身心遭受了残酷的摧残。在生产中不但产生不

① 《续文献通考》卷一七《职役》。
② 《明会典》卷一八九《工匠》二。
③ 《明会典》卷一八九《工匠》二。
④ 《明史》卷一七五《张本传》。
⑤ 《明世宗实录》卷四五。

了兴趣，而且心怀痛恨、不满和反抗是必然的。

研究明代的工匠制度，首先，应从工匠的来源来考察。明初的匠户最早是从元代沿袭下来的。洪武二年令“凡军、民、医、匠、阴阳诸色户，许各以原报抄籍为定，不许妄行变乱”①。元代工匠的户籍划定是“系官匠户”，系官匠户约有二三十万户，这一数字和洪武二十六年，“以营建集天下工匠于京师，凡二十余万户”的数目大致相等。由此可见明初的工匠大致上是完全接纳了元朝的工匠户。明政府为了扩大工匠的队伍，还把许多非手工业者被划入匠籍。如朱元璋为了惩治东南地区的豪强，强制一些恶霸横行乡里的人迁移南京。“洪武十年，起取苏淮等处上户四万五千余家填实京师，壮丁发各局充匠”②。南京龙江船厂的工匠，“皆洪武永乐年间取江西、福建、湖广、浙江、南直隶边江府县熟于造船者，挈家于提举司隶籍”③。此外又有招收的多种人，如成化间，住坐民匠额存6000余名，“自后招收，过倍原额”④。还有罪犯下放为匠的，如“靖难”之后，把所谓的奸臣家属，都发教坊、锦衣狱、洗衣局等机构以习匠。又有“凡民间织造违禁龙凤衣、纻丝、纱罗货卖者……机户及挑花挽花工匠同罪，连当房家小起发赴京，籍充局匠”⑤。至于军匠的成分更为复杂：有不堪征差的军士被令习匠的。洪武二十年，“令天下都司卫所各置局，军士不堪征差者，习弓箭、穿甲等匠，免致劳民。”⑥ 有征调为匠者，如令不少军丁“调去入伍军匠”⑦。有民匠犯罪被籍充的，洪武二十一年，“令民匠充军者，月支粮八斗”⑧。有招收民匠为军匠的⑨。还有培育幼匠的，如成化二十一年，“令永清等卫所余丁幼匠，月支米五斗”⑩。可见，明代的工匠是明政府采取强制手段生凑在一起的混杂群体。

---

① 《明会典》卷一九《户口》一。
② 《天下郡国利病书》卷一四《江南应天府》。
③ 《龙江船厂志》卷四《建置志》。
④ 《明会典》卷一八九《工匠》二，卷一七二《工律》。
⑤ 《明会典》卷一八九《工匠》二，卷一七二《工律》。
⑥ 《明会典》卷一九二《军器》，卷四十《赏赐》，卷四一《月粮》。
⑦ 《明会典》卷一九二《军器》，卷四十《赏赐》，卷四一《月粮》。
⑧ 《明会典》卷一九二《军器》，卷四十《赏赐》，卷四一《月粮》。
⑨ 《明世宗实录》卷三〇三。
⑩ 《明会典》卷四一《月粮》。

明代工匠的社会地位很低，极受歧视。他们除非获得皇帝的特许，不能脱籍，超登仕流。如永乐时的蒯祥“位至工部侍郎，子孙犹世工业。弘治间有仕为太仆少卿者”。天顺时，修隆善寺竣工，英宗特授工匠 30 人官；弘治时“匠官张广宁等一传至百二十余人，少卿李纶、指挥张玘等再传至百八十余人”①；正德时，“画史、工匠滥授官职者多至数百人”②。嘉靖时，“官匠赵奎等六十八员名，内升职五十四员，冠带一十四名”③。这些人大都是具有艺术天才，在工程上作了许多卓越的创造，但因他们出身于工匠，所以受到官僚们的歧视和攻击。如弘治时李纶等 80 余人以“内降得官”，吏部尚书耿裕、给事中吕献等都上疏争论，认为不合格。嘉靖时，胡世宁的《乞停工匠等升赏疏》，反对工匠赵奎等的升官。他说：“自古国家建官分职，下至百工技艺之人，皆有月给俸粮，使之各食其食，而事其事……至于升官，止惟武职论功，盖因用其死命，其余则皆遇缺抡材铨补，非以酬劳也。今赵奎等岁入官廪，成此工作，乃其职分，岂应更加升赏?”④ 经过这些官僚的激烈反对之后，至嘉靖时竟然见效。嘉靖九年（1530）下令“宣德年后……以技艺勤劳传乞升职世袭者俱查革”⑤。十年又规定：“匠官升级，悉照见行例支给与半俸，奏扰者治罪。”二十三年又补充规定：“匠官加俸后又升级者，止照今升品级支半俸，其节次所加之俸，不许重支。”⑥ 这说明工匠们虽经以前皇帝批准脱籍，超登仕流，但仍可能被革除官职，或者不能享受一般官僚应有的待遇。不仅官场如此，即使工匠在学习的场合中，也是不能享受一般士子的待遇。如永乐时有一个五墨匠陈宗渊，和中书舍人 28 人在翰林院学书法，他的字虽然写得很好，但仍日跪阶下临榻，不能和中书舍人为伍。后来成祖知道了，觉得他很可怜，才下特旨削去他的匠籍，升作中书舍人。⑦ 由此可见，明政府的一些不符合社会发展的法规和官僚们的封建偏见，对手工匠出身具有特别技艺人材的种种限

① 《明史》卷一八〇《张弘至传》。
② 《明史》卷一八一《刘健传》。
③ 《明臣奏议》卷二〇。
④ 《明臣奏议》卷二〇。
⑤ 《明会典》卷一二〇《铨选》三。
⑥ 《明会典》卷三九《廪禄》二。
⑦ 刘昌：《悬笥琐探》。

制和压抑，不仅摧残了他们的积极性，又抹煞了他们的创造性，这对社会生产力的发展无疑是起到了阻碍作用。

明代工匠的境遇和生活状况，更是痛苦难言，以班匠来说，班匠服役时间虽不长，但因往返京师操作，有的竟达数千里之遥，盘费巨大，极受苦累。景泰五年（1451），六科给事中林总等奏称："天下各色轮班人匠，多是灾伤之民，富足者百无一二，艰难者十常八九。及赴京轮班之时，典卖田地子女，揭借钱物、绢布。及至到京，或买嘱作头人等而即时批工放回者，或私下占使而办纳月钱者，甚至无钱使用，与人佣工乞食者。求其着实上工者，百无二三。有当班之名，无当班之实。"① 住坐工匠的遭遇并不比轮班工匠好多少，也受到严重的摧残。宣德时，"近年在京工匠人多有逃亡者。盖因管工官及作头等不能抚恤，又私纵其强壮者不令赴工，俾办纳月钱入己，并冒关其粮赏，止令贫难者做工，又逼索其财物，受害不已，是致在逃。及差人勾取，差去之人，又逼取财物，工匠受害，弊非一端。"② 住坐工匠每月供役十天之外，不遭受额外剥削，如成化六年，"令京城官旗匠役之家，丁多者皆坐铺"③。工匠服役的时间也没有绝对的保证，有的官员可以随意延长时间，如景德镇御器厂的工匠，有"服役二十余年未得停止"的。④ 还有的官员对工匠任意鞭打，如嘉靖十四年，礼部尚书夏言劾奏管工员外郎胡思忠云："忠管工二日，而笙伤二匠十三人。诸役不胜其苦！"⑤

工匠破产，生活困苦，"典卖田地"之家，彼彼皆是。有的生活没有来源，只有经营其他行业，如南京的龙江船厂工匠，好些工匠都是靠着撑船载运来补贴生活。龙江船厂的工匠，"既无恒产，率多贫弱，能不累衣食者仅什一耳"。厂中官员看到大部分工匠生活困贫，便向上级申请垦荒，让工匠兼营农业来解决吃饭问题。据南京工部督造主事李某呈称：龙江船厂原堆竹木地方广大，尚余未垦荒地一半有余。为着弥补造船岁用油麻地课之不足，建议交给所

① 《明英宗实录》卷二三九。
② 《宣宗实录》卷六三。
③ 《续文献通考》卷一六《职役》二。
④ 《浮梁县志》。
⑤ 《明世宗实录》卷一七三。

属匠户开垦，岁办油麻，以舒公帑。呈云：

提举司所属匠户，俱系先年起取外京人民来京造船，原无恒产工资，生齿日繁，贫不能给。……该司油麻官地，理应比照各卫所屯田止许军士领种事例，通行分给匠户，以为恒产。然召佃之时，每为有力者夺去，贫匠束手无策，自甘穷饿，良万悯。……今未开垦之地，合无候本部委官勘明，查审各匠丁力多寡，量分承佃，不许豪家如前霸占。其原佃过田地，候有事故更佃之时，改给匠户，渐次更张，使归画一。①

这仅是一种权宜之计，根本解决不了工匠的贫困问题。

明代工匠在生活和精神上遭受这样的虐待，便采取怠工、失班、隐冒和逃亡等方式来对抗。

南京龙江船厂的工匠，怠工相当突出，如该厂修造船只，时间一再延误，不能按期交货。“夫战舰自裁革之后，仅止二百只，以常期计之，每岁所当修造者不过二十只耳。然工役之兴，靡有宁日，是何其成之难若此耶！盖迟速无期，勤怠莫别，于是愒日避劳者得行其私，而一船之工，至有经岁未报者。”“勤怠莫别”、“愒日避劳”，都是怠工的现象，结果致使巡江军伍缺船，出现“江防小警，辄有缺乏之忧，至以马船充数”。所造船只质量不堪应用，工匠“视船为官物，无诚心体国之义，如闷头之内，厅堂之下，查看所不及；虚稍等处，波涛所不至者，皆舱其外而遗其中……则一经振动，灰皆脱落，水即入之。”② 造器质量不高的问题，已遍及各种制造行业，严重的程度已波及军器的制造。万历三年，兵科给事中赵世勋疏言：岁造盔甲弓箭，“给散诸军，直为弃物”③。万历九年，“上谕兵工二部近年两厂（盔甲、王恭二厂）所造盔甲俱粗糙不堪，徒费钱粮，无益实用。著照昨营中式样，另造五千副给与官军披戴”④。军器工场产品粗糙，不堪应用，可见工匠对工作轻率的态度。

失班、隐冒日趋严重，宣德时缺班人数很多，宣德六年，“工部奏准：差

① 《龙江船厂志》卷五《敛财志》。
② 《龙江船厂志》卷六《孚革志》。
③ 《明神宗实录》卷四五。
④ 《明神宗实录》卷一一〇。

官查理浙江、南直隶、苏、松等府失班工匠……其丁多失班一次，赴部补班，二次、三次以上，并前后不当班者，送问罚班。”[①] 政府遣官多次追查，并无效果，因为许多工匠隐冒躲避在寺观之中。成化年间，据统计全国僧道达50余万人，其中包含着大量的工匠。马文升上疏说：“军、民、匠、灶自披剃而隐于寺观者，又不知其几！”[②]

工匠逃亡人数日益增加。工匠逃亡多发生在工作机构中，宣德五年记载说：“近年在京工作匠人多有逃亡者”[③]，人数可达5000余人之多。[④] 正统以后，逃亡人数猛增，明政府命令山西、山东、湖广、陕西等府、州、县造逃户周知文册，“各开逃民乡里、姓名，男妇口数、军、民、匠、灶等籍……”，“原系军匠籍者，仍作军匠附籍。该卫缺人则发一丁补役。该轮班匠则发遣一丁当匠”[⑤]。正统三年（1438），各处有司逮捕逃匠4255人。[⑥] 景泰元年逃匠总数达34800余人。[⑦] 再从官手工业机构中现存的工匠人数来看，成化二十一年(1485)，军器局奏报说：“正统年间，本局官军民匠共有五千七百八十七员名……近年以来，人匠逃亡、事故，止余二千余名”[⑧]。龙江造船厂的造船匠户，洪武、永乐时共有400余户，到嘉靖二十年只剩下245户……至三十年而户不及200户。[⑨] 工匠的反抗与大量逃亡的事实，已证明工匠制度处在了岌岌可危的地步了。

---

① 《明会典》卷一九二《工匠》二。

② 李彦和：《见闻杂记》卷一。

③ 《明宣宗实录》卷六三，卷一三。

④ 《明宣宗实录》卷六三，卷一三。

⑤ 《续文献通考》卷一三《户口》二。

⑥ 《正统实录》卷一九。

⑦ 《明英宗实录》卷一九九。

⑧ 《明宪宗实录》卷二六一。

⑨ 《龙江船厂志》卷三《官司志》。其实此厂早已倒闭，据成化二十一年《太师王端毅公（王恕）奏议》卷六《同南京吏部等衙应诏陈言奏状》说：“南京龙江厂，原系民间纳粮田地，先年设立堆放楠木，俱已用尽，止存朽烂不堪者数根。其该厂房屋、墙垣俱各坍塌。见今地土空闲，仍前占用，军余一百余名看守。合无将地土给还原主领种，办纳钱粮，朽烂木植变卖银两入官，看厂军余退回原籍当差，于官无损，于民有益。”

三、工匠制度的瓦解

明代中期以后，由于商品经济的发展，在江南地区已出现了资本主义萌芽，封建社会自然经济的统治地位，开始走向衰落。这是我国封建社会后期的一个巨大变化。这一变化，直接影响到工匠制度的瓦解，更促使官手工业的衰落。

明朝中期后，官手工业机构中发生了一连串的变化，管理官员以中世纪野蛮的手段控制生产领域，贪污浪费成为司空见惯的事；工匠的怠工与大量逃亡，使产品质量低劣，不堪应用，又缺乏劳动力，这样使官手工业几乎处于瘫痪状态，但社会经济日趋繁荣，私人手工业大发展，新产品不断投入市场，商业交换频繁，商品经济的范围不断扩大。这种客观存在使统治者意识到维持腐朽的官手工业，倒不如采取向工匠征收银两以收实效。于是许多地方都采取征银的办法，如宁国府的织染局，开始是“自行织造，后不如法，贸易以充局。旧有织匠、络丝匠，除逃绝者尽蠲，见存匠户每丁出银四钱，帮补市贾……”[①]。嘉靖七年，工部题准：“江西、湖广、河南、山东地方不善织造，令各折价，每织金一匹，价银三两五钱，光素一匹，三两三钱。仍每匹带征路费银五钱。山东每匹三两，每百两加银五钱”[②]。这反映了一些官手工业工场的产品质量不佳，“不如法”、“不善织造”，才改变为征收银两。江西景德镇御窑厂的班匠，也因质量不高，到了万历时改征班银，雇佣工匠进行生产，又采取“官搭民烧”的方式来提高产品质量。又如遵化冶铁厂，永乐时建置，开始有夫2500多名，“夏月采石，秋月淘沙，冬月开炉，春尽炉止，铁完解部”。后因产品质量粗恶，到了万历九年，工部题准：“将山场封闭，裁革郎中及杂造局官吏，额设民夫匠价地租银，征收解部，买铁支用。”[③] 各地所征收银两，有的用以“召买”，也有召募外工来进行生产。如制造弓箭，在洪武十三年后“以天下定造弓箭扰民，令工匠轮班赴京成造”。到嘉靖元年，奏准

① 《天下郡国利病书》卷三二《宁国府》。
② 《明会典》卷二〇一《外织染局》。
③ 《明会典》卷一九四《遵化冶铁事例》。

“浙江、江西、福建、湖广布政司，并南直隶苏州等府，岁额弓箭弦征价解部，于军器局雇工团造”[①]。龙江船厂到后来，“每一兴工，辄募外匠”[②]。这些雇工，都是具有熟练技术的独立手工业者。他们与官手工业机构的关系，完全不是封建的隶属关系，而是雇佣关系。

明代工匠以银代役，开始于成化年间。成化二十一年，明政府发布班匠以银代役的法令。这一年工部奏准：“轮班工匠有愿出银价者，每名每月南匠出银九钱，免赴京，所司类赍勘合，赴部批工；北匠出银六钱，到部随即批放。不愿者，仍旧当班。”[③] 这是一种双轨并行的办法，因为各地商品货币关系的发展是不平衡的，政府不能作出统一的硬性规定，让工匠有选择的余地。直到嘉靖四年，工部还题准“见在工匠无力者，亦止令上班，不许一概追价类解”。八年后还令“南直隶等处远者纳价，北直隶等处近者当班，各从民便”。这与当时全国银子短缺以及商品经济发展不平衡有关系，所以明政府不能作统一的规定。

明代正德、嘉靖时期，由于欧洲殖民者东来，葡萄牙和西班牙商人把中国的瓷器、丝绸、漆器大量运往日本、南美洲及欧洲。他们为了抵付贸易差额，运进了大量的南美洲白银，这样就解决了中国的“银荒”，再加上我国商品经济的大发展，已使银币在全国范围内流通，白银便成为人们使用的主要货币。到了嘉靖四十一年，全国轮班匠普遍征银的客观条件已经成熟了，因之明政府才废止了双轨办法，一律以银代役。是年工部题准：“行各司府：自本年春季为始，将该年班匠通行征价类解，不许私自赴部投当。仍备将各司府人匠总数查出：某州县额设若干名，以旧规四年一班，每班征银一两八钱，分为四年，每名每年征银四钱五分……。”[④] 根据这一法令，北京工部所属的31个地方，共有班匠142486名，每年交纳价银64117两8钱。南京工部管辖的湖广、四川、两广、云贵、福建、江西各省还未计算在内，估计全国班匠每年征银总数约在10万两左右。

---

① 《明会典》卷一九二《军器》。
② 《龙江船厂志》卷三《官司志》。
③ 《明会典》卷一八九《工匠》二。
④ 《明会典》卷一八九《工匠》二。

住坐匠直到明末，仍被束缚在封建剥削之下，但人数却在日益减少。住坐匠在永乐时有2700人，到万历四十三年存留的只有15139员名。军匠也不例外，以工部军器局军匠来说，正统年间共有5700多名，至成化二十一年，只剩2000名左右。再至嘉靖元年，仅剩191人。① 工匠数目的减少，总算是历史的一大进步。

嘉靖时实行以银代役，工匠制基本上瓦解，但匠籍仍作为明政府榨取货币的根据，到后来甚至变成了匠户后裔的沉重负担。据李诩（1505～1593）说："余邑（江阴县）有匠班银，匠户每名出银四钱五分。……今其子孙不为匠者多矣，犹可责其办者，承祖户而力亦胜也。中间有绝户，有逃户，则里甲赔贱，出于无辜；有零丁，有乞匄，遇每岁追并，必至于尽命。何无一人，以通变之法，闻于为司牧者乎？排年十年一编审，可照例行也，核见在匠作均派之，当无巷议者。岂谓四钱五分，所出甚细；而变易旧制，其事甚难乎？"② 这种情况一直延续到明朝灭亡，还未改正。清朝入关后，于顺治二年（1645），下令废除匠籍，"前明之例，民以籍分，故有官籍、民籍、军籍、匠、医、驿、灶籍，皆世其业，以应差役。至是除之。其后民籍之外，惟灶丁为世业。"③ 自此以后，匠籍已明令废除，但征收班匠价银的流弊仍保留在一些州县中，据福建《漳浦县志》中载有《申复班匠事》一文中云："身为匠户之子孙，纵受苦累，犹曰祖宗姓名在官，未可逃也。迨今人囚户绝，而一定之赋不可减免，则又包赔于里户，令现在之匠班大率包赔者十之九，祖遗者十之二。有司催科为亟，无暇再问其他。小民竭蹶完公，唯觉哑口莫诉，其由来已非一日矣"④。直至康熙三十六年（1697）以后，各省的匠价银才陆续并入地丁银，成为各省《赋役全书》中的一个征银项目，匠银之祸才算告终。由此可见，一种落后的剥削制度，即使政府命令宣告废除，但在实际生活中完全消失，还需要相当长的时间。

---

①《明世宗实录》卷二九。

② 明李诩《戒庵漫笔》卷七《匠班银》。

③《皇朝文献通考》卷二一《职役》。

④《漳浦县志》卷七《赋役》上。

第三节　官手工业的原料征收与管理①

一、庞杂的物料

明代规模庞大的官手工业，需要大量的原料。明政府称这些原料为“物料”，因为物料大部分都是经过劳动人民加工的，它的范围非常广泛，内容也极其复杂，很难一一叙述，这里只能根据一些主要的制造业所需要的物料列举名目如下：

1. 制造船需用的物料：

杉木、杂木、株木、榆木、栗木、楠木、丁线、黄藤、棕毛、黄麻、白麻、黄络麻、苎麻、熟铁、生铁、熟铜、生铜、鱼线胶、银朱、生漆、桐油、翎毛、牛角。②

2. 修造军器需用的物料有：

线　类：白熟丝细线、中青熟丝细线、木红熟丝细线、柏枝绿熟丝细线；

竹木类：杉木、松柁木、檀木、榆木、楠木、木紫、箭杆竹、猫竹；

皮　类：白硝鹿皮、白硝獐皮、白硝马皮、透油黄牛皮、脂硝黄牛皮、蓝斜皮、沙鱼皮、黑斜皮、红斜皮、生血牛皮；

灰炭类：柳紫灰、小灰、木炭、水和炭；

杂　料：麻子油、白绵羊毛、黑雕翎、南针条、熟金漆、土碱、茜红火把缨、金箔、大样沙罐、黄素绫、苏州钢。③

3. 修建宫殿需用的物料是非常庞大的。嘉靖时营建两宫所用楠木长达9丈，围1丈3尺至1丈4尺。万历三十五年坐派四川的楠木达4700余根。内一号的269根，各须长7丈，径7尺至6尺5寸；二号的长6丈，径6尺～5尺5寸……“川省去京极远……即水运之程，走历江河，逶迤万里，由蜀抵京，不啻以岁计。”（《四川总志》卷三四《木政》）所用大石有一块重至15

① 这一节的材料主要参考陈诗启著《明代官税业的研究》一书。

② 《明会典》卷二〇〇《船只》《河泊麻铁课附》。

③ 《工部厂库须知》卷六。

万～16万斤的。运一石需费1000余两银子。

4. 织造缎匹需用的物料有：苏木、黄丹、明矾、栀子、靛子、槐花、蚕丝、乌梅、炼碱、小粉、木紫、木炭、猪胰子、茜草。①

此外工部各司岁用的颜料达200万斤，纸札达150万张（《明书》卷八三《土贡》）。

从上面列举的一些材料，可以看出物料的项目是非常广泛和复杂的。现在再看看官手工业使用物料的数目。按规定，两京内官、内使（太监）穿着的皮靴是由封建政府供应的。据《明会典》记载，这些皮靴每年成造一次，每次需用的物料如下表：

物料名称	北京（张）	南京（张）
白硝麂皮	72380	1794
白硝山羊皮	24751	762
白硝鹿皮	25	
白真黄牛皮	4090	128
白硝绵羊皮	4641	127
水牛底皮	3632	104
白甸驴皮前截	4641	133
共　计	114160	3048

此外还需要黄白丝1300余斤，白绵羊毛24700余斤。

由此可见，封建统治者所需的物料，几乎包括了人们所生产的一切主要物品，应有尽有，所漏无几。

二、物料的来源

官手工业需要的物料，来源是多方面的。首先是通过“土贡”的方式向全国各地征收。“土贡”即“任土作贡”，早在汉、唐、宋时就有这种贡纳制度，凡是地方有较好的特产，如粮食、茶、酒、干鲜果品、参茸药物、山林野味、河湖鱼鲜，以及衣物、器皿等，不一而足，都要上贡，交纳宫廷供皇帝生活消费。

① 《明会典》卷二〇一《织造》。

后来又把大部分物料变为官手工业的原料。嘉靖《仁和县志》云："凡属县地土产有之物，每年供贡，以供御用、祭祀、宴赏、兵戎之需。"（卷三《土贡》）这就是上供的意思。上供的项目很复杂；但有关物料方面的在明朝初年却很简单；后来因为统治阶级腐化，奢侈浪费日益严重，需用的物料也就日益扩大。因此，物料上供的项目也就不断地增加了。现在把土贡内容按目叙述于下：

1. 额办——福建《宁化县志》论明代的土贡曰："禹贡：漆丝贡于兖，盐絺贡于青。此岁所常用之物，固惟土之所有，即今之额办也。"（卷五《赋贡》上）按此解释，所谓额办，即进贡"岁所常用之物"；《泉州府志》载，"额办者有定额也"（卷二一《历朝上供》），这样额办当系按照定额进贡"岁所常用之物"，一般县份每年都有额办的项目。

2. 岁办——福建《宁化县志》把岁办和杂办均解为"非岁贡之常"，且"必有待于锡命"（卷五《赋贡》上）；《泉州府志》亦言："岁办者，不常征也"（卷二一《历朝上供》）。可见岁办仅以一个征派项目而存在，并非按年上供的，有的县有，有的县则无。

3. 杂办——杂办较易明了。《泉州府志》云：明代"于额办、岁办之外，又有泛杂之办也。"（卷二一《历朝上供》）这是不定时，不定额，一有命令便得征办的。

4. 坐办——或称坐派。坐办、杂办、岁办很难严格区别。最多只是征派的时间和名目的不同而已。坐派一般是遇大修建或特殊需要时派办的，"盈缩不常"（《吴江县志》卷一七《贡办》）。坐派的内容非常复杂。如徽州府的坐派有"额外坐派之供"一项，下分两目：（1）工部额外坐派之供。共两次：一次是嘉靖三十六年工部题派四司料价；一次是嘉靖三十□年工部题派砖料。（2）不时坐派之供。其中工部不时坐派之供，这包括好多次：其一，工部坐派城砖。其二，南京工部坐派青笔竹、青猫竹、黄藤。其三，工部坐派织造龙衣，自正德三年始，率三年一派。其四，工部坐派木料。正德十年（1515），营建乾清、坤宁宫；嘉靖六年，营建仁寿宫；三十六年，营建大乾门。后凡有大工则派。其五，嘉靖三十九年，工部坐派四运工料。其六，嘉靖四十年，工部坐派冠顶、仪仗物料。其七，嘉靖四十一年，南京工部坐派生漆、桐油等料（《天下郡国利病书》卷三二《江南二十》）。《万历实录》亦载：万历三、四两年内承运库坐派缎匹 12.6 万余匹；七年又坐派 36400 余匹（卷一二一，工科都给事中李廷奏语）。万历十五年（1587）承运库太监孙顺等亦称：坐派浙江、直隶、苏、松等府各色纻丝、纱罗、缎绸、棉布共 127315 匹（《万历实录》卷一八七）。坐办是中叶以后新增的科派名目。《天下郡国利病书》载，徽州府在明初有“额办，有额外派办，每年皆六县里甲办纳。至弘治十四年(1501)，始有不时坐派城砖等项。嘉靖间，不时坐派数多繁重”（《天下郡国利病书》卷三二《江南二十》）。

土贡物料在明代前期是按里甲摊派的，所以福建长汀县的里甲役有“出办上供物料”的规定（《长汀县志》卷八《赋税志》）。《天下郡国利病书》亦载，徽州府于“永乐迁都营建之时，有额办，有额外派办，每年皆六县里甲办纳”；《宁化县志》亦有“成弘以来，一切（物料）倚办于里甲”的记载(卷五《贡赋》上)。但到后来，因苛派杂扰，于是改由地丁摊配。《宁化县志》载：“若三办（额办、岁办、杂办）之料，初皆敷之轮甲，该年催之而已；以其名色繁多，苛派杂扰，于是该年米石丁人，各为银七钱以供之，而赋始及丁矣，此一变也。”（卷五《赋贡》上）《福建罗源县志》亦云：“其籍田与丁而贡者曰料。分三办：曰额办、岁办、杂办。名数烦碎。编户一切倚办于该年之里甲。”（卷七《田赋》）

江南一带物料的征收，按户征收。《吴江县志》载：永乐中年以后，“天子方建都邑，营宫殿，置百司及起报恩寺，太和、玉虚等宫，其费巨万。又南通暹罗、爪哇……诸国，西通吐鲁蕃……之属，人徒、车航之费，不可胜数，不能不取给于民。而官无制度，率倚粮长主办，不轨逐末之徒，又附之以为鼓扇。……大抵皆虚张价估，以一科十焉。又各部率遣官催取，县无虑数十辈，皆仰给县官，县官复取诸民以供。由是财力消耗，民愈困苦矣。……宣德中，周文襄公议革其弊，令县各以人户征钱，率户出一百二十文，官储之，名曰义役。……遇有需办，则先定估直，方差人领解，无仓卒急征横敛之患，费为之省十七八，间有不敷，然后敛于民也。天顺三年，右副都御史崔公恭，以钱非农人所有，且别征损民，乃令图百十户，以上、中、下分派，辏出一百五十石米各填入粮，由秋粮内征纳。岁入八千二百三十五石。”

土贡的征派，就总的趋势看来是不断增加的。中叶以后，统治阶级豪奢生活急剧发展，征派的事情也就层出不穷了。《宁化县志》载：“始明祖所定贡额，如太常之牲币，钦天监之历纸，光禄之厨料，宝钞司之桑穰，太医院之药材，及诸皮角、翎鳔、铜线、黄白蜡之属，皆古祀贡、宾贡、物贡、服贡之遗意，非诸珍玩异物也；且其初名品甚少。成弘以来，一切倚办于该年里甲；而名数烦碎，增减无常。自有司莫能详其来历，奸胥缘为利孔，侵欺逋负，多不可分。”到了嘉靖末年，“大工营缮，祷祀斋醮，岁无虚月，经费不赀。料钱加弘治间五六倍!”（卷五《赋贡》）《泉州府志》亦载，物料的征派，“弘正间递增之……岁益滋甚！征解之时，主吏勒索无厌”（卷二一《历朝上供》）。嘉靖十六年，给事中高时亦言，如木料、斑竹、油漆、磁器、砖瓦、缎匹、金箔、银朱等料皆“百倍于正额”（《嘉靖实录》卷二〇二）。万历时，“苏州一府义役料银混派七万余两，有派至八万两者；然据隆庆二年会计，不过一万九千余两而已”（乾隆《吴江县志》卷四四《均田荡赋役》）。

土贡是明代的苛政，名目繁多，以浙江来说：

额办：有胖袄、弓张、皮张、药材、荐新、甘蔗、历日纸、书籍纸、笔管、兔皮、香狸皮、山羊毛、粗细铜丝、粗细铁线、铁条、针条、青花绵、绿子、桐油、镀白铜丝、猫竹、紫竹、筀竹、斑竹、白猪鬃、桐木、松香、光叶、槐花、栀子、乌梅，凡30种。

坐办：有军器料、浅船料、水牛底皮、白真黄牛皮、白硝麂皮、缎匹、肥猪鹅鸡、木炭、木柴、荒丝、扇风板、白中夹纸、金箔、串伍素深青纻丝、白生素平罗、皂绉纱、莲肉、银杏、红枣、菱米、柿饼、香蕈、箓笋、杏仁、火熏猪肉、蜂蜜、叶茶、黄腊、白腊、猫竹、水竹软篾、大红熟丝细线、青熟丝细线、筀竹、长节猫竹、长节苦竹、白丝、农桑丝、白榜纸、栾榜纸、烧造土、软竹篾、本色黄纸、折色白纸、历日纸、改抄纸、梨木板、翎毛、野味银、芽茶，凡50种。

杂办：祭祀银、科举银、举人牌坊、进士牌坊、贡士路费、武举路费、军器路费、织造解扛路费、各衙门书手工食，凡九种。[①]

明政府向全国派办的物料，“除军需供应器皿外，其余珠、漆、油、麻、

① 嘉靖《浙江通志》卷一七《贡赋志》。

铜丝、铜、青铜、铁等。线、翎、鳔、抱子、槐花、乌梅、蓝靛、翠毛、箬叶、圆滕、芒苗、笤竹扫等。帚、黄穰、棕毛、荆条、蓟秸、芦苇、蒲草、麦稳、稻皮、松香、沙叶、苘麻、西茜草、白水通草、杉、松、柏、榆、槐、檀、椴、枣等。木猫茎水长节、若实心笛等。竹软蔑、板坊、白硝杂皮、水牛底皮、皂绉纱、水胶、墨、煤、杂草、羊毛、羊角、牛筋、牛角、煤作瀛、沙磁、朱毛缨、白猪鬃、云母石、瓶坛、高头栾、白榜等纸。白缮矾红烧造缸釉等。上油桩、磨板、黑铅、红黄铜、响铜、细钢、生熟铁、金、银、锡箔、青碌等颜料、野味并运河桩、草灰石等项。”① 而且岁贡包括边镇也要负担，如“宁夏岁贡红花三千余斤，种灌锄采动用军丁千余，运送车辆粮廪几四千里。”② 明后期仅坐派一项，就可使地方财政发生危机，如万历十一年七月，“浙江巡抚张佳胤疏言：织造袍服及坐派赏缎，共该银一百二十九万一千二百两有奇，尽括库藏，尚不足用。”③

土贡本来是贡献各地的一些土特产，供皇帝消费之用，但明中期以后，因封建王朝需用物料急剧增加，便形成了随意增派，且名目繁多。明代敖英针对这种增加的趋势曾说：“我朝军国之需，有额派，有岁派，有坐派。洪武间，国定制，如夏税、秋粮、鱼课、盐课、茶课、桑丝药材之类，皆有定则，此额派也。宣德以后，如宗室繁衍，加添禄米，增设职司，加添俸粮之类，此岁派也。又其后也，如营建宫室，买运大木之类，此坐派也。盖额派无增损也，岁派有增无损也，坐派有事则派，事竣即停也。”④ 这种岁派和坐派，越来越多，成为农民沉重的负担。

明代官手工业物料其次的一个来源是通过各种课税方式进行征收的。课税可分为下列几种：

抽分，就是从商人贩运货物中抽出一部分供政府公用，也就是抽取实物税。明代于洪武时就在各出产竹木地区设了抽分竹木局，进行抽分。当时规定客商兴贩芦柴、茅草的三十分取一，杉木、棕毛三十分取二，松木、杉板、柴

---

① 《皇明条法事类纂》卷五〇《弘治四年正月十九日太子太保吏部尚书王等题为陈言革弊等事》。
② 《明武宗实录》卷七七。
③ 《明神宗实录》卷一三九。
④ 明敖英：《东谷赘言》卷下。

炭则十分取二。永乐六年，明成祖营建北京，需用大量物料，于是在北京附近增设了通州、白河、芦沟、通积、广积五个抽分局。永乐十三年（1415），令以三十分为率，凡竹木、柴炭、砖瓦等取一至十五各有差。中叶以后，随着商品经济的发展和统治阶级需求的增加，全国各地陆续设立抽分竹木局。如正统六年设真定抽分竹木局；成化七年设杭州、荆州、太平抽分竹木局，十七年设兰州抽分竹木局……比较重要的地方特派如工部主事、给事中、御史等官监督抽分（《续文献通考》卷二四《杂征敛》）。

抽分竹木局，除掉竹木以外，还附带抽征铁料。各地抽分的比例也不一致。如淮安抽分厂，"抽分之物，木则杉、楠、松、檀、杂木；竹则青竹、猫竹、筀竹、筼竹、水竹、箭竹、苦竹、滑皮竹、竹板；铁则切铁、钢板、建（福建）铁、新铁、黄铁、钉坯、铁线……凡四十件"。"凡竹木等物，应干造船者三十税一，以为供造漕船（运河运粮官船）之需，视芜、杭十税其二者减三之二。税无定额，每岁以货之多寡为舒缩"（朱家相增修：《漕船志》卷四《抽分税办》）。淮安厂抽分的物料，全数拨充清江厂成造漕船之用。

鱼课是对渔人捕鱼的课税。洪武初，与抽分竹木局设立差不多同时，又设立河泊所。河泊所是征收鱼课的机构。洪武时全国有河泊所 252 ~ 300 多个。洪武十四年，因为边防士卒严冬需裘，"令以野兽皮输鱼课"，于是鱼课有野兽皮之征了（《续文献通考》卷二四《杂征敛》）。河泊所除征鱼课、兽皮外，还带征其他物料。据《明会典》的记载，有鱼线胶、黄白麻、油鳔、翎毛、黄络麻、麻、熟铁、生铁、熟铜、生铜、银朱、生漆、桐油等项目（卷三六《鱼课》，卷二〇〇《河泊所》《麻铁》等课）。这些带征的物料称为"带办"。河泊所既系征收鱼课的机构，就必须设在水产丰富的地方，犹如竹木局设在竹木出产地一样。全国河泊所都设在黄河以南各地，黄河以北只有直隶顺天府武清、河间府盐山和静海三处而已（《明会典·河泊所》）。河泊所征收物料最大宗的是翎毛、杂皮。据弘治年间的岁额，全国每年应征杂皮 314761 张，翎毛 22276504 根。

矿课是从工商业者经营的矿场用矿课的名义征收来的。就铁课说：洪武二十八年（1395），"诏罢各处铁冶，令民得自采炼，而岁给课程，每三十分取其二"（《洪武实录》卷一七二）。按此法令，民间采铁，只要按产量交纳十五分之一的铁课，便得自由开采铁矿了。白寿彝先生根据“明实录”的材料作出一个统计：从永乐元年到宣德九年，铁课从79806斤增加到555267斤（《明代矿业的发展》，《中国资本主义萌芽问题讨论集》九五六页）。到了天顺五年（1461），据陕西总兵官梁瑶的奏报，单山西阳城一地“每年课铁不下五六十万斤”①，其余各地且不必说了。至于铜课从永乐到宣德，大概保持2000斤～2900斤之间。铅课曾一度多至27416488斤，一般是20000斤～30000斤之间。②

官手工业物料的第三个来源是官手工业工场制造的产品。明政府设置工场很多，列举几个大的如下：

1. 砖瓦窑。洪武二十六年规定：“凡在京营造合用砖瓦，每岁于聚宝山置窑烧造。所用芦柴，官为支给，其大小、厚薄、样制及人工、芦柴数目，俱有定例。”（《明会典》卷一九〇《物料》）砖瓦窑的劳动力许多是使用军士和囚犯的。《明会典·南京工部》条载：“凡门禁、城垣损坏，留守第五卫把守官军，预于本卫立窑烧造砖瓦，及砍收江北新生烂泥、官洲芦柴。兵部拨出马船运至瓦屑坝窑堆垛，预备烧火，自行修理。”这是明初在南京军士烧砖、烧灰的工场。

2. 织染局。“南京内织染局，额设机三百张，军民人匠三千名。每十年一题，料造进宫各色绢布五万匹。”（《明会典》卷二〇八《南京工部》条）此外如苏州、松江、徽州、温州、泉州、宁国、广德、嘉兴、湖州、台州、严州、金华、衢州、宁波、杭州、镇江、绍兴府，都设有织染局，让各地工匠生产丝织品。

3. 官手工业需用的铁、铜、铅等金属，除部分征自民营矿场外，大部分由官矿供应。明代的官矿是役使大批的“坑冶户”进行生产的。生产出来的产品，交给官府。洪武时，济南、青州、莱州三府，“岁役民二千六百六十户，采铅二十三万三千四百余斤”（《洪武实录》卷一五〇）。宣德年间，江西德兴、铅山每岁采官铜50万多斤（《续文献通考》卷二三）。正德九年，云南

① 《天顺实录》卷三二九。

② 白寿彝：《明代矿业的发展》。

铜矿次第开采，“嘉靖、隆、万间因鼓铸，屡开云南诸矿场（《明史》卷八一《食货志》）。至于水银、矾、青绿等也由官开采。如洪武三年令庐州府黄墩、昆山及安庆府铜城县，岁办矾课230700斤，每3斤为一引，官给工本钱150文。“私煎者论如私盐”。全国较大的水银场有四川梁山、山西五台、陕西宁羌、略阳及云南等处。这些地方除采水银外，还采青绿。贵州铜仁大万山长官司、大崖山黄坑有水银场、朱砂局，采取朱砂、水银（《续文献通考》卷二三《坑治》）。

金属中用途最大的是铁。明初在全国各省几乎都设有官铁冶。据《春明梦余录》卷四六的记载，“洪武七年，命置铁冶所官，凡一十三所”，岁采铁9052987斤。洪武二十八年，内库存铁3743万余斤，铁的贮量很大，明太祖毅然下诏“罢各处冶铁，令民得自采炼”（《太祖实录》卷一七六）。永乐间设四川龙州铁冶、顺天府遵化铁冶和辽东三万卫铁冶（《明会典》卷一九四《冶课》,《明史》卷八一《铁冶课》）。到正统年间，遵化铁冶足供工部各官手工场之用了。遵化铁冶在正德四年炼出生铁486000斤，熟铁208000斤，钢铁62000斤（《明会典》卷一九四《冶课》）。到万历九年（1581），始将遵化铁厂“山场封闭”（《明会典》卷一九四《冶课》）。从此以后，铁的来源依靠民矿铁课和召买了。

物料的第四个来源是田赋。明代田赋中有丝、绵、麻、布的征收。这些东西大部分是作为官手工业物料之用的。如仁和县夏税中征收的丝、绵、麻、布，按成化十八年（1482）的规定，起运京库的生绢丝52180两，存留本府（杭州府）织染局的24511两；正德五年，起运折绢丝绵52180两，存留本府织染局丝绵24511两（《仁和县志》卷四《税粮》）。存留本府织染局的是作为该局织造用的物料，起运京库的也有部分是作为官手工业物料之用的。根据《明会典》卷二四《税粮》数字统计，洪武二十六年（1393）全国夏秋两税合计，共征绢288546匹。弘治十五年（1502），全国夏秋两税合计，共征收各种丝196548斤，绢194142匹，棉布129520匹，麻布3427匹，棉花绒246569斤。

物料的第五个来源是强制军士和囚徒造办的。如清江、卫河两个官船制造厂，其物料来源除抽分外，系按“军三民七”比率办理。所谓“军三”，即十分物料中军士应办三分。所谓“军”系指正军和空闲余丁（军余）。正德八年总兵官顾仕隆奏称："军三银两，乃是各卫空闲余丁出办。"（嘉靖《漕船志》卷六《法例》）工部主事吕希周称："今皆比照在运存军料银事体，通行有司将各卫办料正军月粮，临仓扣除，准料解淮。正军不足额数，余丁贫难无措，务要摘选殷实军丁补足。"（《漕船志》卷七《兴革》）此外还有军士采煤、采薪的事情。如洪武二十八年"命中都留守司属卫所士卒于洛河山采取煤炭给军士造器械"（《洪武实录》卷二四三）；万历八年"命兵部拨营军一千名采薪，以供各厂烧造"（《万历实录》卷一〇二）。关于囚徒办料的事情，洪武二十六年规定："凡在京文武衙门、公廨，如遇起盖及修理者，所用竹木、砖瓦、灰石、人匠等项，或官为出办，或移咨刑部、都察院差拨囚徒，着令自办物料人工修造。"（《明会典》卷一八七《公廨》）有的是由囚犯输赎的。如"兵仗局军器合用水和炭、石灰，共一百四万斤，取之刑部囚输赎"（《嘉靖实录》卷九八）。

物料的第六个来源是"采取"。凡是物料缺少，王朝便令出产地方采取。采取不是给价收买。《明会典》卷一九五《颜料》条载，洪武二十六年规定："如果各色物料缺少，定夺奏用，行移出产处采取，或给价收买。"是年又令："每岁公用段匹……并行外局织造。所用物料……槐子、栀子、乌梅，于所产处令民采取，按岁差人进纳该库（官库）支用。"（《明会典》卷二〇一《织造》）洪武年间有个圣旨："如今营造合用颜料，但是出产去处，著百姓怎样办？……若那地面本出产却说无，以后着人采取得有时，即官吏也不饶。"这个圣旨说明只要某一地方出产有王朝需用的物料，王朝就可以采取。但是采取需人，这些人是"借倩"来的，可能是给予一些工食钱。

物料的第八个来源是外国的进贡。"浮梁陶志"载："陶用回青，本外国贡也。宣窑瓷器多渗青，正是淳用回青故也。"从《明会典》所载各国贡物中，也可以看出许多是作为官手工业物料之用的。如朝鲜所贡的豹皮、獭皮、各色苎布、白绵绸；日本、琉球所贡的硫黄、牛皮；安南所贡的黄蜡；爪哇所贡的锡、西洋铁……都是官手工业需用的物料（《明会典》卷一〇六《朝贡》一）。

以上这些原料的来源，大都是以贡赋的方式向农民、手工业者、工商业者、军士、囚犯榨取来的。即是外国的贡品，也是通过对外国使臣赐予本国的丝织品、瓷器等贵重物品而交换来的，实质上仍是我国劳动人民所创造的财富。除此而外，明统治者还采用残暴掠夺的手段来获得物料，如成化时“陕西都司所属四十卫所，岁造军器所用熟铁三万四千余斤；又各边不时奏乞补造，动取一二十万，俱派民间，多毁农具充纳，深为民害”①。明朝采取这种征收实物的政策，既不通过市场，又是无偿的攫取，这对于当时市场的繁荣、商人的活动，都起了阻碍作用，直接影响商品经济的发展，延迟了我国封建社会瓦解的过程，对宋元以来商品经济大发展的趋势来说，又是一个大的逆转，又重新稳定了自然经济的统治地位。

三、物料的改折和召买

明代成化以后外地人输送粮物至北京交纳，所受刁难是不堪忍受，所以王德春奏言解户的痛苦情况说：“成化以前，运粮解户，上纳白粮及各物料，户工二部委官同科道验收，运送内府，粮长、解户不与内臣等见面，故军校不得胁勒，内臣不得多取，小民亦不致亏害。及弘治以后，部官避嫌，各款粮料不肯验收，俱令小民运送内府，以致内官军校视彼等为奇货，多方刁措，百计需求。……各项物料倍出三四百两，始得批回。解粮之人，费逾常数，不得不称贷倍纳。轻则荡产，重则丧身；虽有禁例，谁敢与内臣抗衡?”（《西园闻见录》卷三三《节省》），但明中期后，由于商品经济急剧发展，各地的商帮兴起，商业活动范围不断扩大，地区间的物资交流日益频繁，北京的商业也发达起来，形成“百货充溢，宝藏丰盈”，“畜聚为天下饶”，“四方之货，不产于燕而毕聚于燕”（张瀚:《松窗梦语》卷四)。嘉靖时御史浦铉亦言：“且天下良工美材，皆聚都下”（《嘉靖实录》卷五四)。因此，对于官手工业物料采购的困难已大大减少。在这样的情况下，封建政府如果一味坚持征收实物反而不利，于是各地应征的物料纷纷改折银币了。御史苏琰在“理财三要疏”中，对于物料改折的必要性有详细的论述。他说：“若以外解之费，折色买于京商，可以得其二倍之用。何者？其搬运水陆不至归于乌有，所谓不在官、不在民者，悉为我用也；又有过时则朽烂而不堪用，及物粗价贱，必数千里外运解

① 《续文献通考》卷二〇。

以入，是以百钱之费，致一钱之用，殆有甚于以三十锺而致一石者矣。窃谓自颜料以下，逐色估算，俱令外解折色，而令户工二部领其买进之事。每月朔望，如光禄寺坐门之例。又将前件货物定四季通融之值，使商人不得骛于贵而惰于贱，即商亦不称厉也。如是则内廷之所用，原自不乏，而无名之费，转为有用矣。”（张萱：《西园闻见录》卷三三《节省》。）

由此可见，若将外解物料，折色买于京商，“可以得其二倍之用”了。这是符合当时的客观情况的，嘉靖十年（1531），工部适应着商品货币经济发展的情况，题准“今后各处起解京库物料，果系本物无产者，许于批文内明开某物若干，到京召商上纳”（《明会典》卷三〇《库藏》一）。户部于嘉靖十二年复奏：“各处岁解物料，除土产听纳本色，其余折银解京，以便召买。”（《嘉靖实录》卷一五二）从此以后，土贡方面除个别难于召买的土特产以外，全部解折了。吴江县土贡物料，成化以前，由收义役钱改收平米，然后换取物料上解。成化以后，改征白银。“嘉靖间均摊义役银，并入平米折色。王册载义役银四千六百三十五两一钱二分，以备两京户、礼、工部坐派物料并织造段匹及苏、太、镇三卫军器、浅船、料银等项支用，而本县岁办物数无闻。至万历末赋役全书，凡牲口、颜料、药材等项皆以折色解部。其解部本色，若黄蜡、弓箭弦条、绫纱、黄白麻、军器、胖袄六项，亦不令本县办，本县办惟绢匹一事”（乾隆《吴江县志》卷一七《贡办》）。由此可见，吴江县的物料，除绢匹一项以外，全部改折了。绢匹在明代是地方的特产，不是任何地方可以织造的，因此，除“不善织造”地方以外，一般不准改折。隆庆五年有个命令：“明旨不许（将缎匹）轻议改折，合应仍征本色。”（《万历实录》卷二三）余如“描画瓷器须用土青，惟浙青为上”，所以须仍解本色，至于“庐陵、永丰、毛山等县所出土青，颜色淡浅，请变价以进，（帝）从之”（《万历实录》卷四一九）。到了万历初年一条鞭法普遍推行时，土贡物料一律摊入一条鞭。

其他各项物料也纷纷改折。嘉靖十年，苇课所征的苇席工部议准免征本色，照户部庄田每亩征银二分（《明会典》卷一四〇《物料》）。嘉靖四十二年（1563），“以广东、广西、福建、四川地远，（造船物料）全征折色，其余司府，仍征本色。万历三年，丁字库黄麻、熟铁、络麻、翎毛，收贮数多，将浙江、江西、湖广、并与直隶十四府州，题改折色。其余各料，仍解本色”

(《明会典》卷二〇〇《河泊所》《麻铁》等课条)。到万历年间，湖广有缴纳本色的，竟被认为“奸弊”。万历四十年（1612），工科给事中马臣龙题奏：“随查圣旨：该湖广布政司麻铁等料，应解丁字库者，于万历三年题改折色银一万三千六百三十两……近年混改本色，原系奸弊”，因此，建议：“速当改正，岂可据以为例乎?”（《工部厂库须知》卷二）民营矿课到后期也不交实物。如“潮矿冶出海阳等五县。每年听各县商民采山置冶。每冶一座，岁纳军饷银二十二两。前去收矿炼铁各山，座数不等。通计银一千两”（《天下郡国利病书》第四一册）。

物料改折，是商品货币关系发展的反映，也是中国官手工业划时代的变化。

明朝中叶以后，召买随着折价的发展而越来越普遍了。首先从官船物料召买说起。龙江船厂需用造船物料，凡所需物料，“俱督造主事拘招商铺照数办买，丈量秤验明白，发提举收贮待用”（《龙江船厂志》卷六《孚革志》)。后因“榷政日趋折色，竹木之用收买者，计居七八矣”（《龙江船厂志》卷五《敛财志》)。清江船厂需用的楠木，到嘉靖时招商买办尤为迫切。工部主事朱家相对于招商买办楠木一事有详细的报告：

> 照得本部督造运船合用楠木，先年俱系商人预领官银前去仪真等处收买，往往乘机作弊。……近日本职拘提各商聂往、黄良等将领过新旧官银查算发县监追外，其见年缺木粮船尚有二百余只，并下年额造船七百余只，若不招商收买，不无临期误事；为此，出给告示，发去仪真、芜湖并天宁洲地方张挂，晓谕外江山客：如有贩到楠木，不拘多寡，尽数拽运抵淮赴本职告报，依见定价银，每船一只给木价银六十两，并不短少分厘，耽延时日。自告示到日为始，如有已到山客，将木隐匿江港处所，不行告报，意图抬价私卖者，许彼处牙脚人等赴部首告，以凭拿问。知情通同纵容者，一体治罪不贷。①

但是“山客明知漕船缺木，故意刁难（?），将贩到木植，见今住泊芜湖、南京等处，意在仍前拣选私卖”，因此请准由抽分御史及芜湖抽分工部委官，“将在彼沿江寄泊楠木，已经抽分者，除南京打造马快船合用木料听令成买

① 《漕船志》卷七《兴革》。

外，其余剩楠木，不拘多寡，差官查照本商报抽数目，逐一将牌筏封识，严禁彼处牙人，不许串同私卖，仍差人督催星夜赴淮，照前议定木价，两平交易。倘山客怀疑不愿赴淮者，听其湾泊仪真县地方，与本职差去厂官，公同彼处牙人，亦照前定木价交易，并不耽延时日，亏少价值。如山客仍前抗违稽延者，许本职申呈本院提究施行”。此案“蒙准咨行部院（南京工部、都察院）”（《漕船志》卷七《兴革》）。仗着这个强制力量，清江船厂于嘉靖二十三年（1544）收买了8000多株的楠木。从这一事实，可看出官船厂需用的物料，越来越要依赖商人了。

其他各种官手工业需用的物料，也大多数是召买的。如六科廊所需物料，“因时易势殊，会有物料，往往变为召买”（《工部厂库须知》卷一〇《六科廊条议》）；关于器皿制造所需的物料，本来“俱会于十库、竹木局、山、台等厂，此外召买无几。……近数十年来，移会各库局，惟朱丹、水胶、明矾、槐花、苎布、荒丝、生绢、铜、锡等十二项回称会有，余如桐油、鱼胶、松杉板、蔑竹、青松、柁木等一概会无矣”，因此都要召买（《工部厂库须知》卷一一）。嘉靖二年（1523）奏准：“山西、山东、陕西、河南原解成造上用并各宫物料，羊毛、皮、绵纱等八万四千斤张，照弘治间例，解银赴部召买，仍罢正德间诸传送者。”（《明会典》卷二〇一《器用》）“河南、山东、北直隶各州县卫所共九十三处原有厂地，每年私解苘麻本色各不等，解部各工支用；但额征斤数不多，往返劳费。隆庆元年题准：……自二年起依原定数目，每麻一斤，征银一分八厘，各解该府，每年限十月内类解本部（工部），以备买麻之用。”（《明会典》卷一九〇《物料》）各官手工业工场所用的水胶，原由皮做局就各处解来的马皮自行煎烧；但到正德六年，便令顺天府、山东、河南等处应解马皮，“听令卖银解部，召商收买水胶”（《明会典》卷一九一《皮张》）。万历年间，御用监所用的物料，几乎全部是召买来的。《工部厂库须知》卷九《都水司》条载：“查万历二十六年，该监（御用监）为乾清宫鼎建落成，题造陈设龙床、顶架、珍羞、亭山子、龛殿、宝厨、壁柜、书阁、宝椅、插屏、香几、屏风、画轴、图屏、镀金狮子、宝鸡、仙鹤、香筒、香盘、香炉、黄铜鼓子等件合用物料，俱系召买，照原估止办三分之二，共银十万一千三百六十七两……。”此外，台基厂主要的物料，也“俱召买”（《工部厂库须知》卷九《台基厂》)。遵化铁厂封闭之后，征收的“民夫匠价”和地租银，一律解部，投入市场“买铁之用”(《明会典》卷一九四《冶课》)。

官手工业机构买办各种原料，需要铺户承办，所以明政府于“正统二年，令买办物料，该部委官一员，会同府县委官，拘集该行铺户，估计时价，关出官钱，仍委御史一员，会同给与铺行收买关纳”（《明会典》卷三七《时估》)。后来，便把商户编制起来，按行分配，使每户均衡承担买办的义务。嘉靖元年，顺天府尹万镗《条恤民隐五事》，其一为《清铺户以均买办》中云“两京铺户十年一清，今已逾期，当请如正德初牌甲法重行编审”(《明世宗实录》卷一六、七二)。可见铺户在嘉靖以前是按牌甲法，十年审编一次。嘉靖中年以后，稍有变更。嘉靖二十四年工部题准：“南京铺行，科道官督同应天府佐贰官并上（元）江（宁）二县，从实审编造册。凡内府各监局、光禄寺，遇该买办上用并祭祀等项物料，即与给价。”四十年，对于审编内容订得更详细：“令应天府各色商人，清审编替，五年一次，立为定例。如遇该审年份，该部预先题请，不分军民之家，一体编审。”(《明会典》卷四二《铺行》）根据这两个法令，各行业的商人，都由10年改为5年输当一次铺户了。铺户负有代替封建政府采购物料的义务。工部各司大概都有指定的铺户，所以《工部厂库须知》有都水司供给内承运库冬至用的芦席“俱派本司铺户承办”之语（卷九《都水司》)。各铺户承担的义务一般是用分摊的办法。以修仓物料的负担为例：“查往例修仓，概部铺户贰拾叁名，尽送供役。每名一座或半座，众轻易举，赔累无多。”(《工部厂库须知》卷四《修仓厂》)

铺户遭受了种种的剥削、抑勒和欺压。首先从物价说，明初对于官民之间的贸易，有“时估”和“会估”的规定。中叶以后，会估逐渐变为形式。嘉靖三十一年（1552）乃定“自本年为始，每半年一次会估”(以上均引自《明会典》卷三七《时估》)。到万历初年甚至一年才估一次。《工部厂库须知》载：“买办各项物料，价值载在会估；然亦与时低昂，往例年一行之。自（万历）二十七年后，会估法废，未免偏肥偏估，官商两碍。”因此建议“以后或以两年为限，公同科道备细酌定”(《工部厂库须知》卷三)。由此可见万历三十七年（1609）后，连会估之法也废行了。到了后期，因为吏治腐败，弊端迭出，封建政府为保证财政收支的平衡，索性把召买物料的价格硬性规定下来。不管市场价格如何，只按规定价格付给货币，于是商人在物价上更是大吃其亏了。如万历四十三年，因“木价腾涌，铺商亏赔不堪”，经过再三要求，才“每银一两递增二钱”（《工部厂库须知》卷三）。又如修仓厂的铺行，每当修仓之时，赔补木植很多，“各户如赴汤火，有削发、缢死而不顾者”（《工部厂库须知》卷四《修仓厂》）。还有，铺户办料，要等工完，才能领出货价；领价之时，“吏胥索赂，辄停阁累月”。“又其甚则领价稽迟，所赔之利息尔，乃欺其（商人）愚弱，并物价而均派之；稍不如意，往往告追。当事者急于取料，不得不徇其求，而不知贫民之受困者多矣”（《龙江船厂志》卷六《孚革志》）。铺户赔累之事，层出不穷，还有“拘留、折买、减价、齐给、重估、复料等弊”（《龙江船厂志》卷七《典训志》）。

此外，管库太监贪欲无厌，对于铺户的勒索，更是无微不至。其中最严重的是“铺垫”的剥削。铺垫是太监对铺户的一种额外剥削。刘元霖题云：“比时钱粮止有正供，额外并无铺垫。……今则铺垫之费，过于正供，承办之苦，甚于汤火。一闻佥报，百姓鹿骇，削发、投河，千计营免，此科臣目击其状……也。臣等窃谓国家经费承办，不可以无商，而铺商既为公家承办物料，正当上供钱粮，乃铺垫之费，果从何始？盖由内监职司监收，铺垫一入，则验收从宽；铺垫若无，则多方勒措，咀膏吮血，不尽不止，良可酸鼻！”（《工部厂库须知》卷二）又如惜薪司内官，在买办柴炭时，任意搜刮，使铺户遭受痛苦，为此王元翰曾上疏说：“臣待罪工垣，有厂库之役，时至公所，见群商罗跪垂泣号呼，自称差重人少，家空势迫。每于支放时稍加益，欢若再生；或停减，痛苦就死。及察其受累之由，询之公共之口，始知商人之困惫者为铺垫多也；铺垫之过多者为惜薪司之内官多也；而内官中穷凶极狠，威取刑逼如杨致中其人者，尤为罪魁焉。铺垫之名，臣不知所自，但该司内官旧不过二三十人，其欲易办，今朝进一人，暮进一人，几十倍于前矣。陛下试思此辈群乎力恳，必得此惜薪司者，意欲何为，不过为柴炭商人皆殷实之户，钱粮之薮，易于需索肥润耳。人数越多则溪壑越阔，溪壑越阔则填补越难，闻上万两柴炭至用九千两铺垫矣。取数稍有不足，非刑异法随而及身。杨致中饱欲，坐视众阉宦攘臂取盈，不知银至九千，在商人竭借经几主，在库藏给放经几月，而尤不足满群视之眈眈也。……是以京师数万金之家，一挂四司铺户之籍，无不荡产罄资。投河经渎之惨，挈家载道之状，酸鼻刺心，孰非铺垫二字流毒哉。”①

从上面的叙述看，明朝前期采取贡赋方式从全国各地征收官手工业原料的办法，在商品经济发展的形势下，其弊端日益暴露出来，迫使明政府改变征收政策，于是实行改折和召买，至嘉靖、万历年间，明政府需要的物料，已到“国家经费承办，不可以无商”的境地了。也就是说这时国家所需要的物料，绝大部分已由商人承办或依赖市场供应。这一客观环境对于商品经济的发展，应当是十分有利的一个时机。但由于明政府是一个专制主义中央集权，他的后辈仍坚持“祖制”，继续推行以前的各种法规制度，管理官手工业的机构不作任何调整，管理方法仍采用老一套的办法，管理人员也多是旧官员和宦官，所以在改折和召买过程中，不保护商人的利益，也不进行公平交易，一味采取强制性的编制、硬性分配的承办方式，结果使一些官员和宦官大量贪污、受贿，政府虽投入了大量的资金，所得的物品却是有限的，或者是劣质的产品。最后，这就不能不使发展中的商品经济遭受严重的阻碍。

四、物料的管理与支用

明代官手工业机构所用的物料，集中起来数量很大，种类又非常庞杂，各地送北京的物料必须按照指定仓库交收，然后经过严格检验，方许入库。库中物料的贮藏也有一套保存的方法。库物的支用，对所需机构必须按“年例”发放物料，并在领据上打印关防钤盖，以防奸弊。年终由库管理官员汇集各机构支用数目，“开报户部稽考”。

各项物料入库之前，都要经过检验。工部虞衡司设有验试厅，专司检验的工作。“一应外解本色物料，其多寡数目，惟据各司送验为凭。验中则押送十库收贮，不中则驳还；商解更换。”物料的种类非常庞杂，质量的好坏也很不一致，非有经验丰富的人无法辨验，因此，各库复有辨验铺户的设置，此即佥定各行业商铺专人负责验试。永乐十九年（1421）规定甲字库辨验铺户 4 名，丙字库每季 2 名，丁字库每季 4 名，戊字库验试箭匠 2 名，乙字库每季辨验铺户 3 名，承运库 3 名，广积库辨验火药匠 1 名。各库铺户，三月役满，即令佥

① 王元翰：《凝翠集·根本重地痛苦剥肤疏》。

补（《明会典》卷三〇《库藏》一）。此外也有由工匠验试的。

物料的检验，按规定是很严格的。兹以验铜为例。根据宝源局的《镕铜规则》：“每镕铜先抽一百包，堆放两旁。内点二包敲断，验其成色，秤兑二百斤，分东西二炉溶化。即令炉商各看守，候烟气黑尽而绿，绿尽而白，铜色已净，才出炉秤税。每百斤内除正耗十三斤三两外，多耗一斤，令商人补一斤，多耗二斤，令商人补二斤。二炉通融计算，共折耗若干斤，每百斤各折耗若干斤。凡兑铜以此为例。”（《工部厂库须知》卷七《宝源局》）至于检验硝黄更是无微不至。虞衡司管厅主事楼一堂《验试厅条议》《创立盆硝进验》条云：“厂库最急无如军需，而军需最急无如火药。火药之迅不迅，硝黄之真不真而已。往时验硝未有成法，一概散硝，中搀盐碱，以贱抵贵，以假饰真，意欲逐包验之，而窘于多数；即就一包试之，而难于别色。向查往例曾有掣盆一二，酌为折数入库之议。夫折而入，则百斤而作六十、七十斤矣，发之而出也能保为所入乎？……数十年来，兵工互争，有如聚讼，职此之由。本职莅任之始，痛思善后之图，而改碎验而为盆验之法。……每硝必令本商盆净，每商必令成盆进验。先一日传两厂匠头二名候验。至日，着本商肩挑运到，无使损坏，行行排列，先令匠头拣择一番，莹洁起枪者收之，重底昏黑者退之，而后本职自行巡览，严为去取，不概从匠头之进退也。验硝匠头着各做姓名标记一个，疏阔明朗。凡验中某某硝包，多打印记，堪久不磨，以便后日发给之时，某匠所验硝，仍发某匠造药。彼虑无逃于后日之赔累，安得不竞竞于验日之精详哉。”（《工部厂库须知》卷七《验试厅》）

物料验试之后便交入指定仓库。明代的仓库主要的设在内府，一般称为十库，由宦官负责管理。兹将贮藏官手工业物料的仓库以及各库所藏的物品列举如下（《明会典》卷三〇《库藏》）：

内承运库——保管各处解到的金、银、缨玉、象牙、朱砂等物以及浙江、福建布政司，直隶、苏、松……等府岁办缎匹，并山西布政司岁造黄生素绫等。

承运库——保管浙江、江西、湖广、山西、四川等布政司，直隶、苏、松……等府州岁解缎匹，并阔生绢、翠、毛、皮等物。

供用库——保管浙江、湖广、四川、福建、江西、广东、山东、河南等布政司，直隶、苏、松……等府岁解黄白蜡。

甲字库——“掌银珠、乌梅、靛、花黄、丹绿矾、紫草、黑铅、光粉、槐花、五棓子、阔白三棱布、苎布、水银、硼沙、藤黄、蜜陀僧、白芨、栀子之类。皆浙江等处岁供，以备御用监奏取。”（《酌中志》卷一六《内府衙门职掌》）

乙字库——“职掌奏本纸、票榜纸、中夹等纸，以备各项奏领。”（《酌中志》卷一六《内府衙门职掌》）

丙字库——“每岁浙江办纳丝棉，合罗丝串，五色荒丝，以备各项奏讨。”（《酌中志》卷一六《内府衙门职掌》）

丁字库——“每岁浙江等处办纳生漆、桐油、黄熟铜、白麻、苘麻、黄腊、牛筋、牛皮、鹿皮、铁线、鱼胶、白园藤、建铁等件，以备御用监、内官监奏准领取。”（《酌中志》卷一六《内府衙门职掌》）

广积库——“职掌净盆焰硝、硫黄、听盔甲厂等处成造火药。”（《酌中志》卷一六《内府衙门职掌》）

戊字库——“职掌河南等处解到盔甲、弓矢、刀、废铁，以备奏给。”（《酌中志》卷一六《内府衙门职掌》）

节慎库——掌管南铅（《工部厂库须知》）。

此外还有在工部属下的贮放仓场。如神木厂，“收贮楠杉大木，出自湖广、川、贵，每根价银数千（两）”（《万历实录》卷二九）；台基厂则为保管柴炭仓场。更有“在外诸司库”，包括一些府州县的库，都收贮一部分物料，如有需要便由其州府逐级上解，然后转解于部。

每度的物料保藏，由广大的库夫承担，其任务有交盘、晒晾、盘运、盘库、遇夜轮宿看守等。所需人数“永乐十九年奏准：内承运库一百一十八名，内府、天财库一百六十七名，甲字库六十二名。”成化七年“奏准：各库查盘晒晾原起取人夫，甲字库六十名，乙字库晒晾三十名，盘库六十名，丙字库四十名，丁字库六十名，戊字库七十名，承运库六十名，赃罚库抬钞四十名，检钞铺户一百名，盘库二十名，库积库四十名，广惠库三十名，广盈库十五名。”这些差役人员，均由顺天府起拨。

各单位需用的物料都按“年例”、“会有”、“会无”、“召买”的规定支付实物或货币。所谓年例，即“各项造办有一年、二年、三四年，有不等年间行题办者，悉照条例”；所谓会有原系库藏现有的意义，但据《工部厂库须知》的说明，则“各厂库会有物料都非实有，尚存名数，以见旧额。相应每岁查一实在数目，分置各司各差，以便随时料办。缺者、伪者皆责典守赔补，庶不致有名无实，纪载成虚。”（卷一《凡例》）这样一来，所谓“现存”，实仅存“名数”而已。有了名数，便有实额；反过来，如库无“名数”，则为“会无”。会无的物料须行召买。不管会有、召买的物料，都有一定的数额，并规定一定的价格。

内府仓库虽由宦官掌管，但要受户部的控制。“凡工部成造军器等项，必须计其所用物料转行本（户）部札付各该仓库照数支给，将支过数目申报作数。”（《诸司职掌》）

从以上所述，可知明代物料的管理虽很严格，但官吏的舞弊行为也是层出不穷，如“吏胥之钻营库役者，非独包揽事例，需求外帑，而偷窃之巧，更自不资，其术难更仆也”（《工部厂库须知》卷一）。工科给事中何士晋曾指出节慎库的舞弊情况：“署中向无册库，案卷漫失；且诸胥有所不便，辄恣意窃毁之，稽核无从，弊窦百出。”对于料银和其他各色银的舞弊最为严重，作弊方法亦极巧妙：“有制一通身衣者，如盗银两从袖中直入袜内”；“法马之潜换有弊焉，其呈验少而称兑者数多也”；“银匣之出入有弊焉，或以支存而混称空匣，或以全匣而暗置别隅，其在日暮尤易也，此乘倦忽以为窃者也”；“旧日大锭有贯铁者，近日例银有贯铅及黄土者，发商之后，纷纷告禀，主者无以置对。”（《工部厂库须知》卷一）何士晋又列举见工灰石作的弊端：“查得本工所用油漆、丝麻、金箔、颜料物项，费金钱甚巨。铺户买运供用厂交收，管工内监随时取用。或多寡混称，或美恶搀换，甚至有通同铺户运出重收，侵冒百端，孰从觉察？……查得东西行打造铜铁，铜铁领于各库，打造在于内作，官匠头交通作弊。物料只此斤数，收而又收；工匠只此名数，报而又报。种种情弊，难以更仆。”（《见工灰石作条议》，《工部厂库须知》卷四）物料舞弊“其中期冒之最甚者无如预支一事”。“查得本工（见工灰石作）所需为铺户物料，夫匠工价，势不能无米求炊，请给预支，其来旧矣”；但是各官司借着预支的机会，尽量冒领料银。“远不具论，即万历三十年至今，管缮司冒领预支银一十四万二千九十两有奇；虞衡司冒领预支银八万六千六百两有奇；都水司冒领预支银一十一万二千九百七十两有奇；屯田司冒领预支银五万一千一百八十两有奇。合之则三十九万三千二百四十六两余也”（《工部厂库须知》卷二、四）。

在库藏中内官盗窃和冒领更为司空见惯，一旦暴露，为了掩盖罪行，便引火焚烧，如嘉靖四十五年供用库火焚事件。

> 内府盗窃，乃其（内臣）本等长技，偶私攘过多，难逃大罪，则故称遗漏，付之一炬，以失误上闻，不过薄责而已。如嘉靖四十五年二月，供用库大管库暨盛，与其党卢添保等，捏报被焚香料至十八万八千余斤，为同类发其奸。世宗下之狱，命给事张岳等严查，始知该库所焚，乃别物，非香也，俱盛等侵匿妄报。上大怒，悉如律治罪。此偶败露者，仅十之一耳。又其时，上索龙涎香甚急，遍觅不得，户部尚书高燿，百万高价购之，仅得八两，云买之民间，实亦内臣盗之内库。①

尤其在兴工营建时，内臣更凭借着管理库藏物料的机会，遂大肆贪污。王元翰说：

> 每一兴作，库藏发百万金，朝廷止得十余万金之用；库藏发十万金，朝廷止得万余金之用。所以然者，题请出自内廷，取数不由工部，故财之生也，非征之吸髓，则得之鬻爵；乃财之耗也，既上不在官，又下不在民，朝关以烦费而穷，百姓以剥削而尽，诚非一朝夕之故矣。②

> 天家营建，比民间加数百倍，曾闻乾清宫窗槅一扇，稍损欲修，估价至五千金，而内珰犹未满志也。③

由于管理府库官吏、宦官的贪污、盗窃等种种舞弊行为，致库存物料很难充分保证官手工业的生产，又加上质量差，使官手工业的生产出现了很大的浪

① 《万历野获编》卷六《尚衣失珠袍》。

② 王元翰：《凝翠集·稽积弊以裨实用疏》。

③ 《万历野获编》卷一九《京师营建》。

费，这一因素不断地扩大，也加速了官手工业的衰落。

第四节　官手工业的行业生产状况

明代官手工业的范围很广，根据材料只能叙述一些较为重要的行业生产状况。

一、瓷器

江西景德镇是明政府官手工业的重要生产地，主要生产供御用的瓷器，产品质量很高，驰名中外，远销世界各地。

洪武末年始建御窑，初建20座，至宣德时增至58座，明代这里的督陶官，大都由宦官担任，但变迁十分频繁，大约在洪武至宣德时，有中官张善负责饶州监造，曾于宣德八年（1443）大量烧造瓷器，可达443500件。不久张善获罪被诛，即罢中官督陶，而以营缮所丞监陶，专督工匠。正统元年（1436）又罢营缮所丞。从此时起至弘治末年，当中共经过70年，制瓷断断续续，并无大的起色，其原因是“以兵兴议寝陶”，系指土木堡之役，天顺复辟，仍委中官烧造，而御器之监造如故，但天顺三年（1459），有光禄寺白瓷龙凤碗碟减十分之四的诏令，成化二十二年（1486）又裁饶州烧造官。“比宪宗末年，孝宗初政，故终孝宗十八年不言窑事”[①]。

正德初，又置御器厂，夏用中官专管御器。十六年以梁太监督陶。在正德一朝中，共烧瓷器30余万件。

嘉靖九年（1530），给事中陈皋谟以中官督陶大为民害，请罢中官，以饶州府佐贰人员轮选一员管理。后因饶州佐贰常阙员，分委杂而不专，官职懈慢。于是浮梁知县朱景贤议请差工部主事一名管理，未准。又巡抚马森、巡按徐绅议于各府佐选委。后给事中徐浦又疏请将吉安推官裁去一员，添设在饶州，令其驻扎本厂，专管窑政，并限定进士出身的除补，不许抚按别项差委。

① 《浮梁县志》。

事下勘议，又未通过。四十三年（1564），南康通判陈学乾议一年一代。四十四年即由通判驻厂烧造，不久又罢之。隆庆间（1567～1572），复于各府选员管理。万历十年（1582），以饶州督捕通判改驻景德镇，兼督陶事务。二十七年（1599），江西方面矿税使潘相（中官）又兼窑务，府佐仍董之。由监驻省，起运时驻镇。潘相在任，为害最烈，至四十八年（1620）才撤走。

天启、崇祯，御器厂活动，处于停止状态，那时明代的统治已是日暮途穷的时候了。

至于明代御厂行政人员，督陶官吏以下编制人事列表如下：

管厂总事1名　副管事1名　档子房听事1名　听事吏1名

书手2名　机兵16名　铺名1名　禁子1名

门役1名　库役1名　阴阳生1名　里长13名

老人13名　皁隶8名　轿伞夫5名　鼓吹手6名　巡逻守卫地方夫20名

景德镇御厂的劳动者，是陶工和雇佣工匠。这里面的陶工在明代分为两种：一种是被划入匠籍的官匠；一种是雇佣工匠。景德镇的陶瓷工匠因为在本镇御厂服役，所以他们是一种存留工匠而属于轮班一类。这些陶瓷工匠，编入在御厂23作中服役。各作有作头，其下则为作匠，共有300余名，统名为上班匠。其23作分工与人事编制有如下：

1. 大碗作：作头4名，匠222名。
2. 碟作：作头2名，匠16名。
3. 盘作：作头3名，匠20名。
4. 印作：作头2名，匠16名。
5. 锺作：作头2名，匠1名。
6. 酒锺作。
7. 锥龙作：作头4名，匠11名。
8. 写字作：作头5名。
9. 画作：作头4名，匠19名。
10. 匣作：作头3名，匠24名。
11. 泥水作：作头1名，匠18名。

12. 色作：作头 3 名，匠 13 名。

13. 大木作：作头 4 名，匠 35 名。

14. 小木作：作头 2 名，匠 19 名。

15. 船木作：作头 2 名，匠 13 名。

16. 铁作：作头 3 名，匠 30 名。

17. 竹作：作头 1 名，匠 9 名。

18. 漆作：作头 1 名，匠 3 名。

19. 索作：作头 1 名，匠 8 名。

20. 桶作：作头 1 名，匠 8 名。

21. 染作：作头 1 名。

22. 东碓作。

23. 西碓作。

以上各作作头共 55 名，匠 334 名，总计：389 名，尚有酒锺作，东碓作、西碓作缺载，约计总在 400 名以上。《陶说》：“正嘉之际，官匠凡三百余”。隆庆间刘思问疏：“大小工匠约有五百”。大概当时名额是代有增减的。

上班匠之下又有夫役，为工匠助手叫作上工夫，编派饶州 7 县，共 367 名。此外有砂土夫，共 190 名。这些都属于编役。

除官匠、编役以外，尚有雇役。那些雇役则是选召白徒高手烧造及各色未备，如敲青、弹花、裱褙匠等。

又有雇夫，雇夫以备雇匠，派自饶州千户所。

这就是所谓“官匠三百余而复召募，盖工役之匠少，而绘事尤难也”①。明代御厂人事合以上各种计之，则正如刘思问疏中所云：“大小工匠约有五百，奔走力役之人不下千计”。这就是御厂瓷器生产劳动力的情况。

在这些官匠、雇役、编役中，其生活待遇都是不同的。官匠，系籍匠户例派，4 年一班，赴南京工部上纳班银 1 两 8 钱。遇烧造则拘集各厂上工，自备工食。班银制度本为嘉靖间规定以银代役的办法，每班征银 1 两 8 钱，分为 4

① 《浮梁县志》《物产篇》《陶匠、陶夫》。

年，每年征银四钱五分。[①] 照理纳了班银是可以免役的，但事实上并不如此。如嘉靖八年（1529），刘太监为景德镇陶匠曾题行工部，移咨南京工部照会本布政司札府贴县，将在厂上班人匠，候烧造完日，造册缴部准正班。但各匠服役20余年，未得停止，告部檄查，又因烧造未完，未造册缴部。致使景德镇陶匠“身服庸役，又纳班银，亡所控诉，实不胜困”。

雇役方面是按劳取酬的，如画役则日给工食银2分5厘（一年9两）。龙缸大匠和敲青等匠则日给工银3分5厘（一年12两6钱）。

上工夫和砂土夫，每名每日给工食银2分（一年7两2钱）。御厂兴工起扣算，各夫赴浮梁县给领（各府征解由浮梁县贮库）。事实上，上工夫和砂土夫还是领不到。他们的生活，较官匠尤苦，“官匠可以利财连挂；而上工夫则庸作与官匠同，既无分毫雇值，又不得受工匠浮食”。

以上对工匠、工役的强制办法，很难维持下去，于是万历十二年（1584），解除了纳班银，推官向僎，申请班银编入征派官解，将官匠改为雇佣，把征派官解的班银作为佣官匠之费。上工夫的编役，万历六年以后得“尽行停征”[②]。以上诸役在明中叶以后变成雇佣劳动。清朝顺治二年（1645）正式明令废除这种制度。因此他们获得了历史上前所未有的自由。

景德镇的瓷器生产，有官窑、民窑之分，明中期，民窑生产兴盛，官窑则呈现出萎靡状况。因之，明政府便采用嫁接的办法，让民窑带动官窑生产，出现了“官搭民烧”制度。

官搭民烧制度，渊源于宋元以来“有命则供，无命则止”的办法，明正统时也已实行了由民窑进瓷器5万，官偿以钞。在正德一朝中烧造瓷器30余万件，也都袭用这个办法。

嘉靖以前，御厂烧造供御瓷器，每年解运都是以千计，就是在嘉靖初期（八年）也还只2570件。十年以后，逐渐增加（嘉靖十年是12300件）。到二十三年（1544）除碗盅等2万多件以外，又烧成桌器1340桌，每桌27件，总计在5万件以上。以后每年大抵称是（三十四年，碗36335件，盘碟30500

① 《明会典》卷一八九《工匠》二。

② 《浮梁县志》《物产篇》《陶匠、陶夫》。

件，杯6900件）。

到了隆庆、万历间，数目又加多了。隆庆五年（1571）要烧造里外鲜红碗、盅、瓯、瓶井大小龙缸方盒各项，共105770桌、个、对。万历十一年要烧造96000余件；在装饰方面，要“龙凤花草，各肖其形容，五彩玲珑，务极其华丽”。

无论是数量、质量，按照当时腐败的御厂是不能完成任务的。因为那时御厂在陶瓷生产上是趋办塞责，官匠因循，盗窃青料，偷工减料，于瓷器最难烧成。在这中间，乃产生了一种“官搭民烧”制度。

官搭民烧的窑并不是任何窑都可以搭烧，需要经过选择。明朝中期，景德镇的民窑大约有900多座，明政府从中选择了20座，定为“官搭民烧”窑。这种窑不仅包烧，也包作。官窑出样品，有一定估价。如大样鱼缸的规格是：高2尺8寸、阔3尺，每口估银55两，原画青1两附烧，共估青2两2钱。二样鱼缸每口估银50两。其搭民窑烧成，则并不如此给价，大样鱼缸每口只给银20两，二样缸只18两。其他瓷器，都是官窑价格“溢于民窑之值”。为什么那样呢？因为官搭民烧，本有赏给银两、定烧赔造等规定。在搭烧时，“其能成器者，受嘱而释之。不能成器，责以必办，不能办，则官窑悬高价以市之”。本来钦限瓷器，“细腻脆薄，最为难成”。因“官匠因循，乃以散之民窑”，因此民窑“历年赔赎，习以为常”。在青料方面，也对民窑加以迫害。如“内监采青，用剩者变银入进，后役多匿其佳者，而以低青给诸窑，追呼其值”。这样，民窑那得不困？[①] 正如吴允嘉“浮梁陶政志”所说：“官府之制造，往往疲于供应，盖民以陶利，亦以陶病”了。因此，可以说“官搭民烧”实际上是御厂剥削民窑的一种方式。明代在官窑与民窑并存的竞争中，官窑生产萎缩，而民窑却兴盛起来。在此情况下，官窑不想办法改进，反而采取转嫁的方式，拖民窑的腿，大家都不能进展。在我国封建社会后期，封建统治者，对于民营手工业应当采取支持、鼓励的政策，以求得发展，绝对不能利用行政手段，以大压小，更不能采取限制、打击、毁灭的政策。这样的一种传统思维方法，对于生产的发展曾起到了极其恶劣的影响，直接阻碍了社会经济的

① 《浮梁县志》，《陶政纪略》。

发展。

更进一步，为了彻底了解官窑产品的发展情况，对于明朝各代的制作特点，作一代一代地叙述：

洪武窑（1369～1402）　明洪武三十五年开始烧造，解京使用，设御器厂称官瓷，以别民窑。洪器土骨细腻，体薄，有青、黑两色，以纯素为佳。其制品，必坯干经年，重用车碾薄上釉，候于入火，有漏釉的地方碾去，再上釉更烧，故汁水莹如堆脂，不易茅篾，这是与民窑不同之处。在颜色器中，唯青黑、戗金壶琖最好。

永乐窑（1403～1424）　为永乐年间厂器。土埴细，质尚厚，但也有极薄的。如脱胎素白器。当时脆薄，造作维艰，且不适用。锥拱器也创于此时。釉色有甜白、翠青、鲜红各种。器形有有名的压手杯，中心青花双狮滚球为上品，鸳鸯心者次之，花心又次之。杯外青花深翠，式样精妙。底内俱有篆书“永乐年制”四字。

宣德窑（1426～1435）　宣窑出品，为明代最杰出之品，特别是青花瓷器，更达到了最高的艺术水平。青窑虽出于永乐，而宣德为盛；“故青花有三种，龙凤、人物、诗句俱成，宣窑一种，极其精雅古朴”[①]。瓷胎的质料，系用麻仓土，洁白细腻。青花原料则用南洋输入的苏泥勃青，这种青料施于釉里，烧成以后，色料深入釉内，其风格青晰明丽，画法也流利自然。用料有浓淡，墨势浑然而庄重。在颜色釉方面，继续了永窑的甜白、鲜红器；又有仿定窑的莹白，仿汝窑的青釉；还有翠红、霁青。这些以霁红、霁青、甜白三种尤为上品。祭红旧称鲜红，又名宣烧。系采用西洋宝石如三佛齐之紫硃，勃泥的紫矿胭脂石等，研末和入釉中，器皆腻实，不易茅蔑。器形之著者则有竹节靶杯、罩盖卣壶、小壶甚佳。白茶盏莹白如玉，内有绝细龙凤暗花，花底有暗款“大明宣德年制”，隐隐有鸡橘皮纹。又有冰裂鳝鱼血纹，几与官汝窑敌。它如蟋蟀澄泥盆也最为精绝。这是明代官窑极盛时期，真的是“无物不佳，小巧尤妙”。

成化窑（1465～1487）　成化厂器，土腻埴，质尚薄。其青花瓷器，因苏

① 《南窑笔记》。

泥勃青用尽，改用平等青料，不及宣器；祭红也不及永窑和宣窑的光耀照人；釉里红也不突出。但所制哥窑类型的冰裂纹小件瓷器，纹片釉色却很精美。而淡描五彩，则精雅绝伦。成窑五彩画手高，彩料精，唐代织锦，宋代建筑图案，开始运用于瓷器画上，为后来瓷器大量使用锦地开光的图案开了先河。过枝花、夹彩，也流行于此时。斗彩作法，实创于此。器物有鸡缸杯、高士杯、锦卉堆各种，其内用淡青镶方款。其次各种小盏、小碟、小罐之属，皆精妙可人。万历间，神宗尚食御前成杯一双，值钱十万，当时就已经如此贵重了。

弘治窑（1488～1505） 弘治多素白，素花者少。颜色釉中以浇黄为最著。在这一朝中，御厂久停，十八年不言窑事，故传者最少。

正德窑（1506～1521） 土埴细，质厚薄不一。色亦分青彩。彩器多黄地绿龙；五彩碗以淡青浇绿为地，釉水厚实而透澈，颜色也很鲜艳。青花较宣德为淡，陶书称其色古菁，故正德窑青花亦多有佳品。颜色釉中，祭红也好。花样，在供器中，有以回族文字为主题构成的图案，称回回花，这是以前没有的东西。

嘉靖窑（1522～1566） 这时麻仓土报竭，瓷质不及以前；鲜红土也绝，烧法又不如前。红色中只有低温矾红色。惟回青盛作，幽菁可爱，故嘉靖青花亦著。色尚浓；五彩略备，然体制较之宣成则远甚。画面则很复杂，有内外夹花、锦地、两面彩等，已走入华缛一派。素三彩、黄地绿彩、紫彩都有很好的作品。又制造了以花捧字的瓷器，即以花样空隙夹以圆圈，更写字于圈内。祭器和拜砖、经箓醮坛小盏等都很有名，形式也多。

隆庆窑（1567～1572） 回青已绝，青花不及嘉靖；瓷土渐恶，质也较前为差。故只注意于装饰，专在图案上下工夫，极力求胜以淫巧为务。但青花五彩，也间或有优良作品。

万历窑（1573～1620） 万历五彩，鲜艳可爱，填笔虽简率，但很自然。两面夹彩之作很不少。捧字瓷器，多捧回藏蒙族文字，以应庙宇供养的需要。藏经字通称喇嘛字，又名真言字，插入五彩花朵中，配合得很巧妙。明瓷到了万历，可以说“制作日巧，无物不备”。祭红器尚有佳品，但已非鲜红宝石红之祭红了。

除了上面这些，官窑之中另有龙缸窑。

龙缸窑　称大龙缸窑，也叫缸窑。缸多画云龙或青花，统以龙缸名之。明初期龙缸大窑原系32座，后因青窑数少，龙缸空闲，将龙缸大窑改砌青窑16座，仍存龙缸大窑16座，以烧龙缸。烧时溜火7日夜，溜时缓小，起初缓缓起火，使水气渐干渐热，然后紧火2日夜，到缸匣红而复白，前后皆明亮，方可止火封门。又10日，窑冷方开。每窑约用柴120扛，遇阴雨或加10扛。所烧之器有青双云龙宝相花缸，青双云龙缸，青双云龙连瓣大缸，青花白瓷缸，青龙四环戏潮水大缸，青花鱼缸，青色瓷缸等式。①

明朝各代景德镇名窑情况表

洪武窑	官窑烧造	体薄，有青黑二色，以纯素为佳。
永乐窑	官窑烧造	质尚厚，但有脱胎器。有白器彩器，锥拱始此。
宣德窑	官窑烧造	质骨如朱砂以祭红著，青料用南洋料。青花图案丰富，成就大，造形亦多样化。
成化窑	官窑烧造	质尚薄，五彩最胜。
弘治窑	官窑烧造	多素白，浇黄最有名。又有剔花绿云龙一格。
正德窑	官窑烧造	质厚薄不一，青花与嘉靖、万历之回青有别，与祭红俱佳。
嘉靖窑	官窑烧造部分由民窑搭烧	质薄腻，矾红代替鲜红，青用回青。
隆庆窑	官窑烧造部分由民窑搭烧	土渐劣，质不及前，青花五彩，间有佳品。
万历窑	部分官烧大部分搭民窑烧	质有厚薄，五彩发达，制作日巧，大件造形日益拙重。
崔公窑	崔国懋造	仿宣成作品，为民窑之冠。
周　窑	周丹泉造	仿定最精，作古鼎古印章甚佳。
壶公窑	吴为造	以卵幕杯、流霞盏为著。凸雕浇黄器亦佳。
小南窑	景镇小南街民窑烧	体薄而坚，花色有兰朵竹叶两种，又仿宋碗。
陈仲美窑	陈仲美作	精仿古器，善制玩具。
吴明官窑	吴明官作	作器不多，但以造瓷名家。

明代官窑产品最突出的是宣德时期，有两种产品最驰名，一是祭红。这种产品最初为红色瓷祭器，是明代作祭郊坛之用。祭红旧名鲜红，又名宣烧，盖创于宣德年间。“釉色以西红宝石为末，烧成之后，殷红灼烁，宝光耀目”②。祭红的制作，即是在原胎上涂上一道红釉，在烧火加热过程中充分掌握了铜还

① 以上材料系节抄于《景德镇陶瓷史稿》第124～126页。

② 项元汴：《历代名瓷图谱》。

原的技术。所以制品质量特佳，大大地超过了原来的均窑产品。《陶录》："均红器，古作者土质粗塙、微黄，釉色虽肖，究非佳品。今镇陶选用净红白埴土，范胎为之，再上均红釉，故红色衬出愈滋润。所谓玫瑰、海棠、驴肝、马肺等样，皆胜于往古所造。"① 红釉除鲜红正色外，后又衍变以浓淡为各种红色，其深者则有宝石红、朱红、鸡红、积红、抹红等。而抹红中又有柿红、枣红、橘红之别。其淡者一般称为粉红。粉红之中，带灰色叫作豇豆红；灰而又黯的叫作乳鼠皮；胭脂红也是粉红的一种。粉红中之艳丽的叫作美人醉（又叫桃花片、海棠红、娃娃脸、杨妃色等。而美人醉又作美人霁、美人祭等），它与苹果绿、苹果青是一类的东西，特点是：在粉红釉中而有绿点，这叫苔点绿。绿点成片的叫苹果绿。再淡一点叫苹果青等。宣德官窑的另一种著名产品，即是青花瓷器。宣德时，青花用南洋来的苏泥勃青，一名苏麻离青。这种青料，颜色最好。其制作方法，先把青料在素胎上绘成各种花纹图案，然后上釉在1200℃以上的高温中一次烧成，由于釉料中含有氧化钴，因此产品呈"青色"。所以宣德青花获得了最大成就。成化时苏泥勃青已少，只用平等青料。至正德年间大珰镇云南，从那里得到回青，"初用以炼石为伪宝，价倍黄金，已知其可烧窑器，用之果效"②，"嘉靖御器遂用之"，变成了皇家的专利品，《明瓷合评》："昔有论窑者，首成、次宣、次永、次嘉，虽论不同，总之明器无过宣成者。"

其次，成化、万历时期，官窑所出五彩瓷器也非常著名。明成化间因为苏泥勃青已尽，乃盛行五彩以取胜。故曰"成窑加以彩色"。《历代名瓷图谱》说："宪庙一朝窑器，以五彩傅色者为贵"。五彩颜料，则"铅粉、焰硝、青矾、黛赭石、黑铅、松香、白炭、金箔、古铜。成色则矾红，用皂矾炼者以陈为佳。黄色用石末铅粉入矾红少许配成。用铅粉石末入铜花为绿色。铅粉石末入青料则成紫色。翠色则以京翠为上，广翠次之。"五彩作画，须将颜料研细调合，"必熟谙颜色火候之性，以眼明心细手准为佳。其用颜料法有三：一用芸香油；一用胶水；一用清水。盖油便于渲染，胶便于拓抹，而清水调色则便

① 蓝浦：《景德镇陶录》。

② 《窥天外乘》语，名书多引之。

于堆填。”其分工，则“有乳料工、画样工、绘事工、配色工、填彩工、烧炉工。其中又分人物工、花鸟工等。”五彩瓷器的发展，至万历达到了空前未有的成就。其器浓艳可爱，填笔简率，但很自然。捧字瓷器，甚为流行，而多捧回、藏、蒙族的文字，以应庙宇供器的需要，藏经字通称喇嘛字，又名真言字，插入五彩花朵中，配合巧妙，图案也较复杂。在瓷器面上作各体字，或托或捧；或作各种画面以取意，都有新的创作。在瓷器加工上，器外、器底、器边，各绘不同画面，这种作法偶见于嘉靖时，如外荷花鱼水藻，里青穿花龙，边穿花龙凤，只瓯一种。而万历时期则普遍流行。如外穿花云龙鸾凤缠枝宝相松竹梅，里朵朵四季花回回样结带如意松竹梅，边竹叶灵芝等，有碗，有盘，有碟种种。而且龙凤花草，“各肖其形容；五彩玲珑，务极其华丽。”总之，“万历彩画，虽不如成化之工，要其颜色深厚，画笔雄睪，亦迥非后世所及。”①

明前期实行朝贡贸易，外国贡使大量来中国朝贡，郑和下西洋，又带出了大量的瓷器，前后都以赏赉的方式大量赐给瓷器与外国的国王及大臣们，这样景德镇官窑所产的瓷器就流入世界许多地方。

明代景德镇官窑生产，宦官的破坏，对于发展起了极坏的影响。如明初的张善，“内官张善往饶州监造瓷器，贪酷虐下，人不堪；所造御用器，多以分馈其同列，事闻，上命斩于都市，枭首以殉。”② 成化二十一年（1485），直隶巡抚王恕上言：“朝廷差内臣往浮梁县景德镇烧造御用瓷器……每年用银不下数千余两，俱是饶州等三府小民出备，虽曰瓷器，计其所费，不减银器之价。近闻原差内臣随升太监，镇守江（西），往来提督，而家人常川在彼，生事尤甚，供给益侈。即今三府之民疲敝困苦，不可胜言……”③ 正德时唐龙疏云：“臣惟镇守太监一到地方，凡百供应役使，与夫无名之征，岁该银几万两。奏带参随供奉又该银几万两。至于烧造太监，应办物料与供应役使之人，岁该银二万七千余两，通总计银十万余两，皆取于民。……前议查革，不蒙俞

① 寂园叟：《陶雅》。
② 谭希思：《明大政纂要》卷一八。
③ 徐学聚：《国朝典汇》卷一九八《烧造》。

允。未几镇守、烧造太监相继差出，百姓闻之，相顾失色，具惧且泣曰：'人殃乃至乎！'顷蒙圣明将邱得拿问，尹辅取回，百姓闻皆私庆曰：'人殃幸不来乎！自兹良善乐业矣，官府不添料派矣，狱讼贼盗日可消矣。'"①

明代御窑的设备及工匠，都是非常好的，但在宦官的监督下，只能消极地创造使用价值，而不能积极地创造交换价值，再加上破坏、贪污等，这对于资本主义在手工业部门中的萌芽，显然是不利的。

二、丝织业

明代官营织造业分布很广，经营单位之多，在历代是少有的。当时，从管理体制来划分，可分为中央和地方两大系统，其属于中央者有下列四个织染机构。

设在南京的叫内织染局，隶工部，额设织机300余张，军民工匠有3000余名。至嘉靖时开始清查工匠人数，仅存不到一半，约一千三四百人。其生产状况，规定十年一题，送入宫中各色绢布5万匹，其中阔生绢染练生熟绢2万匹、白布1.6万匹，苎布1.4万匹。嘉靖十四年后，改为7年一题，至隆庆四年，仍旧以十年为例，则各类织品年造为5000匹，绢占2000匹。② 南京还设有神帛堂，隶司礼监，以及留京供应机房两个单位。神帛堂额设织机40张，有食粮工匠1200余名，万历十五年（1587）前后，仅存800名左右。每十年一次料造，共帛1369段。留京供应机房的设立，"原备不时织造，工料取之南工部"。自万历以来由于派织浩繁，南京"内织染局与供应机房，岁费数万金"。这样供应机房就变成了固定性的生产机构。

设在北京的叫外织染局，即工部织染所，规模较小。永乐时额设军民匠役758名，至成化八年仅"存其半"。至嘉靖七年清查时只有役195名。按万历十五年后规定："今十年料造，例惟赏夷净衣绢布，系该所造染"。十年一题染练细阔生绢约15万匹，其中供用绢3万匹，赏用熟绢12万匹。

明代织造属于地方系统的，据《明会典》卷二〇一《工部·织造》记载：

---

① 《明臣奏议》卷一六唐龙：《停差烧造太监疏》。

② 以上材料皆来源于《明会典·工部》，以下凡取材于此范围内的概不加注。

设有织染局的地方，计有浙江杭州府、绍兴府、严州府、金华府、衢州府、台州府、温州府、宁波府、湖州府、嘉兴府；南直隶镇江府、松江府、苏州府、徽州府、宁国府、广德府；福建福州府、泉州府；江西布政司；四川布政司；河南布政司；山东济南府。嘉靖七年令江西、山东、河南三布政司实行折价解纳。其他各局所需原料“皆用所属府州县民丝”①，“织造银两多出里甲丁田”②。织造种类：有纻丝、纱、罗、绫、绸、绢。主要用于赏赐外夷。各局岁造35436匹。遇闰加征2679匹。万历十五年后，每年征额为28684匹，闰加2061匹，减少的原因，因“嘉靖七年题准江西、湖广、河南、山东地方不善织造，令各折价”上纳。

明代官营各织染局，每年额定造解缎匹数，如下表所列：

织染局名	造解年额（匹）	比重（%）
北京外织染局	15000	31.9
南京内织染局	2000	4.3
南京神帛堂	1369	2.9
各地织染局	28684	60.9
合　　计	47053	100.0

这个数字，实际上是最低数额，明代“累朝制造段匹，不过三万余匹，上用赏赐，俱在其中”③。3万余匹仅指段匹一项。以上的数字包括纱、罗、绫、绸、绢等。实际数字肯定要超过这个数额。

明政府为了控制官织造业，乃直接“以内官董其事”。最初不过督造上供段匹，后来发展为兼管地方织局的岁造。明代织造机构除太监督管外，并佥点堂长以管理实际事务。堂长属于职役身份，多由官府佥派富有权势的民间机户充当。在中央官局系统如神帛堂和地方织染局都设有堂长，它是局中织造堂的承差人，其任务不外是典丝出纳，或应办丝料，督率匠役生产，并负责将岁造段匹解运进京。明朝在织造机构中实行堂长制，看来与明代总甲坊厢、催粮候

① 《明宣宗实录》卷七二。
② 《明世宗实录》卷一七二。
③ 《明神宗实录》卷一八七。

比、白粮解户、收兑粮长、塘长疏河等徭役制，有许多类似之处。也是构成明代徭役体系的基础。

明代官局织造所用的工匠，系通过匠户制度从全国各地强制征调而来，进行无偿的劳动。如两京织染局中的住坐工匠，各有特点。北京的住坐匠大都是从外省迁移来京，附籍大兴、宛平二县，仍于工部食粮。南京内织染局的住坐匠，除了由当地机户因匠籍关系采取就地供役而外，它的另一个来源，多取之于苏、松、杭、嘉、湖五府的“巧匠”，连“家小”一起被强制迁移南京。

南京神帛堂的住坐匠，“洪武时定额四百户，后太监安宁奏增四十户，俱免杂差，奸民利之，夤缘窜籍其中，至一千一百十四户”①。后有增加，至嘉靖二年，奉诏“以正德时投充者革去百八十九名，而该监仍复护留”。结果查照“旧例复四百四十户之数，余尽革之”②。后来规定“其各匠优免，宜如正德六年例，系近年投充者听贴二丁，毋得影射占全”③。可见这里的工匠投充者为多。这是因为“应天赋役繁重，富人多投内监神帛堂以避”④，争取依附的原故。

南京留京供应机房的工匠，大概是一些临时分派民间的“应用机户”。据万历四十四年记载，当时内监吕贵因加派“乃欲括民机，以恣朘削”。有人弹劾他时曾引用“敕书”的规定，“应用机户外，不许佥派，扰害平民”⑤。可见“应用机户”是政府指派选定来应差，专门承造临时的派织。由此可见，南京的官手工业机构中的工匠制度，大多都是明初形成的，后来也有人想更改，终因是“祖制”，仍复旧规。

明代外省织染局系统中使用的工匠，主要是存留匠，它属于轮班匠中的一部分。各地匠籍规定分班轮流赴京服役，但每年凡是有织染局的地方，一定留存一部分工匠执役于本地的织染局。如徽州府织染局“岁造綵段，以所属六

① 《明世宗实录》卷二二、九一。
② 《明世宗实录》卷二二、九一。
③ 《明世宗实录》卷二二、九一。
④ 康熙《江宁府志》卷一八《宦绩传》上。
⑤ 《明神宗实录》卷五四七。

县工匠为之”①。又如明代的浙江嘉兴府，手工业十分发达，被明政府划定的匠户有5277户，工种有72，每年除赴京服役之外，还有427户留存在本府织染局作工。本局需要工种有8项，所以执役者有箝匠8户。篗匠4户、挽匠4户、络丝匠29户、经络匠1户、打线匠19户、织匠18户、染匠42户，共125户。除此而外，还有其他工种服役者302户。②

明代外地织染局，在经营生产方面，曾发生过各种变化。往往因经营不善，赔累浩大，有的因“匠户雕耗”，也有的因产品质量不佳。因之诏令罢停。尤其是在成化二十一年和嘉靖四十一年，明政府改变了轮班匠服役的办法，采用输银代班之后，有的织染局免强维持生产，采取雇佣工匠的办法，有的采取停产市买的办法，更多的是采取利用民机领织的办法。宁国府织染局的演变较为典型。该局建立于洪武四年（1371）与五年之间，额设络丝匠98人，染匠45人，线匠15人，络纬匠9人，岁造段匹额定796匹。但该“局自弘治后，匠户雕耗，市币皆官为市易”。这就是说该局已停止织造，岁造任务通过市易段匹来上纳。自这次大转折之后，仍有人出来重新恢复生产，结果是徒劳无效。如嘉靖八年至十一年（1529～1532）间，知府屠应坤“议从局织造，遣富人贸丝，捐资有至数百金者。（由于）匠丁不娴业，陪出雇值，胥切病之，去任乃已。仍令商领织充贡”。这次失败后，乃由官府“令商领织充贡”。至隆庆二年至三年（1568～1569）之间，知府锺一元“议请裁革官员，其堂长、匠户，量征丁银，充价如故”③。就这样正式恢复了“匠班银”的办法，岁解段匹的贡纳任务完全由地方官府承担了。从此之后，宁国府织染局与全国除苏州织染局、杭州织染局之外的其他织染局命运一样，名存实亡，不承担或很少承担段匹的生产任务，只是协助地方官府管理有关岁造段匹的具体事务，多与机户打交道，如加工订货、分配银两、验收产品、解送岁造段匹等。

明代后期官营织造普遍利用机户领织的生产形式，来完成上交段匹的任务。所谓领织具体说就是官府通过包揽人，分配给机户的一种加工订货的生产

---

① 《宣宗实录》卷八五。

② 康熙《嘉兴府志》卷三《户门》。

③ 以上引文均见嘉庆《宁国府志》卷一二《舆地志》，《古迹》上。

形式，这种办法最早是在正统二年（1437），金华府织染局织造停止后，一直在金华县的机户中实行。[①] 至嘉靖初年，领织方式已在苏州、杭州地区盛行。嘉靖十四年（1535）二月，刑科给事中王纴奉派到苏杭督查段匹。他回京后向皇帝具体建议如下：

条陈织造十二事：

一、戒挪移。各省织造银两，多出里甲丁田并无碍官银。有司往往取充他用，致亏课额。宜会计一岁合用银若干，某郡县征派若干，应于某项取给，当官验收，转解司府给散机匠。

一、禁分例。往年织造缎匹，估价过高。奸胥黠吏扣除需索，无所不至。故机匠仅得其半，而织造滥恶。宜酌定价值，著为成规。织完验收，封识之处，明书轻重长短、价值数目，以便稽核，仍前侵扣者罪之。

一、审织户。所司籍机户之贫富，分为上、中二等，编排甲头，分派领织，勿使贪猾者蠹其间。

一、择委任。征派之始，慎选廉干府佐司其事。织完之后，即委官运解，责令刻期回销。

一、祛冒领。各省岁造，宜于在官织户，量其产业高下，以为领织多寡。每十人一连，许其互相觉察。有重名包揽，规图分例，及知而不举者，罪坐之。

一、戒专私。出纳料价，郡县长吏宜协僚佐及专管委官公同该局给散，毋得自专，以滋干没。

一、禁截解。盖截解之弊，苟纾目前，竟成逋负。宜俟织造通完，方许验收，依期起解。不得截数零解，以图拖欠。

一、严限期。织造银两，宜令每岁六月终征完，七月中解府给散。立限织造，刻期验纳；次年二月终到部。过期者，论治如律。

一、处织地。各县如金、衢、温、台、常、镇诸郡不习挑织者，皆佣他处工匠。宜令诸郡征价，赴苏、杭等处机匠领织，官为督发。

---

① 《正统实录》卷三〇，康熙《金华府志》卷一四《宦迹》。

一、究抽换。起解缎匹，两头附织素丝，备书岁月并织役姓名、轻重长短数目，用印钤记，以防抵易。

一、清拖欠。节年缎匹银两，往往逋负，皆由收头机户侵牟所致，宜严立期限程督之。

一、严实法。旧例，缎匹拖欠及滥恶者，所司皆逮系论治，或夺俸降级。今法久人玩，宜严为申饬，以示劝惩。”

上纳其言。①

王纴的陈述，不仅全面地提出了领织生产中所出现的问题，又拿出了纠正的具体办法。他的着眼点是放在完善这一新的办法上，把它扩大化而推行于更多的地区。例如，他建议金、衢、温、台、常、镇诸府的织染局，放弃“佣他处工匠”的老办法，采取对工匠“征价”。再到苏、杭地区利用机户进行订货。他的建议对于明政府和广大机户，都是有好处的。因之，嘉靖皇帝便加以采纳实行，使领织生产进一步获得广泛的发展。

这种领织在当时不仅盛行于苏杭和浙江各府，南直隶各府州地方也普遍推行。如嘉靖二十四年（1545），在南京曾有“诏取后湖赎银，发机户织造太庙乐舞生祭服”②。万历三十一年（1603）正月，“承运库太监孙顺，妄据机户王一卿等言，请将常州、徽州、宁国、扬州、广德五处，选殷实机户，先纳后领，每疋扣羡余四钱，随段解进，为官民两便。……有旨从之。”③ 从这里可以看出，以上五府的每年岁造段匹，自万历三十一年以后，都由“殷实机户”包揽领织，效果不错，不但完成岁造的任务，每年还可以获得8000两的羡余④。

明朝中期以后，由于商品经济的发展，不仅促使工匠制的瓦解，又直接导致了官手工业的衰落，以及各地织染局生产的凋敝。而新出现的机户领织生产形式，又能盛行于江南地区，其原因是由于它符合商品经济发展趋势，适应社会的需要，它的出现给手工业者带来了实惠，使机户产生了新的生产热情和兴趣，对生产总是起了好的作用。

---

① 《明世宗实录》卷一七二。
② 《明世宗实录》卷二九七。
③ 《明神宗实录》卷三八〇、五〇〇。
④ 《明神宗实录》卷三八〇、五〇〇。

明代中期开始，明政府对江南地区的缎匹增派就不断加重，越来越重，自天顺四年（1460），明统治者遣中使往苏、杭、嘉、湖五府，于常额外增造綵缎7000匹，“增造坐派于此始”①。至嘉靖年间，由于大肆赏赉，使缎匹缺乏，遂以题派增加织造，如嘉靖二十三年，加派浙江等处缎匹，费银30万两②。三十年又命浙江、苏、松等处增织纻丝罗共86300匹③。三十三年又命浙江、福建、南直隶苏松等府织造各色花样纻丝、纱、罗共30150匹④。这些数字都远远超过岁造额数。至万历时期，增织成为常例。从三年起，“时以大婚赏赐浩繁”，岁造外添织9万余匹。七年添织73000匹，十五年派浙江、南直隶苏松等府织造各色段匹，一次即达127315匹，需银160余万两⑤。直至三十二年，神宗仍“以段匹系上供急需”为名，仍“连年加派络绎”，更对“各处所欠旧派，仍严行勒限催解，毋许稽延”⑥。这样大量加派，“征输繁重”，“重困此一方民”，使“民不聊生”。再加上明代实行太监督管织造的制度，这些人去后大肆掠夺，造成了“苏杭大扰”，“民不堪命”，导致江南机户“家家闭户割机”，“杼轴皆空”，“相率改业，佣工无所趁食”⑦。所以谭希思感慨地说：“今天下之为民害者，孰有甚于监督织造之使乎？”⑧

明政府对机户的控制和掠夺，使江南苏杭一带的丝织业，始终难以突破封建关系的束缚，根本不具备有发展资本主义的有利历史条件。

明政府在南京、苏、杭的官手工业机构中，聚集了大批的能工巧匠，不计工本地精雕细镂，所产的织锦非常驰名，在我国纺织史上占有极重要的地位，特别是“织金妆花之丽，五彩闪色之华”的龙袍，“一袍费至百余金，一匹价可十余两”⑨。织造这种“针指结龙凤之奇形，式样费机梭之巧织”的缎匹，

① 《明史》卷八二《食货志》六。
② 《明世宗实录》卷二八五、三七八、四一四。
③ 《明世宗实录》卷二八五、三七八、四一四。
④ 《明世宗实录》卷二八五、三七八、四一四。
⑤ 《明神宗实录》卷一八七、三九八。
⑥ 《明神宗实录》卷一八七、三九八。
⑦ 《明神宗实录》卷三六一。
⑧ 《明大政纂要》卷四六。
⑨ 《皇明两朝疏抄》卷四《差造类》杨一清《悯人穷以昭圣德疏》。

就需要在机张设置、织工搭配、图案构思、花本设计乃至织作工序等方面特别讲究。这种不惜工本织成的精品，必然是民间丝织业所难以企及的。一件龙袍的刺绣织作，不知耗费多少人工，据“陕西抚院贾侍问疏称：该省应造万历二十五年龙凤袍共五千四百五十四，额设机五百三十四张，该织匠五百三十四名，挽花匠一千六百二名，新设机三百五十张，该织匠六百五十名，挽花匠七百五十名，挑花、络丝、打线匠四千二百余名。”①“龙凤袍料”的图案、花色极为丰富多彩，所以工人织绣特别费工。

北京十三陵定陵发掘出土的龙袍，系“朱翊钧在大典的日子里穿的，上面有十二个团龙，龙的形态各不相同”。“百子衣：是孝靖后王氏用的，罗制、对开禁、罗上绣双龙寿字，周身用金线绣八宝：松、竹、梅、石、桃、李、芭蕉、灵芝及各种花草，并绣百子。百子生动活泼各具姿态：有捕捉小鸟的，有因为猫捕蝶按住打猫的，有捉迷藏的，有登上凳子摘桃的，有围在一起戏鱼的，有在水盆洗澡的，又有在旁边喷水的，有放风筝的，有执伞盖的，有跳绳的，有看书的，也有假装教书先生的。百子图不仅绣得神态自然，维妙维肖，而且各种姿态变化很多，毫无拘束。它表现明代丝织工人的高超的织绣技术”②。这些丝织品大部分是由南京及苏杭地区的织工织绣而成，而且是官手工业机构的产品，所谓“上用龙袍及各样新出细巧花样颜色，总非民间所易知。”③

明人描写苏杭一带丝织技艺道：“诸家字体，随意书之，付机工起样，织成纻丝或卷轴，青地黄字，体势不变发差，佳制也。”④ 对于精美的织锦产品，田艺衡也慨叹道：“今宋锦禁而汉锦出矣，吾不知夏商周之锦又何如也。”⑤

三、冶炼业

明代遵化铁厂是当时全国最大的官营炼铁厂，据弘治《重建铁冶厂城碑记》指出：“遵化铁冶创自中唐，历经宋元，至今”。明朝建厂时间，大约在

① 陈汝锜：《甘露园短书》卷五。
② 《定陵——地下宫殿》，北京人民出版社 1973 年 8 月版。
③ 《明神宗实录》卷一二一。
④ 弘治《吴江志》一五《艺文》莫旦《苏州赋》。
⑤ 《留青日札》卷二二《我朝服制》。

永乐元年（1403）春季，据《太宗实录》卷二〇记载，永乐元年五月“宥杂犯死罪以下囚徒，死罪发戍兴州，流罪遵化炒铁，役满放还。”又据该书卷四九记载，永乐三年，都察院奉命“详定原议笞杖、徒流罪条例”，把流罪徒，具体分为充军和不充军两部分，其中“于遵化炒铁”，仍是不充军那部分人的一个重要安置地，这两条材料都可证明此厂建立于永乐初年。

明代炼铁竖炉及熔炼技术的情况，据《涌幢小品》卷四《铁炉》记载：“遵化铁炉深一丈二尺，广前二尺五寸，后二尺七寸，左右各一尺六寸。前辟数丈为出铁之所，俱石砌。以简千石为门，牛头石为心，黑沙为本，石子为佐。时时旋下，用炭火置二韛扇之，得铁日可四次。妙在石子产于水门口，色间红白，略似桃花。大者如斛，小者如拳，捣而碎之，以投于火，则化而为水。石心若燥，沙不能下，以此投之，则其沙始销成铁。”“生铁之炼，凡三时而成；熟铁由生铁五六炼而成；钢铁由熟铁九炼而成。其炉由微而盛，由盛而衰，最多至九十日则败矣。”特别是用萤石作熔剂，文献记载以此为最早，具有重要意义。

该厂产量，据《宣宗实录》卷一四记载：宣德元年（1426），“行在工部作军器需铁，江南不及，遂取遵化铁冶二十万斤。”再据《明会典》卷一九四《遵化铁冶事例》记载：成化十九年曾令“岁运京铁三十万斤”。正德四、六年，两年产量为最高，每年共炼生铁486000斤，熟铁208000斤，钢62000斤，正德四年、嘉靖八年，每年解京熟铁均为208000斤。

该厂的隶属关系，永乐时领以遵化诸卫指挥。宣德末改属工部，设主事主持厂务，所用劳动力来源很复杂，永乐建厂初，役使各种夫匠共2560名，正统三年，计有民夫683名，民匠220名，轮班匠630名，军夫462名，军匠83名，囚徒100名左右，合计2100名，其中民匠负责“炒炼熟铁”，是厂中的主要工种，系住坐匠性质，一年上工半年，上工时月支口粮3斗。民夫是民匠的助手，系里甲轮流当差，十年轮流一次，上工半年，上工时支口粮月3斗。轮班匠，主要干活是辅助工作，系重体力劳动者，4年上工一次，一次工期为3月，“按季办柴炭铁沙”。军匠担任“炒炼生铁”，是厂中的骨干力量，军夫是军匠的助手，“岁办柴炭铁沙”。各军（包括军匠、军夫）“每名岁支行粮十石八斗（即月支口粮三斗，月粮六斗），冬夏衣布二匹，棉花二斤八两”。囚人每名日给粟米1升。

明政府于成化二十一年、嘉靖四十一年改变轮班匠服役的办法，一律征收匠班银，在这样的趋势下，遵化铁冶厂又因机构庞杂，开支太大以及燃料耗费过高等原因，不能继续生产。因之，遂采取收银买铁的办法。据《明会典》卷一九四《遵化铁冶事例》记载：嘉靖四十五年，征收蓟州、遵化、丰润、玉田、滦州、迁安本厂山场地租银781两，万历元年"额征顺（天）、永（平）二府民夫银二千八百九十五两，班匠银二百九十二两，共计四九六八两"，当时市场上优质熟铁每斤价一分二三厘，这样采取买铁的办法比生产铁还要便宜。所以明政府令封闭了这座铁厂，"万历九年题准，将山场封闭，裁革郎中及杂造局官吏，额设民夫匠价，地租银征收解部，买铁支用。"以上系遵化铁冶厂的始末，共存在了178年。

四、铜冶铸业

大型、特大型铸件代表着封建社会后期金属冶铸业的生产规模与技术水平。今天，北京大钟寺保存的永乐大钟，推断大概是永乐十八年左右铸造，一直藏汉经厂，万历五年建万寿寺，移此钟于寺，清雍正年间又将此钟移至今天的大钟寺。这口钟高6.75米，钟口直径3.3米，重达4.6万多公斤。大钟上铸有御制佛经和其他重要的佛经七部，汉文咒语一百多项，全由楷书写成，至今清晰可辨。该钟共铸有汉文佛教铭文225939字，梵文佛教铭文4245字，总共230184字，是世界上铭文最多的大钟。[①] 大钟合金成份为：铜80.54%、锡16.4%、铅1.12%，钟体铸型由七段铸范和泥蕊组成，蒲牢先铸，于浇铸钟体时铸接成一件，浇注用槽注法。[②] 该钟又具有良好的声学特性，钟声可达数十里之遥。所以号称为世界"钟王"。

又有北京钟楼上悬挂的大钟，也是明代的一大杰作。该钟于永乐十八年铸于北京铸钟厂，材料为锡青铜合金，所以撞击时声音宏亮、绵长，且高踞47.9米高的钟楼之上，一经敲击，"都城内外十有余里莫不耸听"。测量结果表明，该钟总高5.55米，钟体高4.50米，悬挂部件1.47米，大钟下沿直径3.40米，顶部直径2.52米，总重量为63吨。这样，它的钟口直径比永乐大钟

---

① 见1988年3月18日《北京晚报》。

② 夏明明：《明永乐大钟》，《北京考古与文物》1982年。

超出10厘米，重量超出16.5吨。[1]

明前期，工部监制的宣德炉最为驰名，这时大量用金属锌配制黄铜，用以铸造鼎彝等物。从吕震等撰《宣德鼎彝谱》等书的记载来看，宣德炉的制造与永乐时期明朝实行扩大的朝贡贸易政策以及郑和下西洋有密切的关系。当时各国贡使来中国与郑和七次下西洋，从各地带回了大量的稀有金属及各种矿砂，直接促进了铸铜业的发展。

据说铸铜工匠在铸造中不断添加稀有金属和各种矿砂，经过无数次的实验，直到宣德时在铸造工艺上才取得了新的成就。如宣德炉所用料多达30余种，除国内辰州朱砂、云南黑白棋子、玉田砂等原料外，大部分材料多来自国外。铸造工艺，每一斤铜炼12次，仅存精铜四两，再添加其他矿料，然后再进行加热铸造，铸件初成后，又以赤金、水银等物涂而熏之，故所成铜器，光色焕发，与寻常铜器迥然不同。所以人们赞称宣德炉的成色是“玉石俱焚金亦变，浑然莫分金与铜”。最奇特之处在光彩，“宣德炉最妙在色。假色外炫，真色内融，以黯淡中发奇光爇火久，灿烂善变。久不著火，即纳之淤泥中，拭去如故。”具体说，宣德炉的色彩也是多样化，“其色仿宋烧班者，初年色也；蜡茶本色者，中年色也。以烧班掩铜质之精华，故用本色。用番卤同错浸擦为之，其本色愈淡者，末年色也。其色有石榴皮、棠梨、秋白梨、栗壳、海棠红、山楂白、枣皮红、浅深藏经纸、茄皮褐色。其最佳者乃浅藏经、山楂白、海棠红、秋白梨。其次则鎏金色，鎏左肩为覆祥云，腹以下为涌祥云。至于鸡皮色，则火气久而自成耳。苏州伪造者多，蔡家擅名。南铸有甘家，北铸亦有伪造。先嘉靖时，学道前有善铸者，后有施家，施不如学道前。皆取宣铜别器熔铸，总不及宣庙时铜质之精耳。又看炉要看官造民造。官造则大雅，虽极草率，终是大家举止。至于色，万不能伪。宣炉色黯然，奇光在里，望之如至柔之物，近视如肤有肉色，以火爇之，精采善变。不似伪者，外光夺目，内之本质，毫无余蕴矣。”[2] 因此，它可与商彝周鼎媲美，成为中国铜器中的珍品，也可以说宣德炉是明前期对外实行开放政策的产物。

---

① 《“钟王”称号易主》见《北京晚报》1989年9月10日。

② 清王棠《知新录》卷二五。

第六章　明代民间手工业的规模发展

自明朝中叶以来，官匠制度的变化，工匠可以以银役，政府以银雇倩工匠制作，形成“官搭民造”的方式，这就在很大程度上解松了工匠的束缚，提高了生产率，同时也使自由手工业者的数量扩大。随着农业商品生产的增长和商品流通的活跃，民间手工业商品生产也随之发展起来，到嘉靖万历时期，民间手工业渐居于主要的地位，而且无论从生产技术还是经营方式，都有显著的进步。这就使产品的产量、品种、质量都达到一个新水平。

第一节　色彩纷呈的丝织业

丝织业虽是中国古老的手工业之一，但发展到了明代，其工艺的成熟和产品的精良都是空前的。从明中叶开始，由于民间市场需求的旺盛，民间丝织业已大大超过了官营丝织业，特别是江南乡村，寻常百姓家有织机者相当普遍，机杼之声，比户相闻，皆依赖家庭纺织而谋生度日。明代丝织业以江南、四川阆中、山西潞安以及闽粤等地所产丝织品为著名。

一、丝织技术的提高

明代丝织技术有明显的提高，从养蚕、缫丝到纺织及纺机工具，皆有新的改进。对蚕种的选择，蚕病的防治，桑叶的培植，育蚕的工艺，结茧缫丝的方法与工具，都有规定的程序和改进之处。

改良桑树，使之多叶而株矮，采叶多而省工。一件丝织品的完成，如果从成茧后开始，要经过缫丝、调丝、络丝、牵经、治纬和开织等多项工序。明代中后期这些工序在工具或操作技术上，都有不同程度的提高。缫丝工序普遍地采用了足踏二人缫车，这种缫车在元代足踏缫车的基础上构造更加机巧，它包括带眼竹针、星丁头（导丝滑轮）、送丝竿、脚踏传动绕丝大关车等部件，一人一日可缫丝30两，大大提高了功效。当时有缫丝六字诀，叫做“出口干”、“出水干”。“出口干”是指在蚕吐丝结茧时，用炭火烘干。“出水干”是指从茧锅中抽出的丝上车时，要用适度的炭火烘干，一般将炭火盆放在大关车下面，制造热风，随缫随烘干。这样所缫出的丝洁净光莹，并且坚韧有力。徐光启在《农政全书》中对此有详细的记载，“以一锅专煮汤，供丝头釜二具，串盆二具，缫车二乘。五人共作一锅。二釜共一灶门，烟入于卧突，以热串盆。一人执爨，以供二釜。二盆之水，为沟以泻之，为门以启闭之。二人直釜，专打丝头。二人直盆主缫。即五人一灶，可缫丝三十斤，胜于二人一车一灶缫丝十斤也。是五人当六人之功。一灶当三缫之薪矣。”[①] 这种缫丝工序既可节省人力，多出丝，又可节省燃料。牵经工具在明代后期使用溜眼、掌扇、经耙、经牙等装置，其完善的程序远远超越前代。治纬的工具主要是纺车，这时的纺车运用了曲柄和轮轴的机械原理，构造简单，操作方便，纺车的铤（即锭）上套有粉笔大小的竹管（緯管），“摇车转铤”，簔丝便可层层绩于緯管之上。开织是丝织业最重要的一环，明代的织机也有了改进。

宋应星在《天工开物》中记录了花机和腰机两种丝织工具。腰机规制较小，“织匠以熟皮一方置坐下，其力全在腰尻之上，故名腰机。”专织平面的丝织品，一人操机，技艺高的也可以织出精品。花机实际上是一种提花机，沿袭元代或明初式样，专织上等丝织品，可织花纹，规制较大。花机构造非常复杂，长达1丈6尺，有特殊的花楼及配套装置，包括楼门、涩木、老鸦翅、铁铃、花楼、衢盘、衢脚、叠助、眠木牛的杠、称庄等多种部件。中间“花楼”高丈余，两人操作，一人在楼门下，专职织纬，叫织匠；一人在花楼上，生产出精丽的绸缎。[②] 由于它构造完善齐备，再加上织者技术高超，可以织出画师

① 徐光启：《农政全书》卷三一。

② 金淮：《濮川所闻记》卷三《织作》。

所绘任何花纹和图案。再如福州的织缎机原为五层，弘治时，工匠林洪将它改为四层，称为“改机”，提高了产品质量。[①]“改机，故用五层。明弘治间，有林洪者，工杼柚。谓吴中多重锦，闽织不逮。遂改段为四层。故名改机。”[②]江南濮院镇织纱绸，多用土机，万历年间，有机户沈大德改为“纱绸机”，所产之纱绸“质细而滑，且柔韧耐久，擅绝海内外”[③]。崇祯《吴县志》记录了明末苏州的绫机、绢机、罗机、纱机和绸机五种丝织机，每种织机构造多不尽相同。[④] 说明其时织造不同的丝织物已各有专门的织机。《天工开物》中记载了一种大型的斜身式小花楼机，这种织机的机架结构和功能已比较完善，有效地提高了织机的适应能力，产生出新的工艺技术和生产方法，使织物的内质逐渐坚固精致，外观更加光亮平挺。织机的斜身式改进，也为状花技术的快速发展提供了前提条件。妆花技术的运用，首先是出现在斜身式小花楼织机上的，由于受小花楼花本上机的限制，妆花纹样一般很小，所用色彩也不多。定陵出土的六则小团龙妆花罗匹料，就是较典型的一例，其妆花的小团龙纹样，直径只有1.5寸，用色四种，无金包边，地为小万字纹，小花楼上机只须两个花本，匹料长10米，有腰封。用小花楼机织造的妆花，都是在大面积地纹暗花上妆点少量的鲜艳色彩，虽有一种锦上添花的效果，但远不如大花楼织机织造的富丽堂皇，更能体现出妆花的特点，所以实际上妆花织物基本上是由大花楼机织造的。

随着织机的变革演进，花本也相应地发生了很大变化，并反过来促进了织机的变革。花本的制作，称为“挑花结本”，技术难度很高，尤其是妆花花本的制作就更难，不仅要把纹样按织物具体的规格要求计算“分寸杪忽”，将纹样在每一根线上的细腻变化都表现出来，还要按纹样图的规律，把繁多的色彩织造出来。由于妆花织物花多彩多，纹样不对称，拼花的技术要求也就很高。宋应星记载说：“凡工匠结花本（织花的样稿）者，心计最精巧”，“画师先画何等花色于纸上，结本者以丝线随画量度，算计分寸杪忽而结成之。张悬花楼之上，即织者不知成何花色，穿综带经，随其尺寸度数提起衢脚，梭过之后，居然花现。”

① 《古今图书集成·考工典·织工部》。
② 万历《福州府志》卷三七《食货志一二·物产》。
③ 茅元仪：《武备志》卷一〇五。
④ 崇祯《吴县志》卷二九《物产》。

“天孙（天上织女）机杼，人巧备矣”①！花本可以反复循环使用，也可以移入它机使用，把纹样作为花本，初期投入大，但使用效率高，是很经济的。

此外，在练染等技术方面也有很大的改进。丝绸色彩的变化，既与统治者的令典规定有关，又与人们的崇尚爱好有关。明代取法汉唐，以赤为尚，黄、黑二色只有帝王可用。因此天顺二年（1458）重申，官民衣服不得用“玄黄、紫及玄色、黑、绿、柳黄、姜黄、明黄诸色”②。按规定，官员四品以上可服绯色，五至七品可服青色，八品以下服绿色，红色中的大红，只有四品以上以及在京五品以上官和经筵讲官可以服用，所以供赏赐官员之用的地方织染局中的岁造纻丝大多只有红、青、绿三种颜色。对妇女服色，洪武五年（1372）“令民间妇人礼服惟紫绝，不用金绣，袍衫止紫、绿、桃红及诸浅淡颜色，不许用大红、鸦青、黄色，带用蓝绢布”③。上述种种规定，使得民间丝织生产只能在令典允许的范围内发展染色技艺。同丝织生产规模、生产方式进一步发展相适应，明末江南的丝绸染色业更加发展。到明末，丝绸色彩至少达120余种，更值得注意的是，有不少色彩是明末新出现的。如按崇祯《松江府志》的记载，水红、金红、荔枝红、橘皮红、东方色红、水绿、豆绿、蓝色绿、天蓝、天色、月色、浅蓝、墨色、米色、鹰色、沉香色、莲子色、铁色、玄色、鹅黄、松花黄、葡萄紫等20余种色彩都是当时新出现的流行色。这些新的色彩的产生，是与当时染色技术的发展有关的。④

二、丝织品种的不断创新

明中后期起，不少城镇的丝绸生产方式也有了新的变化。丝绸种类有缎、锦、纱、罗、绸、绢、绉、绫等，品种多达数十种。一般说来，江南丝稠生产可以分为高级绸缎和低级丝绸两大类。高级绸缎指先染丝后织造的绸缎，即“熟货”；低级丝绸指先织后染色的丝织品，即“生货”。熟货主要在织造染色技术水平高超的苏杭宁镇等大中城市织造，生货主要在织染水平一般的湖州、

① 宋应星：《天工开物》卷上《乃服》。

② 《明史》卷六七《舆服三》。

③ 《明史》卷六七《舆服三》。

④ 参见范金民、金文著《江南丝绸史研究》，农业出版社1993年10月版。

嘉兴府城及广大丝织专业市镇生产。具体来说，苏州产的花缎最有名，南京产的素缎最著名，缎类之一云锦也有名，杭州产的宁绸、线绉最著名，镇江以出江绸、元青线缎闻名，湖州产花、素绉和绸，盛泽、濮院、双林、临平、震泽等丝织市镇多产绸类，双林还以纱类著称。①

苏州集中了数量很大的丝织工人，丝织品有绫、罗、纱、绢、锦等。弘治时，苏州所织海马、云鹤、宝相花、方胜等类图案的锦，当地人说其“五色炫耀，工巧殊过，犹胜于古”。同时期苏州生产的纻丝，“有金缕彩妆，其制不一，皆极精巧”，上品称“清水”，较次的称“帽料”，再次的称“倒挽”，“四方公私集办于此”。罗有刀罗、河西罗之别，有花素两类。纱，素的称银条纱，花的称夹织，花素都有金缕彩妆数种，还有“轻狭而縠文者”称绉纱。绢，无论生熟，“四方皆尚之”②。

杭州丝织品品种繁多，在具体工艺中有不少创新之处。据成化《杭州府志》载，有缎、罗、锦、剪绒、纻丝、绫、绸、绢、纱、纺和縠等。官营织造大多根据朝廷指定的纹样，十年一换，变化较少。而民间所用的织物，在图案上可以任意发挥，花样日新。其中杭产的秋罗、绮罗均为当时名产。杭州世产吴绫，嘉靖时有一种俗称油缎子，质厚紧密，光泽鲜艳，在暗室中以手抚摩可以放光③。纱是宜于南方所用的轻薄织物，明崇祯时杭州织的皓纱，由蒋昆丑创制，故又称蒋纱。创作者迎合浮华的时尚，注意到质色厚重并不受人欢迎，“乃易以团花疏朵，轻薄如纸，携售五都，市廛一哄，甚至名重京师”④。

南京民间丝织业有很大发展，成化年间，南京发生了两起贡使定织违禁缎匹案，为我们了解有关情况提供了最详细的材料。成化十二年（1476），暹罗国王遣使进贡明朝，次年八月初抵泊南京龙江关，随将带来象牙、苏木等委托当地人变卖银两定织各色缎绫。成化十三年十一月初六日，安南国行人裴准进贡停泊上新河，由南京金吾左卫右千户将带来象牙作价，到各机户家定织各色

① 参见范金民著《明清江南商业的发展》，南京大学出版社1998年8月版。
② 正德《姑苏志》卷一四《物产》。
③ 田汝成：《西湖游览志余》卷二二。
④ 黄士珣：《北隅掌录》卷下，引《江皋杂识》。

绫绸缎匹。[①] 这类贡使私织缎匹案，反映出民间丝织业加工定织的复杂过程，也使我们了解到南京民间丝织物的品种。外国贡使共定织了价值2000余两的各色缎、纻丝、罗、绢、绫、绸，以及由丝织品做成的女袄、手巾、槟榔袋等，其中绝大部分是纻丝。缎匹价格因品种色彩各异而有所不同：蟒龙大红缎每匹14.5两，青拱白锦纻丝每匹9.2两，间道抹绒纻丝每匹9两，五色抹绒幔边纻丝每匹6.4两，遍地织金纻丝、闪色纻丝每匹7.78两，兰红花各色纻丝每匹1.1两，平均每匹7.18两。这么高的价格，在民间丝织品中是很少见的，它甚至超过了一般的官局织品。到正德时，南京民间丝织业又有所发展。正德《江宁县志》载，纻丝，俗称缎子，“有花纹，有光素，有金缕彩妆，制极精巧”；纱，原有花纹、绢纱、四紧纱，此时又有银条纱、绉纱、土纱、包头纱，银条纱和绉纱的“彩色妆花，亦极精巧”；罗，有府罗、刀罗、河西罗，“其彩色妆花，与纻丝同”，都有花素之分；绢，有云绢、素绢、生绢、熟绢，“彩色妆花，亦与纱同”[②]。南京还产一种锦，称云锦，用五彩斑斓的丝织成，如同天上的云彩，达数十种色彩，艳而不俗，繁而不乱。

嘉靖以后，民间丝织业又获得长足发展。明后期，各地出产的丝绸，还新增加了一系列新产品。其透孔轻柔者如吴越秋罗，闽广怀素，是一种高级夏装料，是用“两梭轻，一梭重”[③] 的手法织成。嘉湖生丝，天下称妙，宋应星说嘉湖丝“任从提挈，不忧断接。他省者即勉强提花，潦草而已”[④]。由此，湖丝倍受青睐。湖州丝又以菱湖、洛舍、南泽、七里、德清和安吉最著名。《永乐大典》载：“安吉丝尤好。”又《湖州府志》云：“湖丝唯七里尤佳。”七里湖丝具有“细、圆、匀、坚”和“白、净、柔、韧”的特点，质地极优，是湖丝中最精品，朱国祯说：“湖地宜蚕，新丝妙天下……湖丝唯七里者尤佳，较常价每两必多一分，苏人入手即识，用织帽缎，紫光可鉴……为法愈密，所产益良，前后凡二十年，岁无败者。”[⑤] 又徐光启《农政全书》载：“东南之

① 王恕：《王端毅奏议》卷四《参奏南京经纪私与番使织造违禁纻丝奏状》。
② 正德《江宁县志》卷三《物产》。
③ 方以智：《物理小识》卷六《花机》。
④ 宋应星：《天工开物》卷上《乃服》。
⑤ 朱国祯：《涌幢小品》卷二。

机，三吴、闽、越最夥，取给于湖茧。”苏州之丝织原料皆购自湖州①，“福建所仰给他省者，独湖丝耳”②。如紫薇绸，又称天水碧，原为南唐以来宫禁织品，明后期海宁硖石人“积梅雨水，以二蚕茧缫丝织成，有自然碧色，索上价”③。兜罗娑，原为日本等国贡品，杭州仿制而成，为“外方罕觏”之精品。

苏州地区，绸共有绞线织的线绸，捻绵而成的绵绸，数根线攒成的丝绸，俗称杜织的粗绸、绫机绸、瑞麟绸、绉绵绸等；绢类增了裱绢、榨袋绢、秋绢，锦有遍地锦和制作帐、褥、被的紫白、缕金、五彩等种类；绒有线绒、捺绒、纹绒等④。湖州双林镇，“正嘉以前，南溪仅有纱帕。隆万以来，机杼之家相沿此业，巧变百出。有绫有罗，有花纱、绉纱、斗绸、云缎，有花有素；有重至十五六两，有轻至二三两；有连为数丈，有开为十方，每方有三尺、四尺、五尺、长至七八尺；其花样有四季花、西湖景致、百子图、八宝、龙凤，大小疏密不等。各直省客商云集贸贩，里人贾鬻四方，四时往来不绝。又有生绢、宫绢、灯绢、裱绢，俱付别工小机造之。今买者欲价廉而造者愈轻矣。”⑤四川蜀锦，“蜀中锦有真江湖州大百花，孔雀锦有四色，百花孔雀锦有二色，湖州大百花孔雀锦。此盖蜀中仿湖州为之”⑥。蜀锦织法特殊，产品精良，“一缣五十金，厚数分，织作工致”⑦。“蜀锦刻丝，与通盘龙盘枝，则截梭斗合，节节换法矣。机杼之巧，殆天工乎”⑧。

广州是少数几个丝绸产地之一，所产粤缎“质密而匀，其色鲜华，光辉滑泽”，粤纱“金陵、苏、杭皆不及。然亦用吴丝，方得光华，不褪色，不沾尘，皱折易直。故广纱甲于天下，缎次之”⑨。广州出产的线纱、牛郎绸、五丝缎、八丝缎、云缎、光缎，“皆为岭外京华东西二洋所贵”⑩，不但产量有

① 周之珙：《致富奇书》。
② 王世懋：《闽部疏》。
③ 李日华：《紫桃轩杂缀》。
④ 嘉靖《吴邑志》卷一四《物货》；崇祯《吴县志》卷二九《物产》。
⑤ 乾隆《湖州府志》卷四〇《物产》引《双林镇志》。
⑥ 同治《湖州府志》卷三三。
⑦ 王士性：《广志绎》卷五《西南诸省》。
⑧ 方以智：《物理小识》卷六《花机》。
⑨ 嘉靖《广州府志》。
⑩ 屈大均：《广东新语》卷一五《纱缎》。

限，抑且主要用于出口，内销有限。福建漳州、泉州纱绢、倭缎也有特色，纱帽泉蓝，号称衣被天下。山东在明代生产丝、绢、绫、绸、茧绸等。据嘉靖《山东通志》卷八《物产》记载，兖州府产镜光绫、双距绫等。临清是东昌府最主要的丝织品产地，产品有首帕、汗巾、帕幔等，行销颇远。京师、开封、甚至北部边镇宣府，都有专门经销临清丝织品的店铺，与南京、苏杭罗缎铺、山西潞绸铺、泽州帕铺等比肩相争。其中尤以帕幔最为精美，堪称第一流的佳品，府志称“临清工组织，帕幔备极绮丽，转鬻他方”[①]。济南府历城县所产丝织品有黄绢、绵绸、屯绢等数种。黄绢，蚕丝所成，为一般衣服之用；绵绸，“较绢密而贵”，是较高档的丝织品，邑人有诗曰：“织残少妇机头月，裁作高龄架相衣”，大约只有老人及地位较高者才服用；屯绢，“卑官下吏皆用之”[②]，当系较低档的丝织品[③]。山西潞安府是丝织业又一中心，这里出产的潞绸很有名，质量高，当时有“西北之机，潞最工”[④]之称。反映了明代丝织品的花样翻新和技艺的提高。

三、丝织专业区域的出现

明朝中后期，丝绸作为一种高档消费品，向美观、耐久、实用方面发展，为更多的消费者所喜爱和享用，其生产规模和数量有了很大增长。有人估算，江南民间丝织业最为兴盛时，南京、苏州和杭州三大丝织城市的织机总共在5万~5.5万张之间，盛泽等市镇和乡村织机约为1.5万张，总计约为7万张。如果加上无法估计的镇江、嘉兴和湖州等城市，乌镇、硖石等市镇及其周围乡村，江南民间织机总数有可能达到8万张。明代官营织机约有3500张。明后期江南民间织机约1万台，最多不超过1.5万台，每年生产约价值38万两银的各类绸缎，即或绢54万匹，或绸38万匹，或纻丝10万匹[⑤]。山西潞安府

---

① 《如梦录》街市纪第六；《古今图书集成·职方典》卷一五五《宣化府风俗考》。

② 崇祯《历乘》卷一二《方产》。

③ 参见许檀著《明清时期山东商品经济的发展》，中国社会科学出版社1998年6月版。以下关于山东丝织业、棉织业等发展的材料，均转引该书，不再一一注明。

④ 郭子章：《郭青螺先生遗书》卷二〇《蚕论》。

⑤ 参见范金民、金文著《江南丝绸史》，农业出版社1993年10月版；范金民著《明清江南商业的发展》，南京大学出版社1998年8月版。

“在昔全盛时，其登机鸣杼者奚啻数千家。彼时扬力全盛，海内殷富，贡篚互市外，舟车辐辏者转输于省直，流衍于外夷，号称利薮。其机则九千余张”。后虽由于兵火凶荒，潞安府的丝织业生产遭到极大破坏，但直至“明末尚有二千余张。”① 他如福建泉州所生产的丝织品，也畅销中外。“泉人自织丝，玄光若镜，先朝士大夫恒贵尚之，商贾贸丝者大都为海航互市”②。四川保宁，也“有丝绫文锦之饶”③，其产品除供应本地区的需要外，“而其余且以货诸他郡，利云厚矣”④。

江南是丝绸之府，其中以苏州、杭州、湖州等三吴地区最为发达。这里工匠集中，生产规模大，品质好，花样多，所有的新品、上品非此莫属。明人王士性论天下物货所聚，首列“苏杭之币”⑤。万历时杭州人张瀚也说：“余尝总揽市利，大都东南之利，莫大于罗绮绢纻，而三吴为最。即余先世，亦以机杼起，而今三吴以机杼致富者尤众。”说明在江南，丝绸商品生产的地位最为重要。张瀚又说，南京“三服之官，内给尚方，衣履天下，南北商贾争赴”；杭州“桑麻遍野，茧丝绵苎之所出，四方咸取给焉。虽秦、晋、燕、周大贾，不远数千里而求罗绮缯币者，必走浙之东也”⑥。形象概括了全国各地商人奔赴江南从事丝绸贸易的盛况。如南京，早在洪武时，城西上中下塌场为“屯集缎匹布帛茶盐纸张等货”⑦ 处，丝绸贸易量于此为大。正德时丝织业又有所发展。据正德《江宁县志》记载，南京有104种铺行，其中直接属于丝绸铺行的，就有缎子、表绫、丝绵、布绢、改机、腰机、包头、纻丝、罗、纱、绉纱等，如果加上颜料、染坊、金线等间接与丝绸有关的铺行，种类就更多。由此可知南京民间丝织业发展的情形。

苏州等城市也是如此。苏州城周回40里，分东西二区，西城为公署宦室

① 顺治《潞安府志》卷一《地理·气候物产》。
② 王沄：《漫游纪略》卷一。
③ 张瀚：《松窗梦语》卷四《商贾纪》。
④《古今图书集成·职方典·四川总部》。
⑤ 王士性：《广志绎》卷一《方舆崖略》。
⑥ 张瀚：《松窗梦语》梦四《商贾纪》。
⑦《洪武京城图志》。

和商贾所聚居，东城则是以丝织为主的工业区。“东北半城，大约机户所居。”[①] 嘉靖《吴邑志》卷十四也说：“绫锦纻丝罗绸绢，皆出郡城机房，产兼两邑（吴县与长洲），而东城为盛，比屋皆工织作。转贸四方，吴之大资也。”杭州民间丝绸业集中在城东北区，所谓“业绸者居城东北隅”是也。早期是忠清里、相安里一带，入明即盛，“迄今一乡之人，皆织绫锦为业”[②]。它的产品不仅行销于江南塞北，而且饮誉海外，为众多丝绸商所征逐。前述张瀚在《松窗梦语》中说：“虽秦、晋、燕、周大贾，不远数千里，而求罗绮缯布者，必走浙之东也。”北中国千里之广的地区，都出现了杭州的丝织珍品。顾炎武在《日知录》中也说陕西一带“绵帛资于浙江”。至于西北和东北地区，杭州绸缎主要是通过官方的馈赠和贸易到达那里。西南诸省，如川、滇之间的乌蒙以及金沙江下游的马湖府，“虽僻远万里，然苏、杭新织种种文绮，吴中贵介未披而彼处先得”[③]。小说《金瓶梅》中写到这样一件事：“徽州姓汪的富商，在苏杭收买了几千金绫罗绸缎，前往川中发卖，来到荆州。”这里的情节虽属虚构，但也反映杭州丝绸销往西南地区确实为数不少。此外，杭州丝绸还漂洋过海，销往日本、朝鲜、暹罗（今泰国）、吕宋（今菲律宾）等国。明代实行海禁，但丝绸出洋还是屡禁不止，这可从万历年间的二件走私案中看出。一是“闽人杨才甫者，久寓于杭，与杭人张玉宇善，出本贩卖细绢等货，同义男张明觅船户施春凡与商伙陈振松等三十余人，于七月初一开洋”，赴日本贩卖杭州丝绸；另一件是赵子明等五名省城通番人犯，“向织造蛤蜊班缎匹等货，有周学诗者转贩往海澄贸易，遂搭船开洋往暹罗、吕宋等处发卖，获利颇厚。”[④] 这两件事仅是被抓获的走私案，没有被抓获的就更多。[⑤]

明朝初年，丝织技术还仅限于城内，洪熙宣德间已向四乡辐射，后来便在许多村镇普及开来。如吴江县，“绫绸之业，宋元以前，惟郡人为之，至明（洪）熙、宣（德）间邑民始渐事机丝，犹往往雇郡人织挽。成弘以后，士人

① 朱国祯：《皇明大政记》卷四四《矿税》，万历二十九年六月。
② 范祖述：《杭俗遗风》；嘉靖《仁和县志》卷三。
③ 王士性：《广志绎》卷五《西南诸省》。
④ 《明神宗实录》卷四九六。
⑤ 参见周峰主编《元明清名城杭州》，浙江人民出版社 1997 年 6 月版。

亦有精其业者，相沿成俗，于是盛泽、黄溪四五十里间，居民悉逐绫绸之利。”[①] 吴江县盛泽镇，明中期还未发迹，不过“居民百家，以绫锦为市”[②] 到明后期，“丝绸牙行约有千百余家，远近村坊织成绸匹，俱到此上市。四方商贾来收买的，蜂攒蚁集，挨挤不开，路途无停足之隙”[③]，反映了丝绸贸易的盛况。日后成为江南丝绸名镇的濮院、菱湖、南浔、双林等大率如此。

高技艺的丝织业由城市向农村扩散，从而形成一批新的丝织市镇，把丝织业推向一个新阶段，这是明代丝织手工业发展的一大特色。如杭州的塘栖镇“出丝之多，甲于一邑”，“官舫运艘，商旅之舶，日夜联络不绝”，“财货聚集，徽杭大贾，视为利之渊薮”[④]。嘉兴的濮院镇，弘正间已是“机杼之利，日生万金”[⑤]。万历中，为适应竞争的需要，改土机为纱绸机，使濮绸名声大噪，“机杼声轧轧相闻，日出锦帛千计。远方大贾携橐群至”[⑥]。嘉兴的王江泾镇“多织绸收丝缟之利，居者可七千余家，不务耕绩”[⑦]。话本小说《石点头》卷四则谓：“近镇村坊，都种桑养蚕，织绸为业。四方商贾，俱至此收货。所以镇上做买卖的挨挤不开，十分热闹。镇南小巷去处，有一人姓瞿号滨吾，原在丝绸机户中经纪，做起千金家事。一向贩绸走汴梁生理”。

湖州府以桑蚕缫丝闻名，很多村落具有精湛缫丝工艺，故而出现许多以丝织业生产与销售为专能的市镇，如南浔镇、菱湖镇、乌青镇、新市镇皆负盛名。南浔镇历史较久，设于南宋末年，而缫丝技术之精绝则始于明代，黄省曾《蚕经》谓“看缫丝之人，南浔为善”，作为丝品之冠的辑里丝即产于此。万历年间达到鼎盛，据潘尔夔《浔溪文献》所载，当时已是“阛阓鳞次，烟火万家，苕水流碧，舟航辐辏”的大城镇。乌青镇也兴于南宋，明嘉靖时已是“地僻人稠，商贾四集，财富所出甲于一郡”[⑧] 的繁华市镇。它是丝的集散重

① 乾隆《吴江县志》卷三八《风俗一·生业》。
② 嘉靖《吴江县志》卷一《疆域》。
③ 《醒世恒言》卷一八《施润泽滩阙遇友》。
④ 《塘栖志》卷一八，转引自周峰主编《元明清名城杭州》第一五四页。
⑤ 《濮川志略》卷一。
⑥ 金淮：《濮川所闻记》卷四，引万历十九年李培《翔云观碑记》。
⑦ 《明神宗实录》卷三六一。
⑧ 《乌青文献》卷一《建置》。

地，又是桑叶经销的大市场。菱湖，在南宋为市，元末毁于兵火，明初得到恢复，正嘉以后臻于繁荣。菱湖丝以质地优良闻名，“丝有合罗丝、串伍丝、经纬丝，属县俱有，惟出于菱湖洛舍者第一”。它与乌青不同，缫丝之外，又作织绸。“绸有水绸，有纺丝绸，出菱湖者最佳”[①]。纺绸又称捻绵，是明代新推出的品种。早在正德间，该地产品即已闻名，正德《新市镇志》称：“绵绸则捻绵成绒而织者”，“惟菱湖镇织者为上”。[②] 新市镇属德清县，在明代正德以后“街衢市巷之整，人物屋居之繁，琳宫梵宇之壮，茧丝粟米货物之盛，视塘栖（镇）较盛，为全县第一大镇”[③]。除此之外，丝织业还有苏州府吴江县震泽镇，嘉兴府崇德县的石门镇，嘉兴县的王店镇，杭州府海宁县的长安镇、硖山镇等。[④]

山东的丝织业可分为桑蚕丝织与山蚕丝织两大类。桑蚕丝织主要分布于鲁西、鲁北平原的兖州、东昌、济南等府及青州府的部分州县；山蚕丝织业则集中在鲁中山区、山东半岛的沂州、泰安、登州、莱州等府，以及济南府的部分州县。山东丝织业到嘉靖万历年间已相当发达，见于记载的商品生产已有十余州县。如濮州，州志记载，“兖之桑濮为上，入其境，荫蔽阡陌。当蚕而治丝帛者，比邻至不相往还。帛成可以衣举室，其余则贸之卫，称抱布贸丝”[⑤]，除自给之外，已有一部分输给直隶。临清，城内聚集和散处的机房，明代估计有百余家[⑥]。山蚕丝织业是随着山蚕养殖的发展逐渐发展起来的，虽然起步较晚，但从一开始就以商品生产为主。嘉靖《山东通志》记载，“柘茧绸，出青城、莱芜，取山柘野蚕乱丝而理之者也”。此时的茧绸主要还是采集野蚕之茧织成。山蚕业发展主要在明末清初。清叶梦珠《阅世编》记载，“山东茧绸，集蚕茧为之，出于山东椒树者为最佳。……在前朝价与绒等，用亦如之”[⑦]。织山绸成为一种较普遍的家庭手工业。

---

① 万历《湖州府志》卷三《物产》。
② 正德《新市镇志》卷一。
③ 正德《新市镇志》卷一。
④ 参见吕景琳著：《中国封建社会经济史·明代卷》，齐鲁书社 1993 年版。
⑤ 嘉靖《濮州志》卷二《食货志》。
⑥ 乾隆《临清州志》卷一一《物产志、市廛志》。
⑦ 叶梦珠：《阅世编》卷七《食货》。

四、丝织业组织化和规模化生产的萌芽

明代中后期，手工业生产不仅技术提高，规模扩大，而且商品生产得到空前发展，尤其是经济比较发达的苏杭地区更为兴盛，蚕桑丝织业是杭嘉湖地区"乡民之命脉"。如湖州是蚕桑业中心之一，所属六县均产蚕丝，而以乌程、归安最为突出。洪武二十四年（1391）湖州府共税丝、绵661702两，其中乌程税至227214两，占该府丝绵总税额的34.3%；归安税至213616两，占该府丝绵总税额的32.3%，两县合计共占66.6%。至嘉靖元年（1522），湖州共税丝绵增至826262两，乌程税至256016两，占该府丝绵总税额的31%；归安税至229134两，占该府丝绵总税额的27.7%，两县合计共占58.7%。[①] 蚕丝收入在乡民经济中越来越显得重要。嘉靖时人徐献忠说湖州人"田中所入与蚕桑各具半年之资"[②]。万历时人谢肇淛说："（种桑育蚕）湖人尤以为先务，其生计所资，视田几过之。"[③] 明中后期，每年有不少湖丝北运苏州，南运杭州，闽商又在苏州购买湖丝运往福建。据正德《姑苏志》卷一三《风俗》载，苏州一带居民，"工纂组，故男籍专业，家传户绩，不止自给而已"。所谓"不止自给而已"，就是说产品的一部分，甚至大部分是用于出卖的。《醒世恒言》卷一八《施润泽滩阙遇友》还具体描述了苏州附近盛泽镇居民出卖丝织品的情形，"这镇上都是温饱之家，织下绸匹，必积至十来匹，最少也有五六匹，方才上市。那大户人家积得多的便不上市，都是牙行引客商上门来买"。《醒世恒言》的这一描述，使我们看到了规模不同的丝织品商品生产。

丝织品作为高档消费品，除去贡赋和官局织造不进入流通外，其他民间织户主要是把它作为一种商品来生产。明代桑蚕丝织集中于苏、杭、嘉、湖四府，其他各地的土丝土绢大体用以缴纳课赋，山西潞安、福建漳泉以及广州等地的丝织品产量都有限，而国内外市场对丝和丝织品的需求是大大增加了，这就为这一地区丝织商品生产的发展提供了很好的机遇。自明后期开始，民间丝

① 万历《湖州府志》卷一一《赋役》。

② 徐献忠：《吴兴掌故集》卷一二《风土》。

③ 谢肇淛：《五杂俎》。

织生产方式出现了某些新的变化，雇佣劳动的使用有所发展，甚至具有了规模化和组织化的特征。

元末明初，徐一夔在《始丰稿·织工对》中记载了当时杭州有人置备四五张织机，佣工以织的情形："余僦居钱塘之相安里，有饶于财者，率居工以织。每夜至二鼓，一唱众和，其声欢然，盖织工也。……旦过其处，见老屋将压，机杼四五具，南北向列，工十数人，手提足蹴，皆苍然无神色。进而问之……工对曰：……吾业虽贱，日佣为钱二百缗，吾衣食于主人，而以日之所入，养吾父母妻子。……久之，乃曰：吾艺固过人，而受直与众工等，当求倍直者而为之佣。已而，他家果倍其直佣之。"说明此时已有佣工现象。

成化以后，整个官营手工业呈现衰颓之势。就丝织官局说，没有生产基础的江西、湖广、河南、山东以及宁国、金华、衢州、温州、台州、常州、镇江等府，嘉靖间逐渐折价征银，官局实际已经瓦解。包括北京和南京的织造，也越来越萎缩。皇家额定的和嘉靖后期加派的高级丝织品，主要取给于苏、杭。其办法，除去市买一部分之外，大部分采取机户领织的形式，其中包括设在苏、杭的织染局，也基本采取这个办法。所谓领织，就是政府交给丝料或银两，由机户按要求缴纳织成品。不过官府不是同各机户直接打交道，而是通过承揽人承包其任务。这种承揽人多数是殷实织户，也可能是丝绸商。作为一种徭役的转化形态，它固然不同于纯经济关系的加工订货，但是，领织和市买这个事实本身表明，官府已经没有办法对机户进行直接的人身控制，不能不承认他们独立小商品生产者的地位。关于这种额派与增派的数量，据万历十五年（1587）奏称："累朝定制，岁造缎匹不过三万余匹，上用，赏赐俱在其中"①。嘉靖晚间开始加派，在万历十五年以前，大约平均每年万匹，而后越来越多，最高至15万匹，加上常额3万匹，每年达18万匹，"相延日久，遂以为常"②，奉命出使的太监仗势勒索，也给织户和百姓带来严重骚扰和痛苦。即使如此，这18万匹与前面统计的每年或54万匹绢，或38万匹绸，或10万匹纻丝相比，所占比重也有限。这说明苏杭的丝织品除去领织总额，仍可大量地

---

① 《明神宗实录》卷一八七，万历十五年六月丙寅。

② 《明史》卷八二《食货六》。

投入商品流通，这就为小商品生产者的发展和初步分化提供了前提，使若干以丝织发财的机户，添置织机，雇倩沦落或破产者。

万历初年吏部尚书杭州人张瀚叙述其先世发家时的情况说：“毅庵祖家道中微，以酤酒为业。成化末年值水灾，时祖居傍河，水淹入室，所酿酒尽败……因罢酤酒业，购机一张，织诸色纻币，备极精工，每一下机，人争鬻之，计获利当五之一。积两旬，复增一机，后增至二十余。商贾所货者，常满户外，尚不能应。自是家业大饶。后四祖继业，各富至数万金。”① 张瀚先祖所从事的家庭手工业，从一张织机，发展到20余张，所织产品，由商人争购，以至供不应求。这样的生产数量当然不是几个家庭成员所能胜任的，就当时丝织业生产力而言，每张织机至少需要二三人同时操作，拥有20多张织机至少要雇佣七八十人之多。这种社会现象在当时已不是个别的、孤立的。正如张瀚自己所说，非但其先祖“以机杼起，而今三吴之以机杼致富者尤众”②。范祖述在《杭俗遗风》中指出“杭州后市街之太平局以下及下城东街等处，有该机子织绸缎者。其经纬各丝，多发女工络丝，此其中大有生意在焉”。机户不仅雇佣织工，也雇人络丝。万历时苏州人陆粲也写道：“里人郑灏……其家织帛工及挽丝佣各数十人”③，不但生产规模殊为可观，而且用的是雇佣工匠。苏州富民潘璧成，其先世“起机房织手，至名守谦者，始大富至百万”④。秀水永乐乡的沈某也由“机纤起家，郡邑举为万石”⑤。又有王翁鼎者，“以织机为业，家颇饶”⑥。又有一个接受千金定货的“织人周甲家”⑦，能够应承千金织造缎匹，规模当不会小。在南京，有李松村者，居武定桥，“蚕丝……收其赢利，不三四年，果大饶裕”⑧。又有织罗俞四老，宦官钱宁“将银二三万与织造”，俞之子“用银

① 张瀚：《松窗梦语》卷六《异闻纪》。
② 张瀚：《松窗梦语》卷四《商贾纪》。
③ 陆粲：《庚巳编》卷四《郑灏》。
④ 沈德符：《万历野获编》卷二八《守士吏狎妓》。
⑤ 万历《秀水县志》卷六《人物》。
⑥ 李乐：《见闻杂记》卷一一。
⑦ 凌蒙初：《二刻拍案惊奇》卷三九《神偷寄兴一枝梅侠盗惯行三昧戏》。
⑧ 何良俊：《何翰林集》卷三二《李松村生塘志全名》。

如粪土”[①]，其织造能力和富裕程度可以想见。

晚明小说《醒世恒言》卷一八《施润泽滩阙遇友》也生动描述了一个小商品生产者发家致富的故事。说苏州府吴江县盛泽镇，丝织业生产十分繁盛，镇上机户已有大户小户之分。嘉靖年间，这盛泽镇上有一人姓施名复，夫妻两口，别无男女。家中开张绸机，每年养几筐蚕儿，妇络夫织，甚好过活。那施复一来蚕种拣得好，缫下丝来细圆匀紧，洁净光莹，再没一根粗节不匀的，每筐蚕又比别家分外多缫出许多丝来，照常织下的绸拿上市去，人看时光彩润泽，都增价竞买，比往常每年每匹平均添许多银子。因有这些顺溜，几年间就增上三四张绸机，家中颇为饶裕。这样，欲要又添张机儿，恰好隔壁邻家住着两间小房，连年因蚕桑失利，争切要把来出脱，正凑了施复之便。夫妻依旧省吃俭用，昼夜营运，不上十年，就长有数千金家事。又买了左近一所大房屋居住，开起三四十张绸机，又讨几房家人小厮，把个家业收拾得十分完美。施复虽然是小说中的人物，但他的故事却是社会生活的真实反映，也可见由一张织机的农户发展至开起三四十张织机的事实是存在的。可以估计，施复所动用的丝织工匠当主要依靠雇佣。

在苏州，万历二十九年（1601），巡抚应天右佥都御史曹时聘奏报苏州丝织业的情况谓：“吴民生齿最繁，恒产绝少，家杼轴而户纂组，机户出资，机工出力，相依为命久矣。……浮食奇民，朝不谋夕，得业则生，失业则死。臣所睹记，染坊罢而染工散者数千人，机户罢而织工散者又数千人。此皆自食其力之良民也。一旦驱之死亡者也，臣窃悼之。”[②] 可以推断，苏州的机户有数千，靠出卖劳动力的织工也在数千之谱。隆庆、万历年间苏州府常熟人蒋以化写道：“我吴市民，罔籍田业。大户张机为生，小户趁织为活。每晨起，小户百数十口，嗷嗷相聚玄庙口，听大户呼织，日取分金为饔飧计。大户一日之机不织则束手，小户一日不就人织则腹枵，两者相资为生矣。”[③] 这里所说的大户和小户，就是前面所说机户和织工。如果大户之机不织，小户一日不就人

① 周晖：《金陵琐事》卷四《钱宁后身》条。
② 《明神宗实录》卷三六一，万历二十九年七月丁未。
③ 蒋以化：《西台漫记》卷四。

织，都将影响生活，可见他们“相依为命”，“相资为生”的关系是十分密切的。机户出资，织工出力，雇佣之间只有经济关系，没有人身关系，可以自由地受雇和解雇，雇主和雇工之间的关系是比较松散的。

从曹时聘奏折所说的数千机户雇佣数千织工的情形看，平均每户雇工在一二人，这个事实表明机户生产规模的狭小和贫富分化并不严重。乾隆《吴江县志》卷三八所提供的材料，可以使我们对机户雇工有更细微深入的了解：“绫丝之业，宋元以来惟郡人为之，至明（洪）熙、宣（德）间，邑民渐事机丝，犹往往雇郡人织挽。成、弘以后，土人亦有渐精其业者，相沿成俗，于是震泽、黄溪四五十里间乃尽逐绫绸之利。有力者雇人织挽，贫者皆自织，而令其童稚挽花。”在这广大乡村的丝织潮中，所谓“有力者”所雇与贫者自织差距看来有限，他们大多数仍是小商品生产。这也应是苏州这个丝织中心的基本情况。当然，这并不排除富有机户雇佣了较多的织工，像前面所举几例中拥有十数张、数十张织机，雇佣数十乃至上百人的富有机户，在三吴地区并非罕见。毋庸讳言，以奴仆等为主要劳力进行织作也是存在的。如苏州城东草桥王鼎，开张机杼，“值俭岁，以藏获不足供驱使”①，才雇觅雇工。但这样的经营方式是与以雇佣为主的方式同时存在，并行不悖的。②

从当时江南丝织业的整个生产过程来看，一个机房中，机工有络工、拽工、织工、牵经工，还有刷边、运经、缕扣、接头等工，各有专门的技术，进行分工的流动作业。这个生产过程的改进，正与雇工劳动的经营方式相适应。另外，商人投资丝织生产的现象也出现。在杭州塘栖镇，“徽、杭大贾，视为利之渊薮，开典屯米贸丝开车者，骈臻辐辏”③。由于雇佣活动频繁，明末还出现了劳动力市场。如苏州“郡城之东，皆习机业。织文曰缎，方空曰纱。工匠各有专能。匠有常主，计日受直。有他故则唤无主之匠代之，曰唤找。无主者，黎明立桥以待。缎工立花桥，纱工立广化寺桥，以车纺丝者曰车匠，立濂溪坊。什百为群，延颈而望，如流民相聚，粥后俱各散归。若机房工作减，

① 钱思元：《吴门补乘》卷五《人物补》引《吴门往哲记》。

② 参见范金民、金文等《江南丝绸史研究》，农业出版社 1993 年 10 月版。

③ 光绪《塘栖镇志》卷一八《事纪》，引明人胡元敬《栖溪风土记》。

此辈衣食无所矣”[①]。这些情况表明雇主与雇工之间是“出资”与“出力”的雇佣关系，已不存在人身上的依附，雇主所经营的小商品生产也具有一定的独立性，雇工也享有“凡人”所具有的社会权利，但也看出他们“相资为食”的关系。

第二节 “衣被天下”的棉纺织业

棉纺织业是最重要的家庭手工业，明初就广泛存在于民间。棉花自传入中国后，首先在闽、广、关、陕地区种植。丘浚《大学衍义补》载：“宋元之间，始传其（棉花）种入中国，关陕闽广首得其利。盖此物出外夷，闽广通海舶，关陕壤接西域故也。”到元代时，江南地区也竞相种植。到元末江南松江就成为重要的棉业中心。明初由于政府的推广，山东、河南、河北等地也普遍种植起来。棉花种植的广泛，使棉纺织业获得迅速发展。棉花、棉布成为国家赋税的重要部分，成为士兵、百姓甚至中上人家的通用衣着和御寒之物，它比丝织品价廉，比葛麻结实美观，实为服饰衣料的一次革命。棉布生产的进一步发展，呈现出取代价昂的丝织品和产量少的麻制品的趋势。

一、棉纺织业的发展

中国有悠久高超的丝、麻织技术与机具可供棉织借鉴，但棉纱的制作与丝、麻线的制作迥然有别。棉花的脱籽、弹松、纺纱等织前准备工序与技术的进展程度，正是制约棉织业发展的重要因素。如在江南，以棉纺织业著称的松江直到南宋末年还没有一套棉纺工具。当时，治棉用手去籽，连最简单的铁轴和铁杖都没有。陶宗仪《南村辍耕录》卷二四记云：“松江府东去五十里许曰乌泥泾，其地土田硗瘠，民食不给，因谋树艺，以资生业……初无踏车椎弓之制，率用手剖去子。绵弦竹弧置按间，振掉成剂，厥功甚艰”。元成宗元贞年间（1295～1297）有一黄道婆从崖州返回松江乌泥泾，带来崖州进步的“捍

① 《古今图书集成》卷六七六《职方典·苏州府部·风俗考》。

弹纺织之具”及先进的“错纱配色、综线挈花”的织花等技能，织出的“新枝团凤，棋局字样，灿然若写”。这些，在明代恰有了明显进步，技术更为娴熟。

在脱籽方面，宋元之际，用手去籽改为铁杖赶碾，元末采用机械轴相轧的大搅车，“工利数倍”[①]，是一个大的突破。这种大搅车尚需要三人操作，二人掉轴，一人喂上棉花。单人轧花车不知起于何时，但嘉靖间山东布政司刊刻王祯《农书》，其轧花搅车已改绘成单人手脚兼用的连杆传动式。可见当时业已普及。万历以后，则已改为四足脚踏搅车，1 人可抵 3 人的工作量。正如徐光启在《农政全书》记载：“今之搅车，以一人当三人矣，所见句容式，一人可当四人，太仓式两人可当八人。”[②] 效率比元朝的三人搅车提高了三四倍。据《太仓州志》载，这种单人连杆传动轧花车，“一人日可轧百十斤，得净棉三之一”，足供多人纺织之用。

在弹松方面，元代弹花用弹弓的绳弦还是用手拨动的，到元末明初，已有改进。弹花拨弦用弹椎，椎用坚密沉重之木如檀木制作，两头轮番敲击弓弦，使弹弓沉稳而富张力，操作灵便。“倒看星象转，乱卷雪花浮”[③]，熟花的效率显然提高了。弹弓的弓背也进一步由木制代替竹制，弓弦以蜡丝代替麻绳，弹性强，振动力得以加大，工效随之提高。

在纺纱方面，元代用手摇纺车，明代也同样用它，纺工一手摇纺车，一手纺织一根线。但明代纺车由手摇单锭发展为足踏多绽，标志着手工棉纺技术臻于成熟。足踏棉纺车显然是受原有足踏麻纺车的启发制成，然而棉纺手持棉条抽纱比合股麻缕显然要困难复杂得多。足踏棉纺车不论在形制与体积上都做了很大改进，使之适合于手握棉条的动作。手摇纺车右手摇动轮柄，只能使用单锭，而足踏纺车解放了右手，便有可能向多锭发展。万历以后，明代三锭纺车相当普及，所谓“凡纺工能者，一手握三管（棉条），纺于锭上”[④]。徐光启则说：“间有容四维者，江西乐安至容五维”，还有“木棉轩床”，“可容八维纺

---

① 王祯：《农书·木棉搅车》。
② 徐光启：《农政全书》卷三五《蚕桑广类》。
③ 李昱：《李草阁诗集》卷三。
④ 宋应星：《天工开物》卷上《乃服》。

线”，“比之拨车，日得八倍”[1]，生产效率提高几倍。这种足踏纺车还能使右手均捻棉纱“俱成紧缕，就绕维上”[2]，从而使棉纱均匀紧密而富弹性，为棉织品质量的提高奠定了基础。

在明代，丝绸织机的工艺也被利用于棉织物。陶宗仪《南村辍耕录》卷二四记载黄道婆将崖州先进的织布技术带到松江乌泥径，“错钞配色，综线挈花，各有其法”，显然制作的是提花棉布。“以故织成被、褥、带帨，文采甚巧”[3]。到明中期，松江人已能织带有象眼、云朵等图案的各色花布。“凡织布有云花、斜文、象眼等，皆仿花机而生义。然既曰布衣，太素足矣。”[4] 清人褚华《木棉谱》说：“旧传黄道婆能于被褥带帨上，作折枝团凤棋局花文，邑人化而为象眼、为绫文、为云朵、为膝襕胸背。明成化间，流闻禁庭，遂织造龙凤斗牛麒麟袍服，而染大红真紫赭黄等色。工作胥隶，并缘为奸，一匹有费至白金百两者。弘治改元，首罢之，此种遂绝。”明代中后期，棉纺织业不仅技术有提高，工具有进步，而且分布广泛。所谓“凡棉布寸土皆有”，“织机十室必有”等记载，说明棉纺织业已成为当时普及各地的手工业。

二、棉布名产品的出现与专业区的生产

由于棉纺织技术的提高，逐步形成带有地方特色、花色品种繁多的棉织品。棉织以松江最著，浆染以芜湖为尚。棉织品“精线绫、三梭布、漆纱方巾、剪线毯，皆天下第一……要之，吾乡所出，皆切实用，如绫布二物，衣被天下，虽苏杭不及也”[5]。名产还有标布、官布、云布、飞花布、丁娘子布、织花绒布、尤墩布、紫花布等。苏州所产的药斑布、苎布、缣丝布、棋花布、斜纹布、黄草布也很有名。万历《钱塘县志》《杭州府志》等载，杭州棉麻织品主要有棉布、苎布、麻布、葛布、綦布、黄草布和缣丝布等。棉布主要产地

---

① 徐光启：《农政全书》卷三五《蚕桑广类》。

② 王祯：《农书》。

③ 张萱：《疑耀》卷六，转引谢国桢《明代社会经济史料选编》，福建人民出版社 1980 年 3 月版。本章还多处引用该书资料，下不再一一注明。

④ 宋应星：《天工开物》卷上《乃服》。

⑤ 正德《松江府志》卷四《风俗》。

在觉桥一带，出乔司者为乔司布，塘栖出者为塘庄布，各乡之布市于大关者为大关布。嘉定产紫花布、棉布、斜纹布、药斑布、棋花布、诸暨布、胜花纹布、丁娘子布等。

江南棉纺织业较为发达，尤其是苏、松、常、嘉、杭等府，逐渐成为棉纺织业的中心。虽然从生产区域范围及在国民经济中所占地位来说，这一地区棉纺织业没有像丝织业那样普遍、重要，一般来说，平原地带乡民多经营蚕桑丝织业；丘陵地带山乡居民多从事茶栗竹木等生产，也有“以蚕桑为岁计”的，但沿海沿江高田地带，植棉及棉纺织业却堪称发达，而平原地带的某些县或市镇及城镇四乡居民，购棉经营纺纱、织布也颇盛行。[①] 张瀚《松窗梦语》卷四载：“（杭州）桑麻遍野，茧丝棉苎之所出，四方咸取给焉”。讲的就是这种情况。

江南棉纺织业发祥地的松江，由于黄道婆的传授，成为明代棉纺织业最发达的地方，“百工众技与苏杭等”，而且“家纺户织，远近流通”[②]，“以棉布衣被天下”[③]。这里生产的棉布质量好，数量多。在正德年间，已是“俗务纺织”。除去民间服用大宗平织粗布标布、中机布之外，有很多细布精品享誉海内外。其中最有名的为三梭布，又称三纱棉布，“幅宽三尺余，紧细若绸”[④]。由于它的质地轻软，皇帝都选用作内衣布料。剪绒毯更为精美名贵，它以棉线为经，彩色毛线为纬，织成而剪之，“花样巧异，应手而出，能为广数丈者”[⑤]。万历年间李绍文《云间杂识》称，江南巡抚周忱曾专门为英宗正统年间权阉王振定作一方，颇得欢心，故而特为周忱的一些改革措施提供了方便。松江还出产一种飞花布，为丁娘子所首创，又称丁娘子布，光细洁白，色泽如银，远近仿效。清人钱肇然亦说：“飞花布，向惟太仓为之，今镇中亦织，土人名曰小布，纱必匀细，工必精良，价逾常布。”“外冈之布，名曰冈尖，以染浅色，鲜妍可爱，他处不及，故苏郡布商多在镇开庄收买。”[⑥]“轻薄细软”

① 参见蒋兆成著《明清杭嘉湖社会经济史研究》第327页，杭州大学出版社1994年版。
② 徐光启：《农政全书》卷三五《蚕桑广类》。
③ 嘉庆《松江府志》卷六引《梧浔杂佩》。
④ 正德《华亭县志》卷三《物产》。
⑤ 康熙《松江府志》卷四《土产》。
⑥ 钱肇然：《续外冈志》卷四。

的尤墩布，成为做暑袜的优质布料，穿尤墩暑袜成为一种时尚。松江府的上海县产有一种“上阔尖细”称为“标布”的棉布，极为盛行，销路甚好，“富商巨贾操重赀而来市者，白银动以数万计，多或数十万两，少亦以万计”①。

苏州的木棉布也很有名，诸县皆有而“嘉定、常熟为盛”②，昆山县的三区，“田土高仰，物产瘠薄，不宜五谷，多种木棉，土人专事纺绩”③。嘉定“民业首籍棉布。纺织之勤比户相属。家家租庸、服食、器用、交际、养生、送死之费，胥由此出”。其棉布之优良堪与松江相颉颃。三梭布、飞花布不让于松江，其斜纹布“经直纬错，如水浪胜子纹。精者每匹值一两，匀细坚洁，望之如绒”④，独领风骚。还有一种药斑布，在纺织、印染上很有特色，用“灰药涂布染青，俟干拭去，青白成文，有山水楼台人物花果鸟兽诸像”⑤。嘉定紫花布也特别讲究，纱既细又匀，“成机待市，价倍寻常”⑥。

浙江、福建、山东、湖广、两广、四川、陕西、河南、北直隶、山西，都有棉布生产。其中较发达的有浙江、福建、湖广、山东、北直隶等地。如浙江嘉兴、湖州间的乌青镇，所产棉布“轻软而暖”⑦，很得闽广客商的青睐。温州府永嘉的双线布，乐清的斜纹布，“独为他郡最”⑧。当地“女红不事剪绣，勤于纺织，虽六七十岁老妪亦然。贫家无棉花、苎麻者，或为人分纺分绩，日不肯暇。其女红巧拙，视布之粗细为差。”⑨ 纺织的普及和以技艺竞巧拙，正是双线、斜纹精品层出的前提。福建是植棉和棉纺织的发轫之地。元、明之后脚步迟滞。然而，还是有不少地区，织妇巧慧夺人，像兴化府莆田，即有妇女“日织一匹，丈夫持至仙游易粟一石”⑩，这已经可与松江等地的快手比肩而

① 叶梦珠：《阅世编》。
② 归有光：《震川集》卷八《论三区赋役水利法》。
③ 吕坤：《实政录》卷二《民务》。
④ 万历《嘉定县志》卷六《田赋考·物产》。
⑤ 嘉靖《嘉定县志》卷三。
⑥ 康熙《嘉定县志》卷四《物产》。
⑦ 康熙《乌青文献》卷三《物产》。
⑧ 万历《温州府志》卷二。
⑨ 弘治《温州府志》卷一。
⑩ 弘治《兴化府志》卷一二。

立。建宁府“木棉八县俱出，而崇安者可及三梭”[①]。能同闻名遐迩的三梭布相匹敌，自然算得本地一绝。泉州府的安溪县，“桑柘少植，唯种木棉”，“女工织纴，冬棉夏葛”[②]，亦以棉纺织为能事。湖广黄州府罗田县妇女于养蚕采葛之外，又于“冬桑之交，有事于木棉”[③]。湖广的孝感布、咸宁布质量略胜一筹，在外地都很有市场，远销至江西铅山等地。

山东的棉纺织自有特色。从明初开始，棉布就是缴纳折色赋税的主要物品。洪武二十九年（1396）折纳棉布已达115万匹。据《明会典》载，洪武二十六年山东夏税秋粮米麦近257.9万石，按官方布一匹折税粮一石计，则棉布折征约等于田赋的一半。成化十四年的记载称：“辽东军士冬衣布花出自山东，民间每粮一石折布一匹，岁由海道以达辽东。”[④] 万历六年（1578），全国棉布折征不过187万匹，山东一省即达60多万匹。这些布匹多是农家自产。山东的棉纺织应该具有相当规模。陕西也有类似情况。嘉靖年间，陕西全省被征收供军用的棉布有20余万匹。北方棉纺织业的发展，由于气候干燥，棉绒断续，不能成缕，虽也能成布，但质量欠佳，棉布生产遇到困难。万历时，北直隶肃宁县的织工创造出提高棉布质量的方法，“多穿地窖，深数尺，作屋其上，檐高于平地仅二尺许，作窗棂以通日光。人居其中，就湿气纺织”，因而织出了高质量的棉布。徐光启在《农政全书》中说：“数年来，肃宁一邑所出布匹当吾松十之一矣。初犹莽莽，今之细密，几与松之中品埒矣。其值仅当十之六七，则向所云吉贝贱也”。清人章鸣鹤《谷水旧闻》云：上海人潘恩，嘉靖初知祁州（今河北安国县），他的夫人曹氏教民间妇女纺织，民仰其利。肃宁临近祁州，它的棉纺织业可能是嘉靖以后发展起来的。北方各地产棉，棉花加工成纱成布，既可自用，又可变卖，佐农家衣食，活一方经济，利莫大焉。所以，许多负责任的地方官都在北方推广纺织技艺。万历年间，吕坤做山西巡抚，曾在山西大力提倡妇女纺纱织布。[⑤] 钟化民在河南农村也劝农纺织，并定

① 弘治《八闽通志》卷二六《建宁府·土产》。
② 嘉靖《安溪县志》卷一。
③ 嘉靖《罗田县志》卷一。
④ 《明宪宗实录》卷一七八，成化十四年五月甲申。
⑤ 吕坤：《实政录》卷二《民务》。

以奖惩。[①] 许守恩在山东邹县做知县，发现“邹民不织而资布于邻，枣土宜也，民又不树枣”，于是“令有地百亩者，树枣百，种木棉十一，又教以种法。至秋而绵成，又限以纺期，稽其匹丈，亲下闾阎视勤惰而赏罚之。明年，邻不来鬻布，又明年有鬻布于邻者”[②]。这对棉纺织业的发展，无疑是有积极作用的。万历年间，北方棉纺织业骎骎乎盛，以至万历《嘉定县志》说：“今北方自出花布，而南方织作几弃于地矣”，流露出失去北方棉布市场的担心和忧虑。

广东、云南棉纺织业也相当普遍。嘉靖间都御史广东南海人庞尚鹏把家中妇女纺织自给列为家训，谓：“妇初归，每岁给吉贝三斤，麻五斤，俱令亲自纺绩，不许雇人。”[③] 可见棉纺织业在农家的普及。广东琼州等地还出产黎单、黎被、黎幔等床上用品。据屈大均《广东新语》载：“东粤之棉布，良苦不一，最美者白氎。……其布细腻精密，皑如雪，轻如茧纸。幅广至四五尺，吉终为之。其织为巾者，两头组结方胜葳蕤及诸物象。织者每抛一梭，则念一佛，故广州人殓死者以为面衣，是曰西洋布，以来自番舶者为真。其出于琼者，或以吴绫越锦，拆取色丝，间以鹅毳之绵，织成人物、花鸟、诗词，名曰黎锦，浓丽可爱。白者为幛，杂邑者为被，曰黎单；四幅相连曰黎幕，亦曰黎幔，以金丝者为上。又有花被、假被……即今之黎单也。亦有织为巾帨与裙者。裙曰黎補，横幅合缝如井栏，皆素花假锦，百褶而成，所谓迦盘之衣也。黄文裕赋云：‘布帛则攀枝吉贝，机杼精工。百卉千华，凌乱殷红。疏缔茶暑，密斜弭风。’盖谓琼布也。斜，谓斜文布。其文或作象眼，或卍字，或大小方胜，文皆侧理，故曰斜。广州有麻经、丝经，兼丝布或绵纬，丝有双紝布甚厚实。有榜被，絮绳所织，其纬粗如小指，或谓即毤被，亦名毤㡒，或方文斜文。雷州有雷被，以白绵线为之，亦有红者紫者。崖州多织绵。……崖州组织绵线如布帛状，绣人物花鸟其上，有十金一具者，名曰帐房。……《志》曰：南方之布葛越。木绵草本，亦越也。其曰织贝者，织为贝文，诗所谓贝锦

① 钟化民：《赈豫纪略》，载俞森《荒政丛书》卷五。

② 吕坤：《实政录》卷六《风宪约》。

③ 庞尚鹏：《庞氏家训》。

也。贝或吉贝也。”① 由此可见广东棉纺织业发展的情况。此时棉、麻、丝等材料混合使用，织出的布帛品种和花色更加丰富，形式多样。云南产布地区亦广，织品名目繁多，除一般白布、青布之外，还有莎罗布、梭罗布、细布。“莎罗布，以棉花为之，阔仅八寸，岁输于官。”“细布，桐花绩为布，洁白不受垢。”②

三、棉纺织业的商品生产

棉纺织业一般作为家庭副业，但像松江及嘉定一带衣服器用养生送死之费盖由此出，它的生产自然就不是为了自用而是为了出卖。江浙地区是棉纺织业的中心，棉花播种很多，但仍供不应求。北方的河南、山东是新发展起来的植棉区，产量亦很可观，但由于没有解决棉纱湿度的问题，棉丝织业并不发达。据钟化民《救荒图说》记载：“中州沃壤，半植木棉，乃棉花尽归商贩，民间衣服率从贸易”。这就出现了徐光启所描绘的“吉贝（即棉花）则泛舟而鬻诸北”③ 的贩运局面。

江南棉布商品生产的地域要比棉花种植区广大得多，棉花产区都是布产地，不产棉花的州县也有不少生产棉布。棉布生产最盛的松江府属各县，“俗务纺织，他技不多”④。乡民“以布缕为业，农氓之困藉以稍济”⑤。松江产三纱布、药斑布，后有“尤墩布，阔三尺余，又有丁娘子布，组织尤精细。又有三梭、放阔、新改、标寸等布，各村镇自立名色，不能殚述。其最者曰飞花布，赛绵绸。大要细密匀净而已”⑥。可见“细密匀净”为松江布最明显的特征。苏松地区是重要的棉纺织小商品生产基地，因而也簇拥出不少棉业市镇。如松江府华亭县的朱泾镇就是著名的标布贸易中心。它在成化、弘治间已是“居民数千家，商贾辐辏”⑦，携带数万、数十万银两前来采购标布的北方客

① 屈大均：《广东新语》卷一五《绵布》。
② 《大明一统志》卷八七。
③ 徐光启：《农政全书》卷三五《木棉》。
④ 正德《松江府志》卷四《风俗》。
⑤ 康熙《松江府志》卷四《土产》引徐献忠《布赋序》。
⑥ 崇祯《松江府志》卷六《物产》。
⑦ 嘉靖《朱泾志》卷一，明顾纯《重建万安桥记》。

商，亦称标商，多半下榻于此。清人赵慎徽有诗描写朱泾镇的棉布业：“万家烟火似都城，元室曾经置大盈。估容往来多满载，至今人号小临清。”其自注云：“明季多标行，有小临清之目。”[①]临清是明代屈指可数的商业大城市，可以想见朱泾镇以棉业贸易为中心的繁华。清嘉庆《朱泾志》卷三也说：“有明时，户口殷繁，闾阎充实，虽都会之盛，无以加滋。”与朱泾齐名的还有枫泾。枫泾镇分属松江府的华亭县和嘉兴府的嘉善县，地处交通要冲，“至元明而户口日繁，市廛日盛”[②]。枫泾以产土布著名，妇女自己纺纱织布，卖给布店再转销到各地。由于四乡植棉纺织业的发达，它与相邻的朱泾一起，成为布庄丛聚和棉布加工业发达的重要城镇。清人顾公燮说：“前明数百家布号皆在松江枫泾、朱泾乐业，而染坊、踹坊，商贾悉从之。”[③]万历元年（1573）在松江府华亭、上海二县新置青浦县，所属朱家角镇在万历以后发展迅速。崇祯《松江府志》卷三载，“朱家角镇，商贾辏集，贸易花、布，京省标客往来不绝，今为巨镇”[④]。

苏州府也有不少棉业市镇。常熟县的璜泾镇从成化年间开始兴盛起来，“商贾骈集，货财辐辏，若土地所产，与夫他方水陆之物，靡不悉具”[⑤]。这里种植最多的是棉花，“元至正间始传此种，太仓东乡土高最宜，今常熟东乡高田皆种之”[⑥]。来这里的商人，许多从事棉花贩运。嘉定县乡镇，“市中交易，未晓而集，每岁棉花入市，牙行多聚少年以为羽翼，携灯拦接，乡民莫之所适”[⑦]。贸易竞争激烈，而收购棉花的行户，“晨挂一秤于门，俟买卖者交集于户外，乃为之别其美恶而贸易焉。少者以篮盛之，多者以蒲包，一包如盘，两包如合”[⑧]。嘉定县城东门外是有名的花市，后来花市移往西北。嘉定县的南

---

① 嘉靖《朱泾志》卷一《疆域志》。
② 光绪《枫泾小志》卷首，沈祥龙《重辑枫泾小志序》。
③ 顾公燮：《消夏闲记摘抄》。
④ 崇祯《松江府志》卷三《镇市》。
⑤ 弘治《太仓州志》卷一〇《艺文》载李杰《璜泾赵市碑记》。
⑥ 乾隆《苏州府志》卷一二《物产》。
⑦ 万历《嘉定县志》卷二《风俗》。
⑧ 褚华：《木棉谱》。

翔镇在万历早期，即“多徽商侨寓，百货填集，甲于诸镇”[①]，居民的经济来源“首藉棉布，纺织之勤，比户相属”，“商贾贩鬻，近自杭、歙、清、济，远至蓟、辽、山、陕”[②]。同属嘉定县的娄塘镇四乡以种棉花为业，棉纺织业极盛，“所产木棉布匹，倍于他镇，所以客商鳞集，号为花布码头。往来贸易，岁必万余，将装舡只，运以百计”[③]。所产斜纹布“匀细坚洁”，很受消费者欢迎，“精者每匹值银一两”[④]，商人络绎而来，争相采购。陈述《娄塘晓市诗》曾描写其盛况云：“晓星残月入娄东，坐贾行商处处通。灯影乱明河影外，市声遥隔水声中。”[⑤] 嘉定县的罗店镇在万历年间也是“徽商辏集，贸易之盛，几埒南翔”[⑥]。嘉定县的外冈镇是万历以后新起之镇，“神宗初年，民渐稠密，俗称繁庶。四方之巨贾富驵贸花、布者，皆集于此，遂称雄镇焉”[⑦]。这里“男勤于耕，女勤于织”[⑧]，万历年间成为“邑之咽喉，商贾辏集，舟楫停泊”[⑨] 的重镇，是一个棉花、棉布贸易中心。与之毗邻的钱门塘市，“因徽商僦居钱鸣塘（即钱门塘）收买，遂名钱鸣塘布”[⑩]，也成为棉布集散地。

浙江杭嘉湖也是棉织业较为发达的地区。杭州府属较发达的要算海宁、仁和。海宁州有棉布、苎布、麻布、兼丝布和黄草布等。棉布又称冬布，有不同的花色品种和织法。仁和县“乡之男妇皆治棉布，多出笕桥一带”[⑪]。“余杭木棉结实吐棉，纺以为布，本地所产者粗”[⑫]。嘉兴府属七县平湖、海盐、石门、嘉善等县棉织业也较发达。平湖“比户勤纺织，妇女燃脂夜作，或纱布，侵

---

① 万历《嘉定县志》卷一《疆域考·市镇》。
② 万历《嘉定县志》卷六《田赋·物产》。
③ 《上海碑刻》第九六页。
④ 万历《嘉定县志》卷六《田赋·物产》。
⑤ 乾隆《娄塘志》卷三《水利志》。
⑥ 万历《嘉定县志》卷一《疆域考·市镇》。
⑦ 崇祯《外冈志》卷一《沿革》。
⑧ 崇祯《外冈志》卷一《风俗》。
⑨ 崇祯《外冈志》卷一《兵防》。
⑩ 崇桢《外冈志》卷二《物产》。
⑪ 乾隆《杭州府志》卷五三《物产》，引《仁和县志》。
⑫ 乾隆《杭州府志》卷五三《物产》，引嘉靖《余杭县志》。

晨入市，易棉花以归；或捻绵线以织绸，积有羡余，挟纩赖此，糊口亦赖此”①。但棉纺织业比丝织业更发达，境内“枲多于桑，布浮于帛，士大夫家勤女工犹十之七”②。“邑中妇女以此（纺纱织布）为业”③。棉布有大布（阔者）、小布（狭者）、紫花布、余冬布等名。海盐“地产木棉花甚少，而纺之为布者，家户习为恒业，不止乡落，虽城中亦然”。商人往往从旁郡贩来棉花，在此设店出售。“小民以纺织所成，或纱或布，侵晨入市，易绵（棉）花以归，仍沿而纺织之。明日复持以易，无顷刻闲。纺者日可得纱四五两，织者日成布一匹。燃脂夜作，男妇或通宵不寐。田家收获，输官偿债外，卒岁室庐已尽，其衣食全赖此”④。这里的“田家”、“小民”，虽然只是把纺纱织布当作副业，但其产品既不是自给自足，也不是首先满足自身需要，而后有余出卖，而是商品生产。石门也是这样，其东西诸乡皆种棉花，产品有木棉纱、木棉布、紫花布等。嘉善的南乡高田地带多种棉花，棉纺织业多集中在东南乡。东南乡妇女“日织三匹者，然小而粗，不如松江远甚。”其“东乡近华亭，妇女勤杼柚”⑤。其中魏塘、枫泾二镇是棉纱棉布生产的专业市镇，四邻乡村也多“以织助耕”方式生产棉纱棉布，送到镇上销售。明末嘉善人陈龙正说：“吾邑以纺织为业。妇女每织布一匹，持至城市，易米以归。荒年米贵，则布愈贱。各贾乘农夫之急，闭门不收，虽有布，无可买（卖）处。乡村有好义之家，量米多少，照价收换布匹。”⑥ 魏塘是棉纱生产与销售的中心，谚语曰：“买不尽松江布，收不尽魏塘纱。”⑦ 湖州府蚕丝著名于世，棉织业则远逊于丝织业，棉布多出于东南区。乾隆《湖州府志》载：“洪永之际，（木棉）遂遍于天下，其利殆百倍于丝枲。自此而天下之务蚕者，日渐以少。独（湖）州地卑湿，不宜木棉，又田瘠税重，不得不资以营生，故仍其地业不变耳。”⑧

---

① 雍正《浙江通志》卷九九《风俗上》，引天启《平湖县志》。
② 雍正《浙江通志》卷九九《风俗上》，引天启《平湖县志》。
③ 雍正《浙江通志》卷九九《风俗上》，引天启《平湖县志》。
④ 天启《海盐县图经》卷四《风土记》。
⑤ 万历《嘉善县志》卷五《物产》。
⑥ 陈龙正：《几亭全书》卷二五《政书》乡筹三《示各区佃户论》。
⑦ 万历《嘉善县志》卷五《物产》。
⑧ 乾隆《湖州府志》卷四一，引明严书开《逸山集》。

但南浔、乌镇、马要、浒溪、双林等镇以及近镇乡村，虽不产棉花，但棉花购自他处，纺纱织布还是普遍的。崇祯《乌程县志》载《湖妇吟》：“妾家乌镇住，十五学流黄。千梭与万箔，织成胜七襄。机中留一匹，为郎作衣裳。”就反映了乌镇织布业发展的情形。关于这种以棉易纱，以棉易布的情况，在明万历时南浔人《涌幢小品》、天启《海盐县图经》等地方文献与地方志中，均有类似记载。[①]

沟通棉布市场与外地客商联系的则是棉布牙人。在明代，客商往往委托布牙收购布匹。如上海人褚华的从六世祖就是一个大布牙，他“精于陶猗之术，秦晋布商皆主于家，门下客常数十人，为之设肆收买。俟其将戒行李时，始估银与布，捆载而去，其利甚昂”[②]。而投肆售布的，除了织户就是活跃于布匹产地和集中地之间的小商小贩或小牙人。如“张少司马未贵前，太翁已致富累巨万。五更篝灯，收布千匹，运售阊门，每匹可赢五十文，计一晨得五十金，所谓鸡鸣布也”[③]。就是一个典型的小布商。

至于江南棉布的生产量和商品量，长期以来一直有人估算。明代江南的棉布产量，论者大多估计松江年产2000万匹。除了松江，常熟棉布“捆载舟输，行贾于齐鲁之境常十六，彼民之衣缕往往为邑工也”[④]。嘉定棉布，“商贾贩鬻，近自杭歙清济，远至蓟辽山陕”[⑤]。万历时光该县十余万石漕粮每石改征银7钱，大约即需布四五十万匹。该县既然植棉多达十分之八九，植棉比例在江南最高，又“小人之依全倚花布”，“妇女勤纺织，早作夜休，一月常得四十五匹”[⑥]，且与常熟等地所产棉布畅销北半个中国，则将松江以外江南等地商品布估为年产500万匹，当不为过。[⑦]

明中叶后，随着赋税政策的变化，山东棉纺织业开始出现一个新的迹象，家庭棉纺织业由赋税性生产向商品性生产转化。一部分生产条件、技术条件较

---

① 参见蒋兆成著《明清杭嘉湖社会经济史研究》，杭州大学出版社1994年3月版。

② 褚华：《木棉谱》。

③ 许仲元：《三异笔谈》卷三《布利》。

④ 嘉靖《常熟县志》卷四《食货志》。

⑤ 万历《嘉定县志》卷六《物产》。

⑥ 万历《嘉定县志》卷二《风俗》。

⑦ 参考范金民著《明清江南商业的发展》，南京大学出版社1998年8月版。

好的州县，棉纺织业进一步发展，除提供赋税征调所需和家庭自用之外，还有商品布出售；另一部分州县棉纺织业停滞或者萎缩，所需布匹转向市场购买。据嘉靖、万历、崇祯年间的方志记载，较主要的商品布产区，如济南府历城县所产棉布有平机、阔布、小布三种，“平机布，棉线所织，小民皆衣此。刘子诗曰：‘清砧催却金刀动，寒夜频闻轧车声。’阔布，亦棉为之，粗而长，此解京者。刘子诗曰：‘遍征闾里竭民力，散作边关御土寒。’小布，亦棉为之，粗而短，多为边塞所市。刘子诗曰：‘但凭机上穿梭手，换得边庭市贡钱。’”① 其中，平机布是当地百姓自用的布匹，阔布是由政府征调输往北边、辽东的军需用布；小布的用途也是输往边塞以供军需，不过它不是以赋税形式征调，而是作为商品布出售的。东昌濮州也有商品布输出。“濮之土高者以十计，其二三率莳木棉，土人善为布，其坚密不在南织下，公私皆便之”②。兖州府“地多木棉，以棉为布”，尤以定陶“所产棉布为佳，他邑皆转鬻之”③。不仅销售邻近的山东各县，甚至远至江西铅山。④

四、棉纺织业中新经济因素的出现

明代棉纺织业大都分布于乡村中，以织助耕，具有副业生产性质。随着棉纺织业商品生产的发展，包卖商从提供原料，包销产品的形式，控制小商品生产者的情形，在棉纺织业中比较普遍。朱国祯《涌幢小品》的记载，“地产木棉花甚少，而纺之为纱，织之为布者，家户习为恒业，不止乡落，虽城中亦然。往往商贾从旁郡贩棉花，列肆吾土，小民纺织所成，或纱或布，侵晨入市，易棉花以归。仍沿而纺织之。明日复持以易，无顷刻闲。纺者日可得四五两，织者日成一匹，熬脂夜作，男妇或通宵不寐，田家收获，输官偿债外，卒岁室庐已空。其衣食全赖此。”⑤ 汪曰桢的《南浔镇志》引《施国祁吉贝居暇唱自序》云：浔市“四乡之人，自农桑外……纺线织机率家有之。村民入市

① 崇祯《历乘》卷一二《方产》。
② 嘉靖《濮州志》卷二《食货志》。
③ 万历《兖州府志》卷四《风土志》。
④ 万历《铅书》卷一《食货》。
⑤ 《敕修浙江通志》乾隆元年刻本，卷一〇二《物产》。

买棉归诸妇。妇女日业于此，且篝灯相从夜作，亦一月得四十五日，计日成匹，旋以易棉，蚩蚩续来不已。市之贾俟新棉出，以钱贸于东之人，委积肆中，高下若霜雪，即有抱布者踵门，较其中幅，以时估计，棉与布交易而退。"[①] 朱国祯与施国祁都是南浔人，生活在嘉靖、万历年间，上引两则史料的内容基本相同。当时南浔与近镇四乡居民，除农桑外，家家户户都从事纺纱织布。商人从"南浔之东百里而遥"的沿海高田地带购来棉花，委积肆中，之后，城乡居民"入市买棉"，他们不分白天黑夜，从事纺织。有的纺成纱线，他们各自将这种成品或半成品，"以时估计"，同棉商交易，换回棉花，"仍沿而纺织之，明日复持以易"。这样，城乡小生产者从布与花、纱与花交易的差价中，获取劳动报酬，以维持生计；商人则从以花易布或以花换纱等方式中，完成了棉布或棉纱的大宗交易。朱国祯、施国祁所反映的虽是南浔及其周围四乡棉纺织业的情况，但《嘉兴府志》及海盐、石门、平湖……等县志，亦有类似记载。这反映出包买商以花易布、以花换纱这种商业活动，具有相当普遍性。[②] 这种类似的情形在温州等地也存在。弘治前后，温州贫家无棉花无苎麻者，或为人分纺分织，"日不肯暇"。万历时，"永（嘉）之双线布，乐（清）之斜文布，独为他郡最，或有出于男子所织者"[③]。他们从商人处领得棉花、苎麻，连日连夜赶纺赶织，一昼夜即成一匹，称为"鸡鸣布"，然后送到商人手中领取工钱和原料，已成为包卖商的场外加工者。

棉纺织业的发展，促进了染坊业、踹坊业、纺车业、锭车业、布机业等一批相关手工业部门的兴旺，尤其是棉布的加工整理业和加工制造业较为兴盛。在明代，枫泾、朱泾已有数百家布号，布号收购大量棉布，交给染坊和踹坊整染，使染坊和踹坊依附于商业资本。而踹坊和染坊则雇人进行踏布、漂染。染坊专业染布，踹坊专业用大元宝石压平布。这些染坊、踹坊是布号附属部分，布号商人收购了棉布，还须根据各地市场的需要再行加工，先染各种颜色，再经踹坊研光磨平，求得外观好，易出售。这时染坊、踹坊已具有一定规模，并

---

① 咸丰《南浔镇志》卷二四《物产》。

② 参见蒋兆成著《明清杭嘉湖社会经济史研究》，杭州大学出版社 1994 年版。

③ 弘治《温州府志》卷一《风俗》；万历《温州府志》卷二。

有一定技术分工，坊中多雇佣一些有专门技术的工匠。芜湖是当时棉布染整业的中心。汪道昆《太函集》卷三五记载了一个在芜湖染布贩的徽商，说其产品“转毂遍于吴、越、荆、梁、燕、鲁、齐、豫之间”，另外还在其他的交通方便处设立了“分局”。从这一个大徽商，可以想见当时棉布染整业兴盛的情形。

在松江的棉布袜制造业，据《古今图书集成·职方典》卷六九六《松江府部》记载：“郊西尤墩布，轻细洁白，市肆取以造袜，诸商收鬻，称于四方，号尤墩暑袜。妇女不能织者，多受市值，为之缝纫焉。”范濂的《云间据目抄》卷二《记风俗》也记有这一情况，可与《古今图书集成》所记相参照。据范濂记载：“松江旧无暑袜店，暑月间穿毡袜者甚众。万历以来，用尤墩布为单暑袜，极轻美，远方争来购之，故郡治西郊，广开暑袜店百余家，合郡男妇皆以做袜为生，从店中给筹取值，亦便民新务”。这百余家暑袜店，把做暑袜的原料尤墩布分发给在自己家中生产的当地“男妇”，加工成暑袜，然后收购其成品暑袜，这些加工者不管是城市居民或乡间农民，他们都是“从店中给筹取值”，且以此“为生”，反映了“店主”与“男妇”之间的雇佣关系。

明代的棉纺织品无论在数量、品质乃至商品总量上虽然都相当可观，并出现了新的经济因素，但却长久地停留在耕织结合的家庭副业式生产与规模上。像苏松杭嘉湖等地的商品生产，与其说是为了增殖财富，毋宁说是为了在官府赋税的沉重盘剥下艰苦支撑，勉强糊口。劳动者必须利用一切可以利用的时间，以便尽可能降低生产成本。这就使雇工规模经营很难起步。

第三节　矿冶业的进步

明代的矿冶业分为官营和民营两种。官营是由明朝政府派遣官员直接经营管理，民营则需要取得政府的许可，向政府交纳一定的课额。明代的矿冶业计有金银铜铁铅等。官营开采和冶炼的劳动力，是采取劳役制的形态，以户为单位向人民征调的，一切器具也都出自民间。由于直接劳动者没有生产兴趣，往往形成“山泽之利，官取之则不足，民取之则有余”①。因此，洪武二十八年（1395）和宣德十年（1435）两次全面停罢金银铜各官矿，令民开采。对民营的开禁，促进了民营矿冶业的发展。

一、民营矿冶业的发展

洪武末年令民自采，表明官营矿冶呈现萎缩和民营矿冶逐渐发展的状况。明初各类民营矿业的生产量有多少，没有统计数字，只好根据《明实录》所记载的国家岁征课额来推测它的大致情况。洪武朝在实录中没有记载，永乐和宣德两朝的情况如下述。铜课，永乐十二年（1414）最多，为 2849 斤。最少是永乐十六年（1418），为 2128 斤。永乐十六年到宣德朝，每年的铜课都是 2128 斤。从这种没有什么变化的情况来看，显然是明朝政府规定的每年的定额指派，这在开始时，可能会参照当时的生产量，但经过几十年后，老是停留在原来的数额上，那就不能作为衡量生产高低的标准了。铅课，最多的是永乐七年（1409），计 27416488 斤。其次是永乐九年（1411），计 6718171 斤。永乐六年（1408），计 949437 斤。最少是永乐十六年（1418），计 20780 斤。从此以后，也就成为固定的数额，没有变动。从铅课的情况来看，其变动的幅度很大，尤其是永乐七年（1409）的课额竟达 2700 多万斤，如以每三十分取二计算折算成产量，就要达到 4 亿多斤了，其中恐有错误。铁课，在永乐、宣德两朝，小有升降，但总的趋势则是上升的。从永乐元年（1403）到十一年（1413），波动在 7 万 ~8 万左右（永乐元年为 79806 斤，十一年为 86626 斤），永乐十二年（1414）跃增到 389605 斤，过了三年又增到 514309 斤。以后曲折发展到宣德九年（1434），为 555267 斤。洪武二十八年（1395），明朝政府规定，铁课率为“每三十分取其二”②，即产量为课额的十五倍。依此推算，则永乐元年（1403）的铁产量为 1197000 余斤，宣德九年（1434）的铁产量为 8329000 余斤。宣德九年的产量约为永乐元年的 7 倍。明代的民矿，除了取得政府许可的以外，还有的是政府控制力量较为薄弱的地方，人民自己组织起来

① 丘浚：《大学衍义补》卷二九《山泽之利》下。

② 《明史》卷八一《食货五》。

去进行开采的。这种被明朝政府视为“盗矿”的非法矿场，大多是银矿，因为当时银矿是不许民间开采的。民矿的产量，除了用作矿课而上交给国家一部分以外，其余部分则作为商品投入市场。[①]

在民营矿冶业中，最大和最有生气的部门是铁矿的开采和冶炼。洪武年间以官营为主，洪武六年（1373）置十三个铁冶所，岁输铁746万余斤[②]。洪武二十八年（1395）因库存铁过多，“诏罢各处铁冶，令民得自采炼，而岁输课程，每三十分取其二”[③]。嗣后民营铁冶获得了蓬勃发展。但永乐以后官营铁冶又有恢复，永乐年间设立的顺天府遵化铁冶所是明代最大的官营铁矿场。不过，整个说来，已不及洪武时的规模，且呈逐渐萎缩的状况。如遵化铁冶，其矿山炉场分布在蓟州、遵化、丰润、玉田、滦州、迁安六个州县，永乐年间民、军匠和民、军夫最高到2500多人，嘉靖间只剩下1500多人。到万历九年（1581）不得不将山场封闭，“额设民夫匠价、地租征银解部，买铁支用”[④]。最终结束了官营铁冶。

当时民营铁矿遍布于广东、福建、山西、陕西、山东、湖广、江西、浙江等省，尤以广东、福建、山西发展迅速。宣德末年，民营产量约略可达每年800多万斤。宣德十年（1435），令各处山场、园林、湖池、坑冶及花果树木等“原系民业者”，“自今听民采取，不许禁约”[⑤]。明中期以后，民营铁冶由于商品经济的发展而日益兴盛起来。广东许多偏僻山区都有不少商民从事采矿炼铁。如潮州“矿冶出海阳等五县，每年听各县商民采出置冶。每冶一座，岁纳军饷银二十三两，前去收矿炼铁。各山（炼铁炉）座数不等，计通共饷银一千两”[⑥]。韶州、惠州等处“每山起炉，少则五六座，多则一二十座，每炉聚集二三百人，在山掘矿，煽铁取利。”[⑦] 罗定等地铁冶“凡一炉场，环而居者三百余家。司炉者二百余人；掘铁矿者三百余；汲者、烧炭者二百有余。

① 参考汤纲、南炳文著《明史》（上），上海人民出版社1985年10月版。
② 《明史》卷八一《食货五》。
③ 《明太祖实录》卷二四二，洪武二十八年闰九月庚寅。
④ 万历《大明会典》卷一九四《工部十四·遵化冶铁事例》。
⑤ 《明英宗实录》卷二，宣德十年二月辛亥。
⑥ 顾炎武：《天下郡国利病书》卷一〇〇《广东四》。
⑦ 嘉靖《广东通志初稿》卷三〇《铁冶》。

驮者牛二百头。载者舟五十艘。计一铁场之费，不止万金。”当然，像这样的大炉场不只一处，以致“其焰烛天，黑浊之气，数十里不散”①。兴盛于一时的遵化官冶，矿场分布于六个州县，总匠夫人数也高不过2500多，相比之下真有小巫见大巫之慨。福建蒲城的民营铁冶规模更大，“坊长大户，招集四方无赖之徒，来彼间冶铁，每一炉多至五七百人”②。

广东、福建的铁冶业都有相当规模。“广东铁冶，自宋以前言英韶，自国朝（明）以下言潮惠”③。北宋初年，广东有英州冶、梅州务和连州场等官营冶铁场。明洪武初年，广东阳山县官冶仍很兴盛，据《永乐大典》记载：“洪武六年，蒙省府为讲究铁冶事，随地之利，分置炉冶一十五处，签点坑夫一千名，博士一十名，每岁烧办生铁七十余万斤解官。”④ 从洪武末年起，广东铁冶从英韶转向潮惠开发。据嘉靖《广东通志》记载，广东潮州、惠州两府有矿冶43处。“潮惠旧二郡山中间有产者，不领于有司，土人私窃业作，其后利入稍多，乃于惠之车坡亭、潮之广济桥、揭阳之北窖门，铁所经过地遮税之。正德末议者谓：盐铁一体，今盐课提举司告纳军饷，给票填指地方，往复查验最严，铁课不宜独异，宜于广城外批验所旁置厂，委提举佐贰官一员专掌其事，凡铁商告给票入山贩买，回至河下盘验，生铁万斤收价银二两，其立限复往查验，大约如盐法。有欲以生铁往佛山堡鼓铸成锭熟而后卖者，听其所卖。地方府县审有官票者，生铁万斤税银八钱，熟铁万斤税银一两二钱，俱以充二广军费，提举司铁价每季解布政司转其半解部。后以府县抽税烦扰，今于提举司输饷，不分生熟铁，每万斤加饷银一两。其余悉置之。此潮惠铁冶之颠末也。”⑤ 从洪武初年的“官置炉冶”、“签点坑夫”、“尽数解官”，到正德以后的“设厂秤税”、“给票贩运”、“听其所卖”，表明了广东官府公开承认了“不领于有司”的民营冶铁业的开发和运销的事实，标志着广东铁矿业由官营到民营的重大转变。这一转变，刺激了民间开采矿冶的积极性，此后广东

① 屈大均：《广东新语》卷一五《铁》。
② 张萱：《西园闻见录》卷四〇《蠲赈》。
③ 戴璟：《广东通志初稿》卷三〇《铁冶》。
④ 《永乐大典》卷一一九〇七，《广州府三・土产》，光绪本。
⑤ 戴璟：《广东通志初稿》卷三〇《铁冶》。

“铁冶则岁办以为常”①。嘉靖年间，平均每年课税5817两，② 按上述每万斤生铁课税计算，每年有接近2000万斤的生铁。最高的嘉靖十年（1531），课银8294两，应有生铁2764万斤。③

明代中后期民营铁冶业的年总产量没有记载，但可以从个别地区的产量略见一斑。据《明会典》卷一九四记载，明初所定山西铁课为1146917斤，到天顺五年（1461）有人奏称：“山西阳城县铁冶甚多，每年课铁不下五六十万斤”④。其时课税率是十五分之一，由此推算，天顺年间山西阳城县铁产量已达750万~900万斤，相当于明初山西全省产量的7倍以上，比宣德九年全国民营铁冶的总产量还要多。嘉靖十年广东的铁产量也高达2700余斤。由此可以想见全国民营矿冶的规模和速度。

此外，民间采冶铜的规模很大。中叶以后，官矿成绩不佳，而民采民冶则日益发展。嘉靖六年（1527）铜课“十取其二”，进一步放开，以致国家铸币都要向市面购买⑤。万历年间郝敬说：“二百余年来，钱法不修，天下废铜在民间为什器者不知几千万亿；其产于各处名山者，豪姓大贾负贩以擅厚利，又不知几千万亿。……今云南、陕西、四川、广东各省有铜矿，为奸商专擅；或封闭未开，为土人窃发。宜选廉干官一员为钱运使，专理铜课……如铜矿一时采销不敷，设法权买接济”⑥。可以想见民营铜矿发达的情况。

银是贵金属，具有货币价值，官府对银矿的开采和冶炼，控制极严。洪武十九年（1386）在福建尤溪县银屏山开设银场局，立炉冶42座。在浙江的温、处二州，丽水、平阳等县，也设有场局。洪武时福建银场的银课，仅有2600余两，宣德增至4万余两。浙江银场，洪武时银课，只有2800余两，宣德时突增到87000余两。两地的银产量都以十几倍乃至几十倍的速度增长。由于官府对银矿开采垄断甚严，所以民间私自开采，形成所谓“盗矿”风潮，一些

---

① 黄佐：嘉靖《广东通志》卷二五《民物志六》。

② 黄佐：嘉靖《广东通志初稿》卷三〇《铁冶》记载了嘉靖六年到十五年的铁课额最低为嘉靖五年，银3604两8钱，最高为嘉靖十年，银8294两零1钱4分，平均为银5817两。

③ 参见罗一星著《明清佛山经济发展与社会变迁》，广东人民出版社1994年12月版。

④ 《明英宗实录》卷三二九，天顺五年。

⑤ 万历《大明会典》卷一九四《铸钱》。

⑥ 孙承泽：《春明梦余录》卷四七《铸钱则例》。

农民或流民深入闽浙银矿地区，隐蔽开采，官府严厉禁止，常常激起武装反抗。

二、矿冶业的突出成就

明代矿冶业的发展，不仅表现在产量和规模上，在采冶技术上也有明显的进步。由于商品货币经济的发展，手工业原料、燃料原料、铜、银货币原料的社会需求日益增长，加上矿冶业开发所需用的劳动力，得到流民劳动力的补充，因而有了显著的发展。

煤的开采和利用已相当普遍。中国是世界上最早用煤做燃料的国家。明代的煤已应用于普通居民的日常生活和冶、锻、烧造等需要高温能源的生产部门。李时珍曾说："石炭，南、北诸山产处亦多。昔人不用，故识之者少，今则人以代薪炊爨，锻炼铁石，大为民利。"① 宋应星在《天工开物》中也介绍了当时煤炭开采和使用的情况："南方秃山无草木者，下即有煤。北方勿论。煤有三种：有明煤、碎煤、末煤。明煤，大块如斗许，燕齐秦晋生之，不用风箱鼓扇，以木炭少许引燃。……碎煤有两种，多生吴楚。炎高者曰饭炭，用以炊烹；炎平者曰铁炭，用以冶锻。……末煤如面者，多曰自来风。泥水调成饼，入于炉内，既灼之后与明煤相同，经昼夜不灭。半供炊爨，半供熔铜、化石、升朱。至于燔石为灰与矾硫，则三媒皆可用也。"② 各地开采的煤矿有：南直隶和州的含山县牛头山煤矿、北直隶顺天府平州白羊口煤矿、京师的西山煤矿、山西太原府平定州煤矿。方以智说："（山西）平定所产（煤）尤胜，坚黑而光，极有火力。"③

随着采煤规模的扩大，采煤的知识和技术空前提高。当时经验丰富的采煤工匠"从土面能辨有无之色，然后掘挖"，并知道利用凿去中节的巨竹插入井下排出毒气（瓦斯）和以木板支撑巷道以防崩塌两项采煤技术。"初见煤端时，毒气（瓦斯）灼人，有将巨竹凿去中节，尖锐其末，插入炭中，其毒烟

① 李时珍：《本草纲目》卷九。
② 宋应星：《天工开物》卷中《燔石》。
③ 方以智：《通雅》卷四八《金石》。

从竹中透上，人从其下施钁拾取者。或一井而下，炭纵横广有，则随其左右阔取，其上支板，以防压崩耳。”① 可见当时采煤技术，已经基本解决排除矿中瓦斯，以防止中毒和爆炸，用支木架，以防冒顶等问题，这就为扩大采煤面和加深井下巷道提供了保证。据记载，河南安阳县龙山煤矿的巷道已“深数百丈”②。陆容《菽园杂记》亦载，“坑匠采矿……或深数丈，或数十丈，或数百丈，随其深浅”。凿空的巨竹除利用作深层采煤排气外，还用来采取井盐的盐卤。中空长竹保留最底一节，并在此安装“消息”即阀门，插入井底，卤水压力打开阀门，进入竹筒，筒中卤水又以重力关闭阀门，而后用牛拉盘车、辘轳诸器具拉上或放下。这种深井下的汲筒装置，技术是相当先进的。③

明代工匠还懂得把煤炼成焦炭的方法。方以智《物理小识》卷七说：“煤则各处有之，臭者烧熔而闭之，成石，再凿而入炉，曰礁，可五日不绝火，煎矿煮石，殊为省力。”李诩《戒庵老人漫笔》也载有“北京诸处多出石炭，俗称水和炭，可和水而烧也。……或者炼焦炭，备冶铸之用。”这比欧洲要早200多年。煤的开采具有重大意义，它被广泛用作冶铁的燃料，提高了炼铁炉的温度，加速了冶铁进程。据朱国祯《涌幢小品》记载，遵化铁冶炉中“以黑沙（铁矿砂）为本，石子为佐。时时旋下……妙在石子产于水门，色间红白，略似桃花，大者如斛，小者如拳，捣而碎之，以投于火，则化而为水。石心若燥，沙不能下，以此救之，则其沙始销成铁，不然则心病而不销也”。这种助铁砂销熔的红白相间的桃花石，显然就是莹石。以莹石作熔剂，是明代冶铁技术的一大进步。另外，明代采矿技术较前有重大突破的是发明了“烧爆”采矿法，“旧取矿携尖铁及铁锤，竭力击之，凡数十下，仅得一片。今不用锤尖，惟烧爆得矿”④。明代发明的这种“烧爆”采矿法，比之先前用尖铁、铁锤击打，显然既节省人力而又提高功效。

明代的炼铁炉形体巨大，如明初官营的遵化铁炉，“深一丈二尺，广前二尺五寸，后二尺七寸，左右各一尺六寸。前辟数丈为出铁之所，俱石砌”。冶

① 宋应星：《天工开物》卷中《燔石》。

② 顾炎武：《日知录》卷三二《石炭》注引崔铣修弘治《彰德府志》。

③ 宋应星：《天工开物》卷上《作咸·井盐》。

④ 陆容：《菽园杂记》卷一四。

炼时“用炭火置二鞴扇之，得铁日可四次”①。不仅可以冶炼生铁，而且还能够炼熟铁和钢铁。这是一种长方形炼铁高炉，可以连续使用90天，已具有相当高的生产能力。明末清初，在广东地区出现了更加先进的炼铁高炉。“炉之状如瓶，其口上出，口广丈许，底厚三丈五尺，崇半之，身后二尺有奇。以灰沙盐醋筑之，巨藤束之，铁力、紫荆木支之。又凭山崖以为固。炉后有口，口外为一土墙，墙有门二扇，高五六尺，广四尺，以四人持门，一阖一开，以作风势。其二口皆镶水石。水石产东安大绛山，其质不坚，不坚故不受火，不受火则能久而不化，故名水石。凡开炉始于秋，终于春……下铁矿时与坚炭相杂，率以机车从山上飞掷以入炉。其焰烛天，黑浊之气，数十里不散。铁矿既溶，液流至于方池，凝铁一版。取之，以大木杠搅炉，铁水注倾，复成一版。凡十二时，一时须出一版，重可千钧。一时而出二版，是曰双钩”②。广东的这种炼铁炉，不仅较遵化铁炉的炉体更高，容积更大，而且其瓶状炉体，较之方形炉体更符合燃烧原理，这是一项重大的技术革新。此外，在火口镶以耐火的水石，也可以延长炉体的使用寿命；以机车“飞掷”装料，更可以极大地减轻劳动强度，提高生产效率③。

明代的鼓风装置也有了很大改进。在早用橐，即皮囊，明代仍在使用。宋代炼铁高炉用门扇转动鼓风以加大风量。明代佛山瓶炉增为双扇门鼓风。尤为可观者，是明代活塞式风箱的发明与普及。据《天工开物》所绘图式，它和一直沿用到今天的民间风箱毫无二致。这种风箱是利用空气压力，以自动启塞活门，使之产生压缩空气，从而极大地提高了风压和风量，提高了炼炉生产能力。这种活塞式风箱大约是十八世纪才发明和使用起来的。

冶铁业是明代比较突出的手工业，据茅元仪《武备志》载，各地的冶炼技术各擅特色。如生铁则以广东最佳，熟铁则以山西及四川泸州者最精，而炼钢的工艺则尤为讲究，“其性脆，拙工炼之为难……惟巧工能看火候，不疾不徐，捶击中节”④。明代中后期，在冶炼生铁时，已实现了操作过程的半连续

① 朱国桢：《涌幢小品》卷四。
② 屈大均：《广东新语》卷一五《铁》。
③ 魏千克：《明清史概论》，中国社会科学出版社1998年3月版。
④ 茅元仪：《武备志》卷一〇五。

性，当炼铁炉出铁孔流完铁水后，用泥塞住出铁孔，马上可以加料，鼓风再炼，这比等炉冷却后才把炼成的铁取出来，要先进得多。这一时期还发明了由生铁到熟铁的连续工艺。“若造熟铁，则生铁流出时，相连数尺内低下数寸，筑一方塘，短墙抵之。其铁流入塘内，数人执持柳木棍排立墙上，先以污潮泥晒干，舂筛细罗如面，一人疾手撒捲，众人柳棍疾搅，即时炒成熟铁。其柳棍每炒一次，烧折二三寸，再用，则又更之。炒过稍冷之时，或有就塘内斩划成方块者，或有提出挥推打圆后货者。”[①] 此种技术，他处也有记载。《物理小识》中说：“出炉未炒为生铁，既炒则熟”，“熔流时又作方塘留之，洒干泥灰而持柳棍疾搅，则熟矣。”[②] 这种连续操作技术，免除了炼制熟铁时用细泥灰作熔剂，并特用柳木棍快速搅拌以促进氧化作用。这种办法，节约了时间，减少了消耗，提高了工效。

“灌钢”冶炼技术，在明代也有进一步发展。灌钢是一种“杂炼生鍒”的炼钢方法。“生”即生铁，“鍒”即熟铁。“杂炼生鍒”就是将生铁和熟铁混杂在一起冶炼，待含碳量较高的生铁熔化后，渗淋入熟铁中，使生铁中的碳分与熟铁中的铁氧化物发生氧化作用，然后取出，反复锻炼，除去杂质，即成为优质钢。这种冶炼方法。最早见于东魏、北齐间，而推广于北宋。宋代的具体作法是“用柔铁屈盘之，乃以生铁陷其间，封泥炼之，锻令相入，谓之团钢，亦谓之灌钢。”[③] 明代的灌钢冶炼方法，在此基础上又有所改进。其做法是“用熟铁打成薄片，如指头阔，长半寸许，以铁片束包尖紧；生铁安置其上，又用破草履盖其上，泥涂其底下，洪炉鼓鞴，火力到时，生钢（铁）先化，渗淋熟铁之中，两情投合，取出加锤，再炼再锤，不一而足，俗名团钢，亦称灌钢。”这种做法，可以加速氧化，提高效率。

明代还将“灌钢”的冶炼原理，直接运用到工具、兵器锋刃的制造上，这是灌钢技术的进一步发展。据《天工开物》记载：“凡治地生物，用锄、镈之属，熟铁锻成，熔化生铁淋口，入水淬健，即成刚劲。每锹锄重一斤者，淋

① 宋应星：《天工开物》卷下《五金》。

② 方以智：《物理小识》卷七。

③ 沈括：《梦溪笔谈》卷三。

生铁三钱为率，少则不坚，多则过则而折。”① 这种在熟铁上用生铁熔液淋口的方法，就是利用生铁熔液作为熟铁的渗碳剂，以使刃口表面具有高碳组织，从而增强其锋利性和耐用性。又唐顺之在《武备·前编》卷五中所说的一种炼钢法，也是将生铁水“擦入”，即淋于熟铁上，而后锤锻。这种制造工艺，较之原来的夹钢打刃，不仅方法简捷，而且成本低廉，是一项创造性的成就。

当时福建所产铁，名为“建铁”，质量优良，被用为制造火炮、鸟枪的铁料。用“建铁”铸造的佛郎机炮、将军炮和锻造的鸟枪枪筒，施放时可不发生爆裂。其他如广东南海县的佛山镇，景泰时已发展为冶铁集中地，主要产品是铁锅、农具、钟鼎、军器等，其中以铁锅产量最大。佛山工匠铸造的美术重器纹饰精巧，并且已掌握了制造大件军器的技术。如正统十四年（1450）黄萧养起义所用的武器“大铳飞枪”，“水枪一发，中之即毙”②。成化时南直隶震泽檀丘也成为冶铁的专业市镇。山西阳城、辽东本溪都有冶铁业。

银矿开发，十分兴旺。浙闽交界的银矿开发最早，但时遭官府封闭。白银成为流通最广的非法制货币后，社会经济活动中白银需求量日大，所以盗掘白银矿之风大盛。嘉靖初年，顺天府昌平州怀柔县人胡臻等“家道殷实，专一出钱供给矿徒，在于蓟州迤西接连平谷（县）地名瀑水，偷（银）矿为生”。这个偷采银矿事件，被官府发现，银矿被封闭，主持人景时文被罚银千两。后来这个银矿由官府主办开采，但所得不偿所费，官方遂命景时文出来主持这所官营银矿的采炼技术。官营瀑水银矿的经营方式是：仍招前日已得矿利殷实之家，责令出钱供给器具、密陀僧、白炭、工食之费。金充素有身家，旧时曾做矿徒为首者，以为矿甲，报出平日所率善识矿脉，熟知煎销军民有籍之人，以为矿夫。在于瀑水原封旧洞，协力挖取矿砂，就在平谷县择一空大去处，立为炉场，将逐日所取矿砂，委官差人押送炉所，照数验收，接续监视矿甲人等，眼同煎销成银。以十分为率，除三分纳于官课，以五分给办器具、密陀僧、白

① 宋应星：《天工开物》卷中《锤锻》。
② 乾隆《佛山忠义乡志》卷一〇，陆贽《祖庙灵应记》。

炭料物饮食之类，其余二分以偿矿甲人等工力之资[①]。这是明代官督民办银矿的事例之一，官府办矿要依靠民间的资本与技术，但利益分成又十分苛刻。这个矿炼银是应用传统的密陀僧（氧化铅）析出法，大约每百斤矿砂，用密陀僧一百五十斤，碾为细末，入火锻炼，熔化为汁，然后煎销，始得成银。每一斗矿砂得银六两上下。[②]

三、矿冶业中的雇佣关系

明代采矿与冶炼技术及规模比宋元时有长足发展，民营铁矿采冶较早取得了合法经营的地位。洪武二十八年（1395）令民自行采炼，民营铁冶得到官方认可。此后，虽然官府铁冶仍有一定程度的发展，然而成本高、效益低，大约正统以后走向萎缩，万历年间便难乎为继。而民营铁冶尽管承受着各方同的压力，其蓬勃发展之势却是难以遏制。这样，铁与铁制品就成为市场上的重要商品。铁制品中包括各种农器、各种厨房用品、各种手工业工具、各种武器和其他生产、生活、宗教祭祀用品。这些商品不仅在国内作长短距离的贩运，有些还远销国外，其中如铁锅、铁丝、铁针等广泛行销于东西洋各国以及蒙古、女真诸部。铁锅运到日本，每口卖到一两银子。[③] 由于官营铁冶业的萎缩，官方武器制造等所用钢铁，也常常购自民间。如成化年间，陕西以50万引盐中于商人，让他们到山西阳城购买铁500万斤上纳，以供打造兵器[④]。这种情况当然会为陕西所独有。万历时候，工部为制造之需，也直接以银购买生熟铁。市场的需求，又反过来刺激了铁采炼和铁制品的进一步发展。

明代中后期，铁冶业以广东佛山镇为最著，《本草纲目·金石部》云："铁皆取矿土炒成。秦、晋、淮、楚、湘、闽、广诸山中皆产铁，以广铁为良。"由于广东南海、新会等县产铁，佛山镇取用方便，因此铁器冶铸业容易发展起来。屈大均《广东新语》云："铁莫良于广铁"。又云："凡一炉场，环而居者三百家。司炉者二百余人，掘铁矿者三百余，汲者、烧炭者二百有余，

---

① 《明经世文编》卷一〇三，梁材：《驳议差官采矿疏》。

② 参见蔡美彪等著：《中国通史》（第八册），人民出版社1993年6月版。

③ 胡宗宪：《筹海图编》卷二。

④ 《明宪宗实录》卷一二二，成化九年十一月。

驮者牛二百头，载者舟五十艘。计一铁场之费，不止万金。日得铁二十余版则利赢，八九版则缩。……然诸冶惟罗定大塘基炉铁最良。……光润而柔，可拔之为线，铸镬亦坚好，价贵于诸炉一等。诸炉之铁冶既成，皆输佛山之埠。佛山俗善鼓铸，其为镬，大者曰糖围、深七、深六、牛一、牛二，小者曰牛三、牛四、牛五。以五为一连曰五口，三为一连曰三口。无耳者曰牛。……铸成时，以黄泥豕油涂之，以轻杖敲之如木者良，以质坚，故其声如木也。故凡佛山之镬贵，坚也。"① 铁冶业分工细密，如铸锅、铸造铁灶、炒炼熟铁、打造军器、打拔铁钱、打造铁锁、打造农具杂器、打造铁钉等。劳动者很多，我们即使把载者、驮者、汲者、烧炭者都排除在固定雇佣关系之外，围绕冶炉劳作的也恐怕多是炉主的雇佣劳动者。其产品有精确核算，且都作为商品卖给佛山镇的商户。在炒铁业中，除去大量家庭式作坊之外，有些雇工规模也已相当可观。据屈大均记载，"其炒铁，则以生铁团之入炉，火烧透红，乃出而置砧上。一人钳之，二三人锤之，旁十余童子扇之，童子必唱歌不辍，然后可炼熟而为鍱也。计炒铁之肆有数十，人有数千，一肆数十砧，一砧有十余人，是为小炉。炉有大小，以铁有生有熟也。故夫冶生铁者，大炉之事也，冶熟铁者，小炉之事也"②。一肆即一个炒铁作坊，拥有数十砧，每砧十余人，则一肆雇工人数当地在数百之谱，单就掌钳的熟练工人也有数千人。

福建炼铁，"依山为窑，以矿与炭相间，乘高纳之。窑底为窦，窦下为渠。炭炽，矿液流入渠中者为生铁，用以镆铸器物。复以生铁再三销拍为熟铁。以生熟相杂和，用作器械锋刃者为刚（钢）铁也"③。在福建政和，"每炉一座，做工者必须数十百人，有烧炭者，有凿矿者，有煽炉者，其余巡炉、送炭、运矿、贩米、贩酒等役，亦各数十百人，是以一炉常聚数百人"④。陕西华州也有很多冶炼业，"郡之南山川麓立数百垆场，以炼银砂、铜砂、锡砂，啸聚千万人作事"⑤。很多人在同一场所做工，显然基本上都是雇佣来的。

---

① 屈大均：《广东新语》卷一五《铁》。
② 屈大均：《广东新语》卷一五《铁》。
③ 顾炎武：《天下郡国利病书》卷九五《福建五》。
④ 民国《政和县志》卷九，明万历知县车鸣时：《申革炉议》。
⑤ 隆庆《华州志》卷九《物产述》。

矿冶采炼，需要集中相当多的劳动力。明中期以后，大批破产农民流亡到深山密林中垦荒开矿。正统以来，矿徒矿盗不断起事，对明朝政府产生了严重威胁，于是屡屡采取严密防范的措施。嘉靖年间，广东韶州、惠州即规定，“每年只许九月中旬听从本土有山之人赴县呈告，即便拘集本地里排勘明。如果毋碍民田、毋毁竹林之所，许其设炉。就令山主为炉首，每处只许一炉，多不过五十人，具系同都或别都有籍之人同煮，不许增加。其炉首即为总甲，每十人立小甲，其小甲五人，递相钤束，填写姓名呈县，各给贴执照”①。但这些规定在实际中却很难贯彻执行。据嘉靖《广东通志初稿》卷三〇记载，广东“凡韶惠等处系无主官山，产生铁矿，先年节被本土射利奸民是山主矿主名色，招引福建上杭等县无籍流徒，每年于秋收之际，纠集凶徒，百千成群越境前来，分布各处山峒，创寮住札。每山起炉，少则五六座，多则一二十座。每炉聚集二三百人，在山掘矿，煽铁取利。山主矿主利其租税，地鬼总小甲利其常例，土脚小民利其雇募。”② 这里的“小脚小民”是因为“利其雇募”而参加铁冶生产的，而且其雇主是从福建上杭来的“无籍流徒”，只于每年“秋收之际”前来组织生产，显然是一种比较自由的雇佣关系。

随着民营矿业的发展，商人直接支配生产的现象也逐步出现。如福建政和县万历年间炉冶灶户的情况：“今据炉户何浦、程正大等告，起铁炉两座于东平等处。……一炉常聚数百人。事成则炉者享其利，不成则炉首脱然长往……况浦与正大近虽占灶籍，原非土著，又无恒产，其去留难稽，里排供给又系诡名。”③ 这里的灶户何浦，程正大也就是广东纠集凶徒、创寮起炉、雇募小民的“无籍流徒”，是投资铁矿的商人业主。广东许多偏僻山区也有不少商民从事采矿冶炼，如潮州“每年听各县商民采出置冶。每冶一座，岁纳军饷银二十三两，前去收矿炼铁。各山（炼铁炉）座数不等，计通共饷银一千两”④。在徽州“凡取矿，先认地脉，租赁他人之山，穿山入穴。深数丈，远或至一

① 嘉靖《广东通志初稿》卷三〇《铁冶》。

② 嘉靖《广东通志初稿》卷三〇，转引自李龙潜：《试论明代矿业中资本主义因素的萌芽及特点》，载《中国资本主义萌芽问题讨论集》续编。

③ 民国《政和县志》卷九，明车鸣时：《申革炉议》。

④ 顾炎武：《天下郡国利病书》卷一〇〇《广东四》。

里。矿尽又穿他穴。……既得矿，必先烹炼，然后入炉。煽者、看者、上矿者、取钩（矿）砂者、炼生者，而各有其任。昼夜番换，约四五十人。若取矿之夫，造炭之夫，又不止是。故一炉之起，厥费亦重；或既矿起，而风路不通，不可熔冶；或风路虽通，而熔冶不成，未免重起。其难如此，所得不足以偿所费也”①。从这段材料可知这时的徽州已有了出资开矿的场主，他租赁别人的矿山，雇佣开矿和冶炼的工人，工人昼夜轮换，约有四五十人，再加上取矿砂和造炭火的工人，数目就更多了。徽州海阳新溪人朱天泽“从兄贾闽，盖课铁冶山中，诸佣人率多处士长者，争力作以称，处士业大饶。会岁不登，处士贷诸佣人钱百万”②。徽州詹氏也到福建沙县铁岭开矿鼓铸，歙县郑天镇兄弟先后“以铁冶起”③。山西潞城西山之中的苗氏“富于铁冶，业之数世矣，多致四方之贾，椎凿、鼓泻、担挽，所籍而食之者，常百余人”，因被“诬其主盗”，“其冶遂废。向之籍而食之者，无所得食，皆流亡于河、漳之上”④。千百成群的矿工矿徒与无土地“恒产”的商人结合，又促进了民营矿冶业的发展。

在云南铜矿业中，也出现了雇佣劳动性质的经营。据王士性《广志绎》卷五载：“采矿事惟滇为善。……其未成硐者，细民自挖掘之，一日仅足衣食一日之用，于法无禁。其成硐者，某处出矿苗，其硐头领之，陈之官而准焉，则视硐大小，召义夫若干人，义夫者，即采矿之人，惟硐头约束者也。择某日入采，其先未成硐，则一切工作公私用度之费皆硐头任之，硐大或用至千百斤者，及硐已成，矿可煎验矣，有司验之。每日义夫若干人入硐，至暮尽出硐中矿为堆，画其中为四聚瓜分之，一聚为官课，则监官领煎之以解藩司者也，一聚为公费，则一切公私经费，硐头领之以入簿支销者也，一聚为硐头自得之，一聚为义夫平分之。其煎也，皆任其积聚而自为焉，硐口列炉若干具，炉户则每炉输五六金于官以给札而领煅之。商贾则酤者、屠者、渔者、采者，任其环居矿外，不知矿之可盗，不知硐之当防，亦不知何者名为矿徒。”根据这个记

① 嘉靖四十五年修《徽州府志》卷七。

② 汪道昆：《太函集》卷四七《海阳新溪朱处士墓志铭》。

③ 汪道昆：《太函集》卷二八、四六。

④ 唐甄：《潜书》下篇上《富民》。

载，可知这里的矿场由硐头出资开采，硐大者或用至千百两，他们雇佣“义夫”即采矿工人。他们生产的矿砂，用瓜分的办法分配给各方，“义夫”的报酬也通过对分产品的方式获得，并受“硐头”的约束，这显然存在一种雇佣关系。

至于所谓“矿贼”，则是指流动性较大的开采者。“惠之嘉善、海丰，广之从化、香山，皆有银矿。……正德中，顺德豪民勾引势家，纠集逃叛及白水贼徒，伪捏朝旨执照，乃开矿采煎。……每岁得银渐至千余两。嘉靖甲辰，苗脉已尽，贼徒乃散。”① 由于政府禁止“贼徒”开采，他们便采取掠夺的方式。有的地方，如河南南召、卢化之间“多有矿徒，长枪大矢，裹足缠头，专以凿山为业，杀人为生，号毛葫芦。其技最悍，其人千百为群，以角脑束之，角脑即头目之谓也。其开采在深山大谷之中，人迹不到，即今之官采亦不敢及。”② 这些“贼徒”或“矿徒”之中，一定也有雇主和佣工的关系，但因记载疏略，详情已无法推知了。③

第四节　精巧异常的陶瓷业

明代制瓷业在宋元基础上有了很大发展，产品的数量和质量有了明显提高，生产的规模日益扩大。除江西景德镇外，浙江处州、福建德化、河南禹州、北直隶曲阳、南直隶宜兴等地的制瓷业也很发达，生产各具特色的瓷器。

一、缤彩纷呈的陶瓷产品

明代陶瓷五彩缤纷，技艺精绝，制作程序工艺相当精细，“共计一坯工力，过手七十二，方克成器，其中细微节目，尚不能尽也”④。洪武、建文间尚处在恢复期，永乐以后，渐入佳境。永乐、宣德间，其白瓷细腻如脂，温馨

---

① 顾炎武：《天下郡国利病书》卷一〇四《广东八》。

② 王士性：《广志绎》卷三《江水诸省》。

③ 参见李瑚著《中国经济史丛稿》，《明代后期的资本主义萌芽问题》，湖南人民出版社 1986 年 10 月版。

④ 宋应星：《天工开物》卷中《陶埏》。

如玉。宣德间一种脱胎瓷，胎薄如纸，精巧异常。

明代陶瓷技术取得了辉煌成就。在元代以前各代，一直没有旋坯的器具，只以竹刀旋坯，功效较差。明代制瓷业工艺上的创造是用陶车镟刀代替以前的竹刀镟坯，并用铁刀随转随削，既提高了工效，又能增加瓷器内外的光平度。在施釉方法上，宋元多为刷釉蘸釉，刷釉是使用毛笔拓釉，弊在每失于不均；而蘸油是将瓷坯往釉缸中浸蘸，这样釉汁往往不能到底足，以致一半有釉，一半无釉，而且如果瓷坯形体过大，也易于损坏或失形。明代发明了吹釉法，即以径寸竹管，截长7寸，在筒口蒙似细纱，醮油汁吹在坯上，这样可使器物里外的釉都上得很均匀，又不致损坏瓷坯，这是施釉技术的新成就。与宋元相比，明代的瓷器窑身加大了，说明掌握火候的技术有所进步。明代以前无法烧制大型瓷器，如大鱼缸“入窑即裂，不能烧成”，屡次试验都未成功，明代工匠便成功地找到了烧制大器的技巧。明代工匠还在做坯和造型上多方探索，创制了薄胎的蛋皮钟杯等许多精巧作品，其他如玲珑、镂空之器在明中叶也大为流行。

明代瓷器的装饰艺术，在继承前代优良传统的基础上有所发扬。明代前期以单色釉瓷的制作为主，但比宋元制品要艳丽得多，明代单色釉瓷器色彩趋向鲜艳，有夺目的鲜红、宝石红，明快柔嫩的黄釉、翠青釉，鲜艳的孔雀蓝、孔雀绿釉等。明初永乐年间创造的半脱胎甜白瓷器，土质细腻，胎骨薄如蛋壳，釉色纯白，晶莹光亮，能映见手纹，是一种极其精巧的产品，显示了白瓷制造技术的进步。明代发展了笔彩绘艺术，大量兴起用笔画彩的方法，这种用彩料画出花纹后烧制的瓷器，叫做“彩瓷”。彩瓷有“釉下彩”和“釉上彩”之分。在胎坯上先画花纹而后上釉入窑烧制的是“釉下彩”，先上釉入窑烧制而后加画花纹，并再经炉火烘烧的称“釉上彩”。明代烧制十分精美的青花瓷，就属于釉下彩，又叫“釉下青花”。

釉下青花在元代的基础上有了巨大的发展，质量和数量都大有提高。青花瓷白地蓝花，色调单纯明快。又因各个时期用料的不同，形成早期（明永乐宣德之际）色泽沉厚浓艳而带有黑色结晶斑，成化前后色调明快雅致而匀净。装饰花纹有图案的，花样也很丰富。有龙、虎、象、麒麟、鹿、鹤等各种动物，有莲、桃、石榴、葡萄、西瓜等各种花果，有仕女、儿童、仙道等各种人物，此外还有山水、字样、八卦等各种图案。其中有偏于绘画写实效果的，一般明代前期画风豪放，中期用笔疏简，晚期转向繁缛细致，不少受到当代画风的影响，如青花瓷上一些写意山水人物，疏简凝炼，简率而富神韵，接近吴派风格；一些历史故事画用笔细劲，又宛若明代版画，吉祥图案及风俗人物大略受建筑彩画及民间绘画影响，缠枝宝相等图案则借鉴于锦缎。一些民间陶瓷上的花纹往往笔简神足，洒脱自然，形象突出，画风朴质刚健。总之，优秀的画手在瓷胎上挥洒自如，使单色青花具有浓淡深浅等丰富层次，给人以妙趣横生，墨沉淋漓的感觉，增强了艺术装饰效果。器形品种也日渐增多，小者如杯盘之类，胎薄如纸，白釉与青花相映，兼有雅致华丽之美；大者如瓶炉尊缸，器形稳重，花纹配置得体。定陵出土之大龙缸，为景德镇特制，直径达70厘米，装饰鲜明生动的云龙图案，气势磅礴，尤可见在烧造技术各方面所达到的高度水平。

釉下青花与釉上彩相结合，造成丰富的色彩装饰，是明代中期以后出现的新成就。加彩的方法也多种多样，成化年间取得高度成就的“斗彩”，是先在釉下用细线描好青花图样，入窑烧制，然后再在釉上就青料钩画的轮廓，或点少许彩色，或用多种彩釉覆盖填染再入炉烘烤而成的。由于釉上和釉下的色料互相争妍媲美，所以称为“斗彩”。成化斗彩质釉精良，在明后期就相当名贵。朱琰《陶说》称：“成化彩画……点染生动，有出乎丹青家之上者，画手固高，画料亦精。”流传至今的少数鸡缸、葡萄杯、人物杯等，器形轻盈，画工美妙，色调鲜嫩雅致，相映成趣，确有极高的艺术价值。如现收藏于故宫博物院的斗彩葡萄纹杯，就是当时烧制的斗彩精品之一。杯上的纹饰以红彩为枝，红中闪紫，极为粗壮；绿彩为叶，绿油油的叶子透视出青花的叶茎，非常真实；黄彩为蔓，娇嫩的蔓须似正生长；紫彩为实，正如熟透了的紫葡萄悬挂枝头。这件瓷器上的纹饰如此形象逼真，充分反映出“斗彩”技法的高超。[①]青花加彩瓷器在成化以后继续发展，色彩趋于绚丽，如故宫所藏嘉靖时期的青花矾红鱼藻纹盖罐，高41.7厘米，通体用青花画水藻莲花，其间穿插十二尾不同姿态的红鱼，鱼身以黄色为底，上施红彩，又以褐色勾勒轮廓及鳞片。沉静的青色莲藻与色调热烈活泼的红鱼鲜明对衬，在设计及绘制上独具匠心。

---

① 参见李辉炳：《略谈明清的“彩瓷”》，载《文物》1974年第8期。

万历前后出现的“五彩”，成为陶瓷技术的又一新发展。五彩的彩绘方法与斗彩基本相同，不过不止以釉下青花与多种釉上彩结合，也不仅是勾画轮廓，多数还绘成完整或部分图案，甚至不用青花作为线描，而以褐黑色勾描轮廓以代替青花，或直接在釉上加彩绘，颜色进一步转向浓艳，多以矾红、绿、黄、紫等色交互配置，其主要着色剂是铜、铁、钴、锰等金属盐类。将这些物质溶和于瓷釉中，在烧制时，由于火焰性质的不同，能呈现出各种不同的颜色。如铜盐在氧化焰烧成时，即呈现出绿青蓝等色；而在还原焰烧成时，则呈现紫、红、黝等色。铁盐在氧化焰烧成时，呈现黄、褐色；而在还原焰烧成时，则呈现青色①。这样烧制出来的瓷器颜色对比鲜明，绚烂多彩。如万历时烧的五彩鸳鸯莲花纹瓶，瓶腹部画绿叶红莲翠柳鸣禽及戏水的彩色鸳鸯，瓶颈装饰山石草虫，优美悦目。有的五彩瓷器造型也追求复杂变化，有的瓶瓶身图案镂空，用五彩画翱翔的凤凰穿云，并穿插有锦地开光的图案，玲珑绚丽，成为瓷器的另一种风格。

明代陶瓷继续动用划花、刻花、雕镂的装饰，但更为发展的是彩画瓷，瓷器上的装饰图案纹样非常丰富，画工之高超也为人称道。《陶雅》称：“明瓷画手，皆奕奕有神。”“青花瓷画绝幽茜，倘以蓝笔临摹之，矜为稿本，亦雅人深致也。”据文献记载，嘉靖八年（1529）御窑烧造的瓷器图案名目即有：赶龙珠、升降戏龙凤、抢珠龙、海水苍龙、出水云龙、龙穿西番莲、双云龙、穿花龙、团龙、穿花凤、升凤拥祥云、鸾凤穿宝相花、团鸾凤、云鹤、云鹤穿花、孔雀牡丹、狮子滚绣球、飞狮、仓狮龙、缠枝宝相花、转枝莲、乾坤六合花、四季花、万岁藤、松竹梅、灵芝捧八宝、八吉祥、二仙炼丹、八仙过海、三阳开泰、群仙捧寿、一秤金、耍戏娃娃、耍戏鲍老等50余种，“其他花草、人物、禽兽、山水、屏瓶盆盎之观不可胜纪”②。这些包括龙凤、珍禽、奇花、吉祥图案、神话风俗等图画，在传世瓷器中皆可看到，至于民间瓷器上的花纹更为丰富。③

---

① 参见傅振伦：《中国伟大的发明——瓷器》，转引自魏千志著《明清史概论》，中国社会科学出版社1998年3月版。

② 王宗沐：《江西省大志》。

③ 以上参见王逊著《中国美术史》，上海人民美术出版社1985年6月版。

明代瓷器品种极为繁多，中后期尤为突出。除了普通用品诸如碗、盘、碟、钟、瓯、盏、盒、杯等之外，还有炉、瓶、罐、坛、花缸、渣斗、醋注、烛台、花尊、笔筒、笔架、凉墩、扇匣等各式各样的用品，而且各个时期有不同的特色。“以宣、成二窑为佳。宣窑以青花胜，成窑以五彩。宣窑之青，真苏渤泥青也，成窑时皆用尽，故成不及宣。宣窑五彩，堆垛深厚，而成窑用色浅淡，颇成画意，故宣不及成。”①“永乐压手杯，宣德祭红杯盘，发古未有，以西红宝石末之，入泑凸起者也。茶靶、卤壶、匾罐、炉、瓶、盘、碟、敞口花尊、暗花坐墩皆精。成窑草虫可口，子母鸡劝杯曰鸡缸。神庙光宗皆向前窑，故价最贵。嘉窑泡杯、坛盏甚佳，盖永尚厚，成尚薄；宣青尚淡，嘉青尚浓。成青未若宣青，苏渤泥青也。宣彩未若成彩，浅深入画也。其同者，汁水莹厚如堆脂，汁纹鸡橘也；质料腻实，不易茅蔑也；磨弄岁深，火色退净也。”② 据清人唐秉钧《文房肆考》记载：“洪武窑：明洪武三十五年（建文四年，1402）始开烧造，解京供用。……有官窑，除大龙缸窑外，青窑烧小器，色窑烧颜色。官窑器纯，民窑器杂。……永乐窑：永窑造压手杯，中心画双狮滚球为上品，鸳鸯心者次之，花心者又次。杯外青花深翠，式样精妙……宣德窑：宣窑造祭红红鱼靶杯。以西洋红宝石为末入泑，鱼形自骨内烧出，凸起宝光，总以汁水莹厚如堆脂。又有竹节靶，罩盖卤壶、水壶，此等创古未有。又有白茶盏，光莹如玉，内有绝细龙凤暗花，花底有暗款：‘大明宣德年制’。隐隐鸡桔皮纹起，质料腻实，不易茅蔑。虽宣瓷何能比方，真一代之绝。冰裂鳝血者，几与官、汝窑敌。祭红，正、弘、隆、万间，亦有佳者。他如妙用，种种小巧之物尤佳，描画不拘，蟋蟀澄泥盆，最为精绝。此明窑极盛时也。成化窑：成窑以五彩为上。酒杯以鸡缸为最，上画牡丹，下画子母鸡，跃跃欲动。五彩葡萄擎口扁肚靶杯，式较宣杯妙甚。次若人物莲子酒盏、草虫小盏、青花纸薄酒盏，名式不一，点色深浅，莹洁而质坚。神宗尚食御前成杯双，直钱十万，当时已贵重如此。五彩齐箸小楪、香合、各制小罐，皆精妙可人。正德窑：正德间，大珰镇云南，得外国回青，以炼石为伪宝，价倍黄金，

① 王士性：《广志绎》卷四《江南诸省》。
② 方以智：《物理小识》卷八。

已知其可烧窑器，用之，色愈古。……嘉靖窑：……靖窑回青盛作，幽菁可爱，鲜红土绝，烧法亦不如前，仅可烧矾红色。惟回青效灵，亦一时之会也。青花、五彩二窑，制器略备。……世宗经箓醮坛用器，有小白瓯，名曰坛盏。正白如玉为最。如鱼扁盏，红铅小花合子，亦为世玩。隆万窑：……按明瓷；至隆万制作日巧，无物不有，然隆万之秘戏，殊非雅裁。他物汁水莹厚如堆脂，有粟起若鸡皮者，有发棕眼若桔者，亦可玩也。”① 又据清人王棠《知新录》载，“永窑之压手杯，传用可久，撆口折腰，沙足滑底，外深青花，内双狮球，球内篆书永乐年制，细如粟米。鸳鸯心次之，近仿蠢厚，约略形似耳。嘉窑泡杯，其极低小罄口者，有三友花者称最，水藻者次之，芝草者又次之。坛盏大中小三号，内茶字者为最，橄榄字、酒字、枣汤字次之，姜汤字又次之。（凄汤不恒有）盏色以正白如玉斯美，垩嫩则近青，垩不净则近黄，其青花五色，二窑器制悉备，有三色鱼匾残，罄口馒心圆足红铅小花合子等，有大如钱，有青花，有红花。盖永尚厚，成尚薄，宣青尚淡，嘉青尚浓，成青为苏勃泥，宣青名麻叶青，宣采未若成采浅深入画也，嘉、万之回青，特为幽菁，鲜红土绝色正矾红，而回青盛作。隆窑之秘戏，不入鉴藏，他物汁水莹厚，如堆脂汁，故名鸡皮橘，皮质料厚，实不易茅蔑也。”② 这几则史料对明代不同时期瓷器的特色做了详尽的描述，反映了明代陶瓷业发展的特点。

二、明代制瓷业中心

明代制瓷业的中心仍是江西的景德镇。这里有丰足的高质量的制瓷原料高岭土，有上万家的制瓷工匠和作坊，拥有制瓷的高超技术，有设备完善的官窑，也有生产大量民用瓷器的民窑。明代景德镇以生产青花瓷为主，明初与浙江处州青瓷并埒，以后又逐渐超过国内的其他陶瓷产地。据万历《明会典》载，“洪武二十六年定，凡烧造供用器皿等物，须要定夺样制，计算人工物料，如果数多，起取人匠赴京置窑兴工。或数少，行移饶、处等府烧造。”③

① 唐秉钧：《文房肆考》卷三。

② 王棠：《知新录》卷二五。

③ 万历《明会典》卷一九四《工部十四·陶器》。

明代中期，何孟春说“江浙官窑，烧造供上瓷器”，有“数十窑”①。嘉靖间，景德镇议编民匠时有人提出，“其上班官匠自南京取还烧造”②。可见当时烧造御器的窑有三处，即南京、处州和景德镇。景德镇长期持续烧造御器，规模也较大，烧制之厂生产正常，所以“江武三十五年（建文四年，1402），改陶厂为御器厂。钦命中官一员，特董烧造。”③ 御器厂既是管理手工业的机构，又具有维持全镇治安管理民政的权力。厂内实行轮班匠役制，成化二十一年（1485）允许以银代役后，雇役匠制普遍实行。厂内有二十三作，内中大碗、酒钟、碟、盘、锺、印等六作是成坯之作，分圆、琢器成坯，另有窑六种，各作有分工。明代前期最盛时为成化年间，“雇觅夫匠，买办柴土、颜料及供给监烧官员人等，每年用银不下数千余两。俱是饶州等三府小民出备，虽曰磁器，计其所费，不减银器之价”④。正德时曾雇募工匠，嘉靖万历间雇役匠已及于各作。如“嘉靖八年烧造，募工给值”⑤，“本厂选召白徒高手烧造及色匠未备，如敲青、弹花、裱褙匠等役”⑥。“大碗、酒钟工匠类多颓罢不堪，以故烧造候期，合无于起工之日，多雇堪用民匠分补，而画匠、锥龙二作，工制尤少，亦须召募高手，庶器不苦窳矣。”⑦ 明代后期，景德镇有数以万计的民窑佣工。“轮班各匠，无工可造，听令自行趁作”⑧，班匠不服役时也可受雇于民窑。嘉靖年间，景德镇人口已增至“主客无虑十万余”⑨。此时，“本镇统辖浮梁县里仁、长香等都居民，与（饶州府）所属鄱阳、余干、德兴、乐平、安仁、万年及南昌、都昌等县杂聚，窑业佣工为生”⑩，其人数约为万余人。《景德镇陶录》引黄墨舫《杂志》记载，景德镇“列市受廛延袤十三里许，烟火逾十万家，陶户与市肆当十之七八”。清人朱琰《陶说》亦载，“景德镇袤延

---

① 何孟春:《余冬续录摘抄》卷四。

② 万历《江西省大志》卷七《陶书》。

③ 明崇祯十年碑刻《关中王老公祖鼎建贻休堂记》。

④ 《王端毅奏议》卷六《同南京吏部等衙门应诏陈言奏状》，成化二十一年二月初七日题。

⑤ 朱琰:《陶说》卷三《说明·饶州窑》。

⑥ 嘉靖《江西省大志》卷七《陶书》。

⑦ 万历《江西省大志》卷七《陶书》。

⑧ 万历《明会典》卷一八九《工匠二》。

⑨ 乾隆《浮梁县志》卷四《群祀》。

⑩ 《明世宗实录》卷二四〇。

仅十余里，山环水绕，僻处一隅，以陶来四方商贩。窑二三百区，工匠人夫不下数十万，籍此食者甚众”①。凌汝锦《昌江杂咏》说，景德镇“工匠来八方，形器天下走”，“重重水碓夹江开，未雨殷传数里雷”。由此可以推知当时景德镇制瓷业规模之大。规模宏大的制瓷业使景德镇成为繁富之区。明人王世懋记述其亲身经历说：景德镇“天下窑器所聚，其民繁富，甲于一省。余尝以分守督运至其地，万杵之声殷地，光火烛天，夜令人不能寝，戏目之曰‘四时雷电镇’。”②

明代景德镇瓷器制作工艺精巧，发展了釉下彩与釉上彩技术，釉上五彩瓷器与青花瓷并美。据王世懋《窥天外乘》载，“我朝则专设于浮梁县之景德镇。永乐、宣德间，内府烧造，迄今为贵。其时以骏眼甜白为常，以苏麻离青为饰，以鲜红为宝。至成化间，所烧尚五色炫烂，然而回青未有也。回青者，出外国，正德间，大珰镇云南得之，以炼石为伪宝。其价初倍黄金，已知其可烧窑器，用之果佳。”明代前期，官府对民窑的烧制品种有严格的限制，禁止民窑私自烧造青花白地瓷和黄、紫、红、绿、青、蓝等色瓷器，违者处以极其严厉的刑罚。尽管如此，景德镇的瓷业工匠以其勤劳、智慧克服了重重困阻，至迟成化年间便突破了烧造青花的禁令，他们凭卓越的技巧，创造了永窑甜白、宣窑青花、成化五彩以及挥笔自然、意境隽永的民窑青花。民窑所产精细瓷器价值亦昂。成化十四年（1478），浮梁人方敏“凑银六百两，买得青白花边碗碟盆盏等项磁器共二千八百个”③，私运到广东出海贸易。平均每个 0.21 两，按成化年间江西米价以 2.5 钱 1 石计，每个折米 8 斗 5 升余。民窑生产在不断增长。洪武二十四年（1391），窑冶课钞 2241 贯，按 2 贯 500 文准米 1 石，折米 896.4 石。正德五年（1510），窑冶课钞增至 641 锭 2 贯 540 文④，按钞 5 贯为 1 锭，每锭折米 2 石，折米 1283.016 石，比洪武二十四年增 43%。

景德镇这个以陶为业的产瓷地，宣德间即为商贾所集之处。到万历后期，

① 朱琰：《陶说》卷一《陶冶图说》。

② 王世懋：《二酉委谭摘录》。

③ 《皇明条法事类纂》卷二〇《接买番货》。由此可见至迟于成化十四年民窑已生产青花瓷。

④ 正德《饶州府志》卷一《税课》。

“已每日不下数万人”①。“景德镇所造，遍行天下。每岁内府颁一式度，纪年号于下。然惟宣德款制最精，距迄百五十年，其价几与宋器埒矣。嘉靖次之，成化又次之”② 缪宗周《兀然亭》载：“陶舍重重倚岸开，舟帆日日蔽江来。工人莫献天机巧，此器能输郡国材。”“弹丸之地，商人贾舶与不逞之徒皆聚其中”③。聚集在景德镇的商人有徽州商、江浙商和江右商等，所以当时商人称为都会的有“大之而两京、江、浙、闽、广诸省，次之而为苏、松、淮、扬诸府，临清、济宁诸州，仪真、芜湖诸县，瓜洲、景德诸镇”④，景德镇已跻身于全国著名都会之列，成为一座单一手工业的城市了。

明代后期，景德镇瓷器行销国内外，“自燕云而北，南交趾，东际海，西被蜀，无所不至”⑤。王士性《广志绎》卷四记载，“遍国中以至海外彝方，凡舟车所到，无非饶器也。”⑥ 饶之瓷器运销日本，“尤为彼国所重”⑦。东南亚地区，“江西磁器皆所嗜好”⑧。1602～1644 年，荷兰东印度公司贩运到东南亚的中国瓷器，总数就达到 420 万件以上。仅 1636 年从巴达维亚运爪哇、苏门答腊、婆罗洲和文郎、马神等地瓷器，总数约达 380 万件⑨。中国瓷器开始大量运往欧洲是明代后期中国外销瓷的一个特点。自 1602～1637 年，经荷兰东印度公司运荷的中国瓷器总数高达 300 万件以上⑩。自 1608～1616 年（缺 1609、1611 两年），6 年内经荷兰东印度公司运入欧洲的瓷器共 641165 件，多是大型、质地粗糙之器⑪。这标志着景德镇及其瓷器生产已进入新的时期，它由一个市镇发展为城市，由一个主要产瓷地上升为全国最重要的产瓷地。

景德镇之外，“北则真定、定州、平凉、华亭、太原、平定、开封、禹

---

① 光绪《江西通志》卷四九《舆地略》，明萧近高《参内监疏》。
② 谢肇淛：《五杂俎》卷一二。
③ 乾隆《浮梁县志》卷五《陶政》。
④ 嘉靖《江西省大志》卷七《陶书》。
⑤ 嘉靖《江西省大志》卷七《陶书》。
⑥ 王土性：《广志绎》卷四《江南诸省》。
⑦ 姚叔祥：《见只编》卷上。
⑧ 顾炎武：《天下郡国利病书》，原编第二六册。傅元初：《请开洋禁疏》。
⑨ 叶文程：《宋元明时期外销东南亚陶瓷初探》，见《中国古代销瓷研究论文集》第 69 页。
⑩ 陈万里：《宋末—清初中国对外贸易中的瓷与器》，载《文物》1963 年第 1 期。
⑪ ［日］吉田光邦：《景德镇陶瓷生产贸易情况》，白英译，载《南京博物院集刊》1982 年第 4 期。

州；南则泉郡德化，徽郡婺源、祁门”，各地烧制瓷器风格不一，“德化窑，惟以烧制瓷仙，精巧人物玩器，不实用。真、开等郡，瓷窑所出，色或黄滞无宝光。合并数郡，不敌江西饶郡产。浙省处州丽水、龙泉两邑，烧造过锈，杯碗青黑如漆，名曰处窑。……若夫中华四裔，驰名猎取者，皆饶郡浮梁景德镇之产也。”① 又据清阮葵生《茶余客话》引曹仲明语载，“柴窑足带黄土，官窑品格与哥窑相同。以粉青色为上，纹取冰裂、鳝血、紫口，铁足者佳，皆不及汝窑凝厚滋润也。定窑有素光、凸花两种，以白色为上。均州窑，红若胭脂者为最，色纯而底有一二数目字号者佳。古宋龙泉窑器，温州土细质厚，色若葱翠，妙者与官窑争艳，但少纹片紫，骨铁足耳。章窑乃宋人章生兄弟所烧。兄陶者为哥窑；弟陶者，仿古龙泉窑，足皆铁色。哥窑多断纹，名百圾坡，更见重于世。明成窑五彩鸡缸一对，价值百金。宣庙窑器，质料细而厚，隐隐有橘皮纹起，冰裂鳝血纹者，几与官汝敌。有暗花者，底有大明宣德年制字样。有红花者，用西红宝石为末，图画花鸟凸起，宝光夺目；有青花者，用苏浡泥图画花鸟形，深厚堆垛，皆发古未有，为一代绝品”②。说明明代制瓷业继承宋代等时期的传统，并在此基础上有进一步的发展。

王棠《知新录》对此也有详细的记载。“彭窑，元时戗金匠彭均宝，效古定器制折腰样者甚佳，土脉细白者，与足器相似，青口欠滋润，极松脆，称为新定。近景德仿者，用青田石粉为骨烧造，名为粉定，垩粗骨松更不佳。龙泉窑，出浙江处州龙泉县，与哥窑共一地道。宁时名曰青瓷，明窑移处州府。处州青色土垩，火候较旧龙泉质劣。古器质薄，一种盘底有双鱼，外有铜掇环，体厚者不佳。象窑，出浙江宁波府象山县，似定而粗，色带黄，有蟹爪纹，色白滋润者高，俱不贵。欧窑，出南直隶常州府宜兴县，明欧姓者烧造。有仿哥窑纹片者，有仿官均窑色者，采色甚多，皆花盘奁架，诸器不一，旧者颇佳。建窑，出福建泉州府德化县，其色有甜白，青色深浅不同。古建瓷薄者，绝类宋瓷，碗盏多是敞口，色黑滋润，有黄兔斑滴珠大者真。体厚者多，少见薄者，惟佛像最佳。饶器，出江西饶州府浮梁县景德镇，及广信府弋阳县，宋时

① 宋应星：《天工开物》卷中《陶埏》。
② 阮葵生：《茶余客话》卷二〇。

器色样甚繁。其淋垩甚肥，灵透与定相近而稍有异，明官窑皆出于此。……祭红，以西红宝石为垩，又有朱砂点翠，青花点色不同。垩肥，俱有桔皮纹。甜白一种，色如羊脂者尤可爱重。垩不到，磨去复上，入窑再烧，故棕纹甚厚，久用而不茅蔑。御土窑，体薄而润，最好素折腰样茅口者，体薄色润，莹白尤佳，其值低于定器。元时烧小定印花者，内有枢府字者高。新烧大足素者欠润，有青色及五色花者。今烧此器佳者，色白而莹最高，青黑色戗金者，多是酒壶酒盏之属。吉窑，出江西吉州府庐陵县永和镇，色与紫定相类，体厚而质粗，不足贵。……山西窑，出太原府榆次县平定州。平阳府霍州又出霍器。陕窑，出平凉府平凉、华亭两县。广东窑，出潮州府，其器与饶器类。"①

从上述几则史料可知，明代除景德镇之外，其他地区如浙江处州龙泉窑、河南禹州均窑、北直隶定窑、山西窑、陕西窑、广东窑、江西弋阳窑和吉州窑、福建建窑、江苏宜兴欧窑等，都有独具特色的陶瓷制品。方以智《物理小识》引王世懋《窥天外乘》记载，"吉州永和窑，宋时开，至今有舒翁、舒娇之器。土人传，文山时窑变遂废。建窑今在德化县，土产程寺后山中。穴而取之，乃大块白石，舂碎为粉，澄倾石井，始埴为器"。清唐秉钧《文房肆考》记载，"饶州窑，明初烧者，有青黑色戗金者，多是酒壶酒盏，甚可爱。……弋阳县太牟乡，处州民瞿志高来创造，亦有窑。其后民饥为乱。嘉靖间，即横峰窑镇地，改立兴安县，遂废。弋阳之湖西马坑，以陶为业。所造瓶罐缸瓮盘碗之器甚粗，给工匠之用。饶窑仿定器，用青田石粉为骨，曰粉定，质粗理松，不甚佳。"② 由于多种因素，仍以景德镇所产瓷器为佳，这还可从下面几则史料得到印证。据靖周亮工《闽小纪》载，"闽德化磁茶瓯，式亦精好，类宣之填白。予初以泻茗，黯然无色，责童子不任茗事。更易他手，色如故。谢君语予曰：'以注景德瓯则嫩绿有加矣。'试之良然。乃知德化窑器不重于时者，不独嫌其胎重，粉色亦足贱也。相传景德镇窑，取土于徽之祁门，而济以浮梁之水，始可成。乃知德化之陋劣，水土制之"。清孙廷铨《颜山杂记》卷四亦载，"孝乡之瓷，出于山头务店者，碗钵为多；出于邀光者，罐为

① 王棠：《知新录》卷二五。
② 唐秉钧：《文房肆考》卷三。

多；出于八陡者，瓶罍为多；出于河西者，鱼缸醢瓮为多，然多疏土也。”浙江处州龙泉窑，产青瓷，到万历时已“世不复重”①。

明中后期，随着民窑数量的不断增加，也有为满足市场而从事生产的，并出现了专业性的陶瓷业市镇。如浙江余杭的瓶窑镇，“自农桑外多以埏埴为业，故市廛之与陶穴相望如栉比”②。瓶窑镇位于余杭县东 30 里，与钱塘县交界处，是有名的陶器生产中心。朱国祯《真寂院记》说：“瓶窑地俗朴民勤，自农桑外，多以埏埴为业，故市廛之与陶穴相望如栉比。”窑址较大，从出土文物看有水罐、花瓶等。万历《杭州府志》载，“瓶罂缶，今出钱塘瓶窑。”由于窑业的发展，瓶窑也就由村发展为镇。浙江嘉善的千家窑“民多业陶”，“旧不为镇”。后因陶业发展，至明万历时，递升为镇。万历《嘉善县志》载：“永乐区：镇、魏塘、千家窑。”当时该镇“廛居联络，甓埴繁兴，三吴贸迁勾绝……邑侯常士雅设常平仓于此，与枫泾、斜塘相埒，货殖殷盛。”③由于千家窑陶业的发展，居民“趣利如骛”，从而推动了嘉善县的陶业日益兴盛，而且大有后来居上的趋势。如砖瓦，万历年间始生产，全县有东窑北窑之分，千家窑为北窑，制品质量不如东窑张泾汇。广州的石湾镇，因水运交通便利，明末也颇具规模，不过主要为陶而非瓷。据吴景康《石湾陶业考》，它有 23 行，有陶窑 107 座，容纳工人 3 万多。屈大均也说：“石湾之陶遍两广，旁及海外之国。谚曰：‘石湾缸瓦，胜于天下。’”④

三、陶瓷名家辈出

明代瓷窑有官办的官窑和民办的民窑两大类。官窑财力雄厚，巧匠众多，生产供皇家御用或祭坛陈列的瓷器，这些产品不计成本，精益求精，本身不是商品，但制品特别讲究，体现了当时的瓷器最高水平。不过有些瓷釉用色或形制，民间禁用，只能是一些艺术品。民窑主要生产商品瓷器，大多是民间实用的生活用品，产量甚大，行销国内外。但民窑的经营者“窑户”为了谋得生存，也努

---

① 谢肇淛：《五杂俎》卷一二。
② 万历《杭州府志》卷三四。
③ 康熙《嘉善县志》卷二《乡镇》。
④ 屈大均：《广东新语》卷一六《锡铁器》。

力提高质量。随着商品经济的发展，民窑制品也日见精美。彩绘技术的流行，使陶器成为造型、绘画、书法等综合艺术品，它吸引了很多文化素养甚高的人献身陶瓷研制，从而突破了皇家供奉艺术的狭小范围，促使民营瓷器出奇出新。明代中后期有不少窑户因为制品优良，得以成名起家，产品被争着购买。这也是当时制瓷业空前发展的一个表现。著名的民窑有崔公窑、周窑、壶公窑等。

崔公窑的主人崔国懋，“嘉（靖）隆（庆）间人，善冶陶，多仿宣（德）、成（化）窑遗法制器，当时以为胜，号其器曰‘崔公窑瓷’，四方争售。”[①] 他所制的瓷器，大多仿照宣德、成化年间的瓷器，式样比宣、成窑器略大，但精美程度毫不逊色。无论青花瓷还是彩瓷，都与宣、成窑器一模一样，不分伯仲。沈德符《敝帚斋乘语》载：“本朝窑器，用白地青花，间装五色，为今古之冠。如宣窑品最贵，近日又重成窑，出宣窑之上。盖两朝天纵，留意曲艺，宜其精工如此。然花样皆作八吉祥、五供养、一串金、西番莲，以至斗鸡、百鸟及人物故事而已。至嘉靖窑，则又仿宣、成二种而稍逊之。惟崔公窑加贵……”[②]崔公窑声名远扬，被认为是当时景德镇民窑之冠。

周窑的主人周丹泉，隆庆、万历年间人，“本吴门籍，来昌南造器，为当时名手，尤精仿古器，每一名品出，四方竞重（价）购之，周（丹泉）亦居奇自喜，恒携至苏松常镇间，售于博古家，虽善鉴别者，亦为所惑”[③]。他技艺精湛，最善仿古瓷，所仿宋代定窑非常逼真，每一名品出手，人们重价争购，以至于千金争市，供不应求。周丹泉仿制的古瓷，往往能以假乱真，即使善于甄别鉴赏的行家里手，也往往被他所惑。在《韵石斋笔记》中有一则故事，生动地描述了他的神技。一次他路过毗陵（今江苏常州）拜访好友唐太常，观赏了唐太常珍藏的古定鼎，“以手度分寸，乃将片楮摹鼎纹袖之”，回家后比照仿做。“半载而旋”，拿着那个仿做品让唐太常看，唐太常“大骇，以所藏古鼎较之，无纤毫疑”，遂以为又得一古定鼎，“询何所自来”，周丹泉讲明真情，唐太常始悟，“售以四十金，蓄为副本，并藏于家”。万历末年，

① 蓝浦：《景德镇陶录》卷五《景德镇历代窑考》。
② 沈德符：《万历野获编》卷二六《玩具·瓷器》。
③ 蓝浦：《景德镇陶录》卷五《景德镇历代窑考》。

有一淮安人又用千金的代价，从唐太常的孙子手中将周丹泉所仿古定鼎买去①。

壶公窑的主人昊十九，本姓吴，一名吴为，别名壶隐道人，浮梁县景德镇人。出身于世代制瓷为业的家庭，生活比较清贫。约生于嘉靖前期，卒于万历后期。他聪颖博学，工诗善画，长期从事制瓷实践，性不嗜利，所制精瓷，妙绝人间。清蓝浦《景德镇陶录》卷五《景德镇历代窑考》载，“壶公窑，神庙时烧造者号壶隐道人，其色精美，诸器皆佳。有流霞盏、卵幕杯两种最著。盏色明如朱砂，杯极莹白可爱，一杯才重半铢，四方不惜重价求之。亦雅制壶类，色淡青，如官、哥器，无冰纹。其紫金壶带朱色，皆仿宜兴时陈样。壶底款为‘壶隐老人’四字”。《浮梁陶政志》引李日华《紫桃轩杂缀》记载；“浮梁人昊十九者，能吟，书逼赵吴兴，隐陶轮间，与众作息。所制精瓷，妙绝人巧。尝作卵幕杯，薄如鸡卵之幕，莹白可爱，一枚重半铢，又杂作宣、永二窑，俱逼真者。而性不嗜利，家索然，席门瓮牖也。余以意造流霞不定之色，要十九为之，贻之诗曰：‘为见丹砂到市廛，松声云影自壶天，凭君点出流霞盏，去讯兰亭九曲泉。’樊御史玉衡亦与之游，寄诗云：‘宣窑薄甚永窑厚，天下驰名昊十九；更有小诗清动人，匡庐山下重回首。’十九自号壶隐道人，今犹矍昊十九。”清乾隆年间《陶说》的作者朱琰也题诗《追赠昊十九》：“龙泉兄弟知名久，甄土新裁总后尘，独有流霞在江上，壶中高隐得诗人。”昊十九技术全面，圆、琢二器都很有名，还善仿制永乐、宣德瓷器。他还擅长诗书，其书法与元代大书法家赵孟频近似。诗书配画，典雅清新，他的瓷器一时名驰天下。

又据《景德镇陶录》卷一〇《陶录余论》记载：“徽州吴明官之窑皆以一工与器而名家起家，其人目与缙绅先生列坐抗礼。”除此之外，其他地区也有不少著名民窑匠人，如宜兴龚春、董翰、赵梁、元畅、时朋、时大彬、李仲芳、徐友泉、陈仲美等就是有名的制造陶器匠人。“宜兴有茶壶，澄泥为之。始于供（龚）春，而时大彬、陈仲美、陈用卿、徐友泉辈，踵事增华，并制

---

① 蓝浦：《景德镇陶录》卷八；另参见汤纲、南炳文《明史》（上），邱国珍著《景德镇瓷俗》（江西高校出版社 1994 年 11 月出版）。

为花樽，菊合、香盘、十锦杯子等物，精美绝伦，四方皆争购之。”① 又“阳羡磁壶，自明季始盛，上者至于金玉等价。……夷考古来名手，某姓氏尚可指数，如金沙寺僧（不知其名）、供春、董翰（号后溪）、赵梁（梁亦作良）、元畅（或作袁锡）、时朋（亦作朋朋）、及子大棚（号少山）、李养心（字茂林）及子仲芒、徐土蘅（字友泉）、欧正春、邵文金、文银、蒋时英（字伯芸）、陈用卿、信卿、闵贤（字鲁生）、陈光甫、陈仲美、沈士良（字君用）、邵盖、周复豁、陈俊卿、周季山、陈和之、陈挺生、承云从、沈君盛、陈辰（字其之）、徐令音、项真（字不损，嘉兴人，诸生）、沈子澈并……名手。至其品类，则有若龙蛋印方云罍、螭罂汉瓶、僧帽提梁卣、苦节君扇面、方芦席、方诰、宝圆珠、美人肩、西子乳、束腰菱花、平肩莲子、合菊荷花、芝兰竹节、橄榄、六方、冬瓜、段分蕉、蝉翼柄、云索耳、番象鼻、鲨鱼皮、天鸡篆珥、海棠香合、鹦鹉螺杯、葵花茶洗、仿古花樽、棋花垆、十锦杯等等。大都炫奇争胜，各有擅场，姑举其什一耳。”②

龚春“学宪吴颐山家僮也。颐山读书金沙寺中，春给使之暇，窃仿老僧心匠，亦淘细土抟坯，茶匙穴中，指掠内外，指螺文隐起可按。胎必累按，故腹半尚现节腠，视以辨真。今传世者，栗色暗暗，如古今铁，敦庞周正，允称神明垂则矣。”③ 他所制茶壶，款式不一，虽属瓷器，海内珍之，用以盛茶，不失元（原）味，故名公巨卿、高人墨士，恒不惜重价购之。宜兴罐也以“龚春为上，时大彬次之，陈用卿又次之。锡注以黄元吉为上，归懋德次之。夫砂罐，砂也；锡注，锡也。器方脱水，而一罐一注价五六金，则是砂与锡与价，其轻重正相等焉，岂非怪事？然一砂罐、一锡注，直跻之商彝周鼎之列，而毫无惭色，则是其品地也。”④ 董翰、赵梁、元畅、时朋号为“四名家，并万历年间人，乃龚春之后劲也。董文巧，而三家多古拙”。时大彬是时朋的儿子，“号少山。或陶土，或杂砂硇土，诸款具足，诸土色亦具足。不务妍媚，而朴雅坚栗，妙不可思。初自仿供春得手，喜作大壶。后游娄东，闻陈眉公与

① 吴骞：《阳羡名陶录》下。
② 吴骞《桃溪客语》卷三。
③ 吴骞：《阳羡名陶录》上。
④ 张岱：《陶庵梦忆》。

琅玡、太原诸公品茶、试茶之论，乃作小壶。几案有一具，生人闲远之思。前后诸名家，并不能及。”[①] 据桐西漫士《听雨闲谈》记载，“向在友人家，见一阳羡砂钵盂，用以为水注，旁缀一绿菱角，一浅红荔支，一淡黄如意，底盘以黑螭虎，龙即以因爪为足。下镌大彬二字。设色古雅，制度精巧，而四物不伦不类，莫知其取义。后询一老骨董客，谓余曰：‘此名伶（菱）俐（荔）不（钵）如（意）痴（螭）。’”因他与其高足李仲芳、徐友泉都善于制壶，所以“陶肆谣云‘壶家妙手称三大’”，所谓三大，就是指“时大彬及李大仲芳、徐大友泉”[②]。陈仲美，婺源人，最初在景德镇窑，后“以业之者多，不足成其名”，遂迁至宜兴，所烧造的香盒花杯等，“重锼迭刻，细极鬼工。壶象花果，缀以草虫。或龙戏海涛，伸爪出目。至塑大士像，庄严慈悯，神采欲生，瓔珞花鬘，不可思议”[③]。宜兴陈远，“工制沙壶，形制款识，无不精妙。……远字鸣远，号鹤峰，或称壶隐。挟其技以游四方，名人胜流，竟相延结”[④]。

四、以景德镇为例看明代民窑的发展

景德镇的瓷业，有官窑，也有民窑。官窑的工匠“籍匠户例派”[⑤]，由作头管理，没有雇值，据康熙《浮梁县志》卷四《陶政》记载：“官匠凡三百余名。自梁太监召募，编为一籍，庸作与官匠同而无分毫雇值。有身不堪役，则转佣官匠以代，岁索费不资（赀），有司占数循旧，不为开豁，既非租庸本差，又不得受工匠浮食。”成化二十一年（1475）奏准轮班匠以银代役后，雇募制普遍实行，班匠不服役时可受雇于民窑。御器厂管理形式有了某些变化，雇役工匠必须付给工值。至于原料，陶土虽来自官府的科买、派纳，但毕竟不是无偿地提供，而且后来官土价银也由每百斤银七分增至一钱，窑柴“一百斤直四分”[⑥]。青料的费用更大，“回青原非中国所有，应天一年而加至二万五

① 吴骞：《阳羡名陶录》上。
② 吴骞：《阳羡名陶录》上。
③ 吴骞：《阳羡名陶录》上。
④ 吴骞：《桃溪客语》卷三。
⑤ 万历《江西省大志》卷七《陶政》。
⑥ 乾隆《浮梁县志》卷五《陶政》。

千余两”，且“买之甚难”①。可见工银原料已必须按时价采购。到隆庆、万历年间，次色的瓷器开始变卖了。隆庆五年（1571）议行发卖库房所贮不堪之器②。万历十一年（1583）钦限烧造瓷器96024件，其后又命：“内屏风、棋盘、烛台、花瓶、新样大缸，烧成有好的，着拣进；不堪的，听彼变卖；未烧的停止，以省费息民。”所变卖的瓷器其总数多少，未见确数。不过万历十一年钦限烧造的烛台、花瓶、新样大缸其件数与凉墩、酒海、龙坛、大龙盌、白薄酒盏、龙盒等器总计便达2229件之多，以上诸器“均属难成”，其中“檠台、凉墩之类，百不得一”，“龙缸、花瓶之类，百不得五”③。似此所变卖之器当为数不少。次品的居废意味着本已匮诎的烧造费用被人为地造成极大的浪费。另外，明代后期，随着商品经济的繁荣，社会风尚日益侈靡，御器厂“逐年存贮器皿，堆积日多，库役皂快，乘机盗窃，董事者且拣馈送，是以公家之物，徒济贪鄙之私”。官吏中饱和各种流弊，使得御器厂“每岁造为费累巨万”，致使江西“辄以陶故加赋”④。与此同时，景德镇的民窑商品生产却达到了前所未有的高峰，其产品行销国内外。民窑佣工由嘉靖间“聚佣至万余人”，增至万历时“每日不下数万人”。民窑的发展是业主努力经营的结果，如崔公窑、周窑、壶公窑、吴明官窑，这些窑主原来都是自己参加生产的劳动者，他们各自有其制艺专长，名重一时，有的还“陶陶轮间，与众作息”。民窑的“竭作保佣”与官作的“趣办塞责”形成了鲜明的对照。

嘉靖万历时期，景德镇陶瓷业中，开始出现“官搭民烧”制度，这反映了官民窑关系的某些变化，表明雇役经济管理形式行之于民窑。民窑的工匠主要来自轮班匠，民窑与官窑不仅是服从与统治的关系，而且其技术力量也仰赖于官窑。明代后期，御器厂的管理已难以完成上限烧造，其落后性已很明显，而御器厂的内部演变又未足以使烧造改观，所用的高手、中手有不少募自民窑，尤其大碗、酒钟、锥龙、画作等仰赖于民窑。官民窑之间技术力量的对比发生了变化。为了完成烧造免致愆期，“官派民烧”、“官搭民烧”遂由“一时

① 万历《江西省大志》卷七《陶书》。
② 万历《江西省大志》卷七《陶书》。
③ 《明经世文编》卷三七九，陈有年：《为钦奉圣旨事疏》。
④ 万历《江西省大志》卷七《陶书》。

之权法”成为制度。“旧规本厂凡遇部限瓷器，照常烧造，不预散窨。惟钦限瓷器数多限逼，一时凑办不及，则分派散窑，择其堪用者凑解，固一时之权法也。”“鱼缸，御器细腻脆薄，最为难成，官匠因循，看厂之官乃以散之民窑，历岁相仍。”“今遇烧造，官窑户辄布置民窑。”①隆万时，厂器除厂内自烧官窑若干座外，余者已散搭民窑烧。”②

明代后期的“官搭民烧”有分派烧造、定给民窑包作包烧和散搭民窑烧三种形式，但不论何种形式都具有强制性，劳役形态的特征都非常鲜明。首先，派烧。只要是景德镇以至浮梁境内的民窑都得承担，甚至“不能成器者”亦“责以必办，不能办则官窑悬高价以市之”③。其次，官窑派烧虽然估价时值，但在明代后期官窑付值是以“赏”的名义发给的，而且有的估值远低于官窑自行烧造的估值。如“大样瓷缸，每口原估价银五十八两八钱。二样瓷缸，每口原估价银五十两。”官窑定给民窑为“每大样缸一口给银二十三两，二样缸一口给银二十两”④，只支付了官窑原估值中的工食费和少量原料费。再次，“有赏给银两定烧赔造”的规定，“定烧赔造”给民窑带来很重的负担。但是，“官搭民烧”又不同于劳役经济的纯粹形态。首先，估值定烧，与到官窑执役不同，在时间上和空间上不受直接监督，有利于民窑提高烧制技术和自主经营。其次，搭烧估值，有的固然太低，如龙缸，但毕竟官窑支付了工食费用，还支付了某些原料费。民窑承受派烧，已成为官窑的延续和补充形式。不过民窑承烧是在一定的范围和程度之内的，民窑并不是官窑生产组织的一种变形。

在“官搭民烧”下，较之窑户到官窑服役和纯粹的贡纳形式，民窑因在时间上和空间上以及品种方面不受官窑的直接监督，因而取得更大的独立性，更有利于民窑的自主经营。首先，民窑的资本并非来自官窑，而是通过销售产品获取利润以维持生产和扩大再生产。官窑派烧虽然有估值，甚至有的溢于民间所值，但总的说来派烧是对民窑的压榨。可是在“官搭民烧”下，民窑不

---

① 万历《江西省大志》卷七《陶书》。

② 蓝浦：《景德镇陶录》卷一〇《陶录余论》。

③ 乾隆《浮梁县志》卷五《陶政》。

④ 万历《江西省大志》卷七《陶书》。

仅未因派烧而萎缩，反而名窑辈出，佣工增加，资本有所增长。这说明派烧制的施行，较之劳役的纯粹形态，更有利于民窑的自主经营。其次，民窑生产什么，生产多少并非由官窑决定，而是视市场的需求。明代前期，对民窑的生产品种还有严格的限制，“禁江西瓷器窑场烧造官样青花白地瓷器于各处货卖及馈送官员之家，违者正犯处死，全家谪戍口外。”[①] “禁江西饶州府私造黄、紫、红、绿、青、蓝、白地青花等瓷器，命都察院榜谕其处，有敢仍冒前禁者，首犯凌迟处死，籍其家资，丁男充军边卫，知而不以告者连坐。”[②] 然而，成化十四年（1478），便有浮梁人方敏等“凑银六百两，买得青白花边碗碟盆盏等项瓷器，共二千八百个”，运到广东私自出海贸易[③]，证明正统年间青花之禁在50年内便不能执行。明代后期，由于完成上解仰赖于市之民窑和派烧，加之官窑变卖次色瓷器，这样，禁令虽未见明文取消，但已失去了实效。民窑大量烧制青花瓷，青花瓷遂成为明代景德镇瓷的主流。再次，明代后期景德镇民窑有其国内外市场，为产品和原料的运销供应形成了一个范围广阔的商业网，徽州商人、江浙商人和江右商人汇集于景德镇，这是官窑所没有的，要维持和扩大这样一个广大的商业网，需要复杂的独立经营。在这样情况下，民窑佣工大量增长，民窑得到发展。

明代后期，景德镇出现了民营的制瓷手工工场，制瓷业分工已相当精细，宋应星《天工开物》中曾列举其生产过程，以成器而言就有澄泥、印坯（或造坯）、汶水、过利、打圈、绘画、过锈、入匣、满窑、供烧等项分工。据乾嘉年间成书的《景德镇陶录》记述，制坯坯房有陶泥、旋坯、合泑（釉）、抬坯、拉坯、上泑（釉）、装坯、印坯、舂灰、画坯等工人，其分工与《天工开物》所记大致相当。《景德镇陶录》又说：“列纪各工人数不一”[④]，其人数按照圆器制坯工作人手搭配的一般要求，旋坯工至少2人，装坯工2人，画工3人，上泑工2人，其余至少1人，合计约15人。这是一座圆器坯房内的工人数，景德镇称之为一“处”，即生产圆器坯件的一个生产单位。圆器即“大小

---

① 《明英宗实录》卷四九。

② 《明英宗实录》卷一六一。

③ 《皇明条法事类纂》卷二〇《接买番货》。

④ 蓝浦：《景德镇陶录》卷三《陶务条目》。

亿万杯盘之类，乃生人日用必需”[①]，其产量最多。瓷器制坯作坊有圆器、琢器、雕镶之分，其中琢器与雕镶人数较少，无一定，因而工场和作坊内的分工以圆器制作最为典型。由于民窑生产规模大小不一，其内部分工也不可能完全一致，一般而言，圆器坯房十五人，加上窑内的工人，“镇官民窑户每窑不下数十工”[②] 是可信的。景德镇民营制瓷手工工场的精细分工，反映了明代民窑制瓷技术的进步，反映了瓷业生产的发展。

明代后期，景德镇还有大量的家庭制瓷手工业者，然而他们的经济地位是不稳定的，他们往往因各种原因在两极分化中经济地位下降，成为雇佣工人，这是景德镇民窑佣工来源一个部分。但更多的佣工却是从浮梁邻近地区农村中流入的。明中叶以后，由于剧烈的土地兼并和繁重的赋敛徭役，大批农民被迫离开了土地，有不少流入了景德镇，“浮食陶中，流佣无隶籍”[③]。自嘉靖至万历后期这五六十年间，在景德镇十万以上的人口中有万余至数万陶工。关于雇佣劳动者的身份，王世懋曾概括当时民窑工匠就雇的特点：“工兴则挟佣以争，工毕则鸟兽散”[④]。“挟佣以争”反映出劳动力已成为商品，工匠以技艺争得雇主购买其劳动力，工匠的身份是比较自由的，他们与雇主的关系不是奴婢、雇工人与主人的关系，他们具有独立的法律地位。另外，商业资本对景德镇民窑有很大影响。瓷商成立了行业组织，如徽州商潘钆曾为“侩首”，“转毂百数，贾梁、陈、魏、赵间”，规模很大，他所购售的瓷器“皆精良，无得以訾昼薜暴相售”[⑤]，对产品提出了较高的要求，这就必然影响瓷业生产。汪道昆《太函集》中有关瓷商潘仕的记述颇为典型。潘仕“贾昌江，居陶器。分道并出，南售浙江，北售銮江”，三处营业地点“相距各千里而遥”，这样使民窑的生产与区域广阔的市场联系起来，因而能对景德镇瓷器生产提出统一的规格。[⑥]

---

① 宋应星：《天工开物》卷七《陶埏》。

② 康熙《浮梁县志》卷四《陶政》。

③ 《陈恭介公文集》卷三《烧造艰难恳乞圣明轸念特免十分难成瓷器以苏困苦事疏》。

④ 王世懋：《饶南九三府图说》。

⑤ 《太沁山房集》卷八七《处士潘君墓志铭》。

⑥ 有关景德镇陶瓷业发展的材料参见梁森泰著《明清景德镇城市经济研究》，江西人民出版社1991年12月版。

尽管如此，民窑生产发展，受到官府和行会势力的束缚。朝廷大量的派烧，无异掠夺。唐英在道光《浮梁县志·序》中称，明廷派烧不仅竭全镇之力，而且使饶州府所辖各县为之骚动。而“官搭民烧”则使民窑“历年赔贼，习以为常”[①]。行会中的技术保守同样限制了生产的发展。如砌窑一行，“窑之高卑阔狭，大小深浅，暨夫火堂、火栻、火眼、火尾之规制，种种不一。精其工而供其役者为景德镇魏氏专其业而得其传，元明以来无异也。故砂士无常工，而群窑之结砌补葺，则业有专属，他族无与也。”[②] 其他各技术行业大凡类此。因此，大多是分散个体式小生产。

第五节　造纸业与印刷业的贡献

明代的造纸印刷业相当发达。福建、江西、浙江、河南、四川等省都是造纸业的重要产地。纸张的品种繁多，在产量和质量上有了显著发展，这为印刷业发展提供了条件。明代的印刷，不仅在印书的数量和品种、印刷的体系和分布等方面都大大超过了宋元时代，而且在印刷技术和工艺方面，也有了发展和创新。

一、造纸业的进步

明代的造纸业有一定的进步，广泛存在于南方和北方，江西、福建、浙江、安徽、河南、四川、湖广、南直隶都是重要产地。造纸的原料有竹、麻、稻草、树皮（楮树、桑树、芙蓉树）等。南方以竹为原料造纸，有着很久的历史，明代仍继续以竹制纸。为了提高纸张的性能，多以几种原料混合使用，如以竹、树皮和稻草混合，以提高纸张的韧性。宋应星在《天工开物》中介绍了竹、树皮造纸的方法，“凡楮树取皮，于春末夏初剥皮，树已老者，就根伐去，以土盖之。来年再长新条，其皮更美。凡皮纸，楮皮六十斤，仍入绝嫩竹麻四十斤，同塘漂浸，同用石灰浆涂，入釜煮糜。近法省啬者，皮竹十七而

① 蓝浦：《景德镇陶录》。
② 乾隆《浮梁县志》卷五《陶政》。

外，或入宿田稻藁十三，用药得方，仍成洁白。凡皮料坚固纸，其纵文断如绵丝，故曰绵纸。衡断且费力。”①

纸张的品种很多，以竹麻为原料所造的纸称为竹纸。这种纸产地广，产量大，遍布南方各省，而以福建邵武、建宁等府专其盛，是一般的书写印刷用纸。以楮、桑、木芙蓉等皮所造的纸，统称皮纸。桑皮纸多产浙东，三吴地区收蚕种要用它。以木芙蓉所造的小皮纸，是糊雨伞和油扇的好材料。四川名产薛涛笺，就是将芙蓉皮纸浆加入芙蓉花末而做成，“其美在色，不在质料”②。清王士祯《香祖笔记》引《雪蕉馆纪谈》记载：“‘明玉珍在蜀，有成都人陆子良能造薛涛笺，工巧过之。玉珍建捣锦于浣花，置笺局，俾子良领其事’。今万里桥东有蜀府造笺白石盆，镂刻甚精，然距浣花尚数里。”③ 桐西漫士《听雨闲谈》也记载，“薛涛井在万里桥西，锦江之涘。明时蜀王府作亭其上，阑楯护之。每以三月三日汲水造笺二十四幅，以十六幅进御，余不尽，以上已造也；今其法亦不传。井旁一石盆犹在，中刻镂花鸟极工。”说明元末明初就有薛涛笺，后蜀王府设官置局负责制造事宜，明末清初失传。楮皮纸种类很多，质地尤好，它比一般皮纸更坚韧洁白，富于弹性，一般称作绵纸。其上品叫棂纱纸，专供宫廷糊窗用。其次为红上纸，连四纸。楮皮与竹及稻秆等掺和所造之纸，品质又低，称揭贴皇文纸。

江西、福建、浙江、安徽是明代纸张的四大产地，在纸张生产较集中的地区，政府还设有专门机构，来管理当地的造纸业，有些上等纸由政府收购，供宫廷使用。关于这方面的记载很多，如陈宏绪《寒夜录》载，“国初贡纸岁造于吾郡西山，董以中贵，即翠岩寺遗址以为楮厂。其应圣宫西皮库，盖旧以贮楮皮也”④。项元汴《蕉窗九录》载，“永乐中，江西西山置官局造纸。最厚大而好者曰连七，曰观音纸。有奏本纸，出江西铅山。有榜纸出浙之常山，直隶庐州、英山，有小笺纸，出江西临川；有大笺纸，出浙之上虞。今之大内，用细密洒金五色粉笺，五色大帘纸，洒金笺。有白笺，坚厚如板，两面砑花，如

① 宋应星：《天工开物》卷中《杀青》。
② 宋应星：《天工开物》卷中《杀青》。
③ 王士祯：《香祖笔记》卷一一。
④ 陈宏绪：《寒夜录》卷下《楮厂》。

玉洁白，有印金五色花笺，有磁青纸，如缎素坚勒可宝。近日吴中无纹洒金笺纸为佳。松江潭笺，不用粉造，以荆川连纸，背厚砑光，用蜡打各色花鸟，坚滑可类宋纸。新安仿造宋藏经笺纸，亦佳。有旧裱画卷，绵纸作字甚佳，有则宜收藏之。”方以智《物理小识》载，“永乐于江西造连七纸。奏本出铅山。榜纸出浙之常山、庐之英山。宣德五年（1430），造素馨纸印，有洒金笺、五色金粉、磁青蜡笺。此外薛涛笺，则矾潢去母粉者；镜面高丽，则茧纸也。后唐澄心堂纸绝少。松江潭笺，或仿宋藏经笺，渍荆川连，芨秸蜡砑者也。宣德陈清款，白楮皮厚，可揭三四张，声和而有穰。其桑皮者牙色，研光者可书。今则棉推兴国、泾县。敝邑桐城浮山左，亦抄楮皮结香纸。邵建则竹纸、顺昌纸。柬纸则广信为佳，即奏本也。”查慎行《人海记》载，“宣德纸，有贡笺、有绵料，边有‘宣德五年造素馨纸’印。又有白笺、洒金笺、五色粉笺、金花五色笺、五色大帘纸、磁青纸，以‘陈青’款为第一。”[①] 邹炳泰《午风堂丛谈》载，“宣纸至薄能坚，至厚能腻，笺色古光，文藻精细。有贡笺、有棉料，式如榜纸，大小方幅，可揭至三四张，边有‘宣德五年造素馨纸’印。白笺，坚厚如板面，面砑光如玉，洒金笺、洒五色粉笺、金花五色笺、五色大帘纸。磁青纸，坚韧如段素，可用书泥金。宣纸陈清款为第一。薛涛蜀笺、高丽笺、新安仿宋藏金笺、松江潭笺，皆非近制所及。”[②]《蜀笺谱》载：“徽纸、池纸、竹纸在蜀，蜀人爱其轻细，客贩至成都，每番视川笺几倍。”[③]

明代生产的纸张品种已多达100多种，以江南产地命名的就有几种，如吴纸、衢红纸、常山东纸、开化纸、铅山纸、安庆纸、新安玉笺、池州毛头纸、广信青纸、永丰纸、南丰纸、九江纸、清江纸、松江谭笺等，其中吴纸被明代人称为天下第一好纸。若以用途区分，又有各种名称，如金榜纸、黄册纸、军册纸、历日纸、奏本纸、勘合纸、行移纸、呈文纸、堂木纸、糊窗纸，神马纸、锡箔纸等。由上述文献记载，也可知纸张有各种名色。如江西铅山的奏本纸和柬贴纸、江西临川的小笺纸、江西南昌府西山的连七纸、浙江衢州府常山

---

① 查慎行：《人海记》卷下。
② 邹炳泰：《午风堂丛谈》卷八。
③ 《古今图书集成》卷一五二《理学汇编·字学典》。

与南直隶庐州英山的榜纸、浙江上虞的大笺纸、浙江温州府的蠲纸（以纸抵赋税故曰蠲纸）[①]、南直隶吴中洒金笺、松江潭笺、徽州新安仿宋藏金笺等。明廷所用的有细密洒金色粉笺、五色大帘纸、洒金笺、白笺、印金五色花笺、磁青纸等。其中的白笺，坚厚如板，两面砑花，洁白如玉。五色大帘纸大约就是江西广信府所造的棂纱纸，长过 7 尺，宽过 4 尺，非常坚固，扯断如绵丝，加入五色颜料，专供内廷糊窗之用。而产于福建、浙江、江西三省交界山区的“竹纸”和产于徽州宣城、泾县、兴国的“棉纸”，纸质洁白，工艺精良。

江南纸的生产主要限在杭州、湖州府属盛产竹、桑的县份。杭州及其属县“邑山率造纸为业，老小勤作，昼夜不休”[②]，出产名纸颇多。余杭的“竹烧纸”、桐庐的“历日纸”，行销全国。竹烧纸俗名烧纸，又名千张纸，方块，细切如条不断，“山民取竹浸之灰水中，碓成作纸，祭祀焚以代帛。自江以南，皆赖用之，民藉以为利”[③]。余杭还出产一种“皮抄纸”，是用山产桑、谷等皮拌和石灰煮烂舂捣极细抄成，俗名叫“白棉纸”[④]。杭州所产草纸，质量特优。据明末宦官刘若愚《酌中志》载：“上用草纸系内官监纸房抄造，淡黄色，绵软细厚，截方可三寸余，惟交管净近侍。神庙至先帝，惟市杭州好草纸为之。”当时富阳产的草纸也很有名，以稻草为原料。杭州还有一种乌金纸，其造纸用水非城东淳右桥之水不成，这种纸“性甚坚韧。凡打金箔，以色金片打之，金成箔，而纸不损”[⑤]。杭州花笺以谢公笺最著名。《杭州府志》说：“纸以人得名者有谢公、有薛涛。所谓谢公者，富春谢司封公厚创笺样，以便书，俗以为名称谢公笺。”[⑥]。谢公笺有十色：深红、粉白、杏红、明黄、深青、浅青、深绿、浅绿、铜绿、浅云等。临安县南各山乡都造纸。特别是黄烧纸和茶白纸等迷信用纸，“祀神用以代帛”，行销于松江、上海等处。湖州府属孝丰、安吉等山区，以出产黄白纸、草纸、迷皮纸为最多。这些造纸手工业

---

① 参见吕景琳《中国封建社会经济史》（明代卷），齐鲁书社 1993 年版。

② 胡应麟：《少室山房笔丛》。

③ 光绪《余杭县志》卷三八《物产》。

④ 刘耀林、张祖桐：《浙江的纸》，转引自周峰主编《元明清名城杭州》，浙江人民出版社 1997 年版。

⑤ 李时珍：《本草纲目·拾遗》。

⑥ 光绪《杭州府志》卷八一《物产四》。

都是商品性生产，但生产过程较为简单，纯粹是一种家庭手工业，利用的都是当地出产的原料，生产的纸也多为草纸、迷信用纸等低级纸，因其面广量大，在当地农家经济中占有重要地位，然而行销范围不广，市场有限。明代江南数百家书坊所需的数量浩大的纸张主要靠外地输入，江西纸输入江南较为常见。汪肩吾《记浮梁风俗》称："其货之大者摘叶为茗，伐楮为纸，坯土为器，自行就荆湖吴越间，为国家利。"① 南昌府奉新火纸，瑞昌府新昌火纸、表心纸，高安县青纸源源销江南。②

明代造纸有大量的槽房（造纸手工业作坊），万历《铅书》卷一谓："一槽四人：扶头一人，舂碓一人，检择一人，焙干一人，则日出纸八把，十有三把为一石，八日而得五石，石货银七钱五……蓬纸一煮一暖，一人成之，日可四块，一名茶纸……则往河南信阳、芜湖、舒城、安庆耳。块有十斤，则货银五分……铅山唯纸利，天下之所取足。"像这样的槽房在铅山分布很广，有的规模还要大些。据陈九韶《封禁条议》载，万历二十八年（1600）仅江西铅山县石塘镇一地，"纸厂槽户不下三十余槽，各槽帮工不下一二千人"③。槽房中的分工更加明确而细致，工匠们把竹丝等原料反复加以水浸、槌洗、煮烂、烧淋、舂细、入槽、抄出、压平、焙干等。仅抄纸帘一项，就须有较熟练的技术，"用刮磨人手法，轻荡则薄，重荡则厚。竹料浮帘之顷，水从四际淋下漕内，然后覆帘，落纸于板上，叠积千万张"。造长阔皮纸时，"其盛水槽甚宽，巨帘非一人手力所胜，两人对举荡成。若棂纱，则数人方胜其任"④。另外，明代造纸在蒸煮纸浆时已知道应用石灰。陆容《菽园杂记》卷一三载："衢之常山、开化等县，人以造纸为业。其造法：采楮皮蒸过，擘去粗质，糁石灰浸渍三宿，蹂之使熟，去灰，又浸水七日，复蒸之。濯去泥沙，曝晒经旬，舂烂水漂，入胡桃藤等药，以竹丝帘承之。俟其凝结，掀署白面，以火干之。白者以砖板制为案卓（桌）状，圬以石灰而厝火其下也。"王宗沐《江西省大志》在叙述江西省生产楮纸的情况时说："（将制纸原料）甑火蒸烂，剥去其骨，

① 康熙《饶州府志》卷四《舆地志》引。
② 参见范金民著：《明清江南商业的发展》第39和90页，南京大学出版社1998年8月版。
③ 康熙《上饶县志》卷一〇《要害志》。
④ 宋应星：《天工开物》卷中《杀青》。

扯碎成丝，用刀锉断，搅以石灰，存性月余，仍入甑蒸。”① 这种化学处理方法大大提高了纸的质量。福建顺昌等地，造纸时以水碓为动力，提高了生产效率。

明代后期，大量槽房的劳动承担者主要是雇工。据王宗沐《江西省大志》记载，广信府的纸槽作业，从原料的购买，产品的销售，都与市场发生紧密的联系，其中的雇佣劳动者从事着工序复杂的技术劳动：“广信府纸槽前不可考，自洪武间创于玉山一带，至嘉靖以来始有永丰、铅山、上饶三县续告官司，亦各起立槽房。……楮之所用为构皮、为竹丝、为帘、为百结皮，其构皮出自湖广，竹丝产于福建，帘产于徽州、浙江，自昔皆属吉安、徽州二府商贩，装运本府地方货卖，其百结皮玉山土产。槽户雇倩人工，将前物料浸放清流急水，经数昼夜，足踹去壳，打把捞起，甑火蒸烂，剥去其骨，扯碎成丝，用刀锉断，搅以石灰，存性月余，仍入甑蒸。……方始成纸，工难细述论，虽隆冬炎夏，手足不离水火。谚云：“片纸非容易，措手七十二。”这些雇工“皆系他方糊口之人，稍不如意，便率众停槽，一有病亡，即架词越诉”②。明代后期还出现了商人投资于染纸业的事例。据汪道昆记载，徽州歙县阮弼在芜湖经商，获利甚多，“时购者争得染，利归染人，长公（阮弼）复筴曰：‘非独染人能，白可采也。’乃自芜湖立局，召染人曹治之，无庸灌输，费省而利滋倍，五方购者益集。其所转毂，遍于吴越荆梁燕豫齐鲁之间，则又分局而贾要津”③。

明代中后期造纸作坊虽然很多，但上供任务很重。据江西监察御史邵陛疏称：“广信府铅山、玉山、永丰三县，原系产纸地方，既钦依派造，自应如期速完解进。缘在官积槽，悉系市井豪猾，原非本业纸户，瞰文一到，居为奇货，百计钻营，千方贿托，把持行市，高抬时值，弊端种种，难以尽言。……缘向来积弊，皆矛市井妒豪，射此为利，始以夤缘之费酬以千请，继以分例之费徇官吏。十分之中，虚耗过半。后将领出余银，转展觅息。及奉臣等严加催

① 光绪《江西通志》卷四九《舆地略》。
② 康熙《铅山县志》卷一。
③ 汪道昆：《太函集》卷三五《明赐级阮长公传》。

督，仅照时估，向本业纸户勒买供官，毫无加益。”[①] 由于在官积槽的低价勒买，纸户受到很大损失，影响了民营纸业的发展。因此，除上供纸外，一般纸的质量并不能得到保证。“今世苦无佳纸。柬帖腐烂不必言，绵料白纸颇耐，然涩而滞笔。……华亭粉笺，岁久模糊，愈不可堪。蜀薛涛笺亦涩，然着墨即干。但价太高，寻常岂能多得耶？高丽茧纸，腻粉可喜，差易购于薛涛，然岁久则蛀。自此而下，灰者、竹者，非胥曹之羔雉，则剞劂之刍狗耳。不意剡溪子孙，不振乃尔。”[②] 沈德符说：“今中外所用纸，推高丽贡笺第一。厚逾五铢钱，白如截肪切玉。每番揭之为两，俱可供用，以此又名镜面笺。毫颖所至，锋不留行，真可贵尚。独稍不宜于画……宣德纸近年始从内府溢出，亦非书画所需。正如宣和龙笺，金粟藏经纸，俱可饰装褫耳。此外则泾县纸，粘之斋壁，阅岁亦堪入用，以灰气且尽，不复沁墨。往时吴中文、沈诸公，又喜用裱褙家复褙故纸作画。亦以灰尽发墨，而不顾纸理之粗，终非垂世物也。因思南唐一隅，尚能作澄心堂纸，妙冠古今。乃全盛圣朝，不遑与侧厘结一胜缘耶？”[③] 明代纸张品种有100多种，用于印刷者只有一小部分。尽管如此，明代造纸业的发达，毕竟为印刷业提供了足够的原材料。如衢州各县的书籍纸，建阳的书籍纸，永丰的棉纸，常山的东派、历日纸、宝钞纸等都是印书的上等纸。胡应麟说：“凡印书永丰棉纸为上，常山东纸次之，福建竹纸为下。”[④] 谢肇淛说：“印书纸有太史、老连之目，薄而不蛀，然皆竹料也。若印好板书，须用绵料白纸无灰者，闽浙皆有之，而楚闽滇中，棉纸宝薄，尤宜于收藏也。”[⑤] 造纸业的发展为印刷业打下了基础。

二、印刷工艺的改进

明代的印刷，不仅在印书的数量和品种、印刷的体系和分布等方面都大大超过了宋元时代，而且在印刷技术和工艺方面，也有了发展和创新。在一些印

① 雍正《江西通志》卷二七。
② 谢肇淛：《五杂俎》卷一二《物部四》。
③ 沈德符：《万历野获编》卷二六《高丽贡纸》。
④ 胡应麟：《少室山房笔丛》。
⑤ 谢肇淛：《五杂俎》卷一二《物部四》。

刷较集中的地方，已出现了较为明确的分工，刻版、印刷、装帧各司其职，过去自印自销的生产方式，已被专业的书商所代替。明代印刷发展的最突出标志，是雕版、活字版和彩色印刷都有了普遍的应用。在活字版方面，不仅有木活字，而且出现了铜、锡、铅等金属活字。彩色印刷则是在雕版印刷的基础上，采用各色分版套印而呈现出五彩缤纷的彩色印刷品。这一技术是在宋、元朱墨印刷和印后上色的基础上发展起来的。而拱花印刷，则是明代的创举。

（一）活字版的应用

明代木活字排版印刷广泛应用。胡应麟说："今世欲急于印行者，有活字，然自宋已兆端。……今无以药泥为之者，惟用木活字云"[①]。明代藩府印书十分活跃，除大量使用雕版印刷外，也有用木活字印刷的。如蜀王朱让栩于嘉靖二十一年（1542）印刷的苏辙《栾城集》八十四卷，就是用木活字印刷的。益王朱一斋于万历二年（1574）"命世孙以活字摹而行之"。谢应芳的《辩惑篇》，该书末页印有"益藩活字印行"字样。明代书院也开始用木活字印书。常熟钱梦玉就曾以东湖书院活字，排印过其师薛应旂中魁的三试卷。正德五年（1510）印刷的黄希武《古文会编》，嘉靖十六年（1537）印刷的钱璠《续古文会编》，每页版中缝下部印有"东湖书院活字印行"字样。明代私人用木活字印书，遍及四川、南直隶、浙江、福建、江西、云南等地。如南京监生胡旻排印《庄子鬳斋口义》、万历年间南京李登排印自著《冶城真寓存稿》八卷、万历初嘉定徐兆稷排印其父徐学谟所著《世庙识余录》二十六卷、弘治十七年（1504）苏州排印《文心雕龙》、万历三年（1575）吴郡严氏排印《春秋国华》、长洲韩氏排印《曹子建集》、虞山荣荆堂排印《慈溪黄氏日抄》三十一卷、海虞黄美中排印《凤洲笔记》、常熟赵用贤排印《十子》、太仓赵枢生排印《含玄先生集》、云间潘恩排印《玄览堂诗钞》、上海顾从德芸阁排印《松筹堂集》、张溥排印《百三家集》；仁和崧斋于万历十四年（1586）排印卓明卿编《唐诗类苑》一百卷、杭州排印魏显国《历代史书大全》五百二十卷、万历间张佳胤排印《东巡杂咏》、鄞县人包大炯排印自著《越吟》、隆庆间有木活字《东阳卢氏家乘》、天启间有湖州茅元仪《武备志》；万历间吉

① 胡应麟：《少室山房笔丛》。

安有念初堂木活字印本《函史》、福建有朱仁儆排印李备的《新史纲历代君断》、福州林氏排印的《续刻郭斋公文集》、天启七年（1627）年排印的《福建鹾政大全》；隆庆五年（1571）云南用木活字排印了陈善的《黔南类编》八卷，并附有《公文批详》二卷，说明木活字技术已流传到较偏远的云南。明代木活字印刷确有很大的发展，但其比例仍很小。在藏书家的眼里，认为木活字质量还不如雕版，一般是需要快速出书时才使用木活字印刷。

最早使用的金属活字是锡活字。王祯在《造活字印书法》中说："近世又有铸锡作字，以铁条贯之作行，嵌于盔内，界行印书。但上项字样难于使墨，率多印坏，所以不能久行"。说明在王祯创制木活字之前，就已经有人铸造锡活字排版印书。由于仍沿用木版印刷的印墨，很难印出理想的产品，所以使锡活字的使用受到影响。弘治末年至正德初年，常州曾有人用铅活字印书。陆深在《金台纪闻》中说："近日毗陵人用铜、铅为活字，视板印尤巧便，而布置间布置，论谬尤易。夫印已不如录，犹有一定之义，移易分合，又何取焉？兹虽小故，可以观变矣。"[①] 可惜当时的铅活字印本未能流传下来。明代使用金属活字最广泛的是铜活字，"近时大家多镌活字铜印，颇便于用"[②]。从弘治到万历的80多年间，用铜活字印书的数量很大，而且地域分布很广。综合有关资料统计，明代的铜活字印本约有110多种，计2700多卷，印刷地区分布在南直隶、浙江、福建、广东等地。

明代使用铜活字印刷规模最大的是无锡人华理、华燧、华坚。"明人活字板，以锡山华氏为最有名。活字摆印固不能如刻印之多，而流传至今四五百年，虫鼠之伤残，兵燹之销毁，愈久而愈稀，此藏书家所以比之如宋椠名钞，争相宝尚，固不仅以其源出天水旧椠，可以奴视元明诸刻也。当时印本有曰兰雪堂，有曰会通馆。兰雪堂为华坚、华镜，会通馆为华燧、华煜。"[③] 华燧的会通馆最为著名。华渚在《勾吴华氏本书·华燧传》中说："会通公燧，字文辉，少于经史多涉猎。中岁好校阅异同，辄为辨证，手录成帙……既乃范铜板

① 陆深：《金台纪闻》下。

② 唐锦：《龙江梦余录》卷三。

③ 叶德辉：《书林清话》卷八。

锡字，凡奇书难得者，悉订正以行，曰：‘吾能会而通之矣。’名其读书堂曰会通馆。人遂以会通称，或丈之，或君之，或伯仲之，皆曰会通云。”[①] 华燧（1439～1513）会通馆印过《宋诸臣奏议》一百卷、《锦绣万花谷》一百二十卷、《文苑英华纂要》八十四卷、《古今合璧事类前集》六十三卷、《百川学海》《音释春秋》十卷、《校正音释诗经》二十卷、《九经韵览》十四卷（华燧著）、《盐铁论》十卷、《校正音释书经》十卷、《十七史节要》（华燧著）、《纪纂渊海》二百卷、《会通馆校正诗选》《校正音释易经》四卷、《书经诗经白文》《君臣政要》《文苑英华辨证》十卷等，有些书是第一次印刷，其版本极为珍贵。他印的书板心下方注有“会通馆活字铜板印”字样，其《宋诸臣奏议》印于弘治三年（1490），这是现在所知道的我国最早的一部铜活字印本。华坚兰雪堂的铜活字印刷活动比会通馆要晚些，印书数量也不如华燧多。华坚印过《白氏长庆集》七个一卷、《元氏长庆集》六十卷、《蔡中郎文集》十卷、《外传》一卷、《艺文类聚》一百卷、《春秋繁露》十七卷、唐马总《意林》五卷和《容斋五笔》。在古籍书目中还有《史鉴》和《晏子春秋》二书，也可能为华坚铜字印刷。华坚兰雪堂所印的书，多在目录后或书末印有图记，有“锡山兰雪堂华坚允刚活字铜板校正印行”字样。华燧的叔叔华理也曾于弘治十五年（1502）用铜字排印过《渭南文集》五十卷和《剑南诗稿》八卷。如果只印这两种书，看来不必另制一副铜活字，但从华理所印的《渭南文集》来看，其字体完全不同于其他华氏的字体，可见他所用的铜活字完全是他自己刻制的。华氏是我国古代最早使用铜活字大量印书的书坊之一。他们印刷效率是很高的，往往每得到一部好书，不几天就会有自己的活字印本面世。但也正因为如此，华氏铜活字印本的质量不高。如叶德辉《书林清话》所说：“大约华氏所刻书，均不必可据。特以传世日稀，又无宋本可以比较，故书估藏家展转推重也。”

与华家同县的另一个富人安国（1481～1534），也用铜活字印了很多书，明《常州府志》和《无锡县志》对其生平都有记载。《无锡县志》称“安国，字民泰，富几敌国，居胶山，因山治国，植丛桂于后冈，延袤二里余，因自号

① 叶德辉：《书林清话》卷八。

桂坡。好古书画彝鼎，购异书。又西林胶山，安氏园也。嘉靖中，安桂坡穿池广数百亩，中为二山，以拟金、焦。至国孙绍芳，即故业大加丹雘，与天下名士游赏其中，二百年来东南一名区也。”叶德辉《书林清话》卷八引《常州府志》云：“安国，字民泰，无锡人。居积诸货，人弃我取，瞻宗堂，惠乡里，乃至平海岛，浚白茅河皆有力焉。父丧，会葬者五千人。尝以活字铜版印《吴中水利通志》。”安国制造铜活字，约开始于正德七年（1512），他用铜活字排印的第一部书，是当时南京吏部尚书廖纪修的《东光县志》六卷，于正德十六年（1521）全部印成，这是历史上最早用铜活字印刷的地方志，可惜未能流传下来。嘉靖三年（1524）又用铜活字排印了《吴中水利通志》十七卷，并于书中注明“嘉靖甲申安国活字铜版刊行”。安国铜活字印本还有《重校魏鹤山先生大全》一百一十卷，《颜鲁公文集》十五卷、《补遗》一卷，《古今合璧事类备要前集》六十九卷、《后集》八十一卷，《初学记》三十卷，《春秋繁露》，《五经说》七卷，元《熊明来集》，《石田诗选》等书。他除用铜活字印书外，还用雕版印书。安国所印的书校勘较为精良，为后来藏书家所重视，清初安璇说：“翁（指安国）闲居时，每访古书中少刻本者，悉以铜字翻印，故名知海内，今藏书家往往有胶山安氏刊行者，皆铜字所刷也。”安氏家族以铜活字印书。在安家印制的书籍版心上方，每页都印有“锡山安氏馆”字样。

弘治以后，铜活字印刷不仅流传到与无锡较近的常州、苏州、南京一带，还推广到福建。如嘉靖间注明“常州铜板”所印《杜氏通典纂要》《艺文类聚》等书。苏州金兰馆印有范成大《石湖居士集》三十四卷、孙蕡《西庵集》十卷，五云溪馆印有《玉台新咏》十卷、《襄阳耆旧传》，五川精舍印有《王歧公宫词》，吴郡孙凤印有《阴何诗》。南京有建业张氏印的《开元天宝遗事》一书，首页印有“建业张氏铜板印行”字样。印于正德十二年（1517）的铜活字本《诸葛孔明心书》一卷，题有“浙江庆元学教谕琼台韩袭芳铜板印行”，在书前的韩氏题识中说：“兹用活套书板翻印，以与世之志武事者共之，庶亦得平安不忘危之意云。”书末有“正德十二年丁丑夏四月之吉，琼台韩袭芳题于浙东书舍。”福建建宁的铜活字本有《墨子》十五卷，其中卷八的末页中有“嘉靖三十一年岁次壬子季夏之吉，芝城铜板活字”一行，卷一五末页中有“嘉靖壬子岁夷则月中元乙未之吉，芝城铜板印活字”字样。芝城铜活字本《墨子》一书，白纸、蓝墨印刷，历来为藏书家所珍重。芝城铜活字本还有《通书类聚克择大全》一书，是一种民间风俗生活用书。书中题有“芝城近轩姚奎纂辑，建邑蒲涧王以宁校刊”字样，在卷十六末页中有“嘉靖龙飞辛亥春正月谷旦芝城铜板活字印行”一行。建宁府的建阳县万历元年(1573)印有《文体明辨》一书，虽只题为“建阳游榕活板印行”，而难以定为铜活字，但从这部书的字体、排版格式、纸墨等来看，证明是铜活字排印。万历二年建阳活字印本《太平御览》一千卷，在版内中缝下方印有“宋板校正，闽游氏仝板活字印一百余部”字样。该书的有些卷中，版内中缝下印有“宋板校正，饶氏仝板活字印行一百余部”字样，说明这副铜活字为游饶两家所共有。

（二）图版印刷

明代图版印刷出现了新的趋势，就是在书籍的插图上下功夫，以精美的插图来吸引读者。为此不少书坊都争相聘请技艺精练的图版雕刻能手，这也促进了一大批图版雕刻能工巧匠的涌现。在竞相发展、不断提高的基础上，逐渐形成了各地区的不同派别和雕刻艺术上的不同风格。如南京派、建阳派以古朴豪放、线条粗劲著称；而徽派则以精致婉丽、神韵生动、刀法纤细而引人入胜。

明代图版雕刻水平的提高，还得力于一批名画家在为图版起稿画样，如吴派画家唐寅就曾为《西厢记》一书画过插图，风俗画家仇英曾为《列女传》的插图起稿。陈洪绶所画的“博古叶子”、“水浒叶子”以及《离骚》的插图，更是别开新径。另外如郑千里、赵文度、刘叔宪、蓝田叔、顾正谊、汪耕、陈询、刘明素、蔡元勖、赵璧、陆武清、程起龙、丁云鹏等一代名画家，都曾为图版印刷品画稿。在此以前，图版都是由刻工亲自画稿的，这虽然也出现过画、刻基本工都很好的名手，但毕竟人数不多。而明代中后期出现的画刻分工，特别是一批名画家的介入，则使图版的雕版、印刷水平，产生了一个飞跃。最突出的表现则是从以往那种不求细节，刀锋稳健朴拙，线条呆板劲整的单一手法，一变而为手法各殊，风格各异，百家林立，争奇斗胜的新局面。特别是在人物的刻画、构图的特点、景物的衬托、雕刻的刀法等方面，都出现了不同风格、不同派别。明代中期可以说是单色图版的雕刻技术的成熟时期，技艺上由朴拙走向工丽，由单一走向多变，在工整秀丽、大刀阔斧、黑白对比、利用木纹等雕刻技法上，都有所继承和创新。在图版的幅面上也有所扩大，除用正幅版外，还有双幅对版，扩大了图幅的面积，甚至一幅图连续占几页。从数量来看，也有增加。不仅戏曲、小说配有大量插图，人物传记、历史故事等，也配有一定数量的插图，刻画了一大批栩栩如生的人物形象，即使是严肃的经典著作，有的也配有插图。科学技术书籍，也多用形象的插图来配合内容，如各种农书、医书、本草等。在佛教印刷品中，插图也占有一定的比例。这些插图已不完全是为了点缀装潢，而成为书的有机组成部分。有的插图本身就是一件艺术品，具有很强的艺术价值和历史价值，特别是一些名画家和名刻工的作品；有的插图形象地描绘了当时当地的风土人情，成为研究历史的宝贵资料；科学技术书籍中的插图更有利于读者的理解。如明代前期出版印刷的《武经总要》，就以大量的插图，反映了重要的军事技术和武器的面貌；嘉靖年间翻刻的元王祯的《农书》，书中大量的插图形象地描述了很多农业技术。他如李时珍的《本草纲目》、徐光启的《农政全书》、宋应星的《天工开物》等，其插图的效果是用文字无法达到的。

到了明代后期，图版雕刻更加工整细致，画面极富雅丽生趣，南京、杭州、徽州的刻版名手，都趋向一个共同点，以精取胜。图版印刷的重点仍以戏曲、小说的插图为主，而且十分着力于刻画人物。同时也出现了以图为主、配有少量文字的印刷品及以画为主的画册，如《高松画谱》《顾氏画谱》《集雅斋画谱》《诗余画谱》《雪湖梅谱》《画薮》等书。还有一种印刷品的形式就是游戏用的纸牌，称为“叶子”，每叶上都印有人物故事，最有名的是当时画家陈洪绶画的“水浒叶子”和“博古叶子”。水浒叶子画的是梁山好汉40人，博古叶子共48页，画的是古代名人，这是图版印刷发展基础上出现的一种新的印刷品形式。

明代图版的形式比宋元更加丰富多彩，归纳起来有以下几种：上图下文、图文对照、图版数页相连、纯装饰性图版、多形状图式、图中题字等。在雕刻上，阳图版刻是忠实反映原稿的一种传统的形式，也是我国民间喜闻乐见的形式。明代图版雕刻呈现着两种倾向，一种是大刀阔斧，线条粗放，虽显得粗糙，但也体现了木刻的刀味。有时还以木版底纹作底色，呈现出黑白对比的效果。另一种则是纤细精美，对人物、景物都刻画得细致入微，这在明代后期的印刷品上，都有一定的代表性。在刻版刀法上，刻工们经过长期的实践和总结，也形成一套专门的刀法术语，如双刀平刻、单刀平刻、流云刀、欹刀、斜刀、整刀、敲刀、卧刀、添刀、旋刀、卷刀、尖刀、转刀、跪刀、逆刀等，这说明明代的刻板技艺，不但总结了前代的经验，而且有所创新。

明代图版印刷的发展，造就了一大批优秀的刻工，特别是印刷业比较集中的北京、四川、南直隶、浙江、福建、江西等地，都有优秀的刻工云集。明初南京图版印刷最有代表性的是宣德十年（1435）金陵积德堂刻印的《金童玉女娇红记》，该书内附有半幅版插图 86 幅，首创了大量配图的书籍印刷形式。这些图版的内容构图繁复多变，以背景衬托人物，其中厅堂池馆、画廊帘幕、车马秋千、花草树木等景物，也都为突出人物服务。从雕刻的刀法来看，顿挫钩斫运用自如，重用图案纹样以作为补白，其风格近似于宋元经卷插图，但也有新意。明代中后期南京图版的构图风格和刻版刀法已自成一代风格，其中最著名的是唐氏富春堂、世德堂、广庆堂、寿德堂、文林阁等，刻印了《李十郎灌园记》《玉玦记》《韩信千金记》《绨袍记》《岳飞破虏东窗记》《拜月亭记》等 100 多种附有较多插图的书。唐氏所刻图版，风格自成一体，宋元时期的上图下文的版式已扩大为半幅或整幅版面。构图以人物为主，运用粗毫大笔，表现了庄整、雄健、劲挺之趣。有时也以黑白对比，以大片墨地来显出铁划银钩的刻线，使画面显明和谐，一扫过去平乏无味呆板的构图及刀法，特别是刻工以简明的刀锋，使人物面貌生动，并能表达人物的内心情感。金陵陈氏所刻图版则接近于杭州、徽州派的风格，具有代表性的在万历三十年（1602）刻印的《香囊记》和万历二十七年（1599）刻印的《玉簪记》，图版构图稳妥、刀锋明朗、婉劲有力，树立了新的风范。金陵汪氏环翠堂的图版雕刻，独树一帜，所刻图版皆出自汪耕一人之手，画风富丽堂皇，纤细入妙，所画人物修颈长身，垂高髻，眉目清秀，刻工多为徽派名手，刀锋整齐流利，忠实地再现了原作，成为不可多得的艺术品。除南京外，杭州、苏州、吴兴、海昌等地也刻印了一些极为精致的书籍插图。如虎林容与堂刻印的《幽闺记》，项南洲刻印的《西厢记》《燕子笺》《诗赋盟》，吴兴闵光瑜刻印的《邯郸梦》《樱桃梦》等都有大量精美的插图。大批优秀的刻工，他们世代相传，吸收各家的优点，再融会贯通，使刀刻线条呈现出一种节奏感，点划起伏以及拂披的刀法，都能得心应手，所谓“千容百态，远近离合，俱在刀头之精”。明中后期，画家的参与以及画家与刻工的合作，提高了刻工的艺术水平和鉴赏能力，如项南洲、赵素明、黄铤等能画能刻的人也不断涌现，特别是胡正言与刻工汪楷的合作而产生的精美印刷品。但是人才最集中、名手最多、技艺自成体系的，当推徽州刻工。他们所刻的图版，代表着明代的印刷水平，形成了自己独特的风格。徽州的刻版工集中在歙县、休宁两地，而以歙县为多，歙县虬村黄姓刻工为最著名。

徽州之精在于黄，黄刻之精在于图。最早记载黄氏刻版的是弘治二年（1489）由黄文敬、黄文汉刻版的《雪峰胡先生文集》，以后大约相继500年，一直延续到清末，最兴盛的时期是万历至崇祯年间。据张秀明考证，明虬村黄氏刻工精于版画雕刻，有世系字号可考者31人，刻画47种，[①] 实际明代黄氏精于版画雕刻和所刻图籍远不止此数。周芜估计“黄氏一族所刻书目约二百余部，刻工约三百人，见于作版画插图的约百余人，称得起为木刻家的有三十人”[②]。据清道光十年（1830）《虬川黄氏宗谱》记载的刻工名有130多人。黄氏技艺超群，善于吸收各家之长，他们大都掌握一定的绘画基础，有的人甚至是有一定水平的画家。如黄应澄，就是名刻手黄应瑞、黄德修的堂兄弟，在绘画、书法上都很有成就，不少黄氏的刻版是由他绘稿的。黄柱除了“工梓刻”外，“于丹青尤精，翎毛、轩翥、花卉、鲜新及人物佛像皆入妙品”[③]。具有一定程度和懂得绘画的刻工，才能领会画笔纵横所描绘的意境，并根据不同的内容、风格、画面来确定刀法的运用。黄一棚、黄桂芳、黄端甫刻《青楼韵语》一书插图，雕山石树木用遒劲的涩刀，给人以苍劲古拙的感觉，刻人物、楼台、行云流水用轻巧的切刀，给人以细腻明快的印象，达到了艺术风格协调一致，形式完美的境地。[④] 他们也常与名画家合作，创作出绘刻双精的作品。如

① 张秀明：《明代徽派板画黄姓刻工考略》，载《图书馆》1964年第1期。

② 周芜：《徽派版画史论集》第7页，安徽人民出版社1983年版。

③ 《潭渡孝里黄氏族谱》卷七《艺事》，雍正九年（1731）刊本。

④ 瞿屯建：《虬村黄氏刻工考述》，载周绍泉、赵华富主编《’95国际徽学学术讨论会论文集》，安徽大学出版社1997年10月版。

画家丁云鹏、吴左千与刻工黄德时合作创作的《博古图录》，画家陈洪绶与名雕手合作创作的《西厢记》《九歌图》等，都是具有很高水平的佳作。这些画稿经黄氏刻工在木板上绣花似地雕镂，以刀来表现原画的精神，有时还借于刀功来补偿画稿笔触未尽之处。因而，他们所刻的版，人物眉目传神，栩栩如生，甚至透放出人物的内心情绪。郑振铎曾指出："徽郡文士之作，若高石山房目莲救母记，汪氏环翠堂奕谱、传奇、人镜阳秋、程氏墨苑、方氏墨谱，固无论矣。即金陵刊之养正图解，南北宫词记，杭州之海内奇观与夹白堂诸演义，吴刊之吴骚、吴歈，浙刊之徐文长改木昆仑奴，王伯良校注西厢记，凌蒙初朱墨本西厢五剧之类，无不出于歙县虬村黄氏父子昆仲手。"① 沈德符云："微州人所刻，梨枣既精工。其画像又出名士丁南羽之手，更飞动如生，京师珍为奇货。"② 黄氏所刻线条秀劲流畅，形象逼真活脱，版面清雅简洁，刀法精细入微，形成了徽派版画的独特风格。黄氏刻工不但技艺精，而且数量多，足迹遍及不少印刷业发达的地区，特别是南京、苏州、杭州等地，都有黄姓刻工被一些书坊所聘用。

徽州刻工除了虬村黄氏之外，还有汪、刘、郑等姓，也有不少刻版名手。如汪忠信刻《海内奇观》、汪文宦刻《仙佛奇踪》、汪士珩刻《唐诗画谱》、汪成甫刻《万宝图》、汪光华刻《琵琶记》、汪楷刻《十竹斋书画谱》。刘君裕刻《忠义水浒全传》、刘启先刻《水浒传》、刘振之刻《女范编》、刘次宗刻《集雅斋画谱》。郑圣卿刻《琵琶记》，洪国良刻《吴骚合编》《怡春锦》，汤尚刻《太平山水图》，汤复刻《离骚图》，谢茂阳刻《幽闺记》，姜体乾刻《红拂记》等。

（三）多色套印技术的发展

明代套印技术发展到较高水平，套印图书更为普遍，而且出现了图画的彩色套印。有人认为，套印是在一块雕版上，在不同区域的印刷部分分别涂上不同颜色，而一次印刷出来的。③ 明代中期不少书坊竞相推出套印本图书，刊行

① 郑振铎：《西谛书话》第497页，三联书店1983年版。
② 沈德符：《万历野获编》卷二五《吕焦二书》。
③ 郭味蕖：《中国版画史略》第107页，朝花美术出版社1962年版。

于万历中期的《闺范》是现存最古的套印书。湖州府乌程闵齐伋、闵昭明、凌汝亭、凌濛初、凌瀛初等，都曾用朱墨二色或三色、四色印刷过图书，称为朱墨刊本，套印书籍流传多而广，著称于世，世称“凌刻本”、“闵刻本”，尤以闵刻为最著名。弘治年间出版的《本草品汇精要》，书中附有较多的插图，其图为雕版印刷线条轮廓，再由人工敷彩。《乌程县志》曾称赞这本书的印刷为“闵本五色字版，雅丽精美，足为千古传颂。”闵氏刻书，以经史子集为主，为了分清各家的批注，有的采用原文和批注分色套印的方法。闵齐伋就曾经用套色法印刷了《左传》《老子》《庄子》《列子》《楚辞》《东坡易传》以及诸家诗文集。凌汝亭用双色套印了《管子》。凌濛初用双色套印了《韩非子》《吕氏春秋》《淮南子》等书。万历九年（1581）凌濛初刻印的《世说新语》八卷是用四色套印的，其中黑色印原文，用红、蓝、黄色分别印王世贞、刘辰翁、刘应登诸家的批注。从万历九年到明末，闵、凌二家相继用套印法刻印出版了许多重要书籍，总计约144种。① 图画采用多色套印的有万历末年由刘素明刻版的《西厢记》，凌氏版的《西厢五剧》、汤显祖的《邯郸梦》《牡丹亭记》、张凤翼的《红拂记》、徐复祚的《红梨记》等书插图多为双色套印。但套印技术还只能进行文字、线条的不同颜色套印，要完全印出具有深浅层次的彩色图画，还是不可能的。

万历三十三年（1605）安徽歙县程氏滋兰堂刻印的《墨苑》一书，附有近50幅彩色插图，多为四色、五色印成。当时的印刷方法不是采用套印的方法，而是在一块印板上，根据画面的需要，刷涂上不同深浅的颜色，然后一次印出。该书是由徽派刻版名手黄鏻亲手雕刻，再加上印刷设彩的精良，使这件印刷品达到了很高的艺术水平。与此同时，新安黄一明刻的《风流绝畅图》也采用同样的方法进行彩色印刷。其中人物的衣饰、肤色、目光以及窗帏配景等，都印得很逼真。他所刻印的《花史》也是在同一块雕版上，按照花的特点在不同部位涂上不同的颜色，然后一次印刷出彩色品来。这种印刷要求印刷者必须有很高技艺的涂彩水平，有一定的绘画知识。另外，不同颜色的交界处，往往混淆不清。为了克服这一缺点，又采用了“饾版”、“拱花”的印刷

① 参见张秀民《中国印刷史》，《湖州套印》，第448页，上海人民出版社1989年版。

新工艺。

所谓“饾版”印刷，就是按照彩色绘画原稿的用色情况，经过勾描和分版，将每一种颜色都分别雕一块版，然后再依照“由浅到深，由淡到浓”的原则，逐色套印，最后完成一件近似于原作的彩色印刷品。由于这种分色印版类似于饾饤，所以明代称这种印刷方式为“饾版”印刷，也称为采色雕版印刷。饾版印刷是一项十分复杂的工艺，一幅图画往往要刻上三四十块版，分先后轻重印刷六七十次之多，一花一叶，都要分出颜色的深浅，阴阳向背来。通过多种色调的套印、迭印，以求达到与原稿同样的艺术神韵。因其所用颜料和纸张均与原画稿一致，所以最能保持中国传统绘画艺术的本色。“拱花”是把雕版压印在纸上，使纸呈现出凹凸的花纹，可拱托画面上的白云、流水以及花叶的脉纹，与其他画面相映衬，素雅大方，极为精彩。饾板和拱花技巧的结合，使彩印更有韵味。对“饾版”、“拱花”印刷的试验和推广应用做出巨大贡献的，是明末的胡正言。

胡正言（1581～1672）字曰从，徽州休宁人，后移居南京鸡笼山侧，因房前种竹十余株，所以将其居室名为“十竹斋”。胡正言不但学识渊博，善书能画，更有多方面的艺术爱好。他的篆刻艺术在当时也很有名，曾出版过印集《十竹斋印薮》一书。其中最有成就的，是他对木版彩色印刷的研究和试验，他集中了徽派名刻工，主持雕版印刷的《十竹斋书画谱》和《十竹斋笺谱》，可以说是具有代表性的画家、刻工与印工互相协作的精品，是印刷史上划时代的作品。他首创的“拱花”印刷，在印刷史上占有重要地位。《十竹斋书画谱》约从万历四十七年（1619）到天启七年（1627），共用了8年多的时间。这部书分为书画谱、竹谱、梅谱、兰谱、石谱、果谱、翎毛谱、墨华谱八种，在很多图版上附有名人题句。《十竹斋笺谱》大约在《十竹斋书画谱》印刷工作即将完成时，即开始了刻版，于崇祯十七年（1644）全部完成刻印工作。《笺谱》比起《书画谱》更为精致艳丽，更为可贵的是在《笺谱》印刷中，使用了他首创的“拱花”印刷技术。这部书共分四卷，第一卷分七类，有图62幅；第二卷分九类，有图77幅；第三卷分九类，有图72幅；第四卷分八类，有图68幅。

关于胡正言的“饾版”、“拱花”印刷的具体工艺方法，历史文献中很难找到详细的记载，在《十竹斋笺谱》前面印有胡正言的好友李克恭（虚舟）的“十竹斋笺谱叙”，其中谈到一些有关的印刷工艺。“自嘉隆以前，笺制朴拙，至万历中年，稍尚鲜华，然未盛也，至中晚而称盛矣，历天（启）崇（祯）而愈盛矣。十竹诸笺，汇古今之名迹，集艺苑之大成，化旧翻新，穷工极变，毋乃太盛乎？而犹有说也。盖拱花、饾板之兴，五色缤纷，非不灿然夺目，然一味浓中之淡，淡中之浓，绝不可得，何也？饾板有三难，画须大雅又入时眸，为此中第一义；其次则镌忌剽轻，尤嫌痴钝，易失本藁之神；又次则印拘成法，不悟新裁，恐损天然之韵。去其三疵，备乎众美，而后大巧出焉。然虚衷静气，轻财任能，主人之精神独有笼罩于三者之上，而弥溇期间者。是谱也，创藁必追踪虎头龙瞑，与夫仿佛松雪云林之支节者，而始倩从事。至于镌手亦必刀头具眼，指节通灵，一丝半发，全依削锯之神，得手应心，曲尽斫轮之妙，乃俾从事。至于印手，更有难言，夫杉杙棕肤，考工之所不载，胶清彩液，巧绘之所难施。而若工也，乃能重轻匠意，开生面于涛，笺，变化疑神，夺仙标于宰笔。玩是幻想，允足乱真，并前二美，合成三绝。”胡正言还采用“饾版”印刷法，来印刷单色水墨画，经过分版套印，来体现画面的焦、浓、重、淡、轻等不同的水墨层次。在《笺谱》的印刷中，就使用了这种技法，从而使我国古代的各种绘画形式，都可以用“饾版”印刷，来进行复制。

几乎和胡正言同时采用“饾版”彩色印刷的，是漳州人颜继祖于天启元年（1621）请南京人吴发祥在南京用木板水印印出的彩色《萝轩变古笺谱》，全帙两卷，182幅彩图，采用“饾版”印刷和“拱花”法，这是我国现存最早的木板彩色印刷品。

（四）印刷版式、字体和装订

明初版式、字体等风格，基本上沿袭元代之旧，多是黑口赵（孟頫）体字，行界比较紧密，因此过去有些图利的奸商，往往将明初刊本挖去序文及有关文字，冒充元刊。但明初字体也有变化。在宋版书中，已出现了一种强调横平竖直，横轻竖重的刻版专用字体，但还未脱离楷书的风范。明初对这种字体做了大胆的改革，使其完全脱离了传统楷体的模式，成为独立的印刷字体，但由于过分强调字形方正、横平竖直，而忽视了字体组合的整体艺术，显得呆板而不谐调。

明中后期，社会风气发生了很大变化，文化上兴起“复古”运动，作文的人模仿秦汉，写诗的人效法盛唐，于是刻书的人争相追模北宋风格。白口盛行，黑口本几乎绝世，字体也采用了欧阳询、颜真卿的书法，特别重视整齐方板，刀法趋于板滞。不过宋体字已有所成熟。如正德十六年（1521）朱承爵刻本《樊川诗集》所刻宋体字已很精美。在嘉靖年间的刻本中，也能找到这样的例子。版心上方往往刻有字数，下方刻有刻工姓名，有时还有写样人的姓名。

万历以后，黑口本渐多，从此黑、白口都常见。字体方面，更趋方整，宋体字的使用不但更普遍，而且质量也有所提高，即使在南北国子监的刻本中，也开始使用宋体字。版本学家称宋体字为“明匠体”，有的外国人称为“明朝字”。以前版心所刻书名一般不是全名，万历以后开始全刻书名。明代后期，宋体字刻本中最有代表性、水平最高的，是容与堂刻本《李卓吾先生批评红拂记》一书。该书使用粗细两种宋体字，字体端庄，结构严谨，比例适中，笔画粗细合理，给人以整体美感，艺术性和适读性都达到很高的水平。其中的细体字更是明代刻本中所少见，字形略长，字体清秀明朗，应为现代仿宋体的前身。由于宋体字走向成熟，人们对宋体字的看法也有所变化，明代后期已有人认为“字贵宋体，取其端楷庄严，可垂永久”。这说明作为一种独立的印刷体，已被当时的人所接受，而且认为是印刷的理想字体，对于刻版工艺来说，更易于施刀刻字，可以提高刻字效率。不过也有的书没有随同当时风气的转变，如嘉靖时期济南刻的《黄帝内经》，继续采用赵体字，保留着浓厚的元人气息。明代后期，一方面是宋体字流行，另一方面也有许多书籍是用手写体上版，还有的采用行书或草书，皆流利生动，令人喜爱。①

明初书籍的装订继南宋、元代之后而行包背法。包背装是明代最流行的装订形式。其中的经厂本、藩府本和各地的坊刻本，几乎都用包背装。包背装有两种装订方法，一种是把各书叶粘在包背的纸上，另一种是在书叶边栏外的空白处打孔，穿上纸捻，然后再加上包装的封面，明代的包背多数采用第二种方法。包背装优于蝴蝶装，但仍有缺点，不便于裁切书背即其中之一，这就导致

① 参见汤纲、南炳文：《明史》（下），上海人民出版社，1991 年 7 月版。

了明中叶线装法的出现。

线装是明代兴起的一种新的装订形式，是由包背装演变而来的。把包背装的封面裁成两个半叶，分别放在书身的前后，再把它们连同书身一起打孔穿线，装订起来。这样，包背装就变成了线装。用线装法装订起来的书籍，即使装订线断了，书叶也不易散乱，外观形式非常美观。另外，无论新旧，皆可改装，且可整旧如新，保管方便。其稍有不便者，在于书口易于断裂，在遇到书中有大型插图时，往往不如蝴蝶装之反折书叶更为方便。但从总体上看，线装书的推广普及，标志着我国古代书籍装订技术的成熟。明代后期，线装书工艺已十分成熟，万历年间开始，线装已普遍应用。所用的订线有棉线和丝线，订孔有四眼或六眼不等。有的书也有五眼、七眼、八眼，有的甚至多到十眼。书皮一般多用较厚的纸张，有的是几层纸裱成。书名多为印好后剪贴在书皮上。在谈到明代线装书时，胡应麟说："凡装有绫者，有锦者，有绢者，有护以函者，有标以号者。吴装最善，他处无不及焉，闽多不装。"① 这里所说的各种书皮面料，实际是指那些比较考究的书籍，或内府、藩府的刻本，一般坊刻本，为了降低成本，还是以纸面为主。

三、明代的民间印刷

明代民间的印刷业不仅分布、规模、印书的品种大大超过了宋元时代，而且刻版、印刷技术也有所提高。几乎所有省的主要城市，都有规模不同的印刷作坊，竞争激烈，各家印刷作坊为了能在竞争中取胜，除了不断推出新的书籍，提高印刷质量外，也在书籍的形式上不断推出新的花样。制艺、时务书籍、文学作品印刷最多。一些印刷新技术，如金属活字的应用，多色套印及饾版、拱花等新技术都是从民间发展起来的，在民间较大的印刷作坊中，还出现了雇佣制度。印刷业最发达、最集中的是南京、苏州、常州、扬州、杭州等地，集中着相当数量的印刷作坊。福建建宁府建阳县，是明代有名的印刷业集中的地区之一，这里集中着上百家的印刷作坊，所印书籍远销全国各地。湖广的印刷业在明代也有所发展，徽州的印刷自成一体，最有名的是歙县虬村黄氏

① 胡应麟：《少室山房笔丛》。

的图版雕刻印刷。成都是历史上最早发展印刷的地方，但宋元以来，随着东部沿海一带印刷业的发展，蜀中的印刷名声大减，但仍居于中等地位。山西的平阳，是金元时期印刷的重要地区，到明代其景象已大不如前。北京虽是元明的京城，但印刷业远不如江南，但随着明代政府印刷规模的扩大，北京的民间印刷业也有所发展。

（一）北京的民间印刷

明代北京的民间印刷业，远不如南京、建阳等地发达。究其原因，一是北方造纸业不发达，北京印刷所用的纸张，要从南方远道运来，因而加大了印刷成本，反不如直接从南方购进书籍；二是由于政府的印刷规模较大，吸收了社会上一大批有刻版、印刷、装订技能的工匠，这无形中也削弱了民间的印刷力量，民间印刷也难与政府竞争；三是在古代，印刷业在政治上是有风险的行业，如果印刷某本书被政府官员认为有问题，有关人员就会受到牵连。因此，在中国印刷史上几乎有一个普遍现象，京城的印刷业反不如其他地区。

明代北京的印书作坊，有资料记载有永顺书堂、金台鲁氏、国子监前赵铺、金台岳家、金台书铺、刑部街陈氏、宣武门里铁匠胡同叶铺、崇文门里观音寺胡同觉家、太平仓后崇国寺单牌楼张铺、京都高家经铺、二酉堂、洪氏剞劂斋等十余家。金台鲁氏于成化间刊有《四季五更驻云飞》等几种小型说唱本。国子监前赵铺于弘治十年（1497）刻印《陆放翁诗集》。金台岳家于弘治十一年刻印《奇妙全相注释西厢记》，该书配有较多插图。刑部街陈氏刊印《律条便览直引》。金台书铺汪谅于嘉靖元年（1522）刻印《文选》《史记》《玉机微义》《武经直解》《杜诗》《苏诗注》《潜夫论》等 14 种书。铁匠胡同叶铺于万历十二年（1584）刊印《真楷大字全号缙绅便览》及《南北直隶十三省府州县正佐首领全号宦林便览》。东城的隆福寺也从事印书，刊有《词林摘艳》《五音篇海集韵》等书。万历二十九年（1601），意大利耶稣会士利玛窦来到北京，为了传教需要，也翻译出版了《天学实义》《圣经直解》等 39 种书籍。[①]

明代北京的民间印刷规模并不大，而书籍的销售市场是十分繁荣的。北京

① 徐宗泽：《耶稣会士著述目录》。

作为政治文化中心，对书籍的需求量是相当大的，再加上会试之年上京的举子，以及自然流动人口，北京自然成为全国最大的书籍市场。北京的书市除了几家有固定店铺门面者外，大部分是设摊卖书。当时城内的隆福寺、白塔寺、护国寺等都有定期的庙会，在这些庙会上，书摊往往集中在一起，规模很大。大明门即天安门与正阳门之间一带摊贩林立，百货云集，书摊也不少。胡应麟说："凡燕中书肆在大明门之右及礼部门之外，及拱宸门之西，每会试举子，则书肆列于场前，每花朝（即二月十二日传为百花生日）后三日，则移于灯市，每朔望并下浣五日，则徙于城隍庙中。灯市极东，城隍庙极西，皆日中贸易所也。灯市岁三日，城隍庙月三日，至期百货萃焉，书其一也。"①

北京市场的书籍多数从南方运来，北京所印的书很难满足这样大规模的销售市场。胡应麟说："燕中刻本自稀，然海内舟车辐凑，筐筐走趋，巨贾所携，故家之蓄错其间，故特盛于他处，第其直至重，诸方所集者，每一当吴中二，道远故也。辇下所雕者，每一当越中三，纸贵故也。"② 这说明北京市场上的书籍，大部分是书商从吴越地区贩运来的，由于南方纸、墨、工等价格低廉，即使是远道运来的书，也比当地印刷的书要便宜些，这也说明了北京民间印刷发展缓慢的一个原因。

（二）南京的民间印刷

明代南京的民间印刷业高度兴旺，其规模远远超过北京，到明中期超过了建阳，成为全国印刷业最集中的地区。这是因为宋元以来这里的印刷业就很发达，明初建都于此，南京便成为全国政治、经济、文化的中心，永乐十九年（1421）迁都北京后，这里仍保留了一套中央政府机构，南京仍为东南部政治、经济、文化的中心。南京一带经济繁荣，商业、手工业都很发达，再加上政府印刷的急骤发展，又有良好的政治、社会环境，所以南京的印刷业在原有基础上很快发展起来。据统计，明代南京书坊有 93 家。它们是：金陵王氏勤有书堂、金陵王举直、金陵积德堂、京都聚宝门里西廊下施家、金陵唐对溪富春堂（又称金陵三山街绣谷对溪书坊唐富春、金陵三山街唐氏富春堂）、金陵

① 胡应麟：《少室山房笔丛》。
② 胡应麟：《少室山房笔丛》。

唐绣谷世德堂、金陵唐氏文林阁（又称集贤堂）、金陵书林唐鲤跃集贤堂（又称唐鲤耀文林阁）、金陵唐鲤飞、唐少村兴贤堂书铺（即金陵书坊唐少桥）、金陵书林唐振吾广庆堂、金陵唐晟（世德堂）、金陵书林唐文鉴、金陵唐翀宇、金陵书肆唐廷仁、金陵唐龙泉、金陵书林唐廷瑞、金陵唐建元、金陵书肆唐谦、金陵书林周希旦大业堂（又称绣谷周氏大业堂）、金陵书林周曰校（又称周曰校万卷楼）、金陵书林周近泉大有堂（又称秣陵周氏大有堂）、金陵书坊周氏嘉宾堂、金陵书坊周竹潭、金陵书坊周昆冈、金陵书坊周宗孔、书林周宗颜、金陵书林周四达、金陵书肆周廷槐、金陵书林周如泉、金陵书林周显、金陵书肆周前山、金陵周用书铺（原籍江西东乡县）、金陵书坊吴小山、金陵吴少溪锦绣堂、金陵书坊傅春淇、白下书林傅梦龙、金陵李潮聚奎楼（又称书林李少泉、秣陵聚奎楼）、金陵书坊李洪宇、金陵书林李澄源、金陵书坊胡东塘、金陵书坊胡贤、金陵胡少山少山堂，金陵萧腾鸿师俭堂、秣陵陈大来继志斋（又称金陵陈氏奎壁斋）、金陵书林郑大经四德堂、金陵书林余赏勋、金陵书坊建阳叶贵近山书舍、金陵书林叶应祖、金陵书坊王敬宇、金陵书坊王凤翔（又称金陵书林王凤翔）、金陵王氏车书楼、金陵书坊王慎吾、金陵书坊王尚乐、金陵书坊王洛川、金陵书林、王荆岑光启堂（又称白门书林王荆岑）、金陵书林雷鸣、金陵书坊徐用和、金陵书肆毛少池、金陵徐小山书坊、金陵书林徐松野、金陵书坊赵君耀、金陵书坊龚邦录、金陵书坊蒋氏石渠阁、建业刘氏孝友堂、金陵戴氏、金陵书林戴氏、金陵荣寿堂、金陵荆山书林、金陵三山书坊、金陵书坊两衡堂、金陵一贯斋、金陵宝圣楼、秣陵种文堂、金陵大圣堂、金陵三美堂、金陵三多斋、金陵文枢堂、金陵文秀堂、金陵人瑞堂、金陵长春堂、金陵兼善堂、金陵汇锦堂、金陵光裕堂、金陵亲仁堂、金陵槐荫堂、金陵博古堂、南京九如堂、金陵聚宝门姜家来宾楼、金陵陈尊山经坊、金陵陈龙山经房、南京印经铺等。①

明代南京的书坊是全国城市中最多的，并且在万历年间达到鼎盛期。胡应麟说："吴会、金陵擅名文献，刻本至多，巨帙类书咸荟萃焉。"又说："凡金

① 参见张秀民《中国印刷史》，上海人民出版社 1989 年版；另参见明《宪章类编·国朝书条》《千顷堂书目》《古今书刻》、正德《建昌府志》等书。

陵书肆多在三山街及太学前。”[①] 由上列书坊牌号可知，南京书坊以唐姓15家为最多，其次为周姓14家，王姓为7家，书坊业也像纸业、墨业一样，体现出家族经营、世代相传的特点。

明代南京书坊刻书的内容和品种，多为民间所需的各种平话、小说、故事、戏曲、传奇等通俗读物，此外还有一些医书、经书、文集、尺牍、琴谱、绘画等书。其中唐姓书坊数量多，刻书的数量和品种也最多。唐对溪富春堂就刻印了几十集上百种，有记载的就有《管鲍分金记》《三顾茅庐记》《吕蒙正破窑记》《岳飞破虏东窗记》《张巡许远双忠记》《商辂三元记》《韩信千金记》《白兔记》《寻亲记》《金貂记》《王昭君出塞和戎记》等30种。富春堂刻本工艺水准很高，在编辑上也有特色，对古本的校对核定也很认真，但有时修改增删过多，在艺术上出现适得其反的效果。如富春堂本《白兔记》，就不及毛晋汲古阁《六十种曲》本。后者更多地保存了该曲宋元旧篇的面貌，文词朴质，对白直率；而前者则雕琢字句，使事用典，虽然在文词上显得华丽工整，但不如汲古阁本那样自然朴实，真挚动人。唐绣谷世德堂刻有《赵氏孤儿记》《五伦全备忠孝记》《双凤齐鸣记》《香囊记》《荆钗记》《拜月亭记》（简称《月亭记》等11种。数量远不及富春堂，然而质量并不差。所刻《月亭记》与汲古阁本（名《幽闺记》）相比，不但唱词古朴，对白俚质，而且开场结尾，长达43折，皆为元代南戏旧有规模，是该曲保存至今最完整的一个版本，而汲古阁本《幽闺记》四十折，仅是《月亭记》的一个删节本。戏曲中的地方声腔也有不少，唐氏文林阁刻有《易鞋记》《燕脂记》《袁文正还魂记》《刘秀云台记》《古城记》等16种；唐氏广庆堂刻有《西湖记》《武侯七胜记》《葵花记》等8种。这些专用腔剧大多是弋阳腔或属于弋阳腔这一系统的青阳腔、徽池腔、乐平腔等，在当时是一种难登大雅之堂的俗唱，特别适合舞台演出，所唱所演又都是广大人民群众所熟悉的东西，在民间流传颇盛。南京各书坊大量印刻这类作品，说明他们确有独到的商业眼光。其中有一些剧本甚至还一刻再刻，或同一剧本分别由两个书坊同时刊刻出版，如《韩信千金记》，就有唐氏世德堂和富春堂两个版本。据估计，明代南京书坊所刻各种戏

① 胡应麟：《少室山房笔丛》。

曲可能达300种左右。这从一个方面反映了江南民众的文化娱乐生活中戏曲所占的比重。①

通俗小说类同样丰富。《三国志传》《西游记》《唐书志传通俗演义》《西晋志传题评》《东晋志传题评》《警世通言》等，都先后几家印刷不同的版本。如万卷书楼刻李卓吾订正的《三国志传》，九如堂刻杨尔曾《韩湘子全传》，荣寿堂刻《西游记》，世德堂刻《南北宋志传通俗演义题评》、唐书志传通俗演义》，兼善堂刻《警世通言》等。南京书坊所刻医书也不少，如唐氏富春堂刻《妇人大全良方》、唐鲤跃集贤堂刻《丹溪心法》、唐少桥刻《伤寒指掌图》等。除此之外，书坊还刻印经史子集及当朝训示、法律、政策等方面的书。如周氏大有堂于万历三十年（1602）刻印洪武至隆庆各帝的《皇明宝训》，周近泉于万历十三年（1585）重刻《御制大明律例诏拟折狱指南》等。

（三）建阳的印刷业

福建北部的建阳县，是我国古代重要的印刷业集中地区之一，这里的印刷业到明朝嘉靖年间发展到鼎盛时期，成为当时全国印刷业的中心。建阳印刷业较为集中的是麻沙镇和书坊乡。据嘉靖年间刊印的《建阳县志》记载："书籍出麻沙、崇化两坊，昔号图书之府。……足以嘉惠四方。"又说这里"比屋皆鬻书籍，天下客商贩者如织，每月以一、六日集"。可见当时各地书商云集这里，将购得的书籍再通过水、陆交通，远销到全国各地。据嘉靖本《建阳县志》记载，书坊乡所刻书目就有451种，如果再加上麻沙及附近的印书数字，可能就更多了。同时，书院、家塾也都从事刻书印刷。这里最有名的书院、家塾刻书者有熊禾的鳌峰书院、蔡沉的卢峰书院、同文书院以及蔡梦弼、黄善夫、刘元起、刘仲吉、刘日新等人主持的家塾。他们有的从宋元一直延续到明代，都曾刻印了大量供学生阅读的书籍。除了书院、家塾印书外，代表这里印刷业主流的，是众多的印书作坊以及作为一种副业的家庭刻书印书业。

建阳的印刷作坊，有"书林"和"书坊"等不同的称谓，有的在前面再冠以地名，如"建阳书林"、"建闽书林"、"潭阳书林"等。据有关资料统计，明代建阳书林有堂号姓名可考者约四十八家。它们是：余邵鱼、余象斗双峰

① 参见钱杭、承载著《十七世纪江南社会生活》，浙江人民出版社1996年3月版。

堂、余象年建邑书林、文台余世腾书林、余君诏三台馆、余泗泉萃庆堂、建阳余廷甫、余秀峰沧泉堂、潭阳余元长、余良木自新斋、余仙源闽书林、余氏双桂堂、刘氏翠岩精舍、刘氏安正堂、刘龙田乔山堂、刘玉田乔山书堂、刘龙田忠贤堂、刘太华潭阳书林、刘钦恩荣吾书林、刘志千归仁斋、刘洪慎独斋、叶贵闽建书林、叶志元闽建书林、叶见远建邑书林、郑少垣联辉堂、郑氏萃英堂、熊氏种德堂、熊成治种经堂、熊氏忠正堂、杨氏清江堂、杨氏清白堂、杨起元闽斋、杨美生闽书林、陈贤书林、陈国旺积善堂、黄正甫芝城书林、江子升建邑书林、余拱唐书林、徐宪成闽书林、刘城庆书林、守仁斋、三垣馆、刘辉书户、郑氏宗文堂、刘氏日新堂、叶氏广勤堂、虞氏务本堂、建安博文堂等。其中以余、刘两姓最多，他们都是自宋元以来就从事印刷业，有的已有200余年的历史。其他如叶氏广勤堂、郑氏宗文堂、虞世务本堂等，都是元代的老铺，也都有近百年的历史。

建阳印刷书籍的内容，从宋元以印刷经史子集为主，到明代已变为向多样化发展。不但书籍的品种不断增加，形式也不断翻新。通俗读物大量出版印刷。印刷出版了大量的启蒙读物，如《天下难字》《千家姓》《初学绳尺》《声律发蒙》《诗对押韵》等供儿童学习的读物。对儒家著作通俗化的读物，如对《四书五经》或用白文，或增加注释，或进行通考、音考、句解等。还有为学生考试提供的《献廷策表》《答策秘诀》等书。出版印刷了大量的科技、医学、相书、法律以及家庭日用书籍。如《事林广记》《居家必用》《理性大全》《律条疏义》《武经七书》《九章算法》《牛经》《马经》以及针炙、内外科、小儿科、妇科、本草等医药用书。另外，小说、历史故事、平话等大量印刷，如《皇明英烈传》《古今人物论》《三国演义》《水浒传》《西厢记》等；书中往往配有大量插图，书前冠以“全像”、“绘像”、“绣像”、“图像”、“出相”、“补相”等字样，以便吸引读者。当然，建阳所印书籍的插图，其雕版水平还比不上徽派的精致，但也能以多取胜。

建阳的不少作坊是连续几代以印刷为业，各有自家的绝技。很多书坊主人也都精通刻版和印刷技术，有的还能从事书籍的编写，有的在学术上还精通某一方面。他们印刷的书有些是自己编写的，如余文台就编写过《西汉志传》《南游记》《北游记》等书，熊大木编过《全汉志传》《唐书志传通俗演义》等书。熊氏作坊的主人熊宗立不但精通印刷，也精通阴阳医人诸术，有不少诸如《名方类证医书大全》《图注难经》《难经大全》《图注指南脉诀》《原医药性赋》《山居便宜方》《伤寒运气全书》等医学著作。由于本人精通医学，因而熊氏种德堂于正统、成化间，出版印刷了一批很有价值的医学书籍，如《内经素问》《小儿方诀》《外科备要》等。刘氏的安正堂，从宣德四年（1429）到万历三十九年（1611）近200年时间里，坚持印刷经史子集医类诸书，其出版印刷的态度是十分严肃的。刘洪的慎独斋出版印刷的重点是大部头的史书和类书，如《通鉴纲目》《通鉴节要》《十七史详节》《大明一统志》《宋文鉴》等，他印刷的书非常严肃认真，校对精确，被后来的藏书家所称赞。

明代建阳书坊，在出版内容方面，各家似有大体的侧重，各辟蹊径挖掘新的门类，为这里印刷业的发展创造了条件。除了严肃的印刷作坊外，不讲质量，校勘不精，任意删改，刻版印刷粗糙的风气也很盛行，这种一味追逐利润的经营作风，使建阳印刷业声誉大减。如郎瑛说："我朝太平日久，旧书多出，此大幸也，亦惜为福建书坊所坏。盖闽专及货利为计，凡遇各省所刻好书价高，即便翻刻，卷数目录相同，而篇中多所减去，使人不知，故一部止货半部之价，人争购之。"① 福建人谢肇淛说："建阳有书坊，出书最多，而板纸俱最滥恶，盖徒为射利计，非以传世也。""近来闽中稍有学吴刻者，然止于吾郡而已。能书者不过三五人，能梓者不过十数人，而板苦薄脆，久而裂缩，字渐失真"②。胡应麟说："闽中很短窄黧脆，刻又舛讹，品最下而值最廉。"③当然，这不能一概而论，一方面有精美的书，另一方面也有质量低劣的书，一味用藏书家的眼光去评价也是不全面的。因为藏书家对书的印刷要求是精益求精，而不考虑造价，而广大读者则要从实用、价廉方面来选择，建阳书坊所印的书，是要大量销往民间的，因此，选用当地造的墨和纸，虽质量差些，但价格低廉，有利于扩大书籍的销路。由于建阳印刷业集中，印书数量多，印刷质

① 郎瑛：《七修类稿》卷下。
② 谢肇淛：《五杂俎》卷一三。
③ 胡应麟：《少室山房笔丛》甲部《经籍会通》。

量也引起政府注意。如嘉靖五年（1526）政府曾派侍读汪佃到这里来校勘书籍。嘉靖十一年（1532）福建提刑按察使给建宁府下文说："照得《五经》《四书》，士子第一切要之书，旧刻颇称善本，近时书坊射利，改刻袖珍等版，款制褊狭，字多差讹。如'巽与'讹作'巽语'，'由古'讹作'犹古'之类，岂但有误初学，虽士子在场屋，亦讹写被黜……即将发出各书，转发建阳县，拘发刻书匠户到官，每给一部，严督务要照式翻刻。……再不许故违官式，另自改刊。如有违谬，拿问追板划毁，决不轻贷"①。这说明政府对民间印刷的质量也是经常过问的，但政府关心的也只是儒家经典的出版印刷，对其他方面的书，可能还顾及不到。

（四）苏州的印刷

苏州素有藏书刻书的传统，书坊很多，所印书籍不但数量多，而且质量好。胡应麟说："吴会、金陵擅名文献，刻本至多……余所见当今刻本，苏常为上，金陵次之，杭又次之……其精吴为最"②。苏州的书坊主要有：东吴书林、金阊书林叶显吾、金阊叶敬溪、金阊叶瑶池天葆堂、金阊叶聚甫、金阊叶敬池书种堂、金阊叶昆池、阊门书林叶龙溪、金阊叶碧山、金阊书林叶启元玉夏斋、金阊书林舒载阳、金阊书坊舒冲甫、金阊五云居、金阊东观阁臣古斋、金阊世裕堂、金阊书业堂（又称吴郡书业堂）、金阊拥万堂、金阊黄玉堂（又作簧玉堂）、金阊五雅堂、金阊十乘楼、金阊雅言堂、金阊书林唐廷杨、金阊映雪草堂、阊门徐氏书堂、金阊陈氏嘉会堂、阊门陈龙山西酉堂、金阊童涌泉、金阊书林振邺堂、金阊安少云尚友堂、阊门席鉴（玉照）扫叶山房、阊门常春堂、阊门兼善堂、吴门文汇堂、吴门宝翰楼、吴门书林翁少麓、姑苏龚绍山、姑苏经坊陆瑞芝等37家。

苏州刻书在万历以前就已达177种，为全国务府之冠。其中除经书外，史部有《史记》《两汉书》《旧唐书》等；地理类有《吴郡志》《长洲县志》《崇明志》《姑苏杂咏》《舆地图》等；文学类有《楚辞》《文选》《唐文粹》《二陆集》《唐诗》等；医药书有《脾胃论》《内外伤辨》《新效方》等。苏州书

① 见嘉靖建宁刻本《春秋四传》。

② 胡应麟：《少室山房笔丛》甲部《经籍会通》四。

坊的刊刻水准极高，许多仿宋、元刻本，因为雕刻精美，装帧考究，几乎可以乱真。尤其是一些富户，不惜资金和时间，出资雇用书坊刊刻高手精雕细作，当时称之为“绣梓”。但明代中后期，苏州书坊刊刻最多的是以各种小说和文学作品，质量也相当好。如舒载阳、舒冲甫刻印《封神演义》，叶昆池刻印《绣像南北传》，叶敬池刻印《醒世恒言》《新列国志》《石点头》，龚绍山刻印《春秋列国志传》，五雅堂刻印《水浒全传》，书业堂刻印《南柯记》，安少云刻印《拍案惊奇》，东吴书林刻印《薛方山文录》，叶显吾刻印《张阁老经筵四书直解》，叶启元刻印《尺牍双鱼》，五云居刻印《杜工部七言律诗分类集注》等。

明代后期，苏州常熟的毛晋（1599～1659）（原名凤苞，字子晋，号潜在。）遍收历代版本，成为当时江南有名的藏书家。汲古阁是他藏书楼的名称。陈瑚在《毛潜在隐居乞言小传》中说：“江南藏书之富……惟毛氏汲古阁。登其阁如入龙宫鲛肆……其制上下三楹，始子讫亥，分十二架，中藏四库书及释道两藏，皆南北宋内府所遗，纸理缜滑，墨光腾剡。又有金元人本，多好事家所未有。”为了收购书籍，毛晋在门外贴着广告曰：“有以宋椠本至者，门内主人计叶酬钱，每叶出二百；有以旧钞本至者，每叶出四十，有以时下善本至者，别家出一千，主人出一千二百。”可见其不惜高价购好书，当地流行着一句谚语：“三日六十行生意，不如鬻书于毛氏”。毛晋不仅藏书，而且从事印书。清庞鸿文在《常昭合志稿》中谈到，“凤苞藏书数万卷，延名士校勘开雕《十三经》《十七史》及从未梓之书。所用纸，当从江西特造之，厚者曰毛边，薄者曰毛太，至今犹沿其名不绝。”毛晋的儿子毛扆也说过：“吾家有印书作，聚印匠20人，刷印经籍。扆一日往观之，先君适至，呼扆曰：‘吾节衣缩食，遑遑然以刊书为急务，今板逾十万，亦云多矣。窃恐秘册之流传，尚不及十之一也。’”[①] 这说明毛晋家设有印刷作坊，单印刷工匠就有20人，如再加上刻版和装订工匠，人数可能近200。据清徐康记载汲古阁刻书“开工于万历中叶，至（天）启（崇）祯时……毛氏广招刻工，以《十三经》《十七史》为主。其时银串，每两不及七百文，三文银刻一百字，所刻经史子集，

① 上引叶德辉：《书林清话》卷七，明毛晋，汲古阁刻书。

道经释黄，品类甚繁。”① 毛晋印书的品种和数量是很大的，除了规模庞大的《十三经》《十七史》外，还刻印了一套《津逮秘书》，全书 15 集，144 种，752 卷，也是大部头书，而且是毛晋第一次刻印出版。此外，他还印刷了一批唐宋元人的别集和词曲、道藏之类的书，如《汉魏百三家》《陆放翁全集》《唐人选唐诗》《唐诗纪事》《六十家词》《洛阳伽蓝记》等。毛晋还编著有《毛诗陆疏广要》《海虞古今文苑》《明诗纪事》《隐湖题跋》《汲古阁珍藏书目》《汲古阁刻书》等。毛晋对于书籍的印刷质量是十分重视的，他所印的书籍都由他自己或请名家认真校勘，印书用的纸张，也是从江西特造；厚一些的纸称为毛边，薄一些的纸称为毛太。

（五）杭州的民间印刷

明代杭州的印刷业有所发展，但比不上南宋时的兴盛，特别是随着南京、苏州等地印刷业的兴起，印书的数量被排在南京、建阳、苏州之后，但仍不失为书籍的主要产地之一。据统计，杭州书坊有：古杭勤德书堂、杭州众安桥杨家经坊、杭州众安桥北沈七郎经铺、钱塘洪楩平山堂、杭郡曲入绳、杭城书林翁传山、浙杭翁文源、杭城朝天门翁文溪（又作杭城书林）、武林继锦堂、武林冯绍祖观妙斋、武林冯念祖卧龙山房、钱塘杨尔曾夷白堂、虎林双桂堂、武林舒载阳藏珠馆、武林书坊赵世楷（又作钱塘书坊）、杭州书肆读书坊、武林凝瑞堂、武林阳春堂、武林容与堂（又作虎林容与堂）、武林台卿氏泰和堂、武林张氏白雪斋、杭州横秋阁、蒋德盛武林书堂、胡文焕文会堂等 24 家。

在杭州书坊中刻书最早的是古杭勤德书堂，于洪武十一年（1378）刻印杨辉《算书五种》七卷、《皇元风雅前后集》及《新编翰林珠玉》。选本和刻图较讲究的是武林容与堂和张氏白雪斋，所刻《李卓吾批评忠义水浒传》《李评幽闺记》《红拂记》《琵琶记》《玉合记》《吴骚合编》等，均有较高的学术和艺术价值。杭州书坊的刊刻质量一般说来不及苏、常，也不及南京，但比蜀、闽本要好得多。杭州书坊刻书最多的是胡文焕的文会堂，世人称其所刻为“胡文焕版”。胡文焕字德文，杭州本地人，于万历、天启年间创建文会堂，一面藏书，一面刻书卖书。据记载，他所刻印的书籍有 450 种，其中有不少是

① 徐康：《前尘梦影录》卷下《汲古阁图》。

他自己编写的。他所编印的《格致丛书》，子目达200多种，又编《百家名书》103种，所收古今著作，内容极为广泛。他还将有关稗家、游览、谱史、寸札、寓文等内容，编成《胡氏粹编》。还有他自编自著的《文会堂诗韵》《文会堂词韵》《文会堂琴谱》《祝寿编年》《历世统谱》《省身格言》《华夷风土志》《寰宇杂记》《皇舆要览》《余庆记》《群音类选》等二三十种，尤其最后一种为明代罕见的曲选，更难得的是他还自作传奇《余庆记》。

杭州的各寺院也都刻有佛教经书，如昭庆寺经房刻有《楞严经》和《仪注备简》，昭庆寺贝叶斋刻有《教乘法数》。武林报国院刻有《圆觉经略释》等。随着天主教的传入，杭州的天主教堂也从事宗教读物的刻印，如《职方外纪》《西学凡》《人身概说》等40余种。

（六）徽州的民间印刷

徽州又称新安，在中国文化史上占有重要地位，历来为纸墨笔砚文房四宝的产地。明代这里的图书印刷业开始发展起来，书坊可考者有：歙西鲍氏耕读书堂、歙县吴勉学师古斋、新都吴继仕熙春堂、新都吴氏树滋堂、休阳吴氏漱玉斋、书林新安余氏双荣精舍、歙岩镇汪济川主一斋、汪廷讷环翠堂、新安黄诚、休邑屯溪高升铺等10家。

徽版图书的最大特点是版面精美，雕刻印刷讲究，水准不低于宋代。谢肇淛《五杂俎》卷一三称："新安所刻《庄》《骚》等本，皆极精工，不下宋人，然亦多费校雠，故舛讹绝少。"这首先是这里拥有优秀的刻工，特别是歙县虬村的黄姓刻工，以技艺精良，雕镂精细而闻名，从而自成一派。胡应麟说："近湖刻、歙刻骤精，遂与苏、常争价。"[①] 徽州刻工还远到其他地区刻版，特别是南京当时就有不少徽州刻工。由于徽派刻工技术高超，雕版技术从刻印书籍扩大到刻印插图、彩色版面，乃至戏牌及酒牌等方面，而雕版印刷艺术的内容也随之更显得丰富多采。

徽州书坊刻书最多的是吴勉学师古斋。吴勉学字师古，以刻医书而著名。清赵吉士记载，"歙吴勉学一家，广刻医书，因为获利。乃搜古今典籍，并为

① 胡应麟：《少室山房笔丛》。

付梓，刻资费及十万。”① 他所刻印的医书有《古今医统正脉》44 种，以及《二十子》《性理大全》《礼记集说》《四史》《通鉴》《近思录》《世说新语》等书。此外，鲍氏耕读堂刻印《天原发微》，吴氏漱玉斋刻印《王维诗集》，吴氏树滋堂刻印《秦汉印统》，汪氏主一斋刻印《巢氏诸病源候总论》，吴氏熙春堂刻印《六经图》，休邑屯溪高升铺刻印《新刻照千字文集音辨义》，余氏双荣精舍刻印《地理大全》等。徽州另一家刻书较多的是汪廷讷环翠堂。汪廷讷自号坐隐先生，休宁人，担任两淮盐运使，是当地有名的富户。环翠堂在万历末年刻了许多诗文、戏曲、传奇和画册，质量均属上乘，如《环翠堂乐府》《狮吼记》《坐隐先生集》《坐隐园戏墨》《坐隐一百二十咏》《草堂余意》《人镜阳秋》等几十种。汪氏刻本由于其资金雄厚，质量力求精湛，特别是书中插图，因得力于徽派刻工的技艺，都十分精美。②

第六节　榨油业

在中国农村和城镇，很早就有榨油作坊存在，以榨取菜油、豆油、青油、柏油和桐油，尤以榨菜油的作坊为多。明代江南是全国榨油业最为发达的地区，江南人种油菜，取菜子榨油食用，又从外地输入大豆，豆油食用，豆饼肥田，杭嘉湖地区种植乌桕树，取子榨油，作为蜡烛生产原料，因而大小油坊遍布城镇乡村。各地流行的农谚“小满动三车：油车、水车、丝车”，正反映了榨油业的普遍，也说明榨油业在当地占有重要地位。万历时浙江湖州府南浔镇某姓开一油坊，畜牛数头，使用畜力拉车。浙江嘉兴府崇德县石门镇开设20家油坊。夏镇、淮、扬、楚、湘等处商人利用当地梅豆，“作油作饼”。

明代华南油料作物种类丰富。草本有芝麻、油菜等；木本有油茶、油桐、乌桕等。这些作物都可以压出油来。正如明人所说：“菜油，菜子所压者；麻

① 赵吉士：《寄园寄所寄》卷一一《杂记讱庵偶笔》。
② 本节参阅罗树宝编著《中国古代印刷史》，印刷工业出版社 1993 午 3 月版。

油，脂麻所压者；桐油，桐子所压者，柏油，柏子所压者”[①]。花生也可以压油，但在明代主要当粮食使用。芝麻又叫胡麻、脂麻、油麻，具有“益气力，长肌肉，填髓脑”等功效，是营养极为丰富的油料作物，可制成普通麻油和小磨香油。这种作物原产于热带干燥地区，有春芝麻、夏芝麻和秋芝麻，较适合在华南地区种植。明代福建芝麻有黑白两种，各府县多有种植。据说黑者以服食为良。白者以取油为主[②]。两广芝麻有黄、黑、白三种。广东除肇庆外，均有种植芝麻的记载。广西种植芝麻较多的地方有桂林府、平乐府、梧州府、南宁府及太平府的某些州县。芝麻“为油最良”，但华南人当时习惯食用猪油和茶子油，而“鲜用麻油”。因此，明代华南芝麻产量不是很大，在当时的油料作物中不占主导地位。油菜有“胡菜”、“芸苔”等不同的名称，李时珍在《本草纲目》中曾对油菜进行过解释。他说：羌、陇、氐地处苦寒，冬月多种此菜，能历霜雪。以其种自胡来，故名胡菜；又以塞外云台最早种植此菜，故名芸苔。这种解释是有一定道理的。魏晋以后，油菜逐渐从西北传入华北、华中，最后推广到华南地区。据王应山《闽大记》和明代方志记载，当时福建不少府县已种植油菜，其中建宁、延平、汀州等府所种稍多。各府油菜一般秋冬下种，第二年三四月份收获[③]，除供秋冬菜食外，主要用以压油。这一点除《八闽通志》有所记载外，其他文献中也有所记载。如万历《福州府志》卷三七《物产》载：“油菜，子可榨油”。这说明，明代福建已经把油菜当作油料作物来经营。明代两广的某些府县也种植油菜。广东已开始用油菜压油，但数量较少。油茶又叫“茶子树”，是一种常绿小乔木，果实内有黑褐色的种子，含油量高达45%～60%，可供榨油之用。用油茶子榨出的油称作“茶油”，是上等的食用油，亦可润发、燃灯。这是当时华南人最喜欢使用的油种。作为华南最重要的油料作物，油茶在福建、广东、广西各地均有分布。福建油茶树最多。明人王世懋在《闽部疏》中说：“余始入建安，见山麓间多种茶，而稍高大。枝干嵯岈，不类吴中产，问之，知之油茶，非蔡君谟贡品也。已历汀、

① 弘治《八闽通志》卷二五《食货·土产》。
② 乾隆《福州府志》卷二五《物产》。
③ 郭柏苍：《闽产录异》卷一《货属·油》。

延、邵，愈益弥被山谷，高者可一二丈，大者可拱把余。以冬华，经春实。榨其实为油，可灯、可膏、可釜。闽中大都用之，然独汀之连城为第一。”此外，据郭柏苍《闽产录异》等书记载，泉州的德化、永春、安溪三县，福州府的长乐县及福宁州也是油茶的主要产地。广东油茶较少，主要分布在粤北山区和丘陵地带。海南琼州府也有所分布。正德《琼台志》卷九《土产下·油之属》列琼州油十种，茶油排在第二位，称为“山柚”。原注云：“山柚，文昌多，花白，即闽中茶油。”广西油茶产区以桂北桂林、柳州、平乐、庆远诸府为多。桂林府《兴安县志》载：油茶子“榨油甚清，可食，点灯良”。柳州府所辖各州县多出油茶，融县和怀远县油茶产量相当可观。[①] 平乐府油茶“溪麓森然，沿村漫野”，所产茶油驰名邻境。[②] 油桐是我国特有的油料树种，种子出油率在35%左右，所出之油称作“桐油”，可供配漆，是制造油漆的重要原料。福建诸府间有油桐。北部山区栽种较多，建阳、崇安、政和、浦城等县是主要产区。[③] 嘉靖《邵武府志》卷二《风俗》讲邵武府所属诸县“专有鱼、稻、油漆、苎布之利”。南部丘陵地带也栽种油桐。万历《福州府志》卷三十七《物产》所载福州各县出产的油中就有桐油。广东北部山区也有油桐出产。据地方志记载，韶州府“山多种桐，至其秋剥其子为油，以供油饰”。广西油桐的种植较为普遍。雍正《广西通志》卷三一《物产》讲：“桐油子树，类梧桐而不甚高大，三月花开，色白，瓣上界一红丝，子如核桃，七八月取其子作油，为用甚广”。乌桕也是我国特有的木本油料树种，其皮油可以制造蜡烛，子油可制造油漆、油墨等等。据《桂平县志》说，乌桕油还可染发、点灯，“涂头，令白发变黑，为灯极明。”这种植物在各种土壤上都能生长，所以分布区域是比较广泛的。据《闽部疏》《闽产录异》等文献记载，福建山区各县有乌桕之饶。延平府和建宁府栽种最多。泉州府的永春和德化县出产的桕油比较有名。福州府也种有乌桕，万历《福州府志》载：“桕叶红如枫，实有脂，可为烛。”广西乌桕也比较多，其中浔州府、镇安府、南宁府的某些州县乌桕

---

① 雍正《广西通志》卷三一《物产》；乾隆《柳州府志》卷一二《物产》。

② 乾隆《昭平县志》卷四《风俗》。

③ 嘉靖《建宁府志》卷一三。

分布相当集中。在广东，广州府、南雄府、潮州府、高州府、琼州府的山脉、丘陵地带，也有乌桕生长。[①]

宋应星在《天工开物·膏液》篇中说："假媒水火，凭借木石"而榨取草木之实中蕴藏的膏液，这样的"人巧聪明，不知于何禀度也。"这个古老的行业已不知开始于何时了。然而，明代的榨油业已相当发达。供食用、点灯及润滑用的各种油脂原料，宋应星记载有湖麻（芝麻）、莱菔（萝卜）、黄豆、菘菜（白菜）子、苏麻子、芸苔（油菜）子、油茶、苋菜子、大麻仁、乌桕仁、亚麻子、棉花子、蓖麻子、樟树子、桐树子、冬青子等，而且详细记载了主要榨油的出油率。其取油法，除去蓖麻子、苏麻子用锅煮法，胡麻用磨法之外，其他则用榨法。其榨具，一般是用合抱的樟、檀等木作成中空榨槽，其槽容量，"大者受一石有余，小者受五斗不足。"将炒、碾、筛、蒸过的油料按槽的尺寸包裹，置入槽中，然后通过木杵撞击，向槽边打入木楔，以压榨之。其操杵撞击需要强壮劳力三数人。蒸、炒、包裹都需要相当经验和技术，以提高出油率。如对蒸料的包裹，"能者疾倾，疾裹而疾箍之，得油之多，诀由于此。"如碾料，一般是两人对推衔有木杆的铁陀在槽中滑动，而"资本广者则砌石为牛碾，一牛之力可抵十人"[②]。这样的一种设备和作业方法，在商品经济发展的情况下，很容易诱发雇佣劳动的发生。

明中叶以后，浙江嘉兴府桐乡与崇德二县共辖的石门镇榨油坊很有典型意义。万历《崇德县志》和康熙《石门县志》（康熙二年改崇德县为石门县），在《纪文》栏里都保留了万历年间贺灿然对嘉兴石门镇油坊的记载。万历十七年（1589），贺灿然《石门镇彰宪亭碑记》称："崇（德）为吾郡上游，当孔道，号剧难治，而石门镇为甚。镇饶米菽丝纩，商贾辐辏，浮于邑。……镇油坊可二十家，杵油须壮有力者，夜作晓罢，即丁夫不能日操杵，坊须数十人，间日而作。镇民少，辄募旁邑民为佣。其就募者类皆赤身亡赖，或故髡钳而匿名罪者，二十家合之八百余人。一夕作，佣值二铢而赢。

① 参见王双怀：《明代华南的经济作物及其地理分布》，载《中国历史地理论丛》1998 年第 3 期。
② 宋应星：《天工开物》卷上《膏液》。

番休之日，挟其千百为群，虽坊主人亦畏之。”[①] 碑记反映了石门镇油坊的数量、雇工规模及其雇佣生产方式。区区一镇，集中了20家油坊，规模又较为可观，生产能力自然不小。这既要有稳定的原料供应，又要有畅达的商品销路。

在地理环境上，石门镇处于江南商品经济的腹心地带，又踞于南北交往大动脉运河岸边。“苏来自嘉兴泊此，杭来自塘栖泊此。至杭者有上河下河二道，而皆先过此，县官迎送宪节，以此为出入界首。故每薄暮，帆樯云集，夜市颇盛。”[②] 对苏、杭、嘉商品的传输，带来该镇商业贸易的繁荣。崇德、桐乡为桑叶、蚕丝的重要产区，石门镇则是重要集散中心。石门桑多良种，石门镇是嘉兴府最大的桑叶市场，所谓“石门叶市甲禾郡”是也。蚕丝贸易也很兴盛，商人“俱以五月来贸丝，积金如丘山。”这些都为食油生产规模的扩大和劳动力的自由雇佣提供了前提。据万历《崇德县志》卷十二《外纪》记载：“远方就市者众，亦称一熟。商人从北路夏镇、淮、扬、楚、湖等地，贩油豆来此作油作饼，又或待贩于南路。商人豆船皆集包角堰，为之小瓜洲。”可知这些油坊，都是榨取豆油的作坊，原料豆从两湖、江淮等广大地区输入，成品豆油及豆饼畅销于石门以南地区。这是一种典型的商品性豆油加工专业作坊，以经营赢利为目的，不同于仅仅收取一定加工费的小型“乡作”油坊，而是具有工场手工业性质的字号油坊[③]。

从雇佣劳动者的身份来看，他们都来自异乡，石门镇杵油工人“辄募旁邑民为佣”，他们多是“赤身亡赖”，或是“髡钳而匿名避罪者”。他们依靠“一夕作，佣直二铢而赢”的收入，维持生计。可见油坊工人是一无所有，以出卖劳动力为生的雇佣劳动者。“坊主亦畏之”，说明雇工与坊主间不存在人身依附关系。但在明代，此类雇佣劳动者尚属“雇工人”的身份。李乐《见闻杂记》载湖州府乌青镇：“里中有中人之家，贷钱开油饼坊，其雇工人与市上一人剧饮而醉相殴，雇工人推其人堕水死，主人不知也。事闻于官，官不诘

---

① 万历《崇德县志》卷七《纪文》。

② 光绪《桐乡县志》卷一《市镇》。

③ 参阅范金民著《明清江南商业的发展》，南京大学出版社1998年8月版。

责下手之人，主人费六七十金，半偿死者之家，半赂衙门人，事竟得寝。今嘉湖间皆然”。雇工人推人堕水死，官不诘责雇工人，却责成其主人费六七十金，了却此案。这说明雇工人被当作油坊的“家人”，他同油饼坊主人之间具有严格的封建隶属关系。

主编简介

王毓铨 （1910～2002）山东莱芜人。1936年毕业于北京大学史学系；1946年获美国哥伦比亚大学硕士学位，曾任美洲古钱学会博物馆远东部主任。1950年回国，任中国历史博物馆陈列部主任，中国科学院历史研究所研究员，中国社会科学院历史研究所研究员、明史研究室主任、学术委员会委员，中国明史学会会长、名誉会长，中国经济史学会会长，为博士生导师。1952年被列入《世界名人录》(Who's Who)。主要著作：《Early Chinese Coinage》《明代的军屯》《我国古代货币的起源和发展》《莱芜集》《中国通史・明代卷》(主编)《中国历史大辞典・明代卷》(主编)《中国大百科全书・中国历史卷》(明史部分主编)；秦汉史、明史学术论文30余篇。

刘重日 1930年生，陕西富平人。1955年毕业于西北大学历史系。历任中国社会科学院历史研究所明史研究室主任、研究员，中国明史学会会长。长期从事明史研究。主要著作：《中国史稿》(第六册)《中国屯垦史》(明代卷)《孔府研究》(合著) 《濒阳集》等。论文：《火佃的渊源及其性质》《牙人与牙行》等数十篇。

张显清 1937年生，河北兴隆人。1962年毕业于北京大学历史系，1965年中国科学院历史研究所研究生结业。历任中国社会科学院历史研究所明史研究室主任，院科研局学术秘书，考古研究所副所长、研究员，为博士生导师，中国社会科学院历史学科评委，中国史学会理事，中国明史学会会长，中国地方志指导小组成员。主要著作：《严嵩传》；论文《明代缙绅地主浅论》《明代官绅优免与庶民中户的徭役负担》《明代土地投献简论》《从〈大明律〉和〈大诰〉看朱元璋的"锄强扶弱"政策》《〈大明律〉的形成及其反映的时代特点》《明嘉靖大礼议的起因、性质和后果》《晚明心学的没落与实学思潮的兴起》《明代社会思想和学风的演变》《试论阳明心学的历史作用》等。

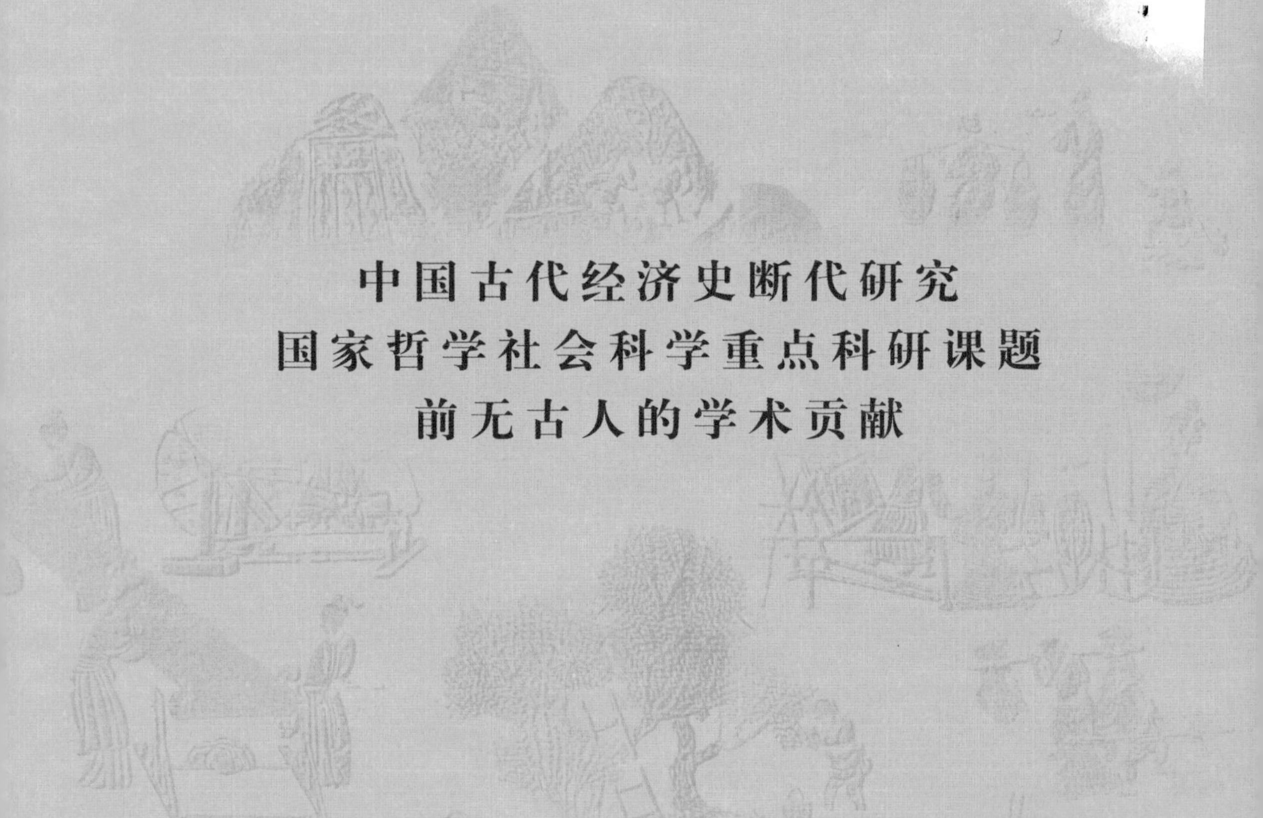

中国古代经济史断代研究
国家哲学社会科学重点科研课题
前无古人的学术贡献

中國經濟通史

明（下）

王毓铨 主编

刘重日 张显清 副主编

经济日报出版社

目录(下)

第七章　明代商业的繁荣与兴盛 …… 479
第一节　明前期的商业状况 …… 480
第二节　明中期商业的活跃 …… 492
第三节　明后期商业的发展与繁荣 …… 503
第四节　明代的海外贸易 …… 534

第八章　明代的货币政策与货币运行 …… 555
第一节　明代的钞法 …… 555
第二节　金、银与铜钱 …… 581

第九章　明代的交通 …… 613
第一节　驿传制度 …… 613
第二节　全国主要交通干线的兴修 …… 617
第三节　国内外水陆商业路线的开辟 …… 623
第四节　交通工具 …… 629
第五节　商业运输 …… 633

第十章　明代市镇经济的发展 …… 639
第一节　集市的宏观分析 …… 639
第二节　江南市镇经济的高度发展 …… 667

第十一章　明代食盐生产与运销 …… 703
第一节　盐业生产与组织 …… 703

第二节 盐业运销体制及其演变 …… 720
第三节 食盐的配给与销售 …… 745

第十二章 明代茶业管理体制与贸易 …… 763
第一节 茶业的生产组织形态 …… 764
第二节 茶课解运及其利弊 …… 776
第三节 茶马贸易与民间茶市 …… 782

第十三章 明代经济思想 …… 801
第一节 宏观经济思想 …… 801
第二节 土地思想 …… 812
第三节 财政与赋役思想 …… 838
第四节 工商业思想 …… 853

后记 …… 879

第七章　明代商业的繁荣与兴盛

明朝处于我国封建社会的后期，按照常规来说，商品经济当有迅速的发展，而实际情况并非如此。14 世纪中叶，朱元璋在建立明朝的过程中，曾笼络了大批的名士大儒，为他出谋划策，制订各种政策，完全按照自然经济的模式，建立了一个非常典型的封建专制主义政权，使封建的政治制度达到了十分完备的程度。可以说，凡是我国古代有利于统治阶级的制度和统治手段，朱元璋都加以博取利用。至朱棣即位后，更充实、完善了洪武时期的制度，所以《管窥小识》的作者说："（明代）法度之密，又斟酌前代，取其善而祛其敝，井井具备，凿凿可行，即高才智圣，不可更也。"[①] 谢肇淛也说："我朝若二圣之神圣，创守兼资，而纪纲法度已远过前代矣。"[②] 至清初，顺治皇帝曾对范文程等人说："洪武所定条例章程，规画周详"，超越了"历代之君"。[③] 但是，从历史发展的角度来观察，这套制度当中一些与社会经济有关的政策，对于明朝前期的商品经济发展起到了极大的妨碍作用。明中期以后，由于农业生产力的发展和手工业技术的提高，促使商品经济有了更快的发展，而腐朽的统治者仍坚持"祖法"，继续执行"重农抑商"政策，对工商业进行摧残与掠夺，使商品经济遭到前所未有的破坏，直至明末仍未苏复。总之，有明一代，专制主义政权对商品经济的干预、摧残、破坏，不仅阻碍了资本主义萌芽的发展，也延缓了我国封建社会的进程。

---

① 明不著撰者《管窥小识》卷一。

② 谢肇淛：《五杂俎》卷一五。

③ 《清世祖实录》卷七一。

第一节　明前期的商业状况

一、阻碍商业发展的政策

明朝前期，政府推行一系列不利商品经济发展的政策。首先是户役制度，户役是《大明律·户律》中的第一目，地位十分重要。朱元璋把全国1000多万户居民分别编制为若干类别役户，以户为编制单位，让老百姓承担赋役，有人估计全国役户类别大约有80多种，其中最主要的四大役户是民户、军户、匠户和灶户。民户人数最多，承担种田输租、供徭役；军户供军役；匠户出工匠支应造作；灶户煮盐。还有马户养军马，牛户养官羊，蛋户采珠，乐户供娱乐等。总之，明统治者及其各级政府所需的一切劳动力，都要设置专户来赴役，这样明政府每年可以从民户中得到大量的粮、布、绢、钱、钞，其他各种役户提供无数的劳动力，供皇族及各级政府役使，还为国家兴修大量的土木工程。因之，明政府在京师设有规模庞大的官营手工业，工匠由匠户充当，洪武时，聚集在南京的工匠人数，除住坐匠外，轮班匠每年约有十二三万人。至宣德时，“天下工匠，数倍祖宗之世”①。凡是手工业较为发达的州县，匠户的比例就大，如苏州府吴江县各色匠户达2700户，浙江嘉兴府匠户达5277户。工匠服役时，往往是“每户不问几丁，悉征在京。”② 如洪熙元年九月，严州石匠方真兄弟一家六人，全赴京供役，其中四人死于京师。③ 这些工匠在服役和赴京途中，都有官员严加管制，毫无自由，实质上处于半奴隶状态，如浙江平阳县工匠，“先是百工赴役京师，皆后期，工部下有司遣人送之，械系如罪人，有死于道者。”④ 这些工匠皆系世袭，父死子承，役皆永充。在京工匠由工部和内府各监局管理，凡皇帝和宫中生活所需的袍服鞋靴巾帽，乃至大便纸等，都依赖这些工匠生产，还有一些建筑工程所需原料及祭祀品、军器、军装

① 《明宣宗实录》卷三九。

② 陈建：《皇明从信录》卷一七。

③ 《明宣宗实录》卷九。

④ 王直：《抑庵文集》卷一〇《故山东左布政使万公墓志铭》。

等也由官手工业提供。更有户部和都司卫所属下的官手工业以及地方官府掌握的官手工业，最著名的如苏州和杭州染织局。这种庞大官手工业体系的存在，完全是为特权阶级服务的，使得消费量最大的宫廷和军队，不须依赖市场，便可得到满足。这样不仅大大挫伤了工匠的生产积极性，又可使民间手工业失去了巨大的商品市场，对生产力的提高和商品经济的发展，都造成了严重的障碍。明代役户承担的一切徭役，再加上民户承担的“均徭”，可以说明朝统治机构的运转全依赖徭役。这种户役制的确在巩固、维护明朝政权方面是起了一定的作用，但它毕竟是一种原始的低级的劳役制，在封建社会进入后期阶段，商品经济日益发展的趋势下，对于社会经济的发展所起的作用，必然是消极的。

其次，明朝实行“重农抑商”政策，主要内容：第一，严格控制商人的活动，利用路引严厉监督行商，凡商人外出贩运货物，必须身带官府签发的“商引”，供沿途巡检司验查。夜宿客店，也要在“店历”上登记姓名、人数、起程日月以及货物情况，供官府查照。[①] 又以严格的市籍制度，把坐商固定在城镇中。凡商人在城镇中开设店铺，必须取得市籍，定期向官府申报自己行业、资本、营业状况及盈利多少等，官府又派官员定期“校勘街市度量衡，稽牙侩物价”。凡城镇铺户的开业、歇业、迁徙、转行等变化，都要受到政府的束缚。朱元璋对经商者，管束更为严厉，规定：“无物引老者，虽引米老，无物可鬻，终日支吾者，坊厢村店拿捉赴官，治以游食，重则杀身，轻则黥窜化外。设若见此不拿，为他人所获，所安之处，本家邻里罪如之。”[②] 明代对这些“不务实”的从商者，治罪过重。本来，这种人并未对他人和朝廷有所侵害，够不上犯罪，即使比照当时法律中的“荒芜田地”条和“逸夫”条处理，也不过处杖罪而已，而朱元璋却加重为死刑，并要株连里甲四邻，迁徙边远，这样的刑罚实是过于酷滥。

第二，制定商税制度，限制商人取得厚利。商税是明朝政府抑制商人的一种重要手段，明成祖说：“商税者，国家以抑逐末之民”[③]。明建立后，设立征

① 《明会典》卷三五。
② 《御制大诰·续编·验商引物第五》。
③ 余继登：《典故纪闻》卷六。

收商税的机构：在府设税课司，在县设税课局，市镇设分司、分局；在水路交通关津设立竹木抽分局。全国有税课司局四百多处，税课司局的长官称大使、副使。各税课司局所收的商税，年终解送布政司，然后再由布政司送交京师承运等库，以备国用。明初，政府为了恢复社会经济，曾一度实行轻税免税政策。税分营业税和过境税两种：营业税（即商税），“凡商税三十税一”，又对书籍、笔墨、农具、瓜、菜、柿、枣、畜牧、饮食及嫁娶、丧葬之物、舟车、丝布之类，皆不征税。在关津渡口抽取过境税，主要征收实物。税率自十分抽一至三十分抽二不等，如杭州、芜湖、沙市，“凡竹木等物，每十分抽一分，南京龙江和大胜港，芦柴、茅草、稻草等三分抽一[①]；杉木、棕毛、黄藤等三十分取二。[②] 如商人逃税，遂即受刑，“凡客商匿税、及卖酒醋之家，不纳课程者，笞五十”[③]。

明初的商税政策至洪武末年，弊端已暴露出来，奸黠之徒开始侵夺商税，“既税于所产之地，又税于所过之津。”[④] 洪熙元年，宝钞的使用开始停滞，“凡有交易，俱要金银，以致钞不通行”，始以钞中盐，又增收市肆门摊课钞。宣德年间，为了促进宝钞流通，规定商人以钞纳门摊税，宣德四年，在全国“三十三府州县商贾所集之处，市镇店肆门摊税课，增旧五倍”[⑤]。又在“两京蔬果园不论官私种而鬻者，塌房、库房、店舍居商货者、骡驴车受雇装载者，悉令纳钞”[⑥]。同时，又在全国各地商贾辏集的关津，增设新的税收机构，以收钞为主，名曰“钞关”，大的钞关有七：杭州的北新关、无锡的浒墅关、江西的九江关、淮安的两淮关、扬州关、山东的临清关和顺天府的河西务。每个钞关“俱委本府通判等管理”，具体征收过往运载商货的车船税，规定“每船一百料，收钞一百贯”（即按运货商船船身长宽尺寸计算其装载量大小，征收税钞），后因商船估料有困难，改为按其船头尺寸长短征税，故又名梁头税，

① 《古今图书集成》卷二二三《食货典·杂税部》。
② 《诸司职掌》卷六工部·屯田。
③ 《明会典》卷一六四刑部六·律例五。
④ 《明史》卷一四七《解缙传》。
⑤ 《明宣宗实录》卷五〇。
⑥ 《明史》卷八一《食货志·商税》。

大约每五尺纳钞20贯550文、钱43文。若船过关，“隐匿及倚势不纳钞者，船没入官，犯人治罪。”[①] 以上情况都反映了商税日益加重，征税范围不断扩大，对于商品经济的发展造成了不利的影响。

第三，实行海禁，不许商人对外贸易。宋元时期，政府鼓励商人出海经商，所以海外贸易兴盛，明朝建立后一反常态，朱元璋严令“片板不许下海”，令民间“禁用番货番香”，“禁海外互市”。在陆上也禁止商人与周边各族进行互市，洪武九年五月，“禁秦蜀军民入西番互市”[②]，永乐时，禁绵布不许出境，“严边关茶禁”[③]。正统时，“禁外夷市铜铁器”[④]，“禁瓷器与外夷交易”[⑤]，至于硝黄、武器、铁锅及铁制农具等，都在禁止交易之列。这种封闭政策，对国内工商业的发展起了极不利的作用。明朝又在法律上规定了商人的社会地位，如洪武十九年规定：“市民不许为吏卒”[⑥]，三十四年严申“农家许着绸纱绢布，商贾之家止许着绢布，如农民之家但有一人为商贾者，亦不许着绸纱。”[⑦] 至宣德时期，明政府仍坚持这种“重农抑商”政策，朱瞻基认为这是“祖宗成法”，只要实行下去，就能“足以致富庶”[⑧]。看来，在当时商品经济发展的趋势下，明统治者对商人、商业在社会经济中所占的地位及其重要作用，仍没有正确的认识。

复次，再从明初的货币制度加以考察。明朝建立后，设局铸“洪武通宝”钱，并严禁私铸。洪武七年（1374）设宝钞提举司，次年发行“大明通行宝钞”，“每钞一贯，准钱千文，银一两；四贯准黄金一两”。宝钞发行后，禁民间不得以金银交易，准许宝钞与铜钱兼行流通，“百文以下止用钱”。严格规定政府收支全用钞，如“商税兼收钱钞，钱三钞七”[⑨]，田赋亦可交纳折色钞。

---

① 《明会典》卷三五户部二二《课程四·钞关》。
② 《大政记》卷三。
③ 《大政记》卷九《补遗》、卷八。
④ 《大政记》卷一三。
⑤ 《大政记》卷一四。
⑥ 《御制大诰续编》。
⑦ 田艺衡：《留青日札》卷二二《我朝服制》。
⑧ 《宣宗宝训》卷一。
⑨ 《明史》卷八一《食货五》。

洪武十八年（1385）又下令“天下有司官禄米皆给钞，二贯五百文准米一石”①。明代发行宝钞与元代不同，元初发行纸钞有金银或丝为钞本（储备金），而明代却无此贮备，发行额也没有限制，所以宝钞发行后钞价猛跌，洪武二十三年十月，两浙市民以钞1贯折铜钱250文②，币值下降了75%。四年以后，浙江、江西、闽广一带，钞1贯仅值钱160文③，贬值84%。实际上在经济较发达的沿海各地，仍是使用银，如浙江温州府在洪武二十四年“本府所属共收钞七百二十八锭四贯，易银七百八两八钱送纳，其后岁办，遂以为例。近虽禁使银，而商税鱼课仍征银。”④ 至洪武三十年三月，杭州诸郡商贾，不论货贵贱，一律以金银定价⑤。这说明在朱元璋统治的末年，宝钞的流通已发生停滞。至永乐时，颁布禁令，严禁使用金银，“犯者以奸恶论”。又以政权力量强行流通，让老百姓买盐、赎罪、商人交纳摊税、商税等，都要以钞交纳，结果仍是收效甚微。至宣德时，“民间交易，惟用金银，钞滞不行”⑥。甚至于民间交易往往采取以物易物的方式，多以布帛米麦交易，如在徽州的土地买卖中，更是以实物和银作价⑦。钞法日坏，至英宗正统元年（1436），明政府遂有田赋米麦折银之制，谓之“金花银”，从此明政府“弛用银之禁，朝野率皆用银，其小者乃用钱，惟折官俸用钞，钞壅不行。”⑧ 明前期发行宝钞，本意是便于民间交易，但明政府却违背发行货币的经济规律，既无贵金属或其他物品作“钞本”（准备金），又不控制发行量，更缺乏旧钞回收制度，结果导致币值下贬，流通阻滞，给商业的发展造成了很大的损失。

明朝前期，实行户役制度，从全国各地不仅征集了大量的人力、粮食及各种物料，又以“土贡”的形式征调来大量的名贵土特产及精美的手工艺品。这些物品聚集京师，就成为明政府的岁收。明政府的支出，对贵族、官员实行

---

① 《明史》卷八一《食货五》。
② 《明太祖实录》卷二〇五、二三四。
③ 《明太祖实录》卷二〇五、二三四。
④ 《明宣宗实录》卷八〇。
⑤ 《明太祖实录》卷二五一。
⑥ 《明史》卷八一《食货五》。
⑦ 中国社会科学院历史研究所整理《明清徽州社会经济资料丛编》第2辑。
⑧ 《明史》卷八一《食货五》。

供养制，配给以实物为主，兼支少量的钱与钞。“国家经费，莫大于禄饷”，规定诸王、公主岁供以及勋戚功臣的岁禄，还有百官的月俸等，支出皆以米为主，再搭配少量的钞、纻丝等。明政府的这种自给自足的、以实物为基础的财政收支制度，是典型的自然经济，几乎脱离市场，与货币的联系也是非常微弱的，这样就大大缩小了商品经济活动的范围，再加上“重农抑商”政策的推行以及货币制度的紊乱，很难使当时的商业得到正常的发展。

二、商业的恢复与发展

明朝前期，商品的市场十分窄狭，因为关系国计民生的重要商品，如盐、茶等实行专卖制度。明朝建立后，为了防御蒙古残存势力的南犯，在北部边防设置重镇，屯驻军队进行防守，后来形成了所谓“九边”。九边驻军的供应基本上依靠军屯，不足部分，通过开中法弥补。所谓开中法就是“召商输粮而与之盐”的办法，更具体的说，就是让商人到政府指定的边防军仓交纳粮食，换取盐引（户部发行的领盐证明书），每引200斤，然后凭引到盐场领取盐，再运至指定的销售区贩卖。这种盐的专卖制度开始于洪武三年（1370），本年六月，“山西行省言：大同粮储，自陵县长芦运至太和岭，路远费重，若令商人于大同仓入米一石，太原仓入米一石三斗者，给淮盐一引，引二百斤，商人鬻毕，即以原给引目，赴所在官司缴之，如此则输转之费省而军储之用充矣。从之。”[①] 十一月，“诏令商人输米北平府仓，每一石八斗，给淮、浙盐一引。”[②] 至洪武四年，这一制度在全国普遍推行，户部制定淮、浙、山东中盐之例，让商人输米临濠府仓、开封府及陈桥仓、襄阳府仓、安陆府仓、永州府及峡州仓、大同府仓、太原府仓、孟津县仓、北平府仓、河南府仓、西安府仓、陈州仓、通州仓等[③]。经过七八年的实践，效果不佳，原因是盐价贵，商人无利可图。因之，朱元璋于洪武十一年二月敕中书省曰：“朕初以边戍馈饷劳民，命商人纳粟，以淮浙盐偿之，盖欲足军食而省民力也。今既数年，所输

① 《明太祖实录》卷五三、五八。

② 《明太祖实录》卷五三、五八。

③ 《明太祖实录》卷六一、一一七。

甚薄，军饷不供。岂盐价太重，商人无利而然欤？尔中书其议减盐价，俾粟于西河、梅川，庶粮饷可给而内地之民省挽运之劳。”于是定拟凡输粟于凉州卫者，每盐1引，米2斗5升，梅川3斗5升，临洮府7斗，河州4斗。[①] 从此之后，开中制度就正式在全国推行。这是一种民制（盐由灶户煎煮，无出售权）、官收（由政府垄断专卖）、商贩（具有盐引的商人专卖）的一种制度，使明政府获得了大量的军粮，一方面大大缓解了政府的财政开支，另一方面也造就了一批大盐商。同时实施与此类相似的还有纳米中茶、纳铁中马、纳茶中马等。明朝前期，政府既垄断了盐、茶和部分铁的专卖权，必然缩小了商品市场，限制民间商业的发展。

据文献记载明代前期的商业状况是非常凋敝的，全国各地仍是自然经济占主导地位，农村中从事商业的人很少，商业利润极低，贸易大多数都是短途运贩。以宣德时北京昌平地区来说，商人“奔走负贩二三百里外，远或一月，近或十日而返，其获利厚者十二三，薄者十一，亦有尽丧其利者”，“计其终岁家居之日不一二焉”[②]。这反映了北方商业落后的情况。在福建的附山之郡，农民过着自给自足的生活，“凡可以养生送死者，皆不待外求”，几乎完全是自给自足的状态。其“乘势射利者亦鲜”[③]。在江西一些交通不方便地区的农民，凡是“奉口体者皆足”[④]，很少购买东西，完全生活在市场之外。这些现象都反映了从事商业的人是很少的。即使是农村偶然生产出大宗的商品，运到城市出售，也是困难重重。如宣德末年，河南邓州李贤的父亲，家有地千亩，每年种植棉花，丰收后运往湖湘间（大约是今天的武汉地区）出卖，结果“时价颇贱，停于邸舍越三月，适临江三商议值300两交易。”[⑤] 这说明湖湘地区的市场，也是利润低，货物滞销。当时全国各地经济发展水平也是不平衡的，南方一些省份的商业贸易，还是比较好的，如广东开建县，“县境多良田，富粳稌而又多大山，产竹木，至于薪炭茶纸之类，盖往往而有商贾之贸迁

① 《明太祖实录》卷六一、一一七。
② 《明宣宗实录》卷六四。
③ 王直：《抑庵文后集》卷二〇《送陆太守序》，卷一八《送郑知县之泰和序》。
④ 王直：《抑庵文后集》卷二〇《送陆太守序》，卷一八《送郑知县之泰和序》。
⑤ 《西园闻见录》卷一七《临财》。

取赢者，相蹑而往返。其民足于衣食，又有以通货财，既克遂其私，故不以事累官府。”该县工商业发达，所以“民足于衣食”，在广东有不少的州县都令人羡慕，“今岭南诸县，凡当道路之冲及珍怪出产之地，为人所向意者。”① 明朝前期，沿海的福建、广东地区，商业也是较为繁荣的，尤其是海外贸易发达的广东，因“地产白金、丹砂、水银、珠玑、玳瑁、钟乳诸物，可包可篚，又贾舶一至，则奇货交集，光耀眩人。”② “盖以境外即西南诸夷，珍异所出，得其物盈握，立可以致富，故人之冒险取利者，视死如假寐，虽伏欧刃者相踵，终不悔也。”③ 此地物产丰富，又有海外的珍异之物，商人来此贸易，容易致富，所以这里商业繁盛，商人云集，“国初于此设卫若所，大小七十余处”，以加强海防，又置宪臣以提督之，主要是征收商税。又如“福建去京师虽远，而号为富丽，盖地控诸番，番舶之往来海中者，常相接而货财之饶裕，物产之珍奇，他处罕能及之。”④ 在明初广东、福建的货物经常有商人运往京师，如洪武八年（1375）三月“南雄商人以货入京，至长淮关，吏留而税之，既阅月而货不售。商人谓于官，刑部议吏罪当纪过。”朱元璋“命杖其吏，追其俸以偿商人。”⑤ 由此可见，明统治者对于沿海地区与京师的商业贸易还是比较重视的。

在明朝前期，江西的商业颇为兴盛，因位于南北与东西水陆交通要道，各地货物交往都要经过此地，庾岭梅关是南北货物过往必经之路，“洪武初，亦因之而设小岭中站，递送官物，公私皆习而安之。”赣江是江西境内南北重要水道，沿岸出现了不少的商业城市，如赣州为江西南部的一大巨镇，闽广货物多集中于此，该地与广东的南雄府及福建的汀州府商业关系最为频繁。“汀州在闽为远郡，而与江西赣州境相接，予郡之人贸迁者多往焉。”⑥ 又如泰和县位于赣江沿岸，虽然城市规模不大，但商人活动范围却十分广阔。他们“转

① 王直：《抑庵文后集》卷二〇《送刘知县赴任序》。
② 吴俨：《吴文肃摘稿》卷四《送广东参议徐君之任序》。
③ 丘濬：《重编琼台稿》卷一一《送宪副徐君赴广东诗序》。
④ 王直：《抑庵文后集》卷一六《赠祝副使序》。
⑤ 《明太祖实录》卷九八。
⑥ 王直：《抑庵文后集》卷二〇《送陆太守序》。

货于江湖，贸鬻于市区，营什一之利，以养父母，育妻孥，而有自得之乐。”①抚州商人多去外地经商，也是全省经营商业人数最多的地方，所以政府发行商引也最多，“抚民多商，给繻（通行证）之钱，岁计累万。”② 江西商人在明代前期多活动在荆湖与河南地区，宣德时多在河南南阳府经营高利贷，正统年间，在邓州农村放贷，其利“不啻倍蓰”，农民“终岁勤勤，其所获焉，尽为贾人所有矣。”③ 江西商人在河南采取商业资本与高利贷资本相结合的形式，以榨取当地农民的血汗，积累财富。

社会的发展，物资的需求与交流，毕竟使商业逐渐冲破各种束缚和歧视，随着时间的推移逐步活跃起来。这一时期，在长江与运河沿岸也出现了许多商业城市，如湖广的刘家隔亦由居民十余家，逐渐发展成为一个大市镇，“刘家隔为汉川县……地卑下……我国初辟为通衢，人遂乐业，其始居民十数家。宣德、正统间，商贾占籍者亿万计，生齿日繁，贸迁益众，卒成巨镇。”④ 南直隶的安庆也是明朝前期长江沿岸的一个重要商业城市，“安庆古舒州之城，其地滨大江，密近京邑，而当黔蜀荆湘交广豫章之会，盖天下之重镇也。”⑤ “兵民杂揉，四方大夫士及商旅，贸迁多留寓其处，城南门外濒江为市，上下十数里最号繁富。”⑥ 永乐年间，疏通运河，使南北交通的大动脉畅通无阻，至宣德时，南方有许多城市的商业也相当兴盛，最有名的是杭州，该地早在元末明初就出现了带有资本主义性质的丝织业手工工场，城市规模也较大，“天下之郡百数十，而杭最有名，盖湖山之秀，民庶之繁，室屋之华丽，商贾之所辐辏，四方物货之所居积，天下莫盛焉。”⑦ 小的市镇如昆山县的陆家浜市，“创于宣德初年，客商货物，咸自他郡而来，颇繁华。”⑧ 常熟县的沙头市，“居民

① 王直：《王抑庵集》卷一八《送郑知县之泰和序》。
② 李贤：《古穰集》卷一六《通议大夫大理寺卿王公墓表》。
③ 李贤：《古穰集》卷九《吾乡说》。
④ 嘉靖《汉阳府志》卷七《创置志》。
⑤ 王直：《抑庵文后集》卷一《进思堂记》。
⑥ 王直：《抑庵文集》卷一〇《黄公有恒墓志铭》。
⑦ 王直：《王抑庵集》卷二五《赠陈知州序》。
⑧ 万历《昆山县志》卷一《市镇》。

可二千家，中有甃衢，邑之巨镇也。”[①] 至于运河沿岸的淮安、济宁、东昌、临清、德州、直沽等地，更是四方商贩所集，北京也是“百货倍往时”，其他如南京、扬州、苏州等地，都在自己原有的基础上已发展成为著名的商业和手工业城市，至宣德时，河西务、临清、浒墅、九江、杭州、淮安、扬州的税收钞、商税，都大幅度增加，其中以临清增加为最多，年征收本色钞1260万余贯，钱2520万余文，折色船料商税正余银83800余两。[②]

就明代前期而论，从全国的商业发展状况来看，仍是一个不景气的局面，这可以从税收方面得到说明。洪武时全国有税课司局400多处，而岁收课额米不及500石者，凡360有4，超过500石者仅有30多处[③]。这反映出商业的迟滞情景。本来洪武时期也是正处在社会经济恢复的阶段，出现商业萧条现象与其思想政策相关。以后又发生“靖难”之变，使北方广大地区遭受严重破坏，便拖长了社会经济恢复的时间。熙宣时期，社会经济有了较大的发展，商业也有了一定的起色，但由于明政府仍推行一系列不利于工商业发展的政策，根本上解决不了市场的需要、商人减少的问题，结果使明朝前期成为我国宋元以来商品经济发展的一个逆转时期。

三、南京商业的兴盛

明初，朱元璋建都南京，动用许多人力进行大规模的扩建工程，因之此地遂成为全国的政治、军事中心，随着经济的兴起也成为全国最发达的商业城市。

明初南京的商业区是实行铺户当行制。这一制度扼要的说，就是要求同行业的商人集中设店，并每年轮流承担政府的采购任务。当时南京城内的十二廊是铺户集中的地区，其中有花铺、鼓铺、肩铺、床铺、麻铺、裱褙、手帕、包头、香腊、生药、纸铺、故衣[④]。这种铺行聚居的形成，是朱元璋精心设计的，让商人同行集中设店，按户编排，轮流承担差役，保证明政府的买办。顾

---

① 嘉靖《常熟县志》卷二《市镇》。

② 《明会典》卷三五《钞关》。

③ 《明太祖实录》卷一二九。

④ 《南畿志》卷四《郡县志·应天府》。

起元说："盖国初建立街巷，百工货物买卖各有区肆……如织绵坊、颜料坊、毡匠坊等。"[①] 万历时曾任过上元知县的沈榜对明初南京的当行制作了考察，他说："盖铺居之民，各行不同，因以名之。国初悉城内外居民，因其里巷多少，编为排甲，而以其所业所货注之籍。遇各衙门有大典礼，则按籍给值役使，而互易之，其名曰行户。或一排之中，一行之物，总以一人答应，岁终践更，其名曰当行。"[②] 这些行户应役买办，供应明政府中的部、院、寺、司、府、县的所需物品，几乎包括市场上流通的一切商品，若铺户稍有反抗，势必要遭到严厉处罚。如永乐十三年（1415），户部尚书夏原吉宣旨道："那军家每（们）既在街市开张铺面做买卖，官府要些物料，他怎么不肯买办？恁户部行文书去，着应大府知道，若有买办，但是开张铺面之家，不论军民人等，一体着他买办，敢有违了的，拿来不饶！钦此。"[③] 明初以重典治国，实行严刑峻法，对于商人的违法，当然也不例外。

南京商人，虽承担了政府的各种买办，蒙受一部分损失，但明初政府执法很严，胥吏之徒还不敢"措那需索"，尚未出现"亏抑之苦"，商人只要"各行自以物输于官，而官给其值，未遽为厉也。"除此负担之外，商人仍可自行贸易，获得利润。而且朱元璋为了保证明政府的物料采办，也给南京商人创造了许多方便的条件，首先在南京建立塌房，"初，京师辐辏，军民居室皆官所给，连廊栉比，无复隙地。驵侩之徒，从而持其价，高低悉听断于彼，商人病之。上知其然，（洪武二十四年八月）遂命工部于三山等门外濒水处，为屋数十楹，名曰塌房。商人至者，俾悉贮货其中，既纳其税，从其自相贸易。驵侩无所与，商旅称便。"[④] 这既保证了明政府的商税收入，又免除牙行对商人的勒索。其次，朱元璋又为商人建造了酒楼及娱乐场所，曾先后在江东门、三山门、聚宝门及三山街等重要交通要道上建立13座酒楼，其规模"皆六楹，高基重檐，栋宇宏敞"[⑤]，成为四方"客旅游乐憩息之所"，后又建立"富乐院于

---

① 《客座赘语》卷一《市井》。
② 《宛署杂记》卷一三《铺行》。
③ 正德《江宁县志》卷三《铺行》引。
④ 《明太祖实录》卷二一一。
⑤ 正德《江宁县志》卷六《楼阁》。

乾道桥”，“禁文武官及舍人不许入院，止容商贾出入院内。”① 结果的确招徕了众多的外来商贩，促进本地商业的兴盛。

南京的市集贸易十分发达，各种货物都有固定的市场，多数座落在居民出入的城门附近，如三山街是“时果所聚”，新桥市是“鱼菜所聚”，北门桥市则“多卖鸡鹅鱼菜等物”，内桥市则“聚卖羊只牲口”。位处交通方便的沿江沿河地带的来宾街市和龙街市为“竹木柴薪等物所聚”，江东市则“多聚客商船只米麦货物”，六畜场“买卖马牛驴骡猪羊鸡鹅等畜”，上中下塌房是“买卖缎匹布帛茶盐纸线等物”，草鞋夹则“屯集桅木”②。明初南京的商品贸易额非常高，洪武年间南京各税课司的税收总额达3788197贯，比商业兴盛的万历年间的1985079贯③，还多1803118贯。明初的南京，其市场繁荣的情况，诚如嘉靖时期的江宁人朱光所形容的那样，他说：“京邑冠于八瀛。门通十二，列肆轰绀；直道长廊，通衢设楹；结角钩隅，周墉屯营。廊九市以开廛，经九轨以来轶：建宾馆以周坊，布闾阎而近闬；会日中以化居，贸刀布而剂平……万艘云趋，千廪积粮；贡琛浮舫，既富且强……荆江之粟如云，吴浙之秔如雾。舳舻载之，蔽江而赴；舸舫输之，溯流而聚。鲜集潮汐，互市迷渡……宝藏东山之府，锦积姑苏之库。其贡献则铜水银，胶漆丹青，瑶琨砥砺，玛瑙水晶，琉璃颇沙，珊瑚荧荧，火齐之宝，避寒之珍，贝石琅玕，素至南金，鲛人织绡，渊客珠琛，包匦青茅，尺龟献祯，流黄缥碧，隐赈充庭，羽毛齿革，升越簟藤，琥瑁鹤顶，玫瑰珣璒，砗磲磊珂，琥珀空青，六和顾之而骇，隋侯敛其照乘。”④ 从这些千态万状的商品来看，全系奇珍异宝，玛瑙、琉璃、珊瑚、琥珀、玳瑁、鹤顶等等，都是专供皇室和贵族享用的奢侈品和观赏物。这些物品充塞市场，也反映了明初南京商业的特色。

明初的南京，由于皇室、勋贵、大臣、武将、官僚麇集，生活奢靡，消费浩大，因之此地也成为全国的消费中心。虽说该地是“工巧之所萃”，又有“征输之所入”，从全国农民那里征收来了大量的粮食和布、帛等物品，仍满

---

① 《客座赘语》卷六《立院》。
② 陈沂：《洪武京城图志》。
③ 《明会典》卷四二《南京户部·内库课钞》。
④ 朱光：《两京赋》，见康熙《江宁县志》卷一四《艺文志》下。

足不了这些人的奢侈欲望，还需依赖商贾的贸迁，从各地搜集珍贵的奇珍异宝，通过货船货车，络绎不绝地运往南京，投入市场，供他们选购，就这样形成了南京商业的繁盛，所以说明初南京商业的繁华主要是建立在明朝贵族及官僚的消费基础之上的。因之，明初南京商业的发达是带有浓厚的消费性商业城市的色彩，也可以说南京是一个畸形发展的商业城市。

第二节　明中期商业的活跃

正统至嘉靖前期的百年间，正是明王朝由盛转衰的阶段。在此期间，封建的政治和吏治走向衰败与腐朽，不断地阻碍着和蚕食着社会经济的肌体，然而商品货币经济却在不利的矛盾之中顽强地得到了发展。这主要表现在商品种类的增加和流通范围的扩大。同时，商业也有了较大的变化。如商人经营内容更为广泛及全国范围内的市镇商业兴起。

一、商业的发展

明中期，国内不少地方的生产结构已发生了较大的变化，农民因地制宜，进行多种经营。除农业外，还生产手工业原料，或为满足市场需要而进行各种生产，更有人从事运输业和经营商业，如山东临朐县居民所经营的各种业务：

> 临朐民勤耕农，务蚕织作绸绢，山居民或拾山茧作绸。……亦颇种棉花为布，西南乡以果树致饶益，多麦收者好造曲交易以为利。亦或养蜂收蜜。怀资者或挚其土之所有，走江南回易以生殖，或贩鱼盐。其西南山社无业者，或伐木烧炭，烧石作灰，陶土作器，负贩以给徭役。近社之贫者，大抵以菜为业，又或织苇若秫为席薄，或编荆为筐筥，以供衣食。饼师、酒户则鳞次于市，鲜不勤者。古称通工商之便，鱼盐之利，至今为近之。①

浙江太平县，居民的经营范围十分广泛，各种行业具备，其中对农产品的

① 嘉靖《临朐县志》,《风土志》。

加工和对自然资源的利用，尤为突出。

民业……今志之可著，则有业于农者：或田而稼，或圃而蔬，或水而渔，或山而樵，或畲而种植，或操舟于河，或取灰于海，或为版筑，或为佣工，各食其力，而无或惰焉。业于工者：八都长屿石仓山有攻石之工，二十二都梅溪有攻木之工，又概县有竹工、皮工、染工，有缝衣之工，有捆屦织席之工，率不甚精。远而业于商者：或商于广，或商于闽，或商于苏杭，或商留都，嵊县以上载于舟，新昌以下率负担运于陆，由闽广来者间用海舶。近而业于贾者：或货食盐，率至中津桥阅税云；或货米谷，毋敢越境；或货材木，率于黄岩西乡诸山，近年有至温州闽中者；或货海鱼者，率用海舶在附近海洋网取黄鱼为鲞，散鬻于各地，颇有羡利；又有以扈箔取者，皆杂鱼，厥利其次。货海错者，率在海涂负担鬻于县境诸民家。其次则屠酤，亦有利，按官法禁屠牛，即有牛合屠者，亦必告诸官归皮角筋骨云。惟屠豕自城市及乡村率有之，一家之利常十之二。酤在宋元时有榷税，今免焉。大率用糯米五斗曲一斗造酒一坛，燔而熟之，越岁不败为老酒。用糯米二斗曲五升造酒一坛，随时食用为时酒。又有金酒，则以面为曲；绿豆酒，以豆为曲；菊花酒，以乾菊花为曲，其制率如老酒，而味加美。计其所得，糟截足以偿酒工及薪樵，而酒之利率十之四五云。又其次有货杂物，肆其居者比比不能尽著。此外又有业医、业巫、业星命、业卜筮、业僧道之流。乃若业儒而为士，不过数十家而已。

……吾邑地狭土瘠，即不能千，然而种植亦各有宜，其近山地宜种榛栗木绵，近海地宜种柑桔及桃，近溪地宜种松，人家旁隙地宜种桑，其墙下宜种棕，城市镇地宜种姜韭，以买者多，园圃宜种果瓜菘芥蓝。它可类推。[①]

河南尉氏县的产业结构变化，主要表现是操工商业的人数日益增多。

工有陶工，有缝衣絮衣之工，又有麦帽、麻鞋、线屦、柳斗、簸

① 嘉靖《太平县志》卷三《食货志·民业》。

箕、织布、结网、熬糖、织苇席、织薄子之工，其攻金石者则间有之，为商者甚少，每月遇日赶集，间有贩竹木于万村河上者，亦有贩粮食、棉花、棉布、靛、碱于颖州溜上者，若贩油于市师，止有一二家，亦不能常。此外又有假贷以取息者，有骡驴以代步者，有大车以运载者，有小车以近贩者，有以鼙为卜为巫祝为僧道者，皆欲贸易，乞求以谋生，亦其常业也。①

以上各县都是在经济上变化较大的地方，主要变化归纳如下：在农业上出现了多种经营，产品大多商品化提供市场；不少手工业者已脱离农业，从事专一产品生产；商人经营内容更为广泛，有的开设店铺，有的列市摆摊，有的从事近地贩运，更有到外省从事长途贩运。这些现象的出现，都反映了商品经济对封建自然经济的冲击。

这一时期，商品经济有了显著的发展，投入市场的商品种类大增，如苏、杭织造的纱罗、彩缎，“近年（成化）天下风俗奢侈，僭用加前百倍”，以致供不应求，质量下降。② 弘治时，淮安所制造之面麹（曲），岁用麦“毋虑百万”，远销各地。③ 至正德时，苏州为全国市场提供了大量的商品：帛之属有七种，锦、纻丝、罗、纱、绫、绢、绸。这些产品质量好，“五色眩耀”，“四方皆尚之”，各地“公私集办于此”。布之属有八种，木棉布、药斑布、苎布、缣丝布、棋花布、斜纹布、麻布、黄草布。其中有不少品种，质优“通行天下”。还有日常器用之属有十种，笺、兔毫笔、纱巾、扇骨、席、藤枕、柳箱、蒲鞋、灯、纱、帽胎。其中以席，盛销各地，“出虎丘者佳，其次出浒墅，或染色相间，织成花草人物，为帘或坐席，又有一种阔经者，出浦里。”④ 松江布早已驰名全国，成化时，此地织造的赭黄、大红、真紫等色，龙凤、斗牛、麒麟等纹布，有“一匹费百金者”，可抵“文绮十匹价也。”⑤ 至正德时，由于松江布“切于实用”，受到人民的欢迎，所以销路广，“衣被天下，虽苏

---

① 嘉靖《尉氏县志》卷一《民业》。

② 《皇明条法事类纂》卷二二《军民之家服饰不许违禁例》。

③ 丘浚：《大学衍义补》卷三〇《制国用·征榷之课》。

④ 正德《姑苏志》卷一四《土产》。

⑤ 汤遯厈：《明朝宫闱秘史》卷二《松江布》。

杭不及也”，该地所产布的种类多达 15 种：有三纱木棉布、番布、兼丝布(以白苎或黄草兼丝为原料)、苎布、黄草布、麻布、药斑布、金山布、线绫、锦、只孙、纱、纻丝、紫白锦、织衲。[①] 此地又盛产“线绫、三梭布、漆纱方巾、剪绒毯，皆为天下第一，梅花灯笼、拨罗绣，亦他方所无。”松江人精于纺织业，“纺织不止乡落，虽城中亦然，里媪晨抱纱入市易木棉以归，明旦复抱纱以出，无顷刻间织者率日成一匹。有通宵不寐者，田家收获输官偿息外，未卒岁室庐已空，其衣食全赖此。”[②] 这时的松江府人民不仅为全国提供大量的棉布，又给边防军队供应了军衣。总之，明中期投入市场的商品种类极为繁多，《明会典》卷 35 记载，景泰二年（1451），大兴、宛平二县的“收税则例”所载物品，据不完全统计，大约有 230 种以上。正德时，南京地区的江宁县，有经营不同商品的铺行，可达 104 种。[③] 在当时投入市场的商品中，大多数是与人民生活有关的商品，这说明生活用品已成为商品流通中的主要货物，这反映了明中期广大农民与市场经济联系的进一步加强。

商品流通范围更为扩大。在全国流通的商品不仅有苏、杭的丝织品和松江的棉布，还有许多地方的各种产品，也要求扩大销售范围，如福建惠安县所“出细白布，通商贾，辇货之境外，几遍天下。”[④] 其他又有福建莆田县生产的青麻布，“商货转贩他方亦广。”[⑤] 再如江苏常熟县是个粮棉产地，弘治时“凡高乡皆种棉花，工纺织为布，贸之以资生业。”[⑥] 至嘉靖时，该地的粮布皆运销外地，“常熟虽僻远，其食与货常给乎外境，每岁杭越徽衢之贾，皆问籴于邑，其人弗至，则食之价平矣。至于货布用之邑者有限，而捆载舟输行贾于鲁之境，常什六。”[⑦] 江西景德镇的瓷器，“自燕而北，南交趾，东际海，西被蜀，无所不至。”[⑧] 南京的丝织品还销往国外，如成化十三年，南京有机户私

① 正德《松江府志》卷五《土产》。
② 正德《松江府志》卷四《风俗》。
③ 正德《江宁县志》卷三《铺行》。
④ 嘉靖《惠安县志》卷四《风俗》。
⑤ 弘治《兴化府志》卷一二《货殖志》。
⑥ 弘治《常熟县志》卷一《土产》。
⑦ 嘉靖《常熟县志》卷四《食货志》。
⑧ 嘉靖《江西省大志》卷七。

自承揽织造暹罗国的帏幔、缎疋等300余疋[①]。有许多地方为了适应扩大商品流通，便利商人运货，于是修建石桥，如成化时，河南“许州西北有镇曰石固，聚居贸易，既繁且丰，不啻一大县。然西通密县诸山，山出泉流为河，经其地而东，春夏之交，水势冲漫不可渡，秋冬亦病涉焉。有议为石梁者，计其费曰必千金，计其役必曰非千夫不可，皆相顾变色，莫敢先倡。”义官吴芳应之，动工于成化丁酉（十三年）之春，讫工于弘治己酉（二年）之秋，“完固壮伟，四方之人，车而载者，马而驱者，徒而负，且携者，皆若坦途焉。”[②]尤其是在南北的水陆交通要道上，筑路修桥对商品流通所起的作用更大，如成化时修筑的苏州浒墅镇的普恩桥，就解决了长期南北交通不便的问题。“浒墅在苏州西北境上，其民际水而居，农贾杂处，为吴中一大镇。自景泰间，朝廷置榷司于此，自楫停集、居民益繁。贸易往来，有限于官河，皆称不便。成化初，虽尝作桥，以免济渡，而南北辽绝，人迹折旋，犹以为不便也。”故重造普恩桥，[③] 宽而广之，大大便利了南北商业的运输。又如大庾岭为广东与内地货物交流必经之道，长期困扰于“路险隘”，运输不便。至成化时，南安府知府张弼为了适应南北货物交流的增长，便加工修筑了这段道路。“（遂）取商税僦工辟，使宽平之，架桥甃石二十里，以便行者。”[④] 从此之后，南北货物交流畅通无阻。发展交通，也是商品流通范围扩大的一个重要表现。

随着商业的发展，明政府对商税的征收也相应地增加，例如北京的商税，英宗时规定“每季缎铺纳钞一百二十贯，油磨糖机粉茶食木植剪裁绣作等铺三十六贯，余悉量货物取息及工艺受直多寡取税。”[⑤] 正统九年（1444），“王佐掌户部，置彰仪门官房，收商税课钞，复设直省税课司官，征榷渐繁矣。”[⑥]至景泰二年（1451），正式颁布“收税则例”，具体规定，大约300多种物品的征收额，“其余估计未尽物货，俱照价值相等则例收纳。”[⑦] 这样就扩大了征

① 王恕：《太师王端毅公奏议》卷四《恭奏南京经纪私与番使织造违禁纻丝奏状》。
② 邵宝：《容春堂前集》卷一一《石固五梁记》。
③ 正德《姑苏志》卷一九《桥梁》上。
④ 正德《松江府志》卷二九《人物三·张弼》。
⑤ 《续文献通考》卷一八《征榷考》一《征商》。
⑥ 《明史》卷八一《食货·商税》。
⑦ 《明会典》卷三五《商税》。

税面，商税也随之增加，如“庆元县岁办课钞，今比洪武中分办之数增至十五倍。”[①] 成化年间，因“京库岁用钞不足”，遂派征税官员赴各地，增设税课机构，扩大征收商税，“太平芜湖、荆州沙市、杭州税课，旧无抽分官，成化七年（三月），工部尚书王复始请添部属三员，分往抽分竹木，变银为营缮费。年所得仅千两，后至者以多得为能，至万余两。”[②] 同年十月，“复设四川叙州府富顺县税课局。本局先以课钞不及万贯，裁革。近年居民稠密，商货稍多，户部故请复设，以收商税。”[③] 商税的增长，以南京每年课额来说，“新河钞关，在皇城之西，大江之东，南而川广闽越，北而燕齐陕汴，凡物货之待价，商贾之射利毕集……凡贾舟之来，必先报税，方许贸易，课额岁不下数百万。”[④] 据不完全统计，弘治时全国商税共46180090贯，至嘉靖时增至52068109贯。以上情况，说明商税的增长，也是反映了商品数量的增加和市场交易的繁荣。

二、市镇商业的兴起

随着商品经济的发展以及农产品的商品化，于是各地市镇普遍兴起。除了江南地区有许多市镇兴起外，在内地的一些商业市镇也大量崛起，如沿长江的刘家隔，至景泰时，在原有的基础上，已发展到“常有人四五万居住，中间刁泼者数多，俱是江西等处无籍之人”，这时于谦曾乞敕设立一卫，以维持社会秩序。[⑤] 又有位于南直隶长江北岸的瓜洲镇，是长江南北的交通渡口，商业十分发达，“镇南临大江，北距扬州府治四十五里，隶江都县，其镇有五里正，烟火几两千家，士笃于行，女安其室，淳厚之风蕴然。旧有上中下三马头，皆可济渡。又有十椇车往来之，舟小者由京口，大者由孟渎，而悉达于闽浙诸处，实乃江淮之要津也。”[⑥] 淮河流域寿州的正阳镇，是个商业兴盛的大

---

① 《明英宗实录》卷一九四《景泰附录》一二。
② 余继登：《典故纪闻》卷一五。
③ 《明宪宗实录》卷八九。
④ 郑纪：《东园文集》卷六《新河钞关浮桥记》。
⑤ 于谦：《忠肃集》卷五《杂行类》。
⑥ 王恕：《王端毅公文集》卷一《重修江海潮庙祠记》。

镇，“正阳镇在寿州南六十里，淮水自桐柏来，直走其西，人家负水而居，几十千户，舟楫所通，四方商贾，无有远迩毕会于此。货物之委积，精粗美恶，交易而后退，惟人物曼丽，惟声伎繁，惟居室美好，惟服食器用侈于昔，由淮西望之，帆樯林立，屋瓦栉比，烟火云接，南北数里，连络如绣，盖中都第一镇云。”① 在北方沿卫河也出现了不少的市镇，如河南省的新乡县，位于卫河南岸，具有水路之便，又是南北陆路交通要道，成为豫北的重要商业城镇，在贸易方面，集市连日不断，该县城厢主要有“弦歌街集、崇化街集、安仁街集、匝恩关集、乐水关集，每日一集，周而复始。”其中“乐水关在县北门外，卫河南岸，以水路通便，故商贾蚁附，物货山集，目今最为繁广。”② 另一个卫河沿岸的商镇，是直隶故城县的郑家口镇，该镇早在弘治时就具有一定的规模，商业兴盛，四方商人云集，“吾邑西南有镇市曰郑家口，前临卫河，接南北水陆通衢，居民殷富，商估丛集，四方货利及远地难致诸珍异，舟涉舆载，率于此驻泊，故居此者，比他镇生计颇饶。然地虽故城属，而不皆故城人也，悍而秦晋，黠而齐鲁，狡而吴越，巧佞而韩梁魏博，有所挟而勋戚校卒貂珰，厕养混处，闰鸣鸱蹲虎踞，横于市，藐于法，以干没攫取于利区，呼稽不前，征需不应，故比他镇为难治……故长兹镇比其他镇，恒多罹罪。”③ 明代关中地区商业最繁荣的城市是三原县，位于八百里秦川的中心，明代成化年间已发展成为一个具有相当规模的商业城市，该县城青河贯穿其中，形成南北二城，各种货物有固定的专卖市场20个④。此地不但是关中和陕西的商业中心，也是东南和西北两大地区货物交流的枢纽地，苏杭的丝绸、松江的棉布多集中于此，然后再流转西北各地，所谓“凡四方及诸边服用，率求给于此。”⑤ 同时西北的各种药材、毛皮等特产，也是由商人收集于此，经过加工精制后，再转运远销东南沿海各地，所以此地商铺多属布庄、药材行。在当时的西北地区来说，商业兴盛，各地商贩往来，“贾人所聚”，则“三原为最”。明代中期，

① 王九思：《美陂集》卷一〇《寿州正阳镇新修河渠记》。
② 正德《新乡县志》卷一《关厢》。
③ 孙绪：《沙溪集》卷一《赠李从周序》。
④ 成化《重修三原县志》卷一《市镇》。
⑤ 马理：《溪田文集》卷三《明三原创修新城记》。

河南省的社会经济已得到了恢复，发展的势头也较快，许多地方的商业也都有了显著的变化，“居民千余家，商贾辐辏”的市镇已为数不少，如裕州的商业发展很快，吸收了各种人来此贸易，所以于谦主张在此设卫筑城，来维持社会秩序，“裕州多有各处人民在彼买卖，中间恐有逃军、囚、匠人等潜住，乞敕兵部计议，设立一卫，筑立城池，镇守关防。”① 商业的发展，还表现在市集的兴起，当时河南境内许多县都具有数十个定期市集，如“固始县，吴楚交会，淮汝辐辏，民繁货殖，水陆转输，藉贸易以利民，资农末以通变，是故货聚有集，民趋为市焉，处凡三十七。”② 据统计内乡县有市集27个，邓州有市集50个，其中有的市集期数，还在不断增加，一般的说都是十日一集，有的竟达五日一集。又如浙川县白亭店每月可达九集，差不多是平均三日一集，更有些商业发达的地区，可以说每天都是市，如邓州的宽埠口店，因地处丹江之东，“界三者之间，舟车四通，商贾交至，日为常市。”③

明中期商人利用各种机会开拓市场，促进商品销售，这时借庙会推销货物的形式已出现了，如直隶的广平府，“庙之会，国初未有，自正德之初，始有此俗，先期货物累集，酒肆罗列，男女入庙烧香，以求福利。无赖之徒云集，乘机赌博，甚至斗杀淫盗，争讼由之起。如永年之娘娘庙，肥乡之赵王庙，曲周之龙王庙尤甚。”④ 这种庙会既方便群众的采购，又沟通了生产者与消费者之间的联系以及一定范围和地区之间的物资交流，更反映了社会物质生产的提高和农工产品的商品化成分增多，从而使封建市场经济趋于兴盛，并从整体上提高了商品经济发展的力度。

三、统治阶级的横征暴敛

社会物质财富的积累，生活资料消费品商品化含量的增加，不断刺激了统治阶级的贪欲，使社会风气趋于奢靡，统治者更加腐败堕落了。“衣服、首饰、房屋之制、婚姻、祭葬、宴会之仪，穷极奢侈”，为了满足这些人的欲

① 于谦：《忠肃集》卷五《杂行类》。
② 嘉靖《固始县志》卷三《集市》。
③ 嘉靖《邓州志》卷八《舆地志》。
④ 嘉靖《广平府志》卷一六《风俗志》。

望，明统治者便把政府一部分征收商税的权力赐予藩府。成化二十二年四月，“以汉阳府刘家隔税课局课钞给襄王三年，时局钞岁办三万五百余贯”，至弘治时，赐予数量更多，据《孝宗实录》记载赐予诸王的税课司如下：

弘治六年正月　赐岐王汉阳府刘家隔税课司课钞。

弘治六年四月　赐德王济南府（岁）税课之半。

弘治六年四月　赐兴王安陆州赤马、野渚湖河泊所课钞。

弘治六年十一月　赐益王江西清江镇税课局岁课。

弘治九年四月　赐岐王湖广孝感县东仑河泊所岁课。同年十二月，周王同镳世子安潢私夺开封府税课司，主其税收。

弘治十一年六月　赐寿王重庆及泸州二税课司岁课二万贯。

弘治十六年六月　赐汝王卫辉府所属税课三分之一。

至正德时，藩王乞赐范围更为扩大，有的人竟要求征收政府开炉所铸造的铜币。正德二年（1507）八月，赐靖江王桂林府税课司三季钞料[①]。十月赐衡王青州府税课局钞[②]。十一月“吉府奏乞衡州府蒸湘、水利、锡坑、湖塘等处钱货，工部覆奏许之。又乞湘潭县商税，户部覆奏如宪庙旨，听王收用三年。”[③] 至嘉靖时，仍屡赐不止。藩王还私设抽分厂拦截百货，其他皇族也竞相“各处开店罔利”，榷敛商货，“科私税”。

明中期对商业破坏最严重的要算是皇店。正德八年四月，明朝始设皇店，在京的店有六个：宝和、和远、顺宁、福德、福吉、宝延，经营北京九门客商贩来杂货，进行抽税，提督太监之厅廨在宝和店，俱坐落戍府街。在外皇店，遍及张家湾、卢沟桥、河西务、临清、大同、宣府、山海关、广宁、辽阳等地。皇店中的宦官“拦截商贾，横征多科”，“打死人命，靡所不为。”正德后期，“凡桥梁、道路、关津有利处所，私自添设无名抽取数多，甚为民害”。正德十二年四月，六科都给事中石天柱等言：“数年来皇店之设，商贾苦于科索，小民艰于贸易，以故诸货不至，物价腾踊，陛下所得之利甚微，而军民所

---

① 《明武宗实录》卷二九、三一。
② 《明武宗实录》卷二九、三一。
③ 《明武宗实录》卷三二、一四八。

被之祸甚众。”[1] 这些太监在临清、张家湾、芦沟桥、宣大等处市集，“皆设巡逻，负贩小物，无不索钱，官员行李，亦开囊检视，莫敢谁何！”[2] “每岁额由八万外，皆余己有，创寺置庄，动数十万，暴殄奢侈，乃前此所未有者。”[3]

明代中期，插手商业勒索的人，还有勋戚、权贵、势要之家。这些人凭借政治特权，胡作非为，侵占商利。成化时权贵之家，“多在京、通州、张家湾等处，修造市肆，邀留商货，与民争利”。更甚者，是一些“北方豪强，多据河津要处，以舟摆渡，规利。”所以成化二十一年（1485）正月禁止这些人侵犯商人利益，下诏曰：“勋戚势要之家，不许霸占关厢、渡口、桥梁、水陂及开设铺店，贩卖钞贯，抽要柴草，勒措摆渡，牙保水利等钱，侵害小民，违者许巡城巡按并该地方官员提拏参奏。”[4] 这一禁令只是具文而已，并没有起到扼制作用。弘治九年（1496）九月，六部都察院等衙门尚书屠滽等上言：“勋戚之家不能恪遵先诏，仰体圣心，纵命家人开设店肆，邀截商人货物，自都城内外坊市及张家湾、河西务等处一切民利，悉侵夺之。臣等伏睹永乐间榜例，王公之家仆从不过二十人，一品不过十二人；今勋戚家人多者以百数，乖违旧制，殊非所宜。其间多有市井无赖乘机附势，冒名以觅利者。然利散于群小，怨归于一身，非计之得也。”[5] 至正德时，刘瑾专政，多差太监“以备犒夷之费”，或“折银解边”以供军之名，大肆抽分，遂税及柴、炭、鱼、菜，民不堪其扰，以致客商嗟怨，如镇守辽东太监朱秀于山海关外八里铺，立官店，凡过往车辆，一车必抽银一两[6]，致使许多商人裹足不前。

明代中期，各地出现了许多豪商、光棍喇唬、无赖之徒，私通官府，霸占市场，也给商人、商业流通制造了妨碍。在江西有种光棍喇唬，不务正业，在市场上用多种手法诈骗商人。林俊对这种人采用的种种手法，进行淋漓尽致地揭露。

访得江西商民辐辏，军校淆杂，有等光棍喇唬，专一生事害人，

---

① 《明武宗实录》卷三二、一四八。
② 《明武宗实录》卷一〇八、一九七。
③ 《明武宗实录》卷一〇八、一九七。
④ 《明宪宗实录》卷二六〇。
⑤ 《明孝宗实录》卷一一七。
⑥ 《明武宗实录》卷一三。

如蓼州等处牙行经纪，结党合群，得过者把持行市，故阻客货，贱揽而贵卖，名曰屯船。贫难者哄弄孤客，故寻事端，掇等而混货，名曰签大会。串同铺家瞒骗客钱，名曰打夹帐。倾银匠上梅刮锡，名曰画丝。抵搭沉铅灌铜，名曰包皮吊角。校尉强买货物，包取脚钱，把持河岸，名曰把头。军快指以巡逻，私通盗贼，诈害平人，名曰绰露水。在途争斗，群凶助打，名曰傍不忿。提买货物，抵换原银，名曰撮包子。秤尾抹胶黏带碎银，名曰黏乾鹊。铺行船东，粜卖米谷，手爮斗斛，名曰打鸡窝。私结盗贼，贱买赃物，名曰接短头。遭风失火，抢搬财物，名曰趁哄打劫。指称衙门诓诈，名曰撞太岁……①

杭州有一种作无本生意的人，拆东补西，左来右去，欺骗商人，从中谋利。

杭州有无赖子某，祖起延商货卖，后至无赖，因不事生而贫矣。然尚业其祖父，有客至，则入其财为已有，客索时，则又俟后客之货转卖以偿焉。年复年，客复客，名曰姨夫钱。盖以夫死姨复可以嫁人之意耳。②

在南直隶正阳关，有豪商私通官府，把持钞关，勒索商人。

正德时，潼关周文盛。“监正阳钞关，关者利府也。当是任者多自败，公独无染，商人称德焉。关有江西豪商汪强专关利，往往局负商，商人苦之，强素险健，善持官府，阴私人，莫之谁何？公既监关，民吴淮者讼强负其帖舡金，强初傲然不服，公以计出其所负金，以示之，强语塞，严刑以徇，关人畏服。”③

通过以上事例，可以证明在全国各地的豪商、地痞流氓给商业所造成的损失，也是不可低估的。

明代中期，许多地方的工商业因受到特权阶级的摧残之后而陷入了“闾里萧条”的状态，如河南光山县是家庭纺织业较发达的地方，所生产的布、

① 林俊：《见素集》卷二八《禁约民害》。

② 《七修类稿》卷四九《姨夫钱》。

③ 韩邦奇：《苑洛集》卷四《岢岚州判官周公墓志铭》。

葛非常驰名，有许多远地的商人来此收购。但遭破坏之后，该县农民“自弘治以后流亡过半……光之农非昔之农矣。”① 又如江西临江府清江镇的商业在弘治以后也遭到了严重的破坏，情景如下：

> 清江镇临郡一都会也，山水环绕，舟车辐辏……昔饶裕今鲜盖藏。闻诸故老，盖其初原以市为业，故其俗多椎鄙少文，百年来人文日盛，而商贾之业衰矣。虽风会使然，要其利弊之源，不可不审。国初商税原额甚少，其后渐增，弘治间藩府榷税，几酿大衅，当事务议裁革，民始复业。②

在浙江地区，因无商人往来，课钞减少，故归并税课局，正德二年（1507）九月，“巡抚浙江御史杨滋奏，归并税课局，曰海宁之赫山、汤镇……凡三十处，俱以课钞少，无商往来，故并之。其课令所属府县及附近河泊所带管。”③ 各地商业萧条的状况，大概到嘉靖年间，才有了扭转。

明朝中期，社会经济有了一定的发展，“货利虽广，而苦于榷征”。这就是说，商品经济虽有了较大的发展，而明王朝正处于由盛转衰的阶段，最明显的表现是藩王、功臣、外戚、宦官等特权阶级的腐朽。他们利用政治特权，采取各种手段，挟持商人，重征商税，“尽笼天下货物”，供自己挥霍。上行下效，导致了许多地方官勾结，暗示一些豪商、地痞、光棍、无赖之徒，对商人大肆进行诈骗、哄弄、威胁，获得财物。结果出现了“亏损国课”，“私藏厚殖”，“令商贾无所牟利”，有的甚至破产，最后致使商业很难得到正常的发展。

第三节　明后期商业的发展与繁荣

从嘉靖中期开始，明朝遂步入了后期。在此之后，由于社会生产力的提

① 嘉靖《光山县志》卷一。
② 崇祯《清江县志》卷一《市镇》。
③ 《明武宗实录》卷三〇。

高，直接推动了工农业的发展，手工业中出现了资本主义萌芽，农业中经营地主明显增多，对于全国各大地区物品的交流、商业的繁华、商人资本的积累，都起了积极的作用，更促使了商品经济的较大发展，使明朝后期将近百年间成为我国封建社会后期商业特别繁荣的时期。

一、商品生产的扩大

明代后期，民营手工业的兴起，从而使商品生产得到了空前的发展。首先，从全国范围来看，原有的手工业专业生产城市，都有了较大的繁荣，主要表现在生产范围的扩大和工匠人数的增加。同时，全国还出现了许多新的手工业市镇，也生产出大量的商品，投入市场。以丝织业来说，苏州是当时江南地区的丝织业中心，城中“居民大半工技”，“郡城之东皆习机业”，“绫锦丝纱绸绢皆出自郡城机房，产兼两邑，而东城为盛。比屋皆工织作，转贸四方”①。据万历二十九年（1601）的统计，这里的织工、染工将近万人。② 当时，江南的许多村镇也发展成为新的丝织业重地，如嘉兴的王江泾镇，“多织绸收丝缟之利，居者可七千余家，不务耕绩。”③ 濮院镇，“机杼声札札相闻，日出锦帛千计。”④ 湖州的双林镇，“双溪溪左右延袤数十里，俗皆织绢，于是四方之商贾咸集以贸易焉。”⑤ 苏州属内的盛泽、震泽，也都以盛产丝绸而著名。山西潞安府是当时北方的丝织业中心，产品潞绸驰名全国，该地纺织技术很高，“西北之机，潞最工”，最兴盛时，“其登机鸣杼者，奚啻数千家”，机可达九千张，产品早已是优质的贡品，直输京师，还是与国外互市之主要物件。在纺织业中，棉纺织的发展最为迅速，松江府是棉纺织业最发达的地方，“家纺户织，远近流通”，“以棉布衣被天下”⑥。纺织已成为该地人的主要职业，“纺织不止乡落，虽城中亦然，里媪晨抱纱入市，易木棉以归，明旦复抱纱以入，无

---

① 嘉靖《吴县志》卷一四《土产货物谷菽蔬果》上、《货物》。
② 《明神宗实录》卷三六一。
③ 《明神宗实录》卷三六一。
④ 《濮川所闻记》卷四引李培《翔云观碑记》。
⑤ 张廉：《重建化成桥碑铭》。
⑥ 嘉靖《松江府志》卷六引《梧浔杂佩》。

顷刻闲”[①]。此地棉布商行集中，“凡数千里外，装重赀而来贩布者曰标嘀，领各商之赀收布者曰庄户，乡人转售于庄，庄转售于标”[②]。外地采购商的资本特别雄厚，交易额巨大，尤其是上海县所产的标布，对外地商人具有更大的吸引力，“前朝标布盛行，富商巨贾，操重资而来市者，白银动以数万计，多或数十万两，少亦以万计”[③]。除此而外，松江所属之风泾、朱泾、朱家角等市镇，也都以盛产棉布而著称。明代后期，松江的三梭布，名闻天下，广销全国。松江人还利用本地所产的棉布，开发新产品，生产鞋袜，松江“郡中（昔日）绝无鞋店……万历以来，男人始有制鞋。……遂广开诸肆于郡治东”；松江旧无黄草蒲鞋店，万历以来，“宜兴业履者，率以五六人为群，列肆郡中，几百余家”[④]。“松江旧无暑袜店……万历以来，用尤墩布为单暑袜，极轻美，远方争来购之。故郡治西郊，广开暑袜店百余家，合郡男妇皆以做袜为生。”[⑤] 明代松江的棉制品，已名闻于全国。这一时期，北方的棉纺织生产也有很大的发展。棉布生产在山东、河南两省几乎是每县都能生产，其中以鄢陵县所织之布尤以为优，“纺织极细者，颇亚于松”[⑥]。又如武陟县的武沟布、孟县的孟布，皆远销各地。山东历城县的织布业也十分发达，所产“平机绵线所织，士民皆衣此……此布大适于用。阔布，亦绵为之，粗而长，以解京者。小布以线为之，粗而短，多为边塞所市。”[⑦] 关中地区也是棉纺织业较为发达的地区，以“咸宁县鸣犊镇所出之布，为最佳名”[⑧]。其次是华州东关，所纺的方纱，三原县北乡屯王、线马二村所出棉线，都很驰名，远销甘肃和山西等地。当时由于北方气候干燥，不适于棉布的纺织，而直隶肃宁县人则克服了这一困难，“（北方）风气高燥，绵毳断续，不得成缕，纵能作布”，但质量不佳，明末“肃宁人乃多穿地窖，深数尺，作屋其上，檐高于平地二尺许，作

---

① 《古今图书集成》职方典，卷六九〇《松江府部》。
② 陈眉公：《陈眉公全集》卷五九《布税议》。
③ 《阅世编》卷七。
④ 《云间据目抄》卷二《记风俗》。
⑤ 《云间据目抄》卷二《记风俗》。
⑥ 嘉靖《鄢陵县志》卷三《生产》。
⑦ 崇祯《历乘》卷一二。
⑧ 雍正《陕西通志》卷三四《物产一》。

窗棂以通日光，人居其中，就湿气纺织”，这样布的质量就有显著的提高，其细密几与松江布的中品相类。生产量大增，该地产量约相当于松江十分之一①。

关于陶瓷业在明代后期，江西景德镇的制瓷业规模很大，明人王世懋说：“天下窑器所聚，其民繁富，甲于一省。余尝以分守督运至其地，万杵之声殷地，火光烛天，夜令人不能寝，戏目之曰‘四时雷电镇’”②。该镇规模“列市受廛延袤十三里许，烟火逾十万家，陶户与肆当十之七八。”③ 佣工人数，“每日不下数万人”④。这里的窑分两种：一是官窑，专供宫廷用瓷，不惜成本，制品精细，体现了当时瓷器产品的最高水平。另一种是民窑，著名民窑有崔公窑、周窑、壶公窑等。这些民窑为了适应市场的需要，努力提高质量，彼此竞争，结果是制品优良，“四方竞重（价）购之”，销售国内外。当时，全国除景德镇之外，浙江处州、福建德化县、河南禹州、北直隶曲阳县、南直隶宜兴县、陕西耀州等地，制瓷业也都有了相当的发展。

明代后期的冶铸铁器市镇，以广东南海县佛山镇最为发达。明末，佛山镇的冶铸工人不下二三万人，“炒铁之炉数十，铸铁之炉百余，昼夜烹炼，火光烛灭，四面薰薰，虽寒亦燠”⑤。至天启二年（1622），佛山的制铁业分工如下，所谓“炒铸七行”，即锅行、铁灶行、炒铁行、铁线行、铁锁行、农具杂品行、钉行⑥。从事打造业的人不少，据屈大均说：“计炒铁之肆有数十，人有数千”⑦。这里产品质量优良，货销国内外，故“四方商贩，恒辐辏焉”。在北方陕西的华州柳子镇，也是一个小矿区及铁器打造业的市镇，沿南山一带有多种矿砂，出现数百墟场，以炼银砂、铜砂、锡砂，“啸聚千万人作事”。柳子镇是一个专门生产铁器的市镇，地方志记载：“郡之柳子镇，有千家铁匠，

① 《农政全书》卷三五。
② 《二酉委谭摘录》。
③ 《景德镇陶录》引黄墨舫《杂志》。
④ 光绪《江西通志》卷四九《舆地略》。
⑤ 吴荣光：《佛山忠义乡志》卷五《乡俗志》。
⑥ 毛维锜：《乾隆佛山忠义乡志》卷三《乡事志》。
⑦ 《广东新语》卷一五《货语》。

作刀、剑、剪、斧之用。"① 行销陕、晋、豫等地。

其次，明朝后期大部分地区的农业生产，都已卷入商品经济之中，主要是农村家庭副业和农产品的商品化。这时，尽管在全国范围内仍是自给自足的自然经济占统治地位，但由于生产水平的提高，农民就有可能出卖一部分劳动产品，特别是一条鞭法的实行，田赋和力役折银征收后，农民必须出卖更多的产品以换取银两，这就大大加速了农产品商品化的过程。当时，在全国各地都涌现出许多农产品加工业和以取材本地的手工业。就一般性而言，这些手工业都会给本地区提供大量的商品，还有些这类的手工业，也逐渐演变成为全国性的商品生产重地。如江南的无为州，因地接近芜湖，据有长江水路交通之便，所以该地农产品的加工和手工业就迅速发展起来，而且商品种类也增加很快，据乾隆《无为州志·物产》记载：

明志云：白土丝，郡所出也，畜养缫绎去湔与甚。木棉山乡种艺颇多，民贫不暇自谋，率货之外商。苎麻园种亦夥。红蓝、青蓝、白蜡、黄蜡及白蜜诸品，时亦有焉。酒则有蜜淋离、秋露白豆酒、蜡酒，廛井浊醪常凔耳。以豆作乳，柔适胜他境。顷来邻江居山三民，类能榨造油、纸，油以芝麻、桕、菜子为之，纸用楮皮，瘠土为劳，岂直免游食之哉食乎。

按州境民家虽工蚕桑，不为专业，地颇产棉，而南乡善纺织，其布较他郡为佳。种麻者少，市所鬻者多自江来，麦秋时菜子广有，沿江州地所产尤多，油坊亦夥，贩榨饼行丹阳者，颇获利焉。绵料纸张，造自北李家衖者，颇堪适用，其余无多。

又如山东青州的章邱县，也是因地制宜，发展商品生产。

六乡惟东锦川最大，其地近长白山，产薪炭，亦多园林，富于梨枣。其次，明季人皆错南山内外而居，多槲材可以构室，而锦川为诸水所汇，有菱藕芦苇之利。清平多植桑，善饲蚕，能织丝帽。下三乡地宜棉花。此诸乡之大略也。②

① 万历《华州志》卷九《物产述》。

② 《天下郡国利病书》卷三七《山东三》。

在农产品商品化的过程中，江南地区的平原和山区以及珠江三角洲一带的农民，都种植经济作物、水果等。如广州周围各县的农民多种植荔枝、龙眼、茶、橄榄等，供广州市民消费。长江三角洲的太仓、松江一带，农民普遍种植棉花，给本地纺织业提供原料。在闽、浙、赣、粤、湘、皖南山区，出现了许多种植染料的农户，如江西西南部山区的“蓝户”，“万羊山跨连湖广、福建、广东之地……各省亦常流聚其间，皆以种蓝为业”①。福建永福山区的“菁客”，“则漳泉延汀之民，种菁种蔗，伐山采木，其利乃倍于田，久之穷冈邃谷，无非客民”②。水果、蔬菜的种植在北方各地都有较大的发展，农民在山区和高原干旱地带多种水果。如河南安阳县的山区“多种柿梨枣核桃”③，山东东昌府所产的“胶枣”，“商人先岁冬计其本，夏相其时而直之，货于四方。”④ 陕西朝邑县的农民种植瓜、果、菜，获得“衣食滋殖”和“富家安业”的生活：

> 千树杏，万树桃，桑枣无虑以亿计。葱茄千畦，菜菔瓜田百晦，秋夏之交，肩任背负，缀属辐辏，达于四境交易，而退得谷百钟，因之衣食滋殖。语云：一亩园十亩田，非虚言也。王谦村饶于梨，沙底村美葱蒜、瓜最甘，泊子里韭，南阳洪、北阳洪多桃李。滨河堧而上，桃花三十里不绝。此其人各任其能，毕其力，不待督责而竞劝，植果倍于植谷。任地之宜，因天之时，上输租税，下而富家安业。⑤

城市郊区的农户，也以种菜为业，如山东登州府，“近郊之家，间开园圃种蔬菜，利倍于田而劳亦过之”⑥。北京周围有专业菜户，“京师花卉瓜果之属，皆穴地温火而种植。其上不时浇灌，无弗茂盛结实，故隆冬之际，一切菜蔬皆有之。”⑦ 明代后期，经济作物、水果蔬菜种植业的兴起，大量供应市场，皆以出卖获利为目的，只有在商品经济发达的情况下，农民才能有这样

---

① 同治《万载县志》卷七《学校》。
② 万历《永福县志》卷一《风俗》。
③ 嘉靖《彰德府志》卷二。
④ 嘉靖《山东通志》卷八《物产》。
⑤ 万历《续朝邑县志》卷四。
⑥ 康熙《登州府志》卷八《风俗》。
⑦ 杨士聪：《玉堂荟记》卷下。

致富的机会。

复次，明代后期，北方各地的手工业发展，也较前大有进步，如河南尉氏县就具备各种类别的匠师，主要有攻石、攻金、熬糖、织布等15种手工业工匠。许多州县都能给市场提供几十种商品，如河南襄城县的货品：有丝绢绸、木棉、平机布、香油、红花、丝鞋、绵鞋、褡连、花手巾、花绵巾、乌绫帕、细丝包头、茜毡、袜毡、帽毡、毯皮袄、石碾、石臼、郭公砖、古铜镜、铁器皿，间或有之[①]。以上各种工匠的存在和货物品种的繁多，都反映了北方商品和商业的发展水平。虽然北方地区商品经济的发展较前大有进展，但毕竟没有著称的产品，大部分出售的货物仍是原料和农产品的加工品，相比之下，较江南地区所产的名优产品，还是有相当差距。

明代后期，在全国范围内由于商品生产领域的扩大，货品数量大增，当时虽没有总的统计数字，但据许多地方志记载，一些州县所生产的商品数字也是惊人的，如吴县的丝织品就可达30余种[②]。松江产布也有十余种。总之，这些盈千累万的商品，不仅活跃了市场交易，也给商业带来了繁荣。

二、地区间商品交流的繁忙

明代后期，全国已形成若干个以产品著称的地区，如苏州、杭州、南京、嘉兴、湖州地区的丝织业；苏松地区的棉纺织业；江西景德镇的瓷器；佛山与遵化的铸铁业；云南两广等地的铜、铅矿业；福建、江西、浙江等地的制纸业；河南、山东的棉花；湖广的粮食；西北地区的毛皮和药材等。再从一个小的地区来说也是这样，如浙江地区，有湖州的丝、绍兴的茶酒、宁波的海产、处州的瓷器、温州的漆器、金华的火腿等，“皆以地得名”[③]。这种地区分工倾向的发展必然会引起地区之间不同商品的交流。杭州是丝织业中心，“虽秦、晋、燕、周大贾，不远千里而求罗、绮、缯、布者，必走浙之东也”[④]。上海标布，“俱走秦、晋、京、边诸路”，此标布稍狭而长者叫“中机，走湖广、

① 嘉靖《襄城县志》卷一《地理志》。
② 崇祯《吴江县志》卷二九《物产》。
③ 《广志绎》卷四。
④ 《松窗梦语》卷一五。

江西、两广诸路"①。嘉定布"商贾贩鬻，近自杭、歙、清、济，远至蓟、辽、山、陕"②。常熟布"用于邑者有限，而捆载舟输行贾于齐、鲁之境者常什六。"③ 福建"惠安北镇之布行天下"，"又出白细布，通商贾，辇货之境外，几遍天下"④。江西景德镇的瓷器，"自燕而北，南交趾，东际海，西被蜀，无所不至"⑤。至于粮食、手工业原料的交流更是频繁。江南地区的多种经济作物种植区，而粮食却依赖湖广。又如丝织业发达的苏、杭、福州等地，大半取丝于湖州，"东南之机，三吴、闽、越最夥，取给于湖茧。"⑥ 潞安、成都都是丝织业地，所需原料则"取给于阆（中）茧"⑦。松江是棉纺织业中心，原料棉花皆来源于河南、山东，"北土广树艺而昧于织，南土精织纴而寡于艺，故棉则方舟鬻于南，布则方舟鬻诸北"⑧。安徽芜湖是浆染业城市，当时松江的白布须要到芜湖浆染，才能出售。所以流传说："织造尚松江，浆染尚芜湖"，而浆染业所用的蓝靛，则又仰赖福建⑨。全国各地所生产与需要的商品，并不一致，因之就促进了各地区间的商品交流。

当时，全国各地区间的商品交流十分畅通，即使在一些中小城市，或是远僻的山区，但来自各地的商品，品种也非常齐全，如直隶河间府街市的货物品种，皆来自全国南北各地。

> 河间行贾之商，皆贩缯、贩粟、贩盐、铁、木植之人。贩缯者，至自南京、苏州、临清。贩粟者，至自卫辉、磁州、并天津沿河一带，以岁之丰歉，或籴之使来，粜之使出，皆辇而致之。贩铁者，农器居多，至自临清、泊头，皆驾小车而来。贩盐者，至自沧州、天津。贩木植者，至自真定。其诸贩磁器、漆器之类，至自饶州、徽

---

① 《阅世编》卷五。
② 万历《嘉定县志》卷六《田赋考·物产》。
③ 嘉靖《常熟县志》卷四《食货志》。
④ 何乔远：《闽书》卷二八《风俗》。
⑤ 嘉靖《江西省大志》卷七。
⑥ 郭子章：《郭青螺先生遗书》卷二六《蚕论》。
⑦ 郭子章：《郭青螺先生遗书》卷二六《蚕论》。
⑧ 《元明事类钞》卷二四引王象晋《木棉谱序》。
⑨ 万历《闽大纪》卷一一《食货志》。

州。至于居货之贾，大抵河北郡县俱谓之铺户，货物既通，府州县间亦有征之者。其有售粟于京师者，青县、沧州、故城、兴济、东光、交河、景州、献县等处，皆漕挽；河间肃宁、阜城、任丘等处，皆陆运，间亦以舟运之。①

在江西广信府属内偏僻山区铅山县，市场上的商品也是来自南方各地。

其货来自四方者，东南福建则延平之铁，大田之生布，崇安之闽笋，福州之黑白砂糖，建宁之扇，漳海之荔枝、龙眼，海外之胡椒、椒木，广东之锡、之红铜、之漆器、之铜器。西北则广信之菜油，浙江之湖丝、绫绸，鄱阳之干鱼、纸铁灰，湖广之罗田布、沙湖鱼、嘉兴西塘布、苏州青、松江青、南京青、瓜州青、连青、红绿布、松江大梭布、小中梭布、湖广孝感布、临江布、信阳布、定陶布、福青生布、安海生布、吉阳布、粗麻布、布坊生布、漆布、大刷竞、小刷竞、葛布、金谿生布、棉纱、净花、子花、棉带褐子花、布被面、黄丝、丝线、纱罗、五色丝布、杭绢、绵绸、彭刘绸、衢绢、福绢。此皆商船往来货物之重者。②

地处四川西部，交通又不方便的建昌（西昌）山区，商品流通也并不阻塞，什么东西都可以买到。《广志绎》记载："蜀锦、蜀扇、蜀杉古今以为奇产……深山大林，千百年斫伐不尽，商贩入者，每住十数星霜，虽僻远万里，然苏、杭新织种种文绮，吴中贵介未披而彼处先得。妖童娈姬，比外更胜，山珍海错，咸获先尝。则钱神先聚，无胫而至，穷荒成市，河渍如春，大商缘以忘年，小贩因之度日。"③ 又如在蒙汉互市的宣化镇，市场上南北各地的商品俱全，万历《宣府镇志》卷二〇记载："先年大市中，贾店鳞比，各有名称，如云南京罗缎铺，苏杭罗缎铺，潞州绸铺，泽州帕铺，临清布帛铺、绒线铺、杂货铺，各行交易，铺沿长四五里许，贾皆争居之。"由此看来，明朝后期全国各地道路畅通，商业兴盛，交换频繁，诚如江西新建李鼎说："燕、赵、秦、

① 嘉靖《河间府志》卷七《风俗》。
② 《铅书》卷一《食货》。
③ 王士性：《广志绎》卷五。

晋、齐、梁、江、淮之货，日夜商贩而南；蛮海、闽广、豫章、楚、瓯越、新安之货，日夜商贩而北。”① 像这样货物频繁的交流，以及商人到处奔波，结果在一定程度缩小了以往地区性的闭塞和隔阂，人们互传见闻，沟通消息，久之可以使人思路增广，眼界开阔。如宋应星生长在江西这样一个南北要道之地，目睹耳闻，对这一变化大加赞扬。因之他说：“幸生圣明极盛之世，滇南车马，纵横辽阳；岭徼宧商，衡游蓟北。为方万里中，何事何物不可见见闻闻?”② 这种对明代后期商业、商品、交通发展的高度概括是十分中肯的，绝非虚夸不实之辞。

三、商品经济的发展使城市城镇增添了活力

随着商品流通的发展，新兴的工商城市不断增加。明前期商业发达的城市，据统计约有30多个，到后期由于工商业的发展，全国的城市已增加到60余个。现就这些城市的类型分述如下：

第一，中国封建城市的畸形发展。在北京、南京、开封等这些古老的城市中，皇族聚居，王府林立，勋戚官僚麇集，还有大量的寄生阶层，这些人在商品经济发达之后，享受欲望大增，胃口越来越大，尽情挥霍，奢侈之风大盛，于是形成了商业兴盛，消费品充塞市场，导致了这种城市的畸形发展。北京是全国政治中心，商业更为发达，“因帝都所在，万国梯航，鳞次毕集”③。“四方财货骈集于五都之市。彼其车载肩负，列肆贸易者，匪仅田亩之获；布帛之需，其器具充栋与珍玩盈箱，贵极昆玉、琼珠、滇金、越翠。凡山海宝藏，非中国所有，而远方异域之人，不避间关险阻，而鳞次辐辏，以故畜聚为天下饶。”④《皇都积胜图》反映正阳门和大明门之间的“朝前市”，货摊有冠、巾、靴、鞋、衣裳布匹、绸缎、皮毛、折扇、雨伞、木梳、蒲席、刀剪锤头、陶磁器皿、灯台、铜锁、马镫、马鞍、书籍、字画、纸墨、笔砚、彝鼎、佛

① 李鼎：《李长卿集》卷一九。
② 《天工开物》序。
③ 《五杂俎》卷三。
④ 张瀚：《松窗梦语》卷四《商贾记》。

像、雕漆、象牙、草药、线香、纸花、玩物等，应有尽有[①]。南京是明朝初年的首都，至明朝后期，人口百万左右，商业发达，铺行有100多种，“街道极宽广，虽九轨可容”，位临长江，“北跨中原，瓜连数省，五方辐辏，万国灌输。三服之官，内给尚方，衣履天下，南北商贾争赴”[②]。现藏北京中国历史博物馆的《南都繁会景物图卷》，从这个图卷的画面，可以看到南京商业区的各种铺面招牌，其中有“东西两洋货物俱全”、“川广杂货”、“福广海味”、“西北两口皮货发客”、“南北果品”等，由此可见该地商业的繁盛。开封在明代是河南的政治中心，又是周王的封地，至嘉靖时，人口已达174万[③]，皇族人口也增加很快，这时周王宗支之下，就有郡王39，将军至500余，中尉、仪宾不可胜计[④]，王府有24个。全省供诸王禄米岁可达192万石，其中周王占有比例很大，周府岁支禄银20多万两。皇族据有这么多的粮食与银两，都通过市场购买自己所需要的生活用品及奢侈品。所以说该地王府林立，役使人员云集，商业繁华，是一个大规模的消费型城市。据《如梦记》的《街市纪》描写，此地的“三街六市”，其繁华程度并不减于宋代。开封商业区的繁华状况，各种商店，连接不断，其中缎铺最多，约十余家，有店名可查者，如余大缎店、余济缎店、余鸿缎店、余深缎店等。这里的货物，来自全国各地，如“梳子店，三巷，每巷有三二十家，俱卖四川黄杨、福建荔枝。松根净齿致梳栊。”陕西、甘肃的“西羢货”、夏布来自江西吉水的“吉阳夏布”、来自福建建宁的“建宁热水中长红黄夏布”。又有“南京杂货”，“俺答香”，还有大量来自北京的“京货”以及“京、杭、青、杨等处运来粗细暑扇、僧帽、头篦、葛巾、白蜡等货”。专卖外地货的商店，有六安芽茶、广福店、临清首帕、周府潞油店、陈汉章南鞋店等，来此地的贩卖商，有“京城、临清、南京、泰安、济宁、兖州各处客来，贩卖不断。”开封的商店，大部分是专为满足王府贵族及豪富新贵的消费，如伞铺特别多，制造销金曲柄绣伞、方伞，俱曲柄、黄、青、蓝捉影雨绢闹龙伞等，都是供亲王、郡王等出门仪仗之用。供贵族妇

① 王宏钧：《反映明代北京社会生活的皇都积胜图》，载《历史教学》1962年第7期。

② 张瀚：《松窗梦语》卷四《商贾记》。

③ 顺治《开封府志》卷一〇《户口》。

④ 《国榷》卷六三。

女特用的消费品，如“绒丝铺、临清首帕店、银花、青丝、汗巾、帐子、围裙、胭脂、官粉等物”。贵族特别酷爱用香，所以开封城内香铺很驰名，如“齐家香铺，各品沈檀、素香，各省驰名”，“崇雅香铺，去麝加檀，其正素香”。明代，开封是一个典型的藩王封地，消费城市的色彩特别浓厚。从以上几个城市的情况看，商业的繁荣完全是建立在贵族、官僚消费的基础之上的。

其次是工商型城市的出现与发展。嘉靖至万历时期，以工商业为内容的城市发展较快，这些城市不单是商业中心，往往又是手工业生产的基地；不仅是国内贸易的中心，有时也是对外贸易的港口和转运码头，还有少数的城市也是和国内少数民族的互市场所。

苏州是一个以工商业为主的新型城市，商业十分发达，“每漏下十余刻，犹有市”①。“货物辐辏，四方旅寓之人，皆在其地开张字号行铺”②，阊门一带商业繁华，《警世通言》卷二六《唐解元一笑姻缘》描写说：“乃舟车辐辏之所，真个是：‘翠袖三千楼上下，黄金百万水东西，五更市贩何曾绝，四远方言总不齐’。”“城内列巷通衢，华区锦肆，坊市棋列，桥梁栉比”，“货财所居，珍异所聚。”③ 该地又是当时全国著名的手工业城市，以丝织业称著，“绫绵纻丝纱罗绸绢皆出自郡城关房，产兼两邑，而东城为盛。比屋皆工织作，转贸四方，吴之大资也”④，“靓装炫服，坠马盘鸦，操筹倚市，封、娄、齐盖罕矣，惟以织造业者，俗曰机房”⑤。该地早在明代中叶的丝织手工业中出现了资本主义萌芽，织工可达万余人以上。松江以棉纺织业闻名于世，此地棉布，不独“衣被天下”⑥，而且还远销日本，姚叔祥说：“松江之棉布，尤为彼国所重。”⑦ 因之，松江集中了大量的棉布商行，收购棉布，“凡数千里外，装重赀而来贩布者曰标嘀，领各商之赀收布者曰庄户，乡人转售于庄，庄转售于

① 正德《姑苏志》卷一三《风俗》。
② 万历《歙志》卷一〇《货殖》。
③ 《明神宗实录》卷三六一。
④ 嘉靖《吴邑志》卷一四《土产物货谷菽蔬果上》。
⑤ 万历《长洲县志》卷一《风俗》。
⑥ 《古今图书集成·职方典》《松江府部·风俗考》。
⑦ 姚叔祥：《见只编》。

标”①。万历时起，此地又增添了许多新的制造业：如鞋、暑袜、细木家具等。② 不仅松江府治之工商业发达，即管辖下的上海县，也是商业兴盛，当地人陆楫记载说：“（上海）谚号为小苏州，游贾之仰给于邑中者，无虑数十万人。”③ 其他带有地方特色的专业城市，如江西景德镇，“天下窑器所集，其民繁富，甲于一省……万杵之声殷地，火光烛地，夜令人不能寝”④。产品远销海内外，“自燕云而北，南交趾，东际海，西被蜀，无所不至，皆取景德镇，而商贾往往以是牟大利。”⑤ 当时以制造铁器而闻名的广东佛山镇，则以工艺精湛，产品优良，“佛山多冶业，冶者必候其工而求之，极其尊奉，有弗得则不敢自专，专亦弗当，故佛山之冶遍天下”⑥。产品销两广、长江流域及海外。“（佛山）两广铁货所都，七省需焉。每岁浙、直、湖、湘客人腰缠过梅岭者数十万，皆置铁器而北。”⑦

运河沿岸的许多码头，商业繁华，规模也相当大，如德州、济宁、淮安、临清、天津等地，都是这样性质的商业重地，其中以临清具有特殊重要的地位，地处山东西北部，属东昌府，位于会通河北口，大约正当江北运河的中段，又扼踞会通河与卫河交叉之处，为运河南北及西向运输的“舟舵之所必由”。这样临清便成“南北往来交汇咽喉之地”⑧。嘉万之间是临清商业最繁盛之时，嘉靖时扩大城墙，总计“城固币逾三十里”，方圆 20 里都成为商业区，“一城之中，无论南北货财，即绅士商民，近百万口”⑨。至万历时，该地已发展成为北方一个规模宏大的以纺织品和粮食贸易的中心，该地钞关所收船钞商税，岁达 83000 余两，居全国八大钞关之首。⑩ 这里的货物主要有棉布、绸缎、

---

① 陈眉公：《陈眉公全集》卷五九《布税议》。

② 范濂：《云间据目抄》卷二《纪风俗》。

③ 《纪录汇编》卷二〇四《蒹葭堂杂著摘抄》。

④ 王世懋：《二酉委谭摘录》。

⑤ 嘉靖《江西省大志》卷七。

⑥ 屈大均：《广东新语》卷一六。

⑦ 《明经世文编》卷三六八霍与瑕《上吴自湖翁大司马》。

⑧ 康熙《临清州志》卷四艺文：王直《临清建城记》。

⑨ 《明清史料》中编第 10 本，第 923 页。人口数字似乎有些夸大。

⑩ 《明经世文编》卷四一一赵世卿《关税亏减疏》。八大钞关为崇文门、河西务、临清、浒墅、淮安、扬州、北新、九江。万历二十七年，各关共收税额为 34 万余两，临清占 1/4。

磁器、纸张、糖、茶、鞋袜帽子、铁器、锅、药材、生丝、皮货、羊毛、粮食、辽东货（人参、貂皮、青黄鼠皮等），大部分来自南方各地。该地货物有零售和批发，主要是转运北方各地，例如棉布，主要转销北边供军队之用，绸缎主要是供京师和转运蒙古等地，其他各种货物也是转销北方各省。销售量最大的是粮食，估计粮店约百余家，年销售量约在五六百万石至千万石之间，来源有四：大部分来自山东、河南、北直隶南部，还有小部分来自南方。主要销售于天津、京师及北边各军镇。此地人口约 6 万余人，流动的外地商人为多，估计约有数万人，平常人口大约保持在 10 万以上，商人客籍为多，有徽州人、浙江人、南京人、山陕人、辽东人、河南人、北直隶人、山东省内的济宁人、青州人、登州人、莱州人等，其中以徽州、山西、江浙人为最多。在明朝隆庆、万历时，有数字可查的商店统计如下：布店 73 家、缎店 32 家、杂货店 65 家、磁器店 20 余家、纸店 24 家、辽东货大店 13 家、典当百余家、客店大小数百家。[①] 本地手工产品，主要有丝织产品和绒毡制品，城内机房估计百余家，生丝来自山东、河南及江南，产品有首帕、帕幔、帛货（哈达之类）等，销售于京师、开封、宣府等地。总之，在明代后期，此地为北方最大的一个商业城市，主要是纺织品和粮食的贸易中心。

明代后期，广州、漳州是对外贸易的重要港口。广州原为暹罗、占城、爪哇、浡泥诸国的互市之地，设有市舶司，正德六年（1511）葡萄牙人占领马六甲，紧接着便向中国沿海发展，多次派船到珠江口外找一个贸易据点，未能如愿。澳门（又称濠镜澳）是一个小海港，位于香山县东南 120 里的半岛上，因地理条件优越，早就成为各国海商注目之地，嘉靖十四年（1535），暹罗、占城等国商人要求去澳门经商，"指挥黄庆纳贿，请于上官，移于濠镜"[②]。从此也允许葡萄牙人租住澳门，最初只搭茅屋暂住，复就筑庐而处，"久之遂为所据"，又"增缮固垣，加以铳台，隐然故国"[③]。这样葡萄牙人就以此为根据地，与中国进行贸易。与此同时，澳门外国商人增多，中国海商也多来此经

① 《明神宗实录》卷三七六，根据万历三十年九月记载及其他资料统计。
② 《明史》卷三二五《佛郎机传》。
③ 郭尚宾：《郭给谏疏稿》。

商，人口大增，澳门“高栋飞甍，栉比相望，闽粤商人，趋之若鹜。”逐渐发展成为著名的对外贸易商港[①]。隆庆元年（1567）明政府解除海禁，允许私人进行海外贸易，更促进了澳门商业的大发展。澳门地当珠江口外“海舶出入噤喉”，变成了广州的外港。明代后期，澳门商业的繁华，实际上也就是广州对外贸易的发达。因为国内的丝绸、瓷器，还有广东的果品、佛山的铁器及石湾的彩釉陶瓷等，都是通过广州，才能到达澳门市场。当时，全国各地商人为了牟取厚利，蜂涌至广州，号称“走广”。

福建的漳州月港，于明代中期兴起，至万历年间，已发展成为我国主要对外贸易商港，也是东南地区海外交通的中心。月港商业繁盛，驰名东南地区，“漳州府龙溪县月港地方，距府城四十里，负山枕海，民居数万家，方物之珍，家贮户峙，而东连日本，西接暹球，南通佛郎、彭亨等国，其民无不曳绣躡珠者，盖闽南一大都会”[②]。原来月港是违禁走私贸易港，已成为葡萄牙人、西班牙人、日本人与闽漳私人互市之地。隆庆元年，海禁解除，“准（商人）贩东西二洋”[③]，并在月港设立海澄县，这标志着月港已由走私贸易港转变为合法的民间对外贸易商港，使月港的商业达到了最繁盛的时期。周起元在《东西洋考》的序中说：“穆庙时除贩夷之律，于是四方之贾，熙熙水国，刳艅艎，分市东西路，其捆载珍奇，故异物不足述，而所贸金钱，岁无虑数十万，公私并赖，其殆天子之南库也”。从月港出发的船队航行于东西洋，遍历47个国家和地区。月港商业的繁荣还表现在城墙的扩大和商税数字的激增。月港人口的增多，遂于隆庆四年（1570）扩建城墙，新城周长522丈，万历二十三年（1595），县令毛文鸣又“议再扩城”，两次扩建后的市面已成为“商贾辐辏”，“居民数万家”的商业城市。万历三年该港所收商税岁才6000两，至万历二十二年猛增至2.9万两，所以张燮说：“岁益县官刍挽费九千缗，中贵人至倍征三之，几与中原大都会埒矣”[④]。月港对外贸易的发展，也促进了福建沿海各地手工业的发展，如漳州的纺织业遍及乡村闾里，产品有天鹅绒、

① 《明经世文编》卷三五七，庞尚鹏：《题为陈末议以保海隅万世治安事》。
② 朱纨：《甓余杂集》卷三《增设县治以安地志事》。
③ 张燮：《东西洋考》卷七。
④ 张燮：《东西洋考》卷七。

土绸、绮罗、缎、吉贝布、苎麻布、蕉布、葛布等，其中以漳纱、漳缎为海内外市场的畅销品。“天鹅绒本出倭国，今漳州以绒织之，置铁线其中，织机割出，机制云蒸，殆夺天巧”①。漳州城内，百工鳞集，机杼声不断，形成为一个重要的手工业城市。

明代嘉靖、万历时期，由于商品经济的发展和商业的繁荣，在全国范围内，就出现了许多乡村市镇，而经济发达的江南地区数量尤多。这种市镇一般有居民数百家至数千家，多的可达万家，都具有专业性的手工业或发达的商业。苏州吴江县市镇的发展，带有典型性，不仅数量多，而且多半都发轫于嘉万年间，乾隆《吴江县志》卷四《镇市村》记载摘要如下：

震泽镇　元时村镇萧条，居民数十家。明成化中至三四百家，嘉靖间倍之，而又过焉。

平望镇　明初居民千百家。自弘治以后，居民日增，货物齐备。而米及豆麦尤多，千艘万舸，远近毕集，俗以枫桥目之。

擅丘市　成化中居民四五十家，多以铁冶为业。至嘉靖数倍于昔。凡铜铁木圬乐艺诸工俱备。

盛泽镇　明初居民止五六十家，嘉靖间倍之。以绫绸为业，始称为市。

黎里镇　明成弘间为邑巨镇，居民千百家。百货并集，无异城市。自隆庆迄今货物贸易如明初，居民更二三倍焉。

吴江县市　元以前无千家之聚，明成弘间居民乃至2000余家，方巷开络，栋宇鳞次，百货具集，通衢市肆以贸易为业者，往来无虚日。嘉隆以来，居民益增，贸易与昔不异。

由以上记载可知苏州乡村市镇在嘉万年间发展的情景。再以人口多少而论，在江浙地区具有2000家以上的市镇，随处可见。有些市镇的规模，甚至于能抵得中州或近边的州县，“如直（隶）之罗店、闵行，浙之塘西、硖石等处，廛宅连云，可当近边二三县”②。江南的市镇大部分都是与专业生产有关

① 《重修福建通志》卷五九。

② 《明经世文编》卷二一三康太和《拟应诏陈言以备安攘大计疏》。

系的，例如以丝织业发达著称的市镇，有盛泽、濮院、王江泾、双林、菱湖、乌镇、南浔等地。其中以盛泽镇的兴盛情况来说，整个明代该地都是从事丝织业生产，明末，镇内“络纬机杼之声通宵彻夜，那市上两岸绸丝牙行约有千百余家，远近村坊织成绸匹，俱到此上市，四方商贾来收买的，蜂攒蚁集”①。以棉布生产发达的市镇，有枫泾、朱泾、朱家角、新泾、安亭、魏塘、硖石等，其中如朱家涌镇，“在五十保，商贾凑集，贸易花布，京省标客往来不绝，今为巨镇”②。还有一类新兴的专业生产市镇，如浙江崇德县石门镇，则因榨油业而发达，成为拥有数千家的大镇，又如嘉善县的千家窑镇，“民多业陶，甓埴繁兴，贸迁日伙”③。有的因商业发达而成为重要市镇，如浙江唐栖为鱼米布木之场，“素号哄市，岁计食货贸迁，毋虑数十百万”④。海盐县的沈荡镇，“列廛五六百家，五谷、丝布、竹木、油房、质店，大贾往往云集”⑤。还有贸易范围更大的市镇，如秀山县王泾镇，已是具有千家居民的巨镇，“北通苏、松、常、镇，南通杭、绍、金、衢、宁、台、温、处，西南即福建两广，南北往来，无有不从此经过，近镇村上做买做卖的挨挤不开，十分热闹”⑥。明代上海县的市镇所产棉布销售至全国各地，“棉花布吾邑所产，已有三等……上阔尖细者曰标布，出于三林塘者为最精，周浦次之，邑城为下，俱走秦晋京边诸路……其较标布稍狭而长者曰中机，走湖广江西两广诸路，价与标等。前（明）朝标布盛行，富商巨贾，操重赀而来市者，白银动以万计，多或数十万两，少亦以万计，以故牙行奉布商如王侯，而争布商如对垒”⑦。可见这些市镇的经济活动，有的已超出地区的限制，而与全国各大城市发生了联系。除江南地区而外，全国其他地区的市镇，也有一定的发展，如河南邓州“穰东镇……街市居民千余家，商贾辐辏，为邓首镇”⑧。又如江西樟树镇，

---

① 《醒世恒言》卷一八《施润泽滩阙遇友》。
② 崇祯《松江府志》卷三。
③ 光绪《嘉定县志》卷二。
④ 光绪《唐栖志》卷一七丁养浩：《明故存济沈公大妇墓志铭》。
⑤ 光绪《嘉兴府志》卷四《市镇》。
⑥ 天然痴叟：《石点头》卷四。
⑦ 叶梦珠：《阅世编》卷四。
⑧ 嘉靖《邓州志》卷八《舆地志》。

“烟火数万家，江广百货往来与南北药材所聚，足称雄镇。”① 山东青州的颜神镇，制陶业发达，“陶者以千数”，“其利民亦不下江右之景德镇”②。湖广汉阳的刘家隔，早在明中期已成“巨镇”，至嘉靖时，“四方商贾辐辏，烟火连井，舟楫连津，徙附之民，视昔加众，气象巨丽，顾逾于县”③。

明代后期，因农村商品经济的发展，农村集市贸易也随之发展起来。当时，各地农民因居地分散，去大城市从事交易不便，遂因地制宜，选择较近的市镇举办定期或临时性的日期进行交易，从而补充了城市、市镇的不足，也方便了农民的交换。这种集市是农民及小生产者之间互通有无，取长补短的初级市场。明后期全国各地都普遍存在着这种集市，但各地名称不一，“岭南之市谓之虚，言满时少，虚时多也。西蜀谓之亥，亥者，痎也，痎者疟也，言间日一作也。山东人谓之集”④。各地把农民去市场进行交易这件事，称谓亦有所不同，“江南谓之上市，河北谓之走集”，“岭南谓之趁虚”⑤。集市货物齐全，“每集则百货俱陈，四边竞凑，大至骡马、牛、羊、奴婢，小至斗粟尺布，必于其日聚焉，谓之赶集”⑥。这种集市在各地数量不一，完全取决于当地经济发展的水平和需要，据嘉靖《尉氏县志》记载，分布全县境内的集市共26个，再如山东莱州地区，“掖县：城集十，乡集九，神集二。平度卅：城集十，乡集三十有一，神集一。昌邑：城集五，乡集二十八，神集一。潍县：城集十有七，乡集十有五。胶州：城集五，乡集十有二。高密县：城集六，乡集十有二。即墨：城集五，乡集十有三”⑦。在一个地区之内，集市的日期也有一个合理的安排，如河间府，“日中为市，人皆依期而集，在州县者，一月期日五、六集。在乡镇者，一月期日二、三集。府城日一集。”⑧ 定期集市之外，还有庙会，庙会是商人借人们奉神的机会大肆推售货物，届时也是多种货物交

① 王士性：《广老绎》卷四。
② 康熙《益都县志》卷四《物产》。
③ 嘉靖《汉阳府志》卷三《创置志》。
④ 谢肇淛《五杂俎》卷三。
⑤ 谢肇淛：《五杂俎》卷三。
⑥ 谢肇淛：《五杂俎》卷三。
⑦ 万历《莱州府志》卷五《市集》。
⑧ 嘉靖《河间府志》卷七《风俗》。

易，人群纷纷攘攘，非常热闹，如北直隶鄚州的药王庙，“每年四月初，河、淮以北，秦、晋以东，宣、大、蓟、辽诸边，各方商贾辇运珍异，并布帛菽粟之属，入城为市。京师自勋戚金吾中贵大侠，以及各娼丽竖，车载马驰，云贺药王生日，幕帟遍野，声乐震天。每日盖搭篷厂，尺寸地非数千钱不能得。贸易游览，阅两旬方渐散，顷年（万历）上偶违豫，慈圣为祷于药王祠，未几圣躬复原，因大出内帑重加修葺，又增建神农、轩辕、三皇之殿，以古今名医配食，自是药王之会，弥加辐辏。”①福建清流县的樊公会，“每岁八月二十八日，樊公诞辰，邑人迎神赛愿。先期京、浙、江、广各地客商，俱赍土货，集县贸易，周月始散”②。又如山西武城县，在嘉靖之前，城里“四街，商贾以日之五与十集，河西以四与九集”，嘉靖年间鉴于“集日寡而旷多”，不能适应农村商品化的要求，县令金学谅“下令民（设）集于学宫之左右。先期示谕，届期分遣隶快、地方人等，持牌号召。”又组织“歌舞剧戏之徒，各呈其技于要街，众且观且市，远近毕至，喧声沸腾”，结果获得成功，达到预期的目的，“每当集日，粟米丝麻布帛，禽而鸡骛，兽而牛羊，食而鱼肉果蔬，与夫南北水陆之产，可以供民生所需者，错然填街溢巷”③。这些定期集市和庙会的兴起，虽是一种地方性的初级市，却沟通了生产者与消费者之间之联系，又为繁荣商品经济提供了更广阔的场所。更像鄚州、清流的庙会，贸易规模宏大，四方商贾辐辏，会期之长等。这些现象都反映了商业交易的空前繁荣和国内地区间贸易的扩大。

四、商人集团的活跃和商业资本积累

明代以前，我国商人的经商活动，多是单个的、分散的，没有出现具有特色的商人群体，也即是有商而无“帮”。自明中期以后，由于商品经济的进一步发展，水陆交通的日益扩展，商业竞争日趋激烈，一些商人为了壮大队伍、扩大资本、增强竞争实力，盈得厚利，便成立商帮，从而操纵着某些地区和某

① 《万历野获编》卷二四《鄚州》。

② 崇祯《汀州府志》卷一《街市》。

③ 乾隆《武城县志》卷一四《艺文下·张君锡：兴集记》。

些行业的商业贸易。这种商帮起初是利用封建的地缘和血缘相结合的落后形式而出现。具体说，是以地域为中心，以血缘、乡谊为纽带，以“相亲相助”为宗旨，以会馆、会所为其在异乡的联络、计议之所的一种既“亲密”而又松散的自发形成的商人群体。它的活动在我国封建社会后期产生了很大的影响。

伴随着嘉靖、万历时期商品经济发展的是全国各地商人的活跃。商业利润的提高，不少人从商致富，所以在北方地区出现了程度不同的“弃农从商”现象，商人人数大增，根据地方志记载：如山东之民，“不贱商贾”，潍县“则民务农贾”。临邑“地无遗利，人惯贸易”，安邱“富人则商贾为利”。河南地区，武安“尤多商贾”。偃师“为农商者，重耕货”。郏县“民务耕商”。睢宁“庙湾民庶，食货得流，后多富者”。再如陕西各地，“泾阳为西安剧县，政繁而道冲，俗美而习敝，民逐末于外者八九。”三原县，“士勤学问，民多商贾……商贾远出，每数年不归……思裕转移令务本轻末，其道良难”。朝邑县，“富者皆弃本逐末，各以服贾起其家，蜀卓宛孔之流，甲于通省”①。南方各地，特别是一些山区耕地少的地方，经商者尤多，如江西各地，“吉（安）郡土薄凿繁，虑走四方为生”②。南昌“人挟子母钱，入虔入粤，逐什一之利，趾相错也”③。抚州府，“金溪民务耕作，故地无余地，土狭民稠，为商贾三之”④。如浙江山区，西安“谷贱民贫，恒产所入，不足以供赋税，而贾人皆重利致富，于是人多驰鹜奔走，竟习为商，商日益重”⑤。福建西北部的山区，也是为商者日增，如将乐县，“乡有苎布之利，喜于为商”。建宁县，“土地膏腴，专有鱼杉油漆苎麻之利，以通于商贾。”永定“僻壤也……民田耕作之外，辄工商”⑥。在全国商人大增的趋势下，并形成了一批资力雄厚的商人集团，其著者有徽州商人、山西商人、陕西商人、闽粤海商、江西商人、江浙商

① 雍正《陕西通志》卷四五《风俗》。
② 罗大纮：《紫原文集》卷五《吴香山姻丈七十序》。
③ 郭子章：《郭青螺遗书》卷一二《山溪白溪石堰三桥碑记》。
④ 嘉靖《金溪县志》引自《江西志》。
⑤《浙江通志》卷一〇〇《风俗下》。
⑥ 何乔远：《闽书》卷三八《风俗》。

人、荆楚商人等。在这些商人集团中，实力最雄厚的要算是徽州、山西商人，所谓“富室之称雄者，江南则推新安，江北则推山右。新安大贾，鱼盐为业，藏镪有至百万者，其他二三十万，则中贾耳。山右或盐或丝，或转贩，或窖藏，其富甚于新安”①。这些商业集团在长期的商业活动中，他们在商业组织和经营方法等方面，都积累了成熟的经验，如沈思孝《晋录》中记录了山西商人的伙计制度，“平阳、泽、潞，豪富大贾甲天下，非数十万不称富，其居室之法善也，其人以行止相高，其合伙而商者，名曰伙计。一人出本，众伙共而商之，虽不誓而无私藏。祖父或以子母息丐贷于人而道亡，贷者业舍之数十年矣。子孙生而有知，更焦劳强作以还其贷。则他人有居积者，则欲得斯人以为伙计，谓其不记死肯背生也。则斯人输少息于前，而获大利于后。故有本无本者，咸得以为生。且富者蓄藏不于家，而尽散之为伙计。估人产者，但数其大小伙计若干，则数十百万产可屈指矣。所以富者不能遽贫，贫者可以立富，其居室善而行止胜也。”“合伙”是山西商人较普遍的经营形式。伙计不出资，但作为企业经营者，作为资金增殖的参与者，同样享受分红的权利。山西商人通常都是自己出资，然后吸收一些品行端正（主要是“守信不欺”）的人做伙计，并把经营权委托给伙计去办，而伙计也以认真负责的态度履行自己的职责。徽州商人在经营上也大致像山西商人，“新安勤俭甲天下，故富亦甲天下……大贾辄数十万，则有副手而助耳目者数人，其人皆铢两不私，故能以身得幸于大贾而无疑，他日计子母息，大羡，副者给分身而自为贾，故大贾非一人一手足动也”②。徽商在商店内部建立严密的管理体制。雇佣的伙计名目繁多，但就管理层次而言，一般分为代理人、副手、掌计、店伙与雇工四层。代理人受商人的委托经营商业。副手是商人的助手，其主要作用有三：一是商人与掌计之间的中间环节，起协调作用。二是商人的耳目，帮助商人“征贵贱运，睹若观火”。三是联络官府。掌计，是店铺的管理人员，担负销售采购业务。店伙、雇工，一般由族人乡党或佃仆充当。以上多层次的伙计基本上多是族人乡党。富商巨贾要求他们“忠信”、“无私”、“铢两不私”、“绝无染

① 谢肇淛：《五杂俎》卷四。

② 顾炎武：《肇域志》《江南》。

指”，只要谨于职守，就能“以身得幸于大贾”，还能有“分身而自为贾”的希望。山西和徽州商人的这种管理办法，后多为其他地方商人采用。

其他各地商帮，也都各具有特色，如闽粤商人，则以海商闻名天下，如福建的安平商人，“经商行贾，力于徽歙，入海而贸易，差强赀用”①。“安平市独矜贾，逐什一趋利……贾行遍郡国，北贾燕、南贾吴、东贾粤、西贾巴蜀，或冲风突浪，争利于海岛绝夷之墟，近者岁一归，远者数年始归”②。又如陕西商人，经营西北边疆的茶马、布花、盐粟，“地多驴马牛羊旃裘筋骨，自昔多贾，西入陇蜀，东走齐鲁，往来交易，莫不得其所欲”③。江西商人，更是足迹遍天下，“为商者其言适楚，犹门庭也。北贾汝宛徐邳汾鄠，南贾韶夏夔巫，西南贾滇僰黔、沔，南贾苍梧桂州柳州，为盐麦竹箭鲍木旃罽皮革所输会”④，有至老不归者。再如江苏洞庭商人，“以布商雄踞一方”。浙江龙游商人，独擅珠宝细玩。以上这些商人对于商品的流通、市场经济的繁荣，以及对城、镇的发展和兴盛，均起到了积极的作用，应在我国商业与城市发展史上占有一定的地位。

在前资本主义条件下，商业资本是社会货币财富的主要积累形式。明朝后期，由于商品经济的发展和市场的扩大，商业资本的积累比以往要大得多。徽商致富者人数最多，“藏镪至百万者，其他二三十万，则中贾耳”⑤。又如山西“平阳、泽、潞，豪商大贾甲天下，非数十万不称富”⑥。从明中期以后的情况看，在微商、山陕商、江右等商人中，有许多人是经营高利贷起家的。他们多半从事典当业，典当业称为质库、典铺、解库、解铺，或称为当铺。微州人开设的当铺，几乎遍及各大城市，如北京徽商汪箕“家资数百万，典铺数十处”⑦，常州府“质库拥资孳息，大半徽商”⑧，江阴县的徽商程璧，“开张典

① 《闽书》卷三八《风俗》。
② 李光缙：《景璧集》卷四《史母沈孺人寿序》。
③ 《松窗梦语》卷四《商贾记》。
④ 徐世溥：《榆溪集选》，《楚游诗序》。
⑤ 计六奇：《明季北略》卷二三《富户汪箕》。
⑥ 《古今图书集成》卷七一五《职方典·常州府部》，康熙《江阴县志》卷二《风俗纪·商风》。
⑦ 计六奇：《明季北略》卷二三《富户汪箕》。
⑧ 《古今图书集成》卷七一五《职方典·常州府部》，康熙《江阴县志》卷二《风俗纪·商风》。

铺十八处”[①]，浙江的平湖县，“新安富人，挟资权子母，盘踞其中，至数十家”[②]。江北一带，徽商也是大量开设当铺，万历时河南巡抚沈季文说：“今徽商开当，遍于江北……见在河南者计汪克等二百十三家”[③]。陕西商人也是到处放债，在四川松潘地区，因地处偏僻苦寒之处，老百姓“称贷为难，往往山、陕富商携资坐取重利。每借米一斗，候至放粮之时，加至二三斗者有之”[④]。陕西商人在三原县为了扩大放债，实行低利多贷的办法，“里俗出粟收息，类与母埒。（胡）公减息之半。以是远近人困者，又多仰给公。”[⑤] 江右商人到河南放债，天顺时，李贤描写江西商人在邓州放债的情况：“吾乡……善农而不善贾。惟不善贾，而四方之贾人归焉。西江来者尤众……方春之初，则晓于众曰：‘吾有新麦之钱，用者于我乎取之’；方夏之初，则白于市曰：‘吾有新谷之钱，乏者于我乎取之’。凡地之所种者，贾人莫不预时而散息钱，其为利也，不啻倍蓰。”[⑥] 这些经营高利贷者的剥削手段是非常多的，除高利盘剥外，还进行各种勒索，如在借款时，先扣除利息，又经常在借债日期上坑害借贷者，如贷款时是月末最后一天，他们就要按整月计息。还债时，如果是月初，也要按全月计算利息。又在物品入当时的估价上大作文章，经常把贵重物品降低档次，按低贱物品作价；把新东西按破旧物品折价[⑦]。更在典当入出时，所付的银两成色上作祟，付出时用成色低的银子，收入时却勒取足色的银子，又要用大的天平秤进。尤其是对贵重的珠宝首饰等物品，典当主不惜采用一切手段依式仿造，以假换真[⑧]。经营高利贷不仅利润高，又可获得暴利，是积累商业资本最快的一种形式，所以商人多趋从其业。明代后期，除经营高利贷起家之外，商业资本积累的途径还有从事盐茶买卖起家的；有囤积居奇起家的；有从事长途贩卖起家的等等。当时，在商人中号称百万富翁者为数

① 《江上孤忠录》补遗。
② 康熙《平湖县志》卷四《风俗》。
③ 《明神宗实录》卷四三四。
④ 章潢：《图书编》卷四八《松潘事宜》。
⑤ 温纯：《温恭毅公文集》卷一〇《明寿官胡公墓志铭》。
⑥ 李贤：《古穰文集》卷九《吾乡说》。
⑦ 艾南英：《天佣子全集》卷六《三上蔡太尊论战守事宜书》。
⑧ 《初刻拍案惊奇》卷一五。

是不少的。

这些商业资本的去向问题，从明代的历史资料来看，这些资本除一部分继续用于商业活动外，或以少部分用于宗族消费（修宗祠、买族田等）和迷信活动（修庙、寺、观）以及慈善事业（修路搭桥、设船济渡、救济穷人、赈灾、建书院、买学田等），但大部分转化为土地资本，所谓“以末起家，以本守之”。其中包括购买大量土地和投巨资捐官购爵，把自己变成为商人、官僚、地主相结合的大地主阶级，享受封建特权。还有些大商人把部分资金窖藏起来，遗留给子孙。大多数商人都不投资于生产领域，这似乎是受制于明朝传统的重农抑商的思想影响，也与明后期政治的腐朽有直接的关系。

五、明朝后期统治者对工商业的掠夺

16 世纪中期至 17 世纪中期的百余年间，一般认为这是我国经济发展非常活跃的时期，封建经济开始出现某种程度的裂变，手工业中出现资本主义萌芽，农业中也出现了许多经营地主，商品种类增加，交换范围扩大，地区之间物资交流频繁，商品经济已有了巨大的发展。但腐朽的明统治者，只知享乐，早已陷入奢侈之中，对于新的经济发展趋势，不但没有提供发展的条件，加以保护，反而坚持“祖法”，仍以政治手段干预经济，最后对商业采取野蛮疯狂的掠夺，使社会经济遭受了严重的摧残。

明朝后期，腐朽的统治者对商业前后采用了四种主要的手段，进行勒索和榨取。

第一，利用行会、牙行征税，勒索商人。明中期各大城市都出现了行会、会馆的组织，其中主事者往往不是真正的工商者，而是封建官僚或乡绅举子，使它丧失了独立性，起不到维护工商者利益的作用，变成地主经济的附属品。行会、会馆往往控制城市工商业者，牙行又是行会意志的体现者，具体在市场交易中，牙行可以垄断商业交易，也可以利用自己的权力作恶多端，往往在城市中公开坑害商人。

> 今天下大马头，若荆州、樟树、芜湖、上新河、枫桥、南濠、湖州市、瓜州、正阳、临清等处，最为商货辏集之所，其牙行经纪主人，率赚客钱。架高拥美，乘肥衣轻，挥金如粪土，以炫耀人目，使

之投之。孤商拚性命出数千里，远来发卖，主人但以酒食饵之，甚至两家争扯，强要安落。货一入手，无不侵用，以之结交官府，令商无所控诉，致贫困不能归乡里。①

在江南地区，牙行抢劫农民，例如在太仓州宝山县有“行霸”作恶。

（太仓）州为小民害者，旧时棍徒……私立牙店，曰行霸。贫民持物入市，如花布米麦之类，不许自交易，横立价值，肆意勒索，曰佣钱。今则离市镇几里外，令群不逞要诸路，曰白赖，乡人持物，不论买卖与否撇攫去，曰至某店领价，乡民且奈何，则随往，有候至日暮半价者，有徒手哭归者，有饥馁嗟怨被殴伤者，如双凤镇孔道为行霸四载，薪米告匮，至粪田之具不达；又如茜泾镇以蒲鞋者，数里内乡民夫妇，穷日夜捆织，惧为白赖攫，欲达蒲鞋场，有伏地蛇行者。②

又有牙行采用暴力手段，对客商货物强截强卖。天启时，苏州南濠牙户就发生过截抢客货的事件。他们对贩卖海蜇鱼鲞等货的船只，“先遣健仆使船纠集□□党棍，预计屯扎中途湖口，一遇海味揽船□□□□□□□哨党蜂拥，丛打乱抢，屡至鲞船□命有□□日，情极可怜，泛至到□，鲞货半匿入□□□□□□□□□□。致使异乡孤客，素手空回”③。在松江和苏州地区，牙行多以赝（假）银骗买棉花。

市中交易，未晓而集，每岁棉花入市，牙行多聚少年以为羽翼，携灯拦接，乡民莫知所适，抢攘之间，甚至亡失货物，其狡者多用赝银，有擀铜、予铁、灌铅、淡底、三倾、炼熟诸色，溷杂贸易，欺侮愚讷，或空腹而往，恸哭而归，无所告诉。④

有的州县委任牙行经纪人收税，这些棍徒、无赖借此搜刮老百姓，如江苏天长县，“本县游手者众，镇市仅四处，而所谓经纪者，乃千余人，皆不力稼穑，衣食于市，物价之低昂，惟在其口，而民间之贸易，必与之金，甚至一肩

① 叶权：《贤博编》。
② 崇祯《太仓州志》卷五《流俗》。
③ 《江苏省明清以来碑刻资料选集》第186～187页，《苏州府永禁南濠牙户截抢商民客货碑记》。
④ 顾炎武：《天下郡国利病书》第六册《苏松风俗》。

之草，一篮之鱼，皆分其值而后售，此天下之所未闻也”[①]。山东莱芜县的集市上，把持市场的有集头、斗秤、牙役三种人，“莱为集十七，斛斗秤尺，官为之谨，又有牙役以分之，集头以总之。……关东集（斗秤牙行共四十名，三八日期），西关集（斗秤牙行共二十八名，一六日期），颜庄集（县东南三十里，斗秤十二名，五十日）……”[②]

这些牙行、牙役的横行霸道，多为官府和势要之家所支持。如松江府的布业大牙行，“牙行奉布商如王侯，而争布商如对垒，牙行非借势要之家不能立也”[③]。明朝后期，一些地方政府利用牙行收税和参预商业活动，无形之中他们就成为合法的中介人，这就妨碍了商人与生产者直接接触，又隔离了外来客商与本地商人的接近，这样严重地阻碍了自由贸易和商品的自由流通。牙行经纪人又勾结官府，坑害商人，使商人破产，又失去了商业交易中中介人的性质。牙行还蓄养一大批无赖、不务正业的牙役，所谓“饮博无籍之徒”，大大助长了这种邪恶势力的气焰。

第二，放纵了一批官吏及讹诈骗取之徒。明朝后期，在全国各大城市，都有一批地头蛇，明目张胆地诓骗外地商客，嘉靖时南京就有这种人，专门坑害外来客商。顾起元《客座赘语》卷八《陈侍御》记载：

嘉靖中，邓玉堂，家复成桥旁，“饶赀财，交结诸贵人，相引为声势。畜虎棍数十人，遇江上贾舶至者，令其党假充诸色人给事贾人所，或为缝纫，或为祷祠，因得贾人乡里姓氏、与其祖父诸名字，写伪卷怵之曰：‘某年而祖父游金陵，负我金若干。’贾人多错愕不能辨，其党又大言恫喝，或居间游说胁持之，往往如数偿。间有识其诈者，辄钩致于家，置水牢中，其人闷绝，辄偿所负以求解。有讼者，请托抑其词不行，或讼者反被重刑而去，南都莫可如何?”

明代后期，九江是长江沿岸的一个大商业码头，往来商船很多，明政府在此设有钞关，委派主事去主持日常的税收工作。小说《醉醒石》中描写了九

① 嘉靖《天长县志》卷三《风俗》。
② 嘉靖《莱芜县志》卷二《集市》。
③ 叶梦珠：《阅世编》卷七。

江抽分官的愚蠢蛮横、贪污秽状：此官姓吕，出身于中州的缙绅之家，读书多年，40余岁还未考中进士，只好用银子千金，买了个仪真知县，在任中也是一味贪污，过了几年又“谋得个九江抽分”官，这是个发财的肥缺，下面看看他到任后的表演：

他到九江后养了许多包揽的光棍，他又差出家人缉访，长江大船，重载报税，他都要起货盘验。刁难他措他倍税，若到搜出夹带，好歹十倍，还要问罪。把货白送与他，还不够。弄得大商个个称冤，小贾人人叫屈。……长江风水大，他要留难诈钱。把这大船千百铼住，阻在关口。每遇风狂，彼此相撞。曾一日淹住客船，忽然大风锚缆都管不住，至于相撞碎船，死者数百余，只为他贪利诈钱。至于客商，不惟不能图利，抑且身命不保，他也全不在心。①

这虽是文学描写，但却反映了当时现实生活中的黑暗面，极其深刻地揭露了官吏的贪污罪恶。还有一种地方官吏，对小商贩采取白取和掠夺，如万历时江苏通州的官吏对商贩就是粗暴强占。

王嘉言，山东宁海州人，亦贡生，苛察淫恶，不近人情。有鬻新茶者，价颇昂，嘉言辄取数十斤入衙，每斤仅给价七八分，其人涕泣去。民顾言业市麹，有麹二石在肆外，嘉言见之，指为私麹，取入官。又鬻甘蔗者，指其漏税，尽没于官，其贼戾如此。②

在杭州还出现了一种挪前趱后，拆了东墙垒西墙的奸黠商人，经营无本生意。

杭有无赖子某，祖起延商货卖，后至无赖，因不事生而贫矣。然尚业其祖父，有客至，则入其财为己有，客索时，则又挨后客之货转卖以偿焉。年复年，客复客，名曰姨夫钱，盖以夫死姨复可以嫁人之意耳。后被人谤，则自解以戏曰：我家开行数十年，何常拖欠客人钱，后客移还前客去，客人自少客人钱。③

还有一些恶霸、地痞、地头蛇找茬制造事端，蒙哄吓唬，讹诈商人钱财。

---

① 东鲁古狂生：《醉醒石》第七回《失燕翼作法于贪·堕箕裘不肖惟后》。
② 弘光：《州乘资》卷三《宦迹·黄文鸿》。
③ 郎瑛：《七修类稿》卷四九《姨夫钱》。

常州一士夫之兄极恶，岁暮谓群仆曰："可寻事来，为过年费"。仆四出无所得。卒至郊，有葬者，棺好而无持服之人，疑有故。夜发之，乃一少妇，衣饰如生，当是大家妾暴死者。群仆舁至小船中，设四盒，缚一鹅于上，若访亲者。薄暮，遇货船，故撞之，倾尸于河，鹅扑扑飞水面。大呼大船撞覆小船，吾娘子溺水，因缚商捞尸，延明日始得，果一妇人死矣。商大窘，愿悉货赎罪，并船户所有尽掳之。商仓猝竟不知妇人实已死者也。其人后为巡按访察，缘弟宦免，至今买冠带，驾楼船，出入鼓吹，虎视乡里。①

由以上事实说明，在腐朽的明政权统治下，没有严刑峻法和遵法守纪官吏对商业的保护，必然要出现贪官和一些诈骗之徒对商人利益的侵蚀。更进一步证明，如果没有一个井然的社会秩序，没有一个公平交易的社会环境，商品经济的发展、商业的繁荣，都是没有保障的。

第三，商税苛重。随着商业的发展，明政府曾屡次加重商税，实际上这就是明统治者长期执行的"重本抑末"政策之延续，使商人负担超过以前，对商业的发展极为不利，起到阻碍作用。所以袁摈说："今立课税之法，比古之税商大重……重本抑末之良，又有古人之所未及焉者。"② 具体考察如下："先是弘治初年，京城九门岁入税钞六十六万五千八十贯，钱二百八十八万五千一百三十文……及正德七年以迄嘉靖二年，则岁入钞二百五十五万八千九百二十贯，钱三百一十九万三百六十六文。"③ 中间相隔二十五六年，钞竟增加4倍，钱增加30余万。又如临清的商税，在弘治十八年（1505），"每年折银几三万两"④，至万历十一年（1583），加至8万两⑤。中间相隔78年，几乎增加了2倍半多。浒墅关万历四十一年至崇祯七年（1613），经过21年，税额增加将近4倍⑥。商税之征在嘉靖时，似乎还算不太重，如德州税课局每岁额办钞

① 叶权：《贤博编》。

② 嘉靖《德州志》卷三《杂著志·散文·袁摈：重建德州税课局记》。

③ 《明世宗实录》卷四一。

④ 《明武宗实录》卷六。

⑤ 《明神宗实录》卷一三六。

⑥ 康熙《浒墅关志》卷四《榷税则例》。

386063贯900文[①]。又如苏州府，嘉靖四年（1525）于“城市各行铺户办纳门摊折征钞银，各州县每年共银五百四十九两，遇闰月加四十七两”[②]。但至隆庆、万历时，商税名目增多，“自隆庆以来，凡桥梁、道路、关津私擅抽税，罔利病民，虽累诏察革，不能去也。迨两宫三殿灾，营建费不赀，如开矿增税。而天津店租，广州珠榷，两淮余盐，京口供用，浙江市舶，成都盐茶，重庆名木，湖口、长江船税，荆州店税，宝坻鱼苇及门摊商税、油布杂税。”[③]各地商税大增，现仅有记载的数字抄录如下：山西、四川“税皆万计”，“即大藩如河南，亦六万余。秦肥瘠视三者回殊，而税额多至十万”[④]。山东岁征商税十三万两[⑤]。广东岁征商税十七万两[⑥]。大同税银，“岁约计少者五六千两，多者六七千两”[⑦]。居庸关“商税，每年有闰月抽收三千余两，无闰月止二千四五百两。”[⑧] 凡货物在运输途中，必重征叠税，如由运河船运货至北京，“货入运河，临清抽六分，至河西务者抽补四分，至京者崇文门亦然，今崇文门仍取十分，虽有临清之票，勿问。”[⑨] 有的商税之重，竟超过原货的价值几倍。有人曾记述过一个真实有趣，而又令人心酸的故事，某人装有灯草、苕草一船，只价1两多银子，而货税与船税却要交三四两，结果小商贩弃船而逃，或烧货而去。“自加税之令下，而市价日高一日。小民日穷一日，至于挑担背负，零星琐屑，无得免者。”[⑩] 在北京城中，肩挑两筐卖菜的农民，也要受宦官的勒索，据清人吴长元记载万历时的情况：“京师各门课钱，俱有小内使经管收纳，囊襆骑驴，例须有课；车则计囊襆多寡以为算。至于菜茹入城，乡民亦于鬓边插钱二文，以凭小内使径往摘取，彼此不相问也。”[⑪]

---

① 嘉靖《德州志》卷二《官治志》。
② 正德《姑苏志》卷一五《田赋·商税》。
③ 《明史》卷八一《食货志》五《商税》。
④ 《明会要》卷五七《食货五》。
⑤ 《明神宗实录》卷四一八、四八六、二三。
⑥ 《明神宗实录》卷四一八、四八六、二三。
⑦ 《明经世文编》卷四五二梅国桢《再请罢榷税疏》。
⑧ 《明神宗实录》卷四一八、四八六、二三。
⑨ 《明神宗实录》卷一三六。
⑩ 吕维祺：《南庚奏议》卷一。
⑪ 《宸垣识略》卷一六《识余》。

第四，对工商业的疯狂掠夺。朱翊钧是一个奢侈之徒，大兴土木，穷兵黩武、三大征及婚礼、珠宝等项，“积而算之，亦既二千六百余万矣。”① 这样的巨额支出，使明政府的财政已发生危机，便转嫁于工商业，遂于万历二十四年至二十七年（1596～1599），明政府派大量宦官充当矿监税使到各地掠夺金银。矿监到处树帜寻矿，拆毁民房，挖掘坟墓，抢劫家财和葬物。税使四出，在通都大邑增设税监，于交通要津设榷关税卡，对过境的米盐、鸡豚、柴炭、蔬果等，都要抽税，造成了“无物不税、无处不税、无人不税”的局面。自万历二十六年至三十四年（1598～1606）期间，这批人掠夺的财富，据不完全统计，共搜银6710000余两，金22000余两②。这仅是上交数字，因为“纳之公家者十一，吞之群小者十九。”③ 以此比例推算，这些人所掠夺金银数字当有四五千万两，除此之外，还有大量金银器皿和珍宝等。

这种竭泽而渔的行径，给工商业所造成的后果是极其严重的，使沿运河的河西务、临清、淮安、扬州等城市，都遭到了惨重的破坏。江南地区为重灾区，“京口以至吴江，相去不过四百里……自设榷关以来，算及鸡豚，物无大小，并令抽税，上既加税，下既增值……而物价腾踊，黎庶艰食，农末皆病，闾阎生理萧条，几无吴矣。”④ 在苏州，税使孙隆“擅自加征”，“令民间一杼月税三镮”，又派人“分据六门水陆孔道攫商贾。”⑤ 杭州的机户也不幸免，万历三十一年（1603）五月，上令两淮内官鲁保兼管浙江官造缎匹，于是“杭城机户闻（之），几逃窜。”⑥ 这样使苏杭的织工“变产陪官，鬻儿抵罪”，故有“今年织户，来岁流民”的谚语。同年，又对常州、徽州、宁国、扬州、广德五处的殷实机户规定：凡上纳缎匹，每匹“扣羡余（银）四钱”，致使“家家破（产），闭户割机……织造日少。”⑦ 这些矿监税使在全国范围内的野

① 《明经世文编》卷四四四，王德完：《稽赋用匮竭之源，酌营造缓急之务，以济时艰疏》。

② 文秉：《定陵注略》卷四。

③ 文秉：《定陵注略》卷四。

④ 《神庙留中奏疏汇要》户部卷二，徐民式《题为商民困极调停计穷等事疏》，户部卷一户科给事中程绍《题为矿变多端等事疏》。

⑤ 《苏州府志》卷一四七《杂记四》。

⑥ 《明神宗实录》卷三八四、三八〇。

⑦ 《明神宗实录》卷三八四、三八〇。

蛮掠夺，从根本上破坏了社会的正常生产秩序，使“农不得耕，商贾不敢贸易”，出现了“商贾断绝，城邑罢市”的局面，“四封之中，五岭之外，更无一处山川得完其面目，更无一处人民得安其生理”①。结果，整个社会经济愈趋枯窘，全国出现了“贫富尽倾，农商交困”②，“三家之村，鸡犬皆恶；五都之市，丝粟皆空”，“虽平昔富庶繁丽之乡，皆凋敝”。这种矿税之祸在人心目中，比倭寇之患还为严重，“倭为皮肤之疾，矿实腹心之病。”③

在这次大劫掠中，各地上纳的银额，又被明政府固定化，变成每年上纳的正额商税，如河南省，“每年额派正税银一万五千三百五十余两，自二十七年榷税后，实增包税银七万一千六百五十余两。”④ 广东省每年则为 18 万两⑤。山东征银至 121000 两⑥。即使是荒僻的广西也要派银 4 万两⑦。又如直隶的唐县，旧税 300 两，“迨二十七年加税议起，顿坐千五百两，则五倍矣。”⑧

这次大掠夺，在政治上所造成的后果也是不可忽视的。各地市民的激烈反抗，更动摇了明朝的统治，使明王朝的颓败之势已经不可挽救，统治阶级内部的分崩离析已经无法弥合。诚如谷应泰说：“当斯时，瓦解土崩，民流政散，其不亡者幸耳”!⑨ 从此之后，明政权已成行尸走肉，名存实亡，病入膏肓，变成一个“痿痹顽钝世界。”⑩ “时局种种可忧，直如抱薪于爨火之上，特未及燃耳。”⑪ 所以《明史》中指出，“识者以为明亡盖兆于此。”⑫ 史学家赵翼说：“明之亡，不亡于崇祯，而亡于万历矣。”⑬

---

① 董其昌：《神庙留中奏疏汇要》，《刑部卷二》。

②《明臣奏议》卷三三，沈鲤《请罢矿税疏》。

③《神庙留中奏疏汇要》户部卷二，徐民式《题为商民困极调停计穷等事疏》，户部卷 1 户科给事中程绍《题为矿变多端等事疏》。

④《明神宗实录》卷四八六、五一四、四一八、四二六。

⑤《明神宗实录》卷四八六、五一四、四一八、四二六。

⑥《明神宗实录》卷四八六、五一四、四一八、四二六。

⑦《明神宗实录》卷四八六、五一四、四一八、四二六。

⑧ 康熙《唐县志》卷八《艺文·周汝达：矿务考》。

⑨《明史记事本末》卷六五《矿税之弊》。

⑩《崇祯长编》三年八月癸酉。

⑪ 顾宪成：《泾皋藏稿》卷四《与仪郭丁长儒》。

⑫《明史》卷八一《食货五》。

⑬《廿二史札记》卷三五《万历中矿税之害》。

明政府是一个专制主义的政权，所实行的一切政策，都是建立在自然经济的基础之上，极力把社会经济禁锢在封建的农本经济藩篱之内。明前期所推行的户役制度、重农抑商政策、货币制度、海禁政策等等，都妨碍了社会经济的发展，违背封建社会后期商品经济的地位越来越重要的发展规律。至明朝中、后期，因生产力的提高，商品经济的发展，明统治者也不得不对明前期所实行的一些政策松动一下，作点相应的调整。因之，遂使商品经济得到较快的发展，商业呈现了繁荣的景象。但由于封建经济结构的阻碍和明统治者的腐朽，不可能对工商业实行真正的保护和奖励政策，恰恰相反地采取政治干预，实行勒索、摧残、掠夺等一系列的粗暴手段，使商业陷入了萎缩状态，给社会经济的发展造成了不可弥补的损失。所以明末农民起义，不仅提出了“均田免粮”的口号，以满足农民的愿望，同时，也提出了“平买平卖”，“公平交易”保护工商业者利益的口号，这些口号的提出，不仅是具有很强的针对性，也是有极其深刻的社会背景。

第四节　明代的海外贸易

明朝建立后，对外实行朝贡贸易政策，具体说就是明政府把制定的勘合（凭证），一份发给朝贡的国家或部落，一份留作底簿。其内容规定入贡的船只数目、随从人数、贡品名称、附载方物、贡期和入境港口等。各国贡使按时到中国海港，首先呈交勘合，如检验后两相符合，则允许入贡，贡使到京，皇帝接见后，依例赏赐，以丝织品为主，此外有瓷器，金、银、钱钞等。入贡国家不仅以贡品换取赏赐物品，而且还借此进行正式的商业活动，往往是把附带的货物中质量最好的一部分，留供皇族之用，这叫做“抽分”或“抽解”。其余的东西可以在指定地点另行销售。明政府为了控制海外贸易，而采取了这种垄断手段。

一、明前期的朝贡贸易

洪武时期，海外诸国来明朝纳贡者有琉球、占城、爪哇、暹罗、三佛齐、浡泥、西洋琐里等30余国，贡品有香料、珠宝、翠、钻、珍禽异兽等。由于明政府得到大量的贡品，所以朱元璋说，这些贡品“可比十州之旷税”，其中尤以胡椒为最多，“即今在仓椒，又有百余万数，可轻定价钱，出榜令好利者往西河及梅川两处中粮，可免腹里之民转运艰辛。若果可行，作急为之”①。这样以大量胡椒换取粮食，来解决甘肃地区的军粮，说明政府在实行朝贡贸易方面，已取得了一定的成效，达到了“禁海贾，抑奸商，使利权在上”的目的。

朱棣即位后，“时承建文废弛之后，靖难之师方息，府库空虚，无有畜积，一对赐赉功臣，赏给士卒，大封亲藩，增置武卫，添设百司。而又招集天下儒生数百人，于馆阁编辑大典，未几遣二十五将军，大兴安南之役，遣内官造巨舰，航海以通西南诸番，复将营建北京宫殿，财用之费万万计。”② 由于当时国内经济发展的需要以及国防的巩固，均需要大量的资金、物资及技术力量，除了国内筹措之外，更需要求助于国外。因之不断派使臣至周边各国访问，扩大朝贡贸易，增加财源。这是朱棣改变朱元璋制定的海禁政策、扩大朝贡贸易的历史背景及其经济原因。

（一）北边及西域地区的贸易

北边及西域地区各国的社会经济，主要以游牧业为主，牧养马、牛、骆驼、羊等，其中尤以马羊为大宗。如瓦剌，“向富强者，数牲畜多寡以对”。判处犯人，往往科以驼百只，马千匹；封建主赐给高级喇嘛牲畜，一次可达5000头乃至1万头；进藏熬茶，一次就以万匹马作为开支之③。由此可以看出当时瓦剌部畜牧业发展的情况，同时也反映了北边各地大量产马的状况。朱棣即位后，屡次派遣使臣前往朝鲜、西域及中亚各国，进行访问。《明史》记载：“当成祖时，锐意通四夷，奉使多用中贵。西洋则（郑）和、景弘，西域则李达，迤北则海童，而西番则率使侯显。”使臣以大量的丝绸、瓷器为礼品，赉赐各地的国王，其目的皆在获得大量的战马。明朝建国后，蒙古是明朝

① 《明太祖集》卷七《命中书西河等处中粮》黄山书社1991年版。

② 《皇明从信录》卷三。

③ 新疆历史资料研究丛书《“明实录”瓦剌资料摘编》第5页。新疆人民出版社1982年6月版。

政府最大的威胁，需要强大的骑兵来对抗，所以朱元璋通过朝贡贸易，从国内少数民族和域外各国获得马匹。王世贞说："高帝时，南征北讨，兵力有余，唯以马为患，故分遣使臣，以财货于四夷市马，而降虏士目来朝，及正元万寿之节，内外屏藩将帅，皆用马为币。"① 经过"靖难"之役，马匹损失很重，建文四年（1402）十二月丁卯"上（朱棣）问兵部尚书刘隽天下马数，曰：比兵耗，止二万三千七百余匹。上命，循洪武故事，严督所司孳牧。"② 由此可见兵部所掌握的战马是很少的。朱棣迅速诏谕几个主要产马国家的国王，通过贡马、市马，获得战马。建文四年十一月，曾"诏谕兀良哈、鞑靼野人诸部，特令百户裴牙失里敕谕尔，其各居边境，永安生业，商贾贸易，一从所便，欲来朝者与偕至。"③ 十二月甲寅，"遣谕哈烈、撒马儿罕等国，各赐金织文绮。"④ 同一天，又"诏谕别失八里王黑的儿火者，并赐采币。"⑤ 其后朱棣北征，曾多次遣使西域各国市马。《明史·迭剌恩》记载："时车驾频岁北征，乏马，遣官多赍彩币、磁器，市之失剌恩及撒马儿罕诸国。其酋即遣使贡马。"⑥ 永乐时期的22年中，各国使节贡马络绎不绝，再加上明政府的大力市马，保证了朱棣北征的用马。

永乐时期各地贡马、市马统计表

时　间	进马情况	材料来源
元年五月	太仆寺卿祝万献市朝鲜马千匹，命令给辽卒	《国榷》卷一三
元年十一月	哈密贡马百九十匹，市马四千七百四十匹	《太宗实录》卷二五
二年三月	安定卫指挥朵儿只束来等来朝，纳马五百，给布绢，后仍予茶	《国榷》卷一三
二年十一月	哈密忠顺王安克帖木儿贡马	同上
三年三月	定辽东互市马价：上上马绢八匹，布十二匹，上马绢布半之，中马绢三布五，下马绢二布四，驹绢一布三	同上
四年九月	设陕西、甘肃二苑马寺卿	《国榷》卷一四

① 《弇州史料》前集卷八《市马考》。
② 《国榷》卷一二。
③ 《国榷》卷一二。
④ 《国榷》卷一二。
⑤ 《国榷》卷一二。
⑥ 《明史》卷三三二《失剌恩》。

续表

时 间	进马情况	材料来源
五年三月	哈密忠顺王脱脱贡马，谕其忠孝	《国榷》卷一四
五年十月	增设北京苑马寺二十四苑。12 月朝鲜贡马三千匹	同上
六年八月	增设甘肃苑马寺，各监苑	同上
六年十月	瓦剌马哈木等遣使贡马，明肃王模献马二千匹	同上
八年三月	瓦剌顺宁王马哈木贡马，8 月中官田嘉禾、海寿刺赐朝鲜国王李芳远银千两，纱罗千匹，彩绢五百匹，芳远前献马万匹，助北征。12 月迤北太师阿鲁台遣使贡马	同上
九年六、十二月	鞑靼太师阿鲁台两次贡马	同上
十一年七月	敕甘肃总兵官、丰城侯李彬曰：回回、鞑靼来朝贡者，所贡之外，如有良马可官市之，遣人送赴北京，价值俟其至京给之。	《太宗实录》卷一四一
十二年三月	兀良哈、福余、泰宁朵颜三卫纳马三千匹	《国榷》卷一六
十三年二月	立北京马神祠于莲花池。3 月贵州宣慰郡县贡马百匹，4 月撒马儿罕贡马	同上
十上年十月	撒马儿罕、土鲁番地面回回法忽儿丁等贡马	同上
十五年三月	和宁王阿鲁台贡马	同上
十七年九月	哈密忠义王使臣及境内回回贡马三千五百余匹	《明史》卷三二九
二十一年六月	哈密卫贡马千匹	同上
二十一年十二月	朝鲜国王李裪遵敕贡马万匹，赐千金，锦绮罗各三百，彩绢四百	《国榷》卷一七
二十二年九月	谕兵部尚书李庆，今太仆寺马增数倍，而畿民一夫或畜三匹、四匹，毕力于此，耕桑尽废，其散马给诸卫所及边卒。	《国榷》卷一八

由上表来看，贡马最多的国家是朝鲜，其中有两次都是纳马万匹，但质量最好的仍是西域各地的贡马，体壮膘肥，耐力持久，为明统治者所崇尚。永乐时期各地贡马很多，明政府不仅在辽东、北京、陕西、甘肃等地都设置了马苑，专门牧养，还把大量的马分配给畿内农民家庭分养。这样有力地保证了朱棣五次北征的需用，还使太仆寺的养马增加数倍。

永乐时期，明朝与西域各国的朝贡贸易非常发达，据国外资料统计，当时“有 20 个代表使团来自撒马儿罕和哈烈，32 个使节来自中亚其他城镇，44 个使团来自哈密绿洲西北部附近。”① 元朝的后裔也大部分来明朝贡，据《明史稿》记载：“元太祖尽平西域，封子弟为王镇之，其小者则设官置戍，元亡，

① （美）莫里斯·罗萨比：《明代到亚洲腹地的两位使者》，见《中国史研究动态》1982 年第 2 期。

各自割据。洪、永间遣人招谕，稍稍来贡，迄宣德朝，称臣奉表者多至七八十部。”① 以上许多使团频繁往来，说明当时明朝已与西域各国都普遍建立了朝贡贸易关系，中国的货物也大量西运，受到各地人民的欢迎。如撒马儿罕城中的商业贸易情况，“四方货物，云集撒马儿罕城者甚众。由俄罗斯及鞑靼里（即蒙古）运来竹布、布革。由支那运来丝货，美丽非凡，尤以绸缎为最。又麝香一物，世界他处无，红玉、钻石、珍珠、大黄等物，亦皆来自支那。支那货物，在撒马儿罕者，最良且最为人宝贵。支那人者，世界最精巧之工人也。”当时西班牙大使克拉维局还亲自目睹商队运货情况，一次“有骆驼八百匹载运货物，由汉八里（北京城）而至撒马儿罕城。”②

朱棣推行开放政策，遣使四出招徕，“由是西域大小诸国莫不稽颡称臣，献琛恐后”，“而四方奇珍异宝，名禽殊兽进献上方者，亦日增月益。”而中国传统的丝绸、瓷器、铁器、漆器等，也沿着古老的丝绸之路源源不绝地西运，促使东西方商业的大发展，使明政府不仅得到了大批的战马，又获得了大量的西域物资和巨大的商业利润。

（二）郑和下西洋、扩大海外贸易

郑和七次下西洋，带着大量的银两、铜钱、各色苎丝、纱锦、刺绣、瓷器、麝香、烧珠、铁锅等，历时28年之久，到达30多个国家和地区。每到各国，都受到当地国王的接见，明朝使团首先开读敕文，再行赉赐礼品，然后再与商人进行公平交易。贸易方式随俗而定，采取多种形式：一是对于一些有价值的野生植物和弃物，经当地人民允许之后，使团则采取采集的办法。如永乐七年（1409），郑和舰队到马来半岛三九洲山时，发现此地产沉香、黄熟香，但此地“山色秀、远见郁苍苍，四面皆环海”，“林木丛生，枝叶茂翠”，从无人开采，说明此地环境险恶，所以“郑和等差官兵（冒险）入山采香，得径有八九尺、长六七丈者六株，香清味远，黑花细纹，山人张目吐舌，言我天朝之兵，威力若神。”③ 又如锡兰山国，有参天之丛山，山顶产6种宝石：红雅

① 《元明史事类钞》卷六《西域奉使》。

② 克拉维局：《游记》载《中西交通史料汇编》第2册第14节，第361～363页。

③ 《星槎胜览》前集《九洲山》。

姑、黄雅姑、青米蓝石、昔蓝泥、屈没蓝。每遇大雨，“洪雨之冲则流于山麓之沙（中），中国人于是拾采。”[①] 再如花面国的那姑儿一山产硫黄，我朝海船驻扎苏门答剌，差人船于其山采取硫黄[②]。二是又在一些国家和地区，则采取以货易货的办法，如锡兰国人甚喜中国麝香、苎丝、色绢、青磁盘碗、铜钱、樟脑等，“则将宝石、珍珠换易。”[③] 如法祖儿国，“中国宝船到彼，开读赏赐毕，其王差头目遍谕国人，皆将乳香、血竭、芦荟、没药、安息香、苏合油、木别子之类，来换易苎丝、磁器等物。”[④] 三是对于一些商业较发达的国家则采取金钱交易的方式，多数地区的人民都喜爱中国的青磁盘碗、苎丝绫绢、烧珠、麝香等，他们往往以淡金（含金量不等，有达六、七、八、九成之分）、银两类买货，还有少数国家则使用中国历代铜钱，仍以铜钱购买中国货。四是使团还得到许多国家赠送的礼品，如在榜葛剌国，以郑和为首的使团就得到大量金银制作的礼品，当使团到达该国后，其王拜迎，“宴我官兵，礼之甚厚”，“宴毕，复以金盔、金系腰、金瓶、金盆赠之天使，其副使皆以银盔、银系腰、银瓶、银盆赠之，其下官员亦赠以金铃、纻苎丝长衣，兵士俱有银钱。盖此国富而有礼者也。”[⑤] 总之，郑和下西洋，深入到各国以各种方式，获得了许多名贵宝品，如占城国的伽蓝香、乌木、观音竹，旧港国的金银香，暹罗国的苏木，南勃里国的珊瑚树，高二三尺，溜山国的龙涎香，阿丹国的大块猫眼石，重二钱许，忽鲁谟斯国的大颗珍珠，如龙眼大，重一钱二三分，还买到了大量的便宜胡椒，如苏门答剌国，盛产胡椒，每400斤值银1两，又如柯枝国所产胡椒每400斤值银5两，运回国后，可获10多倍的利润，更“买到各色奇货异宝、麒麟、狮子、驼鸡等物”。王世贞《弇山堂别集》卷四指出郑和下西洋回归，“所奉献及互市换取未名之宝以巨万计。”祝允明也谈到郑和下西洋的收获时说：“倍收筐匭”[⑥]。

---

① 《西洋朝贡典录》《锡兰山国》第一五。
② 《星槎胜览》前集《花面国》。
③ 《瀛涯胜览》《锡兰国》,《法祖儿国》。
④ 《瀛涯胜览》《锡兰国》,《法祖儿国》。
⑤ 《星槎胜览》《榜葛剌》。
⑥ 《怀星堂集》卷二五《西洋朝贡典录序》。

朱棣推行的扩大朝贡贸易政策，取得了巨大的成效，诚如严从简所说："自永改元，遣使四出，招谕海番，贡献毕至，奇货重宝前代所希，充溢库市，贫民承令博买，或多致富，而国用亦羡裕矣。"① "当是时，兵革初定，论靖难功臣封赏，分封诸藩，增设武卫百司。已，又发卒八十万问罪安南，中官造巨舰通海外诸国，大起北都宫阙，供亿转输以钜万万计，皆取给户曹。（夏）原吉悉心计应之，国用不绌。"② 那时"百废俱兴"，开支浩大，户部尚书夏原吉的精心安排，合理调度，当然是肯定的，但国外的财源，也是"国用不绌"的一个重要因素。

朱棣死后，直至宣德年间，郑和也于宣德八年（1443）四月逝世③。此时适值"三杨"辅政，明朝亦步入了保守封闭的阶段，终于停止了"下西洋"的活动，明前期实行的扩大朝贡贸易也宣告结束。

二、明中期私人海外贸易的发展

自宣德时期停止郑和下西洋，朝贡贸易开始走向衰落，南洋各国陆续中止了这种贸易，根据《明史》记载：日本、撒马儿罕、失剌恩、亦思弗罕、天方等国，经过景泰、成化、弘治、正德，直至嘉靖年间，这些国家与明朝一直保持着"通贡"贸易的关系，但贸易额很小，不占主导地位，比较主要的形式是私人的海外走私贸易。

（一）私人海上贸易的活跃

明朝中期，国际环境发生了前所未有的变化。15 世纪末 16 世纪初，随着地理大发现，西方航海贸易商人的势力开始纷纷向东方扩展，特别是葡萄牙人和西班牙人相继东航，活跃在印度洋和太平洋上。他们各以满剌加与吕宋为根据地，逐渐地将势力伸张到中国的沿海，先到广东，继而至福建、浙江，与中国私人海上贸易发生联系。当时亚洲各国，无论农业生产或手工业生产，可以说大都落后于中国。就是欧洲的一些国家，如葡萄牙、西班牙、荷兰甚至英

---

① 《殊域周咨录》卷九《佛郎机》。

② 《明史》卷一四九《夏原吉传》。

③ 郑一钧：《郑和死于1433年（四月初）》见《光明日报》1983年3月10日。

国，工业生产也还是没有发展起来。这时虽然欧洲各国航海商人达到东方各地，但因自己经济实力不够雄厚、有竞争能力的商品也不多，还不能输出自己国家的工业产品，而是以掠夺和贩卖东方的自然产品与手工业产品为主。这样西方的商人对中国私人海上贸易势力既构不成威胁，反而更依赖他们走私出卖中国货，因而使中国的丝绸、瓷器、铁器制品等，价钱大涨，利润倍增，如此的机遇在一定程度上刺激了沿海商人的活跃。

明中期的走私贸易，在英宗时期还是一些小股的活动，如正统九年(1444)，广东潮州“民滨海者，纠诱傍郡亡赖五十五人，私下海，通货爪哇国。”① 景泰年间，福建漳州边海之地，“民多货番为盗”②。至成化、弘治年间，沿海地区的海商却发生了重大的变化，往往冲破政府禁令，参加海上贸易，据记载：“成弘之际，豪门巨室，间有乘巨舰贸易海外者”③。“濒海大姓私造舰，岁出诸番市易”④，甚至“揽造违式海舶，私鬻诸番”⑤。成化十四年(1478)，江西饶州府浮梁县方敏同弟方祥、方洪三人，共凑银600两，买青白瓷器2800件，用船装载运至广州，结认广东揭阳县布商陈祐、陈荣，海阳县布商吴孟，共合谋雇佣东莞县梁大英，自造违式双桅槽舡一只，装载前项瓷器并布货，“于本年五月二十二日，开舡越过缘边官富等处巡检司，运出外洋到于金门地方”，与番商“兑换得胡椒二百一十二包，黄腊一包，乌木六条，沉香一扁箱，锡二十块”，回运至东安，千户所备倭百户郭庆哨见，船货俱没收，方氏兄弟三人、陈祐、陈荣、吴孟、梁大英七人皆判罪，“律仗九十，徒二年半”⑥。如方敏兄弟贩瓷器越省到广东，又勾结当地商人多人，共同走私，在当时沿海地区像这样规模的走私例子，恐怕也是屡见不鲜的。弘治六年(1493)，两广总督都御史闵珪奏：“广东沿海地方，多私通番舶，络绎不绝，不待比号，先行货卖。”⑦ 走私最活跃的地区，还要算是福建的漳、泉二府。

---

① 《明英宗实录》卷一一三。

② 《漳州府志》卷二五《谢骞传》。

③ 张燮《东西洋考》卷七《饷税考》。

④ 张燮《东西洋考》卷七《饷税考》。

⑤ 《漳州府志》卷四五。

⑥ 《皇明条法事类纂》卷二〇《接买番货》。

⑦ 《明孝宗实录》卷七三。

位于漳州城东南五十里的月港，此时已成为走私商贩集聚的重要港口。崇祯《海澄县志》在描写月港从明初至成弘年间的变化时说，过去这里甚为荒凉，田尽盐卤，每年虽有两熟，农民戴笠负犁，终日辛勤劳作，但收获却很少。于是饶于心计者与孔武有力者，往往以海波为阡陌，倚帆樯为耒耜，甚至捕鱼撒网的渔民也弃渔从商，有钱的人家出赀，贫穷的人当佣，远航外国，以中华之产，易其货物而归，博利可达十倍，故民乐以为之。虽政府严禁，但为利所驱，往往明知故犯，前仆后继，吃苦仍甘，既成习俗，都以为没有比这更好的职业可以寻觅的了。于是船舶趋风扬帆，宝货塞途，家家歌舞赛神，钟鼓管弦之声不绝于耳。十方巨贾竞鹜争驰，真所谓是一个繁华的地界。当然，由于人多事杂，酿隙斗殴，也时有所闻。有些船主，虽只有中上之产，然而转眼之间，已致巨万，若遇风倾复，随之破产，这种情况亦本在所难免。因此笔者感叹曰："成弘之际，称小苏杭者，非月港乎！"①

月港的繁荣，还有地利条件，如位处漳州平原，腹地开阔，港身居九龙江出海口，东面濒临大海，隔海与台湾、琉球对峙，附近海域又是我国与"东西二洋"诸国进行海上贸易的传统航道。再由于月港远离封建统治中心，隆庆元年（1567）之前，此处尚未设县，地处边徼，"封畛遐旷"，"官司隔远，威命不到"，很显然此地是海禁政策实施薄弱的地区，自然是受到民间私商的重视，再加上月港附近港汊曲折，港外又有众多的岛屿便于海商活动，如海门岛，"居民多负海为盗"②，浯屿"积年通番"，是海商的"老穴"③，港口北边有"大泥诸险，又自圭屿以西有紫泥州，西接乌礁、许茂诸州"，皆为"海舟登舶最易之所"④，这些岛屿与港湾都是从事违禁走私贸易的天然场所。

成弘时期，月港已是"货物通行旅，资财聚富商"的闽南巨镇。

（二）海商势力的壮大与嘉靖间的倭患

正德年间，私人海上贸易继续发展，明政府允许部分官府抽税，企图使私人贸易合法化，结果又导致了规模更大的走私贸易，迫使明政府恢复严禁政

① 崇祯《海澄县志》卷一二《风俗》，转引自《中国十大商帮》第六章《福建商帮》。
② 道光《厦门志》卷四、一六。
③ 道光《厦门志》卷四、一六。
④ 顾祖禹：《读史方舆纪要》卷九九。

策。正德九年（1514）六月，广东布政司参议陈伯献奏："岭南诸货出于满剌加、暹罗、爪哇诸夷，计其产不过胡椒、苏木、象牙、玳瑁之类，非若布帛菽粟，民生一日不可缺者。近许官府抽分，公为贸易，遂使奸民数千，驾造巨舶，私置兵器，纵横海上，勾引诸夷为地方害，宜亟杜绝。事下礼部议，令抚按等官禁约番船，非贡献而至者，即阻回，不得抽分，以启事端，奸民仍前勾引者，治之报可。"[①] 总之，嘉靖之前，私人海上贸易虽然屡次发生，且呈现出发展的趋势，但当时的海商尚未形成拥有庞大武装的贸易船团，也未结成朝野相通的走私网。到嘉靖时，由于东南沿海商品经济的发展，资本主义萌芽的出现，私人海上贸易才得到飞速的发展。其主要表现如下：

第一，规模庞大。嘉靖时，出海商人遍及沿海各地。人数最多的是福建，因该地人"素通番船，其贼多谙水道，操舟善斗"，又纷纷"私造双桅大船，广带违禁军器，收买奇货"[②]，远航到海外各地，"与番舶夷商货贩方物"，牟取高利润。福建各地海商都在程度不同地扩大船数，使贸易的规模越来越大，如"漳之诏安有梅岭、龙溪、海沧、月港；泉之晋江有安海，福宁有桐山。各海澳僻，贼之窝响，船主、喇哈、火头、舵公皆出焉"[③]。又如龙溪、嵩屿等地"地险民犷，素以航海通番为生，其间豪右之家，往往藏匿无赖，私造巨舟，接济器食，相倚为利。"[④] 嘉靖十三年（1534），海商林昱等舟五十余艘"冒禁入海"，"福青冯淑等三百四十人泛海通番。"[⑤] 嘉靖二十一年以后，漳泉一带出海商船，更是"往来络绎于海上"[⑥]。浙江的海商也开始下海通番。以前"宁波自来海上无寇，每年只有渔船出洋打鱼樵柴，并无敢过海通番者"。后有一两家海商经营海上贸易，只能去福建、广东买货运回，"潜泊关外，贿求地方官以小船早夜进货，或投托乡宦说关，祖宗之法尚未破也"。至嘉靖时，海商情况大变，"前项贪利之徒，勾引番船，纷然往来，而海上寇盗遂亦

① 《明武宗实录》卷一一三。
② 王忬：《王司马奏议》见《明经世文编》卷二八三。
③ 茅元仪：《武备志》卷二一四《福建事宜》。
④ 《明世宗实录》卷一八九。
⑤ 董应举：《崇相集》第二册《漫言》。
⑥ 张时彻：《芝园全集》，见《明经世文编》卷二四三。

纷然矣"[①]。有的卖产迁居海外，"鬻田产，掳亲戚，问渡扶桑"，有的甚至投身于外夷，为番商献策，所谓"远赘异类，持献图略，效中行翕侯之为者"[②]。广东的私人海上贸易十分发达，如广州附近的游鱼洲，每次"番船一到"，当地的海商"则通同濠畔街外省富商，搬瓷器、丝棉、私钱、火药违禁等物，满载而去、满载而还，追星趁月，习以为常，官兵无敢谁何"[③]。再如香山"为海舶出入噤喉，每一舶至，常持万金，并海外珍异诸物，多有至数万者"[④]。这些海商在经营过程中，一般的说都是由单独的小商贩逐渐发展成为私人海上贸易集团。海上贸易竞争十分激烈，"强弱相凌，自相劫夺"，有时又遇明朝官兵追捕，海商为了应付这种局面，"因各结综，依附一雄强者，以为船头"，到嘉靖时已形成了"或五只、或十只、或十数只，成群分党，纷泊各港"[⑤] 的私人海上贸易集团。这些贸易集团还收纳了许多日本人，如"哄带日本各岛贫穷倭奴，借其强悍，以为护翼"更有"纠合富实倭奴，出本附搭买卖"[⑥]。他们一方面到南洋各地做买卖，一方面又"于沿海兼行劫掠"。嘉靖时期所谓的倭寇首领，如许二、李光头、毛海峰以及后来的王直、徐海、陈东、叶麻等等，都是这些私人海上贸易集团的头子，而被称为"王峰舡主"的王直，就是这些集团中商船最多、势力最大的一个集团，往来于日本与中国沿海各地，进行海盗式的海上贸易。

第二，私人海上贸易中心的出现。如浙江的舟山群岛，岛屿众多，港汊交叉，又远离官府，是海商走私贸易的天然场所。明代中期，此地已成为国际海盗商人的贸易中心。每年盛夏以后，"大船数百艘，乘风挂帆，蔽大洋而下，而台温、汀漳诸处海贾往往相追逐"于此地[⑦]。海商的双桅大船"连樯往来"，纷至沓往，一片繁忙景象。又如福建漳州至广东汕头沿海一带，远离福建、广东省治，也是海商走私贸易的理想地，至明朝中期已发展成为另一个海上贸易

① 范表：《玩鹿亭稿》卷五。
② 王在晋：《海防纂要》卷五《防倭标本说》。
③ 霍与瑕：《霍勉斋集》，见《明经世文编》卷三六八。
④ 周玄時：《泾林续记》。
⑤ 范表：《玩鹿亭稿》卷五。
⑥ 范表：《玩鹿亭稿》卷五。
⑦ 张邦寄：《张文定甬川集》，见《明经世文编》卷一四七。

的中心地区，如南澳云盖寺、走马溪，“乃番船始发之处，惯徒交接之所也”。外浯屿“乃五澳地方，番人之窠窟也”，料罗、乌沙是“番船等船接济之所也”，围头屿上乃“番船停留避风之门户也”[①]。这一带海域每年季风季节，“富商远贾，帆樯如栉，物货浩繁，应无虚日”[②]。这些海商不仅在中国沿海有了贸易的基地，而且在海外的据点也不断增加，如在大泥、万丹、马尼拉、平户、长崎等地都开辟了贸易点。如爪哇新村“中华人客此成聚，遂名新村，约千余家”。在吉兰丹（今马来半岛东岸）“华人流寓甚多，趾相踵也”[③]。海商经年往来于外番，谋取厚利，如浙江海商“虽极远番国，皆能通之”[④]，福建海商“皆擅海舶之利，西至欧罗巴，东至日本之吕宋、长崎，每一舶至则钱货充羬”[⑤]。嘉靖时期，参加海外走私贸易的人数大增，其中有农民、盐民、渔民，也有衣冠之族、官员乃至宦官。当时吕宋岛的“商贩者至数万人”[⑥]，其中漳州人占“十之八”。嘉靖二十六年，前往日本贸易的福建海商，因遇台风，漂到朝鲜海岸的达千余人。[⑦] 浙江海商人数更多，“大群数千人，小群数百人，比比蜎起，而舶主推王直为最雄，徐海次之，又有毛海峰，彭老不下十余师”。其他如沿海盐民“舍其本业，竞趋海利，名曰取柴卤，曰补盐课，实则与贼为市”[⑧]，沿海渔民也“私造违禁大舡，不时下海，始之取鱼，继之接济，终之通番”，甚至沿海的“武官逻卒”，也“阳托捕盗之名，而阴资煮海之利，奸弊相通，禁防尽废”。又如南直隶崇明县“萑蒲之数，而太仓之民亦多效之，乃至衣冠之族，世与贼为婚姻，而甚者则豪奴佃仆往往乾没寇攘而至弗禁也”[⑨]。广东也出现将领通贼的现象，“有司将领……称贼首为翁，相对宴饮欢笑为宾主”[⑩]。宦官内臣也派人下海通番。嘉靖元年，暹逻占城等国海船

---

① 胡宗宪：《筹海图编》卷四。
② 张邦寄：《张文定甬川集》见《明经世文编》卷一四七。
③ 张燮：《东西洋考》卷三。
④ 范表：《玩鹿亭稿》卷五。
⑤ 王胜时：《漫游纪略》卷一。
⑥ 《明史》卷三二三《吕宋》。
⑦ 道光《福建通志·通纪九·明二》。
⑧ 朱纨：《朱中丞甓余集》，《明经世文编》卷二〇五。
⑨ 袁衮：《袁永之集》《明经世文编》卷二七一。
⑩ 高拱：《高文襄公文集》《明经世文编》卷三〇二。

货至广东，未行报税，市舶太监牛荣与家人蒋义山、黄麟等私收买苏木、胡椒并白腊等货，装运至南京，又匿税盘出送官。南京刑部尚书赵鉴等拟问蒋义山等违禁私番贩货例，该入官苏木 399589 斤，胡椒 11745 斤，可值银 3 万余两。[①] 由此可见当时东南沿海地区各阶层从事海上贸易的人相当众多，形成了上下结合、朝野相通的走私网，甚至成为对抗明政府的集团和力量。

15 世纪末，葡萄牙人来到印度半岛，至 16 世纪初，很快就在印度洋上建立了它的霸权。正德六年（1511），侵占当时成为海上贸易集中地的满剌加之后，同年又派舰队闯进广州湾东莞县附近的屯门岛，后被汪鋐率兵驱除。但葡萄牙人并不甘心，一方面又侵占广州湾外的浪白澳作为根据地，另一方面又率舰沿我国海岸由东而北闯进福建漳州附近的浯屿岛和浙江宁波附近的双屿岛。嘉靖三十二年（1553），葡萄牙人又用贿赂手段，买通海道副使汪柏，取得在澳门的停船权，以后终于霸占了这个地方。葡萄牙人占据这些地方后，长期在沿海地区进行骚扰，直接破坏了中国在西洋的贸易活动，从此中国海商的海外贸易就从广州移到福建漳州。港口的转移，标志着西洋海外贸易的衰落与东洋海外贸易的兴起。东洋海外贸易主要是与日本的贸易，这样福建海商与日本的贸易就日益发展起来。恰在嘉靖二年五月，与日本在朝贡贸易问题上发生了一场大的祸乱，这是由于两个日本贡使宋素卿和宗设为了争夺合法的贡使地位而引起的。僧瑞佐与宋素卿代表日本细川藩侯为贡使，宗设代表日本大内藩侯为贡使，两个贡使团先后至宁波，谋求进贡。当时市舶司规定接待贡使是以来贡的时间先后为序，宗设先到，瑞佐、宋素卿贿赂市舶司太监，“先阅瑞佐货，宴又坐宗设上”，宗设不平，遂与瑞佐相仇杀。市舶太监“阴助瑞佐，授之兵器，而宗设众强，拒杀不已”，追瑞佐等至绍兴城，并沿途大掠，杀死明军将领多人，“浙中大震，宗设负固据海岙”，后明朝派兵驱除宗设，但已造成了严重的损失。[②] 因而明朝的一些官员如夏言等，认为“倭患起于市舶”，于是罢市舶绝贡。

自罢市舶后，日本船舶商人便转向勾结沿海不法商人进行贩买，于是沿海

① 严从简：《殊域周咨录》卷八。

② 《明史纪事本末》卷五五《沿海倭乱》。

走私盛行。这时的明政府统治者，鉴于葡萄牙人在沿海的骚扰与日本船舶商人的不法行为，已深存戒虑，便屡次下令加强海禁，严格控制海商下海贸易。嘉靖三年规定，对“私代番夷收买禁物者”，或“揽造违式海舡，私鬻番夷者”，都要处以重刑。[①] 嘉靖四年又规定，凡是双桅海船，统统扣留，即使不是贩卖番物，也“以番物论，俱发戍边卫。官吏军民，知而故纵者，俱调发烟瘴。”[②] 嘉靖八年明令规定，沿海居民“居积番货，以为窝主”，所有航海大船统统“报官拆毁，以杜后患，违者一体重治”[③]。嘉靖十二年再次规定：“一切违禁大船，尽数毁之”，并实行连坐法，“自后沿海居民，私与贼市，其邻舍不举者连坐。”[④] 从禁止制造航海大船发展到大肆烧毁大船，从打击海商发展到对邻舍实行连坐法，反映了明统治者对私人海上贸易的摧残越来越严重。法令虽严，但收效不大。“虽重以充军处死之条，尚犹结党成风，造舡出海，私相贸易，恬无畏忌。”[⑤] 直至嘉靖中期，这种海禁措施已发展到登峰造极地步。嘉靖二十六年七月，明政府任命朱纨为浙江巡抚，提督浙闽海防军务。他上任后，厉行海禁，一方面剿灭了一部分“倭寇”及“海寇”，捕杀海盗头领许栋、李光头等。另一方面“革渡船，严保甲，搜捕奸民”[⑥]，波及“闽浙大姓”，触犯了闽浙豪绅地主的利益。他们暗中指使在朝的闽人周亮、叶镗等，群起攻击朱纨，劾纨“专擅妄杀”，最后朱纨被“落职按问”，于嘉靖二十九年仰药自杀。朱纨死后，“罢巡视大臣不设，中外摇手不敢言海禁事”[⑦]。嘉靖三十年夏四月，浙江巡按御史董威等人前后请宽海禁，也获得成功。“自是舶主土豪益自喜，为奸日甚，官司莫敢禁。”[⑧] 这次胜利的取得是沿海私人海上贸易集团长期斗争的结果，从此私人海上贸易更加活跃。

---

① 《明世宗实录》卷三八、五四。
② 《明世宗实录》卷三八、五四。
③ 《明世宗实录》卷一〇八、一五四。
④ 《明世宗实录》卷一〇八、一五四。
⑤ 冯璋：《通番舶议》见《明经世文编》卷二八〇。
⑥ 《明史》卷二〇五《朱纨传》。
⑦ 《明史》卷二〇五《朱纨传》。
⑧ 《明史纪事本末》卷五五《沿海倭乱》。

三、明后期海禁开放与国际贸易

明代后期，海外市场对中国货物的销售是极其有利的，不但需要量大，而且价钱也很高。同时，国内商品经济也较为发达，资本主义萌芽出现在长江三角洲以及东南沿海等地区，经济作物和手工业产品大量涌入市场，具备了大量的出口物资。仅以瓷器出口来说，在1602～1682年的80多年中，输出量竟达1600万件以上[①]。再以交通条件说，中国的造船业也十分发达，每年生产的大商船，不但数量多、航程远，航海技术也是比较先进的。尽管有如此好的条件，但愚昧顽固的明统治者，仍坚持海禁，遂引起沿海私人海上贸易者的反禁海斗争。又由于海外贸易，必然要与外国人打交道、发生关系，因之，反禁海斗争这一国内矛盾，却往往为国外侵略势力所利用，他们插手后，使禁海与反禁海的矛盾发生了质变，成为侵略性质。嘉靖三十一年（1552）之后的倭寇之患就是属于这种性质。

（一）倭寇之患的平定与海禁开放

从明初开始，倭寇在沿海经常进行骚扰和劫掠，至嘉靖时，由于浙闽地区出现了一些私人海上贸易集团的不法首领，勾引倭寇来中国沿海抢掠，尤其在朱纨死后，形势对他们有利，因之，大肆出掠，所谓“海寇大作”[②]。嘉靖三十一年倭寇在各地焚杀，几有不可收拾之势，三十二年“汪直勾诸倭大举入寇，连舰数百，蔽海而至，浙东、西，江南、北，滨海数千里，同时告警”[③]，他们到处劫夺财物，屠杀平民，掠夺人口。三十三年徐海、林碧川等引倭寇进犯直、浙各地，在昆山县“杀人万计”，“烧房二万余间”[④]。浒墅民居被烧达“二万七千余家”[⑤]。三十四年初，倭寇又大举进犯，杭州被围，“数十里外，血流成川”[⑥]，并进占南直华亭县柘林川。这时明政府多次派军发动进攻，屡

---

① 丁·佛尔克著：《瓷器与荷兰东印度公司》，转引自《文物》，1963年第1期，陈万里：《宋末—清初中国对外贸易中的瓷器》。

② 《明史》卷二〇五《朱纨传》。

③ 《明史》卷三二二《日本传》。

④ 归有光：《昆山县倭寇始末》。

⑤ 郑舜功：《日本一鉴》《穷河话海》。

⑥ 《明史记事本末》卷五五《沿海倭乱》。

遭惨败，其中虽有俞大猷嘉兴王江泾大捷，还有胡宗宪诱杀寇首徐海、陈东、叶麻、汪直及日本大隅岛主之弟辛五郎等，于是两浙倭寇的气焰有所减弱，而倭寇复至江北、福建、广东等地继续为患。

嘉靖时期，抗倭名将戚继光，在抗倭战场上，屡建奇功，“名闻天下”。嘉靖四十年（1561），倭寇大掠浙东地区的桃渚、圻头，戚继光率军大败倭寇于宁海龙山，倭寇转掠台州，“戚家军”紧追不舍，“先后九战皆捷，俘馘一千有奇，焚溺死者无算”。同时，总兵官卢镗亦大破倭寇于宁波、温州，于是浙东的倭寇遂告平定。嘉靖四十一年，倭寇转掠福建，戚继光率军入闽，次年四月，戚继光、谭纶、俞大猷共同作战，“合攻贼于平海”卫，斩敌2200余名，福建倭患遂平。此后倭寇余部多集结在广东，嘉靖四十三年俞大猷调任广东总兵官，时大盗吴平与潮州倭两万人相犄角，日掠惠、潮间，俞大猷先击败潮州诸倭，然后再围攻吴平于南澳等地“破之”。从此吴平“远遁以免，不敢入犯矣”。不久继而剿灭海贼曾一本，于是广东倭患也得到了解除。

嘉靖年间的倭寇起源，有着深刻的社会背景，特别是沿海大量的“奸民”、“奸商”的参加，不可否认这些人有着冲破海禁政策，要求发展民间海上贸易的愿望。但他们与倭寇相勾结，有些首领竟被日本的“岛主”所利用，充当掠夺明朝的工具，在沿海进行烧杀、掳掠男女，劫夺货财，给沿海人民带来了深重的灾难。戚继光、俞大猷领导的抗倭战争，到处得到人民的支援，因之这次倭患的平定，也是沿海爱国军民一致斗争的结果。倭寇的破坏，所造成的后果是非常严重的。首先是破坏了东南地区的社会经济，使明政府财政收入大减，更加深了明政府的财政危机。倭患“受害浙最剧，次南直，次闽，又次粤”①，“江南苏、松、杭、嘉等府，田赋甲天下，江北扬州、通、泰等处，盐课甲于天下。”经过倭寇焚戮之后，“至于人民荼毒，闾井萧条，就使生养休息，不十余年，未得复旧。”② 嘉靖三十六年二月，户部尚书方钝说：“盖由迩来东南苦倭患，岁入仅半常数。”③ 其次，倭寇之患消耗了明朝的大量人力

① 《皇明象胥录》《日本条》。
② 郑晓：《重大倭寇乞处钱粮疏》，见《明经世文编》卷二一七。
③ 《明世宗实录》卷四四四。

和物力，直接影响了东南地区社会经济的发展，对于资本主义萌芽也起了一定的摧残作用。嘉靖时的倭患“首尾七八岁间，所破城十余，掠子女财物数百千万，官军吏民战及俘死者，不下数十万……天下骚动，东南髓膏竭矣。”① 明政府在剿平这次倭寇之役中，“用兵以百万计，费金钱不计其数，杀人如麻，弃财若泥……此可谓宇宙以来所无之变矣。”② 明政府在消除倭患之中也付出了很高的代价，这些代价和财政危机也有力地促使明统治者更加深刻地认识“海禁”政策的失误，死守“祖训禁绝之旨”是死路一条。再从当时明政府的实力来看“北虏南倭”的双层压力，已使明政府无力对付东南沿海的走私贸易，因之，明政府对海禁政策不得不作重大的调整。于是，隆庆元年(1567)，福建巡抚都御史涂泽民，“请开海禁，准贩东西二洋，盖东洋若吕宋、苏禄诸国，西洋若交趾、占城、暹罗诸国……而特严禁贩倭奴者，比于通番接济之例。”③ 这一请求得到明政府的允准。此次开放海禁，并非敞开大门，毫无限制，商人若要下海贸易必须申请引票，而且在船只数目、贸易地点等方面，也都有严格的规定，最明显的是对日本的态度。严禁对日本贸易是一条最大的错误，大大妨碍了生丝、瓷器、中药材的出口。万历时，明朝的湖丝多由闽浙商人与西洋番舶贩运至吕宋，日本人不能与中国直接贸易，只好转向吕宋采买，但价钱昂贵。大约在这时，葡萄牙人利用日本不能与中国直接贸易的机会，他们每年在贩卖中国丝绢于日本这宗生意上，就可获利达235万两。④ 这次开放海禁，虽具有不彻底性，但它毕竟是打破了自明初以来的海禁政策，使我国的海外贸易得到比较正常的发展，又使私人海上贸易活动，取得了合法的地位。

（二）私人海上贸易的繁荣与白银内流

海禁开放后，沿海贸易非常活跃，其盛况如周起元所说：“我穆庙时，除贩夷之律，于是五方之贾，熙熙水国，刳艅艎，分市东西洋，其捆载珍奇，故异物不足述，而所贸金钱，岁无虑数十万，公私并赖，其殆天子之南库也”⑤。

---

① 《弇州史料》卷一八《倭志》。
② 沈一贯：《乞禁止倭人贡市疏》，见《明臣奏议》卷三二。
③ 张燮：《东西洋考》卷七《饷税考》。
④ 百濑弘著：《明代中国之外国贸易》见《食货》4卷1期1936年6月。
⑤ 张燮：《东西洋考》卷七《饷税考》卷首《周起元序》。

这时沿海的贸易港主要是福建的月港与广东的澳门。葡萄牙商人独据澳门，开辟澳门——果阿——里斯本与澳门——长崎两条航路，转贩中国商品。从澳门运往果阿的商品主要以生丝、丝织品为大宗，仅万历八年至十八年（1580～1590），每年输往果阿的生丝达3000余担，约值银24万两。向长崎贩运的中国商品，其贸易额更为惊人。日本是个产银国，早在足利幕府末期，在石田、但马、佐渡、甲斐、伊豆等地场开采银矿、开采白银的技术也较高，用吹溶的方法使银与矿渣分离，称“银山银吹”。至万历年间，石见、佐渡、秋田三地矿山产银甚多，因之白银已成为日本的主要硬通货。当时日本国内急需中国各种货物，而且价钱非常昂贵，如丝，“每百斤值银五六百两”，丝绵，“每百斤价银至二百两”，红线“每一斤价银七十两”，水银“每百斤卖银三百两”，针“每一针价银七分”，铁锅“每一锅价银一两”，川芎“一百斤价银六七十两”，中国古钱，每1000文价银4两①。由此可知，日本主要用银来买中国货。当时日本的白银不仅由到长崎的中国海商运回中国，也有通过葡萄牙商人间接流入中国的。葡萄牙商人将日本银运到澳门，购买中国丝绸等货，再转运至日本，故日本流向澳门的白银也大半输入中国。矢野指出：“他们（葡萄牙人）每年在贩买中国绢于日本这宗生意上获得的银，年额达二百二十五万两，以充作他们购买中国货往欧洲的资本”②。“据估计，万历十三至十九年（1585～1591）间，葡萄牙人每年运往日本的中国商品约值六十至一百万克鲁沙多，万历末年，有时每年高达三百万克鲁沙多（葡萄牙银元，每一克鲁沙多约合白银一两）”③。同时，有许多中国商人留居日本，分布于筑前、博前、长崎诸港。据天启五年（1625），明政府兵部题陈：“闻闽越三吴之人，住于倭岛者，不知几千百家，与倭婚媾长子孙，名曰唐市。此数千百家之宗族姻识，潜与之通者，迹姓名，实繁有徒，不可按核。其往来之船，名曰唐船，大都载汉物以市于倭，而结萑苻出没泽中，官兵不得过而问焉”④。这些现象都可以反映出中

① 李言恭、郝杰：《日本考》卷一《倭奴》。

② 矢野：《关于长崎贸易之绸及银的向中国之输出》，见《经济论丛》第26卷第2号。转引自梁方仲：《明代国际贸易与银的输入》，见《梁方仲经济史论文集》中华书局1989年版。

③ 傅衣凌主编：《明史新编》第307页。

④ 《明清史料》乙编7本；天启5年（1625），兵部题行条陈澎湖善后事宜残稿。

日两国间贸易的频繁和商业的发达。

另一个更重要的贸易港是福建的月港，嘉靖四十四年（1565）西班牙占领菲律宾后，开辟了月港——马尼拉——墨西哥阿卡普鲁可之间的横越太平洋航路。通过这条航路，美洲的白银大量运到吕宋，再流入中国。当时南美洲是世界上著名的产银地，西班牙人于15、16世纪抵达那里后，大规模开采，其中仅秘鲁南部的波多西（Potosi 今属玻利维亚）银矿，据西方历史家的记载，自天启四年至崇祯七年（1624～1634）该矿每年平均产银5232425西元。自嘉靖二十四年（1545）发现后，至乾隆五十四年（1789），该矿所产白银，共值234693840镑①。17世纪末叶，墨西哥银矿的开采，成为全世界产银最多的地方。西班牙人每年从南美洲运出大批银元到吕宋购买中国商品，使白银源源不断地流入中国。万历年间，福建晋江人李廷机说："弟生长海陬，少时尝见海禁甚严，及倭讧后，始弛禁。民得明往，而稍收其税以饷兵，自是波恬，或言弛禁之便，盖贫民藉以为生，冒禁阴通，为患滋大，而所通乃吕宋诸番，每以贱恶什物，贸其银钱，满载而归，往往致富。"② 张燮在《东西洋考》中也说："东洋吕宋，地无他产，夷人悉银钱易货，故归船自银钱外，无他携来，即有货亦无几"。又在《菲岛史料汇编》中也可以找到大量有关白银流入中国的记载，如万历十四年（1586）一位西班牙官员给国王腓伯二世的信中说："许多白银和银币都运到那里（马尼拉）去交换中国货物，这些银子虽然若干乃留在菲岛，但其余全部都为中国大陆运货到那里出售的华商运走"。万历二十五年（1597），菲律宾总督在给腓力伯二世的信中说："所有的银币都流到中国去，一年又一年的留在那里，而且事实上长期留在那里"。万历二十六年（1598），马尼拉大主教在给腓力伯的信中也说："每年由新西班牙（美洲）运来的一百万西元的银币，都违反陛下的命令，全部转入中国异教徒之手。"据估算，万历十四年（1586）以前每年约输入30万比索，是年达50万比索；万历二十六年（1598）前后每年增至80万～100万比索；万历三十年（1602）前后每年骤增至200万比索；万历三十二年（1604）更达到250万比索以上。

---

① 全汉昇著：《中国经济史研究》中册《明代的银课与银产额》。

② 李廷机：《李文节公文集·报徐石楼》，见《明经世文编》卷四六〇。

另外，葡萄牙人每年从欧洲和印度运往澳门的白银，也有 20～100 万比索[①]。日本生产的白银，每年约有五六十万两至 100 余万两，经葡萄牙人运往澳门而流入中国。[②] 据梁方仲估计，自万历元年至崇祯十七年（1573～1644）的 72 年间，葡萄牙、西班牙、日本诸国由于贸易而输入中国的银元，至少在 1 亿元以上。[③]

白银的大量流入，对我国社会经济产生了一系列的影响。首先，它促进了明代赋役制度的改革。明代赋役货币化的倾向，早在宣德已出现，一直拖延到嘉靖后期，才进入赋役货币化的大发展时期，但全国性的完成工作还是在万历年间进行的，万历九年全国普遍推行一条鞭法，每年赋税的总征银量达 1500 万两以上。其次，白银成为全国性的流通货币。明朝建国，朱元璋为保证宝钞的流通，禁止使用白银，永乐以后政府屡次下诏严禁银的使用，直到英宗时，才有“弛用银之禁”。虽然明政府允许民间用银，但由于我国白银产量不足，无法满足货币流通方面的大量需要。从洪武二十三年到正德十五年（1390～1520）的 130 年当中，全国征收银课总额为 11395775 两，按明代每年的银课约等于当年银产量的 30%。由此推算，明代正德以前全国每年产银量在 30 万两上下，这个数字远远不能满足社会的需要。明后期由于商品经济的发展，市场需要大量的银，所以当时发生“银荒”，于是在嘉靖年间，政府竭力开采银矿，万历年间更为了克服财政危机，甚至派出矿监税使，到全国各地搜刮银两，共进银也不过五六百万两，结果是天下骚动，得不偿失。正当国内缺银之时，国外白银大量流入中国，适时地解救了中国的银荒，使白银真正成为主要货币，这在中国货币史上是个划时代的变化。

白银在推动我国的商业发展中也起到了积极的作用。当时海商从吕宋运回墨西哥银元，马上流通到东南沿海市场上。在福建“钱用银铸造，字用番文，九六成色，漳人今多用之”[④]。洋银至广州，“揽头者就舶取之，分散于百工之肆，百工各为服食器物，偿其值。承平时，商贾所得银皆以易货，度梅岭者，

① 引自艾维四：《明史与世界史》。

② 引自全汉昇：《明代中后期澳门的海外贸易》。

③ 梁方仲：《明代粮长制度》，上海人民出版社 1957 年版第 128 页。

④ 《天下郡国利病书》卷九三《福建三》。

不以银捆载而北也，故东粤之银出梅岭十而三四”①。在苏州，“富商大贾数千里辇万金而来，摩肩连袂”②。在松江、太仓等棉布产地，“闽广人贩其归乡者，每秋航海来贾于市，无虑数十万金”③，“标布盛行，富商巨贾操重赀而来者，白银动以万计，多或数十万两，少亦万计”④。内地商人也腰缠万金来广东采购铁货，霍与瑕曾说：“两广铁货所都七省需焉，每岁浙、直、湖、湘客人，腰缠过梅岭者数十万，皆置铁货而北”⑤。

隆庆时期实行海禁开放政策，对中国商人参加国际贸易无疑是一次机遇。于是海商大规模出海贸易，以中国的生丝、瓷器、丝织品、药材、铁器等货物，换回了大量的白银，不但解决了当时的“银荒”，进而又促进了国内商业的发展。

---

① 屈大均：《广东新语》卷一五。

② 康熙《吴江县志》卷一七。

③ 《镇洋县志》卷一。

④ 叶梦珠：《阅世编》卷七。

⑤ 霍与瑕：《霍勉斋集》卷一二《上吴自湖翁大司马书》。

第八章　明代的货币政策与货币运行

明代的货币种类繁多，中国历史上存在过的主要货币形式，大多可在明代找到，其中最重要的、亦即流通范围最广且又使用较久的为银、钱、钞三种。银即白银，钱即外廓圆内孔方之铜钱，钞即明朝发行的纸币“大明宝钞”，简称“宝钞”，或“钞”。此外，包括黄金在内的很多物品也都充当过商品交换的媒介，云南地区尚使用原始性的贝币——海𧵳，然这些物品在商品交换中所起的作用，远不及银、钱、钞重要。

明代的货币状况无疑与以往的货币状况有一种继承关系。中国有着铸造、使用铜钱的长期历史，自宋朝以来，多数王朝皆实行银、钱、钞兼用或交替使用的办法，这种历史背景，不可避免地会对明代的货币状况产生影响。不过，对明代货币状况影响更大的，则为两个现实因素：其一是商品经济发展水平，其二是明王朝的货币政策。商品经济的高度发展，决定了白银的货币地位不断提高和流通领域中用银日益普及，而商品经济发展在时间、空间上的不平衡性，又决定了当时的货币只能是多元的。明朝的货币政策是封建专制主义中央集权制度在货币领域的一种表现。在多种因素影响下，特别是在商品经济的要求和封建专制统治的需要这两个相互矛盾的力的作用下，明代的货币经历了一个艰难曲折的发展、演变过程。

第一节　明代的钞法

一、钞法的确立

明代人将有关铜钱的制度称为“钱法”，有关纸币的制度则称为“钞法”。

明朝初年，首先实行钱法，至洪武八年（1375）三月，始实行钞法。《明太祖实录》卷九八载：

诏造大明宝钞。时中书省及在外各行省皆置局以鼓铸铜钱，有司责民出铜，民间皆毁器物以输官，鼓铸甚劳，而奸民复多盗铸者。又商贾转易，钱重道远，不能多致，颇不便。上以宋有交会法，而元时亦尝造交钞及中统、至正宝钞，其法省便，易于流转，可以去鼓铸之害，遂诏中书省造之。

明朝钞法主要包括以下内容：第一，设置、完善管理机构；第二，确定钞的形态；第三，制订防伪措施；第四，印制、发行宝钞；第五，规定“大明宝钞”与金、银、铜钱的比价；第六，制订旧钞更新办法。

（一）管理机构

“大明宝钞”的印制、管理机构为宝钞提举司，该机构始设置于洪武七年（1374）九月，最初设提举一人，正七品，副提举一人，从七品。所属有抄纸、印钞二局，宝钞、行用二库。① 同年十一月，升宝钞提举司为正四品。②洪武十三年七月，“罢宝钞提举司及布政使司检校、照磨、管勾……”③。洪武十九年九月，“复置宝钞提举司，秩正八品。”④ 永乐七年（1409），明王朝又设北京宝钞提举司。⑤

在宝钞管理机构中，值得注意的为行用库。洪武七年初设宝钞提举司时，所属机构即有行用库。洪武八年三月正式实行钞法，明王朝规定“若有以金银易钞者听”，随后又下令设置行用库。《明太祖实录》卷九八载：

命置行用库，在京设大使一人，正八品，副使一人，从八品，典史一人，都监二人，隶户部，在外府州设大使各一人，皆省注。

置行用四库于应天府聚宝、幕府、仪凤三门及会同桥。

由重复下令设置行用库看，洪武七年时行用库应当只存在于官方文件中。

---

① 《明太祖实录》卷九三。
② 《明太祖实录》卷九四。
③ 《明太祖实录》卷一三二。
④ 《明太祖实录》卷一七九。
⑤ 万历《明会典》卷三一《钞法》。

如行用库当时已经设立，洪武八年三月再下达这类命令便是毫无意义的。

在明代，负责倒换旧钞的机构和负责旧钞更新的机构都叫行用库，但洪武八年时，明王朝尚未进行旧钞更新，因此，上述行用库不会是旧钞更新机构，而应是负责用钞换取民间金银的机构。

洪武八年设置的行用库可能在后来某个时间又取消了，于是至永乐五年（1407），明王朝又“于京城设官库一所，凡官员军民人等，但有以金银易钞者，不拘多寡，听于本库收数，各验成色，照时值倒换官钞行使，在外于府州县倒换。”① 直到明仁宗即位后，这类行用库才最后消失。《明仁宗实录》卷三上载：“革户部及南京户部行用库。初建行用库，专市民间金银，至是罢市，故革之。”

（二）钞的形态

初行钞法，明王朝对“大明宝钞”的形态做了详尽规定：

> 取桑穰为钞料。其制方，高一尺，阔六寸许。以青色为质，外为龙文花栏，而横题其额曰“大明通行宝钞”。内上两旁复为篆文八字，曰“大明宝钞，天下通行”。中图钱贯状，十串则为一贯，其一（下）云：“中书省奏准印造大明宝钞，与铜钱通行使用，伪造者斩，告捕者赏银二百五十两，仍给犯人财产。”若五百文则画钱文为五串，余如其制而递减之。……其等凡有六，曰一贯，曰五百文，四百文，三百文，二百文，一百文。②

洪武十三年（1380），明朝撤消中书省，以造钞事改属户部，“大明宝钞”的钞印因而由“中书省”改为“户部”。此后宝钞“无分中书、户部，一体行使”③。洪武二十二年（1389）四月，户部官提出造小钞，朱元璋采纳了这一建议。这样，在原有六等宝钞外，又有了10文至50文五等小钞。明成祖朱棣即位后，户部尚书夏原吉主张在更换钞版的同时，借改元永乐之机，将“大明宝钞”上的洪武年号改为永乐年号，朱棣曰：“板岁久当易则易，不必改洪

① 万历《明会典》卷三一《钞法》。
② 《明太祖实录》卷八九。
③ 《明太祖实录》卷一三一。

武为永乐，盖朕所遵用皆太祖成宪，虽永用洪武可也。”① 自后终明世“大明宝钞”皆用洪武年号。

（三）防伪措施

明朝实行钞法，在防伪方面颇为留意，除了在钞面上印有对伪造宝钞者的惩罚办法外，洪武二十一年（1388）五月又规定：

> 凡罪人当籍其家者，如谋叛、奸党、造伪钞之属则没其资产、丁口，余者只收资产而不孥，仍以农器、耕牛还之，俾为衣食之本。②

《明会典》卷一七〇《伪造宝钞》有关这一方面的规定则为：

> 凡伪造宝钞，不分首从及窝主，若知情行使者皆斩，财产并入官，告捕者官给赏银二百五十两，仍给犯人财产……若将宝钞挑剜、补辏、描改，以真作伪者，杖一百，流三千里，为从及知情行使者，杖一百，徒三年。其同情造伪人，有能悔过，捕获同伴首告者，与免本罪，亦依常人一体给赏。

应当与防伪有关，明代印钞，对加盖钞印十分重视，为了避免、减少可能出现的漏用、倒用钞印现象，不惜对责任人施加笞杖之刑。《明会典》卷一六二《漏用钞印》载：

> 凡印钞不行仔细，致有漏印及倒用印者，一张笞一十，每三张加一等，罪止杖八十。若宝钞库不行用心检闸，朦胧交收在内者，罪亦如之。

民间则有人认为钞印上有特殊的防伪标志，如祝允明《野记》称：

> 钞法既行，上命皇太子专董其事，时伪造甚众，比有得者，一验即知真伪，盖其机识在二印，伪者不知。③

《野记》中说钞印上有特殊标志固然不一定可信，但洪武时期伪造宝钞者不少却是事实，当时因为有人造伪钞，曾数起大狱，其中句容杨馒头一案，涉及人数颇多，自京师至句容90里间，到处都可以看到尸体。

---

① 《明太宗实录》卷一四。

② 《明太祖实录》卷一九〇。

③ 《历代小史》卷七九。

(四)“大明宝钞”的印制和发行

明朝实行钞法，完全没有发行准备金。因此从某种意义上可以讲，宝钞存在的依据主要不是经济上的，而是政治上的，即政权的力量与信用。这使得明朝钞法变行非常简单，那就是，印出宝钞，规定钞的价值，然后将钞发行出去。

由于不受准备金的限制，因此无论印制宝钞还是发行宝钞，都没有一个明确的限额。从印钞讲，当时能够决定其数量的因素有二，一是印钞时间，二是工匠数量。关于印钞时间，洪武二十六年（1393）规定：“其宝钞提举司每岁于三月内兴工印造，十月内住工。”① 可知大致为每年七个月左右。关于工匠数量，未见当时的记载。景泰元年（1450）五月，户部奏：“宝钞局造钞近已停止，每年止造草纸七十余万，而用匠六百余名，分为二班，三日一代，岁支粮共三千六百余石，今各人自愿一年四季分番更代，除上工之日则支月粮，其余截日住支，以备他用。”② 弘治十五年（1502）八月，御史余敬说：“南京宝钞停造，宜将钞纸匠二百七十七名悉遣当差。”③ 两地相加，约有900人左右。这是宝钞停印多年后剩余的工匠数量，方其造钞之时，应当比这一数量还要多。明朝的印钞活动，就这样年复一年进行着，其间只有少数年份例外。而这些例外，在很大程度上也主要是考虑到财政需要已经满足和工匠需要休息，而不是意识到了限制宝钞数量的必要性。洪武十七年（1384）三月，朱元璋下令停造宝钞，理由是“国用既充，欲纾匠力故也”④，即其一例。至宣德三年（1428）六月，明宣宗下令停造宝钞⑤。此后未见有印钞记录。

“大明宝钞”的发行方式有两种，其一是国家用钞换取人民手中的金银，其二是将钞用于财政支出，但在无限制发行这一点上，二者是相同的。事实上，“大明宝钞”的发行数量最终取决于两方面，一是国家财政需要，二是人民手中实际有多少金银。除此之外，明朝统治者基本上不予考虑。

---

① 万历《明会典》卷三一《钞法》。
② 《明英宗实录》卷一九二。
③ 嵇璜：《续文献通考》卷一〇《钱币考》。
④ 《明太祖实录》卷一六〇。
⑤ 《明宣宗实录》卷四四。

明朝用钞换取民间金银的情况，从行用库的兴废可以了解其大概。至于明朝通过这种方式发行了多少宝钞，因无文献记载，不好断言，由行用库存在了半个世纪来看，数量当不会太少。同用钞换取民间金银相比，将钞用于财政支出的发行方式涉及面更广，持续时间更长。从文献记载中可以看出，实行钞法后，很多原来用银、钱、实物支出的地方，都改用钞支出了。其中主要有：

第一，支发俸禄。洪武九年。明朝定诸王公主岁供之数，其中规定，亲王岁给钞25万贯，靖江王万贯，公主未受封者钞2000贯，其下多少不等，至县主尚有钞500贯。洪武十三年（1383），重定内外文武官岁给禄米、俸钞之制，从正一品至从九品，给俸钞自300贯至30贯不等①。洪武十八年十二月，朱元璋令："凡天下有司官禄米以钞代给之，每钞二贯五百文代米一石。"② 朱棣即位后，户部尚书夏原吉等进《会议在京官吏军士俸粮支米钞格》，其中规定，公、侯、伯、驸马、仪宾禄并支全米，其文武官一品，二品俸支米者什之四，三品、四品什之五，五品、六品什之六，七品、八品什之八，余折支钞。原定每石折钞5贯，朱棣令增为10贯③。

第二，卫所军士月盐、月米支钞。洪武十五年十一月规定，在外卫所军士，月盐皆给钞，各盐场给工本钞④。"永乐中，始令粮多之地旗军月粮八分支米，二分支钞，后山西、陕西皆然，而福建、两广、四川则米七钞三，江西则米钞中半，惟京军及中都留守司，河南、浙江、湖广军，仍全支米。已而定制，卫军有家属者，月米六斗，无者四斗五升，余皆折钞。凡各卫调至京操备军兼工作者，米五斗。其后增损不一，而本折则例，各镇多寡不同，不能具举"⑤。

第三，赏赐臣民和周边国家的国王、使节。洪武十九年三月，朱元璋令："天下来朝官员及岁解诸税课赴京者，无问远近，皆给钞二十锭为道里费。"⑥

---

① 《明史》卷八二《俸饷》。
② 《明太祖实录》卷一七六。
③ 《明太宗实录》卷一五。
④ 《明太祖实录》卷一五〇，《明史》卷八一《钱钞》。
⑤ 《明史》卷八二《俸饷》。
⑥ 《明太祖实录》卷一七七。

永乐九年（1411）九月，满剌加国王拜里迷苏剌辞归，朱棣除赐给金银若干外，又赐钞 40 万贯，赐王妃钞 5000 贯，“其陪臣等各赐白金钞钱采币有差”①。永乐十八年八月，苏禄国遣使入贡，赐钞币遣还②。永乐二十二年四月，满剌加国王西哩麻哈剌者还国，明朝的给赐物品中也有钞 32270 锭。③

第四，购买国家需要的物品。如宣德三年（1428）五月，亦力把里使臣打剌罕马黑麻等以马来鬻。明朝定的价格是，中马每匹钞 3000 贯，下马每匹 2500 贯，下下马每匹 2000 贯，骡驹 1000 贯。于陕西行都司官钞内给与。④

需要指出的是，明朝实行钞法，只重视向外发钞，却不重视钞的回收。老百姓可用金银与国家兑换宝钞，却不能用钞与国家兑换金银。也就是说，金银只能由民间流向国家，却不会由国家流向民间。明英宗正统元年（1436），由于“大明宝钞”贬值严重，户部尚书黄福主张国家用银换取民间旧钞，但未被采纳。关于此事，《明英宗实录》卷十五载：

> 少保兼户部尚书黄福言四事：一、宝钞本与铜钱兼使，洪武间银一两当钞三五贯，今银一两当钞千余贯，钞法之坏，莫甚于此。宜量出官银，差官于南北二京各司府州人烟辏集处，照彼时值倒换旧钞，年终解京。俟旧钞既少，然后量出新钞，换银解京……户部言：“即今凡事务从减省，若又差人出外，未免动扰军民，待一二年后议行。”从之。

说明至少到此时，金银仍然只是单向地由民间向国家流动。

金银既然只进不出，于是国家回收宝钞的主要途径便只剩下征收赋税了。明朝的赋税收入主要为田赋收入，而明朝最初规定的宝钞在财政上的用途却是，“凡商税课程，钱钞兼收，钱什三，钞什七，一百文以下则止用铜钱”⑤，并不包括田赋在内。此后虽然也曾实行过田赋征钞，如洪武九年，朱元璋下令：天下税粮，“民以银、钞、钱、绢代输。银一两、钱千文、钞十贯，皆折

---

① 《明太宗实录》卷一一九。
② 嵇璜：《续文献通考》卷一〇。
③ 《明太宗实录》卷二七〇。
④ 《明宣宗实录》卷四三。
⑤ 《明太祖实录》卷九八。

输米一石，小麦则减直十之二。棉苎一匹，折米六斗，麦七斗。麻布一匹，折米四斗，麦五斗。丝绢等各以轻重为损益，愿入粟者听。”洪武三十年，令折收天下逋租，“其议自二十八年以前，天下逋租，咸许任土所产，折收布、绢、棉花及金、银等物，著为令。”[①] 但这些只是一种临时性作法，并非制度，因此在洪武九年令天下税粮民以银、钞、钱、绢代输之后，至洪武十九年四月，陕西西安府的官员又以“本府仓储已多”为由，请求今年夏税以钞折收[②]。由此可见，通过这一途径回收的宝钞必然极为有限。

（五）“大明宝钞”与金、银、铜钱的比价

明朝钞法规定：“每钞贯准铜钱一千，银一两，其余皆以是为差。”[③] “每钞四贯，易赤金一两。”[④] 然而“大明宝钞”真正按这一比价使用的时间很短。

从钞与铜钱的比价看，洪武十八年（1385）十二月，朱元璋命户部以钞代给有司官禄米，“每钞二贯五百文代米一石”，结合明代的粮价看，此时宝钞显然已经贬值。洪武二十三年（1390）十月，朱元璋对户部尚书赵勉说：“近闻两浙市民有以钞一贯折钱二百五十文者，此甚非便，尔等与工部议，凡两浙市肆之民，令其纳铜送京师，铸钱相兼行使。”[⑤] 可见此时钞值只有原规定的四分之一。洪武二十七年（1394）八月，朱元璋下令禁用铜钱，原因是，“时两浙之民重钱轻钞，多行折使，至有以钱百六十文折钞一贯者，福建、两广、江西诸处大率皆然，由是物价涌贵，而钞法益坏不行”[⑥]。可知钞值已不到原规定的六分之一。此后宝钞继续贬值。正统十三年（1448），流通领域中“每钞一贯，折铜钱二文”[⑦]。成化元年（1465），明王朝试图通钱法，“凡征商税课程，钱钞中半兼收，每钞一贯，折钱四文，无拘新旧，年代远近，悉验收，以便民用”[⑧]。《明宪宗实录》卷二七记载这一时期的情况则是：“时钞法

① 《明史》卷七八《赋役》。
② 《明太祖实录》卷一七七。
③ 《明太祖实录》卷九八。
④ 万历《明会典》卷三一《钞法》。
⑤ 《明太祖实录》卷二〇五。
⑥ 《明太祖实录》卷二三四。
⑦ 《明英宗实录》卷一六六。
⑧ 《明宪宗实录》卷一九。

久不行，新钞一贯时估不过十钱，旧钞仅一二钱，甚至积之市肆，过者不顾。”至成化七年（1471），“钞法不行，钞贯值二三钱。”[①]

从钞与白银的比价看。洪武十九年（1386），“于府设税课司，诸县设税课局及河泊所，收商税钱钞，著为定例。若便于起解者解本色，路远费重者许变卖金银。金每两价钞六锭，银每两价钞一锭”[②]。钞1锭为5贯，可知钞价已为原规定的五分之一。对于宝钞贬值这一事实，明朝统治者显然也意识到了，因此，洪武三十年（1397）十月明朝折收天下逋租，户部原定每钞1锭折米1石，金1两折10石，银1两折2石。朱元璋说：“折收逋赋，盖欲苏民困也，今如此其重，将愈困民，岂恤之之意哉？其金银每两各加一倍，钞止二贯五百文折一石。”[③] 而如果按照明朝最初规定的钞值，户部的方案其实是不算重的。宣德七年（1432），明王朝规定：“湖广、广西、浙江商税鱼课办纳银两者，自宣德七年为始，皆折收钞，每银一两，纳钞一百贯。”[④] 正统元年（1436）时的情况，按户部尚书黄福的说法是，“今银一两当钞千余贯”。成化十三年（1477）前后，大半软烂的钞在辽东每千贯仅值银1两余[⑤]。大兴左卫指挥使周广反映的情况更加严重：“近年钞法不行，每钞千贯止值银四五钱。”[⑥]

可见，在长达百年的时间里，宝钞贬值日趋严重，至成化年间，其价值大致上只有原来规定的千分之一左右。

（六）“大明宝钞”的更新

初行钞法，朱元璋君臣似乎未虑及旧钞更新问题。直到洪武九年（1376）七月，旧钞问题事实上已经出现了，明王朝才制订了规定旧钞更新办法的“倒钞法”。《明太祖实录》卷一〇七载：

> 立倒钞法。中书省奏：“国家行钞日久，岂无昏烂，宜设法收

---

① 《明宪宗实录》卷九七。
② 《明宣宗实录》卷八〇。
③ 《明太祖实录》卷二五五。
④ 《明宣宗实录》卷八八。
⑤ 《明宪宗实录》卷一六一。
⑥ 《明宪宗实录》卷一六一。

换，以便行使。”于是议令所在置行用库，每昏烂钞一贯，收工墨值三十文，五百文以下递减之。仍于钞面贯百文下，用墨印“昏钞”二字，封收入库，按季送部。若以贯百分明而倒易者，同沮坏钞法论，混以伪钞者，究其罪。

洪武十三年（1380）五月，又对倒钞法加以补充、完善。《明太祖实录》卷一三一载：

户部言：“其行用库收换昏钞之法，本以便民，然民多缘法为奸诈，每以堪用之钞辄来易换者。自今钞虽破软而贯百分明，非挑描剜补者，民间贸易及官收课程并听行使，果系贯百昏烂，方许入库易换，工墨值则量收如旧，在京一季在外半年送部，部官同监察御史覆视，有伪妄欺弊者，罪如律，仍追钞偿入官。但在外行用库裁革已久，今宜复置。凡军民倒钞，令军分卫所，民分坊厢，轮日收换，乡民商旅则各以户帖路引为验。”从之。

然而，虽然制定了“倒钞法”，明王朝真正实行这一办法的时候却不多。从洪武九年立“倒钞法”至洪武十三年五月，总共不满4年，户部官已经说“在外行用库裁革已久，今宜复置”。洪武十三年五月复置行用库后只过了半年，又“罢在京行用库”①。此处虽未提京城以外如何，但从明代通常是外地的行用库罢得更早推断，在外的行用库此时很可能已经不存。洪武二十三年十月，复出新钞于承天门外，听民易换，“凡五阅月而复罢”②。洪武二十五年二月复开宝钞行用库于东市，置三库，库给钞2万锭为钞本，“行之逾年而复罢”③。此后，则未见再有收换旧钞的记录。可见当时人能用旧钞兑换新钞的机会实际上很少。

按照明王朝的规定，旧钞与新钞具有同样的价值，而在实际交换中，旧钞价值却远低于新钞。不仅如此，当时人在使用宝钞时还形成了一种普遍倾向，即愿收新钞，不愿收旧钞，甚至“市井交易惟用新钞，稍昏软辄不用”④。虽

① 《明太祖实录》卷一三四。
② 《明太祖实录》卷二〇五。
③ 《明太祖实录》卷二一六。
④ 《明太宗实录》卷二五一。

然国家三令五申对这一切予以禁止，仍无济于事。在这种情况下，用旧钞作媒介进行商品交换自然十分不便。其他方面且不提，单从交换双方的利益考虑，交换中的冲突便难以避免，因为虽然从收受方讲不愿用旧钞，但从支出方讲则用旧钞显然更为合算，由于各自利益所在，在交换中肯定会出现一方愿用旧钞，一方不愿用旧钞的矛盾。宣德六年，“监察御史何敬家人市蔬，鬻蔬者以钞烂不鬻，敬杖之二十，竟死”①。便属这类冲突之一。

当然，也有人能够从使用旧钞中谋得好处，如《明太祖实录》卷二一一记载洪武二十四年时某些商贾、吏胥们的所作所为，便是如此：

> 命户部复申明钞法。时民间凡钞昏烂者，商贾贸率多高其值以折抑之，比于新钞加至倍。又诸处税务、河泊所，每收商税课程，吏胥为奸利，皆收新钞，及至输库，辄易以昏烂者，由是钞法益滞不行，虽禁约屡申而弊害滋甚。上因谓户部臣曰：“钞法之行本以便民交易，虽或昏烂，然均为一贯，何得至于抑折不行，使民损资失望，今当申明其禁，但字贯可验真伪，即通行无阻，且以钞之弊者揭示于税务、河泊所，令衹之为法以收税课，有故阻者罪之。”

商贾和吏胥从使用旧钞中谋得的好处，最终自然还是要由普通老百姓负担。这使得老百姓更加不愿收受旧钞，甚至为避免或减少损失而在“倒钞法”上作文章，即在实行“倒钞法”的有限时间里，不管手中旧钞是否达到国家规定的破损标准，“每以堪用之钞辄来易换”，甚至“非昏软者亦揉烂以易新者”。这样一来，本来由于国家不认真执行“倒钞法”而出现的旧钞问题，又一变而成为实行“倒钞法”的障碍，从而使明朝钞法陷入了恶性循环。到此时，明王朝即使真想实行“倒钞法”，也非常困难了。

二、推行和维持钞法的措施

明朝初年，流通领域或用银，或用铜钱，或物物交换，未见有用钞者。在这种背景下实行钞法，如何确定金、银、铜钱的货币地位，是必须解决的问题。在这一方面，明朝最初的作法是：禁用金银，限制铜钱。此后由于钞法出

---

① 《明宣宗实录》卷七八。

现了问题，不仅金银禁令执行得更严，连铜钱的使用也被禁止了。

明朝限制、禁止金、银、铜钱流通，用意在于推行钞法，特别是禁金银，更是如此。《春明梦余录》卷三八《宝钞局》载：“明初有银禁，恐其或阂钱钞也。”然而尽管实行了这些办法，宝钞的流通情况依然不好。洪武时期的情况如顾炎武所说：“是国初造钞之后不过数年，而其法已渐坏不行，于是有奸恶之条，充赏之格，而卒亦不能行也。盖昏烂倒换出入之弊，必至于此。”①洪武之后的情况则糟，在这一时期的有关记录中，时常可以见到“由是钞法益滞不行”、“比岁钞法不通”、“时钞法滞”、“钞法久滞”、“比者钞法阻滞”、“今钞法阻滞”等文字，这表明，宝钞流通情况不好不仅是个不争的事实，而且是个长期的现象。

“大明宝钞”是一种发多收少的纸币②，在用银成为一种普遍趋势的背景下，这样的纸币流通不畅，是不难理解的。除此之外，伪钞的存在和明王朝为防范伪钞所做的一些规定，也给宝钞流通带来一些问题。《明会典》卷一六四《钞法》载：“若诸人将宝钞赴仓场库务折纳诸色课程，中买盐货，及各衙门起解赃罚，须要于钞背用使姓名私记，以凭稽考。若有不行用心辨验，收受伪钞及挑剜描辏钞贯在内者，经手之人杖一百，倍追所纳钞贯，伪挑钞贯烧毁。其民间关市交易，亦许用使私记，若有不行仔细辨验误相行使者，杖一百，倍追钞贯，止问见使之人。若知情行使者，并依本律。”由于使用伪钞无论知情与不知情皆要承担法律责任，而且用钞与国家发生交换关系时，必须于钞背盖章，这使得使用宝钞具有较大风险，也极不方便。在这种情况下，也就难怪钞法阻滞了。

有趣的是，尽管明朝前期人一再说钞法阻滞，明末清初一些从未使用过宝钞的人却对钞的流通情况评价甚高，特别是清朝的一些人，甚至认为当时某些周边国家也以“大明宝钞”为货币。如清朝官修《续文献通考》的作者在该书卷十记叙了明代永乐九年（1411）九月赐满剌加国王钞 40 万贯、十八年八月赐苏禄国使者钞币和二十二年四月赐满剌加国王钞 3 万余锭后推测：“盖自

① 顾炎武：《日知录集释》卷一一。

② 参见吴晗：《记大明通行宝钞》，《吴晗史学论著选集》第二卷，人民出版社 1986 年 1 月版。

此钞行于域外矣。”作为一种旁证，该书同一条目下的按语称：“费信《星槎胜览》曰：‘暹罗国以海肥代钱，每一万个准中统钞二十贯’，则元时钞法已通行外洋矣。又陈侃《使琉球录》曰：‘琉球谓钞为支石。’”

但是，这一推测很可能不正确。诚然，明王朝用钞赏赐它国国王与使节，使宝钞有了外流的可能性。但若据此推测出“自此钞行于域外”却根据不足。在《星槎胜览》和与这部书有同等价值的《瀛涯胜览》中，多次提到当地用金、银、铜钱、锡、海肥、米谷进行交换，唯独未说用钞。《星槎胜览》在有关暹罗国的文字中虽然提到了钞，但并未说当地用钞，而是说当地用海肥。从文义上看，这里提到钞很明显只是为了说明海肥的价值。再者，从郑和下西洋时经常用金银、铜钱进行交易来看，他们所到之处也不可能用钞。至于陈侃在《使琉球录》中说琉球把钞称作“支石”，则只是介绍那里的语言，而语言中有“支石”这一词汇，自然不足以说明琉球以“大明宝钞”为货币。

针对宝钞流通出现的问题，从永乐至宣德，明王朝一直在寻求解决办法。在此过程中，明朝统治者日益认识到，钞法阻滞的关键在于宝钞发行太多、回收太少。基于这种认识，敛钞成为这一时期推行、维持钞法的最重要措施。

朱棣在位时的敛钞方式，一是实行户口食盐法。永乐二年（1404）二月，鉴于广东地广民稀，盐课无商中纳，军民多食私盐，明朝下令这一地区按大口岁食盐12斤，小口半之的数量纳钞，每斤纳钞300文，于附近盐场支纳[①]。这显然就是实行户口食盐法，只不过此时尚未有户口食盐法之名，且只在局部地区实行而已。到了同年八月，这一办法经都察院左都御史陈瑛再次提出后，便成了一项全国性的制度。《明太宗实录》卷三三载：

> 都察院左都御史陈瑛言：“比岁钞法不通，皆缘朝廷出钞太多，收敛无法，以致物重钞轻，今莫若暂行户口食盐之法。以天下通计，人民不下一千万户，军官不下二百万家，若是大口月食盐二斤，纳钞二贯，小口一斤，纳钞一贯，约以一户五口，季可收五千余万锭，行之数月，钞必可重。”上命户部会群臣议，皆以为便，但大口令月食盐一斤，纳钞一贯，小口月食盐半斤，纳钞五百文，可以行久。覆

① 《明太宗实录》卷二八。

奏，上从之。

二是租税课程赃罚等物折钞。永乐五年三月，朱棣下令，“北京今岁夏税及永乐三年赦前所负租税课程赃罚等物悉输钞。”[①]《明会典》卷三一《钞法》记载了具体办法：

令各处税粮课程赃罚，俱准折收钞，米每石三十贯，小麦、豆每石二十五贯，大麦每石一十五贯，青稞、荞麦每石一十贯，丝每斤四十贯，绵每斤二十五贯，大绢每疋五十贯，小绢每疋三十贯，小苎布每疋二十贯，大苎布每疋二十五贯，大绵布每疋三十贯，小绵布每疋二十五贯，金每两四百贯，银每两八十贯，茶每斤一贯，盐每大引一百贯，芦柴每束三贯，其有该载不尽之物，俱照彼中时价折收。

三是以钞中盐。永乐二十年（1422），“令河东、山东、福建、长芦四运司，并广东盐课提举司盐课，许军民人等于京库报纳旧钞，填给勘合，赴各运司、提举司，不拘资次支盐。”[②]

明仁宗即位后，继续实行以钞中盐的办法，《明仁宗实录》卷二上载：

以钞法不通，定用钞中盐则例。初，上谕户部尚书夏原吉曰：“钞法阻滞，盖由散出太多，宜设法广敛之。民间钞少，将自通矣。其议所以敛之之道。”原吉对曰：“敛之易者，莫若许有钞之家中盐。”上曰：“此可一时权宜耳，俟钞法通即止。然必稍宽为则例，而后人皆趋向。”遂命原吉及吏部尚书蹇义等定各处中盐例，各减旧十四。于是原吉等奏，沧州盐每引钞三百贯，河南、山东每引百五十贯，福建、广东每引百贯。输钞不问新旧，支盐不拘资次。上曰：“然，其速行之。”

除此之外，又采取了一些新的敛钞措施，计有：

1. 输钞赎罪。永乐二十二年十月，以钞法不通，命军民犯笞杖罪者，定等第令输钞赎罪。[③]

① 《明太宗实录》卷六五。

② 万历《明会典》卷三一《钞法》。

③ 《明仁宗实录》卷三上。

2. 私宰牛罚钞。永乐二十二年十月，五城兵马指挥司言："比日京城军民私宰牛甚众请重罚以警之。"明仁宗下令："自今私宰牛者，十倍时值追钞，仍治私宰之罪。"① 此举虽然主要是对私宰耕牛的一种限制性措施，但同时也明显有借此疏通钞法的意图。故《明仁宗实录》在此记载下有"时钞法滞，故权为此令"等文字。

3. 积薪竹木鬻钞。这一办法始于永乐二十二年十一月，《明仁宗实录》卷四上载：

上以钞法久滞，又闻南京抽分场旧所积薪及龙江提举司所积竹木甚富，有至二三十年者，因叹曰："积聚本以资人，今京师军民得薪甚难，与其积久以待腐，何若散之以利人。"遂谕工部臣，其二处所积，除足岁用外，余并以鬻军民，每百斤官价钞五贯，悉收昏软旧钞，庶便民者。

4. 岁办芦柴征钞。永乐二十二年十一月，明仁宗命工部，应天等府岁办芦柴从明年开始，什二征本色，什八征钞，每一束准钞 5 贯，悉收昏软旧钞。这样做的理由是："盖上念民贫及钞法未通故也"②。

5. 增市肆门摊课程。在明朝采取的敛钞措施中，有几项造成的影响极大，其中之一便是增市肆门摊课程。这一办法始于洪熙元年（1425）正月，《明仁宗实录》卷六下载：

权增市肆门摊课程。先，上以钞法不通，民间交易率用金银布帛，命户部尚书夏原吉等会群臣议革其弊。原吉等奏曰："钞多则轻，少则重，朝廷敛散适中，则自无弊。今民间钞不通，盖缘朝廷散出太多，宜为法敛之。请于市肆各色门摊内量度轻重，加其课。钞亦宜少出，民艰得钞，则自然重矣。"上曰："然。所增门摊课程，俟钞法通即复旧额，毋为常例。其以金银布帛交易者，亦暂行禁止。"

明宣宗即位后，于宣德元年（1426）六月停止以钞中盐。原因是实行这

---

① 《明仁宗实录》卷三下。

② 《明仁宗实录》卷四上。

一办法后，“人图便利，无复输米赴边。况各场岁办有限，不足支给”[1]。但这只是敛钞办法的一种调整，并非敛钞的结束，因为在其他方面，敛钞活动不仅没有停止，反而以更大规模进行着。《明宣宗实录》卷二二载：

行在户部言，比者钞法阻滞，朝廷屡严禁约，至今未见流通，盖由所出者多，所入者少。请自今凡官员军民人等赦后倒死亏欠马驼等畜，俱令纳钞，马每匹三千贯，驼八千贯，骡二千贯，驴、牛每头一千贯，猪、羊每只三百贯，鹅八十贯，鸡、鸭各三十贯。赦后至洪熙元年终各处所欠鱼鳔等物，鱼鳔每斤二十五贯，鱼油十贯，茶五贯，翎毛每百根十贯，牛皮一张三百贯，羊皮以下每一张一百五十贯，芦柴每束二十五贯。赃罚金银诸物，金每两八千贯，银二千贯，铜、锡每斤各二百贯，铁五十贯，铅一百贯，纻丝罗每匹各二千五百贯，绫二千贯，绸一千贯，官绢五百贯，小绢二百五十贯，官绵布二百贯，小绵布一百五十贯，三梭布四百贯，大苎布一百五十贯，小苎布一百贯，福生布、洗白夏布各二百贯，高丽布一千贯。其有不尽载者，各加时价五倍折钞。内外商税门摊等项俱依前例。监察御史、按察司官严督比较，如或怠惰，致令有司作弊，一体究问。今后若官吏军民人等犯笞、杖罪，每一十赎钞一千贯，军官还职，文官应降罢者，依律降罢，吏改拨，军民人等着役宁家。上曰：“此亦一时权宜耳，俟钞法稍通别议。”

宣德三年（1428）六月，行在都察院左都御史刘观奏：“今钞法阻滞，兵马司及里老旗甲俱不戒谕军民，比其有犯，又不举觉，当严禁治。自今有阻滞者，许诸人首发，犯人枷令一月，其不用钞一贯，罚纳千贯，亲邻里老旗甲知情不首，依犯者一贯罚百贯，能首发者免之。其关闭铺店潜自贸易及抬高物价之人亦令枷一月，罚钞万贯。亲邻里老旗甲知而不首者罚千贯。若强买人物者，量其物价，每一贯罚千贯。里老旗甲不严戒约，仍前懈怠者，俱治以罪。”明宣宗不完全同意这一意见，说：“罚钞不过欲钞通耳，枷令一月太严，但揭报示

① 《明宣宗实录》卷一八。

之，使知所儆。”① 而就其主要方面而言，则显然是照刘观的主张办理了。

同年十一月，江西鄱阳县民董复安提出：“钞法阻滞，请禁使银，不拘旧例，凡交易银一钱者，买者卖者皆罚钞一千贯，一两者罚钞一万贯，仍各追免罪钞一万贯。又言官吏人等贪赃者，原其害民之情，非止一日，偶因一事而发耳，若止追一事之赃，则彼为得计，今官吏贪赃者，若受钞则仍追钞，受货物者估其值，皆十倍罚钞，受银者每两罚钞一万贯，仍追免罪钞一万贯，庶可禁止奸贪。民间钞渐少，必通行不滞矣。”户部议从其言。行在都察院右都御史顾佐认为：“交易银两已有榜例，今欲追钞，并官吏受赃者亦计物估价追钞，可从其议。其追犯人免罪钞一万贯，缘犯有轻重，罪有不同，难一概追罚，宜免追。”② 顾佐的意见最后被采纳。

宣德四年正月，明朝统治者又将钞法不通归罪于商人，因而在全国范围大幅度增加市肆门摊税。《明宣宗实录》卷五十载：

> 增北京顺天府、南京应天府、并直隶苏州等府州县镇市诸色店肆门摊课钞。时行在户部以钞法不通皆由客商积货不税与市肆鬻卖者阻挠所致，奏请依洪武中增税事例，凡顺天，应天、苏、松、镇江、淮安、常州、扬州、仪真，浙江杭州、嘉兴、湖州，福建福州、建宁，湖广武昌、荆州，江西南昌、吉安、临江、清江镇，广东广州，河南开封，山东济南、济宁、德州、临清，广西桂林，山西太原、平阳、蒲州，四川成都、重庆、泸州共三十三府州县商贾所集之处，市镇店肆门摊税课增旧十倍。上以太重，令增五倍，俟钞法通悉复旧。

同年六月，明王朝又开始以蔬果园、塌房、库房、店舍、车、船等为对象征钞。关于此事，明代文献中多有记载，而以《明会典》所记为详：

> 又令榜谕两京军民官员人等，菜园、果园及塌房、车房、店舍停塌客商物货者，不分给赐自置，凡菜地每亩月纳旧钞三百贯，果树每十株岁纳钞一百贯，房舍每间月纳钞五百贯。差御史同户部官各一

① 《明宣宗实录》卷四四。
② 《明宣宗实录》卷四八。

员，按月催收送库。如有隐瞒不报，及不纳钞者，地亩、树株、房舍没官，犯人治罪。其园地自种食用，非发卖取利者，不在纳钞之例。又令民间行使驴骡车，装载物货者，每辆纳钞二百贯，牛车五十贯。又令受雇装载船，自南京至淮安，淮安至徐州，徐州至济宁，济宁至临清，临清至通州，俱每百料纳钞一百贯，其北京直低（抵）南京，南京直低（抵）北京者，每百料纳钞五百贯，若止载柴草粮米，及空船回还者，不在纳钞之例。又令两京及各处买卖之家，门摊课钞按月于都税宣课司、税课司局交纳，酒醋课程于该县交纳，给与由帖执照，每月一次，点视查考，如违期不纳，及隐瞒不报者，依律治罪，仍罚钞一千贯。裱褙铺月纳钞三十贯，车院店月纳钞二千贯。又令油房磨房每座逐月连纳门摊钞五百贯，堆卖木植，烧造砖瓦，逐月连纳门摊钞四百贯。牛车受雇装载货物者，纳钞五十贯，小车十贯。又令浙江、江西、山东、山西、河南、陕西等都司，并直隶卫所军职官，及各处镇守内外官家下开垦田土，每亩岁纳旧钞三十贯，菜地每亩、果树每十株，岁纳旧钞五十贯，候钞法通止。①

至此，原本以通钞法为由开始的敛钞，演化成了大规模增税。

如此大规模的增税，无论其目的是什么，对经济发展和人民生活无疑都极为不利。如塌房店舍纳钞的办法推广到各地之后，造成很大纷扰，“有司令里老开报塌房，一时畏惧，凡街市人户俱作停货店舍，每月各纳钞五百贯，而实无货停蓄。民贫无钞，有鬻子女产业输官者”②。景泰五年（1454）七月再一次“令两京塌房店舍等仍按月纳钞”后，又出现了这类问题。

嵇璜《续文献通考》卷一〇载：

（景泰五年）八月，给事中陈嘉猷等奏，“比闻户部将两京塌房店舍菜果园及街市各色铺行定立则例，按月输钞，而军民人等畏惧纳钞艰难，有将铺面关闭不敢买卖者，有将园蔬拔弃而平为空地者，有将果树砍伐而减少株数者，原其所以，盖由开铺面者已纳门摊钞贯，

① 万历《明会典》卷三一《钞法》。

② 《明宣宗实录》卷七六。

种园圃者亦有夏税差徭，况其间或借人资本以贸易，或赁人房舍以开张，或因计利多寡而开闭之不常，或因天时水旱而栽种之弗遂，今若通行编册，按月输钞，则嗟怨载途，民实不堪。伏望将各色应纳钞贯暂且停止，俟丰稔然后举行，若犹虑钞法不行，乞敕部出榜晓喻，务令钞与钱相兼行使，违者重罪。如此则国用不亏，下民不扰，诚为两便。"

陈嘉猷等人的主张未被完全接受，此事最后的处理办法是景帝"诏菜果园及小铺行暂免"。可见，这一时期实行敛钞虽然在名义上是为了通钞法以便民交易，实际上却给人民带来了灾难。

值得注意的是，从明仁宗时起，国家在采取敛钞措施时，通常都声称这些措施只是"一时权宜"，"不为常制"，并再三许诺钞法通后便停止。然而在后来，国家并未能完全履行这些诺言，一些敛钞措施在钞法事实上已经破坏后仍在执行，成为压在人民身上的永久性负担。例如，明代人何孟春说：

国朝班户口食盐于天下，而岁收其钞，曰户口钞，盖以盐课钞也。今盐不班已数世矣，而民岁出折银钱户口钞如故，天下咸病于是，然无一人言于上者。祖宗之良法美意不得推行，而末流之弊又不得停止，良可慨也。①

有些房屋已经烧毁、损坏、倒塌，而房屋主人在很久之后却还在纳钞；为敛钞而设置的钞关，在明代钞法破坏后依然设而不废。

那么，在采取了这些大规模、大幅度的增税措施之后，钞法的状况怎么样了呢？从宣德后期至正统年间的文献中时常可以见到"今钞法颇通"，"递年钞法通行"，"今钞法已通"之类词句看，应该说钞法阻滞的现象确实有所减轻。这使统治者感到鼓舞，因此部分敛钞措施也有所变化，乃至被取消。然而钞法是否真的通了，实在是个疑问。钞法通与不通，并无明确标准。正统十二年（1447），南京、山东道监察御史闻人韺说："今闻中外钞不分软烂，但有字可验者，一概行使，钞法可谓通矣。"② 可见在当时人看来，只要宝钞不分

① 何孟春：《余冬序录摘抄内外篇》卷四，《丛书集成》初编。

② 《明英宗实录》卷一五一。

软烂一概行使，便可称为“已通”。如果这一理解不错的话，那么这种“已通”实在也不值得怎样乐观。退一步讲，即使此时钞法状况确实较好，这种状况的持续时间也极其短暂。景泰三年七月，明朝命在京文武官吏俸钞俱准时值给银，每500贯给1两，理由是“以钞法不通，故欲少出以为贵之也”①；景泰五年七月，户部主张两京塌房、店舍、菜果园并各色大小铺行俱仍减轻纳钞有差，起因也是钞法阻滞。这说明，宣德至正统年间钞法状况即使确有改善，充其量也只是十几年的事。

最后还需看到两点，其一是上面提到的减免敛钞，都只是明王朝的规定，至于这些规定究竟执行了多少，则是另一回事。清代官修《续文献通考》的作者在该书卷一〇列举了明朝下达的一些减免敛钞的重复命令后说：“则是前此虽令除减，而横敛自若也。”所说确然有据，令人不得不信。其二是明朝实行的减免敛钞措施，有些并不会给老百姓带来实惠，例如，成化元年十一月南京户部左侍郎陈翌说：“户口食盐钞洪武永乐间征纳虽多，不分软烂，正统十四年虽遇恩例减免一半，俱用生钞，民间无从得之，往往以米易换纳官，以致逼民逃窜，乞自成化年为始，更加减免，以苏民困。”② 可见，有些减免措施反而加重了人民负担。

三、钞法的消亡

明王朝推行、维持钞法的种种措施，最终都未能挽救钞法的命运，至明代中叶，作为一种货币制度的钞法终于寿终正寝了，此后“大明宝钞”退出了商品流通领域，只在与国家财政有关的某些方面使用着，民间进行交易，则使用白银和铜钱。《春明梦余录》卷三八《宝钞局》载：“自天顺、成化以来，钞之用益微。”生活在成化、弘治时期的陆容说：“宝钞今惟官府行之，然一贯仅直银三厘，钱二文。民间得之，置之无用之地耳。”③ 比较准确地反映了这一时期“大明宝钞”的地位和状况。

① 《明英宗实录》卷二一八。
② 《明宪宗实录》卷二三。
③ 陆容：《菽园杂记》卷一〇。

随着钞法破坏，钞的种类逐步减少。洪武年间，宝钞从 1 贯至 10 文共有 11 等，而陆容则说："闻洪熙、宣德间犹有百文钞，今但有一贯文者。每贯值银三厘，钱二文，非复国初之值矣。"① 小钞消失的原因文献中虽未提及，但却不难明白。在明代，"文"是铜钱的最小单位，1 枚小钱即为文。按照洪武年间，1 贯钞等于铜钱千文的规定，10 文、百文钞可抵铜钱 10 枚、百枚，即使是银 1 两抵钞三五贯，按照陆容所说的银、钱比价计算，10 文小钞也可当铜钱 2 文左右，总之尚有一定购买力。而到了后来，钞法日益破坏，宝钞贬值至 1 贯仅值铜钱一二文的程度，依此推算，1 贯以下小钞的交换价值已经可以忽略不计。再者，宝钞作为纸币，虽然从理论上讲没有价值，但是从另一方面讲，纸钞既为一种人造之物，印制总需成本。崇祯年间的蒋臣说：印制宝钞"大略并纸墨工本印色诸费，至五厘一张，则无不精巧矣"②。蒋臣这里所说的"五厘"，系指白银。将蒋臣所说与陆容所说的"每贯值银三厘"结合起来看，明中叶后，小钞的印制成本已经远远超过了其实际交换价值，此时国家如继续印造小钞，非但无利可图，还得亏本。这种种原因加在一起，便使得 1 贯以下小钞失去了存在的可能性。

其实，即使面值为 1 贯的钞，从商品经济角度讲也早该消失了。明初从用钱变为用钞，官方所说的理由之一是钱不如钞便于携带。但是从后来钞法的实际执行情况看，宝钞已经完全丧失了这一优点。嘉靖中的御史魏有本说："每钞一张为一贯，每千张为一块，时价每块值银八钱，官价每块准银三两。"③ "大明宝钞"的尺寸，折合成现在的标准为，长 338 毫米，宽 220 毫米。④ 以这样的规格尺寸，一块宝钞的体积和重量是相当可观的。考虑到这一时期宝钞的价值、重量和体积等因素，可以说，携带宝钞不仅比携带等值的白银困难，按照民间的兑换比率，甚至比携带等值的铜钱都困难。随着商业贸易的发展和货币流通量的增加，即使仅仅从便于携带讲，"大明宝钞"此时也没有继续存在的必要了。

---

① 陆容：《菽园杂记》卷八。

② 《崇祯长编》卷一《中国历史研究资料丛书》。

③ 傅维鳞：《明书》卷八一《钞法》。

④ 《中国历代货币》（新华出版社 1982 年 6 月第一版）。

在征收商税课程方面，这一时期明朝的作法通常是：财政困难较为突出时征银；无钞可用时征钞。只是在个别情况下，人民是否有钞或是否愿用钞纳税，才对统治者规定税收物品种类有所影响。对于税收征钞，统治者中时常有不同意见。负责管理银两的内府承运库太监往往倾向于征银，而负责管理宝钞的司钥库太监则更倾向于征钞，户部官在多数时候与前者一致，皇帝的态度则变化不定，有时同意征银，有时又赞同征钞。在各种意见的作用下，使得征收物品种类不断变化，有时征银、钱，有时征钞，有时又征收其他实物，但总的来看，征银更为普遍。

不过，尽管商品交换中已不再用钞，国家征税也很少收钞，皇帝却仍然将钞赏赐给臣下和前来朝贡的外国人。由于被赏赐之人得到钞后，也是无用之物，只能“置之而已”。所以当时人对此颇有怨言，如陆容说：“今宴赏路费皆给钞贯，而各处钞关及宣课司专收银两，或兼收钱钞。只此一事间，有利者皆归官府，无用者皆及下人。”① 当然，国家的作法有时亦有变化，如明宪宗登基后，应礼部官所请，将给各处来朝贡使的钞锭之赐改为赐缎匹绢布，以使其“均沾实惠”②。不过这种作法并不常见。

由于国家坚持用钞，遂使人们在“大明宝钞”退出商品流通领域后，仍无法完全与它脱离关系。这种状况对老百姓和国家来说都很不便。从老百姓方面讲，不可能家家户户都备有现钞。从国家方面讲，自从宣德三年（1428）六月停止印钞，用完现存的钞后，事实上也没有现成的钞可用。因此，为了获得可用之钞，无论国家还是老百姓都需要有一个钞的来源。适应这一需求，明朝中叶后出现了一种“屯钞之家”，即屯积、经营宝钞的人家。他们是这一时期宝钞得以循环流通的必要条件。当某一天国家突然规定某项税收必须用钞交纳时，老百姓可以用其他货币向他们买钞，当国家无钞可用时，也可以向他们买钞。当然，对于老百姓，买钞时的价格必然远高于宝钞的实际价格，对于国家，如此获得钞也不如原来印钞时方便，因此嘉靖年间有人说：“自钞法不

---

① 《明孝宗实录》卷二〇。

② 《明宪宗实录》卷一。

行，而国家匪颁之，用皆市诸京师积钞之家，展转收纳，烦不费。”①

宝钞如此循环流通对于商品经济自然不可能有什么积极意义。然而对于某些贪赃枉法的官吏和善于投机钻营的富户来说，只要钞仍在流通，就仍有利用价值，并可从中大发横财。例如，成化年间市场上每钞千贯只值银四五钱，而“在京势要殷富之家往往载于各布政司及府州县，公行嘱托，每钞千贯征银五两，其利十倍”②。京城里的无籍之徒则“驾称权势，强卖钞贯，多取人财”③。对于这些行为，明宪宗曾下令今后依势卖钞并有司听从者，重罪不宥，并诏勋戚势家不许贩卖钞贯，违者巡城巡按并该地方官捉拿参奏。明孝宗亦令势家卖钞事觉，依律论罪，钞没官，官吏听从者，以枉法论。但尽管屡申禁令，依势卖钞事以后仍有发生。正德时，宠臣钱宁遣人鬻钞于浙江，钞敝价重，皆抑配于民。浙江布政使方良永上疏请正其罪。钱宁最初打算散钞遍天下，在浙江、山东的行动只是第一步。结果不但在浙江受阻于方良永，在山东亦为巡抚赵璜所格。钱宁自是不敢鬻钞，而阴欲中方良永以危法。方良永乞致仕去。

至明朝末年，面对日益严重的财政危机，统治者中又不断有人提出重行钞法，如天启年间的惠世扬、崇祯四年（1631）的何楷、崇祯十六年的蒋臣等都曾提出这类主张。其中前两次影响较小，最后一次则相对较大。蒋臣的主张涉及到钞法的许多方面，如定界法，工制造，信倒换等等，其中最核心的内容如《春明梦余录》卷三八《宝钞局》所载：

桐城生员蒋臣言钞法可行，且云岁造三千万贯，一贯直一金，岁可得金三千万两。而户部侍郎王鳌永专管钱钞，亦以钞为必可行，且言初年造三千万贯，可代加派二千余万，以蠲穷民，此后岁造五千万贯，可得五千万金。所入既多，将金与土同价，除免加派外，每省值发百万贯，分给地方各官，以佐养廉之需。其言甚美，然实不可行也。

① 《明世宗实录》卷三三七。
② 《明宪宗实录》卷一六一。
③ 《明宪宗实录》卷二六一。

对于蒋臣的主张，崇祯皇帝表现出了极大的兴趣，见到户部的奏疏后，他说：

钱钞兼行，原属祖制，宜万世永遵。因未画界期，致年久昏烂。今率由旧章，务期裕国足民，上下通行。敢有阻坏假造等弊，照律重惩。奏内颁榜文，工制造，开铸局，信倒换，俱如议，界期改为四年，就宝钞司准照新颁样式，仍著在内行造。应用物料，该司奏议。其行使姓名，侍郎兼管，及用堂印，俱不必行。提举司照旧仍将督捕阻坏诸法，察照律例，确议申明。其余未尽事宜，卿还广询博采，续奏。①

然而内阁大臣蒋德璟表示反对，他认为：

蒋臣持论虽坚，臣等实未见其必然之效。倘万不得已，或且试之京师。于凡百官俸廪，军匠月粮，以钞兼行，俾民间有钞可用，而一切赋税、课程、赃罚纳钞悉与收受，俾知有用钞之利。俟上下通行，耳目相习，而后推之天下，或亦变通宜民之一道乎?②

同样持反对态度的还有大学士王应熊等人。王应熊在给崇祯皇帝上疏时说：

钞法始于宋末，国初以济度支，利赖实多，但民间不习于耳目者二百余年，一旦骤用，保无窒碍乎？闻高皇帝行钞时，盖用严刑以法之，今中外人心汹汹，末可复用峻法。屯钞二事，臣愚恐将来所获，不如始愿，而更有欺隐之弊，纷扰之烦，所谓立法当虑其终者，此也。③

皇帝与臣下的意见不一致，在当时的情况下，自然是以皇帝的意见为准。于是，重行钞法的主张开始付诸实施。《春明梦余录》卷三八《宝钞局》载：

上特设内宝钞局，昼夜督造，募商发卖，而一贯拟鬻一金，无肯应者。鳌永请每贯蠲三分，止鬻九钱七分。京商骚然，绸缎各铺皆卷

① 《崇祯长编》卷一，《中国历史研究资料丛书》。

② 孙承泽：《春明梦余录》卷三八《宝钞局》。

③ 《崇祯长编》卷一，《中国历史研究资料丛书》。

箧而去。内阁言："民虽愚，谁肯以一金买一张纸？"上曰："高皇帝时如何偏行得？"内阁对："高皇帝似亦以神道设教，当时只赏赐及折俸用钞，其余兵饷，亦不曾用也。"上曰："只要法严。"阁臣对："徒法亦难行。"因言民穷困已极，且宜安静。其语颇多。然上已决意行之。

在这种情情况下蒋德璟转而在宝钞印制上设置障碍。《春明梦余录》卷三八《宝钞局》载：

及内宝钞局言：造钞宜用桑穰二百万斤，旧例采取北直、山东、河南、浙江诸处，分遣各珰催督。内浙江杭、嘉、湖三府桑穰价银，户部请以北新关税银二万抵之。阁臣拟旨："采取扰累，且关税例当解京，不准留。"又五城御史言：钞臣除现在五百人外，尚欠二千五百人。各城勾摄，多未学习。议于畿内八府州县多方勾解。阁臣亦拟："不许。"上不怿，俱发改票。

尽管崇祯皇帝对蒋德璟的态度感到不快，蒋却依然坚持原来立场。崇祯十七年正月二十七日，蒋德璟回奏说：

行钞揭适蒙发下二本改票。一为户部坐会关税事。内言浙江解造钞桑穰夹纸，动支关税二万金。一为各城御史钞匠城役无多事。内言五城解到钞匠，并未学习，及人数不足，议于在外州县多方勾解二千五百人各事情。臣敢不祇遵另拟。惟是造钞一事，原系祖制。当此三空四尽之时，而能化纸穰为金钱，且岁得数千万之入，其利甚大。果如所言，即一时劳费亦不足惜。而近来中外攒眉，动称窒碍，细酌情势，颇费经营。如造钞必须工匠，而匠则多未学习。计正匠一千名，每月米一石，银三两；雇工一千五百名，每名月银三两三钱。计每月费米千石，银七千九百五十两，措处甚艰。又五城人数既少，若于在外地方广购，一番勾摄，扰累必多。闻内宝钞司原有钞匠五百，似宜照旧造使，俟推行有绪，以渐议之。至桑穰一事，则犹有可商者。国初令：农家凡有田五亩，栽桑、麻各半亩。又令：凤、滁等处每户种桑二百株。又令：天下多栽桑、枣，每里初年二百株，三年六百株，违者罚有差。故其时桑多而穰亦多。今自贼寇残破之后，畿内及山东、河南几无桑矣。杭、嘉、湖三府虽宜桑地，而水旱时告，赋敛繁兴，农桑之家，愁苦尤甚。聚责以桑穰四十万斤，恐尽括之亦不能够，而其害将有不胜言者。至于作房工料之费及民情惶惑之状，臣尚未敢尽陈。诚恐害多利少，异日得不偿失，以为宵旰忧，则臣之罪更大矣。臣初疑其难行，亦未详计至此。或俟安民靖乱之后，人心大定，渐次讲求，庶有济乎？臣闻见既真，不敢隐饰不言。谨因发下改票，昧死附致刍荛，原票未敢擅改，伏乞圣慈裁鉴施行。①

至此，崇祯皇帝只好下令撤回采买造钞原料的中官孙元德，停止造钞②。

应当看到，明末试图重行钞法之所以会有那样多的官员反对，并非因为这些官员主观上对钞法有什么偏见，而是因为他们觉得，在当时的情况下，钞法客观上难以实行，坚持实行的结果，不是徒劳无益，则是弊大于利。在这一方面，御史白抱一的观点很有代表性，他说：

窃惟今天下处处用兵，处处需饷，则生财为今日第一义。皇上虑地方残苦，闾阎匮竭，特下制钞之令，以济时事之艰。其虑非不周，而意非不善，大小臣工自当遵行惟谨，何敢复生异议。然臣揆度时势，实有难以聚举，敢备为我皇上陈之。从来钞法与钱相副而行。今出铜地方，如两广、山、陕、河南等处，见遭寇患，则铜、铅势不能办，云、贵诸处，道路梗阻，即有铜亦无路可达。铜概不足，则鼓铸万万不能充溢。鼓铸穷，则钱且不能遍布域中，而单单以易浥烂之楮币，令通行无滞，谁其信之？此其不可行者一。且钞完必颁之州县，令小民输银自领，然后或交易，或纳税，始可上下流通。窃思小民纳银买钞，又复输钞作银，吏胥勒索，转折之间，不无亏折。彼以银输官，何等直捷，小民不思为便捷，肯乐此转折乎？此其不可行者二。且奉行之际，有司贤者上体国法，下顺民情，委曲调停，犹不为害，如遇不肖，藉口功令，以威驱民，强其所难，小民既不甘受，必生忿怒，激而成变，为害不小，此其不可行者三。且祖宗朝虽云制钞，然

① 孙承泽：《春明梦余录》卷三八《宝钞局》。

② 《倪文正公年谱》，《丛书集成》初编。

行之未久。今二百余年，百姓止知银钱为重，蓄贮、行使，皆是此物，一旦易钞，而与银钱并重，在皇上曰遵祖制，在愚民曰创非常。非常之原，黎民惧焉。此其不可行者四。至于皇上制钞，原欲遍行天下，始少获微息。今南北俱大寇盘踞，则行钞地方亦似无几，钞既不能遍及，利息似亦觉少。当此库藏匮竭之际，先费二三千万金钱造此不能通行之钞，未收难必之利，先费见在之金，何若留此金钱，济目前急需之为得计乎？此其不可行者五。且生财之道，前人无处不经算画便，此钞可垂诸永久，前人必有先得我心者，何至今日始议举行也？臣岂不知计臣为国苦心，皇上生财睿虑。臣揆度时势，实实见其难以骤行如此。伏祈皇上敕部与司臣、蒋臣从长再议，暂停目前，俟敌寇平息，小民丰乐，然后举行，未晚也。①

由于崇祯末年根本不具备重新实行钞法的政治、经济、社会条件，蒋臣的主张终于未能使钞法复活。此后不久，李自成农民军攻进了北京，明王朝灭亡，明朝的钞法也随着这一翻天覆地的大变动而永远成了历史。

第二节　金、银与铜钱

一、金、银

在明代，银的形态主要有碎银、银锭和银元三种。碎银的形状与重量皆无一定规范。银锭状若马蹄，重量不等，通常为“两”的整倍数。出于特殊需要，有些银锭上印有文字标记。银元即明代中期后自国外流入的西班牙银元。此外，明代皇宫中还特制有许多专门用于赏赐的银制品，如银钱、银豆、银叶、票儿银等。但可以想见，这种特殊形态的银在银的总量中所占比例很小。

对于生活在明代的人来说，银的形态无关紧要，因为银在当时属称量货币，在成色相同的情况下，其交换价值取决于重量，与形态基本无关。《初刻拍案惊奇》第一卷《转运汉巧遇洞庭红　波斯胡指破鼍龙壳》中写到：苏州

① 孙承泽：《春明梦余录》卷三八《宝钞局》。

府长洲县人文若虚随海商出海，携带了百余斤名曰“洞庭红”的橘子，在吉零国出售，得到不少银钱。当时吉零国银钱有龙凤纹的，人物的，禽兽的，树木的，水草的等多种。各种钱都为银铸，重量一样，然在当地人看来，这些钱却有贵贱之分，龙凤纹的最贵重，人物纹的次之，水草纹的最不值钱，龙凤纹的一枚可抵水草纹的百枚。文若虚卖“洞庭红”时只要水草纹的。当地人嘲讽他是个傻子。而文若虚则有他的道理。故事中有一段话把这个道理讲得很明白：“那国里见了绫罗等物，都是以货交兑。我这里人也只是要他货物，才有利钱。若是卖他银钱时，他都把龙凤、人物的来交易，作了好价钱，分两也只得如此，反不便宜。如今是买吃口东西，他只认做把低钱交易，我却只管分两，所以得利了。”这说明，同吉零国按花纹分银钱的贵贱不同，在明朝人眼里，银是按重量计算价值的。

作为商品流通领域中最重要的货币，白银在明初即被广泛使用着。这一阶段不仅国家在财政上用银，从刘辰《国初事迹》所记的朱元璋的一道命令中有“历代铜钱与金银相兼行使”等文字看，民间用银也是合法的。但是随着实行钞法，白银在此后一段时间里，地位发生了很大变化。初行钞法，明王朝即规定：

> 禁民间不得以金银物货交易，违者治其罪，有告发者就以其物给之，若有以金银易钞者听。①

洪武三十年（1397）三月，由于杭州诸郡商贾不论货物贵贱一以金银定价，由是钞法阻滞，公私病之，明王朝重申“禁民间无以金银交易”②。至永乐元年（1403），金银禁令执行得更为严厉。《明太宗实录》卷十九载：

> 以钞法不通，下令禁金银交易，犯者准奸恶论，有能首捕者，以所交易金银充赏，其两相交易而一人自首者免坐，赏与首捕同。若置造首饰器皿不在禁例。

次年正月，惩罚有所减轻，“诏自今有犯交易银两之禁者，免死，徒家兴

① 《明太祖实录》卷九八。
② 《明太祖实录》卷二五一。

州屯戍”[①]。至宣德元年（1426）七月，惩罚进一步减轻，《明宣宗实录》卷十九载：

> 严钞法之禁。时行在户部奏，比者民间交易惟用金银，钞滞不行，请严禁约。上命行在都察院揭榜禁之，凡以金银交易及藏匿货物高抬价值者，皆罚钞。强夺强买者，治其罪。

在明朝执行金银禁令的年代里，使用金银乃至携带金银都是很危险的。特别是加上某些官吏借此贪功邀宠，使这一禁令在实际执行过程中还有被扩大的趋势。文献中有三段旨在宣扬明成祖仁政的文字，可以反映这方面的情况：

其一，永乐二年（1404），刑部尚书郑赐等奏：“湖广江夏县民有父死以银营葬具者，在法以银交易当徙边。”成祖朱棣说：“朝廷始以钞法不通皆缘民间银、钞兼用，而率重银轻钞，故禁其交易。今民丧父，自于治葬之急而违法，终非玩法贪利之心。古人哀有丧者，宜矜宥之。”[②]

其二，同年，朱棣召刑科都给事中杨恭等谕曰：“去岁命御史给事中往各处抚安军民，禁止匿奸，导其为善……昨日给事中丁琰等奏，云至四川，见无犯法者，乃阴遣亲信用银诱之交易，已而果有犯之，是其心终不戒也，遂执之。琰不肖刻薄如此……此辈小人但图邀功，不顾枉陷良善，甚辜朕任使。其令都察院遣人，驰往释所诬民，而执琰等赴京罪之。”[③]

其三，永乐九年（1411）四月，守聚宝门千户奏，有民入城，检其行李，得金镯及银数锭。朱棣问刑部尚书刘观：“此在何法？”对曰：“法不得以银交易，百姓不得用金首饰。”朱棣曰：“禁民交易、服用，何尝禁其藏蓄。”特命还之，仍戒谕千户不许越职厉民。[④]

从这些文字可以看出，在金银禁令执行得最严格的时候，至少在部分地区，交换中使用白银作媒介的现象确实很少见了，否则身为皇帝的朱棣不可能有精力过问诸如老百姓以银营葬具和携银入城之类小事，官吏希图邀功，也毋需采用遣亲信引诱老百姓用银交易的办法。

---

① 《明太宗实录》卷二七。

② 《明太宗实录》卷二九。

③ 《明太宗实录》卷二九。

④ 嵇璜：《续文献通考》卷一〇《钱币考》。

国家长期实行金银禁令，对白银的普及显然极为不利，但尽管如此，无论在商品交换领域还是在国家财政上，这一时期都仍存在使用金银的现象，如洪武三十年，“时杭州诸郡商贾不论货物贵贱一以金银定价”；洪熙元年（1425），“民间交易率用金银布帛”；宣德元年，“比者民间交易惟用金银”；宣德四年（1429）六月，“比年巨商富民并权贵之家，凡有交易俱要金银”；明仁宗即位后允许官员军民以钞中盐，“贪利者竞以昏烂之钞中纳，一人动计千引。及支盐发卖，专要金银”①。此外，明王朝一次次重申交易中不许使用金银，也从另一个角度反映出，流通领域中使用金银绝非偶然现象。即使国家，这一时期征收赋税有时亦收金银，如《明太祖实录》卷一六三载洪武十七年（1384）“命苏、松、嘉、湖四府以黄金代输今年田租”，洪武十九年规定解纳税课钱钞，“有道里险远难致者，许易金银以进”②，宣德六年（1431）浙江温州府“商税鱼课仍征银”③，等等。

关于明朝前期禁金银，值得一提的是太祖朱元璋曾经下达的一道命令，《明太祖实录》卷二〇五载：

> 诏户部申严交通外番之禁。上以中国金银铜钱缎疋兵器等物自前代以来不许出番，今两广、浙江、福建愚民无知，往往交通外番，私易货物，故严禁之。沿海军民官司纵令私相交易者，悉治以罪。

对于朱元璋的这一命令，前人通常解释为禁止金银、铜钱出境。而实际上，朱元璋这里所强调的乃是海禁，即阻止老百姓与外番进行贸易活动，禁止金银出境尚属其次。因为这一时期明朝统治者的某些作法，本身即会造成大量金银、铜钱外流。如永乐九年九月满剌加国王拜里迷苏剌来朝辞归，明成祖赐王黄金百两，白银500两，铜钱2600贯，赐王妃白金200两，其陪臣等各赐白金钞钱采币有差④。永乐二十二年（1424）四月，满剌加国王西哩麻哈剌者还国，朱棣又赐金百两，银500两⑤。此外，从《星槎胜览》中的文字看，郑

① 《明宣宗实录》卷五五。
② 《明太祖实录》卷一七七。
③ 《明宣宗实录》卷八〇。
④ 《明太宗实录》卷一一九。
⑤ 《明太宗实录》卷二七〇。

和下西洋在很多时候也以金银、铜钱进行交易。

明代中叶后，由于商品经济的发展，同时也由于钞法破坏，金银禁令客观上已无法继续执行下去，银的使用更加普及。《明史》卷八一《钱钞》载，正统年间，收赋有米麦折银之令，弛用银之禁，“朝野率皆用银，其小者乃用钱”。至万历初年张居正推行一条鞭法，赋役皆按亩征银。谢肇淛说：“今天下交易所通行者，钱与银耳。”① 郝敬说：“自大江以南，强半用银。即北地，惟民间贸易，而官帑出纳，仍用银。”② 至崇祯年间，白银在货币领域的统治地位更加不可动摇，“今天下自京师达四方，无虑皆用白银，乃国家经赋，专以收花文银为主，而银遂踞其极重之势，一切中外公私咸取给焉”③。

白银的普及，反过来又使“大明宝钞”更加无立足之地。顾炎武说：“今日上下皆银，轻装易致，而楮币自无所用。故洪武初欲行钞法，至禁民间行使金银，以奸恶论，而卒不能行。及乎后代，银日盛而钞日微，势不两行，灼然易见。”④ 明代中叶后不仅民间交易不用钞，即使国家征税，很多原来规定必须用钞交纳的税种，也都改由用银交纳了。有时即使仍以钞为结算单位，但从纳税者一方而言，征钞本质上也是征银。所以景泰三年（1452）户部尚书陈循等在上疏时说当时征收船钞，止收新钞，“民船无从而得，将银易钞，其实收银，非收钞也”⑤。嘉靖年间，御史魏有本上言征收钱钞无益于国，有损于民。明世宗命钱钞留各地方，而内库用银。“厥后钞益无用，而各关皆征银”⑥。明中叶以后，由于白银需求量激增，国内白银开采量不足，遂从国外大量进口白银和银元。国外白银的大量输入，进一步加强了白银的主要货币地位。

随着白银普及，银在人们心目中的地位空前提高。可以说，在明朝中、后期人的眼里，银几乎就是财富的同义词。特别是对那些明晃晃、白花花、沉甸

① 谢肇淛：《五杂俎》卷一二。
② 孙承泽：《春明梦余录》卷四七《宝源局》。
③ 孙承泽：《春明梦余录》卷三八《户部尚书侯恂条陈鼓铸事宜》。
④ 顾炎武：《日知录》卷一一。
⑤ 《明英宗实录》卷二一八。
⑥ 傅维鳞：《明书》卷八一《钞法》。

甸的银锭，生活在这一时期的人毫不掩饰自己的喜爱和垂涎之情。在明代的文学作品中，有很多关于这一方面的生动描述。

明朝中、后期在商品交换中选用货币的情况大致上可以归纳为交易额大者用银，小者用钱。曾经有人据《醒世恒言》第三卷《卖油郎独占花魁》中卖油郎每日“或积三分，或积二分，再少也积下一分，凑得几钱，又打做大块包”，日积月累，有了总量为十六两的“一大包银子”，指出，明代中、后期白银的使用已经普及到了小额商品交换中。这固然不错，然而这与大者用银、小者用钱并不矛盾。事实上，油的买卖在当时仍然不是最小额的交易。由于银的价值含量较高，按照当时的银、钱比价，一分银子大致可兑换铜钱五六文至十文左右，当交易额只有一二文时，用银是很不方便的，因此只能使用铜钱。而从《醒世恒言》第34卷《一文钱小隙造奇冤》中杨氏让其子拿一文钱到市上买椒的情节来看，一文钱的交易在当时应是大量存在的。

交易额大者用银小者用钱的例子在明代的文学作品中很多，如在《卖油郎独占花魁》这一故事中，卖油郎积攒的是白银，花魁卖身、赎身、接客、朱十老送秦重和秦重为其父造净室，也都是用银子。因为这一切所涉及的货币数额皆较大。而莘善还饭钱、刘四妈家的粉头买瓜子，便都使用铜钱，因为这些涉及到的货币数额较小。再如，《醒世恒言》第二七卷《李玉英狱中讼冤》中焦氏在封荫、选妃上托关系、走门路，用的是银两，李承祖寻父途中为老妪所救，临别时老妪相赠的也是银子。而李承祖到达目的地后，身边则止存有“十数文铜钱”，焦氏逼迫月英作乞丐，每天的定额则是铜钱五十文。这里也是数额大者用银，小者用钱。又如，《初刻拍案惊奇》第一卷《转运汉巧遇洞庭红　波斯胡指破鼍龙壳》记文若虚运乖命舛时卖扇，上等扇值一两多银子，下等扇将就可卖几十钱。仍是数额大者用银，小者用钱。

白银普及和人们喜爱白银所带来的负面效应是：自明朝中叶起，造假银的现象明显增多。正统时，京城一带便有人造伪银行骗。景泰年间，户部尚书陈循说：“为国之计，在于商贾乐藏其市。今专造伪银，哄骗商贾，铜多银少，亏本数倍，商贾誓不再来。乞令该部出榜禁约，造伪者发戍边远。”[①] 此后这

① 《明英宗实录》卷二一八。

种现象日益严重，如浙江崇德县的丝行商人在买丝时用的“朱提白镪，淆以连锡”[①]；苏州嘉定县的商人牙侩买棉时多用赝银骗人[②]；山西平阳府安邑县的商牙人则“倾造低假，鼓弄乡愚。一入其手，竟归乌有，贩夫小民，含泪去耳”[③]。万历年间，谢肇淛说闽、广“用银低假，市肆作奸，尤可恨也”[④]。范濂说：“行使假银，民间大害，而莫如近年为甚。盖昔之假银可辨，今则不可辨矣；昔之行使者尚少，今则在在有之矣；昔犹潜踪灭迹，今则肆然无忌矣。甚至投靠势家，广开兑店，地方不敢举，官府不能禁，此万姓所切齿也。”[⑤]明末清初顾炎武则称：“今日上下皆用银，而民间巧诈滋甚，非直给市人，且或用以欺官长。济南人家专造此种伪物，至累十累百用之，殆所谓为盗不操矛弧者也。”[⑥]

假银的名目很多，如巧青、烧假、纸盖、鼎银、吊铜、侻边、摻铜、灌铅、闹银、参梅、筅白、双倾青、烧隔、纸窗、摇丝、神仙[⑦]、撺铜、吊铁、洪铜、淡底、三倾、炼熟等[⑧]。有的假银是在铅铁外边裹上薄薄一层银皮儿，时称“铁胎假银”。《醒世恒言》第一六卷《陆五汉硬留合色鞋》中，好占便宜、倚强凌弱的强得利弄到手的“光光两锭雪花样的大银”，后经银匠鉴定，便属这类假银。而《二刻拍案惊奇》第一五卷《韩侍郎婢作夫人 顾提控掾居郎署》中，那个为救丈夫出狱而卖猪的妇人，到手的银子则更是假得厉害，按银匠的说法是：“哪里有半毫银气，多是铅铜锡镴装成，见火不得的”。

对于造假银，明朝的惩罚办法是：“若伪造金银者，杖一百，徒三年，为从及知情买使者各减一等”，“伪造假银及知情买使之人俱问罪，于本地方枷

① 康熙《石门县志》卷二。
② 顾炎武：《天下郡国利病书》苏松。
③ 万历《安邑县志》卷二。
④ 谢肇淛：《五杂俎》卷一二。
⑤ 范濂：《云间据目抄》卷二。
⑥ 顾炎武：《日知录》卷一一。
⑦ 康熙《石门县志》卷二。
⑧ 顾炎武：《天下郡国利病书》苏松。

号一个月发落"①。但是，"虽官府屡行严禁，终不能止"②。

银为贵金属，比银更贵重的金属为黄金。在明代，黄金曾与白银一同被禁止使用，但事实上也始终与白银一道流通着。然黄金作为货币，在商品交换中的重要性和普及程度均不及白银，原因主要有两个：其一是价值太高。白银价值之高已经不适宜小额交易，黄金价值更高，自然更不适宜。因此除特别大的交易，一般都不会用黄金作为交换媒介。其二是数量相对较少。王世贞在《宛委余编》卷一一中说黄金"今极少"③。隆庆初，明穆宗下令用户部银6万两买金1万两进用，尚书马森等言："黄金产自云南，所出有限，岁额不过二千，尚多逋者，至于商人，尤难责办。先帝时曾买金二千，日积月累，仅能足数，不能足色，寻诏停止，以此金贮之太仓。今欲于数日之内即满一万之数，臣等知其不能，请先进见贮太仓者。督云南亟进年例。"在这种情况下，明穆宗也只好打消买金的念头。④ 皇帝想买1万两黄金都这样困难，可见黄金总量不会很多。加之当时人用黄金制作首饰、器具又会用去一些黄金，这样一来，能够用于商品交换的黄金自然更少。

关于黄金，还值得注意的是金价的波动情况。顾炎武《日知录》卷一一称："今以目所睹记及《会典》所载国初金价推之，亦大略可考。《会典》钞法卷内云：洪武八年造'大明宝钞'，每钞一贯折银一两，每钞四贯易赤金一两，是金一两当银四两也。征收卷内云：洪武十八年令：凡折收税粮，金每两准米十石，银每两准米二石，是金一两当银五两也。三十年，上曰：'折收逋赋，欲以苏民困也，今如此其重，将愈困民。'更令金每两准米二十石，银每两准米四石，然亦是金一两当银五两也。永乐十一年令，金每两准米三十石，则当银七两五钱矣。又令交趾召商中盐，金一两给盐三十引，则当银十两矣。岂非承平以后，日事侈靡，上自宫掖，下逮勋贵，用过乎物之故与？幼时见万历中赤金止七八换，崇祯中十换（天启中权阉用事，百官献媚者皆进金卮，金价渐贵），江左至十三换矣。投珠抵璧之风，将何时而见与！"顾炎武在这里所说的原因固

① 万历《明会典》卷一七〇。
② 道光《石门县志》卷三二。
③《弇州山人四部稿》卷一六六。
④ 余继登：《典故纪闻》卷一八。

然只是一种推测，然他所指出的金价上涨的现象，应当说是存在的。

明代的货币除了金、银、铜钱和“大明宝钞”外，云南地区尚使用海肥。万历年间，给事中郝敬在《钱法议》中提到：“云南用海肥。”[①] 谢肇淛说：“滇人以贝代钱，每十贝当一钱，贫民诚便。然白银一两，当得贝一万枚，携者不亦难乎？且易破碎，非如钱之可复铸也。”[②] 从使用范围上看，海肥不仅被用于商品交换，也被用于国家财政。永乐九年（1411）六月，云南溪处甸长官司土官自恩说：“本司岁纳海肥七万九千八百索，非本土所产，每岁于临安府买纳。”[③] 正统年间，明朝曾用海肥折支云南文武官员俸禄[④]。成化十七年（1481）在云南征收商税课程时，亦曾折收海肥[⑤]。

云南使用海肥，从一个侧面反映出，在明代，商品经济的发展是不平衡的。

二、“制钱”的铸造

明代使用的铜钱，依其来源的不同，可分为“制钱”、“古钱”和“私钱”三大类。“制钱”是明代官方铸造的钱；“古钱”为历史上留下来的钱，也称“旧钱”，以宋朝钱居多，其他朝代的较少；“私钱”为非法铸造的钱，又称“低钱”、“滥恶钱”、“新钱”[⑥] 等。在多数情况下，“私钱”的式样皆模仿“制钱”，然增加了一些“制钱”所没有的品种。因此同“制钱”相比，私钱的种类更多、形态更杂，称谓更乱，已达不可考的程度，如“私钱”的名称有板儿、倒好、皮棍、鹅眼、宽边、大版、金灯、胖头、歪脖、尖脚、煞儿、大眼贼、短命官等。此外，从泛明史角度讲，明代钱还应包括明末清初各种政治力量所铸的钱，如李自成大顺政权铸造的“永昌通宝”、张献忠大西政权铸

---

① 孙承泽：《春明梦余录》卷四七《宝源局》。

② 谢肇淛：《五杂俎》卷一二。

③ 《明太宗实录》卷一一六。

④ 《明英宗实录》卷三五，《明英宗实录》卷一三四。

⑤ 《明宪宗实录》卷二二二。

⑥ “新钱”与“旧钱”有时只表明钱铸造的时间。在这层意义上，只有当朝皇帝在位时所铸的钱称“新钱”，相对于这种“新钱”，以往所铸的钱都称“旧钱”。又：“滥恶钱”有时也不单指“私钱”，而是泛指一切质量差的钱。

造的“大顺通宝”、福王政权铸造的“弘光通宝”、唐王政权铸造的“隆武通宝”、永明王政权铸造的“永历通宝”、鲁王铸造的“大明通宝”等。然由于这些钱产生较晚，与明代的商品经济关系不大，此处不述。

钱的基本单位为“文”。明代文献中凡记载钱的数量而未标明单位时，一般都指“文”。“文”之上为“贯”，1贯为1000文。“贯”之上为“锭”，1锭为5贯，即5000文。此外，钱的单位有时也用“吊”、“两”、“钱”、“串”等。“吊”为民间俗称，《四友斋丛说》卷一二载：“一吊者千钱也。”“串”同“吊”相同。“两”与“钱”为银的度量单位，用于铜钱，应是指铜钱与白银的比价关系。这种用法只见于明初。

明朝铸造“制钱”，始于元顺帝至正二十一年（1361）二月朱元璋集团在应天府铸造“大中通宝”钱，《明太祖实录》卷九载：

> 置宝源局，铸“大中通宝”钱。先是，中书省议，以国家新立，钱法未定，民以米麦与钱相贸易，每米一石，官值钱千，而民间私易，加至三千，然钱货低昂岂能久而不变，今请置宝源局于应天府，铸“大中通宝”钱，使与历代钱兼行，以四百为一贯，四十为一两，四文为一钱，其物货价值，一从民便，设官以主其事。上从之。

继此之后，至正二十四年（1364）四月，部分行省也开始铸钱。《明太祖实录》卷一四载：

> 命江西行省置货泉局，设大使、副使各一人。颁“大中通宝”大小五等钱式，使铸之。

明朝正式建立后，洪武元年（1368）三月，朱元璋下令铸造“洪武通宝”。“洪武通宝”与“大中通宝”除钱文有所区别外，式样基本相同，也分大小五等。《明太祖实录》卷三一载：

> 命户部及行省鼓铸“洪武通宝”钱，其制凡五等，当十钱重一两，当五钱重五钱，当三钱重三钱，当二钱重二钱，小钱重一钱。

同年七月，朱元璋“命户部、各行省罢铸钱。未几，以国用不敷，复令鼓铸。”①

① 《明太祖实录》卷三二。

明朝初年的铸钱量，总的来看呈日益增长趋势，其中有据可考的年份如下：

至正二十一年，四百三十一万文；

至正二十三年，三千七百九十一万有奇；

洪武元年，八千九百余万；

洪武五年，二万二千二百四十万一千九百五十六文；

洪武七年，一万九千九百八十四万九千八百三十二文；

洪武八年，一万九千九百八十四万九千八百三十二文。[①]

不过，尽管铸钱量在增长，明朝统治者对实行钱法却并不满意，于是在洪武八年三月，又开始实行钞法。此后明朝的铸钱活动迅速减少。实行钞法的当月，“罢宝源局铸钱”[②]；同年九月，“革福建行省宝泉局，罢铸钱”[③]；次年六月，“罢各布政司宝泉局，停铸钱”[④]。至洪武十年五月，朱元璋似乎意识到只有纸钞没有铜钱不行，这才又“命各布政使司复设宝泉局，铸小钱与钞兼行”[⑤]。此后铸钱活动时断时续，大致经过是：

洪武二十年，宝源局和各布政司停止铸钱。[⑥]

洪武二十二年六月，恢复铸钱，更定钱样。主事徐观言：“往岁铸钱，分两不一，难为定则，今定其制，每生铜一斤，铸小钱一百六十，折二钱八十，当三钱五十四，当五钱三十二，当十钱一十六。”制可。复置江西、河南、广西、陕西、山西、山东、北平、四川八布政司所辖宝泉局，与浙江、湖广、福建、广东所置并同，每局大使一人，秩从九品，副使一人，未入流。[⑦]

洪武二十三年十月，“再定钱制，每小钱一，用铜（一钱）二分，其余四等钱，依小钱制递增”[⑧]。

---

① 以上数字分见于《明太祖实录》，其中七年、八年数字相同，当系抄录所致。

② 《明太祖实录》卷九八。

③ 《明太祖实录》卷一〇一。

④ 《明太祖实录》卷一〇六。

⑤ 《明太祖实录》卷一一二。

⑥ 《明太祖实录》卷一八一，王圻：《续文献通考》卷一八《皇明钱法》。

⑦ 《明太祖实录》卷一九六。

⑧ 《明太祖实录》卷二〇五。

洪武二十六年，朝廷规定：凡在京鼓铸铜钱，行移宝源局，委官于内府置局。每季计算人匠数目，其合同铜炭油麻等项物料，行下丁字库等衙门放支。如遇铸完，收贮奏闻，差官类进内府司钥库交纳，取批回实收长单附卷。在外各布政司一体鼓铸，本部类行各司，行下宝源局，委官监督人匠，照依在京则例。铸完钱数，就于彼处官军收贮，听候支用。[①] 然而这些规定很可能并未真正执行，因为《明会典》卷三一《钱法》、王圻《续文献通考》卷一八《皇明钱法》在同一年又有如下记载："复罢各布政司宝泉局。"而到了第二年以后，由于太祖决意行钞，不仅不再铸钱，连使用铜钱也被禁止了。

实行钞法后，铸钱量逐年增长的势头消失了。以下是《明会典》卷一九四《铸钱》和王圻《续文献通考》卷一八《皇明钱法》记载的各地炉座、钱数，应是反映这一时期情况的。

北平二十一座，每岁铸钱一千二百八十三万四百文。

广西一十五座半，每岁铸钱九百三万九千六百文。

陕西三十九座半，每岁铸钱二千三百三万六千四百文。

广东一十九座半，每岁铸钱一千一百三十七万二千四百文。

四川一十座，每岁铸钱五百八十三万二千文。

山东二十二座半，每岁铸钱一千二百一十二万二千文。

山西四十座，每岁铸钱二千三百三十二万八千文。

河南二十二座半，每岁铸钱一千三百一十二万二千文。

浙江二十一座，每岁铸钱一千一百六十六万四千文。

江西一百一十五座，每岁铸钱六千七百六万八千文。

将各地铸钱量相加，只有一万八千九百四十多万文，尚不及洪武五年和洪武七年的多。

永乐至宣德间，明朝统治者以推行钞法为急务，铸钱更少。文献中有关这一方面的记载极为简略，兹将相对较详者录于下。

永乐六年（1408），铸"永乐通宝"钱。[②]

① 《明会典》卷一九四《铸钱》。

② 万历《明会典》卷一九四。

永乐九年，令差官于浙江、江西、广东、福建四布政司铸“永乐通宝”钱。①

宣德八年（1433）十月，命工部及浙江、江西、福建、广东四布政司铸“宣德通宝”钱10万贯。②

宣德九年，令南京工部并浙江等布政司铸“宣德通宝”钱。③

宣德十年正月，明英宗即位，下令各处铸造铜钱悉皆停罢④。此后很长一段时间里，明王朝的铸钱活动便完全停止了。直到弘治十六年（1503），铸钱活动才重新开始。其间在弘治二年八月曾有官员提出铸钱，但未被采纳，《明孝宗实录》卷二九载：

> 户部以四川重庆府知府毛泰奏请铸钱，因言国朝有洪武、永乐、宣德钱，皆积不用，宜疏通之，且请令宝源局并各布政司开局鼓铸“弘治通宝”钱，俾与洪武等钱并历代钱兼用。今宜先将各处见贮洪武等钱充官吏旗军折色俸粮。其折收商税户口钱今半收历代钱，半收洪武等钱，如无洪武等钱者，以二当一。上曰：“诸司职掌虽开有各处铸钱例，然久已不行，今若令十三布政司一概开局鼓铸，未免冒滥纷扰，不准。宝源局铸钱工部看详以闻。官吏折俸，商税、食盐收钱准拟。”既而工部言：“今民间洪武等钱俱不用，若辄铸‘弘治通宝’钱，倘更不行，徒费无益，宜俟洪武等钱通行后更议。”从之。

从弘治十六年起至明末，明朝的铸钱活动主要有：

弘治十六年，令两京及各布政司铸“弘治通宝”，照诸司职掌所载多寡之数稍损益之，北京照初年北平旧数；南京地方颇广，增一倍；山东、山西、河南、浙江、江西、广西、陕西、广东、四川俱照旧数；湖广视浙江；福建视广东；云贵视四川；每岁陆续铸造。但实际取得的成果不多，至十八年，“所铸者才十之一二”⑤。

① 王圻：《续文献通考》卷一八《皇明钱法》。
② 《明宣宗实录》卷一〇六。
③ 王圻：《续文献通考》卷一八《皇明钱法》。
④ 《明英宗实录》卷一。
⑤ 《明孝宗实录》卷二二四。

嘉靖六年（1527），铸造“嘉靖通宝”，并补铸累朝未铸者。差官于直隶并河南、闽、广等地铸钱。十九年，以铸钱所得不偿所费停止。三十二年十一月，令铸洪武至正德纪元九号钱，每号100万锭，嘉靖纪元号1000万锭。一个月后，改为仅铸“嘉靖通宝”。三十四年，以两京所铸，铜价太高，得不偿费，又在云南即山鼓铸。每年扣支云南盐课银2万两，额定铸钱33012100文，后因物料艰难，转输不便，盐银之外又加赃罚银11000两。至三十七年，只铸钱28740700文。巡抚云南都御史王昺以费多入少，乞罢之。嘉靖皇帝“以云南产铜，不宜惜小费以亏国用，命给银铸钱如故”。四十二年，题准分铸纪元各号通宝。四十三年，令北京宝源局铸钱暂行停止。四十四年五月，停止云南铸钱。

隆庆四年（1570），铸“隆庆通宝”。

万历四年（1576），铸“万历通宝”2万锭，每文重1钱2分5厘，7分金背，3分火漆。用四火黄铜铸金背，二火黄铜铸火漆，务求铜质精美，其粗恶者罪之。通行十三布政司南北直隶开局铸钱，每府发镟边样钱100文，直隶州50文，令照式铸造，铸完呈样，十三年，铸“万历通宝”钱15万锭。

天启元年（1621），铸“天启通宝”，补铸“泰昌通宝”，铸大钱。五年十月，命两京停铸大钱，专铸如式小钱。六年收大钱改铸小钱。

崇祯元年（1628），铸“崇祯通宝”。

由明朝铸钱的经过可知，明代的“制钱”主要有“大中通宝”、“洪武通宝”、“永乐通宝”、“宣德通宝”、“弘治通宝”、“嘉靖通宝”、“隆庆通宝”、“万历通宝”、“泰昌通宝”、“天启通宝”、“崇祯通宝”等11种。除了这些钱外，在一些古钱收藏家的著录和收藏品中，还可见到一些以其他年号命名的钱，如“洪熙通宝”、“正德通宝”等。这些钱铸于明代，当属无疑，但它们是“制钱”还是“私钱”，则不大好确定。从明朝的铸钱经过看，洪武至正德间，只有洪武、永乐、宣德、弘治年间铸过钱，而“洪熙通宝”等在当时又已确实存在，由此可以认为，这些钱应为“私钱”。然而问题在于，嘉靖年间曾几次下令补铸。一次是嘉靖六年“补铸累朝未铸者”，一次是嘉靖三十二年铸洪武至正德纪元九号钱，每号100万锭，一次是嘉靖四十二年分铸纪元各号通宝。其中三十二年的补铸与铸造“嘉靖通宝”合在一起，按计划共1900万锭，合用工料银32820770两有奇，而当时明朝库存的银两总共只有200多万两，“尽数以铸钱，尚不及十分之一”①，因此下令后仅一个多月，便改为仅铸“嘉靖通宝”了。但也不能排除铸出样钱的可能性。至于另外两次，则更可能或多或少地铸出一些文献上未曾记载的“制钱”。因此，今天人们所能见到的“洪熙通宝”、“正德通宝”等钱，很可能既有“制钱”，又有“私钱”。

从以上文字看，“制钱”绝大多数都是年号钱，其中只有“大中通宝”是个例外。对此，清朝官修《续文献通考》的作者认为，“盖明祖将建国号，意在‘大中’，既而祈天乃得‘大明’，故当时钱文有‘大中’之号也。”②然而在明代文献上，却并未见有明初打算定国号为“大中”的记载，清朝人依据什么产生了上述认识，不得而知。另外，有的清朝人又认为：“今世所传‘大明通宝’钱，疑是改铸小钱时所作，盖国号已定，则以‘大中通宝’改为小钱，自必用‘大明’字，史文略耳。”③在明代文献中，我们同样找不到此说的根据。从现有资料看，明代人提到铸造“大明通宝”，主要有四次，一次在嘉靖六年，朝廷令“收过‘新钱’，即与销化贮库，听候铸造大明通宝取用”④；另一次在隆庆三年七月，总督蓟辽兵部左侍郎谭纶请求铸钱，主张“其钱俱以‘大明通宝’为识，期可行之万世”⑤；再有一次在隆庆四年三月，直隶巡按御史杨家相上书言理财事宜，主张“凡钱宜以‘大明通宝’为文，毋纪年号”⑥；还有一次是万历二十六年给事中郝敬上《钱法议》，提出铸“大明通宝”大钱。此外可能还有人提出过类似主张。但这一切都发生在明代后期，而且皆未被采纳，根本不足以说明明初曾铸造“大明通宝”。因此，在没有发现新的资料之前，与其凭空臆测，不如相信黄宗羲《行朝录》中的说法，即“大明通宝”乃崇祯十七年鲁王回越后所铸。

明初铸“大中通宝”和“洪武通宝”，钱分五等，即面值为一文的小钱、

① 《明世宗实录》卷四〇五。
② 嵇璜：《续文献通考》卷一一。
③ 清佚名：《钱币考》卷上（《丛书集成》初编）。
④ 《明会典》卷三一《钱法》。
⑤ 《明穆宗实录》卷三五。
⑥ 《明穆宗实录》卷四三。

以及面值为二文、三文、五文、十文的当二、当三、当五、当十钱。洪武四年（1371）二月，朱元璋命改铸大中、洪武通宝大钱为小钱，原因是，“先是，宝源局所铸新钱皆铸‘京’字于其背，其后多不铸，民间以二等大钱无‘京’字者不行使，故命改铸为小钱以便之。”① 洪武二十三年，“再定钱制”，虽仍规定钱分五等，然这种规定究竟对明朝的铸钱实践产生了怎样的影响，因资料缺乏，尚无法肯定。此后直至万历末年，再无铸造大钱和使用大钱的记录。万历年间，户科郝敬主张铸当十，当三十，当五十三等大钱，未被采纳。天启元年，总督蓟辽尚书王象乾主张铸当十、当百、当千三等大钱，尽用龙文，略仿白金三品之制，当十者重二倍，每百兼用四文，当百者重五倍，每千兼用四文，当千者重十倍，每万兼用四文。于是两京皆铸大钱。后有言大钱之弊者，五年十月，命两京停铸大钱，专铸如式小钱。六年五月，钱法侍郎靳于中言大钱民不愿行，并指出大钱所以不行的四条原因。随后采纳崔呈秀主张，支银1万两收低假大钱，改铸小钱。又令近畿地方一切赋税等项及在京房号、税课俱用大钱，勒限收完改铸。至此，天启年间铸大钱的尝试基本结束。崇祯末年，敕铸当五钱。然从当时情况看，大概只铸造出了样钱，尚未来得及大量铸造，明朝便灭亡了。

明朝不铸大钱的原因，主要有两条：其一是私铸现象无法杜绝。铜钱为不足值货币，只铸一文、二文小钱，尚有人私铸以图利，一铸大钱，私铸者更多。因此，天启年间铸大钱虽然一开始便令“辑事衙门访有私铸阻挠者重治”②，但仍无法避免私铸现象发生。崇祯年间户部尚书侯恂说：当五、当十等钱铸造起来似乎较容易，工本也较省，“然私铸者竟为捷趋，识微者谓非久道，不铸可也”③。其二是在流通中阻力太大。天启六年靳于中在对大钱民不愿行的原因进行了“访之通衢，询之众见”的调查后提到：“大钱以一当十，原充十文之用。近日有买三五文货物者，亦持大钱，反令卖主按数找偿，则喧嚣滋起矣。合无谕示，货物值十文或二十文以上整数，使用大钱，其余零数

① 《明太祖实录》卷六一。
② 《明熹宗实录》卷二四。
③ 孙承泽：《春明梦余录》卷三八《户部尚书侯恂条陈鼓铸事宜》。

者，仍用小钱。”[①] 由此可知，大钱使用时极不方便。

同历史上许多王朝一样，明朝在铸钱时，对钱的重量亦曾多次做出规定，如洪武间《铸钱则例》规定：当十钱1000个，当五钱2000个，折二钱5000个，小钱1万个，铸钱连火耗各用生铜66斤6两5钱。当三钱3333个，用生铜65斤9两2钱5分。洪武二十三年“再定钱制”，改为小钱一文用铜1钱2分，余四等钱依小钱制递增。嘉靖中《铸钱则例》规定：通宝600万文，用二火黄铜47272斤，水锡4728斤。万历中《铸钱则例》规定：金背钱1万文，用四火黄铜85斤8两6钱1分3厘1毫，水锡5斤11两2钱4分8毫8丝；火漆钱1万文，用二火黄铜和水锡斤两同。直至崇祯年间，钱法虽滥，但对“崇祯通宝”的重量仍有规定。不过，在很多情况下，这些规定只是文字上的，并不意味着钱的重量便一定如此。实际上，由于各种原因，“制钱”轻于规定重量的事经常发生。

明初的铸钱机构，在京者为宝源局，各行省的初为货泉局，后改为宝泉局，“鼓铸之事惟属工部”[②]。《明太祖实录》中保留了明初一些行省设置宝泉局的记录，如洪武六年三月丙寅条载：“置四川行省织染、宝泉、杂造三局，设大使各一人，副使各一人。”洪武六年十月癸巳条载：“置北平宝泉局，设大使、副使各一人。”洪武七年九月庚辰条载：“命广西行省置宝泉局，设官如北平。”由这些记载，特别是由洪武元年三月的铸钱命令是下达给户部和行省的推断，这一时期各行省很可能都设置了铸钱机构。现存“大中通宝”和“洪武通宝”上有各省标志，可以作为这一推断的证明。天启二年，京城的铸钱机构在宝源局之外又增设宝泉局，其政属于户部，以户部右侍郎督理之，名“钱法堂”。此后铸钱以户部为主，“而工部之所铸者微矣”[③]。在地方上，此时则“开局遍天下，重课钱息”[④]。

由于钱非铸于一处，“制钱”间的差别很大，特别是明朝中、后期，更是如此。不仅省与省之间、各省与京城之间、南北宝源局之间所铸的钱不同，甚

---

① 《明熹宗实录》卷七一。
② 孙承泽：《春明梦余录》卷四七《宝源局》。
③ 孙承泽：《春明梦余录》卷三八《宝泉局》，卷四七《宝源局》。
④ 《明史》卷八一《钱钞》。

至同一机构铸的钱也不一样。与这种情况相一致，“制钱”的名称亦很多，如京城铸的称“黄钱”，外省铸的称“皮钱”，广东高州炉铸的称“青钱”。而到了嘉靖之后，又有金背、火漆、镟边、一条棍等名称。关于后四种钱的区别，徐阶《请停止宝源局铸钱疏》辨析较详，兹录于下：

盖制钱之解自南京者，其背或以金涂之，民间因谓之金背；或以火熏其背而使之黑，民间因谓之火漆；其云南所解及宝源局先年所铸，纯用铜锡，不搀以铅，每钱一文，秤重一钱二分，钱边又皆经由车镟，民间因其色黄美，其质坚重，其边圆整，谓之镟边。近年局中所铸，为科官建议革去车镟，止用铸锉二匠，而工匠人等又复侵盗铜料，民间因其色杂，其质轻，其边锉磨粗糙，遂谓之一条棍。

《明史》卷八一《钱钞》所记与此大意相同，但比较粗略：

时所铸钱有金背，有火漆，有镟边。议者以铸钱艰难，工匠劳费，革镟车用鑢锡，于是铸工竟杂铅锡便挫治，而轮廓粗粝，色泽黯黪。

需要指出的是，明朝的铸钱活动，在很多时候是受谋利动机驱使的，特别是到了后期，由于财政危机严重，这种动机便暴露得更加露骨。例如，万历三十三年七月贵州巡按毕三才请求在当地铸钱，起因是“贵州山多田少，额赋甚俭，虽赖川、湖协济，而岁出浮于岁入，目今仓库空虚，官军俸粮历一二年不支，无从措处”，目的是“济民用，裕国计”[①]。而到了崇祯年间，由于国用匮乏，内帑大竭，统治者更是“益讲鼓铸之利”，以至于命各镇有兵马处皆开炉鼓铸，以资军饷。因此，如果说明朝初期、中期铸钱尚较多地考虑到商品流通的需要，至明朝末年，则几乎完全取决于财政需要了。

不过，从另一方面讲，尽管统治者的主观动机是想通过铸钱谋利，而铸钱给明王朝带来的实际好处，却并不理想。之所以如此，主要原因有二：

其一是铜原料缺乏。这是明朝在铸钱时始终面临的难以解决的问题之一。由于缺乏原料，铸钱量便不可能无限制扩大，国家能够从中获得的好处便有限。明朝前期铸钱量在达到每年2万万文左右后便徘徊不前，这也是重要原因

① 《明神宗实录》卷四一一。

之一。

为了解决铜原料缺乏问题，洪武时期采取的措施主要是销毁废钱和旧铜器。如洪武七年正月，中书省的官员在言及铸钱事宜时说，“国初改铸‘洪武通宝’小钱，皆用废钱及旧器铜铸之。”① 为了能够从民间征得废钱和旧铜器，当时还做了这样的规定，“其军民之家，除镜子、军器及寺观庵院钟磬铙钹外，其余应有废铜，并听赴官中卖。每斤给价铜钱一百五十文。若私相买卖，及收匿在家不赴官中卖者，各笞四十。”② 但如此征铜不仅仍不能满足铸钱需要，而且还引发了许多矛盾。明朝实行钞法，动机之一便是想避开这些矛盾。不过从结果看，实行钞法后并未能完全避免征铜。例如，洪武二十年四月，工部右侍郎秦逵主张收民间废铜以资鼓铸，朱元璋知道这会带来很多纷扰，没有同意③，但是当两年后秦逵再次提出这一主张时，朱元璋却采纳了这一意见。④

至明朝中、后期，随着铸钱机构增多和铸钱活动频繁，铜原料缺乏的矛盾更加突出。这一时期明王朝除了仍不时向民间征铜外，有时还对铜的开采、贸易实行国家垄断。在选择铸钱地点时，首先考虑的也是是否便于获得铜原料。特别是明朝末年，为获得铜原料，统治者几乎达到疯狂的程度。在这股狂潮中，大量古钱毁于铸钱炉的熊熊烈火之中，甚至历史上留下的许多大型铜器文物也未能幸免。

其二是官吏匠役在铸钱中的舞弊行为无法杜绝。崇祯八年给事中王家彦说：“夫鼓铸非无利也，利归胥役炉匠与官，而上不得受也。”⑤ 在经过官吏匠役层层渔利之后，国家能够从铸钱中得到的好处，自然也就所剩无几了。

可能与吏治腐败的程度有关，明朝初年，铸钱中的舞弊行为尚不太明显，中期后则非常严重，至明末则愈演愈烈。舞弊的手法多种多样，此处毋需一一罗列，仅录天启三年九月御史游凤翔的一段话略作说明。他说：

留都鼓铸，其旧弊有三，新弊有四。有出马之弊。铸用本银五千

---

① 《明太祖实录》卷八七。
② 万历《明会典》卷一六四《钱法》。
③ 《明太祖实录》卷一八一。
④ 《明太祖实录》卷一九六。
⑤ 嵇璜：《续文献通考》卷一一。

两，铸出利钱一千两。当出钱时，司官先取钱八十万以入私囊，余者方除本利以还朝廷，下而铸钱大使及炉头工匠各役，无不染指。此出马之弊也。又有补秤之弊。如铜一百斤兑出，及铸成兑入只九十斤。所少十斤，不以铜补，而以钱补。每铜一两，补小钱七文，每文重七分，共重四钱九分，计已窃铜十之五矣。由两而上可以类推。此补秤之弊也。又有对赏之弊。钱有磋磨则有铜末，分毫皆公家赀。乃巧立名色，令工匠搜括，得铜末百斤，则以半入官，以半给赏。工匠乘机作弊，偷铜置之他处，混充铜末，官佯为不知，与工匠均分。此对赏之弊也。三弊其来已久，今又新添四弊：南中每钱十二文准银一分，今藉口铜贵，搭放军粮只十一文，是取之军者一也；搭放商人只十文，是取之商者二也；给匠工食另铸一种细钱，十不当七，是取之匠者三也；旧制铜七铅三，今且铜铅对参，故钱色不黄而白，又减去斤两，致钱千文只重五斤四两，是取之铜与铅者又不知若干文矣。此四者皆新添之弊也。①

这里说的虽然是南京，但北京和各地的情况显然也与此相差不远。

为了制止铸钱中形形色色的舞弊行为，明朝官员提出了各种各样的办法。有的说：“欲救今日之钱法，当究今日之钱官。”有的认为“铸钱速则利在官，迟则夹铸多而利在下。”有的又主张清查炉役，“一家止充一炉，不许兄弟并列，一身止充一役，不许引类呼朋。”然而，尽管采取了很多对策，收效却不大，其结果，明朝中、后期铸造的“制钱”，有些质量很差。明末御史赵洪范说：

臣令楚时，见布政使颁发天启新钱，大都铜止二三，铅砂七八，其脆薄则掷地可碎也，其轻小则百文不盈寸也。一处如此，他处可知。②

明末清初人叶梦珠曾全面、概括地评价了嘉靖至崇祯的钱，他说：

所见之钱，惟嘉靖、隆庆两朝最为精美。嘉钱尚有二种，黄者如

---

① 嵇璜：《续文献通考》卷一一。
② 嵇璜：《续文献通考》卷一一。

金，白者如银。隆钱尽如金色。皆以最美净铜铸就，体亦工致，明光焕发，一文约重钱外，此时便不可多得，盖为私铸者收去，杂以铅钞，更铸新钱也。然于折净白钱之中，往往有之。每当用时，拣选别贮，以为小儿玩弄。若万历钱，时虽盛行而体各异制，其精者或与嘉、隆等，而恶者则轻薄不堪，与时钱无异。泰昌、天启，享国日浅，钱不多行，式无甚美，亦无甚恶，惟铜质则递降耳。崇祯初，铜钱虽大异乎隆、万，然而京局所铸，大小轻重犹是。若京师每千价银一两二钱，外省犹兑九钱一千，与嘉、隆、万、启钱，间杂通用。其后私铸盛行，钱色日恶而价亦日贱，崇祯十三年戊寅夏[①]，价至六钱耳，百货腾贵。庚辰、辛巳（1640～1641）之间，递减至四五钱一千。癸未（1643）而后，每千兑银不过三钱有奇，而钱之所重，每千不过三斤有零而已。[②]

虽然叶梦珠所讲的不只是“制钱”，但却足以表明明朝中、后期“制钱”质量不断下降的趋势。

具有讽刺意味的是，在“制钱”质量每况愈下的时候，明末张献忠铸造的“大顺通宝”，质量却极好。清人彭遵泗《蜀碧》称：“贼钱肉色，光润精致，不类常铜，至今得者作妇女簪花，不减赤金。”不过，张献忠铸钱是以“藩府所蓄古鼎玩器及城内外寺院铜像”为原料，这种办法，就明朝后期的铸钱规模来说，是无法效仿的。

三、钱的流通

同白银的遭遇相似，铜钱的使用在明代也因为实行钞法而经历了一个由合法到非法，再由非法到合法的过程。其大致经过是：洪武八年三月实行钞法之前，国家允许使用铜钱。实行钞法之初，国家虽然对使用铜钱有了一些限制，但最初还不完全禁止铜钱流通，国家征收商税课程，尚可部分征钱。而到了洪

---

① 按：此处有矛盾，崇祯十三年为庚辰年，公历为1640年；戊寅年为崇祯十一年，公历为1638年。

② 叶梦珠：《阅世编》卷七《钱法》。

武二十七年八月，当朱元璋看到如允许铜钱存在将会危及钞法时，对铜钱的限制便发展成了完全禁用铜钱。朱元璋说：

国家造钞，令与铜钱相兼行使，本以便民。比年以来，民心刁诈，乃以钱钞任意亏折行使，致令钞法不行，甚失立法便民之意，宜令有司悉收其钱归官，依数换钞，不许更用铜钱行使，限半月内，凡军民商贾所有铜钱，悉送赴官，敢有私自行使及埋藏弃毁者，罪之。①

宣德十年（1435）十二月，广西梧州府知府李本奏："律载宝钞与铜钱相兼行使。今广西、广东交易用铜钱即问违禁，民多不便。乞照律条，听其相兼行使。"② 明英宗曾一度下令"弛用钱之禁"。但这次弛禁历时不长，至正统十三年（1448）五月，明王朝再次下令禁用铜钱。《明英宗实录》卷一六六载：

禁使铜钱。时钞既通行，而市廛仍以铜钱交易，每钞一贯，折铜钱二文。监察御史蔡愈济以为言，请出榜禁约，仍令锦衣卫、五城兵马司巡视，有以铜钱交易者，擒治其罪，十倍罚之。上从其请。

《明会典》卷三一《钞法》载：

（正统）十三年，禁京城各处街市交易行使铜钱，阻坏钞法，其在外，按察司并巡按御史一体禁约。

国家一次次下令禁钱，对铜钱流通显然不利。然而，正如金银交易之禁未能使金银从流通领域消失一样，钱禁也未能做到使人们弃铜钱不用。国家一而再、再而三地颁布禁钱令，本身便从反面说明，这一时期用钱交易的现象仍是大量存在的。

进入中叶后，随着钞法破坏，朝廷取消钱禁，铜钱作为仅次于白银的货币，再度具有了合法地位。先是在景泰四年（1453），令"钱钞听民相兼行使"③。成化元年（1465），又规定凡征商税课程，钱钞中半兼收。至弘治十六

① 《明太祖实录》卷二三四。
② 《明英宗实录》卷一二。
③ 万历《明会典》卷三一《钞法》。

年，“制钱”铸造也恢复了。至此，铜钱作为仅次于白银的货币，再度具有了合法地位。

关于铜钱在明代的流通，值得注意的为两方面：其一是“古钱”几乎自始至终都被使用着。朱元璋集团最初铸“大中通宝”，“使与历代钱兼行”。顾炎武也说：“当时市肆所用，皆唐、宋钱，而‘制钱’则偶一铸造，以助其不足耳。”天顺四年（1460），明王朝“令民间除假钱、锡钱外，凡历代并洪武、永乐、宣德铜钱及折二、当三依数准使，不许挑拣。”① 生活于弘治至嘉靖年间的陆深说他年少时见民间所用的钱多为宋钱，也有少量的唐、金、元钱②。万历年间人谢肇淛说：“山东银钱杂用，其钱皆用宋年号者，每二可当新钱之一。”③ 顾炎武又说：“予幼时，见市钱多南宋年号，后至北方，见多汴宁年号，真行草字体皆备，间有一二唐钱。自天启、崇祯广置钱局，括古钱以充废铜，于是市人皆摈古钱不用。”④ 这些文字虽然分开来看只记了一时一地的情况，但将这些记载联系在一起，则不难看出，明代在天启之前，“古钱”在商品流通领域中一直扮演着十分重要的角色，不用“古钱”只是明末一二十年间的事情。

其二是有些地区在交易中并不用钱或较少用钱。关于这一方面，文献中有不少反映，例如《春明梦余录》卷三八《宝钞局》载：

> 钱之用，不出于闽、广。宣德、正统以后，钱始用于西北。

弘治十六年二月，明朝铸“弘治通宝”，在命令中提到：

> 其原不行钱地方，责令巡抚、按及有司督行之。⑤

弘治十六年三月三日，工科左给事中张文陈铸钱事宜，其中说：

> 土货之产殊则贸易之情异，云南专用海肥，四川、贵州用茴香、花银及盐布，江西、湖广用米谷银布，山西、陕西间用皮毛，自来钱

---

① 万历《明会典》卷三一《钱法》。
② 陆深：《河汾燕闲录》。
③ 谢肇淛：《五杂俎》卷一二。
④ 顾炎武：《日知录》卷一一。
⑤ 《明孝宗实录》卷一九六。

法不通，骤欲变之难矣。①

嘉靖七年十二月，巡抚湖广都御史朱廷声说：

钞贯止聚于都下，钱法不行于南方。②

万历五年闰八月，福建抚按庞尚鹏等议钱法，其中说：

闽省钱法久废，卒然行之，愚民不无疑惧。③

万历二十六年，给事中郝敬《钱法议》称：

今海内行钱，惟北地一隅；自大江以南，强半用银。即北地，惟民间贸易，而官帑出纳，仍用银。则钱之所行无几耳。④

万历三十三年七月，贵州巡按毕三才主张在当地铸钱，以“济民用，裕国计”。户部官员认为：

立法者贵宜民，不贵强民，贵因俗，不贵逆俗。今举黔地从来未有之物，一旦责之以必行，恐于民俗不无少梗。⑤

谢肇淛《五杂俎》卷十二载：

闽、广绝不用钱。

《春明梦余录》卷三八《钱法》载：

今钱法非不行，而行钱之地，天下十不及二……未有用银废钱，如今日之甚者也。

大致上讲，明代不用钱或较少用钱的地区大致上包括两类，一类是商品经济发展水平特别高的南方地区，另一类是商品经济水平特别低的偏远地区。不过，对于明朝人所说的某些地区不用钱，也不能盲目相信，因为即使上边所提到的地区，不用钱也只是相对的，而不是绝对的。嵇璜《续文献通考》卷十一就曾依据文献记载指出，贵州在毕三才主张铸钱之前就曾有使用铜钱的历史，故而不能说铜钱为从来未有之物。而从目前我们所能掌握的资料看，要作出明代哪些地区从来不使用铜钱的判断，尚为时过早。

---

① 《明孝宗实录》卷一九七。

② 《明世宗实录》卷九六。

③ 《明神宗实录》卷六六。

④ 孙承泽：《春明梦余录》卷四七《宝源局》。

⑤ 《明神宗实录》卷四一一。

同明朝前期的钞法阻滞一样，明朝中、后期也时常出现钱法阻滞现象。所谓钱法阻滞，从最广泛的意义上讲，可以指人们拒绝使用一切铜钱，而从明朝中、后期的情况看，更多的时候，乃是指人们拒绝使用特定的某一种钱。有些时候，虽然统治者中有人疾呼钱法阻滞，实际上阻滞的只是某一种钱，并非所有的钱都阻滞。

造成钱法阻滞的原因很多，其中最主要的在于以下三方面：

（一）私铸行为猖獗，由此生产出的大量劣质钱抑制了优质钱的流通。

铜钱是不足值货币，在重量相同的情况下，钱的价格高于铜。因此无论官铸还是私铸，都能从铸钱中谋得利益。在利益驱使下，敢于以身试法者很多。《明太祖实录》卷八六载："应天府言：民间交易杂以私铸铜钱，以故钱法不通。乃诏自今遇有私铸铜钱，许作废铜送官，每斤给官钱一百九十文偿之。诸税课内如有私钱，亦更铸之。"可见明初即有人私铸。此后一段时间里，有关私铸的文字不多。景泰年间钱禁一开，私铸问题马上又严重起来。《明英宗实录》卷二六八载：景泰时，苏松等处的权势之家"纷纷伪造，来京货卖。其钱大小不一，俱各杂以锡铁"，在京的军匠人等亦私铸造。成化年间刑部奏，近岁民间所用"私钱"多苏、松、常、镇、杭州、临清人铸造，致四方客商聚集收买①。至嘉靖三十三年后，则是"民间竞私铸'嘉靖通宝'钱，与官钱并行焉"②。

私铸行为造成的直接结果是，从成化年间起，"私钱"日益盛行，至弘治以后则愈演愈烈。生活在这一时期的陆深说：

> 予少时，见民间所用皆宋钱，杂以金元钱，谓之好钱。唐钱间有开元通宝，偶忽不用。新铸者谓之低钱，每以二文当好钱一文，人亦两用之。弘治末，京师好钱复不行，而惟行新钱，谓之倒好。正德中则有倒三倒四，而盗铸者蜂起矣。嘉靖以来，有五六至九十者，而裁铅翦纸之滥极矣！③

---

① 《明宪宗实录》卷一六七。

② 《明史》卷八一《钱钞》。

③ 陆深：《河汾燕闲录》。

董谷说：

吾乡自国初至弘治以来，皆行好钱。每自金一分，准铜钱七枚，无以异也。但拣择太甚，以青色者为上。正德丁丑，余始游京师。初至，见交易者皆称钱为板儿。怪而问焉，则所使者皆低恶之钱，以二折一，但取如数而不视善否，人皆以为良便也。既而南还，则吾乡皆行板儿矣，好钱遂阁不行，不知何以神速如此。①

《明武宗实录》卷八三载：

时私铸之弊岁久难变，至有以四折一，恶烂不堪者，曰倒四，亦盛行云。

嘉靖年间巡视五城御史闫邻等人说：

国朝所用钱币有二，首曰制钱，祖宗、列圣及皇上所铸，如洪武、永乐、嘉靖等通宝是也；次曰旧钱，历代所铸，如开元、祥符、太平、淳化等钱是也。百六十年来，二钱并用，民咸利之。虽有伪造，不过窃真售赝，其于原制犹不甚相远也。迩者京师之钱轻制薄小，触手可碎，字文虽存，而点画莫辨。甚则不用铜，而用铅、铁，不以铸，而以剪裁，粗具肉好，即名曰钱，每三百文才直银一钱耳。作之者无忌，用之者不疑，而制钱、旧钱返为壅遏。②

至崇祯年间，“私钱”的钱质更降至极点。叶梦珠说：“私钱无代无之，而惟崇祯时最盛。予生崇祯之际，通用新钱无一佳者。”③

由于私铸行为直接威胁到钱法，因此明朝法律对私铸者惩治很严。洪武三十年时的规定是“工役终身”④，而到了成化十三年后则为：

凡私铸铜钱者绞，匠人罪同，为从及知情买使者各减一等，告捕者官给赏银五十两……若将时用铜钱剪错（锉）薄小，取铜以求利者，杖一百。……私铸铜钱为从者问罪，用一百斤枷枷号一个月，民匠舍余，发附近充军，旗军调发边卫食粮差操。若贩卖行使者，亦枷

① 董谷：《碧里杂存》上《板儿》，《从书集成》初编。

② 《明世宗实录》卷一九一。

③ 叶梦珠：《阅世编》卷七《钱法》。

④ 万历《明会典》卷一七三。

号一个月，照常发落。[①]

至万历年间，更有人提出："但捕获私铸真赃者，一文以上皆斩；知而不举者连坐；出首得实者，赏银二十两。"[②]

除了严刑峻法，明朝在禁私铸上还采取了许多措施，到后来甚至把查获私铸次数的多少作为考核官吏的指标，即将"各官获过私铸起数，附入考成报部，甄别才能，移咨纪录。"[③] 然而所有这一切措施都未能有效地铲除私铸现象，"私钱"泛滥日甚一日，遂使得质量好的铜钱反而无法正常流通了。

私铸行为久禁不绝，与多种因素有关，其中之一是明代中、后期许多权贵势要之家都在从事私铸活动，如万历时的原任按察司佥事皇甫汸曾"纵子私铸"[④]。万历二十二年四月，御史张蒲言："钱法之壅，由王府私造，官法难加。"[⑤]《明史》卷八一《钱钞》载："时王府皆铸造私钱，吏不敢讦。"在这种情况下，明朝的禁私铸政策在执行中必然会带有极大的局限性。

统治者之间的矛盾，在一定程度上也对禁"私钱"起了干扰作用。这种干扰作用在嘉靖三十三年表现得很明显。当时由于"连岁大侵，四方流民就食京师，死者相枕籍。议者咸谓钱法不通所致"，御史何廷钰"请许民用小钱"。户部官认为："滥钱非制，法所当禁，若官为令用之，是开私铸之门，以王者利柄假盗贼也。且方下厉禁，未期月更之，法令不信，民无所措其手足。"户部官所言不为无理。但因为何廷钰与户部山西司郎中刘尔牧有过节，何的意见被驳回后，"不胜愤。乃疏讦刘尔牧专己自用，不念百姓之急。前陛下戒谕该部撙节，尔牧谓朝廷自不惜财，视如泥沙，不节之赏，无名之费，不可殚举。今兹帑藏迫且窘矣，既以之贷光禄，复以之输内府，而顾责户部撙节何也。其词涉谤毁，无人臣礼，请亟斥之，以惩不敬。"明世宗见疏后，对"小臣讪上无礼如此"的行为大怒，不仅用廷杖之刑惩治了刘尔牧，禁用滥钱

---

① 万历《明会典》卷一七〇《私铸铜钱》。

② 孙承泽：《春明梦余录》卷四七《宝源局》。

③ 《明神宗实录》卷四七六。

④ 《明神宗实录》卷九八。

⑤ 《明神宗实录》卷二七二。

的法令也由此取消，美其名曰“钱法且从民便。”①

不过，嘉靖年间允许使用“私钱”只是一种短期现象。总的来看，禁“私钱”是明朝的一项长期政策。至崇祯末年，这一政策仍在继续。不过，由于明王朝此时已是危机四伏、风雨飘摇，面对久禁不绝的“私钱”，就更加不可能有什么好办法了。清朝官修《续文献通考》卷一一引一未注明名字之人的话说：

> 往日明朝京师钱价，纹银一两买钱六百，其贵贱在零几与十之间。自崇祯践祚，与日俱迁。至十六年癸未，竞卖至二千矣。夏秋间，二千几百矣。宣问由来，云私钱搀入过多。乃于九门特点御史严察督理。街坊钱桌有私钱，一文笞三十，二文徒一年，三文遣戍，四文斩首。其价额遵隆、万以来旧例，多一文亦斩。复敕工部设石臼铁杵，一见私钱，不暇入炉溶化，即刻捣碎；九门搜简，直挟入城者必斩；小民贸易存剩，敕令送入御史台，奖之；令至严也。臼设于门，杵悬于臼，官坐吏守，自朝至暮，半月来，小民无舍钱之侠肠，贩商无触网之痴棍。清对无聊，乃出己橐买私钱捣之。辰出午饭，必欲班役持钱四五千捣碓两番，将碎钱铜末积于杵臼之间，为人观看。匝月后，各举报命，云私钱收尽，额外一文不敢增，民皆遵制矣。然皆塞责之词，民间之钱价下趋更甚也。

这段话，形象地描绘出了明末在禁“私钱”上演出的一场闹剧。这一闹剧不仅显示出明朝统治者对于“私钱”的无奈，也最终宣告了明朝禁“私钱”的失败。

（二）私贩现象严重，货币市场混乱。

明朝中、后期，富商大贾、权贵豪绅把持货币市场，利用钱价变化从中射利的现象十分严重。万历《汝南志》卷二载：

> 日者鹾价忽腾，钱法顿滞，不知其所自起。蚩蚩之氓，负载入市……且所得钱，暮不能为用。如大定、大观、开元、正元、祥符、太平等钱，皆格不行。一夫倡言，千人附和，虽有厉禁，视若弁髦。

① 《明世宗实录》卷四〇八。

无何，有客来买前钱，以一当三，捆载而去。此所谓龙（垄）断之尤，而奸人之雄也。

《明神宗实录》卷一八七载：

盖由富商大贾设谋网利，欲贵卖其所积，以图目前之饶，则偏重行之；欲贱收其所弃，以规日后之利，则惑众阻之。钱法不行，率是之故也。

崇祯年间的户部尚书侯恂说：

奸商当铺因而为奸，每于通衢关隘倡言某钱盛行，某钱不行，转相煽弄，既贵卖其所积以图目前之利，又贱收其所弃以图他日之利。时而私钱得与官钱并价，此其所积者多而欲出也；时而私钱二三文折官钱一文，此其所收者少而欲入也。若辈操其利权，钱法受其壅滞，岂可无整齐之术，听奸钱日生而莫之禁乎?①

《玉堂答记》卷上则称钱法之坏的原因是：

揆其所以，皆因有力者为之。如田宏遇自宁波回，载钱十三船入京。曷啻万万。宏遇用此钱于百姓而欲百姓不用，此钱将销往何处也。在南之钱，百文仅值二分，宏遇买来京用，有四五倍利。万万之钱，赃银亦以万计矣。

同禁私铸一样，明朝在大多数时候也禁止私贩，然其效果也始终不明显。在有些时候，面对这些富商大贾、权贵豪绅的抗拒，明王朝甚至还表现出了某种妥协和恐惧，如嘉靖八年禁“私钱”，由于“奸党私相结约，各闭钱市，以致货物翔踊，其禁遂弛。”乃至于七八年后官吏再次提出严禁“私钱”时，还担心他们“昔既得计，今必踵而袭之”②。

处于如此混乱的货币市场之中，老百姓采取拒绝使用铜钱的办法进行自我保护，以避免辛辛苦苦挣得的一点钱化作泡影，也就是不难理解的了。

（三）明朝的货币政策和货币管理存在诸多问题。

首先是钱制不统一。在明朝实行钱法的年代里，截取任何一段，几乎都是

---

① 孙承泽：《春明梦余录》卷三八《户部尚书侯恂条陈鼓铸事宜》。

② 《明世宗实录》卷一九一。

“制钱”、“古钱”、“私钱”三者并存。受市场情况和国家政策影响，这三种钱之间的比价关系变化不定。拿“古钱”与“制钱”来说，有时二者相等，有时又是“古钱”二文等于“制钱”一文。“私钱”与“制钱”的比价变化更大，有时是四比一，有时是五比一，有时甚至达到十比一。不仅“制钱”与“古钱”、“私钱”之间如此，“制钱”间也存在这种情况，由于“制钱”是在不同时间、不同地点由不同机构铸造的，因此在质地、质量和加工精度等方面有很大差异。与这种情形相一致，“制钱”的交换价值差别也很大。《天工开物》冶铸卷八称：北京宝源局铸的“黄钱”和广东高州炉铸的“青钱”，在使用中一文可抵南直隶、江浙等针铸造的钱二文。王逋《蚓庵琐语》称：“黄钱”每文约重1钱6分，70文值银1钱。外省铸的“皮钱”每文约重1钱，百文值银1钱。崇祯六、七年后，两种钱都在贬值，至明朝灭亡时，“黄钱”百文值银5分，“皮钱”百文值银4分。这还只是铜钱比价的一般情况，实际情形要比这复杂得多。

由于钱制不统一，使得各种钱之间的交换十分困难，在有些时候，某些铜钱实际上只相当于地方货币。如谢肇淛《五杂俎》卷十二称：京师铸的“制钱”只在北至卢龙南至德州方2000余里的范围内使用，山东则用宋代铸造的钱。万历十四年，湖广督抚说，武、荆、衡三局所铸各限一式，民间俱不通用，武局者不能行之荆州，衡局者不能行之武昌。因此主张今后除郧、襄二府属原系行钱地方，许令新旧兼用外，其余府州县地方，但系武、荆、衡三局鼓铸“制钱”，不许妄分新旧，拣择彼此，俱要一体行使。

其次是有些“制钱”质量太差。由于明朝的许多铸钱活动都是为了谋利，加之官吏匠役从中营私舞弊，偷工减料，使得有些时候“制钱”的质量比“私钱”也好不了多少。冯梦龙《钱法议》称：“司铸者未暇急公，先谋润橐，扣铜价，征样钱，勒余羡，于是搀和铅石，掷地即碎，体制薄小，百不盈握，官铸与私铸工拙不相远，故私钱益多，而价因以大减。”如“制钱”中的一条棍，与私铸之钱相似而难辨，误受于甲，转眼便不能行之于乙，故在嘉靖时民间不肯行使。此时若国家强迫人民使用“制钱”，一些无籍之徒便乘机使用“私钱”。老百姓如不接受这些“私钱”，便有阻坏钱法之嫌。结果是“民间闭门罢市，买卖不通”。统治者不得已，只得令使用质量较好的金背等钱，而于一条棍听从其便。由于宝源局所铸的钱中，多为一条棍，质量好的钱较少，因此在取缔私铸劣质铜钱时，“制钱”的阻滞也在所难免。

再次是国家的许多作法与钱法相矛盾。明朝中、后期虽然实行钱法，但国家在财政上却很少用钱。即“内无关给，外无征收”①，“出则无虑不普发于民，而纳则不肯收一文”，遂使得“民愚相煽，闭眤观望，每至聚市而哗，而钱遂不可行矣”②。即使用钱，有时也不按照自己定的比价使用。例如，嘉靖三十三年，明世宗在下令只用国朝及前代“制钱”、其一切私造不堪滥恶钱悉行禁止的同时，还规定“凡‘嘉靖通宝’钱以七文作银一分，洪武等年号钱与前代杂钱上品者俱如嘉靖钱例七文用，其余视钱高下，或十文、或十四文、或二十一文准银一分”。然而此后不久，明朝用内库钱给文武官俸，却“不论新旧、年号及钱美恶，悉以七文折算，由是诸以俸钱市易者，亦悉以七文抑勒予民，民益骚然。”③ 国家行为如此，自然不能指望老百姓会严格执行法令。

最后是国家在货币管理上主观随意行为太多。国家实行钱法，对如何使用钱、使用某种钱以及各种钱的比价关系，常常做出各种规定，而且这些规定经常发生变化。如有时规定商税课程银、钱兼收，有时规定只许使用“制钱”，不许使用“古钱”，至隆庆年间又规定，卖买货物值银一钱以上者，银钱兼收，一钱以下者，止许用钱，万历五年又规定，崇文门收税2两以下者尽数收钱，2两以上者银、钱中半上纳，京城各门税课、五城兵马司房号等项尽数收钱，其文武官员支俸照例银钱关给外，余各项商人应领料价，量拟银8分钱2分并行支给，皆属如此。

朝廷做出的这些规定，客观上往往给经济活动的正常进行造成不利影响，使人民感到不便。如嘉靖三十三年明世宗下令公私用钱唯以国朝及前代“制钱”相兼行使，其一切私造不堪滥恶钱悉行禁止，犯者置之法。结果是“小钱行用久，骤革之，小民颇称不便。”④ 杨士聪《玉堂荟记》卷上称：“私钱之

① 《明武宗实录》卷八三。
② 孙承泽：《春明梦余录》卷三八《户部尚书侯恂条陈鼓铸事宜》。
③ 《明世宗实录》卷四〇八。
④ 《明世宗实录》卷四〇八。

禁日严，徒为贩鬻者苦。”结果，朝廷采取的许多货币管理措施，不仅达不到货币市场规范化的目的，反而使钱法阻滞现象更严重。因此，隆庆年间，高拱批评说：

> 至于钱法不通，则由指点多端，事体不一所致。盖小民空手无资，日觅数钱以苟朝夕，必钱有定用，乃可通行。今旦议夕更，迄无成说。小民恐今日得钱，而明日不用，将饥而死。是以逾变更逾纷乱，逾禁约逾惊疑，人情汹汹，职此故耳。臣惟钱法之行，当从民便。试观当年未议钱法而钱行，近年议之而反不行，外省不议钱法而钱行，京师议之而反不行，其理可知也。臣愿陛下特降圣谕，行钱但从民便，不许更为多言乱民耳目，如此则人心自定。人心既定，则钱法自通，小民各得以为朝夕矣。古云：天下本无事，庸人扰之耳。①

高拱这段话，从国家货币管理角度指出了明朝钱法存在的两个问题，其一，国家干预太多，没有“但从民便”；其二，国家政策朝令夕改，国无信则民生疑。明代中、后期的钱法阻滞，显然亦有这方面的原因。

① 《明穆宗实录》卷四四。

第九章　明代的交通

在中国封建社会中，交通是关系着封建王朝统治稳定与巩固的一件大事。因此，历代的统治者都非常注意交通事业，从秦始皇修筑“驰道”开始，到隋炀帝开凿运河等，每个王朝全不例外。明朝是一个高度集权的王朝，刚刚建立，为了控制地方，就在宋元驿站的基础上，大力发展交通，多方兴修水陆道路，建立完善的驿传制度。这一措施在客观上对社会经济以及政治、文化、商业等各方面的发展都有至关重要的作用。

第一节　驿传制度

《明会典·驿传》记载：“设有驿传，在京曰会同馆，在外曰水马驿，并递运所，以使公差人往来”。又供军队“飞报军情，转运军需”。对于一个幅员辽阔的集权国家来说，这是巩固统治的一个重要环节。

明代驿传的管理，中央官制，《续通志·职官略》记载：“明置车驾司郎中一人，员外郎一人，主事一人，掌卤簿、仪仗、禁卫、驿传、厩牧之事。”具体说，驿传事务，由明政府兵部车驾司郎中、员外郎、主事来管理。至于地方管理，在省级由布政司与按察司协同管理，《明史·职官志》记载：“布政使掌一省之政……天子即位，则左布政使亲至。参政、参议分各道，及派管粮储、屯田、清军、驿传、水利、抚民等事，并分司协管京畿。”又提刑按察使：“其兵备、提学、抚民、巡海、清军、驿传、水利、屯田、招练、监军，各专事置，并分员巡备京畿。”“按察司副使，佥事分司诸道。提督学道，清军道，驿传道，十三布政司俱各一员，惟湖广提学二员、浙江、山西、陕西、福建、广西、贵州清军兼驿传，江西右布政使清军。”明朝地方官制当中的驿传道一职，系各省地方主管驿传长官。基层的州县管理设驿丞，《续通志·职官略》：“明制府州县置驿丞，掌邮传迎送之事。”《明史·职官志》：“驿丞典邮传迎送之事。凡舟车、马夫、廪糗、庖馔、裯帐，视使客之品序，仆夫之多寡，而谨供应之。支直于府若州县，而籍其出入。巡检、驿丞，各府州官有无多寡不同。”

明驿地方管理系统图①：

地方管理
- （承宣布政使司）左右布政使……（督报、督册）各道
- （提刑按察使司）按察司（副使、佥事）——驿传道……；（提学、清军）各道

以上 → 府……县；州（直隶）州 → 驿丞

明代驿传机构的设置概况，“自京师达于四方，设有驿传，在京曰会同馆，在外曰水马驿。”据《明会典》卷一四五记载：“会同馆，国初南京公馆为会同馆。永乐初设会同馆于北京，三年，并乌蛮驿入本馆。正统六年，定为南北二馆，北馆六所，南馆三所，设大使一员，副使二员，内以副使，分管南馆。弘治中，照旧添设礼部主客司主事一员，专一提督。凡馆夫，额设四百名，南馆一百名，北馆三百名，专造饭食以供客使……本馆额设马一百七十一匹。”分布在各地的水马驿，据《明会典》卷一四五记载：“洪武二十六年，定凡马驿设置马驴不等，如冲要去处，或设马八十匹，六十匹，三十匹。其余虽非冲要，亦系经行道路，或设马二十匹，十匹，五匹。”又如“凡水驿设船不等，如使客通行正路，或设船二十只，十五只，十只。其分行偏路，亦设船七只，五只，大率每船该设水夫十名。”全国共设驿959个。除此而外，明政府又为了传送急件公文和军令，设立急递铺。这一机构自宋创设后，历金元明皆因袭仿置。明朝《诸司职掌·急递铺》条下记载：“凡十里，设一铺，每铺设铺司一名，铺兵要路十名，僻路或五名或四名。于附近有丁力田粮一石五斗

① 摘自楼祖诒著《中国邮驿发达史》《明驿制度》。

之上，二石之下点充。须要少壮正身。每铺设十二时晷一个，以验时刻。铺门首置立牌门一座，并牌额全，常明灯烛一副，簿历二本。铺兵每名合置夹板一副，铃攀一副，缨枪一把，棍一条，回历一本。”又“各州县于额设司吏内、选充铺长一名，专一巡点所辖铺分，督令各铺司兵，如次走递，亲临府州县提调，官常加检点，铺长失于整点，随即问罪。每月置立文簿，当该提调官著押附写递送公文时刻角数，以稽考。”

明代，有关驿传、递运所的制度，十分复杂，傅维麟《明书·戎马志》中，阐述非常扼要，他说：“驿马之制……其钱粮皆出于随处丁亩，而冲繁则以附近州县协济之。其行于驿传：曰勘合、曰符验、曰火牌、曰马票，凡四等。而各以按察官领之，曰驿传道，以验马之壮弱，均地方之苦累，总马政令，而上之兵部。而驿马之制，则应合给驿有例，应付脚力有例，填给勘合有例，自非特遣赍贺，军情重事，例不得轻乘驿马滋扰。凡制一驿，必先踏勘，工部营造，吏部铨官，礼部铸印，给一符牌，必严销缴。内关内府兵曹，外关抚按，稽留诈冒有常刑。而马乏则用骡驴，水路有船视马驿。天下设递送所一百四十有六，有车与夫，驿马相表里云。”

从历史上看，明代的驿马制度，较宋元完备，其中补充了不少的新内容，各种条规也十分严密，《大明律》中有关的律例，都有明文规定，凡违犯驿传条例者，必遭严惩。明代前期，统治者实行严法峻刑，官吏执法也较严格，州县的地方官员对驿传机构的设置、人员马匹的配备，都能结合实际，按需要设置，如山西省的曲沃县，本是一个僻路，并非冲要去处，所以设置情况如下：

> 蒙城驿马二十五匹（上十二、中七、下六，夫如数）。骡二十四（夫如骡数）。铺陈三十四付（上十六、中六、下六、下下六）。侯马驿马二十五匹（上十一、中八、下六，夫如马数）。骡二十四头（夫如数）。铺陈四十九付（上十一、中八、下六、下下二十四）。侯马递运所牛六十八（夫如牛数）。车一十七辆（防夫二十六）。牧地五十亩。[①]

随着政治的腐败，驿传制度也日趋松弛。因之，驿传机构中人员大增，大

① 嘉靖《曲沃县志》卷一《驿递马骡夫牛夫》，《徭役》。

部分由地方的徭役人户服役。如曲沃县在明朝中期，增加递运所防夫 13 名，侯马驿管夫 2 名，蒙城驿管夫 5 名，急递铺司兵 70 名。[①] 又如直隶清苑县，也是由徭役中派人到驿传机构中服役，增派递运所防夫 17 名、冲要五铺司兵 45 名，中路一铺司兵 5 名，偏僻七铺司兵 22 名。[②] 明中期，由于驿传制度遭到破坏，交通要道沿线农民身受驿递之祸。如河南省卫辉府为“水陆南北通衢，台省权贵过者连车接艥。”[③] 直隶清苑县，“地当冲要，冠盖车骑，旁午于道”。该地递运所备有“车四辆，骡一百六十头，防夫六十名，工料银四千两，车骡价银五百六两六钱六分”，但仍满足不了过往官员的要求。“大明律内一款，凡因公差，应乘官马牛驼骡者，除随身衣仗外，私驮物不得过十斤。”“但见今之过客甚多，无名之手本，泛滥之关文，纷至沓来，岁无虚日，一官或轿至六七顶，扛至三四十抬，夫至数百名。以有限应无穷，驿递如之何而不困也。”[④] 官员大量携带私货，大大超出了驿传的输送能力，因此驿传只有增加驿递之费，加重农民的负担。直隶真定、顺德、广平、大名四府驿传之费虽增加很快，但负担较重的地区仍是河间、保定二府。大约在弘治到嘉靖时期，“河间、保定二府入站地亩，河间府原系征粮地内报出船站，每亩出钱多至百文，少亦不下五六十文，驴站每亩出钱二三十文，马站每亩出钱五七十文。地亩原无彼此，而出钱却有多寡……今查据河间府申称，该府所属驿递，每年实征站银一万八千七百四十六两。”[⑤] 即是协济地区的州县，对于驿递之费的负担，也是非常沉重，如河南开州协济艾家口水驿工食银 369 两，广平府临洺、邯郸工食银 52 两，艾家口递运所工食银 781 两，广平府丛台驿工食银 142 两，新镇水驿工食银 74 两，李家道口递运所工食银 812 两。该州共付出协济银 2230 两，所以《开州志》纂者王崇庆说：“所谓协济之类方（兴）未艾也，如之何？其不使民亡且惫与。”[⑥] 又如河南光山县，“徭役之外有修河夫、徐州

① 嘉靖《曲沃县志》卷一《驿递马骡夫牛夫》，《徭役》。
② 嘉靖《清苑县志》卷三《户田》。
③《韩苑洛全集》卷五《通议大夫大理寺卿龙湫王公墓志铭》。
④ 嘉靖《清苑县志》卷二《公署》。
⑤ 刘麟：《清惠集》卷三《均驿传安人心扶公论杜私情以免偏苦疏》。
⑥ 嘉靖《开州志》卷三。

水夫，有汝阳马骡头、叶县牛头、麻城接递夫役。自协济后，民流且贫，诸赋中民甚苦南阳马头、麻城夫役，二者需费无限，非若徭役之可支也。”① 更甚者莫过于一些官员随意改变驿道，增加无驿地区农民的负担，如河南邓州就是这种受灾的地方，该地父老说：“太和山进贡旧由均州达襄阳，皆循有驿之道，每驿六十里，往来将迎不难也。十年以前，有狡校指使不往襄阳而改从光化、邓州两无驿之处，相距各一百二十里，然后达南阳，且每岁六七贡，每贡几百扛，光化、邓州夫马劳费较之于驿固加倍矣。及贡还邓州，复不往光化而改路往抵均州二百四十里，邓州劳费较之光化又加倍矣。复旧行有驿之道，苏重苦无驿之民，是将不可耶！余为悯焉。”② 尽管这样弊病百出，但全面评价明代的驿传制度，它对保证明代交通的畅通、政府公差人员的往来、广宣公文政令、飞报军情、转运军需物品等，都起到了积极的作用。

第二节　全国主要交通干线的兴修

首先兴建的是两京与十三布政司之间的大道，现据黄汴《天下水陆路程》一书的记载，对以上路线作些考察和数字统计。

一、北京至南京、浙江、福建的驿路

这是自北而南与运河并行的一条通往华东地区的重要大道。自北京出发，途径良乡、涿州、雄县、河间、献县、德州、兖州、徐州、凤阳、滁州至南京，其间驿站39，路程为2365里，再由南京出发，途经镇江、常州、苏州、嘉兴、北新关至杭州。其间驿13，路程为920里。北京至杭州路程为3285里，继续由杭州出发，途经富阳、严州、衢州、广信、崇安、建宁、延平至福州。其间驿29，路程为1870里，北京至福州路程为5155里。

---

① 嘉靖《光山县志》卷四。
② 嘉靖《邓州志》卷一〇《赋役志》。

二、北京至江西、广东的路程

自北京出发，途经良乡、涿州、河间、德州、高唐、济宁、徐州、凤阳、庐州、舒城、桐城、潜山、太湖、黄梅、九江、建昌至南昌，共经驿71，路程为3050里。再由南昌出发，途经丰城、临江、新淦、吉安、泰和、万安、赣州、南安、南雄、韶州、英德至广州，共经驿30，路程为2660里。北京至广州路程为5710里。

三、北京至河南、湖广、广西三省水陆路

这是北京南下，经中原地区贯穿南北的一条大道。自北京出发，经良乡、涿州、定兴、白沟河、保定、定州、真定、赵州、顺德、邯郸、磁州、彰德、卫辉、延津至开封，共经37驿，路程为1427里。再由开封出发，经朱仙镇、鄢陵、许州、上蔡、汝宁、真阳、罗山、麻城、团风镇、汉口至武昌，共经驿27，路程为1305里，北京至武昌路程为2732里。继由武昌出发，经咸宁、岳州、长沙、湘潭、衡州、永州、全州至桂林，共经驿39，路程为2677里。北京至桂林5409里。

四、北京至陕西、四川路程

此条路为北京经河南、陕西通往西南地区的一条大道。自北京出发，途经良乡、涿州、定兴、保定、真定、顺德、邯郸、彰德、卫辉、新乡、武涉、怀庆、孟津、河南府、新安、渑池、陕州、潼关、华州、渭南至西安，共经驿43，路程为2650里。再由西安出发，经咸阳、兴平、凤翔、宝鸡、凤州、马道、褒城、宁强、广元、保宁、潼川、汉州至成都，共经驿43，路程为1960里。北京至成都路程为5185里。①

五、北京至贵州、云南二省路程

自北京出发，途径良乡、涿州、定兴、保定、定州、真定、顺德、邯郸、

① 北京至西安、成都的路程数字，采取《明会典》卷一四九《驿传五》。

彰德、卫辉、新乡、郑州、襄城、裕州、南阳、新野、襄阳、宜城、荆州、澧州、常德、辰州、镇远、平越卫至贵阳，共经驿84，路程为4637里。再从贵阳出发，经清远、平坝、安顺、镇宁、晴隆、普安、富源、曲靖、杨林所至昆明，共经驿16，路程为1040里。北京至昆明路程为5677里。

六、北京至山西布政司路程

自北京出发，经良乡、涿州、定兴、保定、真定、威州、井陉、故关、平定州、榆次至太原，共经20驿，路程为1245里。

七、北京至山东布政司路程

自北京出发，经良乡、涿州、白沟河、河间、献县、景州、德州、平原、禹城、济河至济南，共经驿33个，路程为916里。

其次，明政府为了防止蒙古贵族的南犯，更有效的巩固北部边防，大量给边塞军镇输送军粮和辎重，特别重视通往各边防重镇道路的修建，据黄汴《天下水陆路程》记载，以北京为中心，通往北边的路线有11条：

（一）北京、山海关至开原路；

（二）山海关由蓟州至擅道口路；

（三）内三关外重边墙各口路；

（四）北京、宣府、大同至偏头关路；

（五）陕西黄甫川至榆林镇、宁夏镇、固原镇、兰州、庄浪、西宁三卫路；

（六）庄浪卫至古浪、凉州镇番卫路；

（七）凉州至甘肃二卫嘉峪关路；

（八）北京至会川、富峪、大宁三卫旧址路；

（九）北京至兴州中屯卫旧址路；

（十）北京至开平卫旧址路；

（十一）北京至旧大宁都司路。

以上各路中，特别有意义的是北京至开原路线。自北京出发，经通州、三河、玉田、丰润、永平、山海关、锦州、沈阳、三万至开原，共经驿29个，路程为2040里。此地系明政府经营东北地区的重镇，洪武二十五年五月，朱元璋封子松为韩王，镇守开原。永乐七年，在城内设安乐州，安置蒙古、女真各部的归服者。该地“居全辽之上游，为东陲之险塞”①，“东北制诸夷（女真各部），西北制诸虏（兀良哈三卫）。”② 明代东北以辽东都司（辽阳）为中心，北连开原，西接广宁（今辽宁省北镇）等军事重镇，构成一条重要的军事防线。开原不但在军事上地处重要地位，在经济交通方面也占重要地位。它是东北各族入京朝贡必经之地，也是各族贸易的中心，早在永乐三年（1405）开设马市，以待女真各部与汉人互市。明朝为巩固其在东北的统治，遂修筑了以开原为中心的四条驿路与以海西为中心的两条道路。

（一）开原东陆路至朝鲜后门一线；

（二）开原西陆路一线；

（三）纳丹府东北陆路；

（四）开原北陆路，到弗颜站后，一路可西行至兀良哈三卫，一路沿松花江东北行至奴尔干都司。

（五）海西西陆路，终点到兀良河，在开原西北3300余里。

（六）海西东水陆城站，终点站为满泾站（在今特林以西不远的地方）③。

这些路线的修建，大大巩固了明朝在东北的统治。另外，明政府对西北地区的边防也非常重视，设置许多卫所，都有道路与北京相通，据《明会典》卷一四九《驿传五》记载，北京与该地一些卫所的路程如下：

陕西行都司、并甘州（张掖）后卫，陆路5400里，计87站。

西宁卫，陆路4570里，计75站。

秦州卫，陆路3320里，计55站。

岷州卫，陆路4100里，计61站。

河州卫，陆路4200里，计63站。

洮州卫，陆路4220里，计63站。

---

① 顾炎武：《一统志案说》卷二。

② 冯援：《开原图说》卷上。

③ 李健才：《明代东北》第106～135页。

庄浪卫，陆路4460里，计70站。

阶州守御千户所，陆路3700里，计59站。

文县守御千户所，陆路4240里，计67站。

西固城，陆路4500里，计61站。

以上路线中以北京至陕西行都司（甘州）路线最为重要，该路可以直接联系兰州以西的河西各卫所，沿途有庄浪卫、古浪所、凉州卫、永昌卫、镇番卫、山丹卫、甘州五卫。西边可联系高台所、镇彝所、肃州卫。明初，洪武、永乐时期，在嘉峪关之西设置安定、阿端、曲先、罕东、赤斤蒙古、哈密等卫，但明政府与这些卫的联系，也完全是依赖这一路线。明政府又用朝贡、赏赐及马市等方式，和他们进行物资交换。实际上这条路线也成为与内地交流的一条商业大道和中亚及新疆地区各族向明政府进贡的大贡道。

再次，明政府由于政治、经济的需要，还不时开辟一些新路，如四川是控制西南地区的战略要地，洪武时景川侯曹震多在这里主持军务，他深感四川交通不便，遂着手解决“蜀道难”的问题。首先改造成都至建昌（西昌）的道路，“四川至建昌驿，道经大渡河，往来者多死瘴疠。询父老，自眉州峨眉至建昌，有古驿道，平易无瘴毒，已令军民修治。请以泸州至建昌驿马，移置峨眉新驿。”这样不仅改善了两地的交通，又节约了不少的经费，官民皆便。其次，着手解决松潘三千驻军的吃粮问题。从茂州开始筑路，向东通保宁，向北通松潘，沿途“作驿舍邮亭，架桥立栈”，结果取得成效，“至是运道既通，松潘遂为（控制两番）重镇”。再次，疏通永宁宣慰司至泸州的水道，永宁宣慰司“所辖地有百九十滩，其八十余滩道梗不利……震至泸州按视，有支河通永宁，乃凿石削崖令深广，以通漕运。”① 通过曹震对道路的修建，使四川的交通有了很大的发展。

道路的开辟，在多山的福建省尤为重要，如汀、漳二府，虽相毗连，但其间“介于万山，鸟道盘行，毒草蒙密”，仅有两条通道，东路经龙岩，沿途险远不如西道之便，“而驿传铺舍，俱从东偏，故东道为孔道，行部者率由之，而舆马之费，跋涉之劳，盖有年矣”。至成化时，两府官员协商决定经过永定

① 《明史》卷一三二《兰玉传附曹震传》。

县开辟西路。“刊芟草木，隳高堙庳，而两山之阻，夷为大途”，“比之东路，减其三之一，又少险阻，既近且易，行者安之”[①]。不仅方便了汀漳二府的交通，又沟通了漳州与赣南的交往。

明朝中期，商品经济有了较大的发展，许多富民商人为了适应商品流通、运输方便，于是大量兴修道路桥梁，全国到处可见。如成化时，河南许州义官吴芳输资兴建石固镇的石桥，完工后，“完固壮伟，四方之人，车而载者，马而驱者，徒而负，且携者，皆若坦途焉。”[②] 同时，由商人集资重建了苏州浒墅镇的普恩桥[③]，解决了多少年南北商业运输不便的问题。还有福建邵武府光泽县北之平济桥，“其道北于江浙，居民赋役之供输，商贾货贿之贸迁，宾旅朝贡之往来，率由于此”，但该桥元末毁于兵，经百余年没有修复。弘治时，该县富民李文通捐资兴建，工程浩大，桥高十丈，长百丈，桥上复为联屋，所费将近万两。[④] 徽州商人更是出资大力修建道路、桥梁，如歙县商人刘正宾，“修龙门桥，费万金”[⑤]；又祁门县巨商汪琼，见阊门“流激善覆舟”，“遂捐金四千，别凿道由丁家湾而西，再折南，迤五六里至路公遥，与故水道合，舟安行民利之。田故当水道计百余亩，琼悉买之，没为河；占税五石，琼任办，积累数十千”[⑥]。又休宁富查杰，经商于芜湖，捐资“置石会渡，砌石埠于姑孰，甃南陵道百里”[⑦]。在北方如陕西富平县北门外大河有永兴桥（又称北桥），是输运边储的大道，因岁久倾圮，至万历时，有本县李子充，以农商起家，热心公益事业，曾以二万金助边，又重建此桥，“捐赀辇石创为巨桥”，人们为了纪念他的功劳，便把此桥改名为“李公桥”[⑧]。

明代的交通，长期以来在各级官府与广大商民的共同努力下，获得了较大的发展，据黄汴《天下水陆路程》等书的记载，两京至十三布政司，各布政

① 田汝成：《田叔禾小集》卷四《漳南道开路记》。
② 邵宝：《容春堂前集》卷一一《石固五梁记》。
③ 正德《姑苏志》卷一九《桥梁》上。
④ 嘉靖《邵武府志》卷六《水利》。
⑤ 康熙《扬州府志》卷五二《笃行》。
⑥ 万历《祁门县志》卷三《民行》。
⑦ 道光《安徽通志》卷一九六《义行》。
⑧ 李因笃：《受祺堂文集》卷四《重葺县北门石桥募缘疏》。

司至各府，以及各省之间的水陆交通干线将近二百余，还有许多新辟的路，如北京至南京之间就有三条，两京至江西南昌的路有四，南京至四川成都其路有四，南京至山东济南的路有三等等，这些交通干线与各地难以数计的一般交通线路，纵横交错，深入到全国各个角落，联系着大小的城市和市场，形成了一个庞大而又细密的交通网。这些交通路线的畅通，必然会加强全国各大地区之间的经济往来，不仅互通有无，保证物价稳定，对商业的发展等方面，都起到积极的作用。如徽州，地“介万山之中，地狭人稠，耕获三不赡一。即丰年亦仰食江楚，十居六七，勿论岁饥也。天下之民，寄命于农，徽民寄命于商。而商之通于徽者取道有二：一从饶州郡、浮，一从浙省杭、严，皆壤地相邻，溪流一线，小舟如叶，鱼贯尾衔，昼夜不息。一日米船不至，民有饥色，三日不至有饿莩，五日不至有昼夺。”① 徽州人吃粮，大部分依赖外地运输，交通路线对徽州人来说就是生命线。又如陕西泾阳县，地狭人稠，烧柴非常困难，过去专靠车自外地运炭，“往来之力甚艰，故每炭一石贱不下四五钱，贵则五七钱不止矣。民间有霪雨冰雪而不能举火者”。崇祯时，知县路振飞派人沿泾渭二河作一次调查，结果疏浚了泾河道，煤船可从临潼县交口直达泾阳县，往来一次需时三天，因之煤价大跌，比车运费省十之七，每斗炭由原来的四分下降为二分五厘；再与雨雪时的运炭价相比，“其为利尤倍平日”②。

由以上的事例可以看出，明代交通运输的发展，对于明朝政权的巩固，对地区物资的交换、商品经济的发展，保证城乡经济的繁荣等方面，都起到重要的作用。

第三节　国内外水陆商业路线的开辟

一、国内几条主要的商路

明代全国商业往来频繁的交通大道，联系南北的大道主要有三条：第一条

① 康熙《休宁县志》卷七《汪伟奏疏》。

② 宣统《泾阳县志》卷一六路振飞《清泾河行船通商详文》。

是大运河。元末明初，运河淤塞，利用海运，风险很大，损失沉重，明政府便在元朝运河的基础上，遂于永乐九年二月，命工部尚书宋礼，“发山东及徐州、应天、镇江民三十万”疏通挖掘，“二十旬而工成”。永乐十三年五月，又命平江伯陈瑄开凿淮安附近的清江浦，“自淮安城西管家湖，凿渠二十里，为清江浦，导湖水入淮，筑四闸以时宣泄”，大大节省了挽运之劳。[①] 这两次工程完成之后，南北水路畅通，从此这条河不仅成为明朝的漕运要道，又是南北货运的主要干线。南北河道长达 1794 公里，连接了钱塘江、长江、淮河、黄河、海河五大水系，河中经常船只达 12000 只，每年南粮北运达五六百万石，又把南方的丝织品、棉布、纸、糖、瓷器大量北运，广销北方各地。同时，利用运粮的空船南运大批的北方棉花、杂粮等货，销售东南沿海各地。李东阳作诗描写运河航运的盛况：“南京马船大如屋，一舸能容三百斛。高帆得势疾若风，咫尺波涛万牛足。官家货少私货多，南来载谷北载鹾……倏去忽来谁复知，乘时射利习成俗。”[②] 南北昼夜行驶在运河的船只是难以数计，经常发生“舳舻挤塞”的现象。因之，明政府曾规定：即“从扬子江来的私商，是不允许进入这些运河的，但居住在北面这运河之间的人们除外。通过这项法律，是为了防止大量船只阻碍航运”。这条法律并不能解决运河中船只拥挤的问题，明末利玛窦曾身临其境，目睹此种情况，深有感触地说：“从水路进北京城或者出北京都要通过运河，运河是为运送货物的船只进入北京而建造的。他们说有上万条船从事这种商业，它们全都来自江西、浙江、南京、湖广和山东五省。这几个省每年都向皇帝进贡大米和谷物。其它十个省则以银子上税。除去这些进贡的船只外，还有更大量的船都属于各级官吏们，来往不绝，再有更多的船从事私人贸易。……然而船的数量是如此之多，经常由于互相拥挤而在运输中损失许多时日，特别是当运河水浅的时候。”[③] 运河交通的繁忙，由此可以想见。总之，通过运河运输，由商船运来了南方的水果、鱼、米、丝绸、布、瓷器、漆器等六百多种其他物品，来供应北京市场，“所以人们说北

① 《明史》卷一五三《宋礼传》《陈瑄传》。
② 《李东阳集》第一卷《杂记·马船行》。
③ 《利玛窦中国札记》第四卷第二章《从南京到北京》。

京什么也不生产，但什么也不缺少。”第二条是江西到广东的大道，即长江中、下游与广东沿海的通道，这条路线系水陆联运。具体说江西方面由湖口进入鄱阳湖，南行沿赣江溯流而上，至南安府大庾县横浦驿，全程都是水路，主要是利用赣江航行。广东方面是从广州出发北行至横石矶驿，再乘船至南雄府保昌县陵江驿。其中只有陵江驿至江西横浦驿的120里系山道，形势险要，中间有梅岭，“岭有红梅驿，驿有城，当岭路之半，累石为门，南北以此为中，相传锅所家在焉。自驿至岭头六十里为梅关。从大庾县而南者，望关门两峰相夹，一口哆悬，行者曲穿空，如出天井。从保昌而北者，一路冈阜绵亘，岸磴倾斜，梅与松石相亚涧林间，或蔽或见，偃松大皆合抱，或数百或千年物。”[①]此处因路险隘，运货多用驮兽或挑夫。此条路在明代是南北货物交流最频繁的商路。明初，此路只是一些“递送官物”，自景泰后，“盖北货过南者，悉皆金帛轻细之物，南货过北者，悉皆盐铁麄重之类，过南者月无百驮，过北者日有数千，过北之货偏多，则南雄独擅其利矣。”[②]至成化时，南北货物交流日增，而南安府的商业也发达起来，“其细民仰负荷为生，大姓则居积致富，商贾杂处。”[③]至正德年间，“两广苏木、胡椒、象牙、瑇瑁、漆、锡、糖、铁等货，俱从南雄府太平桥及南安府折梅亭抽税，至赣厂再税，方许下流……苏木、胡椒、象牙等货，皆系贵物，客商获利颇大。”[④]至嘉靖之时，广东之货更是大量流入长江流域及北方。直到万历时，这里的路修得很好，交通秩序井然，重要路段都有“戍卒把守”，南北货物交流十分兴旺，利玛窦对该地的情况描写非常逼真，他说：“翻越它的全程尽是穿过覆盖树林的多石地区，但是歇足地和路旁旅店也一路不绝，以致人们可以平定而舒适地日夜通行。戍卒和川流不息的旅客足以防御强盗，而道路从来没有被破坏，哪怕是山洪冲毁过。山顶有一股甘冽的泉水，还有一座大寺，有戍卒把守。”又说：“（南安城）许多省份的大量商货抵达这里，越山南运；同样地，也从另一侧越过山岭，运往相反的方向。运进广东的外国货物，也经由同一条道输往内地。旅客骑马或者

① 屈大均：《广东新语》卷三《梅岭》。
② 张汝弼：《张东海集》卷二《梅岭均利记》。
③ 吴宽：《家藏集》卷六三《明故中顺大夫江西南安府知府汝君墓志铭》。
④ 《明经世文编》卷三一四陆稳《议复抽税以济兵粮以备征剿疏》。

乘轿越岭，商货则用驮兽或挑夫运送，他们好象是不计其数，队伍每天不绝于途。这种不断的交流的结果使山两侧的两座城市真正成为工业中心，而且秩序井然，使大批的人连同无穷无尽的行装，在短时间内都得到输送。”[①] 第三条是北京至东北地区的交通大道。自北京出发经山海关、沈阳到开原，全长2040余里。再以开原为中心，分途至海西、朝鲜、奴尔干都司等地。开原的民间交易很发达，如兀良哈人出售马牛羊皮张等畜产品，女真人出售貂皮、人参、蜂蜜、木耳、蘑菇、松子、木材等狩猎和采集品，都拿到马市交换。内地商人带来的物品有布、丝绸、陶瓷器、米、盐、酱、铁锅、铁铧、针、剪等生活用品和生产工具。辽阳也是东北地区的另一个商业贸易地，《二刻拍案惊奇》第三七卷中说，徽州商人程宰、程寀兄弟，去辽阳贩人参、松子、东珠、貂皮等货。还有内地商人到那里出售药材，更有荆州商人贩彩缎和苏州商人贩布到辽阳市场出售。徽州大商人久驻辽阳经营大铺子。这些都说明北京到东北的大道开通后，大大活跃了内地与东北的商业贸易。

明代，全国东西主要的交通干线有两条：一是长江水道，长江自古以来就是我国的东西交通大动脉，诚如李东阳所称讼的那样，他说：“黄龙夹舟稳不惊，直送驰波到东海。朝离巴峡暮洞庭，九派却转浔阳城。萦纡南徐万余里，更万余里通蓬瀛。”[②] 长江水量大，支流多，是明代最大的内河航行系统，航程范围包括四川、湖广、江西、南直隶四大地区，支流通航的地区有陕南、贵州、河南的部分地区。这个水运系统对于东西地区的物资交换起到了很大的作用，如湖广的米供应长江下游江浙各大城市，明代中期以后，湖广地区荒地经过开发，产米很多，每年不断地船运江浙地区。所谓“湖广熟，天下足”。又如，明代长江的中下游各地是淮盐的专售区，所以每年都有大量的淮盐运销安徽、两湖地区、除此而外，还有湖北的棉、四川的木材、药材大量运销江浙地区。相反，手工业发达的长江三角洲地区的丝织品，布匹、瓷器、糖、纸等，都依赖长江水运到内地销售。

另一条东西交通的陆路，即是江浙地区开始经扬州、泗州、永城至汴梁，

---

① 《利玛窦中国札记》第三卷第九章《利玛窦神父抵达皇都南京》。

② 《李东阳集》《杂记·长江行》。

再西经郑州、洛阳至西安，继续西行就是沿着以前的丝绸之路，直达新疆及中亚各地。这条路为明朝东西最长的一条陆路交通要道，东南地区的茶、糖、纸、布、丝织品、瓷器及各种手工业产品，都要通过此路西运嘉峪关以外及中亚各地销售，而西北广大地区的皮、毛、药材、玉石等货，也由此路东运沿海各地出售。明代活跃在这条商路上的是陕西商帮。他们充分利用关中的地利优势，大力发展贩运商业，这些人具有长期积累的经商知识，又熟悉西北少数民族地区的经商路线、市场需求情况，因而到那里营商，把自己贩运的布、茶、绸缎、糖、针线、铁器等货，在当地以高价出售，或以货易货，然后再从那里低价收购皮毛、羊毛及各种名贵药材，运回关中，经过加工，再东运东南沿海各地销售。还可以从江南各地以一般市价收购棉布、绸缎等货物运回关中，进行加工另行包装，再起程运至西北各地，卖以高价。

这样的贸易是来回生意，两头赚钱，可获得地区间的最高差价。

二、海上交通的发展

朱棣即位后，改变了明初的海禁政策，派郑和率领庞大的舰队六次下西洋，携带大量的中国产品，如瓷器、丝绸、锦绮、纱罗、麝香、铁器和金属货币等，直接到各国进行交易。更招徕各国使臣来朝、扩大朝贡贸易。

郑和六次下西洋，船队到达的地方：有浡泥（加里曼丹北部）、满剌加、爪哇、三佛齐、苏门答剌、暹罗、占城、真腊（柬埔寨）、锡兰山（斯里兰卡国）、榜葛剌（孟加拉国）、古果（印度西海岸卡利库特）、苏禄（菲律宾苏禄群岛）、安南（越南）、彭亨（马来半岛）、小葛兰（印度西海岸）、美洛居（马鲁古群岛），远至波斯湾的忽鲁谟斯岛、红海岸的阿丹（亚丁）和伊斯兰教圣地天方（麦加），以及非洲东海岸的不剌哇、竹步、麻林等地，共30多国和地方。

郑和的远航，是世界史上的一次创举，比西方哥伦布、达伽马等人的航行早将近一个世纪，舰队规模和船只之大，更是远远超过他们。尤其是郑和第四、五次下西洋的远航，对非洲木骨都束（非洲东岸索马里摩加迪沙）和非洲赤道以南的卜剌哇（索马里的布腊瓦）、竹布（索马里的朱巴河口一带）、麻林（肯尼亚的马林迪）等几个国家的访问，成为我国航海史上的先例。15世纪初，人们对非洲赤道地带的情况都不了解，欧洲人只知道非洲北岸一带各国；阿拉伯人只知道地中海、红海、阿拉伯海沿岸各国；中国人只知道有密昔儿（埃及）等国，从来没有商船到过赤道以南的非洲。但在永乐十六年（1418），郑和第四次下西洋，率舰队到达了非洲赤道以南的几个国家。这是在五百多年之前中国人访问非洲的最早记录。通过郑和的访问，说明在明朝前期，中国的海上交通已达南洋各地及南亚、波斯湾、红海地区，更远达非洲东岸。

郑和远航还给我们留下了宝贵的文物及史书资料。郑和的随员马欢著《瀛涯胜览》、费信著《星槎胜览》，巩珍著《西洋番国志》，记载了所至各国的风土人情等状况。郑和的航海行程保留着当时的记录，原称《自宝船厂开船从龙江关出水直抵外国诸番图》，后来人们一般简称为《郑和航海图》。这本书的内容是绘示了郑和出使西洋，从南京起程经南海、印度洋直达非洲东岸所经的地名和方位。郑和还以自己的航海实践经验，总结编写了《针位编》一书，成为远洋航行的宝贵资料。他在最后一次航海前（1431），曾在福建长乐天妃宫立碑，记载了他前几次航海的经过，成为我国航海史上的一件重要文物。

16 世纪，随着世界航线的开辟，欧洲商人来到了东方各国，各地区的商品交换也日益活跃起来。于是我国的丝织品、瓷器、药材、漆器、铜器等大量出口，远销日本、南洋、菲律宾、欧洲、南美洲等地。这样便促进我国的海上交通发展，不仅使我国沿海各省之间的海上交通日趋繁忙，更大的发展是远航世界各地。这时我国与朝鲜、日本、菲律宾、南亚各国、南洋各地，都有海上交通路线。其中以中国至菲律宾的航路最为兴盛。因为 16 世纪中叶，西班牙势力扩展到南美洲及部分亚洲的地区，占领了墨西哥、秘鲁、菲律宾，开辟太平洋航路上的大帆船贸易。以菲律宾为转运站，贩运中国丝绸、铜铁器、食品等货品前往墨西哥、秘鲁销售。这样便形成了漳州、泉州、广州等地与菲律宾的交通贸易关系，中国去菲律宾的商船从 16 世纪 70 年代每年不过十艘，后来上升到四五十艘之多。“闽人以其地近且饶，富商贩者至数万人，往往久居不返，至长子孙”[①]。同时，中国从西班牙商人手中获得了大量的银币，缓解了

① 《明史》卷三二二《外国四·吕宋》。

明朝的“银荒”。

第四节　交通工具

明代的交通工具，主要是船和车，南方水乡与海洋用船，北方平原地区多用车，沙漠地带采用骆驼队运输，山路运输多用牲畜驮运，部分山路和平原的短途运输，也出现了雇佣人背肩挑的现象。

中国使用船已有数千年的历史，演变至明朝，造船技术已达到很高的水平，由郑和下西洋所用的宝船，就可以得到证明。宝船最大的长 44 丈，阔 18 丈，中号的长 37 丈，阔 15 丈。每船平均载四五百人，最大的可容纳 1000 人（水手 600，士卒 400）。宝船系多桅多帆的大型帆船。据随行翻译费信的记载，宝船有 12 帆。又据罗懋登在《西洋记》中记载，宝船有九桅。由此可知，郑和的宝船是九桅十二帆的大船。这是当时世界上从未有过的最大帆船。1957 年 5 月在南京市下关三汊河附近中保村（明朝宝船厂故址）发现的宝船舵杆，长达 11.07 米，用铁力木制成。可见舵也是相当巨大的。巩珍在他著的《西洋番国志》里，描述宝船外形和设备时写道：“其所乘之宝舟，体势巍然，巨无与敌，篷、帆、锚、舵非二三百人莫能举动。”可见宝船之大，当时在世界上是无与伦比的。15 世纪末期，欧洲的西班牙、葡萄牙、荷兰、意大利等国才开始了远洋航行。1486 年，葡萄牙人地亚士南航，到达了非洲南端的好望角。1492 年，意大利人哥伦布发现了美洲新大陆。1499 年，葡萄牙人达·加马绕过好望角到达了印度。所有这些冒险航行不仅在时间上都比郑和第一次航行晚 80 年以上，而且他们的航行规模、人数以及船的大小也都远远不及郑和的船队。哥伦布出发时，只带了 3 艘不大的帆船，人数只有 88 人。达·加马是葡萄牙国王麦纽尔亲自派遣出寻找香料来源地的。他所用的四艘船是选择葡萄牙最上等也是最大的船，但是也只有三桅三帆。达·加马和他的水手共 171 人，平均每船只有 45 人。英国李约瑟在他所著的《中国科学技术史》中说，如果把达·加马的船和郑和的船作一比较，最明显的差别是郑和的宝船体积大，有许多是 1500 吨级的。当时欧洲的船还不超过 300 吨。明代像宝船这样长宽的船，在制造和使用等方面是要考虑和解决很多技术问题的。比如下水方法问题、水密隔仓即抗沉性问题、板材及纵向构件的联结问题、总强度问题、帆的布置问题等等。在宝船制造中，人们有一个疑点，就是宝船为什么造得这样宽，竟达18丈。按一般的情况来说，用增加船宽来提高船的总强度比增加型深效果差，但宝船这样做很可能是沿袭了传统的造船方法。1973年3月从福建省泉州湾发掘出一艘宋朝木造海船，残长24.2米，残宽9.15米，长宽比为2.64。郑和船队的宝船的长宽比为2.44。这两个比值是很相近的。宝船宽的另一个原因，也可能是考虑了船的总强度和稳定性，使其能够在远航中抵御大洋上惊涛骇浪的袭击。而这种宝船在当时能大量建造，并经过郑和七次下“西洋”的实践考验，也未曾发生意外海损事件，可见船只制造精良、航海性能优越，也是一个十分重要的原因。这充分说明了我国明代造船事的发达和造船技术的先进。

明代的造船技术与行船操作技巧，宋应星在《天工开物》第九卷《舟车》中作了一个大概的说明。在造船方面，他说：“长近十丈的船，要树两根桅杆：中桅树在船中央再朝前两个梁位处，头桅又比中桅朝前一丈多。运粮船中桅长的八丈，短的缩十分之一二，桅身入舱部分长一丈多，挂帆部分长五六丈。头桅没有中桅的一半高，头桅帆的幅度也不到中桅帆的三分之一。”苏州、湖州六郡一带的运米船，大多要经过石拱桥，又没有长江、汉水那样的风险，所以桅和帆都大大缩短。至于湖南、湖北、江西等省的船，由于过湖冲江，有时会遇到突然的风浪，所以，锚、缆、帆和桅等都必须符合规定才无后患。风帆的尺寸要跟船身的阔度相当，大了会有危险，小了则力不足。风帆用篾片编织，每编成一块就要进一根篷挡竹，以便逐块折叠，准备悬挂。

船板缝隙是这样填补的：把斩断了的白麻絮作筋，用钝凿把它塞进缝里，然后再用过筛的石灰拌和桐油，以木杵舂成油团补缝。温州、台州、福州和广州等沿海一带都用牡蛎壳灰代替石灰。

牵帆索是用火麻（又名大麻）纤维纠绞成的。直径一寸多的粗索，即使系很重的东西也不会断。至于系锚的锚缆，则是用竹篾煮过后纠绞成的。拉船纤缆也是用煮过的篾条绞成的，每十丈长就要做个圈作为接口，以便碰到障碍时可以把它掐断。竹的特性是纵向拉力强，一条竹篾可以承受很大拉力，可以说是“篾一线千钧”。由长江三峡进入四川的上水船，纤索不用纠绞，而只是用一寸多宽的竹条，互相连接起来，这叫做火杖。因为沿岸崖石利如刀口，破成竹篾反而容易损坏。

关于船的木料、桅杆要用匀称笔直的杉木，一根不够长，可以接驳，再用铁箍箍紧。舱楼前面正中，应空出一块地方来树桅杆。树中桅时，要拼合几条大船事承载，靠系在桅顶的长缆索把它拉吊起来。“梁和枋樯都要用楠木、楮木、樟木、榆木或槐木（春夏砍的樟木易蛀）。栈板无论什么木都可以。舵杆要用榆木、榔木或楮木。关门棒要用稠木或榔木。橹要用杉木、桧木或楸木。”

行船的操作，要非常熟练，首先是风帆的利用，“风帆的力，顶上一叶抵得上底下三叶。”要调节得当。顺风时，把最顶叶也扬起来，船就快如奔马。如果风力不断增大，则要逐渐减少帆叶（遇到大风，帆叶鼓得厉害，降不下时，就要用搭钩）。风非常大时，只挂一两叶就够了。利用横风行船，叫抢风。如果是顺水行舟，就可以挂帆按“之”字形或“玄字形的航线行驶。操纵帆、舵，把船抢向东时只能平过，甚至后退几十丈，船快接近对岸时，立刻转舵转帆，即把船抢向西，借助水势和风力，下水船一会儿就可行驶十多里。在平静的湖水中，也可以缓慢地逆风行船。如果是逆水，又是逆风，那就一步也驶不动了。”其次是舵的使用，“船顺着水飘流，就好象草随着风摆动一样。所以，要用舵来挡水，使水不按原来的方向流动。舵板一转，就引起一股水流。舵要跟船底取平。舵若长出一寸，当遇浅时，船底已通过，而尾舵却被胶住，要是风力很大，这一寸木的为难就不堪设想了。舵若短一寸，运转力就小，船身转动就不够灵巧。舵板所挡的水，相应地流到船头为止。这时，船底下的水，好比一股急顺流，所以船头就能跟着舵自然而然地转到一定方向。这样灵巧真是妙不可言。舵上的操纵杆叫关门棒。要船头向北，就推棒向南转（舵向北转）；要船向南，则推棒向北转（舵向南转）。如果船身太长而横风又太猛，舵力不够用，就要赶快放下下风一侧的披水板，以抵消风势。舵要用一根直木做舵身（运粮船的舵身围三尺，长一丈多），上端凿个横孔插进关门棒，下端锯开个衔口，把好比一把斧子的舵板夹紧，然后用铁钉钉牢，就可以挡水了。船尾隆起的地方叫舵楼。”最后是铁锚的投抛。“铁锚用来沉到水底把船系住。一只粮船共有锚五六个。最大的重达五百斤左右，叫看家锚。其余的船头船尾各有两个。船在航行中若遇到逆风走不动，又不能靠岸停泊，就要抛锚沉到水底，并把系锚的缆索缠绕在将军柱上。……如果情况危急，就要下看家锚。系住看家锚的缆索叫'本身'（命根）。同一航向的行船，如前面的船受阻，恐怕自己的船顺势急冲向前而有撞伤的危险，就要赶快抛梢锚拖住，把速度减下来。风停了，要开船，就用绞车把锚提上来。"①

船是明代水运的主要交通工具，种类很多，名称"亦千百"。主要有官船、民船两大类。

明代官造船只，除郑和下西洋所用的"宝船"与各种战舰外，用于交通运输的，主要有海舟、漕船、马船、快船等。海舟又名遮洋浅船，皆漕船长1丈6尺，阔2尺5寸，驾船水手需百人，可载米2000石，是明初的海运船只，专供辽东与北京的军粮。漕船，也称粮舡，是大运河从南方向北京运粮的专用船。约有12000只，每船可载米3000石。按规定该船不能装载其他私人的货物，违者治罪。但运粮军人往往以易换柴盐为名，携带一些土产成为私人的货品，到北方进行贸易。明政府为了防止这种倾向的发展，所以成化时规定每船所带土产，不得超过10石。至万历时再放宽尺度，准许"凡运军土宜，每船许带六十石"。由此可见，每年漕运船带到北方的货物，其数额也是不可低估的。马船，是明初由长江上游，运送四川、云南地区市易马骡及各族贡马到南京的专用船，约有800余只。快船，原为南京锦衣等四十卫的军用船，永乐迁都北京后，快、马二种船改为上供物品及运送军器的专用船，原数约有一千六七百只，后逐渐裁减，共存留1000只左右。

民船，明代民间造船名目繁多，不计其数。较为常见的有三吴浪舡，多用于三吴、浙西一带。东浙西安舡，多行于浙东常山、开化、遂安至钱塘江一带。福建清流稍篷船，主要航行于光泽、崇安两小河至福州洪塘间。江汉课舡，多行于荆襄至瓜仪一线。四川八橹船，主要运行于四川与荆州之间。广东墨楼舡与盐舡，行驶于南雄与广州之间。黄河上行驶的两种船：一是黄河满篷稍，主要航道是"自河入淮，自淮逆汴"。二是黄河秦舡，是陕西韩城县制造，"巨者可载石数万钧，顺流而下，供用淮、徐地面"。

---

① 以上引文，俱摘自杨维增编著《天工开物新注研究》一书的译文。

在北方的平原地带运输主要用车，宋应星《天工开物》卷九《舟车》记载，车的种类如下：马车有4轮和双轮之别，凡4轮大车，可载重50石，用骡马牵引，有13匹，或10匹，或8匹。牛车，以载刍粮，盛行于晋地。又有独辕车，人推其后，骡曳其前，载货约重四五石。独轮推车，一人推之，载重两石。如明代清苑县的递运所，就备有“车四十辆，骡一百六十头”。以供运输官物①。又如永平府至北京的大道上，“路上商贩络绎不绝，十数为群，所骑所驮，非骡则驴。大车则驾十余，或五六头；小车则或牛，或驴二三头，辀辂则独轮，而一人推之，所载则一马之驮也。载重则前有一人挽之，加重则驾驴骡，前挽者执鞭以驱”②。在这条道上各种车辆都出现了。车的运行多受到自然地形的限制，“凡大车行程，过河亦止，遇山亦止，遇曲径小道亦止。”所以在山路和南方一些不通水路的地方，往往利用人挑，或牲口或骆驼驮运，这种运输便成为车船运输的补充。如扬州府江都县，“贫者倚负担剥载，索雇直以糊口”③。临清有脚夫三四千人。④ 北方的商人则利用骡马作长途运输工具，如正德时的山西蒲州商人王瑶，“贩布、绢与诸商结队，雇用骡马驮运，行货于张掖、酒泉一带。”⑤ 至于明代用骆驼作为运输工具的，如山西商人在蒙古地区经商、北京西山的煤运往北京城，都是依赖骆驼队作为运输主力。

明代交通工具的完善与多样化，使运输能力大大提高，为商业的发展铺平了道路。

第五节　商业运输

明代，随着地区间物资交换的频繁、商业的日益发展，遂在交通要道和一些繁华的商业城市之中出现了专业运输户，在水乡有船户，在平原有车户。

---

① 嘉靖《清苑县志》卷二《公署》。

② 《潜谷先生选稿》卷一四《朝京日录》。

③ 万历《扬州府志》卷一《总论》。

④ 《万历邸钞》第二册。

⑤ 《韩洛苑全集》卷五《封刑部河南司主事王公墓志铭》。

船户，有的独资造船，有的则是租自贵富人之家。从营业方面来区分，有的船“专搭空身行旅”，如《士商必要》记述杭州至镇江等航线的船，就有专门乘搭旅客的船。《初刻拍案惊奇》卷二七中的顾阿秀兄弟，“原是个船户，在江湖上赁载营生”，就是这一类型的经营者。做这种生意的人利润较薄，从《士商类要》等书中，可知大概的价钱情况：如从扬州关搭小船至瓜洲，船价3文；由瓜洲南门渡大江至镇江马头，船价2文。杭州府官塘至镇江，“诸港有船，二文能搭二十里程”。杭州至普陀山一线，自西兴搭船，每人二分至东关驿，一人一挑一里至梁湖渡，三分一人搭至宁波府。如果租别人的船来经营这类生意，利润更少了，因为每年要向船主交纳租金。另一种经营方式，就是雇船工、利用大船，装载客货，行程较远盈利较厚。如浚县“刘三才，船户也。募夫杜希言驾舟远赴天津”①。又如南京采石，“有某大姓者，家畜舟，募水手撑驾，以是取利”②。有的人经营规模较大，雇工也多，如《醒世恒言》上说有位淮安府艄公陈小四，在他船上“雇着一班水手，共有七人”。

客商觅船选择船主，是客商面临的一个重大问题。明代，有些专供客商参考的书籍中，记载着各地船户的情况。如江西湖口至广东的水路上，樟树镇“船户安分，食用洁净”；江西湖口至广信府玉山一线，“船户善良”；江西南昌经玉山至浙江一线，“衢州船户善良”；杭州至镇江一线，苏州船只有一种好的传统，民间流传说：“古称平江船户善良”。但船户中也是良莠不齐，其中有图谋私利，刁难客商，甚至劫财害命者也是司空见惯。如南京至北京的水路上，在邵伯之北，湖荡多，人家少，“船只不良”；淮安至河南汴城一线，“船户谋客可防”。尤其在淮安，“五坝过客货，闸通运船，凡写黄河大船进京，必须访实，或有欠债，揽此长载，中途脱逃客顾人夫而去，此常有者”。

明代，凡是交通要道，商业发达的城市中，都有“埠头”，亦称舟牙，或各船行经纪。明政府规定，埠头与诸色牙行一样，都要选“有抵业人户充应”，又要经官府审查批准。客商在外地经商，人生地不熟，只要通过埠头雇觅船只，付出一定的“佣钱”，但偷盗拐骗等事件，总是较少发生。所以，在

---

① 张肯堂：《䓨辞》卷一〇《刘三才》。

② 徐芳：《诸皋广志》。

《商贾一览醒迷》中强调说："凡写船必由舡行经纪，前途吉凶得以知之。间有歹人窥视，虑有根脚熟识，不敢轻忘。倘悭小希省牙用，自雇舡只，人面生疏，歹者得以行事"。又有人警告客商说："雇舡一事，必须投牙计处，询彼虚实，切忌贪小私雇，此乃为客之第一要务也"①。

客商通过埠头已雇定船户，第二步还必须双方订立契约。如《博闻胜览考实全书》所说："凡写船，须择忠厚船户，要立约，承揽某处客人行李，某处交卸，不可疏失。"② 契约如何写法？据万历时出版的《天下通行文林聚宝万卷星罗》中记载，其格式内容如下：

△处船户姓△，今得△人保委，就△处河将自己船只揽载得△人财并行李计几担，至某处河下交卸。议定每担水脚银若干？其银沿路批借，候载到头结算凑足。所载货物，须管小心搭盖，不许上漏下湿。或遇盘滩剥浅，如有疏虞，自舡户甘认，照依地头卖价，尽数赔还无辞。恐后无凭立此文书为照。③

这个体式，清楚反映了客商与船户的关系。它在约束船户、保证客商货物安全运抵目的地等方面，都起到了法律的作用。尤其在船户违约时，发生纠纷，客商就可执约向当地政府诉告，官府也往往以此契约判定双方的曲直。

车户、骡马店。出租车马者称车户，出租骡马者称骡马店。这类店铺，在北方商业比较繁荣的大城市，可以随处见到，如河南开封城西门外，有骡马大店三五十座。④ 北方的交通运输主要依赖马车，在一些交通要道上，装载客货的马车，络绎不绝，明政府为了增加税收，如宣德时，规定北京的"驴骡车受雇装载物货，或出或入，每辆纳钞一百贯"⑤。正德时，山海关外八里铺官店则规定，往来装运客货之车，"凡一车，必银一两"⑥。这表明在北京周围装运客货的车辆是很多的。

---

① 《士商类要》卷二《买卖机关·舡脚总论》。
② 《博闻胜览考实全书》卷二《天下路程便览》。
③ 《天下通行文林聚宝万卷星罗》卷二五《体式门·诸般体式·雇船契》。
④ 《如梦录》《关厢记》第七。
⑤ 《明宣宗实录》卷五五。
⑥ 《明武宗实录》卷一三。

在短途商运中，人力挑运也是十分发达，如扬州府江都县，“贫者倚负担剥载，索雇直以糊口”①。临清有脚夫三四千人。② 南京有脚夫市，“嘉靖初，脚夫市口或十字路口，数十群聚，阔边深网，青布衫袴，青布长手巾，靸鞋，人皆肥壮，人家有大事，一呼而至”，直至万历时，这种脚夫市仍然存在。③ 在运货过程中，一部分脚夫是忠实可信的，但其中也有刁奸狡猾者，往往侵吞客货，因之《士商类要》中描写说：“至于脚夫，无所不至。先掯脚价，后设偷窃。……大箩交换小箩，大袋交换小袋，箩底明安席片，挑于暗处到倾。麻饼中途磅凑，腌猪便处使钩。撺筹走筹，百船影混。陆路客随担走，七前八后而奔，使客照看不及，前后得空便偷。盗油之法，将油倾入土中，待闲连土挖去，用水而浮……处州福建盘山脚夫还可寄托，张家湾河西务车脚甚是能偷。”④ 又《博闻胜览考实全书》中说：雇夫“挑行李，客人须赶作一夥行为，好多有扭开锁。偷衣服，宜堇”⑤。在此情况下，客商在雇觅脚夫时，必须花费佣金找“脚头”，比较稳妥。《士商类要》说：“车马不可无脚头……车无脚头，脚子弃货中途，此皆因小而失其大也。”⑥ 雇挑夫也要如此。

通过脚头联系好脚夫后，双方再订立契约。《天下通行文林聚宝万卷星罗》中，记载契约内容如下：

> △处脚夫甲头姓△，今得△处行李△人保委，承揽到△人货物几担，挑至△处店内交卸。议定：每担工食银若干？每名先借上期银若干？余者候在挑至地头算明凑足。自上路后，一心看管物货，不致失落损害，如有一名肩挑不到，甘将己银另雇人夫前到地头，如有逃走，且保人跟寻落照，依地头卖价赔还。恐后无凭，故立文约为照。⑦

这种契约，在保证运输安全方面，起到很大的作用。

---

① 万历《扬州府志》卷一《总论》。
② 《万历邸钞》第二册第一一六四页。
③ 顾起元：《客座赘语》卷五。
④ 《士商类要》卷二《舡脚总论》。
⑤ 《博闻胜览考实全书》卷二《地理门·天下路程便览》。
⑥ 《士商类要》卷二《买卖机关》。
⑦ 《天下通行文林聚宝万卷星罗》卷二五《体式门·诸般体式》。

明朝中叶以后，由于政治腐朽，地方秩序混乱，沿商业大道上，不时出现强盗响马抢劫商旅客货，如北京到徐州一线，“响马贼时出”，“自颖州至大名府，响马贼甚恶，出没不时”；扬州府至山西平阳府一线，“自宿州至汴城，响马宜慎”。这些情况，对经商外出者，有极重要的参考价值。特别是那些富商巨贾，经营长途贩运的人，必须采取防护措施，多数是雇用“保镖”。保镖或称之为“镖客”，大都由一些刀枪娴熟、武艺出众者来充当，他们就是在旅途中保护商人及其货物的安全，赚取优厚的佣金。如新安汪十四，就是一个典型的保镖。徐士俊说：

> 汪十四者，新安人也，不详其名字。性慷激烈，善骑射，有燕赵之风。时游西蜀，蜀中山川险阻，多相聚为盗。凡经商往来于兹者，辄被劫掠。闻汪十四名，咸罗拜马前，愿作“护身符”。汪许之，遂与数百人俱，拥骑而行。闻山上嚆矢声，汪即弯弓相向，与箭锋相触，空中堕折。以故绿林甚畏之，秋毫不敢犯，商贾尽得数倍利。而白梃之徒日益贫困，心忮之，而莫可谁何也。

不久，汪十四以年老回到新安。“归则以田园自娱，绝不问户外事。而曩时往来川中者，尽被剽掠，山径不通，乃踉跄走新安，罗拜于门外曰：‘愿乞壮士重过西川，使我辈弱者可强，贫者可富，俾啸聚之徒大不得志于我旅人也。壮士其许之乎？’是时汪十四雄心不死，遂许之曰‘诺’！大笑出门，挟弓矢连骑而去。于是重山叠岭之间，复有汪之马迹焉。”①

这一大段记载，说明保镖的重要性。有了好的保镖，可使响马束手，商贾尽得数倍之利；反之，响马横行，商贾往往“尽被剽掠”。所以在当时，一个武艺超众的保镖，受雇于富商巨贾，就可获得优厚的工价。

明代，还有一部分大商人，自身武艺很好，往往是自率武装押运货物，进行长途贩卖。例如陕西富平县的李月峰，大约于嘉靖至隆庆年间，贩运粮食于陕北，就是自己率领武装保护运粮队伍、具体情况如下：

> 李氏自长一公以来，行义修举，以财雄里中，而月峰公起为边商，输粟延安之柳树涧，主兵常谷、客兵常谷数千万石，食安边、定

① 张潮辑：《虞初新志》卷二《汪十四传》。

边、安塞军数万人，通引淮扬，给冠带，自按部御史而下，率礼待之。月峰公任侠好施，善骑射，凡往来荒徼中，挽强弓，乘骏马，不逞之徒，望风逃匿，他商旅或假其名号以自免。①

更有山西商人王瑶，率领武装押护商队运送布绢到甘肃河西酒泉一带去卖。

（王瑶，山西蒲州宣化坊人，弘治时随父在邓州）贸易邓裕襄陕间，而资渐丰……至正德中，资渐耗费，公行货张掖酒泉间，又尝同诸商依酒泉兵宪陈公赴河西，忽传虏至，急趋近堡，守者不纳，众惶惧失措，公从容安置货物城下，团列骡马，挽弓抽刀，倚城自保。陈公行城见之，纳入堡，问曰：敌迫近何尔整肃不乱也。公曰："等死尔，须竭力拒卫，安能俯首待戮。"陈公壮之，公因出布、绢犒军吏，陈公义之，随陈公至酒泉。适哈密之变，军将多密约寇为内应，陈公孤危，无可与计事者，乃召公集诸商誓曰："今我与尔辈寄命于此，即有变，俱当首祸，其为我亲军。"公率诸商昼夜披甲胄，挟弓刀环卫，俨然一裨将矣。陈公尽收反者诛之。复货盐淮、浙、苏、湖间，往返数年，资乃复丰。②

从以上的情况来看，说明明代的商人在商品的运输中，除去正常的运费之外，还要增加"埠头"、"脚头"的佣钱、以及保镖者的工钱，这无意之中就抬高了商品的价格。这些现象也反映了明代国内商品的流通渠道，还不是十分畅通的。

---

① 《受祺堂文集》卷四《先府君李公孝贞先生行实》。

② 《韩苑洛全集》卷五《封刑部河南司主事王公墓志铭》。

第十章　明代市镇经济的发展

第一节　集市的宏观分析

1964 年至 1965 年，美国施坚雅（G. W. Skinner）教授在《亚洲研究学刊》连载了名著《中国乡村的集市和社会结构》（Marketing and Social Structurein Rural China, Joural oh Asian Studies, 24-1. 2. 3），把历史学与社会人类学、经济学、地理学相结合，反映了西方历史学的新潮流。他根据 20 世纪 40 年代在四川所作的社会调查以及大量文献资料，得出了农村集市分布的六角型模式。他认为基层集市是地方市场系统的三层等级中最低的一级，一个典型的基层集市，是一个约有 18 个村和 1500 个农户的核心点，所及范围约为 50 平方公里的六角形地区，它也是小农社会生活的圈子，是中国社会的最基本单位。施氏的原意，不过是要矫正人类学家只著眼于小社团的倾向，但结果几乎完全消灭了他的对手。①

（一）集市的发展

市，古已有之。先秦时代就把商品交易也称为“市”。《说文解字》：“市，买卖所也。”《风俗通》：“市，恃也。言交易而退，恃以不匮也。古者日中为市，致民而聚货，以其所有者，易其所无者。”这种“以有易无”的原始市场，就是早期集市的雏形。两晋南北朝以迄唐代，文献中屡见不鲜的草市，诸

① 黄宗智：《华北的小农经济与社会变迁》，北京中华，1986，第 22 ~ 23 页。

如赤壁草市、灌家口草市，便是那个时代集市中的佼佼者。

不少地方的集市历史悠久。例如：南直隶常州府的望亭市，“《风土记》云：隋文帝至德二年置”，竹塘市，“《风土记》云：晋天福二年十月置”[①]，江西建昌府南城县的磁圭市，“唐宋元人烟辏集市延四里，屠肆七十二”[②]，徽州府婺源县，“五代时南唐检校司空刘津建东西二市，宋元及国朝（按：指明朝）因之”[③]。

进入明代以后，随着商品经济的繁荣，集市蓬勃兴起、发展，可以毫不夸张地说，清代乃至民国各地集市的规模、格局，大体奠定于明代。数量众多的集市创建于这一时期，此类事例几乎俯拾即是，以下略举数例：

其一，广东琼州崖州的和集市，在城东二里之三义河也，景泰二年知州彭宁、指挥王祥在此设市，吸引黎人交易；天顺年间知州王铎在此建屋栽竹，并立匾称为“懋迁集”；成化年间，知州徐琦在此立店；弘治初年，副使陈英命知州林铎建造门厅店舍，立匾称为“和集市”，“城市黎峒交易称便”[④]。

其二，山西保德州，州市，“元至正、大德间立，明弘治间知州昝凤翔复兴，正德间知州周山以街东中西分各行，每月九集，万历间知州韩朝贡定令五日轮流，上下匝月两周”；此外，下川坪集、楼沟集、冯家川集、石塘村集以及桑园市等，“俱明季立”[⑤]。

其三，浙江绍兴府新昌县的蔡岙市，建于成化年间，在此之前，由于“新昌山居地僻，往时贸迁者甚少，至成化九年，余姚王金三始来为之，台、剡商民仅有至者，今（按：指明万历年间）稍稍辏集，其所贸易不过日常常物，无珍羞异品”[⑥]。

其四，陕西延安府的东关市，“旧俗止以布粟贸易，凡日用冠婚丧祭之需，俱市诸别地。弘治间知府王彦奇下车深为痛惜，乃立会聚四方商贾贸易于

---

① 咸淳：《毗陵志》卷三地理·坊市。
② 正德《建昌府志》卷九坊镇。
③ 弘治《徽州府志》卷一坊市。
④ 正德《琼台志》卷十二墟市。
⑤ 康熙《保德州志》卷一因革·市集。
⑥ 万历《新昌县志》卷二区域志·市镇。

此，以通货利。自是，延民及西北边方用需悉便”[①]。

其五，广东封川县的惠民墟，“在遵化门外，弘治十年，知县莫杆立”[②]。

其六，广东韶州府的清平市，“嘉靖二十六年知府陈大纶立，筑亭竖碑。”[③]

其七，河南尉氏县的冯村店，“嘉靖元年起集”；白家潭，“嘉靖二十四年十月十八日知县曾嘉浩起之”[④]。

翻检明代的地方志的集市一览，印象最深的便是星罗棋布的集市，其数量与分布密度大大超过以往任何时代。

广东琼州府（今海南岛）并非经济发达地区，但正德《琼台志》卷十二所载墟市数量之多令人吃惊，而且还注明“非大者不录”，如果“非大者”也录的话，那就更令人吃惊了。请看：澄迈县有20处墟市：东门市、西门市、七里市、倘村市、八伯市、封平市、那洪市、墟场市、那舍市、林表市、石塔市、石头坡市、深山市、打铁市、桥头市、湳忽市、下寨市、王村市、多峰市、情罗市。琼山县有39处墟市：东门市、府后市、北门市、五原市、石山市、烈楼市、西潭市、张矮市、情这市、石桥市、梁老市、透拗市、梁沙市、梁村市、那邕市、陇塘市、抱龙市、那有市、那椒市、定东方、桥头市、莲塘市、尧城市、山尾市、那廉市、青荒市、官厅市、大村市、东头市、那洋市、用潭市、那射市、顿脑市、仔头市、东桥市、乐盘市、西门街、海口四牌楼、白沙埠头。

河南南阳府邓州，也非经济发达地区，其集市分布密度令人刮目相看。明嘉靖年间邓州镇店集市有50处之多：穰东镇、张村镇、腰家店、急滩店、七里店、白牛店、园屋店、柿庄店、赵河店、轩店、高梁店、屈家店、曲河店、十村店、罗庄店、茶店、半札店、马庄店、九重院店、程宽埠口店、刀河店、王良店、小店、林家店、长乐村店、构林关店、胡义店、古村店、桐析店、厚桥店、燕家店、桑家庄店、高家店、柴庄店、大孙庄店、小孙庄店、程家集、

① 弘治《延安府志》卷一街坊·镇市。
② 天启《封川县志》〔不分卷〕建置志·墟市。
③ 康熙《韶州府志》卷十一舆地略·墟市。
④ 嘉靖《尉氏县志》卷一风土·市集。

望城冈集、二郎庙集、白龙庙集、厚坡底集、尚家集、段庄集、侯家集、韦家集、孔庄集、石挖井集、南古县集、彭家井集、大山庙集。邓州所属内乡县也有27处集市：丹水店、七峪店、菊花店、黄狮店、长城店、黄市店、石桥店、赵家店、袁家店、周家店、屈家店、封家店、长庆店、时家店、许家店、草店、王家店、毛家店、沙河店、磨石店、砖河店、赵铁店、党子口店、堡南店、两峡口店、半川堡、关庙四街。[①]

南直隶凤阳府颍州，毗邻河南，为贫瘠之乡，也有38处集市，其中不少固然是“田家交易”之处，但也有不少“商游货集”、“商贾辐辏，市日无虚”之处。正德《颍州志》对该州集市的记载具体，颇能反映当时集市活动的实况，兹录于下：

夷陵店——在东乡六十里铺，过客逆旅，土主客户杂处；

留陵店——在东乡六十里水站，土主客户杂处；

枣庄店——在东乡六十里，田家交易，主户多；

岳厢店——在北乡一百二十里，田家交易，主户多；

三塔庄——在北乡一百一十里，杂太和户佳，小集市耳；

车家店——在北乡四十里，集而未成，客户；

伍名店——在北乡三十里，客户数家；

柳河店——在西乡四十里废站旁，主客户并；

时店——在西乡四十里柳河西，客户，田家交易；

界沟店——在西乡一百四十里，旧黄河道，商贾集，河徙，市净；

南市店——在沈丘西二百四十里，主客户杂，田家交易；

杨官店——在沈丘一百四十里，客户，酒醋盐铁市；

瓦店——在沈丘一百五十里，主客户，商贾游货耳；

八十里店——在西乡杨桥东，客户，过客逆旅耳；

高堂店——在西乡九十里，客户，田家交市；

栗头店——在西乡六十里，主客户杂，盐铁市耳；

黄丘店——在南乡五十里，客户，无市；

---

① 嘉靖《邓州志》卷八。

桃花店——在南乡一百八十里，汝水东，商贾往来，店杂主客户；

狼头店——在南乡九十里，客户；

永安店——古县街市存，在南乡一百四十里，汝水滨，舟楫上下，故交易户，东又有小店；

迎仙店——在沈丘一百四十里，主客户，田家交易；

桃团店——在北乡九十里，近淝河，水泛通舟，主客户杂处；

流湖集——在沈丘一百五十五里，北五里即响张埠上舡，故商游货集也；

黄牛岭集——在沈丘一百八十里，主客户田家市易；

姜寨集——在沈丘二百里，西十里龙口，通舟楫，市中货物亦盛；

长官店市——在西乡一百二十里，河远市集亦众，客户；

驿口桥集——在西乡一百里，主客户，田农交易亦盛；

杨家集——在西乡九十里，颍滨，货物游散他集，本集落落；

杨村集——在西乡一百四十五里，颍泛舟通，集南有商无贾，市颇交易，主客户；

田村集——在西乡一百二十里，商贾俱集，市盛；

干沟集——在西乡四十里，驿路旁午，商货平平；

横桥集——在北乡六十里，预备仓旁，旧在仓南五里，西城因洼移仓；

双塔集——在北乡八十里，有商无贾，市亦平平，主客户并；

董家集——在北乡一百里，蒙城县界，客户，田家市易；

中村集——在南乡七十里，前临谷河，商贾辐辏，市日无虚，主客户杂处；

红林集——在地乡一百一十里，通蒙河入淮，市集亦小，客户多；

功立桥集——在南乡九十里，工商杂处，集货亦适中；

艾亭集——在南乡一百七十里，近汝河，商贾盛集，主客户并①。

集市作为一个商品交易的场所，已具备初级经济中心地的功能，吸引四乡农村的乡民们前往赶集（趁墟）。北直隶宝坻县，除城中五集轮流开集之外，四乡之集市十日二集，每日均有几处开集。“届期，凡近境者披星戴月，络绎

① 正德《颍州志》卷二方井。

毕至。”集场约半里许，各赁坐地陈货于左右，一切食用所需具备，要皆村庄中出也。自展至来，肩摩毂击，喧填道途。日斜，则人影散乱，捆载而归矣。每逢集期，“牵车者，驾马者，负者，载者，携筐而荷担者熙熙然。”[①] 这段文字颇具典型意义，可以看作当时集市一般状况的真实写照。

集市是商品经济的产物，具有肥沃的土壤与顽强的生命力，即使在交通不便之处，也会因交易的需要而形成集市，以因地制宜的方法集散货物。如湖广黄州府罗田县，“溪流淤狭，舟楫不通，虽无四方之商，百货之萃，而一邑之日用所需，内取之土产外，通之竹筏，其物亦多矣”，除县市外，还有黄家桥市、平湖市、石桥镇、多云镇等可供乡民赶集。[②] 又如四川夔州府云阳县的洞口集市，位于县北10里山区，“商贩至云安场水路经此，旧山势险碍，陆路未尽辟，惟操舟逆流往达盐场，春夏霖雨江泛阻碍负贩四集者苦之。”知县杨鸾捐俸激劝义民并力修治山路，自洞口至盐场约20里，巉岩绝堑，开凿成大道，“凡肩担背负者，早暮通行，自是无患，其利溥矣”[③]。再如山西太原府保德州，地处边鄙，与陕西府谷县隔黄河相望，几处集市如东沟集、南关集、下川坪集、楼沟集、冯家川集、石塘村集、桑园市等，不仅是当地乡民赶集的场所，而且是河对面府谷县乡民的赶集场所。康熙《保德州志》如此评说：“日中为市，民之所以通有无也。州近边鄙，富商大贾绝迹不到，然麻缕棉絮之类日用所必需”，“货物鳞集，乡民交易称便，陕西府谷县沿河六堡，皆取货于州”，清初以降，“府谷颇有客贩”，于是保德与府谷越江交易，“彼此相资”[④]。而地处北边的宣府镇的大市，竟有意想不到的繁华景况：“贾店鳞比，各有名称，如云：南京缎铺、苏杭罗缎铺、潞州绸铺、泽州帕铺、临清布帛铺、绒线铺、杂货铺，各行交易。铺沿长四五里许，贾皆争居之。”[⑤]

集市是商品经济所带来的社会现象，广泛存在于各地，以中国之大，地无分南北东西，几乎都可以见到它的踪影。它那初级商品市场的性质各地大抵类

① 乾隆《宝坻县志》卷六乡闾·市集。
② 嘉靖《罗田县志》卷一地理志·市镇。
③ 嘉靖《云阳县志》卷上创设·坊镇。
④ 康熙《保德州志》卷一因革·集市。
⑤ 嘉靖《宣府镇志》卷二十风俗考。

似，但名称、形式却不尽相同。

即以名称而言，各地就颇不一致。笼统地说，北方多称为“集”，南方多称为“市”，“集”、“市”是两种最常见的称呼。“集也者，聚也，聚东西南北之人于一方，以所有易所无，犹市也，故曰市集”①。除此之外，各地还有一些独特的称呼，诸如店、场、街、墟之类。中原地区也称集市为“店”。日本学者周藤吉之先生的论文《宋代乡村店市的发展》，指出北方地区的店相当于市，它们大多处于交通要道，政府常在此设置场务，征收商税②。明代北方依然如此，常店、镇并称，犹如南方常市、镇并称一样。前文所引嘉靖《邓州志》、正德《颍州志》中所提及的“店”，便是一例。

西南地区则常称集市为“场”或“集场”、“场市”。这一称呼的由来，据《广安州新志》的编纂者说，源自宋代的“坊场”、“场务”。“宋有商务场、茶合同场、酒朴买坊场……后直沿为市镇之称”③。如康熙《湄潭县志》场市所载河仓场、聚宝场、永兴场、永盛场、后坝场、猪场、牛场等“场市”，与别地的集市是同一类型④。这种称呼在川、黔、滇等地较为常见。这一地区也称“场”为“街”或“街子”，方志中常说：“日中为市，名曰街子”⑤：“日中为市，成名为街，或谓场”⑥。

而粤、桂、闽、赣、湘等地多称集市为“墟”，或称“墟市。”“墟”的称呼由来已久，《太平寰宇纪》说：岭南“呼市为墟，五日一集”⑦；《宋会要辑稿》说：“乡落有号墟市者，止是三数日一次市合”⑧。究其缘由，与古代“有人则满，无人则虚”的传统很有关系。钱以垲《岭海见闻》说：“凡三日百货一聚，聚之时少，虚之时多，故曰虚”。

---

① 康熙《益都县志》卷四市集。
② 载《唐宋社会经济史研究》，东京大学出版会，1975 年。
③ 民国《广安州新志》卷九乡镇志。
④ 康熙《湄潭县志》卷一。
⑤ 康熙《平彝县志》卷五赋役·市肆。
⑥ 康熙《阿迷州志》卷一〇风俗·市肆。
⑦ 《太平寰宇记》卷一六七岭南道容州。
⑧ 《宋会要辑稿》食货十八商税。

当然，另有一些地方称集市为“步”、“埠”、“行”的，似不必一一列举。[1]

（二）集市的类型分析

由于经济发展水平的悬殊，以及地域性差异，集市的类型是复杂的，多样的，极原始的不定期集市与高度发达的常日市同时并存，充分显示了历史发展进程中的不平衡性。

1. 不定期集市

这是一种原始集市。它没有固定的集期，也没有固定的贸易地点，大体上是古代所谓“有人则满，无人则虚”的乡村偶发小集市。

康熙《新郑县志》建置志述及该县集市时，区分为两种类型，一种是“尚有茅屋数椽，如期贸易”者，如泽林店、张殷店、溟水集、郭家店、龙王集等，集市中有茅屋数间，定期贸易，不过也仅仅是“农庄粟麦布缕果蔬而已”；另一种是没有茅屋建筑，不定期开集者，它称之为“间起小集”，“聚散无常”。正因为它们“聚散无常”，在文献中较少见于记载，偶或有之，亦多语焉不详[2]。

成化《内乡县志》提及该县的丹心店、菊花店等集市，“坐落偏僻，物货不辏，乃以居民随处随时相互贸易，不以集拘。”这里所说的“随处随时”、“不以集拘”，即无定所、不定期。不定期集市就具有这种特色[3]。这种原始集市不能满足商品经济的需求，于是一些条件较合适的不定期集市便上升为定期集市。内乡县的西峡口、半川里之处集市便是如此：

——“西峡口，原不开集，知县沃频以其离县遥远，商民贸易不便，亦令就彼每月一五日开集，顺民情也”；

——“半川里，先亦不开集，成化甲辰……听居民李谦吾等所告，亦令彼每月二七日开集生理，亦从民便也”[4]。

到嘉靖年间又增加了一些定期集市，如关庙四街，“每遇三六九日集”；

---

① 参看樊树志：《明清江南市镇探微》，上海复旦大学出版社，1990年版。

② 康熙《新郑县志》卷一。

③ 成化《内乡县志》卷二食货略。

④ 成化《内乡县志》卷二食货略·市集。

堡南店、西峡口，“每五日一集”；半川堡（即半川里），“每七日一集”等。但是在27处集市中仍有11处，仅注明“有集”，而未标明集期，看来仍是一种不定期集市，它们是丹水店、菊花店、七峪口、黄狮店、长城店、黄市店、石桥店、毛家店、沙河店、磨石店、党子口店等。①

2. 各种类型的定期集市

定期集市由不定期集市发展而来，它依托四周乡村，成为一个固定的商品集散中心，邻近乡民定期前往赶集，称为“市集”、“市合”、“趁墟”。定期集市的集期视各地区经济发展状况与地理条件而异，其类型是多样化的。

（1）每月一集

是集期稀疏的定期集市，每月仅一次集市贸易。河南汝州鲁山县，城内集市7处，城外集市4处，均为定期集市，集期大多为十日二集、十日三集或十日五集，唯独城内学道街集市为每月一集，即每月二十八日有集。②

河南汝宁府光山县的大街集、南关集、寨河店集、罗官店集，均为“每月凡一日会于此”，即每月一集。③

（2）半月一集

河南汝州鲁山县，城内学前街集市，每月十二日、二十四日有集，即半月一集；城外北关集市，每月二日、二十二日有集，也是半月一集。④

河南汝宁府光山县的孙铁铺集、泊陂河集、白崔会集，均为“每月凡二日会于此”⑤，大抵也属于这一类型。

（3）十二日一集

云南建水州的龙街集市，“在南庄铺，每逢辰日，远近商民于此交易”⑥。所谓辰日，即中国传统历法的地支（也叫十二支）子、丑、寅、卯、辰、巳、午、未、申、酉、戌、亥中的辰日，即“龙日”。当地民俗称集市为街，赶集

---

① 嘉靖《邓州志》卷八舆地志·镇店〔附集市〕。
② 嘉靖《鲁山县志》卷一疆域·市廛。
③ 嘉靖《光山县志》卷一风土志·里店〔集附〕。
④ 嘉靖《鲁山县志》卷一疆域·市廛。
⑤ 嘉靖《光山县志》卷一风土志·里店〔集附〕。
⑥ 雍正《建水州志》卷一城池·街市〔市井〕。

为赶街，故辰（龙）日有集的街称为龙街，是典型的十二日一集。云南平彝县的集市，如后所，未日有集；亦佐，申日有集；黄泥河，戌日有集；安定，戌日有集。[①] 云南广西府师京州的六处集市，如州前，申日集；东关，寅日集；西射姑，未日集；官庄，午日集；槟榔洞，巳日集；阿保寨，酉日集。[②] 这些都是十二日一集的类型。

贵州也有类似情况。遵义府遵义县，称集市为场，十二支中逢寅（虎）日赶集的市场，称为“虎场”[③]，也是十二日一集。

（4）十日一集

山西保德州的南关集，“每逢七贸易，月凡三次”[④]，即每月初七、十七、二十七有集，亦即十日一集。

河南内乡县，有关集五处，均为十日一集：

遇一日，中大街集（后改至南门外）；

遇三日，东门集；

遇五日，南门集；

遇七日，西门集；

遇九日，北门集。[⑤]

所谓遇一日有集，即每月逢初一、十一、二十一有集，亦即十日一集。其余可依此类推。

山东济南府新城县的情况与此相类似，县城中的集市逐日轮流：一日，宣化街；二日，南关；三日，十字街；四日，北关；五日，县西；六日，西关；七日，南街；八日，东街；九日，北街；十日，台后街。[⑥]

（5）七日一集

七日一集是一种较为罕见的集市类型。河南内乡县，嘉靖时堡南店、西峡

① 康熙《平彝县志》卷五赋役·市肆。
② 乾隆《广西府志》卷一一风俗·附街市集场。
③ 道光《遵义府志》卷六城池·市场，引明刊本孙志。
④ 康熙《保德州志》卷一因革·市集。
⑤ 康熙《内乡县志》卷二建置志·市集。
⑥ 康熙《新城县志》卷二建置志·街市。

口二处“每五日一集”，而半川堡则为“每七日一集”[①]。

(6) 六日一集

六日一集又可分为一月五集与十二日二集两种稍有差异的形式。

河南鲁山县城外西关集市，每月初四、初七、十四、十七、二十七有集，一月五集，约合六日一集，如果增开二十四日一集，则成为十日二集（逢四七有集)。[②]

更多的六日一集是由十二日一集演化而来的，即十二支中二日有集。如云南阿迷州，城中集市，“值寅未二日有集”；城外大庄集市，“值亥巳二日有集”；马者哨集市，“值丑申二日有集”；打鱼寨集市，“值辰戌二日有集”。“至期，各处错杂，凡日用所需者或聚其中，鲜虚伪，计值而售。咸按日过移，周而复始，四时以为常”[③]。

此种传统由来已久。宋代文献中常可见到这样的记载：“兴国军道中，值虚市方合，此俗以卯酉日趁墟”[④]；“池州俗喜为向而市井无交易，聚落至有期日虚集处，谓子午会”[⑤]。所谓卯酉日趁墟，即在十二支中逢卯日、酉日赶集；所谓子午会即在十二支中逢子日、午日有集。这种习俗，传至后世，明清两代不少地区还沿袭不辍。除了上述云南的事例外，浙江处州府丽水县也有这种传统：

石牛市——以子卯日定市

碧湖市——以丑辰日定市[⑥]

(7) 五日一集

这是一种较常见的定期集市，分布地区很广泛。宋代岭南“呼市为墟，五日一集”[⑦]。明代此种集市各地多有，大多以十日二集的形式出现。

山东东昌府夏津县，有集市七处，均为五日一集。每月以一、六日为期的有

① 嘉靖《邓州志》卷八舆地志·镇店〔附集市〕。
② 嘉靖《鲁山县志》卷一疆域·市廛。
③ 康熙《阿迷州志》卷一〇风俗·市肆。
④ 项安世：《平庵悔稿后编》卷三佛国市。
⑤ 《海录碎事》卷五商贾货财部·市廛门。
⑥ 雍正《处州府志》卷二建置志。
⑦ 《太平寰宇记》卷一六七岭南道容州。

县市，以二、七日为期的有张里长屯市、渡口驿市，以三、八日为期的有孙生镇市、裴家圈市，以四、九日为期的有八方塔市，以五、十日为期的有张官屯市。[①]

山西太原府定襄县，有集市七处，其中茅苔镇、横山村逢四、八日有集，南受罗村逢二、六日有集。[②]

福建邻武府邵武县，朱坊墟，“月二、七日集”；将石墟，“月三、八日集”[③]。

福建建宁府建阳县有集市六处，均为十日二集：以一、六日集的有书市、崇洛市、将口市，以三、八日集的有莒口市、长埂市，以四、九日集的有回潭市[④]。

江西赣州府石城县，小松墟，逢二、七日有集；高田墟，逢四、九日有集；湛陂墟，逢一、六日有集[⑤]。

江西广信府玉山县，寨头墟、镇头墟，“每月以一、六日为集”[⑥]。

（8）四日一集

这是由十二日二集演化而来的，即十二日三集。云南广西弥勒州的集市，大多为十二日二集（即六日一集），如辰戌日集、丑未日集、寅申日集、子午日集等，其中有二处为十二日三集：竹园村，亥卯未日集；十八寨，申子辰日集[⑦]。

（9）十日三集

这是一种较常见的定期集市，各地大多采用一旬（十日）中逢一、四、七日、二、五、八日、三、六、九日有集的形式。

广东廉州府钦州，平银墟，“令民每月一、四、七日趁”，即每旬中的一日、四日、七日趁墟，十日三集，一月九集。此外，西门墟，以二、五、八日趁墟；桥南墟，以三、六、九日趁墟[⑧]。

浙江绍兴府上虞县的牛市，是一个以贩牛为专业的集市，“在东门外河南

---

① 嘉靖《夏津县志》上卷地理志·坊市。
② 康熙《定襄县志》卷一地理志·集场。
③ 嘉靖《邵武府志》卷二王制·城池。
④ 嘉靖《建阳县志》卷三封域志·乡市。
⑤ 顺治《石城县志》卷二营建志。
⑥ 康熙《玉山县志》卷三建置·乡里。
⑦ 乾隆《广西府志》卷一一风俗·附街市集场。
⑧ 嘉靖《钦州志》卷七墟埠。

岸，西自探春桥，东尽明德观桥，以三、六、九日为期，市颇大，各县多有就者”[①]。位于该县西南六十里的三界市，“上虞、会稽、嵊三县之人俱有至者，三六九日为期”。

河南邓州内乡县的关厢四街集市，“每遇三、六、九集”，淅川县的白亭店、在城集，“每月九集”[②]。都属于十日三集的类型。

(10) 三日一集

这也是一种较常见的定期集市类型，以南方为多，大体属于十二日四集的形式。

广东钦州的都隆墟，逢寅申巳亥日有集；大字墟，逢辰戌丑未日有集；北历墟，逢子午卯酉日有集；防城墟，逢子午卯酉日有集[③]。所谓寅申巳亥日有集，即十二支中逢寅、申、巳、亥四日有集，十二日四集，即三日一集。其余依此类推。

云南阿迷州的布诏集市，“值子午卯酉四日，回鼠街、马街、兔街、鸡街”，即逢子日赶街称为鼠街，逢午日赶街称为马街，逢卯日赶街称为兔街，逢酉日赶街称为鸡街，同在一地，十二日四集，三日一集[④]。

福建邵武府光泽县，“墟皆三日一集”[⑤]。广西梧州府兴业县的大墟四处、小墟六处，“三日一期，周而复始”[⑥]。都同属一个类型。

(11) 十日四集

山东济南府新城县，有七处集市，六处为五日一集，唯独索镇为十日四集：每逢一、六、四、九日有集[⑦]。稍加考察便知，这是将两个十日二集重迭在一处形成的，即在先前的一、六日集之外又加上四、九日集，便形成了十日四集的独特类型。

北直隶定县的情况与此相仿，在十四处集市中，有九处为十日四集，以

① 康熙《上虞县志》卷七建置志·街市。
② 嘉靖《邓州志》卷八舆地志·镇店（附集市）。
③ 嘉靖《钦州志》卷七墟埠。
④ 康熙《阿迷州志》卷一〇风俗·市肆。
⑤ 嘉靖《邵武府志》卷二王制·城市〔街市附〕。
⑥ 乾隆《兴业县志》卷一地理·墟市。
⑦ 康熙《新城县志》卷二建置志·街市。

二、七、四、九日有集的为下叙集、郭村集、白云村集、坛山村集、南下邑村集；以一、六、四、九日有集的为朝阳村集、神南村集，以四、九、一、六日有集的为尧城集，以三、八、五、十日有集的为在城集。大抵是原先的十日二集已不适应交易之需，于是增加为十日四集，但“间有大集、小集之分”[①]。以二、七、四、九日集为例，大约二、七日为大集，四、九日为小集。这一推论可以从北直隶庆都县的集市获得佐证。庆都县在城集，逢四、九、一、六有集，“逢四、九日大集，逢一、六日小集”[②]。

（12）二日一集

这是定期集市中集期最为密集的一种类型或称间日一集，或称双日集、单日集。宋代文献中常有这种记载：“村落细民，间日而集，有无相易，苟营朝晡之费”[③]；“岭南村墟聚落，间日会集稗贩，谓之虚市”[④]。这种二日一集的集市大多是从先前的多日一集（或五日或三日等等）发展而来的，例如山东寿张县的集市，“古以四五日为期，正德乙亥，知县陶杰始更为偶日，迄今益便”[⑤]。再如湖广德安府应山县，县前街、东街、南街、十字街四处集市，天顺初年“月凡六集”，即五日一集，“其后易以双日”，即二日一集，逢双日赶集[⑥]。山东夏津县的县市，嘉靖时“月以一、六日为期”，即五日一集，以后增加集期，易为二日一集，“以二、四、六、八、十双日为期”[⑦]。

此外，陕西陇州的马鹿镇市、县头镇市、故川镇市，“俱以双日作市”[⑧]。山西定襄县，在城集，“逢单日”有集[⑨]。这种双日或单日集市，都是二日一集。有些地方志中的二日一集，并不标明单日、双日，如河南新乡县，在乡集市四处：小蓂集、新店集、八柳渡集、大家店集，均为“每二日一集”[⑩]。陕

① 雍正《直隶定县志》卷一舆地志·集税。
② 康熙《庆都县志》卷二赋役志·集税。
③ 吕陶：《净德集》卷二五著作左郎李君墓志铭。
④ 《宋会要辑稿》食货一七商税。
⑤ 康熙《寿张县志》卷一方舆志·市集。
⑥ 嘉靖《应山县志》卷上坊乡。
⑦ 嘉靖《夏津县志》卷上地理志·坊市。乾隆《夏津县志新编》卷二建置志·街市〔镇集附〕。
⑧ 康熙《陇州志》卷三田赋志·市集。
⑨ 康熙《定襄县志》卷一地理志·集场。
⑩ 正德《新乡县志》卷一街市。

西延绥镇的红山市、神木市、黄甫川市，均为“间一日一市”①。

以上分析了定期集市的12种类型，其中固然有地域性差异，但也不尽然。在同一地区（如一县之中）也常有不同集期的集市存在，甚至同一集市也有不同集期的存在，显然与传统、现状都有密切关系。保定府雄县的九个集市，有十日一集、十日二集乃至常市（每日一集）三种类型：

瓦济市——南遇三日市，北八日市；

易易市——六日市；

瓦桥市——一日市，桥上常市；

北关市——五日市；

永通市——十日市；

涞河市——四日、九日市；

东赵市——二日、七日市；

下村市——四日、九日市；

留镇市——五日市。②

保定府易县的集市，有一日一市、三日一市、五日一市、十日一市四种，一个集市中还有大市、小市两个集期：

易州集——分东西二市，三日一小市、五日一大市；

柴厂集——在厂内，一日一市；

唐胡集——五日一市；

淶水集——十日一市；

永安坊集——十日一大市，五日一小市；

楼村集——五日一市；

石亭集——五日一市。③

3. 常市

常市是定期发展的终结，是集市的最高形式，一年四季每日都有集市贸

① 康熙《延绥镇志》卷二食货·市集。

② 嘉靖《雄乘》卷上疆域。

③ 弘治《易州志》卷五街坊。

易。河南邓州的程宽埠口店，“在丹江之东，近为州县之隅，远界三省之间，舟车四通，商贾交至，日为常市”[①]。就是每日开集的经常市。康熙《上虞县志》也称这类集市是“每日为常市”[②]。同治《平江志》称这类集市是“市肆皆常设，无定期”[③]。这类常市多由二日一集的定期集市升格而成，如河南归德府柘城县的关庙集，“原间日一集，正德五年知县高举易为常市”[④]。河南巩县，“集之大者”，如东路镇，“每月每集三十日”；芝田镇，“每月每集十五日”[⑤]。每月每集十五日，就是间日一集；每月每集三十日，就是常市，人们不难察知两者间的关系。

常市也称日市，如陕西西安府朝邑县，“邑之为市者以十数，而赵渡为最大，商贾辐辏，里中一浩穰也，盖称日市焉”[⑥]。

常市也称每日集，如山东济南府章丘县的郝家庄，每日有集，称为“每日集”[⑦]。

常市也称日月集，如北直隶大名府浚县，“李家道口集，日月集”[⑧]。

有些地区定期市与常市并存于同一集市上，或许是由于每日开市的频率超过了商品经济发展的水平，因而采取每日一小集、数日一大集的态势。广东东莞县的教场墟、石龙墟、樟树墟，“皆有廛肆，而亦名墟，每日一小聚，三日一大聚”[⑨]。广东河源县，“间有开列廛肆，无间晨夕，如他省之为市者，亦或市与墟兼之，常日为市，至期则益以墟也”[⑩]。

在具有经济后盾的地区，常市的商业繁荣状况是一般定期市无法比拟的，它已超越了乡村集市的低级形态，向商品集散中心地发展，因而商贾云集、物货流散是它们的普遍特色。河南新乡县的乐水关，位于县城北门外卫河南岸，

---

① 嘉靖《邓州志》卷八舆地志·镇店〔附集市〕。
② 康熙《上虞县志》卷七建置志·行市。
③ 同治《平江志》卷四地理志·镇市。
④ 嘉靖《柘城县志》卷一市集。
⑤ 乾隆《巩县志》卷三建置志·镇集。
⑥ 康熙《续朝邑县志》卷二建置志。
⑦ 万历《章丘县志》卷一四风土志。
⑧ 《浚县志》卷一市集。
⑨ 钱以垲：《岭海见闻》。
⑩ 乾隆《河源县志》卷二墟市。

“以水陆两路通便故，商贾蚁附，物货山集，今最为繁庶”，便是一例。①

江西九江府德化县的三处集市均为常市，其繁荣状况远非定期市可望其项背：

小江市——“一名官簰夹，去府治五里许，有河汇大江，水涨通龙坑、赤湖等处，舟楫上下，皆泊于此，又陆通德安、瑞昌，行旅连路，军民杂处”；

杨家穴市——“一名断腰，在江北岸，去府治二十里许，前有夹洲褒延七八里，可泊舟楫，商贾交易不绝”；

女儿港市——“在仁贵乡，去府治三十五里，临宫亭湖，与大孤山相对，一港委曲，可泊舟楫，又陆通府城，四时贸易无异”②。

江西抚州府宜黄县的棠阴市，明中叶以来夏布织造与漂染业已相当发达，市上大多数人家从事夏布生产，经宜水漂出的夏布特别光滑洁白、轻细透明，经商贩运销外地，生意十分兴旺，“商贾往来不息”③。

江西抚州府金溪县的浒湾市，明初还未成市，后因河流改道，抚河经流浒湾，“舟楫辐辏，市遂集于此”，至天启时，“浒湾为商贾舟车所集”，本地及邻近的东乡、宜黄、资溪的农副产品由此外运，外地商品也由此运往邻县，使浒湾市成为繁荣的商品集散地④。

广东高州府吴川县的芷芋墟、茂名县的梅箓墟更胜一筹。

吴川县的芷芋墟位于吴川水入海口，交通便利，是陆海贸易的理想市场，“万历间，闽广商船大集，创铺户百千间，舟至数百艘，贩米谷，通洋货。”⑤

茂名县的梅箓墟，由梅姓、陆姓创始，故曰梅陆墟，后更名为梅箓墟。在万历年间就超越一般集市的商业水平，“各方商贾辐辏，坐肆列市，贸迁有无”。到了明末，不仅坐贾零星贸易，而且福建漳州行商数百人出入其中，进行长途贩运贸易，每年“驾白艚春来秋去，以货易米，动以千百计”。明清之际，“梅箓墟生齿盈万，米谷鱼盐、板木器具等，皆立聚于此。……以此墟之

① 正德《新乡县志》卷一街市。
② 嘉靖《九江府志》卷二方舆志·坊乡。
③ 道光《宜黄县志》卷三一艺文志。
④ 康熙《金溪县志》卷三名宦。同治《金溪县志》卷三地理志。
⑤ 光绪《吴川县志》卷一〇杂录。

富庶甲于岭西”[①]。

苏州阊门西七里运河畔的枫桥市，则是明清之际闻名全国的一大米市。枫桥市属于长洲县，“为储积贩贸之所会归”，“为水陆孔道，贩贸所集，有豆米市”[②]。晚明时已成为著名米市，崇祯十三年应天巡抚黄希宪指出：“江、广各商，冒涉风涛险阻，贩米来苏”，在枫桥市集散，市上有“积年奸牙”盘踞，“把持行市”[③]。明清之际，枫桥市作为湖广粮食运往长江三角洲的中转市场的地位日趋显赫，“数十年来，大都湖广之米辏集于苏郡之枫桥，而枫桥之米间由上海、乍浦以往福建”[④]。

显然，以上这些常市已经跃入超地域市场的行列，堪与一些商业大镇相媲美了。

4. 特种集市——庙会与集会

庙会与集会是定期集市中较特殊的一种类型。在每年某一特定时期，借宗教的或非宗教的群众性会聚，展开集市贸易，集期虽较稀疏，却可弥补一般定期集市之不足。有些地方称这些特种集市为“会市”。嘉庆《涉县志》说：“凡集镇皆分日市，本处人贸易日用之物，杨子所谓‘一哄之市’。惟逢会市，则他处商贾多有至者。”这种“会市”，即趁庙会与集会之机进行的集市贸易。河南彰德府涉县此类会市有以下几处：

在城城隍庙会——凡二次，第一次三月二十七日至四月初二日；第二次四月十四日至十六日；

西路顶上会——三月初一日至十九日，其村会则以二十日至二十五日；

胡峪会——村会，四月十七日至十九日；

更乐会——村会，凡三次，第一次三月初六日至初九日；第二次四月十二日至十四日；第三次四月十九日至二十二日；

河南店会——三月十六日至十九日。

---

① 《梅箓志》卷六金石。《天下郡国利病书》卷一〇二广东六。

② 康熙《长洲县志》卷八市镇。

③ 黄希宪：《抚吴檄略》卷一督抚军门示。

④ 《皇朝经世文编》卷四四，蔡世远：《与浙江黄抚军请开米禁书》。

每逢会市，“他处商贾多有至者”，“客货颇繁，人众殷盛”①。

庙会集市这种形式，久已有之，日本学者期波义信教授曾撰文《宋代江南的村市和商市》，对此有所论述②。明清两代各地仍有此传统。

山西平阳府猗氏县共有集市七处，其中三处是庙会集市：庄武王庙会，三月八日有集；城隍庙会，十月五日有集；关王庙会，十二月八日有集。③北直隶河间府献县，除了在城集、乡村集之外，还有三处庙会集：裴圣公庙，三月二十八日有集；城隍庙，九月九日有集；庄王庙，十二月初一日有集。④

乾隆《新乡县志》引旧志述及当地风俗时，记载庙会颇详备，人们可据此了解河南卫辉府新乡县庙会集市的盛况：

二月十五日，西路老君庵会；

二月十六日，北路玉女观会；

三月十四日，西路大送佛会；

三月十八日，城内城隍庙会，南路郎公庙会；

四月二十八日，北路药王（庙）会；

五月十三日，城内关帝庙会；

六月初六日，城内八蜡庙会；

九月十七日，南路大王庙会⑤。

凡逢庙会之日，乡民不仅入庙烧香拜佛，而且乘机进行交易，故四方商贾云集，热闹非凡。嘉靖《广平府志》称：“庙之会，国初未有，自正德之初始有此俗。先期货物入集，酒肆罗列。男女入庙烧香，以求福利。无赖之徒云集……”⑥。各色人等会聚一地，自然形成一个集市。

不独北方如此，南方亦然。四川嘉定州洪雅县，每年七、八月份，“礼祀唐巴川令赵延云，商贾辐辏，货物云集，自一日至十日方罢”。七月上旬与八

---

① 嘉庆《涉县志》卷二建置·市镇。

② 载《东洋学报》四四卷一、二期。

③ 雍正《猗氏县志》卷一坊巷里都·市集。

④ 乾隆《献县志》卷三食货·市集。

⑤ 乾隆《新乡县志》卷一八风俗。

⑥ 嘉靖《广平府志》卷一六风俗志。

月上旬两度举行庙会集市，为期共20天，规模可谓不小。[1]

四川潼川府蓬溪县，六月二十四日城隍诞辰，“先一日演剧，各乡民醵金结社，入城与会”，“历市廛会于庙中”，“逢场不可数计，但见万首一黔，如蜂房而已。凡十日罢”。于此可见城隍庙会集市之盛况非一般集市可比。等而下之者，如正月二十三日圣寿寺会，“小民设市，交易甚便”，也与一般集市不相上下。[2]

明王樨登《吴社编》说，凡神所楼舍具威仪，箫鼓杂戏迎之，曰会。主其事者曰会首。荒隅小市不能为会，各殚其才智，以俟大会，并入之曰助会。会所经行，张筵列柜，士女罗拜曰接会。可知此风自古已然，亦到处皆然。人们从中也可领悟到，在传统社会中，民间的信仰圈与市场圈的涵盖面是互相吻合的。

与庙会性质稍异的集会，是民间约定俗成的定期集市贸易。前述山西猗氏县的七处集市，除三处一般集市、三处庙会集市之外，另有一处集会，即高兴里会，每年正月二十五日有集市贸易。[3] 前述河南新乡县的会市除庙会外，还有许多集会：

正月十九日，西南路小冀镇会；

二月初二日，梁任旺会；

二月初十日，东路临清店会；

二月十六日，西路大台营会；

二月二十日，东路杨村会；

三月初一日，东路北新乡屯会；

三月初三日，东路南新乡屯会，顾固寨会，西路合河会；

三月初五日，东路三王庄会；

三月初八日，西南路小冀镇会；

三月十七日，西南路七里营会；

---

① 嘉庆《洪雅县志》卷二方舆志·风俗。

② 道光《蓬溪县志》卷二疆域、坊市附。

③ 雍正《猗氏县志》卷一坊巷里都·市集。

三月十九日，西路络丝潭会；

三月二十日，东路吕村会，西南路张家庄会；

三月二十一日，北路塔儿冈会；

三月二十三日，北路王小屯会；

三月二十四日，南路八柳镇会；

三月二十八日，西南路大阳隄会，北路郭柳会；

三月二十九日，西路合河会；

四月初一日，北路李四屯会；

四月初八日，北路吴家堂会；

四月初十日，东路顾固寨会；

四月十二日，西路合河会；

四月十八日，西南路小冀镇会；

四月十九日，西路西北耕营会；

四月二十日，东路庄岩会；

四月二十八日，北路石榴园会；

五月十七日，西路庄后营会；

五月二十一日，西路高庄会；

五月二十五日，西南路小冀镇会；

六月初三日，西路东北耕营会；

六月初六日，西路原庄会；

六月二十日，南路长兴铺会；

九月初十日，南路八柳镇会。①

其中小冀镇会、合河会一年有3次，顾固寨会一年有2次，全县一年之中共有集会36次，如此高密度的集会贸易，极大地弥补了该县10处集市之不足，方便了穷乡僻壤的乡民。

这种集会形式的定期集市，南方也有。福建汀州府宁化县，明末清初不仅有十日二集的墟市多处，而且还有两处集会形式的墟市，其一为石壁墟，“每

① 乾隆《新乡县志》卷一八风俗。

岁以二月十九日，余不设”；其二为济村墟，“每岁以三月二十九日，余不设”①。这两次集市，每年只有一天开集，其余时间不设“集市，与上述北方的集会何其相似乃尔”。此外，汀州府归化县有“五月市”，每年五月初六日至十六日，集货贸易；建宁府崇安县的星村墟、曹墩墟，除定期集市外，每年分别在重阳节、中秋节有半月左右的集会贸易。

有的地方存在一种集会与定期集市相结合的特种集市，如广东肇庆府高明县的揽冈墟，“每年八月三、六、九日集，志鬻牛，至十月终散”②。揽冈墟的集期集中在八、九、十三个月中，每逢三、六、九有集，三个月共二十七集，其余时间不开集。

湖南长沙府浏阳县的情况与此略有差异，不过也可以划为同一类型。该县集市的集期集中在一个月中的某几天，仿佛北方的集会一般。例如：

田心市——岁以十月十一日至二十日为墟期；

张家坊市——岁以七月十八日至二十七日为墟期；

陈家坊市——岁以十月初一日至初十日为墟期；

文家市——岁以十月为墟期；

韩家巷市——岁以七月二十五日至三十日为墟期；

青草市——岁以八月初一日至初五日为墟期；

张冲市——岁以八月初五日至初十日为墟期；

普迹市——岁以八月初十日至二十日、十一月初一日至初五日为墟期；

镇头市——岁以六月十一日至二十日、十月二十五日至三十日为墟期；

百嘉山市——岁以六月初五日至初十日为墟期；

高升街市——岁以八月有墟期；

洞阳市——岁以八月二十五日至三十日为墟期③。

这些集市，大多每年开集一次，或5天，或10天，少数每年开集两次，约15天左右，还有两处每年八月或十月各开集一次（约一个月），与北方的

① 同治《宁化县志》卷一疆界志·村市。
② 康熙《高明县志》卷二地理志·墟市。
③ 同治《浏阳县志》卷四营建·市集。

集会是颇相类似的。

（三）定期集市的集期分析

从上述集市类型分析中已约略可知，定期集市的集期选择、排列，具有内在的同一性，其形式虽纷繁复杂，毕竟有规律可循。集期的类型不外乎以月为单位，以十二支为单位，以旬为单位三种。

以月为单位的形式，即“每月各有定期，风雪无爽”[①]，定期开集。大体每月之中开集日期呈不规则型，然而对于当地人而言，却约定俗成，可以做到“风雪无爽”。

嘉靖《光山县志》所载七处集市，均以月为单位排列开集日期，或一月一集，或一月二集。“每月凡一日会于此”的有大街集、南关集、寨河店集；“每月凡二日会于此”的有孙铁铺集、泊陂河集、白雀会集、杨幡桥集。[②] 嘉靖《鲁山县志》所载集期可以为上述“每月凡一日会于此”，“每月凡二日会于此”作一注脚：

衙西街——每月初八、十八日有集，

学道街——每月初二、十八日有集，

学前街——每月十二、二十四日有集，

北关——每月初二、二十二日有集[③]。

万历《华阳县志》卷一舆地、市镇，所载集期，由原先的以旬为单位的十日二集，改为每月十八集，每月十一集，集期颇不规则：

县市——旧以二、六日为集，后改为“每月十八集，以一、二、三、五、六、九日期”，即在原有的二、六日以外，新增一、三、五、九日，全月共十八集。

岳镇市——旧以四、八日为集，后改为“四、八日仍旧，益以初七、十五、十七、二十、三十，谓之小集”，即每月以初四、初八、十四、十八、二十、二十八日为大集，初七、十五、十七、二十、三十为小集，全月共十一集。

---

① 同治《临武县志》卷一八风俗·村市墟期附。

② 嘉靖《光山县志》卷一风土志·里店（集附）。

③ 嘉靖《鲁山县志》卷一市廛。

以十二支为单位的形式，是一个古老的传统。古代以天干、地支表示年月日时的次序，地支即十二支（子、丑、寅、卯、辰、巳、午、未、申、酉、戌、亥），用以记日、时，此处专以记日。所谓“以卯酉日趁墟”、“子午会”，即逢卯日、酉日或子日、午日赶集，自宋代以来就成为集市集期的一种类型，明清两代仍然如此。例如：

广东廉州府钦州：

防城墟——以子午卯酉日趁，

都隆墟——（间隔）二日一趁，以寅申巳亥日①。

浙江处州府丽水县：

石牛市——以子卯日定市，

碧湖市——以丑辰日定市②。

这种传统颇易为边远落后地区所沿袭，用以排列集期，简单易记。云南一些地方，把十二支与十二生肖相结合，把每逢寅日赶集的集市称为“虎街”，每逢午日赶集的集市称为马街，如此等等。例如平彝县，“市肆以十二支所属之日为率，如寅为虎，午为马之类，俗呼为街子。日中而聚，日夕而散”③。阿迷州，“日中为市，咸名为街，或谓场。以十二支所属分为各处街期。在城中者，值寅未二日，曰虎街、羊街；在大庄者，值亥巳，曰猪街、蛇街，在市诏者，值子午卯酉四日，曰鼠街、马街、兔街、鸡街……周而复始，习以为常”④。

贵州的情况也相类似。道光《遵义府志》在叙述遵义县的场市时引明刊本府志，说“孙志载，遵义场凡曰：上溪场、虎场、蛇豕场、沙溪场……”。此处所谓虎场，即逢寅日赶场的集市；所谓蛇豕场，即逢巳亥日赶场的集市。⑤ 道光《永宁州志》引乾隆谢志：“永宁场市凡十有五，即地支以推，属子者一，属丑者二，属寅者四，属卯者二，属辰者四，属巳者一，属午者一，属未者三，属申者四，属酉者二，属戌者三，属亥者一。四境之内无一日不奔

---

① 嘉靖《钦州志》卷七墟埠。

② 雍正《处州府志》卷二建置志。

③ 康熙《平彝县志》卷三地理·风俗。

④ 康熙《阿迷州志》卷一〇风俗·市肆。

⑤ 道光《遵义府志》卷六城池·场市。

走抢贸，足验生理之繁昌矣”。这十五处场市，大多为十二支中二日有集，如顶站场，“鼠马日赶”；北口场，“虎羊日赶”；大水沟场，“鸡兔日赶”；关岭场，“牛羊日赶”；沙营场，“龙狗日赶”；坡贡场，“虎猴日赶”；新铺场，“蛇猪日赶”等等。

以旬为单位的形式最为常见，大多为一旬（十日）一集、二集、三集三种。

其一，浙江宁波府象山县：

白石市——逢九有市集，

坟头市——逢四有市集，

南堡市——逢五有市集，

油头市——逢二有市集，

三角市——逢七有市集。①

此处所谓“逢九有市集”，即上旬之中的初九、中旬之中的十九、下旬之中的二十九有市集，其余可依此类推。

其二，浙江台州府太平县：

温岭街——五日一为市，

泽库街——五日一为市，

侍郎街——五日一为市。②

这三处集市均为五日一集，但集期并不一样，温岭街是一、六日市，泽库街是四、九日市，侍郎街是三、八日市③。所谓一、六日市，即上旬的初一、初六，中旬的十一、十六，下旬的二十一、二十六有集，其余可依此类推。

其三，广东廉州府钦州：

桥南墟——令民二日一趁，以三、六、九日；

西门墟——令民二日一趁，以二、五、八日；

平银墟——令民每月一、四、七日趁。④

---

① 嘉靖《宁波府志》卷九经制志·都鄙。

② 嘉靖《太平县志》卷二地舆志·坊市。

③ 嘉庆《太平县志》卷三建置志·坊市。

④ 嘉靖《钦州志》卷七墟埠。

这种一、四、七或二、五、八或三、六、九的形式，即每旬中这三天有集，其排列颇为规则，故被民间广泛采用。

集市作为初级市场，是乡村的商品集散地，必须以方便实用为原则，因此一县之内各集市的集期不可能集中在同一天或同几天，而应大体均衡分布，足以形成“四境之内无一日不奔走抢贸”①；“今日趁东墟，明日趁西市”②，每天有集可赶的理想状态。这样就形成了集期的均衡分布规律。此类事例是不胜枚举的。

浙江台州府宁海县，一旬之中从一日到十日（或十一日到二十日，二十一日到三十日）。每天都有集期：

一日，朱岙市，

二日，桐山市、竹林市，

三日，西店市、竹旁市，

四日，沙柳市、夏奇梅岙市，

五日，汶溪市、桑州市，

六日，南门市、朱岙市，

七日，柘浦市、岔路口市，

八日，梅林市、梅枝市、仃旁市，

九日，东岙市、深甽市、胡陈市、北门市，

十日，桑州市。③

北直隶保定府雄县的情况与此相类似，一旬之中每天都有集期：

一日，瓦桥市（桥上为常市），

二日，东赵市，

三日，瓦济市（南），

四日，涞河市、下村市，

五日，北关市、留镇市，

① 道光《永宁州志》卷五食货·场市。

② 民国《广安州新志》卷九乡镇志。

③ 崇祯《宁海县志》卷二建置志·市集。

六日，易易市，

七日，东赵市，

八日，瓦济市（北），

九日，涞河市、下村市，

十日，永通市。[1]

广东廉州钦州的集期，以旬为单位与以十二支为单位并存，集期的分布是均衡而密集的。一旬中九天有集：

一日，平银墟；二日，西门墟；三日，桥南墟；四日，平银墟；五日，西门墟；六日，桥南墟；七日，平银墟；八日，西门墟；九日，桥南墟。

十二支中每天有集：

子日，北历墟、防城墟；丑日，大字墟；寅日，都隆墟；卯日，北历墟、防城墟；辰日，大字墟；巳日，都隆墟；午日，北历墟、防城墟；未日，大字墟；申日，都隆墟；酉日，北历墟、阿城墟；戌日，大字墟；亥日，都隆墟[2]。

河南汝州鲁山县有十一处集市，有一月一集、二集、三集、五集多种形式，全月通盘安排，三十天内每天均有一处开集，集期十分均衡，请看下表：

一日	十字街口	十一日	十字街口	二十一日	十字街口
二日	北　关	十二日	学前街	二十二日	北　关
三日	东　关	十三日	东　关	二十三日	东　关
四日	西　关	十四日	西　关	二十四日	学前街
五日	大　街	十五日	大　街	二十五日	大　街
六日	南　关	十六日	南　关	二十六日	南　关
七日	西　关	十七日	西　关	二十七日	西　关
八日	街西街	十八日	街西街	二十八日	学道街
九日	仓　街	十九日	仓　街	二十九日	仓　街
十日	县后街	二十日	县后街	三十日	县后街

① 嘉靖《雄乘》卷上疆域。

② 嘉靖《钦州志》卷七墟埠。

显然，鲁山县的情况与上述宁海县、雄县、钦州的情况有所不同，中旬、下旬的集市并非上旬的重复，其中十二日与二日、二十二日不同，二十四日与四日、十四日不同，二十八日与八日、十八日不同，学前街的十二日与二十四日，学道街的二十八日是用以填补空缺的。①

集市较多，集期较密的地区，每一天开集的集市多在二处以上。如山东济南府莱芜县，共有17处集市，均为10日2集，一旬之中有34个集期，不均匀地散布在十天之中：

一日，西关集、降寇集、雪里集、新兴集、文字现集；

二日，上庄集、雪里集、张里集；

三日，燕关集、旧寨集；

四日，小街集、新庄集、鲁西集、笛山集、义封集；

五日，颜庄集、水北集；

六日，西关集、降寇集、雪里集、新兴集、文字现集；

七日，上庄集、土子口集、张里集；

八日，东关集、旧寨集；

九日，小街集、新庄集、鲁西集、笛山集、义封集；

十日，颜庄集、水北集。②

其中一日（十一日、二十一日）、四日（十四日、二十四日）、六日（十六日、二十六日）、九日（十九日、二十九日）均有五处集市开集；二日（十二日、二十二日）、七日（十七日、二十七日）也有三处集市开集。对于莱芜县的乡民而言，每旬中的一四六九日是赶集频率最高的日子。如果没有相当丰富的商品流通量，如此频繁的集散断然难以为继。

透过上述分析，人们依稀可以看到在明代全国各地集市分布与运作的实况，看到社会最底层的商品交易持续不断运转流通的动态画面。集市的功能不仅在于本地乡民的互通有无，而且在于乡村的农副产品经过集市向地域市场或超地域市场集散，从而成为全国市场流通环节中的重要一环。如果没有众多的

① 嘉靖《鲁山县志》卷一疆域·市廛。

② 嘉靖《莱芜县志》卷二地理·集市。

集市作为外围依托，那些商业中心城镇的繁荣局面是难以保持的。正如经济中心地是多层次的那样，市场也是多层次的，作为基层市场的集市，在社会经济发展中的地位是不容忽视的。在传统农业时代尤其如此。

第二节　江南市镇经济的高度发展

一、丝绸业市镇的分布及其特色

号称“湖丝遍天下”的太湖流域，绫绢纱绸行销各地，久盛不衰，在丝绸商品流通过程中，太湖周边的市镇网络的集散功能与市场机制，起着重要作用。

众多的丝绸业市镇分布于太湖东南扇形地带，鳞次栉比，错落有致，构成以丝绸生产、贸易为专业的市镇网络。

最近的盛泽镇与王江泾镇相距仅 6 里，南浔镇与震泽镇相距也不过 9 里。其他市镇间距大多在二三十里左右，例如：濮院镇与王店镇、王店镇与硖石镇相距 20 里；盛泽与震泽镇相距 30 里；濮院镇与乌青镇相距 32 里；长安镇与临平镇相距 35 里；南浔镇与双林镇、双林镇与菱湖镇、乌青镇与双林镇、南浔镇与乌青镇相距 36 里，如此等等。

太湖周边的丝绸业市镇就其经营性质而言，可以区分为丝业市镇与绸业市镇两大类。

丝业市镇有苏州府吴江县的震泽镇，湖州府乌程县的南浔镇，湖州府乌程县与嘉兴府桐乡县合辖的乌青镇，湖州府归安县的菱湖镇，嘉兴府崇德县的石门镇，杭州府仁和县与湖州府德清县合辖的塘栖镇，杭州府仁和县的临平镇等。

震泽镇——地滨太湖，位于吴江县治西南 90 里。宋元时代是个小市，居民仅数十家。[①] 至明代成化年间，居民增至三四百家，市廛繁荣，由市成镇。

① 正德《姑苏志》卷一八乡都。

弘治年间，震泽镇“有巡司、寺观，居民亦千百家，自成市井”①。正德、嘉靖间，震泽镇已发展成“地方三里，居民千家”的繁华商业中心②。

震泽镇四乡，“居民以蚕桑为业”③，农家“视蚕事綦重，故植桑尤多，乡村间殆无旷土”④。农家又精于缫丝，所缫之丝较他处更光白，细者可为纱缎经（俗名经丝），稍粗者多用以织绫（俗名绸丝）。农家所产之丝，由镇上丝行收购，然后转售给各地客商。农家以养蚕缫丝为主业，“凡折色地丁之课，及夏秋日用皆惟蚕丝是赖”⑤。

南浔镇——西距湖州府治 61 里，北距太湖口 18 里。湖州、吴江县间的运河由西向东穿越镇中。全镇自东栅至西栅 3 里，自北栅至南栅 7 里，“东西南北之道衢，周约十里，郁为巨镇”⑥。它兴起于南宋，至明代嘉靖、隆庆年间，日趋兴盛，“阛阓鳞次，烟火万家”，“舟航辐辏”，盛况空前，正如万历时本地名人朱国祯所说：“浔虽镇，一都会也”⑦。清人范颖通也说：“前明中叶，科第极盛”，“当蚕丝入市，客商云集”，“彬彬然一大镇会矣”⑧。南浔四乡所产蚕丝极负盛名，吸引各地客商，“每当新丝告成，商贾辐辏”，“列肆喧阗，衢路拥塞”⑨。镇南栅的丝行埭，丝行“列肆购丝”，“商贾骈毗，贸丝者群趋”，一方面“乡农卖丝争赴市”，一方面是“客船大贾来行商”⑩。

乌青镇——乌镇与青镇相隔一水，分属乌程县与桐乡县，然而隔河相望，近在咫尺，当地人习惯全称乌青镇。南宋时已是颇为著名的商业市镇，南宋末年及元朝末年两度由盛转衰，至明代成化、弘治年间趋于繁荣，镇上店铺、民屋“鳞次栉比，延接于四栅”⑪，嘉靖以来，出现了“商贾四集，财赋所出甲

① 弘治《吴江县志》卷二市镇。
② 嘉靖《吴江县志》卷一疆域。
③ 道光《震泽镇志》卷二风俗。
④ 乾隆《震泽县志》卷二五风俗。
⑤ 乾隆《震泽县志》卷二五风俗。
⑥ 道光《南浔镇志》卷首凡例。
⑦ 朱国祯：《修东塘记》，咸丰《南浔镇志》卷六古迹。
⑧ 范颖通：《研北居琐录》。
⑨ 咸丰《南浔镇志》卷二四物产。
⑩ 咸丰《南浔镇志》卷二一农桑，民国《南浔志》卷三一农桑。
⑪ 《乌青文献》卷首，陈观：《校正乌青志序》。

于一郡”的盛况，“居民殆万家”，“宛然府城气象”①。乌镇纵7里，横4里，青镇纵7里，横4里，四周均有坊门设置②。

乌青镇四乡所产蚕丝，以西乡为上，号称辑里（七里）丝，北乡次之。每当小满新丝上市时，镇上丝行十分繁忙，“各处大郡商客投行收买”；平时则有震泽、盛泽、双林等镇“各处机户零买经纬自织”，又有贩子“贸丝诣各镇，卖于机户”③。

菱湖镇——位于湖州府治南40里。南宋时“兴市廛”，元末毁于兵火，明初复兴，设税务司，由市升镇。嘉靖、万历间，迅速趋于繁荣，“节宅连云，阛阓列螺，舟航集鳞”，成为“归安雄镇”④。万历《湖州府志》说：湖丝“属县俱有，惟出于菱湖洛舍者第一”⑤。小满后新丝市最盛，列肆喧阗，衢路拥塞。菱湖镇前后左右30里内所产蚕丝，由农家摇丝船运载至镇，“投主交易而退”，牙行则临河收丝，“四五月间，乡人货丝船排比而泊”，热闹非凡⑥。《苕纪》说：“菱湖多出蚕丝，贸易者倍地处”，小行买之以饷大行，转售外来客商，“镇人大半衣食于此”⑦。

新市镇——位于德清县治东北45里。兴于宋而盛于明，居民近万户，“街衢市巷之盛，人物屋居之繁，琳宫梵宇之壮，蚕丝粟米货物之盛”，为全县之冠。镇西乡、北乡盛产桑叶，农家采桑而“聚于市衢以卖”，形成叶市；新丝上市时，又形成丝市，各地客商前来贩买，生意兴隆，时人谓，湖州所出之丝以新市镇“所得者独正”⑧。

石门镇——位于崇德县治北20里，俗称石门湾，康熙二年改崇德县为石门县，镇名改为玉溪。四乡“上下地必植桑”，“蚕月无不育之家”。明人王樨

① 《乌青文献》卷一建置。
② 《乌青文献》卷二门坊，卷一疆域。
③ 《乌青文献》卷三土产。
④ 光绪《菱湖镇志》卷一疆域引庞太元《菱湖志》。
⑤ 万历《湖州府志》卷三物产。
⑥ 天启《吴兴备志》卷二九琐征。
⑦ 光绪《菱湖镇志》卷一物产。
⑧ 正德《新市镇志》卷一物产。康熙《德清县志》卷二市镇。

登说："地饶桑田，蚕丝成市，四方大贾岁以五月来贸丝，积金如丘山"①。丝市兴旺，"公私取偿丝市"，"岁盛时，坐贾持衡，行商麇至，资以贸迁"，"商贾辐辏浮于邑"②。

塘栖镇——一名唐栖，位于杭州府治北50里，与湖州府德清县接界。南宋以前南北往来取道新修开河，连通杭州至嘉湖间水道；明正统年间又修筑塘岸官道，塘栖成为交通要津，"商货鳞集，临河两岸市肆萃焉"③。嘉靖年间，"市区氓椽鳞次栉比，北乡左右越墟，出贩者晨驰夕骛，肩摩迹累"④。塘栖四乡，"遍地宜桑，春夏间一片绿云，几无隙地，剪声梯形，无村不然，出丝之多甲于一邑，为生植大宗"⑤。

临平镇——位于杭州府治东57里。南宋时渐趋兴旺，"户口蕃盛，商贾买卖者十倍于昔。"塘栖兴起后，临平的重要性有所下降，但直至明末仍是大镇，"地不满十里，户不满万人"⑥。经济主要仰赖蚕丝，"海宁、仁和上塘蚕丝，于临平市贸易居多"⑦。

绸业市镇有嘉兴府桐乡县与秀水县合辖的濮院镇，秀水县的王江泾镇，嘉兴县的王店镇，湖州府归安县的双林镇，杭州府海宁县的长安镇、硖石镇，苏州府吴江县的盛泽镇等。

濮院镇——位于桐乡、秀水间，西南距桐乡县治17里，东北距秀水县治36里。旧名永乐市，有牙行，"收积机产，远方商贾旋至旋行"⑧。明初，"居者渐繁，人可万余家"，"民务织丝纻"，"商旅辐辏"⑨。此地以产濮绸著名，万历年间，"改土机为纱绸，制作绝工，濮绸之名遂著远近，自后织作尤盛"，镇上"接屋连檐，机声盈耳，里人业织者多矣"⑩。机户从事丝织业，分工极

---

① 王穉登：《客越志》。

② 康熙《石门县志》卷一市镇、卷七纪文引贺灿然《石门镇彰宪亭碑记》。

③ 光绪《唐栖志》卷一图说。

④ 光绪《唐栖志》卷三桥梁引嘉靖十四年《唐栖镇通济桥碑记》。

⑤ 光绪《唐栖志》卷一八物产。

⑥ 沈谦《临平记》卷一事纪。

⑦ 《临平记补遗》卷三附记。

⑧ 嘉庆《濮川所闻记》卷一总叙。

⑨ 万历《秀水县志》卷一市镇。

⑩ 《濮川所闻记》卷三织作。

细，有络丝、摇纬、牵经、运经、刷边、织手、拽花等。织成后，出售于镇上绸行，必须由“接手”居间介绍，收取用钱若干。

王江泾镇——位于秀水县治北30里永乐乡，“旧有王氏、江氏所居，因以名镇”，南尽秀水县界，北据吴江县界。明万历年间已成大镇，“多织绸收丝缟之利，居者可七千余家”①。明末清初，发展成“烟户万家”的大镇，“其民多织缯为业，日出千匹，衣被数州郡”②。

王店镇——位于嘉兴县治东南36里，有市河梅溪自西而东沿回三里，故又称梅里。兴盛于明中叶，极盛之时，号称“万宅烟火”，“居民稠密，夹岸无隙地”③。丝绸业是仅次于棉布业的第二大产业，“蚕丝之利不下吴兴，户勤纺织，人多巧制”④。所产褚绸、画绢远近闻名，号称“王店褚绸为最，画绢亦甲于天下”⑤。

双林镇——位于湖州府治东南54里，旧名东林村，永乐三年改名为双林镇。其时“户不过数百，口不过千余”，明末清初增至3000余户⑥。双林镇是著名的包头纱（绢）的产地，产品“通行天下”。明代成化年间双林镇四乡农家已精于织绢，四方商贾纷纷前来采购⑦。隆庆、万历以来，“机杼之家相沿比业，巧变百出”，“各直省客商云集贸贩，里人贾鬻他方，四时往来不绝”⑧。

长安镇——南宋时已是临安府的大镇，属盐官县，位于县治西北25里，为运道所经，“上下两河商贾往来，舟航辐辏，昼夜喧沓”⑨。长安镇的米市远近闻名，仅次于米市的是棉布市、绢绸市，所产绵绸、绢、丝带颇有名气⑩。

硖石镇——位于海宁县治东北50里。明末号称“烟火万户”⑪。其地兼产

---

① 万历《秀水县志》卷一市镇。
② 宣统《闻川志稿》卷二农桑。
③ 光绪《梅里志》卷首六碑刻，卷一山水。
④ 光绪《梅里志》卷七物产。
⑤ 民国《梅里备志》卷二物产。
⑥ 民国《双林镇志》卷一八户口。
⑦ 民国《双林镇志》卷一三碑碣。
⑧ 乾隆《湖州府志》卷四一物产引《双林志》。
⑨ 万历《杭州府志》卷三四市镇。
⑩ 同治《修川小志》卷下物产。
⑪ 《硖川续志》卷一艺文。

棉布、丝绸，所产紫微绸，“以丹井水缲茧，色微碧”，“名松阴色，享上价”[①]。

盛泽镇——原名青草滩，明初仍是一个村落，居民仅56家，只有“寅亥市”——即六日一集的村市[②]。嘉靖年间才成为县治西南60里的盛泽市，居民百家左右[③]。其后逐渐发展为“以绫绸为业”的盛泽镇，“每日中为市，舟楫塞港，街道肩摩”。明末清初一跃而为居民万户的大镇，“丝绸之利日扩，南北商贾咸萃”，“蕃阜气象，诸镇中推为第一”[④]。吴江县向以产丝绸著称，“蚕桑盛于两浙”，所产绫绸以盛泽镇为集散地，“凡邑中所产皆聚于盛泽镇”，“富商大贾数千里辇万金而来，摩肩连袂，如一都会”[⑤]。

上述这些市镇各具特色，且互相沟通，形成一个丝织业生产与贸易的共同体，因而具备了单个市镇所不可能具有的优势，在全国丝绸交易市场上始终占居领先地位。

二、丝绸业市镇的经济结构与经营方式——典型市镇剖析

市镇作为手工业与商业中心，具有商品集散的显著功能，丝绸业市镇的特征正体现在这方面，即它首先是一个丝绸的生产与交易中心。因而市镇的经济结构与经营方式，必然不同于乡村以及作为行政中心地的县城或府城，也有别于当时仍占优势的传统经济结构与经营方式，更具有时代特色，体现着经济发展的新趋势。这种机制在丝绸业市镇的三大支柱——牙行、客商机坊的联系中显示得淋漓尽致。

牙行作为商品生产者与客商之间的中介，一面招揽生产丝、绸的乡人，一面接待四面八方前来购买丝绸的客商。这种牙行称为丝行（庄）、绸行（庄），拥有雄厚的经济实力，控制着乡人与机户的生产、经营，垄断了市场贸易，成为市镇经济盛衰的标志。

---

① 《硖川续志》卷五物产，卷一九丛谭。
② 乾隆《盛湖志》卷下古迹。光绪《盛湖志》卷一沿革。
③ 嘉靖《吴江县志》卷一疆域。
④ 光绪《盛湖志》卷一沿革。康熙《吴江县志》卷一市镇。
⑤ 康熙《吴江县志》卷一六风俗。乾隆《吴江县志》卷五物产。

丝行专门收购农家所产蚕丝，每当新丝上市，“乡人抱丝诣行，交错道路，丝行中着人四路招揽，谓之接丝日，至晚始散”[①]。农家或以丝船运丝至镇中，“投主交易”，丝行则临河收丝，“四五月间，乡人货丝船排比而泊”[②]。收丝的牙行，有财力雄厚的大行，也有小本经营的小行。小行又称“钞庄”，它所收购的丝主要是转手给大行，一部分出售给“买丝客人”（客商）。此外还有“小领头”（俗称白拉主人），“招乡丝代为之售，稍抽微利”[③]。因此，“蚕毕时，各处大郡商客投行收买”[④]，形成热闹的丝市，“闾阎填噎驵侩忙，一榜大书经丝行，就中分列京广庄，毕集南粤金陵商”[⑤]。

绸行又称绸庄，收购四乡农家及镇上机户所生产的绸绢，或由“接手”居间介绍，或由绸行“出庄”收绸。“绸既成，有接手持诣绸行售之，每一绸分值若干，谓之用钱”；“绸行晌午赴市收绸，谓之出庄。其善看绸者，谓之看庄；归行再按，谓之覆庄”。绸行收绸后，交付练坊练熟，然后转销于各地客商，“各以其地所宜之货售于客”[⑥]。著名的吴绫集散地盛泽镇，万历、天启年间，“市上两岸绸丝牙行约有千百余家，远近村坊织成绸匹，俱到此上市，四方商贾来收买的，蜂攒蚁集，挨挤不开”[⑦]。“盖机户仰食于绸行，绸行仰食于商客，而开张店肆者胥仰食于此”[⑧]。

丝绸业市镇所出产的丝绸行销全国，各地客商视为财利之渊薮，纷至沓来。以产濮绸闻名的濮院镇，“万家烟火，民多织作绸绢为生，为都省商贾往来之会”[⑨]。“一镇之内，坐贾持衡，行商麇至，终岁贸易不下数十万金”[⑩]。

这类拥有巨额资金的富商大贾的经营方式，当然不会停留在一般行商的水平上，他们凭借经济实力与长年累月的经营基础，都在各市镇上建立了立足

---

① 《濮院琐志》卷六岁时。
② 天启《吴兴备志》卷二九琐征。
③ 光绪《菱湖镇志》卷一一物产。
④ 《乌青文献》卷三土产。
⑤ 咸丰《南浔镇志》卷二一农桑。
⑥ 《濮川所闻记》卷三织作。
⑦ 冯梦龙：《醒世恒言》卷一八施润泽滩阙遇友。
⑧ 乾隆《盛湖志》卷下风俗。
⑨ 康熙《桐乡县志》卷一市镇。
⑩ 雍正《浙江通志》卷一〇二物产。

点，不少人由行商转化为坐贾。塘栖镇上，“财货聚集，徽杭大商视为利之渊薮，开典顿米，留丝开车者，骈臻辐辏”[①]。徽商、杭商在镇口经营典当业、粮食业、蚕丝业者比比皆是。其他各镇也大多如此。

由于各地对太湖周边市镇所产精美丝绸的需求与日俱增，个体劳动的家庭手工业显然无法适应，于是以雇佣劳动为特征的手工业作坊如机坊、染坊之类大量涌现，是明中叶以来值得注意的重大变化。《吴江县志》说，明代成化、弘治以后，“盛泽、黄溪四五十里间居民乃尽逐绫绸之利，有力者雇人织挽”[②]。富裕机户“雇人织挽”，出现了拥有若干张织机的机坊。鼎盛时代盛泽镇上“四乡佣织多人及俗称曳花者约数千计”[③]，由此可以窥知当时机坊雇佣为“佣织”、“曳花者”数量之多。濮院镇上每天都有大批“佣织”（当地称织工）、曳花者（当地称拽工），立于街头桥边等待雇佣。《濮川所闻记》说：“太平巷，本福善寺，西出正道。阖镇织工、拽工，每晨集此以待雇”[④]。《濮院琐志》说，镇上工匠“或遇无主，每早向各通衢分立，织工立于左，拽工立于右”[⑤]。以炼绸为业的炼坊，“每坊佣者数十人，名曰炼手”[⑥]。由于雇佣劳动的盛行，分工越来越细，有络丝、织工、拽工（挽工）、牵经、刷边、运经、扎扣、接头、接收、修绸、看庄，“或人兼数事，或专习一业”[⑦]。

市镇作为新兴的商品经济基地，体现了经济发展的新趋势，这一特质从各个典型市镇的剖析中可以看得更加清楚。

（1）乌青镇

乌镇与青镇相隔一水，画河为界，虽然分属湖州府乌程县与嘉兴府桐乡县，然而隔河相望近在咫尺，实为一镇，当地人习惯于合称乌青镇。乾隆《乌程县志》说：湖州府乌程县之乌镇与嘉兴府桐乡县之青镇，东西相望，“户口日繁，十里以内，民居相接，烟火万家，二镇联而为一，中以市河、道

① 光绪《唐栖志》卷一八风俗。
② 乾隆《吴江县志》卷三八风俗、失业。
③ 乾隆《盛湖志》卷下风俗。
④ 《濮川所闻记》卷二地宇、坊巷。
⑤ 《濮院琐志》卷一机杼、卷七杂流。
⑥ 《濮川所闻记》卷三人物、织作。
⑦ 《濮院琐志》卷一机杼。

为界，因合呼乌青镇”，为湖州、嘉兴、苏州三府之乌程、归安、石门、桐乡、秀水、吴江、震泽七县之“错壤地”，“百货骈集”①。

乌青镇历史悠久，宋元丰间王存编修的《九域志》中已载有乌程县之乌墩镇、崇德县之青墩镇。南宋嘉定年间莫光朝《徙役碑》云：“乌青镇分湖秀间”；淳熙年间万珪《青镇索度明王碑》云：“秀之青墩与湖之乌墩二市，相抵为一镇”②。

乌青镇历尽沧桑，由兴转衰，又由衰复兴，几经周折。嘉靖三年本镇人陈观对此有过追述，其言曰：乌青镇兴盛于南宋淳熙、嘉定间，至德祐二年（即景炎元年，1276）遽然衰落，“公署、酒楼、官店悉入为民庐”，入元后，稍稍复兴，元末又遭兵燹，阖镇洗劫一空，“仅存者唯两浮屠之遗迹焉”。明初，“民庐寺观虽之重兴，亦不尽复”；至成化、弘治年间，“居民殷富，锐于兴作”，“荆棘荒芜素无人居者，亦删刈而结构之”，镇上店铺、民屋“鳞次栉比，延接于四栅”；至嘉靖年间，开启了乌青镇繁荣时代，“负贩之广，讨桑之勤，又日盛一日。且士知问学，科贡有人，民知尚义，输赈多室，缙绅士夫摩接街市，民风土俗一变而为富庶礼义矣”③。

嘉靖十七年，地方官鉴于乌青镇的繁华与地位的重要性，请求上司在此分立县治，从这份《请分立县治疏》中，不难看出当时乌青镇的盛况：

> 地僻人稠，商贾四集，财赋所出甲于一郡……乌程、归安、桐乡、秀水、崇德、吴江等六县辐辏，四通八达之地。……本镇地厚土沃，风气凝结，居民不下四五千家，丛塔宫观周布森列，桥梁阛阓，不烦改拓，宛然府城气象。④

“宛然府城气象”一语，道尽了当时乌青镇规模之宏大、经济之繁荣。其后不久，地方官鉴于分立县治已无可能，乃提出添设馆府佐员的建议。从巡抚谢鹏举、巡按萧廪所写《复添设馆府佐员疏》，同样可以看到当时乌青镇的兴旺景象：“本镇……居民殆万家，又为乌程之巨镇。……乃若乌镇一区实为浙

① 《乌程县志》卷一一乡镇。
② 乾隆《乌青镇志》卷一沿革。
③ 《乌青文献》卷首，陈观校正乌青志序。
④ 《乌青文献》卷一建置。

西垄断之所，商贾走集四方，市井数盈于万户。"[①]

嘉靖、万历时代，乌青镇蚕丝兴旺、交通便利、商贾云集的有利因素，成为居民万家的大镇。万历时推官张应雷指出："窃照乌青地方乃浙（江）直（隶）之交，湖州之乌程，嘉兴之桐乡，苏州之吴江之邑相连，本镇居民近万（户）"；当地粮塘里老也指出，"乡聚居民殆万家"，号称隔府、隔省，"河港纵横，隔属错杂"[②]。

乌青镇"宛然府城气象"，并非夸张之语，其规模足以使湖州府城、嘉兴府城相形见绌。乌镇纵7里、横4里，青镇纵7里、横2里，共有4个门坊：

南昌门——青镇之南门，通杭州；

澄江门——乌镇之北门，通苏州；

朝宗门——青镇之东门，通嘉兴；

通零门——乌青之西门，通湖州。

显然，由于它"民物繁缛，甲于他镇"，虽无城垣，却有坊门，实际上是"以郡城规模名之"[③]。确实，乌青镇名为镇而规模格局大有府城架势，它"巨丽甲他镇，市逵广袤十八里"[④]。而湖州府城、嘉兴府城周围不过12里。[⑤]乌镇从南门到北门大街沿线共有16条巷，其中波斯巷于万历三年辟为大街；青镇从南门到北门大街沿线有13条巷，乌镇西街从安利桥至西门有13条巷，青镇东街沿线有五条巷，街巷交错，故当时人说："名为镇而实县郡邑城郭之势"[⑥]。

乌青镇出产的大宗商品是丝。丝有头蚕、二蚕两时，东路、西路、南路、北路四乡所出，以西乡为上，即所谓辑里丝（亦曰七里丝），北乡次之。小满新丝上市时，镇上丝行十分繁忙，"各处大郡商客投行收买"的客商络绎不绝。"平时则有震泽、盛泽、双林等镇各处机户零买经纬自织"；又有"贸丝

---

① 《乌青文献》卷一建置。
② 万历《湖州府志》卷三乡镇。
③ 《乌青文献》卷二坊门、卷一疆城。
④ 乾隆《乌青镇志》卷二形势。
⑤ 嘉靖《浙江通志》卷一四建置志。
⑥ 乾隆《乌青镇志》卷二形势。

诣各镇，卖于机户”的贩子。[①] 本镇四乡产丝不少，但无机户自织丝绸，所产之丝大量外销至各地，这是乌青镇不同于双林镇、濮院镇的一大特点。

桑叶业也是乌青镇的重要行业。镇四栅均设有青桑叶行（即桑叶牙行），每当桑叶上市，镇上“叶市甚盛”。当地风俗，“立夏三日，无少长采桑贸叶，名曰叶市，舟人辐辏”[②]。

乌青镇四乡不产棉花，但农家蚕丝之余多从事棉纺织业。棉花从镇上牙行处购入，纺纱织布后送往镇上出售给布庄，然后转销外地。乌青布颇有名气，“闽广人独喜本镇之布，以其轻软而暖也。布有大小轻重，价亦有多寡不同”[③]。

伴随着四乡农家经营的商品化趋势，乌青镇作为商业中心的功能强烈地显示出来，把桑叶、蚕丝、棉布各业深深地卷入市场经济之中，商业资本、高利贷十分活跃。万历时人王道隆在《菰城文献》中说：“成化以前谋饔者以兴贩为能”，“今则市廛以质当相先”，“收获之际，公私偿债而场遽空者十恒七八”[④]。其表现形式多种多样：

其一，“凡畜蚕者，或自家蚕桑不足，则预定别姓之桑，谓之梢叶”，其中赊梢者，在收茧后偿付叶价，比现梢价格高四分之一，这实际上是赊梢叶价的高利率。[⑤]

其二，田中稻谷收获后，农家“投典贱质”，换取银钱，“希贸易博利”[⑥]。

其三，春夏之交青黄不接时，农家“告贷富室，谓之生米（得之则生，不是则死，故以名之，还之最早）”；或有他方商客投牙放米，谓之牙账。[⑦]

其四，“乌镇殷富之家例于蚕毕收账”，农家“收获之际，公私偿债”[⑧]。

高利贷渗入了农家经营的各个环节，“贷米以延须臾之死，质粜以作不急

① 《乌青文献》卷三土产。
② 王道隆：《菰城文献》，乾隆《湖州府志》卷三九风俗。
③ 《乌青文献》卷三土产。
④ 乾隆《乌程县志》卷一五风俗引《菰城文献》。
⑤ 《乌青文献》卷三农桑。
⑥ 郑元庆：《小谷口荟蕞》，同治《湖州府志》卷九五杂缀。
⑦ 《乌青文献》卷三农桑。
⑧ 《乌青文献》卷三农桑。

之务”，“其后贸易折阅，息利倍加，自此逋负益积，逃亡随之”，故当地谚语谓：“汗出赖赖（意即淋漓），强如做债”[①]。但是在商品经济发达的市镇及其四乡，这又是经济发展的必然趋势。乌青镇上典当业的兴旺似乎不亚于桑叶行、丝行，“两镇典业在商业极盛之时，相传有十三家之多”[②]，其原因就在于此。

（2）双林镇

双林镇位于归安县治东南 60 里。北宋时称为东林镇，南宋时为商贾聚集之地，又称为商林。到了元代，镇上有绢庄 10 所，在普光桥东一带收购四乡农家所产丝、绢。明初，东林衰落，西林渐盛，永乐三年改西林村为双林镇，当时景况已颇宏大，“津梁环亘，里闬骈填”[③]。其时，东林则由镇改为市，东林虽衰犹有旧时规模，“街逵宽衍，不异城郊”[④]。

明初，双林镇“户不过数百，口不过千余”，洪武十四年颁黄册于州县，“一时里中家有户帖者寥寥”，“户犹未广也”。到成化年间，户口增长，“倍于前”；“至崇祯朝，岁征烟户册，实得户三千有奇，口万六千有奇”；至清初，“里居日集，侨民日增，实得户三千四百有奇，口二万一千有奇”[⑤]。释道元《双林镇舆地图说》所描述的正是明清之际的状况：

> 亭台相望，殿宇嵯峨，津梁几百十带，居人三四千户，高门鳞次，甲第云连。[⑥]

双林镇为嘉兴、湖州间往来捷径，东至乌青镇 36 里，东北至南浔镇 36 里，南至新市镇 45 里，西至菱湖镇 36 里。双溪穿越镇中，一由西南向北，一由西南向东，在镇中心呈丁字形相交会。全镇东西长 4 里，南北宽 3 里。主要街巷有：

上横街——在市心，东接便民桥，西至薛家汇，横亘一镇之中，系商贾汇

---

① 《乌青文献》卷三农桑。
② 民国《乌青镇志》卷二一工商。
③ 民国《双林镇志》卷一方域。同治《湖州府志》卷二二村镇。
④ 嘉庆《东林山志》卷四。
⑤ 民国《双林镇志》卷一八户口。
⑥ 民国《双林镇志》卷首。

集之地，仅衣庄就有几十家；

下横街——在上横街对岸，街上多酒馆，游客骈会，日夕喧阗，有“小苏州”之名。每日午前各绢庄在此收购乡民绢匹。街下市河通东西潭；

新开巷——一名新绢巷，崇祯间东迁，沈孝廉构筑市廛为收绢所；

旧绢巷——为估客收绢所，明末清初绢市东移至新绢巷，此处改称旧绢巷；

老绢巷——为乡民卖绢所。①

全镇有大街7条、巷15条、弄（街）43条。镇中心跨越市河的化成桥，为苏、杭通津，船只昼夜络绎不绝，桥上有灯杆，夜间灿然如同白昼，四方商贾望杆云集。另一通津是清风桥，来往交驰，视履相印。

双林镇四乡遍地栽桑，《双林镇志》说：“吾镇之乡村无不栽桑，惟园庭墟墓间始有杂木”②。小满之后，农家忙于采桑饲蚕，进入繁忙的“蚕月”。由于附近水质清冽，“乡人取以缫丝，洁润异常”，有诗曰：“汲和凤凰泉畔水，一堆白雪晃新丝”③。

双林镇是著名的包头纱（绢）产地，万历《湖州府志》说：“包头纱，出双林”④。包头纱（绢）可制作妇女头饰，盛销全国各地，当时号称“通行天下”，“闽俗有男亦用廛首，惟北地秋冬风高沙起，行者纱罩面护目”⑤。明代初年，这里就有大量“织纱机户”，从事包头纱生产。成化年间，双溪两岸，农家都精于织绢，前往采购的商贩络绎不绝。成化十一年张廉撰《重建化成桥碑铭》写道：

> 溪左右延袤数十里，俗皆织绢，于是四方之商贾咸集以贸焉，溪实为嘉、湖往来捷径。⑥

正德、嘉靖以前，双林镇仅织纱帕、包头绢之类，隆庆、万历以来，丝织

---

① 民国《双林镇志》卷四街市。
② 民国《双林镇志》卷一六物产。
③ 民国《双林镇志》卷二水道。
④ 《湖州府志》卷三物产。
⑤ 民国《双林镇志》卷一六物产。
⑥ 民国《双林镇志》卷一二碑碣。

业有大踏步发展，《双林志》说：

隆、万以来，机杼之家相沿比业，巧变百出，有绫有罗，有花纱、绉纱、斗绸之缎，有花有素；有重至十五六两，有轻至二三两，有连为数丈，有开为十方，每方有三尺、四尺、五尺，长至七八尺；其花样有四季花、西湖景致、百子图、八宝龙凤，大小疏密不等。①

这种精致的绢、绸、罗、缎，吸引着外地客商，在双林镇上形成“各地直省客商云集贸贩，里人贾鬻他方，四时往来不绝”的繁忙景象。

因此之故，双林镇四乡农家经营的商品化程度甚高，时人谓“吴兴蚕桑甲天下，东林又甲于吴兴”②。农家“好稼穑，尤精治桑，桑之利倍收于田，以故家益饶。”③ 双林镇左右袤延数十里之内，农家皆精于织绢，织旋漾，纱机塯等村。机户尤为集中，织旋漾村“纺织家环聚其中”，纱机坊村“明初织纱机者聚此”④。因此形成了双林镇四乡农家以丝织为业的经营特色，《双林镇志》描述当地的传统风俗时指出：

近镇数村以织绢为业，男子或从事绞线，必常出市买丝卖绢，田功半荒，而衣帛食鲜醉饱市肆，其逸乐胜常农。⑤

农家普遍“以织绢为业”，作为经济主要来源，田“因功半荒”亦在所不顾。织绢收益可观，故谓之“出息亦钜”，这就是双林镇四乡“机声鸦轧晓夜不休”的缘故⑥。从而促使农业经济发生了一些新变化，最明显的莫过于视田地为累赘一端，当地人如此说：

近村织绢，乡人赚钱甚易。……而田地荒芜，入不敷出，鬻田称贷，渐至冻馁者有之。此等村落田地不足贵。若田属镇人，由佃纳租，每得不偿失……所谓田为累字头也。⑦

自明初以降的数百年内，双林镇始终以织绢业闻名远近，镇上大宗出产首

① 乾隆《湖州府志》卷四一物产引《双林志》。亦见茅应奎《东西林汇考》卷四土产志。
② 嘉庆《东林镇志》卷一三土风。
③ 光绪《归安县志》卷二〇艺文。
④ 民国《双林镇志》卷二水道。
⑤ 民国《双林镇志》卷一五风俗。
⑥ 民国《双林镇志》卷一五风俗。
⑦ 民国《双林镇志》卷一五风俗。

推包头纱（绢），轻者称“海大”，重者称“狭贡”、“顶贡”，由“本镇及近村乡人为之”。另有包头绉，“起于明天启时”，质地密实，为远商所喜。[①]

这些从事丝织业的“本镇及近村乡人”，或者自家栽桑养蚕，自家加工成丝、绢，出售于镇上牙行；或者从镇上购买回原料加工，“有往嘉兴曹王附近买茧缫丝者”，也有到乌镇“零买经纬自织”者。[②] 镇上的专业机户，或家庭经营，或雇工经营。他们大多不生产原料，原料取给于市场，与牙行商人关系密切。一些短缺资金的机户，多给商人代为加工，收取加工费，当地人称此种商人为“庄家”，“庄家有赊丝与机户，即收其绢，以侔重利者”。这种庄家与机户的关系，实质也是一种雇佣关系。

本镇及附近乡人所织之绢，由牙行——绢庄收购。姚典簿《毅庵日记》描述此种情形道：

> 凡收绢，黎明入市，曰上庄，辰刻散布，曰收庄。
>
> 主其事者有司岁、司月，皆衣冠揖让，权其轻重美恶以定价，无参差也无喧哗。故取绢者曰绢主，售绢者曰机户。小绢主则惟引远近各乡机户为牙耳。[③]

镇上老绢巷“为乡民卖绢所”，旧绢巷“为估客收绢所”，新绢巷“为收绢所”[④]。

绢庄所收之绢，必须进行加工，当地称为“染皂”。大体工序是先煮、后漂，然后敷以蕨粉，捣以砧石，抹以帑布。皂坊，专染皂色绢，有灶，有场，有架，主要分布于耕鸬桥一带。有作坊工作数百。[⑤] 黑坊，染练绫绸，包头纱。胶坊，染练五色裱绞。[⑥]

蚕丝贸易是双林镇仅次于绫绢贸易的重要行业。康熙时唐甄说：

> 吴丝衣天下，聚于双林。……吴越闽番至于海岛，皆来市焉。五

① 民国《双林镇志》卷一六物产。
② 民国《双林镇志》卷一四蚕事、《乌青文献》卷三农桑。
③ 民国《双林镇志》卷一六物产。
④ 民国《双林镇志》卷四街市。
⑤ 民国《双林镇志》卷一六物产。
⑥ 民国《双林镇志》，卷一五风俗。

月装银而至，委积如瓦砾。吴南诸乡岁有百十万之益。是以虽赋重困穷，民未至于空虚，室庐舟楫之繁庶胜于他所，此蚕之原利也。[1]

双林镇成为与南浔镇并驾齐驱的湖丝（吴丝）集散地，生意兴隆，获利丰厚，“精其业者，即空手入市，亦可日有所获。……俗所谓‘早晨没饭吃，晚上有马骑’”[2]。

小满后闽广大贾投行收买，头蚕丝市、二蚕丝市是大市，号称“日出万金”。“中秋节后，客商少而夥友亦散，谓之冷丝市，陆续发卖，可与次年新丝相接，故曰：买不尽湖丝也”[3]。

（3）濮院镇

濮院镇，南连长水，北枕运河，距秀水县西南 36 里，界于嘉兴、秀水、桐乡三县之间，适当嘉兴县长水乡、秀水县灵宿乡、桐乡县梧桐乡三乡之会。

宣德五年：分嘉兴县之西鄙八乡为秀水县，崇德县之东鄙六乡为桐乡县，是以濮院镇西南为桐乡县梧桐乡，东南为嘉兴县长水乡，东北为秀水县灵宿乡。

濮院镇水陆交通便利，东北至嘉兴府城 36 里，西至桐乡县城 18 里，东南至王店镇 18 里，东南至硖石镇 40 里，北至新陆镇 26 里，西南至屠甸镇 19 里，西北至乌青镇 32 里。在明中叶，濮院镇已经是可以同王江泾镇相媲美的“人可万余家”、“商贾辐辏”的新兴巨镇。[4]

历史时期，这里“汪然悉为巨浸”，西有石门堰，北有陡门堰，悬流屈级而下，水路设闸启闭，陆路置栈通行。北宋时，这里形成了一个叫做繁儿市的草市。宋高宗南渡，曲阜濮凤（著作郎，字云翔）扈从至浙，卜居于此，其六子俱膺显爵。庆元初，濮氏谢政归里，诏赐其第为“濮院”。淳祐、景定以降，濮氏一族进入仕途者寥寥可数，转而致力于经营家业，“督课农桑机杼之利”[5]。

---

① 《皇朝经世文编》卷三七唐甄：《教蚕》。
② 民国《双林镇志》卷一五风俗。
③ 民国《双林镇志》卷一六物产。
④ 万历《秀水县志》卷一市镇。
⑤ 金淮：《濮川所闻记》卷一总叙。

元大德十一年，濮民在市中构居开街，立四大牙行，召民贸易，收购四乡农家所产丝绸，招徕远近商贾，此地便以永乐市闻名。据传，称永乐市的原因是，“市中立四大牙行，收积机产，远方商贾旋至旋行，无羁泊之苦，因有永乐市之名”①；或曰：“宋末蚕织日盛，元时，明亡公捐金置舍，以便贾者，贾人鳞集，因以永乐称之。”②

永乐市兴起后，“市业日盛”，从皇庆到至顺年间，永乐市已成为“寺观崇隆，园庄环绕”的大市。它东临大街，南北俱为横街，西则义和路街，绕濮氏居宅四周。③ 至元《嘉禾志》所载市镇中有永乐市，指出它属嘉兴县，位于县城西南27里。

明陈邦献《濮川八景诗序》追述濮院镇的兴起，这样写道：

檇里之西南壤曰濮川，初本荒落。元时有豪右濮氏，其富不资，雄于一郡，居民或聚而依之，以贸迁成市。……夹川之畔，比屋鳞次，巨梁虹驾，轻烟旭日，往来憧憧者则市桥……

万历十九年秀水知县李培撰《翔云观碑记》，盛赞其时濮院镇之繁荣：

迩来肆廛栉比，华厦鳞次，机杼声轧轧相闻，日出锦帛千计，远方大贾携橐群至，众庶熙攘于集焉。……往亦嘉禾一巨镇也。④

万历《秀水县志》对濮院镇的盛况有如下描述：

濮院镇，在县西南三十六里。元至正间右族濮鉴一姓，迨本朝濮氏流徙他卜，居者渐繁，人可万余家，因此濮院名镇。南隶桐邑之梧桐乡界，北隶本邑之灵宿乡界。民务织丝纻，颇著中下声，亦业农，贾商旅辐辏，与王江泾相亚……⑤

从至元《嘉禾志》所记载的永乐市，到万历《秀水县志》所记载的濮院镇，其间经历了巨大的变化与发展，元代还是一个市，到明代已一跃而为居民万家、商贾云集的大镇。

① 金淮：《濮川所闻记》卷一总叙。
② 金淮：《濮川所闻记续编》卷一坊巷。
③ 金淮：《濮川所闻记》卷一坊巷。
④ 均见《濮川所闻记》卷四文。
⑤ 万历《秀水县志》卷一市镇。

濮院镇的兴起与发展，与它所处的地理位置关系密切。濮院镇近旁的河道发源于天目山，由余杭至运河。大致一镇之水从东北、西北两路而来，总汇于东南而去，环抱一镇，支流萦行，舟行盘旋，四通八达。主要河道是运河，位于镇北六里，自余杭至石门镇入桐乡县界，东流经皂林，又东经永新泾、妙智泾各口至王家泾，入秀水县界。其次为庙桥河，在镇中，上承西市河及北市河之水，东流经庙桥达新桥漾，为全镇东西往来必经之水道，亦为秀州、桐乡分界河。镇中心有东市河、南市河（即梅泾）、西市河、北市河相交，构成十字巷，为闹市所在。此外有庄泾，两岸原系濮氏庄屋所在；有梧桐泾，系濮院镇至桐乡县城之水道。①

濮院镇凭借这样有利的地理条件而日趋繁荣，伴随繁荣而来的人口稠密、工商业发达，使河道超负荷运输，又不加疏浚，至清中叶以后镇上市河渐趋狭隘。乾隆时人杨树本在《濮川琐记》中说："前朝镇中河路甚阔，且多纡曲小浜，地势灵幼。今为两岸民居填塞狭隘，大非古昔"。张文镐《濮川地理史》也说："旧时舟行可以四旋绕，今永乐市河久湮，而庙桥漾两岸又为民屋侵占，血脉既滞，商务因以减色"②。可见交通对于濮院镇经济的发展具有举足轻重的地位。

濮院镇在它的鼎盛时代，不仅河道四通八达，而且街巷密布。镇上街巷依傍河道而行，早在元代永乐市形成之时，就已有庙桥街（即大街）、南横街、北横街、义路街四条大街。据《濮氏家乘》记载："永乐市，东临大街，南北俱为横街，西则义路街也，绕濮氏居宅之四周"③。其后，人们径直称大街（即庙桥街）为永乐市，牙行遍布，"收买土绢，以待四方客贩，濮绸之名遂著"④。此外，还有卧龙街、集庆街、鹤栖街、柳岸街、语儿街、横屋街、蜡作街等，以后又陆续新辟了南新街、墩头上（南新街西市房梢）、花坛街、石条街、西河石路等。全盛时全镇共有27条街。15条匯、2条巷，可见濮院镇规模之大，足以使一般县城相形见绌。

① 《濮川所闻记》卷一水道。民国《濮院志》卷四河渠。
② 民国《濮院志》卷四河渠。
③ 《濮川所闻记续编》卷一坊巷，民国《濮院志》卷五古迹。
④ 《濮川所闻记》卷二地宇·坊巷。

市街上牙行、店铺鳞次栉比，构成商业主体的是绸行、丝行、桑叶行。

镇上机户或四乡农家所织生绸，多由绸行收购，交付练坊练熟后，转销给各地来镇购买的客商。绸行招接的客商，有来自附近城镇，也有来自闽、广、两湖地区以及北方各地，其中尤以京帮商人为多，故镇上绸行经济实力也以京行最强。沈廷瑞《东畲杂记》说："其开行之名，有京行，建行、济行、湖广、周村之别，而京行为最。京行之货有琉球、蒙古、关东各路之异"。

丝行分布于大有桥街、义路街、女儿桥路一带。每当新丝上市，丝行生意兴旺，"乡人抱丝诣行，交错道路。丝行中着人四路招揽，谓之接丝日，至晚始散"①。丝行所收购的丝，除转销给本镇机户外，大批卖给苏州、杭州、绍兴、南京、镇江、盛泽各帮客商。每逢小满时，新丝开秤，此时农家最为繁忙，农谚有"小满动三车"的说法，即到了小满那天，丝车、油车、水车一齐开动。丝市贸易往往供不应求，"如客帮需货，而丝价提高，则远如石门湾等处乡丝亦麇集于镇"②。

桑叶行设于镇东西南北四栅附近，以利船只进出。立夏后三日，新桑叶上市，各桑叶行开市收购，有头市、中市、末市，每一市共三日，三市共九日；每日又分为早市、午市、晚市，市价一日三变。蚕户买叶不付现钱，待新丝上市后付清，称为"敲丝车钱"。有诗曰："青叶行开四市梢，客船衔尾恣喧闹，叶仙诗句今年好，毕竟丝车容易敲。"③

濮院镇是以丝绸业闻名于天下的。元明间，客商称此地所产丝绸为濮绸，名闻遐迩。明万历年间，丝织技术有所革新，使濮绸制造业有了很大的进展，无论在数量或质量方面都较前更胜一筹，正如张文韩《濮川纪略》所说："明万历间，改土机为纱绸，制造绝工，濮绸之名遂寄远近，自后织作尤盛"。"以丝绸为大宗出产，阖镇生计系焉，业机工者以千计。"④ 此种盛况，史籍记载屡见不鲜：

---

① 杨荫轩：《濮院琐志》卷六农时。
② 民国《濮院志》卷一四农工商。
③ 民国《濮院志》卷一四农工商。
④ 民国《濮院志》卷九任恤。

康熙《桐乡县志》说："（濮院镇）万家烟火，民多织作绸绢为生，为都省商贾往来之会"①；

雍正《浙江通志》说："嘉锦之名颇著，而实不称，惟濮院所产纺绸，练丝熟净，组织亦工，是以一镇之内坐贾持衡，行商麇至，终岁贸易不下数十万金，居民藉此为利"②；

《濮镇纪闻》说："吾里机业十室而九，终岁生计，于五月新丝时为尤亟，富者居积，仰京省骠至陆续发卖。而收买机产，向传设市翔云观，后则俱集大街，所谓永乐市也。日中为市，接领踵门"③。

濮院镇所产纺绸，练丝熟净，质细而滑，且柔韧耐洗濯，故名重四方。著名文人万斯同有《竹枝词》一首吟咏道：

独喜村村蚕事修，
一村妇女几家休，
织成广幅生丝绢，
不数嘉禾濮院绸。④

卢存心《嘉禾杂咏》也对濮绸赞美备至：

宋锦人传出秀州，
清歌无复用缠头，
如今花样新翻出，
海内争夸濮院绸。⑤

濮院镇是织绸机户聚集之地，镇民大多操持此业，这是它不同于其他丝绸业市镇的一大特点。《濮院琐志》说："他邑之织多散居，濮院之织聚一镇，比户操作。"⑥ 镇民大多是身怀技艺的工匠，或"人兼数事"，或"专习一

① 康熙《桐乡县志》卷一市镇。
② 康熙《浙江通志》卷一〇二物产。
③《濮镇纪闻》卷首总叙·风俗。
④《濮川所闻记》卷三织作。
⑤ 民国《濮院志》卷一四农工商。
⑥《濮院琐志》卷一机杼。

业”，“衣于是，食于是，尽其力而终身焉”[1]。镇上街巷，“接屋连檐，机声盈耳”[2]。

机户从事丝织，分工极细，从丝到绸，经过络丝、摇缉、牵经、运经、刷边、织手、拽花几道工序。所用木机长二丈许，织者两手持梭左右掷，两脚相继踏竹轴，轧轧有声，轻绸每日可织一匹，重绸每三四日可织一匹。织成后，出售于镇上绸行，必须由称为“接手”者居间介绍，每出售绸一匹，接手收取“用钱”银一分或一分几厘不等。绸行大多于中午时分赴市收绸，称为“出庄”。绸行中有善看绸之优劣者，称为“看庄”。归行后再行复按，称为“复庄”。绸行雇人修翦线头未净者，称为“修绸”。绸行处理完毕后，交付练坊，练坊对生绸煮、沤、曝、炙，使之由生变熟，然后“各以其地所宜之货售于客”[3]。

濮院镇明清之际号称“日出万绸”，“织业最盛，由此致富者甚众”[4]。他们拥有较多的织机和雄厚的资金，采取作坊形式经营，雇佣各种工匠。镇上每天都有大批待雇者，聚集于太平巷一带。《濮川所闻记》说：“太平巷，本福善寺，西出正道，阖镇织工、拽工，每晨集此以衔雇。”[5]《濮院琐志》说：镇上工匠“或遇无主，每早向各通衢分立，织工立于左，拽工立于右”，“女工多工络丝，每一两给钱三文，近则倍之，一日所获可以自给。”[6] 练坊亦多雇工，“每坊佣者数十人，名曰练手”[7]。

由此可见，市镇作为一个商品经济中心，不仅体现了经济发展的新趋势，而且还为雇佣劳动的孳生提供了温床。

三、棉布业市镇的分布状况

正德《松江府志》云：“俗务纺织，他技不多，而精线绫、三梭布、漆纱

① 《濮院琐志》卷一机杼。
② 《濮川所闻记》卷三织作。
③ 《濮川所闻记》卷三织作。
④ 《濮院琐志》卷一机杼。
⑤ 《濮川所闻记》卷二地宇、坊巷。
⑥ 《濮院琐志》卷一机杼，卷七杂流。
⑦ 《濮川所闻记》卷三织作。

方巾、翦绒毯，皆天下第一。……要之，吾乡所出，皆切于实用。如绫布二物，衣被天下，虽苏杭不及也”。[①]“绫布二物，衣被天下”这八个字，极简练地概括了松江棉布在全国市场上所具有的特殊地位。近旁的苏州府的情况也大体如此，所产之棉布“商贾贩鬻，近自杭、歙、清、济，远至蓟、辽、山、陕”[②]。邻近的常州府，嘉兴府境内不少地方，虽亦盛产棉布，但与苏、松二府相比毕竟稍逊一筹。

之所以能形成“衣被天下”的局面，除了棉布质地特别优良之外，还仰赖于商品经济高水平发展、水陆四通八达的市镇网络。如果没有市镇网络商贾辐辏、商品大量集散的功能，那么棉布产地无法与全国市场相沟通。在这种流通过程中，棉布业市镇富有生气的商品流通机制起着重要作用。

以经营棉花交易为专业的市镇，首推新泾镇及鹤王市。

新泾镇——在嘉定县治东三里，因水而名，“为棉花管屦所集，顷年更盛”[③]。每当棉花上市的季节，镇上开行纷纷忙于收购四乡农家出售的棉花，呈现一派繁忙景象：

> 市中交易，未晓而集。每岁棉花入市，牙行多聚。少年以羽为翼，携灯拱接，乡民莫知所适。抢攘之间甚至亡失货物。[④]

鹤王市——在太仓州治东北24里，东滨大江，西达州城，南控浏河，北抵沙溪，为水陆交通要道。原属昆山县，弘治十年割归太仓州。其地属沙壤，适于种植棉花，所产棉花“比之他乡，柔韧而加白，每朵有朱砂斑一点，离市一数里即无”[⑤]。因此鹤王市棉花成为优质棉花的代称，各地商人都闻名前来贩买。

“闽广人贩归其乡者，市题必曰太仓鹤王市棉花，每秋航海来贸于市，无虑数十万金，为邑首产”[⑥]。鹤王市上经营棉花生意的牙行称为净花行，开设

---

① 《松江府志》卷四风俗。
② 正德《姑苏志》卷一四土产。
③ 万历《嘉定县志》卷一市镇。
④ 万历《嘉定县志》卷三风俗。
⑤ 道光《增修鹤市志略》卷下物产。
⑥ 乾隆《镇洋县志》卷一物产。

净花行的牙侩因生意兴隆而发财起家者不可计数。[1] 鹤王市地近浏河出海口，“支干诸河俱通利，大舸小艑往来不绝，以故数十里之货群萃于市中”[2]，成为远近数十里所产优质棉花集散地。“每岁木棉有秋，市廛阗溢，远商挟重资自杨林湖泾达，而市之沃饶甲于境内矣”[3]。巨额的棉花贸易使产棉区日趋富饶，太仓人吴伟业说：“隆、万中，闽商大至，州赖以饶”[4]。

以经营棉布交易为专业的中心市镇数量众多，其中最引人注目的有朱泾镇、枫泾镇、七宝镇、朱家角镇、法华镇、真如镇、凡浦镇、盘龙镇、南翔镇、罗店镇、安亭镇、外冈镇、娄塘镇、钱门塘市、周庄镇等。

朱泾镇——属华亭县，四乡盛产棉花，又精于纺织，所产标布质地精细，优于远近闻名的尤墩布。清人赵慎徽有诗描绘朱泾棉布业的兴旺：

万家烟火似都城，
元室曾经置大盈，
估客往来多满载，
至今人号小临清。

其自注云：“明季多标行，有小临清之目”[5]。所谓标行，即从事标布（也称标寸布）贸易的牙行；所谓估客，即各地前来贩布的客商。“估客往来多满载”云云，如实地描写了各地前来买布的客商以巨额资金收购布匹，然后满载而归的繁华景象。正如明末清初松江人叶梦珠所说：“前朝标布盛行，富商巨贾操重资而来市者，白银动以数万计，多或数十万两，少亦以万计，故牙行奉布商如王侯。”[6] 由于朱泾镇生意兴隆，市面繁荣，可以与江北运河沿线的著名商业城市临清相媲美，故号称“小临清”。对此，顾公燮有更为具体的记述：“前明数百家布号，皆在松江枫泾、朱泾乐业，而染坊、踹坊、商贾悉从之。”[7]

---

① 乾隆《镇洋县志》卷一风俗。
② 道光《增修鹤市志略》卷下物产。
③ 道光《增修鹤市志略》卷上原始。
④ 《梅村家藏稿》卷一〇木棉吟序。
⑤ 嘉庆《朱泾志》卷一疆域志。
⑥ 叶梦珠：《阅世编》卷七食货五。
⑦ 《消夏闲记摘抄》卷中英蓉塘。

枫泾镇——北半属华亭县，南半属嘉善县，四乡农家多植棉且精于纺织，镇上收购棉纱、棉布的布号鳞次栉比，数以百家。所产棉布有大布、小布两种，“用一尺筘者为小布，用二尺筘者为大布，小布以二丈二尺为匹，大布以四丈为匹。”[①] 农家收获棉花后，先碾核以车纺纱，或出售给镇上纱庄，或自织棉布，藉以为业。镇上纱庄，布号生意兴隆，沈蓉城《枫泾竹枝词》写道：

贸易隆盛百货全，
包家桥口集人烟，
男携白布来中市，
女挈黄花向务前。[②]

发达的棉纺织业与棉花贸易使枫泾镇在明清之际一直保持“物阜民殷，巨贾辐辏，称邑都会”的地位。[③]

朱家角镇——在青浦县治西12里。明代万历年间已号称“商贾辏聚，贸易花布，为今巨镇”[④]。它与朱泾镇同时并称为远近闻名的标布贸易中心，“京省标客往来不绝”[⑤]。每当棉布购销旺季，镇上“布肆黑夜燃灯为市”[⑥]。

南翔镇——在嘉定县治南24里。四乡农家纺纱织布视为主业，所产有浆纱、刷线二种，刷线布又名扣布，“光洁而厚，制衣被耐久，远方珍之，布商各字号俱在镇，鉴择尤精，故里中所织甲一邑”[⑦]。这些布商字号大多由徽商经营，故自明中叶以来，镇中“多徽商侨寓，百货填集，甲于诸镇”[⑧]。

罗店镇——在嘉定县治东18里。明中叶已成为棉布集散中心，“徽商凑集，贸易之盛几埒南翔”[⑨]。所产棉布有套布、泗泾布，还有紫花布、斜纹布、棋花布等。[⑩]

---

① 光绪《嘉善县志》卷一三物产。
② 光绪《枫泾小志》卷一〇拾遗。
③ 康熙《嘉善县志》卷二乡镇。
④ 万历《青浦县志》卷二镇市。
⑤ 崇祯《松江府志》卷三镇市。
⑥ 万历《青浦县志》卷一风俗。
⑦ 嘉庆《南翔镇志》卷一疆里。
⑧ 万历《嘉定县志》卷一市镇。
⑨ 万历《嘉定县志》卷一市镇。
⑩ 康熙《嘉定县志》卷四物产。

外冈镇——在嘉定县治西12里。万历以来，外冈布闻名遐迩，成为徽商争购的佳品，“因徽商僦居钱鸣塘（即钱门塘）收买，遂名钱鸣塘布”①。其中紫花布尤佳，价倍于常布。其后浆纱布、飞花布堪称绝品，“纱必匀细，工必精良，价逾常布”②。布商众口一辞，“外冈之布，名曰冈尖，以染浅色，鲜妍可爱，他处不及”，“故苏郡布商在镇开庄收买”③。

钱门塘市——嘉定县治西南20里。所产棉布号称丁娘布（又称丁娘子布），“光洁细软，朱竹垞所谓，‘晒却浑如飞瀑悬，看来只讶神云活’，者也”④。由于钱门塘所产丁娘布纱细工良，“明时有徽商僦居里中，收买出贩，自是外冈各镇多仿之，遂俱称钱门塘布”⑤。

一些棉布业市镇兼营棉纱交易。如外冈镇，四乡农家“卖纱卖布者必以黎明”，谓之“早市早回”，“既充一日之用，又不妨一日之功”⑥。又如周庄镇，四乡农家“妇女以木棉花去其核，弹作絮，卷为棉条而纺之。复束成绞，以易于市，遂捆载至浙江硖石镇出售”⑦。

此种情况在金山一带十分普遍，“妇善绩麻为网，织棉布粗，不及松人，故纺木棉为纱者，市钱不自织”⑧。其实精于纺织的松江地区纺纱出售也是常见现象：“纺织不止乡落，虽城中亦然，里媪晨抱纱入市，易木棉以归，明旦复抱纱以出，无顷刻间。”⑨ 不少市镇上棉纱交易十分兴旺的主要原因就在于此。

一些棉布业市镇还兼营棉布加工，成为该市镇的一大特色，枫泾镇、南翔镇的染坊业、踹坊业、朱泾镇、金泽镇的染坊业、踹坊业，朱泾镇、金泽镇、黄渡镇的纺车业、锭子业、布机业，都是当地颇有影响的重要行业。

---

① 崇祯《外冈志》卷二物产。
② 乾隆《续外冈志》卷四物产。
③ 乾隆《续外冈志》卷四物产。
④ 杨光辅:《淞南乐府》。
⑤ 民国《钱门塘乡志》卷一土产。
⑥ 乾隆《续外冈志》卷一风俗。
⑦ 光绪《周庄镇志》卷一物产。
⑧ 正德《金山卫志》下卷二风俗。
⑨ 正德《松江府志》卷四风俗。

枫泾镇上布号林立，收购大量棉布，由布局附设的染坊、砑坊（即踹坊）加工染、踹，染坊、砑坊“多雇染匠、砑匠，皆江宁人，往来成群”[①]。

朱泾镇及其东南的吕巷市，为棉纺织业配套的铁锭业与纺车业十分发达，《朱泾志》说：“铁锭朱泾最良，时有‘朱泾锭子吕巷车’之谚。近数尤御亭及骆姓家，远近争购。程超诗曰：‘鳞比人家纺织勤，木棉花熟白于银，邻家买得尤家锭，缫出丝丝胜绮纹。’”[②]

金泽镇所制纺车、锭子之名声不亚于朱泾镇，成为附近百里方圆争购的名品。《金泽小志》说：“锭子以铁为之，车以绳竹为轮，夹两柱，中枢底横之木，偏左而昂其首，以著锭子，轮旋而纱成焉。到处同式，而金泽为工。东松郡，西吴江，南嘉善，北昆山、常熟，咸来购买。故‘金泽锭子谢家车’，方百里间习成谚语。”[③]

棉布业市镇的类型是多样化的，没有固定的模式，一切都取决于各市镇所处的地理位置与经济发展状况。从整体看，它们是棉布生产与加工中心，也是棉花、棉纱、棉布各种不同层次的商品的集散地。明代苏松一带棉布“衣被天下”，与这些市镇的市场机制有着极其密切的关系。

四、棉布业市镇的经济结构与经济方式

棉布业市镇作为商业与手工业中心，商品经济占据着明显的支配地位，这些市镇的经济结构，与传统经济结构迥然不同，进入了崭新的以商品生产与市场流通为显著特点的新阶段。

（一）农家：“土人专业纺织”

棉布业市镇四乡农家所从事纺纱、织布的家庭手工业，虽然还保留着以家庭为单位的个体生产模式，但已不再是传统的自然经济的“男耕女织”，而是一种小商品生产模式。请看：

——“纺木棉为纱者，市钱不自织”[④]；

① 光绪《枫泾小志》卷一〇拾遗。
② 嘉庆《朱泾志》卷一物产。
③ 道光《金泽小志》卷一土产。
④ 正德《金山卫志》下卷二风俗。

——“织者率日成一匹，有通宵不寐者。田家收获，输官偿息外，未卒岁室庐已空，其衣食全赖此”[①]；

——“以棉织布，以布易银，以银籴米”[②]。

在长江三角洲的棉作地带，棉作压倒了稻作，不少地区是棉七稻三、棉九稻一乃至全不种稻。农家经营发生了变化：“多种木棉，土人专业纺织”，“邑之民业，首藉棉布”[③]。在这种情况下，农家植棉、纺纱、织布的传统副业，一跃而变为主业，而传统的主业稻作却退居次要地位，降为副业。

反映此种状况的文献记载比比皆是。嘉靖时松江人徐献忠《布赋序》说：“邑人以布缕为业，农氓之困藉以稍济。”[④]《真如里志》说：“比户织作，昼夜不辍，暮成匹布，晨易钱米，以资日用。”[⑤]《蒲溪小志》说：“比户织作，昼夜不辍，乡镇皆为之。暮成匹布，易钱米以资日用。”[⑥] 显然农家的这种经营方式较之传统的经营方式是一大进步，长江三角洲农村之所以富庶，这是一个不可忽视的因素。

松江冈身一带沙壤宜种棉，亩产子棉100斤左右，此由张春华《沪城岁事衢歌》可知：“一亩之入有百斤者为满担，倍之为双担，双担是年之极丰者，不恒有”；亦可由乾隆《御题棉花图》可知：“稔岁亩收子花百二十斤，次亦八九十斤”。据松江人何良俊《四友斋丛说》，江西乡亩产米3石为高，通常为2石5斗；东乡亩产米1石5斗，统称亩产米2石。以正常年景的价格指数加以比较，种棉的收益高于种稻是大体可以肯定的。叶梦珠说：“予幼闻木棉百斤一担，值银一两六七钱，崇祯初，渐至四五两”；而崇祯五年白米每斗“值银一钱”，即每石米值钱1两，以亩产米2石至2石5斗计，收益为银2两至2两5钱，仅及棉百斤价银四五两之一半。[⑦] 参证以康熙年间价格平稳时期的比较，可获得结论也大体如此。康熙九年，新米每石价为银8钱至9钱，棉

① 正德《松江府志》卷四风俗。
② 嘉庆《南翔镇志》卷一二杂志。
③ 万历《嘉定县志》卷六物产。
④ 崇祯《松江府志》卷六物产。
⑤ 乾隆《真如里志》卷一风俗。
⑥ 道光《蒲溪小志》卷一物产。
⑦《阅世编》卷七食货一、食货四。

花每百斤价银3两至4两。[①] 2石米至2石5斗米，约合银1两6钱至2两2钱5分，大抵仅及棉百斤价银的将近一半。

如果把棉花纺成纱、织成布，其经济收益更为明显的高于单一的农业经营。叶梦珠说，松江标布“每匹约值银一钱五六分，最精不过一钱七八分至二钱而止”[②]。而工本呢？据陆世仪说，“棉三斤织布一匹，利率三倍”[③]，以每匹布卖价银1钱6分计，扣除工本银四分之一，即银4分，获利银1钱2分。农家每日可织布1匹，劳力多的农家每日可织布二三匹，收入是相当可观的。按照这种比率推算，一个妇女一月织布30匹，其收益达银4两8钱，大抵相当2亩田的一熟收益。这就意味着妇女从事纺织生产的收益超过了男子从事田间生产的收益。由此可见“邑之民业，首藉棉布”“衣食全赖此”云云，殆非虚言。这种经济收益的差距，使农家从事实中感受到商品经济较之自然经济要优越得多。只要棉布有销路，农家必然会继续保持这种经营方式。

（二）客商：“操重资而来市”

外地客商挟带巨额资金，前来贸贩棉布，是促使棉布业市镇日趋繁荣的重要经济力量，因而这种客商是棉布业市镇经济结构中不可或缺的一个环节。关于此种布商，叶梦珠有相当详细的描述：

> 棉花布……上阔光细者曰标布……俱走秦、晋、京、边诸路……其较标布稍狭而长者曰中机，走湖广、江西，两广诸路，价与标布等。前朝标布盛行，富商巨贾操重资而来市者，白银动以数万计，多或数十万两，少亦以万计。以故牙行奉布商如王侯，而争布商如对垒。[④]

这种前来贩买标布的客商称为“标客”，充斥于各棉布业市镇，从“明季多标行”的朱泾镇，到“京省标客往来不绝”的朱家角镇，到处都有他们的足迹。他们身带巨额资金，贩买大批棉布到各地转销，经济实力很大。以每匹标布价银2钱计，银1万两可买布5万匹，10万两可买布50万匹，50万两可

---

① 《阅世编》卷七食货一、食货四。
② 《阅世编》卷七食货六。
③ 《陆桴亭文集》卷六青浦魏令君德化记。
④ 《阅世编》卷七食货六。

买布250万匹。一个标客所带白银“动以数万计，多或数十万两”，其运销额当在数十万匹至数百万匹之间，决非一般小商小贩所可比拟。由此可以窥见各棉布业市镇每日集散之棉布数量是惊人的。由于这些布商资本雄厚，对市镇经济影响巨大，所以牙行“奉布商如王侯”，“争布商如对垒”。

为了扩大营业，不少布商都陆续在市镇上设立经营机构——棉布字号（或称布庄、布号），大量收购棉布。如外冈镇，“徽商僦居钱鸣塘收买”，“苏郡布商多在镇开庄收买”[①]。又如朱浯镇、枫泾镇，“前明数百家布号在此乐业”[②]。再如南翔镇，“布商字号俱布镇，鉴择尤精”[③]。这种布号、布庄不同于牙行，一方面在镇上坐庄收布，另一方面附设染坊、踹坊，雇佣工匠，加工棉布，亦工亦商，控制了棉布收购，加工、贩运的各个环节。

（三）牙行：“市中贸易，必经牙行”

牙行是市镇经济结构的中枢，操纵着经济的运营。

——“市中贸易，必须牙行，非是，市不得鬻，人不得售”[④]；

——“贫民持物入市，不许私自交易，档主索值，肆意勒索，名曰佣钱”；“花、布、柴、米、纱、祭，下及粪田之属，皆有牙行”，类皆领帖齐张[⑤]。

“牙行非藉势要之家不能立”[⑥]。牙行凭借势要之家的政治势力，向官府领取牙帖，即获得垄断某一行业的经营权，欺行霸市，敲榨勒索，常常成为地方一霸，人称“行霸”。他们“私立牙行，高抬物价，擅取用钱，买者卖者各有除勒，名曰内用、外用，结连光棍，邀入货物，卖布者夺其布，贸花者夺其花，乡人不得自由。”[⑦]

这种情况在长江三角洲是带有普遍性的，崇祯《太仓州志》对牙霸作了栩栩如生的描述：

---

① 崇祯《外冈志》卷二物产。乾隆《续外冈志》卷四物产。
② 《消夏闲记摘抄》卷中芙蓉塘。
③ 嘉庆《南翔镇志》卷一物产。
④ 嘉庆《安亭志》卷二风俗。
⑤ 光绪《月浦志》卷九风俗。
⑥ 《阅世编》卷七食货五。
⑦ 康熙《嘉定县志》卷四风俗。

州为小民害者，旧时棍徒，赤手私立牙店，曰行霸。贫民持物入市，如花、布、米、麦之类，不许自交易，横主价值，肆意勒索，曰用钱。今则离市镇几里外，今群不逞要诸路，曰白赖。乡人持物，不论货卖与否，辄攫去，曰：'至某店领价'。乡民且奈何，则随往，有候至日暮半价者，有徒手哭归者，有饥馁嗟怨被殴伤者。如双凤镇孔道，为行霸四截，薪米告匮，至粪田之具不达。又如茜泾镇，以蒲鞋著数里内，乡民夫妇穷日夜捆织，俱为白赖攫，欲达蒲鞋场，有伏地蛇行者。①

周浦镇举人高廷亮在向上海县知县上书《请行严禁恶俗五条》中，陈述了明清之际当地恶俗之一"白拉"。所谓"白拉"，是流氓棍徒在行霸指使怂恿之下横行市镇的恶俗。"其人并不开张店铺，纠集游民，伺客船至镇，拉其货物，或散居民，或散店口，十分货价偿其二三，公行侵蚀。小商资本不过数十金，告官则费时日，资斧愈亏；争论则拳脚相加，反受荼毒。而此辈洋洋自行，甚至乡民以柴米等物入市，悉遭搬抢，以多为少，以贵为贱，名为代卖，实资中饱，致商民俱惴慄远避，市价腾涌，贫民蒿目"②。

此种"白拉"，在南翔镇更为盛行，《南翔镇志》说："白拉聚集恶党，潜伏道侧，候村民入市，邀夺货物。或私开牙行，客商经过，百计诱致，不罄其资不止。"③ 由于行霸、无赖的横行，客商深受其害，裹足不前，致使万历时南翔镇曾一度衰落。万历《嘉定县志》载："南翔镇，在县治南二十四里，因寺而名，其地东西五里，南北二里。往多徽商侨寓，百货填集，甲于诸镇，比为无赖蚕食，稍稍徙避，而镇遂衰落。"④ 清初以降，由于行霸、无赖势力遭到抑止，南翔镇又趋繁荣。

很明显，牙行是市镇上新兴势力与守旧势力的混合物，带有自相矛盾的二重性；一方面牙行是商品经济的产物，并且起着助长商品经济发展的作用；另一方面，牙行又是市镇恶势力的代表，阻碍了商品经济的正常发展。如果没有

---

① 崇祯《太仓州志》卷五风俗。
② 雍正《分建南汇县志》卷一九风俗。
③ 嘉庆《南翔镇志》卷一二杂志。
④ 万历《嘉定县志》卷一市镇。

行霸的指使、怂恿，“白拉”、“打降”（或曰“打行”）之类恶习决不可能在市镇横行无忌。康熙时长洲人褚人穫说：

打行，闻兴于万历间，至崇祯时尤盛。……鼎革以来，官府不知其说，而吏胥又不晓文义，改作降字。[①]

万历时松江人范濂也说：

恶少打行，盛于苏州。……此风沿入松，以至万历庚辰后尤甚。又名撞各市，分列某处某班，肆行强横。[②]

可见这种现象是伴随市镇经济繁荣而出现的，由苏州府蔓延至松江府，自万历至崇祯愈演愈烈，入清以后犹有过之而无不及。

五、棉布贸易与棉布市场

棉布业市镇所集散的棉布品种多、质地精，号称“衣被天下”。明末清初松江府上海县人叶梦珠说：标布“俱走秦、晋、京，边诸路”，中机布“走湖广、江西、两广诸路”[③]。万历《嘉定县志》说，当地出产的斜纹布、药斑布、棋花布、蓝靛布、紫花布等，“商贾贩鬻，近自杭、歙、清、济，远至蓟、辽、山、陕”[④]。充分表明苏州府、松江府的棉布是面向全国市场的。

把这一地区的棉布贩买转运至全国各地的商人集团，首推徽州商人；几乎各大棉布业市镇都可见到徽商的踪影：

——南翔镇：“多徽商侨寓，百货填集，甲于诸镇”[⑤]；

——罗店镇：“今徽商凑集，贸易之盛几埒南翔”[⑥]；

——外冈镇：“因徽商僦居钱鸣塘（即钱门塘）收买，外冈布遂名钱鸣塘布”[⑦]；

——钱门塘市：“明时有徽商僦居里中，收买出贩，自是外冈各镇多仿

① 褚人穫：《坚瓠九集》卷二。

② 范濂：《云间据目抄》卷二记风俗。

③ 《阅世编》卷七食货六。

④ 万历《嘉定县志》卷六物产。

⑤ 万历《嘉定县志》卷一市镇。

⑥ 万历《嘉定县志》卷一市镇。

⑦ 崇祯《外冈志》卷一市镇。

之，遂俱称钱门塘布。”①

其次为秦晋商人集团。褚华《木棉谱》说：“秦晋布商皆主于家，门下客常数十人，为之设肆收买”②。张春华《沪城岁事衢歌》说：“其行远者为标布，关陕及山左诸省设局于邑广收之，为坐庄”③。《月浦里志》说：“陕西巨商来镇设庄收买布匹”④。

再次为闽粤商人集团。《江湾里志》说：所产刷线布，“大抵系粤商争购，务求细密，不计阔长，需棉少而布价昂”⑤。褚华《木棉谱》说：“闽粤人于二三月载糖霜来（上海）卖，秋则不买布而止买花以归”。可见闽粤商人到上海县，贩买棉布、棉花回福建、广东，是一项经常性商业活动。

客商们出于经商需要，编制了行商的路程手册，例如隆庆四年黄汴撰《明一统路程图记》（又名《图注水陆路程图》《新到水陆路程便览》《士商必要》）；天启六年澹漪子编《天下路程图引》（又名《士商要览》）等。大多与徽商关系密切，《明一统路程图记》的撰者黄汴，就是徽商出身，他在自序中说：“余家徽郡万山之中，不通行旅，不谙图集，土狭人稠，业多为商。汴弱冠随父兄自洪都至长沙，览洞庭之胜，泛大江，溯淮扬，薄泊燕都。……后侨居吴会，与二京十三省暨边方贾商贸易，得程图数家，于是穷其闻见，考其异同，反复校勘，积二十七年始成帙。”⑥ 由此可见徽商为经商所需，编制了路程图，以利各地行商。此类路程图深受行商的欢迎，正如《士商要览·序》所说：“皆为士商切需，正犹布帛菽粟，利用甚宏”。《明一统路程图记》所载路引，一方面体现了徽州地区的特色，另一方面体现了徽商的经商活动范围。该图记卷八载长江以南陆路路引23条，徽州一府多达9条；卷七载江南水路路引39条，徽州占五条，显然与编者系徽州人有关。明代徽商云集之处如南京、苏州、扬州、松江、仪真、淮安、汉口、芜湖等地，有关商路路引所占比

① 民国《钱门塘乡志》卷一土产。
② 《上海掌故丛书》。
③ 《上海掌故丛书》。
④ 民国《月浦里志》卷五商业。
⑤ 民国《江湾里志》卷四风俗。
⑥ 《明一统路程图记·序》。

重很大。①

日本尊经阁文加所藏《水陆路程》，集中地显示了布商们在苏松地区的经商活动。该书第七部分的小标题是“苏松二府至各处水次”，其下有两行小字夹注：“路虽多迂，布客不可少也”，这里的“布客”，指的是贩买棉布的客商，可见这一部分路程记是为布商们在苏松二府贩运棉布提供指南的。

《水陆路程》“苏松二府至各处水次”部分，列举了15条水路，把各市镇、县城连成一线，反映了当时棉布贩运的商业水路网络。且举数例以见一斑。

（一）苏州由嘉兴府至上海县

本府—50—吴江县—40—平望驿（按：即平望镇）——王江泾—30—嘉兴府—10—东栅口（南六十里至平湖县）—3—七里桥—24—嘉善县—6—张泾会—12—丰泾（按：即枫泾镇）—18—泖桥寺—9—朱泾——斜塘桥—14—松江府跨塘桥—20—四泾（按：即泗泾）—20—七保（按：即七宝镇）—24—龙华寺塔（即黄浦）—12—上海县（此为外河）

（二）松江府由南翔至上海县

松江府—30—砖桥（按：即颛桥）—40—陆家阁—40—南翔—20—江桥（即吴淞江）—30—上海县

（三）松江府由官塘至苏州府

松江府—20—凤凰山—18—北昆山—18—唐行（按：即唐行镇，青浦县治）—40—陶桥—30—昆山县—30—苏州府

① 参看杨正泰：《略论明清时期商编路程图记》，《历史地理》第五辑。

（四）松江府由嘉善县之白荡至苏州

松江府前——20——斜塘桥——13——朱泾——9——泖桥——18——枫泾——12——张泾会——嘉善县西门（跨塘桥雇船）——长春桥——45——芦魁——1——三白荡——12——牛蚕泾——10——叶寨湖——12——铜里镇（按：即同里镇）——18——尹山——18——盘门——9——阊门

（五）松江府至吴淞所

本府北门——18——唐桥（按：即塘桥）——50——南翔——20——嘉定县——12——罗店——36——吴淞所

（六）松江府至乌泥泾

本府出北门——15——新桥——6——陈家行——10——新村桥——3——新庄（按：即莘庄）——10——乌泥泾（纺棉纱脚车始自未处一老妇）

日本学者川胜守先生在《长江三角洲镇市的发达和水利》① 中，介绍了《水陆路程》，但并未指出它与苏松棉布业市镇及棉布贸易的关系。事实上，上述这些水路，显然与布商的经商活动息息相关，因此除路程中注明了著名的棉布业市镇的交通路线外，还对相关的注意事项一一加以注明，例如：

——“嘉兴至松江，无货勿雇小船，东栅口搭小船至嘉善县，又搭棉纱船至松江，无虑大船”；

——“松江至苏州，由嘉定、太仓、昆山而去，无风盗之忧。上海艘船，怕风防潮，南翔北高河曲水少，船不宜大……至上海，或遇水涸，七保（宝）、南翔并有骡马而去。港多桥小，雨天难行”。

从中可以窥知当日苏松一带棉布业市镇上布商们频繁往来，络绎不绝的景

① 载《佐藤博士还历纪念中国水利史论集》。

象，苏松地区的棉布正是由这些布商通过上述水路运销至各地的。

长江三角洲棉布的外销量是十分惊人的，叶梦珠说："前朝（按：指明朝）标布盛行，富商巨贾操重资而来市者，白银动以数万计，多或数十万两，少亦以万计"①。以每匹标布值银2钱计，银1万两可买布5万匹，10万两可买布50万匹，50万两可买布250万匹。而这仅仅是挟带巨额资金的布商个人所买之布，可以想见众多的布商从各棉布业市镇所贩买的布匹数量一定更为巨大。据钦氏《松问》的估计，"松之为郡，售布于秋，日十五万焉"②。每天贩买棉布15万匹，秋季三个月的销售量达1350万匹。这不过是松江一地的贸易额的估计数字，苏常一带的销售量也不下于此，这可从清代人的记载中约略推知。黄印说，号称布码头的常州府无锡县，"一岁交易，不下数十百万"③；郑光祖说："常，昭两邑，岁产布匹计值五百万贯"④。

由于各地市场对棉布的需要日增，棉布的市场价格大致是处于逐渐上升的势头中。由于资料的贫乏，我们只能从若干明末清初的零星记载中获得初步的印象。

叶梦珠在《阅世编》中关于松江棉布价格的记录，在同时代人中可谓独具只眼，为后人保留了明末清初的棉布价格较完备的资料，请看下表：

年　代	品　种	价　格〔钱（银）/匹（布）〕
1628～1943	标布	1.5～2.0
1644～1945	标布	0.9～1.0
1651	标布	3.3
1652～1953	小布	2.0
1654	标布	4.0～5.0
1662～1964	小布	0.8～1.0
1682	中机	3.0
1682	标布	1.3～2.0
1691	标布	2.0

① 《阅世编》卷七食货五。

② 《皇朝经世文编》卷二八。

③ 《锡金识小录》卷一备参上力作之利。

④ 《一斑录杂述》卷七。

叶梦珠是上海县人，但所记载的价格资料大体上也反映了松江府各县及邻近苏州府部分产布地区的一般价格趋势。这一带生产的棉布的市场，以北方为主，兼及长江流域及两广一带。因而棉布价格受到各地市场需求的影响，标布的衰落、中机布的兴盛，一个重要原因就是北方市场对标布需求的锐减。正如叶梦珠所说："前朝标布盛行"，"中机客少，资本亦微，而所出之布亦无几"，"至本朝而标客巨商罕至，近来多者所挟不过万金，少者或二三千金，利亦微矣。而中机之行转盛，而昔日之作标客者，今俱改为中机，故松人谓之新改布"①。

其他资料所记载的官布、扣布、青蓝布的价格均高于标布、中机布。这可从郑友玄《布解议》、赵昕《官布考略》、张诗《永折论略》、汤斌《解送布匹疏》② 的零星记录中察其端倪，请看下表（参看中山美绪《清代前期江南的的物价动向》）：

年代	品种	价格〔钱（银）/匹（布）〕
1629	官布	4.0~4.2
1652	官布	6.0
顺治间	扣布	4.0~5.0
1662	官布	5.0
1672~1673	官布	4.15
1683~1684	青布	5.29
1683~1684	蓝布	4.79
1685	青布	5.01
1685	蓝布	4.51

① 《阅世编》卷七食货五。

② 崇祯《松江府志》卷一一、光绪《嘉定县志》卷三、《汤子遗书》卷二。

第十一章　明代食盐生产与运销

第一节　盐业生产与组织

一、盐产区分布与盐业管理机构

在传统农业社会中，由于盐产资源区与非产盐区的分立，决定了食盐生产具有广阔而稳定的消费市场。在食盐特定的供需关系中，封建专制的国家权力则以独占的形式，取代了民间商人在食盐市场中的地位，使食盐官专卖成为维持其专制统治的经济基础。

明代盐产，仍以海盐、池盐、井盐为大宗，其州县所产“土盐”、“硝盐”及边远地区的“岩盐”，因产量有限，故仅为州县地方有司所控制，而海盐、池盐、井盐，乃是国家控制的主要产业部门。

明代在盐产资源区设置都转运盐使司和盐课提举司。随着明王朝统一战争的胜利，盐运司、提举司也随之建立[①]。元至正二十六年（1366）二月，朱元璋攻取张士诚所据泰州、淮安盐区，遂沿元制，置两淮都转运盐使司，设运使、同知、判官、经历、知事、照磨等官，统领两淮盐务。运司下辖泰州、淮安、通州三分司及29场盐课司。[②] 明王朝对盐业的统制，由此开始。洪武元年（1368）春正月，朱元璋一举歼除割据浙江沿海的方国珍军事集团，又

① 在元至正二十年（1360），因陈友谅挟徐寿辉攻占朱元璋的太平、采石，直逼应天。次年正月，为筹措军费，朱元璋“始议立盐法，置局设官以掌之。令商人贩鬻，每二十分而取其一，以资军饷。”（《明太祖实录》卷九）这里所说的“置局”，当是商税征收性质。

② 《明太祖实录》卷一九。

“置两浙都转盐运司于杭州，下设三十六场盐课司。”[①] 洪武二年（1369）春正月，“置河间长芦、河东陕西二都转运盐使司，及广东、海北盐课提举司。”[②] 同年十一月，又设山东、福建都转运盐使司。[③] 洪武四年（1371），明军平定四川，次年正月在纳溪、白渡设盐马司，二月置四川茶盐都转运司于成都[④]。十九年（1386）置盐井、建昌、苏州、越嶲、会川五井盐课提举司。[⑤] 二十年（1387）正月，设四川盐课提举司于成都，下辖盐井51处，又置四川成都等府、上流等县九井盐课司。[⑥] 二十六年（1393），于盐源置白、黑二井盐课司，隶属于四川盐井卫军民指挥使司。[⑦] 云南盐课提举司，始置于洪武十五年（1382）十一月，“所属盐课司，凡兰州盐井等处。”[⑧] 十六年（1383），又设云南安宁州盐课提举司、姚安白盐井盐课提举司、楚雄黑盐井盐课提举司，所属有琅井、阿陋候井盐课司。[⑨] 明初，都转运盐使司共有六处，即两淮、两浙、长芦、河东、山东、福建。盐课提举司共设七处：四川、广东海北、黑盐井、白盐井、安宁、五井、察罕脑儿。[⑩]

户部系统之外，还有由地方府县管制的“小盐”、“硝盐”系统，以及由驻屯军队管理的“军盐”。地方有司“小盐”，主要见于河南和山西。洪武初，河南开封府祥符县“民一户月纳焰硝六十斤，小盐三斤。”[⑪] 为收夺地方小盐利益，明廷于祥符县编户17380户。“验丁月纳小盐。”[⑫] 在山西，河曲县、太

---

① 《明太祖实录》卷二二。

② 《明太祖实录》卷三八。

③ 据谢肇淛:《福建运司志》卷三《秩司志·公署》记载：“洪武元年，改为福建都转运盐使司。”其始置年代与《实录》有异。

④ 四川茶盐都转运司，洪武十年置。《明史》卷七五《职官》。

⑤ 《明太祖实录》卷一七七。

⑥ 《明太祖实录》卷一八〇。

⑦ 《读史方舆纪要》卷四七《四川·盐井卫军民指挥使司》。又，《皇明制书》卷一八《大明官制》。

⑧ 《明太祖实录》卷一五〇。

⑨ 味水外史诸葛元声《滇史》卷一〇。

⑩ 《明史》卷七五《职官四》。都转运盐使司设都转运盐使一人，从三品；盐课提举司设提举一人，从五品，可知盐课提举司略相当于都转运盐使司副使（从五品）。此外，军盐系统还有辽东煎盐提举司，其职掌如都转运盐使司。

⑪ 《明太祖实录》卷一六五。

⑫ 《皇明制书》卷一七《大明官制》。

原县、徐沟县均见有“小盐”生产。以徐沟县为例，“岁办盐六万九千九百九十九斤。”[①] 而河曲、太原等，因有“咸卤之地，居民岁纳盐粮米六万五千九百余石”，以作为口食当地所产“小盐”盐税。[②] 在云南，也“有硝盐井，煎之皆硝，僰僰饮此水以下饭。”[③] 这种硝盐，恐不在明廷课税范围内。此外，并州所产硝盐，“长芦分司土人，亦有刮硝煎成者，带杂黑色，味不甚佳。”[④] 并州硝盐是否列入地方有司管辖，不得而知。但在明代，当有极少部分的土盐不为明廷所管制。例如在“西省阶、风等州邑，海井交穷，其岩自生盐，色如红土，恣人刮取，不假炼。”[⑤] 因尚处于原始自然状态，故略而不论。除地方有司“小盐”系统外，由驻屯卫所煎制“供军食用”的盐则称为“军盐”。如辽东都司下设辽海煎盐提举司[⑥]，每年由军士煎盐，岁定额为 3806430 斤。与辽东军盐体制稍异的是陕西都指挥使司下属凉州卫，“旧设盐课司，置盐户捞盐，以给军士。”[⑦] 宁夏卫城南 90 里，有灵州守御千户所，亦设盐课司，“岁办大引盐一万三千三百三十八引有奇。”[⑧] 在产盐卫所设置盐军、盐户煎办盐课，自然也由朝廷规定岁办课额、军丁、盐户额，只是其管辖系统有异于盐运司而已。

二、灶户的户役制

明朝盐业生产组织，是以专办盐课的朝廷役户的形式确立下来的，在户役制的严密控制下，灶户的生产组织及生活活动，被限定在户役制的框架之内运作[⑨]。朝廷强有力的统治，使灶户的盐生产组织内部有序化，生产序列规则得以实施；随着王朝控制力的减弱，盐业生产组织即随之松懈，官盐的生产也就

---

① 《明太宗实录》卷一二三。
② 《明太祖实录》卷七二。
③ 刘继庄：《广阳杂记》卷一。
④ 宋应星：《天工开物》卷上《作咸》。
⑤ 宋应星：《天工开物》卷上《作咸》。
⑥ 《明英宗实录》卷八二及《皇明制书》卷一七记载，洪武时称“辽东煎盐提举司”。
⑦ 《明太祖实录》卷二五五。
⑧ 《皇明制书》卷一七《大明官制 · 宁夏卫》。依明制，大引盐每引 400 斤。
⑨ 参见王毓铨：《明朝配户当差制》，刊于《中国史研究》1990 年 1 期。

由萎缩逐渐归于失败。

明初，明廷在其统治区域内强力推行“配户当差”的括户制度，将天下人户按其职业技能划分名目不同的“户役”。而“濒海有盐灶”，则佥定为灶籍[①]，入灶籍的人户，即是灶户。灶户因系专为朝廷供办“户役”或“职役”盐课，所以灶户的盐生产实际上成为朝廷制盐产业的基本生产单位。为维持盐生产秩序的稳定，明廷对灶户的管理，则与其他人户有所不同。依明定制，编入灶籍的人户，必须“世守其业”，“世代以籍为定”，不能“辄与改役”，这就是明人所说的“役皆永充”的含义。[②] 由于煎办盐课是“重役”，对于承当“重役”的人户，更不得“诈冒脱免，避重就轻”，如果“脱免”，则视为有违明廷法律，受到“杖八十”，仍发原籍应役的处罚。[③] 即便是“官至台司，亦寸土受盐，见丁办课，例无蠲荫。”[④] 灶户出身的人在外作官，如果在“任所及邻境州县置田宅报作民籍，脱免原役”，一经发现，立刻“俱发原籍当差。”[⑤] 富裕灶户也不得贿赂官吏，“买脱”灶籍，即使原籍地已不产盐，其灶户所承当的“岁额之课不得免焉”[⑥]。课既不免，其灶户身份自然也不得改变。对于逃移灶户，明廷的处置条文也较民户苛刻。例如正统元年（1436）规定，民户窝藏灶户“逃户”者，“量加税粮”，“如仍不首，虽首而所报人口不尽，或展转逃移”，窝家“俱发甘肃卫所充军。”[⑦] 这是对窝藏灶户“逃户”的人的惩处，灶户逃亡，想必难以安身。而对于流寓人户“附籍”，灶户则被排除附籍之外。按明制：民籍者许收附，但“军、匠、灶役冒民籍者发还”，原籍官司，“收管听继”，不许附籍[⑧]。明廷对灶籍管制如此之严，并不是说灶户的

① “灶籍”又称“盐籍”，然入盐籍的人户，则依其制盐方法的不同，称谓亦有异。称“灶户”者，当是以煎盐制盐的人户，这不仅是在海盐区，即便在四川、云南井盐业中，因仍系煎制盐，所以仍称为灶户。而在晒盐业，则称为“埕户”；池盐业，则称为“捞盐户”。名称虽有异，其入灶籍（盐籍）为朝廷制盐役户的性质则相同。

② 《明史》卷七七（食货一·户口）。又，吴柽：《杂税论》。

③ 《大明律》卷一三。

④ 康太和：《兴化府盐课记》，载《福建运司志》卷一五。

⑤ 《明英宗实录》卷二一五。

⑥ 余承勋：《理盐说》，载《四川盐法志》卷四。

⑦ 万历《明会典》卷一九《户部六·逃户》。

⑧ 万历《明会典》卷一九《户部六·附籍》。

身份地位较民户低，只是灶户与民户所承担的朝廷“户役”不同，朝廷必须有效地控制具有制盐技术的专门人户，使之源源不断地为朝廷供办军国所需的盐课。

朝廷对灶籍人户的管制，是通过编佥和清审制度实现的。明朝的灶户，大体由三方面构成：一、前元遗留灶户；二、徒罪人煎盐，有终身充军者，发盐场“顶办逃亡盐课，终身除豁”充军[①]，也有官员犯事“遇有年及六十而有疾病者，止发终身摆站，煎盐炒铁。”[②] 因是终身煎盐，当有融入灶户共同体的可能。三是“括民为灶”。编佥盐场附近的“丁田相应”“有力民户”入灶承办盐课，当是灶户的主体。在明代，编佥民户入灶乃是推行全国的基本政策。如在两淮、两浙盐区，“丁田相应之家，编充灶户。”[③] 汪砢玉《古今鹾略》也说：“国初制，沿海灶丁，俱以附近有丁产者充任。”若以两浙西路场为例，其灶丁俱系“编佥嘉兴、海盐、华亭等县之人。”[④] 据万历《重订两浙鹾规》的记载，两浙灶丁则分布于嘉兴、湖州、绍兴、温州、台州、苏州、松江7府31州县。在长芦，“明初创立盐法，设于沧州，置场于近海，编户于州县，而佥民为灶。”[⑤] 所佥灶丁，则来源于沧州、南皮、盐山、庆云、青县、宁河、河间、交河、东光、冀州、衡水，以及山东海丰、乐陵等32州县。[⑥] 又如河东运司，“其捞盐人夫，除定额外，于附近州县人民内量拨丁夫协办。”[⑦] 据明实录的记载，“每岁伏暑时月，于山西平阳府安邑等十县内起民夫捞办，毕日还家。”[⑧] 山西平阳府所属临汾、襄陵、洪洞、浮山、临晋、荣河、猗氏、万泉、河津9县，加上解州安邑县共10县，编户612里，共计67320户，为河东运司供役捞盐。[⑨] 按里甲编户承办盐课之制，也推行到陕西漳县、西河，以

---

① 徒罪充军人罚煎盐，其制始于洪武十四年刑部拟定徒罪煎盐炒铁例。见《明太祖实录》卷一三五。

② 《明英宗实录》卷七七，载刑部主事杨祖奏疏。

③ 朱廷立：《盐政志》卷七。

④ 《明宣宗实录》卷五九。

⑤ 王守基：《盐法议略·长芦盐务议略》。

⑥ 段如蕙：雍正《新修长芦盐法志》卷六《灶籍》。

⑦ 蒋北奎：《河东盐法备览》。

⑧ 《明太祖实录》卷四七。

⑨ 《皇明制书》卷一七《大明官制》。

及山西河曲、太原、徐沟县。如徐沟县岁办盐课69998斤，即由该县编户19里共2090户捞办。在福建，据何思赞《盐册议》所说，福建“七场盐户原共一万三千九百一十户，即系民户，但着令受盐，名为灶籍，非盐自为户也。”[①]显然是将朝廷所需盐课摊派于编入灶籍的民户供办，这些人户并非是具有制盐技术的旧有盐户。这种情况，也见于广东海北。正德年间林希元《陈民便以答明诏疏》说，明初，“民户、疍户见灶户免差，皆求投入盐司。”[②] 以上所引编佥史料，可以说明朝廷为保证有足够的劳动力恢复盐的生产，运用户役制编佥灶户，以作为朝廷盐课利益的税役单位。灶户一经编佥，明廷则采用“清审”制，一方面补充劳动力，另一方面实行均徭，以免灶丁逃移。

三、计丁办课

明廷清审灶户丁口数的目的，是以其所统计的灶户丁额以办朝廷盐课。此即称为“计丁办课”。

根据明代盐法关系文献的记载，可以洪武、弘治、嘉万三个时期灶户丁的统计，作为明代盐业劳动力的定额。其中洪武时期灶户总额为92150户，灶丁为270843丁；弘治时期灶户为120224户，灶丁为351981丁；嘉万时期灶户为82502户，灶丁为413051.5丁。按明朝灶丁正丁一丁，帮贴余丁二三丁的帮贴制推算[③]，洪武时正余丁当有81万余人，弘治时有108万人，万历时则为130万人。如果加上柴夫、车夫、刈草夫等临时性辅助工，实际从事盐生产的人当更多。

官方灶丁额的清审与统计，是盐运司征收灶户“丁盐”的基础。“丁盐”，又称“正盐”，即“正丁盐课”。如前所述，明初施行灶户户役制，朝廷征发盐课，乃是以灶户的户为户役单位。至洪武二十三年（1390）经监察御史陈宗礼奏请，由按户征盐改为“计丁纳课”。这一制度改变的原因，乃是因为

---

① 谢肇淛：《福建运司志》卷六《经制·攒造盐册》。

② 《明经世文编》卷一六三。

③ 据万历《重订两浙鹾规》的记载，在现实中灶丁免田均以三丁帮贴为率。此种情况，也见于福建、两淮、广东海北盐区。因此，这里统计的灶丁正丁，实际上是承办盐课的户役单位，而不是实际的人数。

“两淮盐场煎办盐课，其役不均。灶户有一丁而办盐三十引者，有七八丁亦办盐三十引者。”[①] 这说明由于灶户户下丁的多寡不同，按户办盐势必加剧灶户层的贫富分化，而“计丁课盐”，至少在明代官员看来可以均平劳役，有利于统治秩序的有序化。经户部的议复，两淮即仿两浙“计丁办课”定额[②]，“每丁岁办小引盐十六引，引重二百斤。复盐工丁半之，其余工丁四引。”[③] 可知在两淮、两浙地区丁盐的征发标准是每正丁岁办盐3200斤，盐工丁[④]岁办1600斤，余工丁800斤。从同年七月淮安府海州临洪场灶户纪德山的上言中，可知“计丁办课”制确在两淮地区施行。其言：“近者增添盐课，计丁煎办。本场灶户一千一百三十二，丁三千一百三十三。旧额小引盐三万一千八百八十九引，今增一万八千二百三十引。”[⑤] 计丁办课制的成立，说明：一、明初以盐课总额，按每灶户办盐30引编佥灶户已告结束。而以灶户的“户”为课盐和生产的单位，在现实中是行不通的。二、由户向丁的转移，标志“丁”已上升为朝廷的税役单位，同时也是盐生产以及地方盐业社会组织的最基本单位[⑥]。三、以纪德山的上言，以丁为课盐单位，其每丁的盐课负担因之加重。如以二十三年“户”计算，每一灶户岁办盐为28.17引，而仅以一正丁、一盐工丁、一余丁的人均课盐量说，实际灶丁的单位课盐已为28引，相当于旧有的“户”的课盐量。

四、盐业生产资料所有形态

由于煎盐晒盐大多为贫困灶户承充，明廷为保持稳定的盐课收入，就不得不拨付一定量的官有荡地，并给发煎盐灶具，以维持盐的再生产。这里即对荡

---

① 《明太祖实录》卷一九九。

② 两浙“计丁办课”始行年代，记载多歧。据《宪章录》记载，两浙“计丁办课”始于两浙盐运使吕本奏疏，该疏上奏的年代是洪武二十三年，这显然有误。据《明大政记》云：“二十三年正月，定灶户计丁办盐。”其始行年代当略早于两淮，否则陈宗礼奏疏就不会提出仿照两浙计丁办课的建议。

③ 《敕修两浙盐法志》卷三《沿革》，以及《万历会典》。

④ 盐工丁即柴夫、火丁、卤丁等，不属正额灶丁。

⑤ 《明太祖实录》卷二〇三。

⑥ 明代灶丁的基本组织，大体与军人相当。在辽东，军人一名，其名下的丁夫约有十四五人，由此组成以军人为中心的税役单位、军事单位以及社会基层组织。灶丁正丁下的盐工丁、余丁人数，当与军人相接近。

地及灶具等主要生产手段的所有形态、灶丁分拨荡地的实态进行分析。

（一）计丁官拨荡地

所谓“荡地”，是指作为盐业生产资料的草荡、沙荡、滩场[①]、晒盐埕池、灶房、盐仓基地，等等。其中草荡、滩场地数量最多，为盐业生产不可缺少的生产手段。

明朝沿宋元旧制，官拨“给草场以供樵采，堪耕者许开垦。”[②]官拨荡地的目的，主要是为处于煎盐技术阶段的盐生产提供燃料，同时也为取得卤水保证有足够的滩地。关于燃料的供给，弘治元年（1488）两淮巡盐御史史简《盐法疏》有言：“鬻海之利，所资者草荡。灶户每丁岁办大引盐十引，该用草二十余束。洪武年间编充灶丁，每丁拨与草荡一段，令其自行砍伐煎烧，不相侵夺。”[③]以此计算，小引盐一引，约用草一束。两淮岁办盐70余万引，用草量当在70余万束。可以想象，如果不由官拨给灶丁一定量的草荡地，灶丁无力承担如此巨量的草束额，盐业生产也势必因燃料供应不足而中断。在这样的情况下，明廷将沿海滩涂荡地归属国有，使之成为朝廷控制的官地，并不是没有道理的。关于盐业荡地的地权归属，嘉靖十二年（1533）长芦山东巡盐御史邓直卿《清滩荡以补课额疏》说得最为清楚：“各场灶滩所以刮土淋卤，草场所以刈草煎盐，寸土尺地，皆属之官，自有界限，例禁不得开耕变卖。”[④]这里所说的官有“灶滩”、“草场”，即是段如蕙《新修长芦盐法志》卷六《灶籍·各场地亩》所说的：“樵采草刍，煎办盐课者，名为草荡；斥卤不毛之地，刮碱取土，盘煎池晒，资以成盐者，名为滩地。”可见沿海滩涂荡地，均属于官授地。

按前述史简《盐法疏》的说法，官有荡地，是按丁分拨给一段，由灶丁自行砍伐煎烧。据嘉靖年间两淮巡盐御史朱廷立的统计，明初两淮拨给灶丁的

① “滩场”，〔元〕陈椿：《熬波图》称作“摊场”，是指沿海“摊灰取卤”之地。

② 《明史》卷八〇《食货四·盐法》。草荡对于灶户有二重意义，一是解决生产用燃料，二是开耕成熟荡，以解决口粮等生活资料。所以说明朝灶户具有农业与手工业相结合的性质。

③ 朱廷立：《盐政志》卷七《疏议下》。

④ 万历《山东盐法志》卷三，又见雍正《山东盐法志》卷一一。

草荡共有8140781亩，弘治时两淮三十场共有草荡662977亩。① 在两浙，杭州公司“每灶丁一人，给草荡九亩或八亩。”② 松江分司荡地分拨，各场有差。如浦东场，共有灶丁3430丁，官授草荡66152.7亩，每丁分拨19.3亩。袁浦场灶丁为3462丁，共官授草荡33933.01亩，每丁分拨9.8188亩。青村场灶丁为4001丁，受草荡54642.14亩，每丁分拨草荡13.657亩。③ 但在西路场，则“每丁派亭七尺”，而且“绝无卷石之山，寻丈之荡。”④ 在鲍郎、海砂、芦沥三场，均“丁给卤地。鲍郎场每丁二弓五寸，海砂场每厂四弓。”⑤ 永嘉场“每丁分与沙坛一丘。”⑥ 以上淮浙各盐场分拨荡地的零星记录，大体可以反映官拨荡地的性质。

（二）官给锅盘制及其废弛

明代灶户盐生产所必需的煎盐灶具，均由盐运司官给发，称为“官铸盘铁”。以两淮为例，灶户的盘铁，“俱系洪武、永乐中铸造。”⑦ 又据弘治《运司志》的记载，明初于泰州官设盘铁厂，由“官置铁炭，每一盘铁四角，一角该铁五千斤。”如此所言，官铸盘铁4角为一面，一面用铁量为20000斤。铁多贵重，一般灶户自然无力铸造。但更重要的是，盘铁由官给发灶户，数有定额，且施行“聚团公煎”的生产方式，更便于官盐生产管理，防止灶户私盐产生，因此说，官给灶具也是明廷有效实施灶户户役制的一个组成部分。

盘铁既由官铸造给发，其破损也必须在清审灶丁、荡地的同时，由官清点盘铁灶具，如有破损，则由盐运司奏请补铸。明显的例证，如弘治元年（1488）两淮巡监御史史简《盐法疏》说：“以岁久破碎盘铁共重一百九十五万八千五百六十二斤，奏行重铸。”次年，由巡盐御史张贞“措置铁炭，价银一万二千四百六十余两”，重铸盘铁391.71角，每角用价银31.81两⑧。这是

① 根据乾隆《两淮盐法志》卷一四《场灶·草荡》引弘治《运司志》的统计。
② 万历《杭州府志》卷三一。
③ 正德《华亭县志》卷四。
④ 星石：《上陆都运灶议》，载徐元旸《剂和悃诚》。
⑤ 天启《海盐县图经》卷六。
⑥ 万历《温州府志》卷五。
⑦ 弘治元年史简《盐法疏》，载朱廷立《盐政志》卷七。
⑧ 乾隆《两淮盐法志》卷一八《灶具》转引弘治《运司志》。

自洪武、永乐后第一次由官补铸破碎盘铁。至嘉靖六年（1527），又经监察御史戴金题准，“铸造四方盘铁共三百二十一角。”戴金奏铸的盘铁与弘治前均不相同，“每角用铁三千斤，连铸造工价约用银二十六两”①。据汪砢玉《古今鹾略》记载，同年，即由“御史雷应龙复铸盘铁三百二十一角。”至十五年（1536）又由巡盐御史徐九皋行委运司同知孙廷相督属铸完盘铁213角。二十一年（1542）御史胡植行令运司同知白濬督铸铁镴461口。② 在明代，除洪武、永乐年间官铸盘铁外，两淮官补铸盘铁共1386.7角，用银25870两。弘治年间年铸391.7角，每角用铁5000斤，其他995角，每角均用铁3000斤。共用铁4943550斤。

锅镴的铸造，嘉靖时代仍由官铸给发，这可从前示嘉靖二十一年（1542）白濬铸镴得到证明。③ 至万历末，由于盐运纲法的成立，商人成为盐业生产的支配者，其锅镴则由传统的官铸改为商铸。根据乾隆八年（1743）七月两淮盐运使朱续晫的记述，商人所铸锅镴每口重140斤，计价银5.8两。自万历改为商铸，其每口斤重、铸价当不会相去太远。商铸锅镴的意义，乃是在官无力铸造，不得不改为商铸的情况下，传统的官灶之间的租赁锅盘关系由商人与灶户的锅盘租赁关系所替代，这就为商人控制盐业生产者灶户并进而控制盐生产，提供了可乘之机。但应该承认，商人铸造锅镴，并不是按商人的意愿自由铸造，而是在官府所限定的数额内，由商人提供铸造价银，按官府确定的规格、斤重、数量进行铸造。在这里，商人的经营活动受官府的节制，而商人与灶户的关系，则以准官的形式出现。此外，除商铸之外，还出现灶铸的情况。

在两浙，盘铁有官铸、灶铸二种。灶铸盘铁，自明初起，即由灶户“自

---

① 汪砢玉：《古今鹾略》。

② 乾隆《两淮盐法志》卷一八转引《古今鹾略》及《扬州府志》。

③ 关于官铸锅镴的例证，还有正统三年巡抚直隶行在工部右侍郎周忱言盐课四事，其中云：“华亭、上海二县灶丁免盐课六十三万二千余斤，催责不已，煎盐不敷，灶丁日以逃窜。宜官铸铁锅一二百口，给以免盐灶丁，令其户下人口协助煎办，庶国课易完。”（《明英宗实录》卷四七“正统三年冬十月乙丑”条）可见官铸锅镴只是为方便灶户的“户下人口”投入煎盐，以补完逋课，显然不属于定制。

置荒铁”所铸，“每盘一面重千数百斤”①。显然比官式盘铁小薄，大概如嘉靖《淮扬志》所说的“四方盘铁”的形制。其定额，据万历《重订两浙鹾规》卷三“锅盘”的统计，明初盘铁额为1312.5面②，万历时为4531面。锅的定额，明初有1061.5口，万历时则有2742口③。由此可见，锅的发展幅度明显不及两淮为高。其因即在于自明初起，两浙对于灶户煎盐灶具的管制就不如两淮严格，尚有相当多的灶户是使用篾盘煎盐，铁铸盘铁锅鏾的官给之制，并不像两淮地区那样具有实际的意义。

（三）官支工本与官收盐制

构成明朝盐再生产的要素，还应当包括官支发工本钞米，以及建立在官盐生产体制之上的官收盐制度。

明朝官支工本，渊源于宋元④。洪武十三年（1380）两浙都转运盐使司运使吕本奏称：“宋仁宗朝给亭户官本，而盐法越密。元承宋制，岁给工本，置转运司，各场置令、丞管勾，掌盐出纳。所给工本有多寡，而煎盐有难易。”⑤很显然，明初时人即认识到官支工本是控制灶户盐业再生产必不可缺的方面之一。所以自宋元以来施行的官支工本制遂为明朝所沿续。仍按吕本的说法，“国初，委官稽考，仍依旧额输官，以四百斤为一引，官给工本米一石，以米价低昂为准，兼支钱钞，以资灶民。”⑥官支工本米，是为了维持灶户劳动力再生产，以便取得灶户全部的盐产品。朝廷之所以支放工本米，大都因为盐产区多为“斥卤”之地，少有粮食的生产，不得不靠朝廷给支的工本米以为口食之资，否则灶户人丁即不能生存。从这个意义讲，工本具有供口食之义。口食之外，还有维系简单再生产的含义。例如洪武四年（1371）陕西灵州盐课

---

① 《明太祖实录》卷二二。

② 两浙盘铁计量单位极不统一，有“面”、“所”、“角”、“块”、“片”等等。按明代盐法关系文献记载，盘铁一面为四角，恐一面亦又称为“一所”，而一面显然由若干“块”、“片”组成。

③ 锅的计量单位，两浙有“口”、“链”、“只”等称谓，这里均以“口”计。

④ 关于明朝工本的研究，参见何维凝《中国盐政史》（大中图书有限公司1966年版）第323、324页。又，前引〔日〕藤开宏《明代盐场的研究》及〔台〕徐泓《明代前期的食盐生产组织》。

⑤ 《明太祖实录》卷一三〇。

⑥ 吕本奏疏全文，见朱廷立《盐政志》卷四《制度下·工本米》。

司“大盐池夫八十人，小盐池夫三十九人，宜日给米二升，以为工食。”[①] 这里的“工食”，想必与正德年间国子生沈淮《盐政奏疏略》所说：“以备器用”的工本形态相类似[②]，即是由灶户自备除煎盐盘铁、锅鏾等大型灶具之外的其他盐生产工具，另外还包括灶舍的修缮及卤池的砌治等生产性开支。其例证，如广东“各盐场灶丁岁领工本煎办盐课”[③]，然“因灶晒之户均系贫民”，无力进行盐的生产，尤其当海潮灾害之后，所损坏的基围池漏，更无力抢修，经“运司查明，酌借工本，饬场官督令修理，候收盐时，于盐价内扣还”[④]。这里所说的“工本”，显然具有借贷资本的性格。而盐运司支放的工本，也不是明初的工本米，而是钞钱、银的货币形态，这部分贷款，则是在盐运司收买灶户余盐支付盐价时“扣还”。

官支工本米、钞、银的来源，主要是水乡灶户和开中商人。关于水乡灶户支付煎盐灶户工本的制度，如正统三年（1438）规定：“其远乡灶户所贴柴卤钱米，亦于仓囤收贮，明白支消。”[⑤] 远乡灶户所贴之人，无疑是滨海煎盐灶户。这一点，正德《华亭县志》卷四说得甚为清楚：“其灶户，附近能煎盐者曰滨海，居远不能煎盐者曰水乡。水乡例出柴卤价钱，贴雇滨海灶丁煎办。其后钞法变更，柴价又为总催剋取，滨海盐丁，日就贫困。”由此看来，滨海卤丁在生产和生活两方面均依赖于水乡灶户，如果滨海灶户与水乡灶户的关系中断，即会造成以煎盐为生理的滨海灶户的贫困。至于水乡户如何贴煎盐户，每年贴多少，沈淮《条陈盐政疏》有云：“旧例：水乡每丁贴助卤米六石或四石，代与办盐。”[⑥] 具体的贴法，则是“每岁卤丁到乡陆续收取，虽云贴米，钱、布、杂物，无所不受，出者不觉其难，收者各得其用。”这是指明初收取水乡灶户的实物。自从水乡灶户改征“折价”，旧有的贴实物关系随之结束。

---

① 《明太祖实录》卷六五。

② 顾炎武：《天下郡国利病书》苏松。

③ 《明太宗实录》卷一一八。

④ 孙玉庭：《盐法隅说》。

⑤ 《明英宗实录》卷四七。

⑥ 嘉靖《浙江通志》卷一八亦云：正统三年，用侍郎周忱议，“水乡丁岁出米六石。”成化五年（1469）户部疏令水乡灶丁岁办盐二引以上者，输米四石，三引以上者，米六石。与沈淮所说相吻合。可见水乡灶户的“输米”，也是按其灶丁办课额确定的。

按明人的记载，“盐司定立千百长名役，令收水乡盐价，骚扰侵渔，而人始不堪，相逃相属矣”①。这里所说的“水乡盐价”，即是指水乡灶户所承办的盐课折色，又称为“工本银”。按明制：“不谙煎盐者，每引纳工本银三钱五分，解送运司，给散灶丁。”② 至嘉靖时，水乡灶丁的工本银，改为“每引纳银七钱”③。此外，水乡灶户所分拨的草荡地，也征银作为工本银给散。荡地征银，始见于成化十二年（1476）诏令，其中规定：“复水乡荡价，解运司。此草荡征银之始。”④ 但在征银之前，其草荡地也见有征收钞贯。顾炎武说：“旧制：亩税钞六十文，窃意所给工本，盖此钞也。”后“诸荡不复征钞，而改收平米三升或五升。”⑤ 按荡亩所收平米，称为“荡米”，此后又折收“荡价”即是“荡米折银”。无论荡米还是荡价，都是官支工本的构成部分。

工本银的又一来源，则是报中商人于盐运司，提举司支盐时，必须“每引上纳银五分，存留司库，年多灾伤，以为赈灶之用”⑥。后经巡盐御史蔡时鼎议准，“将应纳银每引扣银三厘，给灶勇工食”⑦。此项银即称为“赈济银”。赈济银渊于“劝借米麦”。正统六年（1441），因官支工本米麦制衰微，经两淮巡盐御史张裴奏准：“两淮、两浙劝借支盐客商米麦，收积该场，赈给贫难灶丁。”弘治元年（1488）又经两淮巡盐御史史简奏准：“客商每盐一引，劝借米一斗，或麦一斗五升。其无盐自行买补者，免其劝借。”⑧ 这里所说的二种情况，一是由官支给盐斤的客商，就必须承担盐引开中价的附加部分，此项虽名为“劝借”，其实是官支工本的组成部分。二是由商人自己下场买补灶盐，因必须自行支付盐价，故无需交纳劝借米麦。总之，商人劝借米麦是维系官支工本制的重要措施。

对于灶户余盐收买所偿付的工本，其来源是府州县的税粮。正统十三年

① 嘉庆《两淮盐法志》卷二七《艺文》。
② 嘉庆《两淮盐法志》卷一《历代盐法源流考》。
③ 《明世宗实录》卷三六六。
④ 嘉靖《浙江通志》卷一八。
⑤ 顾炎武：《天下郡国利病书》苏松。
⑥ 嘉庆《两淮盐法志》卷一《历代盐法源流考》。
⑦ 嘉庆《两淮盐法志》卷一《历代盐法源流考》。
⑧ 朱廷立：《盐政志》卷四《制度下·赈济》。

(1448)，“令两淮运司于各场便利处，置立仓囤，每年以扬州、苏州、嘉兴三府所属附近州县，及淮安仓并兑军余米内量发收贮。凡灶户若有余盐，送纳该场，每二百斤为一引，给与米一石。”① 如果说正盐官支工本米麦为一系统的话，那么灶户余盐以税粮收买则属另一系统。自正统后，余盐收买系统得到长足的发展。景泰元年（1450）余盐收买的范围有所扩展。规定灶丁余盐给米，淮盐8斗，折盐6斗，长芦盐4斗。至天顺五年（1461），又定广东海北余盐“每引官给米四斗”②。余盐除支付工本米外，也以银收买。如嘉靖三十二年(1553）经巡盐御史黄国用奏言：“以各场灶户数外煎剩余盐，将运司割没盐银扣留八万二千余两，给灶户充工本，增收盐三十五万引。”③ 这种以银收买的余盐，即称为“工本盐”。正如隆庆元年（1567）巡按直隶监察御史苏朝宗条奏所说，“盐课自都御史王绅建议，扣留余盐银八万二千两，每引官给灶户银二钱，收买余盐，谓之工本。”④ 工本盐的性质，显然是在原额正盐和余盐基础之上，由官加收的余盐。工本盐的收买，无疑增加了食盐的销售总额，势必给食盐销售市场带来极大的混乱。

五、盐课统计

按明人记述，盐课几为国家财赋收入的50%。《春明梦余录》卷三五有云：“国家财赋，所称盐法居半者，盖岁计所入止四百万，半属民赋，其半则取给于盐筴。”此书的记载，显然是来源于万历间户部尚书李汝华的《户部题行盐法十议疏》。其疏云：

> 国家财赋，所称盐法居半者，盖岁计所入止四百万，半属民赋，其半则取给盐筴。两淮岁解六十八万两有奇，长芦十八万，山东八万，两浙十五万，福建二万，广东二万，云南三万八千两有奇。除河南〔东〕十二万及川陕盐课，虽不解太仓，并其银数，实共该盐课

① 朱廷立：《盐政志》卷四《制度下·工本米》。
② 朱廷立：《盐政志》卷四《制度下·工本米》。
③ 《明世宗实录》卷五五〇。
④ 《明穆宗实录》卷六。

银二百四十余万两。①

按李汝华奏疏，万历时期盐课银年收入240万两，占朝廷年收入银400万两的60%。不过，这里所说的盐课银，当是每年盐课的折银总额，其灶户所纳本色盐额究竟有多少，没有反映出来。

应该承认，盐课折银是明代经济社会发展必然结果。在明初，灶户上纳盐课均是实物即本色盐课。各盐运司、提举司盐课额，可以洪武二十六年（1393）颁行的《诸司职掌》为据。② 由于该书记载盐课计量单位有“大引”、“斤”二种，为便于与下面的统计进行比较分析，均折以小引计算。

《诸司职掌》所载各盐运司、提举司盐课额

盐运司提举司	盐场数	盐课额（小引）	备　注
两浙	35	440915	
福建	7	209145.5	
两淮	29	705152.5	
北平河间	24	126307.5	
广东	14	93710.5	
海北	15	54081	
陕西		3236	西河县岁办657.65引，漳县岁办2578.35引。
四川	52#	50607	上流等九井岁办9597.85小引，永通等七井岁办4223.85小引，郁山井岁办1134小引，涂甘井岁办821小引，云安场岁办10623.1小引，通海等三井岁办1221.65小引，福海等六井岁办2453.85小引，广福等三井岁办1122.35小引，华池等三井岁办1121.1小引，新罗等二井岁办3627.5小引，富义等十一井岁办9440小引，罗泉等二井岁办1556.5小引，黄布等二井岁办3470小引，仙泉井岁办194.25小引。
云南		9139385	五井岁办1360685小引（又折绵布720段，每段长11尺，宽0.8尺）黑盐井岁办2861.7小引，安宁井岁办3863.4小引，白盐井办1053.6小引。
河东		304100	
共计		1996294385	

① 《明经世文编》卷四七四。

② 《皇明制书》卷三。关于《诸司职掌》的性质与作用，参照〔日〕藤开宏《关于明代田土统计的考察》第三章《〈诸司职掌〉记载田土统计的考察》，载《说林》第三一卷。

按《诸司职掌》的记载，明初各盐运司、提举司岁办小引盐1996294385小引，每小引200斤，其为盐399258877斤。对上记课额，《诸司职掌》均用“岁办”的概念，可知明初的盐课定额不足4亿斤。

对明代盐课记录最为详实的是《明会典》《皇明世法录》。[①] 其记录的方法，与《诸司职掌》《明史》的不同之处，则在于按盐运司、提举司分别开列本色常股、存积盐，折色盐及岁解太仓余盐银，边镇年例诸银额及王府等盐银额。这对于认识明代盐课构成、定额、盐课及盐银分配，具有重要的史料价值。根据陈仁锡《皇明世法录》卷二八《盐课》的记载，将大引、小引及票盐均换算成“斤”，制表如下：

明代盐课表

盐运司 提举司	盐课额（斤）		
	洪武时期	弘治时期	万历时期
两淮	141030500	141036000（其中本色常股盐78365000斤，存积盐50165800斤，折色盐12497000斤）	141036000（其中常股盐98725200斤，存积盐42310800斤，岁解太仓余盐银600000两）
两浙	88183000	88953949125（其中本色常股盐26779332斤，存积盐17852888斤，折色盐44321728斤1两9钱7分）	88953940（其中本色常股盐62267764斤6两2钱，存积盐26686184斤11两8钱，岁解太仓余盐银140000两）
长芦	25261500	36161588（其中本色常股盐19922886斤，存积盐7232200斤，折色盐9006501斤）	36161686（其中常股盐25313180斤3两3钱，存积盐10848550斤12两8钱，岁解太仓余盐银120000两）
山东	57354950	56824962（其中本色盐29979562斤，折色盐26845400斤）	19222019斤5两9钱（其中常股盐17222019斤5两，存积盐2000000斤，岁解太仓余盐银50000两）
福建	41829000	42136265斤8两6钱（其中本色盐18982678斤4两9钱，折色盐23153587斤4两）	41736264（岁解太仓银22200.1两，泉州军饷银2344.2两）

① 《明会典》《皇明世法录》当视为一个系统，是从法的角度记录盐课定额的，所以具有制度的意义。与《明实录》记载盐课实际收入有所不同。此外，关于明朝盐课的记录，还见于朱廷立《盐政志》卷四《制度下》，其材料来源于《诸司职掌》，故属于一个系统。

续表

盐运司提举司	盐课额（斤）		
	洪武时期	弘治时期	万历时期
河东	60800000	84000000（其中常股盐58800000斤，存积盐25200000斤）	124000000（岁解太仓银4395.9两，宣府银76778.56两，大同代府禄粮银43113两，山西布政司抵补民粮银74259两）
陕西灵州	西和县岁办131530斤，漳县岁办515670斤，灵州岁办2867407斤，共3514607斤	西和、漳县、灵州岁办共3514607斤	12577668（岁解宁夏镇年例银13242两，延绥镇年例银13714.24两，固原镇客兵银2059两，固原军门犒赏银7124.44两）
广东海北	广东岁办18742100斤；海北岁办10816200斤，共计29558300斤	广东岁办18742100斤，海北岁办7793390斤（其中本色盐5352100斤，折色盐2441290斤①，共计26535490斤）	广东小引生盐6045800斤，小引熟盐6920200斤；海北小引正耗盐2497200斤。岁解太仓银11178两，存留本处备用银790.94两。
四川	10131400	20666850	9861140（岁解陕西镇盐课银71464两）
云南	1827877	950684②	1827877（岁解太仓银35547.37两，遇闰该银38528·97两）
共计	459491134	500780395斤10两6钱	491839794斤5两9钱岁共解盐课银1288322.75两

就制度而言，明朝岁办盐课总额，洪武时期为459491134斤，折合小引盐为2297455.67引；弘治时期为500780395斤，折合小引盐为2503901975引；万历时期为491839794斤，折合小引盐为2459198.97小引。若按《明会典》《皇明世法录》的记载，弘治年间的岁办课额已达5亿余斤。

① 原文记海北提举司弘治年间岁办盐额为“一万九千四百八十三引四百九十斤”，其中“四百九十斤”，当为“一百九十斤”之误。

② 弘治时期，五井、安宁井岁无定额，此数仅为黑盐井盐课提举司岁办616370斤，白盐井盐课提举司岁办334314斤的合计数。

第二节　盐业运销体制及其演变

明朝食盐运销，分为引盐、票盐二个系统。引盐系统主要是行销正额盐课，票盐系统则较为复杂，大体包括改引为票盐，地方“小盐”及军盐的销运。无论引盐还是票盐，都划分有官盐、商盐（或称“客盐”）二部分。

一、引盐与引式

明朝行销盐货，亦如前朝，仍行盐引，所以引盐成为官盐行销的代称。“引”有两种含义：1. 系指运销盐货的凭证，即“引目”、“引符”。引目由工部刊铸铜版，内官掌出入，户部钤印给发盐运司。商人到朝廷指定的边方卫所仓口，按户部拟定中盐则例，上纳米谷等物资，通过报中取得边仓管粮郎中所发勘合，至盐运司比对照磨，由盐运司发给盐引，下场支盐，然后至批验所称掣行销。商人在行销官盐的过程中，“引”与盐不得分离，有引即为官盐，无引则为私盐。2. “引”作为盐生产及官收盐、行盐的计量单位。明朝建国初，盐运司，提举司收盐一般用大引，每引400斤，但各地引的斤重也极为紊乱。洪武二十三年（1390），刑部尚书杨靖奏疏说：“臣先职户部时，监察御史陈宗礼言两淮煎盐灶户，丁办不均，盐引斤重，大小不同，难于稽考。”① 按陈宗礼的奏疏，当时各运司、提举司均将灶户课盐改为小引，每引重200斤。然至杨靖奏疏后，“上命户部定自二十二年为始，仍照原额，验丁均办。引目斤重，亦依旧例，每引入场重四百斤。”② 这就是说，官收灶户盐课仍以每引400斤计算。嗣后，复改为小引。据《万历会典》记载：“凡天下办盐去处，每盐二百斤为一引。”③ 沿至明末，引目斤重又出现差异。如在两浙，每引即为盐300斤④，而在广东、福建，则仍行大引之制，引目斤重

① 《明太祖实录》卷二〇三。

② 《明太祖实录》卷二〇三。

③ 又见倪元璐：《国赋纪略·盐课》。

④ 万历《重订两浙鹾规》卷三。

极不统一。

明朝盐引引式，集明朝行盐制度为一体，是反映有明一代食盐行销体制最为完备的原始依据。惟为对此有完整的认识，姑备录洪武时期盐引式一纸如下：

南京户部见为盐法事照到奏准各项事例，除钦遵外，本部合行开坐半印勘合引目，付客商收执，照盐前去发卖施行。须至引者。

一、两淮运司，凡遇客商贩卖盐货，每引二百斤为一引，给付半印引目，每引纳官本米收入仓，随即给引支盐。

一、各场灶丁人等，除正额盐外，将煎到余盐夹带出场及私煎货卖者绞。百夫长知情故纵，或通同货卖者同罪。两邻知私煎货卖不首告者，杖一百充军。

一、凡守御官吏巡检司巡获私盐，俱发有司归问，犯人绞。有军器者斩，盐货、车船、头匹没官。引领牙人及窝藏寄放者，杖一百，发烟瘴地面充军，挑提驮载者，杖一百充军，有能自首者免罪。常人捉获者，赏银一十两。仍须追究是何场分灶户所卖盐货，依律处断。盐运司拿获私盐，随发有司追断，不许擅问。有司通同作弊脱放，与犯人同罪。

一、起运官盐，每引四百斤，带耗盐一十斤，为两袋。客盐每引二百斤，为一袋。经过批验所，依数掣挚称盘。但有夹带私盐，随发有司追断。客商货卖官盐，自扬子江至湖广襄邓，俱系经过官司办验盐引。如无批验掣挚印记者笞五十，押回盘验。

一、凡诸色军民权豪势要人等，乘坐无引私盐船只，不服盘验者杖一百，军民俱发烟瘴地面充军。有官者依上断罪，罢职。

一、将官运盐货偷取，或将沙土插和抵换者，计赃比常盗加一等。如系客商盐货，以常盗论。客商将买到官盐插和沙土货卖者，杖八十。

一、凡客商兴贩盐货，不许盐、引分离，违者同私盐追断。如卖盐毕，五日之内不行缴纳退引者，杖六十。将旧引影射盐货，同私盐论罪。伪造盐引者，处斩。

一、起运官盐，并场户往来搬运上仓，将带军器者，并行处斩。

一、诸人买私盐食用者，减犯私盐人罪一等，因而贩卖者处绞。

一、凡各处盐运司运载官盐，许用官船载运。如灶户盐丁却用别船装载，即同私盐科断。

盐引式从法的规定上，一方面对客商、灶户及其他官军民人有关犯私盐如何处置，作出明确的规定；另一方面对于行销的手续、程序，也可以盐引式得到反映。但问题是，仅从法的角度考察，盐引式的规定与《大明律》[①] 多有出入。《大明律》所载“盐法”十二条，其实都是对私盐的处置法。除十二条外，还有《监临势要中盐》《沮坏盐法》《私矾》三条，可视为对“十二条”的补充。“盐法”的实质，是以兴贩私盐为经，以灶丁私煎私贩、妇人有犯私盐、买食私盐、转卖私盐及守御官司、盐运司、巡检司、军人犯私盐诸多情况为纬，比照兴贩私盐法科断论罪。在《大明律》的具体处置私盐条文中，其规定则与盐引式有诸多不同。即便是作为盐法基础的兴贩私盐法，《大明律》的规定是“凡犯私盐者，杖一百，徒三年。”如持军器贩私盐，则“加一等”，即“杖一百，流二千里。”“诬指平人者，加三等”，即比附贩私盐罪，“杖一百，流三千里。”“拒捕者斩”。其处置量刑显然与盐引式有异。按上述私盐法，对不同情况及不同的贩私者，量刑亦有差等。如私盐“引领牙人及窝藏寄顿者，杖九十，徒二年半。”“挑担驮载者，杖八十，徒二年。”买食私盐者，则杖一百，转卖私盐，与兴贩私盐同罪。对于地方有司、盐运司、巡检司“受财”脱放犯私者，则“计赃以枉法从重论。”此外，如“透漏”私盐，“初犯，笞四十；再犯，笞五十；三犯，笞六十，并附过还职。”如果将巡获私盐入己不解官者，同样处以“杖一百，徒三年”的刑法。对于军人犯私盐，《大明律》的规定也较盐引式更为具体。对军人有犯私盐者，即追究其所在本管千户、百户“有失钤束”之罪。但对千户、百户的处罚却不尽相同。对“百户，初犯，笞五十；再犯，杖六十；三犯，杖七十，减半给俸。”对千户，“初犯，笞四十；再犯，笞五十；三犯，杖六十，减半给俸，并附过还职。”这是对不知情千户、百户的处罚。如果“知情容纵及通同贩卖者，则与私盐

① 载《皇明制书》。

法同。”对于商人贩运官盐，《大明律》有五条，归纳起来，即是：（一）起运官盐，每引200斤为1袋，加耗5斤，如夹带余盐，即同私盐法。越过批验所不给关防者，杖九十，押回盘验。（二）贩卖官盐中，如果盐与引相离，或卖盐后将旧引影射盐货，不用官船起运官盐者，均同私盐法。卖盐之后10天不交退引者，笞四十。（三）将官盐插和沙土货卖者，杖八十。（四）所运官盐不至指定行盐区贩卖，而转于别境犯界货卖者，杖一百。知而买食者杖六十，不知者不坐，但其所买盐货没官。此外还有《沮坏盐法》条，规定：“凡客商中买盐引勘合不亲赴场支盐，中途增价转卖，沮坏盐法者，买主卖主，各杖八十，牙保减一等，盐货价钱并入官。”由于明朝实行边方开中法，为保证商人在边方报中，明律也严禁“监临势要中盐”。律载：“凡监临官吏诡名，及权势之人中纳钱粮，请买盐引勘合，侵夺民利者，杖一百，徒三年，盐货入官。”其惩罚的严厉程度，与处置兴贩私盐相同。可见明廷对开中法是极为重视的①。

除引盐系统之外，明代的另一食盐行销系统即是票盐。②

明朝票盐，始行于嘉靖十六年（1537）。据李卫《（雍正）两浙盐法志》卷三《沿革》引《浙江通志》记载，“嘉靖十六年题准：两浙官商不到之处，立为山商。”之所以“立为山商”，乃是指与引盐商人所分立的商人群体，而山商所行销之盐，想必是票盐无疑。而票盐出现的最初实态，是根据巡按浙江御史李遂的奏疏③，见行于两浙黄岩、杜渎、长亭三场。此三场原行引盐，因“商人苦于风潮漂没之险，山岭搬运之难”，所以“将三场盐课折价解司给商，于绍兴场买补”。但由于盐课折价银较低，“官商不通，而盐课如故，灶丁穷绝，私贩盛行，莫有盛于三场者。”于是李遂建议“令沿海灶户军民于三场贩盐者，委官在中津桥、海游、石马林、白峤等总会处所收税，不分

---

① 洪武十七年，即规定：“凡公、侯、伯及文武四品以上官，不得令家人、奴仆行商中盐，侵夺民利。”此外，《大明律》也明确地规定了对监临势要占中行盐的处罚条文。参见《万历会典》卷三四《盐法》及铁保《（嘉庆）淮盐法志》卷一《历代盐法源流考》。

② 关于明朝票盐研究，参见〔日〕佐伯富《明代的票法——明代盐之一出》，刊于《史林》第37卷，1954年第4期。

③ 《明世宗实录》卷二〇〇。

船装肩挑，每百斤税银二分，给票到干白水溪、清溪镇，宁海县委官收票发卖。”可见票盐与引盐制度上的区别在于：（一）不属于引盐开中体制的系统，无须经过报中、守支等繁琐的营运手续；（二）盐货运输主体不限于商人，灶、军、民均可染指其中；（三）运盐人与国家的关系则是纳税的关系。但受引制的影响，票盐仍不属于自由贩卖的范畴，受行盐疆界和官卖盐的限制。

尽管如此，由于票盐在行销手续方面较引盐便利，以致票盐制度迅速推行到河东、山东、四川、云南、福建、长芦等盐运司，行销的区域不断扩展。随着票盐行销的扩大化，票盐的种类也有所增加。如在两浙，即有功绩票盐、鱼税票盐等名目。功绩票盐，又称“囚盐”，即是“各属捕获私盐”，万历九年(1581)，由票商吴天弼等呈请，将华亭、上虞二县“捕获囚盐，照依原定价值，每百斤预纳价银二钱五分贮库，每盐三百斤，加包索十五斤，呈给宪票一张，印发赴县支领。”[①] 嗣后，功绩票盐并非仅限于“往青浦县住卖”，加入功绩票盐的府县及销售地亦逐渐扩大。这可从两浙运司各地功绩票盐所定票盐价银反映出来。

两浙功绩票盐价格示例[②]

府　县	纳税斤数	包索斤数	每票税银（两）	备　注
嘉兴、秀水县	100		0.25	
华亭、上海县	300	15	0.25	
萧山县	100		0.18	万历九年前每百斤税银0.17两
山阴、会稽、余姚、上虞县	100		0.2	
奉化县	100		0.22	
海宁县	100		0.16	万历十年前每百斤税银0.13两
海盐、平湖县	100		0.16	万历十年前每百斤税银0.13两
湖州府	100		0.3	
温州府	100		贵时0.15 贱时0.13	
温州所	100		0.14	
武康、临安、崇德	100		0.2	

① 《重订两浙鹾规》卷二《票商·功绩盐》。

② 此表根据《重订两浙鹾规》卷二《票商·苏绩盐》编制。

万历十四年（1586），经商人吴隆芳呈请，苏州府太仓州、吴江、常熟县，绍兴府诸暨县，温州府永嘉县，以及台州、金华、严州、处州、常州、镇江等两浙行盐区均有功绩票盐行销，这就表明在朝廷额定行销引盐之外的大量盐货进入食盐市场。

就票盐制度而论，盐票一般分为大、中、小票；或将票分为上则、中则、下则；或将灶丁的上、中、下等级作为行销票盐的依据。

关于大票、中票、小票，可以两浙为例。如嘉靖二十年（1541）从巡按监察御史高岿奏疏，改“一票为一引，每票盐三百斤，每百斤纳银一钱。”① 可见这里所说的乃是“以引改票”的过渡形态，由于票盐斤数过重，纳银较多，不便商民认纳，于是在万历十九年将票盐定为三则，上则每票纳银 0.2 两，中则每票 0.16 两，下则每票 0.15 两②，而大、中、小票可以折算。以《萧山县分改中票》为例，该县原行小票 7000 张，因“票税赔赎”，遂将小票之“一半折中票二千三百三十四张”，每张中票“征税四分五厘，计税一百五两三分。”③ 依此推算，小票每票为盐 100 斤，中票 150 斤，大票则为 300 斤。至于“小票”，则分为“通商小票”和“肩挑小票”（简称肩票）二种。前者无疑系商贩之票盐，而后者则是指“诸色细民，皆得纳银给领”的票盐。④

嘉靖以后票盐行销系统的建立，无论其制度沿革方面有何差异，相对于引盐来说，一方面无疑是引盐系统的补充形式，这是因为票盐的行销区域及“以引改票”的量都受到一定的限制，票盐的主体乃是以灶户余盐和官宪捕到私盐所构成，引盐不用说仍占有主导地位；但在另一方面，票盐的行销，或多或少对传统的引盐体制有所冲击，这是因为明朝的盐行销制度的核心是吸收民间资本以作为盐货运输的费用，而引制的繁琐手续使盐运输成本提高，民间商人及其他人户，自然会把有限的财力转向成本较低的票盐行销上来，这即是明

---

① 《明世宗实录》卷二五一“嘉靖二十年七月癸丑”条。此记“每百斤纳银一钱”，与《浙江通志》及李卫《两浙盐法志》记载不同。按《浙江通志》所记：“嘉靖二十年题准：台州府长亭、黄岩、杜渎三场引目，一票计为一引，每票照盐三百斤，纳银九分。”后者当为实际实施的纳银规定。

② 《（万历）重订两浙鹾规》卷二《票商·中津桥盐票沿革》。

③ 《（万历）重订两浙鹾规》卷二《票商·萧山县分改中票》。

④ 《（万历）重订两浙鹾规》卷二《票商·行票定额》。

代票盐没有得到大发展的主要原因。

二、开中法的内容与性质

在明代引盐制度下，朝廷对于所控制的“官盐”，采取“官运盐”和“召商运盐”二种运输形式，由于官运盐形式均由国家（官）出资本（打造官船车、征发劳役、设站等费用），其营运成本过高，所以有明一代多采用“召商运盐”的形式，即称为“开中”，而围绕“开中”经济活动而制定的一系列制度和法令，即称为“开中制”或“开中法”。

（一）开中法的建立

明王朝建国前后，食盐运输一度采用商税制。明建国前，“时四方战争，财用不足”，群臣“请置关市，设官领之，专通物货。”其税率为“二十取一”。此“物货”之中，当包括盐货，但对盐货的税率，则较其他物货为低。如“浙东所辖金华、广信等府及诸全州接连外境盐货，以十分为率，税其一分。”① 其盐货的纳税形态，在实际征纳过程中，想必有实物税和货币税二种。

随着明王朝统一战争的胜利，北边地区于洪武三年（1370）六月提出施行开中盐粮的方案，以解决军队的军需供应。据明实录记载，“山西行省言：大同粮储自陵县、长芦运至太和岭，路远费重，若令商人于大同仓入米一石，太原仓入米一石三斗者，给淮盐一引，引二百斤。商人鬻毕，即以原给引目赴所在官司缴之，如此则转输之费省而军储之用充矣。从之。”② 在明代盐法关系文献中，这是最早且最具代表性的有关开中法的记载，其中的含义主要有：一、召商于大同、太原仓所纳米的数量，同朝廷所支给的淮盐引斤，当存在相应的比价关系，其量的确定，就米而言，想必是山西行省根据大同、太原等地“时估”米价而定的，而支给淮盐，也存在盐价的折算关系。二、朝廷支给淮盐引数，则是对商人支付“转输之费”即脚价的补偿，其盐价当远高于脚价，否则召商运盐恐不能行。三、商人转输的“米”，当是朝廷于陵县、长芦征收积储的“复税秋粮”即“官米”，并非是商人所购之米。随着开中法的推移，

① 《明太祖实录》卷一一“壬寅三年辛卯”条。“壬寅三年”，即元至正二十四年（1364）。

② 《明太祖实录》卷五三。

由于盐粮价格悬殊，以及边方实行米粮采买制，才可能出现商人购米上纳开中的情况，这一点在明初的开中记载中是十分明确的。

由于商人中盐有利军国，自山西太和岭开中之后，开中的空间范围逐渐扩大。同年九月，陕西察罕脑儿行盐区的庆阳、凤翔、汉中、西凉、灵州均“募商人入粟中盐”①。十一月，诏令“商人输米北平府仓，每一石八斗给淮盐一引”②。其后，在河南、开封、陈桥仓、西安、凤翔、平阳、淮庆、蒲州、解州、陕州等府州，以及边方卫所，大多仰赖开中法以解决粮储之需。对于开中法的功效，可以洪武二十二年（1389）云南普安军民指挥使周冀的奏疏为代表，他说：“自中盐之法兴，虽边陲远在万里，商人图利，运粮时至，于边陲不为无补。”③ 即使是明廷新置卫所，也一改过去集中粮饷于城镇然后转运边卫的做法，罢废官运粮饷，而行召商中盐。正如户部尚书郁新所说：“近置开平卫，军士粮饷皆仰给北平，道路辽远，所费不赀，宜广募商人于开平纳米，以淮浙盐偿之，庶免转输之费。”④ 淮浙盐的巨大利益，诱使商民乐意纳米中盐，甚至居住在边徼的少数族也染指盐粮中纳交易。如宣德五年（1430）行在户部奏：“甘州窝居回回沙八思等中纳盐粮，该支两浙盐一万一百二十五引。”⑤ 若以前示盐粮纳支比例，回回沙八思、马儿丁上纳米粮的数目也相当可观。

由于开中法的本质乃是国家与民间交易的一种形式，所以开中的原因并不仅限于为卫所官军补充粮储，而且因灾荒、官吏军人月俸支给、朝廷兴大工等，也多采用召商中盐之法。如永乐时营造北京宫室，所需米粮甚巨，所以用召商中纳的方法解决北京工匠口粮。永乐十年（1412）两淮都转运盐使鲍浑等言：“近年朝廷以营造召商中纳北京盐粮。乞仍令各处罢中，往岁所中盐者，亦令停以。”⑥ 由此可以想见，只要是军国所需，朝廷以盐利即食盐运输

---

① 谭希思：《明大政纂要》卷二。

② 《明太祖实录》卷五八。

③ 《明太祖实录》卷一九七。

④ 《明太祖实录》卷二四七。

⑤ 《明宣宗实灵》卷六五。

⑥ 《明太宗实录》卷一二四。

权力为交换条件，即可吸引民间商人投入开中，这即是明初成功地建立开中法的主要原因。

（二）开中制的内容

就开中制度本身而言，主要包括开中的形式，开中种类和开中则例的制定等，这里有必要对上述内容进行考察。

开中的形式，大体有三种：一种是由户部根据边方或所需纳粮地区的报告，经向皇帝奏准后，榜示纳中米粮的地点和仓口，公布上纳米粮额数及所中盐运司的盐引额数，上纳米粮的商人可根据户部榜示的开中则例，自行选择盐运司，然后到指定仓口报中，上纳米粮，仓口官给予仓钞，再由管粮郎中填发勘合，商人据此到指定盐运司比兑，由盐运司指派到盐场支取盐货，运至该盐场所预定的行盐府县交官发卖。这种情况，即是明朝开中法所普遍采取的形式。第二种形式，即是由盐运司将本年度投入开中的引盐额，发派到行盐府县，招诱客商，此即是“抑配”之法。如洪武四年（1371），“两浙盐运司发至盐引五千道至本府（徽州府）招诱客商。洪武五年，又发至引一万道。至洪武六年，本府缴回运司二千二百三十七道。”① 这种“抑配”的方法，对商人而言，选择的余地自然要小得多，所以响应者有限。第三种形式，即是由官运盐货到有关布政司或府县，就近召商中纳粮米。最明显的例证，即系明初解州运盐站的设立。洪武二十五年（1392），始“置山西解州运盐站。命户部遣官，相治道路，设法转运，以便商贾。”② 经户部主事蔚授、刘匀量度水程，定自解州盐池抵怀安的运盐路线，“每百里置站，站设役夫七十人。”运盐站的设立，并不仅见于河东，广东海北盐85万余引，于洪武二十八年（1395）则由官运至广西桂林，“以给商人入粟者”③。因官运盐至开中地区使“官本亏折”，经监察御史严震直奏请，改为“广西布政司及梧州府各收一半，召商中买”④。这样，在广西上纳粮草的开中商人，在缺粮卫所纳粮后，即到广西布政司或梧州府支取广东海北盐货，然后到江西南安、赣州、吉安、临江4府发

① 汪舜民：《（弘治）徽州府志》卷三《食货二·盐课》。
② 《明太祖实录》卷二一五。
③ 《明太祖实录》卷二四一。
④ 《明太祖实录》卷二五〇。

卖，这与开中商人直接到盐运司支取盐货有所不同。

随着开中制的推移，不仅开中形式有所变化，其开中上纳的物资种类，则依边储军需情况而定，需要什么就开中什么。在米粮开中系统，其占主体地位的是米，而“粮”的构成，则有谷、粟、豆、麦等，由于价值不同，户部开中则例所规定的上纳数量也有差异。

陈米粮外，还有纳钞中盐。纳钞中盐，始行于永乐二年（1404）七月，“上以福建、山东、广东运司积盐多，命户部暂令民以钞中纳。户部定例：福建、山东盐每引纳钞五十贯，广东每引三十贯”①。这种纳钞中盐，乃是因盐多而易于消折所采取的权宜之策。后因钞法不通，为吸收民间滥钞，遂于永乐二十二年（1424）行“输钞中盐”法。经户部尚书夏原吉奏定：“沧州盐每引钞三百贯，河南、山东每引百五十贯，福建、浙东每引百贯。输钞不问新旧，支盐不拘资次。”② 而在各布政司和府县中，如有人愿中盐，也可“就本处官司纳钞，赴盐所支盐”③。输钞中盐法的扩大，加速了朝廷回收滥钞的速度。与输钞中盐相类似的还有金银钱中盐法。永乐十三年（1415）交阯布政司上言，提出将“本境官盐，乞定例召商，许以金、银、铜钱中纳。”经户部议定：“金一两，给盐三十引；银一两、铜钱二千五百文，各给盐三引。”④ 这即是朝廷以盐货同民间通货交易的例证。

与边政有关的还有纳马、茶、草、铁中盐的情况。关于纳马中盐，如宁夏等在陕西庆阳府灵州花马池等处盐池中盐，马分上、中二等，“纳上马一匹者给六十引，中马五十引。”正统三年（1438），为收买“延庆、平凉等处官员、军民之家养马”，经户部、兵部会议，“上马一匹，与盐百引；中马一匹，与盐八十引，听于陕西地方鬻之。”⑤ 朝廷不仅以此收买民间所养马匹，而且也需要草束作为马饲料，因此也施行纳草中盐法。盐一引的纳草束额，以两淮盐的最高，为每引 35 束，最低则为每引 15 束。实行纳草中盐的盐运司除四川、

① 《明太宗实录》卷三三。
② 《明仁宗实录》卷二。
③ 《国朝典汇》卷九六《户都十·盐法》。
④ 《明太宗实录》卷一六三。
⑤ 《明英宗实录》卷三八。

云南外，均投入开中。仅据成化三年至九年（1467～1473）八次纳草开中的统计，其纳草开中盐引为1739185引，共得草14939875束，这对于“北虏犯边，各城乏草”的状况多少有所缓解。[①] 此外，与马盐交易相关的还有运茶中纳，以茶易马，乃以淮浙盐为茶价酬商。如宣德九年（1434）冬十月陕西西宁卫奏称：“今茶马司缺茶买马，而四川成都诸府积有官茶，请召商于彼处运赴本司，每茶百斤加耗十斤，不拘资次，支给淮浙运司盐六引。从之。”[②] 盐铁交易的例证，见于成化九年巡抚陕西右副都御史马文升的奏疏，其疏云：“陕西都司并行都司所属四十卫所岁造军器，用熟铁三十一万四千余斤”，由于供铁不足，“多毁农器充纳，深为民患。”而“山西泽州阳城县产铁甚贱”，他建议由河东运盐50万引，每铁百斤，给盐1引，可“中铁五百万斤”，中纳官铁，“俱于安邑县上纳，运至布政司官库收贮支用。”[③]

上述开中种类，说明朝廷已将最初意义上的召商运米中盐制度，运用到包括解决金融问题的诸多方面。之所以如此，显然是与朝廷牢牢地控制和支配盐货有直接关系，朝廷可根据不同的需要，依靠政权的力量和官僚制度，建立同民间的盐粮、盐马、盐铁等各种交易关系，从而形成在国家控制框架下的全国性物资流动，而这种物资的中心则是盐货，盐货起着支配和调节其他物货的作用。在经济的意义上，开中则例则是反映盐货与其他物货关系的主要形式。

（三）开中则例

如前所述，明朝开中制分为边仓纳粮中盐和召商运粮中盐两种形式[④]。但问题是，由于纳粮、运粮、中盐的经济活动，是在不同地区、不同的价格形态下进行的，因此有必要对上述两种开中形式的价格形成问题进行探讨。

首先看召商运粮中盐。开中制的成立意图，原本是由商人替代民户劳役而承担国家向所需地区转运军需物货的业务，这一点，正如朱元璋敕中书省所说：“朕初以边戍馈饷劳民，命商人纳粟，以淮浙盐偿之，盖欲足年食，而省

① 《明宪宗实录》卷四二。

② 《明英宗实录》卷一〇。

③ 《明宪宗实录》卷一二二。

④ 在此分析中仅以盐粮交易为代表，盐同其他物货的交换关系及其比价，暂且不论。

民力也。"[①] 按朱元璋的说法，假设不行开中法，边方的粮储则由民力转运[②]，改为召募商人为朝廷转运军饷，以盐酬其运价，商人即可以盐的销价与运粮脚价之间获其差价，而朝廷既解决了边储之需，同时又建立了由国家支配的盐专卖体制，也有利于军国民食，所以这种"转输"或"飞挽"的召商运粮中盐形式，得到朱元璋的认同。

召商运粮中盐的具体运作，从朝廷角度说，主要是确定合适的"开中则例"。其典型的实例，如成化十九年（1483）户部议处"大同备边事宜"，记录了运粮中盐则例确定的大体情况。其中说："两淮运司见有成化十七、十八年存积盐三十万三千余引，宜以二十万引召商于通州仓领米运赴大同交纳，每运一石，与盐二引，量地添减，不出二引之数，限一月以里完，即与支给。"[③] 按成化年间户部议定运价，一般是运粮7.5~8.5斗给盐1引，如果是纳银，盐1引则纳银0.4~0.5两，这样户部最初议定运米1石给盐2引，大体可以确定通州仓至大同仓的适价每石为银1两左右。然户部所拟"以两淮盐二引为脚价费，今久无报纳者"，于是户部议定"加半引，不拘客商官民人等，听其各给路引往纳。"[④] 成化年间的"加引"召商运粮则例的制定，显然源于永乐二年（1404）户部尚书郁新所定的"召商运盐"法，商人为官运盐，"年久者，增引数以为路费。"其"加引"的比例是，河东地区每引加40斤，陕西地区朝邑县每引加80斤，西安府引加140斤，山西地区平阳府闻喜县引加80斤，翼城县加200斤，河南府的淮、浙盐，则每引加1引。[⑤] 既然在官运盐货中是以"加引"、"加斤"方法来调节运价的；那么在召商运粮中盐体制下，其投入开中的盐粮交易，其比价就具有如同上述"加引"、"加斤"关系，抑或以下降纳粮数，以保持盐粮交易比价的平衡。

如前所述，在召商运粮的体制下，商人承运的粮食主体则是府县的税粮。

---

① 《明太祖实录》卷一一七。

② 所谓"民力"转运的形态，乃是在官运的框架下进行的，"民力"只是征发役力而已，而运输的成本，当有相当部分由国家（官）承担。

③ 《明宪宗实录》卷二四五。

④ 《明宪宗实录》卷二四七。

⑤ 《明太宗实录》卷二八。

这一点，无论从明初边方奏请或廷议的诸记录中，都能反映商人承运税粮关系。如开中法施行之初的洪武四年（1371）二月大同卫都指挥使耿忠奏言："大同地迩沙漠，元季勃罗贴木儿、扩廓帖木儿等乱兵杀掠，城郭空虚，土地荒残，累年租税不入，军士粮饷欲于山东转运，则道里险远，民力艰难。请以太原、北平、保安等处税粮拨付大同输纳为便。"由于大同驻军的粮食供给，按制度则为山东府县承担，而欲改军饷供应地，则需奏请。经廷议，决定"于山东所积粮储量拨十一万石，运至平定州，山西行省转至太和岭，大同接运至本府，及以附近太原、保安诸州县税粮拨付大同以为储偫。"① 至于税粮的具体运法，无非是官运或民运二种形式，而在民运方面，大多是由民之"富室"或商人承担的。以宣德十年（1435）商组织民运税粮的事例，可知当时赤城堡需运粮3万石，哨马营3万石，独石1万石，即是按明定制"凡输粟于各边者，量地远近，价各有差"组织实施，承运粮商人"自备脚力"，朝廷则以盐偿之。② 这里所说的"价格有差"，即反映在开中则例中盐一引与上纳米粮斗数的差异上。仅以此例，即可说明开中制条件下官与民的盐粮交易比价关系。

宣德十年赤城堡等仓开中则例③

仓　名	两淮	两浙	长芦	四川	福建	山东	河东	备　注
赤城堡	10	10	10	5	5	5	5	不拘资次支给
哨马营	9.5	9.5	9.5	4.7	4.7	4.7	4.7	
独　石	9	9	9	4.5	4.5	4.5	4.5	

以上开中则例，乃是户部根据道里远近，粮米时价低昂以及所中盐运司的盐价确定的。而开中则例准确与否，当与"时估"制度有密切关系。其"时估"制的具体实施，按《诸司职掌》卷三的记载："民间市肆买卖，一应货物价值，便从州县亲民衙门，按月从实申报合干上司，遇有买办、军需等项，以

① 《明太祖实录》卷六〇。

② 《国朝典汇》卷九六《户部十·盐法》。

③ 此表根据《明英宗实录》卷一一宣德十年十二月己亥条编制。

凭照价收买。”而盐粮交易的比价，当是户部所办军需的主要方面。无论边境还是腹里地区，其开中则例的确定，乃是以“时估”物价为其依据。而对于商人运价的估算与调整，显然也是以盐粮交易的时估价格为基础，通过前述“加斤”、“加引”的方法，也保持价格平衡。时估制度，大体上为有明一代所遵行。万历末年的庞尚鹏《清理盐法疏》则记述了时估在开中条件下的作用，其疏云：“各边开中盐粮，务要量彼处米价贵贱，及道路远近险易，定夺则例具奏，召商中纳。此祖宗成规也。迩来边中上纳，多不依时估，及虽依时估，而转运交收，领给勘合，其间私费尤难尽言。”[①] 这一方面反映了庞尚鹏对明末时估制崩坏的忧虑，但另一方面却表明开中则例是以时估制为物价基础的事实。

尽管开中则例以时估制为其依据，但在现实中，由于盐粮开中的地域广大，盐粮价格变动频繁，加上吏治衰微，户部很难准确地掌握和调节盐粮交易比价，这就使商人感到米重盐轻，无利可图，致使开中制时续时断，有误军储。朝廷为挽救开中制的颓势，不得不采取一系列变通的相应措施，由此引发了开中制形式的演变。

（四）开中制的演变

开中法的发展，分为边方纳粮或边方折纳（包括边方纳银）、召商中卖、运司纳银三个阶段。

如前所述，明初实行召商纳米（粮）中盐的实态，除米之外，还应包括麦、粟、豆等兼纳的“粮”部分，在兼纳中盐的基础之上，又实行折收绵布、白银解边的制度，这即是明代早期的盐课折纳制在开中制中的表现。其具体的例证，如洪武四年（1371）三月即规定“山东、山西盐课折收绵布、白金赴大同易米，以备军饷”[②]。如果将此例作为明代开中纳米中盐并行的制度的话；那么，这就意味着兼纳麦、粟、豆、草、铁、茶等则是此制的延伸形式，其结果，也必然随着货币经济的发展而形成边方纳银制。

边方纳银制的出现，从马文升《重盐法以备急用疏》所描述的成化年间

① 《明经世文编》卷三五七。
② 《明太祖实录》卷六二。

山西边方商人报中实态即可推察出来。[①] 其疏云："虽有中者，及至到边，多不上纳粮料，止是折收银两。"边方仓口折收银两的情况，不用说是以边饷采买制为其背景的，这种情况，在正统七年（1442）湖广并贵州三司的奏疏已见税粮折银上纳的实例。其原因，乃在于"每岁供边军"，转运税粮沉重，所以议改"于税粮内折银、布运给方便。"[②] 税粮折银的扩大化，遂促发了边方纳银制度的成立。至成化七年（1471），始见于北直隶、陕西饥荒府县开中纳银，每引"纳银三钱"[③]。十六年（1480），湖广边仓开中两淮存积盐 7 万引，每引银"四钱五分"常股 8 万引，每引"银三钱五分"[④]。此后边方纳银制遂推行于福建、广东、两浙、长芦等运司。

盐运司纳银，又称为"召商中卖"，即系盐运司直接出售盐货，商人无需至边方纳银，而盐运司则将所卖盐价银解运户部，由户部解边。这显然是同前述边方纳粮（纳银）开中制性质迥异的制度。

具体来说，盐运司卖盐的最早实例始见于成化二年（1466）两淮召商中卖割没官盐。其因江淮饥荒，经副都御史林聪奏"请以两淮运使仪真批验盐引所没官盐二万余引卖银"，"赈凤阳诸处"[⑤]。十年（1474），淮河东盐于河南南阳、汝宁"二府开中，则别立斗数，于运司发卖"[⑥]。至十二年（1476），各盐运司、提举司均改为由运司开卖盐引，在巡抚延绥等处左佥都御史丁川等人奏请下，原户部定拟中盐则例"每引米豆六斗或四斗，止值银三二钱，三斗二斗者，止值银一钱五分。使即其地发卖，得利当倍。宜令巡抚等官选委府州县廉正官于各盐运司及提举司召商发卖，其银领回籴买米豆为便。户部复奏。从之"[⑦]。丁川奏准施行运司卖盐纳银之制，从此改变了明初边方纳粮的体制，结束了依靠开中法促使民间商人承担物资转运的状态，商人的经济活动

① 马文升，景泰进士，历按山西、湖广。其疏所言"纳银"情况，当系巡按山西之事。详见《明经世文编》卷六三。

② 《明英宗实录》卷九三。

③ 《明宪宗实录》卷八七。

④ 《明宪宗实录》卷二〇四。

⑤ 《明大政纂要》卷二八。又见《明宪宗实录》卷二八。

⑥ 《明宪宗实录》卷一二八。

⑦ 《明宪宗实录》卷一五八。

目标也开始由此而转入各盐运司和提举司。这不能不承认是明朝盐业经济关系的一大转变。

在开中制条件下，商人的经济活动除在边方报中纳粮外，另一活动空间则在盐产区，其经济活动的主体则是“支盐”。由于开中制的演变，正常的支盐活动往往受到阻碍，于是出现守支、代支、兑支、兼支、预行开中、常股存积盐法等各种支盐形式。

1. 守支。在正常情况下，商人下场支盐，则按先后次序支给，如欲“不次支给”，则需在边方加纳米麦。如宣德三年（1428），行在户部奏言：“近甘肃守将言：商人有告，已运米麦至甘肃中盐。初例：淮浙盐每引一斗五升，今愿纳米三斗，于淮浙不拘次支盐。”① 由于盐生产的衰退以及开中盐引失控，商人至场无盐可支，只得在盐场守候，即称为“守支”。“守支”状况的恶化，势必导致开中制的阻滞，有误边储。其严重后果，正统六年（1441）户部左侍郎徐晞奏疏论述甚详，奏疏说：“盐课盈亏，边储盈亏之候也。比见淮浙岁课较其簿籍有余，验其实积则不足。……是以商人守支，动辄数岁，每遇开中，人怀疑贰，莫肯争趋，其妨边务，诚非细故。”② 正因为守支情况严重，才出现商人情愿多纳米粮以取得“不拘次支盐”资格的情况，这一点是不难理解的。

2. 代支。由于守支岁久，报中支盐的商人身故，准许其亲属代为支盐，或由朝廷偿付其本钱。代支之制，见行于宣德四年（1429）以前。据行在户部尚书郭敦言：“洪武中客商中淮浙等处盐者，年久物故，其子侄及远亲异姓之人往往代支，多有虚冒。请行各运司，但洪武三十五年以前客商所中盐，于流通簿内销注，以客商姓名、籍贯造册缴部，移文原籍有司，每盐一引，给与本钱钞十锭，庶革连年冒支之弊。”③ 后经宣宗批准每引给本钱钞20锭，至此即中断了已故商人遗属代支盐货的代支权。

3. 兑支。此系从兼中法推衍出来的配支盐货法。由于开中商人多报中盐

---

① 《明宣宗实录》卷二。

② 《明英宗实录》卷七六。

③ 《明宣宗实录》卷五五。

利较大的淮浙盐而其他盐区报支人少，为解决守支问题，遂于宣德十年（1435）经行在户部奏请："河东运盐使司见贮盐多，而淮浙盐少，客商守支岁久，欲以河东盐量加其数支与。"① 此即称为"兑支"。兑支与兼中的区别，则在于并不需要按一定比例上纳兼中。

4. 兼中法，亦称"兼支"。其法见行于永乐十九年（1421），时交阯布政司言："粮储不敷，宜以淮浙官盐召商，于交阯中纳，不次支给，其交阯官盐换金者，不为常例，一体兼中，候粮足用俱停止。"② 这里所说的"兼中"，并不是指必须同时上纳粮、金之意，而是指纳粮金客商"兼中两淮、两浙盐，而不允许单报淮盐或浙盐之意。其两淮、两浙盐的兼支比例，可从正统十三年（1448）镇守陕西右副都御史陈镒奏疏中得知。"其疏言："客商至甘肃中盐者多中淮盐，缘淮盐价重，浙盐价轻故也。宜令淮浙盐兼中，淮盐给十之七，浙盐给十之三。仍令淮盐惟纳米麦，浙盐不拘豌豆、青稞，如此庶边储有积，盐法无阻。从之。"③ 可见"兼中"不仅是指盐区之间按一定比例支发盐货，同时在报中上纳物料的种类上也有所区别，目的主要是减少淮盐报中的压力，而且也使其他盐产区的盐货能够参与开中。

5. 配支法，亦称盐场配搭法。商人至盐运司下场支盐，因各场盐品不同，价有轻重之别，于是在正统五年（1440）于长芦开始"量场分远近，著为则，凡四等，召商中卖，高下互为配搭。"④ 这个原则，于正统七年（1442）又行于两淮，不惟盐价轻重，"路途便利者为上场，窎远者为下场。"⑤ 客商支盐之时，"上场派尽，方以下场凑数补派，以便盐商。"⑥ 也是按客商支盐的先后顺序逐次派场支盐的。至明末，经两淮巡盐御史朱冠奏准实行派场法，"将两淮三十场，为上、中、下三等，均匀挨次榜派。"⑦ 其顺序是：

上场：富安、安平、梁垛、东台、何垛、草堰、角斜、栟茶、丰利、石

---

① 《明英宗实录》卷五。
② 《明太宗实录》卷二四四。
③ 《明英宗实录》卷四二。
④ 段如蕙：《（雍正）重修长芦盐法志》卷二《沿革》。
⑤ 《明英宗实录》卷一一一。
⑥ 陈士夏：《（雍正）两淮盐法志》卷四《场灶》。
⑦ 陈士夏：《（雍正）两淮盐法志》卷四《场灶》。

港、金沙、余西、吕四

中场：马塘、西亭、新兴、余东、余中、庙湾、掘港、伍祐、刘庄、白驹、小海、丁溪

下场：莞渎、临洪、兴庄、徐渎、板浦

按朱冠的派场法，“每遇投到勘合，发付榜派。单年：上等自吕四，中等自丁溪，下等自板浦逆派起；双年：上等自富安，中等自马塘，下等自莞渎顺派起。”[①] 这样按单年、双年的逆派、顺派法，乃是将盐品、盐价不同的场分进行重新组合，以均平商人下场支盐的成本。

6. 借支。由于救荒，亦由府卫供支盐货。弘治十六年（1503）十月，巡抚凤阳都御史张缙奏称：“凤阳、泗州等府卫军民缺食，仓廪空虚，乞借支临、德、徐、淮回仓米五十万石，两淮运司盐三十万引。”[②] 因凤阳乃太祖朱元璋的发祥之地，所以奏准行借支之法，他处恐不得如此。所以此当为特例。

7. 预行开中。而与前述借支相类似并行于天下的当系预行开中。此法始于正德，因“国用窘乏，预行开中。”就制度而论，预行开中显然是从根本上违反了明初以来“每岁终，盐课征完奏缴通关到部，乃得开中”的成法，行用“预行开中”法的结果，因“许商人随便买补关支”[③]，盐场亦无盐存积，造成盐场支盐秩序的混乱。尽管如此，“预行开中”仍是正德、嘉靖、万历三朝极常见的开中形式。

8. 常股、存积法。如前所述，由于商人支盐分为“挨次守支”和“越次放支”二种情况，在此制基础上派生出常股盐和存积盐。按明人的说法，所谓“常股者，商人中纳给引守支之盐；存积者，积盐在场，遇边急缺，增价开中，越次放支之盐也。”[④] 常股、存积的比例，一般为八二、七三、六四比例，因事而定，多有变化。例如正统五年（1440）长芦运司常股、存积盐按

---

① 引自《（万历）扬州志》。

② 《明孝宗实录》卷二〇四。

③ 《明武宗实录》卷一七三。

④ 谭希思：《明大政纂要》卷二二。

八二比例分派。[1] 十四年（1449）令淮浙常股、存积为六四比例。景泰元年（1450）令淮浙"存积盐为六分。"成化七年（1471）仍改淮浙存积盐为四分[2]。至万历时期，除山东常股、存积盐为八二比例外，其他各运司均按七三比例分派。[3] 具体到盐运司，不惟将其投入开中的盐课按朝廷规定的比例分为常股、存积二种，而且将此分配比例按边镇仓口分配额引。以万历年间两浙常股、存积盐分配额引为例（见下页表），即可以说明。

万历时期两浙常股、存积盐分配比例[4]

边镇	常股额引	存积额引	常股/存积%	仓　口	每引价银（两）	总银额（两）
甘肃	105000	45000	700/30.0	西宁、庄浪、永昌、广丰仓、甘肃、定边、高台、富积、山丹、永丰、凉州、广储、镇番城	0.35	52500
宁夏	91000	18285	83.27/16.73	宁夏、兴武、常济、灵州、平虏、宁夏左、宁夏右、清水营、横城堡、宁夏新仓、宁夏前、小盐池、应理州	0.35	38249.75
固原	7000	23715	22.79/77.21	静虏、广盈、新丰、环庆、新安、盈边、固原州、瓦亭驿、甜水堡、把石沟、下马关、静宁州、荔原堡、月落堡、黑水口、走马城堡、干盐池堡、红古城堡	0.35	10750.25
延绥	74039	31730.5	70.0/30.0	神木、巨积、广足、定边、宁塞、柳树涧、旧便利、新便利、石涝池、大柏油、木瓜园、把都河堡	0.35	37019325
代州	24299.82	14699.92	62.31/37.69	广积、广储、保德州、马站堡、利便堡、平型关	0.35	13649909
小计	301338.82	133430.42	69.31/30.69	共62仓口	0.35	152169.23

① 段如蕙：《（雍正）长芦盐法志》卷二《沿革》。
② 《（万历）明会典》卷三二。
③ 陈仁锡：《皇明世法录》卷二八《盐课》。
④ 此表根据《（万历）重订两浙鹾规》卷一《边商、勘合额数》编制。

上表所示两浙盐运司按边镇分配常股、存积盐额引，当与户部开中则例及商人报纳米粮额数形成比价关系，资本雄厚的客商的取向，不用说可“越次支给”的存积盐，而中小商人因乏力只好报中常股盐，这样就引发了商人层的分化。延及明末，终于形成以富商巨贾控制盐货运输的局面。

三、万历纲运法的成立

明代盐运输体制的划时代变革，即是万历四十五年（1617）纲运法的成立。

所谓“纲运法”，实质上是由资本雄厚的富商包揽承运官引上纳税银，而官府所佥定的纲运商人，即系纲商，纲商包运的若干盐引即称为“纲”，或称为“窝”、“窝本”。因此，持有窝本的纲商，即拥有纲盐运输的垄断权。在法的意义上，承包纲盐运输得到国家（官）的认可，并受到国家的保护。此外，具有纲运权则意味着独占性经营的确立，他人不得侵犯，否则即视为违法。而这种纲运权并有相应的处分权，如转让、继承等。所以万历纲法实际上是确立了商人在食盐运输业中的独占地位，而这种独占性延及清代无改，可谓影响深远。

如果说纲法的成立是以商人占窝为其先决条件的话；那么，明代中期的势要占窝向所谓“奸商占窝”的移行，则成为商人窝本成立的背景。由于开中法是以边镇官奏请开中为制度运行的基础[①]，这就为商人投托势要“顶名代奏”提供了可能。在边方，如嘉靖七年（1528）四月有“陕西商人白仓等奏乞处还巡抚科罚银两。有旨：以该镇抚民粮补给。而仓等觊复盐引，奏乞不止。”于是经户部查处，复奏云：“此皆在京奸徒顶名代奏”，“希冀盐引。”[②]此绝非仅白仓一例，而是相当普遍的现象。除代奏外，还见有商人自请开中的。如嘉靖五年（1526）给事中管律奏疏称：“正德中，致存积、常股皆为正课，破例生奸，遂令商人逯俊等自请开中，又皆折收价银，缓急无备。”[③]以上例证，大体可以反映在纲法前势要官吏占窝向商人占窝移行的实态。作为开

① 关于此，参见刘淼《明代势要占窝与边方纳粮制的解体》，《学术研究》1993年3期。

② 《明世宗实录》卷八七。

③ 《明世宗实录》卷六一。

中法体制框架内所生成的盐业投机现象，无疑是同开中制呈逆向运动的，最终产生促使开中法解体的作用。

从另一方面讲，由于开中制的异地交易，使开中商人群发生边商、内商、水商的分化。① 在盐产区进行支盐活动的内商握有大量盐引，从而控制了盐货的运输权。其经营手法，一是通过贱价收买边商盐引，进而掌握空引。嘉靖四十年（1561）总理盐法都御史鄢懋卿条陈盐法八事，其中“议引价”即云：“边商不便守支，往往卖引内商，苦被勒减引价，故报中日少。”② 其边商同内商的边引交易情况，王崇古《条复理盐法疏》记述更详。其疏说：“各司坐司大商，各收有边商盐引，多者数十万，少者亦不下数万，足够数年之掣用。一遇边商盐勘到司，变卖则无主承买，守支则无资不能挨及，听其勒减价值。”③ 边商盐引大多为内商贱价收买，当是实情。二是套搭虚单，成为内商占窝的最大契机。按明制：淮浙均按单掣盐。如两淮，共分为十二单，淮南八单，淮北四单，“单”成为两淮每年额行盐引的官掣验单位，因此下场支盐内商只有经盐产区运盐河至批验所掣验后，才可运至行盐府县，否则即被视为私盐。商人为了突破按单验掣的限制，则采取“明搭虚单”的方法，即“预纳银入单”，以此排挤其他商人按正常手续买单，其具体的做法，则“止据商人报名入单，上纳余银，而买引补单在后。初时亦谓既系预征，恐难并举，姑暂缓之，而非令其终不买也。乃各商乘此久不补空，徒为占窝，故谓边引之壅，动至数百万不售者，职此虚搭之故耳。”④ 很显然，由于“预征”制的实行，遂使有力商人预纳银两以占有“单”的额行掣盐量，由此形成与明代中期官要占有边方开中额引的“占窝”完全不同的“占窝”形式。而内商所占“单”的窝引，之所以出现“久不补空”的现象，实际上大多投入窝引的投机营利活动。这样，边引在盐产区的作用即逐渐减弱，开中制的崩溃是不可避免的了。三是由于实行河盐法，专以收买边引，占窝的“囤户”，遂成为最大的窝商。所谓

① 参见〔日〕藤井宏：《明代盐商的一考察——边商、内商、水商的研究》，中译本载刘淼辑译《徽州社会经济研究译文集》，黄山书社 1988 年 4 月版。

② 《明世宗实录》卷五〇二。

③ 《明经世文编》卷三一七。

④ 袁世振：《两淮盐政疏理成编·盐法议一》。

"河盐"，即是指掣盐过程中堆放在河边等待掣验的盐。以两淮为例，其"掣盐之规，以先出卖者，淮南至白塔河巡检司，淮北至安东坝巡检司，照依先后，定为次第，开单送巡盐御史。放过扬州者，俱在钞关迤东上堆；淮北者，俱在支家河迤北上堆。放掣之际，查照单之先后，赴各批验所秤掣。"① 这种等待依次秤掣的盐即是"堆盐"。由于堆盐的依次掣验时日甚久，于是出现经运盐河直接至批验所掣盐的盐即"河盐"。河盐越次掣验的性质，使内商中大户均以经营河盐为务，这种既"专以收买边引为事"，又经营河盐的大商人，即系"囤户"，囤户当是纲法中的主体。

就盐法而论，致使行用纲法的直接原因，乃在于"浮引"和"预征套搭"。关于浮引，是指在正额盐引之上又"外添一引"。万历三十五年（1607）兵部复陕西巡按佘懋衡所言四事，即揭露了税使鲁保"行浮引"所造成的恶果。兵部认为，"两淮引目，与九边相表里"，而"自鲁保浮引行而正引滞"，"盖行盐地方，食盐止此户口，额外添一引，则额内必壅一引。"② 造成淮盐壅滞的根本原因，以行盐地方的消费总量进行经济性说明，显然是很有道理的。至于"套搭"，原本是为行销积引而采取的方法。由于盐引历年不行，"壅至八百余万"引，为新旧盐引并行，则采取"以行积引偿付商价，用套搭以应国课"③ 的办法，将每年额定的新引加摊到商人头上，而所谓"套搭"，实际上即是"预征"，"征银于八九年前，盐掣于八九年后"，"年复一年，套上加套。"④ "套搭"产生的恶果，显然是对承担盐运业的商人资本以沉重打击。据袁世振《盐法议一》的描述，说两淮内商"贫者力难报单，并旧引而不掣，富者免图掣旧，恨新债之日增，或质引目以纳余银，或罄田庐以实单口，甚有子承父套，弟承兄套，父子兄弟不相保，而皆以命殉者。"而在朝廷方面，却又借套搭之名，百般敲剥商人。袁世振《盐法议六》对此也有记述："朝廷欲借商银四百余万，今不言借而言征，惟征之一字，可以行法，故执敲扑以鞭笞之。预征于十年之前，又套搭于十年之后，惨刑血比，总为岁解，岁解不足，

---

① 卢楫：《禁约提单》，载《皇明世法录》卷二九。
② 《明神宗实录》卷四四〇。
③ 袁世振：《盐法议一》，载《明经世文编》卷四七四。
④ 袁世振：《盐法仪一》，载《明经世文编》卷四七四。

势必责逃亡于见在，横征不已，将复驱见在为逃亡。”① 仅从盐业运输方面的混乱状况，即完全可以体察盐业的深刻危机。

万历四十四年（1616），袁世振《条陈盐法十议》，提出实行纲运法的改革方案。次年，袁世振在两淮推行盐法改革，施行纲法。其改革的重点则是确定窝本，疏通积引。盐法改革的具体方案，集中反映在《纲册凡例》中。② 其要点是：“今查淮南红字簿中，纳过余银之数，凡三十一单，该有二百六十余万引，内除消乏银者纳六十余万引，其实数仅有二百万稍缩耳。”袁世振依据“盐院红字簿，挨资顺序，刊定一册，分为十纲，每纲扣定纳过余银者整二十万引，以圣、德、超、千、古、皇、风、扇、九、围十字编为册号，每年以一纲行旧引，九纲行新引。行旧引者，止于收旧引本息，而不令有新引拖累之苦；行新引者，止于速新引超掣，而不贴旧引套搭之害。”新旧引搭派行销的具体做法，如以万历四十五年（1617）为“圣”字纲，“止令行本纲二十万旧引，不行新引”，其新引派于淮南共 486596 引，则“分派于九纲共行之。”又有挂掣附纲 10 余万引，正纲算派新引 51200 引，附纲算派新引 25600 引，从而一举改变了过去将 480000 引新引强行派给 20 万旧引之商的做法，而是将新引分摊给 200 余万引超掣之商。这样做的好处，则是“佥点之中者，既不苦于力量难支，其佥点之外者，又不苦于冷坐而难待。”至次年，又行“德”字纲，止行旧引，不行新引，“却令第三‘超’字纲以至第一‘圣’字九纲及附纲，照窝数派行新引。”按袁世振的计划，万历四十七年（1619）以后俱照上述方法派行新引，只需九年，“旧引尽净”，即便是“挂掣之引，是年亦尽。”由此可见，袁世振的纲运法构想，其实质是疏通旧引，这一点是毫无疑义的。但由于派行新引必须按照商人的“窝数”派行，这样就在事实上确立了商人的窝本独占地位。

由于商人买边引或超掣单盐引预纳银两而占有相当量的“窝数”，至纲法成立时均载入纲册，并据此作为承运纲盐的纲商，其入册的窝数即称为“窝本”。关于此，袁世振《纲册凡例》云：“此十字纲册，自今刊定以后，即留

---

① 《明经世文编》卷四七五。

② 《明经世文编》卷四七七《两淮盐政编》。

与众商，永永百年，据为窝本。每年照册上旧数派行新引，其册上无名者，又谁得钻入而与之争鹜哉?”这对于预征纳银的商人来说，昔日“苦求脱去而不得者，今惟恐窝本之有失也。”

如前所述，纲法前拥有窝本的商人主体当系囤户，所以随着纲法的成立，以囤户为中心的内商实力群体也就从预征套搭的困境中解脱出来，成为纲运时期的中坚力量。在纲法施行之初，拥有窝本的商人“行新引者，有超掣之利；行旧引者，解套搭之苦”，收到显著的效果。关于此，据袁世振《与商等轩》①的记述，万历四十五年（1617）十一月初四日开征，即“收银十二万有零”，“两淮商人皆肩摩毂击，争相输纳。”内商摆脱困境后也引发边商与内商边引交易的活跃，“边商七十万仓钞才至淮扬，即得与内商对手贸易，卖银四十万，又办下次粮草。已经卖过两次，无卸囤不售之患。”② 而内商下场支盐所纳余盐银，“每岁二解，余课银共七十万金，人人争先输纳，两年来解过三次，并倒疏为四次。”总之，自万历四十五年底至四十七年（1617～1619），“三年之间，入太仓者一百七十万，加以搜括解过六万，二次边商鬻新钞者共八十万。”仅就财政意义而言，两淮疏通积引的纲法的确发挥相当大的成效，这对于挽救盐政的崩溃，维系明王朝的封建统治，多少起到一些支持的作用。

如前所述，两淮纲运制的施行，对明清时期的盐业经济发挥着承前启后的机能。仅以山东运司为例，清代前期的纲商则是由万历时期所确立的纲法沿续下来的。据莽鹄立《(雍正）山东盐法志》卷七《商政·商纲》的记载，明代纲商共有14纲，其纲名为晋泽、司仁、祥仁、集义、晋兴、永公、永昌、洪戬、洪晋、祥顺、通裕、永兴、京浀、泰来，这些商纲中的“引商招自远方，世代相传已久，凡数百家。”其商纲组织中均有若干名纲商所组成。为反映明代纲运组织状况，兹将清初山东运司纲名、纲商表列于下，以示其详：

① 《明经世文编》卷四七七。

② 袁世振：《疏理略疏》，载《两淮盐政编》。

山东纲商组织于例①

纲 名	纲 商 名	纲商人数
永兴纲	纪恒升、刘永长、刘松盛、吕升、陆兴旺、范吉、刘永泰、李芳、姬大成	9
晋泽纲	刘继恒、刘肃、牛恒利、金士坚、牛恒茂、牛恒兴、牛恒升、牛恒昌、刘恒升、刘淑、牛恒盛、张福兴	12
同仁纲	王庆晋、范鼎和、李丕烈、钱仁、王永言、又王永言、郑王璋、表万镒、王晏、王立绩、任扩基、王纶、卫衍成、李滋、任治、刘镇琦、王弘昌、任大申、又任大申、薛奇玉、梁恒仁、王纪、范文久、卫宣、王重、王宗善、李桧、王庆升、又王庆升、李德盛、席德隆、王永庆	32
祥仁纲	茹九思、彭士成、仲履垣、苏世兴、苏士基、刘广益、刘弘基、刘裕、刘仁、金恒基、刘广基、金恒盛、刘瑞基、刘永基、刘永安、刘怀德、严瑞基、刘继序	18
庆汾纲	周复盛、于义起、田月盛、李生馥、田月兴、张广发、温兴盛、李广盛、李正、李利、李永盛、李如松、牛恒吉、张方兴、赵宪臣	15
集义纲	张吉盛、张玺、刘基长、刘养才、刘霭、范芝、张显、杨棫、许恒、王礼、许吉、李永宁、范允茂、范允升、雷登枢、刘大利、郭吉祥、杨升恒、范有恒、左基昌、何玉、宋昌基、何洪基、张元嵩、崔恒升、刘芳、申泳昌、卫元亨、刘起、王原钫	30
晋兴纲	张聚兴、李聪、段永兴、张协和、张培基、李蔚、杨全、李柱、靳相、张义、范升元、又范升元、张义隆、李昌泰、李昌顺、李隆昌、张永顺、张仁义、张中正、张永瑞、商尹基、樊广德、段斯经、张京、范世馨、姬云、张隆、李永翕、李吉昌、张永发、张永祥、柏永茂	32
永昌纲	尉晋隆、杨作舟、杨榛、刘恒盛、关弘兴、徐广基、田恒玉、侯正裕、邢睦九、尉克诚、杨振基、卢恒、张信、张逢源、又李发祥、吉兴源	16
洪戬纲	张华裕、汪弘兴、汪金广、张九如、刘运隆、范利、崔崧、申利、燕利、杨绳先、李美、郭启兴、李志仁、邢义兴、李秉吉、巨顺、宋元吉、薛志义、邱恒允、朱德新、朱恒裕	21
通裕纲	伊汤聘、祝永寿、李若公、祁成鼎、段永盛、段金里、段英、卫淇源、卫岩、史复基、李恒吉、李永吉、张基、张恒泰、侯政、韩普、杨亨通、杨符成、贾如松、张日升、又张日升、许可兴、申猷、申锦、又李若公、许永年、张大来、郭弘道、成日升、卫培元、柴本楷、李若桧、王永基、赵悦来、李恒升	35
晋公纲	李果盛、李樫榘、赵金、王兴基、王世昌、张永宁、李可枢、王吉祥、李光祖、王云从、王弘基、王京泰、燕恒泰、李纮元、尹永盛、王魁祥、王庆元、王肇基、王泰、赵敬裕、杨新、韩挺基、王著、贾万盛、王敬、杨万仲、王溱、王洵、王洪、何铠、许鼎镇、刘浩、刘复基、孙东山、刘志祥、范三晋、刘大正、王生	38
祥漍纲	余一鸣、朱长茂、苏仁济、萧长泰、苏天成、杨克昌、余永兴、苏元亨、苏元吉、吴绍基、赵祥、石珍席、高铉、苏昌吉、王坦	15
14 纲		273

① 此表根据莽鹄立《（雍正）山东盐法志》卷七《商政》编制。

由上示山东纲册，可知：1. 山东之所以分为 14 纲，除官方确定的要素外，以地域性商帮及同姓“合股共财”的经营方式，当有密切关系。2. 纲商可视其财力，在本纲或其他纲商组织中分占 2 纲。如“又任大申”、“又张日升”等，均属此种情况。3. 每纲的组成，其纲商人数似并无硬性规定，其编组的原则，只能是按行销盐引额数及纲商资本多寡，大体确定比例关系，以保证国课如期如数征收。

总之，综观明代盐运体制，其核心内容即在于由国家（官）控制食盐运输的总量，而控制适宜时，与之相关联的边方开中制和盐生产运销就得以正常运行，而盐运环节出现积引的情况，就必然导致边方开中和盐业经济的停滞，甚至产生财政危机。因此，从这个意义上讲，盐生产和运输顺畅与否，与食盐消费市场有直接的关系。

第三节　食盐的配给与销售

在明代人看来，食盐的生产定额与运销引目的多寡，是根据天下有多少食盐人户决定的。从这一基本认识出发，架构了“计口给盐”的食盐配给制度框架，并且形成了与国家统制盐业的基本政策相适应的体制。

一、户口盐配给制的基本内容

应该承认，明廷对于食盐产销总量不能高于或低于人口的消费量，是有明确认识的。而依据府州县的户口统计，作为盐生产和运销的决策，则成为户口盐配给制的核心内容。

以天下户口统计决定盐产定额的实例，可从明初四川恢复井盐生产得知。洪武五年（1372），户部奏言：“四川盐井计一千四百五十六，已开煎三百八十，其未开者一千七十六处。遂命会计各郡邑军民岁食及盐马司市马岁额之数煎办，余井并塞之。”① 这里所说的“会计各郡邑军民岁食”之语，不用说是

① 《明太祖实录》卷七〇。

“计口给盐”的实施依据，而作为制度的原则，自然决不仅限于四川，可以说“计口给盐”的制度以及此制度所存在的社会基础，具有全国性的普遍意义。

盐的运销，也贯彻“计口给盐”的原则，不能多运或少运。按明代盐法关系文献的记载，“旧制：凡行盐地方，该运司备查州县里分，岁月食盐若干，开申巡盐衙门，照数批行，运司填给水程，行令各商前往行盐地方发卖。卖完之日，同引目一并缴部存查。”[①] 从盐运司照数批行州县岁用食盐的规定，就足以表明“计口给盐”的配给制原则，也贯穿于食盐流通及消费领域，并为有明一代历朝所遵行。用嘉靖六年（1527）巡按直隶监察御史戴金的话说：“查得运司额数多寡，虽因地产以为之等第，实行地方户口食盐之数以为之准则。”[②] 作为传统社会官僚的观念形态，已将食盐的产销量与消费量相吻合，视为理财经世和清理盐法的最高目标。戴金以两淮运司为例，对此“准则”作了极好的说明。他说：“今两淮运司食盐地方，当天下四分之一。淮南自南京以至徽、宁、池、太、江西南昌诸郡，至湖广一省而止；淮北自庐、凤、淮三府，至河南南阳为界，以一年之额数，应合地方之实用，众寡之间，尚若有不及焉。”[③] 在戴金看来，要做到“以一年之额数，应合地方之实用”，就必须不时对户口进行勘实，以把握户口盐供应的额数。从戴金主张根据户口消长不常的变动，按户口实际数供给食盐的观念来看，“计口给盐”的原则并未改变。事实上，在传统的食盐配给体制下，这一原则历来受到明朝最高统治者的重视，如洪熙元年（1425）“上谕行在户部臣曰：计口给盐，以米输官，口既耗减而犹准旧额征米，是励〔厉〕民也。即令有司勘实纳册，毋拘旧文。”[④] 很明白，明朝的最高统治者也深知按实际户口供给食盐的道理。所以说，“计口给盐”不仅具有掌握户口盐总需求量的意义，同时也与传统社会的赋税制度相联系，关系到国家社会经济基础的稳定问题。

依明制，户口食盐按官吏、军人、民人分等配给。下面即对其配给实态进行考察。

---

① 段如蕙：《（雍正）新修长芦盐法志》卷七《商政·水程验单》。

② 戴金：《皇明条法事类纂》下卷。

③ 戴金：《皇明条法事类纂》下卷。

④ 《明宣宗实录》卷九。

（一）两京供盐与官吏户口食盐

所谓“两京供盐”，实际上包括三方面内容：1. 皇室的“贡盐”系统；2. 王府供盐系统；3. 两京各司官吏户口食盐。

关于“贡盐”，明太祖朱元璋建都南京，皇帝与皇室的食盐供给，则是由南京内官监所属清净军煎办的，这可从正统十一年（1446）九月南京内官监的一道奏疏得知。其疏云：“本监旧清净军煎办上用白盐，今年老亡故者多，请佥畿内民三十人补。”[①] 这表明至少在正统十一年前皇帝的御用白盐是由南京清净军煎办的。[②] 而永乐迁都后，尽管御用白盐已改由长芦运司煎办进贡（称为“贡盐”），但清净军煎办白盐之制却并未罢革。而长芦煎办“贡盐”，据《长芦盐法志》记载，“成祖定都北京，以长芦密迩，应进贡白盐，每年于正课内进五十三万四千六百六十九斤二两。”[③] 如此数额庞大的贡盐，若折合小引盐则为2673.345引，占长芦岁办盐课总额18807.94引的14.21%。嗣后，贡盐定额多有变化。弘治时，内库供用库岁派青白盐为175000斤，折合小引盐则为875引。正德时，经太监吴海、杨先等奏请加课，遂增至351844斤，折合小引盐为1759.22引。嘉靖元年（1522）经御史郑光琬奏请，复弘治旧制。[④] 二十六年（1547），仍遵行永乐定制，改为536000斤。[⑤]

贡盐之外，各王府岁供盐斤，也由长芦运司办纳。按明初定制：亲王岁支盐200引，亲王“男已受封郡王者，年食盐五十引。”[⑥] 长芦岁办王府食盐称为“京山”。据《新修长芦盐法志》记载：“京山者何？乃前明京山、顺庆、柘城、汝宁、嘉定、新昌、太和、景宁、建德、太康、阳夏、德平、荥阳、庆云十四藩府，每年各给盐若干引，每引折银一两三钱三分三厘，派于长芦运司，按年征给。”[⑦] 其王府食盐折银，据顺治十三年（1656）三月长芦巡盐

---

① 《国朝典汇》卷九六《户部十·盐法》。

② 应该说，永乐迁都前御用白盐属军盐系统，永乐后才改由长芦运司煎办。

③ 段如蕙：《（雍正）新修长芦盐法志》卷二《沿革》。

④ 均见徐学聚：《国朝典汇》卷一九五《采办内供物料》。又，王世贞：《弇山堂别集·中官考八》。

⑤ 《明世宗实录》卷三二六。

⑥ 《明太祖实录》卷一〇四。

⑦ 段如蕙：《（雍正）新修长芦盐法志》卷六《灶籍·京山》。

御史王秉乾清查长芦运司课额的奏折说："京山"银一项，自顺治元年始，"俱照万历年间经制数目征收"，每岁共征银754.698两。按前示盐引折银比价计算，长芦运司明末每年支给十四藩府引盐额为566.165引，每一藩府约支盐40.44小引[①]。长芦运司"京山"之制，大体可以从制度的层面反映明代王府支盐的实态，至于其他盐运司承担王府食盐的供给情况，当与此相去不远。

官吏食盐，涉及两个层面：一是两京各衙门官吏食盐；二是地方府州县官吏食盐。

以北京官吏食盐为例。据前示《新修长芦盐法志》的记载，"明初，在京府、部、院、寺、科、监等衙门，俱有食盐。"[②] 据明人朱廷立的记述，北京各衙门食盐，每年俱由"长芦运司令派灶丁办纳进供青盐六十四万四千七百四十四斤一十一两，卤水二千四百斤。"[③] 每年由长芦盐运司委官赴京交纳。至万历八年（1580），长芦运司所供北京府、部、院、寺、科、监等衙门食盐"尽数裁革"，"惟户部堂上及十三司官吏、都察院堂道官吏并盐院书吏，尚有岁支食盐。"[④] 这表明与盐务管理有关的北京衙门还保留食盐配给制，其供给盐额，据《盐政志》的记载，户部官吏食盐49916斤，都察院堂道官吏食盐156940斤，盐院官吏3250斤，共计北京衙门官吏食盐为210106斤，折合小引盐为1050.53引，共裁革2173.2引，即较旧额裁革67.41%。此外，根据《盐政志》的统计，南京官吏食盐总额为3623068斤，折合大引盐为9057.67引。然因缺刑、工二部官吏食盐额的记载，上述总额似不准确。根据朱廷立的记述，嘉靖时期两淮盐运司每岁共支付南京官吏食盐9299.385大引，这与表中统计的差额为241.715引，减去光禄寺青白盐150引，其刑、工二部的官吏食盐额当为91.715引。

---

① 段如蕙：《（雍正）新修长芦盐法志》卷六《灶籍·京山》。

② 段如蕙：《（雍正）新修长芦盐法志》卷六《灶籍·食盐额例》。

③ 朱廷立：《盐政志》卷四《制度下》。此处所云进供青盐额，原文作"六十四万四千七百四十四斤二十一两"，其中"二十一两"当为"十一两"之误。

④ 这里所说的"十三司官吏"，即户部所属十三清吏司。

至于地方府州县官吏食盐，按明朝定制“每吏每口十二斤”①，其关支办法，则由府州县另造户口盐册，并载有供给标准、官吏人姓名和户口盐总额，在该府州县民户户口盐内关支。关于这一点，可以弘治十四年（1501）监察御史莫立之揭露军卫有司将官吏户口食盐册卖给势要之家的奏疏得以证明②。此外，府州县官吏食盐同南京、北京官吏食盐一样，也需“照例收钞”③。至于食盐总额，根据洪武四年（1371）吏部统计，当时天下府州县官吏食盐额大体如下：

洪武四年府州县官吏食盐额示例④

府	141	府官	880	食盐10650斤，折小引盐52.8引
州	192	州官	572	食盐6864斤，折小引盐34.32引
县	1013	县官	3041	食盐36492斤，折小引盐182.46引

按上表统计，洪武时期府州县官吏每岁食盐额为269.68小引。不过需申明的是，上述统计仅是按吏统计的“官”的部分，“吏”并不包括在内，更何况由于官品高下不同，食盐供应的标准也不一致。此外，随着时间的推移，官僚的人数也逐渐膨胀增大，其食盐额的增加也是十分自然的事。

（二）军士月盐供给

明代军队的食盐供给，其标准是：“凡内外大军关支月盐，有家小者，月支二斤；无家小者，月支一斤。”⑤ 然给支方法，京卫与在外卫所，却有支盐与支钞之别。关于京卫给盐实态，如前示南京各司官吏食盐统计可以看出明朝是将拱卫京师的卫所一并计入“两京供盐”系统之内的，按《诸司职掌》所载太祖时期的定制，京卫支盐的步骤大体是：“在京卫分，如遇按月支盐，将该支军民盐数造册申缴，合干上司转达本部（户部），磨算相同立案，将原缴

① 顾炎武：《天下郡国利病书》卷八四。

② 《明孝宗实录》卷一七二“弘治十四年三月乙亥”条载监察御史莫立之奏疏云：“军卫有司率以官吏户口食盐册卖之势家，令于布政司给批照验，遂假此得以贩卖，其弊亦多。”

③ 戴金：《皇明条法事类纂》卷一三《申明禁约假钱疏通钞法例》。

④ 此表根据《皇明制书》卷三《诸司职掌》统计编制。

⑤ 《诸司职掌》卷三《户部职掌·月盐》。

文册出给勘合字号，坐定军民盐数，札付龙江盐仓放支。如有事故，就便扣除。支毕，将实收、扣除数目，申报本部，于原编勘合字号底簿内注销，以凭稽考，仍立案备照。”由此记述，京卫支盐之制甚明。但在外卫所因系支钞，其具体的支钞方法，当与京卫有所差异。按明代规定：“其在外卫所军士月盐，亦有支钞去处。每盐一斤，折钞一百文。照例行移有司，于系官钱内支给。如有事故，一体扣除不支。”① 如果理解不错的话，那么，在外卫所按制度规定的食盐标准折价给与食盐钞，然后去指定的地方自行购买盐斤，而不是由地方有司直接给盐。而地方有司发放卫所军士月盐钞，乃在有司官钱项内支给，并由有司造册申报奏销。

在外卫所军士月盐折钞之制，始于洪武十五年（1382）。折钞的起因，乃是“西安卫千户宋寿领河东盐六千四百余斤以给军士，侵欺三千二百余斤。事闻，上命户部悉准盐价给钞。”② 经户部议拟奏准，定制“京卫军士仍旧给盐，外卫以钞代之。”此制虽从总体说延用至明末，但期间多有变化。例如京卫，永乐时官军食盐亦采取官运收钞给散之法③，其制已不同于洪武时期的京卫支盐制度。又如在外卫所的以钞代盐制，大体有以盐代粮、粮钞折盐和直接支盐的多种形式。以盐代粮的实例，最早见于洪武十七年（1384）。因当时边卫月粮供应仰赖于州县税粮④，一旦州县歉收，田赋不足，即采用以支盐替代月粮之法，这样，边卫的月粮与月盐供应即构成军饷构成的主体。月粮与月盐的比例，从洪武十七年瞿塘、施州二卫奏疏可知。其疏云：“岁用军粮七万五千九百六十六石，而州县岁征之租不及，请以他税足之。于是户部言：成都、永宁、贵州各卫军士，月给米十之七，盐十之三。今二卫之粮，宜准此例。从之。”⑤ 这一重要记述，表明在明代军饷结构中，粮与盐是按七三比例支付的，其70%的月粮部分，显然供军人及家小口食，而30%的月盐部分，则是月粮

① 《诸司职掌》卷三《户部职掌·月盐》。

② 《明太祖实录》卷一五〇。

③ 《明太宗实录》卷一七八。

④ 明代军饷的月粮供应，来源有三：一、屯粮；二、州县税粮；三、开中盐粮。如粮的部分供应不足，则以盐、钞、银、钱代之。盐的部分则由军士就近出卖易粮，钞、银、钱的支放，则系边方采买制成立的条件。因此说，盐的供给与月粮关系甚密。

⑤ 《明太祖实录》卷一六二。

不足部分的补偿，而不是军士口食应供给的户口盐。从这个意义讲，由于月粮不足而引发的月粮补偿就不限于盐货，还可以折钞。其实例，如宣德十年（1435）中都留守司旗军，原“月米一石，止给六斗或四斗，余皆折钞”①。而“以盐代粮”的例证，如宣德元年（1426）福建布政司右参政樊翰奏疏言：“福建属卫军士月粮应支钞者，岁久未支，盖由有司课程不敷。比闻福建都转运盐使司浔美、惠安、浯州、洒州盐场积盐甚富，以其海道涉险，故有三四十年未给者。请准户口食盐之例给军，以代粮钞，庶几军得食用，盐免陈积。”②很清楚，这里所说的以盐给军，实际上是月粮折钞的变通形式。

在外卫所直接支取食盐的又一重要形式，则是“军盐”。“军盐”的含义，即是由边卫军人自行煎盐，供军支用。其典型例证，如永乐七年云南景东府照磨侯斌上言：“景东有盐井三处，皆军人私煎贩卖，而景东卫官军食盐，则赴大理等处关支，道里辽远，往复甚艰，宜以盐井资军食。”③ 这是因军人私煎而改为军盐的实例。又如辽东，“供军食用”的军盐，由辽东都司下设的辽海煎盐提举司军士煎办④，岁煎定额盐课为3806430斤，其盐货无疑是供辽东驻军口食之用。但由于军士煎办的“军盐”系统，不属于户部的管辖系统，所以同在外卫所至指定地方关支由盐运司提供盐货的制度，显然是有所差异的。

（三）民人户口盐支给与纳钞

民人的户口食盐标准，分为市民、乡民二种。其配给等第，明朝盐法关系文献记载多有不同。如顾炎武所说：“盐口之税，每吏每口十二斤，市民六斤。”“乡民二斤二两五钱”⑤。永乐二年七月都御史陈瑛奏言：“以天下通计，人民不下一千万户，官军不下二百万家。”按他的说法，民人“大口月食盐二斤”，“小口一斤”⑥。依明制，军民户口食盐，不论男女，均以“十五岁以上

---

① 《明宣宗实录》卷三。
② 《明宣宗实录》卷一三。
③ 《明太宗实录》卷九一。
④ 《明英宗实录》卷八二。又据《皇明制书》卷一七记载，洪武时，称“辽东煎盐提举司”。
⑤ 顾炎武：《天下郡国利病书》卷八四。
⑥ 《明太宗实录》卷二八。

为大口”，“十岁至十四岁为小口。”① 十岁以下似无食盐的供给。对于上述月食盐标准，陈瑛以为过高，因此上疏奏减为大口“年支盐十二斤”，小口“年支盐六斤”。但在陈瑛奏疏之前，大口每岁食盐12斤、小口6斤的标准，实际上已在部分地区施行。如在广东，据永东二年（1404）承运库大使周瑞上言所说：“令所司核实人口，大口岁食盐十二斤，小口半之。”② 即是明证。由此可知，直至永乐七年（1409）之后才推行大口岁食12斤、小口6斤之制的，而在此之前，是按大口岁食24斤、小口12斤配给户口盐的。随着户口的增长，永乐户口盐制定的标准定额有所下降，除官吏、军人不论外，民户的户口盐一减再减，最终停止供给。其实际供给状况，如潮州府，“每岁每口坐食盐六引〔斤〕。”③ 而在福建漳浦县，“民男女皆食官盐，计凡男成丁女成口者，岁给盐三斤。”④ 可见官给户口盐的配给标准，不仅有时间上的差异，同时也存在地域差别。

二、行盐疆界的划定与户口盐给散

由于“计口给盐”是按府州为单位进行的，所以各都转盐运使司和提举司划定了与之相适应的行销区域，这种地理上的空间划分，即称为“行盐疆界”。

明初，各盐运司的行盐疆界，已作为户部职掌的内容之一，被记录在《诸司职掌》中。其具体划分情况，亦如下表：

明朝行盐疆界表

盐运司提举司	行盐疆界
两淮	应天府、宁国府、太平府、扬州府、凤阳府、庐州府、安庆府、池州府、淮安会、和州、南昌府、九江府、南康府、建昌府、赣州府、南安府、临江府、抚州府、吉安府、袁州府、瑞州府、饶州府、武昌府、黄州府、沔阳府、岳州府、夷陵州、荆州府、常德府、长沙府、澧州、沅州、衡州府、德安府、辰州府、安陆州、靖州、襄阳府、宝庆府

① 《明太宗实录》卷二八。
② 《明太宗实录》卷三三。
③ 《（嘉靖）潮州府志》卷三。这里所说的“坐食盐六引”之“引”字，当为“斤”字之误。
④ 《漳浦县志》卷八《赋役下》。

续表

盐运司提举司	行盐疆界
两浙	杭州府、绍兴府、宁波府、台州府、温州府、苏州府、衢州府、处州府、徽州府、嘉兴府、湖州府、松江府、严州府、常州府、镇江府、广信府、金华府、广德州
山东	济南府、青州府、兖州府、东昌府、莱州府、东平州、开封府、登州府、徐州、邳州、宿州
广东	广州府、肇庆府、惠州府、韶州府、南雄府、潮州府、德庆府
海北	雷州府、高州会、廉州府、桂林府、柳州府、梧州府、浔州府、庆远府、南宁府、平乐府、琼州府、永州府、郴州府、太平府、田州府、思明府、镇安府、龙州、泗城州、奉议州、利州、桂阳州
四川	成都府、嘉定府、叙州府、潼州府、保宁府、顺庆府、广元府、夔州府、广安府、雅州
福建	福州府、兴化府、泉州府、汀州府、漳州府、邵武府、建宁府、延平府
陕西灵州	漳县、西河县、巩昌府、临洮府、河州
长芦①	顺天府、永平府、保定府、河间府、正定府、顺德府、广平府、大名府、宣化府、河南彰德府、卫辉府、开封府、南阳府、怀庆府、保安州、隆庆州
云南	云南布政司、五井盐课提举司、黑盐井盐课提举司、安宁井盐课提举司、白盐井盐课提举司
河东②	太原府、平定州、忻州、代州、保德州、汾州府、辽州、沁州、平阳府、霍州、蒲州府、解州、绛州、吉州、隰州、潞安府、泽州府、西安府、商州、兴安州、同州、华州、耀州、乾州、邠州、凤翔府、河南府、陕州、南阳府、汝州、许州

依明定制，两淮盐行33府5州，两浙行17府1州，山东8府3州，广东为7府，海北盐行17府5州，四川9府1州，福建8府，陕西灵州为2府2州2县，长芦14府2州，云南盐行全境，河东为11府20州。

民户的户口盐究竟怎样配给到户，文献记载阙如，难以明晰。其大概情形，有如章懋《议处盐法事宜奏状》所说：“国初，尝命盐司以掣下余盐，行令各县差人赴司关领，回县分给小民，计口食盐，而纳钞以偿盐价。厥后，盐司久无余盐关给，而盐司又改为盐粮，惟市民仍许纳钞，而乡民皆纳盐粮，又使之运输外郡，则不惟米价高贵，而运输劳费，十倍于纳钞，则乡民之受困甚也。”③ 按章懋所述，食盐人户将户口盐粮上纳本县，并将盐粮运至指定地方，

① 此处根据段如蕙《（雍正）新修长芦盐法志》卷七《商政·行盐地方引额》编制。

② 此处根据觉罗石麟《初修河东盐法志》卷三《引目》编制。

③ 《明经世文编》卷九五。

其运输费用远远高于盐粮米价，故使食盐乡户负担加重。与之相比，乡民以钞偿盐价，并从县领回所食之盐，自然没有运输盐粮之苦。由此记述，大体可以反映三层关系，即：府县与盐运司、民与县、民户与县的准官支配层。

首先看府县与盐运司的关系。对县而言，因系收取盐粮、盐钞的单位，所以在抵偿盐运司盐价上，也必然存在一定的手续或关系，否则谁已纳粮，谁没纳粮，无论是盐运司还是地方有司，均无从稽考。关于州县与盐运司的关系，成化十六年（1480）南京户部的奏疏中有所涉及。其疏云："州县衙门先将该支盐数及差人姓名，俱造册预发运司收照"，府县差人手持一份，"止开职役姓名"，批文照身，前往所定盐运司关领食盐。盐运司则"填注告投月日，仍给存照。"同时开写一道所支领盐数的批文，定限由差人"赴盐场支盐，然后运回本县，计口给散"①。可知食盐人户上纳的盐粮、盐钞，仅作为府县赋税的项目之一，按年度向上奏缴，而无须解运盐运司，盐运司与府州县的户口盐关系，仅凭府县预先所造户口盐册及每年差领盐货的批文，即可至盐场支领户口盐。

其次是民与本县的关系。府县差人将户口盐运回本县，按顾炎武的记述即是："民支盐与官，里长总车运之，车生递行，每岁不过银三分，而一家之食盐足矣。"② 而民户的户口盐给散，既然由里甲完成，这就意味着官支户口盐与食盐户之间存在乡村准官支配关系。具体的说，即是由里甲中的里长、甲首向里甲户收取户口盐粮（或盐钞、盐银），并将户口盐由县运回给散。这样，在食盐户与县的关系中，里甲则成为直接经手户口盐粮和户口盐的，因此对食盐户构成相应的支配关系。这可以从成化十三年（1477）户部户科抄出"巡按直隶监察御史黄杰奏言，力陈里甲势要人包揽户口盐钞，以致小民偏累"的情况，其奏疏言："有势要贪利之人，收买收勘钞贯一千贯，有值银二两以上者，有值银一两以上者，亦有不堪收受者，装运各处地方，交通官吏，有将财物土产相送者，有倚官职势要相逼者，又（有）以甘言美语，许以保升照顾者。其各该官吏止知奉承势要，不顾亏官损民，将钞不凭解户检验，一概般

① 《明宪宗实录》卷二〇九。

② 顾炎武：《天下郡国利病书》卷六一。

收在官，然后摊分里甲，坐派人户，每一千贯，有勒作五两者，有勒作六两者，其大州县，价动以万计，小州县亦不下三五千两。”[①] 里甲势要人以其显赫的社会政治地位，对州县乡村社会进行控制、支配，甚至其权势凌驾于地方府县官之上，以其权势包揽盐钞，牟取厚利。“其势要贪利之人，多借此致富，而无耻官员，多假此夤缘进身。”[②] 当是明代社会的真实写照。

户口盐给散的另一形式，则是地方有司与行盐客商的联系。在明代官收盐、商运盐（其中包括州县差役关领户口盐）、官卖盐体制下，即便是客商运销的所谓“商盐”，也是由地方州县的行政长官控制的，这即是明人所说的“县官收市”。据叶子奇《草木子》卷三下的记载，“盐商于各省府运司买引，就各处盐场支盐。后盐积而不售，均派户口收买，令其入钱，县官收市。”如果说在正常情况下，以县为单位的户口盐给散，是以差人支盐分派里甲为其特征的话；那么，商人与户口盐的联系，则是以“盐积而不售”为契机，同旧有的户口盐制相结合的售盐方式。按明代食盐运销制度，商人承运官盐，必须运至官指定的行盐府县，批发给当地官佥铺户或盐店销售。由于盐积滞销，商运盐只能通过“县官收市”的途径，向食盐人户摊派收买，民户则向所在县官纳钱。由于民户“贫富不等，皆令入钱，胥吏并缘为奸，民甚苦之。”事寻罢，“复命富商收市”。由此可以大体反映明代户口盐给散形式的演变，是沿着州县差人关支、县官收市、富商收市的轨迹逐步移行的。在这三个阶段中，官、民、商三者在户口盐供给结构中所处的位置多有变化，商人在户口盐体制中扮演越来越重要的角色，这是必须给予肯定的。

三、食盐的销售

由于户口盐制的崩坏，促使传统的“县官收市”向“富商收市”转化，其结果，行盐府县的地方商人即由此转入食盐的销售。由于商人销盐与官配给制已有性质上的不同，因此一般称这种销售形态为市场销售。

---

① 戴金：《皇明条法事类纂》卷一三《禁止势要卖盐钞例》。

② 戴金：《皇明条法事类纂》卷一三《禁止势要卖盐钞例》。

（一）铺户、盐店与牙行

在明朝盐运领域，其主体则是水商。[①] 水商将掣验过的引盐运送到指定的行盐府县，通过府县官佥定的铺户或盐店销售给食盐人户，从而构成“富商收市”的盐销售体系。

应该申明的是，这里所说的“富商”，并不是指寓居盐运司各盐场的盐商（内商）或“水商”，而是指行盐州县的富裕土商。据《明世宗实录》的记载，如两淮、河东行盐地方的食盐销售方法，则是“宜按道里远近，户口多寡，分上、中、下三则，派定成数，令各商运盐分投某地，有司责土商转卖。”[②]其中“有司责土商转卖”一语，实际上反映了土商接买水商盐货，然后再将盐货转向食盐的零售市场的实态。正因为土商与水商具有接买盐货的业务，同时又承当本地区食盐销售的义务，所以在通常情况下，这种土商即系地方府县佥定的“富商”铺户来进行盐的销售经营活动的，而且根据其经营业务的不同，而划分出“接盐铺户”和“拆盐铺户”二层结构。“接盐铺户”产生于隆庆年间。据《明穆宗实录》卷三五“隆庆三年七月壬辰”条有云：“佥选富民，为接盐铺户，听其承买转贩。”之所以佥富民为铺户，其经济背景显然是食盐销售不景气所致，而佥选富民经营盐业，其本身即表现出封建强制性充役的属性，这与商人根据市场需求自由地进行盐货市场交易形态相比较，显然具有浓厚的封建性特点。官佥铺户的结果，按万历时期的庞尚鹏所描述，两淮“铺户之盐，无地消遣，官商征价，破产包赔。且报充之时，有力者皆夤缘脱免，淮中人之家，乃身任此役，其为累盖百余年矣。”[③] 官佥铺户因盐滞销而破产的情况，正说明在官统制的框架内，官佥铺户的盐销售经营活动并不是根据市场的需求变动进行自由贸易，而是作为承当盐货销售的包税人，向国家上纳商课银两，一旦盐销售受到干扰，官佥铺户就陷入破产的困境，这一点是不难理解的。

---

① 关于“水商”，参见〔日〕藤井宏《明代盐商的一考察——边商、内商、水商的研究》，刊于《史学杂志》第54篇5、6、7号，通编第634号，1942年。中译本见刘淼辑译《徽州社会经济史研究译文集》，黄山书社1988年4月版。

② 《明世宗实录》卷五〇一。

③ 庞尚鹏：《清理盐法疏》，《明经世文编》卷三五七。

从官佥铺户经销盐货的方式看，也很难摆脱传统的户口盐配给制的窠臼。如前所述，在“富商收市”的形态下，直接消费者的民户并不是通过市场去购买食盐，而是向官佥铺户上缴户口盐价，由官佥的“富商”“收钱”，这种经营方式，其实仍蕴含着有司摊派里甲民户的意味，只不过由官收钱给散食盐变为商收钱而已。关于官商民户口盐给散的关系，正如《明神宗实录》卷一二四“万历十年五月癸未”条所云：“商人往买引盐，嘱托有司，分派里递，征价还商。”可见户口盐的原则，仍贯穿于商盐销售之中。这种形态，当是明中期以来具有普遍意义的社会实态。具体到县级的销售，如浙江秀水县，至万历九年（1581），“商盐到本县，按丁派散。”① 即系明证。由于商人出价接买盐货，所以必须向食盐人户征收盐价，称为“商课”。如顾炎武所说：“敝邑则按口而给（户口盐），如期而征（户口盐价银），急商课严于国赋。”② 也表明土商在府县食盐销售中，大体上是依靠旧有的户口食盐配给制的框架动作的，只是经营主体已由官僚转化为地方商人而已。

铺户的另一种形式即是“拆盐铺户”。拆盐铺户形成于嘉靖十三年(1534)。经两淮巡盐御史陈缟奏陈《盐法事宜》，其“复食盐”条有云：“淮扬所获私盐，许令各于本处鬻卖，如私盐之外额引不及，照旧设立拆盐铺户，于两批验所领买官盐，散各州县，以资日食。”③ 如此说来，“拆盐铺户”所销售的盐，乃是因所获私盐销售不足，故设立拆盐铺户散卖两淮仪真、淮安批验所官掣单盐，由此形成与引盐系统有别的“食盐”销售系统。④ 至于“照旧设立拆盐铺户”的具体方法，如在“食盐区”，按庞尚鹏所述，“查得各商掣盐之后，运赴各州县地方不能亲卖，即有司查报殷实之家，督令承买，随便转贩，而先以盐价给商人，谓之拆盐铺户。”⑤ 尽管制度规定铺户具有食盐销售

① 顾炎武：《天下郡国利病书》卷三。

② 顾炎武：《天下郡国利病书》卷四。

③ 《明世宗实录》卷一六九。

④ 关于两淮“食盐”行销引数，据袁世振《盐法议九》（收录于《明经世文编》卷四七六）记载，“淮安府额该行盐三万六千余引，扬州府额该行盐三万引，此祖制也。旧例：俱系各州县佥报铺户，在于仪、淮二所架下分买掣过单盐，装赴一州县拆卖。”由此可证所谓“食盐”，即系盐场所在府县销售之盐。如此说来，“食盐”行销当不止两淮，其他盐运司亦如是。

⑤ 庞尚鹏：《清理盐法疏》，《明经世文编》卷三五七。

权，而运商则“不能亲卖”，但在实际运销过程中，铺户并非仅仅是接买运商盐货，而是具有“随便转贩”的行销权。如《明神宗实录》即记述府县佥选“殷实铺户”行销盐货的情况，乃是由“运司移文二府，佥报殷实铺户，纳银给票，运回拆卖。”① 可见在地方府县中卖盐铺户则是由“殷实铺户”为主体的，这一点似与都市中的销盐铺户佥选有所不同。万历二十一年（1593）两淮巡盐御史綦才条议盐法事，提出在都市中“佥驯善市民充销户。令将水商运盐接买收囤，以便细民。”同时规定，“惟王府势要人家”不许佥充铺户，以杜与民争利。为官府佥选为销盐的铺户，“商人亦不许勒索高价。”②由于都市中销盐铺户是由官府佥定的，其他人很难染指其间，这一点是毫无疑问的。

（二）奏讨、私盐及其销售

应该承认，在国家专卖盐条件下，私盐始终为朝廷所严禁，违禁者则受到重处。这一点明朝也不例外。洪武初刑部尚书刘惟谦等受诏编纂《大明律》，其中《盐法》十二条，即可表明明廷严禁私盐的态度。③

尽管有严禁私盐的明令颁行天下，但在有明一代，私盐兴贩却越演越烈，成为瓦解明代官盐统制的重要因素。

明代私盐，分为王府私盐、内外官私盐、军人私盐、商私和灶私等诸各类型。然从规模来看，王府私盐内外官奏讨盐引贩卖，当私盐兴贩的主体。

首先来看奏讨盐引。如前所述，在明代开中制下，边方粮饷，则是由边臣镇将奏请开中的，这就为王府及势要人等奏讨盐引提供了制度方面的依据④。如王府奏讨盐引，据明实录的不完全统计，成化三年（1467），德王奏讨100引。十七年，德王又奏讨两淮余盐1000引。十八年（1482），吉王奏讨淮盐

---

① 《明神宗实录》卷一九〇。

② 《明神宗实录》卷二六〇。

③ 《大明律》。此外，除《盐法》十二条外，尚有“监临势要中盐”、“阻坏盐法”、“私矾”三条，也是关于盐法的规定。而《万历会典》收录盐法的规定，如“洪武十七年令：凡公、侯、伯及文武四品以上官，不得令家人、奴仆行商中盐，侵夺民利。”则比《大明律》“监临势要中盐”的律文规定更为具体。

④ 关于势要奏讨盐引行贩，参见刘森《明代势要占窝与边方纳粮制的解体》，《学术研究》1993年3期。

1000引，徽王300引。弘治四年（1491），兴王奏讨10000引。六年（1493），靖王奏讨河东盐100000引，徽王奏讨1000引，益王奏讨两淮余盐10000引。九年（1496），衡王奏讨淮盐1000引，蜀王奏讨川盐3000引。十五年（1502），泾王奏讨淮盐1000引。十六年（1503），汝王奏讨淮盐1000引。正德二年（1507），宁王奏讨每岁盐30引，伊王300引，襄王300引，唐王增盐70引。三年（1508），荣王奏讨长芦盐300引。八年（1513），寿王奏讨淮盐3000引。万历四十年（1612），潞王奏讨淮盐2600引。四十五年（1617），瑞王奏讨淮盐1000引。王府奏讨盐引，无疑是仗势兴贩，牟取厚利。

其次是太监织造奏讨盐引。南京织造，专供皇室缎匹。自成化始，太监则以奏讨盐斤贩卖，以所得价银采买缎匹，遂开太监逐利之门。成化二十三年（1487），户部复奏南京礼部郎中李谦所言二事，其中“理财用”即揭露“太监宋玉支长芦运司盐十万引，卖之两淮等处，以所得价银织买上供缎匹”，但太监宋玉“前后所支引盐、所卖银两、所织缎匹，俱无的数。”① 太监织造通过奏讨的方式，跻身于盐的运销领域，甚至不顾行盐疆界的规定，将长芦盐流入两淮行盐区销售，这就等于阻塞了淮盐的销售渠道，这种“俱无的数”的长芦盐的行销，显然是不通过官定行销体系的，从官盐的立场看，这部分盐货不用说是在私盐市场销售的。至弘治时，承运库太监龙授奏买长芦盐28000引，“令本库内官于两淮鬻之，以供织造。”虽经户部反对，但“上竟与之。”②遂开太监奏讨之风。至弘治十年（1497），竟命两浙运司“岁与织造内臣盐五千引”，并成为定制。③ 这就为太监织造兴贩盐货提供了制度上的保证。

再次是奏讨残盐。所谓“残盐”，即“风雨消折盐”，又称“陈积盐”。自弘治二年（1489）始，长芦运司“残盐”由盐运司开卖，嗣后遂行于各盐运司，“残盐”的利益，不仅价格甚低，而且奏讨之人可“随场买补”，这就为势要人等追逐残盐之利大开方便之门。如弘治十六年（1503），见有“商人周洪等奏乞纳银于户部，报中两淮运司风雨消折盐课，欲随场买补。”“上命于

① 《明孝宗实录》卷八。
② 《明孝宗实录》卷一〇八。
③ 谭希思：《明大政纂要》卷三七。

实征册内以八十万引与之。"[①] 但问题是，次年经户部查明所谓"商人"周洪、朱达等人，乃系庆云侯周寿、寿宁侯张鹤龄家人[②]，他们在两淮"捏称皇亲"，"别用价自各场买余盐"，"补数贩卖"[③] 酿成朝野最大的奏买残盐，沮坏盐法案。势要人奏买残盐营利，沿及后世，并未禁绝，成为明后期势要官员兴贩私盐的主要方面。[④]

最后是赏赐盐。太祖时期，盐作为军功赏赐，礼部制定赏格，"旗军人给盐六十斤。"[⑤] 遂成为定制。沿及后世，演为赏赐内侍近臣巨额盐货，兴贩营利。如成化二年（1466），赏太监陈钹盐 10000 引，又赏太监潘午盐 10000 引[⑥]。十六年（1480），赏锦衣卫带俸正千户邵宗盐 5000 引[⑦]。二十一年（1485），又赏太监陈钹浙盐 10000 引[⑧]。赏赐太监梁方淮盐 50000 引[⑨]。如此巨额的钦赐盐货，无非是要销卖营利。

以上倚仗权势奏讨盐引，成为明朝盐法迅速解体的重要破坏力量。关于此，弘治二年（1489）孝陵卫致仕千户谭英上言力陈势要奏讨的弊害。其疏言："往年盐课完足，到场即支，商获其利，争先报中。近年盐法阻坏，场无见课，商人多自买补。势要奏乞之数，则不拘年次，本场无盐，辄易他所。三倍加支，致商有守支累年并本钱折阅者。及抵仪真批验所，因委官监掣不以时至，复有久候之困，或遇势家盐至，又为苛禁，官较掣子尽为所匿，私置栏票，令商给领，派以泥盐，抑勒偿价，方许掣卖，商人坐此，往往受害。"[⑩] 由于势要倚仗权势把持报中、支盐、掣验诸环节，致使客商"不乐开中"。而在盐的销卖过程中，势要人等更是横行天下，恣意兴贩。成化二十一年（1485）御史汪奎奏称："勋戚、中官奏乞盐利〔引〕，满载而行，所至张赐黄

① 《明孝宗实录》卷二〇五。
② 《明孝宗实录》卷二一二。
③ 《明孝宗实录》卷一九五。
④ 参见《明武宗实录》卷六"弘治十八年冬十月丁巳"条所载谭景清、马亨奏买残盐案。
⑤ 《明太祖实录》卷五〇。
⑥ 王世贞：《弇山堂别集》卷九九《中官考三》。
⑦ 《明宪宗实录》卷二〇九。
⑧ 《明宪宗实录》卷二六九。
⑨ 《明宪宗实录》卷二六三。
⑩ 《明孝宗实录》卷三〇。

旗，商旅不行，边储亏损。”① 弘治时期，势要贩盐已成为严重的社会问题之一，弘治十四年（1501）夏四月升鸿胪寺卿王璟为佥都御史，清理两淮盐法。其原因，户部奏疏说得很清楚，其疏云：“近者王府遂食盐之请，织造开卖盐之端，此等假钦赐名色，附带私盐，横行江湖，官盐阻滞，商人不应，皆此之故。”② 于是以重臣清理盐法。因势要奏讨盐引所引起的私盐横行，从明实录所记载的弘治帝御暖阁召辅臣议政事，其中对势要兴贩私盐作为议政的主题。“上问：商人何故不肯上纳?”刘健等极言奏讨之弊。“上曰：奏讨亦止是几家。东阳奏曰：奏讨之中，又有夹带，奏讨一分，则夹带十分，商人无利，正坐此等弊耳。”但在专制的官僚制社会条件下，对于势要兴贩私盐所引起的社会经济秩序的混乱，只不过派遣风宪大臣“清理”而已，并没有从根本上解决势要官人以权势营利的问题，以致势要奏讨盐引愈演愈烈。如正德四年（1509），“内官监太监杨镇赍官银万两，长芦盐八千引，往南京易银买丝织造，乃以其银私自买盐，混同装载，用舟六百艘，沿途胁赂，得银一万六千二百两，家人韦庆等所得银亦几千两。”③ 时人描述势要人等贩盐的情景，说：“此辈一得明旨，即于船首揭黄旗，书‘钦赐皇盐’字样，势焰煊赫，州县驿递官应酬少误，即加笞辱，至于盐商灶户，虽凌辱万状，谁敢诉冤?”④ 由此可以想见当时势要兴贩私盐的情形。

从上述势要奏讨盐引，兴贩私盐的实态，可知从成化时起直至万历中期，势要奏乞盐引成为全国私盐市场的主体，而一般商、民、军人所贩私盐，同势要大规模兴贩相比，显然是微不足道的。由于勋戚、内官、王府介入食盐的销售领域，民间商人中的所谓“奸商”、“积棍”只有投托势要，才能在私盐贸易中获取更大的利益。如果从维系明朝盐政的角度看，对官统制盐政产生巨大瓦解作用的力量，显然是来自统治集团上层的私盐贸易活动的展开。随着势要私盐贸易规模的扩大，传统开中体制下的盐生产、运输与销售的各个环节必然受到破坏性影响。特别是到明代晚期，由于边患内乱的频仍，国家财政濒临崩

① 《明史》卷一八《汪奎传》。

② 谭希思：《明大政纂要》卷三八。

③ 王世贞：《弇山堂别集》卷九九《中官考五》。

④ 王世贞：《弇山堂别集》卷九九《中官考五》。

溃的边缘，担负明朝财政一半收入的盐业发生严重混乱，势必危及明王朝的统治基础。在这样的情况下，以成化以来的势要奏讨盐引兴贩私盐为背景的矿使税监，再次对岌岌可危的明代盐政进行掠夺性破坏，明朝盐政同明王朝的统治一样，其失败的命运是不可避免的了。

第十二章　明代茶业管理体制与贸易

有明一代，沿用唐宋榷茶之法，对茶业经济进行严格的统制。[①] 除经济上“资之以充国用”外[②]，更重要的则是从政治上将茶法作为控驭和联络西北边少数族的手段。

明朝建立后，在重点防御北元势力的同时，对“朵甘（今四川甘孜州）、乌思藏（今西藏）、长河西（今四川康定）一带西番”，沿用唐以来的茶易马制，希图以此“制驭夷狄”。按洪武三十年（1397）朱元璋敕右军都督府的敕文所说：“今朵甘、乌思藏、长河西一带西番，自昔以马入中国易茶，所谓懋迁有无者也。迩因私茶出境，马之入互市者少，于是彼马日贵，中国之茶日贱，而彼玩侮之心渐生矣。”由朝廷统制以茶易马，其目的并不完全在于贸易马匹，按朱元璋的话说：“朕岂为利哉？制驭夷狄不得不然也。”[③] 而明代经世名臣，也深知以茶制夷的用意，故多力主官茶统制，如王廷相《严茶》就说得十分清楚。其疏云：“蜀中有至细之物，而寓莫大之用，君子不可以轻视之者，茶是也。五谷饔飧非不美也，食牛羊乳酪者，则不以为急。布帛帷帐非不丽也，御庐庐毡裘者，则不以为重。茶之为物，西戎吐蕃，古今皆仰给之，其腥肉之食，非茶不消；青稞之热，非茶不解，故不能不赖于此。”[④] 明廷只有

---

① 关于明代茶业统制政策，参见〔日〕佐久间重男《明代的茶叶与国家统制》，《北海道大学人文科学论集》第1号。

② 在明建立前的元至正二十一年（1361），中书省即奏请议立茶法，此为明朝实行茶业统制之始。关于此，参见《明太祖实录》卷九“辛丑春正月丙午”条。

③ 徐学聚：《国朝典汇》卷九五《户部·茶法》。

④ 《明经世文编》卷一四九。

实行严格的茶易马制，才能使西番少数族部落“知虽远外小夷，皆王官王民，志向中国，不敢背叛。且如一背中国则不得茶，无茶则病且死。”因此，用“中国之茶，真是以系番人之心，而制其命。”[①] 明朝统治者正是在这样的观念形态下，架构了茶生产和以茶易马的经济体制。

第一节 茶业的生产组织形态

明朝的茶叶生产，是明廷进行茶业统制的基础。因此，茶叶的生产体制，无疑被纳入国家（官）控制的框架内进行运作。

一、茶产区的分布与茶品

明朝官控制的茶，大体有“汉茶”、“巴茶”、“湖茶”三种，这自然是与西番易马有直接的关系。就明人关于产茶府县的统计，茶叶种类并不仅限于上述三种，这可以从明人王恕《申明茶法奏状》[②] 记录的天下的产茶地得知。主要是：南直隶的常州府、庐州府、池州府、徽州府；浙江布政司所属湖州府、严州府、衢州府、绍兴府；江西布政司所属南昌府、饶州府、南康府、九江府、吉安府；湖广布政司所属之武昌府、宝庆府、长沙府、荆州府；四川布政司所属之成都府、保宁府、重庆府、夔州府、嘉庆州、泸州、雅州等地，“俱系产茶地方”。此外，又如陕西汉中、福建布政司建宁等处，也是明朝著名的茶产区。但由于明廷对茶马贸易的重视以致对于上述“汉茶”、“巴茶”、“湖茶”的生产控制更为严密。

所谓“汉茶”，即陕西汉中所产茶的称谓。在明代初期，陕西茶生产并不发达，这从洪武四年（1371）户部奏疏所言“陕西汉中府金州、石泉、汉阴、平利、西乡县诸处茶园共四十五顷七十二亩，茶八十六万四千五十八株”的

---

① 杨一清：《为修复茶马旧制以抚驭番夷安靖地方事》，《明经世文编》卷一一五。

② 《明经世文编》卷三九。

统计数字[1]，可知明初“汉茶”生产规模相当有限。随着茶马贸易的展开，至明中叶，“各省逃移人民聚集，栽植茶株数多，已经节次编入版籍。州县里分，俱各增添，户口日繁，茶园加增，不知几处。”[2] 由于流民移入汉中产茶地方，编入朝廷版籍的里甲数也逐渐增加。按陕西按察司佥事唐希介的描述，“如汉阴一县，原设在廊、新安二里，后因招抚流民，增添九里。近因大造黄册，又添一里。”仅汉阴县即增添10里人户，种植茶叶。这些流民，大多是“延安、庆阳、西安等府人民，流移到彼，不可胜纪。见今开垦日繁，栽种日盛，其沿江一带茶园多不起课。”[3] 茶马贸易刺激邻近府县民户流移种茶，遂使汉中府的茶叶种植得以迅速发展。按弘治末正德初陕西总督马政都御史杨一清的说法，陕西汉中地区极适宜茶叶的生长。在汉中，“所产茶斤，不假种植，随田而出，荒山茂林，耕治燔灼之余，茶从而萌蘖焉，民获其利，一家茶园有三五日程历不遍者。有百余户所佃茶园，止帮一户茶课，其甚少者亦多赢余，较之农夫终岁勤动，而恐不赡。”尽管杨一清是从茶课的角度来描述汉中流民茶园的生产情景，但汉中茶叶生产至少在明代中期已经形成官茶和流民茶园并存的生产组织形态，而大量流民茶园的存在与发展，使所谓“商茶”和“私茶”居于汉茶贸易的主导地位。据杨一清的估量，其“汉中一府，岁课不及三万，而商贩私鬻至百余万以为常。”[4] 由于汉中府具有茶叶生长的条件，使汉茶的年产量平均达到100万斤以上，其流民茶园的茶叶产量同官茶课的比例，约占茶产量的97%以上。

其次是“川茶”。川茶有“巴茶”、“剪刀粗叶”茶、“乌茶”、“芽茶”、“叶茶”等多种称谓，有以地名，有以茶之种类或形状称之。其中“巴茶”当系唐宋以来川茶之大宗。

明代巴茶生产规模，洪武五年（1372）户部上言：“四川产巴茶凡四百七十七处，茶二百三十八万六千九百四十三株，茶户三百一十五。”[5] 这里所说

① 《明太祖实录》卷七〇。
② 杨一清：《为修复茶马旧制第二疏》，《明经世文编》卷一一五。
③ 杨一清：《为修复茶马旧制第二疏》，《明经世文编》卷一一五。
④ 《明经世文编》卷一一五。
⑤ 《明太祖实录》卷七二。

的是官佥茶户的茶园，此外还有“无户茶园”。“无户茶园”与官佥茶户的区别，按明代定制：对“无户茶园”所产之茶，则由官“令人薅种，以十分为率，官取其八。”以此计之，四川“无户茶园”“岁计得茶万九千二百八十斤，令有司贮候西番易马。”① 而对于官佥茶户茶园，则“每茶十株，官取其一，征茶二两。”显然与“无户茶园”征课制度不相一致。

巴茶的主要产地，按明实录和《明史》的记载，明代初期共有477处，主要分布在四川保宁府的巴州、通江、广元、南江等州县。由于巴茶产量较高，明代实行召商买茶及官运茶，都是以巴茶为主体。如洪武八年（1375）五月，遣内使赵成往河州买马，即“以罗绮绫帛并巴茶，往市之。”② 洪武三十年（1397），太祖朱元璋敕兵部曰：“巴茶自国初征收，累年与西番易马。”③ 这表明四川巴州等地所产的“巴茶”在明代茶马贸易中扮演着重要的角色，成为有明一代著名的外贸茶品种之一。

除巴茶外，还有“剪刀粗叶”。关于这种茶的情况，《明太祖实录》卷七七“洪武五年十二月乙未”条载四川茶盐都转运司奏疏记述甚详。其疏云：“碉门、永宁、筠连诸处所产之茶，名剪刀粗叶，惟西番夷獠用之。自昔商贩未尝出境，既非茶马司巴茶之比。宜别立茶局征其税，易红缨、氈衫、米、布、椒、虹，可资国用。其居民所收之茶，依江南茶法，于所在官司给引贩卖，公私便之。”由此可见，这里所说的“剪刀粗叶”，显然是同“茶马司巴茶”分属两个系统。在此之前，四川“剪刀粗叶”茶不参与茶马贸易，其原因主要是饮用这种“粗茶”的人有限，市场狭小④。但为了防止“剪刀粗叶”茶外流，有碍官方茶马贸易的进行，经明太祖批准，于四川永宁、雅州、成都设立茶局，专收“剪刀粗叶”茶，以有效地管制民间茶叶贸易。其茶局依江南茶法岁收茶数，按明实录的记载，明初大体是，“永宁茶局，一曰界首镇，

---

① 《明太祖实录》卷七二。

② 《明太祖实录》卷一〇〇。

③ 《明太祖实录》卷二五一。

④ 关于此，成化九年户部议复巡按陕西监察御史范镇所奏茶马事中说：“粗茶不堪易马，欲行四川并汉中府，今后收课，必须细茶。”可以推测四川“剪刀粗叶”茶在茶马贸易中不占主要位置，至明中叶，基本上被排除在茶马贸易之外（参见《明宪宗实录》卷一二一“成化九年冬十月辛酉”条）。

岁收茶一十八万八千斤。雅州茶局，一曰碉门，岁收茶四十一万一千六百斤，成都茶局三：曰灌州，岁收茶七千四百三十斤；曰安州，岁收茶万三千一百七十斤；曰筠连州，岁收茶二十九万六千二百八十斤。”[①] 依此计算，明廷于四川设茶局收“剪刀粗叶”茶，每年约收100万斤左右，其产量当十分可观。

在明代茶法关系文献中，还见有“乌茶”、“芽茶”的记载。如宣德五年（1430）四川天全六番招讨司奏疏云：“旧额岁办乌茶五万斤，二年一次，运赴碉门茶马司易马。今户部令再办芽茶二千二百斤。山深地瘠，茶多枯死，艰于采办，乞减其数。上谓行在户部曰：边民当宽以抚之，悉免乌茶，止令办芽茶。”[②] 这里所说的“乌茶”，当是指唐宋以来的“末茶”之一种，即经过蒸的工序而研为细末的茶[③]。而明太祖朱元璋罢宋以来的“龙团凤饼”茶而推行叶茶、芽茶[④]，其制度自然也沿及后世，遵行无改。从这个意义上说，天全六番招讨司请罢乌茶茶课，是很自然的。

除四川外，湖广也是明代主要茶产区之一。湖广茶在茶马贸易中的地位，可从洪武五年（1372）二月太祖谓参政张彔的记录中得知。太祖曰：“茶之所产，多在山西、湖广，所以前朝茶运司立在江洲，专任茶课。尔差官分投前去各府州县，踏看见数，起科作额，以资国用。”[⑤] 由于湖广盛产茶叶，以致明朝建立之初，即差官踏勘，将湖广茶纳入国家茶生产统制的框架之内。湖广茶生产的恢复，成为后世买“湖茶”易马的物质基础。这可从成化七年（1471）五月陕西巡抚马文升所陈收茶易马事得以证明。当时兵部议奏：“宜令陕西布政司将库贮茶课及棉花等物易银，遣官领送河南、湖广市茶，运赴西宁等茶马司收贮，移文巡茶官同守备、守巡官市易番马，俵给甘、凉、固原、靖虏、庆阳等卫缺马官军骑操。仍行甘肃、宁夏、延绥总兵巡抚等官，核实缺马官军数

---

① 《明太祖实录》卷七七。

② 《明宣宗实录》卷七〇。

③ 丘濬：《大学衍义补》卷二九云：“唐宋用茶，皆为细末，制为饼片，临用研之。”此外，论述宋代茶叶加工，大致分为二类：“曰片、曰散”。所谓“片茶，蒸造成片者，散茶，则既蒸而研，合以清香以为饼，所谓大小龙团是也。”

④ 宋代散茶、片茶向叶茶的转化，参照王仲荦《从茶叶经济发展看中国封建社会的一个特征》。

⑤ 《国朝典汇》卷九五《户部·茶法》。

目，亦如前例行之。诏可。”① 陕西巡抚马文升的奏疏说明：一、至明代中期，湖广茶在茶马贸易中的比重上升，这反映了湖广茶产量的大幅度增长，以及茶价的低廉，否则陕西茶易马不会以“茶课及棉花等物易银”后再到湖广买茶的。二、甘州、凉州、固原等卫所的军马，由于汉中茶及川茶生产的衰微，逐渐改由湖广茶进行交易。这样，也就必然进一步刺激湖广茶生产和交易规模的扩大。三、从制度而言，湖广茶属于腹里茶引交易系统，纳入边境茶马贸易系统之后，其制度亦随之有所变更。

福建建宁茶，素有“甲于天下”之盛誉。宋人王子安《东溪试茶录》云：“建安茶品，甲于天下。疑山川至灵之卉，天地始和之气，尽此矣。”由于建宁茶以龙团凤饼为名产，成为宋代贡茶的极品。宋徽宗《大观茶论》对建宁茶评价极高。云：“至茗茶之为物，擅瓯闽之秀气，钟山川之灵禀。本朝之兴，建溪之贡，龙团凤饼，名冠天下。而壑源之品，亦自此而盛。近岁以来，采择之精，制作之工，品第之胜，烹点之妙，莫不胜造其极。”沿及明代，建宁茶仍系贡茶之一。但由于明太祖朱元璋因龙团凤饼茶贵工劳民，下令罢革饼茶而兴叶茶，建宁茶的“名茶”地位亦随各产茶区名茶的出现而有所下降。可以说明初对传统龙团凤饼茶制的破除，促使叶茶和芽茶的蓬勃发展。

明代叶茶的全面发展，表现在自云南至东南沿海地区各茶叶产地均有各自的名茶为其代表。如果按产地而言，明人王士性《广志绎》记述云南名茶有太华、天池等茶品。② 据他的看法各地所产茶叶的品第，大体是“浙西以湖州上，常州次，宣州、杭州、睦州、歙州下，润州、苏州又下；浙东以越州上，明州、婺州次，台州下；剑南以彭州上，绵州、蜀州、邛州次，雅州、泸州下，眉州、汉州又下，而不及嘉与滇。”③ 这显然是以主要茶产区所产名茶来划分等第的。但从明代名茶而言，仅叶茶中的名茶即有近百种之多。④ 如在浙江地区，有顾渚紫笋、举岩、龙井、浙西天目、罗岕、瑞龙、目铸、小朵、雁

---

① 《国朝典汇》卷九五《户部·茶法》。

② 王士性：《广志绎》卷之二《两都》。

③ 王士性：《广志绎》卷之二《两都》。

④ 根据明人顾元庆《茶谱》、屠隆《茶笺》、许次纾《茶疏》、黄一正《事物绀珠》等书记载统计。

路、石筧、分水贡芽茶，后山、剡溪、雁荡龙湫、方山等名茶。在江苏地区，有阳羡、苏州虎丘、苏州天池等。在江西地区，前白露、云脚、白芽等名品。安徽的名茶有宣州瑞草魁、皖西六安、歙县黄山云雾、松罗、石埭等。四川名茶也相当多，主要有蒙顶石花、玉叶长春、火井、思安、芽茶、家茶、孟冬、铁甲、薄片、真香、骑火、都濡、高株、麦颗、鸟嘴、绿昌明等。云南地区最有名的茶即系太华、天池、云南普洱等。湖广布政司茶产大都分布在今湖北地区，名茶主要有碧涧、明月、茱萸寮、芳蕊、小江团等。福建名茶主要有柏岩、先春、龙焙、石崖白、武夷岩茶等。上述茶名仅是各茶产区特制"名茶"，其他的叶茶，名目繁多，不胜枚举。如以南直隶徽州府为例，其茶名还有"胜金、嫩桑、仙枝、来泉、先春、运合、华英之品"，"其散茶，号为走林、为罗公；又其次者，为开园、为软杖、为大号"，此外还有"草茶"①，实即唐宋以来叶茶的别名。

总之，由于明代龙凤饼茶向叶茶的转化，使茶产区范围逐步扩大，其中包括云南、四川、湖南、湖北、广东、福建、浙江、江苏、江西、安徽、河南、陕西等地区，大体上同中国现代茶产区平面分布的北纬18°~37°，东经94°~122°的广大区域相接近。此外，由于叶茶种植、加工制作的发展，各产茶区先后出现传统名茶，而在茶叶种类方面，不仅有叶茶、芽茶等炒青茶类，同时还有乌茶（黑茶）、黄茶、白茶、花茶和乌龙茶等多种茶类。这显然是明代推行叶茶的必然结果，由此构成明代茶叶经济的特点。

二、茶户的户役

由于宋代植茶与制茶已有行业的划分，遂有园户、茶户的区别。园户，乃是种植茶叶的人户；而"茶户"则是专门制作茶叶的人户。宋代独重茶户，以制茶户作为茶课征收的基本单位，无论官焙、私焙，均以焙为计量单位，征收贡茶。②

明代始行叶茶、芽茶之法，茶叶制作以炒青为主，其茶叶加工技术与工

---

① 汪舜民：《（弘治）徽州府志》卷二《食货·货物》。

② 宋子安：《东溪试茶录》。

艺，远较宋代龙团凤饼简易。[①] 所以征课方法乃改为“计株纳课”，即如前示“茶户茶园”，“每茶十株，官取其一，征茶二两。”[②] 这实际上将种植与制作一体化了，因此说，明代的“茶户”不存在种植与制作的分离现象，无论在现实中茶叶的种植与焙制在作业中有何分工，但茶户则是作为承担国家（官）茶课的役户，这一身份是相当明确的。

明朝茶户的身份地位，与其他户役户如军、民、匠、灶等役户是一样的。朝廷对于茶产区从事茶叶种植、制作的人户，按其所拥有的茶树额，编佥相应数量的人户为朝廷的“茶户”，免其杂役，专办朝廷茶课。

明初“茶户”的编佥，明代茶法关系文献中多有记述。其实态，如四川所产巴茶诸州县，经朝廷“遣官按视”，对产茶地 477 处编佥茶户 315 户。[③] 按《明史》的记载，明初四川巴茶共有 315 顷[④]，显然表明茶户的编佥是依照役法田一顷出丁夫一人的“均工夫”原则进行的。而对于流民新编茶户，则按照明代里甲之制，编佥茶户。如前示陕西汉中府，由陕西按察司佥事唐希介奏疏称在汉阳县设置在廊、新安二里，其明初茶户当有 220 户。成化后，流动人口大增，仅汉阳县即增至十里，若以汉中全州、石泉、汉阳、平利、西乡等主要产茶州县计算，其茶户的总额当在 5000 户左右。

对于宋之时期已置有茶户的老茶区，明廷亦差遣官吏踏勘，奏请设立茶户。如福建建宁贡茶，洪武二十四年（1391）诏令罢革龙团凤饼贡茶，其诏令中即言及“建宁岁贡上供茶，听茶户采进”。并记福建定额“置茶户五百，免其徭役，俾专事采植”[⑤]。福建茶产地所置茶户之中，想必大多是世代业茶的茶叶种植户和制茶户，一旦编入茶户户籍，即成为承办朝廷茶课的役户。

为保证茶户办纳茶课，朝廷对茶户的政策性优恤有二种，一是免除杂役；二是定期对茶户茶园顷亩及茶户人丁进行清审。

关于茶户免除杂役的优待，其性质如同盐业中之灶户，其免除杂役的部

---

① 关于宋茶制作，见宋赵汝砺《北苑别录》及前示《东溪试茶录》等。
② 《明太祖实录》卷七二。
③ 《明太祖实录》卷七二。
④ 《明史》卷八〇《食货志·茶法》。
⑤ 《国朝典汇》卷九五《户部·茶法》。

分，则是以其上纳的茶课即上供茶来进行补偿的，而所谓“免除杂役”的含义，如果同灶户作比较的话；那么其免除的部分，当是指其茶园顷亩折算成丁不当府县杂役之意。至于茶户免除杂役的明文规定，除前示洪武二十四年诏令免除福建建宁茶户杂役外，宣德时宣宗谕户部尚书郭敦曰：“茶之利，蜀人资之，不但为公家之用。今有司加以他役者，悉免之。”明廷之所以重申“免四川茶户徭役”的“祖制”，乃是由于四川江安县茶户杜思聪上诉积欠茶课，“郡县责征日急”，所以要求“乞赐减免”积欠，“并除杂役，得专办茶课，庶无逋欠”[①]。由此可见，茶户免除杂役，当是明代定制，并被收录《国朝典汇》《明会典》中作为律例执行。但从另一方面看，茶户之所以积欠朝廷茶课，乃是由于地方有司“差役勾扰”所致，所以茶户才有上诉乞免杂役事件的发生。

至于茶户的“清审”之制，当系均平茶户徭役的主要方法。在明初，朱元璋为了有效地控制茶叶生产，始行“按视”之制。如洪武三十年（1397），朱元璋谓户部尚书郁新等“尔户部即遣人于陕西、四川按视茶园之数”[②]。这里所说的“按视”，已与明建国初为恢复茶叶生产的“踏勘”有所不同，当具有根据茶叶生产变化加以适当调整之意。然至明代中期，茶园户的茶生产状况已发生相当大的变化，如果仍按明初编定的茶户册籍征收茶课，势必有碍茶生产的正常进行。关于此，据前示杨一清《为修复茶马旧制第二疏》的描述，茶产地的茶户中已出现“贫民”、“细民”、“奸民”的分化现象[③]。按杨一清的说法，由于明初额定茶课的岁办斤数未改，而茶户情况却发生相当大的变化。其中“消乞”茶户即“一园一畦者，课程已多”，而富裕茶户“即连山接陇者，课程顾少”，以致“细民有不均之叹”。这些富裕茶户所拥有的茶园，“一家茶园有三五日程不遍者，有百余户所佃茶园，止帮一户茶课。”至嘉靖年间，茶课不均已演成严重的社会问题，因此陕西巡按御史郭圻上疏极言“均茶课”为茶法之要务。其疏说，陕西金州、西乡等州县岁办课茶“俱有定

① 以上均见《明宣宗实录》卷五二。

② 《明太祖实录》卷二五四。

③ 这里所说的“奸民”，系指将茶货私卖给茶商的富裕茶户。

规。迩来园户代有消长，而官多执滞旧册，吏或卖富差贫，致园去课存，户多逃窜”①。原本因植茶而吸收山陕等地流民的汉中地区，由于茶课不均而造成茶户移徙，必然导致茶马贸易制度的失败。当然，郭圻所说的茶户情况并不仅见于汉中地区。在四川，如宣德年间江安县茶户诉说：“本户旧有茶八万余株，年深枯朽，户丁亦多死亡，今存者，皆给役于官，无力培植。”② 可见四川茶户也出现贫富分化现象。于是，经陕西巡按郭圻奏请“宜定令十年一为清查增减，务令国课相准。”经户部议奏定制：“陕西金州、西乡、石泉、汉阴、紫阳五州县茶户，巡茶御史每十年一次清审，量为增减，均平茶课。”③ 而“清审”的内容，应该是土地与人户丁口，除此之外，茶株数目当是清审的重要内容，这是因为茶株额数乃是朝廷征发茶课的依据，茶株的增减，对于茶叶的实际产量及课茶量，具有直接的关系。

三、茶户的茶课与贡茶

明代佥定的茶户，承办朝廷茶课，即系官茶，是构成明朝茶马贸易的主体。尤其对于川陕地区的课茶，朝廷控制极严。除官收课茶外，即便是茶户所纳课茶之外的“余茶”，也必须尽数由官来收买，不得私卖与人。关于此，洪武三十年（1397）《钦依禁茶榜文》规定：“本地茶园人家，除约量本家岁用外，其余尽数官为收买。若卖与人者，茶园入官，钦此。”④ 按此规定，编入茶户的种茶制茶人户，不仅承担朝廷的茶课义务，即便是茶课之外的茶叶，也只能卖给官方，自己没有自由出卖其产品的权利。由此可见，茶户的生产与销售活动，完全被限定在官独占贸易的框架之内。

茶户的茶课征收，是以茶树株数按10%征收茶课。这一茶课原则，不仅见行于明初四川的“每茶十株，官取其一，征茶二两”⑤，而且是通行于天下的课茶原则。如按朱升《送分宪张公序》所说，“茗贡课株，十赋其一。而一

---

① 《国朝典汇》卷九五《户部九·茶法》。
② 《国朝典汇》卷九五《户部九·茶法》。
③ 《明会典》卷三七《户部·课程·茶课》。
④ 杨一清：《为修复茶马旧制第二疏》，《明经世文编》卷一一五。
⑤ 《明太祖实录》卷七二。

株之额，粗精二两，此乃沃土所有。而我徽瘠土也，每百株赋其十株，责其纳茗二十两。殚其地之出，而供其本色，已不堪矣。”① 朱升系南直隶徽州府人，按他的说法，江南“茗贡课株”之法，当有“粗精”的区别，这一点似与川陕有异。按汪舜民《(弘治)徽州府志》卷三《食货二》的记载，洪武时，徽州府共有茶树19656102株，其“粗精”即叶茶和芽茶的征收标准是“每株科芽茶二钱五分”，“叶茶一两七钱五分”②。按此计算，徽州府每岁实征芽茶30680斤2两4钱2分5厘，叶茶214761斤9钱7分5厘。这种按茶株征收本色茶课的制度，同样适用于陕西、四川茶课征收。

陕西汉中府茶户茶课，由于直接关系到军国大计，所以极受朝廷及明代经世之臣的重视。其产茶各州县的定额岁课，可以大体上反映有明一代各时期的茶课额变化，而借此茶课的上下变动，可窥探明代陕西汉中府的茶叶生产实态。

关于汉中府明初的茶课定额，据延安府绥德州知州洪平呈称：金州七铺一里，定额课茶为6220斤4两；西乡县云停、归仁、游仙三里，定额课茶为18568斤6两5钱；汉阴县在廊一里，定额课茶1307斤11两5钱；石泉县石泉一里，定额课茶192斤2两9钱，以上汉中五县岁共课茶26289斤14两9钱③。至成化年间，“奉例各境添里分人民，佃买老户茶园地土各人开垦不等，仍旧帮纳前项茶课，会同各亲诣茶园，逐一踏勘。”其结果，金州该增课茶3872斤12两，西乡该增课茶5651斤，汉阴县增加课茶723斤，石泉县增课茶660斤，共增课茶10906斤11两。④ 至正德嘉靖时，据汉中府呈称：“本府所属金州、西乡、汉阴、石泉、紫阳五州县，岁办地亩课茶五万三千一百九十斤。”⑤ 上述官员奏疏统计的茶课定额，如果同《明会典》规定的课茶额相较，当有一定的出入。据《明会典》卷三七《户部·课程·茶课》的记载，“陕西

① 《明经世文编》卷七。

② 叶茶与芽茶的价格，同米也存在比价关系。据朱升《送分宪张公序》的记述，明初徽州府“茗之粗者”，“值米不及三升”；“精者值米不及五六升”。尽管如此，以株计课，对土瘠人贫的徽州而言，已相当沉重。

③ 此统计数，见杨一清《为修复茶马旧制第二疏》。

④ 此统计数，见杨一清《为修复茶马旧制第二疏》。

⑤ 梁材：《议处茶运疏》，《明经世文编》卷一〇六。

茶课”，即系“汉中府属金州、紫阳、石泉、汉阴、西乡五州县岁办，分解各茶马司”的茶课。其具体课额，明初为26863斤15两5钱，弘治十八年（1505）新增24164斤，共51026斤15两5钱，嘉万时期茶课则为51384斤13两4钱。按此记录，可以推知明初陕西当有茶树214～912株，弘治时期为408216株，明后期有411079株。当然，上述茶株统计仅仅是依据官员踏勘征收茶课来计算的，如果按杨一清、梁材奏疏的说法，即便是经官府踏勘过的茶株，实际上同现实的数字，还有相当大的差距。

如果说陕西汉中府的茶叶生产在有明一代有所发展的话，那么四川茶课则表现出逐渐减少的颓势，这可以从明代茶课的日益减少得以证明。在明初的洪武四年（1371），经官按视四川有茶树238万余株，“定税额”“四川一百万斤”①。这与《明会典》的记述相吻合。然至正统九年（1444）前，实际上已“减为八十四万三千六十斤”，至此又“减半攒运”，当只有42万斤左右。成化十九年（1483）“奏准：每岁运十万斤”。至万历时期，基本色茶课仅为158859斤。② 四川茶课的减少部分，当有相当部分改为折色茶课，这可从《明会典》记述得知。如本色茶课，则仅由“石泉、建始、长宁等县，并建昌、天全、乌蒙、镇雄、永宁九姓土司办纳”，此外还有“折色茶课三十三万六千九百六十三斤”，则由茶户上纳折色茶课银两，其上纳折色茶课，由“保宁府属巴州、通江四州县解纳”③。由于四川巴茶已有相当部分改为上纳茶课银（或钱钞），以致本色茶课减少，但从茶课总量来说，其价值总额当少有变化。

四川本色茶课减少的又一原因，乃在于明初制定的除茶课外，余茶亦官为收买的定制，使四川茶叶收买过多，造成积滞。就明代茶法而论，国家征收茶课及“价买民茶”，目的是垄断茶叶的边境贸易，但由于茶马市场的变动，官收茶叶则无处销售，且因茶叶不易长期保存，年久变质，只得烧毁。这种巴茶积滞现象，洪武之后屡有发生。如在洪熙元年（1425），即诏令“四川保宁等府所属茶课，其原额官茶自洪熙元年以后，皆照洪武年间例办纳，价买民茶，

① 《明史·食货志》。
② 《明会典》卷三七《户部·课程·茶课》。
③ 《明会典》卷三七《户部·课程·茶课》。

尽行罢免。"[①] 官买余茶制度的改变，原因则在于"官仓积茶"甚多，所以只好罢免收买民茶之制，同时对于积茶中"堪中换马叶茶，明白具奏"，而不能投入交易的变质茶叶，则由官"核验烧毁，免致堆积累民"[②]。至于保宁府积茶有多少，烧毁多少，其奏疏并未明言，不得而知。然据同年九月四川成都府茶仓奏称："贮茶二十一万斤，岁久腐烂"，于是仁宗曰："物久则腐，况茶尤易腐。命悉毁之。"[③] 这种积茶情况，并不仅见于四川。在陕西，积茶腐烂的情况更为严重。据梁材《议茶马事宜疏》所述："三茶马司见贮之茶，计每岁易马之费，洮、河可足三年之用，西宁可足二年之用。其商私、课茶，又日增而月益也，以致积久腐烂。"[④] 由于"陈茶充积，朽叶无用"[⑤] 经监察御史刘希龙奏称"烧毁者，三茶马司共二千万二千余斤，以价计之，则不啻数万两之多"[⑥]。其烧毁积茶数目之大，实为惊人。

但就茶课制度而言，并不因"陈茶充积"而减少茶课征收额，反而征课不已，致使茶户办纳维艰，赔累消乏。宣德十年（1435），陕西汉中府金州奏文说："本州新增茶课，自洪熙至今，计一十六万四千余斤，若照数追征，民实不堪，乞赐除豁。"[⑦] 在积茶烧毁的同时，朝廷仍增加茶课，致使茶户负担沉重。除增课外，即便是因事故被毁茶叶，也要茶户补办。如宣德五年（1430）四川筠连县知县蒋永亨上言："宣德二年县民所纳课茶已收二万五百五十斤在官，为作耗蛮人烧毁，令茶户陪〔赔〕纳，尚欠二千三百余斤。今诉贫难，乞蠲免。"[⑧] 茶户已纳茶课因被兵而毁，地方有司还向茶户复征茶课，这势必使茶户经济受到破坏。这一点，甚至连宣宗皇帝也十分清楚，他说："茶已纳在官，为贼所烧，岂可复征？边民宜加存恤，其悉免之。"[⑨] 然从茶课

---

① 《明仁宗实录》卷六。
② 《明仁宗实录》卷六。
③ 《明仁宗实录》卷九。
④ 《明经世文编》卷一〇六。
⑤ 《国朝典汇》卷九五《户部九·茶法》。
⑥ 《明经世文编》卷一〇六。
⑦ 《明英宗实录》卷四"宣德十年夏四月丙午"条。
⑧ 《明宣宗实录》卷七一"宣德五年冬十月"条。
⑨ 《明宣宗实录》卷七一"宣德五年冬十月"条。

制度来讲，茶课的征收有如民户的“岁纳钱粮”，关系到军国大计，只有灾荒兵燹之后，实在无力办纳，经地方官奏准，才可以蠲免。而筠连县复征茶课事件，是在防止“边民”激起民变才加以“存恤”的，从这个意义讲，其他地区的茶课复征，亦应视为不成文的制度规定。

第二节　茶课解运及其利弊

明朝实行茶叶生产、运输和边方贸易的独占政策①，因此对茶户所产茶斤，一是以茶课的形式上纳，二是由官方收买余茶，从而垄断了茶叶的运输与销售。所以说，茶课及官买余茶如何解运到茶马贸易地，则成为朝廷进行茶业统制的重要环节。

一、官运茶形态

课茶因系官茶，其解运的形式，无论是在茶马贸易展开的地区，还是腹里地区，大体上是两种解运形式：一是官运，即由官设茶运所进行解运；二是民运。而所谓“民运”，实际上包括商运、茶户中的“大户”运茶，以及府州县民运茶诸多形式。就性质而言，官运茶形式和茶户中的“大户”解运茶课，都具有徭役的性质，其区别则在于前者是由州县编发差役运茶人夫，或由官设茶运所以“军夫”管运茶课；后者则是由茶户中的“收茶大户”充当“解茶大户”，由产茶州县支付一部分“脚价”，招徕人夫解运茶课。方法虽异，然对茶户大户而言，解茶当系朝廷所强加的劳役。至于“召商运茶”，一般是采用开中的方法，由民间商人上纳米粮或其他物资以报中茶斤，然后至指定产茶州县买茶，并解运到朝廷指定的茶马司。这种召商运茶之法，显然是前述官运茶及大户运茶的补充形式，在明代茶课解运中不占支配性地位。

明代茶马贸易，主要集中在陕西洮州、河州、西宁三茶马司，而产茶州县

---

① 这里仅就官茶贸易的主体形式即茶马贸易而言，至于腹里民间茶叶贸易，则系官方控制的茶引由贸易形式。关于此，参照本章第三节。

则主要分布在四川地区，以及陕西汉中府。因此，洮州、河州、西宁等茶马司易马所需茶斤，在明前期主要是由四川供给，至明中期才将汉中府所产茶叶纳入茶马交易的轨道之内。关于川茶北运的情况及其演变，弘治十五年（1502）监察御史王绍奏议茶马法说："洪武、永乐间茶马之法，三年一次，官运保宁等处茶，于西宁等茶司易马。后此例不行，仍取汉中等处民纳茶及巡获私茶充用，岁遣行人巡视。"[①] 这里所说洪武、永乐时期"官运"四川保宁府等处茶课，究竟是怎样的形态，尚不明白，但从正统二年（1437）二月镇守西宁署都指挥佥事金玉所奏因"市马缺茶，请发丁壮于四川赴卫备用"[②] 一语，大体可以揣知"官运"当是由地方州县按役法征发丁夫，在所在卫所进行整备，然后由卫所组织解运。如果这一理解无误的话，那么所谓"官运"四川茶课，由于牵涉到地方有司、卫所，因此官运茶课当由上述"岁遣行人巡视"作为监督保证，此即朝廷派遣风宪大臣"攒运"茶课之制。其例证，如正统三年（1438）六月，行在兵部以"陕西、甘肃等处征峭缺马"，"请运官茶，以备收马"。经兵、户二部会议，"乃奏请于四川保宁府运茶一百万斤，赴陕西西宁等茶马司收贮"易马。于是命行在大理寺右少卿陈卣、李畛赴陕西攒运官茶，以备茶马交易之用。[③] 关于"攒运官茶"过程中朝廷与地方有司、卫所的关系，杨一清《为修复茶马旧制第二疏》对此有详细的记述。其疏云："四川、陕西都、布二司各委堂上官管运。四川军民运赴陕西接界去处，交与陕西军夫，转运各茶马司交收。"这是说四川、陕西都司、布政司组织茶运的情况。除地方"管运"之外，户部还请旨，"于在京堂上官内点差二员，赍敕前来，会同陕西守镇官员整理"茶运。[④] 杨一清为弘治十六年（1503）督理马政都御史巡视陕西，他记述的官运茶体制，当系成化以前的旧制。从以上记述可知：一、所谓"三年一次"的官运四川茶课，乃是由边方奏请，并经户部等会议请旨，然后由皇帝点差"在京堂上官"二人赴陕西攒运茶课。二、对于地方来说，则是由四川、陕西都司和布政司会同"管运"茶课。三、承当茶运的

---

① 陈仁锡：《皇明世法录》卷三二。

② 《明英宗实录》卷二七。

③ 《明英宗实录》卷二七。

④ 《明经世文编》卷一一五。

人员，则是四川、陕西的“军夫”。所谓“军”，当系卫所官军；而“夫”则系四川、陕西布政司按役法征发的劳役，被征者不用说即系前示之“丁壮”。

二、召商买茶运茶制的展开

依明代茶法关系文献，在川陕边方流通的茶叶，实际上分为官茶、商茶、私茶三类。所谓“官茶”，不用说是指地亩课茶，课茶由官解运到茶马司，即所谓“官茶贮库”，并投入茶马贸易。而所谓“商茶”，则系在国家茶引由制度控制下，民间茶商至产茶地收买茶斤，自运到市场发卖的茶，官府则按其茶品、茶价进行“抽分”，官“抽分”的茶叶即归官方所有，具有纳税之意。这种形式，即系明人所说：“各商茶亦赴三茶马司抽分，又各数十万斤”。抽分之后，“商茶就彼发卖。”至于“私茶”，当系各府卫州县衙门捕获的无引茶、夹带茶及“越境茶”等，这部分所谓违禁“私茶”，仍需地方官宪“解各（茶马）司贮库”，同其他官茶一并与边方交易马匹①。

由于商茶是有别于前述官茶课及私茶的贸易类型，因此有必要对召商买茶的形态作一探讨。

关于“召商买茶”，《国朝典汇》卷九五《户部九·茶法》云：“弘治十六年四月，督理茶马都御史杨一清，题请招商自出资本，买茶装运，茶马司给价。从之。”这一简略记述，大体说明“召商买茶运茶”之制，是由杨一清设计的。按杨一清的设想，大体上是按“每千斤给价五十两，大约计官银万两。”由于收买茶叶的茶价银是由茶马司偿付的，所以商人至产茶区收买茶户茶叶的价银则是由商人垫支，这自然与商人的利益联系起来，不致“妄贵”，同时于官方亦最为有利，因为“旧买马不过千匹”，而实行“招商买茶”之后，“可得马几三千匹”。所以明人评价杨一清筹划的“招商买茶”法，“至今以为便”。

但问题是，仅仅依据上述简略的记述，很难弄清楚招商买茶法所构成的经济关系。为探究其制的构成要素及推行实态，有必要将杨一清《为恢复茶马旧制第二疏》所述“招商买茶”法进行分析。

① 《议茶马事宜疏》，《明经世文编》卷一〇六。

杨一清在其奏疏中提出："自弘治十八年为始，听臣出榜招谕山陕等处富实商人，收买官茶五六十万斤，其价依原定每一千斤给银五十两之数，每商所买不得过一万斤，给与批文。每一千斤给小票一纸，挂号定限，听其自出资本，收买真细茶斤，自行雇脚转运。照商茶事例，行令沿途官司，秤盘截角。如有多余夹带茶斤，照私茶拟断。运至各该茶马司，取获实收，赴臣查验明白，听给价银。仍行委廉干官员，分投于西宁、河州二卫，官为发卖，每处七八万斤，至十万斤为止。价银官库收候，尽勾给商，如有赢余，下年辏〔凑〕给。"[1] 从上述奏文，大体可以得出以下几点看法：

第一，所谓"招商买茶"，即系由朝廷出示榜文，招徕山西、陕西等地方的富商巨贾，自出资本至产茶地即汉中府收买"官茶"，然后将所买"官茶"运至茶马司，经茶马司官验收后偿付其"买茶"及运茶的价银。这说明实行"招商买茶"制后，其陕西官茶课的解运则是由山西、陕西商人完成的。在明廷边方茶马贸易中断日久的情况下，杨一清试图吸收民间商人资本作为朝廷收买茶户余茶的意图是十分明显的。[2] 这一点，杨一清在给《奉内阁吏兵诸先生第二书》中，曾作过明确的解释。其书有云："大抵茶是本，马是利，无本则利将焉出？官买固顺，以输运之艰，故有招商之议；商买固便，以价出之难继也，故复有官卖之议。行之数年，茶司各有数十万之积，则金牌可复。"[3] 如此说来，弘治以前的官运茶体制，因运输成本过高而归于失败，以致不得不采取动员民间商人资本参与官茶解运活动。但商人参与运茶，并不是在传统的劳役制下进行的，而是必须由朝廷偿付官茶的运价，此官定运价的确定，对商人而言，则有利可图，招商买茶制才能顺利推行。所以对朝廷来说，由于财政方面的原因，茶马司偿付运价并非易事，在这样的背景下，官茶运价银的来源，只能依靠茶马司的"官卖茶"所得来支付。至于"官卖茶"结果如何，又完全取决于西北少数部族的差发马贸易是否能顺利进行。

第二，关于茶价。首先来看官定茶价的依据问题。如前所述，杨一清题请

---

① 《明经世文编》卷一一五。

② 这里所说的"官茶"，当系指官收买茶户的余茶，而不是指地亩课茶，所以收买官茶的数量可高达60万斤。

③ 《明经世文编》卷一一八。

实行“招商买茶”法，是以茶马司给付茶价为保证的。但茶价的确定，并不是由“官”或“商”单方面进行的。而这里所说的茶价，实际上包括“蒸晒、装篦、雇脚等”各种费用，经官方与茶商“凭众议定，每茶一千斤，用价银二十五两”，这当仅仅是茶叶制作和包装的成本，若加上运价，当“从宽共计价银五十两。”[①] 这不仅是茶马司偿付给茶商的官定茶价，同时对于承担“买茶”的茶商也具有约束力。因为在商人“自出资本，前去收买，自行运茶”的“招商买茶”制度下，商人“买茶”及运茶的成本则不能高于茶1000斤银50两的标准，否则即无利可图。

第三，按杨一清的记述，弘治十八年（1505）闰四月，“已经出给告示，招谕陕西等处商人买官茶五十万斤，以备明年招番之用。”这显然说明“招商买茶”制已经施行。如果说招商所买官茶50万斤均由商人出资的话，那么，按每千斤给银50两计算[②]，茶马司当付商人茶价银25000两。反言之，商人在买茶运茶过程中，当支付低于25000两的茶价银，这一点是毫无疑问的。这样，商人是否愿意垫支如此巨额的银两，殊有疑问。大概杨一清也明白这一点，所以在“招商买茶”法中特意规定商人购买茶叶的斤数每人不得超过万斤。这样做的好处，一是防止大商人包揽购买官茶，致使官方受制；二是以50万斤官茶招商，每名商人所预出资本银最多不过500两，不会给商人造成支付的压力；三是以1000斤开给小票一纸，“挂号定限”，也便于官府查验，以防夹带。

第四，如前所述，商买茶运至茶马司，由“官为发卖”，并且规定西宁、河州二卫各卖茶10万斤。而所卖茶叶的价银，则由“官库收候，尽勾给商。如有赢余，下年辏给。”仅从杨一清奏疏，即大体可以揣知西宁、河州二卫官卖茶的价格当远远高于茶马司支付给商人的茶价，如果不如此，所谓茶马司支付茶价即成为空谈。此外，所谓“招商买茶”的性质也十分清楚，只不过是商人预出资本替朝廷买茶运茶而已，至于卖茶的获利环节，则仍由官独占。从

---

① 杨一清:《为修复茶马旧制第二疏》。

② 《国朝典汇》云:“每千斤给价五十两，大约计官银万两。”此说与上述统计不符。按此记述，当为银25000两。

这一点说，商人要想从买茶运茶中营利，只有从压低收购价格、降低运输成本中取得，而官方的“从宽计价”，也相应地给商人获取微利，否则“招商买茶”制则无法施行。但问题是，西宁、河州二卫的官卖茶是否能收到预期的结果，这并不是由杨一清来决定的。由于边境茶马贸易的价格变动，官卖茶的失利，则意味着“招商买茶”制的失败。再者，此制的构想，仅限定在西宁、河州二处各卖茶10万斤，这就说明了所谓“官卖茶”实际仅占商买茶运茶总额的五分之二，其他30万斤茶叶如何处置，其疏并未明言。但从杨一清的另一奏疏《为修复茶马旧制以抚驭番夷安靖地方事》言及招商买茶问题，可知“召商买茶，官贸其三之一，每岁茶五六十万斤，可得马万匹。帝从其请。”[①] 然从以上分析，可知官卖茶仅有五分之二，而且官贸茶的总量不过每岁20万斤而已。因此，随着官卖茶的式微及茶马贸易的衰败，所谓由茶马司给付商人茶价更难以维系。至正德元年（1506），又经杨一清奏请：“商人不愿领价者，以半与商，令自卖，遂著为例永行焉。”[②] 由此可见，由于“招商买茶”制的“官卖茶”的失败，最终导致了商人“自卖”茶的实行。所谓允许商人将其所运茶叶的一半自行发卖，茶马司则无需偿付茶价，这样，如仍以50万斤而计算，大体上五分之四的茶叶则归商人销售，而茶马司的“官卖茶”部分则仅限于10万斤左右的范围内。这一点，可从杨一清所说的“官贸其三之一”，来证明其余的茶叶和官卖茶三分之一的一半，均由商人自行买茶、运茶、卖茶。

总之，明朝中后期实行的“招商买茶”制，原本是有利于官的茶运制度。这一点，连杨一清也十分清楚。他曾将“招商买茶”制与“开中商茶”制作过比较，说：招商买茶“与开中商茶不同。开中商茶，其利在商，未免阻坏茶马；招商买茶，其利在官，专门易马之资，借曰官卖，不过十之二三，较之商茶岁百余万可以通番境者何如?”[③] 所以说，所谓“招商买茶”制，则完全是站在朝廷利益方面来考虑的，这不仅反映“官卖茶”的独占性没有多大改变，而且传统

---

① 《明经世文编》卷一一五。应加以说明的是，这里所说的“可得马万匹”，与《国朝典汇》卷九五《户部九·茶法》所说“可得马几三千匹”有异。

② 《明史·食货志》。

③ 前示《为修复茶马旧制第二疏》。

的劳役制下的官运茶负担又转到民间商人的头上，更何况商人在预出资本买茶运茶之后，并不能如制度所规定的那样收回茶价，这对承当买茶的商人来说，显然是无利可图的。但尽管如此，由于“召商买茶”制的实行，使民间商人介入了官方控制极为严密的茶叶贸易领域，这就为后来的商卖茶制度的形成提供了背景条件。因此说，“招商买茶”制较传统的茶夫运茶、解户运茶的官运茶体制而言，毕竟是前进了一步，这一点是应予肯定的。

第三节　茶马贸易与民间茶市

明朝茶叶的销售，从市场的类型来说，一是官方控制的边方茶马贸易[①]，一是各种形式的民间茶市的贸易。无论是官茶、商茶还是私茶，最终都通过上述二种市场类型进入直接消费领域。因之，有必要对这两种销售类型进行探讨。

一、茶马贸易的形式及交易实态

明朝在川陕等地进行的茶马贸易，主要有三种形式：一是“差发马”与茶的交易；二是“番使”入京朝贡的茶马贸易，或称“朝贡贸易”；三是“番商”以马入境所进行的茶马贸易。这三种茶马贸易形式构成有明一代不同的贸易圈。

（一）金牌制下的差发马易茶

自唐宋以来，由于内地对马的需求，遂与西北、西南少数族部落建立茶马贸易关系。这一点，对于明王朝来说，自然也不例外。但同前朝不同的是，明朝同西部少数族的茶马贸易，则是在明朝所独创的“差发马”制度的框架内运作的。对于明政权而言，同“西番”进行以茶易马，其交易的马匹则是朝廷的“差发”性质，属“土贡”的范畴。只是考虑到西北、西南的边境安全

① 关于此，参照〔日〕谷光隆《明代马政的研究》，东洋史研究丛刊（京都）1972 年版。又，李光璧《明代西茶易马考》，《中央亚细亚》第二卷第二期。

和防务，朝廷在“德被远人”的观念形态支配下，则以相应的茶叶作为“马价”偿付给少数族部落。这种优待，自然同腹里地区其他户役人户的“差役法”有所不同。不过，既然茶马贸易具有上纳“差发马”的性质，这对于少数族而言，不用说具有一定的强制性和约束力。

所谓“金牌信符”，乃系一种铜制的牌状勘合，以作为朝廷与西部诸族部落进行茶马贸易的凭证。据《明史·食货志》的描述，金牌信符上镌有篆文字号，上曰：“皇帝圣旨”，左曰“合当差发”，右曰：“不信者斩”。金牌信符一式二号，上号为阳文，下号为阴文，以资交易时识别比对。“下号金牌降诸番，上号藏内府以为契，三岁一遣官合符。”仅从《明史》所述金牌信符的形制，即大体可知朝廷对茶马贸易之重视。不过，《明史》所记的金牌信符形制，与杨一清在西宁、洮州卫所见洪武时所颁金牌信符式样似有些出入。据杨一清前示奏疏的描述，其“原降金牌信符”，“额上篆文曰：‘皇帝圣旨’，其下左曰：‘合当差发’，右曰：‘不信者死’。”其右下字样与《明史》的“不信者斩”，意虽同，然字样却有差异，究竟孰是孰非，不敢妄加臆断，只能留待后详。尽管有形制、字样方面的疑问，但作为茶马贸易的凭证这一点，当不致有误。作为朝廷而言，金牌信符之上号藏于宫廷内府，三年一次遣官持符与“西番”交易，能“合符”者，则意味是该当差发马的部族，而所易茶叶亦为皇帝所赐茶斤，否则即系“私茶”，或为“横科”，则作“奸欺”而论。

在金牌信符制下，差发马易茶已达到相当的规模。据《明史·食货志》记载，金牌信符“凡四十一面：洮州火把藏、思囊日等族，牌四面，纳马三千五百匹；河州必里卫西番二十六（九）[①] 族，牌二十一面，纳马七千七百五匹；西宁曲先、阿端、罕东、安定四卫，巴哇、申中、申藏等族，牌十六面，纳马三千五十匹。”按《明史》的记载，洪武时的金牌信符制的通行空间范围，只是在洮州、河州、西宁三卫境外等族，颁降金牌 41 面，每年征收“差发马”共 13805 匹。[②] 但朝廷投入交易的茶叶额，不得而知。不过，《明史》所记金牌“差发马”交易的数字，显然是来源于曹国公李景隆出使“西番”

① 依李洵《明史食货志校注》第 194 页注⑥改正。

② 《明史·食货志》原文作“获马万三千八百匹”，当误。

易马的奏疏。按《明太祖实录》卷二五六洪武三十一年（1398）春正月条所记，李景隆出使“西番”易马，“凡用茶五十余万斤，得马一万三千五百一十八匹。”李景隆以茶50余万斤，易马13518匹，其易马数显然与《明史·食货志》记载有出入。至于茶的数额，因具有“赏劳”的性质，所以其总额当高于一般市易价格，以50万斤而计，其每匹马价茶当约为36.99斤。但在洪武二十五年（1392）二月太祖“遣尚膳太监而聂、司礼太监庆童赍敕往谕陕西河州等卫所属番族，令其输马，以茶给之。”而聂等至河州，“召必里诸番族以敕谕之，诸族皆感恩意，争出马以献，于是得马万三百四十余匹，以茶三十余万斤给之，诸族大悦。”① 仅从上述记载中反映的茶易数字，大体可知洪武后期每匹马所给茶价为29斤强。至于茶易差发马额，《明史》与实录的记载，均与杨一清《为修复茶马旧制以抚驭番夷安靖地方事》的记述有所出入。关于西宁卫的差发马额，据杨一清的记载，“其西宁卫地方，曲先、阿端、罕东、安定四卫、巴哇、巴冲、申藏等族金牌一十六面，该纳差发马三千二百九十六匹。”② 这较《明史》所记的3050匹多出246匹。而据杨一清的记述，明初三年一次共纳差发马14051匹，这与《皇明世法录》卷三一《马政·收买》“西番茶易”条所记：“洮、河、西宁三卫番族金牌四十一面，该纳差发马一万四千五十一匹”相一致。

（二）朝贡马赐茶

所谓“朝贡马赐茶”，乃是明廷对乌思藏，四川朵甘、甘肃、青海境内的所谓“西番”，实行“定期来朝贡马”，然后由皇帝赐茶。由于朝贡品主要是马，而明廷赐予的茶斤往往较“差发马”给予的“劳赏”茶为多，因此朝贡贸易亦随之兴盛。可以说，朝贡马赐茶，乃是比差发马给茶价更高层面上的茶马交易活动。

无论是前述的差发马易茶，还是朝贡马赐茶，都是以明廷与境外“西番”的政治关系为其基础的。一方面，明王朝初建，“国家当全盛时，四夷八荒莫

① 王世贞：《弇山堂别集·中官考一》。

② 《明经世文编》卷一一五。

不稽首阙廷，称臣奉贡。”① 另一方面，明廷对于乌思藏及青海、甘肃境外少数族也进行政治安抚，尤其对于幅员广阔，人口众多的藏族，“因其俗尚”，明廷则采取“用僧徒化导为善”的政策，遣使深入藏区“广行诏谕”，除对前元设置郡县的“西番”令举元故官，赴京授职之外②，明廷还在藏区设置官府，“封西番朵甘、乌思藏诸酋为王师官长”，并置指挥使司二，“曰朵甘、曰乌思藏，宣慰司二，元帅府一，招讨司四，万户府十三，千户所四。”③ 对于藏地佛教领袖，分封为大宝法王、大乘法王、大慈法王。洪武八年（1375），封帕摩主巴万户长为阐化王，此后又陆续分封各部落的首领为赞善王、辅教王、阐教王和护教王。诸王之外，又“授西天佛子者二，灌顶大国师者九，灌顶国师者十有八，其他禅师、僧官不可悉数。”④ 以上朝廷所封诸王，“俱锡银印，令比岁或间岁朝贡。”所封诸王死去，其继承人都必须向明朝皇帝请求承袭和册封。因此由明朝皇帝册封的“西番”诸王，就从根本上确立了藏区与明朝廷的从属关系。而这种从属关系，则是朝贡贸易的政治基础。

朝贡制度的确定，乌思藏摄帝师喃加巴藏卜于洪武五年（1372）十二月至京师应天（今南京）朝贡，因系西藏首领的第一位朝贡人，太祖嘉其忠顺，改封摄帝师为炽盛佛宝国师。六年（1373），灌顶国师章阳沙加监藏遣酋长锁南藏卜入贡。此后，西藏首领入贡不绝，但从朝贡制度而论，可说洪武、永乐时期并无定制。“初，入贡无定期，自永乐迄正统，或间岁一来，或一岁再至”。然至“成化元年始定三岁一贡之例”。成化六年（1470），又制定藏地诸王入贡年例和入贡路线。“乌斯藏赞善、阐教、阐化、辅教四王三年一贡，每王遣使百人，多不过百五十人，由四川路入”。这就是说，对于乌思藏的朝贡，仅限于“诸王”的层面，至于“王”以下的首领，则规定“国师以下不许贡”⑤。此外，对于“长河西、董卜韩胡二处，一年一贡或二年一贡，遣人不许过百。松、茂州地方住、坐番僧，每年亦许三五十人来贡。其附近乌斯藏

---

① 《历代边事汇剑》。

② 《明史·列传》第二一九《西域三》。

③ 《明史·列传》第二一九《西域三》。

④ 《明史·列传》第二一九《西域三》。

⑤ 《明实录藏族史料》。

地方，入贡年例如乌斯藏，亦不许过五六十人”①。这是对西南藏族诸王、僧师及其他少数族部落入京朝贡的有关规定。至于居住于西北地区如甘肃、青海“诸卫僧戒行精勤者”，由于明廷对其大“多授喇嘛、禅师、灌顶国师之号，有加至大国师、西天佛子者”，这些少数族对明朝廷又极为恭顺，所以明廷也“给以印诰，许之世袭。”至于朝贡，则较乌思藏更为优待，许其“岁一朝贡”。此外，对于“其它族种，如西宁十三族，岷州十八族、洮州十八族之属”，由于这些“族种”人数较少，“大者数千人，少者数百”，所以朝廷也给予优待，“亦许岁一朝贡。”② 至于鞑靼、回回，明廷虽与之保持茶马贸易关系，但出于防卫的考虑，其交易地点仅限定在黄河以西的兰州、宁夏等地，不许其过黄河交易。关于此，永乐六年（1408）太宗敕甘肃总兵官何福曰：“凡回回、鞑靼来鬻马者，若三五百匹，止令鬻于甘州、凉州，如及千匹，则听于黄河迤西兰州、宁夏等处交易，勿令过河。”可知明廷对鞑靼、回回以马易茶是很戒备的，但又不致因此而断绝关系。由于这种情形，对于鞑靼、回回的朝贡制度，也有异于乌思藏及西北其他民族。对于鞑靼、回回的朝贡马，则规定：“凡来进马者，令人带乘马一匹，路费马一匹，俟至京师，余马准例给价。”③ 可见对其朝贡的态度较为冷淡。

贡使朝贡进马，表示对朝廷的恭顺臣服，而朝廷对进贡的边疆民族，则采取厚往薄来的政策，每每“回赐”大量茶叶，甚至贡使“所进皆不过舍利、佛像、氆氇等物，中小羸弱之马”，但“所进羸马则获厚值。”所以《明史·兵志》说：“外国、土司、番部以时入贡，朝廷每厚加赐予，所以携招怀柔者备至”。如仅以“回赐”茶而论，赐茶数额之大，令人吃惊。如成化十八年（1482），命以陕西广积库茶价银易茶，给时灵藏灌顶国师、赞善王下僧人章牙札巴等263人，札巴监咎等149人等，每人茶50斤，共20600斤。这仅仅是赐给贡使个人的茶叶，因其数量过大，“而所司无所存积者”，以致陕西布政司不得不“以茶价易茶给之”④。然至十九年（1483），以都御史阮勤上言，

---

① 《明实录藏族史料》。

② 《明史·列传》第二一九《西域三》。

③ 《明太宗实录》卷七七。

④ 《明宪宗实录》卷二二三。

又“岁运川茶十万斤至陕，赐番僧”[①]。又如“灵藏一族，年例进贡止该一百五十余名”[②]，但由于朝廷“优以茶布”，以致“番人素以入贡为利，虽屡申约束，而来者日众”[③]，所以对“灵藏一族”，“给赏食茶之数计有二万四千余斤。一族如此，他族可知”[④]。由此可见一般。

（三）贡使市易茶

在朝贡制度之下，贡使从民间茶叶市场购茶的普遍化，至少说明三个问题，1. 就朝贡制度而论，贡使除接受朝廷回赐茶斤以外，制度上允许其买茶运回；2. 既然允准贡使买茶，其运茶制度及组织情况，亦是朝贡贸易体制的内容之一。3. 贡使所买茶叶，并不是向官方购买，而是从民间茶叶市场购置。因此说，明朝较繁荣的民间茶叶市场，当是贡使买茶的基本前提。

如前所述，明朝廷作为大一统的中央政权，对待“外国、土司、番部”始终采取优礼政策，以维持边境的安全，这当是明朝历代皇帝奉行无改的边政国策。这一基本国策运用到朝贡方面，对贡使是采取厚待态度。这一点，可以永乐皇帝为例加以说明。永乐十一年（1413），太宗敕甘肃总兵官丰城侯李彬曰：“别失八里王马哈麻敬事朝廷，遣使来贡。如至，可善待之。其市易者，听自便。盖远人慕义而来，当加厚抚纳，庶见朝廷怀柔之意。”[⑤]在明朝皇帝看来，“外国、土司、番部”派遣贡使赴京上贡，乃是对明朝廷的臣服和敬顺，所以对其贡使，则应“加厚抚纳”。在这样的观念支配下，对于贡使在茶市购买茶叶，自然是“听自便”，不在禁约之内。这样一来，以各种名目入京朝贡的需茶少数族部落，无疑会逐步扩大朝贡的规模，并以明廷允准“听自便”的市易政策，大量进行茶叶市易活动。仍以永乐朝为例，至永乐二十二年（1424）止，朝贡市易已酿成严重的社会经济问题。据礼科给事中黄骥奏疏所言：“西域使客，多是贾胡，假进贡之名，藉有司之力以营其私。其中又有贫无依者，往往投为从人，或货他人马来贡，既名贡使，得给驿传，所贡之物，劳人运至，自甘肃抵京

① 《国朝典汇》卷九五《户部九·茶法》。
② 《历朝茶马奏议》。
③ 《明史·列传》第二一九《西域三》。
④ 《历朝茶马奏议》。
⑤ 《明太宗实录》卷一四一。

师，每驿所给酒食刍豆之费不少。比至京师，又给赏及予物值，其获利数倍，从此胡人慕利往来道路，贡无虚月。”① 除上贡所得赏赐利益外，准许贡使市易茶叶，毫无疑问是贡使络绎不绝的主要原因之一。又如正统四年（1439），“行在礼部奏：番僧温卜什夏坚藏等来朝，欲买茶六千斤带回。已有明禁，未敢擅许。上以番僧僻处远方，令减半。”② 按礼部的奏疏，可知由于贡使市易茶数量太大，朝廷对此“已有明禁”，但即使有所谓的“明禁”，贡使市易茶活动却没有停止，这就更进一步刺激了贡使市易茶的扩大。

如果说作为贡使市易茶制度，对其易茶斤数的限制，则是从正统九年（1444）开始的。其时“安定卫国师摄剌藏卜等以朝贡至京，各市茶二千斤”。除朝廷规定的市茶额外，“安定王令市茶三千斤回用，乞赐车辆糗粮”。对于额外市茶问题，明廷不得不加以重视，并制订买茶斤数的制度，以限制贡使的市易茶斤数。于是，“上以茶数过多，诏允安定王五百斤，官为运去。其国师二百斤，徒众人一百斤，俱令自募人运。仍命礼部，著为令”③。以上规定，可以说是明朝自洪武、永乐施行“听自便”市易政策以来，每一次颁布限制市易茶斤数的规定，这一规定对贡使易茶多少当有些约束作用。这种限制易茶斤数的规定，后世亦有所改变。按《明会典》的记载，如正统时规定“其回日所带出关食茶，人止许二百斤”。至嘉靖时，又规定“到京并留边番僧，每人许自买食茶一百斤”。然对于“四川番僧”，大体上是每人可买茶150斤。可资佐证的是，嘉靖十四年（1535）六月，“陕西岷州卫大崇教等寺番僧札什禄竹等奏称：三年一贡马匹方物，止蒙照例赏赐缎匹、酥油。乞比照四川番僧事例，许自买食茶，每名一百五十斤”。而经礼部议定，则规定陕西岷州卫大崇寺僧人贡使，每名买茶“限三十五斤”④。

以上所述，大体可以看出明代对贡使易茶的限制政策，则始行于正统年间，并沿及后世各朝。而贡使易茶的斤数，可以说是逐渐减少，其原因，当是贡使的人数越来越多所致。据明实录的记载，“宣德、正统年间，番僧入贡，

① 《明仁宗实录》卷五。
② 《明实录藏族史料》。
③ 《明英宗实录》卷一一三。
④ 《国朝典汇》卷九五《户部九·茶法》。

不过三四人。”景泰年间，起数渐多，“然亦不过三百人，天顺间遂至二三千人”①。弘治时期，据弘治二年礼部奏言：“长河西及乌斯藏一时并贡，使者至二千八百人。”② 然至嘉靖时期，“数增至倍，日甚一日”③。据嘉靖十五年（1536）的记载，“乌斯藏辅教、阐教、大乘各王差国师短竹札失等，长河西、鱼通、宁远等处军民宣慰使司差寨官桑呆短竹等各进贡，凡四千一百七十余人。”④ 正因为如此，明廷减少贡使每人的易茶额，是很自然的。

在明代茶法关系及有关藏族史料中，大多指陈贡使的市易茶多系私茶。例如前示《明实录藏族史料》所记景泰年间“四川董卜韩胡宣慰司番僧、国师、禅师、喇嘛进贡毕日，许带食茶回还”，因此“货买私茶至万数千斤。”正德时，四川天全六番招讨使高继恩派遣贡使，“得赐番茶六万斤”，回程时又“夹带私茶至六倍所赐，而贿带商茶尤多”。嘉靖时，贡使“各夷每起车辆箱匮，少者数百，多者千余”。所经沿途，“妄称礼部准买食茶”，恣意市易，“出境每次数十万斤”⑤。仅以上零星记载，至少说明贡使回程之时，购买“私茶”的情况是相当普遍的。当然，不可否认的是，作为地方官员指陈贡使市易茶弊端，揭露假进贡为名，实际上进行私茶交易活动，乃是最有力的说明。至于守法的贡使通过民间茶市的正当途径，无论其购买多少商茶，在朝廷没有限定购茶斤数的情况下，都被认为是合法的交易，这一点是不言而喻的。但即便是后一种情况，由于通过朝贡贸易而取得贩运茶叶的合法权，这无论从什么角度讲，对于明朝在边境地区所进行的所谓茶马贸易，都会产生负面的影响。至于贡使假朝廷之名而从事私茶贩卖活动，则从另一侧面将私茶交易合法化，使明朝的茶市场范围更加扩大了。

如前所述，朝贡作为明王朝的官方活动，其贡使入京、返回的沿途车船马匹及食宿，均由官方承担。至于其所携带的贡物，返程所带赏赐缎匹、茶叶等，以及经奏准市易货物的运输费用，也由驿站或地方有司支付。这即是

① 《明实录藏族史料》。
② 《明会要》。
③ 《历朝茶马奏议》。
④ 《历朝茶马奏议》。
⑤ 《历朝茶马奏议》。

《明史》所说“盖番人善贾，贪中华互市，既入境，则一切饮食、道途之资，皆取之有司”之意。在这种制度下，所谓“朝贡”将给边远诸色人开展贸易活动提供极大的利益。在朝贡制度的长期施行中，一方面是边远少数族上层人物利用朝贡来进行贸易活动：另一方面，则是营利之人借朝贡之名而牟利，如“边民见其进贡得利，故将子孙学其言语，投作番僧通事，混同进贡。”① 他们“假朝贡之名，潜带金银，候回日市买私茶等货，以此沿途多用船车、人力运送，连年累月，络绎道路”②。这种将其从市场所购买的茶叶当官物运送的便利条件，是边方营利之人趋之若骛的原因所在。

二、商茶与茶市场

所谓“商茶”，主要是指边方的“招商开中茶”和腹里地区的“引茶”。“商茶”与前述官课茶性质迥异，是商人持有“茶引”进入市场交易的茶叶，与官茶课必须纳入茶马司给发马价的茶叶，无疑流通的范围更为广阔。

（一）召商中茶

召商中茶制的实行，主要是以吸收民间商人资本，解决朝廷军需物资的转运问题。关于此，可从“召商中茶”制实行前的民运军粮的奏疏得以证实。据洪武三年（1370）河州卫指挥韦正奏请民运布、粟以易茶的奏疏说：“西边军粮，民间转输甚劳，而绵布及茶，可以易粟。今绵布及茶转运将至，乞给各卫军士，令其自相贸易，庶省转输之劳。诏从之。”③ 这里显然是将民运绵布、茶由卫所军士通过市场交易米粮，这与商人纳粮中茶，并不是一回事。

然据《明史·食货志》的记载，在明朝廷实行招商纳米中盐的开中法的同时，洪武时期也开始实行“召商中茶”，其原则与做法几乎一致。洪武中，朝廷在成都、重庆、保宁、播州设置茶仓四所，收贮四川官茶课，“令商人纳米中茶”。其“召商中茶”制的核心，则是由民间商人“纳银粜粮，是输银于茶司而给引卖茶也”，这同前述“召商买茶”有原则的区别，因为“召商买

① 《历朝茶马奏议》。
② 《明实录藏族史料》。
③ 徐学聚：《国朝典汇》卷九五《户部九·茶法》。

茶”乃是由朝廷“给银听其自运，则又运茶于茶司而给商价银矣”[①]。由此可见，所谓“召商中茶”，实即“开中茶引”，由商人按朝廷指定的卫所州县仓上纳米粮或其他所需物资，朝廷则以其茶引为酬价，准许“开中茶引”的商人贩卖茶叶。

“召商中茶”之制，多见行于陕西、四川。如在陕西，正如万历时户部尚书赵世卿《复兵料申饬边防事宜疏》所说：“陕西向有开中茶引，或以济粮草，或以拯荒民，或以抵卫官之俸。后因碍于茶法，准题不行，惟遇年荒有警，暂一举之。”[②] 尽管明后期开中茶引举行次数不多，但并未因“碍于茶法”而罢革。在这个意义上，召商中茶可以说是行于有明一代的茶叶商卖制度之一。之所以此制为明廷所重，乃在于召商中茶对于解决边卫粮储及卫所官员俸禄，以及赈济灾荒诸问题，都发挥出积极的作用。

陕西等地实行召商中茶的实例，如弘治七年（1494），“以陕西岁饥，开中茶二百万斤，召产派拨缺粮仓分，上纳备赈”[③]。按此记述，可知所谓“召商中茶”的实态，乃是由朝廷投入一定量的官茶课，然后招徕民间商人往指定的“缺粮仓分”上纳米粮，其米粮运价或米粮价，则由朝廷所给“开中茶”来支付。此种以粮易茶的官与商的交易活动，当是以官方控制大量官茶课为其基础的。此外，茶叶市场的结构，也必然以茶利较大为条件，否则这种粮茶交易即难以实现。当然，官方投入的并不仅限于官茶课，对于商人抽分茶，也在开中之列。如弘治三年（1490），据巡茶御史李鸾所言，“茶马司所积渐少，各边马耗，而陕西诸郡岁稔，无事易粟。请于西宁、河西、洮州三茶马司召商中茶。每引不过百斤，每商不过三十引，官收其十之四，余者始令货卖，可得茶四十万斤，易马四千匹，数足而止”[④]。弘治三年巡茶御史李鸾奏请实行的“召商中茶”法，与前述召商纳米中茶显然不是一回事。按《明史·食货志》的记述，商人上纳的不是米粮而是茶叶，商人同官方的关系，也不是前述以粮易茶的交易关系，而是商人买茶，官方抽分的税收关系。如果理解不错的话，

① 《续文献通考》卷二二《征榷考》。
② 《明经世文编》卷四一一。
③ 《万历会典》卷三七《茶课开中》。
④ 《明史·食货志》。关于此，又见《明孝宗实录》卷四〇“弘治三年七月戊寅”条。

那么，李鸾奏请实行的召商中茶，当与召商买茶之法相近，不同的是，前述“召商买茶”是以承运官茶课为主体，而李鸾的“召商中茶”，则是以商人采买商茶，由官抽分为制度基础。由于是朝廷召商中买茶叶，故对茶叶中买总额，以及每商限买引茶斤数，都作了具体的规定，以防止商买茶超越官方的实际需要。

但问题是，召商中茶作为以粮易茶为制度成立的基础，是否像《明史》所记弘治三年李鸾奏请的召商买茶，官为抽分也称之为“召商中茶”，殊有疑问。据实录所记李鸾奏疏，其表述多与《明史》有异。《明孝宗实录》卷四十“弘治三年七月戊寅”条载“巡按陕西监察御史李鸾言：西宁等三茶马司为贮茶以易番马而设，比年以赈饥，故开茶易粟，其为民则便矣。而茶马司所积渐少，今各边马耗而诸郡岁稔，无事于易粟以赈。请于西宁、河西二茶马司各开报茶四十万斤，洮州茶马司二十四万斤，召商中纳，每引不过百斤，每商不过三千斤，官收其十之四，余者听其货卖，总之可得茶四十万斤，约易马可得四千匹，数足即上〔止〕。户部议复。从之。”按实录的记述，其意甚明。第一，前述由商人上纳米粮，而茶马司将官茶课与之交易的“开茶易粟”之制，并不是茶马司设置的初意，而是不得已而为之的权宜之策。正因为“开茶易粟”的展开，茶马司用于交易马匹的茶叶多为商人易去，故不得不再行“召商中纳”茶叶的制度。从其缘由，可知这里所说的“召商中纳”，即系召商买茶运茶，而商人所买茶叶，则是由官给发茶引的“商茶”。第二，“召商中纳”茶叶的总额，则根据茶马司开报数，经奏请户部议复后确定。从弘治三年奏请“召商中纳”来看，其西宁、河西茶马司共该报纳茶 80 万斤，洮州茶马司为 24 万斤，但这 104 万斤茶叶仅仅是茶马司允许商人采买茶叶的总额，按官四商六的“抽分”比例，茶马司可得抽分茶 40 万斤，而由商人通过市场货卖的茶则为 64 万斤。第三，为防止大商人包揽茶利，在官方总定额的限制下，对每名商人持有的茶引额及每人买茶额，均有一定的限制。按 104 万斤茶叶计算，官方则给发茶引 10400 引，每名商人所持茶引则不超过 30 引，所召商人数则在 347 人以内。至于“召商中茶”的具体做法，与“召商中盐”所不同的是，召商中茶并不是由户部组织进行，而是由地方布政司具体实施。仍以陕西为例，则“令陕西巡抚并布政司出榜召商中给引，赴巡茶御史处挂号，于产茶地方收买茶斤，运赴原定茶马司，以十分为率，六分听其货卖，四分验收入官。”[①]《万历会典》所记弘治三年举行“召商中纳”茶，商人见到陕西巡抚和布政司榜文后，必须报纳领到“茶引”后再到巡茶御史处“挂号”。既如此，究竟由何衙门“给引”，尚不清楚。然依明代定制，关于“茶引由”的给领，则是由户部降给各府，由府为单位下派所属州县，由商人纳银（或钞、钱）易引，以此茶引为买茶运茶之文凭。关于此，成化年间巡抚陕西右副都御史阮秦所奏《陕西救荒事宜》言开中茶事，说得很清楚。其疏言：“陕西军民所趋利者，莫过于茶。乞暂宽其禁，于巩昌、西安二府各许中茶四十万斤，临洮、平凉、凤翔三府各许中茶二十万斤。其临、巩二府至西宁卖者，每斤纳杂粮八升；至河州者，每斤六升，西安、平凉、凤翔三府赴西宁卖者，每斤杂粮一斗；赴河州者，每斤八升。各府给与文凭，赴巡茶御史挂号，听于产茶处收买，至十月终止。”[②] 这里所说的“各府给与文凭”，无疑是指因西宁、河州二茶马司需商人上纳茶叶，于是在巩昌、西安、临洮、平凉、凤翔五府实行召商中茶，而愿意纳粮中茶的商人，则在其所在府纳银领引，并且根据商人在所在府领引的额数，至巡茶御史处“挂号”，凭此买茶运茶，这一手续及运作过程已很清楚。

当然，随着“召商中茶”制的推行，其官抽分的比例也多有变化，尤其在商人报中茶引渐少的情况下，官抽分的比例也自然会降低。如，据《明史·食货志》的记载，万历十三年（1585），“以西安、凤翔、汉中不与番邻，开其禁，扫商给引，抽十三入官，余听自卖。”朝廷之所以“开西安、凤翔、汉中三郡茶禁”，并将历来遵行的“官四商六”比例下降为官抽分30%，其直接原因乃在于湖南茶兴起，取代了川、陕茶在西边茶马市场上的地位，于是根据巡茶御史董子行的奏请，在西安、凤翔、汉中三府实行全面的“商茶”贸易政策，并且规定“官三商七”的纳税比例。但必须申明的是，西安、凤翔、汉中三府所开“茶禁”，并不是面向民间商人，而是将上述三府的茶叶贸易转交给“官商”。关于此，户部议准董子行奏疏中说得十分清楚。户部议准云：

---

① 《明会典》卷三七《茶课开中》。

② 《明宪宗实录》卷二二五。

“自今量召官商，给与文引，自备价收买，每引百斤，抽三十斤入官，余听卖之。”[①] 由此可见，陕西西安等三府的所谓“开茶禁”，实际上仍然是有一定限度的，其性质，与茶叶自由贸易还有相当大的距离。尽管如此，由于官经营茶业经济的失败，商人资本逐渐介入传统的茶叶交易之中，这对于改变茶叶的官统制体制，多少产生一些积极作用。而在明朝廷看来，由于召商中茶可缓解财政匮乏所引发的边政危机问题，所以也逐步扩大了“召商中茶”的规模[②]。

明中后期“召商中茶”扩大规模的趋势，可从嘉靖三十六年（1557）户部议“陕西茶法”得以说明。据户部会议所称，“弘治年为内郡赈荒而增者”，“如巡抚陈寿等开中四百万斤，布政林元甫开中五百万斤。”而至嘉靖时期，“近年为边方军饷而增者”，如“御史刘良卿开中一百万斤”，后虽经巡茶御史刘希龙议减开中额数，“每岁止开中八十万斤，并课茶、私茶通计仅九十余万”，然经户部议，“竟以帑藏匮竭，请如弘治六年例，除正额茶九十万斤易马外，仍开一百万斤，召纳边镇，以备军饷。”[③] 由于弘治以来的“召商中茶”乃是与前述，召商买茶运茶同时进行的，大量的官茶课投入茶马贸易之中，这势必对开中茶商的销售产生负面影响。事实上，仅以前示嘉靖三十六年户部议奏后，“奉谕督行该司招纳”，其结果已出现“并无一人告报”的情况。至嘉靖四十三年（1564），按巡茶御史潘一桂疏陈茶马事宜条上五事，其中主要是力陈“召商中茶，近增至百万，不免壅滞”的状况及其对策的。显而易见，由于陕西“招商中茶”不仅每年以年例的形式举行，而且开中茶叶的量也多有增加，最终导致了商茶壅滞难销的现象，以致朝廷榜示之后，出现无一人报纳的情况。至万历时期，则出现“今商人绝迹，五司茶空”的茶政危机[④]，陕西茶法的失败是不可避免的了。

---

① 《明神宗实录》卷一六一。

② 《明孝宗实录》卷一九四“弘治十五年十二月庚子”条载监察御史王绍奏罢召商中茶奏疏，认为“招商报中之弊，复有以坏之，请自今停开中之例。”尽管如此，明廷从财政角度考虑，非但没停止如召商中茶，反而将开中茶规模扩大了。

③ 《明世宗实录》卷四五一。

④ 《明神宗实录》“万历二十九年二月壬申”条所载陕西巡抚毕三才奏疏。

（二）四川市易商茶

自明初始，四川茶叶，除官茶课外，有相当部分是由商人领引市易的，其行销制度，有如江南腹里地区的“茶引”之制。

四川商人市易茶，主要是指碉门、黎州、雅州茶。据实录的记载，上述三处茶叶，“则听商人纳米市易。”[①] 如果理解无误的话，四川碉门、黎州、雅州之茶，则是在“召商中茶”制度之下，由商人上纳米粮所行贩的区域，这一点，可从洪武三十年（1397）太祖朱元璋“谓户部尚书郁新等曰：陕西汉中以茶易马……其四川松、茂之茶，与陕西同。”[②] 朱元璋之所以特意指出四川松潘、茂州茶法同陕西相同，当是告诫户部尚书郁新等将松茂茶与前示之碉门、黎州、雅州茶作一区分。换言之，即是说松、茂茶法如同陕西汉中茶，均用以茶马贸易，而碉门等地茶则用于召商纳米中茶。其制有异，做法自然有所不同。从这个意义讲，四川碉门、黎州、雅州茶自明初即作为商茶而直接进入茶叶市场。

由于川茶分为商人市易茶和官统制茶马贸易的官茶，由此而产生川茶的边引、腹引之分。所谓“边引”，当是指与边方少数族比邻的地区所行之茶引；而“腹引”，乃是犹如江南等腹里地区所行茶引。四川茶引，原定额每岁行茶5万引，每引100斤。至嘉靖三年（1524），改茶引为边引、腹引，从此划分商人行贩茶叶的疆界。其具体的做法，乃规定腹引每岁26000道，商人持腹引贩茶于成都、重庆等地；边引每岁24000道，贩运于松潘、黎州、雅州等边境地区。至隆庆二年（1568），因四川巡抚等官奏称：“蜀中茶引，旧有边方、内地之别。”边茶少而易行，腹茶多而常滞。经户部议复，于隆庆三年裁罢茶引1.2万道，所剩3.8万道茶引的具体分配是，“以三万引属黎、雅，四千引属松潘诸边，四千引留内地，税银共万四千余两，解部济边以为常。”[③]

无论怎么讲，四川茶引的颁降，则表现出朝廷与商人的经济关系。按《国朝典汇》的记载，无论边引、腹引，“每岁南京户部给发引目，召中上

---

① 《明太祖实录》卷二五四。

② 《明太祖实录》卷二五四。

③ 《明史·食货志》。

纳”[①]。正因为川茶引目由南京户部职掌，所以说四川商人市易茶活动，亦受制于朝廷的茶叶管制体制。在朝廷召商中茶制度下，商人一方面要按开中法的规定，至开中的茶马司或地方有司纳银领引，然后至巡茶御史处“挂号”，再持引至产茶州县买茶运茶。至于在茶马司或地方州县纳银标准，据“召商中茶”法的规定，“芽茶引三钱，叶茶引二钱。”此当系开中法所规定的标准纳银额。但由于川茶有边引、腹引之分，而边引往往畅销，故于隆庆二年（1568）规定，“其在黎、雅者，宜比旧增税银一钱”[②]。如此说来，即无论芽茶还是叶茶，只要是中边引者，则按引增加税银0.1两。此外，由于川茶引目受南京户部的节制，每年允许开中的茶叶斤数自然有一定的限制。如据《明史·食货志》的记载，每岁“中茶至八十万斤而止。”[③] 而对四川茶引的税银总额，“共计岁税银一万四千三百六十余两。”这些茶引税银，则由四川地方有司“解部济边，永为定规。”[④]

以上所述，当系四川商茶引目的正额课税。至嘉靖五年（1526），始定川茶除“商人正引之外，多给赏由票”之例。所谓“由票”，则是在茶正引之外的茶叶的课税。按“由票”例的规定，“川茶至百斤，每十斤收银一分，给由票许发卖。”由此可知纳银给发“由票”的茶叶流通，原本是正额商茶引目的补充形式，在正额茶引有定额限制的情况下，如果茶叶市场需求旺盛，地方有司则可发放一定量的“由票”，加大川茶的市场供应量。但从另一方面讲，由于“由票”例所规定的纳税额远较正额引目为低，每百斤不过银0.1两而已，因此不难想象茶商也必然以行贩“由票”茶叶为主要活动。这样，“由票”也就势必导致滥发无度，对正额茶引产生冲击。按《明史·食货志》的记载，由于“由票”的滥发，“茶于正引外得以私行”，其结果，“番人上驷尽入奸商，茶司所市者乃其中下也。番得茶，叛服自由，而将吏又以私马窜番马，冒

① 《国朝典汇》卷九五《户部九·茶法》。

② 《明史·食货志》。

③ 若依《明史》所记，每年开中川茶80万斤，殊有疑问。如果按每引100斤计算，这里所说的80万斤，实当茶8000引，与前述每年开中商茶5万引或隆庆三年所定每年3.8万引，相去甚远。姑待详。

④ 《国朝典汇》卷九五《户部九·茶法》。

支上茶。茶法、马政、边防于是俱坏矣。”当然，导致明中后期“茶法、马政、边防”俱坏的原因很多，并不能完全归咎于“由票”滥发，但可以说由于“由票”滥发造成正额茶引目壅滞难销，当是实情。“由票”之例吸收更多的民间商人资本加入边境贸易的行列，在一定程度上打破了商茶引制对引目定额、行销区域、开中茶商名额诸多限制，其积极意义是应予肯定的。

如果就开中制体制下茶商的利益进行探讨，其茶利来源当不止“由票”茶一种，还有“附茶”的利益，也极为可观。

“附茶”又称为“附带茶”，其雏型，可溯源到宣德九年（1434）的“加耗茶”。据陕西西宁卫奏称：“今茶马司缺茶买马，而四川成都诸府积有官茶，请召商于彼处，运赴本司，每茶百斤加耗十斤，不拘资次支与淮、浙运司盐六引。从之。”① 从这一召商运茶中盐的实例中，可知依其定制，运茶或召商中茶的茶商都可从其正额茶引中获得10%的“加耗”茶。而“附茶”制度的实行，则为茶商带来相当大的利益。以褚铁的《条议茶马事宜疏》有关“附茶”的记载为例，即可以明了“召商中茶”体制下“附茶”制的运作实态。其疏曰：“近年以来，积习因循。府州县正官不肯经心料理，率多转委首领，受贿容情，以致奸商假以附茶为由，任意夹带，恣情短贩。甚至汉中盘过，有二三年不到茶司者；巩昌招中，有十数年不销原引者。比到茶司，又买求官吏，将绝细极重黑茶挑作附茶，尽数入己，获利数倍，至领出正茶，将黑茶货卖，黄茶寄顿店舍，待下午，仍复交官换新茶，辄又入已。玩法欺公，弊难枚举。然旧例又不论违限久远，附茶一概准给，所以靳（勤）商无劝，惰商无惩，而茶法坏矣。”② 褚铁的奏疏立意，乃是力陈附茶的弊端，然仅依此，也可看出“附茶”制实行过程中，所谓“奸商”利用“附茶”营利的手段。由此可以想见这种情况，无论在陕西还是四川，以附茶营利这一点当是共通的。

此外，由于召商中茶有上、中、下引的区分，其附茶的数量也不相同。仍以前示褚铁《条议茶马事宜疏》“二曰议商茶以革积弊”所云：“臣查得：旧例：招商中茶，上引五千斤，中引四千斤，下引三千斤。每七斤蒸晒一篦，运

① 《明英宗实录》卷一〇。

② 《明经世文编》卷三八六。

至茶司，官商对分。官茶易马，商茶给卖。每商上引仍给附茶一百篦，中引八十篦，下引六十篦，名曰酬劳。”① 如果仍以四川边引、腹引为5万引计算的话；其召商开中制下商人所得商茶额，即如下表所示。

明代川茶官商分配示例

引目	茶斤（斤）	篦额（篦）	官商对分额（篦）		商茶附茶（斤）	商茶总额（斤）
			抽分茶	商茶		
上引	250000000	35714285	17857142	17857142	5000000	129999994
中引	200000000	28571428	14285714	14285714	4000000	103999998
下引	150000000	21428571	10714285	10714285	3000000	77999995

如果按前示上、中、下引茶斤，并按每年开中定额5万引计算，每年商茶的总额，上引则为129999994斤，其中附茶为500万斤，商茶则占开中茶总额的52%弱。这种情况，显然是由于官商对分制所致。再者，如果将上引的计算原则用来说明中引和下引的话；那么除对分商茶外，其附茶分别是400万斤和300万斤，可见附茶的量也是相当惊人的，几乎是明代川茶官课的3~4倍。此外，必须加以说明的是，由于与“西番”易马，“番人不辨秤衡，止订篦中马”。这样一来，篦的官定茶斤重量在茶马贸易中就显得很重要。“篦大则官亏，小则商病”，乃说明篦过大或过小，都不利于茶马贸易的正常进行。正德十年，经巡茶御史王汝舟“酌为中制：每一千斤定三百三十篦，以六斤四两为准，作正茶三斤，篦绳三斤四两。”② 这虽是对官茶课篦重的规定，想必也适用于商茶的包装及交易的篦重。至于这里所说的“每七斤蒸晒一篦”③，显然是王汝舟奏定篦制之前的每篦重量。

关于四川商茶的市易实态，有必要作一概述。

如前所述，由于商茶实行茶引之制，所以商人买茶卖茶及运茶，均受到茶引制的制约，不得违制行贩，否则即视为“私茶”。而四川商茶与陕西及内地

① 这里所说“官商对分”，想必其商茶比例较前示四六、三七比例有所减少。

② 《万历会典》卷三七《茶课易马》。

③ 《明经世文编》卷三八六所载褚铁《条议茶马事宜疏》。

的行销又有所不同，这显然是与川茶行用边引、腹引之制有关。关于四川商茶盘验及行销区域、行销手续的情况，姜宝的《茶法议》[①] 有所记述，由此可窥其一斑。其议有云："四川之茶，自巴州、通江、南江等处买者，卖于松潘及腹里地方"，其行销手续是，"巴州、通江、南江等处茶引"，由商人买茶后，其引目则由"本州县截一角，江由听茶法道委官盘验截一角，松潘截一角，然后发卖"。可知从巴州等地所买商茶，其行销过程中必须经过买茶所在州县、江由茶法道及卖茶之地松潘盘验三次，才可发卖。此外，"自巫山、建始等处买者，卖于黎、雅、乌思藏地方"，其盘验手续是，"巫山、建始等处茶引，夔州府截一角，嘉定州截一角，雅州截一角，碉门茶马司盘验，泸州盘验，泊盘于河下，听茶法道委官盘验称掣，至黎州截一角，然后发卖"。由于买茶、卖茶地方不同，在官指定的运茶路线上，沿途经过州县及茶务机构，都必须由官盘验其商茶，然后将茶引截角，而只有经过盘验截角的引茶，才可以在行茶地发卖。然而，这不过是明代商茶引的制度规定而已，在现实中，一方面是在其制度的框架内从事引茶的贩运经营活动；另一方面，则是千方百计地冲破制度规定的框框，以获取更大的茶叶行贩利益。而后一种情况，不用说是指有明一代屡禁不止的私茶贸易活动。

至于所谓"腹里"地区的民间茶叶贸易，即便是在川陕地区，只要是在"腹里"地区进行贸易，均不在限制之列。仍以前述徐廷章奏疏为例，其中论及川陕民间采茶"除税官外，余皆许给文凭，于陕西腹里货卖"。这里所说的"税官"，即是指"民间所采茶"上纳给西宁官库收贮的课茶，除这部分外，其他茶产均可给发"茶引"或"茶由票"，在"腹里"地区货卖。总之，从明代茶法制度来看，朝廷所行"茶禁"，主要是指边境地区，至于腹里地区饮食，从未实行过禁茶政策。这一点，梁材的《议茶马事宜疏》也说，"洪武初例，民间蓄茶，不得过一月之用。嗣后至弘治年间，或召商中茶以备赈济，或召商中茶以备边储，然未尝禁腹里之民，使不得食茶也。"[②] 因此说，有明一代，国家统制茶业经济的实施地区，主要是今陕西、甘肃、青海、四川、湖南

---

① 《明经世文编》卷三八三。

② 《明经世文编》卷一〇六。

等地[①]，其茶业经济的运行框架，则是以茶马贸易体制为其核心。至于今江苏、江西、安徽、福建、广东等地的茶业经济，则是在有如陕西腹里地区的“民间采茶”之制度下运行的。这两种不同的茶业经济结构，决定了处在不同结构下的茶叶生产、运输与贸易活动，一方面受其结构性制度的约束，使茶业经济的发展被限定在本身的结构之内，茶叶生产与运销体制难以转型；但从另一方面讲，由于官统制结构的僵化，也很难适应茶叶生产与销售的日益活跃，于是官统制结构逐渐向民间采茶、商人运销转型，最终形成民间茶叶贸易的市场结构。

综上所述，可以看出明代茶业经济乃是我国古代传统茶业经济结构走向终极的重要阶段。在这个阶段中，由于明太祖朱元璋实行罢革饼茶，独兴叶茶、芽茶的政策，促使明代的茶业生产和市场消费，则以叶茶和芽茶居主导地位，由此使明代茶叶得以全面发展。发现在：一、叶茶与芽茶的推广，改变了传统的龙团凤饼茶的制作与饮用习惯，在制作上，使叶茶、芽茶的炒青技术达到相当高的水准，而民间饮茶习惯亦随之改变。二、炒青技术的发展，使各产茶地先后涌现一大批传统名茶。名茶的出现，除制作技术因素外，当与明代茶叶市场的发展、叶茶和芽茶的市场竞争有相当大的关系。三、以官统制为主体的边境茶马贸易，对明朝边境和内地产茶区的茶生产发展，必然产生刺激和促进的作用，而商茶逐渐成为茶马贸易的主体，则反映了明代边方贸易结构的变迁。四、仅以茶书而论，明代茶书的编纂，是我国历代最多的明代。据不完全的统计，唐、五代时期，共编著茶书7种，宋元时期为25种，明代55种，清代11种[②]。从其内容来看，不仅仅限于茶叶的生产、销售及茶业制度方面，而且还包括茶艺、茶事、茶史、茶话等有关茶叶风习的社会文化内容。从这个意义讲，称明朝是我国古代茶业经济进入发展的鼎盛时期，也是极为恰当的。

---

① 关于湖南茶的兴起以及参与川陕茶马贸易活动，参见《明史·食货志》；万历二十三年巡茶御史李楠《议禁湖茶疏》，载《明神宗实录》卷三〇八“万历二十三年三月甲辰”条。

② 参见《中国茶经》，上海文化出版社1992年5月版。

第十三章　明代经济思想

第一节　宏观经济思想

一、义利观

明代的宏观经济思想中的一些基本理论观点，如义利观、富民与富国的关系等等，反映了明代人对经济基础问题的基本态度，并对国家经济政策的制定产生了重要影响。

义利观讨论的是义与利的关系以及人们所应采取的态度，而最根本的是对“利”的态度。义与利这一对命题在先秦即已出现，并为当时的思想家所广泛讨论。在明代，人们采用的基本是儒家的义利观，即重义轻利但不排斥利。由于时代的不同和个人因素的作用，明人在探讨这一问题时，其看法又呈多样性。

朱元璋作为统治者，他是把义利纳入国政中加以讨论的。他说：“君子好义，小人好利，好义者以利民为心，好利者以戕民为务，故凡言利之人，皆戕民之贼也[①]。”显然他对言利的小人是痛恨的，但这并不意味着他反对利，而是看“利”是否对他的百姓有好处。不顾后果的纯粹的对利的追求他是不赞成的，而利民之“利”他并不反对，甚至将其作为义的内容之一。在义与利之间，他倾向于“义”，但引进了“民”这一衡量标准，从而将“君子爱财取之有道”中抽象的“道”具体化了。这是他民本思想的反映。

---

① 余继登：《典故纪闻》卷四。

明代一些人在言及国政时，对“利”往往是持肯定态度的，认为它是国家所必须。明前期的经济思想家刘定之就是这种看法。他说：

对口谈玄理者，问之以金谷则耻言，手较朱铅者，付之以牙筹则羞执。不观《禹贡》，不知理财为圣君之急务，不读《周官》，不知理财为圣相之首事。国用视之为盈缩，民命倚之为惨舒，而不知可乎?①

他把理财摆到“急务”“首事”的位置，因为它是民命所系、国用所需。因而耻于言利者的态度是不可取的。

对此，嘉靖名臣海瑞和万历时思想家李贽的看法就更加明确。海瑞说：

富国强兵，陋为霸术，儒者不屑。圣人不富国强兵耶？什一而彻，田猎讲武，富国强兵，天下之于圣人，莫是过也。谓圣人“言义不言利”，“兵非得已”，天下宁有这等痴圣人死地圣人耶?②

在他看来，把圣人言义不言利的观点绝对化，从而对富国强兵都不屑一顾的态度，是“痴”是“死”。因此他说：“有天下而讳言利，不可能也。”③ 这一说法从另一角度表明他是重视国家求“利”的。国家对“利”的追求，具体表现就是理财，刘定之就是用这一概念来表述的。李贽也是如此，他说：“不言理财者，决不能治平天下。”④ 理财与治天下是不可分的，从而肯定了理财的重要性。

需要指出的是，他们虽然从国家利益的角度对利表示肯定，但不主张巧取豪夺。无义征求，而是以足民为标准的，刘定之就提出“理民之财”的主张，而海瑞更直接说：“夫利天下，言民也，利国之道，于利民得之。”⑤ 事实上，许多明人不主张国家求“利”，就是怕那些额外之求，这一点他们与上述诸人的观点是相似的，只是他们太片面而已。

个人应对义利采取何种态度，明人的主张大致有如下几种，一为重义轻利，二为义利并重，三为寓义于利，突出利的作用。

---

① 刘定之：《刘文安公全集》集四《刘文安公十科策略》。

② 海瑞：《海瑞集》下编，《复欧阳伯庵掌科》。

③ 海瑞：《海瑞集》下编《四书讲义》。

④ 李贽：《四书评·大学》。

⑤ 海瑞：《海瑞集》下编《四书讲义》。

明中期理学家吕柟（1479～1542）很强调义，他曾对学生说："告我以义者，来；告我以利者，去。"① 这是很明确的态度。对于义利的关系，他认为只要不为利所动，做什么都是义，他说：

尚义者在位，则所用皆义人，所行皆义政，天下无不治矣。尚利者在位，其弊可胜言哉！……昔舜"饭糗茹草，若将终身"，正见义不见利之大节。学者能甘贫俭约，不为利所动，自无往而非义。②

在他看来，义与利之间界线分明，非此即彼。正因这样他对利采取了排斥的态度，所以对甘贫乐道者加以赞扬。尽管如此，当学生问他"商贾可为否"时，他回答说："商亦无害，但学者不当自为之，或命子弟，或托亲戚皆可。不然，父母妻子养何所取给！"③ 这表明在涉及生活等基本问题时，他是比较现实的，但仍在寻找与"利"保持距离的方法。

海瑞虽对国家理财持肯定态度，但对个人他则强调义。在赞扬蒙端拾金不昧的行为时，他说："只今财帛世界，居财帛世界之中，独能自脱于财帛世界之外，义利之辨别不爽，屋漏之昭监如见，有之乎？不复有斯人也，而今或有之。"④ 所谓"义利之辨别不爽"就是指对重义轻利的原则认识得很清楚，这样的人很少有，也很值得赞扬。海瑞还通过对文士们的描述表述了自己的这种看法："昔之时待士非薄也，重义不重利……故其时士子利心尚轻，犹有可观。若今则作兴士子者，利焉而已，士子未出门而利心生矣……士唯势利之慕，不足称士矣。"⑤ 只有利心轻，不慕势利的文士才能配得上"士"的称谓，海瑞轻利的态度是显见的。

明中期另一位思想家黄绾（1477～1551）采取的则是义利并重的态度。他认为义和利并行不悖，相辅相承，它们对保证人的自我追求共同起着积极作用。他说：

饥寒于人最难忍，至若父母妻子尤人所难忍者，一日二日已不可

① 吕柟：《泾野子内篇》卷二四。
② 吕柟：《泾野子内篇》卷一二。
③ 吕柟：《泾野子内篇》卷二七。
④ 海瑞：《海瑞集》下编《赠蒙生德范还遗金序》。
⑤ 海瑞：《海瑞集》上编《兴革条例》。

堪，况于久乎？由此言之，则利不可轻矣。然有义存焉……则义岂可轻乎？二者皆不可轻。[①]

义利皆不可轻的观点，是与传统义利观有区别的。黄绾为什么把利提高到与义并列的位置呢？因为他认为利是人“自守”的基础，没有物质保证，人的追求自我的行为就会受到干扰，因此排斥利不是君子所为，他说：“君子为学，岂不治生，岂无所取？……此孔门所以有‘游艺’之训，《大学》所以有生众食寡，为疾用舒之道也。”[②] 那么如何求利呢，他提出“视其分所当为，义所当得，力所当勤，用所当俭者尽心而已。”[③] 也就是在道义允许的范围内求取，并助以勤奋和节俭。这样就能：“常留有余，以待公私缓急之需”，“可免他日饥寒之患，求人滥取之失”，“则守可终身，子孙后学皆有所赖而有恒心”[④]。如果轻视利的作用，散而不蓄，结果是不能自给，待到饥寒切身之时，就不免有求人滥取之失，此种求利之法“固不可学”。主动追求“和义之利”要强于被动的滥取。显然，黄绾虽把利的地位提高了，但并不主张过分追求，因为“有义存焉”，义也不可轻，求利不能影响义。

李贽在义利问题上则有自己的看法，即义存在于利之中，利即是义，义不能离开利而单独存在，从而突出了利的地位。他说：

穿衣吃饭，即是人伦物理；除却穿衣吃饭，无伦理矣。世间种种皆衣与饭类耳。故举衣与饭，而世间种种自然在其中。[⑤]

衣食非利无以致之，故衣食为利的表现形式；而所谓“世间种种”义在其中也必矣。因此认为李贽将义归于利之中是合适的。他的这种思想还表现在下面一段话中“夫欲正义，是利之也，若不谋利，不正可矣。吾道苟明，则吾之功毕矣，若不计功，道又何时而可明也？”[⑥] 道义与功利是不可分的，追求道义，也就是要追求功利，若不谋求功利，义可以“不正”，道也就难明

---

① 黄绾：《明道编》卷二。
② 黄绾：《明道编》卷二。
③ 黄绾：《明道编》卷二。
④ 黄绾：《明道编》卷二。
⑤ 李贽：《焚书》卷一《答邓石阳书》。
⑥ 李贽：《习学记言序目》卷二三。

了。既然义利共生，那么求利也就是求义，反之亦是，这就为人们求利提供了理论上的支持，同时也是对重义轻利的批判。

总上言之，明人在肯定义的同时，在利的问题上虽看法不一，但逐渐地采取了更现实的态度。

二、富国与富民

国富民足是历代为政者共同的追求目标，足民之道无非是养之富之，让人民衣食充足，财货有余。那么国家的富裕应如何体现呢？这是问题的关键所在，要而言之，许多明代人不赞成仅以政府库藏充足为富国标准，而是以人民富足为主要标志。即刘基所说的“国不自富民足则富”①。因而人们对片面追求财富的富国行为予以否定。

朱元璋从他自己的角度表达了看法：“人君制财与庶民不同。庶人为一家之计，则积财于一家；人君为天下之主，当积财于天下。”② 这是典型的藏富于民的思想，他之所以有此种思想，除受历代思想家的影响外，最主要的应是以天下为家的开国之君的使命感所使然。朱元璋的这种意识在他的继承者中并不多见，至万历时，神宗不仅不积财于天下，甚至连积财于国库的想法也逐渐丧失，于是大肆搜刮民财国财聚于内库，明亡肇于其时，信非无据。可见对富国的态度如何，与国政关系至大。

建文时的名臣方孝孺是坚决反对国家聚财的，他说：“富国有四，而理财不与焉。政平刑简也，民乐地辟也，上下相亲也，昭俭而尚德也。此富国之本也。”③ 富国的根本不是理财，而是清明和协的政治，理财只能导致国家的贫困，“聚俭之臣贵则国贫。”④ 他还说：“国不患乎无积而患无政，家不患乎不富而患无礼。政以节民，民和则亲上而国用足矣。”⑤ 国富要依靠政清民和，良好的政治才是富国的根本。方孝孺排斥理财，也不强调藏富于民的传统主

---

① 刘基：《诚意伯文集》卷六。
② 余继登：《典故纪闻》卷四。
③ 方孝孺：《逊志斋集》卷一。
④ 方孝孺：《逊志斋集》卷一。
⑤ 方孝孺：《逊志斋集》卷一。

张，而是提出国以政富的观点，这是他将富国的内涵大大扩展的缘故。也就是说他思想中的国富的标准，经济因素是十分次要的，政治状况、百姓的精神面貌、君民的关系都是国家富有的表现，而且是主要表现。他的这种思想在明代是非常独特的。

大多数明人仍是在经济范畴内讨论富国与富民的关系。明中期思想家丘浚说："古者藏富于民，民财既理，则人君之用度无不足者。是故善于富国者，必先理民之财，而为国理财者次之。"① 百姓富足，是富国的第一选择，也是明于富国之道的做法。丘浚并不排斥国家对财政充足的追求，而是认为它应在富民的前提下来实现，只有社会物质财富的丰富，国家财政才能充足。在明代类似丘浚的看法很多，"言足国用，必先富民"②。"天下有利而能无出于民者乎？竭其源而欲流之长焉，拙于谋利者也。足民之外，更无理财之方"③等等。

明人把富民提到如此高度，是基于这样几种认识：一为民是国家之本，丘浚说："国之所以为国者，以有民也"④。成化时彭韶说："民者，国之本，食者，民之天"⑤。没有百姓就不会有国家，所以应重视百姓的生存状况。二是百姓的财富也是国家的财富，如万历时徐贞明就认为"豪右之利，亦国家之利也。"⑥ 三是富民是理想政治的要求，吕坤说："富民为王道之首务也。"⑦要实现王者之政首先就必须富民。

富国还是富民是理财之先必须认识清楚的原则问题，当把富国寓于富民之中时，二者才能统一起来，否则单纯地追求富国，置富民于不顾，其目标是达不到的。明人继承了先秦思想家"藏富于民"的主张，反对搜刮民财的理财方式，对社会的发展是有好处的。因此，他们的思想是值得肯定的。

在明代，单纯从财政角度强调富国的是万历朝的政治家张居正和李贽。张

① 丘浚：《大学衍义补》卷二〇《总论理财之道》。

② 《明穆宗实录》卷三五。

③ 海瑞：《海瑞集》下编《四书讲义·生民有大道》。

④ 丘浚：《大学衍义补》卷一六《恤民之患》。

⑤ 王圻：《续文献通考》卷一六。

⑥ 徐贞明：《潞水客谈》。

⑦ 吕坤：《呻吟语》卷五《治道》。

居正的政治目标是富国强兵，由于当时国家财政极度紧张，日用不敷，从而促使他把充实国库作为富国的内容，他执政时众多的政策也是围绕这一点制定的，他的这个思想集中反映在如下一段话中：

孔子论政，开口便说足食足兵，舜命十二牧曰食哉惟时，周公立政其克诘尔戎兵，何尝不欲国之富且强哉？后世学术不明，高谈无实，剽窃仁义，谓之王道。才涉富强，便之霸术，不知王霸之辨，义利之间，在心不在迹。奚必仁义为王，富强之为霸也！仆自秉政以来，除密勿敷陈，培养冲德外，其播之命令者，实不外此二事。今已七八年矣，闾里愁叹之声尚犹未息，仓卒意外之变尚或难支，焉在其为富且强哉？①

古代圣人们也是强调富国强兵的，后人不明此点，因而妄加攻击，张居正对这种“高谈无实”的人十分不满，他提出主观目的于国有利，具体做法是不应计较的，即“在心不在迹”。他的这一观点实际上是为他的富国主张与传统的富国观之间的沟通建立理论依据。这表明他的富国主张与传统的观点是有区别的。他认为民间疾苦犹在、国家应变能力不强的责任，不在他的富国之政，言外之意，如果坚持施行他的主张，这些问题将不会存在。

张居正是有作为有远见的政治家，他的种种举措都是根据实际需要做出的。他的思想也是在现实的基础上总结出来的，因而他的富国主张是符合当时国家利益的。

李贽的富国主张与张居正有相同之处，这从他在《藏书》中专列《富国名臣》一事中即可看出，他曾说“有国者之用与士庶之用孰大？有国者之贫与士庶之贫孰急？”② 从而肯定了国家财政充足的重要性。李贽所以有这样的思想，应是他对正统儒家思想反思的结果，他的叛逆性格促使他对正统观念表现出他人所未有的厌恶，而他的这种性格也应视为那个思想活跃的时代所使然。

---

① 张太岳：《张太岳集》卷三一《答福建巡抚耿楚侗谈王霸之辨》。

② 李贽：《藏书》卷一七。

三、生财与节用

理财必须以发展生产为前提，以崇俭抑侈为辅助，只有做到这一点，财方能充足无匮。这就是《大学》中所讲的："生财有大道，生之者众，食之者寡，为之者疾，用之者舒，则财恒足矣。"这个思想为明代人奉为至理，举凡有关生财或节用的议论，无不以此立论。

有关生财的主张。

丘浚在生财问题上态度十分明确，他说："安养斯民之政，在开其资财之道。开资财有道：在垦土田通山泽，使地无遗利；禁游民兴农业，使民无余力。如此则蓄积多矣。"[①] 生财事关国计民生，必须重视。生财的途径一是开发自然资源，二是让更多的人从事农业生产。这二者是从"生之者众"衍化出来的。

把农业生产视为生财途径，这是当时人最普遍的选择，海瑞也是这种主张，他说："生之有大道焉，圣王之治遍天下而井里之矣。……井里之政，又尝遍天下而程督之矣，于以应天下之务也，于疾作之农取给焉。……天下无不耕之人，则天下皆十一之税，寡食舒用，行乎其间。以十一入者，况又未尝以十一出之乎？"[②] 圣人生财依靠井田，天下皆行井田，加之天下无不耕之人，则税源充足，如果再辅以寡食舒用，则"意外之灾，频仍之患"也不能对人造成不利影响。

把发展农业作为主要生财手段，是农业社会的特点所决定。但在明代后期，由于商业的发达，以商促农、以商兴财的观点也出现了。张居正说："欲物力不屈，则莫若省征发以厚农而资商；欲民用不困，则莫若轻关市以厚商而利农。"[③] 若要民用不困和物力不屈，就要保护商业的发展，张居正虽是以农业为重，但商业对农业生产的重要性他显然是注意到了，而且给予了充分肯定。

---

① 丘浚：《大学衍义补》卷一六《恤民之患》。

② 海瑞：《海瑞集》下编《四书讲义·生财有大道节》。

③ 张太岳：《张太岳集》卷八《赠水部周汉浦榷竣还朝序》。

李贽在生财与节用问题上，侧重于生财，他说："所贵乎长国家者，因天地之利而生之有道耳。且《大学》之教明言'生财有大道'矣，又言生之众而为之疾，不专以节用言也。若专以节用言，则必衣皂绨之衣，惜露台之费，而后可以有天下而为天下也。"① 生财是执掌国政者必须重视的，这也是经典中的思想，如仅以节用为事，就违背了圣贤之教。而生财的方法是"因天地之利"，开发自然资源，这一点与丘浚很相近。

徐光启重视农业，在生财问题上也把农业当做最重要的手段。他说："古圣王所谓财者。食人之粟，衣人之帛。故曰'生财有大道，生之者众'也。"②"方今之患，在于日求金钱，而不勤五谷。"③ 因而必须从农业寻求生财弭患之路，他的《农政全书》当是为此而著。

关于节用的主张。

明人关于节用的议论，可谓俯拾即是，难以数计，以下仅择有代表性的略加介绍。

在是否应通过节用禁奢来增加财富的问题上，绝大多数人是赞成的，只有少数人反对禁奢节用。在前者中，又有倡导国家节用和个人节用之分。

倡导国家节用，包括主张帝王应崇尚节俭和国家去冗食等。朱元璋认为国家"不节用则民财竭，不省役则民力困"④，为此作为君主不可穷奢极欲，"昔昏主恣意奢欲，使百姓困乏，至于乱亡。朕……宫室器用，一从朴素，饮食衣服皆有常供，惟恐过奢侈以伤财害民也。"⑤ 他认为"上能崇节俭，则下无奢靡"⑥，帝王的节俭行为可以影响整个社会。

方孝孺在其《崇俭》文中写到："天地生财以养庶民，宰制之柄在乎人君，节己厚人不专其利，崇俭黜欲邦国乃裕，苟恃富侈奢泰是夸，既损令德民用咨嗟。"⑦ 他也认为皇帝的节俭可以带动整个社会，"明明圣皇，以俭率下，

---

① 李贽：《藏书》卷三四。

② 徐光启：《徐光启集》上册《钦奉明旨条画屯田疏》。

③ 徐光启：《农政全书·凡例》。

④ 余继登：《典故纪闻》卷四。

⑤ 余继登：《典故纪闻》卷四。

⑥ 余继登：《典故纪闻》卷一。

⑦ 方孝孺：《逊志斋集》卷一。

尚朴惩奢，天下从化。”[①] 把皇帝的节俭视为国家理财大事，整个明代都是如此。

与方孝孺同时的王叔英认为要实现“食之者寡”“用之者舒”的目标，必须节约国家开支，做到这一点就要解决冗官问题。他认为当时冗兵冗官太多“内外大小官数以万计，以此推之，今之官有冗员而多素餐者，亦可知矣。”“今之兵过多而有徒食者可知矣。”[②] 这些人浪费了国家的财富而于国政无补，使国家赋敛难平储蓄难丰。

礼科给事中陈嘉猷在景泰五年（1454）提出要解决财政困难，“惟在皇上戒饬群臣务修节俭，省无益之费，节无功之赏，汰冗官之虚縻廪禄，简冗兵之虚费粮饷，罢不急之务，禁游食之民”[③]。除汰冗官简冗兵外，他提出了“省无益之费”和“节无功之赏”的问题，从而使节约开支的项目增多。关于冗费，丘浚尤其重视，他说：“丰财之道，去其害财者而已。害财之事有三，所谓吏之冗员，兵之冗食……费之冗杂者。……三害之中，冗费之害尤大……所谓冗者，有与无皆可之谓也。”[④]

明中期以后，皇室宗藩日多，政府此项开支加大，因此削减宗禄以省开支的主张也被提出。正德年间何塘说：“在官之财所以空虚不足者，其弊有四：宗室日繁，武职日滥，冗食太多，冗费太广是也。”[⑤] 将宗室日繁列为害财之首，问题的突出于此可见。林希元也是这种看法，“今日天下之弊，独此为最大；今日救天下之弊，独此为最先。”[⑥]

对于民间的节用禁奢，议者也都十分重视，他们关注的焦点一是富贵者的节俭，二是游民冗食，三是无益之费。富贵者占有民间绝大部分的财富，因而节俭首先要向这些人提出。游民一般泛指不从事农业生产的人，如僧道、商贾等。无益之费则是指生活必需以外的种种浪费，如吕坤所言的亭阁楼台之

① 方孝儒：《逊志斋集》卷一。
② 《明经世文编》卷一二《资治策疏》。
③ 《明英宗实录》卷二四四。
④ 丘浚：《大学衍义补》卷二一《总论理财之道（下）》。
⑤ 《皇明疏钞》卷三八《财用一》。
⑥ 林希元：《林次崖先生文集》卷二《王政附言疏》。

费[①]，王廷相所言的酒酿之费[②]等。明人这方面论述甚多，就不一一介绍了。

明人倡导节用禁奢时，往往提出这样一个观点，即“天地生财止有此数”。这个观点明后期的人强调较多，如张居正、吕坤等都使用过这个观点。张居正说：“夫天地生财，止有此数，设法巧取不能增多，唯加意樽节，则其用自足。”[③]“天之生财，在官在民止有此数。譬之于人，禀赋强弱自有定分，善养生者唯樽节爱惜，不以嗜欲戕之，亦皆足以却病而延寿……与其设法征求，索之于无限之数以病民，孰若加意省俭取之于自足之中以厚下乎？”[④]吕坤说：“天下之财，止有此数，君欲富则天下必贫。天下贫则君岂能独富？”[⑤]可见这个观点是倡导节用的有力依据。所谓“天地生财止有此数”，是指在一定阶段内社会的生产水平始终保持在一个程度，但明人没有强调阶段性，而只是泛言“止有此数”以明节用的重要。这个观点是明人从北宋司马光那里继承来的。

与大多数明代人倡导节用禁奢不同，嘉靖时的陆楫，万历时的郭子璋则提出崇奢的主张。陆楫说：“论治者类欲禁奢……自一人言之，一人俭则一人或可免于贫。自一家言之，一家俭则一家或可免于贫。至于统论天下之势则不然。”[⑥]为什么这样讲，因为“天下大势，其地奢则其民必易为生，其地俭则民必不易为生。”[⑦]这表明他认为节俭只能使一人或一家免于贫困，而奢侈则可以使普天下的贫者免于饥寒。他进一步解释道：“不知所奢者，不过富商大贾豪家巨族，自侈其宫室车马饮食衣服之奉而已。彼以梁肉奢，其耕者庖者分其利；彼以纨绮奢，则鬻者，织者分其利。”[⑧]富有者的侈奢行为，客观上为贫者提供了谋取生存资本的机会。聚集一处的财富分流到贫者手中，天下之富于是有望。陆楫的主张实质以奢侈为手段，促进社会财富的平均占有。

---

① 吕坤：《去伪斋集》卷一《摘陈边计民艰疏》。
② 《明孝宗实录》卷二二二。
③ 《张太岳集》卷四三《看评户部进呈揭帖疏》。
④ 《张太岳集》卷三六《陈六事疏》。
⑤ 吕坤：《去伪斋集》卷一《忧危疏》。
⑥ 陆楫：《蒹葭堂杂著摘抄》。
⑦ 陆楫：《蒹葭堂杂著摘抄》。
⑧ 陆楫：《蒹葭堂杂著摘抄》。

郭子璋从国家财政的角度探讨了奢侈与节用的问题。他说："奢者过，俭者不及。奢之为害也巨，俭之为害也亦巨。"[①] 因为"奢者纵一己之欲而激天下之怒，故其为祸烈而犹可制；俭者失万民之欲而丛天下之怨，故其为祸迟而不可收拾。"[②] 所以，"欲为天下国家计，即明主不得俭也"，"欲为人主画天下国家计，则荩臣不得俭也。"[③] 节用思想不能作为国家经济行为的指导思想，就是说，政府必须保持一定规模的开支才能消天下之怨，释过俭之害。郭子璋的崇奢主张显然是受"聚人以财"的传统思想的影响。

明后期的崇奢主张虽然影响不广，但作为一种与众不同的观点，其思想价值是不容忽视的。它的出现有着深刻的社会根源，那就是商品经济的发展和人们思想的空前活跃。

第二节　土地思想

一、田制论

土地占有问题，是封建社会经济生活中的基本问题。明朝建立后，没有像北魏及唐代那样，在土地占有形式上进行较大规模的调整，而是沿袭了前朝的成式，将土地分为官田和民田，其所有权分属国家和民田田主。至明中叶以后，无论官田还是民田，兼并现象都愈演愈烈，迄明亡亦不曾有效控制。土地的过度集中，引发了一系列的经济问题和社会问题，使现存的统治秩序受到危害。人们对此予以了充分的关注，许多人发表意见，抒发思想。概括起来，主要是恢复井田和限田两种主张。

（一）井田论

1. 明初恢复井田的主张

自明初开始，恢复井田的主张就出现了。明初土地兼并问题尚不突出，当

---

① 郭子璋：《青螺公遗书合编》卷二一。

② 郭子璋：《青螺公遗书合编》卷二一。

③ 郭子璋：《青螺公遗书合编》卷二一。

时的井田论者其目的重在以井田来实现理想中的王者之政，其思想的依据是孟子的“仁政必自经界始”。

朱元璋作为明朝的开国之君，在政治上的雄才大略自不待言，其思想则兼取诸家，体现了一种务实的精神。在田制问题上他也是这样，明初不在田制上做大规模的调整即是证明。但是朱元璋对井田制是持肯定态度的，有时在具体问题的处理上还加以效法。洪武四年（1371）三月在言及临濠的土地问题时，他说：“古者井田之法，计口而授，故民无不受田之家。今临濠之田，连疆接壤，耕者亦宜验其丁力，计亩给之。使贫者有所资，富者不得兼并。”① 所谓“亦宜验其丁力，计亩给之”，就是效法井田“计口而授”之意。

明太祖对井田的态度，应该说与他身边的儒士们及元末明初社会思潮的影响是有联系的。刘基对井田制是比较向往的，他在《麦舟图歌》中写道：“我闻在昔兮有虞夏商，一夫百亩兮家有稻与粱，生不饿殍兮死有藏。呜呼！今不得见兮使我心伤!”② 刘基甚至认为井田是可以恢复的，但先决条件是“以大德戡大乱”，即由圣明之君在铲平社会动荡之后才能实现。《郁离子》是这样记载的：“或问于郁离子曰：‘井田可复乎？’郁离子曰：‘可。’曰：‘何如其可也？’曰：‘以大德戡大乱则可也。……以大德戡大乱则井田亦可复也。’”③ 把“大德戡大乱”作为恢复井田的条件，在诸多井田论中是非常特殊的提法，它带有鲜明的时代特色。刘基的这些想法产生于元末，混乱的时局使他的井田观不仅是在描述一种土地制度，而且是对和平安定的社会的渴望。明朝建立后，在刘基的作品中类似的议论基本看不到了，这主要是社会环境和他个人的处境发生了变化。朱明王朝的建立，结束了元末的动荡和混乱，刘基提出的先决条件已经变成现实。另外，国家的土地政策并未以井田制为范本，此时身为大臣的他，不管其看法变化与否，都不会再公开颂扬井田制了。

与刘基同时代的胡翰也是一个向往并倡导恢复井田的人。胡翰对井田制推崇备致，他说：“天下之利，圣人不私诸己，亦不以私于人，井田之制是也。

---

① 《明太祖实录》卷六二。

② 刘基：《诚意伯文集》卷一。

③ 刘基：《诚意伯文集》卷一九。

井田者，仁政之首也。”[①] 因此，他认为井田不复，仁政不行，而实行井田对社会及百姓有许多好处，他说：

> 尝以为井田之法行，有十便：民有恒产，不事末作，知重本，一也。同井并耕，劳逸巧拙不相负，齐民力，二也。奉生送死，有无相赡，通货财，三也。货财不匮，富贵无以取羸，绝兼并，四也。取以十一，天下之中正，吏无横敛，五也。比其丘甸，革车长毂于是乎出，有事以足军实，六也。一同之间，万沟百洫，又有川浍，戎马不得驰突，无边患，七也。畎浍之水，涝则疏之，旱乾则引以溉注，少凶荒，八也。少壮皆土著，奸伪不容，善心易生，以其暇日习诗书俎豆，养老息物，成礼俗，九也。远近共贯，各安其居，乐其业，尊君亲上，长子孙其中，不烦刑罚而成政教，十也。[②]

在可行性上，胡翰总结了以往的两种反对实行井田的理由，一是工程巨大，即使穷天下之力，倾天下之财，没有数十年是做不成的，没有“大有为之君”也是不能做的；二是秦汉以来所实行的限田、均田尚且因豪强阻挠而不能完全推行，更何况让他们放弃私家之产呢？而且人口日众，田亦不足以周给。胡翰认为“二者何足尼吾事！”他分析说，经过历代开垦，田地数量已大为增加，即使以唐代盛世的人口均之，也超过百亩之数，何况后世。因此“田无不足之患”。推行井田，是取诸民以与民的行为，是百姓的愿望，只要君王令下，王政的建立就有了基础。他设想井田的推行，应分三个阶段，首先选择一乡进行试验，其次在一郡扩大范围，最后行之天下，以达到“事便而民悦”的效果。因此他认为“天下之田可井也”[③]。

胡翰提倡的井田，是先秦典籍中描述的本来意义上的井田，未加任何改变，他对古制的向往是很明显的。胡翰归纳的“十便”涉及面很广，既包括经济方面的，如知重本、通财货、绝兼并、少凶荒等，也包括其他方面：有事以足军实、减少边患是属军事；成礼俗、不烦刑罚而成政教则属于社会风俗与

---

① 《全明文》卷七七《井牧》。
② 《全明文》卷七七《井牧》。
③ 《全明文》卷七七《井牧》。

管理。总之，在胡翰看来，井田制如能实行，不仅可以解决经济领域中的许多矛盾和问题，而且能使整个社会处于安全与和美之中。在此我们看到，胡翰的井田并不单是一种经济制度，更是一种良好的社会生活模式。这种思想尽管不是胡翰首先阐述，但该思想对明初乃至整个明代的井田论都影响颇大，尤其是明初，持此论者无不意在通过井田制而建立一种理想的社会生活。

据现在掌握的材料，洪武时期，曾向太祖明确建议在国内施行井田的是解缙。洪武二十一年（1388），解缙在奉旨上《大庖西封事》后不久，“复献《太平十策》”[①]，在《太平十策》中，解缙首先就提出“参井田均田之法”[②]，详细叙述了他恢复井田的主张。以此作为太平世界的基础。

解缙首先指出目前正是推行井田的良好时机。他说：“唐太宗固有意矣而无其臣，周世宗亦有志矣而无其时。则太平万世之法固有待于今日也。”[③] 在解缙看来，洪武之时既有推行井田的人才，也有时机。因此只要下令推行，太平盛世的到来是没有问题的。

解缙认为施行井田不必完全照抄古法，而应重在参考，他说：“为今之计，参井田均田之法而行之，不必拘拘于方里而井，劳民动众设沟治涂，而事事合古也。”[④] 抛开井田具体形式的羁绊，强调不必事事合古，这较之照搬井田古法，要更具有新意。解缙根据自己的这一思路，设计了一套包括编丁为里和受田两项主要内容及另外两项辅助措施的方案。编丁为里的具体内容是：

> 令户部会天下丁口若干，田亩若干，令民二百丁为一里。里同巷，过失相规，出入相友，守望相助，疾病相扶持。中为堂，右为塾，左为庠。推其父老年高德厚一人处于中堂，朝夕告谒而取正焉。择其文行一人居于右塾，民年八岁者入焉，教以洒扫应对礼乐射御书数之文；一人居于左庠，民年十五者入焉，教以诗书礼乐修己治人之方，毋敢纵逸。[⑤]

---

① 《明史》卷一四七《解缙传》。
② 解缙：《文毅集》卷一。
③ 解缙：《文毅集》卷一。
④ 解缙：《文毅集》卷一。
⑤ 解缙：《文毅集》卷一。

受田的内容是：

> 每丁受田若干亩，庐舍邑居池井畜牧山林蔬果之地若干亩，树艺各随其土之所宜。一里之人各治其私田若干亩，而共耕公田若干亩，山林畜牧之地亦如之。民年二十受田，老免及身后还田。买卖田地则有重刑。[①]

两项辅助措施一是将地少人多土地贫瘠的人口迁往江淮之间，二是编订刊行有关井田、家训、乡约之类的书籍供人们学习。

解缙的井田之法，将编丁为里放在突出位置，将受田置于其次，这是一种重在重建一种乡村生活的思想，具有浓重的理想色彩，也体现了他的井田论的特点。在他的方案中没有设沟洽途之类的内容，而是更多地吸收了古代均田制的一些做法，从而使其方案显得比较贴近现实。这种强调不必事事合古的思想，是其井田论的精华。这一思想对后来的井田论产生了影响。

解缙方案只是勾画了一幅蓝图，而对许多细节问题都未涉及，如私有土地的处理问题，是历来探讨井田可行性时要首先触及的，解缙却根本没有谈。只是在方案最后提到对土地买卖要严厉处罚，这是针对受田以后的土地而言，即主张受田的国有化，而对已往的私有土地是否收归国有，则未明言。在解缙看来，这一切都是小问题，他在一开始就说："太平万世之法，固有待于今日也"，言外之意：过去阻碍井田施行的种种障碍，都将在今日得到消除，这其中自然包括私有土地问题。所以实行井田的条件已经具备，可行性是没问题的。可见，解缙的充满理想色彩略显粗疏的方案，有着切实而深刻的背景。只有在万事初始的年代，只有解缙这样深得太祖宠信的人才会提出。这一方案折射出当时一些人特别是一些儒士在新环境下对未来的憧憬。

在解缙之后，曾明确主张实行井田的是方孝孺。方孝孺是建文时对朝政颇具影响力的人物，也是明初以来很受推崇的气节之士。在井田问题上他极力主张施行井田，并著有"论井田之事可复不疑"的专论[②]，虽然此论后世未得流传，但他的观点可从《与友人论井田》中大致看清。

---

① 解缙：《文毅集》卷一。

② 方孝孺：《逊志斋集》卷一一《与友人论井田》。

方孝孺认为井田是一个在实践中形成的完美制度，“若井田者，更三四圣人而始大备，酌古今之中尽裁成之理。生民之钜方，礼义之所由立也”①。正因如此，实行井田意义重大，“不行井田，不足以行仁义”，“欲行仁义者，必自井田始”“欲舍井田而行仁义，犹无釜而炊也，决不得食也。”把井田作为行仁义的先决条件，从而使井田超出了作为一种经济制度的意义，成为一种理想的社会政治生活的基础。方孝孺这里所说的仁义，包括孟子及其后的儒家们所倡导的仁政，同时也包括作为社会道德规范的仁爱。可见他把井田的作用进一步扩大了。具体言之，井田的施行可让人们各得其所，避免富人对贫民的盘剥及贫富不均的现象，形成“四海无闲民”“暴征之法不及乎身”的局面，从根本上杜绝社会动乱的发生。他说：“使陈涉韩信有一廛之宅、一区之田，不仰于人则且终身为南亩之民，何暇反乎?”② 方孝孺认为井田的施行，可使整个社会充满仁义，为政者不苛取暴征，富贵者不盘剥百姓，人民各得其所，天下太平。

在可行性上，首先方孝孺也认为明初是实行井田的良好时机，他说：“今国家法立令行，实足以乘势有为，举而措之无所难者。”③ 政令畅通，是最好的条件。其次，人口较少是实施井田的又一有利条件，“今天下丧乱之余，不及承平十分之一，故均田之行，莫便于此时”④。第三，汉唐不行井田在于辅臣引导不利，“汉高祖之世可行也，而时无其人导之；唐太宗有志于三代之盛，而魏徵之流未知先后，不能辅之以成大业”⑤。言外之意，现在已有这样的辅臣。最后，只要把山地与平原分别开来，井田的技术问题也好解决。“夫山溪之地，虽成周之世亦用贡法而岂强欲堙卑夷高以尽井哉？但使人人有田，田各有公田，通力趋事，相救相恤，不失先王之意则可矣。而江汉以北，平壤千里，画而井之，甚易为力也。”⑥

---

① 方孝孺：《逊志斋集》卷一一《与友人论井田》。
② 方孝孺：《逊志斋集》卷一一《与友人论井田》。
③ 方孝孺：《逊志斋集》卷一一《与友人论井田》。
④ 方孝孺：《逊志斋集》卷一一《与友人论井田》。
⑤ 方孝孺：《逊志斋集》卷一一《与友人论井田》。
⑥ 方孝孺：《逊志斋集》卷一一《与友人论井田》。

我们看到，方孝孺主张在山地抛开井田的具体形式，授人以田，并留出公田共耕，只取井田之意，而在平原则仍实行标准的井田，即“画而井之”。这是方孝孺井田思想的核心部分，显然，他是要全面模仿周代井田的，这与解缙的只取井田之意的思想有很大不同，而更接近于胡翰的主张。这或许是他受过胡翰影响的缘故。全面模仿与只取其意是主张恢复井田者的一个技术上分歧，相比之下，后者较有现实感，而前者近于空想。但不管怎样，由于二者都没有切实正视私有土地问题，因此这种分歧的意义是不大的。

方孝孺的主张招致了很多批评，这既是因为他的思想的不切实际，同时也是由于他身处高位并欲实行复古改革，从而引起恐慌。外界的压力，使方孝孺的思想也发生了一些变化。尽管他坚信井田，但也只好说：“兹欲复井田，行周制，如先王之时，固难矣。”① 建文时的改制中没有恢复井田一项，也可以从侧面印证这种压力的强大。

秦汉以后倡导井田者，多是针对现实中的土地兼并之类的问题，而像解缙、方孝孺等几乎纯粹是为实现儒家的理想、建立一种良好社会生活模式的井田论者，并不多见。因而这是明初井田论的一个特点。这反映出新建立的王朝使一些儒士认为这是实现理想的良好时机，激发了他们救世济人的愿望。正是由于这种判断，使他们的主张理想成分较多，涉及到具体问题时则显得疏阔，以为只要统治者下决心恢复先王之制，一切都将迎刃而解。这是夸大了最高统治者的作用和忽视社会现实的表现。

换一个角度讲，即使他们把井田方案做得全面而细致，最终结果也是显见的。因为恢复井田是不符合时代发展的，这从他们之前及明中期以后的井田论的遭遇亦可看出。

2. 明中后期的恢复井田论

进入中叶后，明代的土地兼并现象愈演愈烈，有识之士提出的对策中，除限田外，恢复井田的主张仍占有重要一席，与明初的井田论不同，中期以后的井田论其出发点基本是针对土地兼并问题。其中胡居仁和海瑞的意见较有代表性。

① 方孝孺：《逊志斋集》卷三《杂著·民政》。

胡居仁是成化弘治之际的理学名家，《明史》评价他说："人以为薛瑄之后，粹然一出于正，居仁一人而已"①，这个评价是不低的。胡居仁认为治理国家要行王道，只有王道能使万物各得其所。沿此思路，他认为，若要人民殷富，国赋不乏，首先要"分田置井"，"井田不可不复古"，他还用另外一句话来表述这个思想："要天下富足，须要人人去耕，又要使人人有田耕"②。可见，天下富足的条件是耕者有其田，而实现这一条件就要分田置井。井田制是胡居仁用以防止兼并、实现富国富民理想的首选方式。

胡居仁井田论的目标已不是空泛的仁政，而是耕者有其田和人民殷富、国赋不乏等具体问题，这是明代土地兼并盛行的背景所使然。胡居仁曾说："井田之法不行，田地多被富豪、有智谋者用银买而兼并之，愚民常少衣食。"③尽管他对明代土地兼并方式的认识不够全面，但他已认识到了这一问题及其危害，并把这一问题的出现归咎于井田制的废堕。这正是他要以井田制来解决问题的原因。

在具体方案上，胡居仁提出"以田为母，以人为子"的主张。即把全国的土地画成若干区，再统计全国人口，每个区授予若干人耕种。具体做法是：

> 随高低长短阔狭，每区以百亩为率，每亩以百步为率，分上中下三等。上等八口九口，中者七口六口，下者五口。未至五口或过乎九口，别行区处。④

他随后又提出一个变通方法："只要均平，不拘多少，则每区十人亦可，少则每区四五人亦可。"⑤ 把土地授与耕者的原则是均平。

胡居仁的方案显然与一夫百亩的井田有很大不同，是一个只有井田之名的均田方案。用井田之名行均田之实是后期井田论的共同倾向，体现了这个阶段井田论的一个特点。这是欲全面恢复井田而又不可得，同时又不愿放弃以理想中模式来解决现实问题的折中的结果。它表明持论者在一定程度上承认井田制

---

① 《明史》卷二八二《儒林》。
② 胡居仁:《居业录》卷五。
③ 胡居仁:《居业录》卷五。
④ 胡居仁:《居业录》卷五。
⑤ 胡居仁:《居业录》卷五。

是无法解决现实中土地问题的。

明确地把井田之实与井田之名区别开来的是嘉靖万历之际的名臣海瑞。他认为："井田者，井田之名也，人必有田而不必於井者，井田之实也。"[①] 井田的精神实质是人人有田耕，其他的都是井田的外在形式，因而只要追求到它的实质，形式上的东西可以忽略，即他所说的"不必于井者"。海瑞的这个认识对于井田论来说，是有重要意义的。它从理论上解决了井田论面对现实所遭遇的诸多难题，从而使井田制这种久已过时的土地制度与明代的现实之间有了契合的可能，这就是只要能够防止兼并，实现人人有田耕的目标，一切手段或形式都可视为符合井田制精神的。海瑞的这个观点，客观上承认了历来的恪守"遗制"的井田论是过时之论，这在井田论的发展过程中是具有总结性和创新精神的，是他在此论上的一个贡献。

基于这样的认识，海瑞提出的"为今之计"是，不必访求已废的故堰遗陂，而应"按今日之土田随地区画，举《周礼·大司徒》所谓'不易之地家百亩'，《小司徒》'上地家七人'与夫《大宰》'九职任万民'者而酌用之"[②]，即按土地的现有状况进行重新规划，并参考周代的一些分配原则进行授田。为此，各州县长官要"一以井田为事"，责成里长身体力行，"举簿书以验田土"[③]。这样，吏胥之奸可查，久远之计可成。

这种经过变通的井田制是海瑞对恢复井田充满信心的原因之一。因为他认为三代以下，井田不行主要是由于"考究之不详，变通之无法"，对井田制本身知之不多，而且墨守旧制，其结果只能是"宜乎其卒不可行也"[④]。而他的井田名实之辨与方案则是详考与变通的产物。

实行井田，不可避免地要剥夺富人的私有土地，历来反对井田者出于各种原因多以会引起社会动荡为辞。海瑞则认为这不足为虑，他举出二点理由：一是天下穷人占多数，他们对井田必持欢迎态度。他说："天下富人多乎，贫人多乎？田井而贫者得免奴佃富家之苦，吾知其欣从必矣。"二是剥夺富人的土

① 海瑞：《海瑞集》下编《使毕战问井地》。
② 海瑞：《海瑞集》下编《使毕战问井地》。
③ 海瑞：《海瑞集》下编《使毕战问井地》。
④ 海瑞：《海瑞集》下编《使毕战问井地》。

地并不是断其生路，只是“取其有余之田而不夺其上下之养”，因而富人“安得而违之?”[①] 所以剥夺富人的田地不会招来麻烦。由于海瑞具有这样的认识，因而他认为井田“断然必在可行而无疑也”。

井田的推行，还必须解决思想认识上的问题，海瑞认为过去井田长期得不到推行，是由于“其心于为民者，能几人哉!”心中没有百姓，自然谈不到实行有利于他们的政策。此外，在推行过程中要坚定信念，不畏人言，“不必恤其众多之口”“彼夫心所同然而口怨讟，固不必恤也”，这样的话，“民可与乐成矣”，“井田之可行也必矣”[②]。把思想认识纳入井田论中是海瑞对该论的一个充实。

海瑞所以对井田制如此关注，是因为他认为“不井田而能致天下之治者，无是理也。”在谈到井田的作用时，海瑞认为“井田者，衣食之资，日夕之事，返朴还淳之道，去盗绝讼之原，举赖于此”，所以“一井田而天下之事毕矣”。他进一步说：“井田行则民贫富不相耀而心和矣，生长所习见而志定矣。”[③] 因而井田的作用还在于稳定人们的心志，收到与学校教育相同的效果，井田是教化的开始和基础，学校不过是成教于终而已，没有井田，其他的教化形式，都是空言。应该说，海瑞所认识到的井田的作用，并没有超出他的前人，只是在论述上更具有说服力。

尽管海瑞对井田十分倾心，希望这种制度能够在现实中得到实现，但他在井田是否能真的恢复问题上的回答是矛盾的。如以上所述，他在《使毕战问井地》中坚信井田可以恢复，他的种种论证都是以此为目标的。但他在《兴革条例》中，则认为井田难复，他说：“夫井田不可复矣，后之君子如董仲舒、师丹不得已有限田之请，李安世均田之议，宋林勋上《本政书》，我朝邱文庄配丁田法，无非为民产谋也。井田不可得矣，而至于限田，限田又不可得，而均税行焉，下下策也。”[④] 对此他充满了无奈之情。海瑞的这种矛盾是正常的。井田可复是理论论证的结果，而这种论证虽然力图使井田贴近现实以

---

① 海瑞：《海瑞集》下编《使毕战问井地》。
② 海瑞：《海瑞集》下编《使毕战问井地》。
③ 海瑞：《海瑞集》下编《使毕战问井地》。
④ 海瑞：《海瑞集》上编《兴革条例》。

减少阻力，但却未能认识到政策的制定者恰恰是私有土地的拥有者和受益者，仅以为民着想几个字是无法改变这些人维护既得利益的行为的。因而这个论证结果是靠不住的，一旦接触到实际，井田论之无用便暴露无遗，其发出井田难复之慨也就是自然之事了。这表明海瑞在土地问题上，既是一个理想者，又是一个注重现实的人，这应该是与他长期为官的经历有关。

嘉靖以后，积极倡导恢复井田并认为有可能性的主张，根据目前掌握的材料，还没有看到。在徐光启的《农政全书》中，他只作了一篇《井田考》。虽在《凡例》中标明“著古制以明今用”[①]，但该文只著古制，其于“今用”并未发表意见，事实上，徐光启是不认为井田制在明代特别是明末具有可行性的，这从《凡例》中可以清楚地看到。

明末是一个阶级矛盾、民族矛盾日趋激化的时代，包括土地兼并在内的各种社会问题更加突出，人们的思想也空前活跃。但人们恰恰不再谈论井田以解决现实中土地方面的问题，这种现象没有别的解释，只能说这是历史的选择。井田解决不了现实问题，以往关于井田的种种论证是一厢情愿或空中楼阁。这种不合时代潮流的空想被置于一旁是必然的。

倡导井田显然具有复古主义倾向，以此言之，此论似不值肯定。但明代的井田论，无论是明初以仁政为目标的井田论，还是中后期以解决兼并问题为目标的井田论，主观愿望都是好的。尤其是，他们提出的“人人有田耕”“人必有田”等思想是进步的，很有价值。因而对明代的井田论不应一概否定。

（二）限田论

用一定方法限制大土地所有者无止境地扩张土地，是解决土地占有问题的又一种重要主张，自汉代董仲舒以来，倡此论者历代均有，明朝人也多有论及者，较有影响的是丘濬的限田议。与井田论相比较，限田思想与井田的相同处都是要解决现实中的土地问题，但二者又存在着巨大差异。井田论主张国家收回大土地所有者的大部或全部土地，在全国范围内重新分配，而限田论的基本主张是在尽可能不触动大土地所有者既得利益的同时，限制他们进一步的兼并。以二者各自的思路判断，限田论更接近现实，人们认为这种主张代表了封

① 徐光启：《农政全书·凡例》。

建地主阶级的利益。

明人关于限田的讨论有人认为很早就开始了，“国朝名臣如王叔英，览盈亏之理，欲行限田。”[①] 王叔英是建文时的名臣，在与方孝孺讨论井田时，他明确认为井田是“不可行于今者”[②]，而他对于因民无恒产而带来的贫富不均现象又有深切认识，这些应是他寻求井田以外解决土地占有问题的基础。

事实上，明代关于限田的讨论大多是沿着这个思路进行的，即一方面井田制虽然美好，却无法实施，另一方面现实中土地占有问题又应予解决，这样，历史上早已有之的限田主张就成为明人的讨论对象。因之，明人的限田论中一个重要内容是论证井田的不可行，从而为限田的可行提供论述前提。这是明代限田论的一个突出的现象。

丘浚在阐述他的限田思想时，也对井田进行了分析。他首先肯定倡导井田的主张从主观上讲是好的，“可谓正矣”，但这些主张“于古今事宜，容有未尽焉者”[③]，即许多问题，这些人还没认识清楚。这些问题包括：第一，井田制是一个相当庞大而系统的工程，恢复它极为困难，前人如苏洵、叶适对此已有论述和批评，他们的意见是可取的。因此，“井田已废千余年矣，决无可复之理”。第二，井田自废弃后，民之产业“上不复制，听其自为而已”，这已成为一种风俗，同时也是许多人所赞同的，即“人情”。因此要一下改变这些，是非常不易的，“一旦欲骤而革之，难矣！”

由于这两个难点的存在，人们要改变“有田者未必耕，而耕者未必有田”的现象及兼并的发展，切不可“泥古以求复井田”，“拘拘于古之遗制”，而应该像朱熹说的那样：“因时制宜，使合于人性、宜于土俗，而不失先王之意。”合人情、宜土俗的具体表现就是“听民自便”。

充分尊重现实，“听民自便”是丘浚土地思想的基础和特点。由于具有了这样的思想基础，他认为井田制之后的限田、均田、口分世业之法“皆议之而不果行，行之而不能允”，就在于没能做到合人情宜土俗。值得注意的是，

---

① 张瀚：《松窗梦语》卷四《三农纪》。

② 《明史》卷一四三《王叔英传》。

③ 丘浚：《大学衍义补》卷一四《制民之产》。以下未另注之引文均出此篇。

丘浚不仅反对恢复井田，同时也反对包括限田在内的其他土地政策，可见他是非常看重“听民自便”这一条的。因此，他的限田方案的提出是“必不得已，创为之制”的无奈之作，是违背他的原则的。

如果孤立地看丘浚的土地思想的基础与原则，无论是合人情宜土俗还是听民自便，都是无可厚非的，但在当时，这种思想实际上就是对兼并和贫富不均现象的放任、听凭其发展。这与他“兼并之患日以渐销”的愿望，使人民“仰事俯育之有余，丰年凶岁之皆足”的目标是有差距的。这表明他所奉行的听民自便的思想原则与他的追求和愿望是有矛盾的，听民自便实际上满足不了他的愿望。造成这种矛盾的根本原因在于他没能分清在土地占有问题上各阶级、阶层之间的利益和态度是有很大区别的。这反映出他在“古今事宜上”亦有“未尽焉者”，当然这不是我们所要求他的，仅是做此分析而已。

事实上，这种矛盾他是感觉到了的，他迫不得已创立的“配丁田法”，虽不符合他的原则但还是进行了认真的设计，以期收到抑制兼并之实效。

丘浚的配丁田法是明代一个较为完整的限田方案，这个方案的设计原则是“因其已然之俗而立为未然之限，不追咎其既往，而惟限制其将来。”即在承认土地占有者的现有土地的基础上，用政策限制其新的兼并行为的发生。具体规定是：以某一年度为界线，此前“民家所有之田虽多至百顷，官府亦不之问”，此年度以后，“一丁惟许占田一顷”。在此基础上，进行丁田相配，并制定差役之法。

丘浚设想的方案是：

> 丁多田少者，许买足其数；丁田相当，则不许再买，买者没入之；其丁少田多者，在吾未立限之前，不复追咎，自立限之后，惟许其鬻卖，有增买者，并削其所有。
>
> 以田一顷配人一丁，当一夫差役。其田多丁少之家，以田配丁，足数之外，以田二顷视人一丁，当一夫差役，量出雇役之钱。田少丁多之家，以丁配田，足数之外，以人二丁视田一顷，当一夫差役，量应力役之征。
>
> 若乃田多丁人少之处，每丁或余三五十亩，或至一二顷，人多田少之处，每丁或止四五十亩、七八十亩，随其多寡，尽其数

以分配之。

以上是配丁田法的主要内容，包括田土买卖的规定、丁田相配后应役的办法以及特殊情况的处理。此外丘浚还设计了“仕宦优免之法”，按照官品的高低，予以照顾。

丘浚认为配丁田法可以产生这样几方面效果：一是“无匿丁不报者”，因为不夺民之所有，按丁配田，这样“有田者惟恐子孙不多”，匿丁现象就会消失。二是民有固定产业，贫富悬殊的现象将不再突出，而官府的差役“亦验丁验粮之可据矣”。三是数十年后，在官府的限制下，富者不仅不能进一步扩张土地，甚至会因家道中落“不无鬻产”，这样田值降低，“民产日均”。总之“虽井田之制不可猝复，而兼并之患日以渐销矣。”

配丁田法是在承认以往大土地所有者的兼并成果基础上限制其新的兼并的方案，这是丘浚把现实与理想进行折中的结果。这个方案在一定程度上代表了地主阶级的利益，但不是全部，因为地主阶级对土地的占有欲望是无止境的，它们既要保护已经获得的土地，同时更要去占有新的土地，配丁田法是不完全符合它们的这些要求的。因而这个方案“议之而不果行”就是很自然的了。

丘浚提出配丁田法是在成化末弘治初，40多年后，明代著名思想家王廷相也阐述了自己的限田思想，他的思想与丘浚颇有相通之处。

王廷相认为恢复井田是无益于世的做法，而且“势终不能，徒生扰扰尔”①，因而复井田的主张就完全是迂儒慕古的反映。井田所以不能恢复，从技术上讲原因有三：“山谷之坎壤不可以方制，雍冀梁益荆扬之区，平野之可井者能几何哉？一也。”② 画分井地应在土地平旷之处，而许多地区不具备这一条件，因此无法进行规划。“大河大陆之区，沟浍具而水潴，二也。”③ 在平原地区其土地按说能够画井而治，但这样的地区虽有沟浍等水利设施，而水资源匮乏，同样不能真正施行井田。以上两条主要是从自然条件进行分析，这个着眼点并不是王廷相首先选择的。早在北宋，苏洵即注意到自然条件对复井田

---

① 王廷相：《慎言·保傅篇》。
② 王廷相：《慎言·保傅篇》。
③ 王廷相：《慎言·保傅篇》。

造成的不利影响，认为要复井田“非塞溪壑、平涧谷、夷丘陵、破坟墓、徙城郭、易疆垅，不可为也”[①]，以此对井田论进行诘难。至明初以自然条件为井田难复的理由的意见已经提出，“流俗之谓不可行之者，以吴越山溪险绝而人民稠也”[②]。因此王廷相是继承了前人的思想并将其明确化了。王廷相认为井田难复的第三个理由是：“一夫百亩，夺富人之田多矣。”[③] 在此他没有指明夺富人之田太多为何就不能实行井田，这是因为反对井田论者始终把夺富人之田以行井田会引起社会动荡做为一个重要理由。此外，在王廷相的思想中具有富人的财产不应受到侵犯的认识，他认为财产是富人的“定分”和“分愿”，而每个人保有自己的“定分”，得其“分愿”，社会才能实现均平。他说：“明王之治天下也，必先均万民焉。自以为均者，至公无私，民各得其分愿之谓也，非曰夺彼以益此也。”[④] 王廷相的这个思想与丘浚“人人各得其分，人人各遂其愿，而天下平矣”[⑤] 的思想基本相同，因此也是有渊源的。多夺富人之田在王廷相看来与圣人“顺其治而缘人之情”的做法相悖，因而井田是无法实现的。

井田既不能恢复，那么现实土地问题如何解决？王廷相提出“抑豪”的限田思想，他解释道：“占田有限，所以抑也……抑则农之业普”[⑥]。限制“官豪势要之家”的兼并行为，这样农业才可能发展，“官民之利，贫富之愿，由之而可均也。”[⑦] 王廷相所谓的“豪”是指大土地所有者，而不是中小地主阶级，因而他限田思想的受益人是后者，其倾向性是非常明显的。至于如何抑豪，王廷相没有提出完整的方案。

嘉靖时的徐俊民则在一则奏疏中提出了一个限田方案。嘉靖十一年（1532）二月，刑科给事中徐俊民疏请更定田赋，在疏中，他“请立为均粮限田之制”。他对限田的设想是：

---

① 《嘉祐集·田制》，见《中国经济思想史资料选辑·宋金元部分》。
② 方孝孺：《逊志斋集》卷一一《与友人论井田》。
③ 王廷相：《慎言·保傅篇》。
④ 王廷相：《王氏家藏集》卷二九《与开封赵二守书》。
⑤ 丘浚：《大学衍义补》卷二〇《总论理财之道》。
⑥ 王廷相：《慎言·保傅篇》。
⑦ 王廷相：《慎言·保傅篇》。

> 仿一夫百亩之意，上富一夫不过千亩，中富500亩，下富200亩。各听以百亩自给，而其羡田，每亩量加输边之税。此外，余夫限以五十亩，官宦加给圭田五十亩。凡有羡田，一体加税。[①]

关于这个方案，《明史·食货志》的记载是："富人不得过千亩，听以百亩自给，其羡者则加输边税。"[②] 这个记载虽过于概括，但抓住了要点。

根据这个方案，徐俊民的限田主张大致是：富人可以占有比普通人多得多的土地，但要有最高限度，即一夫以千亩、500亩、200亩为限，换言之，既要保证富人的利益，又要对其加以限制。从这一点上来说，他与丘浚配丁田法的原则是一致的，但在具体做法上他没有丘浚那么宽容，丘浚是"不咎既往，惟限其将来"，徐俊民则未分既往将来，只以额数为准，另外，丘浚许一丁占田一顷而不论富有程度，徐俊民则以上中下的富裕等级为准。这虽是细节上的分歧，却体现了徐俊民限田的严厉倾向，他不仅要抑豪，而且中小地主也一并抑之。其次，在这个方案中，井田制的印迹明显，即在"仿一夫百亩之意"下的"听以百亩自给"的设想，这意味着在具体问题上徐俊民并未将井田与限田看做是不能并存的两种主张。在此他显露出自己与其他限田主张的不同。这种不同与其说是一种折中，不如说是当时一些人关注的不是二者的分歧，而是彼此中各有多少可借鉴之处。倡限田者如此，掀起井田论者也有此倾向，如海瑞虽曾力言井田可复，但他所言之井田也要在"取其（指富人）有余之田而不夺其上下之养"的条件下实行，而保证富人一定利益的主张在传统的井田论中是没有的。嘉靖时田制论的这种趋同倾向是值得注意的。

徐俊民认为若按照设定的方案施行，可收到"多寡有节，轻重适宜，贫富相安，公私俱足"的效果，但主管部门以"疆土异制，民俗异宜，卒难更始"[③] 为由加以拒绝。

---

① 《明世宗实录》卷一三五。

② 《明史》卷七八《食货二》。

③ 《明世宗实录》卷一三五。

二、屯垦论

探讨田制，实际是探讨已耕土地的分配问题，而关于屯田垦田的讨论则是针对未耕荒田的开发利用问题的。在明代，屯田与垦田均关系国计民生，是政策性较强的问题。在实施中亦复杂多变，因而对这些问题的讨论和争议也层出不穷，参加讨论的既有思想家也有政府的各级官员，本节则只对具有代表性的思想进行介绍。

（一）屯田论

屯田是明代的一项基本国策，朱元璋早在立国之前即在所辖部分区域内进行过屯田："太祖初，立民兵万户府，寓兵于农，其法最善。又令诸将屯兵龙江诸处，惟康茂才绩最，乃下令褒之，因以申饬将士。"[①] 这是1363年即立国前五年的事。建国后，"命内外将校量留军士城守，余悉屯田"[②]，从而确立了这项政策。

朱元璋把屯田作为一项国策，源于这样的认识："兴国之本，在于强兵足食……定伯兴王，莫不由此。自兵兴以来，民无宁居，连年饥馑，田地荒芜。若兵食尽资于民，则民力重困，故令尔将士屯田，且耕且战。"[③] 意即一是解决兵食以成大业，二是缓解百姓供给压力，减轻人民负担。建国后，他又多次重申此意，并进一步提出屯政是巩固边防的长治久安之策。如他说："古人有以兵屯田者，无事则耕，有事则战，兵得所养而民力不劳，此长治久安之道"[④]。"屯田之政可以纾民力、足兵食，边防之计莫善于此"[⑤] 等等。

明太祖的这个思想，为他的子孙们所继承，如成祖朱棣曾说："屯田，军国之大务，已验之良法。……役疲敝之民以赡休闲之卒，为民者愈困，为兵者将惰矣。"[⑥] 宣宗也说："屯田积谷，以助国用，省转输，盖军国之要务。"[⑦]

① 《明史》卷七七《食货一》。
② 《明太祖实录》卷五六。
③ 《明太祖实录》卷一二。
④ 《明太祖实录》卷八七。
⑤ 《明太祖实录》卷一七九。
⑥ 《明太宗实录》卷二七。
⑦ 《明宣宗实录》卷二二。

这些最高统治者的着眼点显然是以屯田解决军队供应，保证边防安全，同时减轻百姓的负担。而对于屯田对土地的开发利用的考虑甚少，只是朱元璋曾于建国前谈到“诸将宜督军士及时开垦，以收地利，庶几兵食充足，国有所赖”①，所谓“以收地利”，应视为对土地加以利用的朦胧认识，但他后来没有沿此进行发挥。

根据目前看到的材料，明代较早从利用土地角度对屯田加以认识并上升到理论高度的是丘浚，他说：

> 盖地以生物为功，凡有土地，斯有人民。有人之处，天皆生物以食之，但地有宜不宜耳。因其地之所宜而种人之所食，随在而有，有所不足而补助之，取给于他所，可也。是故善为国计者必因天时尽地力，不以其边塞之地、沍寒之天，而辍其人为之功。此晁错、赵充国辈所以有塞下屯田之议也。②

丘浚开篇即言土地的作用在于生长万物来供养人民，从而突出了他以土地为着眼点的观点。随后他指出各地土地的自然条件有所不同，但人们根据其情况种植适宜的作物，这就意味着到处都可生长人类的食物。利用这一点，人们可以取有余补不足，这就进一步明确了土地的利用价值。因此，他认为好的统治者一定是“因天时，尽地力”的人，他们不会因一些地方的自然条件恶劣，而放弃对该地的开发利用，即“辍其人为之功”。他认为这是晁错、赵充国等人倡导屯田塞下的原因所在。

虽然丘浚把晁、赵二人推出，但事实上晁错、赵充国二人的屯田建议其初衷并非如丘浚所言，在晁错言屯田的《言兵事疏》《守边劝农疏》《复言募民徙塞下疏》中，以及赵充国言屯田十二利的奏议中③，均未有如丘浚的那一番议论。很显然，这是丘浚借古“抒怀”的手法，即这些认识是丘浚自己的看法。对此，他的另一番话可以印证：“自古善为国计者，恒取足于有余之地力，而不敢伤易失之民心，此屯营之所由起也。”④ 他还说：“今天下无田不

---

① 《明太祖实录》卷一二。
② 丘浚：《大学衍义补》卷三五《屯营之田》。
③ 见《汉书·晁错传》，《汉书·赵充国传》。
④ 丘浚：《大学衍义补》卷三五《屯营之田》。

税，而吾求无税之地而耕之……用人之力，尽地之利，因天之时，治国平天下之要道，不出此矣。”[①] 充分利用土地这一重要资源，是治理国家的“要道”。而屯田的作用就在于开发土地，发挥其潜力。

丘浚的屯田论是对屯田思想的极大丰富，自西汉屯田兴起，人们的视点从最初的“实边御寇”的军事论逐渐扩大到“足军食，宽民租，省转输”的经济论，这两者一直是人们倡导屯田的理论依据，朱元璋的屯田主张及明代屯田政策的制定基点就是这二者。而丘浚则在此基础上把着眼点放在土地的开发利用上，从而使屯田思想更加丰富，这正是他的屯田论的深刻之处。

明代的屯田分为军屯、民屯和商屯，军屯在整个屯田中占有重要地位，为各朝统治者所重视。但不论军屯还是民屯，从中期开始，各种问题逐渐出现，“自正统后，屯政稍弛”[②]，其主要表现是屯田亩数减少，屯粮大幅下降。“万历时，计屯田之数六十四万四千余顷，视洪武时亏二十四万九千余顷。”[③] 宪宗时屯粮“视旧所入，不能什一矣。”[④] 而大同、宣府早在正统六年（1441）已出现“屯军所入不及十一，余皆仰给于民”的情况[⑤]。可以说，自中期开始，屯田政策制定者的诸多理想目标的实现面临着严重的危机，而且此种危机逐渐加剧。

屯政渐弛向人们提出了这样的问题：是屯田的基本方针有错误或不合时宜，还是某些具体政策需要调整或是执行中出现了大的偏差？明代人基本认为是后者，他们对于屯田本身和当时实行的基本政策是持肯定态度的，丘浚曾评价说：“我朝之制，就于卫所所在，有闲旷之土分军以立屯堡，俾其且耕且守。盖以十分为率，七分守城，三分屯耕。遇有儆急，朝发夕至，是于守御之中而收耕获之利，其法视古为良。”[⑥]

基于这样的认识，人们对中期以后屯田中出现的问题进行了探讨，并提出

---

① 丘浚：《大学衍义补》卷三五《屯营之田》。
② 《明史》卷七七《食货一》。
③ 《明史》卷七七《食货一》。
④ 《明史》卷七七《食货一》。
⑤ 《明英宗实录》卷七七。
⑥ 丘浚：《大学衍义补》卷三五《屯营之田》。

一些对策。正统元年（1436）户部在一份奏议中提出屯粮“岁用不敷”的原因是“各处屯种卫所下屯军士百不遣一，生之者少，食之者众。”① 投入的劳力少致使产量下降，从而导致开销不足。也就是说洪武、永乐时所定有关屯守兵士比例的政策没有被执行，这是当时官方意见，反映了问题初出时的情况。成化十八年（1482），明宪宗认为屯田渐废的原因在于“戍卒多役于私家，子粒不归于公廪，管屯者有积蓄之利而无差操之苦。”② 他所说的问题是有权势者对屯粮屯兵的隐占肥私，这种现象当时十分普遍，即“权豪势要霸种”。这种情况后来愈演愈烈，言之者不绝。《明史》对此概括为：“屯田多为内监、军官占夺，法尽坏。”③ 嘉靖时，朝野形成一股讲究屯政之风，一时间朝臣如杨一清、唐顺之、王崇古、庞尚鹏、管怀理等“争言屯政”④，而著名理学家湛若水也在自己的著作《格物通》中专辟二卷谈论屯田问题。⑤ 关于屯政废坏，管怀理说：“屯田不兴，其弊有四：疆埸戒严一也，牛种不给二也，丁壮亡徙三也，田在敌外四也。如是而管屯者犹欲按籍增赋，非扣月粮，即按丁赔补耳。”⑥ 对于后者，杨博认为是屯政不兴的主要原因。他说：“屯政所以不举者，催征扰之也。种未入土，名已在册，人已在逃矣。”⑦

毫无疑问，这些看法都是切中其弊的，但人们根据这些提法制定的种种对策，如补屯丁、给犁种、清隐没、防寇掠、慎委任、明赏罚等等都无法改变屯政颓败之势。这促使人们不得不做进一步的思考。

万历初年，徐贞明针对屯田现状，提出了一个新的看法。他说：“国家分兵而屯，授之以田，统于卫所之官。然久则田隐占而屯渐废。盖田授于官，田非己业也。”⑧ 也就是说，徐贞明认为问题的症结在于田地不属于屯田者，他们没有世代享用之权，积极性无法调动。而属于国家的屯地掌握于卫所之官，

---

① 《明英宗实录》卷一六。
② 《明宪宗实录》卷二三一。
③ 《明史》卷七七《食货一》。
④ 《明史》卷七七《食货一》。
⑤ 见湛若水《格物通》卷八二、八三。
⑥ 《明史》卷七七《食货一》。
⑦ 《明世宗实录》卷三一七。
⑧ 徐贞明：《潞水客谈》。

他们得以上下其手。

把屯地的所有权问题提出并以此作为分析屯田兴废的出发点，确是一个新的理论观点。应该说，这已不仅仅是针对屯政中的具体政策或问题，而是触及了屯政的一些基本原则。

徐贞明的观点的产生应与隆庆、万历之际关于屯田的讨论及局部屯田政策的调整有一定关系。当时一些人已主张在屯田中将一部分屯田地的永久使用权交给屯田者，以激活屯政。隆庆三年（1569）二月，时任总理九边屯田佥都御史的庞尚鹏在奏议中提出："屯地僻远，原主力不能及者，募人开垦，即给为业……其管屯官亦视召种分数以行劝惩。"① "即给为业"实际上是把偏远的屯田地的永久使用权交给应募者。万历三年（1575）六月，户部提出："各卫所堡塞屯田……其无主田地先尽招人屯承种，如无人承种者，于城操军内拨给开垦，每军二十五亩，令其春耕夏种……所垦田地给与执照，永为己业。"② 这项建议得到批准。可见在当时屯地的归属与屯政兴废和关系已被人们意识到了。而徐贞明正是在这种环境下明确提出了田非己业导致屯政渐废的观点。

根据这样的认识，徐贞明表达了三点屯田主张，即"倡力耕之机，定赏功之制，广世职之法。"③ 所谓"倡力耕之机"，就是抓住屯田的关键因素，这个因素他认为是统领军兵的大将。他说："大将，因偏裨之所禀命者也，今诸边沃土，多大将养廉之地，使肯以地画井而田，以率偏裨，则所属无不响应而竞田者。"④ 而"定赏功之制"，是指按屯亩数的多少给予赏赐，认为此赏一行，万顷不难得。第三点"广世职之法"，就是授予那些能够在边地屯垦的富民以武职，这是徐贞明屯田三策中最值得注意的一条，即大力倡导富民屯田。

他的设想是：那些想要得到武职的富民，如果能以万夫耕，则为万夫之长，千夫百夫亦如之，即根据其所聚屯夫的数目授官。"先试以虚衔，缓其征科，俟其田入既饶，积蓄既充，则命以官而董征其税。"先给虚衔待确有成绩再实授。富民所得之官可以传给子孙，"得世其官"，其俸禄就是征收的屯粮，

① 《明穆宗实录》卷二九。
② 《明神宗实录》卷三九。
③ 徐贞明：《潞水客谈》。
④ 徐贞明：《潞水客谈》。

"就以所征给以禄"。富民所开垦的屯地"后世守之","承之为业"。徐贞明认为由于这些田是富民自己的产业,可以收到"无隐占之患","有增课之饶,无养兵之费"等效果,他说:"视彼武弁禄入兵费,皆仰给于官,岁縻而无补,安可同日语也!"[①] 可见他是十分看好富民屯田的。

徐贞明的主张,有两点值得注意之处,一是在屯田的振兴上强调富民的作用,二是富民所垦屯地即归富民所有。用富民屯田实际上是利用富民的财力物力,解决因政府财力不足造成的屯田措施无法启动和贯彻的困难。这既是一种集资方式,同时也意味着政府包办的屯政已经走到末路。与之相适应,屯地的国有属性也将受到挑战,因而徐贞明倡导富民屯地的私有化实属自然。把屯地民田化及引进富民资金,二者共同昭示出再沿用传统的屯田方式是无法振兴屯政的,这也正是贞明屯田论不同于明代其他论者的地方。

应该说,徐贞明的这个主张在历史上并不是首创,早在宋代,李觏就提出应设爵待垦,并允许富人占有所垦田地的主张。他说:"富人既不得广占田而可垦辟,因以拜爵,则皆将以财役佣,务垦辟矣。"[②] 而元代虞集的主张则更为详尽:"听富民欲得官者,合其众分授以地,官定其畔以为限,能以万夫耕者,授以万夫之田,为万夫之长,千夫百夫亦如之……十年,佩之符印,得以传子孙,如军官之法。"[③] 显然,徐贞明的思想是有渊源的,并且直接借鉴了虞集的主张。但徐贞明在万历时期将这些早已有之的思想大加发挥,其意义是不同的。事实上在明代注意到虞集的主张的,并不止徐贞明,丘浚也早就注意到了,并给予肯定,但他对虞集的富民屯田的主张不像徐贞明给予特别的重视[④],这是二人所面对的屯田形势并不相同所使然。

(二)垦田论

明朝人对于垦田是比较重视的,相关的论述也很多,在这些论述中有以下一些思想值得重视:一是将垦田与田制联系起来,认为垦田是缓解田土不均的重要手段,二是大力倡导在北方地区进行垦田,并强调其重要意义。

① 徐贞明:《潞水客谈》。
② 李觏:《富国策二》,见《中国经济思想史资料选辑·宋金元部分》。
③ 《元史·虞集传》。
④ 见丘浚:《大学衍义补》卷三五《屯营之田》。

明朝建国后，政府针对荒田的开垦制定了一系列的较优惠政策，以鼓励人们垦荒复业促进农业生产的尽快恢复。“还乡复业者，有司于旁近荒田内如数给与耕种。其余荒田，亦许民垦辟为己业，免徭役三年。”① “官给牛及农具者，乃收其税，额外垦荒者永不起科。”② 这些政策收到了良好效果，洪武元年（1368）天下郡县垦田数即达770余顷，次年新增898顷③，而到洪武二十六年（1393）国内已“骎骎无弃土矣。”④ 这意味着垦田政策在当时是很成功的，对恢复当时社会经济起到了积极作用。此后，明代各时期的统治者对垦田虽给予肯定，但具体措施则不够得力，加之其他因素影响，后来垦田的效果已大打折扣。

明人主张垦田的基本原因是认为垦田一可以解决失业人口的生活，二可以提高土地的利用率。洪武三年（1370）朱元璋说：“苏松嘉湖杭五郡，地狭民众，细民无田以耕，往往逐末利而食不给。临濠，朕故乡也，田多未辟，土有遗利，宜令五郡民无田产者往临濠开种。”⑤ 此谕一则强调五郡百姓无田而食不给，一则强调临濠土有遗利，显然他认为迁民垦辟是一举两得的事情。出于这样的思想，朱元璋对“农尽其力，地尽其利”的主张表示认同⑥。此后各时期，这样的论述不绝于书。概括起来，这两点是从现实问题出发，以经济为视角加以阐发的。

明代的垦田论中也不乏从政治角度来认识垦田的观点。洪武三年（1370）郑州知州苏琦奏请“垦田以实中原”，朱元璋说：“垦田实地，亦王政之本。”⑦ 王政是儒家所倡导的一种理想的政治模式，一些封建帝王也往往以此做为追求目标。朱元璋把垦田与王政相联系，既表明他对此事的重视，也意味着他已不为纯经济观点所限，而以更高的角度来观察垦田。明人有时也用另外一种方式

① 《明太祖实录》卷三四。
② 《明史》卷七七《食货一》。
③ 《明太祖实录》卷三七、四七。
④ 《明史》卷七七《食货一》。
⑤ 《明太祖实录》卷五三。
⑥ 《明太祖实录》卷二五〇。
⑦ 《明太祖实录》卷五〇。

来表达这样的看法，即垦田可以使“四野无旷土之讥，千畴有多稼之美”[1]。所谓“旷土之讥”、“多稼之美”，也是从政治角度来看待垦田的，四野无旷土，则国政修明，议者无从置喙，其讥自消，而赞许之声起。明人的这些思想像火花一样，虽时有闪现，但未见更多的系统论述。

关于对垦田的认识，明后期有一种值得重视的观点，即认为垦田是解决土地不均的出路之一，从而将其与田制并观。持此观点的，以万历时人徐贞明、张瀚为最具代表性。

徐贞明在万历初曾大力倡导开荒田兴水利，认为这些举措有众多益处。他说：“东南生齿日繁，每人浮于地；乃西北蓬篙之野，常患疾耕而不能遍，苏子所谓‘聚则争于不足之地，散则弃于有余之乡’，其不均也如此。今若招抚南人，使修水利，以耕西北之田，则民均而田亦均矣。”人浮于地造成田土不均，而开垦耕种矛盾就可解决。随后他又说：“昔之有志者尝欲仿井田之遗意，授民之产……欲限民名田，而恨其势难行。今若于西北空闲之地，修举水利，仿古井田可也，限民名田亦可也。”[2] 开垦是那些有志者实行养民之政的良好手段。显然，徐贞明已认为开垦的作用既可以解决土地不均的矛盾，又可在局部地区使一些人实现理想中的田制，也就是说垦田可以实现井田、限田所追求的目标。

张瀚则与徐贞明的论述方法不同，他一开始就从田制上说起：“参之古制，酌之今条，则田不可井也……至于均田限田，行于创业之初甚易，行于今日甚难。”那么，难在何处，出路又何在呢？他说：

> 若欲限田令富民惟营产于其县，而越州跨邑者夺之，则豪强之兼并者势难追夺；欲以均田令一丁无过百亩，而少逾者即加之税，则狡狯之欺隐者势难清查。孰若开垦之不扰民而事易集也。夫以荒芜萑苇之区而为耕获菑畲之地，以闲旷弃置之土而为生人养命之场，此非有损于上以益下，害于国以利民也。[3]

---

① 宋端仪：《立斋闲录》卷一，见《明代社会经济史料选编》第七章。

② 徐贞明：《潞水客谈》。

③ 张瀚：《松窗梦语》卷四《三农纪》。

古已有之的各种田制既难行于今日，出路就在于开垦。从操作上讲它“不扰民而事易集”，从作用上讲它不损上不害国。这无疑是一种一举多得的办法。

在荒田开垦的基础上，张瀚再一次提出了田制问题，他说：“若夫田既辟矣，又宜立权时救弊之法通行天下。”他提出：“如北方土旷收薄之处，及南方边江沙碛山冈易旱之乡，则宜仿古人上田一夫百亩，中田二百亩，下田三百亩之意而量宽其亩，或令加半，或令倍折，亦不为过。如此而田制庶乎可兴也。”① 在张瀚的思想中，显然希望田制复兴，但要达此目的，必须垦田。

张瀚、徐贞明二人的议论表明：在明后期人们对垦田的认识已大大加深，不再局限于垦田可以解决一些具体问题的认识，而是提到认为它有助于解决一些根本问题的高度。

在有关垦田的具体问题上，人们的论述颇多。如关于开垦者，除让失业者开垦外，还提出“以迁谪之人开耕”的主张等等②。在垦田地点上，明后期关于北方地区的垦田的讨论影响广泛，在这次讨论中提出了一些值得记录的意见。

这次讨论的主角是徐贞明。《野获编》的作者沈德符说：“西北开垦之说，始于元之虞集，畅于本朝丘浚，俱未见施行。今上乙亥（万历三年），徐孺东（贞明）新入省垣，首申其说，盖即所著《潞水客谈》绪论也。”③ 这段话点出了徐贞明在这次讨论中的作用，也叙述了徐贞明垦田观点的来源。

徐贞明认为开垦西北是重中之重的国政，为搞好西北开发，要先从京畿着手，他说：“当今经国之计，孰有大且急于西北水利者乎？惟概而言之，则效远而难臻，骤而行之，则事骇而未信，盖西北皆可行也。”④ 他认为开垦西北有十三项利益，其中他提出东南漕运不是“长久万全之计”，而开发西北，则完全不同，“西北有一石之入，则东南省数石之输，所入渐富所省渐多”⑤。这

① 张瀚：《松窗梦语》卷四《三农纪》。

② 《明太祖实录》卷一八一。

③ 沈德符：《万历野获编》卷一二《户部》。

④ 徐贞明：《潞水客谈》。

⑤ 徐贞明：《潞水客谈》。

实际上是要从根本上改变国家的经济格局。此外他还提出开发西北可以弭河患、消祸乱、均民田、轻赋役、安宗族、化风俗等。

那么如何开垦？徐贞明以京畿为对象提出如下一些观点：一、优复业之民，即宽免复业者的负担。二是“立力田之科”即有能垦荒者，田为己业，而官府授其相应的官职“上者如纳粟特铨，次者遥授散秩，又次者补胥吏而役于官”①。他的这个观点后来发展为“能垦百亩以上即为世业，子弟得寄籍入学……量授乡遂都鄙之长。”② 三是开赎罪之条，即令犯法者“捐资垦田”③，四是吸引民间资金，“许南来游食之民自备资本，任力开垦，永不起科”④。同时，南方商人如在北方开荒耕种，其粮米输官，给予优惠价格。⑤ 五是加强政府的领导。

针对徐贞明的垦田说，议者纷纷，至明末，犹有余响。这些议者提出了一些相同或不同的看法。徐贞明主张的开垦，是在政府领导下的开垦，对此沈德符则说：“予以为不当官开，但当私开。不当竞自私开，当设便利之术。不勒其必开，但诱之争先愿开。”具体方法包括“畀以勇爵”，“世有其田”，“子孙读书，附入黉序”等⑥。即政府不直接干预，而只是加以调控。

关于开发西北，时人赞同者较多。徐显卿说：“西北水利一兴，群畿辅莫非外府。东南之民可以息肩，而转饷不赀之费可以减省。”⑦ 明末徐光启对此是赞同。“水利者，农之本也，无水则无田矣，水利莫急于西北……其议始于元虞集，而徐孺东先生《潞水客谈》备矣。”⑧ 为此他提出在西北“概行垦荒”。

明后期的这场关于西北垦田的讨论，反映了当时人们已将西北地区（泛

---

① 徐贞明：《潞水客谈》。
② 《明神宗实录》卷一六五。
③ 徐贞明：《潞水客谈》。
④ 《明神宗实录》卷一五四。
⑤ 徐贞明：《潞水客谈》。
⑥ 沈德符：《万历野获编》卷一二《户部》。
⑦ 《明经世文编》卷三九六。
⑧ 徐光启：《农政全书·凡例》。

指今河北、河南、山东)[1] 作为主要开发目标，并欲以此建立一个新的经济格局的思想。在具体问题上，此时人们更加注意民间人力物力的利用，这是他们的一个共同特点，这是社会经济发展到一定水平的必然反映。

第三节 财政与赋役思想

一、财政思想

财政思想是经济思想的重要组成部分，在封建社会里几乎所有的经济问题都与国家财政有关，因而了解财政思想是认识封建经济及其社会的重要途径。在此介绍的只是有关明代国家财政管理基本原则的思想。

（一）量入为出

古代社会国家的制财原则重在收支平衡，而要实现平衡只有两种选择，或量出为入或量入为出，在封建社会里人们基本是以后者为选择对象的，明代也是这样。

所谓量入为出，是以本年度的财政收入为前提来规划次年的财政开支，务求平衡和略有赢余，以供不时之需。这个思想早在先秦即已产生，《礼记·王制》云："冢宰制国用，必于岁之杪。五谷皆入，然后制国用。用地小大，视年之丰耗，以三十年之通制国用，量入为出。"明代人探讨理财时，无不以此为准则。

朱元璋作为开国之君，他的量入为出思想在洪武后期即明白表达出来。洪武二十三年（1390）他在任命赵勉为户部尚书的诰书中说：

> 昔君天下者，首建仓廪府库，备粮储藏金帛，以待军国之需、庶职之禄也。故必设官以司之。……若贤臣必欲致君者，当數奏府库之储，乃民之膏脂，一有妄费，道德亏矣。知斯艰难，谨其出纳，则府库仓廪皆有余，而禄给充，军食足，民无横敛，国有常经，大道张，

---

① 见郑克晟：《明代政争探源》第一五章。

君德美矣。……於乎！量入为出，毋扰于民，至公无私，永怀朕命！①

量入为出是朱元璋对任职户部者的首要要求，可见他是非常重视这一原则的。朱元璋的这个思想具有代表性，是当时许多人共同的观点。因为朱元璋的这一类的诰敕基本是由他人代笔，如任命杭琪为户部尚书的诰书即出王祎之手等等②。因此这其中包含了这些人的思想认识。

应当指出的是，量入为出这一要求在洪武十三年（1380）朱元璋还没有向户部官提出。这一年他在一通诰书中说：“国家以户口土田赋役税粮之事，与夫仓廪府会计出入之方，一归户部，古之制也。非才识周遍、练达时务者，安能居此任乎？尔铎在职公勤，处事通敏，今以尔为户部尚书。尔尚明生财之道，务培邦本，使食货充而国用足，以副朕节用爱人之意。”③ 在这里生财之道是首要要求而不是量入为出。所谓生财之道应是指《大学》中的生众食寡，为疾用舒之道，它讲究生财与节用，是一个较为笼统的原则。所以朱元璋量入为出的思想的确立应是有一个过程的，它当与创业与守成的转换相关。

在明代具体阐述量入为出的是丘濬。丘濬说：“圣人体《节》之义，则立为制度。量入为出，无过取，无泛用。”④ 《节》是《周易》中的一卦，其辞为“君子以制数度，议德行。”显然，丘濬认为量入为出体现了《节》的精神，它可以使人们“无过取，无泛用”，一切都在定好的框架内有节制地运行。这是丘濬所认识到的量入为出的作用。

那么，应该如何具体运用量入为出的原则呢？丘濬的设想是：

请自今为始，乞命有心计臣僚，稽考洪武永乐宣德正统以来户口垦田及钱粮金银绢帛之数，每岁出入比今孰多孰少，然后即其见在，据其岁之所入，以计岁之所出，该用几何，余积几何？以定今日出入之数。庶几晓然知祖宗之故实，府库之虚实，而不敢轻费焉。⑤

---

① 《全明文》卷二七。

② 王祎：《王忠文集》卷一二。

③ 《全明文》卷二二。

④ 丘濬：《大学衍义补》卷一五《宽民之力》。

⑤ 丘濬：《大学衍义补》卷二一《总论理财之道》。

即先对以往各时期的财政收支加以统计，并根据目前实际，制定今后的收支计划。丘浚把量入为出具体化为预算的方案，这表明他认为只有把这个原则运用到实际当中才能发挥作用，收到“不敢轻费”的效果。

明成化以后，量入为出的原则在国家财政运作中受到挑战，各种新的增收项目纷纷出现。因而从中期开始，强调量入为出的人增多了，丘浚即是其中之一。

成化十四年（1478）因边储无措，有人请开纳银之法。朝中十三道御史上言反对，他们提出：“堂堂天朝，富有四海，供输贡入，不可数计。使能量入为出，用一省百，则边储何患不充，军需何患不足。”① 只要能量入为出，问题即可解决，而不必卖官。

弘治正德之际韩文在一篇奏疏中强调“因地制赋，乃立国之大经；量入为出，实理财之要道。故《禹贡》承六府之修而分土作贡，成周以九赋敛财贿必以九式。”②

至隆庆万历以后，言此者更多，如隆庆四年（1570）张守直说：“国家贡赋自有定额，条目虽繁，总其大要，惟在量入为出而已。……其用财约于往昔者，必忠臣也，则有赏；其糜费溢于故常者，必非忠臣也，则有罪。”③ 是否以量入为出理财，甚至是辨别忠奸的标准，可见他对量入为出的重视。

这一时期较有代表性的意见是张居正提出的。他说：

> 古者岁终制国用，量入以为出。计三年所入，必积有一年之余而后可以无患。今乃一岁所出，反多于所入之数，若不从此撙节，则旧积者日渐消磨，新收者日渐短少。脱一旦有水旱饥馑之灾，四方意外之变，何以待之？……使岁入之数多于所出，以渐复祖宗之旧制，庶国用可裕而民力亦赖以少宽矣。④

量入为出使国有积余是良好的理财方式，如果做不到，就会像今天一样，无法应付一旦发生的意外情况，因此量入为出是裕国所必需。张居正在这里指

① 余继登：《典故纪闻》卷一五。

② 《皇明疏钞》卷三八《会计足国裕民疏》。

③ 《明穆宗实录》卷四八。

④ 《明神宗实录》卷八五。

出了是否量入为出的两种不同的后果。他的这个《看详户部进呈揭帖疏》在当时产生了很大影响，李诩即将其录在《戒庵老人漫笔》中。[①]

明代中后期人们对量入为出的强调，其目的有两个，一是希望能够减少日益增多的妄费，二是意在制止愈加严重的额外加派。张居正的意见属于前者，这种意见在当时很多，仅再举一例。万历六年（1578）石应岳题奏："金花银两，实小民惟正之供。我祖宗量入度出，定为一百万两之制。……今若添进，必借太仓银两。……臣愿思祖宗成宪之当遵，念国家生财之不易，凡百费用，只取足于一百万两之中。"[②] 金花银的数额是根据量入度出原则确定的，如果添加即是妄费，会影响国家正常的开支。关于后者，议者亦多，万历十四年（1586）申时行等陈奏："国费有经，民力有限。譬之负担，力任百斤者，不能任一石也。比年以来，渐有加派……方今财诎民穷，惟正之供，尚不能继，额外之派，又何以堪?"[③] 申时行虽未明言加派有悖于量入为出的原则，但文中所提的"国费有经""惟正之供"，则包含了这个意思。

总之，在明代，人们不仅认为量入为出是制定国家财政收支政策应遵循的原则，也是防止财政混乱和整顿财政的重要武器。

（二）预算与会计

编制统一的预算方案，是国家财政政策工作不可缺少的内容，而设立会计制度以监督财政政策执行情况亦是重要一环。这二者在封建国家的实际财政工作中都有一些实践，而在理论上的探讨则相对不多，这方面明朝人应是做得较好的，而这要首先归功于丘濬。

丘濬认为财用是国家所必需的，如果不预先做出财政计划，则无法应付可能出现的情况。他说：

> 夫国家最急者，财用也。财生于地而成于天，所以致其用者，人也。天地岁岁有所生，人生岁岁有所用，岁用之数不可少，而岁生之物或不给。苟非岁岁为之制，先期而计其数，先事而为之备，至于临

① 李诩：《戒庵老人漫笔》卷七。

② 《明神宗实录》卷七八。

③ 《明神宗实录》卷一七二。

事而后为之措置，则有弗及者矣。①

所以编制预算是非常必要的。他的“岁岁为之制”的提法，表明他所讲的主要是年度财政预算。

关于具体操作，丘浚的设想是：（一）让各地方政府及军卫呈报下一年的开支项目和所需费用，以及现有库存额。他说：

> 每岁户部先移文内外诸司及边方所在，预先会计嗣岁一年用度之数；某处合用钱谷若干，某事合费钱谷若干，用度之外，又当存积预备若干；其钱谷见在仓库者若干，该运未到者若干。造为帐籍，一一开报。②

这是确定支出的根据。（二）令各省及直隶府于十月呈报本年夏秋二税的实收总数。他说：

> 又预行各处布政司并直隶府分，每岁于冬十月百谷收成之后，总计一岁夏秋二税之数，期间有无灾伤、逋欠、蠲免、借贷，各具以知。③

明代各地税粮征收均有定额，所以仍要开报，就是要确定其实收数，因为灾伤、欠税等情况会影响定额的完成。（三）年底由户部根据各地各报进行汇总，确定下一年的支出，如有不足，如何挪补，如有剩余，如何管理。他说：

> 至十二月终旬，本部通具内外新旧储积之数，约会执政大臣，通行计算嗣岁一年之间，所用几何，所存几何。用之之余，尚有几年之蓄。具有总数以达上知。不足则取之何所以补数，有余则储之何所以待用；岁或不足，何事可以减省，某事可以暂已。④

他认为这样做的意义是“国家用度有所稽考，得以预为之备，而亦使上之人知岁用之多寡，国计之赢缩，积蓄之有无。”⑤

丘浚的预算方案只讲支出与节余，而不以增收为目标，体现了量入为出的

---

① 丘浚：《大学衍义补》卷二〇《总论理财之道》。
② 丘浚：《大学衍义补》卷二〇《总论理财之道》。
③ 丘浚：《大学衍义补》卷二〇《总论理财之道》。
④ 丘浚：《大学衍义补》卷二〇《总论理财之道》。
⑤ 丘浚：《大学衍义补》卷二〇《总论理财之道》。

原则。所以这样，最主要的是明代岁入总额及项目都有定制，不能轻易改变，而丘浚也是不主张变法的。

关于会计的监督，丘浚十分重视，认为这是不可缺少的。他说："以国家之大，用度之夥，其出入之数必为籍以纪文，设官以稽之，所以防有司之奸欺也。"① 出于这种考虑，他主张在户部设专职官员来负责这个工作：

> 请如古计相制，于户部卿佐之外，添设尚书一员，专总国计。凡内外仓库之储，远近漕輓之宜，咸在所司。稽岁计之出入，审物产之丰约，权货币之轻重，敛散支调，通融斡转，一切付之，久其任而责成功，凡国家有所用度，悉倚办之。②

显然，丘浚认为应付之以全权并且使其长期任职才能做好这个工作。为配合其工作，丘浚提出："仍行天下有司，月终申物价之贵贱，岁杪报年谷之登耗，俾其豫知。"③

除设官外，丘浚提出编辑会计用书，以备监督审计之用，"依唐人之《国计》、宋人之《会计》，每朝为一卷，通为一书，以备参考。"④ 书中的内容应根据对洪武以来各朝收支的统计，选取收支额最大的一年，来开列该年的各项收入与开支：

> 要见彼时文官若干，武官若干，内官若干，凡支俸钱几何；京军若干，边军若干，凡食粮几何；其年经常之费若干，杂泛之费若干。总计其数，凡有几何。运若干于两京，留若干于州郡，备若干于边方。一年之内所出之数，比所入之数，或有余或不足或适均称。⑤

如此则"国计大纲。瞭然在目。如或一岁之入不足支一年之出，则推移有无，截补长短，省不急之用，量入为出，则国计不亏，而岁用有余矣。"⑥可见无论是设官稽查，还是编辑会计用书，丘浚的目标都是为使国家财政良好

① 丘浚：《大学衍义补》卷二三《经制之义》。
② 丘浚：《大学衍义补》卷二四《经制之义》。
③ 丘浚：《大学衍义补》卷二四《经制之义》。
④ 丘浚：《大学衍义补》卷二四《经制之义》。
⑤ 丘浚：《大学衍义补》卷二四《经制之义》。
⑥ 丘浚：《大学衍义寂》卷二四《经制之义》。

运作。

丘濬的主张在明代产生了影响，他的建议后来又被重新提出：

京师密迩之地，尚有查考不及之处，未免冒滥，为财用之蠹。故迩年以来，国用往往告乏，太仓银库无终岁之储，诚不可不为之所也。

先朝丘文庄公尝欲仿唐人《国计录》、宋人《会计录》，令掌财计之臣通将洪武永乐以来凡天下秋粮夏税户口课程等项，每岁起运若干，存留若干，供给边方若干，一一开具。仍查历年以来内府亲藩及文武官吏卫所旗军并内外在官食粮人数，与夫每岁祭祀修造供给等费共若干，每朝通以一年岁计出入最多者为准，每朝为一卷，通为一书，以备参考。万几之暇，时呈御览，使国计大纲，瞭然在目，庶乎量入为出，国计不亏。此议在今日或可举而行。①

面对因查考不及而出现的国库空乏的现状，议者提出的解决办法就是像丘濬建议的那样，编辑会计录一类的参考书，于此可见丘濬会计思想的影响力。至于《万历会计录》一类的书亦应视为其影响下的具体实践。

二、赋役思想

赋役与徭役是封建社会中国家取之于民的两大项目。二者与国计民生息息相关，因而有关它们的讨论层出不穷且思想丰富。明代位处封建社会晚期，社会矛盾日渐其多，经济领域亦复如此。明初所定赋役政策无法适应后世所需，终于在万历时以一条鞭法实现赋役合一的变革，明代人对赋役理论给予了充分关注，提出了一些很有见地的思想。

（一）赋税论

这里所言赋税，主要是指农业赋税。明代关于赋税的思想大致包括均税、本折、制税原则几方面内容，其中均税思想最为突出。

1. 均赋税

明代国家赋税政策定于明初，“太祖即位之初，定赋役之法”，“田有租。

① 王圻：《续文献通考》卷三六《国用考》。

租曰夏税，曰秋粮，凡二等。夏税无过八月，秋粮无过明年二月。”[①] 这只是基本的赋税政策，对各地区都适用，但在这个政策之下的一些具体规定，则显出赋税不均的弊病。《明史·食货志》云：“太祖定天下官、民田赋，凡官田亩税五升三合五勺，民田减二升，重租田八升五合五勺，没官田一斗二升。”[②] 官田赋税与民田赋税数额不同，这是明代赋税不均的最基本表现。

对此，明人自明初就开始了讨论，至宣德时出现了将官田税依照民田税额征收的主张。宣德六年（1431）周忱在奏疏中建议：

> 华亭、上海旧有官田税粮二万七千九百余石，俱是古额，科粮太重。乞依民田起科，庶征收易完。[③]

他的均税建议遭到反对，郭资、胡濙等认为减官田古额依民田起科的意见有违祖制，意在变乱既定成法。至景泰七年（1456），杨瓒因浙江起科粮额则例不一，奏请“约量归并”，孙原贞据此提出了具体建议：“起科重者征米宜少，运纳宜近；起科轻者征米宜多，运纳宜远。官田每亩科米一石至四斗八升八合，民田每亩科米七斗至五斗三升者，俱每石征平米一石三斗。”[④] 在这个问题上，嘉靖时徐俊民的意见较有代表性并具有理论色彩：

> 今圣明在上，锐意太平，而礼乐未兴风俗未厚，则由田赋不均而生养未遂故也。以今赋言之：有受地于官，岁供租税，谓之官田……官田贫民佃种，亩入租三斗，或五六斗，或石以上者有之……官田粮重，每病取盈……此小民疾苦、闾阎凋瘁所以日益而月增也。
>
> 臣请立为均粮限田之制。将郡县田粮，随各处原额通融均派，无论官民，合为一等。坍江、事故悉与蠲豁。其旧熟新垦一例起科。就中分为三则，膏腴为上，沿山边海及居湖腹者为下，肥硗半者为中。上则全征本色，中则半折，下则全折。[⑤]

他首先指出官田粮重的现实，并认为这种田赋不均是造成礼乐未兴风俗未

---

① 《明史》卷七八《食货二》。
② 《明史》卷七八《食货二》。
③ 《明宣宗实录》卷七七。
④ 《明英宗实录》卷二七〇。
⑤ 《明世宗实录》卷一三五。

厚的原因，随即他提出均粮的设想，即无论官田民田，按照同一个标准征税。徐俊民的方案与以往如周忱的思想有很大不同，他不主张只在降低官田税额上作文章，而是要在不论官田民田的前提下，将赋税总额“通融均派”于田土。这意味着国家的赋税政策将全部重新制定。

除官田民田额不均外，明代各地区的赋税也不均衡，“南之赋繁而役减，北之赋省而徭重”[①]，江南赋税重，而北方赋税相对较轻。“浙西官民田视他方倍蓰，亩税有至二三石者。大抵苏最重，松、嘉、湖次之，常杭又次之。”[②]对于地区间的赋税上的差异，万历年间王士性有一个具体的比较：

> 真定之辖五州二十七县，姑苏之辖一州七县，毋论所辖，即其地广已当苏之五，而苏州粮二百三万八千石，而真定止十一万七千石。然犹江南江北异也，若同一江北也，如河间之繁富，二州十六县，登州之贫惫，一州七县，相去星渊，而河间止粮六万五千，登州乃粮二十三万六千。然犹别省直异也，若在同省，汉中二州十四县之殷庶，比临洮二州三县之冲疲，易知也，而汉中粮止三万，临洮至四十八万……[③]

可见这种差别的严重和普遍。王士性对此表示不理解，他说：“天下赋税，有土地饶瘠不甚相远者，不知当时征派何以差殊?”[④]

由于苏、松地区赋税最重，因而建议减削苏松赋税的呼声最高。宣德末年，杜宗桓上书周忱说：“苏、松二府之民，则因赋重而流移者多矣……自有田税以来，未有若是之重者也……由此观之，徒有重税之名，殊无征税之实。愿阁下转达皇上，稽古税法，斟酌取舍，以宜于今者而税之，轻者重额，使民如期输纳。此则国家有轻税之名，又有征税之实矣。”[⑤] 过重的税额，迫使百姓流亡，使政府收税受阻，因而应以减税来换取实征。类似的主张此后时有出现。

---

① 徐贞明：《潞水客谈》。
② 《明史》卷七八《食货二》。
③ 王士性：《广志绎》卷一《方舆崖略》。
④ 王士性：《广志绎》卷一《方舆崖略》。
⑤ 顾炎武：《日知录集释》卷一〇。

赋税负担不合理并不止前两项，还有人少税多的，亩之大小不一而税同的。对前者，正统六年（1441）时叶恩奏请均之，他说："有田则有租，有身则有庸，故验田出粮，随丁应役，古今通制。本府（按指池州）属县六，共九十六里，人少而赋繁；较之安庆三百余里，民之倍之；宁国六百余里，民六倍之。而岁时科办，三郡相同，是以民不聊生。乞敕诸司计议，凡有征收，令计里分派，则赋役均平。"① 民少与民多之地出同样赋税，是以不均，他提出"计里分派"的主张，以解决此问题。关于后者，桂萼在嘉靖六年（1527）提出均平的主张。他说："祖宗时，以北方民寡，徙山陕无田之民分屯其地。当时本民占地，顷亩广，屯民后至，顷亩狭，故北方之土有小亩广田之异。至于则壤成赋，虽历朝因革不同，而轻者居多……今北方官豪之家，欲独享广亩之利，不肯为屯民分粮……故臣愿有以均平之。"② 小亩大亩的出现虽有客观原因，但不能以此不加以均平。

在明代赋税不均还有许多表现如豪强占地而不纳粮等等，这些不均更易于引起人们的反响。总之明代赋税负担不合理是普遍现象，故尔均税的思想也普遍存在。在明人的均税思想中，海瑞与张瀚的观点值得特别一提。海瑞说："井田不可得矣，而至于限田，限田又不可得，而均税行焉，下下策也。"③ 张瀚说："今田既不可井，而限田又难行，若非均其田赋，何以苏民困哉！"④ 二者不仅行文雷同，而且都同时把均赋税与田制相联系，这表明在嘉靖万历时期均税必须先解决土地问题是很多人的共识，这就为后来大规模清丈土地和一条鞭法的施行准备了思想条件。

2. 本色折色之议

赋税是以实物形式（本色）还是以货币等形式（折色）缴纳，在明代是有不同主张的。

明中期以前，缴纳本色粮米是政策的规定，折色只偶尔施行，或折银或折

---

① 《明英宗实录》卷七九。

② 《明世宗实录》卷八三。

③ 海瑞：《海瑞集》上编《兴革条例》。

④ 张瀚：《松窗梦语》卷四《三农纪》。

布绢等，正统元年（1436）以后政府放宽政策，于是“诸方赋入折银”①，明政府这样做的一个原因是“民以为便”，当时从政府官员到地方百姓这种要求普遍存在。另一方面，国家经济运行平稳，粮食的生产和储备能够满足需求，同时，白银的使用在民间已比较普遍。因此，折色的施行有了经济条件。

周铨于正统元年（1436）说：“行在各卫官员俸粮在南京者，差官支给，本为便利。但差来者将各官俸米，贸易物货，贵卖贱酬，十不及一。朝廷虚费廪禄，各官不得实惠。请令该部会计岁禄之数，于浙江、江西、湖广、南直隶不通舟楫之处，各随土产折收布绢白金，赴京充俸。”② 同年，赵新也请求“令江西属县，量收布绢或白金，类销成锭，运赴京师，以准官员俸禄为便。”③ 倡导交纳折色者认为折色可以使交税者得到方便，而收受者得实惠。这是他们最主要的理由。

但在明代反对折色的主张也时有出现，最有代表性的是丘浚。他说：

> 粟生于地非一日所能致，钱出于人力，可旬月间而办也。自古识治体者，恒重粟而轻钱，盖以钱可无而粟不可无故地。后世以钱物代租赋，可谓失轻重之宜，违缓急之序矣。故为国家长久计者，宁以菽粟当钱物，使其腐于仓庾之中，备之于无用，不肯以钱物当菽粟，恐一旦天为之灾，地无所出，金银布帛不可以充饥，坐而待毙也。④

丘浚把征收形式看成是事关国家长治久安的大事，认为折色钱物解决不了灾荒降临带来的危害，会使人们坐而待毙。因此善于治国者重粟轻钱，符合“轻重之宜”“缓急之序”。倡导折色者以便民为理由，丘浚以治政来立论，这是二者的不同所在。

即使在倡导折色者中，关于折银还是折钱钞也是有不同主张的。成化时尚褫就反对折银而主张折钱钞。他说：

> 凡钱粮军储年项，洪武宣德间，应本色者征本色，应折色者征钱钞。顷来凡遇征输，动辄折收银两。然乡间小民何由得银？不免临时

① 《明史》卷七八《食货二》。
② 《明英宗实录》卷二一。
③ 《明英宗实录》卷二一。
④ 丘浚：《大学衍义补》卷二二《贡赋之常》。

展转易换，以免逋负。有司收纳，既重其权衡以多取。及其交纳，又杂铜以为伪。民既受其害，而官又受其弊。臣请自今凡本色折收之例，一遵旧典。①

他认为折银之弊在于一是百姓手中无银，二是官府收银时多取，三是有作伪行为，因而官民俱受折银之害，故需遵从旧典折收钱钞。隆庆三年（1569）谭纶也提出了折色征钱的主张。他说："言足国用，必先富民；欲富民，必重布帛菽粟而贱银；欲贱银，必制为钱法。……令民以钱输官，如税粮起运折色，则银六钱四，存留折色及官军俸粮罪赎纸价，俱从中半收钱。"② 谭纶倡议折色收钱其直接目的是振兴钱法，而其根本目标是通过"贱银"，来富民足国。

3. 制税原则

明代制定农业赋税的原则是根据田产定税，而不是以丁定税，这是一种符合赋税制度发展方向的做法。对此明人是有共识的。

朱元璋说："民有田则有租，有身则有役。"③ 在他看来这是没有疑义的事情。丘浚对此在理论上进行了总结：

土地万世而不变，丁口有时而盛衰。定税以丁，稽考为难，定税以亩，检核为易。两税以资产为宗，未必全非也……

我朝稽古定制，以天下之垦田，定天下之赋税，因其地宜，立为等则，征之以夏者谓之税，征之以秋者谓之粮。④

以土地定税，在管理上有方便之处，因为土地"万世而不变"，而若以人丁定税，则有不便之处。因此他认为明代的赋税之法十分完美："其取法也远，其言意也深，其敛财也均，其成人也固，其裁规也简，其备患也周。此六言者，我祖宗取民之制，真足以当之矣！"⑤

（二）徭役论

这里所说的徭役，泛指政府征之于民的各种差役，而不仅是指明代计丁而

---

① 《明宪宗实录》卷九三。
② 《明穆宗实录》卷三五。
③ 《明太祖实录》卷一六五。
④ 丘浚：《大学衍义补》卷二二《贡赋之常》。
⑤ 丘浚：《大学衍义补》卷二二《贡赋之常》。

出的“徭役”。明代役法定于洪武元年（1368），其内容比较复杂，“役曰里甲，曰均徭，曰杂泛，凡三等。以户计曰甲役，以丁计曰徭役，上命非时曰杂役。”“以一百十户为一里，里分十甲曰里甲，以上中下户为三等，五岁均役”，“一岁中诸色杂目应役者，编第均之，银力从所便，曰均徭。他杂役，曰杂泛。”① 从这些论述可以看出明代徭役名目繁多，征派原则不一，这些再加上官府的不时之派及势豪作弊，使得百姓徭役负担十分沉重，而均役之论也因之不绝。

要而言之，明人徭役论以均役为中心，随着嘉靖、万历之际一条鞭法的出现与推广，均役的讨论达到高潮。因此，我们围绕一条鞭法施行前后的情况，对明代徭役论作一概要叙述。

1. 嘉靖以前关于均役的主张

明代制役的最主要原则是人丁，所谓“有身则有役”讲的就是这个问题。而根据史料看，明人最感头痛的也是册籍所载人丁与事实不附造成的徭役不均。这个问题洪武时就出现了，洪武十五年（1382），即天下大造黄册的第二年，朱元璋就说：“近来两浙江西之民，多好争讼，不遵法度。有田而不输租，丁而不应役。”至宣德时问题又有发展：“豪富人民，每遇编充里役，多隐匿丁粮，规避徭役，质朴之民皆首实。有司贪贿，更不穷究。由是徭役不均，细民失业。”② 成化时情况亦未好转：“今也均徭既行，以十甲之人户，定十年之差徭。官吏、里书乘造册而取民财，豪富奸狡通贿赂以避重役。以下作上，以亡为存。殊不思民之贫富何常，丁之消长不一，只凭籍册，漫定科差。孤寡老幼，皆不免差；空闲人户，亦令出银。”③

面对这种情况，明人提出两种主张，一是整顿册籍，在攒造时杜绝不实。二是改变征收原则，以税粮定役。关于前者，景泰二年（1451）户部官提出：“攒造黄册，奸弊不可枚举。从前作弊者，许令自首改正免罪。今次各司府州县官，务令书算之人从实攒造进呈。”④ 关于后者，在这个阶段中影响很大的是夏

① 《明史》卷七八《食货二》。
② 《明宣宗实录》卷七九。
③ 《明宪宗实录》卷三三。
④ 《明英宗实录》卷二〇二。

时的“以税粮多寡为差”的主张及其均徭册。宣德时江西按察司佥事夏时奏请推广均徭之法：“以民间税粮多寡为差，分上中下三等，预先定其徭役”①，“五年而正役之，又五年而杂役之。”② 同时请求造均徭册加以推行。他的主张重在按照税粮作为征役原则，而于人丁不予考虑，这就避免了以往的诸多弊端。应该说，夏时的这个思想是很有创见的，以税粮定役几近于后来以资产定役的思想，因而可以说他是赋役合一这一巨大变革的思想先驱与先行者。

夏时的主张在当时即引起不同的反响，有人认为“此法至善”③，有人认为它会引起“弃本趋末，为患非细”④ 的不良后果。而反对意见占了上风，这是因为这个方法损害了大地主阶层的利益。

在明代役徭不均还表现在地域上，除南方北方的差别外，位居要冲的地方与偏僻之乡也有区别。丘浚说：“州县所在，或在要冲，或在迂僻。冲要之所，官物之运载，使客之供应，盖无虚日。而迂僻之乡，固有经年累月而无一人过往者也。民之劳逸不均，莫此为甚。”⑤ 为此，他提出一个均役的方案：

> 臣请立为均一之法。亦据此册（按指黄册），通以一布政同之民丁计算，不分有无役占，但见一丁，出钱一文或二三文，多不过五文，通收在官。随其县份剧易，道路远近，定为雇钱则例。冲要县份所收之钱，留县应用，有所不足，申文关领。其迂僻去处，量留足用之外，具数报官，年终类送上司，以凭均敷。其两京之间、运河之侧州县，人民尤为劳苦，若本司不足，或通行他司有所余者，用以补之。虽人烟辏集去处，固易于佣雇矣；若夫偏乡下邑，无人可雇，何如？曰：召农而役之，与之佣直可也。⑥

丘浚的这个方案虽以人丁为征派依据，但他提出了折银雇役的思想，这在当时是非常进步的主张。后来的一条鞭法走的也是这条折银雇役的路。据

① 《明英宗实录》卷二八一。
② 《明英宗实录》卷一九八。
③ 《明英宗实录》卷一九八。
④ 《明英宗实录》卷二八一。
⑤ 丘浚：《大学衍义补》卷三〇《傅算之籍》。
⑥ 丘浚：《大学衍义补》卷三〇《傅算之籍》。

《明世宗实录》卷四九二记载，丘浚的这个主张在嘉靖时被潘季训具体运用到广东，收到“广人便之”的效果。

2. 关于一条鞭法的讨论

一条鞭法是一个赋税与徭役合一的方法，它的具体内容是：“总括一州县之赋役，量地计丁，丁粮毕输于官。一岁之役，官为佥募。力差则计其工食之费，量为增减，银差则计其交纳之费，另以增耗。凡额办、派办、京库岁需与存留、供亿诸费，以及土贡方物，悉并为一条，皆计亩征银，折办于官，故谓之一条鞭。”① 对于税法来说，它是一次变革，对于役法来说，它则是一次重大变革，因为它使役法不再参考人丁的因素，而直接与资产，即土地相联系，从土地上征收诸役所需银两，这在中国历史上是有重大意义的。

一条鞭法出现于嘉靖时期，推行全国则是在万历九年（1581）。它的广泛推行，有赖于张居正在万历初进行的全国性的土地清丈，使国家掌握了近于准确的土地数字。

在一条鞭法推行前后，人们对此种新的征役之法发表了很多主张。

海瑞对一条鞭法极力赞成并将其付诸实施。他说：“江西均徭均平，尽以一条鞭法行之，银止总数，役指无名，以此小民得止输正数，较之他省有一倍再倍三倍输当者相远，便民良法也。”② 他还认为“钱粮俱入一条鞭法，小民既知一定之数，官亦得通融缓急，应解两便。”③ 他的这些看法代表了这一时期许多人的意见，也正因此，一条鞭的推行最后得以实现。

反对一条鞭法的人也大有人在，最有代表性的意见是葛守礼和光懋。隆庆元年（1567）葛守礼上奏：

> 夫因田制赋，按籍编差，国有常经。今不论籍之上下，惟计田之多寡，故民皆弃田以避役……夫工匠庸力自给，以无田而免差；富商大贾操资无算，亦以无田而免差。至被褵胼胝，终岁勤动者，乃反受其困。……近年定为一条鞭法，无论仓口、不开石数，止开每亩该银

① 《明史》卷七八《食货二》。

② 海瑞：《海瑞集》上编《兴国八议》。

③ 海瑞：《海瑞集》下编《复淳安大尹郑》。

若干，吏书因缘为奸，增派洒派，弊端百出，此派之法变也。……宜敕所司，查复旧规，其一条鞭等法，悉为停罢，庶税额均而征派便矣。[①]

万历五年（1577）光懋奏言：

国初赋役之法，以赋租属之田产，以差役属之身家……至差有银差、有力差。银差则雇役之遗意也，力差则力役之道也。论门户之高下，定丁力壮弱而籍之，谓之均徭。稽籍定役，无与于田，所以少宽民力，驱游惰而归力本也。至嘉靖末年，创立条鞭，不分人户贫富，一例摊派；不分仓口轻重，一并伙收，其将银力二差与户口盐钞并之于地，而丁力反不与焉。商贾享逐末之利，农民丧乐生之心……请敕有司，赋仍三等，差由户丁。[②]

他们二人的意见的共同处就是认为一条鞭法造成了新的不均，商人、工匠等无田土者负担大减，而有田之人“丧乐生之心”，“弃田避役”。类似他们的这些意见，其实早在夏时均徭册推行时就有[③]，可见均役的主张或做法，在任何时候都会因触及一些人的利益而遭反对。

第四节　工商业思想

明代的工商业比较发达，特别是中期以后在这个领域中还出现了资本主义的萌芽，在此背景下，明代有关工商业的思想很有一些值得注意的观点。

一、工商业的地位及作用

（一）本末论

工商的地位，特别是商的地位，集中表现在本末之辨上。根据现在掌握的

---

① 《明穆宗实录》卷七。

② 《明神宗实录》卷五八。

③ 《明英宗实录》卷二八一。

材料，可以看出，大多数明代人对商人及商业的认识是比较客观的，肯定它是一个有益的职业，即使一些有保守思想的人也没有特别地对商加以痛斥。应该说，明代人的这种态度的形成与工商业的发达、商人的实际社会地位的提高有密切关系。

朱元璋在洪武年间多次谈到商的地位，在他的谈话中见不到对商进行否定的内容。下面是他的一些意见：

> 朕思足食在于禁末作，足衣在于禁华靡。尔宜申明天下四民，各守其业，不许游食；庶民之家，不许衣锦绣，庶几可以绝其弊也。①

这是洪武十八年（1385）他谕户部时所言，在这里他提出“禁末作”，同时让户部臣晓令四民各守其业，不许游食，显然他要禁的“末作”与四民无关，而是指“游食”之徒。换言之，朱元璋此时并未将商划入当禁的“末作”之中。

> 上古好闲无功，造祸害民者少……由是士农工技，各知稼穑之艰难，所以农尽力于田畎亩，士为政以仁，技艺专业，无敢妄谬。维时商出于农，贾于农隙之时。四业题名，专务以三：士、农、工，独商不专，易于农隙。此先王之教精，则野无旷夫矣。②

这是洪武十九年（1386）三月朱元璋在《大诰续编序》中的一段话，文中表达了他理解的上古四民。他认为四民之中农、士、工各有固定的从业内容和人员，只有商是对农业生产者在农闲时参与贸易的行为的称谓。在这里他也没有对商不恭的言语，只是指出了它在早期的特点。一个月后，即洪武十九年（1386）四月，他对“四业题名，专务有三”的提法，又作了一点修改：

> 古先哲王之时，其民有四，曰士农工商，皆专其业。所以国无游民，人安物阜而治雍雍也。
>
> 朕有天下，务俾农尽力畎亩，士笃于仁义，商贾以通有无，工技专于艺业。所以然者，盖欲各安其生也。然农或怠于耕作，士或瞭于修行，工贾或流于游惰……然则民食何由而足，教化何由而兴也。

---

① 《明太祖实录》卷一七五。

② 《全明文》卷三〇《大诰续编序》。

尔户部即榜谕天下，其令四民，务在各守本业，医卜者土著，不得远游。①

在这段话中，他首先修改了商无“专业”的提法，指出商也是有“专业”的，这使他对商认识更符合实际。其次他提出商的作用在于“通有无”，而他治理天下的目标之一，就是使商发挥好这种作用。第三，他认为工商业者有变化成游民的可能，这从另一个侧面印证了他并未将工商列入“末作”。下面一段话可以更清楚地看出朱元璋对商的态度：

市井之民，多无田产，不知农业艰难，其良善者将本求利，或开铺面于市中，或作行商出入，此市中良民也。有等无籍之徒，村无恒产，市无铺面，绝无本作行商，其心不善，日生奸诈，岂止一端。②

上文是《大诰续编》中的一则，观而可知朱元璋认为无论是行商还是坐贾，都是正当职业，是“市中良民”的选择，因而是值得提倡的。

朱元璋对商的态度的形成，是基于他的如下认识：

《中庸》曰：来百工也。又古日中而市，是皆不可无也。况商贾之士，皆人民也……③

即商业贸易和百工技艺是不可缺少的，它们与人民生活息息相关，这就是他说过的“商贾以通有无”。这是从实际需要的角度来讲的。第二，商贾也是百姓中的一部分，是国家的组成元素，因而不应该受到歧视。朱元璋这是从一个统治者的角度来看待这个问题的。可见，朱元璋认为，无论从哪个角度讲，商都是值得重视的。有了这样的认识，他对商所采取的态度就完全可以理解了。

毫无疑问，朱元璋是重农的，他曾说：“为国之道，以足食为本……若使之不得尽力田亩，则国家资用，何所赖焉。今春时和，宜令有司劝民农事，勿夺其时。”④ 他还说过：“四民之中，惟农最苦。”⑤ 类似的说法，在朱元璋的

① 《明太祖实录》卷一七七。
② 《全明文》卷三〇《大诰续编·市民不许为吏卒》。
③ 《明太祖实录》卷一五六。
④ 《明太祖实录》卷一九。
⑤ 《全明文》卷一〇《敕问文学之士》。

言论中很多。这是在农业社会中，一个王朝的统治者所必然采取的态度，如不重视农业，那就违背了时代的基本要求，其统治也将受到危害。因而把农业放到一个“本”的位置上是十分正常的。

尽管如此，如前所述，朱元璋的思想中并无轻商之意，而是把它作为一个有益的正当职业来看待的。

事实上，使用“商末”这个提法与否意义并不大，而关键要看他是否把商与农业对立起来，看他是否因重农而抑商，这才是问题的根本所在，也是本末之争的意义所在。朱元璋对商的正当地位的肯定，足以表明他的思想中没有因重农而要抑商的意识。

至于明代从洪武时期就开始施行的对商贾服饰器用等方面的政策，与抑商并无直接关系，一是它们不是对商业活动本身的限制，二是有关服饰器用的苛刻规定，并不仅仅是针对商贾的，事实上有关农人的条款也是非常苛刻的。这是封建礼制和等级观念使所然。因而以此认为它们是抑商思想的表现是不合适的。

朱元璋对商的态度，影响深远，在他之后，类似他的提法甚多。尤其是明代中后期，随着商品经济的高度发展，商贾的社会地位和他们的经营活动不仅被充分肯定，而且被高度评价，这与历史上重农抑商的传统观点形成鲜明对照。

胡居仁在《居业录》中说：“农工商贾皆有益于世。如农之耕，天下赖其养；工之技，天下赖其器用；商虽末，亦要他通财货。”① 胡居仁虽然明言商为末，但却无贬抑之意，而是认为其有益于世，其作用就是通财货，促进商品流通。胡居仁是成化、弘治时的理学家，他的观点具有一定的代表性，反映了这一时期一些人对商的认识的态度。应该说，这种态度较之明后期一些人的观点，还是显得保守了，这种中期和后期的差别，只要看一下海瑞等人的观点就十分清楚了。

海瑞说：“今之为民者五，曰士、农、工、商、军。士以明道，军以卫国，农以生九谷，工以利器用，商贾通焉而资于天下。身不居一于此，谓之游

---

① 胡居仁：《居业录》卷五。

惰之民。游惰之民，君子所不齿也。”① 海瑞将商排在了军之前，使其离游民更远了，从而对商的地位做了充分肯定，认为它不是君子所不齿的职业。不仅如此，海瑞甚至认为商贾的“嗣往兴来，莫非王道，亦莫非孔门事业”②，意即商人的贸易行为，是“王道”的内容，也是圣贤的“事业”。这个认识确是人所未道，其对商的评价亦难以再高。

万历初曾任吏部尚书的张瀚，出身于一个工商业者之家，他对商的认识有自己的特点。首先，他认为求利是人的基本要求，在利益的驱动下，商贾们“穷日夜之力，以逐锱铢之利，而遂忘日夜疲瘁也。”但是商贾之子“甘其食、美其服，饰骑连辔，织陆鳞川，飞尘降天，赭汗如雨”，而且他们“矜夸智能。足以自便”，一副不可一世的气派。张瀚认为这些商贾之子是“不知其智能之小也。”在这里张瀚一方面肯定商贾求利是正当的行为，符合人的本性，另一方面他鄙视那些奢豪的商贾之子。其次，张瀚提出了一个非常值得注意的观点，他说：“《周书》云：农不出则乏食，工不出则乏用，商不出则三宝绝。此衣食之源也。”③ 张瀚在此将商提到“衣食之源”的高度来认识，这是不寻常的。在传统的观念中，衣食之源是指农业，所谓“一夫不耕或受其饥，一女不织或受其寒”、“农桑为衣食之源”等等，强调的都是农业对衣食的重要。而张瀚则明确认为商也是人的衣食之源，这个提法本身就是对传统观念的突破。另外，张瀚作为一个曾任高官的封建士大夫，能有这样的认识，这也是很值得玩味的。

明代著名思想家李贽对商也是持肯定态度的，他说：“商贾亦何可鄙之有？挟数万之赀，经风涛之险，受辱于关吏，忍诟于市易。辛勤万状，所挟者重，所得者末。”④ 李贽认为商贾是不应受到歧视的，他们经风雨，历险阻，以此追求那不丰厚的利润。言外之意，他们是坚韧不拔、值得赞许的一群人。

与此相呼应，明后期社会上对商的赞许态度就更加明确。《客商一览醒迷》中的《悲商歌》写道：

---

① 海瑞：《海瑞集》下编《乐耕亭记》。

② 海瑞：《海瑞集》下编《复欧阳柏庵掌科》。

③ 张瀚：《松窗梦语》卷四《商贾纪》。

④ 李贽：《焚书》卷二《又与焦弱侯》。

四业惟商最苦辛，半生饥饱几曾经。
荒郊石枕常为寝，背负风霜拨雪行。
举目山河异故乡，人情处处有炎凉。
须知契合非吾里，自古男儿志四方。①

两首诗对商贾的艰辛做了具体形象的描述，在诗中，作者直言“四业惟商最苦辛”，这是一个违背传统观念的提法，它意味着明后期人们对商的认识发生了根本性的变化。这个认识是以往一些对商持肯定态度的思想者所不曾有的，如朱元璋就认为“四民之中，惟农最苦”。于此可见，这个变化的巨大。

由于观念的改变，人们把经商也看成是与读书做官同样重要的职业。明嘉靖、万历时的徽商李大祈就认为：“大丈夫志四方，何者非吾所当为？即不能拾朱紫以显父母，创业立家亦足以垂裕后昆。”② 他所说的创业立家就是指经商。李大祈的态度是当时像徽州这样商品经济较发达地区的人们所共有的。如果说思想家们对商的肯定，仅是一种理论上的证明，那么，此时在民间，很多人不仅这样认为，而且将其变做了一种实际行动，以行动来表达他们对商的态度。

人们对商的认识，还反映在这一时期的文学作品中，明后期的小说中有大量从正面描述商人和其经营活动的内容。在《醒世恒言》中有一首诗写得很明白：“士子攻书农种田，工商勤苦挣家园。世人切莫闲游荡，游荡从来误少年。”③ 诗中的“工商勤苦挣家园”的提法，与《悲商歌》的“四业惟商最苦辛”，以及李大祈“创业立家亦足以垂裕后昆”的提法遥相呼应，表明在当时社会上对商的肯定和重视，已是一种很普遍的认识。

把这种认识，连同海瑞等人的思想并观，则不难看出，明后期存在着一种重商的思潮。这是当时高度发展的商品经济在经济思想领域的必然反映。它的存在，表明明后期确实进入了一个不同以往的时代，而在这样的时代里出现资本主义萌芽实属正常。

---

① 李晋德：《客商一览醒迷·商贾醒迷》。
② 张海鹏、王廷元：《明清徽商资料选编》第四七〇页。
③ 冯梦龙：《醒世恒言》第一七卷。

明后期人们对商的地位的认识，直接影响了明清之际的一些思想家，黄宗羲即提出了著名的“工商皆本”的主张。他说：

> 今夫通都之市肆，十室而九，有为佛而货者，有为巫而货者，有为优倡而货者，有为奇技淫巧而货者，皆不切于民用，一概痛绝之，亦庶乎救弊之一端也。此古圣王崇本抑末之道。世儒不察，以工商为末，妄议抑之。夫工固圣王之所欲来，商又使其愿出于途者，盖皆本也。①

黄宗羲此论的意义就在于他明确提出了工商“皆本”，这个提法在历史上从未有过，这是他对中国古代经济思想的一大贡献，仅凭这个提法本身，予其以多高的评价都不为过。

在黄宗羲看来，僧侣、巫卜、倡优等人才是“末”，他们所操之术，与民用无益，因而属于当抑之列。这就是朱元璋所说的“游食”、海瑞所说的“游惰之民”，而朱元璋也曾明确表示要禁“游食”，因而从这一点上讲，黄宗羲的观点与朱元璋、海瑞的观点是相同的。对于工商的地位，在明代也给予了很高的评价，朱元璋认为它有益于世，张瀚则明言它是“衣食之源”，海瑞更是将其提到了“王政”的高度来认识，但他们都没有把工商明确为“本”，因而黄宗羲的提法就显得非常突出。要而言之，黄宗羲的“工商皆本”的思想是在继承了前人思想的基础上提出的，他对“本末”的认识是有渊源的。

需要指出的是，在明代贬低商人的抑商思想也是大量存在的，也正因此，明代对商的肯定和重视的思想才更显得可贵，才更有记述价值，因为它是思想中的新变化。另外，还有一点必须明确的是，明代对商的重视和肯定，是建立在视“游民”为“末”的基础上的，并不是用商和农相比较。也就是说，明人看待商的地位，是看它是否于社会有益，这就摆脱了传统的农商之间的本末之辨。这既是时代进步的结果，也为社会进一步发展提供了思想条件，使更多的于社会有益的因素解脱了思想束缚，投入到社会财富的创造之中。

---

① 黄宗羲：《明夷待访录·财计三》。

（二）工商的作用

关于工商的作用，前面已有一些涉及，从大的方面讲，就是有益于世；小而言之，有“通有无”、“资民用”等。对于后者，人们还从不同方面做了具体的论述。

能繁荣经济、创造就业条件。

嘉靖时人郳阅在《罢关税》一疏中，就商品流通对地方经济的影响发表了自己的看法，他说：

> 关税一兴则商贾减，商贾减则货物少而价踊贵，亦其势也。……将来商贾断绝，关市萧条，非独辽人日用之资无所仰赖，于没途沽酒、卖浆、车头、驴脚，平日资客商以给衣食者，皆将至于失业，而坐以待毙矣。①

商贾受阻，地方经济就会受到不利的影响，百姓的生计也将无着落。也就是说，商贾在通有无的同时，繁荣了地方经济，解决了一些人的衣食问题。可见，贸易行为不仅有利于商贾自身，而且有利于与之相关的行业。

保障农业生产的顺利进行。

农商之间的关系，传统的及保守的观点认为是对立的，即商对于农是有害的，商贾的过多不仅会浪费大量的财富，而且使从事农业生产的人员减少，使财富的创造受到影响，最终导致国家的贫穷。但在明代，一些人则改变了看法，认为农商的关系是一种互补的关系，这种意见以张居正为代表。他对此说道：

> 古之为国者，使商通有无，农力本穑。商不得通有无以利农，则农病；农不得力本穑以资商，则商病。故农商之势，常若权衡然。至于病，乃无以济也。②

张居正认为，农与商是相辅相成的，通有无可以利农，如果无商做通有无的工作，则农困，农业生产也必然受到不良影响，具体表现就是农业生产所需物资的匮乏，即“无以济也”。在这里，张居正提出了农商相资、彼此

① 《皇明经济文录·蓟州编》。

② 张居正：《张太岳集》卷八《赠水部周汉浦榷竣还朝序》。

依赖的思想，这是对重农抑商、割裂农商关系的思想的否定，因而具有重要意义。

生存的必要手段。

把从商视为一种生存手段，以经营谋取生活资本，并创立家业，在历史上许多人都是这样做的，尤其像明代的一些经商已形成风气的地方更是这样。但难得的是，明末有的人将此进行了总结，并形诸于文字，从而使商贾的活动有了依据。

在《客商一览醒迷》中，作者闽商李晋德写道："人生于世，非财无以资身；产治有恒，不商何以弘利。"他对此进一步解释道：

> 财为养命之源，人岂可无有。而不会营运，则蚕食易尽，必须生放经商，庶可获利，为资身策也。①

作者认为，获得资身之财的手段，就是经商，否则就将坐吃山空，蚕食易尽，生命之源就会枯竭。作者的这个提法清楚地道出了经商与生存的关系，讲明了经商的重要作用。作者这种极力强调经商的意义的思想，如果不是有商业活动十分活跃为前提，是很难提出的。

二、商业贸易思想

明代商业区发达，商贸活动频繁，商贾的足迹遍及闹市偏乡。对此，明代许多人予之以关注，纷纷就这一关系国计民生的行业发表看法。下面仅择几个较重要的问题，如商税、货币、外贸等，介绍一下当时人的一些观点。

（一）商税

商税问题是商贸活动中关系重大的一个问题，税项的多少、税率的轻重，直接影响商业的繁荣、国家的收入，乃至人民的生活。因而商税始终是人们议论的中心。

明代的商税政策是"三十而取一"，多收取即属违令。政府为向商人征税，设立了大量的专门机构，"税课司局，京城诸门及各府州县市集多有之，凡四百余所。"从而形成了一个较为完整的税收体系，"行赍居鬻，所过所止

① 李晋德：《客商一览醒迷·商贾醒迷》。

各有税。”① 明代三十取一的税则，应该说并不重，但重复征收使商人的实际付出则远远高于税则规定，尤其是那些长途贩运的商人，其付出更多。此外再加上执行者多不遵守税则，从而加重了商人的负担。由于这些情况的存在，人们议论的中心思想就是轻税减少征收环节。

应该说，在明初这些问题并不很突出，这其中的一个原因，就是朱元璋是明确地主张轻税的。他的轻税主张包括二项内容，即反对重复征收，反对额外征收，归纳起来就是一条：从实征收。在《大诰三编》中的《巡阑害民》条内，朱元璋说：

> 歙县民吴庆夫，买求本县官吏，充作巡阑。……贩干鱼客人至于本乡，著要税钱，准干鱼三十斤……其卖干鱼客人，步挑至于深山去处，能挑者百十斤，力中者八十斤，力小者六十斤，本人税讫三十斤。……三十分中，定例税一，岂有重叠再取者！今后敢有如此者，虽赦不宥。②

朱元璋在此明确表达了反对重复征收的态度，认为重复征收是一种不可饶恕的害民行为。洪武九年（1376）六月，山西汾州平遥县主簿任满入朝，汾州主官给他的评语是“能恢办商税”。朱元璋对此颇有看法，他说：

> 地之所产有常数，官之所取有常制，商税自有定额，何俟恢办？若额外恢办，得无剥削于民？主簿之职，在佐理县政，抚安百姓，岂以办课为能。若止以办课为能，其他不见可称，是失职矣。③

所谓“恢办”，就是能较多地获取，朱元璋对此是不满意的，他认为商税的征收是有政策的，较多地征收，就会侵害商人的利益。这表明他是反对额外征税的。为了防止滥征商税，朱元璋反对那种为征税部门规定征收定额的做法。洪武二十年（1387）户部奏言：“今天下税课河泊所课程视旧有亏，宜以洪武十八年所收立为定额。”朱元璋否定了这种意见，他说：

> 商税之征，岁有不同，若以往年概为定额，苟有不足，岂不病

① 《明史》卷八一《食货五》。

② 《全明文》卷三〇《大诰三编·巡阑害民第二十》。

③ 《明太祖实录》卷一〇六。

民？宜随其多寡从实征之。[1]

朱元璋认为，如果规定限额，征收部门就要千方百计地去完成任务，一旦出现缺额的情况，官员们就会转嫁负担，滥征现象就会出现，因此他主张从实征收，即根据情况来定。

尽管朱元璋反对定额征收，但在实际中此类事情似乎仍很普遍，这从解缙对它的反对态度中可以看出：

地有盛衰，物有盈歉。而商税之征，率皆定额。是使其或盈也，奸黠得以侵欺；其歉也，良善困于补纳。[2]

解缙的"率皆定额"的描述，表明了这种现象的普遍，而他认为这是违背客观实际的，这种征收办法的弊端是给不法者提供舞弊的机会，而守法者的利益可能因此受到侵害。

洪武以后，关于商税的讨论仍是围绕着轻税问题进行的。其直接原因之一就是政府的税关增设渐多，征税的"定法"不被遵行，"明初务简约，其后增置渐多"[3]。宣德年间"中外税收衙门多法外生事，邀阻行旅，搜检囊箧，倍需税钱。"[4] 这些现象存在，引起人们的忧虑和担心，于是罢税关，减商税的呼声不绝如缕。

如景泰二年（1451）十月太医院医士张铎就京城的征税问题上奏道：

京师万方会同，日用百物不免资于商旅。趣廷设立官店，轻收税课，买卖有所负欠，常令御史督责，盖所以招徕之也。近者理财之官不知大体，唯务刻剥。如纻丝一匹税钞至三百五十贯，可直银七钱，三梭布每十匹亦至三百五十贯，他物皆然。权本物计之，税钞先取四分之一。臣恐日久商旅畏避税重，不肯来京，致使百物腾贵。[5]

显然刘铎对过重的税额感到不妥，认为这有可能导致物价上涨。成化二十一年（1485）三月，南京河道御史邹雱上言反对重重征收实物税（抽分），并

---

① 《明太祖实录》卷一八五。
② 解缙：《文毅集》卷一《大庖西封事》。
③ 《明史》卷八一《食货五》。
④ 《明宣宗实录》卷九九。
⑤ 《明英宗实录》卷二〇九。

建议裁减税额：

旧制抽分，惟于两京近地，自工部郎中蔡志清添设荆州、芜湖、杭州三处，虽利国而实病民。川贵湖广竹木下至荆州抽之，至芜湖又抽之。芜湖之设，初止抽停鬻者，今又及经过者。其初岁得银一二千两。稍增至四五千两。杭州亦然。今芜湖增至万余两，杭州至二万余两，商旅何以堪之！宜暂止抽分，不然亦宜裁减定为则例。①

邹雱认为添设抽分场局，虽利国但却害民，它的危害一是重复征收，二是税额逐渐提高，从而使商贾的利益被损害，负担加重。因此他建议降低税额，并定为标准。值得注意的是，邹雱虽主张减少税额，但同时主张定之为标准，这与明初朱元璋及解缙反对定额征收的主张已有不同，这种不同表明定额征收的办法在明中期已被人们所认同，同时这也反映出商税对于国家经济的重要性较之明初更为加强，人们对它的依赖程度加大了。

在明中期的商税思想中，丘浚的思想最具理论色彩。他认为明代对于商税的征收管理制度，是符合古制的良法，他说：

我朝每府立税课司，州县各立为局，设官以征商税。凡商贾欲赍货贿于四方者，必先赴所司起关券。是即周礼节传之遗制也，盖节以验其物，传以书其数也。②

丘浚认为国家不许课税部门征收谷物及文化用品的税，“其事虽微，其所关系甚大，王者之政，仁者之心也。”这些看法表明他对当时所行的政策是完全肯定的，他的这种评价总是与古制、王政相联系，表明他是从政治角度来观察此问题的。

在征税问题上，他主张轻税，他说：“重商税以致困辱，则过也。”收税不能过重，不能扰民，因此他认为将实物税变卖，解银于官的方法很好，他说：

近年于太平之芜湖、荆州之沙市、浙江之杭州，经遣工部属官亲临其地抽分变卖，取其价值银两解京，以供工部缮造之费，免以科征

① 《明宪宗实录》卷二六三。

② 丘浚：《大学衍义补》卷三〇《征榷之课》。

于民，是诚良策。①

丘浚肯定了变卖实物的做法，原因就在于它可以免去“科征于民”，即不必再征索民役将这些竹木运用于京。在这里丘浚没有像邹雱那样把目光放在税额上，而是把视野放得更开阔了。

明代后期，商税的征收问题更加突出，尤其是万历时税使的派出，使这一问题变成为一个社会问题，影响到社会的稳定，因此朝野上下议论纷纷。

事实上早在万历以前，人们对增开关税就已表现出不同以往的坚决反对态度。嘉靖四年（1525）正月镇守蓟州的太监李能因沿边关堡墩台无修理费，请求“于山海关往来商旅量取其税，贮以待用。”此议刚出，即遭反对，户部官员上言：“设关本以诘奸，例不征税。且先年诏旨，凡道路关津无名抽取，业已厘革，不当徇私违制妄开利门。”② 不久，兵部侍郎郑岳奏言：“山海关征税非旧例，徒以厉商为暴，请从台谏言罢之。”③

万历中期，朝廷向各地派出了税使，商税征收的正常秩序被严重破坏，于是引发了一场关于商税问题的讨论。这场讨论涉及重复征收、重税的危害等问题。

梅国帧针对重复征收的现象说：“市商段落布狐皮、一切杂物，来自苏杭湖广，由临清以至天津芦沟通湾，其税不知凡几，及至市口又重税之……今一货一人，税而又税，朘骨咋髓，一羊十皮。熙熙而来者无所牟其利，抑且有其害，是重困商也。”④ 重复征收的后果就是困商，他要求改变这种现象。赵世卿对此也有详细叙述，他说：“随查各关监督预呈文案，在河西务关，则称税使征敛以致商少，如先羊布店，计一百六十余名，今止存三十余家矣。”⑤ 他认为这是苛政，“不惟病民，抑且病国”，他请求皇上革除弊端。

在这一时期，河南巡抚沈季文的主张很有特点，虽然他也是针对滥征现象，但不像其他人那样作激愤之言，而从税收角度来探讨问题。他首先提出一

① 丘浚：《大学衍义补》卷三〇《征榷之课》。
② 《明世宗实录》卷四七。
③ 《明世宗实录》卷四八。
④ 《明经世文编》卷四五二《请罢榷税疏》。
⑤ 《明经世文编》卷四一一《关税亏减疏》。

个收税原则，作为立论根据：

> 征税之法，当税富民，不当税贫民；当有官税，不当有私税；当征有税之税，不当征无税之税。[1]

随后他做了进一步的解释，他认为“取之富者不过割其羡余；征之微末者，则如朘其膏脂”，那么哪些富商当征呢？“商贾之中有开设典当者，但取子母，无赋役之烦、车舟之榷、江湖之险，此宜重税。”[2] 如徽商开当遍于江北，有数千两资本；而那些做小本生意的，则要轻税。他的这种税富不税贫的征商主张，虽然不可能收到什么实效，但作为一种较新的观点，在当时还是很有影响的，“自是多言典铺积谷事者矣。”[3]

关于税使重征商税的危害，张应俞在其所著通俗读物《江湖奇闻杜骗新书》中做了很深刻的分析：

> 朝廷往往听言利之臣，命太监四出抽分，名为征商抑末以重农本，实则商税重而转卖之处必贵，则买之价增，而买者受其害，商不通而出物之处必贱，则卖之价减，而卖者受其害。利民仅取及商，而四民皆阴耗其财，以供朝廷之暗取，尤甚于明加田税也。[4]

张应俞认为征商的结果，是使士农工商均受其害，买卖双方都遭损失，他认为这比加派田赋更为严重。张应俞作为一个民间文士，能有如此见识，十分可贵。它反映出万历时的商税之争给朝野都带来了深刻的震动，引起了人们的深入思考。

明万历时的商税之议，其议题虽仍以轻税为主，但它的意义已不同以往。税使的派出，其诱因之一就是商业的发展，为商贾带来了丰厚的利润，引起皇帝的觊觎，于是试图以扩大征税的办法取得更多的财利，满足朝廷主要是皇帝个人的需要。但这种做法直接侵害了商人的利益，加之税使们的胡作非为，从而使整个社会陷入不安之中，引发了强大的反对风潮。这种牵一发而动全身的现象，说明此时商业在社会生活中的重要性是非同寻常的。因此，此时的商税

---

① 《明神宗实录》卷四三四。
② 《明神宗实录》卷四三四。
③ 《明神宗实录》卷四三四。
④ 张应俞：《江湖奇闻杜骗新书·太监烹人服精髓》。

讨论既是一个经济问题的讨论，也是一社会问题的讨论，是日益壮大的商人势力在通过议论者发表意见。

通而言之，明代的轻税思想在相当程度上限制了对商人的滥收，这对商业的发展是有利的。因而可以说，明代商品经济的发达，与这种思想的广泛存在有着密切的关系。

（二）平籴论

在此简要介绍一下明代关于平籴问题的主张。平籴是国家通过直接参与市场经营，以维护商业贸易秩序、特别是价格秩序的一种经济手段。明代谈论平籴问题的人不多，而以丘浚此方面的思想最丰富。

丘浚对一般的民间贸易，主张以不管为管，即“民自为市”，价格由市场去调节，政府不干预。他说：

> 若夫市贾之事，乘时贵贱以为敛散，则是以人君而为商贾之为矣。虽曰摧抑商贾、居货待价之谋，然贫吾民也，富亦吾民也，彼之所有，孰非吾之所有哉？况物货居之既多，则虽甚乏，其价自然不至甚贵也哉！①

但对于事关国计民生的粮食贸易，丘浚则主张进行干预，国家应该介入市场，并从中获得效益，“籴之事犹可为，盖以米粟民食所需，虽收于官，亦是为民”，按此思路，他主张国家设立常平司来负责此事。开始时在个别地区试点，然后推行于全国。他的具体设想是：

> 臣愿朝廷举李悝平籴之法，于此二处（按指山东、淮北）各立一常平司，每司注户部属官三员，量地大小，借与官钱为本。每岁亲临所分属县，验其所种之谷，麦熟几分，粟熟几分，与夫大小豆之类，皆定分数，申达户部。因种类之丰荒，随时价之多少收籴在官。②

这是第一步，即收谷阶段。收谷的本钱由官库供给，收谷的原则一是各品种的收成情况，二是市场价格的高低。收谷之后，进入最重要的操作阶段，即

① 丘浚：《大学衍义补》卷二五《市籴之令》。
② 丘浚：《大学衍义补》卷二五《市籴之令》。

进入市场。

> 逐月验其地之所收，市之所售，粟少则发粟，麦少则发麦，诸谷俱不收，然后尽发之。随处立仓，通融搬运分散，量时取值。凡货物可用者皆售之，不必专银与钱也，其所得货物可资国用者，其数送官，其余听从随时变卖，以为籴本。①

这是第二阶段，此时它显出平粜的作用，哪一个品种少就售哪一种，价格则依时价，而收入则不拘银钱，可用之物皆可抵价。

丘浚关于市场及其价格的主张，反映了他关注民生的思想特点，无论干预与否都以利民便民为基准，这使他的理论显得很有深度。

三、货币思想

货币问题是经济生活中的重要问题，其于商业关系尤大。

明代的货币情况较为复杂，有金、银、钱、钞，个别地区如云南还使用贝巴。明代的货币思想可以分为两个方面，一是关于货币本身的思想，包括对货币的价值、货币的作用等方面的认识。二是关于货币流通的思想，其中包括对货币流通方案、货币不通行的原因等方面的思考。前者探讨的人较少，但提出了一些很有价值的思想，后者则是明代货币思想的重要部分。

（一）对货币的认识

明代前期，社会上流通的货币主要是钱和钞，政府禁止用银。但大明宝钞的流通，在洪武以后，受到越来越大的阻力，政府多次试图疏通钞法，但收效甚微。至中期以后宝钞基本退出了流通领域，而白银则逐渐成为一种主要货币。与钱并行，直至明末。明代对货币的认识，就是围绕这三种货币展开的。

洪武八年（1375），朱元璋“诏中书省造大明宝钞，命民间通行。”② 作为一种纸币，大明宝钞何以能够流通，它的价值在哪里？刘定之认为：“一尺之楮，又若何所用者？然而楮可以代钱货，则用楮可也。”③ 纸币自身虽无价值，

① 丘浚：《大学衍义补》卷二五《市籴之令》。

② 《明史》卷八一《食货五》。

③ 刘定之：《刘文安公全集》集四《刘文安公十科策略·户科》。

但它是代替钱货作为流通手段的，体现了钱货的价值，因而是可用的。刘定之在此明确地提出纸币能够代替金属币执行流通职能，纸币的价值不在于其自身，而是体现在它所代表的金属货币，体现在流通过程中。在刘定之以前还没有人如此明确地概括纸币的价值。

由于纸币的价值体现在流通过程中，那么其价值自然要受到纸币数量的影响。刘定之对此也认识得很清楚，他说："夫少造之则钞贵，而过少则不足于用；多造成之则钞贱，而过多则不可以行。"① 钞的贵贱取决于发行量的大小，因此若想让宝钞保持在一个合适的价值水准上，必须控制发行量，使其贵贱适度，这样钞法才可通畅。

对于纸币的价值，刘定之的认识是比较准确的，但其后的丘浚则认为纸币是没有什么价值的，他说：

> 自宋人为交会，而金元承之以为钞，所谓钞者，所费之值不过三五钱，而以售人千钱之物。呜呼！世间之物虽生于天地。然必资以人力而后能成其用，其体有大小精粗，其功有浅深，其价有多少。值而至于千钱，其体非大则精，必非一日之功所成也。乃以方尺之楮，直三五钱而售之，可不可乎?②

丘浚认为，钞的价值只值三五钱，它不具有别的价值。因而以钞去易换他人的千钱之物，是"以无用之物而致有用之财"，是"设为阴谋潜夺之术"③，于是他对于纸币提出了疑问。很显然，他对于纸币价值的认识是不正确的，如上所言，纸币的价值体现在流通过程中，而不是看它自身价值多少。

尽管丘浚对纸币价值的认识并不正确，但他在此提出了劳动决定商品价值的思想，即物品的价值由用功多少而决定。"这是中国经济思想史上第一次比较明确地提出劳动决定商品价值的观点"，"丘浚开始用生产所耗费的人类劳动来说明'世间之物'即一切商品的价值，这就突破了中国经济思想史上流行千余年的供求论"④。

---

① 刘定之:《刘文安公全集》集四《刘文安公十科策略·户科》。
② 丘浚:《大学衍义补》卷二七《桐楮之币下》。
③ 丘浚:《大学衍义补》卷二七《桐楮之币下》。
④ 赵靖:《中国古代经济思想史讲话》第二一讲。

正因为丘浚看重劳动能给商品带来价值，因而他对付出劳动而后得的金属货币银、钱比较偏爱，特别是钱，他的论述最多。他认为钱的出现是商品流通的需要，他说：

> 市无征税，所以来商贾，来商贾，所以阜食货，然又虑其无贸易之具也，故为之铸金作钱焉。盖以米谷有丰歉，非人力所能至，金铜则无丰歉，可以人力为之。①

钱是贸易的工具，应贸易的要求而产生，那么钱的优点是什么，具有哪些作用呢？丘浚认为：

> 天下百货，皆资于钱以流通。重者不可举，非钱不能以致远；滞者不能通，非钱不得以兼济；大者不可分，非钱不得以小用。货则重而钱轻，物则滞而钱无不通也。②

钱的优点是携带方便、使用方便，前者表现在可以致远，后者体现在可以“小用”。此外，钱还能令人的处境改变，“钱之为利，贱可使贵，贫可使富。”关于钱的铸造，他认为应“不惜铜，不爱工”，这样做的好处是可以绝私钱，可以制造出优质钱币。他说：

> 铜出于天，吾无所惜；工成于人，吾无所爱。则其钱之为钱，体质厚而肉好适均，制作工而轮郭周正。③

这样的钱成本高，费工大，造成一钱则费一钱，盗铸者自然不敢问津。

丘浚虽然看重钱，但他从王政的角度出发，对货币还有另一种看法，即货币是无用之物，他说：“谷帛，有用者也；钱币，无用者也。”④ 以百姓的饥苦来衡量，钱币自然不若米谷布帛有用。因此，他建议朝廷要关注市场，“务必使钱常不至于多余，谷常不至于不给。其价常平，则民无苦饥者矣。”⑤ 丘浚即使在探讨最现实的货币，也不离民生疾苦，其视点之高，确不一般。

与丘浚这一思想颇为相通的，是明末徐光启对货币的看法，他说：“夫金

① 丘浚：《大学衍义补》卷二六《铜楮之币上》。
② 丘浚：《大学衍义补》卷二六《铜楮之币上》。
③ 丘浚：《大学衍义补》卷二六《铜楮之币上》。
④ 丘浚：《大学衍义补》卷二六《铜楮之币上》。
⑤ 丘浚：《大学衍义补》卷二六《铜楮之币上》。

银钱币，所以衡财也，而不可为财。方今之患，在于日求金钱而不勤五谷，宜其贫也益甚。此不识本末之故也。”①

（二）对货币流通的主张

明代关于货币流通的看法，主要集中在怎样通钞法和通钱法上。中期以前讨论的主要内容是通钞法问题，后期则针对钱法进行讨论。

关于钞法，人们首先探讨的是宝钞为什么难以通行天下，是什么原因阻碍了宝钞的流通，怎样才能使宝钞通行无阻。

成祖时，都御史陈瑛言：“比岁钞法不通，皆缘朝廷出钞太多收敛无法，以致物重钞轻。”② 明仁宗时，大理寺卿虞谦认为：“钞法不通，其弊原于出多而入少。今但多方收之而不轻出，民艰得钞，则自流通。”③ 发行量大于回收量，这是问题的症结所在。这个看法是非常普遍的，如宣德元年（1426）户部官员认为“钞法阻滞，朝廷屡严禁约，至今未见流通。盖由所出者多，所入者少。”④ 刘定之也认为“多造之则钞贱，而过多则不可以行”⑤，这些看法是切中要害的，流通领域中货币过多，其币必然贬值，在有其他货币可用的情况下，不使用宝钞是很自然的。

钞法不通的表现，人们也多有涉及，主要是交易不用宝钞，“比者民间交易，惟用金银，钞滞不行。”⑥“钞法不通，皆由客商积货不税与市肆鬻卖者沮挠所致。”⑦

根据这些认识，人们提出了一些对策。从原则上来说，就是加大货币回收力度，即虞谦所说的“多方收之”，另外慎重发行新币。具体则有以下一些设想：

强行推广用钞。这是很普遍的一种意见，宣德四年（1429）户部官员奏言：“比年巨商富民并权贵之家，凡有交易，俱要金银，以致钞不通行……乞

① 徐光启：《农政全书·凡例》。
② 《明史》卷八一《食货五》。
③ 杨士奇：《东里文集》卷一四《故嘉议大夫大理寺卿虞公墓碑铭》。
④ 《明宣宗实录》卷二二。
⑤ 刘定之：《刘文安公全集》集四《刘文安公十科策略·户科》。
⑥ 《明宣宗实录》卷一九。
⑦ 《明宣宗实录》卷五〇。

捕中盐之人，追盐还官，仍治其交易金银之罪。庶革奸弊，以通钞法。”① 同年监察御史罗享信说：“在外州郡城市，多有豪猾军民居货在家，一如塌坊，或就船相与交易，俱要金银，请遣官点勘居货之家，每房一间，月追钞五百贯……则内外钞皆可通。”②

有节制地发新钞，加强货币回收。这是刘定之提出的主张。他说：“为今之计者，如不欲收旧钞乎？则直造新钞而用之。所以赏赐、俸给者，以渐而出之；下之所以输纳赋役者，时或而取之，则钞何患乎不行？”③ 他认为新钞的发放要有节制，即“渐而出之”。而旧钞则从交纳赋税者那里回收。此外，他提出，向商人和罪徒征钞，以及朝廷用公钱收钞。

多币种并行。这是指银与钱钞三币并行的主张。三币方案是丘浚提出的。他说：“钞法终不可行哉？曰：何不可行！执其可行不可行之两端而用其中，斯可行矣。”随后他具体论述道：

> 所以通行钞法者，臣请稽古三币之法，以银为上币，钞为中币，钱为下币，以中下二币为公私通用之具，而一准上币以权之焉。……今日制用之法，莫若以银与钱钞相权而行。④

丘浚认为只要三币并行，以银为权衡，则钞法得通，同时，整个货币流通体制也因之而重新建立起来。

关于明代的钱法，人们议论较多的是两个问题，一是如何防止其受到银的冲击，二是国家应如何控制利权，即国家控制流通，防止利权下移。

隆庆初年，钱法不行，民间用银之风盛行，钱的流通受到影响。为此，总督蓟辽兵部左侍郎谭纶说：“言足国用，必先富民；欲富民，必重布帛菽粟而贱银；欲贱银，必制为钱法，增多其数，以济夫银之不及而后可。”他认为钱法欲通，必得增加钱的数量，使之与银并行，弥补银的不足。他请求：“朝廷岁出工本银一百二十万分发两京工部及南北直隶各布政司，所在开局，设官专

---

① 《明宣宗实录》卷五五。

② 《明宣宗实录》卷五六。

③ 刘定之：《刘文安公全集》集四《刘文安公十科策略·户科》。

④ 丘浚：《大学衍义补》卷二七《铜楮之币下》。

任其事。其所铸钱，即以备次年官军俸粮。”① 他还建议在征收百姓的税粮时，征收一定比例的钱，这样，百姓就会感到用钱的方便，钱法自然可通。谭纶的看法和主张，在当时很有代表性。

关于利权问题，人们的主张比较一致，即主张由朝廷控制流通，防止利权下移。丘浚认为“苟放其权而使下人得以操之，则凡厌贱而欲贵、厌贫而欲富者，皆趋之矣。非独起劫夺之端，而实致祸乱之渊丛也。”② 可见人们对此看得很重。明清之际的思想家顾炎武说：“莫善于国朝之钱法，莫不善于国朝之行钱。……然至于今，物日重，钱日轻，盗铸云起，而上所操以衡万物之权，至于不得用，何哉？盖古之行钱者，不独布之于下，而亦收之于上。”③ 他认为，不控制流通，朝廷就失去了制衡权，钱就贬值，而私钱云起，后果是很严重的。

四、对外贸易

对外贸易问题，是许多明朝人所关心的，这是因为外贸在明代既关系到国家的安全，也关系到沿海地区，如福建等地人民的生活。明代外贸思想大致包括两个方面，一是关于海禁的看法，二是关于外贸作用的看法。

（一）禁海之议

明代的海禁政策，自洪武以后时行时废，因而有关海禁的讨论持续有明一代，大体说来越到后期赞成开海禁的主张越多，并逐渐占据上风。但由于倭寇的存在，《大明律》的禁海条款的存在，因而反对开海禁的主张也经常出现。沈德符就万历时两说并存的情况叙述道：“若闽中海禁日严，而滨海势豪，全以通番致素封。频年闽南士大夫，亦有两种议论，福、兴二府主绝，漳、泉二府主通。各不相下。”④ 可见双方的争议是很激烈的。

反对开放对外贸易者，所持理由就是认为外贸容易引发意外，影响国家的安全。洪武四年（1371）朱元璋说：“朕以海道可通外邦，故尝禁其往来。近

---

① 《明穆宗实录》卷三五。

② 丘浚：《大学衍义补》卷二六《铜楮之币上》。

③ 顾炎武：《顾亭林诗文集》卷六《钱法论》。

④ 沈德符：《万历野获编》卷一二。

闻福建兴化卫指挥李兴、李春私遣人出海行贾，则滨海军卫岂无如彼所为者乎？苟不禁戒，则人皆惑利而陷于刑宪矣。”① 此后他又多次申明此意。明代海禁的基调自此确定。需要指出的是朱元璋并不禁止外来的朝贡贸易。

宣德八年（1433）七月，明宣宗说：“近岁官员军民不知遵守，往往私造成海舟，假朝廷干办为名，擅自下番，扰害外夷，或引诱为寇。比者已有擒获，各置重罪。尔宜申明前禁榜谕缘海军民。”② 宣宗认为，私自出海，不仅扰害邻国，而且有人“引诱为寇”，因而需要禁绝。

弘治六年（1493）十一月，南京锦衣卫指挥王锐言：

又有贪利之徒，治巨舰，出海与夷人交易，以私货为官物，沿途影射。今后商货下海者，请即以私通外国之罪罪之。③

王锐认为，这些私商冒充政府的名义，沿途欺骗，影响恶劣，因而必须给予重惩。在这里王锐没有言及勾引外番为寇，而只说“以私货为官物，沿途影射”，可见王锐考虑的是对国家声誉形象的影响，这是其他倡导禁海者很少注意的。

正德九年（1514）六月，广东布政司参议陈伯献针对外贸中出现的问题说：“岭南诸货出于满剌加、暹罗、爪哇诸夷，计其产不过胡椒、苏木、象牙、玳瑁之类，非若布帛、菽粟民生一日不可缺者，近许官府抽分，公为贸易，遂使用奸民数千驾造巨舶，私置兵器，纵横海土，勾引诸夷，为地方害，宜亟杜绝。”④ 陈伯献认为，允许外贸造成了奸民勾结诸夷，为害地方的事实，因此应该尽快解决此问题。他指出贸易中的货物不仅无甚特殊，而且皆不切于民生，言下之意，即这种贸易没有价值。于此可见他似乎并不坚决地反对外贸，而只是反对那种无意义的、和能造成危害的贸易。应该说，这种思想在倡导海禁者中是有代表性的。

明嘉靖时期，倭寇不断侵扰东海沿海地区，这一实际情况，使禁海变得十分必要，禁海之议也因之出现较多，最有代表性的是浙江巡抚朱纨的主张。朱

① 《明太祖实录》卷七〇。
② 《明宣宗实录》卷一〇三。
③ 《明孝宗实录》卷八二。
④ 《明武宗实录》卷一一三。

纨认为，正常的贡舶贸易是允许的，“欲买中国货物，亦许入贡之期报官贸易”,[①] 对此应“怀之以恩”。但是，现在的情况是一些与倭寇有勾结的“豪民”“专运贼赃，并违禁货物”，“而乡官渡船又盗贼之羽翼”，所以，若不对此加以禁绝，“则海道不可清”[②]。应该说，朱纨的主张是合理的。这表明，明代的禁海主张也具有合理成份。尤其是其思想动机，是为维护国家安全和社会稳定，这是不应忽视的。至于海禁主张中所担心的问题是否真的就一定会变成事实，则是另外一回事。因此，对明代的海禁主张完全加以否定是不合适的。

（二）开放海禁的主张与对海外贸易作用的认识

明代虽多次施行海禁，不允许出洋贸易，但实际上效果并不大，这一是因为沿海地区的人民许多是以此为生，二是外贸可以给国家增加税收，因而在明代主张开海禁的思想也十分普遍。

丘濬是主张实行对外贸易的，他的理由是，第一可通有无，虽然“中国物自足其用，固无待于外夷，而外夷所用，则不可无中国物也。”中国虽不要外国之物，但外国需要中国的物产，因此为惠泽番夷，需要对外贸易。第二，对外贸易单靠法令是禁不住的，因此不如顺应民情，允许出海贸易，他说：“私通溢出之患，断不能绝。虽律有明禁，但利之所在，民不畏死。”如果执行禁约，“吾非徒无其利，而又有害焉”[③]。

于是丘濬建议：“当如前代互市之法，庶几置司之名与事相称。”由国家设置外贸机构，开放海禁，这样，“不扰中国之民而得外邦之助，是亦足国用之一端也。”[④] 丘濬对外贸问题的认识比较全面且深刻，尤其是他提出的“外夷所用，则不可无中国物”的看法，是其他主张开海禁者未曾提到的，这显示了他的独特的视角。丘濬的这个观点后来成为许多论者的依据，其影响十分深远。

嘉靖时期理学家唐枢主张开放海禁，允许对外贸易，他认为倡导海禁者所持理由都是不成立的，如开放海禁将带来外患就是如此，他说：“商道不通，

① 《明经世文编》卷二〇五《哨报夷船事》。
② 《明经世文编》卷二〇五《阅视海防事》。
③ 丘濬：《大学衍义补》卷二五《市籴之令》。
④ 丘濬：《大学衍义补》卷二五《市籴之令》。

商人失其生理，于是转而为寇”①，外患的真正起因恰恰是海禁政策，它阻隔了商道，商人不得已采取了非常手段。因此他认为开放海禁有利于繁荣沿海的经济，有利于当地人民的生活。

张瀚在万历时期对海外贸易发表了自己的看法，他认为海外贸易与国内贸易一样，在于互通有无，他说：“东南诸夷，利我中国之货，犹中国利彼夷之货，以所有易所无，即中国交易之意也。”他进一步提出，海外贸易的作用可以提高中国的威望，从而创造一个良好的周边环境，他说：“且缘入贡为名，则中国之体愈尊，而四夷之情愈顺。”张瀚也认为，番夷入寇的原因在于通商的要求得不到满足，因此只要开放贸易，即可消除边患，他说：“若曰夷数入寇，势不可通，岂知夷人不可无中国之利，犹中国不可无夷人之利，禁之使不得通，安能免其不为寇哉！余以海市一通，则鲸鲵自息。”基于这些理由，他认为“海市有利而无害。”②

万历二十一年（1593）七月，福建巡抚陈子贞对于开放海外贸易的影响进行了评说：“向年未通番而地方多事，迩来既通番而内外乂安，明效彰彰耳。”通商促进了地方的安定，其效果显著。他认为通商的另一个作用是可使我方了解周边的情况，他说：“洋船往来，习闻动静，可为我侦探之助。”此外，通商可以增加官府的收入，供应军需，“额饷二万，计岁取盈，又可充我军实之需，是其利不独在民，而且在官也。”③ 他对通商的意义的认识是比较全面的。

关于开通海外贸易的影响，周起元也有一番评述，他说：“我穆庙时（穆宗）除贩夷之律，于是五方之贾。熙熙水国，刳艅艎，分市东西路，其捆载珍奇，故异物不足述，而所贸金银，岁无虑数十万，公私并赖，其殆天子之南库也。”开通海外贸易，繁荣了商业，使大批货币流入境内，公私俱受其利，这如同天子设在南方的一座钱库。因此他认为：“澄之舶政，岂非经国阜财、固圉强边之最便者哉！”④ 周起元所提出的开放外贸能够使大量资金流入的观

① 《明经世文编》卷二七〇《复胡海林论处王直》。

② 张瀚：《松窗梦语》卷四《商贾纪》。

③ 《明神宗实录》卷二六二。

④ 张燮：《东西洋考·周起元序》，见《明代社会经济史料选编》第五章第三节。

点，显然已突破了“通有无”的认识，更可贵的是他是从国家经济的角度去认识这一点的，从而赋予其更大的意义。这表明，明代对外贸的认识越来越深化了。

在明末，对我国科技做出重大贡献的徐光启也是积极主张开放对外贸易的。他承袭前人的观点，认为开放贸易不会带来寇盗之患，而严禁才正是导致不安定的原因，他说：“严禁之则商转而为盗，盗而后得为商矣。”因此他认为：“惟市而后可以靖倭，惟市而后可以知倭，惟市而后可以制倭，惟市而后可以谋倭。”只有通商才可以逐步根除倭患问题，因此要采取“来市则予之，来寇则歼之”[①] 的政策，把开放贸易做为一项不可缺少的靖边之策。可以看出，徐光启主要是从防止倭患的角度来阐述开放贸易的意义的，他的思想是有价值的。

通而言之，明代的开放对外贸易思想伴随着明代商品经济的发展，而逐渐突显出来，成为一股不容忽视的潮流。在这些思想中，人们逐步突破了一些传统的认识，对对外贸易的作用进行了深入的总结，让人们更多地认识到了外贸的诸多意义，特别是其经济意义。这对明代的对外交流无疑是有积极作用的。

---

① 徐光启：《徐光启集·海防迂说》。

后　记

《中国经济通史》本是国家七五史学规划重点项目。从立项，组建写作组到现在，算来已十又五年矣，其间几经波折，改变计划，差点流了产！这次能够出版面世，多亏经济日报出版社的慧眼识珠，不能不说一声，谢谢！

我们说的“慧眼识珠”，指的是出版社领导和同仁的高瞻远瞩，意识到在改革开放、经济建设的今天，社会上需要有一部较为系统、详细的中国经济通史，而这却是以前所空缺的。绝没有自比为“珠”的意思，因为我们写得并非十全十美！

这部《明代经济卷》是在主编王毓铨先生的指导下，由写作组共同完成的。王先生是我们的老师，对明代和中国古代经济史有着自己完整的学说体系，在写作组中曾全面系统地讲述过他的学术观点和明代经济史的撰写构想。但是作为主编，他并不要求写作组成员都同意他的学术观点，也不要求本书必须按其学术观点撰写。他明确表示，主编与执笔者可以有不同的学术见解；对学术思想不能控制，要百家争鸣。王先生的这种治学精神和对后学的态度，体现了一位著名学者的风范。

我们的写作组自1985年成立后，由于种种原因，写作时续时断，写作组成员有所变动。现在的书稿，有的章节撰写于几年甚至十几年之前，有的则近期完成。这次，当经济日报出版社决定出版这部书稿时，为了对出版社和读者负责，又一次召集大家对全书作了一番详细的讨论。在观点理论上进行了分析，加强了系统性与完整性，增补了一些内容，也调整了章节的轻重比例。好在担任撰述的先生们都是志同道合者，也是所承担领域里的专家，大家的劳动成果还是体现出了15年前的初衷。但是，这次重整旗鼓，时间有限，显得仓卒，增补之处，难免有缺漏和草率之感，只能请读者批评见谅了。

刘重日　张显清

1999.10. 于北京

主编简介

王毓铨 （1910～2002）山东莱芜人。1936年毕业于北京大学史学系；1946年获美国哥伦比亚大学硕士学位，曾任美洲古钱学会博物馆远东部主任。1950年回国，任中国历史博物馆陈列部主任，中国科学院历史研究所研究员，中国社会科学院历史研究所研究员、明史研究室主任、学术委员会委员，中国明史学会会长、名誉会长，中国经济史学会会长，为博士生导师。1952年被列入《世界名人录》(Who' s Who)。主要著作：《Early Chinese Coinage》《明代的军屯》《我国古代货币的起源和发展》《莱芜集》《中国通史・明代卷》(主编)《中国历史大辞典・明代卷》(主编)《中国大百科全书・中国历史卷》(明史部分主编)；秦汉史、明史学术论文30余篇。

刘重日 1930年生，陕西富平人。1955年毕业于西北大学历史系。历任中国社会科学院历史研究所明史研究室主任、研究员，中国明史学会会长。长期从事明史研究。主要著作：《中国史稿》(第六册)《中国屯垦史》(明代卷)《孔府研究》(合著) 《濒阳集》等。论文：《火佃的渊源及其性质》《牙人与牙行》等数十篇。

张显清 1937年生，河北兴隆人。1962年毕业于北京大学历史系，1965年中国科学院历史研究所研究生结业。历任中国社会科学院历史研究所明史研究室主任，院科研局学术秘书，考古研究所副所长、研究员，为博士生导师，中国社会科学院历史学科评委，中国史学会理事，中国明史学会会长，中国地方志指导小组成员。主要著作：《严嵩传》；论文《明代缙绅地主浅论》《明代官绅优免与庶民中户的徭役负担》《明代土地投献简论》《从〈大明律〉和〈大诰〉看朱元璋的"锄强扶弱"政策》《〈大明律〉的形成及其反映的时代特点》《明嘉靖大礼议的起因、性质和后果》《晚明心学的没落与实学思潮的兴起》《明代社会思想和学风的演变》《试论阳明心学的历史作用》等。